표지 사진 | 괴산 쌍곡계곡(절말마을) 병목 ⓒ 이향란

중국 조제 고고학 연구와 응용 VI

불구권지3 상권-7단 유적-유물

중국 소재 고구려 유적과 유물 VI

통구분지 3 성곽-기타 유적-유물

THE KINGDOM OF KOGURYO RUINS AND ARTIFACTS IN CHINA

| 동북아역사재단 편 |

• 이 책은 2018년 동북아역사재단 연구용역 수행 결과물임.

책머리에

압록강 중상류를 비롯해 중국 동북지역에는 고구려 유적과 유물이 무수히 산재해 있다. 이러한 유적과 유물은 고구려사를 연구하고 한국사를 체계화하는 데 매우 중요한 자료일 뿐 아니라, 모든 인류가 공유해야 할 소중한 문화유산이기도 하다. 그런데 아쉽게도 이와 관련된 각종 보고서나 연구논저가 여러 학술지에 산재해 있거나 절판된 경우가 적지 않아 관련 연구자나 역사에 관심 있는 일반인들이 이용하는 데 많은 어려움을 겪고 있다. 이에 동북아역사재단에서는 2007년부터 중국 소재 고구려 유적·유물을 집대성하여 DB를 구축하는 사업을 추진하였다.

본 연구팀도 이 사업에 참여하여 DB 구축에 필요한 기초자료를 정리하는 과제를 수행하였다. 2007~2008년에는 고구려 발흥지인 압록강 중상류, 2009~2011년에는 두 번째 도성이었던 통구분지(집안분지), 2012~2014년에는 요동반도와 요하·송화강·두만강 유역 등에 분포한 유적과 유물을 정리하였다. 이어 2015~2016년에는 2007년 이후 새롭게 조사된 유적에 대한 정리 작업을 진행하였다. 이를 통해 고분군 246곳, 개별 고분 269기, 성곽 301곳, 성곽의 개별 유구 31기, 기타 유적 40곳, 개별 유물 84개 등 총 971건의 유적과 유물을 정리하였다.

그런데 이렇게 정리한 기초자료를 토대로 DB를 구축한 결과, 각 지역별 '개관'이나 각 유적의 '역사적 성격' 등 종합적인 서술 부분을 모두 DB로 전환하는 데는 상당한 애로가 따르는 것으로 확인되었다. 또한 연구자나 일반인들이 각 유적의 전체현황을 일목요연하게 파악하는 데도 많이 불편하다는 문제점이 제기되었다. 이에 2018~2019년에 기존의 DB 구축용 기초자료를 재정리하여 책자 형태로 출간하는 사업을 진행하였다.

본 연구팀은 연구과제를 체계적으로 수행하기 위해 각 유적·유물을 고분, 성곽, 기타 유적, 개별 유물 등으로 분류한 다음, 관련 전공자로 연구팀을 구성하였다. 연구 책임자인 여호규는 과제를 총괄하면서 성곽을 담당하였고, 강현숙은 고분, 백종오는 유물 등을 담당하면서 각 권의 개관과 유적의 역사적 성격을 집필하였다. 김종은(고분), 이경미(성곽), 정동민(고분과 성곽), 한준영(유물)은 각종 보고서와 연구논저의 서술 내용을 1차 정리하는 작업을 담당하였다. 나유정과 노윤성은 출간 사업에 참여하여 원고 교정과 지도 제작 등을 담당하였다.

이 작업에서 본 연구팀은 중국 소재 고구려 유적과 유물을 체계적으로 정리하여 집대성하는 데 가장 주안점을 두었다. 이를 위해 먼저 각종 보고서와 연구논저, 지도와 지지(地誌), 보도자료, 답사자료 등을 광범위하게 수집하였다. 그런 다음 각 유적별로 조사현황, 위치와 자연환경, 유적의 전체현황, 유구별 현황(또는 성벽과 성곽시설, 성내시설과 유적), 출토유물, 역사적 성격, 참고문헌 등의 항목을 설정해 각 유적의 조사현황과 연구성과를 체계적이고 통일성 있게 정리하고자 노력하였다.

이러한 작업을 통해 본 연구팀은 A4 약 1만 매에 이르는 DB 구축용 기초자료를 확보하였다. 이를 바탕으로 책자 형태의 출간 사업을 진행하여 압록강 중상류 3권(Ⅰ~Ⅲ), 통구분지 3권(Ⅳ~Ⅵ), 요동반도-요하-송화강-두만강 유역 4권(Ⅶ-Ⅹ) 등 총 10권으로 구성하였다. 각 권의 서두에는 개관을 설정하여 각 지역별 전체현황을 서술하는 한편, 시·현 행정구역이나 유적군을 단위로 각 권의 부(部)를 설정해 유적의 현황을 정리하고 역사적 성격을 서술하였다.

이상의 과정을 거쳐 출간하게 된 본 시리즈는 중국 동북지역에 산재한 고구려 유적과 유물을 체계적으로 집대성한 최초의 성과라 할 수 있다. 이러한 점에서 본서의 발간은 고구려 유적·유물에 관한 방대한 정보를 체계적으로 제공하여 고구려사 연구기반을 확충하는 한편, 이를 활용한 다양한 역사 콘텐츠 개발 및 일반 국민의 역사인식 제고에도 크게 기여할 것으로 기대된다.

본서는 지난 15년간 동고동락했던 연구팀원들의 헌신적인 노력과 함께 동북아역사재단의 지속적인 지원 덕분에 발간될 수 있었다. 김현숙 연구위원께서는 본 과제를 처음 기획하여 중장기 사업으로 추진할 수 있는 토대를 놓았고, 이성제 연구위원께서는 2011년부터 본 과제를 담당하여 각종 실무적인 뒷받침을 해주었는데, 이에 깊이 감사드린다. 그리고 2007년 이래 본 과제를 물심양면으로 성원해주신 김용덕, 정재정, 김학준, 김호섭, 김도형 역대 이사장님들과 이영호 이사장님께도 깊이 감사드린다. 아울러 난삽한 원고와 각종 도면을 깔끔하게 정리하여 산뜻한 책으로 꾸며주신 출판 관계자 여러분들께도 깊이 감사드린다.

2022년 11월 30일
연구팀을 대표하여 여호규

일러두기

1. 중국의 간체자는 모두 우리식 한자로 수정하고, 음도 우리식 한자음으로 표기했다.

2. 한자 용어는 가능한 한글 표현으로 풀어쓰고자 했으나, 의미 전달을 고려하여 그대로 노출하여 사용하거나 한글과 병기하기도 하였다.

3. 기원전은 연도에 각각 표기했고, 기원후 혹은 서기는 생략했다.
   〈예〉 기원전 45 – 기원전 12년 / 기원전 2 – 2세기 / 3 – 4세기

4. 참고문헌은 오래된 연도부터 배열했고, 같은 연도에서는 가나다 순으로 배열했다.

5. 유적 명칭은 공식 보고서나 『중국문물지도집』을 기준으로 '시·현+유적명'으로 표기하고, 이칭이 있는 경우 병기하였다. 다만 '등탑 백암성'처럼 국내에 널리 통용되는 명칭이 있는 경우 이를 따랐다. 같은 시·현에 명칭이 같거나 유사한 유적이 있는 경우, 향·진이나 촌을 표기하여 구분하였다. 지명 이외의 유적명은 한 단어로 보아 붙였다.
   〈예〉 수암 조양향 고려성산산성 / 수암 합달비진 고려성산산성 / 관전 대고령지후강연고분군 / 수암 마권산성내고분군

6. 유적 위치도는 각종 보고서의 도면을 집성하여 제시하였고, 정확한 위치를 파악한 경우에는 '만주국 10만분의 1 지형도'에 표기하였다. 아울러 『중국문물지도집』 길림분책(1993)과 요령분책(2009)에 실린 유적 위치를 구글 지형도(2020년 1월 기준)를 활용하여 제시하였다.

7. 지도의 기호는 다음과 같이 사용했다. 단, 자체 범례를 가진 지도는 이에 해당하지 않는다.

산 : △	산성 : ▲	평지성 : ■	관애 : ▬
장성 : ᴫ	고분 : ▲	기타 유적 : ●	
시·현 : ⊙	향·진 : ◎	촌 이하(촌·둔·동) : ○	

차례

책머리에 5
일러두기 7

제9부 성곽

1. 국내성지

01 집안 국내성지 : 통구성 集安 國內城址 : 通溝城   13
02 집안 국내성지 채소시장지점 건물지
    集安 國內城址蔬菜商場地點   73
03 집안 국내성지 개발공사건물지점 문화층
    集安 國內城址開發公司樓舍地點   86
04 집안 국내성지 식량국사택지점 문화층
    集安 國內城址糧食局宿舍地點   89
05 집안 국내성지 시중의원지점 문화층
    集安 國內城址市中醫院地點   92
06 집안 국내성지 교육위원회사택지점 문화층
    集安 國內城址敎委職工宿舍地點   99
07 집안 국내성지 인민대회직원사택지점 문화층
    集安 國內城址人大職工宿舍地點   103
08 집안 국내성지 국세청사택지점 문화층
    集安 國內城址國稅局職工宿舍地點   107
09 집안 국내성지 시회계국사택지점 문화층
    集安 國內城址市審計局職工宿舍地點   109
10 집안 국내성지 시영화공사지점 集安 國內城址市電影公司地點 120
11 집안 국내성지 동시장구주택재건축지점 건물지
    集安 國內城址東市場舊房改造地點   124
12 집안 국내성지 제2소학교지점 문화층
    集安 國內城址第2小學校地點   136
13 집안 국내성지 민정국사택발굴지점
    集安 國內城址民政局宿舍樓地點   141
14 집안 국내성지 동시장종합빌딩발굴지점
    集安 國內城址東市場綜合樓地點   143
15 집안 국내성지 계량국남측구주택재건축발굴지점
    集安 國內城址計量局南側舊房改造地點   145
16 집안 국내성지 백화점뒤구주택재건축발굴지점
    集安 國內城址百貨大樓後側舊房改造地點   147
17 집안 국내성지 제1유아원신축건물지점 건물지
    集安 國內城址第一幼兒園新樓舍地點   149
18 집안 국내성지 시실험소학교지점 건물지
    集安 國內城址市實驗小學地點   154
19 집안 국내성지 운동장지점 건물지 集安 國內城址體育場地點 157
20 집안 국내성지 게이트볼장지점 集安 國內城址門球場地點 192
21 집안 국내성지 청량음료공장지점 건물지
    集安 國內城址市冷飮廠地點   203
22 집안 국내성지 제2시장지점 문화층
    集安 國內城址市社二商場地點   209
23 집안 국내성지 노도덕회터 문화층
    集安 國內城址老道德會遺址   212
24 집안 국내성지 목욕탕지점 문화층 集安 國內城址浴池地點 216
25 집안 국내성지 운동장서쪽지점 문화층
    集安 國內城址市運動場西地點   218
26 집안 국내성지 집안현구청사지점 문화층
    集安 國內城址集安縣舊廳舍地點   219
27 집안 국내성지 인민대회당지점 문화층
    集安 國內城址市人大樓地點   221
28 집안 국내성지 인쇄공장지점 문화층
    集安 國內城址市印刷廠地點   222
29 집안 국내성지 실험소학교(제2소학교)동쪽지점 문화층
    集安 國內城址實驗小學地點   223
30 집안 국내성지 사구협건물지점 건물지
    集安 國內城址社區協公樓地點   229

2. 산성자산성

01 집안 산성자산성 : 환도산성 集安 山城子山城 : 丸都山城   241
02 집안 산성자산성 병사주거지 集安 山城子山城戍卒住居址   322
03 집안 산성자산성 궁전지 集安 山城子山城宮殿址   325

제10부 기타유적

01 집안 이수원자남유적 集安 梨樹園子南遺址   399
02 집안 동대자유적 集安 東臺(擡)子建築遺址   403
03 집안 민주유적 集安 民主遺址   416
04 집안 기상대유적 集安 氣象站遺址   435
05 집안 건강유적 集安 建疆遺址   437
06 집안 장군총 서남건축유적 集安 將軍塚西南建築遺址   472

제11부 유물

1. 청동기(靑銅器)

- 01 청동제호 靑銅壺 … 493
- 02 청동제솥 靑銅釜 … 494
- 03 청동제대야 靑銅洗 … 495
- 04 청동제솥 靑銅鍑 … 496
- 05 청동제완과 뚜껑 靑銅蓋碗 … 497
- 06 청동제합 靑銅盒 … 498
- 07 동제수면문거울 瑞獸鏡 … 499
- 08 동제화살촉 鐵鋌銅鏃 … 500
- 09 청동제사람형상수레바퀴비녀장 靑銅人形車轄 … 501
- 10 청동제세발솥 靑銅鼎 … 502
- 11 청동언 銅甗 … 503
- 12 서수진왕동경 瑞獸秦王銅鏡 … 504
- 13 해수포도문동경 海獸葡萄文銅鏡 … 505

2. 철기(鐵器)

- 01 철제거울 鐵鏡 … 507
- 02 철제삽 鐵鍤 … 508
- 03 철제화살촉 鐵鏃 … 510
- 04 철제보습 鐵犁錚 … 512
- 05 철제솥 鐵鍋 … 513
- 06 철제도끼 鐵斧 … 514
- 07 철제가위 鐵剪刀 … 515

3. 금기(金器)

- 01 금제비녀 金簪 … 517
- 02 금제귀걸이 金墜飾 … 518
- 03 금제반지 金指環 … 519
- 04 금제비녀 金頭釵 … 520

4. 금동기(鎏金器)

- 01 금동제못신 鎏金銅釘鞋底 … 523
- 02 금동제비녀 鎏金頭釵 … 524

5. 은기(銀器)

- 01 은제장식 銀飾 … 527

6. 토제품(土製品)·토기(陶器)

- 01 가락바퀴 陶紡輪 … 529
- 02 연가 煙家|陶倉 … 531
- 03 사이호 四耳陶壺 … 532
- 04 호 夾砂褐陶壺 … 533
- 05 완과 뚜껑 陶蓋碗|盒 … 534
- 06 베개 陶枕 … 535
- 07 호자 陶虎子 … 536
- 08 박자 陶拍 … 537
- 09 분 黃綠釉陶盆 … 538
- 10 솥 黃綠釉陶釜 … 539
- 11 병 綠釉陶瓶 … 540
- 12 호 廣腹壺 … 541
- 13 호 雙耳罐 … 542
- 14 호 鼓腹罐 … 543

7. 기와(瓦)·와당(瓦當)

- 01 권운문와당 卷雲文瓦當 … 545
- 02 수면문사래기와 獸面文蛇羅瓦 … 547

8. 석기(石器)·옥기(玉器)

- 01 초석 石柱礎 … 549
- 02 초석 石柱礎 … 551
- 03 숫돌 礪石 … 552
- 04 석제벼루 石硯 … 553
- 05 옥벽 玉璧 … 554

9. 화폐(貨幣)

- 01 화폐 貨幣 … 557

10. 비(碑)

- 01 광개토왕릉비 集安 廣開土王陵碑 … 561
- 02 집안고구려비 集安高句麗碑 … 572

제9부

성곽

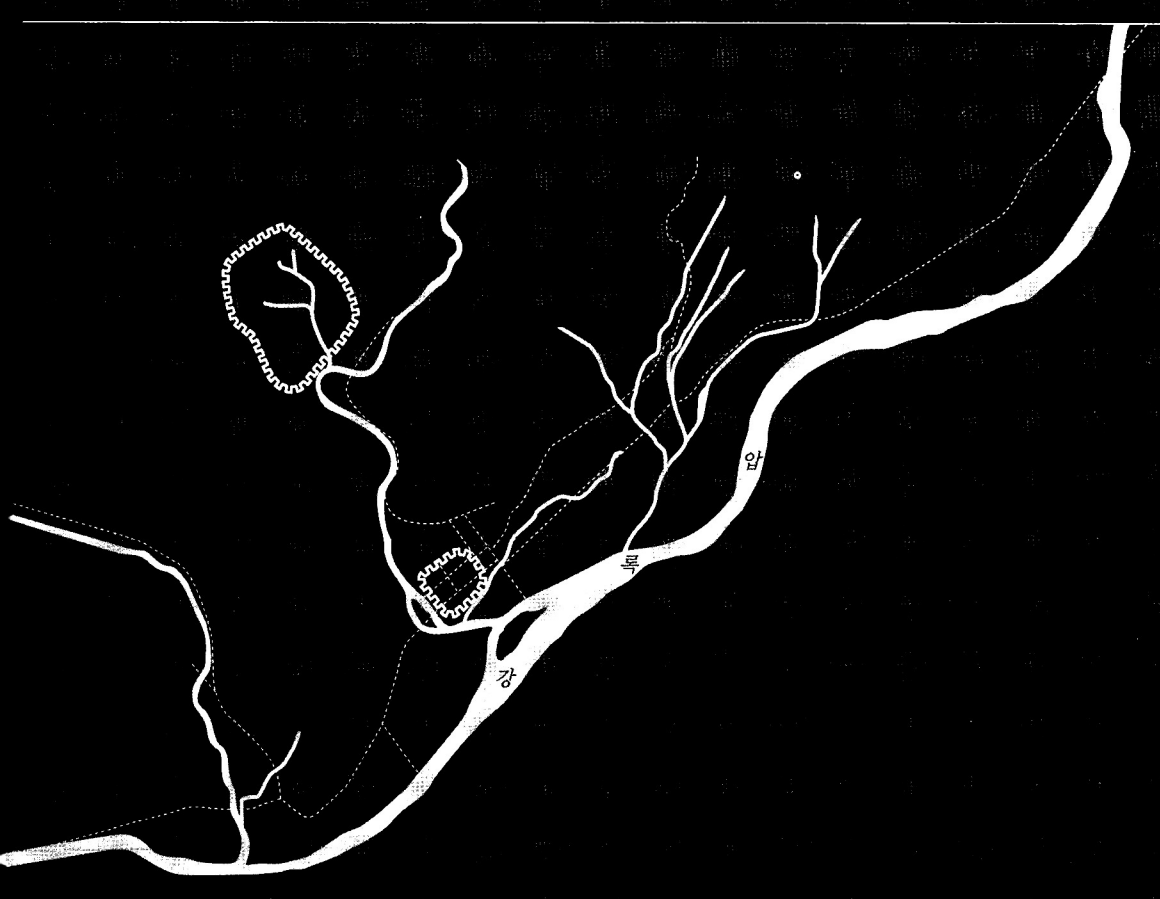

1
국내성지

01 집안 국내성지 : 통구성
集安 國內城址 : 通溝城

1. 조사현황

1) 1905년
○ 조사자 : 鳥居龍藏.
○ 조사내용 : 개략적인 현황 조사.
○ 발표 : 鳥居龍藏, 1906,「滿洲調査復命書」,『史學雜誌』17.

2) 1913년
○ 조사자 : 關野貞, 谷井濟一, 今西龍, 栗山俊一 등이 조선총독부의 위탁을 받아 11일간 통구 부근 고구려시대의 유적 조사.
○ 조사내용 : 개략적인 현황 조사 및 부분 실측.
○ 발표 : 關野貞, 1914,「滿洲輯安縣及び平壤附近に於ける高句麗時代の遺跡(1·2)」,『考古學雜誌』5-3·4 ; 1914,『朝鮮古蹟調査略報告』, 朝鮮總督府 ; 1915,『朝鮮古蹟圖譜』1, 2.

3) 1936년
○ 조사자 : 池內宏·水野淸一.
○ 조사내용 : 10월 3일 성의 외곽을 조사함. 水野淸一이 실측을 담당하고, 池內宏은 각 부분을 점검함.
○ 발표 : 池內宏·梅原末治, 1938,『通溝』上, 日滿文化協會.

4) 1960~1975년
○ 1963년 : 목욕탕 건물 공사 중에 건물지 발견.
○ 1971년 : 운동장 서쪽에서 굴착 작업 중에 건물지 발견.
○ 1975년 : 집안현 청사 공사 중에 건물지 발견.

5) 1975년 5월~1977년 5월
○ 시행기관 : 集安縣文物保管所.
○ 조사 참여자 : 孫長金, 林至德, 閻毅之, 韓永利, 董長富, 超書勤, 周云台.
○ 조사내용 : 성곽의 전체현황을 조사하고 성벽 단면을 발굴함. 성벽 단면은 남벽 5곳(T1~T5), 동벽 1곳(T6), 북벽 2곳(T7, T8), 서벽 남단 2곳(T9, T10) 등 모두 10곳을 발굴함. 총 발굴면적은 960m².
○ 발표 : 集安縣文物保管所, 1984,「集安高句麗國內城址的調査與試掘」,『文物』1984-1.

6) 1980년 봄
○ 시행기관 : 集安縣文物保管所.
○ 조사 참여자 : 孫長金, 林至德, 閻毅之, 韓永利, 董長富, 超書勤, 周云台.
○ 조사내용 : 국내성 실측.
○ 발표 : 集安縣文物保管所, 1984,「集安高句麗國內城址的調査與試掘」,『文物』1984-1.

7) 1980년대
○ 시행기관 : 集安市文物保管所.
○ 1985년 5월 15일 : 국내성 동북 모서리의 청량음료 공장 부근에서 가옥을 신축하다가 건물지 발견.
○ 1985년 8~9월 : 인민회의당 동측에서 유물 출토.
○ 1987년 6월 : 老道德會터 민가 신축 중 유물 출토.
○ 1988년 4월 : 團結大路 남측 채소시장 건물 공사 중 유물 출토.
○ 1988년 4월 : 제2시장 건물 신축 중 건물지 발견.

8) 1990년 5월
○ 시행기관 : 吉林省文物考古研究所, 集安市文物保管所.
○ 참여자 : 何明, 耿鐵華, 張雪巖.
○ 조사내용 : 북벽 중문 동측의 치(馬面) 발굴. 발굴면적 150㎡.
○ 발표 : 何明, 1992, 「集安市高句麗國內城馬面基址」, 『中國考古學年鑒 1991』, 文物出版社 ; 何明·張雪巖, 2003, 「吉林集安高句麗國內城馬面址淸理簡報」, 『北方文物』 2003-3.

9) 2000년 5~11월
○ 시행기관 : 吉林省文物考古研究所와 集安市文物保管所.
○ 참여자 : 宋玉彬, 劉景文, 李光日, 張建宇, 聶勇, 孫仁杰, 董峰, 遲勇, 林世賢.
○ 조사내용 : 북벽 시굴조사 및 성 내부 8곳 발굴. 발굴면적은 1,439㎡.
○ 발표 : 吉林省文物考古研究所·集安市博物館, 2004, 『國內城, 2000-2003年集安國內城與民主遺址試掘報告』, 文物出版社.

10) 2001년 4~10월
○ 시행기관 : 吉林省文物考古研究所와 集安市文物保管所.
○ 참여자 : 李東, 董峰, 張建.
○ 조사내용 : 국내성 성 내부 9곳 발굴. 총 발굴면적 1,235㎡.
○ 발표 : 吉林省文物考古研究所·集安市博物館, 2004, 『國內城, 2000-2003年集安國內城與民主遺址試掘報告』, 文物出版社.
○ 전국 중점문물보호단위가 됨.

11) 2003년 4~8월
○ 시행기관 : 吉林省文物考古研究所全省文物部門.
○ 참여자 : 宋玉彬, 劉景文, 何明, 庸志國, 唐音, 石肖原, 程建民, 張建宇, 全仁學, 丁宏毅, 楊俊峰, 翟敬源, 劉雪山, 谷德平, 馬洪, 王新勝, 王昭, 郝海波, 林世香.
○ 조사내용 : 국내성 북벽과 서벽의 일부 구간 및 성내 건물지 2곳 발굴. 총 발굴면적 2,545.5㎡.
○ 발표 : 吉林省文物考古研究所·集安市博物館, 2004, 『國內城, 2000-2003年集安國內城與民主遺址試掘報告』, 文物出版社.

12) 2006년
국내성 남벽 보호공정이 '집안지역 고구려 후속 보호항목'의 하나로 정식 항목으로 설정됨.

13) 2007년
○ 시행기관 : 吉林省文物考古研究所, 集安市博物館.
○ 조사내용 : 국내성 남벽 보호 공정을 위해 국내성 남벽에 대하여 고고 발굴을 진행하고, 남벽 중부의 성벽 외측에서 치(馬面) 3곳을 조사함.

14) 2009년
○ 시행기관 : 吉林省文物考古研究所, 集安市博物館.
○ 조사내용
- 국내성 남벽 체성 보호공정을 정식으로 시행하기 위

해 벽체를 수리하는 과정에서 연속으로 남벽 중부, 동벽 남쪽 구간에서 치(馬面) 2곳을 발견하였고, 성 동남 모서리에서 각루 1곳을 발견하였음.
- 集安市博物館은 유적에 대하여 초보적인 조사를 한 후 유적 상황이 비교적 복잡한 것을 발견하고 吉林省 文物局에 보고하였는데, 吉林省文物考古研究所에 위임하여 보다 진전된 조사를 진행하였음.
- 이미 발견된 유적에 대해 조사하는 과정에 있었기에 발굴자가 남벽 외측까지 의식해서 고구려시기의 유적이 많이 남아 있을 수 있게 되었음. 국내성 남벽 외측의 현존하는 유적 현상에 대하여 조사하였으며 동시에 체성 보호 공정을 질서 있게 진행할 수 있었음.
- 일찍이 발견된 유적에 대하여 조사를 동시에 했는데, 남벽 외측에서 남벽의 뻗어나간 방향을 조사하기 위해 너비 1m의 트렌치를 시굴하였음.
- 이미 발견된 치 2곳 외에 남벽의 서부와 동부에서 치 4곳을 발견하여 조사하였음.
- 남벽 동부 東盛街 입구에서 문지 1곳을 조사하였음. 동벽 남쪽 구간 가운데 보존 상태가 양호한 65m 구간 및 동남 모서리의 내측 부분에 대하여 발굴을 진행하였고, 동벽 남쪽 구간의 1개 지점에 대해 부분적인 절개를 진행하였음.
- 2009년도에 치 6곳, 문지 1곳, 각루 1곳 등을 발굴하였음. 그리고 국내성 동벽과 남벽의 뻗어나간 방향, 벽체의 너비, 초축 연대, 축조방식, 벽체 개축 현황, 치와 각루의 축조 방식 등을 조사함.
- 2003년의 국내성 평면 실측도를 바탕으로 재실측을 진행하여 남벽과 동벽 남쪽 구간 성벽의 위치와 뻗어나간 방향을 보충하고 남벽의 길이가 759.78m임을 측량하였음.
- 2009년도 조사를 통해 국내성 초축 연대, 성벽의 구조, 축조 방식 등을 새롭게 파악하고, 국내성 성벽의 전체 평면도 파악함.
○ 발표 : 吉林省文物考古研究所·集安市博物館, 2012, 「集安國內城東, 南城垣考古淸理收穫」, 『邊疆考古研究』11.

15) 2011년 6~9월
○ 시행기관 : 吉林省文物考古研究所, 集安市博物館.
○ 조사내용
- 2010년에 국내성 동벽 북쪽 구간의 현대 건축물을 철거 이전하고, 2011년에 고고 발굴을 진행함. 조사구간은 동벽의 북쪽 구간으로 동북 모서리의 남측에서 團結路 북쪽 현대 건축물의 북쪽까지로 약 85m임. 새로 발견된 치 2곳과 벽체 2개 지점을 절개 조사함.
- 동벽의 성벽 윤곽, 벽체의 건축 구조 및 초축 연대를 확인하였음.
○ 발표 : 吉林省文物考古研究所·集安市博物館, 2012, 「集安國內城東, 南城垣考古淸理收穫」, 『邊疆考古研究』11.

2. 위치와 자연환경(그림 1~그림 2)

1) 지리위치
○ 中國 吉林省 集安市 압록강 중류 우안의 通溝盆地에 위치함.
○ 남으로 압록강을 사이에 두고 북한의 滿浦市와 마주봄.
○ 동쪽 6km에 龍山, 북쪽 1km에 禹山, 서쪽으로 通溝河 건너 약 1.5km 거리에 七星山이 위치함.

2) 자연환경
○ 국내성이 위치한 통구분지는 동서 길이 16km, 남북 너비 2~4km로 압록강 중류 유역에서 가장 넓은 분지임.
○ 통구분지 북쪽으로는 백두산에서 뻗어나온 老嶺山

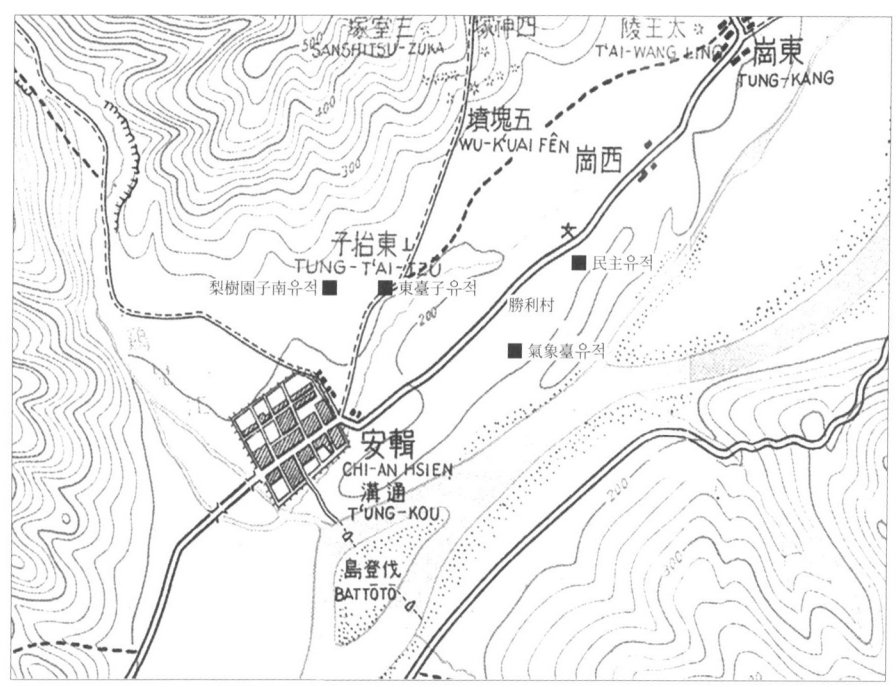

그림 1
국내성 위치도
(바탕도 『通溝』 上 ;
여호규, 2019, 27쪽)

그림 2
국내성 위치도(『國內城』, 6쪽)

脈이 병풍처럼 둘러쳐져 있음.
○ 성의 남쪽으로 압록강이 서남쪽으로 흐르고 있고 서쪽에는 老嶺山脈에서 발원한 通溝河가 남류하여 압록강으로 유입됨. 또한 성의 남쪽에는 남벽 외곽을 따라 동쪽에서 서쪽으로 흘러 通溝河로 유입되는 작은 개울이 있음. 이러한 하천과 개울은 천연 垓子의 역할을 함.

3. 성곽의 전체현황

1) 시기별 조사 내용

표 1에서 보듯이 국내성지 각 성벽의 길이와 전체 둘레는 조사할 때마다 조금씩 달라졌음.

표 1 조사시기별 국내성지의 규모(단위: m)

조사 연도	1913년	1936년	1975~ 1977년	2001~ 2003년
동	약 5町半 (600)	6町(700)	554.7	-
서	약 5町半 (600)	6町(700)	664.6	702
남	약 7町半 (800)	6町(700)	751.5	-
북	약 7町半 (800)	6町(700)	715.2	730
둘레		24町 (2,800)	2,686	-

2) 鳥居龍藏(1905)의 조사내용

(1) 규모
전체 둘레 20町, 성벽 높이 1丈 내지 1丈 2~3尺.

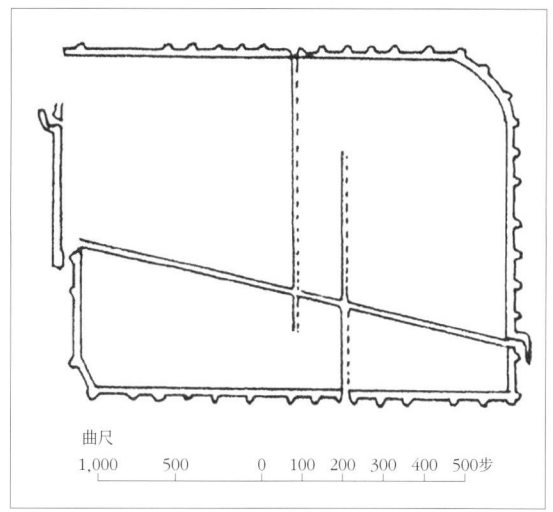

그림 3 1910년대 국내성(關野貞, 1941, 277쪽)

(2) 현황
성곽 내부 중앙에 知縣의 관아가 있고, 그 주변에 30여 戶의 민가가 있음. 성벽은 붕괴되었지만, 형태는 비교적 완전하게 남아 있는 편임. 성벽 위에는 어떠한 건물도 없음.

3) 關野貞(1913)의 조사내용(그림 3)

(1) 규모
동서 길이 약 7町半(약 800m), 남북 너비 약 5町半(600m)임. 동북과 서남 모서리는 둔각으로 이루어져 있음.

(2) 성문
남북 양쪽의 성문은 막혀 있고(북벽에 작은 문이 있음), 동서 양쪽의 성문은 열려 있음. 西門은 2곳인데 남쪽 서문은 성벽을 엇갈리게 쌓은 이긋문식 옹성이고 북쪽 서문은 장방형 옹성임. 東門도 2곳인데 남쪽 동문은 현재 장방형 옹성으로 남아 있고, 북쪽 동문은 후대에 폐쇄되었지만 흔적이 약간 남아 있음.

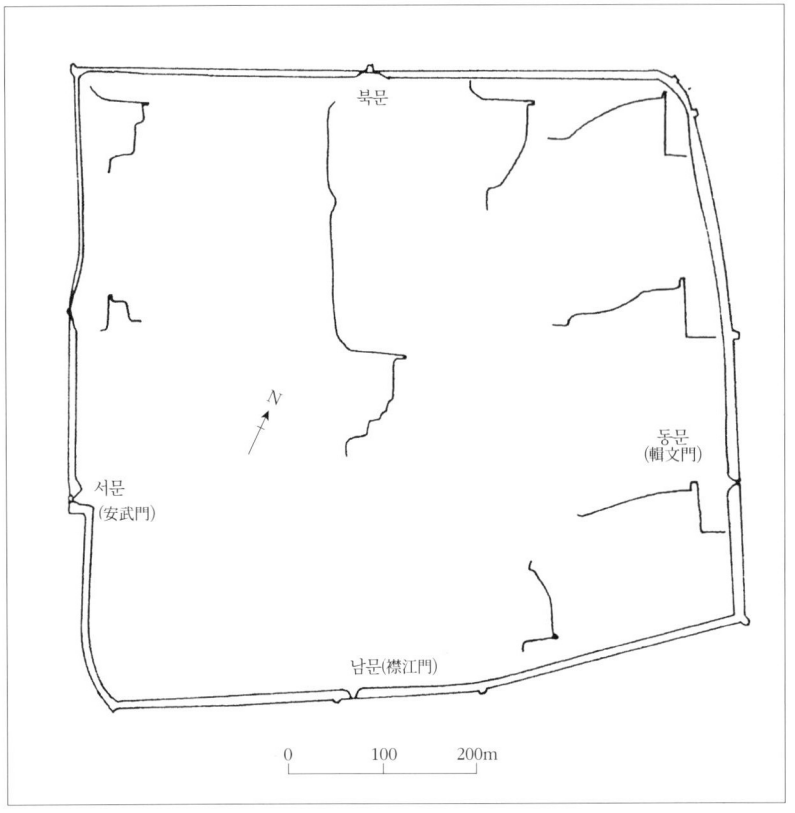

그림 4
1930년대 국내성(「通溝」上, 20쪽)

(3) 성벽과 해자

○ 성벽 아랫변의 두께는 약 30尺(9m), 높이는 20여 尺(6m)에 달하며, 돌로 축조했음. 성벽 하단은 아래로 내려가면서 점차 돌을 바깥으로 조금씩 내어쌓아서, 안정되고 견고하게 만들었음.

○ 雉城과 성가퀴 : 각 성벽마다 일정한 간격으로 雉城이 남아 있었는데, 조사 당시 북벽 15개, 동벽 10개, 남벽 15개, 서벽 2개 등 총 42개를 확인. 성벽 위쪽에 성가퀴가 있었지만 많이 붕괴되어 볼 수 없음.

○ 해자 : 성벽 바깥에 해자(濠)를 둘렀는데, 북변의 해자는 1913년 조사 당시에도 흔적이 남아 있었음.

(4) 성내현황과 출토유물

○ 집안현치를 둘 때만 하더라도 성곽 안에는 민가가 겨우 13호였는데, 1913년 조사 당시에는 관청을 비롯하여 150여 호가 있었음. 민가 사이에는 고구려 말기로 보이는 붉은색 기와편이 산재하며, 간혹 1,400~1,500년 전으로 추정되는 회흑색 기와편도 섞여 있음.

○ 출토유물 : 성내 서북부 지점에서 고구려시대의 것으로 추정되는 초석 발견. 또 성곽 동편 외곽의 동대자(유적)에 이르는 사이에도 적색 기와편이 많으며, 동대자(유적)에는 건물 초석이 십수 개 존재하며, 평기와와 와당을 다수 채집했음. 와당의 문양은 연화, 귀면, 인동 등으로 고구려 말기로 추정됨. 평기와의 제작기법은 통구성 내부에서 출토된 붉은색 기와와 동일함.

(5) 성곽의 성격

성 안팎에서 약 1,400~1,500년 전의 고구려 말기 기와편을 다수 수습했고, 동시대에 속하는 초석을 발견했음. 고구려시대의 중요한 장소로서 성벽도 같은 시대에 축조되었던 것으로 추정됨. 국내성의 故地로서 산성자산성과의 관계로 보아 궁성의 성벽으로 파악됨.

4) 池內宏(1936)의 조사내용(그림 4)

(1) 규모
전체 둘레는 약 24町(2,800m), 각 변은 약 6町(700m)으로 다듬은 돌로 성벽을 축조한 방형의 성곽임.

(2) 성문
동·서·남의 3면에 성문이 있는데, 동문을 輯文門, 서문을 安武門, 남문을 襟江門이라고 함. 關野貞에 따르면 남문도 북문처럼 폐쇄되었다고 했는데, 지금의 襟江門(남문)은 1921년(民國 11)에 다시 축조된 것임. 동벽의 輯文門과 서벽의 安武門은 모두 성벽 남쪽에 偏在해 있음. 현존하는 3개의 성문에는 옹성이 없음. 북벽에는 문이 없으나, 그것은 본래의 모습이 아님. 북벽 중앙의 외벽을 보면, 성문을 폐쇄했던 흔적이 남아있음. 關野貞에 따르면 북문에 별도로 小門이 있었다고 하지만 지금은 그것도 없음.

(3) 성벽과 해자(그림 5)
○ 남벽 : 남벽은 돌을 쌓은 높이가 약 17尺(5~6m)임. 안쪽의 토축 부분은 저부의 두께가 30尺(10m)이고, 높이 10尺(3~5m)에 달함. 石疊는 다소 불규칙한 割石을 수직으로 쌓았는데 자못 정연함. 외벽 허리부분의 구조는 상부와 같음. 남문 안쪽의 토축 부분에 잇닿은 통로 북쪽에, 남문 부근의 성벽 바닥에서 나온 20여개의 큰 성돌이 방치되어 있음. 이것은 옛 성벽의 기초석인데 남문 부근의 성벽이 원래 위치에서 변동했다는 증거가 됨. 성벽의 동반부는 서반부에 비해 일직선을 이루지 못하고 북쪽으로 물러나 있는데, 그 남벽 전체의 개축 시에 동반부의 위치가 이동했음을 반영함.
○ 서벽 : 서벽은 구조, 외관이 모두 남벽과 동일함. 즉 최하부에서 최상부까지 대체로 수직으로 축조했는데,

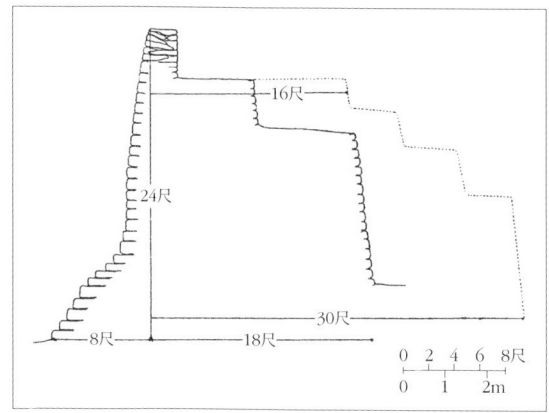

그림 5 1930년대 성벽 단면도(『通溝』上, 22쪽)

성돌이 자못 정연함. 安武門이라 칭하는 성문은 성벽 남쪽으로 치우쳐 있음. 安武門을 M, 성벽 북단을 B, 중간지점을 A라고 한다면, A점의 안쪽 토축 부분은 다른 부분에 비해서 그 너비가 좁음. 또 M, A, B의 3 지점을 연결하면 M~A간의 성벽은 일직선상에 축조된데 비해 A~B 간의 성벽은 다소 안쪽으로 들어가 있음. 서문 남쪽의 성벽은 조금 안쪽으로 들어가 있으며, 서남 모서리 부근은 만곡해 있음.

○ 동벽 : 동벽은 전부 개축했음. 석벽의 높이 약 20尺, 내벽의 제방(土手) 높이 15~16尺, 저부의 너비 30尺. 성벽 북단(동북 모서리)은 둥근 형태를 띠는데, 종전의 기초에 의거했기 때문임. 동남 모서리는 안쪽으로 이동했을 것으로 추정됨.

○ 북벽 : 북벽 서부는 通溝河에 이르러 남으로 꺾여 서벽과 만남. 서북 모서리는 方角으로 동북 및 서남 모서리처럼 만곡하지 않음. 이는 현성을 개축하기 이전에 이 부분의 성벽 기초가 通溝河의 범람으로 유실되었으며, 본래는 M~A와 일직선을 이루었을 것으로 추정됨. 서벽 북단의 옛 기초는 유실되었지만, 서북 모서리 부분은 지대가 한 단 높아 잘 남아 있음. 關野貞은 "성벽은 기초부의 너비 약 30尺, 전체 높이 약 20尺으로 돌로 축조했는데, 하단부는 돌을 바깥으로 조금씩 내어 쌓았는데, 성벽을 안정하고 견고하게 만들기 위한

것이다"라고 말했는데, 북벽을 보고 기술한 것이라고 추정됨. 북벽 위쪽의 석벽은 최근에 축조한 것이며, 하단 부분은 古色을 띠고 있음. 북벽 서부의 성벽 보존 상태가 가장 양호함. 하단의 내어쌓은 부분의 돌은 바닥에서 9段(층)임(그림 5). 북벽의 성벽 바닥(基邊) 너비는 30尺 내외임. 바깥쪽 석축성벽의 높이는 약 20尺이며, 안쪽 토축 부분의 높이도 약 20尺임. 북벽 중간 지검의 경우, 토축 부분이 얇고(薄), 북문은 폐쇄되어 있고, 그 외벽은 치성을 이루고 있음.

○ 해자 : 북벽 바깥에는 지금 논으로 경작되고 있는 기다랗고 약간 낮은 땅이 있음. 성벽 바닥에서(아래로) 약 50칸은 이것과 평행하며, 너비 30～40尺, 길이는 성벽과 같음. 성벽 바깥 해자의 흔적임. 그 서단은 通溝河의 左岸(東岸)에 잇닿아 있음. 通溝河가 10尺 정도 더 낮지만 본래 通溝河 물이 직접 해자로 통했을 것임. 또 해자가 성곽의 동북 모서리에 이르러 남쪽으로 꺾이는 흔적을 남기고 있음. 본래 동벽으로 이어지며 남쪽으로 압록강에 잇닿았을 것으로 보임.

(4) 성곽의 성격

鳥居龍藏이 조사하던 1905년 당시 성벽 전체가 비교적 잘 남아 있었음. 1913년 關野貞 등이 조사했을 때도 대략 같은 상태였음. 그 후 심하게 훼손되었는데, 1921년에 대대적으로 개축되어 1936년 조사 당시와 같은 모습이 됨. 출토된 기와편이 고구려시기에 해당하므로 성곽의 연대는 고구려시기로 파악됨. 통구평야는 고구려의 두 번째 國都로서 丸都城 일명 國內城의 소재지이므로 이 성곽은 國都의 王城 유적지가 명확함. 네 성벽 가운데 북벽만 종전 위치를 그대로 유지했고, 서벽, 동벽, 남벽 등은 1921년의 개축으로 약간 이동되었지만, 규모는 대체로 비슷하다고 생각됨.

5) 集安縣文物保管所(1975～1977)의 조사내용

① 전체 평면(그림 6)
○ 규모 : 동벽 554.7m, 서벽 664.6m, 남벽 751.5m, 북벽 715.2m, 전체 둘레 2,686m.
○ 평면 : 方形, 방향 155도, 동서 방향이 압록강의 流向과 대체로 일치함.

② 축조방식
○ 옛 성벽의 기초는 지표에서 위로 올라가면서 층마다 안으로 물리면서 축조하였음. 일반적으로 각 층은 안으로 10～15cm 들여쌓았음. 네 성벽 가운데 북벽의 들여쌓기 層次가 가장 많아 11층에 이르며, 서벽 南段은 4층, 동벽은 6층임. 들여쌓기를 한 기초부의 위쪽은 곧게 쌓았음. 서벽의 北段과 남벽의 기초에는 들여쌓기 한(퇴물림) 현상이 보이지 않는데, 후대에 개축했을 가능성이 있음

○ 성벽의 축조방식은 대략 다음과 같이 3종류로 나눌 수 있음.

○ 제1종 성벽 : 잘 다듬은 방형과 장방형 성돌로 층마다 맞물리도록 평평하게 쌓았음. 면석은 가로방향으로 평평하고 곧게 쌓았고, 치밀하게 봉합하여 틈이 적으며, 면석의 외면이 볼록하게 밖으로 튀어나와 있음. 이러한 축조방식은 대부분 성벽의 기초부와 그 부근에 많이 남아 있음. 동벽, 북벽, 서벽의 南段 등에서 이러한 축조방식이 보임.

○ 제2종 성벽 : 성돌의 크기가 일정하지 않고, 수평으로 가지런하지 않으며, 성돌의 틈새를 잔돌로 메웠음. 이러한 축조방식은 대부분 성벽의 중간 상부, 남벽 전체와 서벽 北段에서 보임. 후대에 개축한 성벽으로 추정됨.

○ 제3종 성벽 : 성돌의 크기나 재질이 모두 일정하지 않고, 쌓은 방식도 무질서함. 이러한 축조방식은 대체로 성벽의 上部에서 보이며, 滿洲國시기나 중국 내전기에 수리한 부분으로 추정됨.

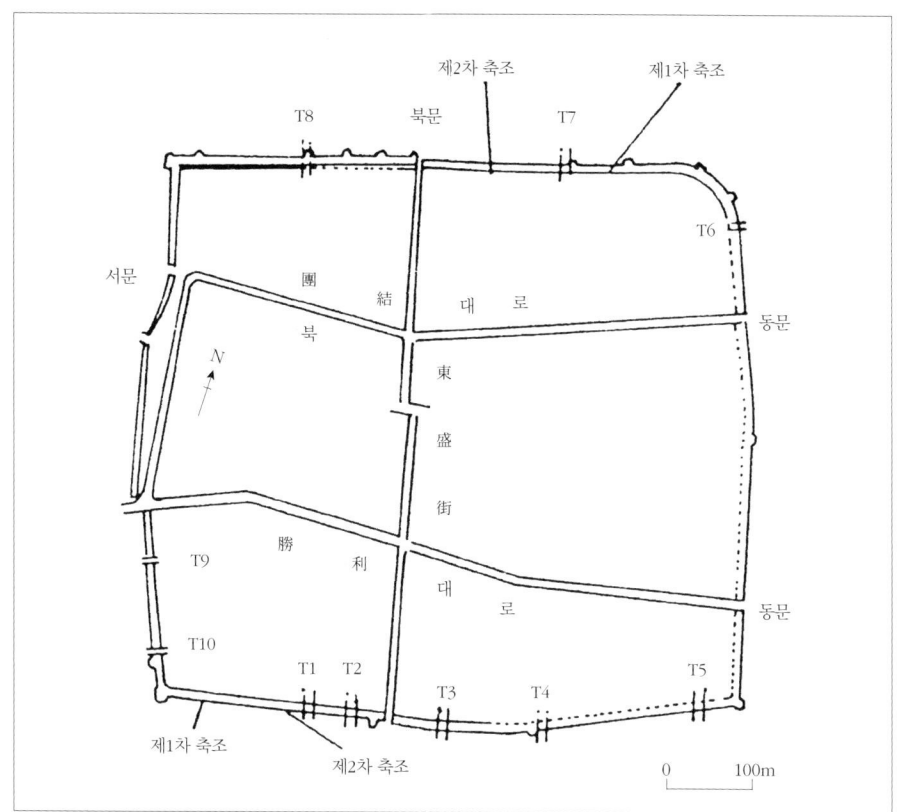

그림 6
1970년대 국내성 평면도
(『文物』 1984-1, 48쪽)

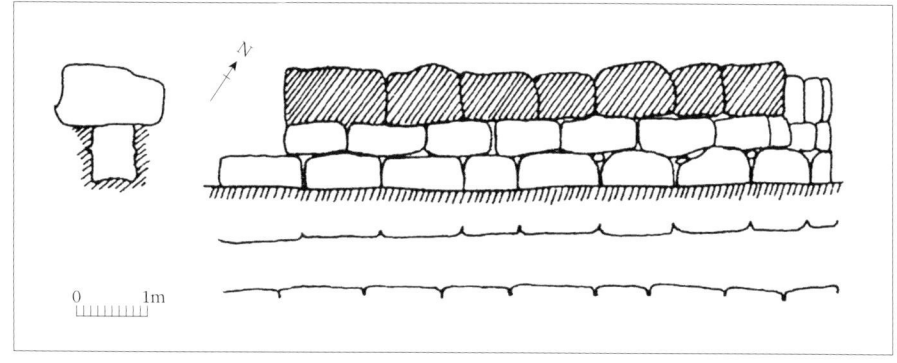

그림 7
국내성 서벽 바깥 배수구
평면도(『文物』 1984-1, 49쪽)

③ **배수로**(涵洞, 그림 7)

○ 위치 : 서벽 바깥쪽의 북쪽 꺾어진 모서리 가까운 곳의 지하에 동서 방향의 배수로가 있음.

○ 규모 : 길이 870cm, 너비 80cm, 높이 95cm.

○ 축조방식 : 배수로의 측벽은 다듬은 돌로 2단을 쌓았음. 윗면은 평평한 큰 판석 7개를 덮었는데, 판석의 두께는 약 70~75cm에 이름. 배수로의 입구는 서벽에서 동쪽으로 10m 떨어져 있음. 배수로의 바닥은 동쪽이 높고 서쪽이 낮은데, 경사가 약 10도 정도 기울어져 있음. 배수로 북쪽의 서벽은 제2종의 축조방식으로 엉성하게 쌓은데 비해, 배수로에서 서문에 이르는 남쪽의 서벽은 제1종 축조방식으로 질서정연하게 축조하였음. 이로 보아 배수로는 국내성의 석축성벽이 형성되기 이전에 구축된 것으로 추정됨.

④ 성곽시설과 도로
○ 치(馬面) : 각 성벽마다 치를 축조했는데, 수량은 같지 않음. 조사 당시 북벽에 8개, 서벽, 남벽, 동벽에 각기 2개 등 총 14개 확인. 치의 길이와 너비는 조금씩 차이가 있는데, 대략 길이는 8~10m, 너비는 6~8m임.
○ 角樓 : 서북 모서리, 서남 모서리, 동남 모서리 등은 대략 직각인데, 성벽 바깥으로 돌출한 方臺가 있음. 각루 시설로 추정됨. 동북 모서리는 弧形으로 휘어져 있는데, 성벽이 꺾이는 동벽과 북벽에 치가 한 개씩 남아 있으며, 그 사이의 거리는 40m임.
○ 성문 : 성문은 원래 남벽과 북벽에 1개씩, 동벽과 서벽에 2개씩 총 6개가 있었음. 성벽을 개축하기 이전인 1913년 조사 당시에 남문과 북문은 폐쇄되어 있었고, 서벽의 남쪽문과 북쪽문, 동벽의 남쪽문 등에 옹성구조가 남아 있었음. 이로 보아 다른 성문도 모두 옹성 구조를 갖추었을 것으로 추정됨. 1921년에 성문 3개를 새로 중수하고, 동문은 經武門, 서문은 濬文門, 남문은 襟江門 등으로 명명함. 1931년에 동문과 서문을 개축한 다음 동문인 經武門은 輯文門, 서문인 濬文門은 安武門으로 개명함. 1975년 조사 당시 3개 성문은 모두 파괴된 상태였음.
○ 도로 : 성 내부에는 본래 동문인 輯文門과 서문인 安武門을 연결하던 동서 횡단로인 勝利大路, 승리대로 북쪽의 동서 횡단로인 團結大路, 남문터와 북문터를 잇는 남북 종단로인 東盛街 등 3개의 도로가 있음. 이들 시기의 도로는 고구려시기 이래의 古道로 도로 양단의 성문도 고구려시기의 성문터로 추정됨.

⑤ 보존 상태
○ 성벽은 기본적으로 많이 훼손되었음. 현존 성벽의 너비는 약 7~10m.
○ 남벽의 서쪽 부분이 비교적 잘 보존되어 있는데, 잔존높이는 3~4m임. 동쪽 부분의 성벽 잔존높이는 약 2~3m임.

○ 북벽은 전체적으로 잘 보존된 편인데, 東段 일부와 서북 모서리 구간이 많이 파괴되었음. 잔존높이는 1~2m인데, 1975년에 간단히 복구하였음.
○ 서벽은 서문을 경계로 북쪽 부분은 비교적 잘 보존되어 있는데, 성벽의 잔존높이는 약 2~4m임. 반면 남쪽 부분은 심하게 파괴되었음.
○ 민가가 많이 들어선 동벽은 거의 파괴되었는데, 곳곳에 성벽의 기초가 부분적으로 남아 있음.
○ 1913년과 1936년 조사시에 뚜렷이 관찰할 수 있었던 북벽과 동벽 바깥의 垓子는 거의 대부분 메워져 흔적조차 찾을 수 없고, 민가가 들어섰음.

4. 성벽과 성곽시설

集安縣文物保管所의 1975~1977년 조사내용
(『文物』1984-1)

1) 조사현황
○ 성벽의 축조방식을 상세하게 조사하여 세 종류의 성벽축조 방식을 확인함. 제1종 축조방식은 잘 다듬은 방형과 장방형 성돌로 성벽을 가지런하게 축조한 것으로 동벽, 북벽, 서벽의 南段 등에 많이 남아 있는데, 고구려시기의 성벽으로 추정됨. 제2종 축조방식은 크기가 일정하지 않은 성돌로 다소 불규칙하게 성벽을 축조한 것으로 남벽 전체와 서벽의 北段에서 보이는데, 후대에 개축한 성벽으로 추정됨. 제3종 축조방식은 크기나 재질이 일정하지 않은 성돌로 무질서하게 축조한 것으로 성벽 上部에서 많이 보이는데, 滿洲國시기나 중국 내전기에 수리한 부분으로 추정됨.
○ 남벽에 5개(T1~T5), 동벽에 1개(T6), 북벽에 2개(T7, T8), 서벽에 2개(T9, T10) 등 10개의 트렌치를 시굴하여 성벽 단면을 면밀하게 조사함. 이를 통하여 각 성벽의 축조양상과 그 시기를 보다 구체적으로 파악할

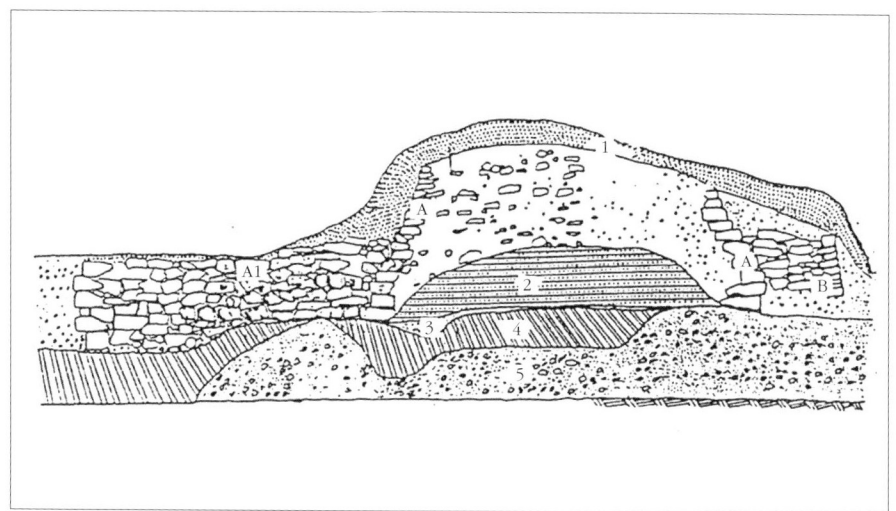
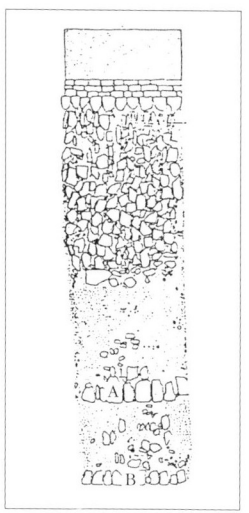

그림 8 국내성 T8 단면도(『文物』 1984-1, 50쪽)
1. 흑토·깨진돌(현대교란층)   A. 1차 축조   A1. 1차 축조 시의 치   B. 2차 축조   2. 토축성벽
3. 가는모래·강자갈층   4. 황갈토·강자갈층   5. 강자갈·굵은모래·진흙층

그림 9 T7 단면도
(『文物』 1984-1, 51쪽)
A. 1차 축조   B. 2차 축조

자료를 확보함.

2) 제1종 축조방식의 성벽구조

○ 동벽의 T6, 북벽의 T7과 T8(그림 8~그림 9), 서벽 남단의 T9와 T10 등은 제1종 방식으로 축조된 성벽을 시굴한 것임. 성벽은 반듯하게 축조되었는데, 殘高는 0.9~2.2m임. 성벽 기초부의 깊이는 지표하 1.3~1.5m이며, 폭은 9.2~11.8m에 이름. 성벽의 기초는 거대한 화강석을 대략 다듬어서 축조하였는데 아주 견고함.

○ 기초부 위의 성벽도 화강암 석재로 쌓았음. 성돌은 앞쪽이 넓고 뒤쪽이 좁은 長方形으로 길이 50cm, 두께 20cm, 앞쪽 너비 36cm, 뒤쪽 너비 24cm임. 넓적한 앞쪽은 성벽 바깥, 좁은 뒤쪽은 안쪽을 향하도록 쌓았음. 위로 올라갈수록 10~15cm 정도씩 안쪽으로 물려 쌓아 계단모양을 이루도록 함.

○ 이러한 축성법은 견고하여 압력을 잘 견딜 수 있음. 트렌치에 나타난 각 성벽의 층수와 높이는 일정하지 않은데, 가장 낮은 곳은 4층으로 높이는 1m에 불과하고, 가장 높은 곳은 11층으로 높이는 2.4m에 이름. 계단모양 기초부 위쪽에는 다시 수직으로 성벽을 축조하였는데, 성돌의 크기가 거의 비슷하고, 성벽의 구축방식도 짜임새가 있으며, 벽면도 반듯함.

○ 성벽의 외벽은 반듯한 長方形의 돌로 축조하였음. 외벽의 안쪽 4m 지점에는 가공하지 않은 돌을 층층이 쌓았는데, 돌 사이의 틈새는 잔돌로 메꾸었음. 내벽은 제대로 다듬지 않은 돌을 안쪽으로 경사지게 쌓았지만, 벽면은 자못 반듯함.

○ 성벽 단면은 전체적으로 사다리꼴임. 성벽 내부에서 내벽까지 거리는 5~6m 정도인데, 그 사이를 흙과 돌을 섞어서 메꾸었음. 각 트렌치에서는 청동기 2건, 철기 3건, 토기편 62건, 회색 기와잔편 1건 등 고구려 시기의 유물이 다수 출토됨.

3) 제1종과 제2종 축조방식이 병존한 성벽

○ 남벽 T1·T3·T5(그림 11)의 외벽과 북벽 T7·T8(그림 8~그림 9)의 내벽에서는 두 겹의 성벽을 발견함. T1·T3·T5 두 성벽 사이의 거리는 1m 전후임. T7·T8 두 성벽의 殘高는 0.4~1.8m이며, 거리는 약 1.4m임.

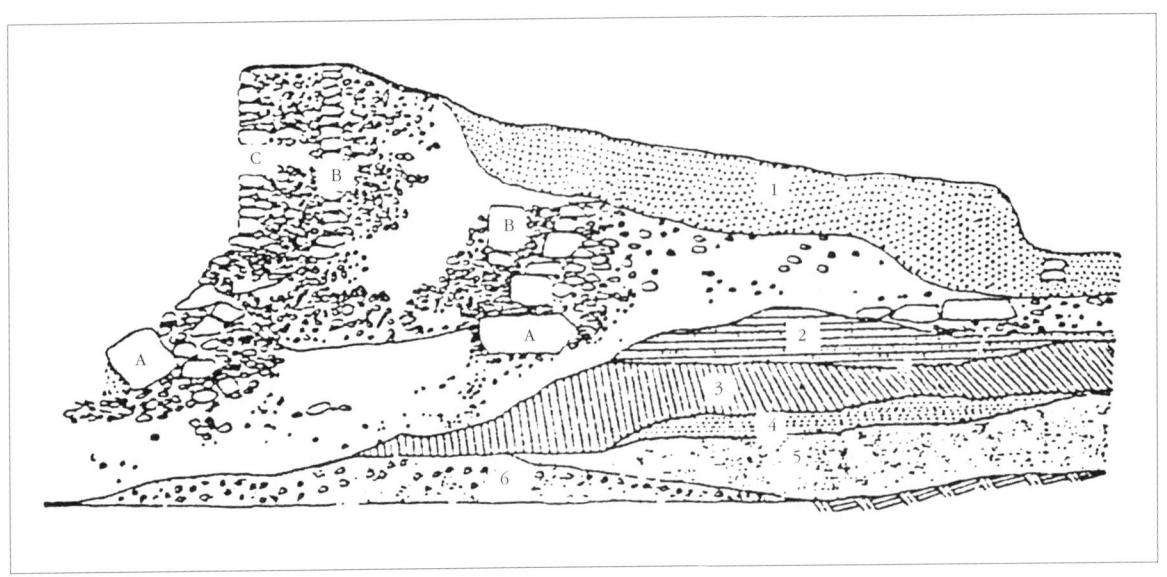

그림 10 T4 단면도(『文物』 1984-1, 52쪽)
1. 흑토·난석(현대교란층)   A. 1차 축조   B. 2차 축조   C. 민국연간축조   2. 황갈토·가는모래   3. 황토·가는모래·진흙층
4. 황색가는모래층   5. 갈토·가는모래층   6. 굵은모래·강자갈층

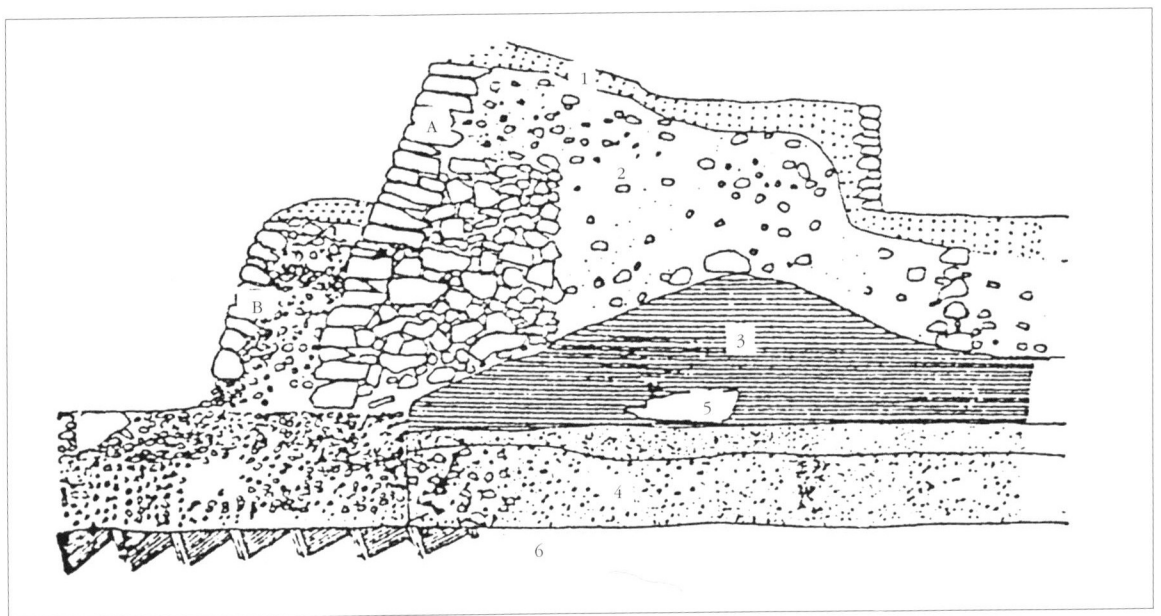

그림 11 T5 단면도(『文物』 1984-1, 51쪽)
1. 흑토·깨진돌(현대교란층)   A. 1차 축조   B. 2차 축조   2. 황갈토·가는모래   3. 토축성벽   4. 굵은모래·강자갈층   5. 붉게 구워진 흙
6. 생토층

○ T7·T8 내벽 남쪽 성벽의 경우, 성돌의 크기가 일정하지 않고, 각 층 사이는 많이 교란되어 있고, 축조방식도 짜임새가 없음. 두 성벽 사이는 검은 흙과 잔돌로 메꾸었는데, 여기에서 靑花瓷器片 5점과 淸末의 光緖通寶 1매가 출토됨. 이로 보아 T7·T8 내벽 남쪽 성벽은 民國시기인 20세기 초에 축조된 것으로 추정됨.

○ T7·T8 내벽 북쪽 성벽은 축조방식과 출토 토기편 등이 제1종 축조방식의 성벽 구조와 동일함. 다만 기초 부분에 안으로 조금씩 물려쌓은 흔적이 남아 있지 않은 것은 국내성 시기의 성벽을 일찍이 개축하였기 때문으로 여겨짐. 따라서 T7·T8 내벽의 경우, 북쪽 성벽이 제1차, 남쪽 성벽은 제2차로 축조한 것으로 추정됨.

4) 남벽 T4의 치성 구조(그림 10)

○ 남벽의 T4는 치(馬面)를 절단한 것인데, 이곳에서는 세 겹의 성벽이 발견되었음. 바깥쪽의 첫째와 둘째 성벽은 모두 석축(磠堡) 성벽임.

○ 첫째 성벽의 殘高는 2.8m로서 수직으로 축조하였는데, 둘째 성벽과의 사이에서 滿洲國의 화폐가 발견되었음. 이로 보아 첫째 성벽은 만주국 시기에 축조된 것으로 추정됨.

○ 둘째 성벽은 두 벽면이 꺾이면서 만나는 지점으로 남벽 T1·T3·T5의 외벽 바깥쪽 성벽과 일직선상에 놓여 있음. 民國시기인 20세기 초에 축조한 것으로 추정됨.

○ 가장 안쪽의 셋째 성벽은 많이 파괴되었는데, 국내성의 본래 성벽임. 성벽 아래쪽 기초부에는 치의 기초가 남아 있는 것으로 고구려시기에 처음 성벽을 축조할 때 치를 설치한 것으로 추정됨. 다만 그 뒤 치는 폐기된 것으로 보이는데, 이는 고구려시기에 이미 성벽을 개축했을 가능성을 시사함.

5) 북벽 T8의 치성 구조(그림 8, T8 단면도)

○ 북벽의 T8에서도 치를 시굴함. 이곳의 치는 지표상에서는 흔적조차 찾아볼 수 없지만, 지표 아래에는 동서 길이 10m, 남북 너비 6.8m, 깊이 2m의 기초부가 남아 있음. 치와 성벽의 기초부는 모두 거대한 화강암을 서로 맞물리도록 축조하였음.

○ 치에서 출토된 토기 손잡이(陶耳), 扁鏃形 箭頭 등은 기형이 모두 국내성 시기의 성벽에서 출토된 유물과 같음. 치는 국내성 시기에 축조되었고, 후에 개축할 때 폐기된 것으로 파악됨.

6) 성벽 하단의 土築城壁

○ 남벽 T4(그림 10)와 T5(그림 11), 북벽 T8(그림 8) 등의 석축성벽 아래에서는 견고하게 구축한 토축 성벽이 발견됨. 토축성벽의 폭은 7~8m, 높이는 1.7~2m이고, 단면은 활모양임.

○ 토질은 泥砂黃褐土로서 자갈이 조금 섞여 있음. 견고한 정도로 보아 인공으로 두드려서 다진 것으로 추정되지만 판축(夯窩)의 흔적은 보이지 않음.

○ 이곳에서는 붉게 구워진 흙덩이, 재구덩이 등과 함께 돌도끼, 돌칼, 둥근모양 석기, 석기 자루 등 石器 4건, 구연부와 손잡이를 비롯한 토기편 14건 등이 출토되었음.

2000~2003년의 조사내용(『國內城』)

1) 동북 모서리의 치와 성벽(그림 12)

(1) 전체현황

○ 성벽 동북각은 현대 퇴적으로 덮여져 있었음. 현대 퇴적물을 제거한 후에 고고 조사가 경과되면서 동북각의 벽체가 둥근 활모양으로 휘어진다는 사실을 확인함.

○ 모서리 양측의 동벽과 북벽 외면에서 각각 치를 확인함. 다만 모두 기초 부분만 겨우 잔존한 상태로 지표상에는 어떠한 흔적도 보이지 않음.

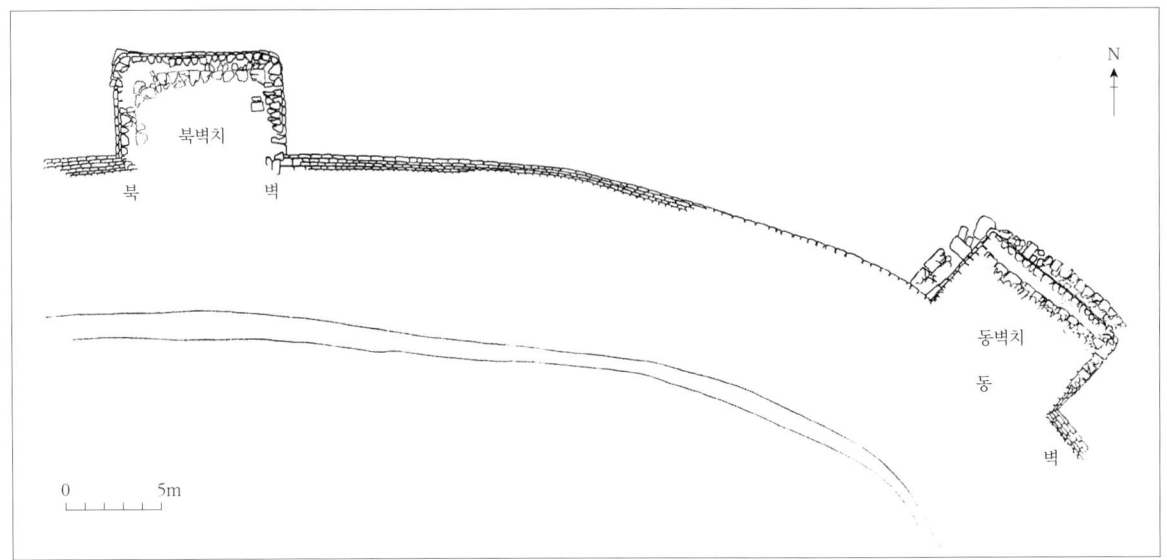

그림 12 국내성 동북각 유적의 평면도(『國內城』, 13쪽)

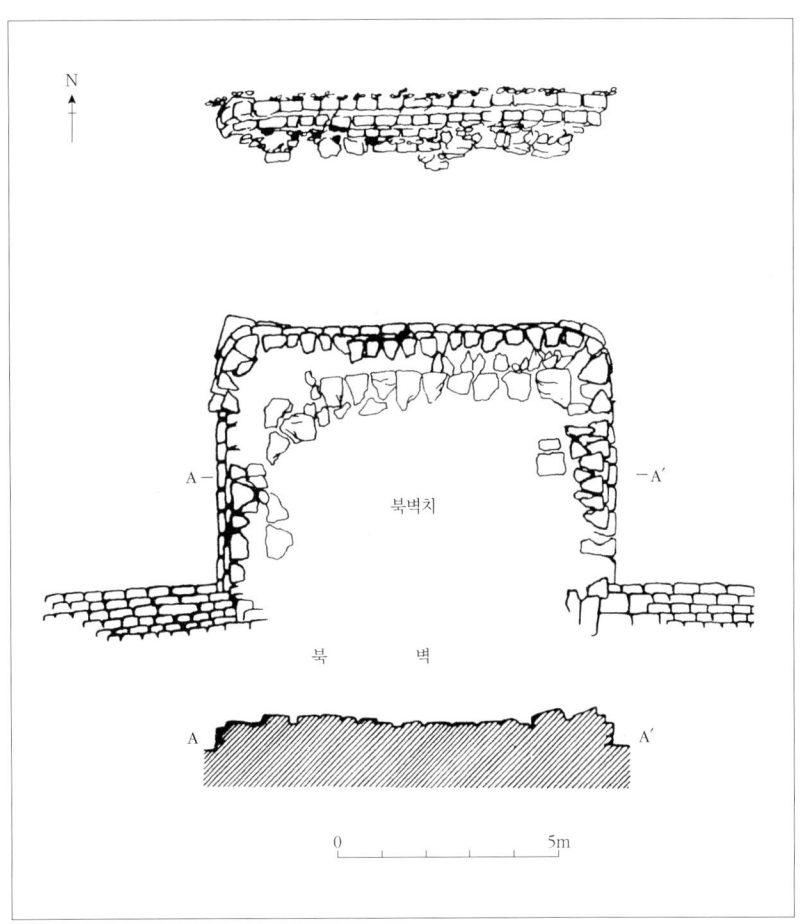

그림 13
동북각 북벽 치의 평면도와 단면도
(『國內城』, 14쪽)

(2) 북벽의 치(馬面, 그림 13)

① 전체현황
○ 북벽 東端의 모서리에 위치하며, 치의 동서 길이는 8.9~9.1m, 남북 너비는 5.6m, 잔고는 0.6m임. 다른 치에 비해 기초부의 보존 상태가 상대적으로 좋은 편임.
○ 치의 평면은 횡장방형으로 외단의 양쪽 모서리는 둥그스름한 모양임. 기초 부분은 쐐기형돌을 사용해 테두리(邊框)를 축조하였는데, 내외 2단의 邊框이 남아 있었음. 내외 2단의 邊框 가운데 외광(外階 邊框)이 치의 지하 기초 부분이라면, 내광(內階 邊框)은 지상에 구축한 치의 主體 부분임.

② 외광
○ 동변 : 外框 동변의 가장 높은 곳은 4층으로 아래에서 위로 3층부터 층마다 안으로 들여쌓기 시작함.
○ 북변 : 外框 북변의 벽체는 3층이 남아 있었는데, 2층 이상부터 들여쌓기 시작했음.
○ 서변 : 外框 서변의 일부 구간에 성벽 4층이 남아 있었는데, 3층 이상부터 들여쌓기 시작했음.
○ 쐐기형돌로 쌓은 동변의 제4층, 북변의 제3층, 서변의 제4층 벽체는 동일한 수평면임. 이 수평면 안쪽에 너비 약 0.7~0.8m인 'U'자형 건물의 빈 터가 있는데, 그 내측에 치의 내광(內框) 벽체를 축조함.

③ 내광
○ 보존상태 : 내광은 북변과 서변의 바닥층 邊框石이 겨우 잔존함. 이로 인해 내광 벽체가 층마다 들여쌓기 하였는지 여부를 확정하기는 힘듦.
○ 축조방법 : 치 내부는 불규칙한 석괴를 채워 넣었음. 쐐기형돌로 쌓은 치 내외 邊框의 벽체(砌體) 내부 틈새에는 뾰족한(尖頭) 석괴를 사용해 상호 교차시켜서 邊框의 성벽 상하층 사이를 꽉 맞물리도록 쌓아 올렸음. 이러한 축조 기법으로 안정되고 견고한 벽체를 구축함.

④ 치 서측 성벽
○ 치의 서측에서 고구려시기 성벽 벽체를 조사했는데, 길이는 약 3.7m.
○ 가장 높은 곳은 벽체가 9층이 남아 있었는데, 쐐기형돌로 축조했고, 底部 제2층부터 벽체를 층마다 들여쌓기 시작하였음. 치의 바깥 邊框의 성돌과 성벽 벽체의 쐐기형돌을 가로세로로 서로 교차시켜 맞물리도록 결합시켰는데, 이를 통해 본래 치와 성벽을 통일된 벽체로 조영했음을 알 수 있음.

(3) 동벽 치(馬面, 그림 14)

① 전체현황
○ 동벽 북단에 위치하며 동북 모서리 부근의 북벽 치에서 동쪽으로 35.75m 떨어져 있음. 치의 남북 길이는 8.9~9.1m, 동서 너비는 5.1~5.5m. 최대 잔고는 1.2m임. 평면은 횡장방형임.
○ 치 底部의 邊框 윤곽은 기본적으로 완전하게 남아 있으며, 쐐기형돌을 사용해 邊框의 벽체를 쌓아올렸음.

② 외광
○ 남변 : 치 外框의 남변과 성벽 본체가 연결되는 부분의 벽체는 6층이 남아 있는데, 아래에서 위로 4층부터 층마다 들여쌓기를 시작하였음.
○ 동변 : 치 外框 동변의 벽체는 2층이 남아 있는데, 상하층의 사이는 들여쌓기한 모습이 현저함. 동변 벽체의 외측에는 비교적 큰 석괴를 사용해 단층으로 쌓아올린 벽체가 있음. 이 벽체는 활모양으로 치의 동변을 둘러싸는 모양을 띠는데, 동변 邊框을 견고하게 보호하기 위한 용도임.
○ 북변 : 치 外框 북변의 벽체는 4층이 남아 있는데,

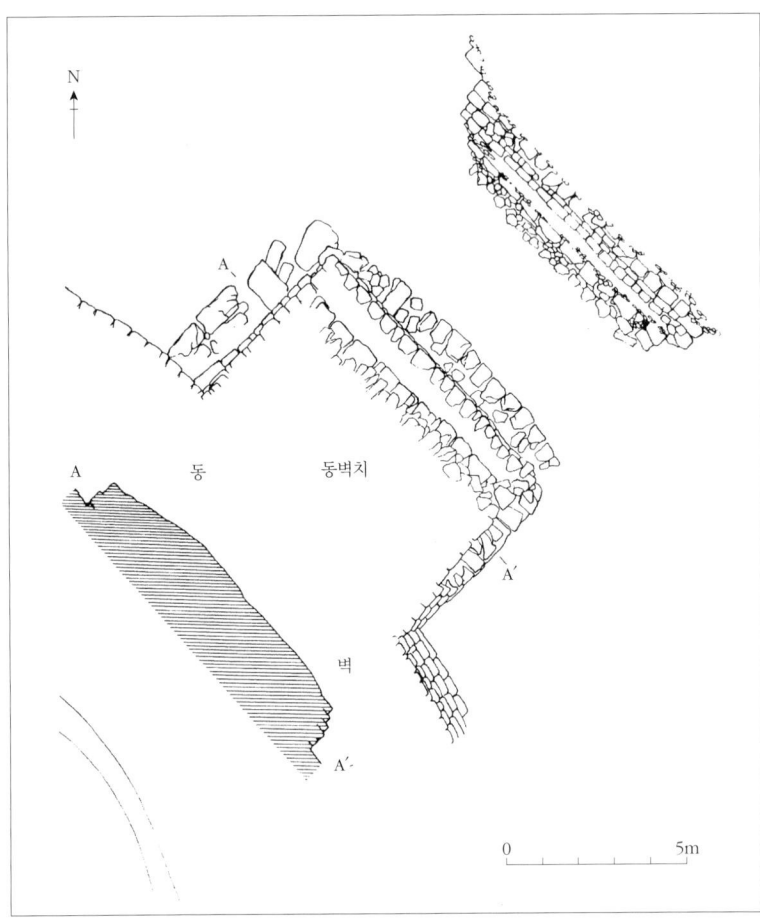

그림 14
동북각 동벽 치의 평면도와 단면도
(『國內城』, 15쪽)

최상층에서 들여쌓기를 시작했음. 북변 외측에 대석괴를 깔아 기초를 단단하게 했음.

③ 치의 구조와 성벽 연결 방식
○ 치 내부의 주체 부분은 불규칙한 석괴로 채웠음.
○ 치의 邊框과 성벽 본체를 연결하는 방식은 북벽의 치와 같음.

(4) 치성 사이 성벽의 외측 벽체
두 치성 사이의 성벽 외측 벽체를 발굴함. 西半部의 보존 상태는 상대적으로 좋은 편인데, 가장 높은 곳은 벽체가 6층이 남아 있고, 아래에서 위로 3층부터 층마다 들여쌓기를 시작했음. 東半部의 벽체는 훼손이 심한 편인데, 트인 곳이 있음. 가장 아래쪽의 저부의 벽체 1~2층만 남아 있는데, 결실된 부분이 있고, 들여쌓기 여부는 뚜렷하지 않음.

(5) 치성 사이 성벽의 내측 벽체와 현대 움
○ 두 치성 사이에 자리한 동북각 성벽의 내측 구역에 대해서도 고고발굴을 진행하였음. 이곳에서는 현존 성벽의 내측 벽체를 활용해 북벽을 만든 장방형 현대 움을 발견함. 움의 바닥과 성벽의 벽체 밑부분이 수평을 이루는데, 모래를 함유한 강돌층 위에 축조하였음. 움의 바닥은 현재의 지표에서 약 1.9m 깊이인데, 성벽 내측 벽체의 깊이도 이와 동일함.
○ 움이 위치한 구역 이외의 성벽 내측에 대해서는 아직 바닥까지 조사하지 못했음. 이로 인해 고구려시기의 성곽 내부 지면을 발견하지 못했음.

○ 움이 위치한 부분의 성벽 내측 벽체는 동쪽과 서쪽의 축조방식이 다름. 서쪽 벽체는 아래에서 위로 갈수록 석괴의 크기가 작아지는데, 하부는 비교적 큰 강돌을 쌓아 올렸고, 상부는 다듬지는 않았으나 바깥에 노출된 면은 비교적 평평한 불규칙한 석괴를 사용했음. 벽체 저부는 조금 바깥쪽으로 돌출하였고, 아래에서 위로 들여쌓았지만 층마다 들여쌓기를 한 것은 아님. 동쪽 벽체는 사용한 석괴가 조금 작은데, 강돌은 보이지 않고, 쌓아 올린 방식은 가지런히 정리한 것으로 개축한 벽체로 추정됨.

○ 벽체 斷面을 절단하지는 않았으므로 동북각의 벽체 내부 구조를 추정하기 어려움. 벽체의 너비는 약 8.5~10m임.

(6) 동북각에서 새롭게 발견한 성벽

○ 현재의 성벽 내측 지표 아래에서 또 다른 성벽 벽체의 기초를 발견함. 현재의 성벽과 평행하는데, 발견된 성벽 기초의 외변과 현존 성벽 벽체의 간격은 약 3.2m임. 양자 사이에는 석괴와 강돌을 채워 넣었음.

○ 새롭게 발견한 성벽 기초의 외측면은 쐐기형돌로 쌓았는데, 가장 높은 벽체는 3층이 남아 있고, 1층만 남은 곳도 있는데, 잔고는 약 0.2~0.5m임. 외벽의 내측에는 양끝이 뾰족한 길쭉한 돌(尖頭石條)로 서로 교차시켜 축조했음. 그런 다음 현존 벽체와의 사이에는 강돌을 사용해 메웠음.

○ 국내성 북벽 서문의 조사결과로 볼 때, 동북각의 현존 성벽 내측에서 발견된 지표 아래의 성벽 기초도 고구려시기의 성벽 유적으로 파악됨. 지표상의 현재 벽체와 비교할 때, 개축 시기는 조금 늦은 것으로 추정됨. 이를 통해 고구려시기에 북벽을 안으로 들여서 개축했음을 확인할 수 있음.

(7) 동북각 출토유물

대부분 철기(鐵器)로 편호 2003JGCDBJ. 상세한 내용은 '5. 출토유물' 참조.

2) 북벽의 단면 조사(그림 15)

(1) 발굴 개요

○ 2000년 10월에 국내성 성벽의 축조 방식과 시기를 파악하기 위해 북벽의 단면을 조사함. 절개 지점은 남북방향의 東盛路가 지나는 국내성 북벽 트인 곳의 서측 약 15.3m 거리에 위치함. 이 곳 성벽은 원래 트인 곳이 없었는데, 후대의 도로 보수로 인해 트인 것임.

○ 동서방향의 성벽에 남북방향의 트렌치를 시굴함. 트렌치 규모는 동서 너비 4m, 남북 길이 13m임.

(2) 지층퇴적

단면 조사한 지점의 지층 퇴적은 5개 층으로 나눌 수 있음.

① 제1층

○ 2개의 작은 층으로 나눌 수 있음.

○ ①A층 : 성벽 상부를 덮은 층으로 흑갈색토이며, 토질은 부드러움. 이 층 퇴적은 현존 성벽의 頂部와 내측 벽체 표면에 분포함. 두께 약 0.15~0.8m. 퇴적층에서 현대 자기편 등이 출토됨.

○ ①B층 : 현대퇴적층. 현대 건설로 인해 형성된 폐기물로 구성되었음. 이 층은 성벽의 외측에 분포하며 두께 약 1.25m.

② 제2층

황갈색 토층. 토질에 대량의 잔돌과 강돌이 섞여 있음. 유물은 보이지 않음. 두께 약 0.4m.

③ 제3층

황갈색 토층. 토질은 부드러움. 소량의 잔돌이 섞여 있음. 두께 0.25~0.3m. 이 퇴적층은 성벽 외측에 분

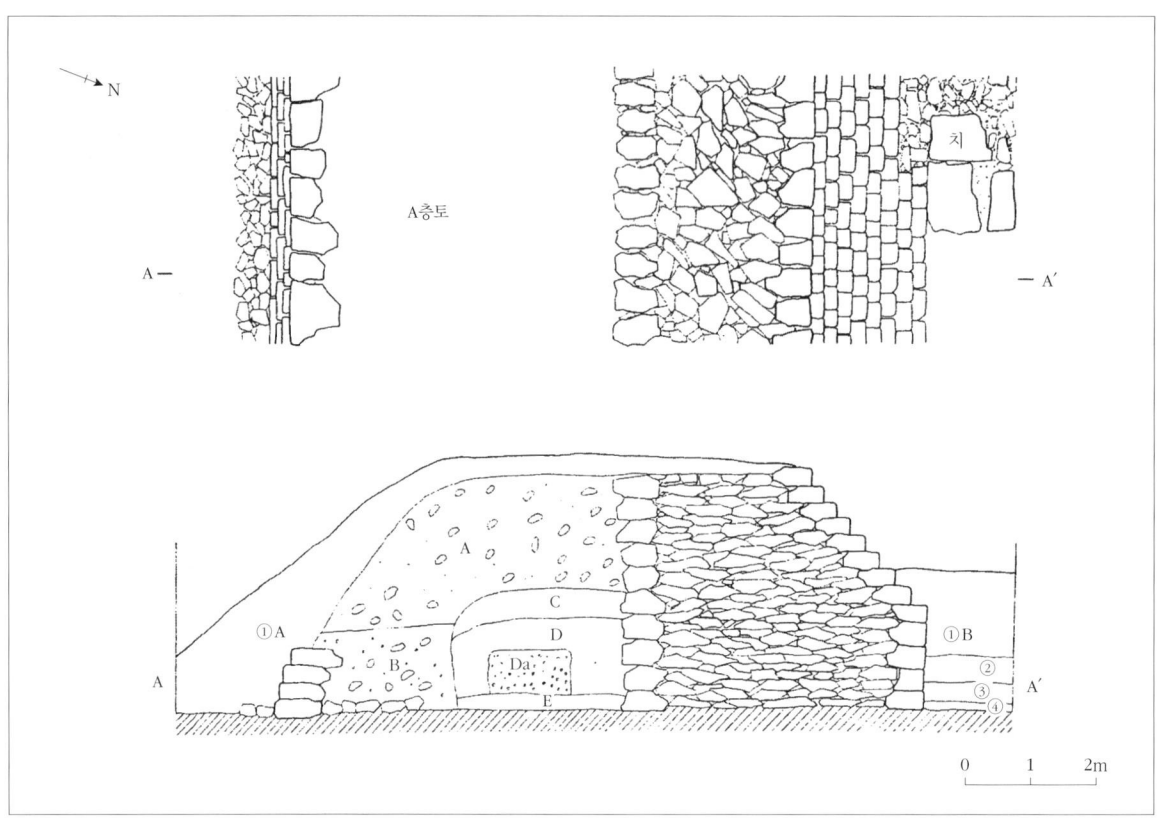

그림 15 북벽의 발굴지점 평면도와 단면도(『國內城』, 20쪽)

포해 있음. 泥質 회색토기와 모래혼입 황갈색 토기편 등이 출토됨.

④ **제4층**
회색 재층(灰燼). 토질은 부드러움. 어떤 유물도 없음. 이 퇴적층은 성벽 외측에 분포함. 두께 약 0.1m.

⑤ **제5층**
황갈색 토층. 대량의 강돌이 섞여 있음. 성벽 바닥층은 이층 위에 있음. 미조사.

(3) 벽체구조
성벽의 구축방식은 그 사용된 재료를 기준으로 남북 2개 부분으로 나눌 수 있음. 북반부의 벽체는 돌로 축조한 데 비해, 남반부의 벽체는 외벽만 돌로 축조하고 내부는 흙으로 메움.

① **성벽 北半部**
○ 축조방식 : 비교적 가지런하게 축조한 외벽 내부를 불규칙한 석괴로 채웠음.
○ 성벽 외측 : 외측 벽면에는 長方形條石을 수직으로 쌓아 올린 5층 기초부가 있음. 기초부 이상의 벽면에는 쐐기형돌을 사용해 층마다 들여쌓기를 하는 방식으로 쌓아 올렸음. 들여쌓기한 벽체가 8층 남아 있는데, 하부 2층은 ①B층 현대 퇴적에 의해 매몰되었음.
○ 벽체 내측 : 외측 벽면에서 4.65m 거리에 일정한 규격으로 다듬은 석괴로 쌓아 올린 세로방향의 석축열이 있는데, 10층이 남아 있음.
○ 뒷채움부 : 외측 벽체와 세로방향의 석축열이 남북의 두 벽체를 구성하는데, 양자 사이의 뒷채움부는 불

규칙한 板狀 석괴로 채워넣었음. 층층이 가지런하게 쌓아 올렸는데, 내부의 불규칙한 석괴와 내외벽의 석괴가 상호 맞물리도록 긴밀하게 축조했음.

② 성벽 南半部

○ 성벽의 南半部는 흙을 다져서 쌓은 토벽이 주체임. 성벽 내측의 외벽은 석괴를 사용해 쌓아올렸음. 기저부 4층만 남아 있는데, 층마다 들여쌓기를 하였고, 모두 지표 아래에 매몰되어 있음. 내측의 외벽과 북반부의 석축 벽체 사이 구간은 흙을 다져 채웠음. 흙다짐층은 위에서 아래로 5층으로 나눌 수 있는데, 차례대로 A, B, C, D, E층으로 매겼음.

○ A층 : 황갈색 토층. 대량의 강돌 및 거친 모래가 섞여있음. 토질은 약간 붉음. 두께 0.35~1.25m. 흙을 다진 층에서 토기편이 출토되었는데, 그 중에는 泥質 토기, 모래혼입 토기도 있음. 토기편은 주로 회색 토기로 소량의 흑갈색 토기도 포함되어 있음. 관(罐), 호(壺) 등의 기형으로 구분할 수 있음.

○ B층 : 황갈색 토층. 대량의 碎毛石이 섞여 있음. 두께 1~1.3m. 흙을 다진 층에서 토기편이 출토되었는데, 태토는 비교적 세밀하며 소량의 가는 모래가 섞여 있음. 회색, 흑색 토기편이 대부분이며, 소량의 회백색 토기편도 있음. 손잡이(橋狀耳)가 부착된 토기편, 작은 구멍뚫린 시루바닥 잔편 등이 출토되었는데, 관(罐), 시루(甑) 등의 기형으로 구분할 수 있음. 이 층 바닥층은 벽체의 저부이며, 바닥에 규격이 일정하지 않은 돌을 깔았음.

○ C층 : 옅은 갈색 토층. 토색은 흑색, 소량의 강돌 및 가는 모래가 섞여 있음. 두께 0.45m. 다진층에서 소량의 토기편이 출토되었는데, 흑색, 회색 토기가 대부분이며 기형은 판별하기 어려움.

○ D층 : 짙은 갈색 토층. 소량의 커다란 강돌이 섞여 있음. 두께 0.45~1.15m. 흙을 다진 층에서 토기편이 비교적 소량 발견됨.

○ Da층 : D층의 다진 층에 황갈색토가 섞여 있음. 비교적 작은 강돌이 많이 섞여 있음. 두께 약 0.75m. 이 층에서 황갈색 토기편을 사용해 갈아서 만든 가락바퀴(紡輪)가 발견됨.

○ E층 : 황갈색 토층. 소량의 강돌이 섞여 있음. 두께 약 0.1~0.2m. 어떠한 유물도 발견하지 못함.

③ 북벽 규모

벽체 기저의 너비는 10.1m이고, 지면에 노출된 잔존 벽체 頂部의 너비는 약 5.75m이고, 기저 윗부분의 벽체 잔고는 약 3.5m임.

④ 치의 기초부 조사

○ 발굴 구역의 성벽 외측에서 치의 기초부를 발견함. 치의 기초는 벽체 트렌치 서측 1.7m 되는 곳에 위치함.

○ 주변 환경의 제약으로 전면 발굴을 할 수 없었고, 트렌치 구역 내에 위치한 부분만 조사함. 조사한 부분은 치의 기초부 外框 벽체의 東邊 기단석 및 치성 본체의 내부 充塡石에 해당함. 치 기초부 外框 벽체의 東邊 기단석 3개를 조사했는데, 그 서측의 치성 본체 내부는 불규칙한 작은 석괴로 채워넣었음. 이 치성의 기초부에는 북벽의 기저에서 쌓기 시작한 출발점이 없으며, 기초부는 북벽의 벽체 기단석 가운데 아래로부터 제3층과 같은 평면에 위치함.

○ 치 가운데 조사한 부분은 남북 너비 1.4m, 동서 길이 2.3m임.

⑤ 성벽 내측의 석괴 포석층(鋪石層)

성벽 내측의 외벽 하단의 기초석 외측에서 불규칙한 석괴로 조성한 포석층을 조사함. 이 포석층은 벽체 하단의 기초석을 따라 동서 방향으로 분포함. 조사 구역 밖으로도 뻗어 있으며, 남북방향의 너비는 약 0.5m임.

(4) 발굴 결과

○ 1975~1977년에 집안현 문물보관소가 국내성의 성벽 10개 지점에 대해 단면 조사를 진행했음. 당시 학계는 석축 아래의 토축성벽에 대해 戰國時代부터 고구려 건국 이전에 축조한 것이라 결론지었음. 또 고구려시기에 석축 성벽을 두 차례 개축하였을 것으로 파악함.

○ 2000년 국내성 북벽에 대한 단면 조사를 통해 벽체 北半部의 석축 벽체는 한 번에 축조한 것임을 밝혔음. 성벽 외측에 위치한 치성의 건축 연대도 모두 고구려시기임. 北半部의 성벽은 돌로 축조했는데, 방어를 고려한 조치로 보임.

○ 南半部의 토축 벽체의 경우, A층과 B층, C층과 D층 토질이 각각 서로 비슷하지만, 4개의 다진 층 사이에 간헐적인 축조 현상은 발견되지 않았음. 각층에서 출토된 토기편도 질적 차이가 없고, 제작법과 형태 모두 고구려시기 토기의 특징을 나타내고 있음.

○ 조사 구역의 벽체 단면으로는 고구려시기에 국내성 북벽을 두 차례 개축했다는 것을 설명하기 힘듦. 다만 내측 외벽 하단의 바깥쪽에서 조사한 포석층은 제2차 개축한 성벽의 잔존 유적일 가능성이 있음.

(5) 북벽 출토유물

○ 단면 조사 지점의 퇴적층과 성벽에서 陶質 유물이 출토되었음.

○ 가락바퀴(紡輪), 원반형 토제품(陶餠) 외에 완형 유물은 발견되지 않음. 토기는 대부분 동체부(胴體部)의 잔편이며, 구연부는 비교적 적고, 관(罐), 시루(甑) 등의 기형을 판별할 수 있음. 상세한 사항은 '5. 출토유물' 참조.

3) 북벽 중문지와 좌우의 치(그림 16)

(1) 조사 경과

① 池內宏의 조사내용

池內宏이 저술한 『通溝』의 국내성 평면도에는 북벽 문지의 위치가 표시되어 있음. 池內宏은 조사 당시 국내성 시기의 이 문(북문)은 폐쇄되었고 북벽에 다른 小門이 있다고 하였음. 다만 도면에 小門의 지점을 구체적으로 표시하지 않았음. 신중국 성립 이후, 남북방향의 朝陽街가 池內宏이 표시한 국내성 남북 2개 문을 관통하는 양상을 띰.

② 『集安縣文物志』의 기술내용

남북방향의 朝陽街 兩端은 원래 국내성의 남문과 북문이었고, 북문은 해방 후 다시 개통된 것임. 이전에는 트인 곳이 한 개만 있었는데, 주민들이 '城墻豁子'라고 불렀음. 朝陽街를 몇 차례 개조하는 과정에서 북문 유적이 심하게 파괴되었음.

③ 1990년

1990년 도시 건설 과정에서 '城墻豁子' 동측 5.5m 지점에서 치의 기초부를 한 곳 발굴함.

④ 2003년

2003년 국내성 환경 정리 과정에서 '城墻豁子' 서측 약 1m 지점에 치를 발굴함. 고고조사 이전에는 치가 있던 2곳 모두 현대 퇴적층으로 덮여 있어서 지표상에는 어떠한 유적도 보이지 않았음.

(2) 중문지 서측의 치(그림 17-1)

① 전체현황과 보존상태

치의 본체는 횡장방형임. 기초부의 보존상태는 비교

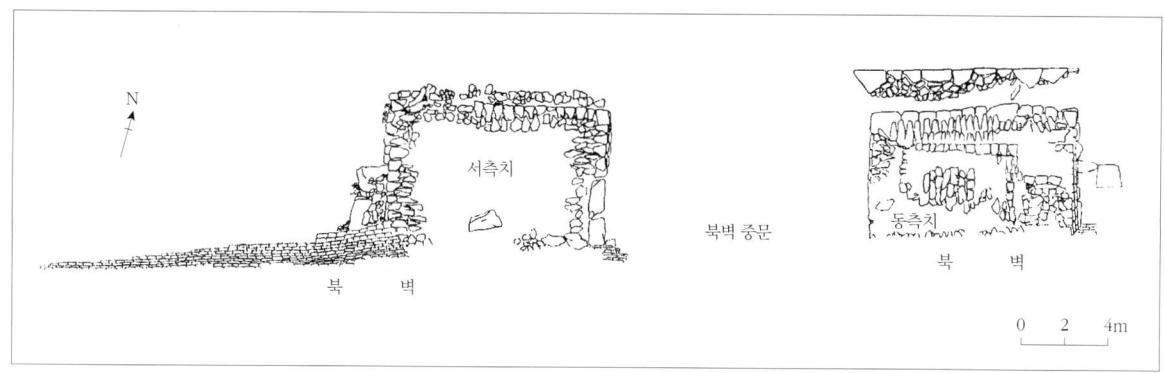

그림 16 북벽 중문지와 좌우 치의 평면도(『國內城』, 25쪽)

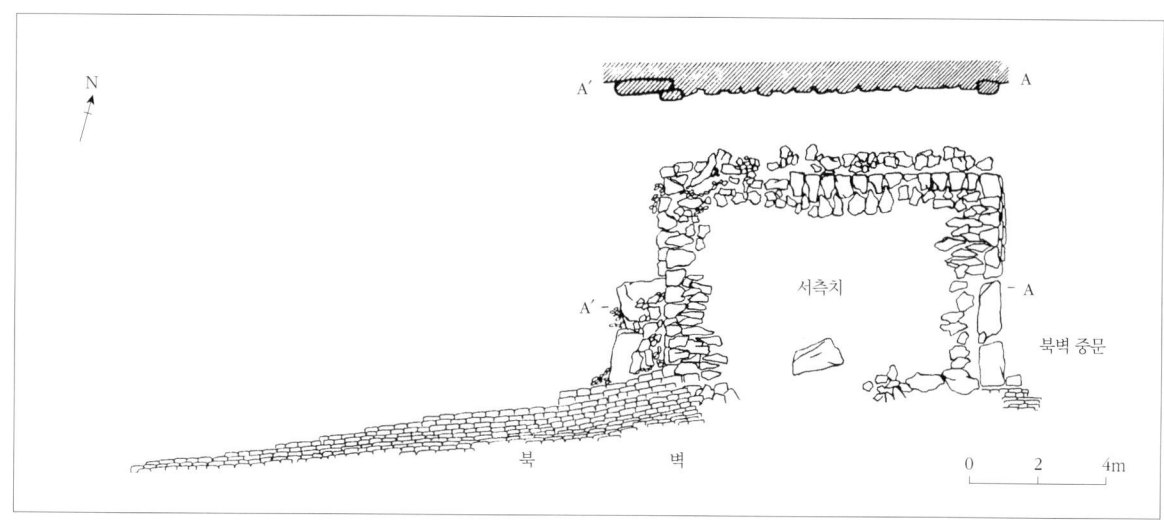

그림 17-1 북벽 중문의 서측 치 평면도와 단면도(『國內城』, 27쪽)

적 좋아 기초부의 대체적인 윤곽을 판별할 수 있음. 기초부의 크기는 동변의 길이 약 6.5m, 북변 길이 약 10.25m, 서변 길이 약 6.25m임. 치 동측의 성벽 벽체는 많이 파괴되었음. 치의 서측에는 고구려시기의 벽체가 잘 보존되어 있는데, 가장 높은 곳은 11층으로 층마다 들여쌓기를 하였음.

② 테두리(邊框)의 동변

치 邊框의 동변은 많이 파괴되었는데, 성벽 가까운 곳에 세로 방향으로 놓인 지하부 기단석 2개만 남아 있음. 석괴는 대략 장방형으로 형체는 비교적 큰 편인데, 대강 다듬었음. 두 석괴 사이의 빈틈에는 잔돌을 채 워 넣었음. 지하부 기단석(條石) 북측에 邊框 벽체 3층이 남아 있는데, 층마다 들여쌓기를 하였음. 이 벽체의 하단 2층 높이와 지하부 기단석의 두께가 같음. 상부의 제3층 벽체에는 쐐기형돌이 4개 남아 있음. 동변의 邊框이 꺾이는 모서리 지점 부근에 장방형의 평면 석괴로 축초한 벽체가 2층 남아 있음.

③ 邊框의 북변

변광의 북변 동부에 쐐기형돌로 쌓아올린 邊框 벽체가 2층 잔존함. 서쪽 부분은 파괴되었는데, 불규칙한 석괴가 흩어져 쌓여 있음. 변광의 외측에도 불규칙한 석괴가 남아 있는데, 지하부 기단석 또는 치에서 떨어진 석

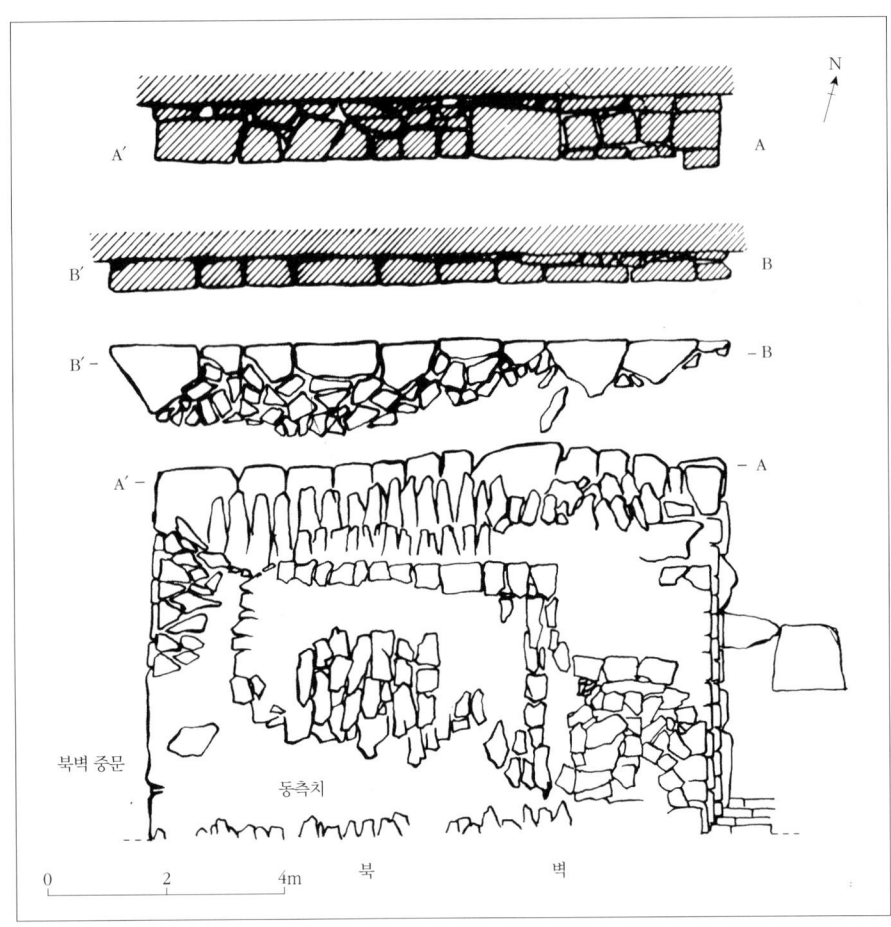

그림 17-2
북벽 중문의 동측 치
평면도와 단면도
(『國內城』, 28쪽)

괴로 추정됨.

④ 邊框의 서변

변광의 서변에는 벽체가 2층 남아 있는데, 동변과 같은 상태임. 성벽에 가까운 치의 基底에는 형체가 비교적 큰 석괴를 지하에 깔았는데, 邊框 저층 성돌로도 활용되고 있음. 동변과 다른 점은 지하부 기단석의 外端이 치성 邊框의 外端가 중복되지 않는다는 것인데, 지하부 기단석이 邊框의 바깥으로 명확하게 돌출했음을 보여줌. 지하부 기단석 북측에는 邊框 벽체가 2층 남아 있는데, 층마다 안으로 들여쌓기한 특징을 갖고 있음. 邊框 내부의 치 主體 부분은 불규칙한 석괴로 꽉 채워져 있는데, 쐐기형돌과 결합한 부분의 석괴는 비교적 규칙적으로 충전하여 뾰족한 석괴와 꽉 맞물리도록 했음.

(3) 중문지 동측의 치(그림 17-2)

① 전체현황

1990년 조사자료에 따르면 치의 평면는 횡장방형이며, 바닥 기초부가 잔존했다고 함. 2000년에 치를 재조사하여 전체 규모와 축조방식을 파악함. 邊框의 규모는 동변 약 6.1m, 북변 약 9.5m, 서벽 약 5.5m임. 邊框의 기단부와 벽체는 장대석이나 쐐기형돌로 축조하고, 外框 내부의 주체 부분은 불규칙한 석괴로 채워 넣었음.

② 邊框의 동변

비교적 잘 보존된 편이며, 저부의 기단석 위쪽에 쐐기형돌로 쌓은 치의 邊框이 2~3층 남아 있음. 底部 기단석의 두께는 약 0.8m임. 가장 하단에 비교적 큰 장대석을 다량 사용해 한 층을 조영했는데, 기단석 상부의 표면은 수평을 이룸. 장대석을 사용하지 않은 지점에는 상대적으로 작은 석괴를 3층으로 쌓아올려 높이를 같게 함. 북단의 기단석 2개는 다른 기단석과 높이를 같게 하려고 하부에 얇은 돌로 받침. 기단석 바깥으로 노출된 면은 일직선으로 평행을 이루는 상태는 아님. 기단석 위에 쐐기형돌로 축조한 벽체는 층마다 들여쌓기를 하였음. 동변 외측에 따로 떨어진 큰 석괴 2개가 있음.

③ 邊框의 북변
변광의 북변에는 하단의 기단석만 남아 있음. 기단석은 비교적 크며, 바깥에 노출된 기단석 석렬은 일직선으로 가지런하게 쌓았음. 기단층의 두께는 약 0.5m임. 기단석의 윗면이 수평을 이루게 하려고 두께가 상대적으로 얇은 동쪽 구간 기단석의 밑바닥에는 소석괴를 한 겹 깔았음.

④ 邊框의 서변
변광 서변의 경우, 대부분 구간에는 하단의 기단석만 남아 있고, 기단석 상부의 쐐기형 석괴는 소량만 보임. 북변의 기단석처럼 바깥에 노출된 기단석 석렬은 일직선으로 가지런히 쌓았음. 하단 기단석의 두께는 약 0.5m인데, 2층으로 쌓은 경우가 많음. 그중 길이 약 2.1m, 두께 약 0.5m인 장대석도 있음. 기단석 상부에 잔존한 쐐기형돌은 비교적 일직선으로 가지런한 모양을 띠는데, 약간 들여쌓기를 하였음.

⑤ 邊框 북측의 벽체
邊框 북측에는 바깥면이 일직선으로 가지런한 벽체가 있는데, 불규칙한 석괴를 층층이 쌓아 축조하였음. 표면을 수평을 이루도록 하려고 東段 벽체의 성돌 아래에는 작은 석괴를 한 겹 괴었음. 벽체의 외변과 치성 북변의 간격은 약 1.9~2m인데, 벽체 내측의 西半部에 불규칙한 소석괴가 있음. 다만 치의 북변과 연결되지 않고, 벽체의 성격도 분명하지 않음.

(4) 북벽 중문지 발굴 결과
○ 북벽 중문 구역에 대한 두 차례의 고고조사를 통해 중문 양측에서 치를 각각 1개씩 확인함. 1990년 측량에 따르면 북벽 중문의 트인 곳의 너비는 약 6.5m인데, 이곳의 동쪽 5.3m 거리에 동측 치가 있고, 서쪽 3m 거리에 서측 치가 있음. 그 뒤의 도로 개축으로 동측 치와 서측 성벽 일부가 파괴됨.
○ 국내성 성문에는 모두 옹성이 설치되었다는 것이 학계의 통설이었음. 다만 谷井齊一이 작성한 평면도에서는 남북 2개 성문의 구체적인 상황을 확인할 방법이 없고, 동벽과 서벽의 성문은 옹성 구조와 유사함. 그러므로 국내성 문지에 모두 옹성이 있다는 견해는 명확한 논거가 있는 것이 아님.
○ 국내성 북벽에 조사한 문지 2곳의 상황으로 판단해 볼 때, 국내성의 각 성문에 모두 옹성을 설치했다는 견해는 성문 양측의 치, 즉 적대의 흔적을 옹성 유적으로 파악한 데서 나온 오류임.

4) 북벽의 서쪽 문지와 좌우의 치(적대)(그림 18)

(1) 발굴조사현황
국내성 북벽의 서단 가까운 곳은 현대 건축물로 덮여 있었음. 현대 건축물을 철거한 뒤 고고 조사를 진행한 결과, 현존하는 성벽 남쪽의 지표 아래에서 도로 및 현존 벽체와 평행한 벽체 기초를 발견하였음. 이 벽체 기초의 외벽과 현존 성벽 내벽의 거리는 약 2.15m임. 양자 사이에는 흙을 함유한 잔돌이 많이 퇴적되었음. 새로 발견된 성벽 기초의 외측 벽체는 현존 북벽의 서단으로부터 45m와 55m 떨어진 지점에서 북쪽을 향해 곡선을 그리며 문길(門道)을 이루고 있음. 문길의 바깥

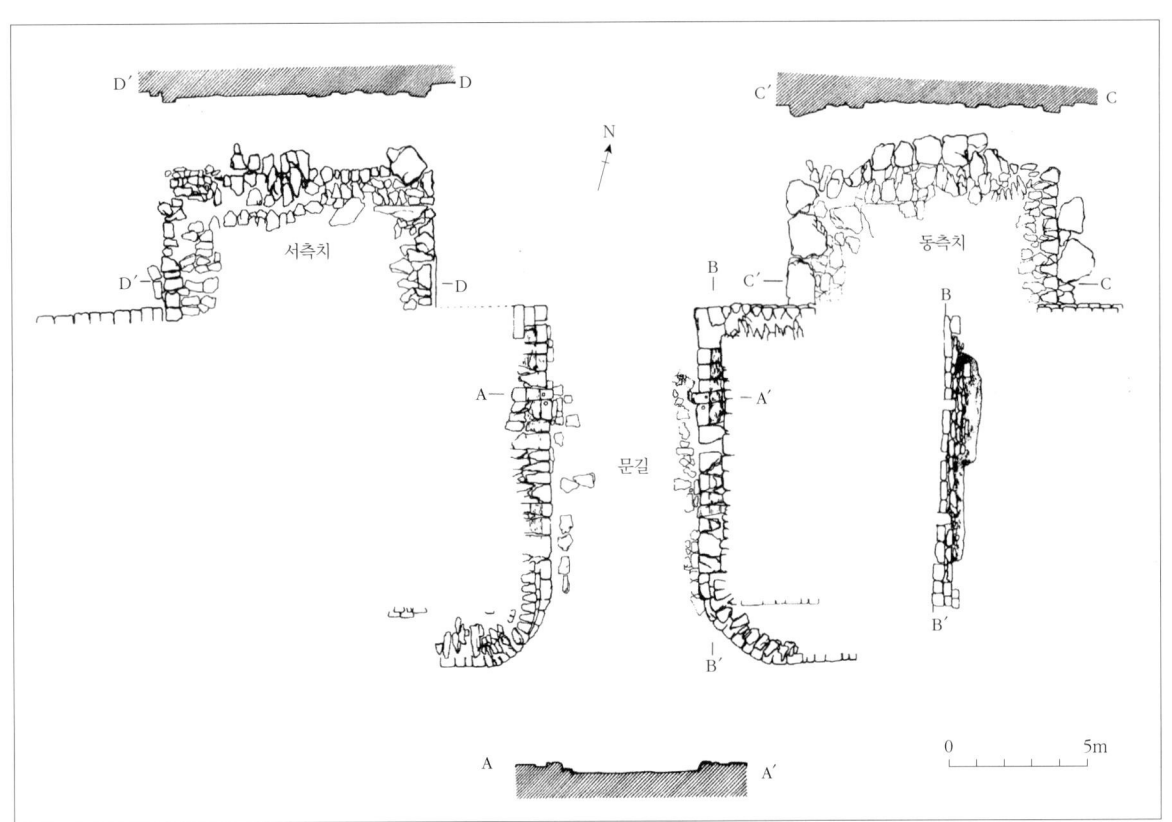

그림 18 북벽의 서쪽 문지(『國內城』, 30쪽)

쪽 동서 양측에는 치가 있음.

(2) 북벽의 서쪽 문지

○ 전체현황 : 북쪽을 향해 활모양으로 휘어진 동서 양측 성벽의 모서리 부분은 쐐기형돌로 축조했는데, 안으로 들여쌓기를 한 2~3층 벽체가 남아 있음. 모서리를 지나면 남북방향으로 뻗은 단층 벽체로 변하는데, 여기에 문지의 동서 양측 측벽(邊框)의 기단석이 있음. 성돌은 대부분 가로방향으로 쌓은 쐐기형돌이고, 바깥에 노출된 단면 및 상부 평면은 인공적인 손질을 거쳐서 모두 비교적 가지런하게 정리되어 있음. 석괴의 상부 평면에 성문 시설과 관련된 특수 가공 흔적이 있는 것도 있음. 문길 바깥쪽 출구를 꺾어 돌아가는 모서리 지점의 2개 邊框 기단석은 현존 성벽의 외벽체와 서로 연결되어 일체를 이룸. 조사과정에서 문지의 邊框 기단석의 하부에 소석괴를 깐 것을 발견했음. 문길의 평면은 밖에서 안으로 대략 八字形을 띰. 문길 바깥쪽 입구의 동서 너비는 약 5.6m. 문길 안쪽 입구 모서리 지점의 너비는 약 10m임. 문길의 전체 길이는 13m임.

○ 문기둥 초석(門柱礎石)과 지도리석(門樞礎石) : 문길 동측 邊框의 북쪽 기점 제5, 제6 기단석은 서측 邊框의 북쪽 기점 제6, 제7 기단석과 좌우 대칭됨. 그 중 동측의 북쪽 기점 제5 기단석 및 서측의 북쪽 기점 제6 기단석은 外段이 다른 기단석의 외단보다 현저히 돌출해 있고, 기단석 頂面의 외단 가까운 곳에 장방형 홈을 팠음. 동쪽 돌의 홈은 길이 13cm, 너비 10cm, 깊이 7cm임. 서쪽 돌의 홈은 길이 12cm, 너비 11cm, 깊이 7cm임. 동측의 북쪽 기점 제6 기단석, 서측의 북쪽 기점 제7 기단석의 표면에는 원형의 홈을 팠음. 홈의 규격은 서로 같으며 직경 약 15cm, 깊이 약 5cm임.

장방형 홈이 있는 기단석은 문기둥 초석(門柱礎石)이고, 원형 홈이 있는 기단석은 지도리석(門樞礎石)임. 문기둥 초석과 바깥쪽 출구 기단석 사이의 거리는 약 3.15m이고, 양측 기둥 초석의 간격은 약 5.9m임. 지도리석의 원형 홈은 문기둥 초석의 장방형 홈보다 문길 안쪽으로 약간 옮겨져 있는데, 원형 홈의 간격은 약 5.65m임.

○ 문지방(地栿) 시설 : 지도리석 상부 및 및 문기둥 초석의 장방형 홈 내측에는 석괴를 횡 방향으로 관통하는 사다리꼴 홈을 팠음. 동쪽 기단석의 홈 규격은 동변 변장 30cm, 남변 변장 46cm, 서변 변장 29cm 북변 변장 46cm, 깊이 약 10.5cm임. 서쪽 기단석의 홈 규격은 동변 변장 39cm, 남변 변장 44cm, 서변 변장 47cm, 북변 변장 39cm, 깊이 약 10cm임. 문기둥 초석의 남쪽 3.7m 지점의 기단석(동측의 북쪽 기점 제11 기단석, 서측의 북쪽 기점 제14 기단석)에도 횡 방향으로 관통하는 홈을 팠는데, 홈의 모양과 규격은 문기둥 초석의 홈과 비슷함. 이들 4개 기단석의 두께는 邊框의 다른 기단석보다 확연히 큼. 홈의 바닥면은 대체로 다른 기단석의 윗면(頂面)과 높이가 같음. 그 밖에 동측의 제2, 3, 4, 7번 기단석, 서측의 제2, 3, 4, 15, 16번 기단석의 頂面에도 인공적으로 판 얕은 홈이 있는데, 홈 외측 棱線이 뚜렷함. 이러한 홈의 外棱線은 하나의 직선상에 위치하는데, 홈을 판 목적은 문지방(地栿)을 설치하기 위해서임. 문지 안쪽 입구의 곡선 모서리의 위치로 보아 문지방의 길이는 약 8.9m로 추산됨. 문지방 내측과 성벽 벽체 사이에는 벽체를 봉쇄한 석괴가 있음.

○ 문길의 구조 : 문지 동서 양측 邊框 기단석의 두께, 문기둥 초석과 지도리석 홈의 깊이 등으로 보아 문길의 地面은 대체로 문지 邊框 기단석의 頂面보다 낮다고 추정됨. 문길의 地面은 이미 파괴되었고, 문지 동서 양측의 邊框 기단석을 따라 불규칙한 석괴가 散見됨. 국내성의 북벽 서문과 환도산성의 서남문지의 형태는 같은데, 환도산성의 문길 지면은 일반적으로 불규칙한 석괴를 한 층 깔아서 노면을 만들었음. 이로 보아 국내성 북벽 서문의 문길에 흩어진 불규칙한 석괴는 노면을 깔았던 돌의 일부로 파악됨.

○ 문지 양측 측벽 : 문지 서측 측벽은 대부분 파괴되었음. 문지 동측 북부에는 너비 약 5m, 높이 약 1m의 벽체가 남아 있음. 이 가운데 성문과 연접한 벽체는 석괴를 사용해 봉쇄했는데, 封堵石이 4~5층 남아 있음. 封堵石塊 빈틈의 잔돌을 분석해 볼 때, 벽체 내부는 모래를 함유한 碎毛石을 충전한 것으로 파악됨. 문지 동측 남부의 벽체는 현대 건축물로 인해 파괴되었음.

○ 지상 목조건축물 : 문지의 기단석에는 문지방 시설의 홈이 있는데, 지상 목조건축물이 존재했을 가능성을 시사함. 문지 바깥쪽 출구의 동서 양측 기단석 두께는 서로 이어지는 외벽 벽체의 2층 높이와 같음. 외벽 벽체의 상하단 성돌 사이에는 들여쌓기를 한 모습이 보이지 않는데, 벽체의 기단부에 해당함. 동측 외벽 벽체의 3층은 쐐기형돌로 쌓았는데, 원래 성벽의 벽체로 여기서부터 들여쌓기가 시작됨. 서측에도 쐐기형돌로 쌓은 2층 벽체가 남아 있는데, 들여쌓기 모습이 보이지 않음.

(3) 북벽 서쪽 문지의 동측 치(적대)

○ 전체현황 : 훼손 상태가 심해 基底의 석괴만 일부 남아 있음. 치의 東框과 치 서변의 거리는 약 9.25m, 성벽 벽체와 치의 남변의 간격은 약 6m. 치의 서변은 성문 외측 입구의 東端에서 약 3.6m 떨어져 있음.

○ 치의 동변 : 동변이 보존상태가 가장 좋은데, 東框 하단의 쐐기형돌만 일부 남아 있음. 그 외측에 세로 方向으로 배열된 불규칙한 대석괴 2개가 있는데, 그 形體는 치에 사용된 다른 보통의 석괴보다 몇 배 큼. 대석괴와 성벽 벽체 사이의 빈 틈에 비교적 작은 불규칙한 석괴 2개를 채워 넣었고, 대석괴 사이의 빈틈에도 불규칙한 소석괴를 채워 넣었음. 대석괴는 치의 柱體가 무너

지는 것을 방지하기 위해서 基礎로써 만든 것임.
o 치의 남변 : 남변에는 중부에 가로 방향으로 배열된 형체가 비교적 큰 석괴가 5개 있음. 다만 外框의 쐐기형돌은 보이지 않음.
o 치의 서변 : 남변과 유사한데 外框 쐐기형돌이 보이지 않고, 다만 성벽 벽체와 서로 연결되는 세로 방향 배열의 불규칙한 대석괴 3개를 조사했음.
o 치의 내부 : 내부는 불규칙한 석괴를 채워 넣었으며 석괴 배열은 질서가 없이 빽빽하고, 그 중에 형체가 비교적 큰 것이 적지 않음.

(4) 북벽 서쪽 문지의 서측 치(적대)

o 전체현황 : 동측 치에 비해 상대적으로 보존 상태가 양호하지만, 저층 기단만 남아 있음. 치의 동서 양측 하단부에 邊框石이 남아 있음. 치의 남변은 파괴가 비교적 엄중하며 현대의 지하웅 2개에 의해 파괴되었음. 치의 규모는 동서 길이 약 9.3m, 남북 최대 잔존길이 약 5.8m. 치의 동변은 성문 외측 입구의 西端에서 약 4.1m 떨어져 있음.
o 조사현황 : 치의 잔존 부분 동북 모서리에서 비교적 큰 석괴 1개를 조사함. 성벽 벽체와 연결되는 東框邊石의 하단에 길이 3m 정도의 장대석 1개를 깔아 기초를 공고하였음. 치의 내부에는 불규칙한 석괴를 채워 넣었음.

(5) 북벽 서쪽 문지의 폐기 양상과 그 시점

o 치(적대)의 조사현황 : 북벽 서쪽 문지의 서측 치는 기존에 알려져 있었지만, 동측 치는 새로 발견된 것임. 북벽 중문의 양측에서도 치를 조사함. 이러한 문지 양측의 치(적대)는 옹성과 비슷한 방어기능을 수행함. 1984년에 출판된 『集安縣文物志』에는 "성문은 본래 6곳인데, 남북에 각각 1곳, 동서에 각각 2곳이 있었으며, 모두 옹성이다"라고 기술되어 있음. 池內宏의 『通溝』에 따른 것이라고 하지만, 『通溝』에는 그러한 서술내용이 없음. 옹성의 조영 여부는 고고조사를 통해 판단할 수 있을 것임.
o 새로운 성벽의 발견 : 북벽 서쪽 문지의 남측 출입구 동서 양측의 邊框 기단석은 현존 북성벽의 남측 벽면에 돌을 쌓아 곡선 형태로 만든 것임. 이에 비해 문지 북측 출입구 양측의 邊框 기단석과 현존 성벽의 외측 벽체의 기단석은 혼연일체를 이룸. 이로 보아 북벽 서쪽 문지는 고구려시기의 성문으로 파악됨. 현존 성벽의 남측 벽체의 기초는 국내성 동북 모서리의 성벽 남측에서 조사한 벽체 기초와 같은 시기에 축조된 벽체인데, 현존 성벽의 내측 벽체보다는 늦게 축조된 것으로 파악됨.
o 성문의 폐기 양상 : 성문 폐기 시에 잘 다듬은 석괴를 사용해 성문 양측 출입구를 막고, 안에는 불규칙한 석괴 및 모래가 함유된 碎毛石을 채워 넣은 사실을 확인하였음. 성문을 폐기한 퇴적물 내부에서 고구려시기의 홍갈색 암키와 잔편이 발견되었는데, 와편 표면에 망격문(網格文)을 시문한 것이 있음. 전형적인 고구려 수면문와당 잔편도 1건 출토되었음. 이 구간의 성벽은 심하게 파괴되어 지표에 노출된 부분에서 성벽의 원래 모습을 찾기 어려움. 폐기된 성문 트인 곳은 파괴된 성벽과 뒤섞여 일체가 되었고, 지표상에는 성문 폐기 후에 남는 성벽 트임 현상 등이 전혀 보이지 않음.
o 성문의 폐쇄 시기 : 북벽의 서쪽 성문이 폐기된 시기는 정확히 알 수 없음. 關野貞이 1914년 발표한 논문에는 이 성문에 대해 언급한 것이 없음. 1928년 편찬한 『輯安縣志』 기록에 의하면 국내성은 많이 허물어져 民國 10년(1921)에 다시 축조했고, 성문 3개를 만들어 동문은 經武門, 서문은 濟文門, 남문은 襟江門이라 명명했다고 함. 또 民國 20년(1931)에 성문을 개축한 다음, 동문을 輯文門, 서문을 安武門이라 고쳤음. 민국시기에는 북벽의 성문에 관한 기록이 없는 것임. 또 池內宏의 『通溝』에서도 북벽의 서쪽 문지에 대한 서술은 없음. 이로 보아 이 성문은 關野貞이 국내성을 조사하기 이전에 이미 폐쇄된 것으로 파악됨.

5) 성벽 서북 모서리

○ 발굴 개요 : 국내성 북벽 서단은 원래 민가 구역임. 주변 환경을 조사하고, 주택과 부속 시설을 철거한 후 고고조사를 진행하였음. 성벽이 심하게 파괴되어 서북 모서리의 현황을 정확하게 조사하지 못함.

○ 출토유물 : 토기, 철촉 등 고구려시기의 유물을 출토함(일련번호 2003JGCXBJ). 상세한 내용은 '5. 출토유물' 참조.

6) 서벽의 치 잔존 유적(그림 19)

○ 전체현황 : 지표에 노출된 서벽에 치성 1기가 있는데, 윤곽이나 규모는 고구려시기의 치보다 작고, 축조 시기도 정확히 알 수 없음. 2003년에 이 치성에서 남쪽으로 31.6m 떨어진 곳에서 고구려시기의 치성 흔적을 발견함. 지표 아래에서 석괴로 쌓은 성벽과 치의 外框 기초부를 조사했음.

○ 축조 양상 : 치의 잔흔은 外框의 남변 벽체로 성벽과의 결합 부위가 잘 보존되어 있는데, 각각 6층이 남아 있음. 성벽과 치의 두 벽체를 가로와 세로로 교차해 꽉 맞물리게 축조했음. 성벽 벽체와 치 벽체의 기저에는 각각 불규칙한 석괴를 깔았고, 그 바깥에 노출된 면은 울퉁불퉁하고 가지런하지 않음. 제2층 벽체부터 바깥에 노출된 面石이 비교적 평평하며 벽체는 가지런한데, 제3층 이상의 벽체는 쐐기형돌로 층마다 들여쌓는 방식으로 축조했음. 이 때문에 그것이 고구려시기의 유적임을 인정할 수 있음. 유적이 지하에 매장된 깊이는 약 1.25m, 치 外框 남변 벽체의 잔존길이는 약 3.5m임. 성벽과의 접합부 이외에도 外框 남변 벽체의 다른 구간에는 2층 벽체가 남아 있고, 서부는 현대 건축물의 기초로 파괴되었음.

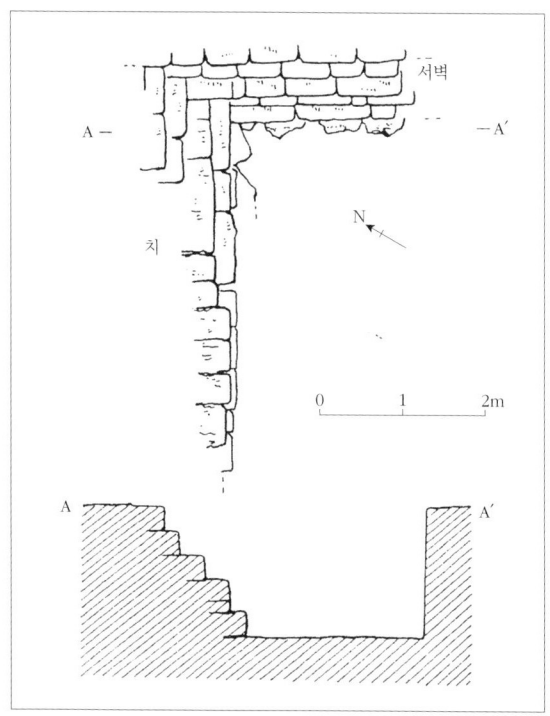

그림 19 서벽 치의 평면도와 단면도(『國內城』, 36쪽)

7) 서벽 문지(서문지)

(1) 조사 경과 및 서문지의 변화

① 關野貞의 조사

1913년 關野貞이 처음으로 서문지 배치 상황을 기술하였음. 關野貞이 조사했을 때 서벽에는 남, 북 2개의 성문이 남아 있었음.

② 池內宏의 조사

1936년 池內宏이 조사할 때는 국내성 서벽에 남쪽 문지만 남아 있었음. 또 성문의 형태에도 변화가 생겼는데, 池內宏도 『通溝』에서 서벽 성문은 예전 모습이 아니라고 지적함.

③ 『輯安縣志』

1931년에 간행된 『輯安縣志』에는 民國시기 국내성

의 개축 현황이 간략하게 기재되어 있는데, 개축 후의 동문은 輯文門, 서문은 安武門이라 칭했음.

④ 중국 국공 내전 시기
중국 국공 내전 시기에 국내성의 성문은 파괴되었고, 겨우 성벽 트인 곳만 남았음.

⑤ 2003년 조사
동서 방향의 勝利路가 서벽을 지나는데, 원래 성문이 있었던 곳임. 다만 지표상에는 성문의 흔적이 남아 있지 않았음. 2003년에 勝利路 도로 기초부의 남측 지표 아래에서 서벽의 외측 성벽을 조사했는데, 벽체가 직각으로 서쪽으로 꺾이는 현상을 발견함. 조사를 통해 문지 1곳 및 치와 같은 성벽 부속시설을 발견함.

(2) 서벽 문지(그림 20)

① 위치와 규모
서벽은 서남 모서리에서 북쪽으로 235m 뻗은 다음, 직각으로 서쪽으로 꺾이는데, 성벽이 서쪽으로 꺾이는 지점에 남향한 성문을 조영함. 문지 구역의 동서방향 총 길이 약 10m.

② 문길의 규모와 양측 측벽(門垛)
문지의 동서 양측에는 각각 쐐기형돌로 쌓은 동서 방향의 측벽이 성벽의 체성과 연접되어 있음. 이 가운데 문길 서측 측벽이 상대적으로 보존이 잘 되어 있는데, 길이는 약 3.75m임. 문길 동측 측벽은 많이 파괴되었는데, 잔존길이는 약 1.6m로 전체 길이는 확인할 수 없음. 이로 인해 문길의 실제 너비를 확정할 수 없음.

③ 문길 동측의 측벽
문길 동측 측벽의 외벽은 쐐기형돌로 축조했음. 벽체 내부는 심하게 파괴되었는데, 불규칙한 석괴를 채워 넣었음. 외벽 가운데 가장 높은 곳은 6층이 잔존하는데, 6층에는 쐐기형돌이 겨우 1개 남아 있음. 나머지 층에는 2~3개 남아 있는데, 제4층부터 들여쌓기를 하였음. 서벽이 직각으로 꺾이는 지점에는 외벽이 5층 남아 있는데, 서벽의 체성과 서쪽으로 꺾인 벽체는 쐐기형돌을 서로 교차하며 맞물리게 쌓아올렸음. 이를 통해 서벽 꺾이는 지점의 축조양상은 고구려시기의 원성벽 구조임을 알 수 있음.

④ 문지 구역
서벽이 서쪽으로 꺾인 벽체의 서쪽 구간은 문지 구역인데, 생토층까지 판 현대 지하움 2개에 의해 파괴되었음. 이 구간의 동서 길이는 약 4.6m임. 지하움 2개는 대략 동서 방향으로 배열되었고, 그 중 서측 지하움은 문길의 서측 측벽에 잇닿아 있음. 동측 지하움의 동쪽 구역에는 서쪽으로 꺾인 벽체 내부의 하단 기단석이 남아 있음. 성돌은 모두 불규칙한 석괴인데, 일부는 문길 포장석(墊石)일 가능성이 있지만, 문길 구역의 노면 상황을 확인할 방법이 없음.

⑤ 문길 서측의 측벽
보존상태가 비교적 좋음. 이 구역은 勝利路 남측의 도로 기초부와 가까워 측벽 남단에서 북쪽으로 겨우 3.5m 구간만 조사함. 그 북쪽은 조사하지 못해 문길의 실제 길이는 알 수 없음. 문길이 위치한 곳의 지세는 南低北高인데, 측벽은 지세를 따라 남북방향으로 축조함. 벽체의 높이를 같도록 하기 위해 지세가 가장 낮은 남단의 벽체 하단에는 비교적 큰 장대석을 두었는데, 그 위에 3층의 벽체가 남아 있음. 반면 북단은 지세가 비교적 높아 저층에 기단석만 놓았음. 외벽은 쐐기형돌로 쌓고, 벽체 내부에는 불규칙한 석괴를 채워 넣었음.

⑥ 문기둥 초석(門柱礎石)
조사 구역 북단에서 문기둥 초석을 발견했는데, 불규칙

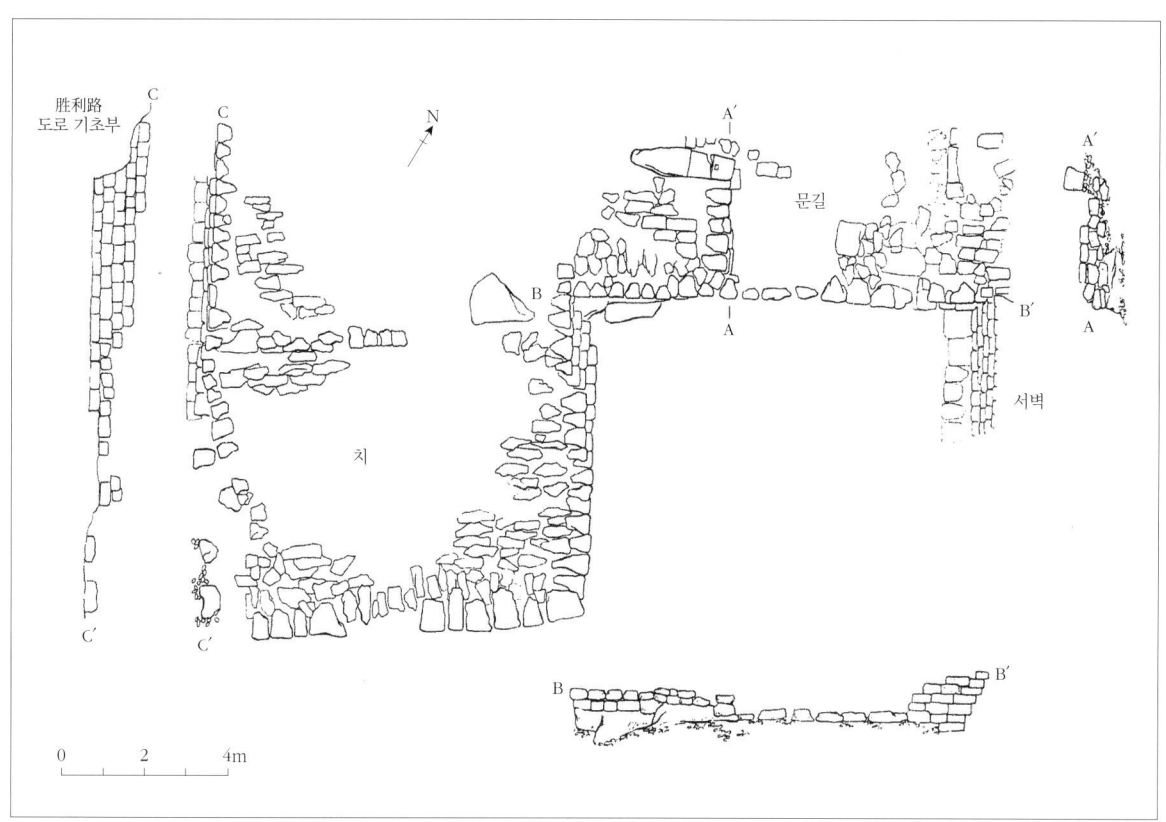

그림 20 서문지의 평면도와 단면도(『國內城』, 37쪽)

한 장대석을 다듬어 만든 것임. 전체 길이 약 2.5m, 최대 너비 0.75m, 두께 약 0.6m. 문길 서측의 측벽과 비교하면 문기둥 초석은 가로 방향으로 놓여 있고, 두 개로 깨졌는데, 바깥쪽으로 노출된 一端은 문길 서측의 측벽과 평행함. 초석 윗면에는 문기둥을 세우기 위해 인공적으로 쪼아 만든 方形 구멍(凹孔)이 있고, 초석 윗면 중부에는 홈통(凹槽)이 있는데, 가장자리에서 약 0.4m 떨어져 있음. 구멍의 한 변 길이는 약 0.12m, 깊이는 0.12m임. 홈통 안에는 또 인공적으로 쪼아 만든 석면을 관통하는 사다리형(梯形) 홈통이 있음. 홈통은 세로 방향 길이 0.6m, 가로 방향 너비 0.55~0.7m, 깊이 0.1m임. 구멍(凹孔)과 홈통(凹槽)의 간격은 0.5m임.

⑦ **발굴 결과**

문길은 바깥은 낮고 안은 높음. 문지는 경사진 문길로 이루어진 것임. 문기둥 초석은 국내성 북벽의 서측 문지에서 발견된 것과 형태가 서로 같음. 문기둥 초석의 사다리꼴 홈통(凹槽)은 문지방(地枕) 설치와 관련 있음. 이 문지에는 지상 목조 건축물이 있었을 것으로 추측됨.

(3) 서문지 서측의 치(馬面)

① **치의 위치**

문길 서변의 동서 방향 벽체 상부에는 4층의 벽체가 잔존하며, 그 저층에는 비교적 대석괴를 깔았음. 나머지 각 층은 쐐기형돌로 축조하였음. 이 벽체에서 서쪽으로 3.75m 뻗은 후 직각으로 남으로 꺾이며 치성을 이룸.

② 치의 형태

치는 횡장방형인데, 外框 동변 벽체의 보존상태가 비교적 좋고, 다른 부분은 기단부만 남아 있음. 外框의 동변 북부에는 5층 벽체가 남아 있는데, 대부분 쐐기형돌로 축조하였음. 치의 남변에는 저층 기단석만 남아 있는데, 중부는 결실되었음. 外框의 서변 북부에는 4층 벽체가 남아 있지만, 남부는 심하게 파손되었음. 치의 내부는 불규칙한 석괴를 채워넣었음. 치의 규모는 남북방향 길이 약 8.5m, 동서방향 길이 약 9.9m임.

③ 서벽과의 관계

外框의 서쪽 벽체는 邊框의 테두리를 벗어나 북쪽을 향해 계속 직선으로 뻗어 있는데, 勝利路 도로의 기초부 아래로 뻗어 들어감. 도로 기초부 남쪽에서 길이 약 4m인 남북방향의 성벽을 조사하였음. 벽체는 쐐기형돌로 축조하였는데, 5층이 잔존하며, 가지런하게 들여쌓기를 하였음. 이 벽체는 치 外框의 서변 벽체와 동시에 쌓았음. 벽체가 뻗은 방향으로 보아 勝利路 북측의 국내성 서벽과 직선으로 연결될 것으로 파악됨.

(4) 서문지의 구조와 폐기 시점

① 서문지의 구조

서문지는 성벽을 횡으로 절단하는 일반적인 방식으로 조성하지 않고, 남쪽을 바라보는 형태로 만듦. 성문 남북 양측의 서벽이 동서로 어긋났다는 점이 특징적임. 일반적인 성문과 달리 모서리를 돌아서 성문을 출입해야 하고, 경사진 문길은 성으로 진입하는 것을 더욱 어렵게 만듦. 성문 서측에는 바깥으로 돌출한 치가 있는데, 치와 성문 동측의 성벽이 성문 앞에 옹성과 유사한 공간을 형성함. 성문을 이러한 구조로 축조한 것은 通溝河의 범람에 대비하고, 군사 방어기능을 강화하기 위해서임. 고고조사를 통해 關野貞의『滿洲國安東省 輯安縣に於ける高句麗の遺跡』에 첨부한 國內城 평면도의 사실성을 입증하고, 勝利路 남북 양측의 서벽 위치가 어긋난 문제점을 해결함.

② 성문의 폐기 시점

1931년에 간행된『輯安縣志』에는 民國시기에 개축한 국내성 성문 상황에 대해 간략하게 기술하였지만, 安武門 중수 이전 성문의 방향에 대해서는 구체적으로 밝히지 않음. 池內宏의『通溝』에 게재된 국내성 실측도에는 安武門의 성문이 서쪽 방향으로 열려 있는데, 安武門이 그 남북 양측의 성벽과 동일 직선상에 있었던 것은 아니라고 밝히고 있음. 三上次男의『高句麗と渤海』에는 安武門의 옛 사진이 한 장 실려 있는데, 이 사진의 촬영 각도에 따르면 종전에 남쪽 방향으로 열려 있었던 성문을 동서 방향의 벽체를 쌓아 막았음을 알 수 있음. 이를 통해 民國시기에 국내성의 개축으로 인해 해당 성문이 폐쇄되었음을 알 수 있음.

(5) 서벽 문지 출토유물(일련번호 2003JGCXM)

암키와(板瓦) 잔편이 출토됨. 瓦片상에 網格文이 시문된 것이 있고, 獸面文 瓦當 잔편도 출토됨. 상세한 내용은 '5. 출토유물' 참조.

8) 성벽 서남 모서리(그림 21 ~ 그림 22)

(1) 전체현황(그림 21)

○ 서남 모서리는 민가 구역이었음. 주택을 철거한 다음 고고조사를 통해 서남 모서리가 둥근 형태임을 확인함.

○ 모서리의 돌아가는 지점에 각루를 세웠고, 각루에서 북쪽으로 33.8m 거리의 서벽에 치를 축조함. 치와 각루 사이에는 높이가 1.4~1.9m인 고구려시기의 성벽인 국내성 서벽이 남아 있음. 해당 구간 성벽의 내벽은 심하게 파괴되었지만, 외벽은 원래 윤곽을 간직하고 있음.

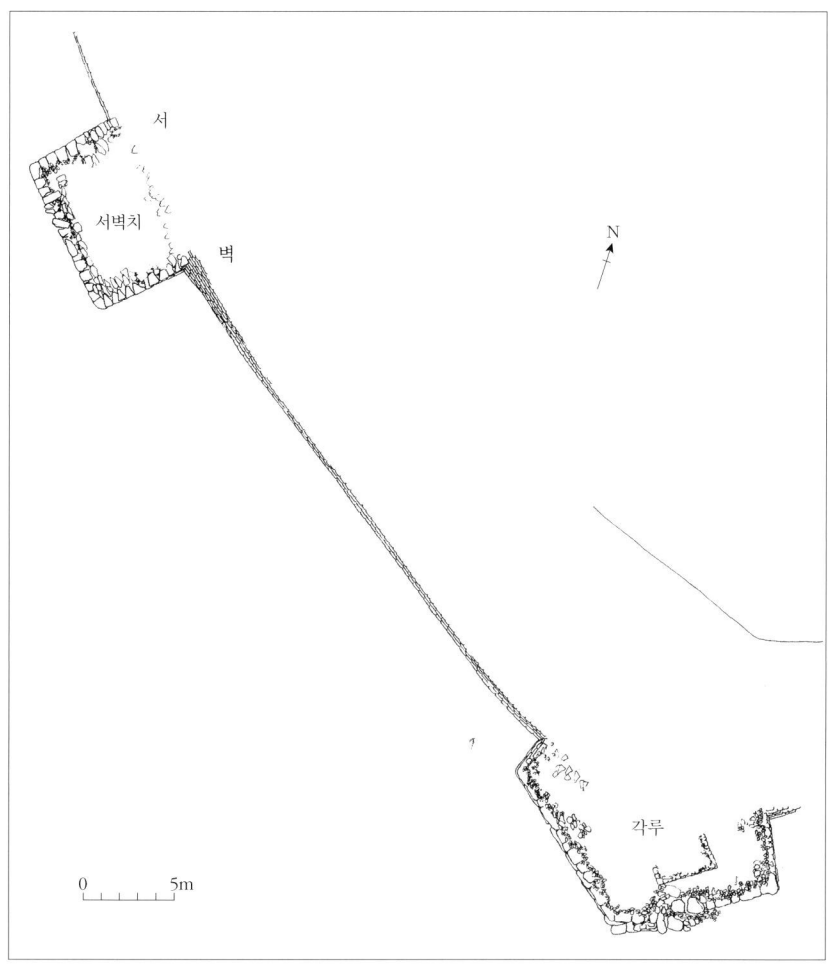

그림 21
서남 모서리의 유적 평면도
(『國內城』, 41쪽)

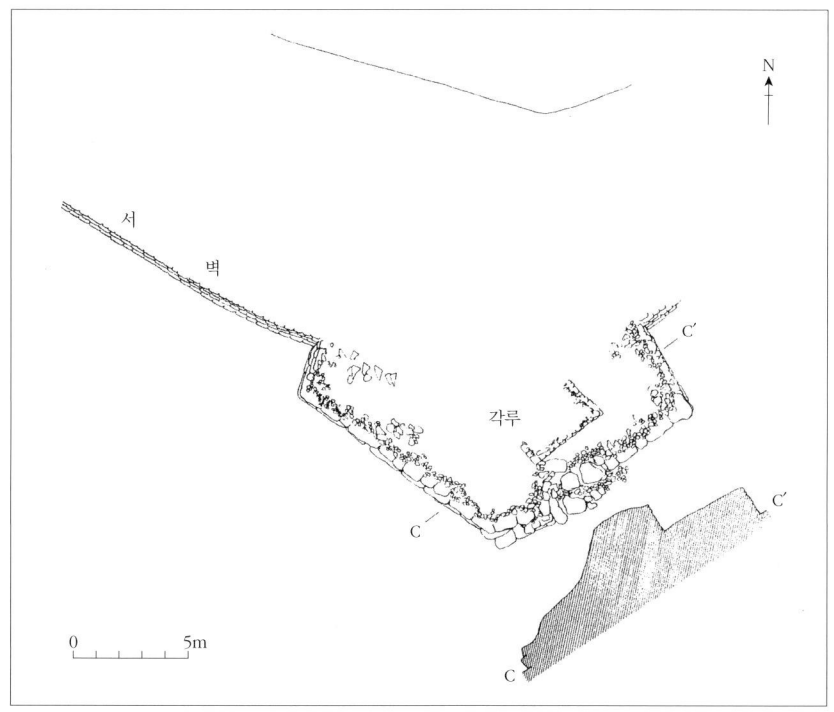

그림 22-1
서남 모서리 서벽 각루
평면도와 단면도(『國內城』, 43쪽)

제9부 성곽

(2) 각루(그림 22-1)

① 구조와 외형

각루는 성벽 모서리의 외측 윤곽을 따라 축조했음. 外框은 4면 벽체로 조영했는데, 外框의 북벽과 동벽이 성벽의 체성과 연결되어 있음. 外框의 네 벽체 가운데 북벽과 서벽, 서벽과 남벽은 모두 鈍角 모양으로 연접되고, 남벽과 동벽은 대략 직각으로 연접됨. 이로 인해 각루의 윤곽은 불규칙한 4邊形을 띰.

② 축조방식과 규모

각루의 外框은 비교적 크고 두꺼운 석괴를 사용해 축조했는데, 석괴는 대략 손질을 거쳤음. 外框 북벽과 성벽의 체성이 연결되는 지점이 가장 잘 남아 있는데, 잔존한 벽체는 4층임. 기타 구간은 일반적으로 2~3층 벽체가 남아 있음. 위로 가면서 약간씩 들여쌓기를 하였는데, 석괴도 작아짐. 각루 邊框의 석괴와 성벽 체성의 쐐기형돌을 서로 교차하며 맞물리도록 축조해 일체를 이룸. 각루 外框은 북벽 약 2.3m, 서벽 약 10.8m, 남벽 약 10m, 동벽 약 4.5m임.

③ 체성과의 관계 및 축조 시기

서남 모서리 각루는 고구려시기의 성벽 각루임. 각루의 邊框 내부는 직경 20~30cm 전후의 강돌로 채워 넣었는데, 건축방식에 있어 치와 뚜렷한 차이가 있음. 각루 동측에서 높이 3m 가량인 국내성 남벽 외측 벽체를 조사하였는데, 성돌이나 축조방식에 있어 고구려시기의 성벽과 큰 차이가 있음. 후대에 개축한 것으로 파악됨.

④ 각루 상부의 건축물 기초

각루 상부에서 돌을 쌓은 건축물 기초 1기를 조사함. 건축물 기초는 대략 장방형인데, 성벽의 모서리 부근에 위치함. 성벽 모서리를 따라 바깥을 향하며 북, 서, 남 3면에 外框을 축조함. 外框은 불규칙한 석괴를 사용해 축조했음. 석괴의 평평한 면을 바깥으로 향하게 하여 외벽은 비교적 가지런함. 북변의 벽체는 파괴되었는데, 잔존길이는 1m임. 서변과 남변은 비교적 잘 남아 있는데, 서변 길이 3.6, 남변 길이 2.6m임. 잔존높이 약 1.3m임.

⑤ 발굴 성과

關野貞이 1914년 발표한 국내성 평면도에 따르면, 서남 모서리 부분에 치가 있다고 함. 이번 조사를 통해 關野貞의 언급은 오류로 밝혀짐. 고구려시기에 국내성 성벽 서남 모서리에 조영한 것은 치성이 아니라 각루였음. 각루 상부에 노출된 건축물 기초는 치와 비슷하지만, 규모가 비교적 작으므로 후대에 성벽을 개축할 때 조영한 건축물로 추측됨.

(3) 치(그림 22-2)

① 위치와 규모

서남 각루의 북쪽 33.8m 거리에 자리하는데, 전체적으로 서벽의 南端 부근에 해당함. 평면은 횡장방형인데, 기초 부분만 남아 있음. 外框의 북변과 서변 벽체는 하당부의 기단석만 잔존하며, 서변의 중부는 파괴되었음. 남변의 벽체가 비교적 잘 남아 있는데, 성벽 체성과의 연결지점에 6층 벽체가 남아 있음. 북변 약 5.5m, 서변 약 9.25m, 남변 약 5.6m임.

② 축조방법

위로 올라가며 들여쌓기를 하였으나 제3~4층 사이에는 들여쌓기를 한 정도가 미미함. 하단부의 기단석을 제외하면 제2층 이상은 모두 쐐기형돌로 축조했음. 치와 성벽이 만나는 곳은 가로 세로로 서로 교차하며 맞물리도록 축조하였음. 外框의 벽체 내부는 불규칙한 석괴로 채웠음. 치의 주체와 연결되는 지점의 성벽 단

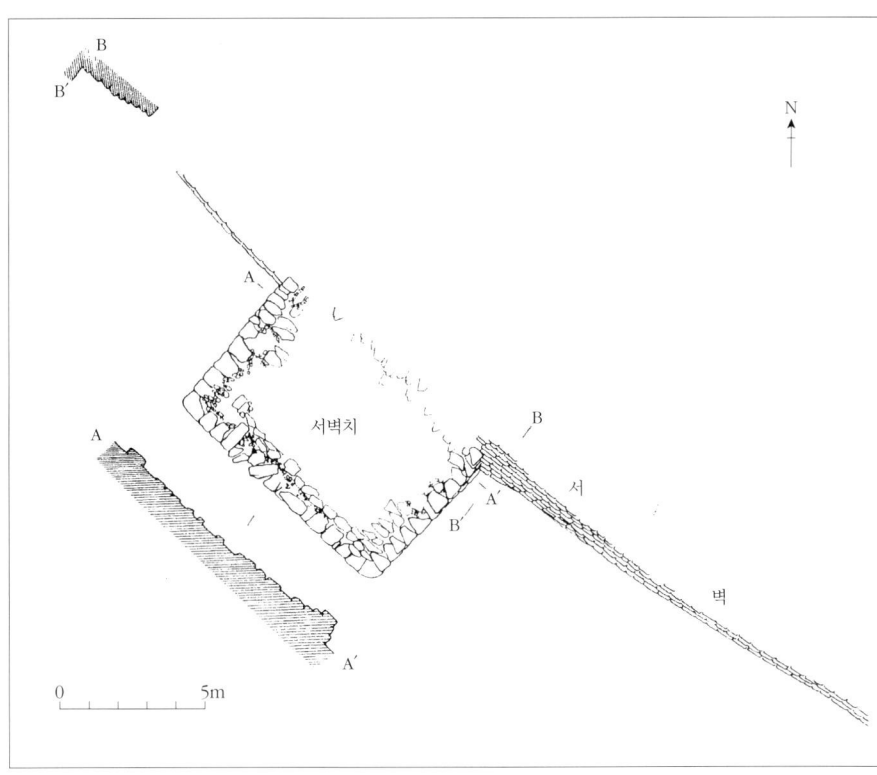

그림 22-2
서남 모서리 치
평면도와 단면도
(『國內城』, 44쪽)

면에 노출된 석괴는 무질서한 상태임.

(4) 서벽 남단의 성벽

① 위치와 규모

서남쪽 각루와 치 사이의 서벽 남단 성벽은 비교적 잘 남아 있음. 성벽 잔고는 대체로 1.4~1.9m인데, 최고 잔고는 약 3m임. 치의 북측에도 약 5m 길이의 고구려 시기 성벽이 남아 있음. 다만 그 북쪽으로는 성벽이 끊어져 비교적 긴 트인 구간을 이룸.

② 축조방법

서벽 남단의 성벽은 쐐기형돌로 들여쌓기를 하였는데, 5~9층의 벽체가 남아 있음. 쐐기형돌은 위아래 표면을 가지런하게 잘 다듬었음. 이로 인해 각 층의 접합이 밀접하여 평평한 직선을 이룸. 쐐기형돌의 外面은 의도적으로 볼록하게 다듬어 성벽을 웅장하게 보이도록 함.

(5) 서남 모서리 출토유물(일련번호 2003JGCXNJ)

서남 모서리 외벽에서 35건의 철촉(鐵鏃)이 출토되었음. 모두 부식이 심하며 대략 4유형으로 구분할 수 있음. 상세한 내용은 '5. 출토유물' 참조.

9) 서벽 외측 배수로(排水涵洞, 그림 23-1)

(1) 위치

○ 국내성 서벽 가운데 북쪽 구간의 성벽 서측에 위치함.

○ 서벽에서 8.8m 떨어진 곳에서 남북방향의 벽체 기초를 조사했는데, 벽체 기초 중부에 배수로(排水涵洞)가 있음.

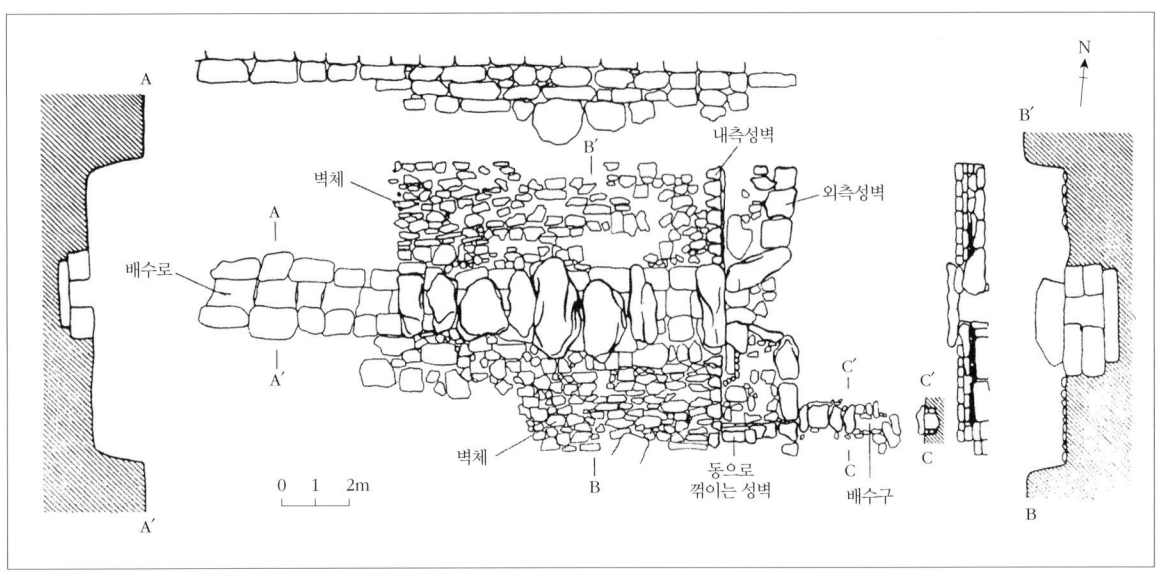

그림 23-1 서벽 바깥 배수로 유적의 평면도와 단면도(『國內城』, 49쪽)

(2) 배수로 구조

① 구조와 규모
배수로는 석괴로 조영했는데, 동서 방향으로 배치됨. 바닥에는 돌을 깔고, 洞壁은 돌로 쌓았고, 頂部 덮개석은 3부분으로 구성되었음. 배수로의 방향은 85도이고, 전체 잔존 길이는 약 16.25m, 너비는 약 0.7~0.8m. 높이는 약 1.9~2.1m임.

② 바닥 구조
바닥에는 평평한 石板을 깔았음. 조사 당시 바닥에 석판 14개가 잔존했는데, 그 가운데 동쪽에서 제2~3번째 석판 사이에 너비 0.65m의 빈틈이 존재함. 바닥 위쪽에 배수로를 쌓은 돌이 무너지지 않은 것으로 보아 이 빈틈은 배수로를 조영할 때 형성된 것으로 보임. 배수로 바닥 석판의 層高는 동쪽이 높고 서쪽이 낮은데, 경사각은 약 10도임. 서부 제1번 석판 바깥에 노출된 측면의 두께는 약 0.35m이고, 가로 길이 약 1.2m, 세로 길이 약 1.8m임. 제2~3번째 석판 사이의 빈틈 이외에는 석판을 비교적 조밀하게 깔아 쌓았는데, 석판의 크기는 서부 제1번째 석판과 비슷함.

③ 벽면 구조
동서 방향으로 바닥 석판을 깐 다음, 그 남북 양측에 석괴를 2층 쌓아 배수로의 벽면을 조성하였음. 석괴의 외측 立面은 모두 가지런함. 하단 석괴가 비교적 두껍고, 상단 석괴는 상대적으로 얇음. 석괴 사이의 빈틈에는 소석괴를 채워 넣었음. 후대의 교란으로 인해, 배수로 서부의 벽면은 하단의 석괴 5개만 잔존함.

④ 덮개석
벽면 상단의 석괴 위에 불규칙한 대석괴를 가로로 깔아 배수로의 頂部 덮개석을 조영함. 조사 당시 덮개석 3개가 남아 있었음. 동에서 제1~2번째 덮개석 사이에 비교적 큰 빈틈이 존재하는데, 원래 석괴가 존재하지 않았음. 대석괴 윗면은 높낮이가 평평하지 않음. 그 위에는 원래 덮개물이 보이지 않음.

⑤ 배수로의 동단과 서단
조사과정에서 배수로의 東端을 확인했지만, 서부는 심

하게 파괴되어 西端을 확정하지 못함. 동쪽 제1번 덮개석의 서쪽으로는 배수로가 서향으로 곧게 뻗어 있음. 반면 이 덮개석 동쪽에 세워서 쌓은 석괴는 八字形으로 밖으로 벌어진 모양이며, 남북으로 뻗은 벽체는 활모양으로 휘어 있음. 동쪽 제1번 덮개석이 배수로의 동부 起點임.

(3) 배수로 양측의 성벽

① 현황
배수로의 남북 양측에는 석축 성벽이 연결되는데, 이번 조사에서 노출된 벽체는 석축 성벽의 東半部 기초임. 서반부 기초는 파괴되었음. 배수로 제8번 덮개석의 서쪽 부분에는 배수로의 덮개석과 남북 양측의 성벽이 모두 존재하지 않고, 이로 인해 벽체의 원래 너비를 알 수 없음.

② 전체 구조
배수로 동쪽 입구의 성벽 형태는 비교적 독특함. 남북방향의 성벽이 2개 남아 있는데, 외측 성벽은 배수로 東端에서 돌출한 立石과 연결되고, 내측 성벽은 제1번 덮개석 외면과 남북방향으로 직선을 이룸. 두 성벽의 내부는 크기가 다른 불규칙한 석괴로 채워 넣었음. 내측 성벽의 너비는 9.1~9.9m, 외측 성벽의 너비는 11.2~12m로 추산됨.

③ 내측 성벽
내측 성벽은 제1번 덮개석에서 남쪽으로 3.2m(배수로 남벽 입면이 기점) 뻗어가다가 동쪽으로 직각으로 꺾여지며, 동쪽으로 2.1m 뻗은 후 외측 성벽과 연결됨. 제1번 덮개석 북쪽의 내측 성벽을 조사한 길이는 약 3.55m임(배수로 북벽 입면이 기점). 북쪽으로 뻗은 내측 성벽의 동쪽은 교란되었기 때문에 남쪽 부분처럼 동쪽으로 꺾인 벽체가 존재했는지 파악하기 어려움. 대칭적인 양상에 근거하면 남쪽과 같은 구조였을 것으로 추정됨. 배수로 남북 양측의 내측 성벽은 모두 쐐기형돌로 쌓았는데, 북부에는 3층, 남부에는 2층의 벽체가 남아 있음. 배수로 남쪽에서 동쪽으로 꺾인 벽체의 석괴는 쐐기형돌이 아니지만, 잔존한 2층 벽체는 안으로 들여쌓기를 함.

④ 외측 성벽
외측 성벽은 단층 구조이며, 불규칙한 석괴로 축조하였음. 석괴 크기는 비교적 크며, 석괴의 외면은 비교적 가지런함. 벽체 외면은 일직선을 이루며, 석괴 사이의 빈틈에는 잔돌을 채워넣었음. 내외 두 성벽 사이에는 불규칙한 석괴를 채워넣었고, 석괴의 빈틈에는 잔돌을 채워넣었음. 벽면은 비교적 가지런하며, 흔적이 뚜렷해 원모습으로 추정됨.

⑤ 성벽의 走向
배수로 남부에서 동쪽으로 꺾인 내측 성벽은 외측 성벽과 연결된 다음, 계속 남으로 뻗어감. 객관적 조건의 제약으로 인해 남쪽으로 뻗어간 성벽 부분을 발굴하지 못함. 제1번 덮개석의 외측 입면은 비교적 가지런하고, 남북 양측의 내측 성벽과 일직선을 이룸. 이로 보아 제1번 덮개석은 남북 양쪽의 내측 성벽과 연결되어 성벽 외벽을 이루었을 것으로 판단됨.

⑥ 배수로 동쪽 입구의 구조
다만 제1번 덮개석과 일직선을 이루는 내측 성벽은 동쪽으로 꺾인 다음 두 방향으로 나뉘어 각각 남북으로 뻗어 나감. 이로 인해 배수로의 동쪽 입구는 안쪽으로 오목한 모양을 이르며, 그 남북 양측에는 돌을 깐 平臺가 한 개씩 있는데, 배수를 강화하거나 침전된 흙을 제거하기 위한 것임.

⑦ 강돌 배수구(排水溝)

배수로 남측의 돌을 깐 平臺 하부에서 동쪽을 향해 뻗은 동서 방향의 배수구를 발견함. 이 배수구는 강돌을 사용해 축조했는데, 배수구의 바닥에 깐 구조물은 발견하지 못함. 배수구 벽은 강돌을 사용해 2층을 쌓았고, 그 위를 큰 강돌로 덮었음. 배수구의 너비는 0.45m, 높이는 약 0.4m임. 배수구는 돌을 깐 평대에서 동쪽으로 2.8m 정도 뻗은 후 끊어졌음. 배수로 남측의 내외 성벽을 절개하여 조사하지 못했기 때문에 배수구가 서쪽으로 뻗어 나간 흔적을 확인하지는 못함. 배수구가 성벽 내에서 뻗어 나간 방향을 구체적으로 확인할 길이 없음.

(4) 서벽 외측의 배수로 발굴조사 성과

○ 기왕의 학술연구 성과를 총정리하면, 고구려가 국내성을 구축하기 이전에 이곳에는 석축 성벽이 존재하지 않았음. 이번 발굴이 비록 부분적인 조사였지만, 드러난 흔적으로 볼 때 서벽 바깥쪽의 배수로는 석축 성벽의 구성물 가운데 하나임을 확인할 수 있음. 배수로의 동측을 조사하는 과정에서 건축구조물 잔편이 출토되었음. 그중에는 고구려시기의 網格文 홍갈도 암키와 잔편, 獸面文와당 잔편 등이 포함되어 있음. 이러한 유물과 성벽의 축조방식을 고려할 때 배수로의 벽체는 고구려시기에 축조한 것으로 파악됨. 다만 해당 벽체와 현존하는 국내성지는 직접적인 관계가 적음.

○ 2003년 국내성지에 대한 조사를 통해 동북 모서리와 서남 모서리에서 고구려시기의 성벽을 확인함. 다만 현존하는 성벽의 서북 모서리에서는 성벽이 돌아가는 모서리의 구체적인 위치를 확인할 수 없었음. 1980년대에 실측한 국내성 평면도에 표시된 서벽 벽체의 방향을 고려하여 서벽 북부의 여러 지점에 대하여 트렌치를 시굴하였지만, 고구려시기의 벽체 기초를 발견하지 못함.

○ 이를 통해 고구려시기의 서북 모서리 성벽은 이미

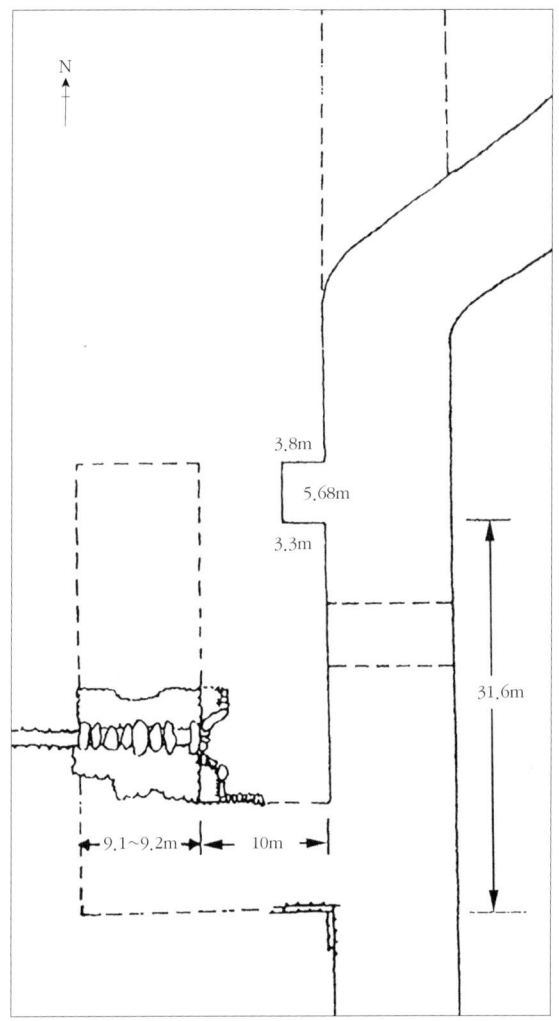

그림 23-2 국내성 서벽 바깥 배수로 동단(북쪽 서문지)의 옹성 복원(魏存成, 2011, 300쪽)

파괴되었고, 당시 축조된 국내성 북벽은 현존하는 서북 모서리의 성벽을 따라 서쪽으로 뻗어 있었을 것으로 추측할 수 있음. 국내성은 고구려시기에 여러 차례 훼손되고 재건과정을 거쳤을 것이므로 현재 배수로가 있는 곳의 벽체는 고구려시기에 축조된 것으로 파악할 수 있음. 이 기초 위에 일찍이 성벽을 축조했고, 그것은 국내성 서벽이었다고 추정됨.

○ 기존 연구에서 성벽 기단부의 퇴물림쌓기 기법에 근거하여 국내성의 동, 남, 서벽은 모두 고구려시기의 옛 기초가 아니며 후대에 재건된 것으로 보기도 했음. 국

내성은 후대에 개축되었는데, 이때 서벽도 안쪽으로 옮겨 축조했을 가능성이 있음. 이에 따라 현존하는 서벽의 북부 성벽이 활처럼 안으로 휜 형태가 된 것으로 보임.[1]

(5) 배수로 출토유물(일련번호 2003JGXP)

배수로의 동쪽 입수구에서 수면문와당 잔편을 발견함. 상세한 내용은 '5. 출토유물' 참조.

2009년과 2011년의 조사 내용(『邊疆考古研究』 11)

1) 치와 각루

(1) 축조 방식

2009년과 2011년도에 조사한 치와 각루의 구조와 축조방식은 서로 비슷함. 가장자리는 비교적 크고 잘 다듬은 장방형의 장대석으로 쌓았고, 내부는 북꼴돌이나 불규칙한 형태의 괴석으로 채웠으며, 돌과 돌 사이에는 굵은 모래를 채워 넣거나 자갈이 섞인 청황색의 모래흙(沙土)을 채워 넣었음.

---

[1] 魏存成, 2011, 295~301쪽에서는 배수로 동측 입구 주변의 외측 성벽과 내측 성벽은 북쪽 서문지의 옹성구조의 흔적이라고 파악함. 그에 따르면 이 지점은 1913년에 關野貞이 조사한 서벽의 북쪽 서문지에 해당하며, 본래 장방형 옹성구조였다고 함. 즉 『國內城』 보고서에서는 배수로의 제1번 덮개돌을 지나는 내측 벽체가 남쪽으로 뻗다가 동쪽으로 꺾인 다음, 다시 직각으로 꺾여 남쪽으로 뻗어나갔다고 서술했는데, 남쪽으로 계속 뻗어나간 벽체는 성벽의 체성에 해당하며, 내측 성벽이라고 명명한 것은 성문 앞을 가로막은 外翁의 벽체에 해당한다고 함. 옹성 부분의 전체 길이는 31.6m, 체성과 외옹벽의 간격은 10m, 외옹의 벽체 너비는 9.1~9.2m이고, 성문은 장방형 옹성 내부의 약간 북쪽에 위치한 것으로 파악함. 옹성 입구처의 체성에는 작은 치(적대)를 축조했는데, 남벽 길이 3.3m, 북벽 길이 3.8m, 서벽 길이 5.68m, 잔고 1.9m 전후라고 함(그림 23-2 참조).

(2) 치의 평면과 보존 상태

○ 치의 평면 : 모두 가로 방향으로 긴 장방형 윤곽을 띰.
○ 규모 : 남북 너비 5~5.5m, 동서 길이 9~10.5m
○ 치의 보존상태 : 다수의 치는 겨우 기초부만 남아 있으며, 대체로 1~3층 남아 있음. 잔고 0.5m 정도. 일부 보존상태가 양호한 경우, 가장자리는 석축 5~7층 정도, 높이 1.5m 이상 남아 있음.

(3) 각루의 평면과 보존상태

○ 각루의 보존상태 : 각루 역시 겨우 기초부만 남아 있으며, 일부는 바깥 테두리(外框)에 성돌 2층이 남아 있음. 잔고 1.5m 정도임.
○ 각루는 국내성 동북 모서리 외측에 거석으로 바깥 테두리(外框)를 쌓았고, 내부는 모래(河沙)를 첨가한 강돌을 채워 넣어 구성하였음.
○ 각루의 평면 : 방형에 가까움. 한 변의 길이 12~12.3m.

(4) 각루와 치의 유형

○ 치와 각루는 그 내부 구조와 성벽과의 연결 방식이 일치하지 않기 때문에 대체로 두 유형으로 분류됨.
○ 제1유형은 동벽 1호 치, 동벽 2호의 치 등임. 국내성에서 발견된 기존의 치와 같은데, 바깥 테두리(外框) 내부는 북꼴돌이나 불규칙한 형태의 괴석으로 쌓았음. 치(馬面) 내부의 충전석과 성벽 벽체 내부의 충전석이 서로 맞물려 일체가 되도록 축조하였음. 치의 바깥 테두리(外框)에 쌓은 돌과 성벽 벽면에 쌓은 돌 사이도 서로 맞물리는 형태를 띰.
○ 제2유형은 동남 각루와 남벽 1호 치 등임. 바깥 테두리(外框) 내부는 강돌과 모래(河沙)를 혼합해서 채웠음. 또 치와 각루는 성벽의 체성과 격벽으로 분리되어 있음. 동남 각루에 대한 절개 조사를 통해, 각루 주체와 그 내부 벽체를 나누는 격벽이 각루의 기초 바닥까지 아래로 뻗어 있음을 발견하였고, 또 격벽에 사용

된 재료의 특징은 건축이 시작된 층위와 축조방식이 각루 서측의 남벽과 같으며 위치도 서로 대응한다는 것을 확인함. 각루 바깥 테두리(外框)에 쌓은 돌이 남벽 벽면을 쌓은 돌과 서로 맞물리는 형태는 없음(상부에서 하부까지 모두 동일함). 동남 각루는 기존 성벽의 모퉁이 바깥을 보완하기 위해 축조한 것임. 그러므로 동남 각루의 건축 연대는 그 내측의 성벽보다 늦음. 남벽 1호 치의 조사 결과도 동남 각루와 서로 유사함. 치의 주체 부분이 그 내측의 성벽을 누르고 있는데, 치와 벽체 사이 격벽의 건축 연대가 치보다 빠름.

2) 성문지

2009년 남벽 중부 東盛街 입구의 성벽을 조사할 때 고구려시기의 문지 한 곳을 확인하였음. 조사를 통해 이 문지의 구조는 2003년에 조사한 북벽 중문과 북벽 서문과 서로 같음을 확인함. 즉 문지 외측 동쪽과 서쪽에 각각 치를 하나씩 설치한 것인데, 치 내측에는 2개의 門墩이 있고, 門墩 사이가 문길임. 다만 門墩 바깥 테두리(外框)에 쌓은 돌은 모두 문지 서측 치의 기초 위에 쌓았음. 건축 시기는 문지 서측의 치보다 늦으며 문지가 훼손된 후 보축해서 만든 것임. 현재 남아 있는 門墩 바깥 테두리(外框)를 쌓은 돌의 연대를 명확하게 확인하지 못했기 때문에 현재 남아 있는 門墩의 건축 연대를 확정하기 어려움.

3) 성벽 단면 조사

(1) 남벽 2호 치 주변의 성벽 단면 조사(그림 24)

○ 남벽 2호 치 주변에서 세 가지 유형의 성벽 축조방식을 조사함.
○ 제1유형 : 청황색 모래층 위에 석축성벽을 축조한 것인데, 형태가 그다지 규칙적이지 않은 괴석을 쌓았음. 벽면은 아래에서 위까지 경사면을 띠며 안으로 들여쌓았음. 대부분의 잔존 석축은 1~3층이며, 치와 연결되는 곳 일부에 11층이 남아 있음. 성벽은 모두 치의 바깥 테두리(外框)에 쌓은 돌과 연결되며, 양자가 일체를 이루는데, 당연히 치와 같은 시기의 유적임.
○ 제2유형 : 잘 다듬은 쐐기형돌로 쌓은 성벽으로 아래에서 위로 층마다 안으로 들여쌓았음. 이 유형의 성벽은 남벽 2호 치 서측에서 성벽을 감싸고 있는데, 소량의 깬돌을 첨가한 황색 점토로 다졌음. 벽체 동쪽 끝 꼭대기는 남벽 2호 치 서측 바깥 테두리(外框)에 쌓은 돌 외측에 설치하였는데, 치의 남아 있는 기초를 눌러 쌓은 관계는 확인되지 않음.
○ 제3유형 : 쐐기형돌과 불규칙한 괴석을 혼합하여 축조한 성벽임. 흑색 토층 위에 축조했는데, 치 동측의 제1유형 성벽 바깥에 위치함. 성벽 체성의 서쪽 끝은 남벽 2호 치의 기초 위에 축조하였음.
○ 각 유형의 선후 관계 : 세 가지 유형 중 동남 모서리 내측의 제1유형의 성벽 하단에 소성도가 비교적 높고 표면에 물레질한 흔적이 보이는 니질 홍갈색의 수키와(筒瓦) 및 방격문과 석문 암키와(板瓦) 잔편이 있었음. 전형적인 고구려시기의 유물로 서기 3~4세기보다 빠르지 않을 것임. 제2유형 성벽 바깥의 황색 점토층에서 전형적인 고구려시기의 철제화살촉이 출토되었는데, 기타 유물은 보이지 않으며, 그 연대 역시 고구려시기임. 제3유형의 성벽에서는 아직 유물이 발견되지 않았으나, 모두 치, 각루의 기존 기초 위에 축조한 것임. 서벽 북쪽 구간, 북벽의 일부, 동벽의 남쪽 구간, 남벽 등에서 보편적으로 이렇게 축조한 성벽이 보이는데, 民國시기에 국내성을 개축할 때에 형성된 것임.

(2) 2009년 동벽의 성벽 단면 조사(그림 25)

○ 2009, 2011년도에 동벽 3개 지점에서 절개 조사를 진행하였음.
○ 2009년 동벽 단면을 조사할 때 동벽 내측에서 성돌 한 층이 남아 있는 벽체를 확인했는데, 동벽 내벽의 기초석임. 이에 근거하여 이 지점의 동벽 기초부 너비가

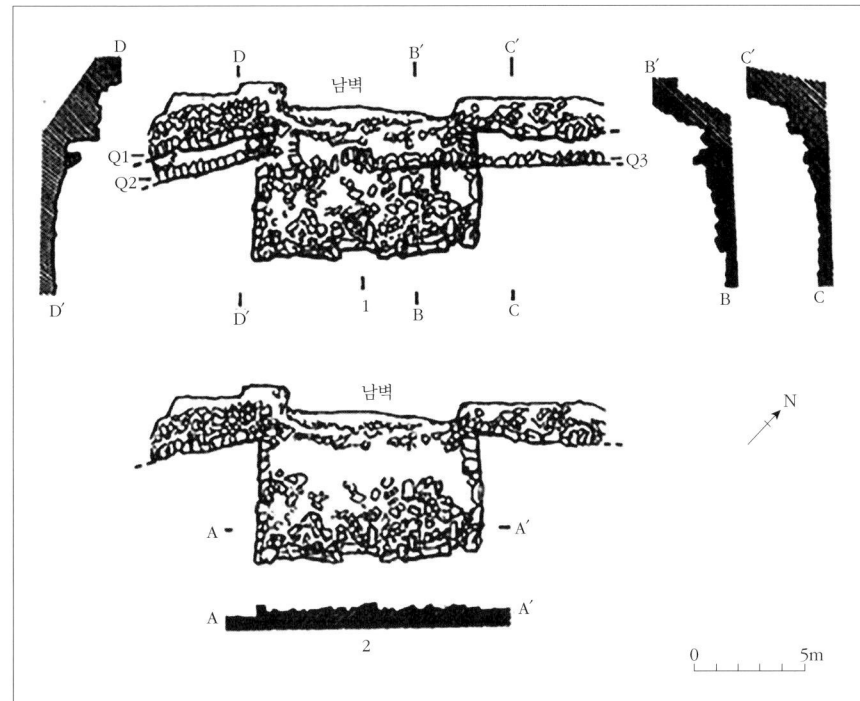

그림 24
집안 국내성 남벽 2호 치
(『邊疆考古研究』 11, 43쪽)

1. 치 및 주변 3유형 성벽 층위 관계 평면 및 단면도
2. 치 평면 및 단면도

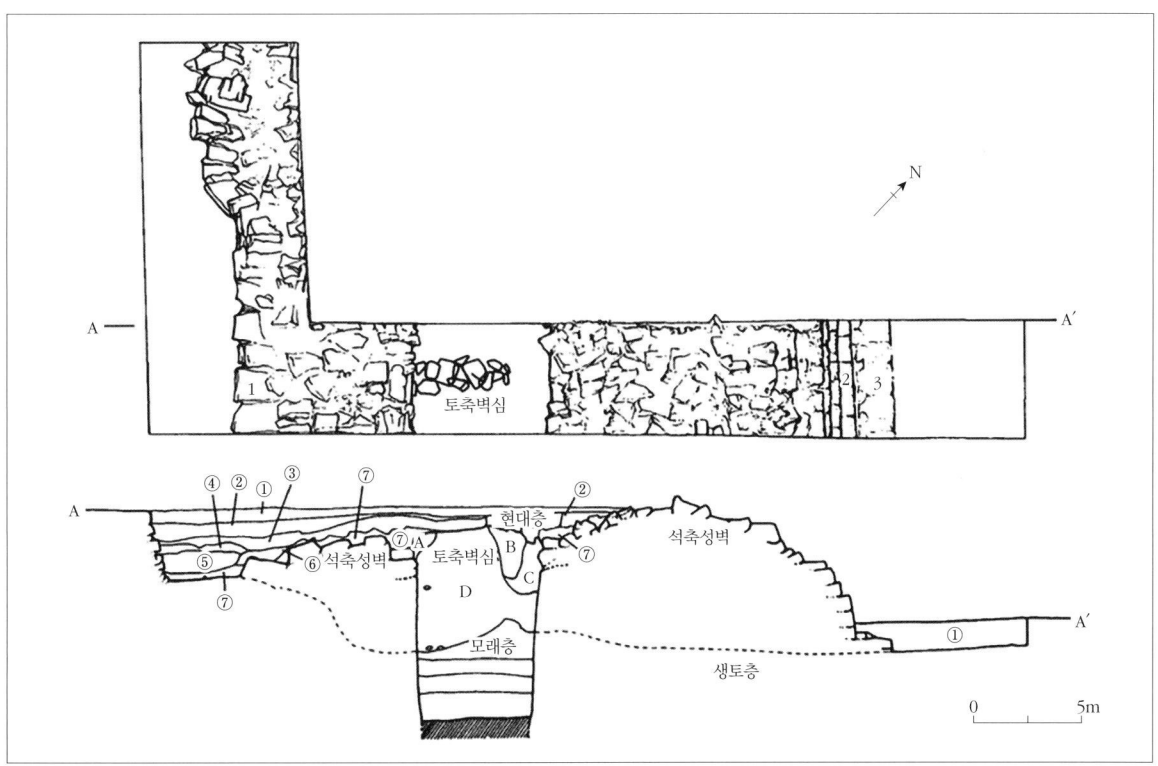

그림 25 집안 국내성 동벽 09JGDT1 평면 및 북벽 단면도(『邊疆考古研究』 11, 44쪽)
1. 동벽 내측 2. 동벽 외측 3. 동벽 외측 벽체 아래 기초

11.3m임을 확인하였음.

○ 동벽에 대한 조사를 통해 벽체의 내외측은 석축이며, 내부에 토축 부분이 존재하는 것을 발견함. 벽체에 대한 보호로 인해 석축 부분은 조사하지 않았으며, 토축 부분을 절개하여 조사하였음. 토축 부분에는 내외 양측의 동벽 상부의 쌓은 돌이 2~3층만 남아 있음. 성돌 아래는 모래임. 토축 부분은 4개 부분으로 구분이 가능하지만, 채움토의 토질은 부드러우며 다진 층과 판축 흔적은 보이지 않음. 비교적 다량의 토기편이 출토되었는데 벽체 위에서 아래까지 층이 구분된 흔적은 보이지 않음. 출토된 토기편도 변화가 없는데, 이는 기초부를 한 번에 축조하였음을 반영함. 이러한 구조 특징을 통해 이 구간의 동벽은 내부가 沙土 堆築이고, 내외 양측과 상부는 석축임을 확인할 수 있었음. 토축 성벽 안팎을 석축 성벽으로 감싸는 구조임.

○ 벽체 내부의 토축 부분에서 발견한 토기편은 극소량의 수제품 외에 절대 다수는 물레 흔적이 발견됨. 소성 온도도 매우 높으며 토질은 견고하며 단단함. 구연부는 대부분 외반하였고, 구순은 각이 졌거나 둥근 형태이며, 대상파수(橫耳器)가 다수 보임. 일부 토기의 기형과 무늬 특징은 오녀산성 4기 문화층, 집안 동대자 건물지, 2003년 국내성 체육장 지점 제4층 아래의 재구덩이(灰坑)에서 출토된 것과 비슷함. 연대도 비슷하여 상한은 4세기 초 전후보다 빠르지 않음.

(3) 2011년 동벽 북쪽 구간 단면 조사

○ 2011년 동벽 북쪽 구간의 2개 지점의 성벽 단면을 조사함. 제1지점은 동벽의 내측과 외측 벽면을 동시에 확인했는데, 벽체의 기초 너비가 11.3m임을 확인할 수 있었음. 제2지점의 성벽 단면 구조는 제1지점과 같음.

○ 이 구간의 동벽은 벽체 중앙은 흙을 다져 판축하였고, 판축 내외 양측은 土石 혼축이며, 그 바깥에는 북꼴 돌로 끼워넣은 干揷式 축조법으로 쌓았고, 가장 외곽에 벽체 내외 측면을 감싸며 돌로 축조하였음. 두 개의 절개 트렌치 모두에서 벽체 내부는 판축 부분과 그 양측의 土石 혼축 부분이 서로 맞물리도록 쌓은 현상을 발견하였음. 이를 통해 벽체 가장 하단의 판축 부분과 그 외측의 土石 혼축 부분은 일체로 축조되었음을 확인함.

○ 2011년 동벽 북쪽 구간의 단면 조사에서 출토된 유물의 특징은 2009년 절개 조사를 통해 출토된 유물과 유사하며 연대도 근접함. 국내성 동벽 벽체의 절개 조사를 통해 석축 성벽 내부의 토축 부분이 성벽의 土芯이며, 연대는 성벽보다 이르지 않은 사실을 확인함. 그리고 판축한 벽심 내에서 출토한 유물에 대한 초보 연구를 통해 절개 지점 3곳의 초축 연대가 4세기 초 전후보다 이르지 않은 사실도 확인함.

(4) 2009년과 2011년의 조사 성과

21세기 이전 국내성 성벽에 대한 고고 조사는 대부분 국부적인 조사와 발굴에 한정되었으며, 국내성 성벽의 형태 등 전면적인 이해가 부족하였음. 2003년 국내성 보호 공정으로 국내성 서벽, 북벽에 대하여 발굴이 진행되었고 서벽과 북벽의 성벽 走向과 치, 문지 등의 분포 상황을 확인하였음. 근래 국내성 동벽과 남벽의 고고 조사를 통해 동벽과 남벽의 방향과 건물 유적의 분포 상황을 확인하였음. 2003년 발굴조사를 토대로 국내성 성벽의 평면 윤곽을 보충하여 완전히 파악함.

○ 동벽과 남벽의 발굴조사를 통해 대체로 성벽 외측에 40~60m 간격으로 치(馬面)를 설치하였음을 확인했는데, 이는 1914년도 국내성 성벽 평면도에서 표시한 치의 수량과 비교적 비슷함. 그리고 2009년에 조사한 남벽 문지의 위치와 2003년에 조사한 서벽 남문의 위치도 1914년도 국내성 평면도에서 표시한 상황과 부합됨. 이를 통해 국내성 성벽에 대한 연구에서 1914년도 국내성 평면도의 중요성을 재인식함.

5. 출토유물

1) 1975년 5월~1977년 5월 출토유물
(『文物』 1984-1)

(1) 청동기(銅器)

① 구연부
○ 수량 : 1건.
○ 출토지 : T8.
○ 형태 : 구연외반, 동체는 둥근 형태임.

② 청동방울(銅鈴)
○ 수량 : 1건.
○ 출토지 : T7.
○ 형태 : 위에는 둥근 꼭지가 있고, 아래 부분에는 납작한 구멍이 있음. 안에는 돌 구슬이 들어 있음. 겉면 중간 부분에는 돌기한 승문(繩文)을 한 줄 돌렸고, 위쪽에는 斜匙文 12개가 일정한 거리로 시문되어 있음.

(2) 철기(鐵器)

① 철제망치(그림 26-1)
○ 수량 : 1건.
○ 출토지 : T8.
○ 크기 : 길이는 9cm, 너비 5.5cm이고, 구멍은 길이 2cm 너비 1.4cm.
○ 형태 : 4각 기둥모양, 구멍은 장방형.

② 철촉(그림 26-2, 그림 26-3)
○ 출토지 : T6과 T4.
○ 형태 및 크기 : T6 출토품은 납작한 부채꼴로 길이가 7.5cm, T4 출토품은 마름모꼴로 길이가 10cm.

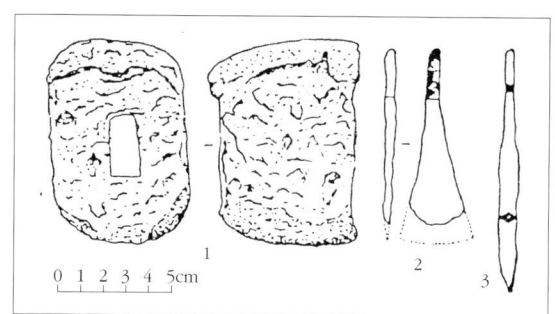

그림 26 국내성 출토 철기(『文物』 1984-1, 51쪽)
1. 철제망치(T8) 2. 부채꼴 철촉(T6) 3. 마름모꼴 철촉(T4)

(3) 토기(土器)

○ 니질의 회색 토기편(敞口圓脣泥質灰褐陶片, T1), 니질의 황색 토기편(折沿方脣泥質黃陶片, T4), 모래혼입 백회색 토기편(侈口曲頸廣肩夾砂白灰陶片, T10), 소성온도가 비교적 낮은 가는 모래혼입 회색 토기편(侈口方脣夾細砂灰陶, T5) 등 구연부 조각이 여러 개 출토되었음(그림 27, 그림 28).
○ 배 윗쪽에 대칭되게 손잡이가 달린 것을 비롯하여 敞口·折沿·鼓腹의 특징을 지닌 모래혼입 회색 토기(夾砂灰陶)편이 여러 개 출토되었음.

(4) 기와

① 회색 암키와(板瓦)편
○ 수량 : 1건.
○ 형태 : 바깥면에는 승문(繩文), 안쪽면에는 포문(布文)이 있음(T9).

(5) 석기(石器)

○ 수량 : 4건.
○ 출토지 : 石城 아래의 토축부.

① 석부(石斧, 그림 29-1)
○ 출토지 : T9.

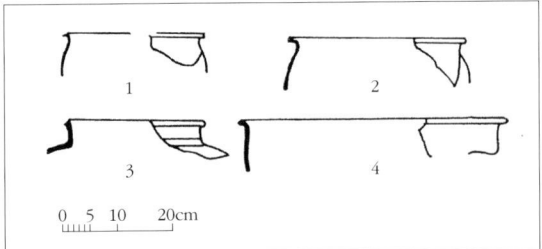

그림 27 국내성 출토 토기(『文物』 1984-1, 50쪽)
1. 니질 회색토기편(T1) 2. 니질 황갈색토기편(T4)
3. 모래혼입 백회색토기편(T10) 4. 가는모래혼입 회색토기편(T5)

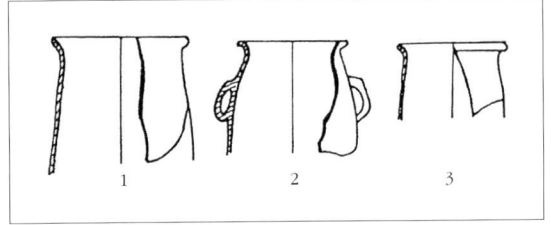

그림 28 국내성 출토 토기(『文物』 1984-1, 51쪽)
1. 회색토기 구연부(T3) 2. 회색토기 구연부(雙耳)(T2)
3. 회색토기 구연부(T9)

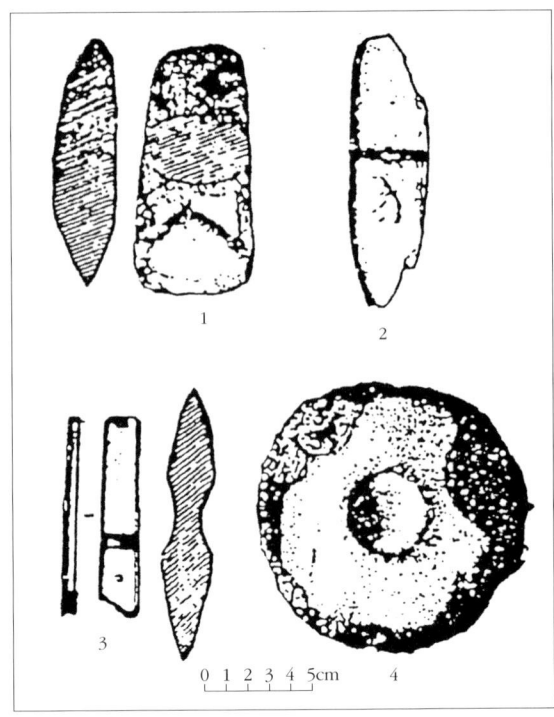

그림 29 국내성 출토 석기(『文物』 1984-1, 51쪽)
1. 돌도끼(T9) 2. 돌칼(T1) 3. 석기자루(T1) 4. 환상석기(T9)

○ 크기 : 길이 11.5cm, 너비 6cm.
○ 특징 : 沙頁巖質의 타제품, 平刃인 날부분이 빛이 남. 윗부분은 조금 깨어졌음.

② 환상석기(環狀石器, 그림 29-4)
○ 출토지 : T9.
○ 크기 : 날 직경 13cm.
○ 특징 : 灰色 安山巖質로서 넙적한 원형. 양면의 중앙 부분에 구멍을 파놓았고, 둘레에는 날이 있음.

③ 석도(石刀, 그림 29-2)
○ 출토지 : T1.
○ 크기 : 길이 12cm, 너비 3.8cm.
○ 특징 : 짙은 회색 片頁巖質로서 날부분이 곧은 반면 등 부분은 활처럼 휘었는데, 칼날은 아주 예리함.

④ 석기 자루(그림 29-3)
○ 출토지 : T1.
○ 크기 : 殘長 9cm, 너비 1.5cm.
○ 특징 : 짙은 회색 片頁巖質로서 長方形, 작은 구멍이 하나 있음.
○ 이 가운데 석도나 환상석부는 吉林 長蛇山과 旅大 長海縣의 출토품과 유사함.

2) 2000~2003년 출토유물(『國內城』)

(1) 국내성 성벽 동북 모서리 출토유물
(일련번호 2003JGCDBJ)

① 철기

㉠ 철제사슬과 망치(鐵鏈形錘, 2003JGCDBJ:24, 그림 30-1)
○ 크기 : 망치 부분 길이 9.4cm, 전체 길이 69.2cm.

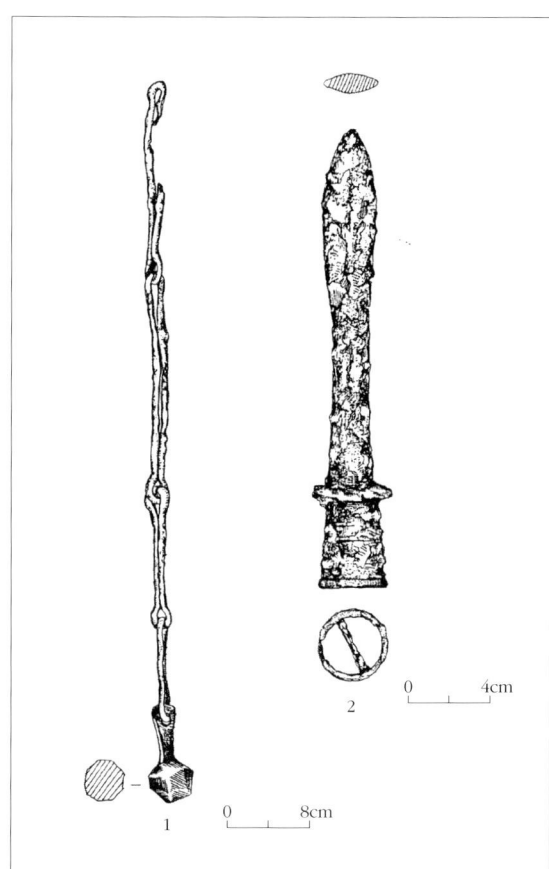

그림 30 동북 모서리 출토 철기(『國內城』, 18쪽)
1. 철제사슬과 망치   2. 철제창

○ 형태 : 망치와 사슬 두 부분으로 구성, 단조제. 망치부분에 손잡이(柄)가 있음. 망치 몸체는 공 모양. 구형 망치 몸체 표면에 단조로 만든 모서리 면(棱面)이 있음. 모서리 면은 3부분(三組)으로 나눌 수 있으며 총 15개의 모서리 면이 있음. 정수리 부분은 뾰족한 모양. 4개의 모서리 면이 있음. 기구의 중부에 7개 모서리 면이 있으며 손잡이와 접한 망치 아래 부분에 4개의 모서리 부분이 있음. 15개의 모서리 면은 대략 方形이나 모서리의 길이는 같지 않음. 손잡이 부분은 대략 삼각형, 그 뾰족한 부분과 망치의 몸체가 서로 이어져 있고 저부에 단조로 만든 원형의 구멍(透孔)이 있음. 이 구멍을 통해 망치 몸체와 사슬이 서로 이어져 있음. 사슬은 모두 4마디이며, 각 마디 사슬은 모두 철사막대기를 사용해 양 끝고리 주변을 단조해낸 막힌 쇠사슬 막대기를 사용했음. 4마디 사슬은 차례대로 덧씌우개와 함께 이어져 있음. 4마디의 사슬 길이는 같지 않음. 제일 첫마디가 가장 짧고, 세 번째 마디가 가장 길며, 네 번째 마디 사슬에 깨진 틈(缺口)이 있음.

ⓛ 철제창(鐵矛, 2003JGCDBJ:23, 그림 30-2)
○ 크기 : 器身 전체 길이 24cm, 구멍(銎) 부분 길이 4.4cm, 구멍 입구(銎口) 직경 4cm.
○ 형태 : 몸체의 부식이 다소 심함. 유엽형(柳葉形). 창 몸체 중부가 불룩 튀어나왔으며(起背), 자루 구멍(銎)과 창의 몸체가 서로 이어지는 곳의 테두리(箍形) 장식은 녹이 슬어 형태가 완전하지 않음. 자루 구멍 입구에는 나무 재질의 창자루를 고정시키기 위한 쇠못이 있음. 못끝(釘尖), 못머리(釘帽)는 구멍 벽(銎壁)과 함께 이미 부식해 있으나 못 끝이 구멍 벽을 뚫은 흔적을 명백히 판별할 수 있음.

ⓒ 철촉(鐵鏃, 그림 31)
○ 수량 : 23건.
○ 형태 : 촉의 몸체(鏃身) 형태에 따라 삽형(鏟形鏃), 유엽형(柳葉形鏃), 마름모형(菱形鏃) 3종류로 분류.

◎ A형
○ 삽형(鏟形鏃).
○ 수량 : 9건.
○ 촉의 몸체(鏃身)의 세부 차이에 따라 두 종류로 분류.

◎ Aa형
○ 수량 : 8건.
○ 촉의 몸체(鏃身)는 역삼각형으로 아래에서 위쪽으로 점점 가늘어짐.

● 2003JGCDBJ:1(그림 31-1)
○ 크기 : 전체 길이 12cm, 경부(鋌) 길이 5.2cm
○ 형태 : 긴 경부. 경부는 원형 단면을 띰.

● 003JGCDBJ:2(그림 31-2)
○ 크기 : 器體 잔존길이 7.2cm, 경부(鋌) 잔존길이 0.8cm.
○ 형태 : 촉 몸체(鏃身)의 두께 정도 차이가 크지 않음. 경부는 심하게 부식되어 끊어져나갔음.

● 2003JGCDBJ:16(그림 31-3)
○ 크기 : 器體 전체 길이 7.6cm, 경부(鋌) 길이 3.4cm.
○ 형태 : 경부가 구부러져 있음.

◎ Ab형
○ 수량 : 1건.
○ 鏃身 아래 부분에 扁圓形 돌출 매듭(突結)이 있음.

● 2003JGCDBJ:5(그림 31-4)
○ 크기 : 器體 잔존길이 6.3cm, 關 길이 0.8cm, 경부(鋌) 잔존길이 0.4cm.
○ 형태 : 器體 끝부분 및 경부는 모두 파손되어 결실됨. 鏃身 하부에 關이 있음.

◎ B형
○ 유엽형(柳葉形鏃).
○ 수량 : 13건.
○ 촉의 몸체(鏃身)의 세부 차이에 따라 두 종류로 분류.

◎ Ba형
○ 수량 : 4건.
○ 가늘고 긴 촉 몸체(鏃身)는 마름모형 단면을 띰.

● 2003JGCDBJ:15(그림 31-5)
○ 크기 : 전체 길이 9.7cm, 경부(鋌) 길이 3.2 cm.
○ 형태 : 경부는 타원형 단면을 띰.

● 2003JGCDBJ:18(그림 31-7)
○ 크기 : 전체 길이 10cm.
○ 형태 : 경부는 장방형 단면을 띰.

● 2003JGCDBJ:21(그림 31-6)
○ 크기 : 남은길이 6.5cm, 경부(鋌) 잔존길이 1cm.
○ 형태 : 경부는 파손되어 결실됨. 원형 단면을 띰.

● 2003JGCDBJ:20(그림 31-8)
○ 크기 : 전체 길이 6.4cm, 경부(鋌) 길이 3cm.
○ 형태 : 器體가 비교적 작고 경부는 원형 단면을 띰.

◎ Bb형
○ 수량 : 9건.
○ 촉의 몸체(鏃身)는 납작하고 평평하며, 가운데 부분이 불룩 튀어나왔음(起背).

● 2003JGCDBJ:3(그림 31-9)
○ 크기 : 잔존길이 10.5cm, 경부(鋌) 길이 3.7cm.
○ 형태 : 촉의 몸체(鏃身) 끝 부분은 파손되어 결실됨. 밑 부분(底部)은 비스듬하게 안으로 들어감. 경부는 방형 단면을 띰.

● 2003JGCDBJ:11(그림 31-10)
○ 크기 : 전체 길이 7.9cm, 경부(鋌) 길이 2.2cm.
○ 형태 : 촉의 몸체(鏃身)는 비스듬하게 안으로 들어감. 경부는 원형 단면을 띰.

● 2003JGCDBJ:19(그림 31-12)
○ 크기 : 전체 길이 7.5cm, 경부(鋌) 길이 3.4cm.

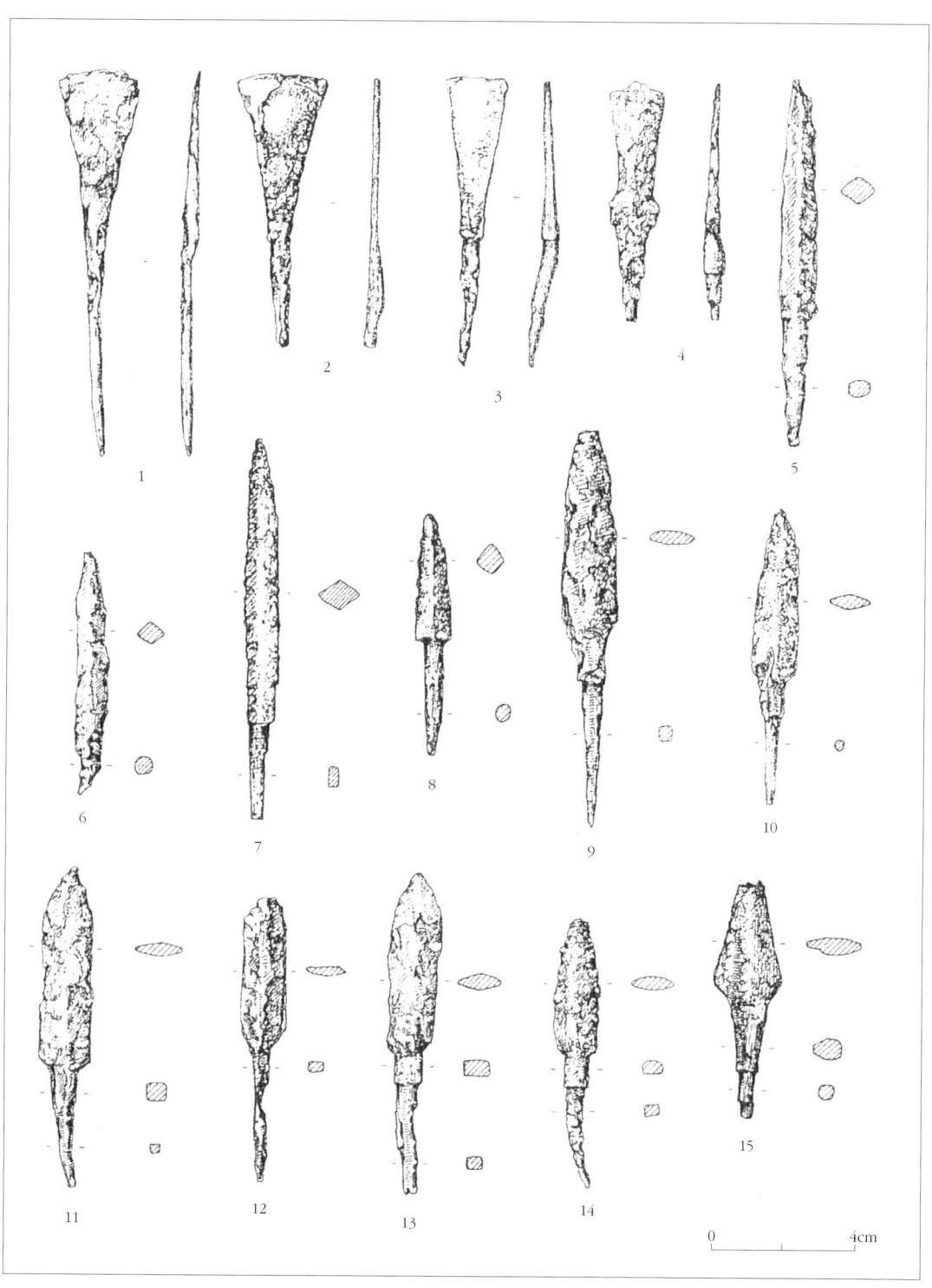

그림 31 동북 모서리 출토 철족(『國內城』, 19쪽)
1. Aa형(2003JGCDBJ:1) 2. Aa형(2003JGCDBJ:2) 3. Aa형(2003JGCDBJ:16) 4. Ab형(2003JGCDBJ:5) 5. Ba형(2003JGCDBJ:15)
6. Ba형(2003JGCDBJ:21) 7. Ba형(2003JGCDBJ:20) 8. Ba형(2003JGCDBJ:20) 9. Bb형(2003JGCDBJ:3) 10. Bb형(2003JGCDBJ:11)
11. Bb형(2003JGCDBJ:12) 12. Bb형(2003JGCDBJ:19) 13. Bb형(2003JGCDBJ:14) 14. Ba형(2003JGCDBJ:4) 15. C형(2003JGCDBJ:26)

○ 형태 : 촉의 몸체(鏃身) 끝 부분(尖部)은 파손되어 결실됨. 경부는 장방형 단면을 띰.

● 2003JGCDBJ : 12(그림 31-11)
○ 크기 : 전체 길이 8.5cm.
○ 형태 : 촉의 몸체(鏃身) 이하 경부는 점차 가늘어짐. 단면은 모두 방형.

● 2003JGCDBJ : 14(그림 31-13)
○ 크기 : 전체 길이 8.5cm, 경부(鋌) 길이 2cm.
○ 형태 : 촉의 몸체(鏃身) 아래 부분에 關이 있음. 關 부분, 경부는 모두 장방형 단면을 띰.

● 2003JGCDBJ : 4(그림 31-14)
○ 크기 : 전체 길이 7.2cm, 關 길이 0.9cm, 경부(鋌) 길이 2.6cm.
○ 형태 : 촉의 몸체(鏃身) 아래 부분에 關이 있음. 타원형 단면을 띰. 경부는 구부러진 형태이며 방형 단면을 띰.

◎ C형
○ 마름모형(菱形鏃).
○ 수량 : 1건.

● 2003JGCDBJ : 26(그림 31-15)
○ 크기 : 잔존길이 6.3cm, 경부(鋌) 길이 1.2cm.
○ 형태 : 마름모형(菱形) 촉 몸체의 끝 부분은 파손되어 결실됨. 경부는 원형 단면을 띰.

(2) 북벽 단면 절단 지점의 출토유물

북벽의 단면 절단 지점의 지층퇴적 및 성벽에서 토제(陶質) 유물이 출토되었음. 가락바퀴(紡輪), 원반형 토제품(陶餠) 외에 완전한 유물은 발견되지 않았음. 陶器는 동체(배)의 殘片이 많고, 구연은 비교적 적음. 호(罐), 시루(甑) 등의 器形이 있음.

① 벽체 A층 출토유물

㉠ 호(侈口罐)

● 2000JBGQA : 1(그림 32-2)
○ 크기 : 구연 직경 10cm.
○ 형태 : 파손품. 구연 외반, 구순은 각이 져 있음. 동체는 둥근 형태임.
○ 태토 및 색깔 : 모래혼입 황갈색 토기. 태토 중에 소량의 조개가루가 섞여 있음.

● 2000JBGQA : 2(그림 32-1)
○ 크기 : 구연 직경 23cm.
○ 형태 : 파손품, 구연 외반, 구순은 둥글게 처리하였음. 동체는 둥근 형태임.
○ 태토 및 색깔 : 니질의 회색 토기.

② 벽체 B층 출토유물

㉠ 호(侈口罐, 2000JBGQB:1, 그림 32-3)
○ 크기 : 구연 직경 22cm.
○ 형태 : 파손품, 구순은 각이 져 있음. 무문(素面).
○ 태토 및 색깔 : 모래혼입 흑갈색 토기.

㉡ 원반형 토제품(陶餠, 2000JBGQB:2, 그림 32-8)
○ 크기 : 직경 4.4cm, 두께 0.8cm.
○ 형태 : 대략 원형.
○ 태토 및 색깔 : 모래 혼입 황갈색 토기. 陶片을 갈아서 만듦.

③ 원반형 토제품(陶餠, 2000JBGQB : 3, 그림 32-9)
○ 크기 : 직경 4cm, 두께 0.9cm.

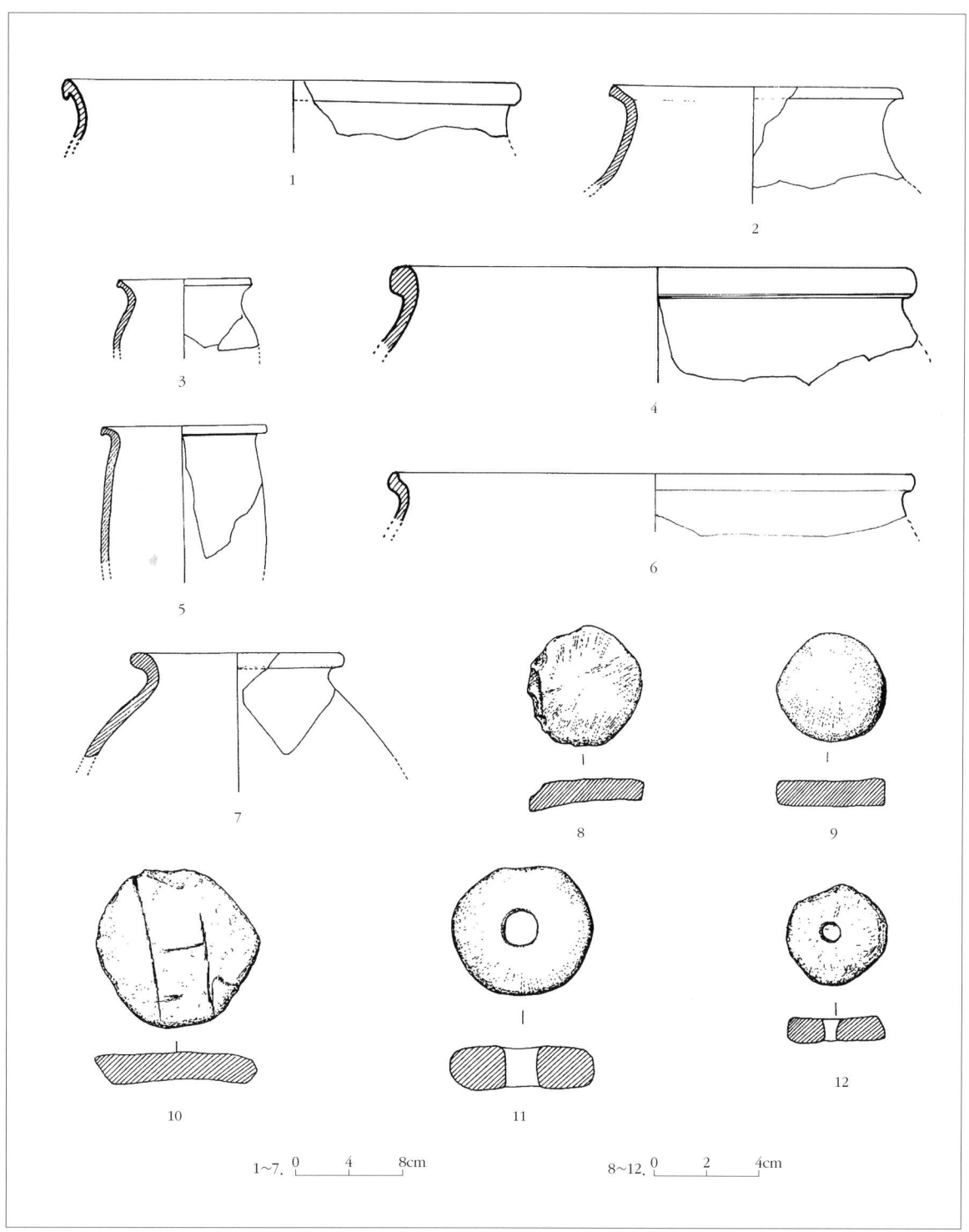

그림 32 북벽 절단 지점의 출토 토기(『國內城』, 23쪽)
1. 호(侈口罐, 2000JGBQA:2) 2. 호(侈口罐, 2000JGBQA:1) 3. 호(侈口罐, 2000JGBQB:1) 4. 호(侈口罐, 2000JGBQC:1)
5. 호(侈口罐, 2000JGBQD:1) 6. 호(侈口罐, 2000JGBQD:2) 7. 호(侈口罐, 2000JGBQDa:1) 8. 원반형 토제품(2000JGBQB:2)
9. 원반형 토제품(2000JGBQB:3) 10. 원반형 토제품(2000JGBQD:3) 11. 가락바퀴(200JGBQDa:2) 12. 가락바퀴(2000JGBQD:4)

○ 형태 : 대략 원형.
○ 태토 및 색깔 : 모래혼입 황갈색 토기.

④ 벽체 C층 출토유물

㉠ 호(侈口罐, 2000JBGQC:1, 그림 32-4)
○ 크기 : 구연 직경 40cm.
○ 형태 : 파손품, 구연은 약간 외반, 구순은 둥글게 처리하였음.
○ 태토 및 색깔 : 가는 모래 혼입 회색 토기.

⑤ 벽체 D층 출토유물

㉠ 호(侈口罐)

● 2000JBGQD:1 (그림 32-5)
○ 크기 : 구연 직경 12.4cm.
○ 형태 : 파손품, 구연 외반, 구순은 각이 져 있음. 동체는 깊고 둥근 형태임.
○ 태토 및 색깔 : 모래혼입 황갈색 토기.

● 2000JBGQD:2 (그림 32-6)
○ 크기 : 구연 직경 40cm.
○ 형태 : 파손품, 구연 외반, 구순은 둥글게 처리하였음.
○ 태토 및 색깔 : 모래혼입 흑갈색 토기.

㉡ 원반형 토제품(陶餠, 2000JBGQD:3, 그림 32-10)
○ 크기 : 직경 6cm, 두께 0.9cm.
○ 형태 : 대략 원형.
○ 태토 및 색깔 : 모래혼입 황갈색 토기, 陶片을 갈아서 만듦.

㉢ 가락바퀴(紡輪, 2000JBGQD:4, 그림 32-12)
○ 크기 : 직경 3.7cm, 두께 0.9cm, 구멍 직경 0.6cm.
○ 형태 : 둥근 원반 모양(圓餠形), 중앙에 구멍이 있음.
○ 태토 및 색깔 : 모래혼입 흑갈색 토기, 陶片을 갈아서 만듦.

⑥ 벽체 Da층 출토유물

㉠ 호(侈口束頸罐, 2000JBGQDa:1, 그림 32-7)
○ 크기 : 구연 직경 16cm.
○ 형태 : 파손품, 구연 외반, 구순은 둥글게 처리하였음. 동체는 둥근 형태(鼓腹).
○ 태토 및 색깔 : 모래혼입 황갈색 토기

㉡ 가락바퀴(紡輪, 2000JBGQDa:2, 그림 32-11)
○ 크기 : 직경 5.4cm, 두께 1.5cm, 구멍 직경 1.2cm.
○ 형태 : 둥근 원반 모양(圓餠形), 중앙에 구멍이 있음.
○ 태토 및 색깔 : 모래혼입 황갈색 토기, 陶片을 갈아서 만듦.

(3) 국내성 북벽 서문 출토유물(일련번호 2003GCBX)

① 철기

철촉(鐵鏃) 5건 출토.

㉠ 삽형(鏟形鏃, 2003JGCXBJ:1, 그림 34-7)
○ 수량 : 1건.
○ 크기 : 鏃體 殘長 10.7cm, 關 길이 1cm, 경부(鋌) 길이 3.9cm.
○ 형태 : 鏃 전단부가 약간 훼손됨. 촉신의 하부에 扁圓形 돌대(突結)가 있음. 촉 몸체와 경부가 교접하는 부분에 關이 있음. 경부는 원형 단면을 띰.

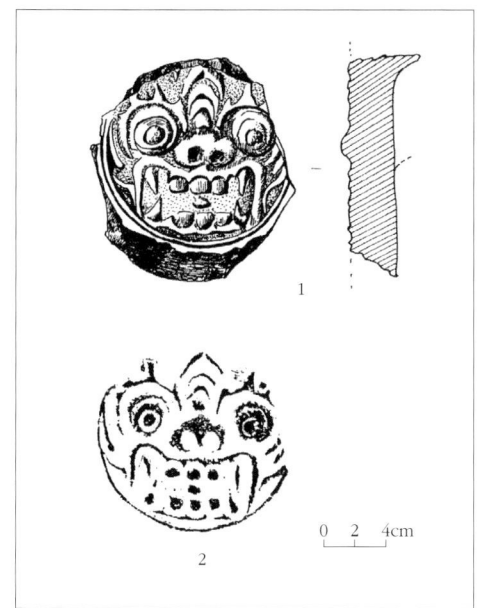

그림 33 북벽 서문 출토 와당(『國內城』, 32쪽)
1. 수면문와당(2003GCX:1) 2. 수면문와당(2003GCBX:1)

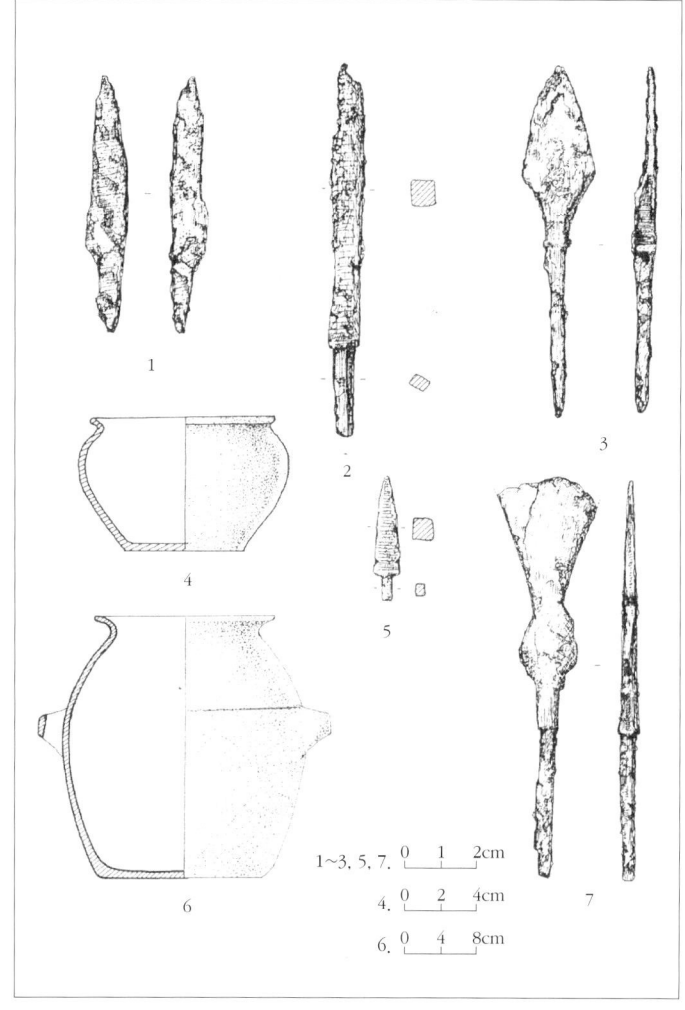

그림 34
서북 모서리 출토 토기와 철기(『國內城』, 34쪽)
1. 유엽형 철촉(2003JGCXBJ:3)
2. 유엽형 철촉(2003JGCXBJ:7)
3. 마름모형 철촉(2003JGCXBJ:2)
4. 호(侈口罐, 2003JGCXBJ:6)
5. 유엽형 철촉(2003JGCXBJ:4)
6. 호(侈口罐, 2003JGCXBJ:5)
7. 삽형 철촉(2003JGCXBJ:1)

ⓛ 마름모형(菱形鏃, 2003JGCXBJ:2, 그림 34-3)
○ 수량 : 1건.
○ 크기 : 鏃體 전체 길이 9.4cm, 鏃身의 가장 넓은 곳의 너비 2.1cm. 경부(鋌) 길이 4.6cm.
○ 형태 : 완형. 鏃身은 아래서 위로 점차 얇아지며 경부는 원형 단면을 띰.

ⓒ 유엽형(柳葉形鏃)
○ 수량 : 총 3건.

● 2003JGCXBJ:3(그림 34-1)
○ 크기 : 鏃體 잔존길이 6.9cm, 경부(鋌) 잔존길이 2.1cm.
○ 형태 : 부식이 심해 결실됨.

● 2003JGCXBJ:4(그림 34-5)
○ 크기 : 鏃體 전체 길이 3.2cm, 경부(鋌) 길이 0.7cm.
○ 형태 : 완형. 기형은 비교적 작음. 鏃身은 방형 단면을 띰, 경부는 원형 단면을 띰.

● 2003JGCXBJ:7(그림 34-2)
○ 크기 : 鏃體 잔존길이 10cm, 경부(鋌) 길이 4.4cm
○ 형태 : 파손품, 鏃身 끝 부분은 결실됨. 鏃身는 방형 단면을 띰. 경부는 마름모형(菱形) 단면을 띰.

② 토기

㉠ 호(侈口罐)
수량 : 총 2건.

● 2003JGCXBJ:5(그림 34-6)
○ 크기 : 구연 직경 19.6cm, 최대 복경 27.2cm, 바닥 길이 17.6cm, 전체 높이 27.6cm.
○ 형태 : 구연 외반, 구순은 둥글게 처리하였음. 동체는 둥근 형태. 최대 腹頸이 있는 곳에 2개의 대칭 횡대상파수(橫橋狀耳)를 부착하였음. 평평한 바닥.
○ 색깔과 태토 : 모래혼입 갈색 토기.

● 2003JGCXBJ:6(그림 34-4)
○ 크기 : 구연 직경 10cm, 최대 腹頸 11.4cm, 바닥 직경 6.6cm, 전체 높이 7.1cm.
○ 형태 : 구연 외반, 구순은 둥글게 처리하였음. 동체는 둥글게 휜 형태임(弧鼓腹). 최대 복경은 동체(腹身) 상부에 위치. 그 아래 동체(器身)는 바닥까지 활처럼 안으로 들어감(弧收到底). 평평한 바닥.
○ 색깔과 태토 : 모래혼입 회색 토기.

③ 와당

㉠ 와당(2003GCBX:1, 그림 33)
○ 출토지 : 국내성 북벽 서문의 성벽 퇴적물.
○ 크기 : 막새면 세로 방향 남은 너비 12cm, 가로 방향 남은 너비 10cm.
○ 문양 : 모압부조 獸面文와당. 와당 주연(邊輪)은 파손됨. 남아 있는 대부분은 막새면. 그 수면조형은 눈꺼풀 2개에, 안구가 작고 눈썹은 불꽃모양. 눈썹 사이에 반원형 돌출 부분이 있고, 그 위에 세로방향으로 배열된 점차 커지는 月牙形 凸棱文이 3줄 있음. 콧구멍 바깥 부분이 위로 올라가 있으며 그 높이는 당면보다 돌

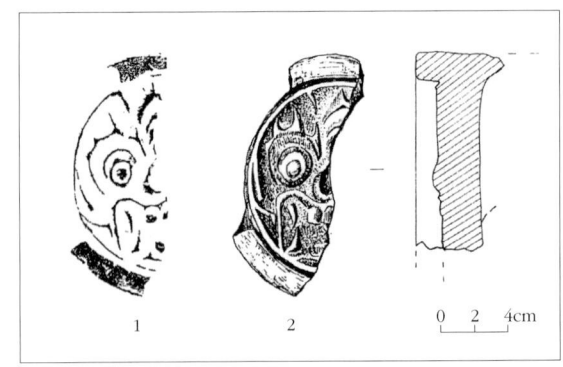

그림 35 서문지 출토 수면문와당과 탁본(『國內城』, 39쪽)

출해 있음. 벌어진 입(闊口), 위아래 턱에 각각 5개의 이빨이 드러나 있음. 상하 각각 3개의 앞니(門牙)가 가지런히 배열되어 있으며 그 바깥 측에 2쌍의 송곳니가 다소 과장되게 조형되었음. 이빨 사이에 원형의 혀끝이 노출되어 있고, 수면의 뺨 부분에 수염이 장식되어 있음.
○ 색깔과 태토 : 회갈색, 모래혼입.

(4) 국내성 서문지 출토유물(일련번호 2003JGCXM)

① 와당(2003JGCXM:1, 그림 35)
○ 크기 : 와당 주연(邊輪) 너비 1.6cm, 높이 1.6cm.
○ 문양 : 오른쪽 막새면 반이 잔존. 이 와당의 부조 수면 조형은 국내성 북벽 서문에서 출토된 수면문와당 2003JGCBX:1과 서로 같음. 이 와당은 오른쪽 눈이 남아 있고, 눈꺼풀 2개, 안구가 비교적 작고 눈알(球體)이 바깥으로 볼록함(外鼓). 눈썹은 불꽃모양. 코 부분이 당면에서 잘려나갔음. 그러나 눈썹 사이에 세로방향으로 배열된 月牙形의 凸棱文이 남아 있음. 벌어진 입, 윗턱에 이빨 3개, 아래턱에 이빨 2개가 남아 있음. 수면의 뺨 부분에 수염장식이 있음.
○ 색깔과 태토 : 홍갈색, 모래혼입.

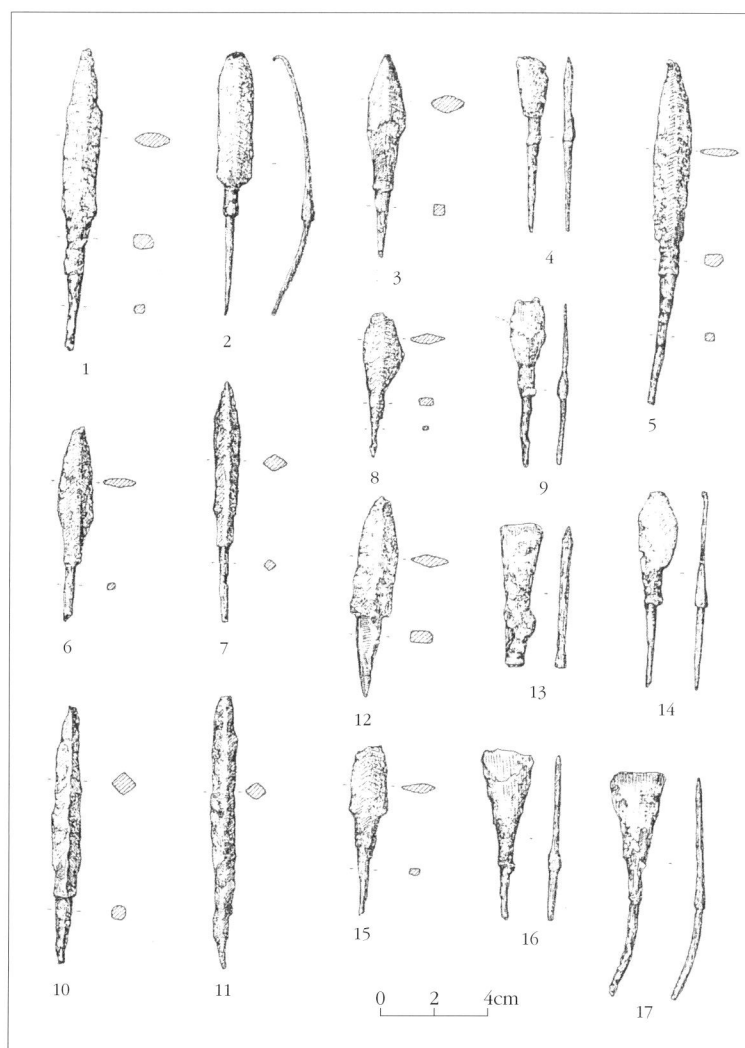

그림 36
서남 모서리 출토 철촉(『國內城』, 46쪽)
1. Bb형 철촉 2. Bb형 철촉
3. Bc형 철촉 4. Aa형 철촉
5. Bb형 철촉 6. Bc형 철촉
7. Ba형 철촉 8. C형 철촉
9. D형 철촉   10. Ba형 철촉
11. Ba형 철촉 12. Bc형 철촉
13. Ab형 철촉 14. D형 철촉
15. Bb형 철촉 16. Aa형 철촉
17. Aa형 철촉

(5) 국내성 성벽 서남 모서리 출토유물

(일련번호 2003JGCXNJ)

① 철촉

○ 철촉(鐵鏃) 35건이 출토됨. 철촉은 부식되었는데, 일부는 부식이 너무 심해 잘라져 나갔음.
○ 鏃身의 형상에 따라 삽형(鍤形鏃), 유엽형(柳葉形鏃), 마름모형(菱形鏃), 부채날형(扇面形鏃)의 4종류로 나눌 수 있음.

㉠ A형 철촉, 삽형(鍤形鏃)

○ 수량 : 11건.
○ 鏃身의 세부 형태의 차이에 따라 2종류로 나눌 수 있음.

◎ Aa형

○ 수량 : 10건.
○ 형태 : 역삼각형(倒三角形鏃身)이며, 경부는 원형 단면을 띰.

● 2003JGCXNJ:30(그림 36-17)
○ 크기 : 전체 길이 약 8.5cm, 경부(鋌) 길이 3.5cm.
○ 형태 : 대체로 완형임. 경부는 약간 변형되어 한쪽으로 구부러져 있음.

● 2003JGCXNJ:25(그림 36-16)
○ 크기 : 전체 길이 약 6.4cm, 경부(鋌) 길이 1.8cm.
○ 형태 : 앞 끝(前鋒)이 약간 파손됨. 짧은 경부.

● 2003JGCXNJ:11(그림 36-4)
○ 크기 : 전체 길이 6.4cm, 關 길이 1cm, 경부(鋌) 길이 3.3cm.
○ 형태 : 앞 끝(前鋒)이 약간 파손됨. 關이 있음. 경부(鋌)는 원형 단면을 띰.

◎ Ab형
○ 수량 : 1건.
○ 형태 : 역삼각형 鏃身의 하부에 扁圓形 돌대(突結)가 1개 있음.

● 2003JGCXNJ:24(그림 36-13)
○ 크기 : 鏃身 길이 5.4cm.
○ 형태 : 경부는 파손됨.

㉡ B형 철촉, 유엽형(柳葉形鏃)
○ 수량 : 18건.
○ 鏃身의 세부 형태에 따라 3종류로 나눌 수 있음.

◎ Ba형
○ 수량 : 3건.
○ 형태 : 鏃身은 가늘고 길며, 마름모형(菱形) 단면을 띰.

● 2003JGCXNJ:32(그림 36-7)
○ 크기 : 전체 길이 8.8cm, 경부(鋌) 길이 2.7cm.
○ 형태 : 경부는 마름모형 단면을 띰.

● 2003JGCXNJ:22(그림 36-10)
○ 크기 : 전체 길이 9.4cm, 경부(鋌) 길이 2.5cm.
○ 형태 : 경부는 원형 단면을 띰.

● 2003JGCXNJ:15(그림 36-11)
○ 크기 : 전체 길이 10cm, 경부(鋌) 길이 2cm.
○ 형태 : 짧은 경부.

◎ Bb형
○ 수량 : 10건.
○ 鏃身이 扁平, 가운데가 볼록 튀어나왔음(起背).

● 2003JGCXNJ:26(그림 36-5)
○ 크기 : 전체 길이 12.7cm, 關 길이 1.2cm, 경부(鋌) 길이 4.8cm.
○ 형태 : 鏃身 하부에 關이 있으며, 타원형 단면을 띰. 경부는 점차 가늘어지고 방형 단면을 띰.

● 2003JGCXNJ:35(그림 36-1)
○ 크기 : 전체 길이 11cm, 경부(鋌) 길이 2.8cm.
○ 형태 : 形體가 두껍고 무거움. 鏃身 하부에 關이 있음. 부식이 매우 심함. 경부는 약간 원형 단면을 띰.

● 2003JGCXNJ:1(그림 36-2)
○ 크기 : 전체 길이 10.5cm, 關 길이 1cm, 경부(鋌) 길이 3.8cm.
○ 형태 : 器身은 변형되어 있으며, 활모양으로 구부러져 있음. 鏃身 하부에 關이 있음. 關과 경부는 원형 단면을 띰.

● 2003JGCXNJ:4(그림 36-15)
○ 크기 : 경부(鋌) 길이 2.6cm.

○ 형태 : 鏃身 상부는 잘려나갔음. 그 하부는 뚜렷하게 안쪽으로 들어가 있음(內收).

◎ Bc형
○ 수량 : 5건.
○ 형태 : 鏃身이 짧고 넓음.

● 2003JGCXNJ : 34(그림 36-12)
○ 크기 : 전체 길이 7.4cm, 경부(鋌) 길이 3cm.
○ 형태 : 경부는 역삼각형, 장방형 단면을 띰.

● 2003JGCXNJ : 21(그림 36-3)
○ 크기 : 전체 길이 7.5cm, 경부(鋌) 길이 2.5cm.
○ 형태 : 경부는 역삼각형, 방형 단면을 띰.

● 2003JGCXNJ : 16(그림 36-6)
○ 크기 : 전체 길이 7.2cm, 경부(鋌) 길이 2cm.
○ 형태 : 경부는 원형 단면을 띰.

ⓒ C형 철촉
○ 수량 : 모두 3건.
○ 마름모형(菱形鏃), 파손품.

● 2003JGCXNJ : 2(그림 36-8)
○ 크기 : 잔존길이 5.3cm, 關 길이 0.9cm, 경부(鋌) 길이 1.3cm.
○ 형태 : 鏃身 앞 끝(前鋒)은 부서짐. 가운데가 볼록 튀어나옴(起背). 關은 장방형. 경부는 약간 원형 단면을 띰.

ⓔ D형 철촉
○ 수량 : 2건.
○ 부채날형(扇面形鏃), 鏃身은 부채날형(扇面形).

● 2003JGCXNJ : 5(그림 36-14)
○ 크기 : 전체 길이 7.2cm, 關 길이 2.3cm, 경부(鋌) 길이 2.9cm.
○ 형태 : 鏃身은 파손됨. 하부에 關이 있음. 關과 경부는 모두 원형 단면을 띰.

● 2003JGCXNJ : 18(그림 36-9)
크기 : 전체 길이 6.3cm, 경부(鋌) 길이 2.7cm.

(6) 국내성 서벽 바깥 배수로 출토유물
(일련번호 2003JGXP)

① 와당(2003JGXP : 1, 그림 37)
○ 수량 : 1건.
○ 출토지 : 배수로의 동쪽 입구.
○ 크기 : 와당 직경 18.4cm, 막새면 직경 15.6cm, 주연(邊輪) 너비 1.4cm, 높이 1.2cm.
○ 문양 : 모압부조 獸面文와당, 막새면 상부는 파손됨. 눈알은 유두(乳突) 형태, 그 하부에 마름모형 받침대가 장식되어 있음. 눈썹 사이에는 세로방향으로 배열된 月牙形 凸棱文이 2줄 있음. 눈썹끝은 바깥을 향해 말려 있고, 콧구멍은 치켜 올라갔으며 막새면의 가장 높은 곳임. 입은 활짝 벌어졌고, 입 안에는 위 아래 턱에 각각 이빨 6개가 드러나 있는데, 위 아래 앞니(門齒) 4개는 가지런하게 배열되어 있음. 그 외측에 송곳니 2개가 과장되게 표현되어 있는데, 동물의 송곳니 모양과 유사함. 입안에 혀가 없고, 눈, 코, 뺨의 바깥쪽에 말려 올라간 수염이 장식되어 있음.
○ 색깔과 태토 : 홍갈색, 모래혼입.

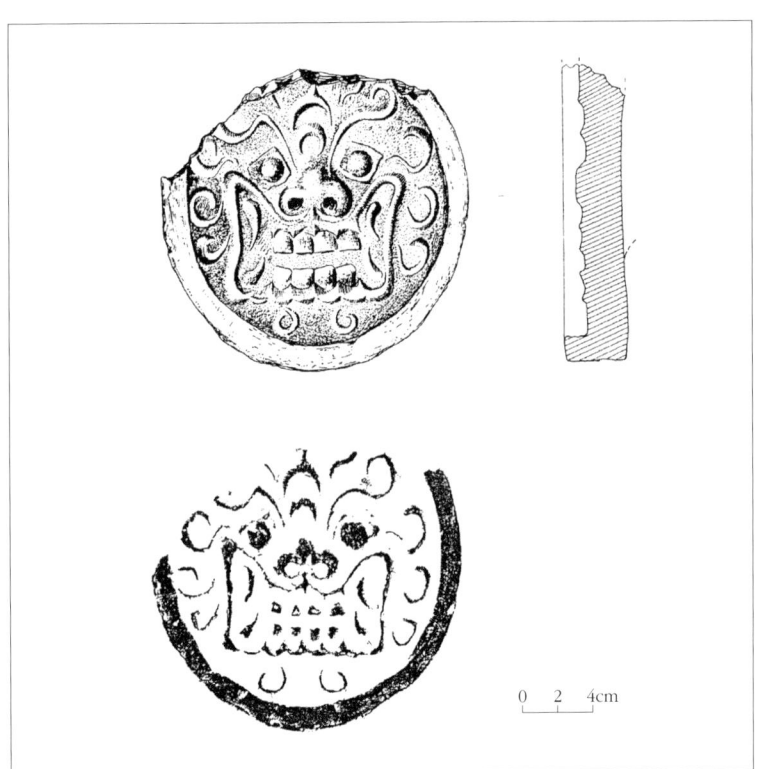
그림 37
서벽 바깥 배수로 출토 와당과 탁본
(『國內城』, 51쪽)

6. 역사적 성격

1) 지정학적 위치와 주변의 유적 현황

국내성지는 압록강 우안의 통구분지에 위치함. 통구분지는 동서 길이 16km, 남북 너비 2~4km로서 압록강 중류 유역에서 가장 넓은 분지임. 국내성지의 동쪽 6km 거리에 龍山, 북쪽 1km 거리에 禹山이 있고, 서쪽으로는 通溝河를 건너 1.5km에 七星山이 있는데, 성곽을 방어해주는 천연 병풍의 역할을 함. 서쪽의 通溝河와 남쪽의 압록강은 천연 해자로서 기능함.

통구분지는 고구려 두 번째 도성이 자리했던 곳으로 분지 곳곳에 고구려 유적이 밀집 분포함. 국내성지에서 서북쪽 2.5km 거리에는 지세가 험준한 산성자산성이 자리하는데, 국내성지의 군사방어성으로 파악됨. 또 분지 일대에는 하해방고분군, 우산하고분군, 산성하고분군, 만보정고분군, 칠성산고분군, 마선구고분군 등이 있는데, 고구려시기의 적석묘와 봉토석실묘 등 만 2천여 기의 고분이 분포함. 그 밖에 광개토왕릉비, 이수원자남유적, 동대자유적, 민주유적 등 고구려시기의 유적이 밀집되어 있고, 최근에는 서쪽의 마선구에서 1~2세기로 편년되는 건강유적이 조사되기도 함.

2) 성곽의 축조 시기에 대한 견해

(1) 국내성지 성벽의 유형

현재 남아 있는 국내성지의 성벽은 대략 세 종류로 나뉨. 먼저 잘 다듬은 쐐기형돌로 가지런히 쌓은 부분인데, 고구려시기 성벽으로 하단부에 많이 남아 있음. 다음으로 크기가 일정하지 않은 성돌로 불규칙하게 쌓은 부분인데, 20세기 초에 개축한 성벽으로 중간이나 상단부에 많이 남아 있음. 마지막으로 크기나 석질이 다른 성돌을 무질서하게 쌓은 부분인데, 만주국이나 중국 내전기에 개축한 성벽임(集安縣文物保管所, 1984).

2009년과 2011년에도 남벽의 2호치 부근 성벽 조사를 통해 세 가지 유형의 성벽 축조 방식을 확인함. 제1유형은 청황색 모래층 위에 불규칙한 석괴로 축조한 석축성벽이며, 제2유형은 잘 다듬은 쐐기형돌로 층마다 가지런하게 들여쌓기를 한 석축성벽이며, 제3유형은 쐐기형돌과 불규칙한 괴석을 혼합하여 축조한 석축성벽임.

이러한 세 가지 성벽 유형 중 제1유형의 성벽 하단에서 니질 홍갈색의 수키와(筒瓦)와 암키와(板瓦) 등 고구려시기의 유물이 출토됨. 제2유형 성벽 바깥의 황색 점토층에서도 전형적인 고구려시기의 철제화살촉이 출토되었음. 제3유형의 성벽에서는 아직 유물이 발견되지 않았으나, 모두 치, 각루의 기존 기초 위에 축조한 것으로 民國시기에 국내성을 개축할 때에 조영한 것으로 추정됨(吉林省文物考古硏究所·集安市博物館, 2012).

(2) 석축성벽 하단의 토축성벽

1975~1977년에 성벽 10곳을 발굴하여 고구려시기에 석축 성벽을 한 차례 이상 개축한 사실을 확인했음. 또 석축 성벽 아래에서 토축성벽을 발견했다고 보고했는데, 발굴자들은 漢 玄菟郡의 군현성과 관련시켜 파악했음(集安縣文物保管所, 1984). 만약 석축성벽 아래에 실제로 토축성벽이 존재했다면 이는 국내성의 축조 시기와 관련하여 매우 주목되는 현상임. 그런데 2000~2003년도 발굴시에는 토축 부분을 확인하지 못했다고 함. 이에 최근에는 석성 아래에서 발견되었다는 토축성벽 부분을 석성과 구별되는 별개의 토성이 아니라 석성의 기초부로 파악하기도 함(심광주, 2005).

2009년과 2011년에도 吉林省文物考古硏究所와 集安市博物館이 동벽의 3개 지점을 절개 조사하여 성벽구조와 초축시기와 관련한 새로운 자료를 확보함. 1975~1977년 발굴에서는 국내성 석축 성벽 아래에 존재하는 토벽성벽의 건축연대가 고구려 건국보다 이르다고 이해하였음. 나아가『삼국사기』유리명왕 22년의 "왕이 국내에 천도하고 위나암성을 쌓았다"는 기사와 결합하여 국내에 천도한 뒤 국내성을 쌓지 않고 위나암성을 쌓았다고 해석하였고, 이는 당시 국내에 이미 성벽이 있었다는 의미이며, 국내성 석벽 아래에 漢代의 토성이 존재한다고 파악하였음.

이에 대해 李健才는 일찍이 "유리명왕이 국내 위나암에 천도하기 이전에는 단지 국내와 위나암이라는 지명만 있었고 城名은 나오지 않는다. 고고자료상 집안현성의 석축성벽 아래에서 토축성벽을 발견했다고 하지만 이것이 漢代 토성인지 아니면 국내성 석축 성벽의 기초인지는 앞으로 토론과 연구를 기대한다"라고 문제제기를 하였음(李健才, 1993). 실제 2009년과 2011년 국내성 동벽에 대한 절개 조사를 통해 석축성벽 내부의 토축성벽은 성벽의 기초부(墻芯)로 석축성벽과 같은 시기에 축조했음을 확인함. 특히 토축 벽심(墻芯) 내부에서 4세기 초 전후의 토기편이 다량 출토되었음. 그러므로 국내성지 동벽의 축조 시기는 4세기 초보다 이전 시기로 보기는 힘듦.

이와 관련하여 최근 1975~1977년에 석축성벽 하부의 토축 성벽에서 출토된 일부 토기의 연대는 서기 3세기 말~4세기 초로 볼 수 있다는 견해가 제기되어 주목됨(李新全, 2008). 또 국내성 동벽과 남벽의 최근 고고조사 성과를 바탕으로 국내성의 초축 연대를 342년으로 제시하기도 함(金旭東, 2011). 이상으로 보아 현존하는 국내성지가 4세기 초보다 이른 시기에 축조되었다고 보기는 어려움(吉林省文物考古硏究所·集安市博物館, 2012 ; 양시은, 2016 ; 王志剛, 2016).[2]

---

[2] 王志剛, 2016, 89~100쪽에서는 가장 빠른 제1기 성벽은 342년을 전후해 축조했는데, 남벽 외측과 동북 모서리 북벽 내측의 모래층 위에 제대로 다듬지 않은 돌로 경사지게 쌓은 성벽이 이에 해당한다고 보았다. 그리고 쐐기형돌로 계단상으로 들여쌓기를 한 현존 성벽은 4세기 말에서 5세기 초에 축조한 제2기에 해당하며, 동남 모서리, 서남 모서리, 2009년에 조사한 남벽 1호와 3호 치, 2011년에 조사한 동벽 1호 치 등은 평양천도 이후에 축조한 제3기의 성벽에 해당한다고 보았다.

(3) 성곽 내부 건물지의 연대

국내성지 내부에서는 총 29곳의 건물지 또는 문화층을 발견했음. 각 지점마다 약간씩 차이는 있지만 대체로 지하 1~2m 깊이까지 발굴했는데, 대체로 3~5층의 문화층으로 이루어져 있었음. 3세기 이전으로 편년되는 유물은 거의 출토되지 않았으며, 4세기 초의 권운문 와당이나 東晉계 청자가 가장 오래된 시기의 유물임. 국내성의 축조 시기와 관련하여 매우 주목되는 현상임. 또 위쪽 문화층에서는 발해의 연화문와당이나 토기편이 많이 출토되었는데, 발해시기에도 국내성지가 사용되었음을 보여줌(여호규, 2012).

3) 성곽시설과 건물지의 현황

(1) 성곽시설의 현황

1910년대만 하더라도 42기의 치성이 남아 있었고, 1975~1977년에 14기의 치, 1990년에 북벽 중앙의 치 등을 확인함. 모서리마다 각루가 있었는데, 2000~2003년도에 동북과 서남 모서리에서 각루 유적을 발굴함. 그리고 20세기 전반만 하더라도 성벽 위에 성가퀴가 잘 남아 있었는데 지금은 흔적조차 찾아볼 수 없음. 한편 서벽 북단의 바깥쪽에서 동서 방향으로 놓인 배수로가 발견되었음.

(2) 성문과 도로현황

성문의 위치와 수는 조사 시점마다 조금씩 다르게 파악됨. 1913년에는 동문·북문·남문 1개씩, 서문 2개 등 5개, 1930년대에는 각 성벽마다 1개씩 모두 4개, 1975~1977년에는 동문·서문 2개씩, 남문과 북문 2개씩 모두 6개, 2000~2003년에는 동문 2개, 서문 1개, 북문 4개, 남문 2개 등 모두 9개의 성문을 확인함. 조사 시기마다 성문의 위치와 수를 달리 파악함에 따라 간선 도로망도 다르게 설정되었는데, 2000~2003년에는 동서도로 2개와 남북도로 3개가 간선 도로망을 구성했다고 파악함.

(3) 건물지 현황

국내성지 내부에서는 1963년 대중목욕탕을 짓다가 고구려시기 건물지를 발견한 이래, 총 29곳의 건물지와 문화층을 발견했음. 1970년대에는 국내성지 중앙인 집안시 청사를 중심으로 그 좌우 일직선상에서 초석, 담장, 기와편 등이 많이 발견되어 시청사, 인민대회당, 법원 일대를 왕궁의 중심지로 비정하고, 그 전후좌우에 부속 건물이 산재했을 것으로 추정하기도 했음.

1980년대 이후 건물지 발견 사례가 더욱 증대됨에 따라 기와건물이 성곽 내부 전체에 걸쳐 존재했음이 확인됨. 이는 국내성지 전체에 왕궁을 비롯하여 관청, 귀족저택 등이 산재했을 가능성을 시사함. 4세기 초의 권운문와당도 국내성지 전체에 걸쳐 출토되고 있는데, 4세기 초에 이미 국내성지 내부 전체가 중요한 건물들로 가득 채워졌을 가능성을 시사함(여호규, 2012).

4) 國內 遷都 시기와 國內城址의 성격

(1) 國內 遷都와 관련된 사료

현재 국내성지가 고구려 두 번째 도성이라는 데는 거의 모든 연구자가 동의하고 있음. 다만 卒本에서 國內로 천도한 시기, 국내 천도 이후 초기 중심지 등과 관련해서는 논란이 분분한 실정임. 먼저 국내 천도와 관련된 사료를 종합하면 다음과 같음. 이에 따르면 고구려는 유리왕 22년 國內로 천도하면서 尉那巖城을 축조하였고, 그 이후에도 國內城만 도성으로 삼았던 것이 아니라 丸都城·平壤城 등으로 移都(移居)하였다고 함. 이에 종래 國內城·尉那巖城·丸都城의 관계에 대해 많은 논란이 있었고, 平壤城의 위치에 대해서도 여러 이견이 제기되었음.

① 서기 3년(유리왕 22) 10월 卒本에서 國內로 천도하

고 尉那巖城 축조.

② 198년(산상왕2) 2월 丸都城 축조, 10월 丸都로 移都.

③ 246년(동천왕 20) 10월 毌丘儉의 침입으로 丸都城 파괴.

④ 247년(동천왕 21) 2월 丸都城이 파괴로 인해 수도로 복구 불가능, 平壤城을 축조하여 백성과 宗廟·社稷을 옮김.

⑤ 336년(고국원왕 4) 8월 平壤城 증축.

⑥ 342년(고국원왕 12) 2월 丸都城 수리, 國內城 축조.

⑦ 342년(고국원왕 12) 8월 丸都城으로 移居.

⑧ 342년(고국원왕 12) 11월 전연 慕容皝의 침입으로 丸都城 파괴.

⑨ 343년(고국원왕 13) 7월 平壤東黃城으로 이거.

⑩ 427년(장수왕 15) 평양으로 遷都.

(2) 20세기 이전 국내성의 위치 비정

國內城은 고려나 조선 시기에는 압록강 하구 근처(『高麗史』兵志)를 비롯하여 義州(『三國史略』)나 義州 남쪽의 麟州(『東國輿地勝覽』권52), 초산부 강북의 兀剌山城 곧 桓仁 五女山城(『東史綱目』), 초산 대안(『大韓疆域考』권3) 등으로 추정되기도 하였지만, 19세기 후반 광개토왕릉비가 발견된 이래 대체로 集安 國內城址로 비정되고 있음. 다만 20세기 이후에도 일부 연구자가 臨江縣 부근(松井等)이나 桓仁 五女山城(鳥居龍藏) 등으로 비정하기도 함.

(3) 국내성과 위나암성, 환도성의 관계

현재 國內城과 위나암성·환도성의 관계는 일반적으로 평지성과 배후 산성으로 설정해 국내성지를 국내성, 산성자산성을 환도성에 비정하고 있지만, 과거에는 매우 다양한 견해가 있었음. 먼저 두 성곽이 전혀 다른 지역에 위치했다는 異處說로는 국내성=임강현과 환도성=판석령(松井等), 국내성=오녀산성과 환도성=산성자산성(鳥居龍藏), 국내성=通溝(國內城址)와 환도성=유수림자(關野貞), 국내성=영흥(불내성)과 환도성=집안현성(王健群), 국내성=집안분지와 환도성=新賓 黑溝山城(손영종) 등이 있음.

이러한 異處說은 동천왕대에 환도성을 함락시켰던 毌丘儉紀功碑가 1906년 集安 小板岔嶺에서 발견됨에 따라 丸都城도 국내성처럼 집안 일대에 있었던 것이 거의 명확해졌기 때문에 설득력을 잃게 됨. 또 양자를 구분하지 않고 동일시하는 同一說로는 국내성·환도성을 같은 도성에 대한 두 개의 칭호(白鳥庫吉) 또는 '환도'라는 명칭을 중국측의 가칭(三品彰英)으로 파악하여 국내성지(집안현성)에 비정하고, 산성자산성은 부속 산성으로 파악하는 견해가 있음. 이에 비해 중국학계나 국내학계는 대체로 국내성=평지성, 환도성=산성으로 보는 平地城·山城說인데, 최근 위나암성을 환인 오녀산성으로 비정하는 견해가 제기되기도 했음(노태돈, Mark Byington).

(4) 卒本에서 國內로의 천도시기

『삼국사기』고구려본기에 따르면 고구려는 유리왕 22년(서기 3)에 卒本에서 國內로 천도하고 尉那巖城을 축조했다고 함. 반면 『삼국지』동이전 고구려조에는 公孫氏의 침공으로 도성이 파괴되자 산상왕이 '새로운 도성을 건설했다(更作新國)'고 함. 이에 일본학자들은 白鳥庫吉과 池內宏 이래 산상왕대인 2세기 말경에 卒本에서 국내로 천도했다고 파악하고, 산상왕 이전의 고구려 왕계나 사료까지 후대에 꾸며진 것이라며 불신했음. 또 최근 국내나 구미학계에서도 尉那巖城을 환인 오녀산성으로 비정하고, 유리왕 22년 국내천도 기사를 졸본 지역 내에서의 천도로 파악하기도 했음(노태돈, 1999 ; 2012 ; Mark Byington, 2004).

그런데 고구려는 첫 번째 도성인 卒本에서 이미 평지거점과 군사방어성으로 이루어진 도성체계를 구축했음. 산상왕이 축조한 성곽은 국내 도성 전체가 아니라, 군사방어성인 환도성을 가리킴. 따라서 산상왕의 도성 건설은 공손씨의 침공에 대비하기 위해 국내지역의 평상시 거점에서 새로운 군사방어성으로 거처를 옮긴 것을 가리키므로 산상왕대 천도설은 성립하기 어렵다고 파악됨.

다만 고구려본기 초기 기사는 윤색된 부분이 많으므로 유리왕대 천도설을 그대로 신빙하기도 어려움. 제반 상황을 종합하면 국내천도는 국가체제를 확립하던 1세기 중후반에 단행되었다고 생각되는데, 국내지역이 제2현도군과 멀리 떨어져 있어서 군사방어상 유리했다는 점이 크게 작용한 것 같음. 이와 더불어 국내지역이 당시 고구려가 배후기지를 건설하려던 동해안 방면과 가깝고, 압록강 중상류 전체를 아우르는 수로망의 중심지라는 점도 고려되었다고 생각됨(여호규, 2005).

(5) 국내성지의 성격

종래 국내성지의 초축시기를 둘러싸고 논란이 분분하였지만, 2009~2011년도 동벽 하단의 토축 기초부에 대한 조사를 통해 성벽의 축조 시기가 4세기 초를 상회하지 않는다는 사실이 밝혀졌음(吉林省文物考古研究所·集安市博物館, 2012 ; 양시은, 2016 ; 王志剛, 2016). 『삼국사기』고구려본기의 기사처럼 현전하는 국내성을 342년 2월에 축조했을 가능성도 배제할 수 없음(金旭東, 2011). 그런데 제반 문헌사료를 종합하면 아무리 늦어도 2세기 말 산상왕대에는 졸본에서 국내로 천도한 것으로 파악됨. 국내천도 시기와 현전하는 국내성지의 축조 시기 사이에는 상당한 시간적 간극이 존재함. 이에 최근에는 고구려 초기에는 평지성과 산성을 세트로 하는 도성체계가 구축되지 않았다면서 국내천도 초기에는 산성인 환도성만 활용했을 가능성을 제기하기도 함(기경량, 2017 ; 권순홍, 2018).

그렇지만 『삼국사기』고구려본기에는 고구려가 일찍부터 평상시 거점에 거주하다가 적군이 침공하면 군사방어성에 입보하여 방어하는 전략을 구사한 사실이 확인됨. 국내천도 초기의 평상시 거점을 정확하게 비정하기는 어렵지만, 국내천도 초기에도 평상시 거점과 군사방어성으로 이루어진 도성체계를 구축한 것으로 파악됨. 이에 국내천도 초기에는 통구분지 서쪽의 마선구 일대를 평상시 거점으로 삼았다가, 3세기 중반 이후 중앙집권체제의 정비로 도성의 인구가 크게 증가하고 각지에서 수취한 물자가 증대하자 본래 河中島였던 국내성지 일대를 평상시 거점으로 삼았고, 4세기 중반에 전연의 침공에 대비하여 석축성벽을 축조했다고 보는 견해가 제기됨. 3세기 중반 이후에 현재의 국내성지 일대와 산성자산성(환도산성)으로 이루어진 도성체계를 확립하였다는 것임(여호규, 2005 ; 2019 ; 강현숙, 2015).

다만 4세기 이후 인구가 지속적으로 증가함에 따라 거주구역이 국내성 외곽으로 확장되고, 고분 조영도 급격히 늘어났을 것임. 대규모 인구를 갖춘 도시로 발전한 것인데, 국내성지 외곽의 건물지나 주변의 무수한 적석묘는 이를 잘 보여줌. 한편 427년 평양천도에 따라 국내성은 고구려 전체를 총괄하는 정치, 경제, 문화의 중심지라는 위상을 상실하며 커다란 변화를 겪게 됨. 그렇지만 평양천도 이후에도 국내성지는 別都로서 도성인 평양성에 버금가는 번영을 누렸을 것으로 보이는데, 5세기 이후로 추정되는 국내성지 내부의 건물지나 5회분 등 6~7세기로 비정되는 초대형 벽화고분은 이를 잘 보여줌. 또한 국내성지 내부 건물지의 최상층에서 발해시기의 연화문와당이 많이 출토되는 것으로 보아 국내성지는 고구려 멸망 이후 발해시기에도 계속 사용된 것으로 추정됨.

참고문헌

- 鳥居龍藏, 1906, 「滿洲調査復命書」, 『史學雜誌』 17.
- 鳥居龍藏, 1910, 「鴨綠江畔洞溝に於ける高句麗の遺跡」, 『東洋時報』 137·140, 東洋時報社.
- 松井等, 1911, 「國內城の位置に就きて」, 『東洋學報』 1-2.
- 關野貞, 1914, 「滿洲輯安縣及び平壤附近に於ける高句

- 麗時代の遺跡(1·2)」, 『考古學雜誌』 5-3·4.
- 關野貞, 1914, 「丸都城及國內城の位置」, 『史學雜誌』 25-11.
- 白鳥庫吉, 1914, 「丸都城及國內城考」(1·2), 『史學雜誌』 25.
- 鳥居龍藏, 1914, 「丸都城及國內城の位置について」, 『史學雜誌』 25-7.
- 朝鮮總督府, 1915, 『朝鮮古蹟圖譜』 1, 2.
- 藤田亮策, 1936, 「高句麗古蹟調査槪要」, 『靑丘學叢』 26.
- 藤田亮策, 1936, 「滿洲國安東省輯安縣に於ける高句麗遺蹟の調査」, 『靑丘學叢』 23.
- 池內宏, 1936, 『滿洲國安東省輯安縣高句麗遺跡』, 滿日文化協會.
- 池內宏, 1936, 『丸都城と國內城』, 『史學雜誌』 47-6.
- 三上次男, 1938, 「輯安行-高句麗時代の遺跡調査」, 『歷史地理』 71-1.
- 池內宏·梅原末治, 1938·1940, 『通溝』(上, 下), 日滿文化協會.
- 關野貞, 1941, 「滿洲國輯安縣に於る高句麗時代の遺跡」, 『朝鮮の建築と藝術』, 巖波書店.
- 三品彰英, 1951, 「高句麗王都考」, 『朝鮮學報』 1.
- 吉林省考古硏究室·集安縣博物館, 1984, 「集安高句麗考古的新收穫」, 『文物』 1984-1.
- 吉林省文物志編委會, 1984, 『集安縣文物志』.
- 王承禮, 1984, 『吉林遼寧的高句麗遺迹』, 『考古與文物』 1984-6.
- 林至德·張雪巖, 「高句麗兩都城」, 『文物天地』 1984-6.
- 集安縣文物保管所, 1984, 「集安高句麗國內城址的調査與試掘」, 『文物』 1984-1.
- 賈士金, 1985, 「集安高句麗文物考古工作中的新課題」, 『博物館硏究』 1985-2.
- 魏存成, 1985, 「高句麗初中期的都城」, 『北方文物』 1985-2.
- 李殿福, 1986, 「兩漢時代的高句麗及其物質文化」, 『遼海文物學刊』 創刊號.
- 王健群, 1987, 「玄菟郡的西遷和高句麗發展」, 『社會科學戰線』 1987-2.
- 集安縣地方志編纂委員會, 1987, 『集安縣志』.
- 孫進己·馮永謙, 1988, 『東北歷史地理』(一), 黑龍江人民出版社.
- 耿鐵華, 1989, 「集安高句麗農業考古槪述」, 『農業考古』 1989-1.
- 武田幸男, 1989, 「丸都と國內城の私的位置」, 『高句麗史と東アヅア』, 巖波書店.
- 三上次男, 1990, 「輯安行-高句麗時代の遺跡調査」, 『高句麗と渤海』, 吉川弘文館.
- 劉永祥, 1990, 「從都城變遷看高句麗的不同發展時期」, 『東北亞歷史與文化』.
- 李殿福·孫玉良, 1990, 「高句麗的都城」, 『博物館硏究』 1990-1.
- 吉林省地方志編纂委員會, 1991, 「國內城」, 『吉林省志』 43(文物志), 吉林人民出版社.
- 何明, 1991, 「集安市高句麗國內城馬面基址」, 『中國考古學年鑒 1991』, 文物出版社.
- 董峰, 1993, 「國內城中新發現的遺蹟和遺物」, 『高句麗硏究文集』, 延邊大學出版社.
- 李健才, 1993, 『高句麗都城與疆域』.
- 차용걸, 1993, 「고구려전기의 도성」, 『국사관논총』 48, 국사편찬위.
- 孫進己, 1994, 「高句麗王國的地方建置」, 『東北民族史硏究』, 中州古籍出版社.
- 王禹浪·王宏北, 1994, 『高句麗渤海古城址 硏究匯編』(上), 哈爾濱出版社.
- 魏存成, 1994, 「城址·建築址」, 『高句麗考古』, 吉林大學出版社.
- 이전복(차용걸·김인경 역), 1994, 『중국내의 고구려 유적』, 학연문화사.
- 馮永謙, 1994, 「高句麗城址輯要」, 『北方史地硏究』, 中州古籍出版社.
- 최무장, 1995, 『고구려 고고학』, 민음사.
- 東潮·田中俊明, 1996, 『高句麗の歷史と遺跡』, 中央公論社.
- 余昊奎, 1998, 『高句麗 城』 I(鴨綠江 中上流篇), 國防軍史硏究所.
- 노태돈, 1999, 「고구려의 기원과 국내성 천도」, 『한반도와 중국 동북3성의 역사와 문화』, 서울대학교출판부.
- 耿鐵華·倪軍民, 2000, 『高句麗歷史與文化』, 吉林文史出版社.
- 李健才, 2000, 「高句麗的都城和疆域」, 『高句麗歸屬問題硏究』.
- 西谷正, 2001, 「1945年以前における高句麗遺跡の發掘と遺物」, 『고구려연구』 12.
- 王綿厚, 2001, 「高句麗的城邑制度與都城」, 『社會科學战线』 2001-7.
- 魏存成, 2002, 『高句麗遺迹』, 文物出版社.
- 王綿厚, 2002, 『高句麗古城硏究』, 文物出版社.
- 김종은, 2003, 「고구려 초기 천도기사로 살펴본 왕실교체」, 『숙명한국사론』 3.
- 서길수, 2003, 「홀본과 국내성 지역의 새로운 고고학적 성과」, 『고구려연구』 15.

- 집안현문물보관소, 2003, 「고구려국내성의 시굴조사」, 『백산학보』 67.
- 何明·張雪巖, 2003, 「吉林集安高句麗國內城馬面址淸理簡報」, 『北方文物』 2003-3.
- Mark E. Byington, 2004, 「Problems Concerning the First Relocation of the Koguryo Capital」, 『고구려의 역사와 문화유산』, 서경문화사.
- 耿鐵華, 2004, 「集安作爲高句麗都城的考古學證明」, 『東北史地』 2004-1.
- 금경숙, 2004, 「고구려 국내성 천도의 역사적 의미」, 『고구려연구』 15.
- 吉林省文物考古硏究所·集安市博物館, 2004, 『國內城, 2000-2003年集安國內城與民主遺址試掘報告』, 文物出版社.
- 藤島亥治郎 편저, 2005, 「滿洲國輯安縣に於ける高句麗時代の遺跡」, 『朝鮮の建築と藝術』.
- 李健才, 2004, 「關于高句麗中期都城幾介問題的探討」, 『東北史地』 2004-1.
- 李新全·梁志龍·王俊輝, 「關于高句麗兩座土城的一點思考」, 『東北史地』 2004-4.
- 李殿福, 2004, 「高句麗的都城」, 『東北史地』 2004-1.
- 周向永, 2004, 「從紇升骨到國內城人地關係的歷史思考」, 『東北史地』 2004-6.
- 李淑英, 2005, 「高句麗古城硏究的新成果」, 『北方文物』 2005-4.
- 심광주, 2005, 「고구려 국가형성기의 성곽연구」, 『고구려의 국가형성』, 고구려연구재단.
- 여호규, 2005, 「고구려 국내 천도의 시기와 배경」, 『한국고대사연구』 38.
- 白種伍, 2006, 「高句麗 國內城期 평기와 考察」, 『文化史學』 25.
- 백종오, 2006, 「고구려기와의 성립과 왕권」, 주류성출판사.
- 李殿福, 2006, 「國內城始人建于戰國晚期燕國遼東郡塞外的一介據點之上」, 『東北史地』 2006-3.
- 東潮·田中俊明(박천수·이근우 옮김), 2008, 『고구려의 역사와 유적』, 동북아역사재단.
- 李新全, 2008, 「高句麗早期遺存及其起源硏究」, 吉林大學 박사학위논문.
- 金旭東, 2011, 「西流松花江, 鴨綠江流域兩漢時期考古學有存硏究」, 吉林大學 박사학위논문.
- 魏存成, 2011, 「高句麗國內城西墻外排水涵洞及相關遺迹考察」, 『邊疆考古硏究』 10.
- 吉林省文物考古硏究所·集安市博物館, 2012, 「集安國內城東南城垣考古淸理收穫」, 『邊疆考古硏究』 11.
- 盧泰敦, 2012, 「고구려 초기의 천도에 관한 약간의 논의」, 『한국고대사연구』 68.
- 박순발, 2012, 「고구려의 도성과 墓域」, 『한국고대사탐구』 12.
- 여호규, 2012, 「고구려 國內城 지역의 건물유적과 都城의 공간구조」, 『한국고대사연구』 66.
- 양시은, 2013, 「桓仁 및 集安 都邑期 高句麗 城과 防禦體系 硏究」, 『영남학』 24.
- 양시은, 2014, 「고구려 도성 연구의 현황과 과제」, 『고구려발해연구』 50.
- 여호규, 2014, 「고구려 도성의 구조와 경관의 변화」, 『삼국시대 고고학개론(I)』, 진인진.
- 강현숙, 2015, 「고구려 초기 도성에 대한 몇 가지 고고학적 추론」, 『역사문화연구』 56.
- 임기환, 2015, 「고구려 國內都城의 형성과 공간 구성」, 『한국사학보』 59.
- 양시은, 2016, 『고구려 성 연구』, 진인진.
- 王志剛, 2016, 「高句麗王城及相關遺存硏究」, 吉林大學 박사학위논문.
- 기경량, 2017, 「高句麗 王都 硏究」, 서울대 박사학위논문.
- 김현숙, 2017, 「고구려 초기 王城의 위치와 國內 遷都」, 『先史와 古代』 54.
- 백종오, 2017, 「高句麗城郭 築城術의 擴散에 대한 豫備的 檢討」, 『高句麗渤海硏究』 59.
- 백종오, 2017, 「中國內 高句麗山城의 發掘現況과 主要 遺構·遺物의 檢討」, 『先史와 古代』 54.
- 이정빈, 2017, 「고구려의 국내성·환도성과 천도」, 『한국고대사연구』 87.
- 강진원, 2018, 「고구려 국내도읍기 王城의 추이와 집권력 강화 - 내적 변화의 외적 동기와 관련하여 -」, 『한국문화』 82.
- 권순홍, 2018, 「고구려 도성 연구」, 성균관대 박사학위논문.
- 여호규, 2019, 「고구려 국내성기의 도성 경관과 토지 이용」, 『고구려발해연구』 65.

02 집안 국내성지 채소시장지점 건물지
集安 國內城址蔬菜商場地點

1. 조사현황

1) 1988년 4월
○ 조사내용 : 국내성지 동벽에서 안쪽으로 40m 떨어진 團結大路 남측에서 채소시장의 건물지 공사를 하다가 지표 하 1.17~1.82m 지점에서 토기 등 다수의 유물 출토.
○ 발표 : 董峰, 1993, 「國內城中新發現的遺蹟和遺物」, 『高句麗研究文集』, 延邊大學出版社.

2) 2000년 5~11월
○ 시행기관 : 吉林省文物考古硏究所와 集安市文物保管所 연합 고고팀.
○ 참여자 : 宋玉彬, 劉景文, 李光日, 張建宇, 聶勇, 孫仁杰, 董峰, 遲勇, 林世賢.
○ 조사내용 : 5개의 층위와 건물지 일부 발굴, 발굴면적 400㎡.
○ 발표 : 吉林省文物考古硏究所·集安市博物館, 2004, 『國內城2000~2003年集安國內城與民主遺址試掘報告』, 文物出版社.

2. 위치와 자연환경(그림 1-17)

국내성지 동북부, 團結路 남측에 위치.

3. 유적 현황(그림 2)

○ 발굴구역 범위 : 東盛路와 黎明街 사이.
○ 발굴면적 : 400㎡.

1) 지층 현황
발굴 구역의 지층은 5층으로 나눌 수 있음.

(1) 제1층
표토층, 흑갈색토, 토질은 단단함. 두께 약 0.5m.

(2) 제2층
회갈색 토층. 두께 약 0.15~0.3m. 이 층에서 출토된 토기편은 비교적 얇고 윤이 남. 태토에 가는 모래가 조금 섞여 있고, 소성 온도는 비교적 높음. 색깔은 회색이 대부분이며, 그 다음은 흑색 토기이고, 황갈색 토기와 회백색 토기도 소량 있음. 출토유물 중 건축재료로 홍갈색 網格文, 菱形文 암키와 잔편이 있음. 그밖에 복원 가능한 시유 완(釉陶碗)이 1건 출토됨.

(3) 제3층
옅은 황갈색 토층. 토질은 푸석푸석함. 두께 약 0.25~0.45m. 이 층에서 출토된 토기편은 얇고 윤이 남. 대부분 가는 모래가 섞인 토기이며, 소성온도는 높음. 대체로 두께가 얇은 小型器임. 토기 색깔은 주로 회색, 흑색이며 그 밖에 소량의 홍갈색 網格文 암키와 잔편

그림 1 국내성지 채소시장지점 위치도(바탕도 『國內城』, 10쪽 ; 여호규, 2012, 48쪽)

1. 국세청사택 2. 사구협건물 3. 교육위원회사택 4. 시중의원 5. 청량음료공장 6. 인민대회직원사택 7. 민정국사택 8. 개발공사건물
9. 시회계국사택 10. 운동장서쪽 11. 제1유아원신축건물 12. 운동장 13. 시실험소학교 14. 인민대회당 15. 집안현구청사
16. 게이트볼장 17. 채소시장 18. 동시장구주택재건축 19. 식량국사택 20. 백화점뒤구주택재건축 21. 동시장종합빌딩
22. 인쇄공장 23. 노도덕회터 24. 계량국남측구주택재건축 25. 제2소학교 26. 실험소학교(제2소학교)동쪽
27. 시영화공사 28. 목욕탕 29. 제2시장

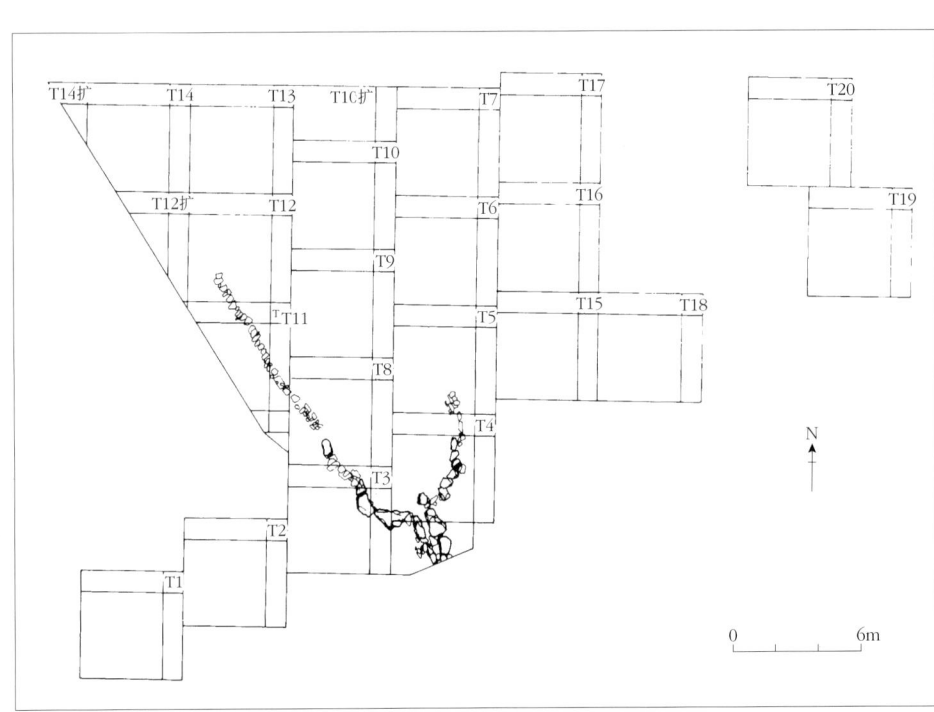

그림 2
채소시장지점 발굴구역 평면도(『國內城』, 54쪽)

출토됨.

(4) 제4층
황갈색 토층. 토질이 매끈매끈하고 두께는 약 0.25~0.45m. 이 층에서 출토된 토기편은 주로 흑회색이며, 大型器가 많고 垂帳文 문양의 토기편이 출토됨. 또 소량의 홍갈색 암키와 잔편이 출토됨.

(5) 제5층
회갈색 토층. 토질은 점토질임. 두께 약 0.3~0.65m. 이 층에서 출토된 토기편은 주로 회색이며, 굵은 모래가 섞인 토기가 많고, 소성온도는 비교적 낮음. 5층 이하는 생토층임.

2) 유적 현황(그림 3)

(1) 조사현황
제3층 아래의 제4층 표층에 위치함. 석축 건축 유적인데, 주위 환경의 제약으로 전면 발굴을 진행하지 못함. 심하게 파괴된 상태임.

(2) 전체 구조
동서 두 길의 벽체로 이루어져 있는데, 돌을 사용해 단층으로 축조함. 전체 윤곽은 대략 동남-서북 방향을 띠며, 총조사 길이는 16.75m임. 유적은 대체로 남, 중, 북 등 세 부분으로 나눌 수 있음.

① 유적의 남부
유적 남부는 동서 벽체를 축조하는데 사용한 석괴가 불규칙하고 상대적으로 크며, 양자 사이의 간격도 비교적 짧아 0.4m에 불과함. 형태는 배수구통(排水溝槽)과 유사한데, 남부 끝 부분까지 발굴하지는 못했음. 조사한 길이는 2.5m임.

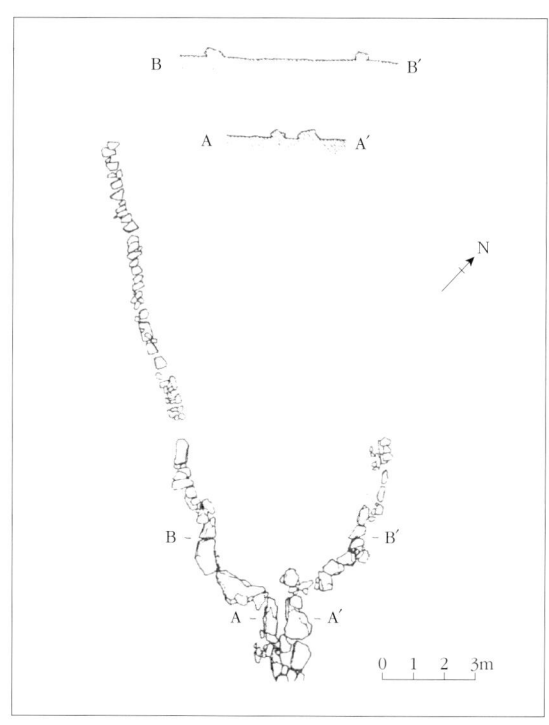

그림 3 채소시장지점 유적 평면도와 단면도(『國內城』, 55쪽)

② 유적의 중부
유적의 중부는 동서 벽체가 環狀으로 펼쳐지는 형상을 띠며, 벽체 사이의 거리는 4.3~6.2m으로 확장되어 있음. 이 구간의 조사한 길이는 약 5.75m임.

③ 유적의 북부
유적의 북부는 서쪽 벽체만 남아 있음. 조사한 길이는 8.5m임.

④ 벽체 사이 부분
동서 벽체 사이에서는 벽체와 관련한 유물이나 유구를 전혀 발견하지 못함. 전면조사를 할 수 없어서 유적의 전체 형태나 성격을 명확하게 밝히지 못함.

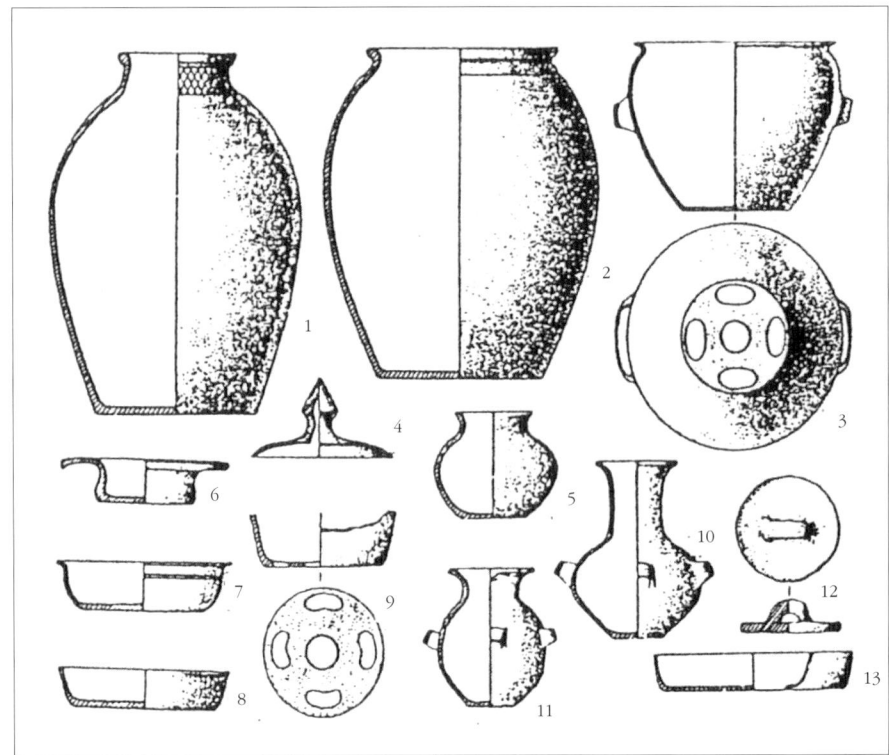

그림 4
채소시장지점 출토 토기
(『高句麗研究文集』, 193쪽)
1. 청량음료공장 출토 옹
2. 청량음료공장 출토 옹
3. 청량음료공장 출토 뚜껑
4. 청량음료공장 출토 시루
5. 채소시장지점 출토 호
6. 채소시장지점 출토 소반
7. 채소시장지점 출토 분
8. 채소시장지점 출토 분
9. 채소시장지점 출토 시루
10. 제2시장 출토 사이호
11. 노도덕회 출토 사이호
12. 노도덕회 출토 그릇 뚜껑
13. 노도덕회 출토 분

4. 출토유물

1) 1988년 4월 채소시장 공사 시의 출토유물
(그림 4)
호(罐), 소반(盤), 분(盆), 시루(甑) 등 토기가 주로 출토되었음.

(1) 토기

① 호(罐, 그림 4-5)

○ 크기 : 전체 높이 8.8cm, 口徑 6.3cm, 배부분의 직경 10.8cm, 밑바닥의 직경 6cm.
○ 형태 : 구연 외반, 구순은 둥근 형태. 목부분은 짧고, 동체는 불룩하며, 밑바닥이 평평함.
○ 색깔과 태토 : 니질의 회색 토기. 녹로로 제작(輪制). 소성온도가 높음.

② 소반(盤, 그림 4-6)

○ 크기 : 높이 4.5cm, 口徑 14.8cm, 밑바닥의 직경 9cm.
○ 형태 : 구연은 喇叭처럼 생겨 크게 벌어졌고, 동체는 일직선이며, 밑바닥은 평평함.
○ 색깔과 태토 : 니질의 옅은 황색 토기. 녹로로 제작. 소성온도가 높음.

③ 분(盆)

㉠ 분(盆) 1(그림 4-7)

○ 수량 : 2건.
○ 크기 : 높이 8.2cm, 口徑 31.2cm, 復徑 28.1cm, 底徑 22cm.
○ 형태 : 구연은 외반하며 꺾임(侈口折沿). 동체는 약간 불룩하고, 상부에 줄무늬를 두 줄 음각하였으며, 밑바닥은 평평함.

○ 색깔과 태토 : 니질의 옅은 회색 토기. 녹로로 제작. 소성온도가 높음.

ⓒ 분(盆) 2(그림 4-8)
○ 크기 : 높이 6cm, 口徑 34.8cm, 底徑 32cm.
○ 형태 : 곧은 입(直口), 동체는 일직선이며, 밑바닥은 평평함.
○ 색깔과 태토 : 니질의 흑회색 토기. 녹로로 제작, 소성온도가 높음.

④ 시루 밑바닥 2건(甑, 그림 4-9)
○ 크기 : 底徑 22cm, 구멍 직경이 6.5cm, 주변 구멍 4개(타원형)의 길이 6cm, 너비 3cm.
○ 형태 : 구멍이 5개 있는데, 중앙의 구멍은 원형이고, 주변 구멍 4개는 타원형.
○ 색깔과 태토 : 니질의 회색 토기, 녹로로 제작. 소성온도가 높음. 이러한 토기 가운데 호(罐)는 麻線溝고분군 118호 출토품, 소반(盤)은 禹山고분군 2321호 부근의 출토품과 각각 동일하며, 제작방식이나 소성온도 등으로 보아 고구려 후기로 비정됨. 특히 시루의 밑바닥은 청량음료공장 부근 출토품과 형태가 거의 동일함.

2) 2000년 5~11월 조사 시의 출토유물

(1) 제2층 출토유물(그림 5)

① 토기

㉠ 호(罐)
수량 : 3건.

● 2000JGST3 ②:2(그림 5-4)
○ 크기 : 구연 직경 16cm.
○ 형태 : 구연 약간 외반, 구순은 둥글게 처리하였음. 동체는 둥근 형태(弧腹).
○ 색깔과 태토 : 모래혼입 회색 토기.

● 2000JGST3 ②:22(그림 5-6)
○ 크기 : 구연 직경 18cm.
○ 형태 : 짧고 곧은 목(小立領), 곧은 입, 구순은 둥글게 처리하였음. 동체는 둥근 형태.
○ 색깔과 태토 : 모래혼입 회색 토기.

● 2000JGST7②:23(그림 5-5)
○ 크기 : 구연 직경 8cm.
○ 형태 : 짧고 곧은 목(小立領), 곧은 입, 구순은 각이 져 있음. 동체는 불룩한 형태(鼓腹).
○ 색깔과 태토 : 모래혼입 홍갈색 토기.

ⓒ 분(盆)
수량 : 2건.

● 2000JGST3②:8(그림 5-8)
○ 크기 : 구연 직경 39cm, 바닥 직경 30cm, 전체 높이 8cm.
○ 형태 : 파손품, 복원 가능, 구연이 넓고(敞口), 구순은 둥글게 처리하였음. 동체는 깊이가 얕고 경사짐(淺斜腹). 평평한 바닥.
○ 색깔과 태토 : 모래혼입 흑갈색 토기.

● 2000JGST2②:1(그림 5-9)
○ 크기 : 구연 직경 39cm, 바닥 직경 30cm, 전체 높이 3cm.
○ 형태 : 파손품, 복원 가능, 구연 외반, 구순은 뾰족함(尖脣). 동체는 깊이가 얕고 둥근 형태임(淺弧腹). 평평한 바닥.
○ 색깔과 태토 : 모래혼입 회색 토기.

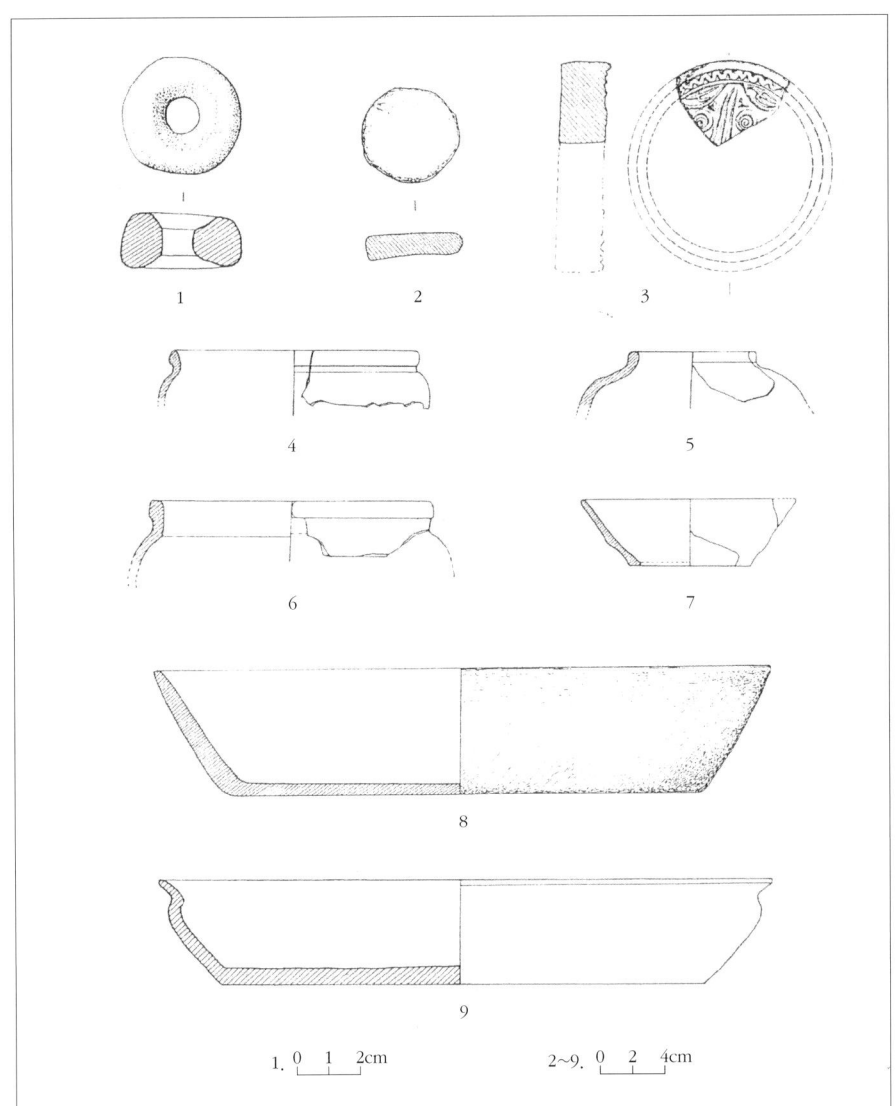

그림 5
채소시장지점 제2층 출토유물
(『國內城』, 56쪽)
1. 가락바퀴
2. 원반형 토제품
3. 와당
4. 호
5. 호
6. 호
7. 완
8. 분
9. 분

ⓒ 가락바퀴(紡輪, 2000JGST5②:26, 그림 5-1)

○ 크기 : 직경 4.2cm, 구멍 직경 0.6cm, 두께 0.7∼0.9cm.

○ 형태 : 완형. 둥근 원반 모양(圓餠形), 중앙에 구멍 뚫림.

○ 색깔과 태토 : 陶片을 갈아서 만듦.

ⓔ 원반형 토제품(陶餠)

○ 수량 : 5건.

○ 모두 토기편을 갈아서 만듦.

● 2000JGST4②:14

○ 크기 : 직경 약 5cm, 두께 약 0.7cm.

○ 형태 : 완형. 거의 圓形.

○ 색깔과 태토 : 모래혼입 회색 토기편을 갈아서 만듦.

● 2000JGST3②:3(그림 5-2)

○ 크기 : 직경 3cm, 두께 0.6cm.

○ 형태 : 완형. 거의 圓形.

○ 색깔과 태토 : 모래혼입 황갈색 토기편을 갈아서 만듦.

● 2000JGST4擴②:20
  ○ 크기 : 직경 8cm, 두께 1.2cm.
  ○ 형태 : 완형. 거의 圓形.
  ○ 색깔과 태토 : 모래혼입 홍갈색 토기편을 갈아서 만듦.

● 2000JGST4②:16
  ○ 크기 : 직경 4cm, 두께 0.8cm.
  ○ 형태 : 완형. 거의 圓形.
  ○ 색깔과 태토 : 모래혼입 황갈색 토기편을 갈아서 만듦.

● 2000JGST3②:10
  ○ 크기 : 직경 7cm, 두께 1.4cm.
  ○ 형태 : 완형. 거의 圓形. 양면에 모두 문양이 있는데 한 면에는 網格文이, 다른 한 면에는 布文이 시문됨.
  ○ 색깔과 태토 : 모래혼입 홍갈색 陶瓦片을 갈아서 만듦.

㉢ 완(瓷碗, 2000JGST3②:7, 그림 5-7)
  ○ 크기 : 구연 직경 14cm, 바닥 직경 8cm, 전체 높이 4cm.
  ○ 형태 : 파손품. 복원 가능. 구연이 넓고(敞口), 구순은 둥글게 처리하였음. 동체는 비스듬하게 곧음. 평평한 바닥.
  ○ 색깔과 태토 : 장색 유약을 발랐음.

② 기와

㉠ 와당(2000JGST5②:2, 그림 5-3)
  ○ 수량 : 1건.
  ○ 문양 : 파손품, 권운문이 시문됨.
  ○ 색깔과 태토 : 회색.

(2) 제3층 출토유물(그림 6)

① 토기

㉠ 호(侈口束頸罐)
  ○ 수량 : 9건.
  ○ 모두 파손품.

● 2000JGST2③:31(그림 6-1)
  ○ 크기 : 구연 직경 16cm.
  ○ 형태 : 구연 외반, 구순은 각이 져 있음. 목은 잘록함. 동체는 둥근 형태.
  ○ 색깔과 태토 : 모래혼입 홍갈색 토기.

● 2000JGST2③:28(그림 6-2)
  ○ 크기 : 구연 직경 20cm.
  ○ 형태 : 구연 외반, 구순은 둥글게 처리하였음. 목은 잘록함. 동체는 둥근 형태.
  ○ 색깔과 태토 : 니질의 회색 토기.

● 2000JGST4③:33(그림 6-3)
  ○ 크기 : 구연 직경 48cm.
  ○ 형태 : 구연 외반, 구순은 둥글게 처리하였음. 목은 잘록함. 동체는 둥근 형태. 동체(腹身) 중부에 손잡이(器耳) 흔적이 잔존.
  ○ 색깔과 태토 : 니질의 회색 토기.

● 2000JGST3③:4(그림 6-4)
  ○ 크기 : 구연 직경 36cm.
  ○ 형태 : 구연 외반, 구순은 둥글게 처리하였음. 목은 잘록함. 동체는 둥근 형태, 구연 외연에 음각선문(凹弦文) 한 줄을 시문.
  ○ 색깔과 태토 : 니질의 회색 토기.

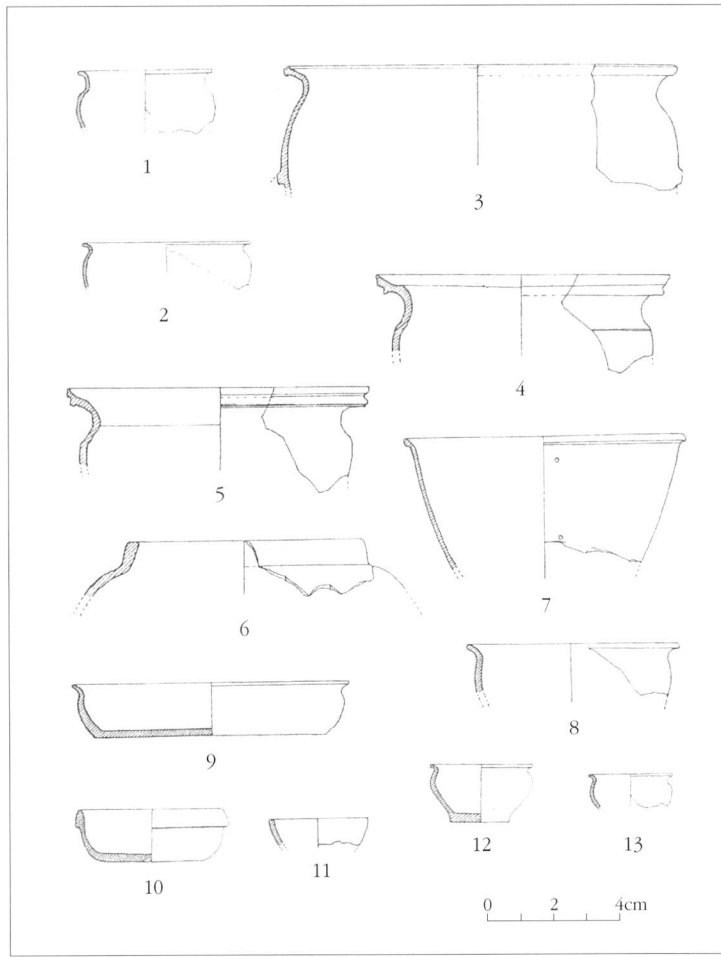

그림 6
채소시장지점 제3층 출토 토기(『國內城』, 58쪽)
1. 호(侈口束頸罐) 2. 호(侈口束頸罐)
3. 호(侈口束頸罐) 4. 호(侈口束頸罐)
5. 호(侈口束頸罐) 6. 호(敛口罐)
7. 분 8. 분
9. 분 10. 완
11. 완 12. 완
13. 완

● 2000JGST2③:5(그림 6-5)
○ 크기: 구연 직경 36cm.
○ 형태: 구연 외반, 구순은 둥글게 처리하였음. 목은 잘록함. 동체는 둥근 형태, 구연 외연에 음각선문(凹弦文) 한 줄을 시문.
○ 색깔과 태토: 니질의 회색 토기.

ⓛ 호(敛口罐, 2000JGST7③:21, 그림 6-6)
○ 크기: 구연 직경 28cm.
○ 형태: 파손품. 구연 내반, 구순은 각이 져 있음. 동체는 불룩한 형태(鼓腹).
○ 색깔과 태토: 모래혼입 황색 토기.

ⓒ 분(盆)
수량: 3건.

● 2000JGST5③:18(그림 6-7)
○ 크기: 구연 직경 34cm.
○ 형태: 파손품, 구연이 넓고(敞口), 구순은 둥글게 처리하였음. 동체는 깊이가 깊고 둥근 형태임(深弧腹). 腹壁에 보수할 때 남긴 작은 구멍이 있음.
○ 색깔과 태토: 니질의 회색 토기.

● 2000JGST9③:7(그림 6-8)
○ 크기: 구연 직경 26cm.
○ 형태: 구연 외반, 구순은 둥글게 처리하였음. 동체

는 둥근 형태.
○ 색깔과 태토 : 모래혼입 황갈색 토기.

● 2000JGST2③ : 4(그림 6-9)
○ 크기 : 구연 직경 33cm, 바닥 직경 27cm, 전체 높이 6cm.
○ 형태 : 파손품, 복원 가능, 구연 외반, 구순은 뾰족함(尖脣), 깊이가 얕고 동체는 둥근 형태, 평평한 바닥.
○ 색깔과 태토 : 모래혼입 회색 토기, 태토 중에 다량의 석영모래가 섞여 있음.

㉣ 완(盌)
수량 : 4건.

● 2000JGST6③ : 30(그림 6-10)
○ 크기 : 구연 직경 17cm, 바닥 직경 12cm, 깊이 6cm.
○ 형태 : 파손품, 복원 가능, 구연이 넓고(敞口), 구순은 둥글게 처리하였음. 구연 기벽을 두껍게 만들었음. 동체는 깊이가 얕고 둥근 형태(淺弧腹), 평평한 바닥.
○ 색깔과 태토 : 모래혼입 회색 토기.

● 2000JGST6③ : 16(그림 6-11)
○ 크기 : 구연 직경 12cm.
○ 형태 : 파손품, 구연이 넓고(敞口), 구순은 둥글게 처리하였음. 동체는 둥근 형태.
○ 색깔과 태토 : 가는 모래혼입 황갈색 토기.

● 2000JGST3③ : 32(그림 6-12)
○ 크기 : 구연 직경 12, 바닥 직경 7cm, 깊이 6cm.
○ 형태 : 완형. 구연 외반, 구순은 둥글게 처리하였음. 동체는 둥근 형태, 바닥은 평평하고 얕은 굽이 있음(假圈足平底).
○ 색깔과 태토 : 모래혼입 흑갈색 토기, 그릇 표면을 문질러서 광택을 냈음.

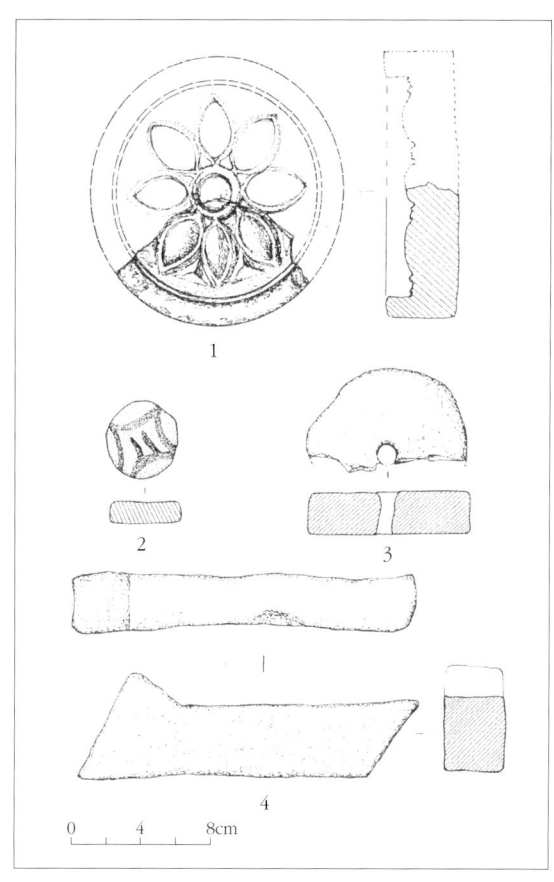

그림 7 채소시장지점 제3층 출토유물(『國內城』, 60쪽)
1. 연화문와당 2. 원반형 토제품 3. 가락바퀴 4. 숫돌

● 2000JGST3③ : 15(그림 6-13)
○ 크기 : 구연 직경 10cm.
○ 형태 : 파손품, 구연 외반, 구순은 둥글게 처리하였음. 동체는 둥근 형태.
○ 색깔과 태토 : 모래혼입 흑갈색 토기.

㉤ 가락바퀴(陶紡輪)
수량 : 2건.

● 2000JGST3③ : 28(그림 7-3)
○ 크기 : 직경 4.8cm, 구멍 직경 0.2cm, 두께 1.2cm.
○ 형태 : 파손품. 둥근 원반 모양(圓餠形), 중앙에 구멍이 뚫렸음.
○ 색깔과 태토 : 모래혼입 회색 토기, 토기편을 갈아서

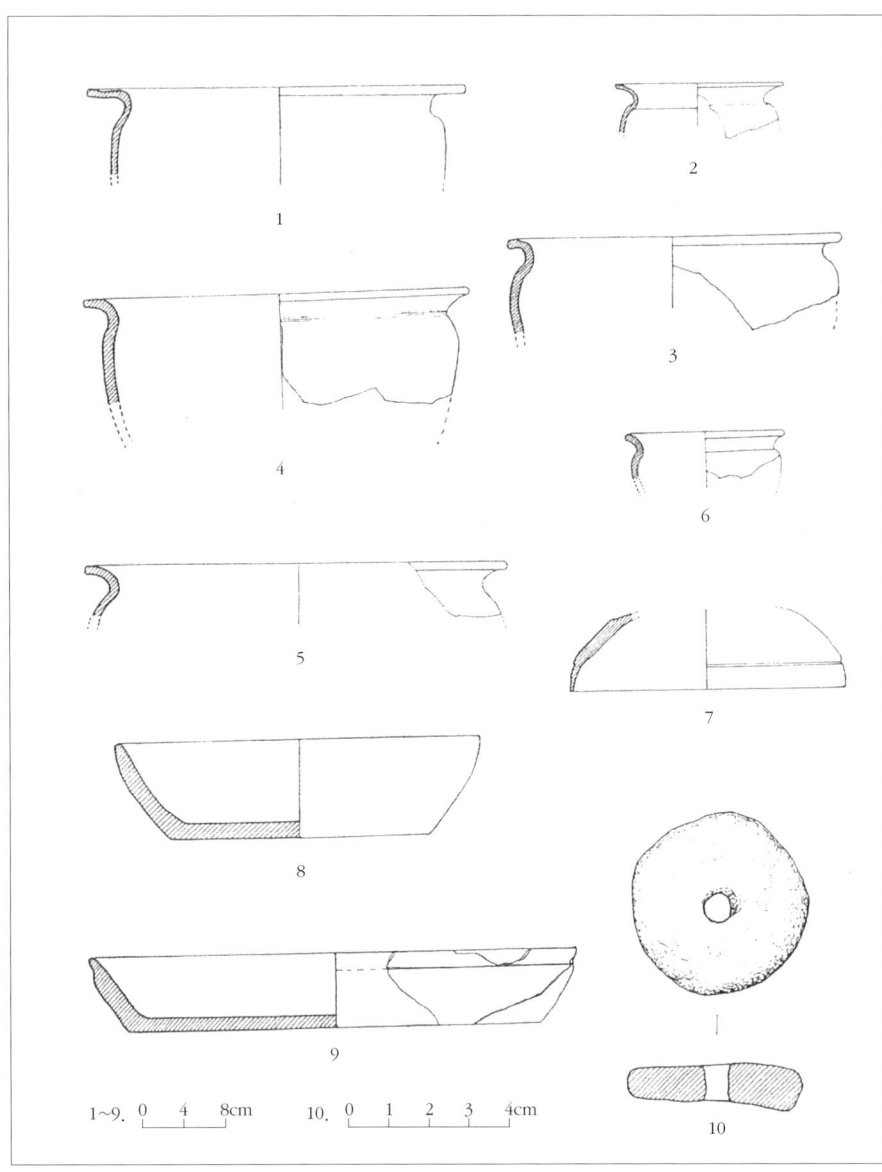

그림 8
채소시장지점 제4층 출토 토기
(『國內城』, 61쪽)
1. 호(侈口束頸罐)
2. 호(侈口束頸罐)
3. 호(侈口束頸罐)
4. 분
5. 호(斂口罐)
6. 분
7. 뚜껑
8. 분
9. 분
10. 가락바퀴

만듦.

㈅ 원반형 토제품(陶餠)

● 2000JGST6③:13(그림 7-2)

○ 크기 : 직경 4cm, 두께 1.3cm.

○ 형태 : 완형. 양면에 모두 흑색 도안 문양이 시문됨.

○ 색깔과 태토 : 모래혼입 회색 토기, 토기편을 갈아서 만듦.

② 기와

㉠ 와당 2000JGST7③:4(그림 7-1)

○ 크기 : 와당 직경 약 14.8cm, 막새면 직경 12.4cm. 주연(邊輪) 높이 1.4cm, 너비 1.2cm.

○ 형태 : 파손품, 모압부조연문. 막새면 중앙에 반구체 乳突文을 시문. 그 바깥에 凸棱線文을 한 줄 둘렀음. 바깥 八瓣單瓣蓮文을 새겼고, 蓮文外端 빈틈에 삼각형 凸起文을 장식했음. 막새면 邊緣에 凸棱線문을 한

줄 둘렀음.
○ 색깔과 태토 : 홍갈색, 모래혼입.

③ 석기

㉠ 숫돌(礪石) 2000JGST10③:24(그림 7-4).
○ 크기 : 길이 17.6cm, 가장 넓은 곳 5.8cm, 두께 3.2~3.4cm.
○ 형태 : 완형. 길쭉한 모양(長條形). 研磨面에는 사용한 흔적이 뚜렷이 보임.

(3) 제4층 출토유물

① 토기(陶器, 그림 8)

㉠ 호(侈口束頸罐)
○ 수량 : 3건.
○ 모두 파손품.

● 2000JGST2④:26(그림 8-1)
○ 크기 : 구연 직경 38cm.
○ 형태 : 구연 외반(展沿), 구순은 각이 져 있음. 목은 잘록함(束頸). 동체는 둥근 형태.
○ 색깔과 태토 : 모래혼입 회색 토기.

● 2000JGST2④:27(그림 8-2)
○ 크기 : 구연 직경 16cm.
○ 형태 : 구연 외반, 구순은 둥글게 처리하였음. 목은 잘록함(束頸). 동체는 둥근 형태.
○ 색깔과 태토 : 니질의 회색 토기.

● 2000JGST3④:34(그림 8-3)
○ 크기 : 구연 직경 32cm.
○ 형태 : 구연 외반, 구순은 둥글게 처리하였음. 목은 잘록함(束頸). 동체는 둥근 형태.
○ 색깔과 태토 : 니질의 회색 토기.

㉡ 호(侈口罐)
○ 수량 : 2건.
○ 모두 파손품.

● 2000JGST3④:30(그림 8-5)
○ 크기 : 구연 직경 42cm.
○ 형태 : 구연 외반, 구순은 각이 져 있음. 동체는 둥근 형태.
○ 색깔과 태토 : 니질의 회색 토기, 소성 온도는 비교적 높고, 그릇 표면을 문질러서 광을 냈음.

㉢ 분(盆)
수량 : 4건.

● 2000JGST8④:29(그림 8-4)
○ 크기 : 구연 직경 38cm.
○ 형태 : 구연 외반, 구순은 각이 져 있음. 동체는 깊이가 깊고 둥근 형태(深弧腹).
○ 색깔과 태토 : 모래혼입 흑갈색 토기.

● 2000JGST7④:6(그림 8-6)
○ 크기 : 구연 직경 15.2cm.
○ 형태 : 구연 외반, 구순은 둥글게 처리하였음. 동체는 깊이가 깊고 둥근 형태(深弧腹).
○ 색깔과 태토 : 모래혼입 회색 토기.

● 2000JGST6④:27(그림 8-8)
○ 크기 : 구연 직경 36cm, 바닥 직경 25cm, 전체 높이 9cm.
○ 형태 : 파손품, 복원 가능. 구연이 넓고(敞口), 구순은 둥글게 처리하였음. 동체는 깊이가 얕고 경사짐(淺

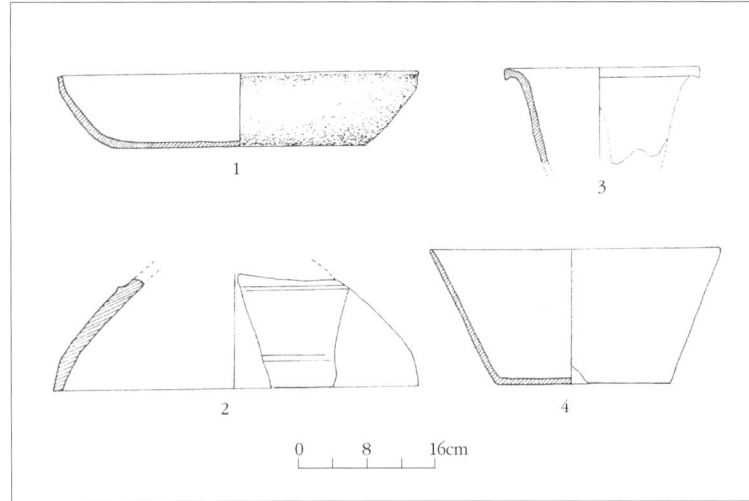

그림 9
채소시장지점 제5층 출토 토기
(『國內城』, 62쪽)
1. 분 2. 그릇 뚜껑
3. 분 4. 분

斜腹). 평평한 바닥.
○ 색깔과 태토 : 모래혼입 흑갈색 토기.

● 2000JGST2④:20(그림8-9)
○ 크기 : 구연 직경 48cm, 바닥 직경 40cm, 전체 높이 7cm.
○ 형태 : 파손품, 복원 가능. 구연이 넓고(敞口), 구순은 둥글게 처리하였음. 동체는 깊이가 얕고 경사짐(淺斜腹). 평평한 바닥.
○ 색깔과 태토 : 모래혼입 흑갈색 토기.

② 뚜껑(器蓋, 2000JGST3④:10, 그림 8-7)
○ 크기 : 구연 직경 26cm.
○ 형태 : 파손품. 완을 엎은 모양(覆碗形), 구연부 기벽이 비교적 얇음. 구순은 각이 져 있음.
○ 색깔과 태토 : 모래혼입 흑갈색 토기.

③ 가락바퀴(紡輪, 2000JGST5④:26, 그림 8-10)
○ 크기 : 직경 4.2cm, 구멍 직경 0.5cm, 두께 약 0.8cm.
○ 형태 : 완형. 둥근 원반모양(圓餠形), 중앙에 구멍이 뚫려 있음.
○ 색깔과 태토 : 모래혼입 흑갈색 토기.

(4) 제5층 출토유물

① 토기(그림 9)

㉠ 분(陶盆)
수량 : 3건.

● 2000JGST4⑤:1(그림9-4)
○ 크기 : 구연 직경 34cm, 바닥 직경 20cm, 전체 높이 15cm.
○ 형태 : 파손품, 구연이 넓고(敞口), 구순은 둥글게 처리하였음. 동체는 깊이가 깊고 경사짐. 평평한 바닥
○ 색깔과 태토 : 니질의 황갈색 토기.

● 2000JGST6⑤:17(그림9-3)
○ 크기 : 구연 직경 23cm.
○ 형태 : 파손품. 구연이 넓고(敞口), 구순은 각이 져 있음. 동체는 깊이가 깊고 경사짐. 평평한 바닥.
○ 색깔과 태토 : 모래혼입 황갈색 토기.

● 2000JGST2⑤:6(그림9-1)
○ 크기 : 구연 직경 42cm, 바닥 직경 30cm, 전체 높

이 8cm.
- 형태 : 완형. 구연이 넓고(敞口), 구순은 각이 져 있음. 깊이가 얕고 동체는 둥근 형태(淺弧腹), 평평한 바닥.
- 색깔과 태토 : 모래혼입 회색 토기.

ⓛ 그릇 뚜껑(器蓋, 2000JGST6⑤:11, 그림 9-2)
- 크기 : 구연 직경 42cm.
- 형태 : 파손품. 완을 엎은 모양(覆碗形), 구순은 각이 져 있음. 그릇 표면 상부에 凸棱文을 한 줄 둘렀고 하부에 음각선문(凹弦文)을 한 줄 시문.
- 색깔과 태토 : 모래혼입 흑갈색 토기.

5. 역사적 성격

고구려 중후기의 건축유적으로 추정되지만 정확한 시기나 성격은 파악하기 힘든 상태임.

참고문헌

- 董峰, 1993, 「國內城中新發現的遺蹟和遺物」, 『高句麗研究文集』, 延邊大學出版社.
- 吉林省文物考古研究所·集安市博物館, 2004, 『國內城, 2000-2003年集安國內城與民主遺址試掘報告』, 文物出版社.

03 집안 국내성지 개발공사건물지점 문화층
集安 國內城址開發公司樓舍地點

1. 조사현황

1) 2000년 5~11월
○ 시행기관 : 吉林省文物考古硏究所와 集安市文物保管所 연합 고고팀.
○ 참여자 : 宋玉彬, 劉景文, 李光日, 張建宇, 聶勇, 孫仁杰, 董峰, 遲勇, 林世賢.
○ 조사내용 : 건물공사장 발굴, 2개 층위 확인, 유물 출토. 발굴면적 200m².
○ 발표 : 吉林省文物考古硏究所·集安市博物館, 2004, 『國內城, 2000-2003年集安國內城與民主遺址試掘報告』, 文物出版社.

2. 위치와 자연환경(그림 1-8)

○ 개발공사 사택은 국내성지 서부에 위치.
○ 발굴구역은 西城街와 西盛街 사이에 있음.
○ 서쪽 90m 거리에 서벽이 있고, 동측 약 60m 지점이 西盛街임.
○ 동쪽으로 약 40m 되는 곳이 회계국 발굴지점임.

3. 유적의 전체현황

발굴면적 : 200m².

1) 지층 현황
○ 발굴지점은 원래 민가 주택 구역.
○ 현대의 퇴적층을 치운 다음, 2개의 층위를 조사함.

(1) 제1층
회갈색 토층. 토질이 비교적 단단함. 두께 약 30~40cm.

(2) 제2층
○ 황갈색 토층. 토질이 푸석푸석하고 깬돌과 강돌이 약간 섞여 있음. 두께 약 20cm. 이 층에서 토기편이 출토되었는데, 횡대상파수가 있음.
○ 제2층 이하는 생토층임.

4. 출토유물(그림 2)

1) 철기

(1) 철촉(鐵鏃, 2000JGKT1②:1, 그림 2-4)
○ 수량 : 1건.
○ 크기 : 전체 길이 6cm, 경부(鋌) 길이 2.6cm.
○ 형태 : 경부는 모두 원형 단면을 띰.

그림 1 국내성지 개발공사건물지점 위치도(바탕도 『國內城』, 10쪽 ; 여호규, 2012, 48쪽)
세부 유적명은 이 책 74쪽 그림 1 참고.

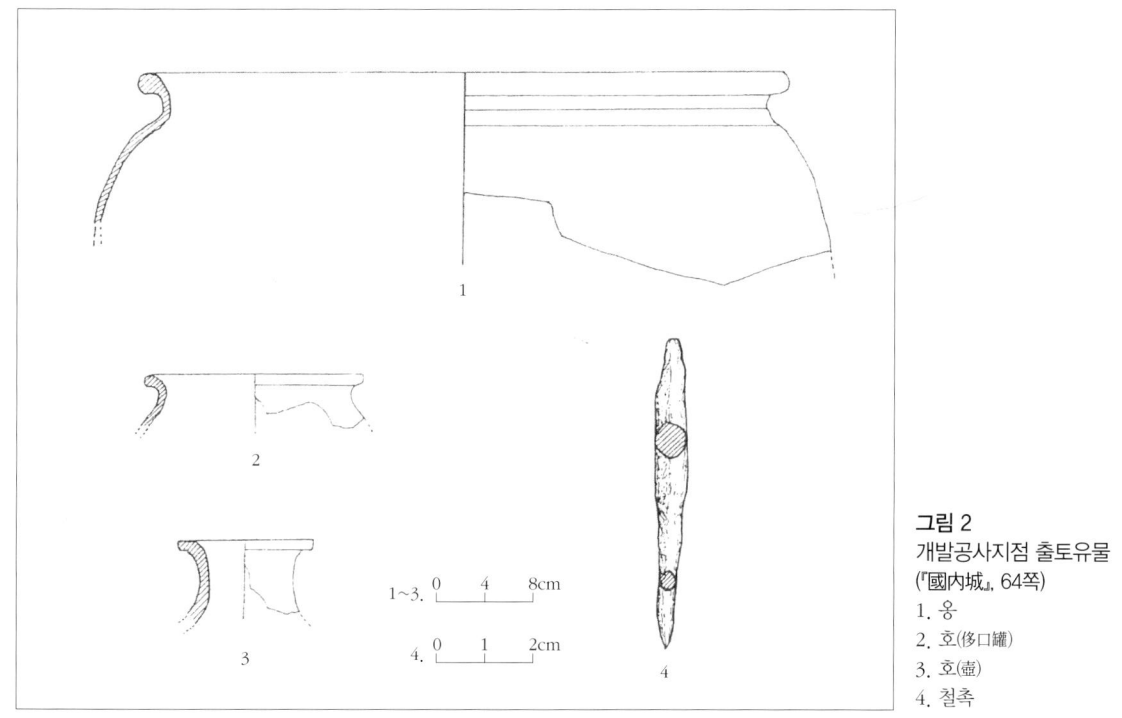

그림 2
개발공사지점 출토유물
(『國內城』, 64쪽)
1. 옹
2. 호(侈口罐)
3. 호(壺)
4. 철촉

제9부 성곽

2) 토기

(1) 옹(侈口束頸甕, 2000JGKT1②:2, 그림 2-1)
o 크기 : 구연 직경 52cm.
o 형태 : 파손품. 구연 외반, 구순은 둥글게 처리하였음. 동체는 둥근 형태.
o 색깔과 태토 : 니질의 흑갈색 토기.

(2) 호(侈口罐, 2000JGKT1②:5, 그림 2-2)
o 크기 : 구연 직경 18cm.
o 형태 : 파손품. 구연 외반, 구순은 둥글게 처리하였음.
o 색깔과 태토 : 모래혼입 흑갈색 토기.

(3) 호(壺)
o 수량 : 2건.
o 모두 파손품.

● 2000JGKT2②:2(그림 2-3)
o 크기 : 구연 직경 11.2cm.
o 형태 : 구연 외반, 구순은 각이 져 있음. 목은 잘록함(束頸), 목 깃은 둥글고 비교적 높음(弧領較高).
o 색깔과 태토 : 모래혼입 흑갈색 토기.

● 2000JGKT1②:4
o 크기 : 구연 직경 8cm.
o 형태 : 구연 외반, 구순은 둥글게 처리하였음. 깃은 둥근 형태(弧領).
o 색깔과 태토 : 모래혼입 회색 토기.

5. 역사적 성격

고구려시기의 문화층이지만 그 성격은 정확히 파악하기 힘듦.

참고문헌
• 吉林省文物考古硏究所·集安市博物館, 2004, 『國內城, 2000-2003年集安國內城與民主遺址試掘報告』, 文物出版社.

04 집안 국내성지 식량국사택지점 문화층
集安 國內城址糧食局宿舍地點

1. 조사현황

1) 2000년 5~11월
○ 시행기관 : 吉林省文物考古研究所와 集安市文物保管所 연합 고고팀.
○ 참여자 : 宋玉彬, 劉景文, 李光日, 張建宇, 聶勇, 孫仁杰, 董峰, 遲勇, 林世賢.
○ 조사내용 : 건물공사장 발굴, 5개 층위 확인, 유물 출토, 발굴면적 100m².
○ 발표 : 吉林省文物考古研究所·集安市博物館, 2004, 『國內城, 2000-2003年集安國內城與民主遺址試掘報告』, 文物出版社.

2. 위치와 자연환경(그림 1-19)

○ 식량국 사택 발굴지점은 국내성지 동부에 위치.
○ 서쪽 60m에 東盛街가 있고, 북쪽 100m에 채소시장 발굴 지점이 있음.
○ 동쪽 약 140m 거리에 동벽이 있음.

3. 유적의 전체현황

발굴면적은 100m²임.

1) 지층 현황

(1) 제1층
표토층으로 흑회색토임. 소량의 황색 점토와 석탄재(煤灰)가 섞여 있음. 토질은 비교적 단단함. 두께 약 0.2~0.45m.

(2) 제2층
갈색 토층. 토질은 비교적 단단함. 두께 0.1~0.25m. 이 층에서 다량의 토기편이 출토되었는데 대부분 회색 혹은 회갈색임. 태토는 모래가 섞여 있으며, 소량의 토기에는 雲母가 함유되어 있음. 기형은 호(罐), 완(碗) 등이 있고, 垂帳文 토기편도 있음. 홍갈색 網格文, 席文 암키와도 있음. 주목할 것은 띠에 附加堆文을 시문한 회색 토기편이 출토되었는데, 띠는 발해의 특징을 뚜렷하게 가지고 있음.

(3) 제3층
황갈색 토층. 토질은 단단함. 두께 0.40~0.55m. 이 층에서 다량의 토기편이 출토되었는데 대부분 모래가 섞여 있고 일부는 운모가 섞여 있음. 주로 회색이나 회갈색 토기이며, 소량의 홍갈색 토기도 있음. 기형은 호(罐), 완(碗) 등이며, 그 중 대형 그릇도 비교적 많음. 이 층에서는 구연 아래에 현문을 3줄 시문한 귤황색 시유완(施釉碗)의 편이 출토됨.

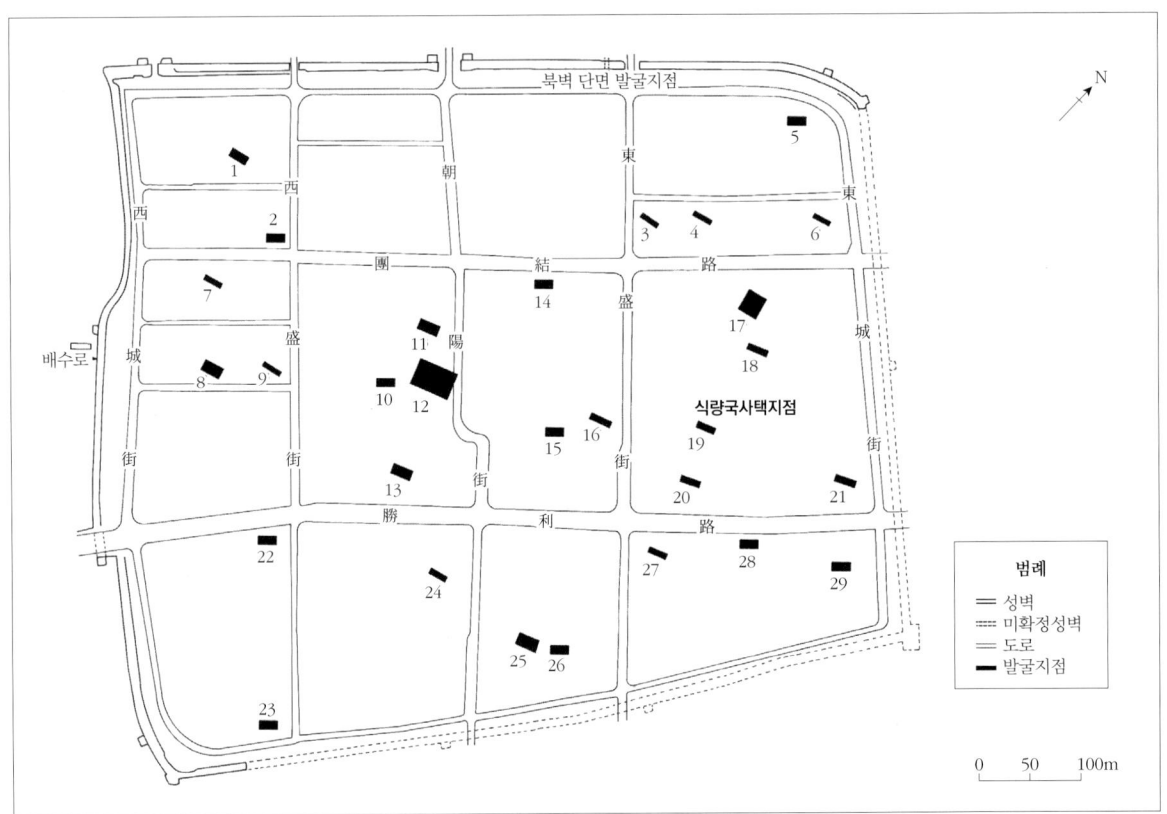

그림 1 국내성지 식량국사택지점 위치도(바탕도 『國內城』, 10쪽 ; 여호규, 2012, 48쪽)
세부 유적명은 이 책 74쪽 그림 1 참고.

(4) 제4층

회갈색 토층. 토질이 부드러움. 두께 0.25~0.35m. 이 층에서 출토된 토기편은 주로 모래섞인 토기로 회색과 회갈색이 많음. 기형은 호(罐), 완(碗) 등임. 일부 토기는 비교적 대형이며, 垂帳文 토기편도 있음.

(5) 제5층

황갈색 토층. 토질이 부드러움. 두께 0.15~0.25m. 이 층에서는 토기편이 비교적 적게 출토됨. 전부 모래가 섞인 회색 토기이며, 거칠고 조악하게 만들어졌음. 기형은 호(罐), 완(碗) 등임. 띠모양 손잡이(帶狀把手)가 있는 것도 있음.

4. 출토유물(그림 2)

1) 토기

(1) 호(侈口罐)

수량 : 2건.

① 2000JGLT2④:3(그림 2-4)

○ 크기 : 구연 직경 9cm, 바닥 직경 9cm, 최대 복경 17.2cm, 전체 높이 15.8cm.

○ 형태 : 완형. 구연 외반, 구순은 둥글게 처리하였음. 동체는 불룩한 형태(鼓腹), 평평한 바닥. 동체(腹身) 상부 2줄의 음각선문(凹弦文) 사이에 상하 2조의 문양을 새겼음. 상부에 연속으로 비스듬하게 배열된 篦點

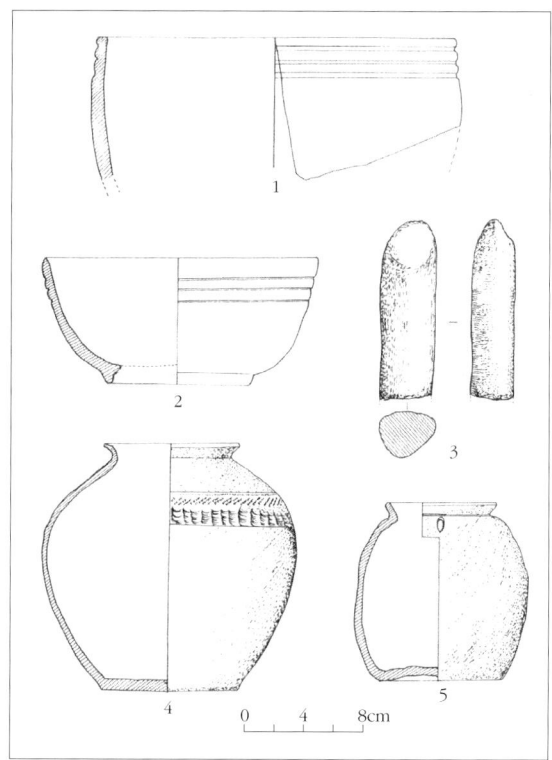

그림 2 식량국사택지점 출토유물(『國內城』, 65쪽)
1. 시유완 2. 완 3. 석마봉 4. 호 5. 호

文이 한 줄 있고, 하부에는 연속으로 배열된 垂帳文이 한 줄 있음.
○ 색깔과 태토 : 모래혼입 회색 토기.

② 2000JGLT4③:1 (그림 2-5)
○ 크기 : 구연 직경 6.4cm, 바닥 직경 8cm, 최대 복경 11.4cm, 높이 11.2cm.
○ 형태 : 파손품, 복원가능. 구연 외반, 구순은 둥글게 처리하였음. 동체는 둥근 형태, 평평한 바닥은 약간 안으로 오목함(內凹), 구연 하부 기벽에 작은 구멍이 있음.
○ 색깔과 태토 : 니질의 회색 토기.

(2) 완(陶碗, 2000JGKT3③:1, 그림 2-2)
○ 수량 : 1건.
○ 크기 : 구연 직경 19cm, 바닥 직경 9.8cm, 전체 높이 8cm.
○ 형태 : 파손품, 복원 가능. 구연이 넓고(敞口), 구순은 둥글게 처리하였음. 동체는 둥근 형태, 들린 굽(圈足), 동체 상부에 대개 3줄의 음각선문(凹弦文)을 장식.
○ 색깔과 태토 : 모래혼입 황갈색 토기.

(3) 시유완(釉陶碗, 2000JGLT2③:2, 그림 2-1)
○ 수량 : 1건.
○ 크기 : 구연 직경 24.2cm.
○ 형태 : 파손품. 곧은 입, 구순은 각이 져 있음. 동체는 둥근 형태, 구연부 부근의 기벽에 3줄의 음각선문(凹弦文)을 시문.
○ 색깔과 태토 : 모래혼입 홍갈색 토기, 그릇 표면 내외에 진한 녹색 유약을 발랐음.

2) 석기

(1) 석마봉(石磨棒, 2000JGLT1④:2, 그림 2-3)
○ 수량 : 1건.
○ 크기 : 잔존길이 11.2cm.
○ 형태 : 몸체(器) 하부는 파손되어 결실됨. 몸통 전체를 문질러서 광을 냄, 단면은 약간 타원형을 띰.

5. 역사적 성격

고구려시기의 문화층이지만 그 성격은 정확히 파악하기 힘듦. 제2층에서 출토된 토기는 발해 토기의 특징을 많이 보유하고 있으므로 발해시기의 문화층일 수도 있음.

참고문헌
• 吉林省文物考古研究所·集安市博物館, 2004, 『國內城, 2000‐2003年集安國內城與民主遺址試掘報告』, 文物出版社.

05 집안 국내성지 시중의원지점 문화층
集安 國內城址市中醫院地點

1. 조사현황

1) 2000년 5~11월
○ 시행기관 : 吉林省文物考古硏究所와 集安市文物保管所 연합 고고팀.
○ 참여자 : 宋玉彬, 劉景文, 李光日, 張建宇, 聶勇, 孫仁杰, 董峰, 遲勇, 林世賢.
○ 조사내용 : 건물공사장 발굴, 3개 층위 확인, 유물 출토, 발굴면적 125m².
○ 발표 : 吉林省文物考古硏究所·集安市博物館, 2004, 『國內城, 2000-2003年集安國內城與民主遺址試掘報告』, 文物出版社.

2. 위치와 자연환경(그림 1-4)

○ 중의원 발굴지점은 국내성지 동북부에 위치함.
○ 발굴구역의 서부는 중의원 옛 건물과 이웃해 있고, 동쪽 120m 거리에 인민대회 사택 발굴 지점이 있음.

3. 유적의 전체현황

발굴면적은 125m²임.

1) 지층 현황
발굴구역의 층위는 3층으로 나눌 수 있음.

(1) 제1층
표토층인데 흑회색토로 현대 퇴적층. 두께 0.40~0.50m.

(2) 제2층
황갈색 토층. 토질은 덩어리 형태를 띰. 점성이 있고 견고하며 단단함. 현대 민가의 석재 기초에 의해 상당히 파괴됨. 두께 약 0.40~0.50m.

(3) 제3층
○ 회갈색 토층. 토질은 점성이 있음. 강돌이 섞여 있음. 두께 0.60~0.70m. 이 층에서 권운문, 인동문 와당편이 출토됨. 토기편 중에 니질 토기, 협사토기 등이 있음. 일부 토기편에는 垂帳文이 시문됨.
○ 제3층 이하는 강돌 生土層임.
○ 출토유물로 보아 제2~3층은 고구려시기 문화층으로 판단됨.

그림 1 국내성지 시중의원지점 위치도(바탕도 『國內城』, 10쪽 ; 여호규, 2012, 48쪽)
세부 유적명은 이 책 74쪽 그림 1 참고.

4. 출토유물

1) 제2층 출토유물

(1) 토기(그림 2)

① 호(壺)
- 수량 : 4건.
- 모두 파손품.

㉠ 2000JZYT4②:2(그림 2-1)
- 크기 : 구연 직경 20cm, 최대 복경 24.8cm.
- 형태 : 구연은 외반하며, 원각, 구순은 각이 져 있음. 목은 곧음(直領). 동체는 둥근 형태.
- 색깔과 태토 : 니질의 황갈색 토기.

㉡ 2000JZYT4②:1(그림 2-2)
- 크기 : 구연 직경 19cm, 최대 복경 24cm.
- 형태 : 구연은 외반하며, 구순은 각이 져 있음. 구연이 넓고(敞口), 목은 경사짐(斜領), 동체는 둥근 형태.
- 색깔과 태토 : 니질의 황갈색 토기.

② 호(侈口束頸罐)
- 수량 : 5건.
- 모두 파손품.

㉠ 2000JZYT2②:16(그림 2-3)
- 크기 : 구연 직경 34cm.

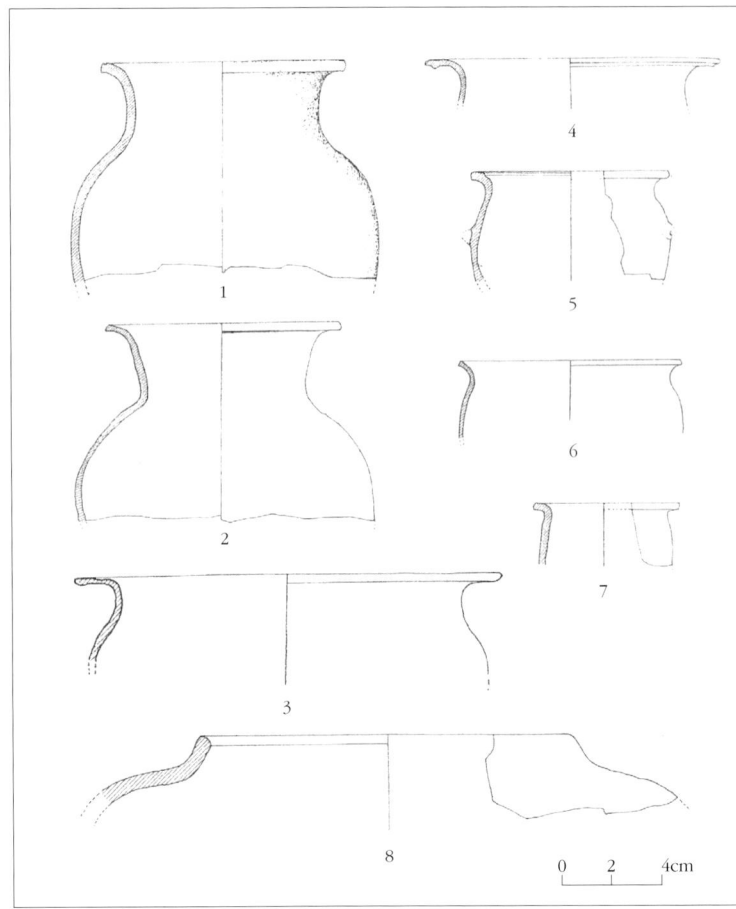

그림 2
시중의원지점 제2층 출토 토기
(『國內城』, 68쪽)
1. 호(壺)
2. 호(壺)
3. 호(侈口束頸罐)
4. 호(侈口束頸罐)
5. 호(侈口弧腹罐)
6. 호(侈口弧腹罐)
7. 호(侈口弧腹罐)
8. 호(斂口罐)

○ 형태 : 구연은 외반하며, 가장자리가 편평하고 구순은 둥글게 처리하였음. 동체는 둥근 형태.
○ 색깔과 태토 : 니질의 회색 토기.

ⓒ 2000JZYT2②:20 (그림 2-4)
○ 크기 : 구연 직경 24cm.
○ 형태 : 구연은 외반하며, 가장자리가 편평하고 구순은 각이 져 있음. 구연 아래(沿下)에 한 줄의 凸棱文을 시문.
○ 색깔과 태토 : 니질의 회색 토기.

③ 호(侈口弧腹罐)
○ 수량 : 8건.
○ 모두 파손품.

㉠ 2000JZYT2②:6 (그림 2-5)
○ 크기 : 구연 직경 16cm.
○ 형태 : 수제, 구연은 외반하며, 구순은 각이 져 있음. 동체는 둥근 형태. 동체 상부에 손잡이 2개(雙耳)를 장식.
○ 색깔과 태토 : 모래혼입 갈색 토기.

ⓒ 2000JZYT2②:7 (그림 2-6)
○ 크기 : 구연 직경 18cm.
○ 형태 : 수제, 구연은 외반하며, 구순은 각이 져 있음. 동체는 둥근 형태.
○ 색깔과 태토 : 모래혼입 홍갈색 토기.

ⓒ 2000JZYT2②:18 (그림 2-7)
○ 크기 : 구연 직경 12cm.

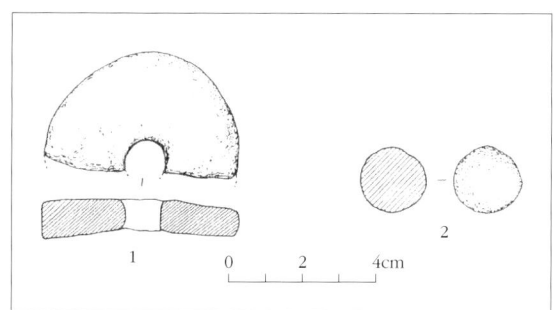

그림 3 시중의원지점 제2층 출토 토기(『國內城』, 69쪽)
1. 가락바퀴 2. 도탄자

○ 형태 : 태토 중에 소량의 운모가 섞여 있음. 구연은 외반하며, 구순은 둥글게 처리하였음. 동체는 비교적 곧음.
○ 색깔과 태토 : 모래혼입 회색 토기.

④ 호(斂口罐, 2000JZYT3②:19, 그림 2-8)
○ 수량 : 1건.
○ 크기 : 구연 직경 30cm.
○ 형태 : 파손품. 구연은 내반하며, 구순은 둥글게 처리하였음. 동체는 둥글고 불룩한 형태(弧鼓腹).
○ 색깔과 태토 : 모래혼입, 회색.

⑤ **문양 토기편**(有文飾土器片)
2층 퇴적물에서 垂帳文 토기편이 출토됨.

㉠ 2000JZYT4②
標29, 모래혼입 니질의 회색 토기, 垂帳文장식.

㉡ 2000JZYT4②
標30, 니질의 홍갈색 토기, 현문, 垂帳文장식.

⑥ **가락바퀴**(紡輪, 2000JZYT2②:4, 그림 3-1)
○ 수량 : 1건.
○ 크기 : 직경 5.3cm, 구멍 직경 0.8cm, 두께 0.8cm.
○ 형태 : 파손품, 둥근 원반모양(圓餠形), 중부에 구멍 뚫림.

○ 색깔과 태토 : 모래혼입 홍갈색 토기, 토기편을 갈아서 만듦.

⑦ **도탄자**(陶彈子, 2000JZYT4②:1, 그림 3-2)
○ 수량 : 1건.
○ 크기 : 직경 약 1.7cm.
○ 형태 : 완형.
○ 색깔과 태토 : 가는 모래혼입 홍갈색 토기.

⑧ **기타**
2층 퇴적물에서 횡대상파수(橫橋狀耳) 토기편 및 시루 잔편이 출토되었는데 시루 바닥에는 작은 시루 구멍을 뚫었음.

2) 제3층 출토유물

(1) 토기(그림 4)

① 호(壺, 2000JZYT2③:22, 그림 4-1)
○ 수량 : 1건.
○ 크기 : 구연 직경 18cm.
○ 형태 : 파손품. 구연은 외반하며, 구순은 각이 져 있음. 목은 곧음(直領).
○ 색깔과 태토 : 모래혼입 회색 토기.

② 호(侈口束頸罐, 2000JZYT5③:5, 그림 4-2)
○ 수량 : 1건.
○ 크기 : 32cm.
○ 형태 : 파손품. 구연은 외반하며, 구순은 각이 져 있음.
○ 색깔과 태토 : 모래혼입 회색 토기.

③ 호(侈口罐)
○ 수량 : 8건.

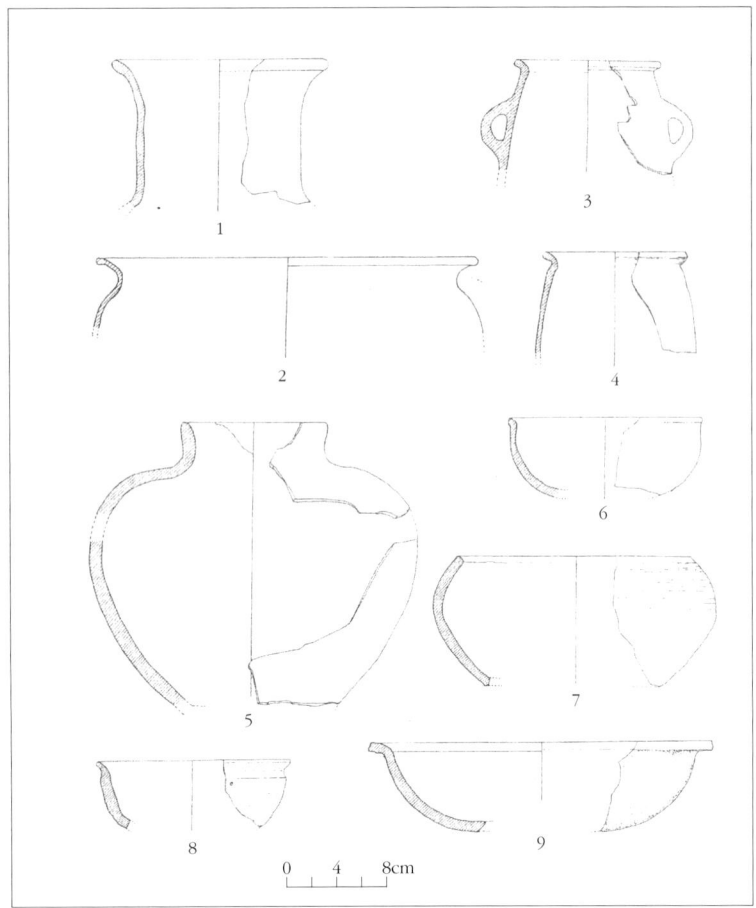

그림 4
시중의원지점 제3층 출토 토기
(『國內城』, 70쪽)
1. 호(壺) 2. 호(侈口束頸罐)
3. 호(侈口罐) 4. 호(侈口罐)
5. 호(直口罐) 6. 완
7. 발 8. 완 9. 분

○ 모두 파손품.

㉠ 2000JZYT2③:11 (그림 4-3)

○ 크기 : 구연 직경 12cm.

○ 형태 : 수제, 구연은 외반하며, 구순은 각이 져 있음. 동체는 둥근 형태. 동체 상부에 2개의 대칭인 세로 방향의 대상파수(竪橋狀耳)를 부착.

○ 색깔과 태토 : 모래혼입 홍갈색 토기.

㉡ 2000JZYT2③:12 (그림 4-4)

○ 크기 : 구연 직경 12cm.

○ 형태 : 수제, 구연은 외반하며, 구순은 각이 져 있음. 동체는 둥근 형태.

○ 색깔과 태토 : 모래혼입 갈색 토기.

④ 호(直口罐)

○ 수량 : 7건.

○ 모두 파손품.

㉠ 2000JZYT4③:4 (그림 4-5)

○ 크기 : 구연 직경 12cm.

○ 형태 : 목은 곧으며(直領), 구순은 둥글게 처리하였음. 동체는 둥글고 불룩한 형태(弧鼓腹).

○ 색깔과 태토 : 모래혼입 회색 토기.

⑤ 호(斂口罐, 2000JZYT3③:19)

○ 수량 : 1건.

○ 크기 : 구연 직경 30cm.

○ 형태 : 파손품. 구연 내반, 구순은 각이 져 있음. 동

체는 불룩한 형태(鼓腹).
○ 색깔과 태토 : 모래혼입 회색 토기.

⑥ 완(碗)
○ 수량 : 2건.
○ 모두 파손품.

㉠ 2000JZYT3③:2(그림 4-6)
○ 크기 : 구연 직경 16cm.
○ 형태 : 구연이 넓고(敞口), 구순은 둥글게 처리하였음. 동체는 둥근 형태.
○ 색깔과 태토 : 모래혼입 회색 토기.

㉡ 2000JZYT4③:3(그림 4-8)
○ 크기 : 구연 직경 16cm.
○ 형태 : 구연이 넓고(敞口), 구순은 둥글게 처리하였음. 동체는 둥근 형태. 동체 상부에 작은 송곳 구멍(鑽孔) 1개가 있음.
○ 색깔과 태토 : 모래혼입 회색 토기.

⑦ 발(鉢, 2000JZYT4③:4, 그림 4-7)
○ 수량 : 1건.
○ 크기 : 구연 직경 19.2cm.
○ 형태 : 파손품. 구연은 내반하며, 구순은 각이 져있음. 동체는 둥그스름하면서 꺾여 있음(弧折腹).
○ 색깔과 태토 : 모래혼입 회색 토기.

⑧ 분(盆, 2000JZYT4③:1, 그림 4-9)
○ 수량 : 1건.
○ 크기 : 구연 직경 28cm.
○ 형태 : 파손품. 구연이 넓고(敞口), 구순은 각이 져있음. 동체는 둥근 형태.
○ 색깔과 태토 : 모래혼입 회색 토기.

⑨ 문양토기편
○ 문양토기편이 있으며, 이 지점에서 발견된 토기의 대부분은 무문(素面)이고 시문 토기는 비교적 적음.
○ 제3층에서 垂帳文, 篦點文 토기편이 소량 출토됨.

㉠ 2000JZYT2③:28
○ 문양 : 垂帳文장식.
○ 색깔과 태토 : 모래혼입 회색 토기.

㉡ 2000JZYT4③:31
○ 문양 : 현문으로 경계를 삼음. 2組의 篦點文장식이 있음.
○ 색깔과 태토 : 모래혼입 회색 토기.

㉢ 2000JZYT3③:32
○ 문양 : 篦點文장식이 있음.
○ 색깔과 태토 : 운모가 섞인 황갈색 토기.

⑩ 원반형 토제품(陶餠)
○ 수량 : 2건.
○ 토기편을 갈아서 만듦.

㉠ 2000JZYT1③:2
○ 크기 : 직경 3.9cm.
○ 형태 : 약간 파손됨. 원형에 가까움.
○ 색깔과 태토 : 모래혼입 회색 토기.

㉡ 2000JZYT1③:3
○ 크기 : 직경 3.7cm, 두께 1cm.
○ 형태 : 약간 파손됨. 원형에 가까움.
○ 색깔과 태토 : 모래혼입 회색 토기.

⑪ 가락바퀴(紡輪, 2000JZYT2③:1)
○ 수량 : 1건.

○ 크기 : 직경 5.2cm, 구멍 직경 0.9cm, 두께 0.8cm.
○ 형태 : 파손품. 둥근 원반모양(圓餠形), 중부에 구멍이 있음.
○ 색깔과 태토 : 모래혼입 홍색 토기.

(2) 기와

① 와당 2000JZYT4③:3
○ 문양 : 권운문와당. 한쪽 귀퉁이만 겨우 남아 있음.
○ 색깔과 태토 : 회색, 니질.

② 와당 2000JZYT3③:33
○ 문양 : 인동문와당. 한쪽 귀퉁이만 겨우 남아 있음.
○ 색깔과 태토 : 회색, 니질.

5. 역사적 성격

고구려시기의 문화층이지만 그 성격은 정확히 파악하기 힘듦. 다만 제3층에서 4세기에 유행한 권운문와당 편이 출토된 것으로 보아 문화층의 상한은 4세기까지도 소급할 수 있을 것으로 보임.

참고문헌

- 吉林省文物考古硏究所·集安市博物館, 2004, 『國內城, 2000-2003年集安國內城與民主遺址試掘報告』, 文物出版社.

06 집안 국내성지 교육위원회사택지점 문화층
集安 國內城址敎委職工宿舍地點

1. 조사현황

1) 2000년 5~11월
○ 시행기관 : 吉林省文物考古硏究所와 集安市文物保管所 연합 고고팀.
○ 참여자 : 宋玉彬, 劉景文, 李光日, 張建宇, 聶勇, 孫仁杰, 董峰, 遲勇, 林世賢.
○ 조사내용 : 건물공사장 발굴, 3개 층위 확인, 유물 출토, 발굴면적 130m².
○ 발표 : 吉林省文物考古硏究所·集安市博物館, 2004, 『國內城, 2000-2003年集安國內城與民主遺址試掘報告』, 文物出版社.

2. 위치와 자연환경(그림 1-3)

국내성지의 동북부로 東盛街와 團結路 교차로 입구의 안쪽에 위치함.

3. 유적의 전체현황

발굴면적은 130m²임.

1) 지층 현황
발굴구역의 층위는 4층으로 나눌 수 있음.

(1) 제1층
두 개의 작은 층으로 나뉨.

① 1A층
현대 퇴적층. 흑갈색 토층. 토질이 단단하고 현대의 벽돌과 기와가 다량 섞여 있음. 깬돌과 쓰레기 등이 있음. 두께 0.25~0.40m.

② 1B층
현대의 매립 토층. 흑색 토층. 과립구조가 비교적 순수하며, 토질은 비교적 단단함. 두께 0~0.30m.

(2) 제2층
갈색 토층. 소량의 깬돌과 모래가 섞여 있고 토질은 푸석푸석함. 두께 0.10~0.25m.

(3) 제3층
○ 황갈색 토층. 강돌 및 깬돌이 다량 섞여 있고, 모래 성분이 일정 정도 함유되어 있음. 토질은 푸석푸석함. 두께는 0.20~0.40m.
○ 제3층 이하는 생토층이며, 강돌에는 굵은 모래가 다량 섞여 있음.

그림 1 국내성지 교육위원회사택지점 위치도(바탕도 『國內城』, 10쪽 ; 여호규, 2012, 48쪽)
세부 유적명은 이 책 74쪽 그림 1 참고.

4. 출토유물(그림 2)

1) 제2층 출토유물

(1) 토기

① 호(侈口罐)
○ 수량 : 9건.
○ 모두 파손품.

㉠ 2000JGT1③:5(그림 2-1)
○ 크기 : 구연 직경 34cm.
○ 형태 : 구연은 외반하며, 구순은 각이 져 있음. 동체는 둥근 형태.
○ 색깔과 태토 : 모래혼입 회색 토기

㉡ 2000JGT3③:4(그림 2-2)
○ 크기 : 구연 직경 22cm.
○ 형태 : 구연은 외반하며, 구순은 각이 져 있음. 동체는 둥근 형태.
○ 색깔과 태토 : 니질의 황갈색 토기

② 호(斂口罐)
○ 수량 : 4건.
○ 모두 파손품.

㉠ 2000JGT2③:10(그림 2-3)
○ 크기 : 구연 직경 16.4cm.

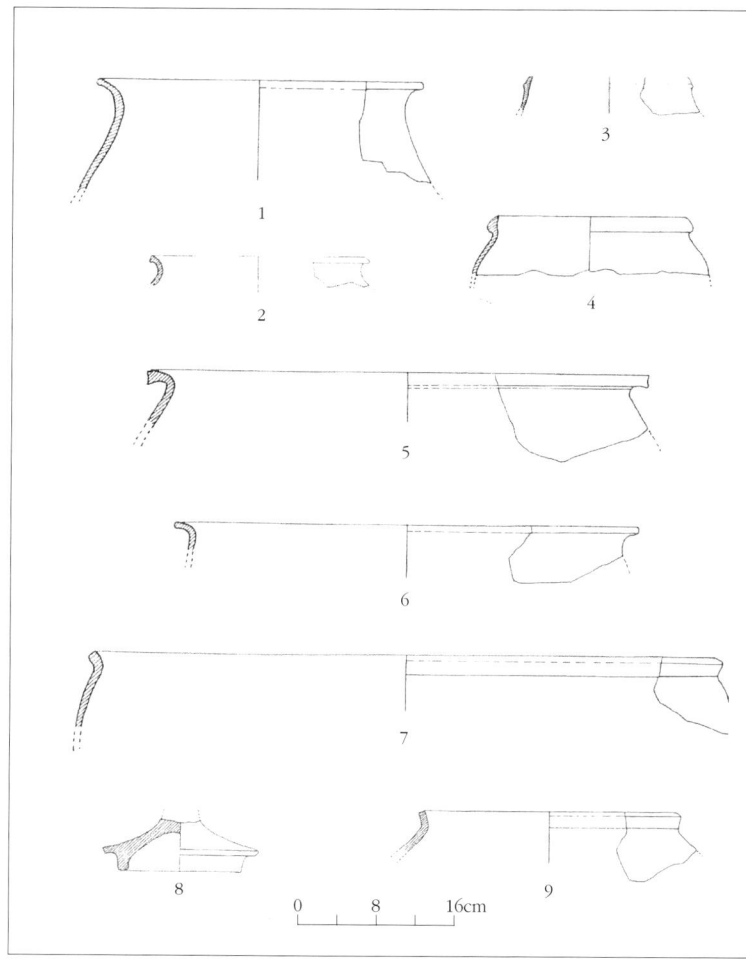

그림 2
교육위원회사택지점 출토 토기
(『國內城』, 72쪽)
1. 호(侈口罐) 2. 호(侈口罐)
3. 호(斂口罐) 4. 호(斂口罐)
5. 호(侈口罐) 6. 호(侈口罐)
7. 호(侈口罐) 8. 그릇 뚜껑
9. 호(侈口罐)

○ 형태 : 구연은 내반하며, 구순은 둥글게 처리하였음. 동체는 둥근 형태. 구연 외부에 凸弦文을 한 줄 둘렀음.
○ 색깔과 태토 : 모래혼입 회색 토기.

ⓒ 2000JGT2③:9(그림 2-4)
○ 크기 : 구연 직경 19.2cm.
○ 형태 : 구연 내반, 구순은 둥글게 처리하였음. 동체는 불룩한 형태(鼓腹). 구연 외부를 두텁게 함.
○ 색깔과 태토 : 모래혼입 회색 토기.

③ 그릇 뚜껑(器蓋)
○ 수량 : 1건.

㉠ 2000JGT2③:1(그림 2-8)
○ 크기 : 구연 직경 16cm.
○ 형태 : 꼭지(紐)가 남아 있음. 뚜껑 가장자리(蓋沿)는 우산모양. 구연부는 단이 져 있음(子母口, 이중 구연).
○ 색깔과 태토 : 모래혼입 회색 토기.

2) 제3층 출토유물

(1) 토기

① 호(侈口罐)
○ 수량 : 6건.
○ 모두 파손품.

㉠ 2000JGT2④:13(그림 2-5)
○ 크기 : 구연 직경 51cm.
○ 형태 : 구연은 외반하며, 윗면이 평평하고 구순은 각이 져 있음. 동체는 불룩한 형태(鼓腹).
○ 색깔과 태토 : 모래혼입 황갈색 토기.

㉡ 2000JGT2④:14(그림 2-6)
○ 크기 : 구연 직경 48cm.
○ 형태 : 구연은 외반하며, 윗면이 평평하고, 구순은 둥글게 처리하였음.
○ 색깔과 태토 : 모래혼입 황갈색 토기.

㉢ 2000JGT2④:16(그림 2-7)
○ 크기 : 구연 직경 64cm.
○ 형태 : 구연은 외반하며, 구순은 각이 져 있음. 동체는 둥근 형태.
○ 색깔과 태토 : 니질의 황갈색 토기.

㉣ 2000JGT2④:3(그림 2-9)
○ 크기 : 구연 직경 26cm.

○ 형태 : 구연은 외반하며, 구순은 각이 져 있음. 동체는 불룩한 형태(鼓腹).
○ 색깔과 태토 : 모래혼입 회백색 토기.

② 기타
제2, 제3층에서 시루 바닥, 횡대상파수(橫橋狀耳)와 篦點文, 垂帳文 토기편이 출토됨.

5. 역사적 성격

고구려시기의 문화층이지만 그 성격은 정확하게 파악하기 힘듦.

참고문헌
- 吉林省文物考古研究所·集安市博物館, 2004, 『國內城, 2000-2003年集安國內城與民主遺址試掘報告』, 文物出版社.

07 집안 국내성지 인민대회직원사택지점 문화층
集安 國內城址人大職工宿舍地點

1. 조사현황

1) 2000년 5~11월
○ 시행기관 : 吉林省文物考古硏究所와 集安市文物保管所 연합 고고팀.
○ 참여자 : 宋玉彬, 劉景文, 李光日, 張建宇, 聶勇, 孫仁杰, 董峰, 遲勇, 林世賢.
○ 조사내용 : 건물공사장 발굴, 3개 층위 확인, 유물 출토, 발굴면적 150m².
○ 발표 : 吉林省文物考古硏究所·集安市博物館, 2004, 『國內城, 2000-2003年集安國內城與民主遺址試掘報告』, 文物出版社.

2. 위치와 자연환경(그림 1-6)

○ 국내성지 동북부에 위치.
○ 동쪽 30m 거리에 동벽이 있고, 서쪽 120m가 중의원 발굴지점임.

3. 유적의 전체현황

발굴면적은 150m²임.

1) 지층 현황
유적지의 층위는 3층으로 나눌 수 있음.

(1) 제1층
표토층, 흑회색 토층, 두께 약 0.40m.

(2) 제2층
황갈색 토층. 토질의 점성이 비교적 강함. 두께 약 0.50m. 이 층에서는 토기편 외에 方格文 붉은색 암키와편이 있음.

(3) 제3층
○ 황갈색 토층. 두께 약 0.4m. 주로 모래가 섞인 흑갈색과 회색 토기가 출토되었고, 홍갈색 토기도 있음. 기형은 호(罐), 시루(甑) 등이 있고, 가락바퀴, 병, 인동문 와당, 능형문의 붉은색 암키와편 등이 보임.
○ 제3층 이하는 生土層임.

그림 1 국내성지 인민대회직원사택지점 위치도(바탕도 『國內城』, 10쪽 ; 여호규, 2012, 48쪽)
세부 유적명은 이 책 74쪽 그림 1 참고.

4. 출토유물(그림 2)

1) 제2층 출토유물

(1) 철기

① 철촉(鐵鏃, 2001JGRT1②:1, 그림 2-1)
○ 수량 : 1건.
○ 크기 : 전체 길이 약 9.1cm, 경부(鋌) 길이 약 3.1cm.
○ 형태 : 유엽형(柳葉形) 鏃身, 경부는 방형 단면을 띰.

(2) 토기

① 호(壺, 2000JGRT1②:6, 그림 2-10)
○ 수량 : 1건.
○ 크기 : 구연 직경 10cm.
○ 형태 : 파손품. 구연 외반, 구순은 각이 져 있음. 直領.
○ 색깔과 태토 : 흑갈색 토기.

② 호(直口罐, 2000JGRT1②:5, 그림 2-5)
○ 수량 : 1건.
○ 크기 : 구연 직경 16, 최대 복경 25cm.
○ 형태 : 파손품. 목은 낮고 곧음(小立領). 곧은 입, 구순은 둥글게 처리하였음. 동체는 불룩한 형태(鼓腹).
○ 색깔과 태토 : 모래혼입 흑갈색 토기

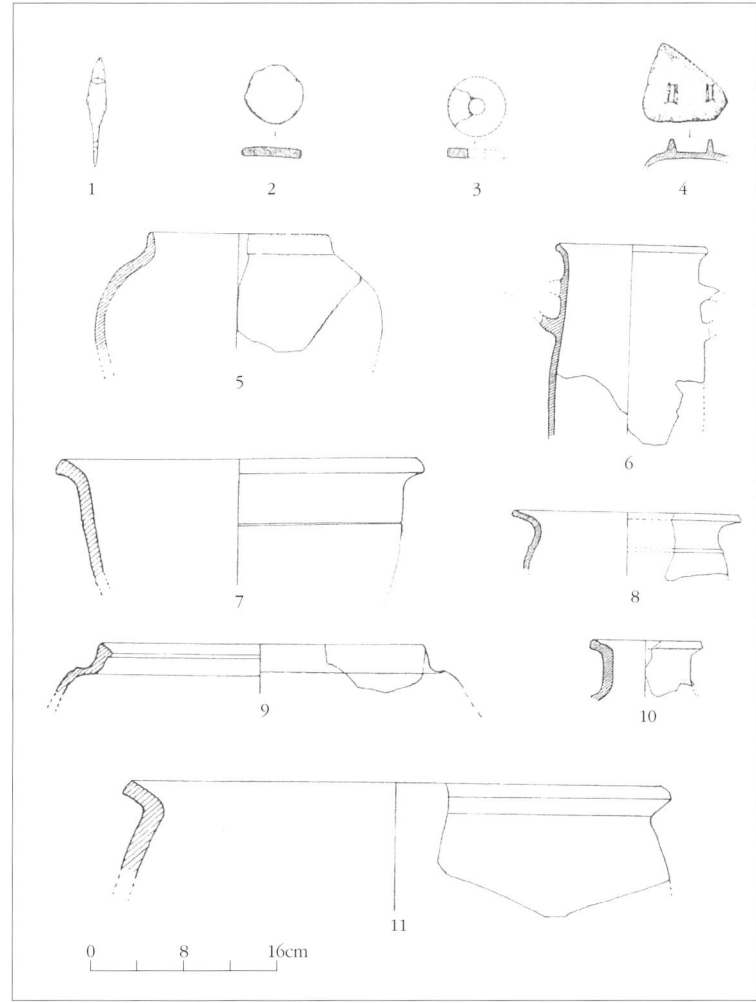

그림 2
인민대회직원사택지점 출토 토기
(『國內城』, 74쪽)
1. 철촉
2. 원반형 토제품
3. 가락바퀴
4. 이형기
5. 호(直口罐)
6. 호(侈口罐)
7. 분
8. 호(侈口罐)
9. 호(斂口罐)
10. 호(壺)
11. 호(侈口罐)

③ 호(斂口罐, 2000JGRT3②:1, 그림 2-9)
○ 수량 : 1건.
○ 크기 : 구연 직경 28cm.
○ 형태 : 파손품. 구연 내반, 구순은 각이 져 있음. 동체는 불룩한 형태(鼓腹).
○ 색깔과 태토 : 대합조개껍질(蚌殼방각)이 섞인 회색 토기.

④ 호(侈口罐, 2000JGRT1②:7, 그림 2-11)
○ 수량 : 1건.
○ 크기 : 구연 직경 46.4cm.
○ 형태 : 파손품. 구연 외반, 구순은 각이 져 있음. 동체는 둥근 형태.
○ 색깔과 태토 : 모래혼입 갈색 토기.

⑤ 분(盆, 2000JGRT3②:2, 그림 2-7)
○ 수량 : 1건.
○ 크기 : 구연 직경 32cm.
○ 형태 : 파손품. 구연 외반, 구순은 각이 져 있음. 동체는 둥근 형태. 동체에 음각선문(凹弦文) 한 줄 시문.
○ 색깔과 태토 : 모래혼입 회색 토기.

⑥ 시루(甑, 2000JGRT1②:8)
○ 크기 : 바닥 직경 20cm.
○ 형태 : 그릇의 바닥 잔부만 존재. 원형의 작은 시루구멍.
○ 색깔과 태토 : 모래혼입 황갈색 토기.

2) 제3층 출토유물

(1) 토기(陶器皿)

① 호(侈口罐)
○ 수량 : 2건.
○ 모두 파손품.

● 2000JGRT4③:10(그림 2-6)
○ 크기 : 구연 직경 13.8cm.
○ 형태 : 구연은 외반하며(侈口), 구순은 둥글게 처리하였음. 동체는 둥근 형태. 동체 상부에 대칭인 세로방향의 대상파수를 부착함.
○ 색깔과 태토 : 모래혼입 흑갈색 토기.

② 호(侈口罐, 2000JGRT1③:7, 그림 2-8)
○ 수량 : 1건.
○ 크기 : 구연 직경 20cm.
○ 형태 : 파손품. 구연 외반, 구순은 각이 져 있음. 동체는 둥근 형태. 동체 상부에 凸棱文 한 줄을 시문.
○ 색깔과 태토 : 모래혼입 흑색 토기.

③ 이형기(異形器, 2000JGRT1③:4, 그림 2-4)
○ 수량 : 1건.
○ 형태 : 파손품. 器身은 파손된 상태(殘), 바닥(器底)의 일부만 남아 있음. 바닥에 다리(支脚) 2개가 있음.
○ 색깔과 태토 : 모래혼입 회색 토기.

④ 가락바퀴(紡輪, 2000JGRT1③:3, 그림 2-3)
○ 수량 : 1건.
○ 크기 : 직경 약 5cm, 두께 0.8cm.
○ 형태 : 파손품. 둥근 원반모양(圓餠形), 중앙에 원형의 구멍이 있음.
○ 색깔과 태토 : 모래혼입 황갈색 토기.

⑤ 원반형 토제품(陶餠, 2000JGRT3③:3, 그림 2-2)
○ 수량 : 1건.
○ 크기 : 직경 약 5.3cm, 두께 약 0.8cm.
○ 형태 : 완형. 둥근 원반모양(圓餠形).
○ 색깔과 태토 : 모래혼입 흑색 토기, 토기편을 갈아서 만듦.

(2) 기와

① 와당 2000JGRT3③:3
○ 수량 : 1건.
○ 문양 : 파손품. 당면의 일부만 잔존. 인동문장식.

5. 역사적 성격

고구려시기의 문화층이지만 그 성격은 정확히 파악하기 힘듦.

참고문헌
• 吉林省文物考古硏究所·集安市博物館, 2004, 『國內城, 2000-2003年集安國內城與民主遺址試掘報告』, 文物出版社.

08 집안 국내성지 국세청사택지점 문화층
集安 國內城址國稅局職工宿舍地點

1. 조사현황

1) 2000년 5~11월
○ 시행기관 : 吉林省文物考古硏究所와 集安市文物保管所 연합 고고팀.
○ 참여자 : 宋玉彬, 劉景文, 李光日, 張建宇, 聶勇, 孫仁杰, 董峰, 遲勇, 林世賢.
○ 조사내용 : 건물공사장 발굴, 3개 층위 확인, 발굴면적 200m².
○ 발표 : 吉林省文物考古硏究所·集安市博物館, 2004, 『國內城, 2000－2003年集安國內城與民主遺址試掘報告』, 文物出版社.

2. 위치와 자연환경(그림 1-1)

○ 국세청사택지점은 국내성지의 서북부에 위치.
○ 북쪽 70m 거리에 국내성 북벽, 서쪽 100m 거리에 서벽이 있음.

3. 유적의 전체현황

발굴면적은 200m²임.

2) 지층 현황
발굴 구역의 층위는 3층으로 나눌 수 있음.

(1) 제1층
현대 퇴적층. 두께 약 40~50cm.

(2) 제2층
흑회색 토층. 토질은 과립구조로 비교적 부드러움. 현대 유물이 대량 섞여 있음. 두께 40~50cm.

(3) 제3층
○ 회갈색 토층. 토질이 푸석푸석함. 두께 15m. 소량의 토기편이 출토됨. 모래혼입 토기가 대부분이고 완형은 거의 없음. 소량의 토기편에 대상파수가 부착되어 있음.
○ 이 지점의 문화층은 비교적 얇고 출토 토기편 중에 기형이 호류(壺類)인 것을 판별할 수 있음.

4. 출토유물

○ 제3층 문화층에서 소량의 토기편이 출토됨. 모래혼입 토기가 대부분이고 완전한 유물은 없음. 소량의 토기편에 대상파수가 부착되어 있음. 출토 토기편 중에 기형이 호류(壺類)인 것은 판별할 수 있음.
○ 2004 보고서에 출토유물에 대한 세부 사항 없음.

그림 1 국내성지 국세청사택지점 위치도(바탕도 『國內城』, 10쪽 ; 여호규, 2012, 48쪽)
세부 유적명은 이 책 74쪽 그림 1 참고.

5. 역사적 성격

고구려시기의 문화층이지만 그 성격은 정확히 파악하기 힘듦.

참고문헌

- 吉林省文物考古研究所·集安市博物館, 2004, 『國內城, 2000-2003年集安國內城與民主遺址試掘報告』, 文物出版社.

09 집안 국내성지 시회계국사택지점 문화층
集安 國內城址市審計局職工宿舍地點

1. 조사현황

1) 2000년 5~11월
○ 시행기관 : 吉林省文物考古硏究所와 集安市文物保管所 연합 고고팀.
○ 참여자 : 宋玉彬, 劉景文, 李光日, 張建宇, 聶勇, 孫仁杰, 董峰, 遲勇, 林世賢.
○ 조사내용 : 건물공사장 발굴, 4개 층위 확인, 유물 출토, 발굴면적 134m².
○ 발표 : 吉林省文物考古硏究所·集安市博物館, 2004, 『國內城, 2000-2003年集安國內城與民主遺址試掘報告』, 文物出版社.

2. 위치와 자연환경(그림 1-9)

○ 발굴지점은 국내성지의 서부에 위치.
○ 서쪽 약 150m 거리에 국내성 서벽이 있고, 동쪽으로 西盛北街와 운동장을 마주보고 있음.
○ 본래 민가 구역이었는데, 집안시 회계국 사택 건물로 개축할 예정이어서 발굴을 진행하게 됨.

3. 유적의 전체현황

총 발굴면적은 134m²임.

1) 지층 현황
발굴 구역 내에서 모두 4층의 문화 퇴적층을 조사했음.

(1) 제1층

흑회색 토층. 두께 0.10~0.25m. 토질은 비교적 단단함. 재가 섞인 토양이 많고, 옅은 황토도 조금 섞여 있음. 현대의 자기편 등이 소량 출토됨.

(2) 제2층

황갈색 토층. 두께 0.20~0.30m. 토질이 단단하며, 파쇄된 붉은색 기와편이 다량 포함되어 있음. 와당 잔편도 보이며, 그밖에 니질 회색토기편, 황갈색 토기편 등이 소량 출토됨.

(3) 제3층

옅은 황갈색 토층. 두께 0.20~0.40cm. 토질은 단단함. 니질 회색토기편과 모래섞인 회색토기편이 대량 출토됨. 모래섞인 검은색토기(黑皮陶), 두꺼운 황갈색 토기편, 옅은 황갈색 시유도기 등도 소량 출토되었음. 그밖에 건축재료가 출토되었는데, 능형문 암키와편, 용문과 능형문 벽돌편이 있음. 또 무문(素面)의 청색과 홍색 벽돌편, 홍갈색의 문양 수키와편, 무문(素面)의 수키와편도 있음.

(4) 제4층

회갈색토. 두께 0.20~0.35cm. 토질이 단단함. 무문

그림 1 국내성지 시회계국사택지점 위치도(바탕도 『國內城』, 10쪽 ; 여호규, 2012, 48쪽)
세부 유적명은 이 책 74쪽 그림 1 참고.

(素面) 벽돌편과 승문(繩文) 기와편이 소량 있음. 토기로는 가는 모래 섞인 황갈색 토기편, 나팔모양 구연부, 비교적 넓은 대상파수 등이 있고, 작고 가는 못도 출토되었음.

4. 출토유물

1) 제2층 출토유물

(1) 토기(그림 2)

① 호(侈口束頸罐, 2000JGSJT1②:24, 그림 2-13)

○ 크기 : 구연 직경 13.4cm.

○ 형태 : 녹로로 제작(輪制), 구연 외반, 목은 잘록함. 구순은 둥글게 처리하였음. 어깨는 비스듬하게 둥근 형태(斜弧肩)가 뚜렷함.

○ 색깔과 태토 : 소성 온도가 비교적 높음.

② 호(侈口罐, 2000JGSJT2②:1, 그림 2-8)

○ 크기 : 구연 직경 20cm.

○ 형태 : 손으로 빚고 녹로로 물손질(手製輪修). 구연 외반, 구순은 각이 져 있음. 동체는 둥근 형태, 구연 외측 가장자리가 꺾어지는 곳에 사선방향으로(斜向) 지압문을 한 줄 시문.

○ 색깔과 태토 : 니질의 회색 토기, 소성 온도는 비교적 높음.

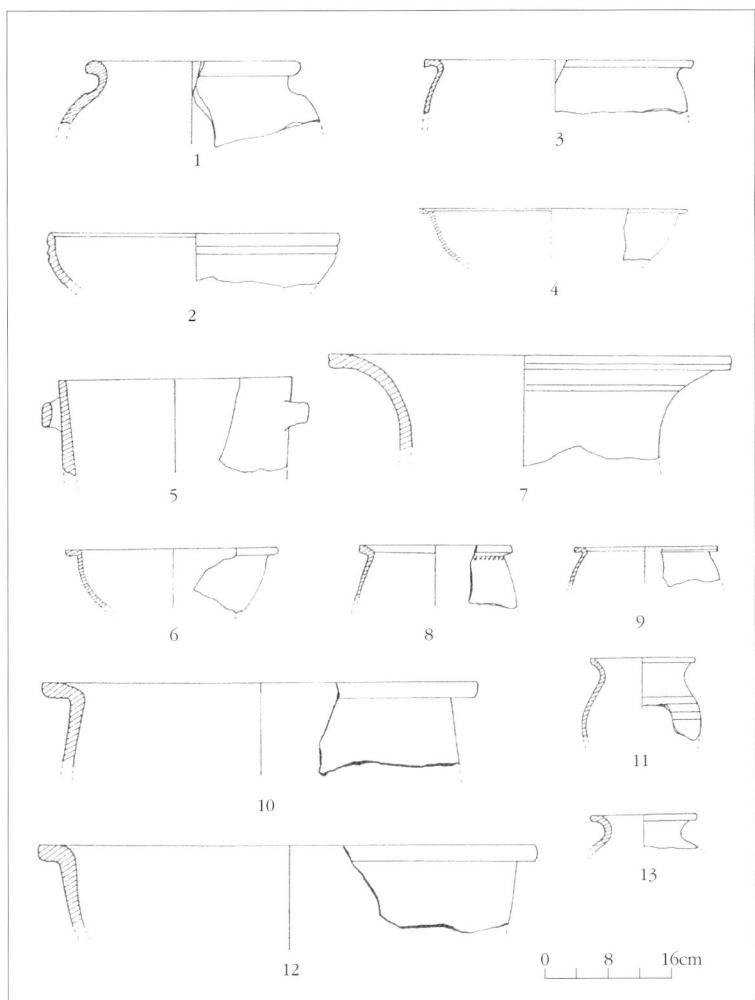

그림 2
사회계국사택지점 출토 토기
(『國內城』, 74쪽)
1. 호(侈口束頸罐) 2. 분
3. 호(侈口罐) 4. 시유분
5. 호(直口罐) 6. 분
7. 호(壺) 8. 호(侈口束頸罐)
9. 호(侈口罐) 10. 호(侈口罐)
11. 호(侈口束頸罐) 12. 분
13. 호(侈口罐)

③ 분(盆)

㉠ 2000JGSJT2②:2 (그림 2-6)

○ 크기 : 구연 직경 27cm.

○ 형태 : 녹로로 제작. 구연이 넓고(敞口), 윗면이 평평함(平沿). 구순은 둥글게 처리하였음. 동체는 둥근 형태.

○ 색깔과 태토 : 니질의 회갈색 토기, 소성 온도는 비교적 높음.

㉡ 2000JGSJT1②:35 (그림 2-2)

○ 크기 : 구연 직경 27cm.

○ 형태 : 녹로로 제작. 구순은 비스듬하게 각이 져 있음. 동체벽 상부는 비교적 곧으며, 2줄의 음각선문(凹弦文) 시문. 그 아래 기벽은 바닥까지 비스듬하게 안으로 경사짐.

○ 색깔과 태토 : 가는 모래혼입 회색 토기, 소성 온도는 비교적 높음.

(2) 기와류(瓦當, 筒瓦, 板瓦, 그림 3, 그림 4)

① 와당(瓦當)

㉠ 와당(2000JGSJT2②:3, 그림 3-5)

○ 크기 : 와당 주연(邊輪) 너비 1.2cm, 높이 1.4cm,

그림 3 시회계국사택지점 출토 벽돌과 와당 문양 탁본
(『國內城』, 79쪽)
1. '回'文 벽돌 2. '回'文 벽돌 3. 능형문 벽돌 4. 능형문 벽돌
5. 연화문와당 6. 권운문화당 7. 인동문화당

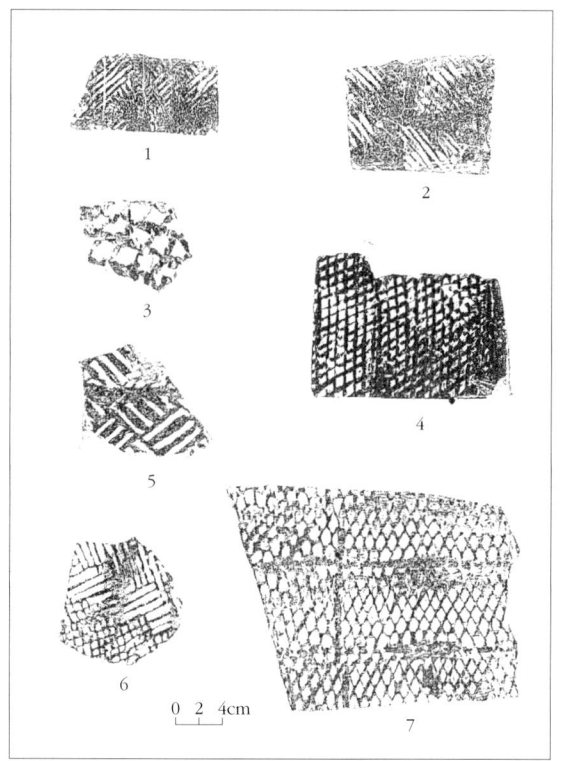

그림 4 시회계국사택지점 출토 수키와와 암키와 문양 탁본
(『國內城』, 80쪽)
1. 문양수키와 2. 문양수키와 3. 능형망격문암키와
4. 능형망격문암키와 5. 압인편직문암키와
6. 압인복합문암키와 7. 망격문암키와

와당 두께 2.8cm.
○ 문양 : 연화문와당. 잔편, 邊沿 내측에 한 줄의 가는 凸棱文을 새겼고, 안에는 단판 연화문으로 구성된 主體문양을 시문, 연판 뾰족한 부분(尖部) 사이에는 약간 둥근 삼각형 문양을 부조하였음.
○ 색깔과 태토 : 홍갈색, 모래혼입.

ⓒ 와당(2000JGSJT1②:1, 그림 3-7)
○ 크기 : 와당 직경 15.5cm, 막새면 직경 12.8cm, 중간 乳凸 직경 2.4cm, 주연(邊輪) 너비 2.3cm, 높이 1.7cm.
○ 문양 : 인동문와당. 일부 파손. 막새면 중심에 반구형 중방이 있고, 그 둘레에 8가지가 이어진 인동문을 장식했음. 인동문의 외연에 凸棱文 한 줄을 시문.
○ 색깔과 태토 : 홍갈색, 모래혼입.

ⓒ 와당 2000JGSJT1②:40(그림 3-6)
○ 문양 : 권운문와당 잔편. 막새면 중앙에 반구형 중방 외측으로 권운문을 둘러 장식함. 권운문 사이에 두 줄의 세로방향 凸棱 구획선(界格)이 있음.
○ 색깔과 태토 : 갈색, 가는 모래혼입. 소성 온도는 비교적 높음.

② 수키와(筒瓦)
모두 니질의 홍갈색.

㉠ 무문 수키와(素面筒瓦)
○ 수량 : 2건.
○ 모두 파손품.

- 2000JGSJT1②:41
  - 크기 : 너비 12.6cm, 弧高 6.2cm, 두께 1.8~2cm.
  - 문양 : 무문(素面).

- 2000JGSJT1②:42
  - 크기 : 너비 15.5cm, 弧高 6cm, 두께 1.2~1.8cm.
  - 문양 : 무문(素面).

ⓒ 문양 수키와(文飾筒瓦)

- 2000JGSJT1②:43(그림 4-1)
  - 색깔 및 태토 : 홍갈색, 가는 모래혼입.
  - 문양 : 사선문(壓印斜線文筒瓦).

- 2000JGSJT1②:44(그림 4-2)
  - 색깔 및 태토 : 홍갈색, 가는 모래혼입.
  - 문양 : 사선문(壓印斜線文筒瓦).

③ 문양암키와

모래혼입과 니질 두 종류로 나누어짐. 소성 온도는 비교적 높고, 4종류의 문양이 있음.

㉠ 태격자문 암키와(菱形網格文板瓦)

출토수량이 비교적 많음. 3종류의 문양이 있음.

- 2000JGSJT2②:4(그림 4-3)
  - 문양 : 기표에 비교적 커다란 망격문을 시문.
  - 색깔 및 태토 : 갈색, 모래혼입.

- 2000JGSJT1②:45(그림 4-4)
  - 문양 : 기표에 비교적 작은 망격문을 시문.
  - 색깔 및 태토 : 홍갈색, 모래혼입.

㉡ 석문암키와(壓印編織文板瓦, 2000JGSJT2②:5, 그림 4-5)
  - 문양 : 편직문.
  - 색깔 및 태토 : 홍갈색, 니질.

㉢ 복합문 암키와(壓印複合文板瓦, 2000JGSJT1②:46, 그림 4-6)
  - 문양 : 복합문. 菱形網格文에 '人'字 명문 시문.
  - 색깔 및 태토 : 홍갈색, 모래혼입.

2) 제3층 출토유물

(1) 청동기(銅器)

① 청동못(青銅釘, 2000JGSJT1③:2)
  - 크기 : 전체 길이 3.1cm, 身長 2.8cm, 釘帽 너비 약 0.2~0.5cm.
  - 형태 : 折頭釘帽. 釘身은 방추형.

(2) 토기(그림 2)

① 호(侈口束頸罐, 2000JGSJT1③:25, 그림 2-11)
  - 크기 : 구연 직경 13cm.
  - 형태 : 회전판으로 물손질(慢輪修整). 구연 외반, 목은 내만함. 구순은 각이 져 있음. 목과 동체는 둥근 형태, 동체 상부에 4줄의(四周) 얕고 좁은 압인 현문을 장식.
  - 색깔과 태토 : 가는 모래혼입 회백색 토기, 소성 온도는 비교적 높음.

② 호(侈口罐)

㉠ 2000JGSJT1③:20(그림 2-3)
  - 크기 : 구연 직경 34cm.
  - 형태 : 손으로 빚고 녹로로 물손질(手製輪修). 구연 외반, 윗면이 평평함. 구순은 두껍고 각이 져 있음. 동체는 둥근 형태.

○ 색깔과 태토 : 가는 모래혼입 황갈색 토기, 소성 온도가 비교적 높음.

ⓒ 2000JGSJT1③:21(그림 2-9)
○ 크기 : 구연 직경 18cm, 벽 두께 0.5cm.
○ 형태 : 수제(手制), 얇은 벽. 구연 외반, 구순은 각이 져 있음. 동체는 둥근 형태, 구연부 외연에 음각선문(凹弦文) 한 줄을 둘렀음.
○ 색깔과 태토 : 가는 모래혼입 흑회색 토기, 소성 온도는 비교적 높음.

③ 호(直口罐, 2000JGSJT1③:31, 그림 2-5)
○ 크기 : 구연 직경 30cm.
○ 형태 : 곧은 입, 구순은 각이 져 있음. 비스듬하게 곧은 기벽, 기벽 아래는 점차 두터워짐. 구연 하부에 두 줄의 대칭인 대상파수(橫橋狀耳)가 있음.
○ 색깔과 태토 : 니질의 회갈색 토기, 소성 온도는 비교적 낮음.

④ 분(盆, 2000JGSJT1③:32, 그림 2-12)
○ 크기 : 구연 직경 64cm, 가장자리(沿) 너비 3.8cm.
○ 형태 : 녹로로 제작, 구연이 넓고(敞口), 윗면이 평평하고 구순은 각이 져 있음. 동체는 둥근 형태. 기벽이 비교적 두껍고, 기형은 비교적 큼.
○ 색깔과 태토 : 가는 모래혼입 흑회색 토기, 소성 온도는 비교적 높음.

⑤ 시유분(釉陶盆, 2000JGSJT1③:37, 그림 2-4)
○ 크기 : 구연 직경 34cm, 가장자리 너비 1.4cm.
○ 형태 : 기벽이 얇음(薄胎), 구연 외반, 구순은 비스듬하게 둥글게 처리하였음. 동체는 둥근 형태.
○ 색깔과 태토 : 니질의 황갈색 토기, 소성 온도는 비교적 높지 않음. 내외 기벽에 모두 얇은 진한 녹색 유약을 바름.

⑥ 문양 토기편(文飾陶器片)

㉠ 2000JGSJT1③:38
○ 형태 : 기벽에 상하 2組 문양을 시문 : 上組 문양은 2조의 가는 각획현문 사이에 비점문으로 구성된 사선방향의 교차선문을 새겨넣었고 그 아래에 가는 각획문으로 구성된 연속 垂帳文을 시문했음. 下組 문양은 2조의 각획현문 사이에 상중하 3열을 찍어넣은 비점문으로 구성된 문양을 새겨 넣었음. 상하 2열은 菱形文이고, 그 사이에 直線文을 장식함.
○ 색깔과 태토 : 문질러서 광을 낸 니질의 회색 토기, 소성 온도는 비교적 높음.

㉡ 2000JGSJT1③:39
○ 형태 : 바닥(器底) 잔편. 바닥은 평평함. 바닥(器底) 내벽에 2줄의 가는 각획현문을 시문. 중간에 짧은 사선문을 장식함.
○ 색깔과 태토 : 붉은색 바탕의 니질의 시유도기(釉陶器). 소성 온도는 비교적 높음. 내외 기벽에 모두 진한 녹색 유약을 바름.

(3) 벽돌(그림 3)

① 승문 벽돌(繩文塼, 2000JGSJT1③:9)
○ 크기 : 길이 31.2cm, 너비 10.5cm, 두께 7.5~8cm.
○ 문양 : 한쪽 귀퉁이가 약간 파손됨. 주연(邊緣). 마름모꼴 모서리가 가지런하지 않음. 손으로 빚은 흔적이 있음. 頂面에 승문(繩文) 시문, 나머지는 무문(素面).
○ 색깔과 태토 : 회색, 니질.

② '回'자문 벽돌('回'文塼)

㉠ 2000JGSJT4③:1(그림 3-1)
○ 문양 : 파손품, 벽돌 측면에 비교적 큰 '回'字文 시문.

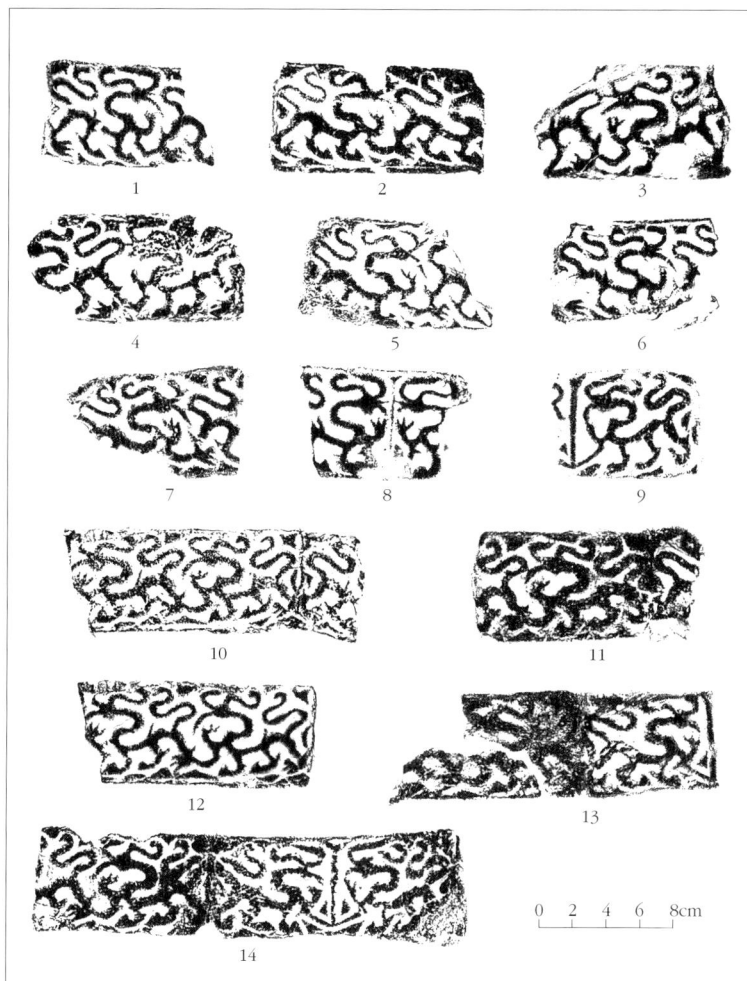

그림 5
시회계국사택지점 출토유물 탁본
(『國內城』, 83쪽)
1. 용문벽돌 2. 용문벽돌
3. 용문벽돌 4. 용문벽돌
5. 용문벽돌 6. 용문벽돌
7. 용문벽돌 8. 기타 용문벽돌
9. 기타 용문벽돌 10. 기타 용문벽돌
11. 기타 용문벽돌 12. 기타 용문벽돌
13. 기타 용문벽돌 14. 기타 용문벽돌

○ 색깔과 태토 : 회색, 니질. 소성 온도는 비교적 낮음.

ⓛ 2000JGSJT1③:13(그림 3-2)

○ 문양 : 파손품, 벽돌 몸체(塼體) 한쪽 입면에 '回'字文 시문.

○ 색깔과 태토 : 청회색. 소성 온도는 비교적 높음.

③ 능형문 벽돌(菱形文飾塼)

○ 총7건.

○ 모두 파손품. 소성 온도는 비교적 높음.

㉠ 2000JGSJT1③:6(그림 3-3)

○ 문양 : 벽돌 몸체(塼體) 일부가 잔존. 측면에 가는 凸棱線으로 구성한 菱形網格文을 장식, 그물구획선(網格) 중간에 菱形凸起文을 장식하였음.

○ 색깔과 태토 : 흑회색.

ⓛ 2000JGSJT1③:18

○ 문양 : 벽돌 측면에 문양을 시문. 그 상하 양 끝에 가로배열 삼각형 凸起文을 장식하고, 둘 사이에 가로방향 3열 교차 배열한 菱形凸起文을 장식하였음.

○ 색깔과 태토 : 가는 모래혼입 흑회색.

ⓒ 2000JGSJT1③:17(그림 3-4)
○ 문양 : 벽돌과 서로 이웃한 양 측면에 2종류의 菱形文을 장식하였다. 한쪽의 菱形文은 2000JGSJT1③:16의 문양과 서로 같음. 또 다른 한쪽의 菱形文은 비교적 크고 凸棱線으로 구성된 網格문양이 없음.
○ 색깔과 태토 : 모래혼입 흑갈색.

④ **용문벽돌(龍文塼)**
13건 표본이 발견되었으나 모두 훼손됨. 용문벽돌의 특징은 몸체(塼體) 앞쪽의 가로방향 입면에 부조형으로 된 용문조합도안이 장식되어 있고, 몸체(塼體)의 한 측(주로 전단 입면의 우측임) 세로방향 입면에도 용문조합도안이 있음. 앞쪽 입면의 조합도안에는 4마리 龍文이 구성되어 있는데, 도안 중앙에 두 마리 용머리가 서로 마주보고 있음. 그 뒤에 각각의 꼬리에 용이 한 마리씩 뒤따름. 세로방향 입면의 도안에 좌우로 마주보는 두 마리의 용문이 있고, 세로 방향 입면의 두 마리 용 사이에 세로방향 菱線을 시문해 구획선(界格)으로 삼았음. 앞쪽 입면도안 중앙의 마주보는 두 마리 용 사이에는 구획선(界格)이 보이지 않음. 대체로 용문조형은 머리, 뿔, 수염, 혀, 지느러미, 몸통, 사지, 팔꿈치 털, 발(발톱), 꼬리 등 10부분으로 조성되어 있음. 그러나 각 개체의 조형은 약간씩 차이가 있음. 벽돌의 소성 온도는 같지 않으며, 어떤 벽돌의 頂面에는 가로방향으로 繩文을 시문했음.

㉠ 2000JGSJT1③:49(그림 5-1)
○ 크기 : 몸체(塼體)의 잔존길이 10.2cm, 面 너비 15.2cm, 입면 높이(두께) 6cm.
○ 문양 : 잔존 몸체(塼體)에 두 마리 용이 남아 있음. 용의 머리는 우향이고, 꼬리는 좌측에 있으며, 두 용은 전후로 꼬리를 이어 따라오고 있음. 앞쪽 용은 몸통 후반부만 남아 있음. 꼬리를 따라오는 용의 형체는 완전하고 머리 부분은 납작하고 둥글며, 頂部에 'S'형의 긴 뿔(長角)이 새겨져 있고, 입에서 뾰족한 혀를 내밀고 있음. 두 마리 용 수염은 위로 말렸고 아래로 내려뜨렸음. 목은 굽었으며 용의 몸통은 앞은 엎드리고 뒤는 굽어 있음(前伏後弓). 후부에 지느러미가 있음. 배 아래 사지는 달리는 모양(行走形)이고 사지에 모두 팔꿈치털이 보임. 왼쪽 앞발은 위로 들려져 있고 발끝은 세 개의 발톱모양임. 오른쪽 앞발은 땅을 밟고 있으며 발끝은 말굽모양(馬蹄狀)이며 왼쪽 뒷발의 조형은 우측 앞발과 같음. 오른쪽 뒷발 끝은 세 개의 발톱모양. 용 꼬리는 가늘고 길며 'S'형으로 구불구불하게 위로 말려 올라감. 오른쪽 앞 용은 겨우 뒤쪽 몸통만 남아 있음.
○ 색깔과 태토 : 모래혼입 흑갈색, 소성 온도가 비교적 높음.

㉡ 2000JGSJT1③:11(그림 5-2)
○ 크기 : 벽돌 잔존길이 13cm, 너비 면 15.5cm, 입면 높이(두께) 6.2~6.5cm.
○ 문양 : 잔존 몸체(塼體) 좌측에 앞뒤로 두 마리 용이 따라옴. 용머리는 우향. 뒤의 용은 완전함. 앞의 용머리 부분과 왼쪽 앞발은 파손됨. 조형은 앞의 것과 대략 같음. 다른 점은 용의 몸통에 지느러미가 없고 입에는 혀가 없음.
○ 색깔과 태토 : 모래혼입 청회색 벽돌(陶塼), 소성 온도는 비교적 높음.

㉢ 2000JGSJT1③:12(그림 5-3)
○ 크기 : 벽돌 잔존길이 11.8cm, 면 너비 16.2cm, 입면 높이(두께) 6.2cm.
○ 문양 : 잔존 몸체(塼體) 우측에 앞뒤로 두 마리 용이 따라옴. 용머리는 좌향, 몸체는 파손됨. 전자의 경우 뒤쪽 몸통만 남아 있고 후자의 뒷발은 파손됨. 꼬리에 따라오는 용은 입에 혀가 없음.
○ 색깔과 태토 : 가는 모래혼입 갈색 벽돌, 소성 온도는 비교적 낮음.

㉣ 2000JGSJT1③:50, 51, 52, 53(그림 5-4~5-7)
○ 문양 : 용문 조형은 대체로 2000JGSJT1③:49와 서로 비슷함. 2000JGSJT1③:50의 용머리는 좌향이고 다른 3건의 용머리는 우향임. 몸체(塼體) 윗면(頂面)에 승문(繩文)을 시문.
○ 색깔과 태토 : 몸체(塼體)는 모두 가는 모래혼입의 토제(陶質), 소성 온도는 비교적 높음. 2000JGSJT1③:51, 52는 청회색 벽돌이며, 2000JGSJT1③:50, 53은 회갈색 벽돌.

㉤ 기타 용문벽돌
또 다른 6건은 건축벽 모서리에 사용되었음. 이 표본들은 앞쪽 입면에 용문도안을 새겨넣었을 뿐아니라 다른 한 측의 세로 방향 입면에도 용문도안이 있음.

◎ 2000JGSJT1③:54(그림 5-8)
○ 크기 : 몸체(塼體) 잔존길이 11cm, 너비 면 7.5cm, 입면 높이 6.4cm.
○ 문양 : 이 벽돌의 윗면(頂面)에 승문(繩文)을 새겼고, 잔존 몸체(塼體)의 세로방향 입면에 2조의 서로 마주보고 있는 용이 새겨져 있음. 그 사이에 세로방향의 가는 凸棱으로 구획선(界格)을 삼았음. 용 몸통은 모두 불완전하고(완형이 아니며), 두 용머리가 서로 마주보고 있으며, 윗턱 용 수염은 길고 위로 말려져 있으며 아래턱 용 수염은 짧고 아래로 늘어져 있음. 입안의 뾰족한 혀는 직선으로 서로 마주보고 있음. 좌측 용의 왼쪽발(발톱)과 우측 용의 오른쪽 앞 발(발톱)이 서로 마주보는 상태로 들려져 있는데 모두 세 개 발톱(三爪) 조형임.
○ 색깔과 태토 : 가는 모래혼입 청색 벽돌, 몸체(塼體)의 색깔은 청색중에 붉은색이 섞여 있음. 소성 온도는 비교적 높음.

◎ 2000JGSJT1③:55(그림 5-9)
○ 문양 : 몸체(塼體) 頂面에 승문(繩文)을 시문, 벽돌 세로방향 입면의 용문도안에 우측 용이 잔존하며, 서로 마주보고 있는 용은 훼손되었음. 이 용의 前部에 세로방향 凸棱이 하나 보이며, (凸棱은) 서로 마주보는 용문도안 중앙의 구획선(界格)이 됨. 龍體 조형의 부조선은 비교적 가늘며, 이 용의 입안에 혀가 없음. 몸통에 지느러미가 없고 사지 팔꿈치 털은 짧고 뚜렷하지 않음.
○ 색깔과 태토 : 가는 모래혼입 청회색 벽돌, 소성 온도는 비교적 높음.

◎ 2000JGSJT1③:56(그림 5-11)
○ 크기 : 벽돌 잔존길이 14cm, 잔존너비 5cm, 입면 높이(두께) 6cm.
○ 문양 : 몸체(塼體)의 전단 입면의 우측에 앞뒤로 따라오는 2마리 용이 남아 있음. 용의 머리는 좌향, 그중에 앞에서 이끌고 가는 용은 겨우 뒤쪽 몸통의 반만 남아 있음. 그 뒤 꼬리를 따라오는 용은 대체로 완전함. 이 벽돌 우측 입면에도 용문도안이 새겨져 있음. 그러나 용 몸체의 꼬리 부분만 남아 있음.
○ 색깔과 태토 : 가는 모래혼입 황갈색 벽돌, 소성 온도가 비교적 낮음.

◎ 2000JGSJT1③:57(그림 5-10, 5-12)
○ 크기 : 벽돌 잔존길이 14.2cm, 잔존너비 5.5cm, 입면 높이 6cm.
○ 문양 : 몸체(塼體) 윗면(頂面)에 승문(繩文)을 시문, 그 앞쪽 입면에 앞뒤로 따라오는 좌향의 2마리 용이 잔존. 모두 완전함. 이 벽돌의 우측 입면에도 용문도안이 새겨져 있음. 용 몸체의 뒤쪽 몸통의 반이 남아 있음. 두 입면상의 용문부조와 선은 모두 비교적 가늚.
○ 색깔과 태토 : 가는 모래혼입 회색 벽돌, 소성 온도가 비교적 높음.

◎ 2000JGSJT1③:3(그림 5-14)
○ 크기 : 벽돌 잔존길이 12cm, 寬 15~15.8cm, 입

면 높이 5.8~6cm.
○ 문양 : 벽돌 頂面에 승문(繩文)을 시문, 그 세로방향 입면에 비교적 완전한 용문도안이 남아 있으며, 앞쪽의 입면에 앞뒤로 따라오는 좌향의 용 2마리가 남아 있음. 그 중에 이끄는 용의 앞쪽 몸통의 반이 훼손되었음. 세로방향 입면의 용문 도안은 좌우로 서로 마주보는 2마리 용 몸체의 조형으로 두 마리 용 사이에 세로방향 凸棱線을 구획선(界格)으로 삼음. 凸棱線의 상하 양단에 'V'형 장식이 보이고, 이 밖에 凸棱線 하부의 좌우 양측에 각각 한 개의 삼각형 凸起문양이 있음.
○ 색깔과 태토 : 가는 모래 혼입 청흑색 벽돌, 소성 온도가 비교적 높음.

◎ 2000JGSJT1③:19 (그림 5-13)
○ 크기 : 벽돌 잔존길이 12cm, 잔존너비 10.5cm, 입면 높이 6.2~6.4cm.
○ 문양 : 塼體의 앞쪽의 입면과 그 우측 세로방향 입면에 각각 용 한 마리가 잔존함. 그 중에 앞쪽 입면의 용문은 다소 심하게 파손되었고, 윤곽이 모호함. 세로방향 입면의 용문은 윤곽이 비교적 선명함.
○ 색깔과 태토 : 가는 모래혼입 청회색 벽돌, 소성 온도가 비교적 낮음.

3) 제4층 출토유물

(1) 청동기(銅器)

① 청동못(靑銅釘)

㉠ 2000JGSJT1④:7 (그림 6-4)
○ 크기 : 전체 길이 1.8cm, 身長 1.5cm, 釘帽 너비 약 0.5~0.7cm.
○ 형태 : 折頭釘帽, 釘身은 방추형. 釘身은 휨(彎曲).

㉡ 2000JGSJT1④:8 (그림 6-5)
○ 크기 : 전체 길이 1.3, 身長 1, 釘帽 직경 약 0.6~0.7cm.
○ 형태 : 圓頭釘帽, 釘身은 원추형.

(2) 토기(그림 2, 그림 6)

① 호(壺, 2000JGSJT1④:30, 그림 2-7)
○ 크기 : 구연 직경 51cm.
○ 형태 : 구연 외반, 구순은 둥글게 처리하였음. 비스듬하게 둥근 형태(斜弧). 구연부 외연에 음각선문(凹弦文) 한 줄 시문. 목 상부에 음각선문(凹弦文) 한 줄 시문.
○ 색깔과 태토 : 모래혼입 황갈색 토기.

② 호(侈口束頸罐, 2000JGSJT1④:23, 그림 2-1)
○ 크기 : 구연 직경 28cm.
○ 형태 : 녹로로 제작. 구연 외반, 구순은 두텁고 둥글게 처리하였음(厚圓唇). 목은 잘록함. 동체는 불룩한 형태(鼓腹).
○ 색깔과 태토 : 가는 모래혼입 회흑색 토기. 소성 온도는 비교적 높음.

③ 호(侈口罐, 2000JGSJT1④:29, 그림 2-10)
○ 출토지 : 시 회계국 사택 지점.
○ 크기 : 구연 직경 56cm, 구연부 너비(沿寬) 4.5cm, 구순 두께(唇厚) 1.5cm.
○ 형태 : 手制. 구연 외반, 구순은 각이 져 있음.
○ 색깔과 태토 : 가는 모래혼입 회갈색 토기, 소성 온도는 비교적 높음.

④ 도탄자(陶彈子)
○ 수량 : 3건.
○ 모두 소성 온도는 비교적 낮은 니질의 토기임. 圓球形에 가까움.

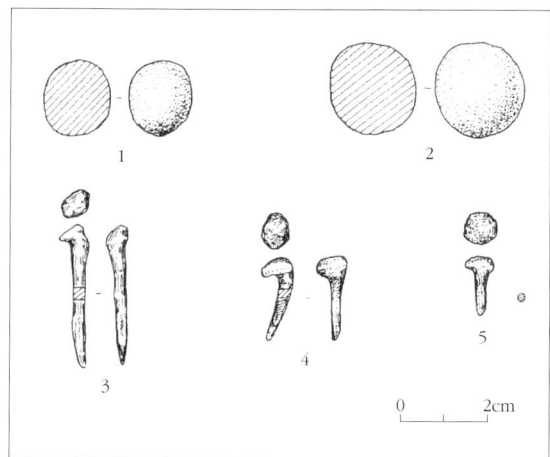

그림 6 시회계국사택지점 출토유물(『國內城』, 85쪽)
1. 도탄자 2. 도탄자 3. 청동못 4. 청동못 5. 청동못

㉠ 2000JGSJT1④:4(그림 6-2)
○ 크기 : 직경 2cm.
○ 색깔과 태토 : 회갈색.

㉡ 2000JGSJT1④:6(그림 6-1)
○ 크기 : 직경 1.5cm.
○ 색깔과 태토 : 홍갈색.

(3) 기와(그림 4)

① 암키와(網格文板瓦, 2000JGSJT1④:44, 그림 4-7)
○ 문양 : 기와 배면에 망격문 시문.
○ 색깔과 태토 : 모래혼입 홍갈색 토기.

② 암키와(繩文板瓦, 2000JGSJT1④:47)
○ 문양 : 승문.

○ 색깔과 태토 : 가는 모래혼입 흑회색 토기. 소성 온도는 비교적 낮음.

(4) 벽돌(塼)
○ 승문(繩文) 벽돌.
○ 수량 : 2건.
○ 모두 파손됨.

① 2000JGSJT1④:10
○ 잔존길이 : 24.5cm, 너비 15.5cm, 두께 7~7.4cm.
○ 문양 : 벽돌 頂面에 승문(繩文)을 시문. 나머지는 무문(素面).
○ 색깔과 태토 : 가는 모래혼입 홍갈색 토기.

5. 역사적 성격

고구려시기의 문화층인데, 4세기에 유행한 권운문와당 잔편이 출토되는 것으로 보아 조성시기는 4세기까지 올라갈 수도 있음. 또 용문을 시문한 벽돌이 다량 출토된 것으로 보아 주변에 고급 건축물이 있었던 것으로 추정됨.

참고문헌

• 吉林省文物考古研究所·集安市博物館, 2004, 『國內城, 2000-2003年集安國內城與民主遺址試掘報告』, 文物出版社.

10 집안 국내성지 시영화공사지점
集安 國內城址市電影公司地點

1. 조사현황

1) 시기 미상
○ 영화관을 짓다가 고구려시기의 주춧돌을 발견했음.
○ 발표 : 董峰, 1993, 「國內城中新發現的遺蹟和遺物」, 『高句麗研究文集』, 延邊大學出版社.

2) 2001년 4월 초～10월 말
○ 시행기관 : 吉林省文物考古研究所와 集安市文物保管所.
○ 참여자 : 李東, 董峰, 張建.
○ 조사내용 : 건물공사장 발굴, 유물 출토, 발굴면적 100m².
○ 발표 : 吉林省文物考古研究所·集安市博物館, 2004, 『國內城, 2000-2003年集安國內城與民主遺址試掘報告』, 文物出版社.

2. 위치와 자연환경(그림 1-27)

○ 국내성지 남부의 勝利路 남측에 위치.
○ 勝利路를 사이에 두고 집안시 백화점과 남북으로 마주보고 있음.

3. 유적의 전체현황

○ 도시계획에 따른 영화관 재건축 과정에서 발굴조사 시행.
○ 서쪽에서 동쪽으로 5×5m 트렌치 4개를 팠는데, 발굴면적은 100m².
○ 현대 건축물의 기초가 문화층을 거의 모두 훼손했고, 발굴구역 내 생토층 이상은 모두 교란된 상태였음.
○ 교란된 퇴적층에서 토기가 출토되었는데, 홍갈색 수면문와당편 1건을 포함하여 회색, 흑갈색, 갈색 등의 토기편이 있었음. 모두 복원이 불가능하며 대부분 구연부편으로 기형은 호류(罐類)에 속함.

4. 출토유물(그림 2)

1) 토기
○ 교란퇴적층에서 토기를 출토했고 그 중에 1건의 홍갈색 수면와당 잔편을 포함해서. 또 일부 회색, 흑갈색, 갈색 등 토기 잔편이 발견됨.
○ 모두 복원 불가능.
○ 출토된 토기의 口沿 잔편 다수는 호류(罐類)에 속함.

(1) 호(侈口束頸罐)
○ 수량 : 8건.
○ 유물의 구연 직경 크기는 다름.

그림 1 국내성지 시영화공사지점 위치도(바탕도 『國內城』, 10쪽 ; 여호규, 2012, 48쪽)
세부 유적명은 이 책 74쪽 그림 1 참고.

① 2001JGDG 교란층(擾):1(그림 2-1)

○ 크기 : 구연 직경 32cm.

○ 형태 : 녹로로 제작(輪制). 구순은 뾰족함(尖脣), 구순에 문질러 돌출한 경사면이 있음. 목은 잘록함(束頸). 동체는 둥근 형태.

○ 색깔과 태토 : 니질의 회갈색 토기

② 2001JGDG 교란층(擾):2(그림 2-2)

○ 크기 : 구연 직경 32cm.

○ 형태 : 구순은 둥글게 처리하였음. 목은 잘록함(束頸). 동체는 둥근 형태. 구연 외연 하부에 음각선문(凹弦文) 한 줄 시문.

○ 색깔과 태토 : 모래혼입 흑갈색 토기

③ 2001JGDG 교란층(擾):3(그림 2-7)

○ 크기 : 구연 직경 16cm.

○ 형태 : 외반 구연(展沿), 구순은 각이 져 있음. 목은 잘록함(束頸). 동체는 둥근 형태.

○ 색깔과 태토 : 니질의 회갈색 토기.

④ 2001JGDG 교란층(擾):4(그림 2-5)

○ 크기 : 구연 직경 24cm.

○ 형태 : 구연 외반, 구순은 각이 져 있음. 목은 잘록함. 동체는 둥근 형태.

○ 색깔과 태토 : 니질의 회갈색 토기.

(2) 호(侈口罐)

○ 수량 : 7건.

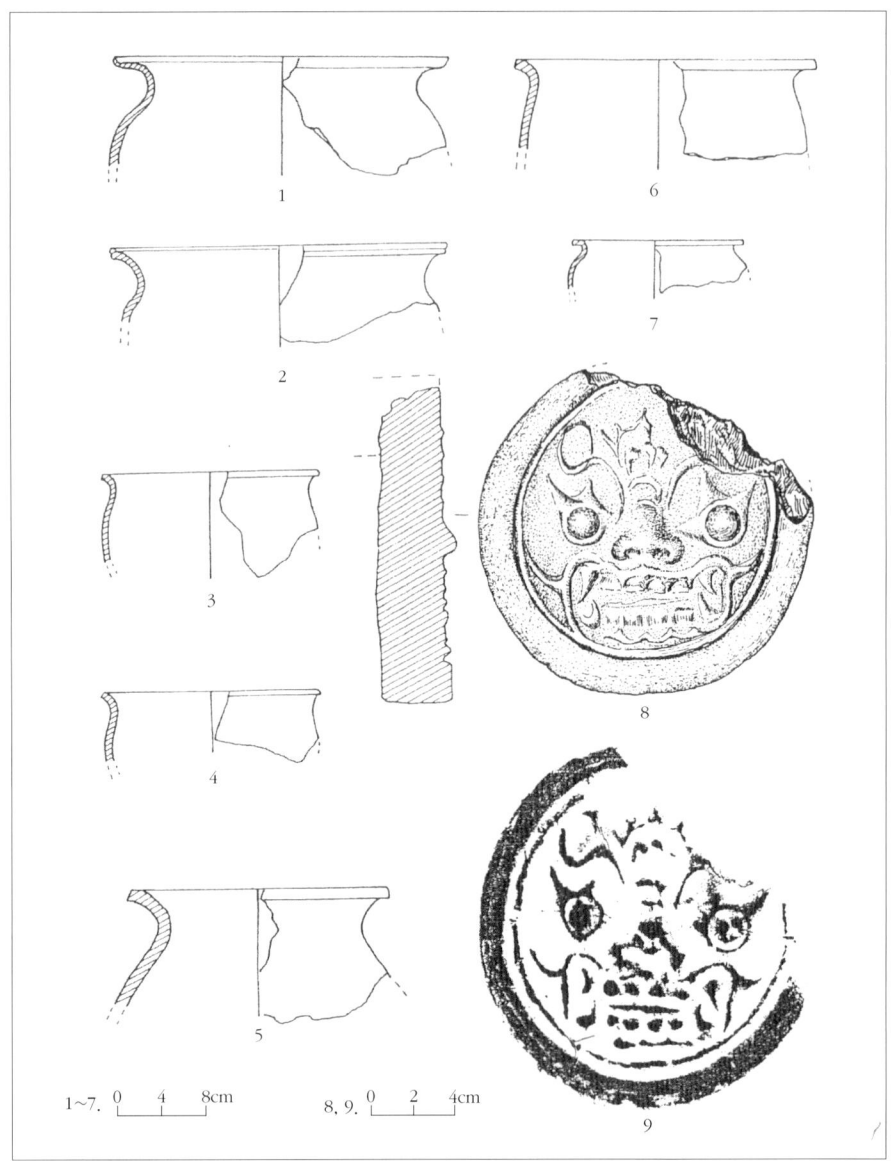

그림 2
시영화공사지점 출토 토기와 와당(『國內城』, 87쪽)
1. 호(侈口束頸罐)
2. 호(侈口束頸罐)
3. 호(侈口罐)
4. 호(侈口罐)
5. 호(侈口束頸罐)
6. 호(侈口罐)
7. 호(侈口束頸罐)
8. 수면문와당
9. 수면문와당 탁본

○ 구연 직경의 크기는 다름.

① 2001JGDG 교란층(擾) :5(그림 2-6)

○ 크기 : 구연 직경 28cm.

○ 형태 : 구순은 각이 져 있음. 동체는 둥근 형태.

○ 색깔과 태토 : 니질의 회색 토기. 소성 온도는 비교적 높음.

② 2001JGDG 교란층(擾) :6(그림 2-3)

○ 크기 : 구연 직경 20cm.

○ 형태 : 手制. 구순은 각이 져 있음. 동체는 둥근 형태.

○ 색깔과 태토 : 모래혼입 회갈색 토기.

③ 2001JGDG 교란층(擾) :7(그림 2-4)

○ 크기 : 구연 직경 20cm.

○ 형태 : 구순은 둥글게 처리하였음. 동체는 둥근 형태.

○ 색깔과 태토 : 모래혼입 흑갈색 토기.

2) 기와

(1) 와당 2001JGDG 교란층(擾):8(그림 2-8, 2-9)

○ 크기 : 와당 직경 15.6cm, 막새면 직경 12.2cm, 주연(邊輪) 너비 1.5cm, 높이 0.3cm.
○ 문양 : 막새면에 수면문을 부조. 獸面은 둥근 눈이고, 눈알(안구)이 바깥으로 볼록하며 그 상부에 불꽃모양의 도드라진 문양을 시문. 눈썹은 치켜 올라가 있고, 눈썹 끝은 안으로 말아 올려져서 圓圈 모양이며, 눈썹사이에 아래에서 위로 세로방향으로 3줄의 점차 커지는 불꽃형 장식이 새겨져 있음. 코가 우뚝하고 콧구멍이 바깥으로 드러나 있으며 코끝은 당면의 가장 높은 지점임. 입은 벌어져 있고(闊口), 입아귀는 위로 치켜 올려져 있음. 입 안의 위 아래에 각각 6개의 이빨이 드러나 있는데, 그 중 앞니 4개가 위 아래에 각각 가지런히 배열되어 있고, 그 외측 좌우에 송곳니 2개가 있음. 막새면 외연에 凸棱文 한 줄 시문.
○ 색깔과 태토 : 홍갈색, 모래혼입.

5. 역사적 성격

고구려시기의 문화층이지만 그 시기는 정확히 파악하기 힘듦. 와당이 출토되는 것으로 보아 주변에 고급 건축물이 있었을 것으로 추정됨.

참고문헌

- 董峰, 1993, 「國內城中新發現的遺蹟和遺物」, 『高句麗研究文集』, 延邊大學出版社.
- 吉林省文物考古研究所·集安市博物館, 2004, 『國內城, 2000-2003年集安國內城與民主遺址試掘報告』, 文物出版社.

11 집안 국내성지 동시장구 주택재건축지점 건물지
集安 國內城址東市場舊房改造地點

1. 조사현황

1) 2001년 4월 초~10월 말
○ 시행기관 : 吉林省文物考古硏究所와 集安市文物保管所.
○ 참여자 : 李東, 董峰, 張建.
○ 조사내용 : 주택공사장 발굴, 4개 층위 확인, 석축 유구와 재구덩이(灰坑) 발굴, 유물 출토, 발굴면적 300㎡.
○ 발표 : 吉林省文物考古硏究所·集安市博物館, 2004, 『國內城, 2000-2003年集安國內城與民主遺址試掘報告』, 文物出版社.

2. 위치와 자연환경(그림 1-18)

○ 국내성지 동부의 조금 북쪽에 위치.
○ 동쪽 약 40m 거리에 국내성지 동벽이 위치함.

3. 유적의 전체현황(그림 2)

○ 본래 민가 주택지구인데 철거 후 주택 단지를 건축할 예정이었음.
○ 5×5m 트렌치 4개를 설정한 다음 발굴 상황에 따라 발굴면적 확대.
○ 석괴를 축조한 유적 1곳, 재구덩이 1곳 발굴, 총 발굴면적은 300㎡.

1) 지층 현황(그림 3)
2001JGDSCT1 서벽 지층의 단면 상황은 다음과 같음.

(1) 제1층
표토층. 주로 옛 건축물 기초의 매립토임. 재찌꺼기, 벽돌, 돌멩이 등의 이질물로 구성. 토질은 단단하며 여러 색깔임. 두께 0.4~0.7m.

(2) 제2층
흑색 토층. 재를 많이 함유하고 있음. 토질은 푸석푸석함. 유물은 발견되지 않았음. 두께 0.10~0.65m.

(3) 제3층
회갈색 토층. 토질이 비교적 단단하고 두께 0~0.15m, 발해시기의 연화문와당 잔편 등 유물이 출토됨.

(4) 제4층
○ 갈색 토층. 토질이 견고하고 단단함. 구성이 빽빽하고 조밀함. 두께 0.40~1.20m, 토기편, 기와, 와당 등 출토. 고구려시기의 문화층.
○ 제4층 이하는 강돌 등으로 이루어진 원퇴적층임.

그림 1 국내성지 동시장구주택재건축지점 위치도(바탕도 『國內城』, 10쪽 ; 여호규, 2012, 48쪽)
세부 유적명은 이 책 74쪽 그림 1 참고.

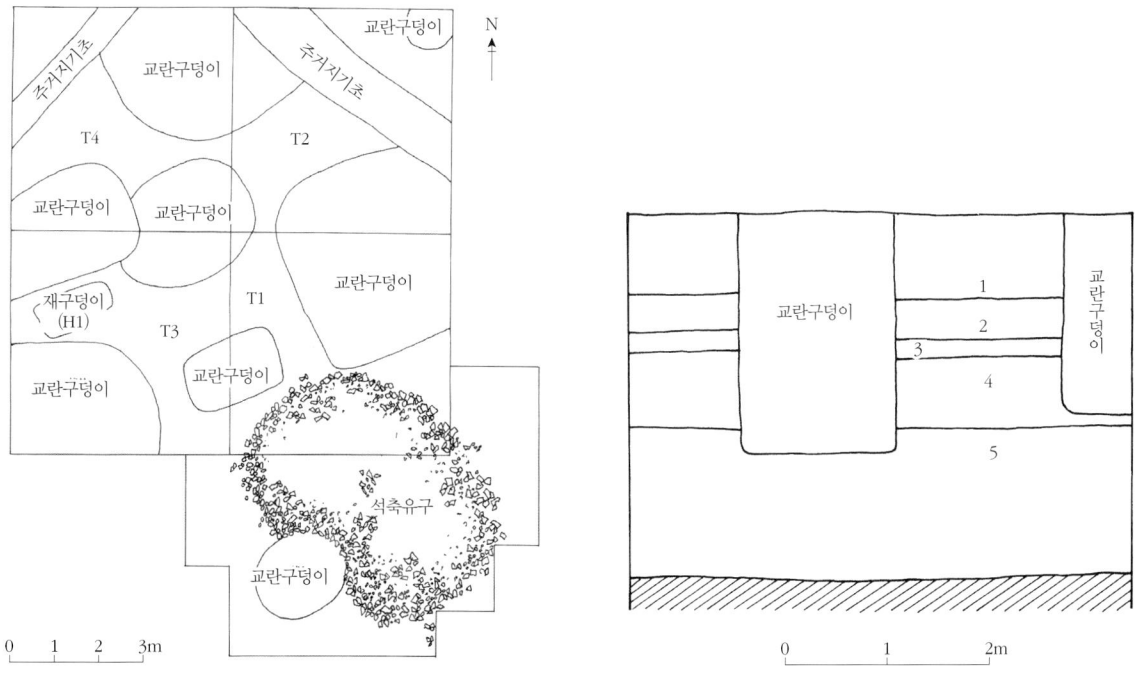

그림 2 동시장지점 트렌치 및 유적 평면도(『國內城』, 88쪽)   **그림 3** 동시장지점 T1서벽 단면도(『國內城』, 89쪽)

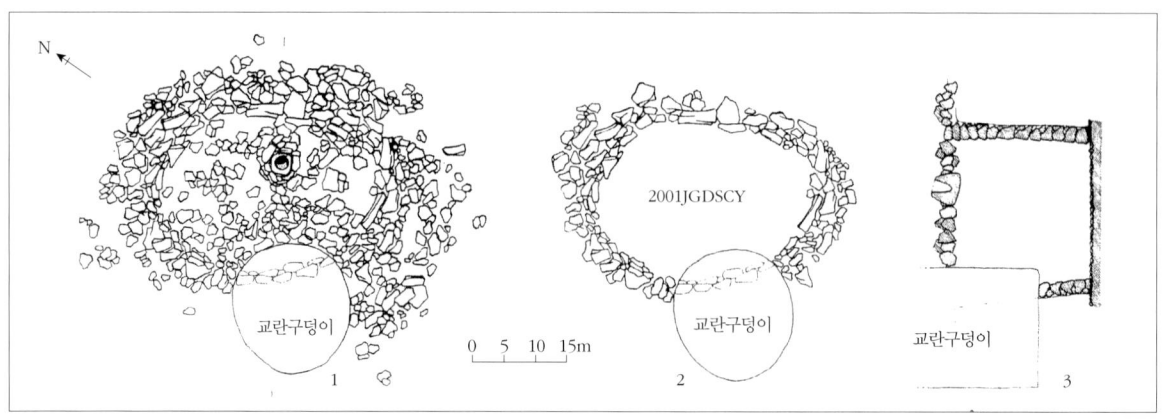

그림 4 동시장지점 석축유구의 평면도와 단면도(『國內城』, 91쪽)
1. 석축유구 상부 퇴적층의 평면도   2. 석광 입구 평면도   3. 석축유구 단면도

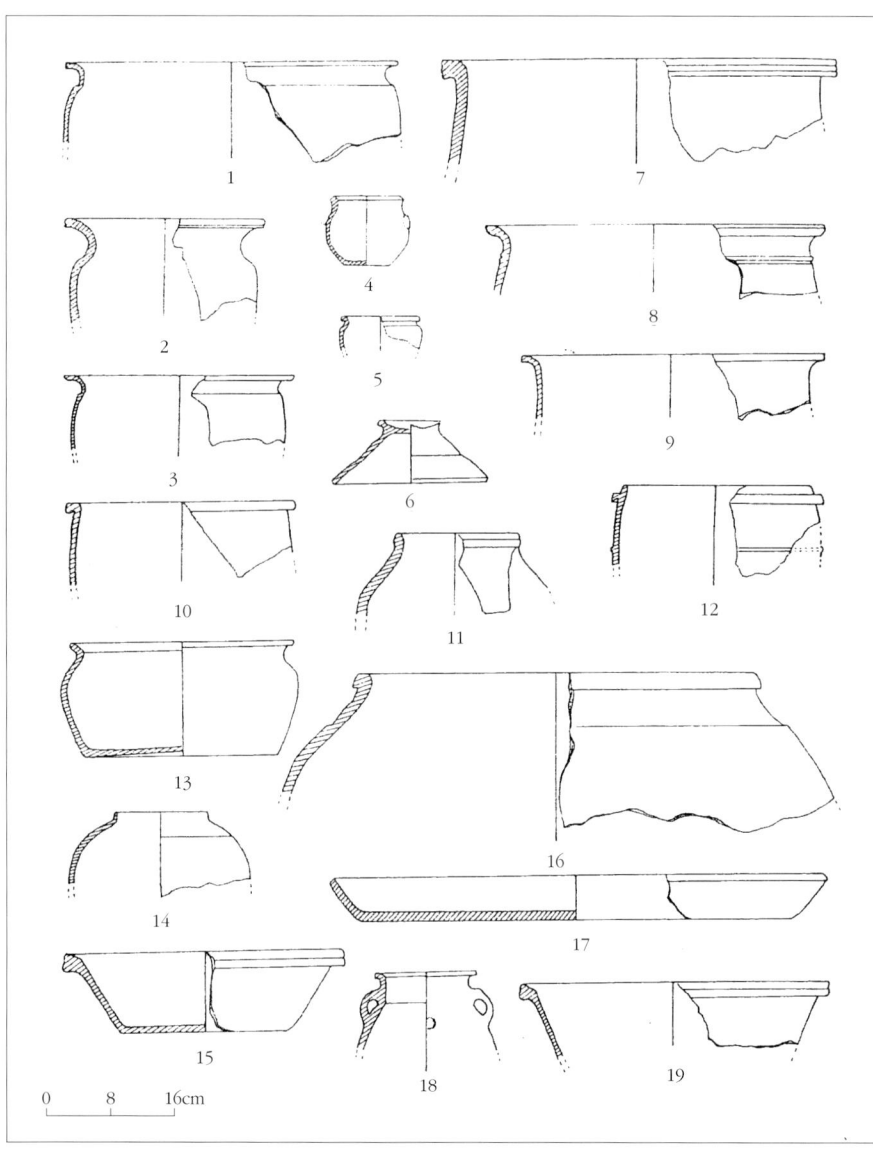

그림 5
동시장지점 석축유구 출토 토기
1. 호(侈口束頸弧腹罐)
2. 호(侈口束頸弧腹罐)
3. 호(侈口束頸弧腹罐)
4. 호(小型侈口束頸弧腹罐)
5. 호(小型侈口束頸弧腹罐)
6. 그릇 뚜껑
7. 호(直口平沿罐)
8. 호(侈口罐)
9. 호(侈口罐)
10. 호(直口平沿罐)
11. 호(斂口罐)
12. 호(斂口罐)
13. 분(弧腹盆)
14. 호(小立領直口鼓腹罐)
15. 분(斜腹盆)
16. 옹
17. 분(斜腹盆)
18. 호(壺)
19. 분(斜腹盆)

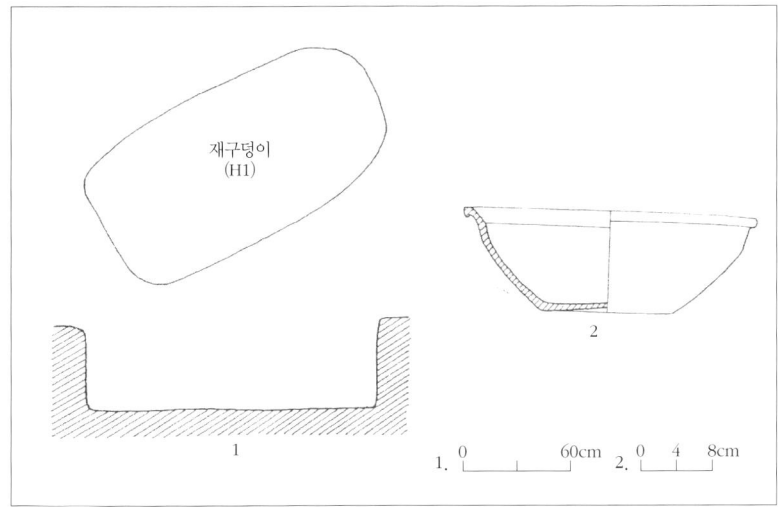

그림 6
동시장지점 재구덩이 H1 평면·단면도 및
출토유물(『國內城』, 96쪽)
1. 재구덩이 평면 단면도 2. 분

2) 유구
제2층 아래에서 돌로 축조한 유적과 재 구덩이 1곳을 각각 발굴함.

(1) 석축유구(그림 4)

○ 층위 : 트렌치 2001JGDSCT1 남부의 제2층 아래의 제3층에서 석괴로 조영한 유구 확인. 당시 지표면인 제3층을 굴착하여 생토층까지 이름. 석축의 윗면(석광의 입구)은 현재의 지표 아래 약 1.25m 깊이임.

○ 구조와 규모 : 당시 지표면(제3층 층면)을 파서 생토층에 이르는 타원형 구덩이를 굴착함. 강돌로 이루어진 생토층을 바닥면으로 삼고, 화강암, 靑石, 강돌 등으로 경사진 석벽을 축조하여 타원형 石壙을 조성함. 石壙의 벽면은 크기가 일정하지 않은 석괴로 쌓아 가지런하지 않으며, 대체로 9~12층 정도의 벽체가 남아 있음. 석괴의 평평한 면을 내벽쪽으로 쌓았기 때문에 내벽의 벽면은 비교적 평평함. 석광의 방향은 동남-서북인데, 서측 상부는 현대의 우물에 의해 파괴됨. 석광 입구의 내벽 지름은 2.56~3.36m, 깊이는 약 2.23m임.

○ 석광 상부의 퇴적층 : 제3층의 윗면에는 구덩이를 굴착하면서 파낸 석괴가 석광의 입구를 덮고 있는데, 분포 범위는 壙口보다 넓으며 타원형으로 단층으로 퇴적되어 있음. 퇴적층 중앙에 상부를 오목하게 판 석괴가 있는데, 불규칙한 방형으로 윗면의 邊長 26~27cm, 두께 45cm. 윗면 구멍의 경우 口徑 24cm, 바닥 직경 8cm, 깊이 30cm임.

○ 석광 내부의 퇴적층 : 石壙 내부의 퇴적층은 3층으로 나뉨. 가장 윗쪽의 제1층은 갈색 토층으로 토질이 단단하며 이물질이 거의 없음. 두께 약 40cm. 제2층은 황토층으로 탄가루가 섞임 있음. 두께 70cm. 가장 아래쪽의 3층은 花土層으로 불탄 흙이나 재 등의 이물질이 많음. 유물은 주로 제3층에서 출토되었음.

○ 석축유구의 성격 : 유구의 성격을 정확하게 파악하기는 어려움. 石壙 입구 상부의 석괴 퇴적층은 이 유적이 폐기된 이후에 형성되었을 것임.

(2) 재구덩이(灰坑, 그림 6-1)

○ 재구덩이의 입구는 제2층 아래에 있고, 제3~4층을 교란시켰음.

○ 재구덩이의 평면은 타원형으로 벽면은 수직이고, 바닥은 평평하며, 구덩이 안에 흑갈색토가 퇴적되어 있는데, 토질이 부드러움.

○ 재구덩이 입구 직경은 短徑 0.84m, 長徑 1.68m, 깊이 0.4m임.

4. 출토유물(일련번호 2001JGDSCY)

1) 석축(石砌)유구 출토품

(1) 청동기

① **청동제허리띠고리**(銅帶扣, 2001JGDSCY:25, 그림 7-2)
○ 크기 : 허리띠고리 長徑 2.9cm, 短徑 2cm, 구멍 길이 1.8cm, 너비 0.5cm.
○ 형태 : 頂面은 長圓形. 상부 변연은 평평하고 곧음. 하부 주연(邊緣)은 圓弧形. 背面에 邊框凸棱이 있음. 器身의 偏向 좌변 한쪽에 한 개의 圓角長方形 구멍(透孔)이 있으며, 구멍 가까운 상부 양 모서리 위치에 2개의 鉚釘이 있음. 구멍 하부 弧邊 가까운 중부에도 한 개의 鉚釘이 있음. 3개의 鉚釘은 모두 正面이 뚫린 허리띠고리이므로 하부의 鉚釘이 비교적 깊.

② **청동제잔**(銅杯, 2001JGDSCY:26, 그림 7-9)
○ 크기 : 외경 2.3cm, 내경 1.8cm.
○ 형태 : 단면은 원형을 띰.

③ **청동못**(銅釘墊, 2001JGDSCY:27, 그림 7-5)
○ 크기 : 외경 1.7cm, 내경 0.7cm, 두께 0.2cm.
○ 형태 : 원형.

④ **청동편**(銅片, 2001JGDSCY:28, 그림 7-8)
○ 크기 : 길이 약 5.1cm, 너비 약 2.6cm, 두께 0.7cm.
○ 형태 : 모서리가 둥근 장방형(圓角長方形).

(2) 철기

① **철촉**(鐵鏃)
석축(石砌)유구 출토 총 2건.

㉠ 2001JGDSCY:32(그림 7-4)
○ 크기 : 전체 길이 4.7cm, 경부(鋌) 길이 1.7cm.
○ 형태 : 부식이 비교적 심함. 扇面形 鏃身, 경부(鋌部)는 원형 단면을 띰.

㉡ 2001JGDSCY:24(그림 7-10)
○ 크기 : 잔존길이 8cm, 경부(鋌) 길이 2.7cm.
○ 형태 : 파손되어 결실됨. 부식이 비교적 심함. 유엽형(柳葉形) 鏃身, 鋌部는 장방형 단면을 띰.

(3) 토기(그림 5)

① **호**(侈口束頸弧腹罐)
수량 : 총 5건, 모두 파손품.

㉠ 2001JGDSCY:1(그림 5-1)
○ 크기 : 구연 직경 44cm.
○ 형태 : 녹로로 제작(輪制). 구연은 외반, 가장자리는 편평함. 구순에 각이 져 있음.
○ 색깔과 태토 : 니질의 회색 토기.

㉡ 2001JGDSCY:2(그림 5-2)
○ 크기 : 구연 직경 26cm.
○ 형태 : 구연 외반, 구순은 둥글게 처리하였음. 구연 외연 하부에 음각선문(凹弦文) 한 줄 시문.
○ 색깔과 태토 : 니질의 흑갈색 토기.

㉢ 2001JGDSCY:3(그림 5-3)
○ 크기 : 구연 직경 30cm.
○ 형태 : 구연 외반, 가장자리는 편평함. 구순은 뾰족하면서 둥그스름함(尖圓脣). 구순 내측에 문질러서 만든 경사면이 한 줄 있음.
○ 색깔과 태토 : 모래혼입 흑갈색 토기.

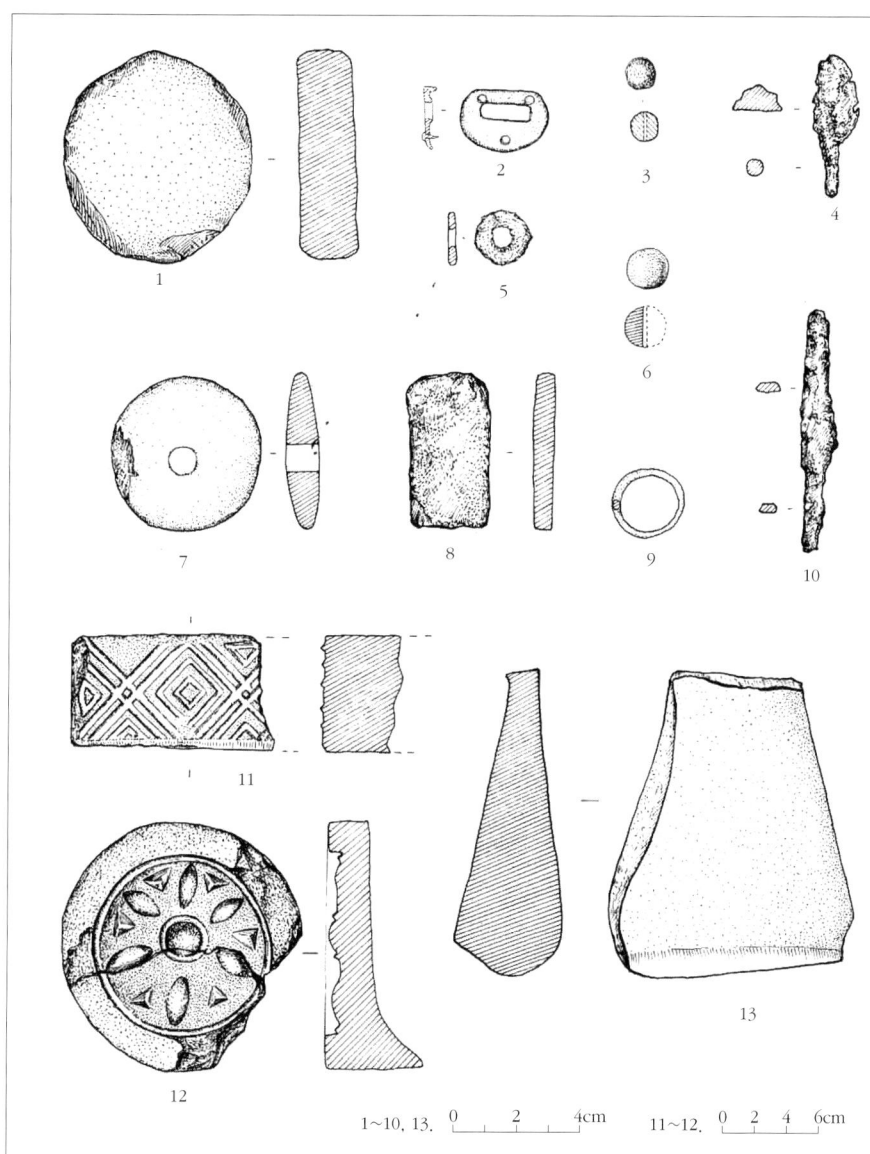

그림 7
동시장지점 석축유구
출토유물(『國內城』, 94쪽)
1. 원반형 토제품
2. 청동제허리띠고리
3. 유리구슬
4. 철촉
5. 청동못
6. 돌구슬
7. 가락바퀴
8. 청동편
9. 청동제잔
10. 철촉
11. 벽돌
12. 연문와당
13. 숫돌

② 호(小型侈口束頸弧腹罐)

㉠ 2001JGDSCY:10(그림 5-4)

○ 크기 : 구연 직경 9cm, 바닥 직경 5.7cm, 최대 복경 11cm, 전체 높이 8.6cm.

○ 형태 : 녹로로 제작(輪制). 구연 외반, 구순은 각이 져 있음. 동체는 불룩한 형태(鼓腹), 동체 상부에 대칭인 乳丁耳가 달려 있음. 동체 하부 기벽은 바닥까지 비스듬하게 경사짐.

○ 색깔과 태토 : 가는 모래혼입 갈색 토기.

㉡ 2001JGDSCY:4(그림 5-5)

○ 크기 : 구연 직경 10cm.

○ 형태 : 구연 외반, 구순은 각이 져 있음.

○ 색깔과 태토 : 모래혼입 홍갈색 토기. 태토에 운모 함유.

③ 호(侈口罐)
○ 수량 : 총 5건.
○ 모두 파손품.

㉠ 2001JGDSCY:5(그림 5-9)
○ 크기 : 구연 직경 40cm.
○ 형태 : 녹로로 제작(輪制). 구연 외반, 구순은 각이 져 있음. 동체의 벽은 비스듬하게 곧음(器壁斜直).
○ 색깔과 태토 : 모래혼입 흑갈색 토기

㉡ 2001JGDSCY:6(그림 5-8)
○ 크기 : 구연 직경 44cm.
○ 형태 : 구연 외반, 구순은 각이 져 있음. 동체는 둥근 형태. 동체 상복부 구연 가까운 곳에 凸弦文 한 줄 시문. 그 아래에 음각선문(凹弦文) 한 줄 시문.
○ 색깔과 태토 : 니질의 흑색 토기.

④ 호(直口平沿罐)
○ 수량 : 총 3건.
○ 모두 파손품.

㉠ 2001JGDSCY:7(그림 5-7)
○ 크기 : 구연 직경 52cm.
○ 형태 : 곧은 입, 구순은 각이 져 있음. 동체는 둥근 형태. 구순에 음각선문(凹弦文) 2줄 시문.
○ 색깔과 태토 : 니질의 회색 토기.

㉡ 2001JGDSCY:8(그림 5-10)
○ 크기 : 구연 직경 30cm.
○ 형태 : 곧은 입, 구순은 둥글게 처리하였음. 동체는 둥근 형태.
○ 색깔과 태토 : 니질의 회색 토기.

⑤ 호(斂口罐)
○ 수량 : 총 2건.
○ 모두 파손품.

㉠ 2001JGDSCY:9(그림 5-12)
○ 크기 : 구연 직경 24cm.
○ 형태 : 구연 내반, 구순은 둥글게 처리하였음. 구연 하부에 약간 넓은 凸棱文 한 줄 시문. 구연부에 단이 져 있음(子母口, 이중 구연). 동체는 둥근 형태. 동체 중부에 凸棱文 한 줄 시문.
○ 색깔과 태토 : 니질의 흑색 토기.

㉡ 2001JGDSCY:16(그림 5-11)
○ 크기 : 구연 직경 16cm.
○ 형태 : 구순은 둥글게 처리하였음. 동체는 둥근 형태. 口沿 外緣에 음각선문(凹弦文) 한 줄 시문.
○ 색깔과 태토 : 모래혼입 홍갈색 토기.

⑥ 호(小立領直口鼓腹罐, 2001JGDSCY:15, 그림 5-14)
○ 크기 : 구연 직경 12cm, 깃 높이 1cm.
○ 형태 : 파손품. 목이 낮고 곧음(小立領), 작고 곧은 입, 구순은 각이 져 있음. 동체는 불룩함.
○ 색깔과 태토 : 니질의 회색 토기.

⑦ 옹(瓮, 2001JGDSCY:14, 그림 5-16)
○ 크기 : 구연 직경 52cm.
○ 형태 : 파손품. 구연 내반, 구순은 둥글게 처리하였음. 경사진 어깨(斜肩), 동체는 불룩한 형태(鼓腹). 어깨(肩部)에 음각선문(凹弦文) 한 줄 시문.
○ 색깔과 태토 : 니질의 회색 토기.

⑧ 분(盆)
수량 : 총 4건.

㉠ 분(弧腹盆, 2001JGDSCY:11, 그림 5-13)
○ 수량 : 1건.
○ 크기 : 구연 직경 29cm, 최대 복경 30.4cm, 바닥 직경 23.2cm, 전체 높이 14cm.
○ 형태 : 구연 외반, 구순은 각이 져 있음. 넓은 어깨(廣肩), 동체는 둥근 형태. 어깨(肩部) 아래의 동체 벽(器壁)은 바닥까지 비스듬하게 안으로 경사짐. 바닥은 약간 오목함(內凹).

㉡ 분(斜腹盆)
수량 : 3건.

● 2001JGDSCY:12(그림 5-15)
○ 크기 : 구연 직경 36cm, 바닥 직경 22cm, 전체 높이 10cm.
○ 형태 : 복원 가능. 구연이 넓고(敞口), 구순은 각이 져 있음. 구연 내측에 문질러서 만든 경사면이 한 개 있음. 외측에 음각선문(凹弦文) 한 줄 시문. 器壁은 비스듬하게 곧음(器壁斜直). 평평한 바닥.
○ 색깔과 태토 : 모래혼입 흑갈색 토기.

● 2001JGDSCY:13(그림 5-19)
○ 크기 : 구연 직경 40cm.
○ 형태 : 파손품, 구연이 넓고(敞口), 구순은 각이 져 있음. 구연 내측에 문질러서 만든 경사면이 한 개 있음. 외측에 음각선문(凹弦文) 한 줄 시문. 동체의 벽은 비스듬하게 곧음(器壁斜直). 평평한 바닥.
○ 색깔과 태토 : 모래혼입 홍갈색 토기.

● 2001JGDSCY:30(그림 5-17)
○ 크기 : 구연 직경 64cm, 바닥 직경 56cm, 전체 높이 5.6cm.
○ 형태 : 녹로로 제작(輪制). 구연이 넓고(敞口), 구순에 각이 져 있음. 평평한 바닥.
○ 색깔과 태토 : 모래혼입 흑갈색 토기.

⑨ 호(壺, 2001JGDSCY:18, 그림 5-18)
○ 크기 : 구연 직경 13cm, 목 높이 2.7cm.
○ 형태 : 파손품. 구연 외반, 구순은 각이 져 있음. 곧은 목, 동체는 둥근 형태. 목과 동체가 서로 접하는 곳에 대칭인 세로방향의 대상파수(豎橋狀耳)를 부착했음. 두 손잡이 사이에 대칭인 유정이(乳丁耳)가 있음.

⑩ 그릇 뚜껑(器蓋, 2001JGDSCY:17, 그림 5-6)
○ 크기 : 구연 직경 20cm, 전체 높이 8cm.
○ 형태 : 들린굽 모양의(圈足狀捉手) 뒤엎은 완모양(覆碗形) 뚜껑, 동체의 벽은 비스듬하게 곧음(斜直器壁), 동체 중부에 음각선문(凹弦文) 한 줄 시문, 구연이 넓고(敞口), 구순에 각이 져 있음. 구연은 내반함(唇沿內收).
○ 색깔과 태토 : 니질의 회색 토기.
○ 형태 : 둥근 원반 모양(圓餠形), 동체 중부는 약간 둥근 형태.
○ 색깔과 태토 : 모래혼입 황갈색 토기.

⑪ 원반형 토제품(陶餠, 2001JGDSCY:19, 그림 7-1)
○ 크기 : 직경 약 6.2~6.9cm.
○ 형태 : 布文瓦 잔편을 갈아서 만듦. 대략 원형.
○ 색깔과 태토 : 모래혼입 홍갈색 토기.

⑫ 가락바퀴(紡輪, 2001JGDSCY:31, 그림 7-7)
크기 : 직경 5cm, 구멍 직경 0.9cm, 두께 1cm.

(4) 와당, 벽돌(瓦塼)

① 와당(2001JGDSCY:20, 그림 7-12)
○ 크기 : 와당 직경 16.2~16.3cm, 막새면 직경

12cm, 주연(邊輪) 너비 2.2cm, 높이 1~1.3cm
○ 문양 : 모압부조 연문와당. 당면 중앙은 반구형 중방이고, 중방 외연 및 막새면 외연에 각각 凸棱文 한 줄 시문, 그 사이에 6매 단판연문을 장식했고, 연문 첨부의 빈 틈에 삼각형 凸起文양을 장식.
○ 색깔과 태토 : 회색, 모래혼입.

② 벽돌(2001JGDSCY:29, 그림 7-11)
○ 크기 : 잔존길이 13.6cm, 두께 7.6cm.
○ 문양 : 파손품. 전단 입면에 凸棱線 구성의 '回'자형 도안 문양이 있음.
○ 색깔과 태토 : 회색, 모래혼입.

(5) 석기

① 숫돌(礪石, 2001JGDSCY:21, 그림 7-13)
○ 크기 : 최대 길이 10.1cm, 너비 8.3~4.5cm, 두께 4.5~1cm.
○ 형태 : 磨面은 대략 사다리형(梯形). 사용으로 인해 생긴 오목한 형태(內凹)가 뚜렷함.

(6) 기타

① 유리구슬(琉璃串珠, 2001JGDSCY:22, 그림 7-3)
○ 크기 : 직경 1cm, 구멍 직경 0.1cm.
○ 형태 : 원형.
○ 색깔 : 홍색.

② 돌구슬(料石串珠, 2001JGDSCY:23, 그림 7-6)
○ 크기 : 직경 1.4cm, 구멍 직경 0.15cm.
○ 형태 : 원형.
○ 색깔 : 흰색.

2) 재구덩이(灰坑) 출토유물(그림 6)

(1) 토기

① 분(陶盆, 2001JGDSCH1:1, 그림 6-2)
○ 크기 : 구연 직경 34.5cm, 바닥 길이 15cm, 높이 10.8cm.
○ 형태 : 복원가능. 구연 외반, 구순은 둥글게 처리하였음. 동체는 둥근 형태, 바닥은 평평한데 약간 안으로 오목함(內凹).
○ 색깔과 태토 : 가는 모래혼입 갈색 토기.

3) 지층 출토유물

(1) 제3층 출토유물

① 철기

㉠ 철촉(鐵鏃) 2001JGDSC T4③:2 (그림 8-8)
○ 크기 : 잔존길이 6cm, 鏃身 길이 5.5cm, 양 날개 너비 5.2cm.
○ 문양 : 葉形鏃, 鏃身 하부에 좌우향 양측으로 펼친 삼각형 날개가 있음. 정부는 결실됨.

② 토기

㉠ 호(侈口束頸弧腹罐)
○ 수량 : 총 5건.
○ 모두 파손품.

● 2001JGDSC T2③:1 (그림 8-1)
○ 크기 : 구연 직경.
○ 형태 : 구순은 각이 져 있음. 구순 내측에 문질러 돌출한 경사면 한 줄이 있음. 목은 잘록함(束頸). 하부에

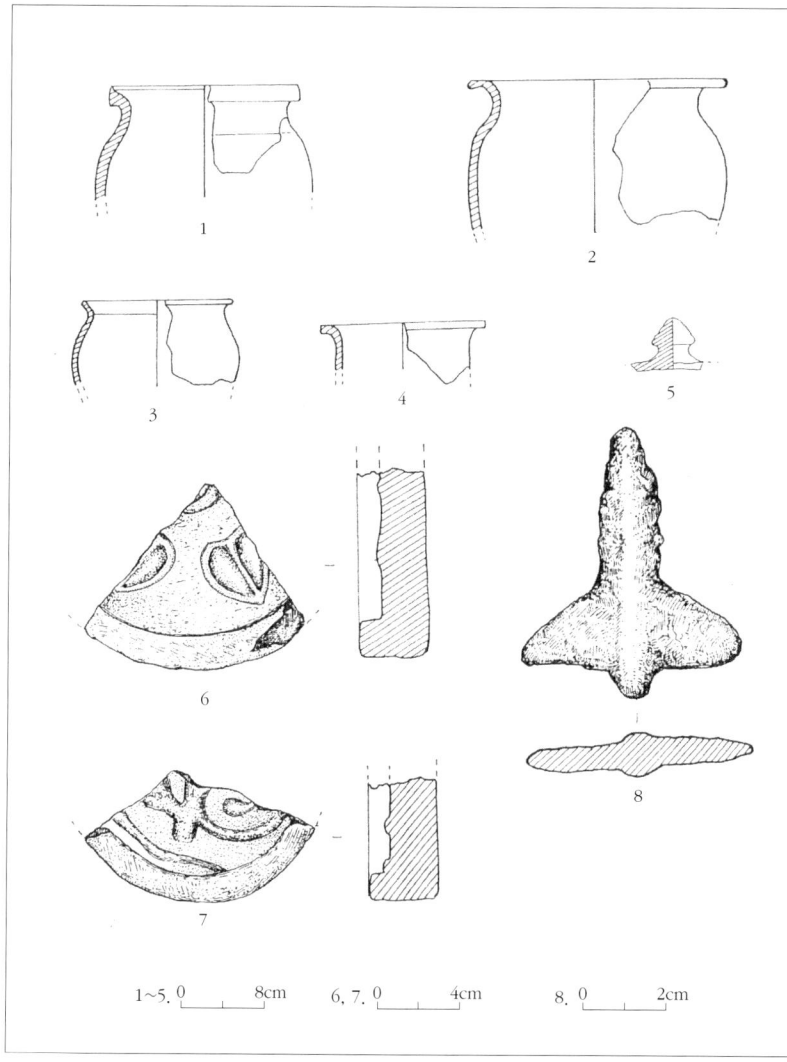

그림 8
동시장지점 제3층 출토유물
(『國內城』, 97쪽)
1. 호(侈口束頸弧腹罐)
2. 호(侈口束頸弧腹罐)
3. 호(侈口罐)
4. 호(侈口罐)
5. 그릇 뚜껑
6. 발해시기 연화문와당
7. 인동문와당
8. 철촉

음각선문(凹弦文) 한 줄 시문.
○ 색깔과 태토 : 모래혼입 회색 토기.

● 2001JGDSC T4③:1(그림8-2)
○ 크기 : 구연 직경 24cm.
○ 형태 : 녹로로 제작(輪制). 구연은 외반(展沿), 구순은 둥글게 처리하였음.
○ 색깔과 태토 : 니질의 회색 토기.

ⓒ 호(侈口罐)
○ 수량 : 총 3건.

○ 모두 파손품.

● 2001JGDSC T2③:2(그림8-3)
○ 크기 : 구연 직경 14cm.
○ 형태 : 手制. 구순에 각이 져 있음. 동체는 둥근 형태.
○ 색깔과 태토 : 모래혼입 회갈색 토기.

● 2001JGDSC T2③:3(그림8-4)
○ 크기 : 구연 직경 16cm.
○ 형태 : 구연은 외반(展沿), 구순은 둥글게 처리하였음. 기벽은 비스듬하게 곧음(器壁斜直).

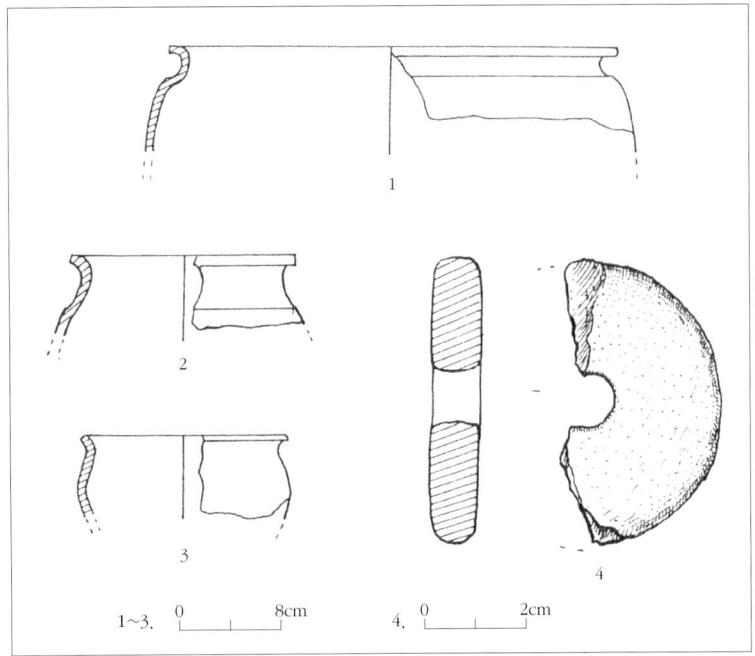

그림 9
동시장지점 제4층 출토 토기(『國內城』, 98쪽)
1. 호(侈口束頸弧腹罐) 2. 호(侈口束頸弧腹罐)
3. 호(侈口罐) 4. 가락바퀴

○ 색깔과 태토 : 모래혼입 회갈색 토기.

ⓒ 그릇 뚜껑(器蓋)

○ 수량 : 총 2건.

○ 모두 뚜껑 꼭지(蓋紐)가 남아 있음.

● 2001JGDSC T2③ : 4(그림 8-5)

○ 크기 : 꼭지 부분의 최대 직경 4cm, 꼭지 높이 3.9cm.

○ 형태 : 녹로로 제작(輪制). 버섯모양(蘑菇形) 꼭지.

○ 색깔과 태토 : 니질의 회색 토기.

③ 와당

㉠ 발해시기 연화문와당(渤海時期蓮文瓦當, 2001JGDSCT1 ③:1, 그림 8-6)

○ 문양 : 와당 잔편. 막새면에 연화문을 부조하였음. 당면 중앙은 자세하지 않음. 도안구조가 心形 연판 철릉 윤곽선 내에 남아 있음.

○ 색깔과 태토 : 모래혼입 회색 토기.

ⓒ 인동문와당(忍冬文瓦當, 2001JGDSCT1③:1, 그림 8-7)

○ 형태 : 잔편, 당면에 인동문의 일부가 남아 있음. 주연(邊輪) 너비 1.2cm, 높이 1.2cm.

○ 색깔과 태토 : 모래혼입 홍갈색 토기.

(2) 제4층 출토유물

① 토기

㉠ 호(侈口束頸弧腹罐)

○ 수량 : 8건.

○ 모두 파손품.

● 2001JGDSC T3④ : 1(그림 9-1)

○ 크기 : 구연 직경 36cm.

○ 형태 : 구연부의 가장자리가 편평하고, 구순은 각이 져 있음. 목은 잘록함. 좁은 어깨(窄肩).

○ 색깔과 태토 : 니질의 회색 토기.

● 2001JGDSC T3④:2(그림 9-2)
○ 크기 : 구연 직경 18cm.
○ 형태 : 구순은 각이 져 있음. 내만한 목 아래에 음각 선문 한 줄 둘렀음.
○ 색깔과 태토 : 니질의 회색 토기.

㉡ 호(侈口罐)
○ 수량 : 2건.
○ 모두 파손품.

● 2001JGDSC T3④:3(그림 9-3)
○ 크기 : 구연 직경 24cm.
○ 형태 : 手制. 구연은 외반, 구순은 각이 져 있음. 동체는 둥근 형태.
○ 색깔과 태토 : 모래혼입 흑갈색 토기.

㉢ 가락바퀴(紡輪, 2001JGDSC T1④:1, 그림 9-4)
○ 크기 : 직경 5.5cm, 구멍 직경 1.2cm.
○ 형태 : 파손품. 둥근 원반모양(圓餠形), 중앙에 구멍이 있음.

○ 색깔과 태토 : 모래혼입 갈색 토기.

5. 역사적 성격

동시장 구주택 재건축 지점 건물지의 제3층에서는 발해시기의 연화문와당, 제4층에서는 토기를 비롯하여 고구려시기 유물이 다량 출토됨. 이로 보아 제4층은 고구려시기의 문화층, 제3층은 발해시기의 문화층으로 추정됨. 다만 제3층 출토품 가운데 연문문와당 1건만 발해시기의 문화 특징을 명확히 갖추고 있고, 다른 출토품은 고구려시기의 특징을 많이 갖고 있음. 이로 보아 고구려의 문화 전통이 고구려 멸망 이후에도 소실되지 않고 계승되었을 것으로 추정됨.

참고문헌

- 吉林省文物考古硏究所·集安市博物館, 2004, 『國內城, 2000-2003年集安國內城與民主遺址試掘報告』, 文物出版社.

12 집안 국내성지 제2소학교지점 문화층
集安 國內城址第2小學校地點

1. 조사현황

1) 2001년 4~10월
○ 시행기관 : 吉林省文物考古硏究所와 集安市文物保管所.
○ 참여자 : 李東, 董峰, 張建.
○ 조사내용 : 운동장 확장공사장 발굴, 3개 층위 확인, 유물 출토, 발굴면적 250m².
○ 발표 : 吉林省文物考古硏究所·集安市博物館, 2004, 『國內城, 2000-2003年集安國內城與民主遺址試掘報告』, 文物出版社.

2. 위치와 자연환경(그림 1-25)

○ 발굴지점은 국내성지 남부 정중앙에 위치.
○ 朝陽街와 東盛街 사이의 경계 지점.
○ 남쪽 60m 거리에 국내성 남벽이 있음.

3. 유적의 전체현황

○ 집안시 제2소학교 확장 공사를 위해 운동장 발굴.
○ 5×5m 트렌치 10개 발굴, 총면적은 250m²(일련번호 2001JGDRX).
○ 2009년 10월 현재 제2소학교의 교명은 시실험소학교와 통합하여 실험소학교로 개명되었음. 또 학교 운동장의 남측은 국내성지 남벽까지 연장되어 있었음.

1) 지층 현황
발굴구역은 대부분 현대의 구덩이에 의해 교란되었기 때문에 층위가 서로 연결되지 않음. 층위는 대략 4개 층으로 나뉨.

(1) 제1층
표토층. 모두 매립토로 여러 가지 색깔이고, 토질은 견고하고 단단함. 두께 약 0.20~0.70m.

(2) 제2층
회갈색 토층. 토질이 비교적 단단함. 두께 약 0.10~0.30m. 소량의 토기 잔편이 출토됨.

(3) 제3층
○ 갈색 토층. 토질이 견고하고 단단함. 두께 0.25~0.40m 금동제패식, 청동제방울, 소량의 토기편이 출토됨.
○ 제3층 이하는 생토층임.

그림 1 국내성지 제2소학교지점 위치도(바탕도 『國內城』, 10쪽 ; 여호규, 2012, 48쪽)
세부 유적명은 이 책 74쪽 그림 1 참고.

4. 출토유물(그림 2)

1) 청동기

(1) 금동청동패식(鎏金靑銅牌飾)

○ 수량 : 총 2건.
○ 약간 파손됨.

① 2001JGDRXT0105②:1(그림 2-2)
○ 크기 : 패식 邊長 3.6~3.75cm, 바깥 테(外框)높이 0.25cm, 器身 두께 0.075cm, 구멍(透孔) 길이 0.75cm, 너비 0.25cm.
○ 형태 : 활 쏘는 力士가 그려진 牌飾. 牌飾은 靑銅質. 넓적한 판 모양(板狀), 대략 윤곽은 方形을 띰. 몸체(器身) 몇 군데에 파손되고 끊어진 구멍(斷口)이 있음. 단면은 반원형. 패식의 상부, 돌출한 테두리(凸框) 내측의 좌우 양 끝에 모서리가 둥근 형태의 장방형 구멍(透空)이 있음. 등은 평평함. 앞면(正面)은 도금하였음. 두 개의 둥근 장방형 투공 하부에, 얕게 새긴 圓圈文 구성의 장방형 테두리 선(框線)이 하나씩 있음. 그 안에 활쏘는 力士가 그려진 그림이 얕은 선으로 조각되어 있음. 力士는 반쯤 무릎을 꿇은 자세이고 얼굴의 눈은 화난 모습이고 입술은 다물었으며 둥글게 쪽진 머리(圓髻)를 하고 있음.

② 2001JGDRXT0105②:2(그림 2-1)
○ 크기 : 패식 최대 잔존길이 약 4cm, 잔존너비 약 3.7cm, 器身 두께 0.075cm.

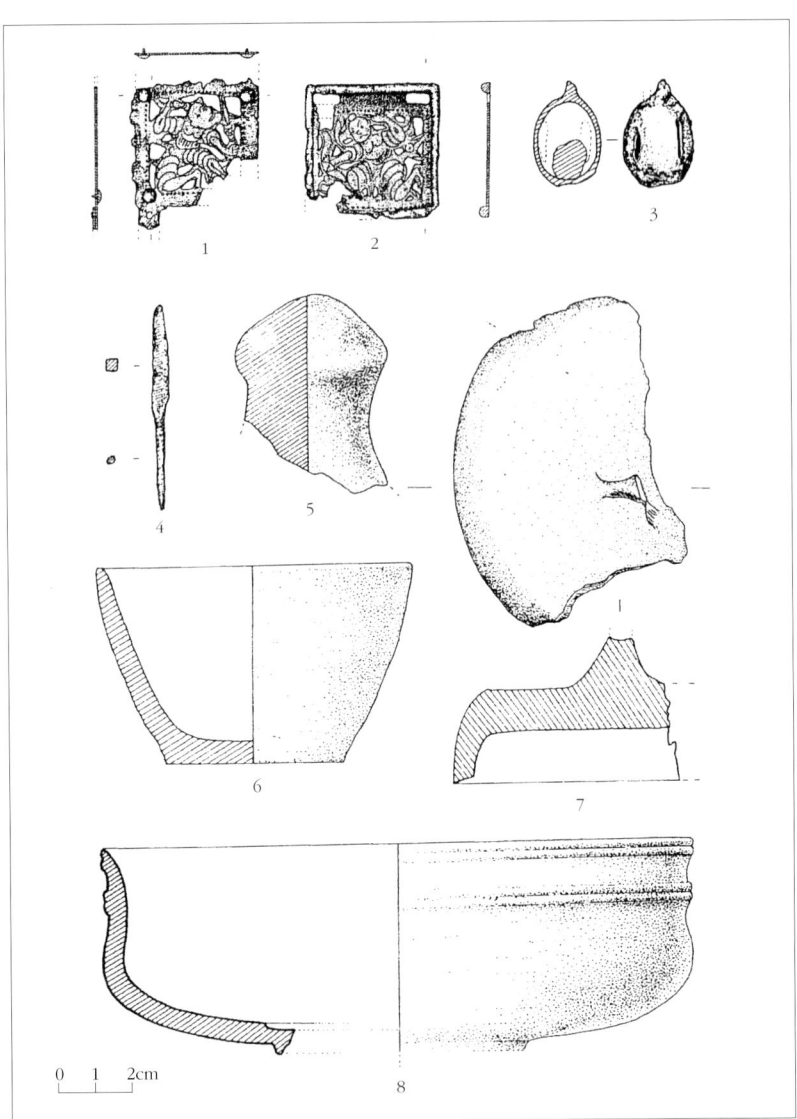

그림 2
국내성지 제2소학교지점 출토유물
(『國內城』, 100쪽)
1. 금동청동패식 2. 금동청동패식
3. 청동제방울 4. 철촉
5. 그릇 뚜껑 6. 잔
7. 그릇 뚜껑 8. 완

○ 문양 : 검을 집은 力士가 그려진 패식. 패식은 청동질. 넓적한 판 모양(板狀)의 몸체(器身). 파손이 비교적 심해, 원래의 윤곽을 확정하지 못함. 주제도안의 구역은 대략 방형이고, 도안의 네 둘레를 얕게 새긴 圓圈文 테두리 선(框線)으로 둘렀음. 정면(正面)은 도금하였음.

(2) 청동제방울(靑銅鈴, 2001JGDRXT0105②:3, 그림 2-3)

○ 크기 : 동령 잔고 2.8cm, 器 신장 직경 2.4cm, 단경 1.9cm, 구멍 사이의 거리 1cm, 구멍 장경 1cm, 단경 0.25cm.

○ 형태 : 타원형 윤곽, 부식이 비교적 심함. 頂部에 다리모양 고리(橋狀系)가 있음. 고리는 파손됨. 器身 중부에 등간격의 투공 4개가 있음. 器內에 석제구슬 한 개가 있음.

2) 철기

(1) 철촉(鐵鏃, 2001JGDRXT0105③:1, 그림 2-4)

○ 수량 : 총 1건
○ 부식이 비교적 심함.

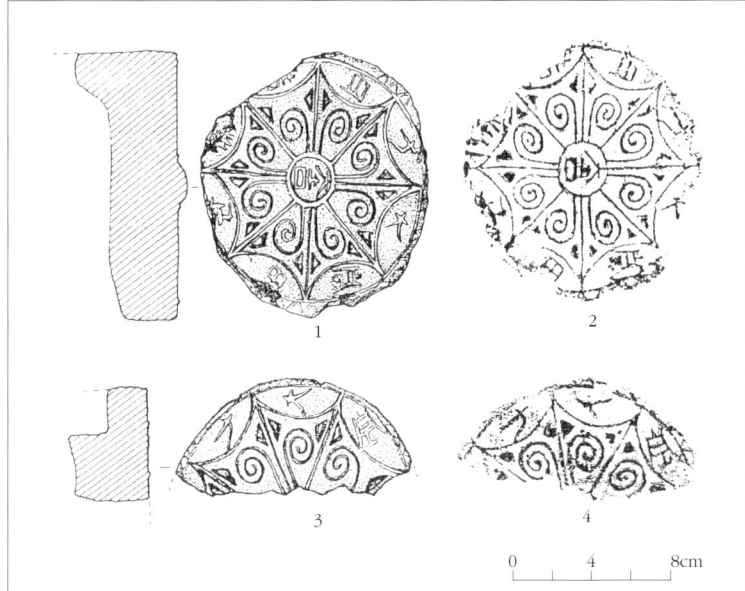

그림 3
국내성지 제2소학교지점 출토 와당
(『國内城』, 101쪽)
1. '大吉'·'大歲□年造瓦九' 명문와당
2. '大吉'·'大歲□□年造瓦九' 명문와당 탁본
3. '大歲□□□□□九' 명문와당
4. '大歲□□□□□九' 명문와당 탁본

○ 크기 : 전체 길이 5.4cm, 정 길이 2.5cm.
○ 형태 : 유엽형 화살촉, 기신은 비교적 두터움. 頂部는 원형 단면.

3) 토기

(1) 완(陶碗, 2001JGDRXT0203②:1, 그림 2-8)
○ 크기 : 구연 직경 16cm.
○ 형태 : 파손품. 녹로로 제작(輪制). 구연 외반, 구순은 둥글게 처리하였음. 동체는 낮음. 기벽은 둥근 형태(弧壁), 동체 하부는 바닥까지 활처럼 둥글게 휨(弧收到底). 바닥 파손. 구연 외연에 음각선문(凹弦文) 한 줄 시문. 동체 상부에 한 줄의 넓은 凸棱文 시문. 凸棱文의 중부에 음각선문(凹弦文) 한 줄 시문.
○ 색깔과 태토 : 니질의 회색 토기.

(2) 잔(陶杯) 2001JGDRX 교란층(擾)(그림 2-6)
○ 수량 : 총 11건.
○ 모두 완형임.
○ 크기 : 구연 직경 9cm, 바닥 직경 5cm, 높이 5.3cm

○ 형태 : 手制. 구연 외반, 구순은 둥글게 처리하였음. 동체의 벽은 비스듬하게 곧음. 평평한 바닥.
○ 색깔과 태토 : 운모섞인 홍갈색 토기, 소성 온도는 높지 않음.

(3) 그릇 뚜껑(器蓋)
○ 수량 : 2건.
○ 모두 파손품.

① 2001JGDRX 교란층(擾):2 (그림 2-7)
○ 형태 : 녹로로 제작(輪制). 뒤엎은 분 모양(覆盆形), 구순은 각이 져 있음. 頂部 중앙에 대상파수(橋狀耳)가 부착되어 있음.
○ 색깔과 태토 : 가는 모래혼입 갈색 토기.

② 2001JGDRX 교란층(擾):3 (그림 2-5)
○ 크기 : 직경 4.3cm.
○ 형태 : 그릇 뚜껑 꼭지만 잔존. 버섯모양 꼭지. 紐身中部는 원형 단면을 띰.
○ 색깔과 태토 : 니질의 황갈색 토기.

4) 와당

(1) 와당 2001JGDRX 교란층(擾):4 (그림 3-1, 3-2)
○ 크기 : 막새면 직경 약 12cm, 중방 직경 2.2cm.
○ 문양 : 파손품. 권운문을 얕게 모압 부조함. 막새면의 중방은 반구형 유돌문이고, 그 내부에 '大吉'字 모양과 유사한 양각 문자가 있음. 유돌문 둘레에는 바깥을 향해 放射형태로 8條의 凸棱文 구획선(界格)을 균일하게 배열하였고, 2조로 이루어진 구획선 끝 부분에 內凹弧線이 이어짐. 각 구획선 안에 권운문이 시문되어 있고, 이웃한 2조의 권운문 방향은 상반되며, 권운문 상부 양 끝에 삼각형 凸起文이 장식되어 있음. 권운문의 구획선 외측에 '大歲□□年造瓦九'라는 명문이 있음.
○ 색깔과 태토 : 회색, 모래혼입.

(2) 와당 2001JGDRX 교란층(擾):5 (그림 3-3, 4)
○ 문양 : 파손품. 권운문을 얕게 모압 부조함. 문양은 2001JGDRX 교란층(擾):4와 서로 같음. '大歲□□□□□九'라는 銘文이 있음.
○ 색깔과 태토 : 회색, 모래혼입.

5. 역사적 성격

고구려시기의 문화층으로 추정됨. 특히 4세기에 널리 사용된 권운문와당이 출토된 것으로 보아 4세기까지 소급할 수 있으며, 상당히 중요한 고급 건축물이 있었던 것으로 파악됨. 금동제패식이나 청동제방울은 이 유적의 성격과 관련된 중요한 유물로 보이지만, 현재로서는 그 성격을 명확히 알기는 힘든 상태임.

참고문헌

- 吉林省文物考古硏究所·集安市博物館, 2004, 『國內城, 2000-2003年集安國內城與民主遺址試掘報告』, 文物出版社.
- 白種伍, 2009, 「高句麗 卷雲文 瓦當의 成立과 그 背景」, 『白山學報』83.

13 집안 국내성지 민정국사택발굴지점
集安 國內城址民政局宿舍樓地點

1. 조사현황

1) 2001년 4~10월
○ 시행기관 : 吉林省文物考古研究所와 集安市文物保管所.
○ 참여자 : 李東, 董峰, 張建.

○ 조사내용 : 건물공사장 발굴, 발굴면적 50m².
○ 발표 : 吉林省文物考古研究所·集安市博物館, 2004, 『國內城, 2000-2003年集安國內城與民主遺址試掘報告』, 文物出版社.

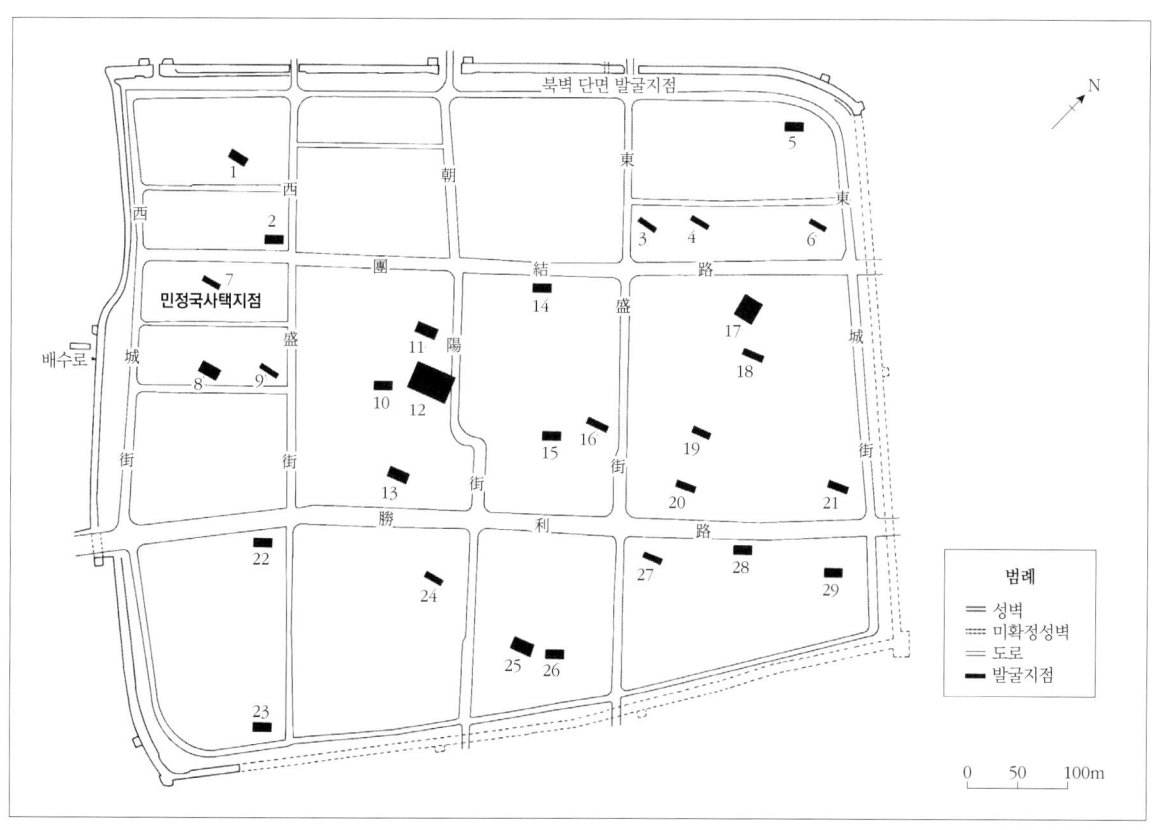

그림 1 국내성지 민정국사택지점 위치도(바탕도 『國內城』, 10쪽 ; 여호규, 2012, 48쪽)
세부 유적명은 이 책 74쪽 그림 1 참고.

2. 위치와 자연환경(그림 1-7)

○ 국내성지 서부의 조금 북쪽에 위치.
○ 西城街와 西盛街의 중간지역으로 북쪽 약 14m 거리에 團結路가 있음.

3. 유적의 전체현황

○ 5×5m 트렌치 2개를 발굴했음. 발굴면적은 50㎡.
○ 제1층은 매립토로 두께 0.4~0.80m. 토질은 견고하고 단단함. 벽돌 부스러기와 재를 대량으로 포함하고 있음.
○ 제1층 매립토층 아래는 생토층인 강돌퇴적층으로 유물이 보이지 않음.

4. 출토유물

소량의 토기편이 출토됨.

5. 역사적 성격

국내성 시기의 문화층일 수 있으나 교란이 심하고 출토유물도 거의 없기 때문에 정확하게 파악하기 힘든 상태임.

참고문헌

· 吉林省文物考古研究所·集安市博物館, 2004, 『國內城, 2000-2003年集安國內城與民主遺址試掘報告』, 文物出版社.

14 집안 국내성지 동시장종합빌딩발굴지점
集安 國內城址東市場綜合樓地點

1. 조사현황

1) 2001년 4~10월
- 시행기관 : 吉林省文物考古研究所와 集安市文物保管所.
- 참여자 : 李東, 董峰, 張建.
- 조사내용 : 건물공사장 발굴, 발굴면적 100m².
- 발표 : 吉林省文物考古研究所·集安市博物館, 2004, 『國內城, 2000-2003年集安國內城與民主遺址試掘報告』, 文物出版社.

그림 1 국내성지 동시장종합빌딩지점 위치도(바탕도 『國內城』, 10쪽 ; 여호규, 2012, 48쪽)
세부 유적명은 이 책 74쪽 그림 1 참고.

2. 위치와 자연환경(그림 1-21)

○ 국내성지 동부의 조금 남쪽에 치우쳐 있음.
○ 동쪽 약 30m 거리에 국내성 동벽, 남쪽 약 20m 거리에 勝利路가 있음.
○ 원래는 민가주택 구역이었음.

3. 유적의 전체현황

○ 5×5m 트렌치 4개를 발굴, 발굴면적은 100m².
○ 발굴지역의 지층은 매우 복잡한데, 문화층은 주택의 기초와 야채 저장실 등에 의해 파괴되었음.

4. 출토유물

소량의 토기편이 출토됨.

5. 역사적 성격

국내성 시기의 문화층일 수 있으나, 교란이 심하고 출토유물도 거의 없기 때문에 정확하게 파악하기 힘든 상태임.

참고문헌

- 吉林省文物考古研究所·集安市博物館, 2004, 『國內城, 2000-2003年集安國內城與民主遺址試掘報告』, 文物出版社.

15 집안 국내성지 계량국남측구주택재건축발굴지점
集安 國內城址計量局南側舊房改造地點

1. 조사현황

1) 2001년 4~10월
○ 시행기관 : 吉林省文物考古研究所와 集安市文物保管所.
○ 참여자 : 李東, 董峰, 張建.

○ 조사내용 : 건물공사장 발굴, 발굴면적 50m².
○ 발표 : 吉林省文物考古研究所·集安市博物館, 2004, 『國內城, 2000-2003年集安國內城與民主遺址試掘報告』, 文物出版社.

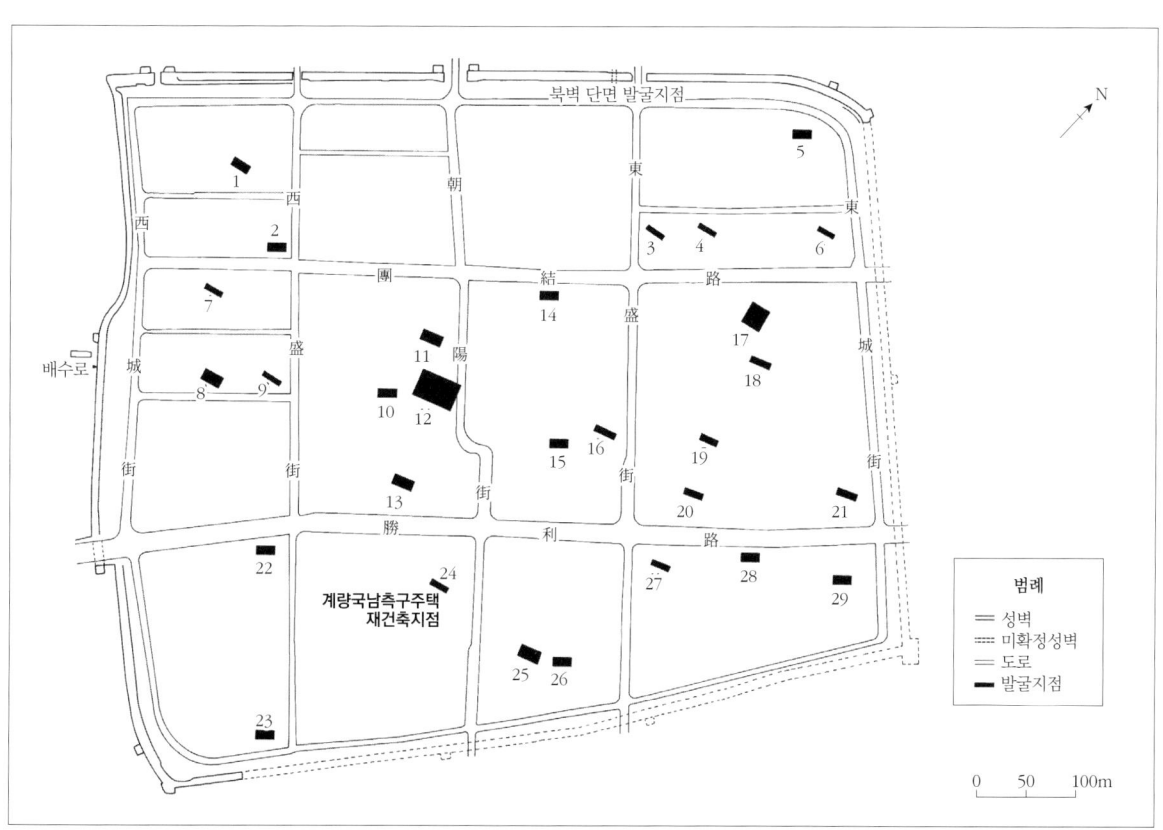

그림 1 국내성지 계량국남측구주택재건축지점 위치도(바탕도 『國內城』, 10쪽 ; 여호규, 2012, 48쪽)
세부 유적명은 이 책 74쪽 그림 1 참고.

2. 위치와 자연환경(그림 1-24)

국내성 남부에 위치, 북쪽은 勝利路에 닿아 있음.

3. 유적의 전체현황

○ 5×5m 트렌치 2개 발굴, 발굴면적은 50m².
○ 구주택 재건축 구역으로 구주택의 기초가 고문화층을 파괴했기 때문에 어떠한 유적 및 고대 유물도 발견할 수 없었음.

4. 출토유물

출토된 유물이 없음.

5. 역사적 성격

출토유물이 없기 때문에 그 성격을 파악하기 힘든 상태임.

참고문헌

- 吉林省文物考古研究所·集安市博物館, 2004, 『國內城, 2000-2003年集安國內城與民主遺址試掘報告』, 文物出版社.

16 집안 국내성지 백화점뒤구주택재건축발굴지점
集安 國內城址百貨大樓後側舊房改造地點

1. 조사현황

1) 2001년 4~10월
○ 시행기관 : 吉林省文物考古硏究所와 集安市文物保管所.
○ 참여자 : 李東, 董峰, 張建.

○ 조사내용 : 건물공사장 발굴, 발굴면적 75m².
○ 발표 : 吉林省文物考古硏究所·集安市博物館, 2004, 『國內城, 2000-2003年集安國內城與民主遺址試掘報告』, 文物出版社.

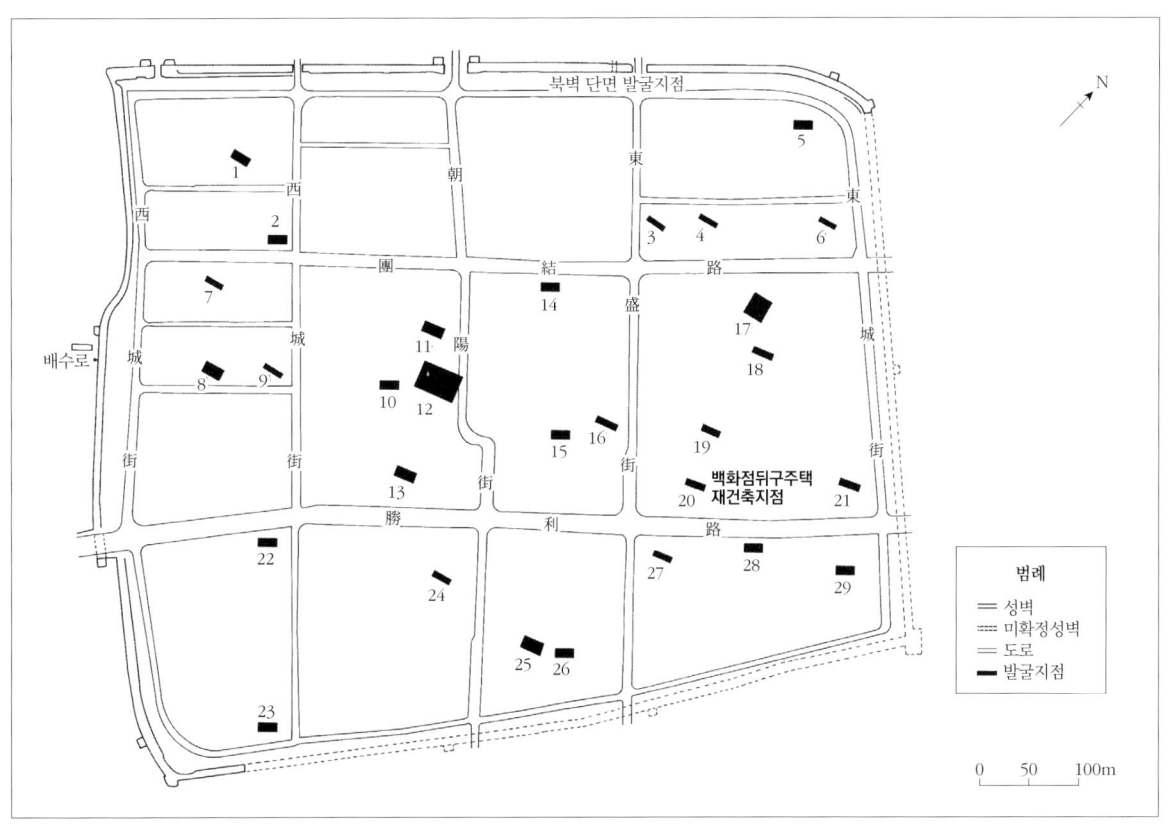

그림 1 국내성지 백화점뒤구주택재건축지점 위치도(바탕도『國內城』, 10쪽 ; 여호규, 2012, 48쪽)
세부 유적명은 이 책 74쪽 그림 1 참고.

2. 위치와 자연환경(그림 1-20)

○ 집안시 백화점 건물 뒤쪽에 위치.
○ 남쪽 약 20m 거리에 勝利路가 있음.
○ 구주택 재건축 구역임.

3. 유적의 전체현황

○ 5×5m 트렌치 3개 발굴, 발굴면적은 75m²임.
○ 구주택 기초에 의해 지층은 완전히 교란되었음.

4. 출토유물

매립토에서 극소량의 토기편만 발견되었음.

5. 역사적 성격

지층이 완전히 교란되었고, 출토유물도 거의 없어 유적의 시기나 성격 등을 파악하기 힘든 상태임.

참고문헌

- 吉林省文物考古研究所·集安市博物館, 2004, 『國內城, 2000-2003年集安國內城與民主遺址試掘報告』, 文物出版社.

17 집안 국내성지 제1유아원신축건물지점 건물지
集安 國內城址第一幼兒園新樓舍地點

1. 조사현황

1) 2001년 4~10월
○ 시행기관 : 吉林省文物考古硏究所와 集安市文物保管所.
○ 참여자 : 李東, 董峰, 張建.

○ 조사내용 : 건물공사장 발굴, 2개 층위와 건물지 확인, 발굴면적 150m².
○ 발표 : 吉林省文物考古硏究所·集安市博物館, 2004, 『國內城, 2000-2003年集安國內城與民主遺址試掘報告』, 文物出版社.

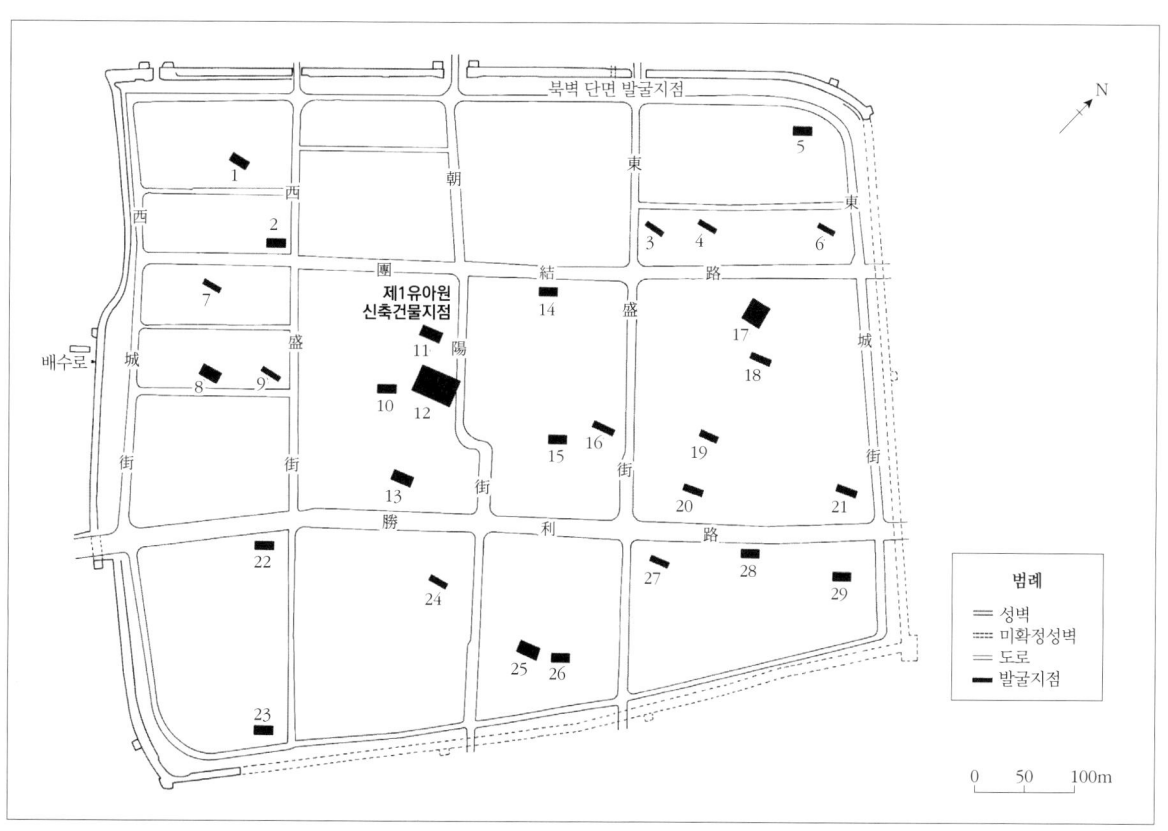

그림 1 국내성지 제1유아원신축건물지점 위치도(바탕도 『國內城』, 10쪽 ; 여호규, 2012, 48쪽)
세부 유적명은 이 책 74쪽 그림 1 참고.

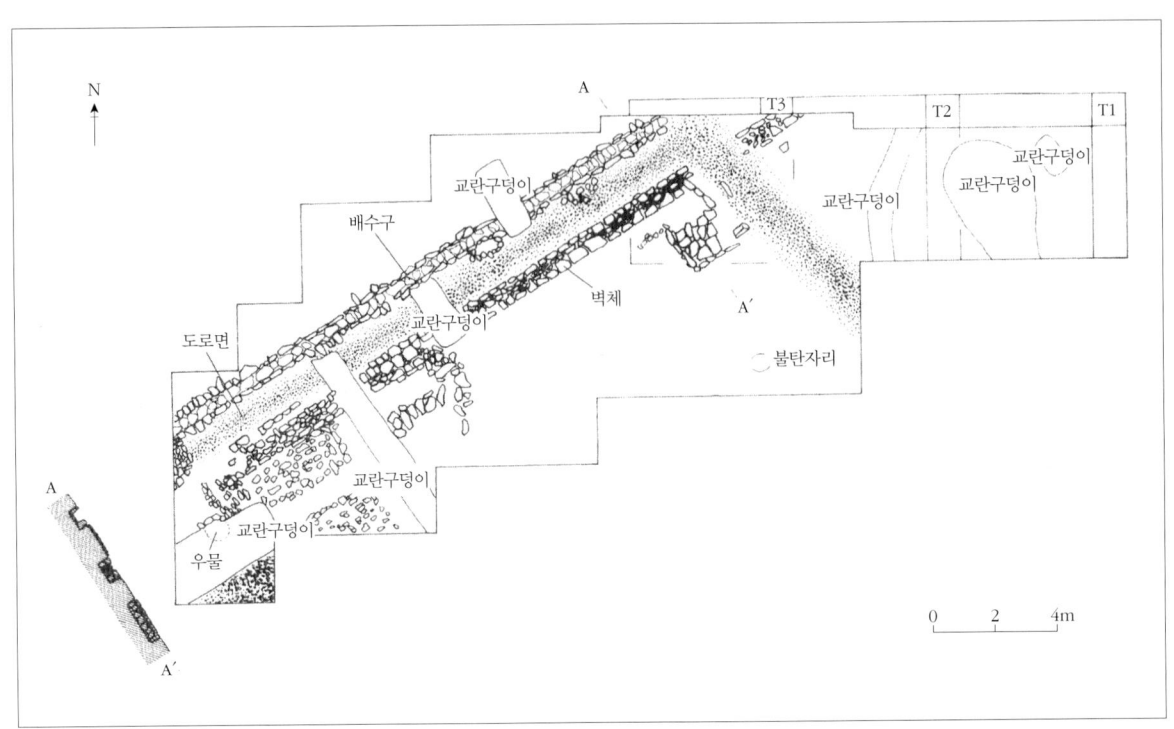

그림 2 국내성지 제1유아원지점 트렌치 및 유적 평면도와 단면도(『國內城』, 104쪽)

2. 위치와 자연환경(그림 1-11)

○ 국내성지 중부의 서쪽에 위치. 시 운동장의 북측.
○ 조사 당시 동쪽은 집안시 청사(2009년에는 유적지 공원으로 개축된 상태).

3. 유적의 전체현황(그림 2)

○ 처음에 5×5m 트렌치 4개를 설정하여 발굴함.
○ 유구 상황을 고려하여 발굴지역 확장, 총 발굴면적은 150m².

1) 지층 현황

(1) 제1층
표토층. 운동장을 정지할 때 깔았던 매립토임. 다량의 모래, 깬돌, 재 등 포함. 흙색은 여러 가지이고, 토질은 단단함. 두께 약 0.6~0.9m.

(2) 제2층
○ 갈색 토층. 토질이 비교적 단단함. 두께 약 0.20~0.40m.
○ 제2층에서 대형 건물지를 발굴함.
○ 제2층 이하는 강돌로 이루어진 원퇴적층인데 소량의 갈색토가 섞여 있음.

2) 유적

(1) 건물지(2001JGYYYF1)
○ 위치와 현황 : 건물지 유적의 윗면은 제1층 아래, 유구는 제2층의 지층에 위치함. 현대 건축물의 제약으로 인해 건물지 가운데 동북-서남 방향의 담장 기초 및 담장 외측의 도로면과 배수구 등만 조사하였음. 건축물

가운데 북부 구역을 발굴하였는데, 건축물의 전체 윤곽과 구조를 확정하지는 못함.

○ 벽체의 축조방식과 규모 : 벽체의 기초부를 축조하면서 지하 구덩이를 팠는데, 제2지층의 퇴적층을 파괴하며 조영함. 벽체는 석괴를 2열로 쌓아올렸는데 석재 크기는 일정하지 않음. 다만 석괴의 평평한 면을 바깥으로 드러나게 했기 때문에 벽면은 비교적 가지런함. 석괴 사이의 빈틈에는 잔돌을 채워넣었음. 벽체 기초의 일부 구간에는 2단으로 쌓은 벽체가 남아 있는데, 나머지는 1단 벽체만 남아 있고, 두 곳은 현대의 교란층에 의해 파괴됨. 벽체 기초의 서단은 잘려나갔고, 동단은 발굴 구역 바깥으로 계속 이어짐. 발굴한 벽체는 길이 22m, 기초 너비 0.75m, 기초 깊이 0.4m임.

○ 포석층(鋪石層)의 현황과 규모 : 제2층 지층 위에서 작은 강돌이나 깬돌을 섞어서 조성한 꺾임식 포석층 확인. 이 포석층의 일부 구간은 벽체 기초 외측에 위치하며, 벽체와 동북－서남 방향으로 평행하지만, 잔존한 벽체 기초보다 높이 돌출해 있음. 발굴구역 동부에서 포석층은 동쪽으로 꺾인 후 가로방향으로 벽체 기초를 뚫고 지나가고 있음. 포석층에 의해 절단된 구역의 벽체는 기초 구덩이가 없지만, 포석층 하부에 석괴는 보임. 동쪽으로 꺾인 포석층은 동남방향으로 뻗어 발굴구역의 바깥으로 이어짐. 포석층 가운데 동쪽으로 꺾인 부분의 길이는 8.25m, 동북－서남 부분의 길이는 19.5m, 평균 두께는 5cm임. 포석층의 서단은 돌무더기에 의해 절단됨.

○ 벽체와 포석층의 관계 : 포석층에 의해 절단된 2001JGYYYF1 북벽 부분은 건물지 북벽의 門址에 해당함. 포석층과 북벽 기초부의 높이가 다르기 때문에 문지 양 끝의 벽체 기초부는 덮히지 않았고, 포석층 위에 문지와 관련된 시설도 없음. 이로 인해 문지의 구조를 정확하게 파악하기 어려움. 문지를 지나는 포석층 너비는 약 1.5m인데, 문지 너비도 대략 같음. 이로 보아 포석층은 건축물의 도로로 추정됨. 동쪽으로 꺾인 포석층은 2001JGYYYF1의 실내 도로이고, 동북－서남 방향 부분은 실외 도로임.

○ 건축물 내부의 유구 : 북벽 기초부 안쪽의 내부 구역에서 해당 건축물의 원지면을 확인하지는 못함. 제2층에서 훼손된 석괴 퇴적유구 4곳 확인.

○ 실내 노면 서측의 석괴 퇴적유구 : 대략 장방형으로 석괴를 깔고 그 위에 石板을 깐 2단 석괴 퇴적층임. 퇴적층 동쪽은 실내 도로면에 닿아 있고 북쪽 약 0.8m 거리에 북벽이 있음. 길이 약 1.7m, 너비 약 1.4m, 두께 약 0.4m. 이 퇴적유구의 동북 모서리와 북벽 기초부 사이에 불규칙한 석괴 2개가 연결되어 있음. 서북 모서리에는 북벽과 평행한 1단이 있는데, 서북향으로 펼쳐진 단층의 작은 강돌 퇴적으로 길이는 약 1.2m임.

○ 2층 석괴 퇴적층의 서쪽 7.5m 거리에 북벽 기초와 평행한 일렬의 단층 석괴 퇴적 구간이 있음. 길이 약 2.8m. 동북 모서리와 북벽 사이에 원형의 석괴 퇴적이 하나 있음. 남부에는 어지럽게 흩어진 석괴가 있음.

○ 원형의 불탄자리 : 실내 노면 서측의 제2층 지층에 위치함. 이곳에서부터 동쪽 약 2.4m 거리에 실내 도로면, 북쪽 5.5m 거리에 북벽이 있음. 불탄자리에는 재와 타다남은 나뭇가지가 퇴적되어 있음. 불탄자리의 직경은 약 0.65m, 두께는 약 0.15m임.

○ 실내 서남부의 강돌 퇴적유구 : 동서로 연결된 강돌 퇴적층 2곳 발굴. 동쪽 퇴적층의 강돌이 비교적 크며, 서쪽 퇴적층의 강돌은 조금 작음. 퇴적층은 모두 발굴 구역 바깥으로 이어지지만, 발굴하지는 못함.

○ 2001JGYYYF1 북벽은 동향하여 발굴구역 바깥으로 뻗어나간 것으로 보아 동북부의 북벽 남측 구역은 건물의 실내에 속하는 것으로 추정됨. 2001JGYYYF1 실내 도로면 동측의 발굴구역은 현대의 건축물 기초에 의해 파괴되어 관련 유적을 발견하지 못함.

○ 배수구 : 2001JGYYYF1 실외 도로면 북측에서 북벽의 기초와 평행한 배수구 유적을 발굴함. 도로면보다 낮은 곳에 위치함. 이 배수구 유구도 제2층 퇴적층을

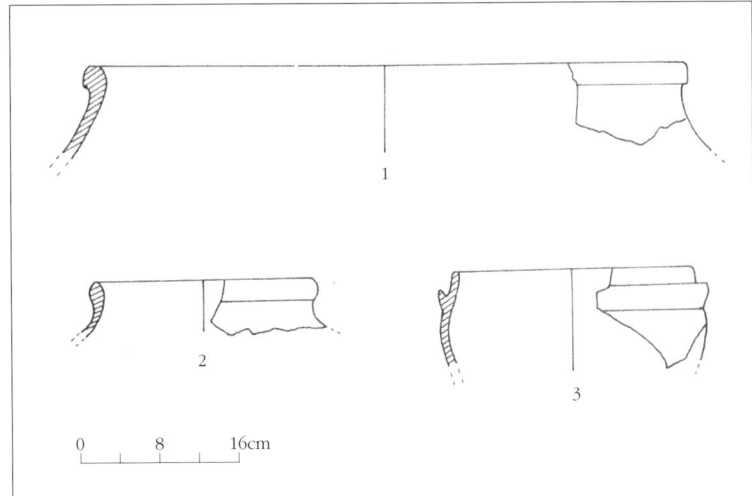

그림 3
국내성지 제1유아원지점 출토 토기
(『國內城』, 107쪽)
1. 옹(2001JGYYY T2②:1)
2. 호(2001JGYYY T3②:3)
3. 호(2001JGYYY T3②:2)

파괴하며 조성됨. 배수구의 바닥은 평평한 석판을 깔아 조성했으며, 그 양측에 석괴를 쌓아 배수구의 벽을 축조함. 배수구 덮개돌은 발견하지 못함. 배수구 양단은 발굴구역 바깥으로 이어짐. 발굴 길이 17.75m. 배수구의 바닥면은 동북에서 서남으로 약간 경사짐. 배수구 중부 남측에서 배수구의 남벽과 연결된 석괴 퇴적 유적 2곳을 발견함. 유적은 모두 원형인데, 기둥(立柱)과의 관련성 여부를 확정하기는 어려움.

○ 유적의 성격 : 2001JGYYYF1은 돌로 쌓은 벽체, 잔돌을 깐 도로면, 돌로 쌓은 배수시설 등을 갖춘 대형 건축물임.

(2) 우물터(井址)

○ 위치 : 발굴구역의 서남 모서리에 위치.

○ 축조양상 : 제3층 퇴적층에서 돌로 축조한 자루모양의 우물벽이 뚜렷이 확인됨. 우물벽을 쌓아올릴 때, 평평한 면을 바깥으로 나오게 하여 벽면이 비교적 가지런함. 우물은 깊이가 깊어짐에 따라 그 너비도 넓어짐.

○ 규모 : 발굴시에 잔존한 우물벽 위쪽 입구는 지표하 1.1m 깊이에 위치. 우물 직경은 0.6m임. 우물 바닥까지 도달하지 못하고 지표에서 3m 깊이까지만 발굴함.

○ 시기 : 입구가 파괴되어 층위를 확정하기는 힘듦. 우물 안에는 현대 매립토가 퇴적되어 있어 정확한 조영시기를 알 수 없음.

4. 출토유물

1) 토기

(1) 옹(甕) 2001JGYYY T2②:1 (그림 3-1)[1]

○ 크기 : 구연 직경 60cm.

○ 형태 : 구연부 잔존. 구연은 외반, 구순은 方圓.

○ 색깔과 태토 : 니질의 회색 토기.

(2) 호(陶罐)

○ 수량 : 2건.

○ 모두 파손품.

① 2001JGYYY T2②:3 (그림 3-2)

○ 크기 : 구연 직경 22cm.

---

[1] 『國內城』 106쪽에는 그림 3-3으로 표기되어 있지만, 그림 3-1의 오기임.

○ 형태 : 구연은 외반, 구순은 둥글게 처리하였음.
○ 색깔과 태토 : 니질의 흑갈색 토기.

② 2001JGYYY T2②:2 (그림 3-3)
○ 크기 : 구연의 내구 직경 24cm, 구연의 외구 직경 29cm.
○ 형태 : 구연부에 단이 져 있음(子母口, 이중 구연), 안쪽 구연부의 구순은 둥글게 처리하였음. 바깥쪽 구연부의 구순은 각이 져 있음. 동체는 둥근 형태.
○ 색깔과 태토 : 모래혼입 회색 토기.

5. 역사적 성격

이 유적은 돌로 쌓은 벽체, 자갈과 잔돌을 깐 도로면, 돌로 쌓은 배수시설 등을 갖춘 고구려시기의 대형 건축물로 추정됨(『國內城』). 건물지의 중심축과 방향은 이 유적의 남쪽에 위치한 운동장지점 건물지나 시실험소학지점 건물지와 같으므로 동일한 건물군을 구성했을 가능성이 높음(집안 국내성지 운동장지점 건물지의 〈그림 27〉 참조). 이에 이들 건물지가 위치한 국내성지 중앙 구역에 왕궁이 위치했을 것으로 추정하기도 함(여호규, 2012).

참고문헌

- 吉林省文物考古硏究所·集安市博物館, 2004, 『國內城, 2000-2003年集安國內城與民主遺址試掘報告』, 文物出版社.
- 여호규, 2012, 「고구려 국내성 지역의 건물유적과 도성의 공간구조」, 『한국고대사연구』 66.

| 18 | 집안 국내성지 시실험소학교지점 건물지
集安 國內城址市實驗小學地點 |

1. 조사현황

1) 2001년 4~10월
○ 시행기관 : 吉林省文物考古硏究所와 集安市文物保管所.
○ 참여자 : 李東, 董峰, 張建.
○ 조사내용 : 발굴면적 260m², 3개 층위와 배수구 유적 확인.
○ 발표 : 吉林省文物考古硏究所·集安市博物館, 2004, 『國內城, 2000-2003年集安國內城與民主遺址試掘報告』, 文物出版社.

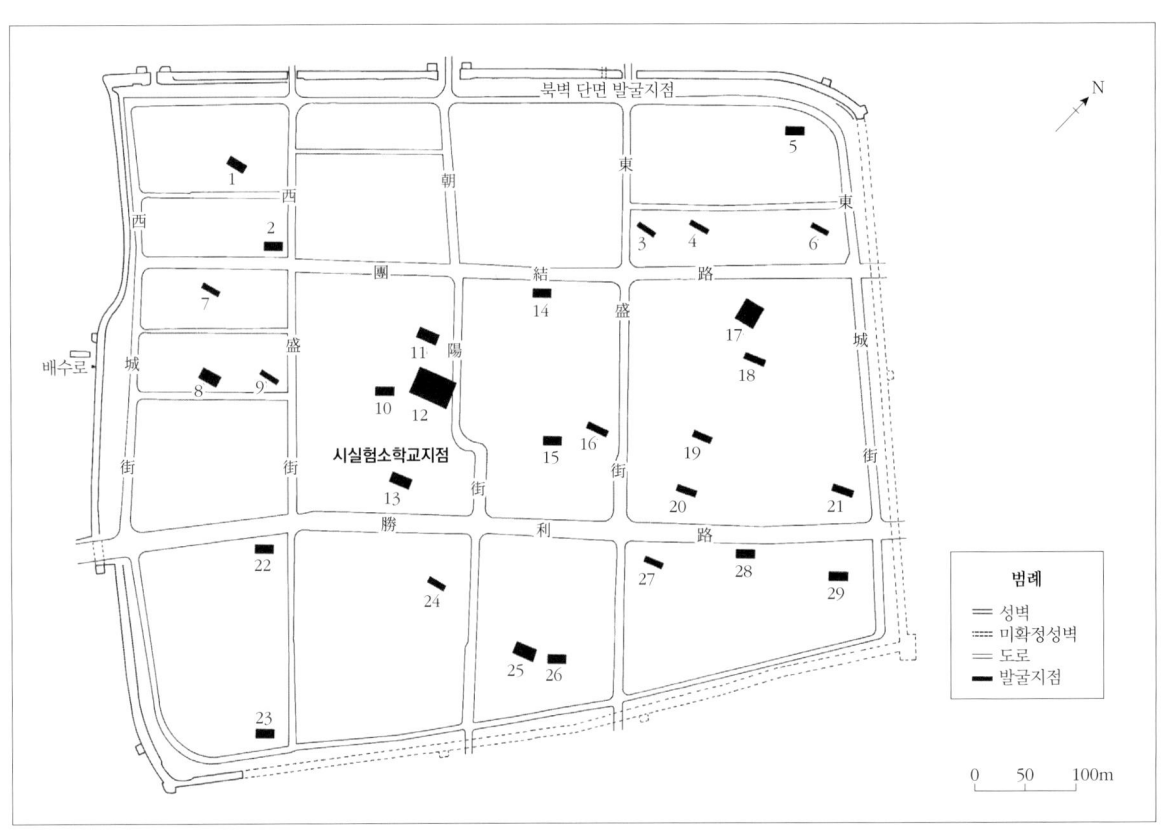

그림 1 국내성지 시실험소학교지점 위치도(바탕도 『國內城』, 10쪽 ; 여호규, 2012, 48쪽)
세부 유적명은 이 책 74쪽 그림 1 참고.

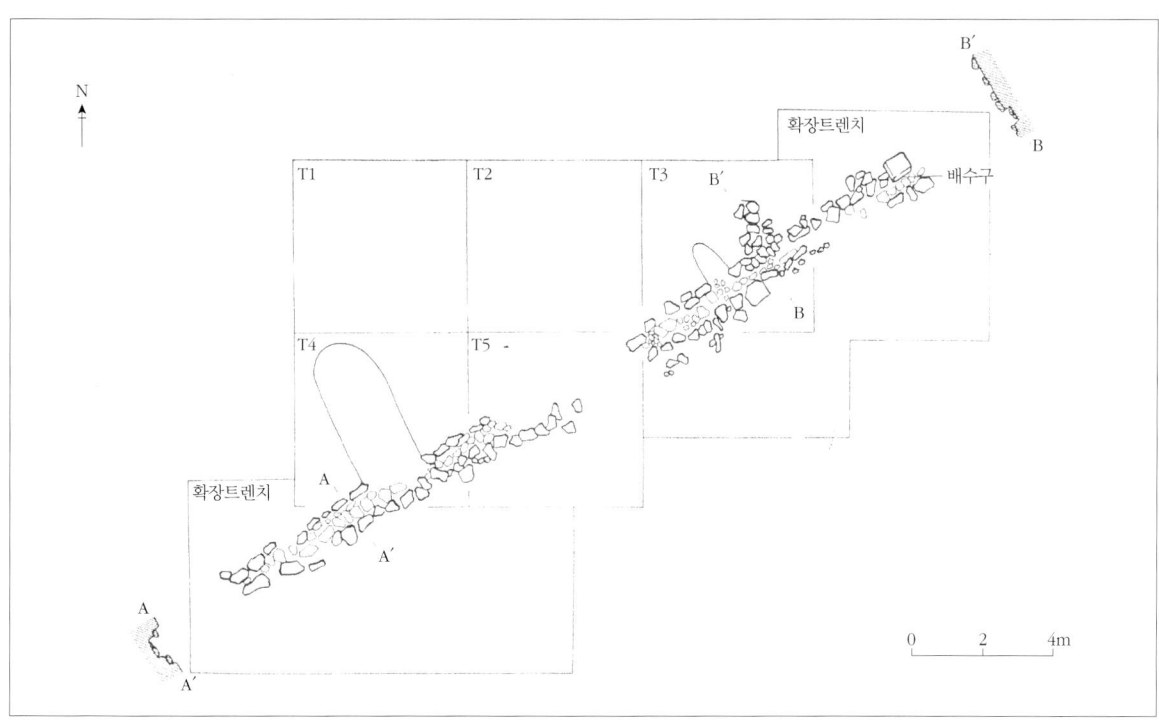

그림 2 시실험소학교지점 트렌치 및 배수구 유적 평면도와 단면도(『國內城』, 108쪽)

2. 위치와 자연환경(그림 1-13)

○ 국내성지 중부의 서측에 위치.
○ 集安市 운동장과 勝利路 사이에 해당함.

3. 유적의 전체현황(2001JGSX)

○ 5×5m 트렌치 5개를 설정한 다음 유적상황에 따라 발굴면적 확장.
○ 전체 발굴면적 260m².

1) 지층 현황

(1) 제1층
표토층. 매립토임. 토질은 비교적 단단하며 두께 0.40~0.50m.

(2) 제2층
흑토층. 토질이 푸석푸석함. 두께 0.10~0.20m.

(3) 제3층
○ 회갈색 토층. 토질이 비교적 단단함. 두께 0.40~0.60m.
○ 제3층 이하는 강돌로 이루어진 원퇴적층. 소량의 갈색토가 섞여 있음.

2) 배수구 유적(2001JGXG1, 그림 2)

○ 위치 : 윗면은 제2층 아래에 있음. 제3층을 파고 원퇴적층까지 이름.
○ 현황 : 배수구의 방향은 동북-서남. 배수구의 일부인데, 현대 건축물 때문에 전면 발굴을 하지는 못함. 배수구 바닥에는 윗면이 비교적 평평한 불규칙한 석괴를 깜. 양측 벽면의 경우 하단은 배수구를 판 토층 단면을 활용하고, 그 위에 돌로 벽을 쌓음. 이로 인해 토벽이

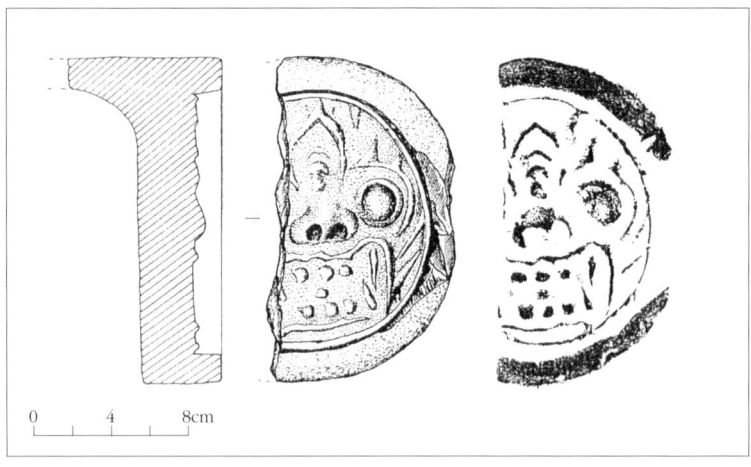

그림 3
시실험소학교지점 출토 와당과 탁본
(『國內城』, 109쪽)

많이 침식되었으며, 상부의 석벽이 안쪽으로 많이 경사지게 됨. 덮개돌은 발견하지 못함.
○ 규모 : 발굴한 배수구는 길이 23.5m, 너비 약 0.5m, 깊이 약 0.35m.

4. 출토유물

제3층 퇴적층에서 1건의 수면문와당 잔편이 출토됨.

1) 와당 2001JGSXT3③:1 (그림 3)
○ 크기 : 와당 직경 16.2cm, 막새면 직경 12.7cm, 주연 너비 1.2cm, 높이 1.6cm.
○ 문양 : 우측 당면 부분이 남았음. 모압부조 수면문, 둥근 눈알이 바깥으로 불룩함(圓眼外鼓). 눈썹은 불꽃 모양의 조형임. 눈썹 사이에 아래에서 위로 세로방향의 3줄의 점차 커지는 月牙形 문양 장식이 있음. 들린 코, 콧구멍은 바깥으로 노출됨. 코끝은 막새면의 가장 높은 지점임. 벌어진 입. 상하 턱에 각각 4개의 이빨이 남아있음. 그 중 상하 각각 3개의 앞니가 가지런히 배열되어 있고 우측의 상하에 각각 송곳니가 남아 있음. 이빨 사이에 圓點形 혀끝이 바깥으로 노출되어 있음. 막새면 외연 둘레에 凸棱文 한 줄 시문.

○ 색깔과 태토 : 모래혼입 홍갈색.

5. 역사적 성격

발굴한 유구는 돌로 축조한 배수시설임. 다만 수면문 와당이 출토된 것으로 보아 상당히 중요한 건축물이 존재했을 것으로 추정됨. 건물지의 중심축과 방향은 이 유적의 북쪽에 위치한 운동장지점 건물지나 유치원신축지점 건물지 등과 같으므로 동일한 건물군을 구성했을 가능성이 높음(집안 국내성지 운동장지점 건물지의 그림 27 참조). 이에 이들 건물지가 위치한 국내성지의 중앙 구역에 고구려시기의 왕궁이 위치했을 것으로 추정하기도 함(여호규, 2012).

참고문헌
• 吉林省文物考古研究所·集安市博物館, 2004, 『國內城, 2000-2003年集安國內城與民主遺址試掘報告』, 文物出版社.
• 여호규, 2012, 「고구려 국내성 지역의 건물유적과 도성의 공간구조」, 『한국고대사연구』 66.

19 집안 국내성지 운동장지점 건물지
集安 國內城址體育場地點

1. 조사현황

1) 1971년
○ 운동장 서쪽에서 굴착 작업을 하다가 고대 담장의 기초, 초석, 고구려시기의 기와편 등을 발견함. 담장의 기초는 약 1.5m 깊이로 이미 파괴되었음. 초석 윗면은 소반을 엎어놓은 모양이었다고 함.
○ 발표 : 董峰, 1993, 「國內城中新發現的遺蹟和遺物」, 『高句麗研究文集』, 延邊大學出版社.

2) 2003년 4~8월
○ 시행기관 : 吉林省文物考古研究所全省文物部門.
○ 참여자 : 宋玉彬, 劉景文, 何明, 庸志國, 唐音, 石甾原, 程建民, 張建宇, 全仁學, 丁宏毅, 楊俊峰, 翟敬源, 劉雪山, 谷德平, 馬洪, 王新勝, 王昭, 郝海波, 林世香.
○ 조사내용 : 5개 층위 확인, 건물지 4기와 재구덩이 7기 발굴, 발굴면적 2,100m².
○ 발표 : 吉林省文物考古研究所·集安市博物館, 2004, 『國內城, 2000-2003年集安國內城與民主遺址試掘報告』, 文物出版社.

2. 위치와 자연환경(그림 1-12)

○ 운동장은 국내성지 중부의 조금 서쪽에 치우쳐 있음.

○ 1950년대 초에 운동장이 만들어진 이후 큰 개축이 이루어지지 않아 지층의 교란이 적은 편임. 이로 인해 이 지역은 국내성지 내에 현존하는 가장 큰 공터임. 2009년 당시 고구려역사유적 공원으로 조성되어 있었음.

3. 유적의 전체현황(2003JGTYC)

1) 발굴개요(그림 2)
○ 운동장의 동북부 구역에 대해 대규모 발굴을 진행하여 발굴 구역의 층위를 파악하고 고구려시기의 건물지 4기를 조사함.
○ 5×5m 트렌치 16개를 설정하고 임시 일련번호를 매김(통일 일련번호 T20-T23, T26-T29, T32-T35, T38-T41). 발굴 진행 상황에 근거하여 트렌치를 확장한 다음. 동쪽에서 서쪽으로 트렌치의 일련번호를 통일시켰는데, 트렌치는 모두 77개로 2003JGTYC1-77로 편호함. 다만 불완전한 트렌치는 남쪽으로 넓혀 '확장 트렌치(擴方)'로 처리함.
○ 발굴한 2003JGTYC F2와 F3 등은 비교적 완전한 건물지의 구조를 갖추고 있는데, 그 아래 문화층에 대해서는 발굴작업을 실시하지 않음. 발굴 구역의 트렌치 격벽까지 모두 조사하였는데, 확장한 발굴면적까지 합하면 총 발굴면적은 약 2,100m²에 이름.

그림 1 국내성지 운동장지점 위치도(바탕도 『國內城』, 10쪽 ; 여호규, 2012, 48쪽)
세부 유적명은 이 책 74쪽 그림 1 참고.

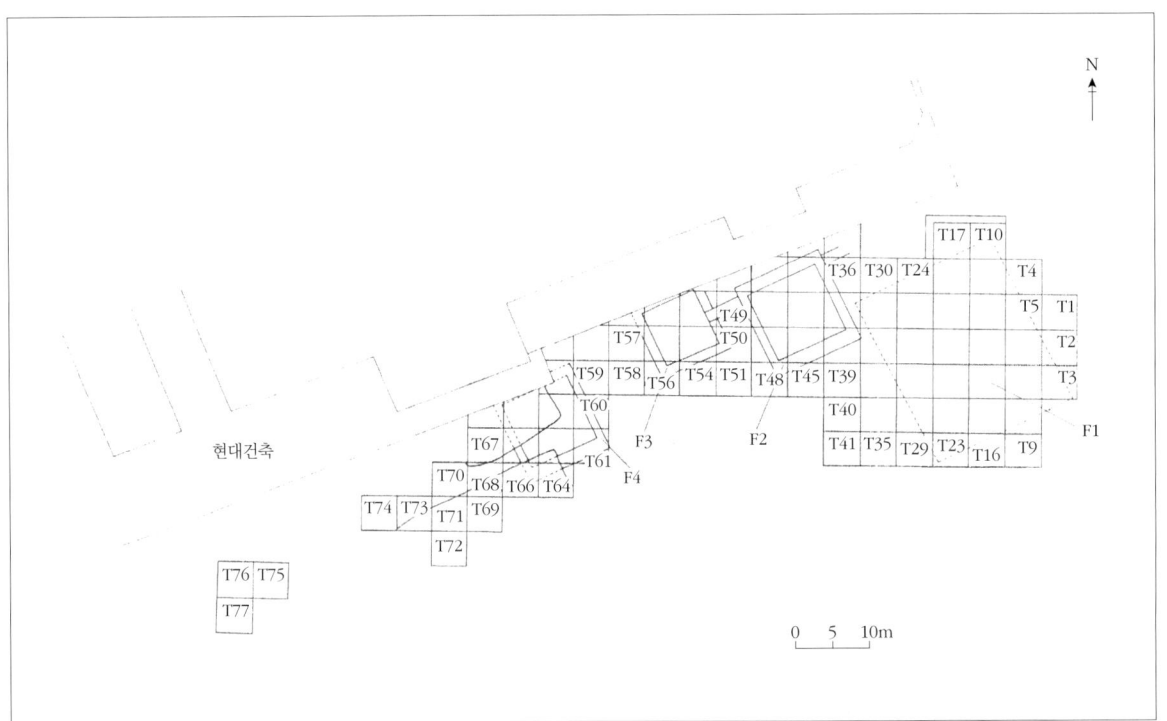

그림 2 국내성지 운동장지점 트렌치 및 유적 평면도(『國內城』, 111쪽)

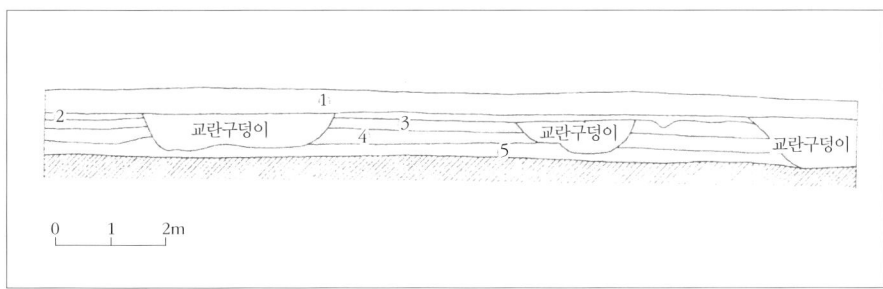

그림 3
운동장지점 T29, T35, T41
남벽 단면도(『國內城』, 112쪽)

2) 지층 현황(그림 3, 그림 4)

(1) 제1층

표토층. 두께 0.38~0.45m. 여러 차례 운동장을 평평하게 고르면서 형성된 퇴적층으로 회색 석탄재, 황색 모래흙, 크기가 일정하지 않은 강돌 등이 많이 포함되어 있음. 지질은 단단함. 이 층에서 청대의 '乾隆通寶', 조선의 '常平通寶' 등이 출토됨. 또 일제시기의 유리그릇, 도자기 등 각종 현대 건축 폐기물도 있음.

(2) 제2층

흑토층. 토질이 부드럽고 점성이 약하며 비교적 순수함. 이 층은 지표 아래 0.38~0.45m 깊이로서 두께는 0.06~0.1m임. 이 층은 모든 발굴구역에 펼쳐져 있는데, 근현대 유물 외에 소량의 깨진 홍갈색 기와편이 포함되어 있음. 기와편에는 網格文, 編織文 등 고구려시기의 암키와 문양이 새겨져 있음.

(3) 제3층

황갈색 점토층. 토질이 세밀함. 이 층은 지표 아래 0.4~0.6m 깊이로서 두께는 0.07~0.25m임. 다량의 홍갈색 기와편과 더불어 불에 굽혀진 풀반죽 진흙덩어리가 소량 포함되어 있음. 이 층은 모든 발굴구역에 분포해 있으며 남쪽에서 북쪽으로 가면서 점차 두꺼워짐. 이 층 아래에서 4기의 지상식 건물지를 발굴함.

(4) 제4층

옅은 갈색 토층. 토질은 비교적 푸석푸석함. 일부 모래뻘이 있음. 이 층은 지표 아래 0.5~0.6m 깊이로서 두께는 0.15~0.48m임. 이 층은 전 발굴 구역에 분포하고 있는데, 북쪽에서 남쪽으로 가면서 점차 두꺼워짐. 제4층 아래에서 재구덩이 7기를 발굴했는데, 모두 제5층을 파괴했음.

(5) 제5층

갈색 토층. 토질이 푸석푸석함. 가는 모래흙과 강돌을 소량 포함하고 있음. 이 층은 지표 아래 0.68~0.88m 깊이로서 두께는 0.2~0.5m임. 이 층은 발굴구역 내에 고르게 분포하며, 남쪽에서 북쪽으로 갈수록 얇아짐.

(6) 생토층

제5층 아래는 강돌 원퇴적층으로 이 층의 두께는 2m 이상임. 일부 구역에는 비교적 순수한 모래뻘층이 분포하고 있음.

(7) 지층종합

발굴 상황을 조사해보면 제1~2층은 근현대 퇴적층이고, 제3~5층은 고구려시기의 퇴적층임. 제2~3층에서 출토된 홍색 기와편은 인위적으로 깨뜨린 것으로 보임. 노출된 유적은 거의 대부분 상당 정도 파괴된 상황임. 그 외 발굴구역 북쪽의 현대 건축물도 유적의 전면 노출에 영향을 미침.

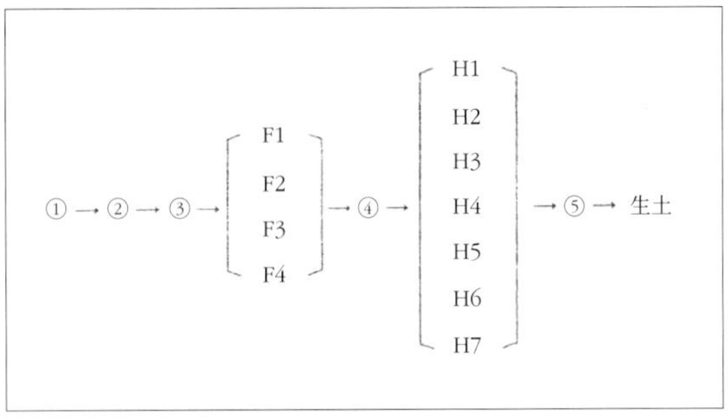

그림 4 운동장지점 지층과 유적의 층위 관계(『國內城』, 112쪽)

3) 유적

(1) 제3층 아래 유적

○ 발굴구역 동북부에서 4기의 건물지를 발굴함. 동쪽에서 서쪽 방향으로 유적의 번호를 2003JGTYC F1∼F4로 매김.
○ 4기 유적은 모두 지상 건축물로서 제3층 아래의 제4층 퇴적층에 위치하며, 유적의 일부 구역이 제4층 퇴적층을 파괴시켰음. 운동장 지점의 지층과 유적의 층위 관계는 다음과 같음.

① 2003JGTYC F1 (이하 F, 그림 5)

㉠ 전체현황
운동장 발굴구역의 동부에 위치함. 많이 파괴되어 유적의 범위를 확정지을 수 없음. 전체적으로 남북방향이 길고, 동서방향이 짧은 장방형의 지상 건축물임. 동서 양측의 윤곽은 식별할 수 있으나, 남북 양단은 확정하기 힘든 상태임.

㉡ F1 서변의 초석 기초
○ F1 건물지 서변에는 남북방향으로 초석의 기초 4곳이 남아 있음. 초석 기초는 서북-동남 방향으로 한 줄로 배열되어 있는데, 초석 잔흔으로 판단해볼 때 모두 暗礎임. 지면 아래에 얕은 원형구덩이를 파고, 구덩이 가운데에 강돌을 깔아 원형의 초석 바닥을 만듦. 그 위에 괴석을 놓아 초석을 지탱했는데, 파괴가 심해 원형 구덩이를 파내려간 흔적을 확정하지 못함. 다만 초석이 있었던 위치는 상대적으로 약간 낮았을 것으로 생각됨. 남쪽에서 북쪽 방향으로 초석의 일련번호를 F1S1-F1S4로 매김.

○ F1S1 : 초석 아래에 강돌을 깔았던 층은 파괴되었고 북쪽에 강돌이 조금 남아 있음. 초석은 보존되어 있는데, 윗면이 평평한 불규칙한 방형 석괴임. 변의 최대 길이는 0.8m임.
○ F1S2 : 초석 아래에 깐 강돌이 일부 남아 있음. 강돌층의 최대 직경은 약 1m.
○ F1S3 : 초석 아래에 깐 강돌이 일부 남아 있음. 강돌층의 최대 직경은 약 1.5m.
○ F1S4 : 초석 아래에 깐 강돌이 일부 남아 있음. 강돌층의 최대 직경은 약 1.5m.
○ 4곳의 초석 기초는 각기 다른 정도로 파괴되었고, 초석 가운데 다수는 남아 있지 않아 간격을 확정하기 어려운 상황임. F1S2와 F1S3 서측에서 각각 석괴와 부서진 벽돌로 쌓은 벽체(墻體) 흔적을 발굴하였는데, 북쪽으로 뻗어 있고, 단층으로 한 줄로 이루어져 있음. 양자는 서로 연결되어 있지 않지만 뻗은 방향은 대략 일직선을 띰. 대체로 F1 건물 기초의 보호벽과 관련된 것으로 추측됨.

㉢ F1 동변의 벽체 흔적
○ F1의 東邊 구역에서 강돌과 불규칙한 석괴로 구성된 퇴적물을 대량으로 발굴함. 이 석괴는 대체로 세로방향으로 분포해 있는데, 서북-동남 방향임. F1 서변의 초석 기초 방향과 서로 같으며, 평행을 이루고 있음. F1S3 외변과 F1 동변 사이의 동서 거리는 약 21.1m로서 건물의 너비로 추정됨.
○ 동변 구역의 퇴적층은 강돌과 석괴로 축조한 벽체로 추정됨. 벽체의 잔존길이는 약 29m. 그 너비는 정

그림 5
운동장지점 F1 평면도와
단면도(『國內城』, 113쪽)

확히 알 수 없음. 벽체의 내측인 서쪽에 간헐적으로 불규칙한 석괴가 분포되어 있는데, 석괴의 크기는 비교적 작으며 일반적으로 최대 길이가 0.5m를 넘지 않음. F1 서변의 초석 기초와의 대응관계가 부족함. 이로 인해 초석과 관계가 있는지 판명하기가 어려움.

ㄹ) F1 내부의 교란구덩이와 서변의 제2열 초석 기초
○ F1 서변의 초석 기초부와 동변 벽체 사이에는 커다란 현대 교란구덩이가 3개 있어서 완전히 파괴됨.
○ F1S1의 동쪽 약 3.5m 거리에 원형의 강돌퇴적층이 존재하는데, 최대 직경은 약 2m이고, F1S1과 같은 수평면에 위치함.
○ F1S2의 동쪽 약 3.8m 거리의 현대 교란구덩이 남측에도 윗면이 비교적 평평한 장방형 괴석과 강돌이 남아 있는데, 장방형 석괴의 길이는 약 1.1m, 너비는 약 0.5m임.

○ F1S4의 동쪽 약 3.75m 거리에도 작은 강돌 퇴적층이 있음.
○ 상기 유구는 그 위치와 상응관계로 보아 F1 서변의 제2열 초석 기초의 흔적으로 추정됨.

ⓜ F1 중앙의 'ㄱ'자형 유구
○ F1S4의 동쪽 약 7m 거리에서 강돌로 쌓은 'ㄱ'자형 유구를 발굴하였는데, F1 건물지의 동서방향 중간에 위치해 있음.
○ 안팎의 양 길은 단층 석괴로 꺾여지는 형태로 쌓았는데, 먼저 남쪽에서 북쪽으로 뻗은 다음 직각으로 꺾여져 서쪽에서 동쪽으로 펼쳐져 있음. 안쪽 길은 비교적 큰 강돌, 바깥쪽 길은 크기가 서로 다른 강돌로 쌓았음. 남단에는 2개의 커다란 강돌로 막아 접합해 놓았음. 서단에 강돌이 흩어져 있는데 원래의 구조인지 여부는 알 수 없음. 유구의 성격은 분명치 않음.

ⓗ F1 동벽 안쪽의 초석 기초
○ F1S4의 동쪽 약 22.75m 거리에서 강돌 퇴적층을 발굴함.
○ 강돌 퇴적층 중부 북쪽에 불규칙한 석괴가 있는데, 최대 길이 약 0.6m, 최대 너비 약 0.5m. 이 유구는 아마 건물지의 초석으로 추정됨.

ⓢ F1 서북의 벽체
F1S4의 북측 약 5.9m 거리에 크기가 일정하지 않은 강돌로 이루어진 꺾여진 벽체 유구를 발굴함. 건물지의 서북 모서리로 추정됨.

ⓞ F1 유구의 성격
○ F1은 제4층 퇴적물 위에 위치해 있음. 실내에서 인공적으로 형성한 지면을 발견하지 못했고, 문도 확인하지 못함.
○ 건물지의 동서 너비는 약 21m. 남북 길이는 분명하지 않음.

② 2003JGTYC F2 (이하 F2, 그림 6)

㉠ 건물 유적
○ 위치와 구조 : T32, T36~T38, T42 확장 트렌치, T42~T45, T46 확장 트렌치, T46~T48, T49 확장 트렌치, T49-T50, T52 등 17개 트렌치와 확장 트렌치에 걸쳐 있음. 건물지의 평면은 방형이며, 안팎 2중의 벽체를 발굴했는데, 전체 윤곽은 '回'자형 구조임. 건물지의 방향은 동으로 15도 기울어졌음. 안팎의 2중 벽체와 함께 실내에서는 강돌포석층, 동남 모서리 외곽에서는 배수구를 조사했는데, 문지나 부뚜막 등을 발견하지는 못함.
○ 바깥 벽체 : 바깥 벽체의 기초는 제4층 퇴적층 위에 큰 강돌을 사용해 쌓았고, 작은 강돌로 빈틈을 채워 넣음. 벽체의 네 테두리는 조금씩 파괴되었는데 길이가 일정하지 않은 틈이 있음. 그중에서 남북 두 벽체의 파손 정도가 가장 심함. 북벽은 벽체 윤곽이 흐릿하게 보임. 남벽 동단의 벽체는 남아 있지 않음. 잔존 상황으로 판단해 볼 때 바깥 벽체는 대략 방형으로 남북 길이 약 14m, 동서 너비 약 13.5m로서 면적은 약 189m²임. 바깥 벽체의 잔고는 약 0.15m, 너비는 약 1.2m임.
○ 내외 벽체의 간격 : 남북방향 안팎 벽체 간격과 동서방향 안팎 벽체의 간격은 차이가 남. 동서방향 내외벽의 간격은 약 0.5~0.6m. 남북방향 내외벽의 간격은 약 1.1m. 내외 벽체 사이에서 평평하게 깐 장방형 전돌 몇 개가 발견됨. 남아 있는 것이 아주 적어서 두 벽 사이에 전체적으로 전돌을 다 깔았는지 여부를 판단하기는 어려움.
○ 안쪽 벽체 : 안쪽 벽체의 윤곽도 대략 방형인데, 남북 길이 약 10m, 동서 길이 약 10.2m임. 안쪽 벽체는 크기가 비슷한 강돌로 축조하였는데, 하단의 기초가 제

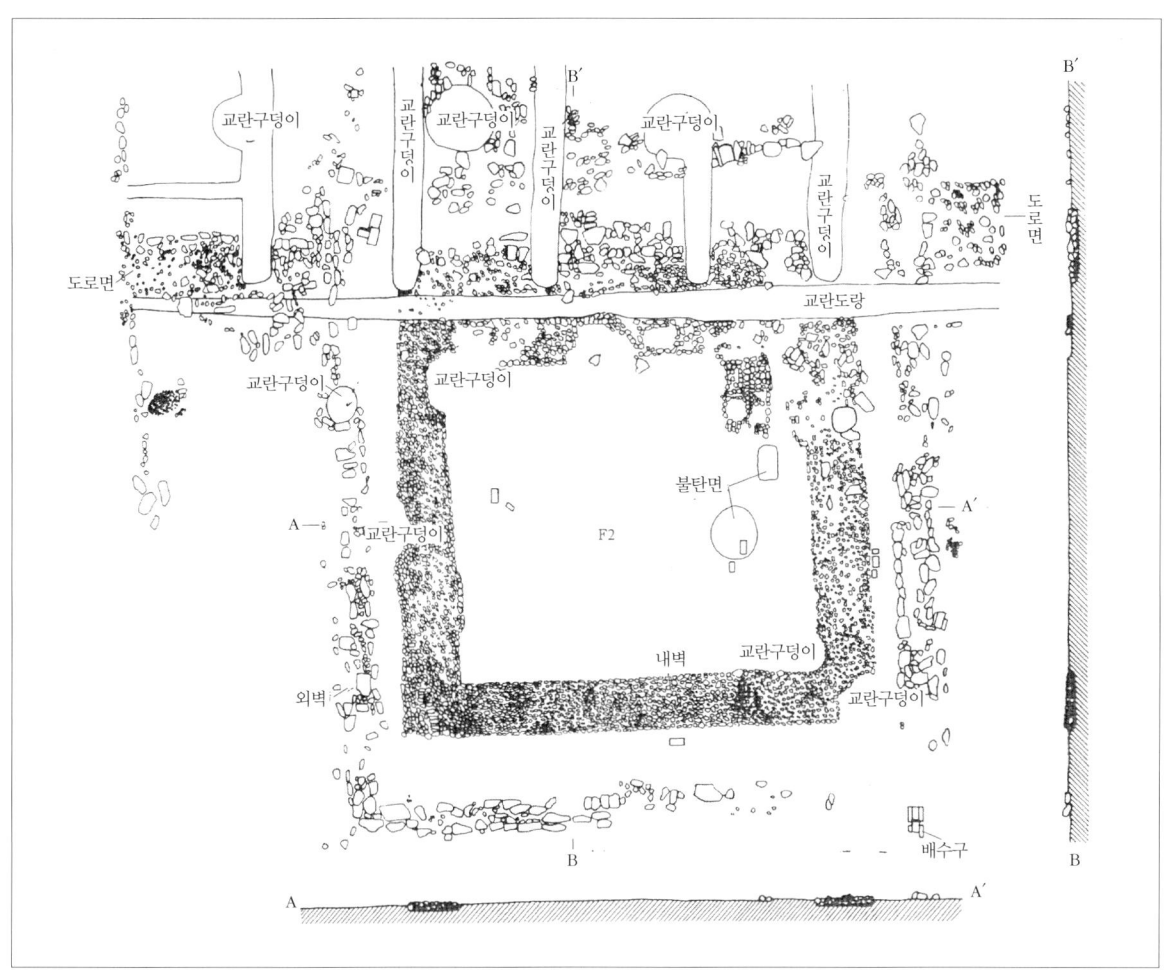

그림 6 운동장지점 F2 평면도와 단면도(『國內城』, 117쪽)

4층의 퇴적층을 파괴함. 먼저 제4층 퇴적층 아래로 깊이 약 0.15m의 고랑을 파고, 벽체를 쌓아 올렸는데, 그 중 북벽의 작은 강돌 위에는 큰 강돌을 덮었음. 안쪽 벽체의 잔존높이는 약 0.15~0.2m임. 너비는 동서 벽체가 남북 벽체보다 약간 넓은데, 동서 벽체의 너비는 약 1.3m 남북 벽체의 너비는 약 1.1m임. 안쪽 벽체의 북벽은 운동장 관람석 때문에 많이 파괴되었음. 서벽도 서남 모서리에서 3.6m 떨어진 벽체 외측과 6.5m 떨어진 벽체 내측이 후대의 교란구덩이에 의해 파괴됨. 동남 모서리의 내외 양측도 후대의 교란구덩이에 의해 파괴됨. 다른 부분은 잘 보존되어 있음.

○ 실내 부분 : 안쪽 벽체 내부는 동서 길이 약 7.6m, 남북 길이 약 7.5m, 면적 약 57m²임. 실내 지표 위에 흙을 깐 흔적이 보이지 않음. 북벽과 동벽 북부 부근에서 벽체를 따라 제4층 퇴적층 위쪽에 강돌을 'ㄱ'자형으로 깐 흔적을 발굴함. 강돌은 잘 엄선된 것으로 대부분 방형이며 표면이 모두 평평함. 이 강돌 포석층의 앞뒤 兩端은 모두 파괴되었고, 잔존 부분 역시 여러 곳에 결락이 있음. 잔존 상황으로 보아 포석층은 북벽 내측을 가로질러 동벽 내측의 남북방향을 따라 분포한 것으로 보이는데, 남단은 확정할 수 없음. 포석층의 동서방향 잔존길이는 약 6.6m, 남북방향 잔존길이는 약 2.5m, 너비는 약 1.1m임. 강돌 포석층 동측의 남부에는 제4층 퇴적층 위에 불에 탄 붉은색 土面이 2곳 뚜렷

하게 보임. 하나는 장방형, 다른 하나는 원형에 가까움. 그 밖에 실내 地面에 장방형 벽돌과 그 조각이 산견됨.
○ 배수로 : 바깥 벽체의 동남 모서리 남측에서 벽돌로 쌓은 남북방향의 배수로를 발굴함. 이 배수시설의 바닥 부분에 두 길로 갈라진 세로방향으로 깐 푸른색 전돌이 조금 남아 있음. 그 동서 양측에 잔 벽돌로 쌓아올린 배수구 벽이 있으며, 덮개는 보이지 않음. 배수로의 너비는 약 0.15m, 잔존길이는 약 0.65m임.

ⓒ 동서 양측의 도로 유적
○ 동서 외벽 북부에서 각각 동쪽과 서쪽으로 향하는 강돌을 깐 도로유적을 발굴함. 동측 외벽의 도로유적은 현대의 퇴적물로 인해 파괴되었는데, 잔존길이는 약 1.5m, 너비는 약 1.7m임. 서측 외벽의 도로유적은 F3의 동측 외벽과 이어져 있음. 강돌을 깐 층의 길이는 약 4m, 너비는 약 1.7m임.
○ 강돌은 제4층 퇴적층 위에 직접 깔았음. 유구 현황으로 보아 F2 건물지 외측의 도로로 추정되지만, 이어진 벽체에서 문길을 발견하지는 못함.

③ 2003JGTYC F3 (이하 F3, 그림 7)
○ 위치와 구조 : F3 유적은 T49~T50, T52 확장 트렌치, T52~T54, T55 확장 트렌치, T55~T56, T57 확장 트렌치, T57 등 11개 트렌치 및 확장 트렌치에 걸쳐 있음. 건물지 북변 부분은 현대 건축물(집안시 제1유치원 남쪽 교사동 뒤쪽의 시멘트 地面) 아래에 깔려 있어 발굴이 불가능함. 유구 현황으로 건물지의 전체 형태는 장방형 혹은 방형으로 추정되며, F2 건물지와 마찬가지로 내외 2중 벽체의 '回'자형 구조임.
○ 바깥 벽체 : 바깥 벽체는 비교적 손상이 심해 일부 단층 강돌 기초만 남아 있어 벽체의 너비를 확인할 수 없음. 제4층 퇴적층 위에 위치. 벽체 기초는 주로 큰 강돌을 쌓아 만들었고 일부 작은 강돌로 보충했음. 그 중 동벽 북단은 작은 강돌을 사용한 흔적이 뚜렷함. 남벽이 상대적으로 잘 보존되어 있는데, 큰 자갈돌로 벽체를 축조했음. 석괴 외단은 비교적 가지런하게 깔아 동서방향으로 열을 이루고 있는데, 남벽 기초의 테두리를 쌓은 돌임. 동서 양벽에 잔존한 강돌의 기초로 대체적인 방향을 판단할 수 있음. 바깥 벽체의 동남 모서리의 강돌 포석층 위에 커다란 석괴가 있는데 초석으로 추정됨. 서남 모서리의 남측에서도 길이 약 0.9m, 너비 약 0.6m인 장방형 석괴를 발굴함. 북벽 부분은 현대 건축물로 인해 발굴하지 못함. 남벽의 잔존길이 약 10.3m, 동벽의 잔존길이 약 10.5m, 서벽의 잔존길이 약 8.6m.
○ 내외 벽체의 간격 : 바깥 벽체가 많이 파괴되어 완전한 벽체를 확인할 수 없었음. 그로 인해 내외 벽체의 간격을 정확하게 파악하기 어려움. 내외 벽체 사이의 공백지대는 제4층 퇴적층임.
○ 안쪽 벽체 : 안쪽 벽체는 대략 방향이며 남북 길이 약 8.5m, 동서 너비 약 8m임. 북벽과 동벽의 너비가 남벽과 서벽보다 현저히 넓음. 북벽과 동벽의 너비는 약 2.1~2.5m, 남벽과 서벽의 너비는 약 1m. 내벽의 건축 방식은 F2 내벽의 건축방식과 비슷함. 제4층 퇴적층에 깊이 0.25m 정도의 고랑을 파고, 자갈을 채워 넣은 다음 크기가 다른 큰 강돌로 벽체를 축조함. 서남 모서리에 자갈 기초 위에 큰 강돌로 쌓아 올린 벽체가 남아 있고, 상하층 벽체 사이에 채워넣은 흙이 한 층 남아 있음. 서벽 남단에도 큰 강돌로 쌓아올린 벽체가 있는데, 쌓아올린 방식은 一縱一橫으로 석괴를 놓았고, 외측에는 세로방향, 내측에는 가로방향으로 강돌을 놓았음. 북벽 상에는 교란구덩이가 여러 개 있음.
○ 실내 유구 : F3의 실내에는 현대에 만들어진 교란구덩이가 여러 개 있음. 다른 유구는 보이지 않고, 인공적으로 흙을 깐 흔적도 보이지 않음. 모두 제4층의 퇴적층임.
○ 서측의 벽체 : F3의 서측 3m 거리에 F3의 서벽과 평행한 남북방향의 벽체 기초가 남아 있음. 벽체 기초

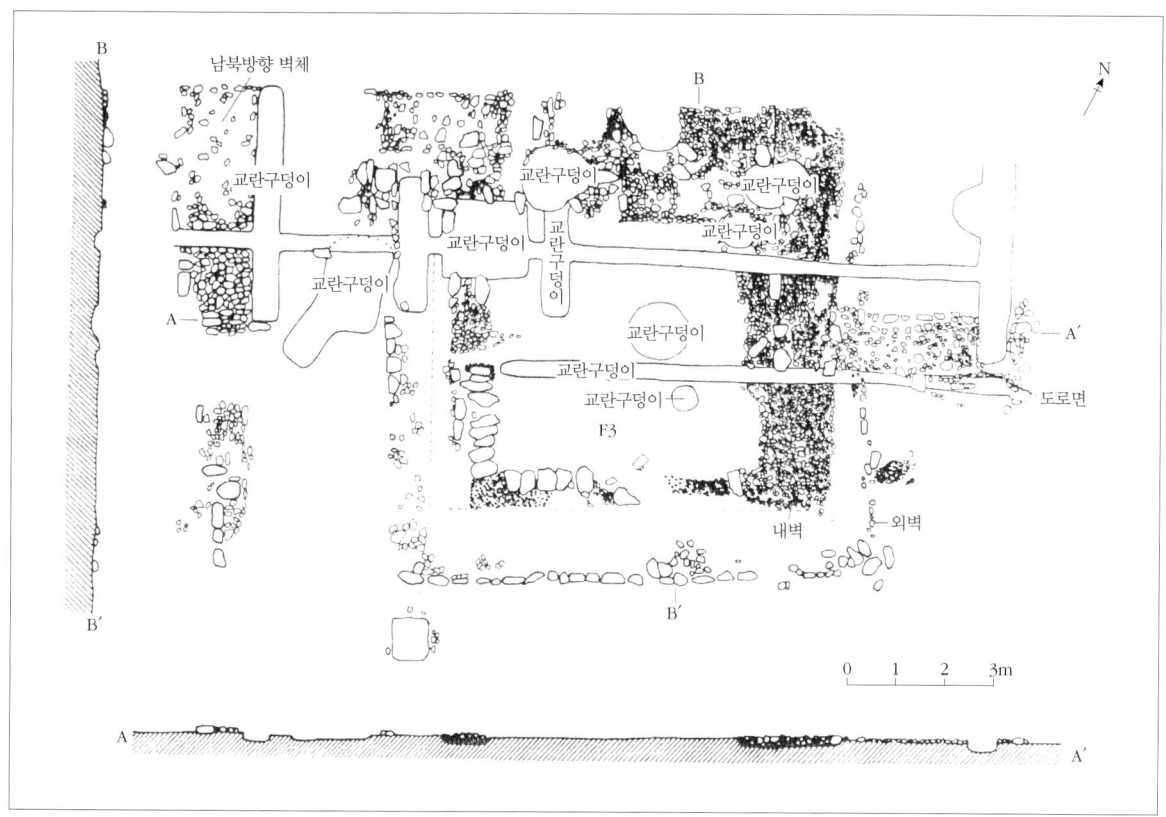

그림 7 운동장지점 F3 평면도와 단면도(『國內城』, 121쪽)

는 제4층 퇴적층에 깊이 0.35m인 고랑을 파고 크기가 다른 강돌을 사용해 쌓았는데, 벽체 잔존길이는 약 10m로서 보존이 비교적 양호한 구간의 벽체 너비는 약 1.5m임.

④ 2003JGTYC F4 (이하 F4, 그림 8)

○ 위치와 구조 : F4 건물지는 현대 건축물에 의해 많이 파괴되었음. 유구의 잔존 부분은 T59~T61, T62 확장 트렌치, T62~T64, T65 확장 트렌치, T65~T66 등 10개의 트렌치와 확장 트렌치에 걸쳐 있음. 심하게 파괴되었는데, 전체 구조는 F2, F3처럼 내외 2중 벽체를 갖춘 '回'자형 구조로 추정됨.

○ 바깥 벽체 : 바깥 벽체의 기초는 제4층 퇴적층 위에 위치하며, 일부 구역의 기초가 제4층 퇴적층을 파괴함. 그 중 동벽 기초는 상대적으로 잘 보존되어 있는데, 주로 작은 강돌을 사용해 쌓았으며 남북 양단의 강돌은 비교적 큼. 동벽 남단 모서리 부근의 벽체 기초 모양은 비교적 가지런함. 이 구간 북쪽의 벽체는 많이 파괴되어 있음. 동벽의 전체 길이는 약 13.6m, 남은 너비는 약 0.75m. 동북 모서리에서 길이 약 2.2m의 북벽 기초를 조사했는데, 축조방식은 동벽과 비슷함. 북벽의 나머지 구간은 현대 건축물 지하에 매몰되어 발굴하지 못함. 서북부는 현대 집터에 의해 파괴되었고, 서남부도 현대의 교란층에 의해 교란되었음. 남벽의 기초는 근현대 교란층에 의해 파괴되었고 겨우 東半部만 보존되어 있음. 동남 모서리 부근의 남벽 구간에 트인 곳이 있으며 보존된 남벽 일부 구간에 강돌로 3층을 쌓은 흔적이 있음. F4를 파괴한 근현대 건물지와 교란층 사이에서 길이 약 1.2m의 서벽 기초를 확인함. 이를 통해 바깥 벽체의 길이가 약 12.25m임을 확인할 수 있었음.

그림 8 운동장지점 F4 평면도와 단면도(『國內城』, 127쪽)

○ 안쪽 벽체 : 내벽은 동벽 기초가 잘 남아 있음. 남벽은 그 東半部의 기초가 남아 있는데, 가장자리의 돌은 남아 있지 않은 경우가 있음. 서벽은 일부 기초가 남아 있음. 북벽 구역은 현대 건축물 아래에 매몰되어 있어서 발굴하지 못함. 남벽과 서벽의 경우, 제4층 퇴적층에 깊이 0.25m 또는 0.3m 정도의 고랑을 파고 벽체의 기초를 조성함. 다만 지세가 낮은 곳에 위치한 동벽은 고랑을 파지 않고 기초를 조성함. 벽체의 기초에 사용된 강돌은 비교적 큼. 동벽의 길이는 약 10.4m. 남벽과 북벽의 추정 길이는 약 7.5m임. 내외 벽체 사이는 제4층 퇴적층임.

○ 실내 유구 : 내벽 안쪽의 실내에는 뚜렷한 유적이 보이지 않고, 퇴적물도 제4층의 퇴적층에 해당함. 동벽의 중부 구역 부근에 불에 구워진 타원형의 붉은색 燒土面 한 덩어리가 있지만, 결절면이 형성되어 있지는 않음.

(2) 開口 제4층 아래의 유적

① 7기의 소형 재구덩이(그림 9, 10)

○ 위치와 층위 : 발굴 지구 동남부의 제4층 퇴적층을 조사한 다음 T26, T27, T28, T32, T33 등의 트렌치에서 7기의 소형 재구덩이를 발견함. 일련 번호는 2003JGTYC H1~H7(이하 H1~H7)로 편호함. 제

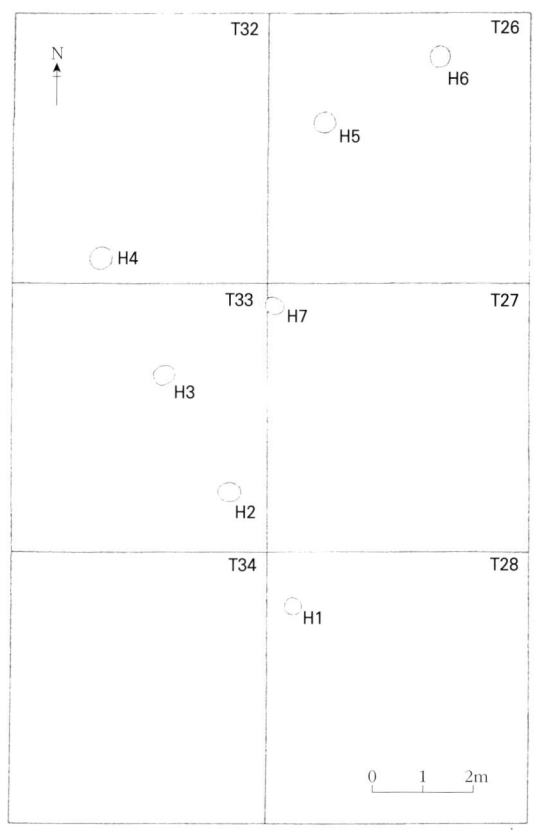

그림 9 운동장지점 재구덩이 분포도(『國內城』, 134쪽)

4층 아래에서 제5층 퇴적층을 파괴하며 조성됨.
○ 배열양상 : 7기의 재구덩이는 대략 'F'자 형상을 띠며 분포하는데, 일정하게 배열 규칙을 갖고 있음. H1~H4는 남북방향의 세로 배열로 남에서 북으로 가면서 서쪽으로 조금 기울어졌는데, 동남-서북으로 배치된 구덩이의 간격은 등간격으로 약 2.1m임. H4~H6은 동서방향의 가로 배열로 서에서 동으로 가면서 북쪽으로 조금씩 치우쳐졌는데, H4~H5 간격은 약 4.5m, H5~H6의 간격은 약 2.1m임. 만약 H4~H5 사이에 재구덩이가 존재한다고 가정한다면, H4~H6도 본래 등간격으로 배치되었다고 있음. H7은 H3의 동북부에 있으며 간격은 약 2.1m임.
○ 유물출토 양상 : 각 재구덩이의 퇴적물은 대체로 비슷한 양상을 띰. 구덩이 안에는 각종 유물이 가득 차 있고 매립토는 아주 적음. 구덩이에서 출토된 유물은 모두 그릇류로 생활 용구임. 그 중 시유도기(釉陶器)의 비율이 가장 높고, 그 다음이 자기편과 토기편임. 발굴과정에서 완전한 器形을 발견하지 못했지만, 상당수 유물을 복원함. 퇴적물 중에 소량의 흑회색 재가 섞여 있으며 다른 종류의 유물은 발견하지 못함. 시유도기에는 납이 많이 섞인 저온 황갈색 유약과 진한 녹색 유약을 발랐음. 시유도기 표면에는 음각선문(凹弦文), 篦點文, 垂帳文 등을 조합한 복합문양이 장식되어 있고, 횡대상파수(橫橋狀耳)가 달려 있음. 자기편은 모두 청자이며, 제작 방법과 기형으로 보아 중국 浙江 지역의 東晉 시기 가마에서 제작한 제품으로 추정됨.

㉠ 2003JGTYC H1(그림 10-1)
○ 위치 : T28의 서북 모서리에 위치.
○ 모양 : 입구 평면은 원형, 구덩이는 바닥이 둥근 반구형.
○ 크기 : 구경 0.4m, 깊이 0.35m.
○ 유물 : 시유도기와 모래혼입 회갈색 토기편 등. 원통형 시유도기(釉陶瓿) 1건 복원.

㉡ 2003JGTYC H2(그림 10-2)
○ 위치 : T33 동남 모서리에 위치.
○ 모양 : 입구 평면은 대략 원형, 구덩이는 바닥이 둥근 반구형.
○ 크기 : 구경 0.46~0.4m, 깊이 0.53m.
○ 유물 : 진한 녹색 시유도기편과 소량의 청자편 출토. 일부 토기편은 고온으로 인해 비틀리고 변형됨. 盤口靑瓷壺 1건 복원.

㉢ 2003JGTYC H3(그림 10-3)
○ 위치 : T33 중앙, H2의 북서부에 위치.
○ 모양 : 입구 평면은 대략 원형, 구덩이는 바닥이 둥근 반구형.
○ 크기 : 구경 약 0.45m, 깊이 약 0.52m.

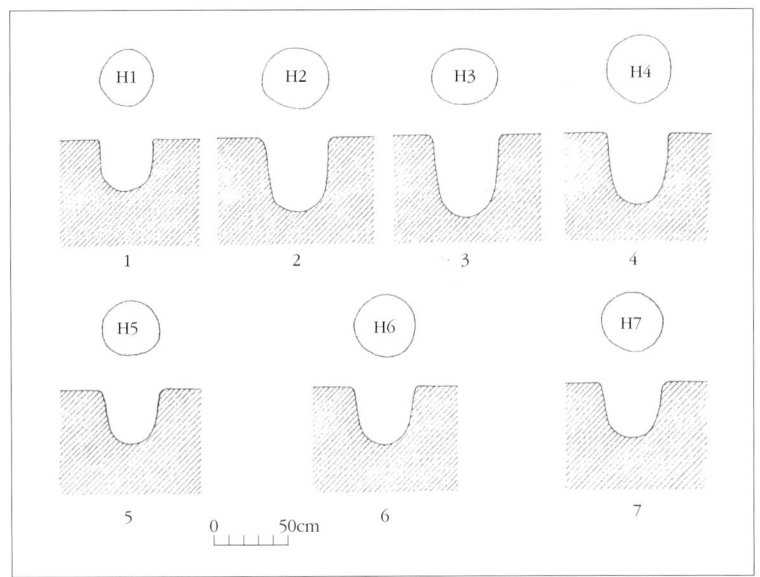

그림 10
운동장지점 재구덩이 평면도와 단면도
(『國內城』, 136쪽)

○ 유물 : 주로 자기편 출토. 시유도기와 회갈색 모래혼입 토기편도 조금 있음. 4系靑瓷罐, 盤口靑瓷壺, 6系 雙口靑瓷罐, 釉陶罐, 釉陶瓮 등 출토.

㉣ 2003JGTYC H4(그림 10-4)
○ 위치 : T32 서북부에 위치.
○ 모양 : 입구 평면은 대략 원형, 구덩이는 바닥이 둥근 반구형.
○ 크기 : 구경 0.44m, 깊이 0.43m.
○ 유물 : 시유도기가 대부분, 모래혼입 토기편과 靑瓷片도 소량 출토. 일부 자기편은 H3 출토 瓷器의 個體에 속함.

㉤ 2003JGTYC H5(그림 10-5)
○ 위치 : T26 서북부에 위치.
○ 모양 : 입구 평면은 대략 원형, 구덩이는 바닥이 둥근 반구형.
○ 크기 : 구경 0.39m, 깊이 0.35m.
○ 유물 : 대부분 모래혼입 회갈색 토기이며 시유도기편도 소량 보임.

㉥ 2003JGTYC H6(그림 10-6)
○ 위치 : T26 중앙, H5의 동북부에 위치.
○ 모양 : 입구 평면은 대략 원형, 구덩이는 바닥이 둥근 반구형.
○ 크기 : 구경 0.42m, 깊이 0.37m.
○ 유물 : 대부분 시유도기와 모래혼입 토기편이며, 盆, 壺 등이 있음.

㉦ 2003JGTYC H7(그림 10-7)
○ 위치 : T27의 서북 모서리에 위치.
○ 모양 : 입구 평면은 대략 원형, 구덩이는 바닥이 둥근 반구형.
○ 크기 : 구경 약 0.42m, 깊이 0.36m.
○ 유물 : 시유도기와 모래혼입 토기편. 일부 시유토기편은 H3에서 출토된 瓮, 罐 등의 잔편임.

◎ 유적의 성격
7기 재구덩이의 규격과 형태는 서로 비슷하며 층별 관계도 서로 같음. 일정한 규칙에 따라 배열되어 있으며 대략 'F'자 형태를 띰. 출토유물은 대체로 생활용구이며, 하나의 유물 잔편이 보통 다른 재구덩이에도 섞여 있음. 그 밖에 일부 시유토기와 청자편은 2차의 고온작용으로 변형되거나 유약이 녹아내린 현상이 발견됨. 이로 보아 7기의 재구덩이는 같은 시기의 유적으로서 의례행위 특히 제사활동과 연관된 것으로 추정됨. 즉 당시인들이 불과 관련된 어떤 제사의식을 거행한 다음, 고온의 불에 의해 변형되고 터져버린 그릇들을 의식의 막바지에 땅에 묻었던 것으로 추정됨. 고구려인의 종교생활과 관련된 어떤 특수한 훼기(毀器) 풍습을 보여줌.

② **석괴 벽체**

7기 재구덩이의 동측 약 20m 거리에서 석괴를 1층 쌓은 벽체를 발견함. 벽체는 제5층 퇴적층 위에 위치하는데, 대체로 서북-동남 방향으로서 층위 관계로 보아 7기의 재구덩이와 같은 시기 유적으로 보임.

4. 출토유물

1) F2 출토유물

(1) 와당

① **권운문와당**(2003JGTYCF2:1, 그림 15-1, 그림 18-1)
○ 크기 : 막새면 직경 약 15cm. 중방 직경 3cm.
○ 문양 : 모압부조 권운문와당. 주연(邊輪) 일부 파손. 막새면은 안에서 밖으로 4겹 부조구도.
○ 당면 중앙은 반구체 유돌문이고 그 위에 양각된 '泰'자가 있음. 중방 외연에 凸棱文을 둘렀음.
○ 凸棱文을 따라 바깥을 향해 방사선 모양의 凸棱線 구획선(界格)이 8개 고르게 배열되어 있고, 각각 2줄로 구성된 구획선의 외단에 안으로 감은 활모양 선이 이어짐. 각 구획선 안에 凸棱線 권운문이 있고, 이웃한 권운문의 방향은 서로 반대임. 권운문과 凸棱線 경계 떨어진 사이의 빈 곳에 역 사다리형(倒梯形)과 삼각형 凸起文을 시문함.
○ 권운문 외측에 8개 連弧와 와당 주연(邊輪)사이에 '□□年造瓦故記歲' 명문이 있음.
○ 주연(邊輪)의 안과 밖 2줄 凸棱線 사이에 거치형의 凸棱文 한 줄 시문.
○ 색깔과 태토 : 회색, 모래혼입.

② **연화문와당**(2003JGTYC F2:9, 그림 13-3, 그림 14-1)
○ 출토지 : 국내성 F2 건물지.
○ 크기 : 와당 직경 15cm, 막새면 직경 12.2cm, 중방 직경 1.2cm.
○ 문양 : 파손. 막새면 중앙에는 반구상의 자방을 배치하였고 그 바깥에 凸棱線 한 줄을 둘렀음. 바깥에는 9판 단판연문, 연화문 판단 사이에는 삼각형 凸起文을 장식, 막새면 변연에는 凸棱線 한 줄 둘렀음.
○ 색깔과 태토 : 홍갈색, 모래혼입.

(2) 벽돌

① 2003JGTYC F2:2(그림 11-1, 그림 12-1)
○ 크기 : 벽돌 잔존길이 20.8cm, 너비 16cm, 입면 높이 6.4cm.
○ 문양 : 좌반부 벽돌 몸체만 남아 있음. 벽돌의 앞쪽 입면에 용문 도안이 모압부조되어 있으며 우측방향에 용 2마리가 남아 있음. 그 중에 이끄는 용은 후반 몸체만 남아 있고, 꼬리를 따르는 용은 형체가 완전함. 용문은 머리, 뿔, 수염, 목, 몸통, 지느러미, 사지, 팔꿈치, 발(발톱), 꼬리 등 10 부분으로 조성되어 있음.
○ 색깔과 태토 : 홍갈색, 모래혼입.

② 2003JGTYC F2:10(그림 11-4, 그림 12-2)
○ 크기 : 벽돌 잔존길이 20.6cm, 너비 14.8cm, 입면 높이 6.2cm.
○ 문양 : 벽돌 양단은 잘려나갔음. 벽돌의 전단 입면에

는 용문도안이 模压부조되어 있으며 용 3마리가 있음. 그 중, 왼쪽 용의 머리는 우측을 향하고 나머지 2마리 용머리는 좌측을 향해 앞뒤 서로 따르는 모습임. 좌측 방향에 이끄는 용은 완전하며, 그것과 상대하는 용, 즉 그 몸 뒤 꼬리를 따르는 용은 뒷 몸체가 일부 파손됨. 이 벽돌의 전단 입면은 마모와 훼손이 심해 부조도안은 약간 모호함(흐릿함).
○ 색깔과 태토 : 홍갈색, 모래혼입.

③ 2003JGTYC F2:11(그림 11-2)
○ 크기 : 벽돌 잔존길이 19.6cm, 너비 15.4cm, 입면 높이 6.2cm.
○ 문양 : 벽돌 몸체의 반만 남아 있음. 마모와 훼손이 심해 전단 입면의 부조 용문 도안중에 겨우 좌측방향의 이끄는 용의 형체만 완전. 용머리는 좌측을 향하고, 조형은 앞에서 서술한 벽돌 문양과 같음.
○ 색깔과 태토 : 홍갈색, 모래혼입.

④ 2003JGTYC F2:12(그림 19-1)
○ 크기 : 길이 30.4cm, 너비 15.6cm, 높이 6.8cm.
○ 문양 : 완형. 벽돌 윗면(頂面)에 가로방향 압인 弦文 시문.
○ 색깔과 태토 : 회색, 모래혼입.

2) F3 출토유물

(1) 토기류(陶器皿)

① 호(斂口罐, 2003JGTYC F3:6, 그림 16-3)
○ 크기 : 구연 직경 24cm.
○ 형태 : 녹로로 제작(輪制), 구연은 내반, 구순은 각이 져 있음. 동체는 둥근 형태.
○ 태토 및 색깔 : 니질의 황갈색 토기.

② 호(直口罐)

㉠ 2003JGTYC F3:9
○ 형태 : 곧은 입(直口), 구연의 가장자리는 평평하고, 구순은 둥글게 처리하였음. 구순에 2줄의 음각선문(凹弦文)이 있음. 비스듬하게 곧은 벽(斜直壁), 동체 상부에 篦點文 시문.
○ 태토 및 색깔 : 니질의 황갈색 토기

㉡ 2003JGTYC F3:8
○ 형태 : 곧은 입, 구연의 가장자리가 평평하고 구순은 각이 져 있음. 동체는 둥근 형태. 동체 중부에 가로방향으로 연속 교차하는 사선의 篦點文과 垂帳文로 구성된 복합 문양 장식을 시문.
○ 태토 및 색깔 : 니질의 홍갈색 토기

(2) 와당

① 연화문와당
수량 : 6건.

㉠ 2003JGTYC F3:1(그림 13-1, 그림 14-2)
○ 크기 : 와당 직경 15cm, 막새면 직경 12.4~12.6cm, 중방 직경 1cm, 주연(邊輪) 너비는 같지 않으며 가장 넓은 곳 1.6cm, 가장 좁은 곳 1.1cm, 주연 높이 1.2cm.
○ 문양 : 모압부조 연화문와당. 완형임. 당면에 반구체 유돌문을 시문했고 그 바깥에 凸棱文을 두름. 유돌문이 중심이고, 그 테두리에 9판 연화문을 둘러 문양의 주체로 삼음. 연화문 외단에는 두 판 연화문 사이의 빈 곳에 삼각형 凸起文을 채워 넣었음. 막새면 변연에 凸棱文을 한 줄 둘렀음.
○ 색깔과 태토 : 홍갈색, 모래혼입.

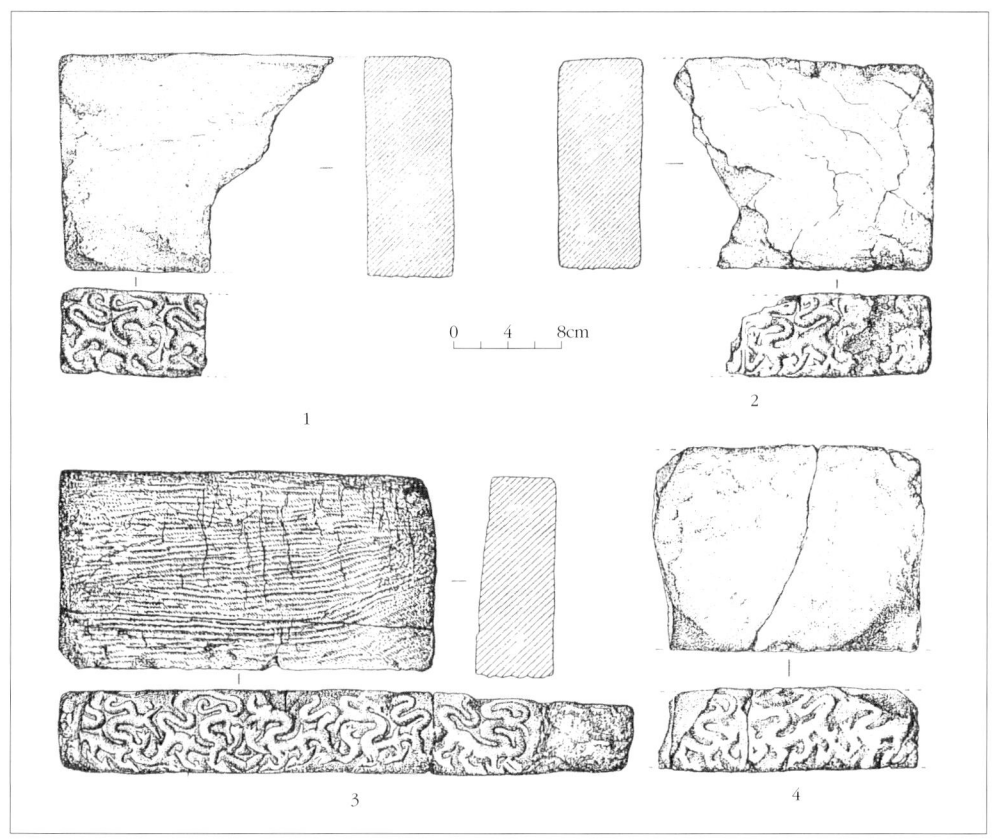

그림 11 운동장지점 출토 용문벽돌(『國內城』, 119쪽)
1. F2 출토 용문벽돌 2. F2 출토 용문벽돌 3. 제4층 출토 용문벽돌 4. F2 출토 용문벽돌

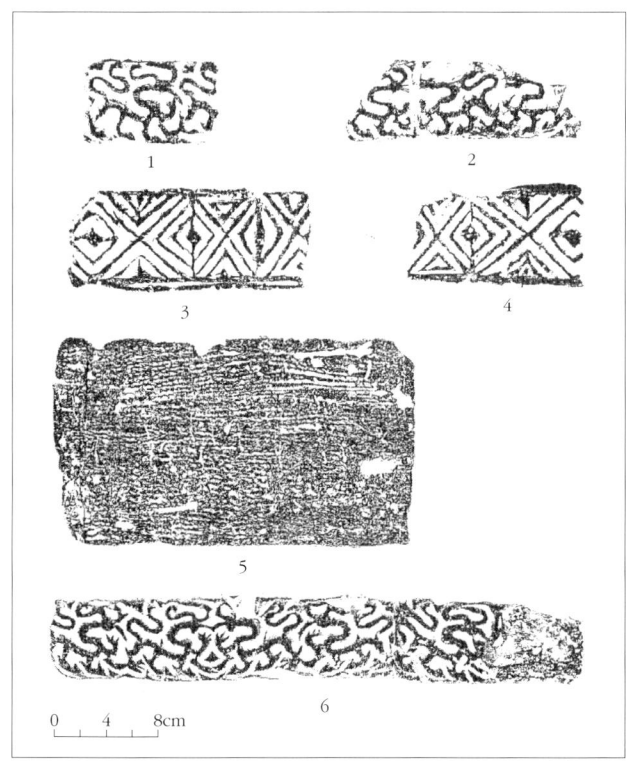

그림 12
운동장지점 출토 화문벽돌 문양 탁본(『國內城』, 120쪽)
1. 용문벽돌 2. 용문벽돌
3. '回'文벽돌 4. '回'文벽돌
5. 정면 승문벽돌 6. 측면 용문벽돌

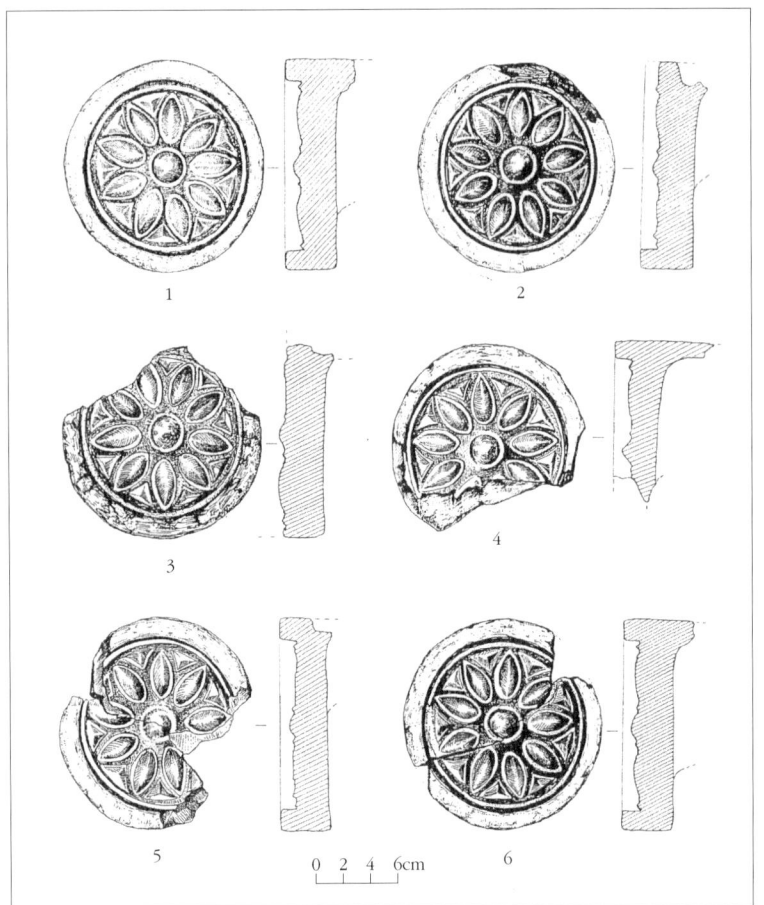

그림 13
운동장지점 출토 연화문와당(『國內城』, 124쪽)
1. F3 출토 연화문와당
2. F3 출토 연화문와당
3. F2 출토 연화문와당
4. F3 출토 연화문와당
5. F3 출토 연화문와당
6. F3 출토 연화문와당

ⓛ 2003JGTYC F3:2(그림 13-2, 그림 14-3)
○ 크기 : 와당 직경 15cm, 막새면 직경 12cm, 중방 직경 1.2cm, 주연(邊輪) 너비 1.4cm, 높이 1.2cm.
○ 문양 : 모압부조 연화문와당. 대체로 완형임. 주연(邊輪)은 약간 훼손됨. 막새면 중앙에 반구체 유돌문을, 그 바깥에 凸棱文을 한 줄 둘렀음. 유문이 중심이며, 그 둘레에 9판 연화문 시문. 문양구조는 앞의 ㉠2003JGTYCF3:1과 같음.
○ 색깔과 태토 : 갈색, 모래혼입.

ⓒ 2003JGTYC F3:5(그림 13-6, 그림 14-4)
○ 크기 : 와당 직경 15cm, 막새면 직경 12cm, 중방 직경 1.1cm, 주연(邊輪) 너비 1.4cm, 높이 1.4cm.
○ 문양 : 모압부조 연화문와당. 막새면에 白灰를 칠했으며, 약간 파손됨. 당면 연화문의 구조는 상술한 와당과 같음.
○ 색깔과 태토 : 홍갈색, 모래혼입.

㉣ 2003JGTYC F3:6(그림 13-5)
○ 크기 : 와당 직경 15.2cm, 막새면 직경 12cm, 중방 직경 0.8cm, 주연(邊輪) 너비 1.5cm, 높이 1.4cm.
○ 문양 : 모압부조 연화문와당. 막새면에 백회를 발랐으며, 약간 파손됨. 당면 연화문의 구조는 상술한 와당과 같음.
○ 색깔과 태토 : 홍갈색, 모래혼입.

㉤ 2003JGTYCF3:10(그림 13-4, 그림 14-5)
○ 크기 : 와당 직경 14.6cm, 막새면 직경 12cm, 중방

그림 14
운동장지점 출토 와당 탁본(『國內城』, 125쪽)
1. 연화문와당 2. 연화문와당
3. 연화문와당 4. 연화문와당
5. 연화문와당 6. 인동문와당

직경 1cm, 주연(邊輪) 너비 1.4cm, 높이 1.4cm.
○ 문양 : 모압부조 연화문와당. 막새면에 6판연문이 남아 있으며 중방이 비교적 뾰족함.
○ 색깔과 태토 : 홍갈색, 모래혼입.

② **처마 수키와**(檐頭筒瓦, 2003JGTYC F3:11, 그림 15-3)
○ 수량 : 1건.
○ 크기 : 파손됨. 와당 및 막새면 직경은 불분명함. 檐頭筒瓦 잔존길이 34cm, 막새면 중앙의 원형 요면 직경 1.6cm, 주연(邊輪) 너비 1.2cm, 높이 1.2cm.
○ 문양 : 일부 파손, 와당 몸체 일부가 보존되어 있음. 와당 당면의 중앙은 원형으로 오목한 면(凹面)인데, 그것이 고유한 형상인지 아니면 반구체 중방이 이미 탈락한 것인지 분명하지 않음. 원형의 오목한 면(凹面)에

연화문이 장식되어 있는데 6판연화가 남아 있음. 당면 연화문의 구조는 상술한 와당과 같음. 와당 몸체 중부에 크고 작은 2개의 鳥頭文이 음각되어 있음. 새머리는 위아래가 같은 방향으로 배열되어 있으며 와당에 가까운 새머리가 비교적 작음. 와당 꼬리부분에 원형의 구멍이 한 개 있음.

③ **인동문와당**(2003JGTYC F3:7, 그림 14-6, 그림 17-1)
○ 수량 : 1건.
○ 크기 : 막새면 직경 11.4cm, 중방 직경 2.4cm.
○ 문양 : 완형임. 얕은 부조 인동문 와당. 막새면 중앙에 반구체 유돌문을 시문했고 그 바깥에 凸弦文 한 줄을 둘렀음. 凸弦文 외측에 8가지 인동이 나와 있음. 인동의 조형은 가늘고 간략함. 막새면 외연에 凸弦文을

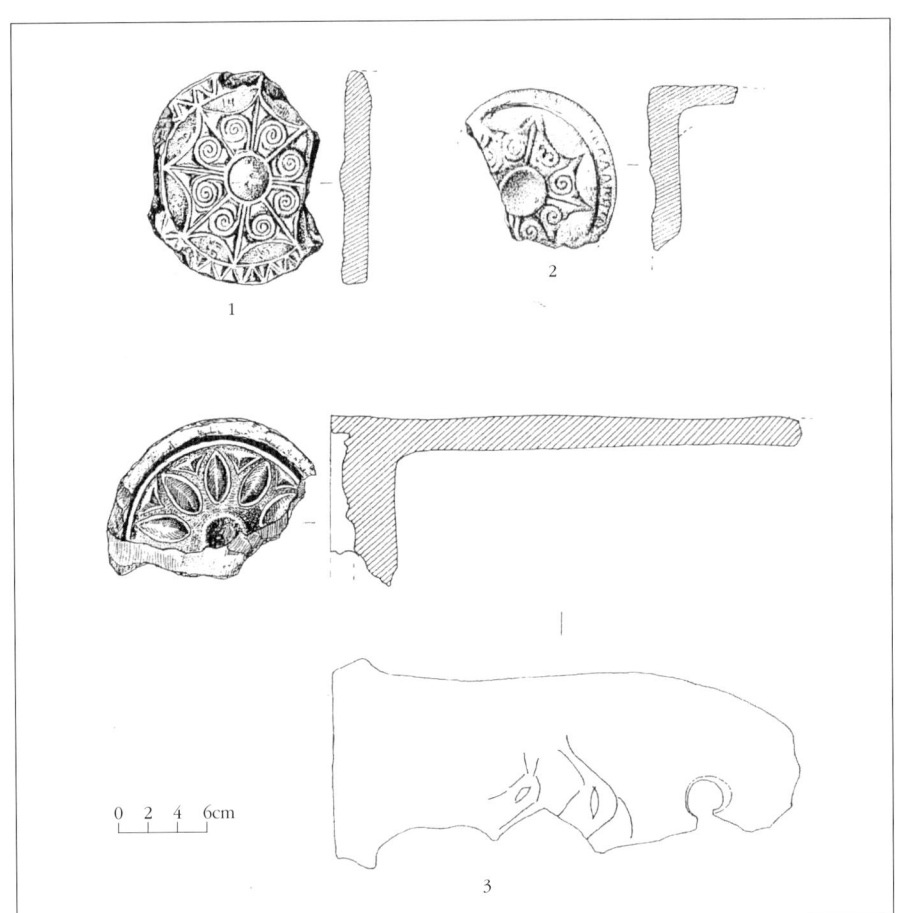

그림 15
운동장지점 출토 와당
(『國內城』, 126쪽)
1. 권운문와당
2. 권운문와당
3. 처마수키와

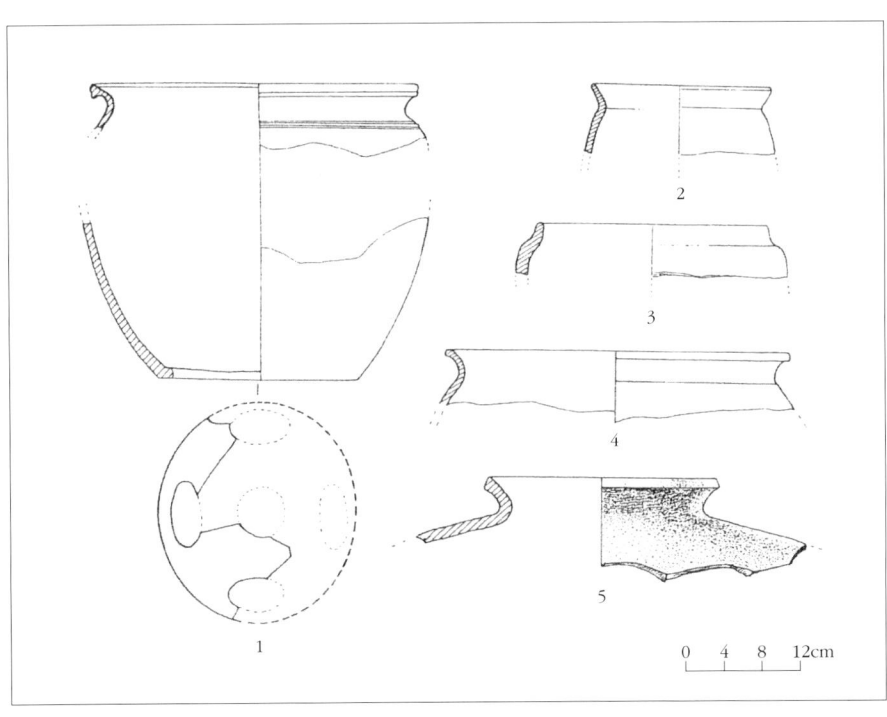

그림 16
운동장지점 F3, F4 출토 토기
(『國內城』, 129쪽)
1. 시루
2. 호(多口罐)
3. 호(敛口罐)
4. 호(多口罐)
5. 호(多口罐)

한 줄 둘렀으며, 주연(邊輪) 일부 파손.
○ 색깔과 태토 : 홍갈색, 모래혼입.

④ **수면문와당**(2003JGTYC F3:12, 그림 17-3, 그림 18-2)
○ 수량 : 1건.
○ 크기 : 와당 직경 12.6cm, 주연(邊輪) 너비 1.6cm, 높이 1.6cm.
○ 문양 : 수면문와당. 완형임. 수면은 둥근 눈, 눈알 바깥이 불룩하며 불꽃모양(화염형) 눈꺼풀. 눈썹은 위로 말렸으며, 눈썹 끝이 안으로 구부러져 말려 있음. 눈썹 사이에 위에서 아래로 점차로 작아지는 3줄의 불꽃모양 문양, 내민 코, 콧구멍이 위로 드러나 있고 코끝이 막새면의 가장 높은 지점임. 벌어진 입, 윗턱 입술 주위가 바깥으로 올라갔음. 입 가운데는 바깥으로 위, 아래 턱에 각각 6개의 이빨이 드러나 있고, 그 중 위아래 각각 4개의 앞니가 가지런하게 배열되어 있음. 이빨 사이에 길쭉한(長條形) 혀끝을 노출시켰음. 앞니 외측 위아래 각각 한 쌍의 송곳니가 있음. 막새면 외연에 凸棱文을 한 줄 둘렀음.
○ 색깔과 태토 : 홍갈색, 모래혼입.

3) F4 출토유물

(1) 토기류

① **시루**(甑, 2003JGTYCF4:7, 그림 16-1)
○ 수량 : 1건.
○ 크기 : 구연 직경 35.2cm, 바닥 직경 22.4cm, 원형의 시루구멍의 구멍 직경 5.6cm, 타원형 시루구멍의 긴 직경 6.4cm, 짧은 직경 2.8cm.
○ 형태 : 구연은 바라졌으며, 구순은 둥글게 처리하였음. 동체는 둥근 형태, 평평한 바닥, 구연 외연에 음각선문(凹弦文)을 한 줄 둘렀음. 바닥 부분에 시루구멍이 5개 있는데, 바닥 중부에 원형의 시루구멍이 있고, 그 네 둘레에 4개의 타원형 시루구멍을 둘렀음.
○ 태토 및 색깔 : 니질의 회색 토기.

② **호**(侈口罐)
○ 수량 : 3건.
○ 모두 파손품.

㉠ 2003JGTYC F4:8(그림 16-4)
○ 크기 : 구연 직경 36cm.
○ 형태 : 구연은 바라졌으며, 구순은 둥글게 처리하였음. 동체는 둥근 형태. 구연 하부에 음각선문(凹弦文)을 한 줄 둘렀음.
○ 태토 및 색깔 : 니질의 회색 토기.

㉡ 2003JGTYCF4:9(그림 16-2)
○ 크기 : 구연 직경 19cm.
○ 형태 : 구연은 바라졌으며 구순은 각이 져 있음. 동체는 둥근 형태.
○ 태토 및 색깔 : 가는 모래 섞인 황갈색 토기.

㉢ 2003JGTYCF4:10(그림 16-5)
○ 크기 : 구연 직경 19cm.
○ 형태 : 구연은 바라졌으며, 구순은 각이 져 있음. 잘록한 목, 넓은 어깨, 동체는 둥근 형태.
○ 태토 및 색깔 : 모래 혼입 회백색 토기.

(2) 와당, 벽돌(瓦塼)

① **와당**
○ 수량 : 총 2건.
○ 대체로 완형.
○ 와당문양 조형은 2003JGTYC F3:9와 같음.

그림 17 운동장지점 출토 수면문, 인동문 와당(『國內城』, 130쪽)
1. 인동문와당 2. 수면문와당 3. 수면문와당 4. 수면문와당
5. 수면문와당

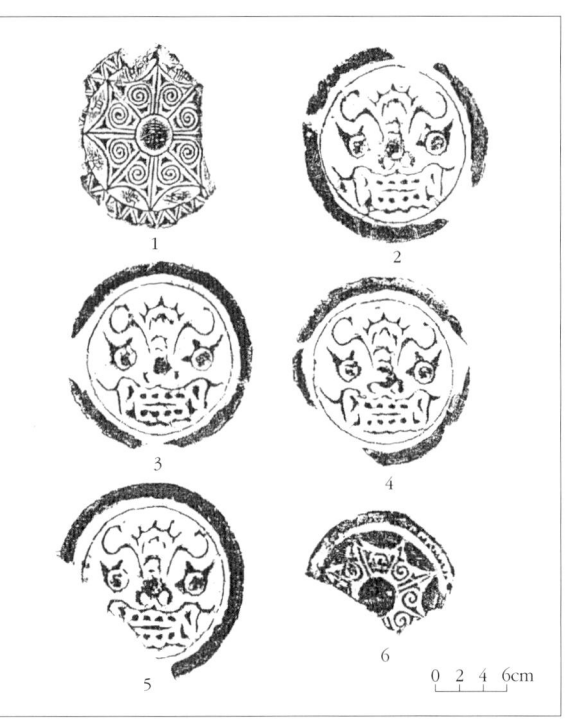

그림 18 운동장지점 출토 수면문, 권운문와당 탁본(『國內城』, 131쪽)
1. 권운문 '泰', '□□年造瓦故記歲' 명문와당 2. 수면문와당
3. 수면문와당 4. 수면문와당 5. 수면문와당 6. 권운문와당

그림 19 운동장지점 출토 벽돌(『國內城』, 132쪽)
1. 압인현문전 2. 압인승문전 3. 압인승문전

그림 20 운동장지점 출토 '回'자 문양벽돌(『國內城』, 133쪽)
1. '回'文벽돌 2. '回'文벽돌 3. '回'文벽돌

㉠ 2003JGTYC F4:1 (그림 17-2, 그림 18-3)
○ 크기 : 와당 직경 15.4cm, 막새면 직경 12.6cm, 주연(邊輪) 너비 1.4cm, 높이 1.2cm.
○ 문양 : 수면문와당. 막새면에 백회를 발랐으며, 주연(邊輪)은 약간 파손됨.
○ 색깔과 태토 : 회색, 니질.

㉡ 2003JGTYC F4:2 (그림 17-5, 그림 18-4)
○ 크기 : 와당 직경 15cm, 막새면 직경 12.2cm. 주연(邊輪) 너비는 같지 않으며, 가장 넓은 곳 1.4cm, 가장 좁은 곳 1.2cm, 높이 1.4cm.
○ 문양 : 수면문와당. 막새면에 백회를 발랐으며, 주연(邊輪)은 약간 파손됨. 와당 배면의 주연과 기와가 접하는 곳에는 접착작용을 위한 세로방향으로 새긴 문양이 있음.
○ 색깔과 태토 : 홍갈색, 모래 혼입.

② 벽돌(2003JGTYC F4:3, 그림 19-2)
○ 크기 : 벽돌 몸체 길이 30.4cm, 너비 15cm, 높이 5.2cm.
○ 문양 : 압인 승문전. 완형임. 벽돌 윗면에 압인 승문(繩文)을 시문했음.
○ 색깔과 태토 : 홍갈색, 모래 혼입.

③ 벽돌
○ 수량 : 3건.
○ 모두 파손품.

㉠ 2003JGTYC F4:4 (그림 20-1)
○ 크기 : 벽돌 잔존길이 10.8cm, 너비 18cm, 입면높이 7cm.
○ 문양 : 모압 '回'자 문양. 손상되지 않은 한쪽 끝 입면에 凸棱 '回'文을 模压하여 시문하였음.
○ 색깔과 태토 : 갈색, 모래 혼입.

㉡ 2003JGTYC F4:5 (그림 12-4, 그림 20-2)
○ 크기 : 벽돌 잔존길이 14.6cm, 남은 너비 6cm, 입면 높이 7cm.
○ 문양 : 모압 '回'자 문양. 한쪽 끝 입면에 凸棱 '回'文을 模压(압축성형) 시문하였음.
○ 색깔과 태토 : 갈색, 모래 혼입.

㉢ 2003JGTYC F4:6 (그림 12-3, 그림 20-3)
○ 크기 : 벽돌 잔존길이 28.4cm, 너비 18cm, 입면 높이 7.8cm.
○ 문양 : 모압 '回'자 문양. 벽돌 윗면(頂面)에 가로방향으로 승문(繩文)을 압인, 시문하였음. 한쪽 입면에도 凸棱 '回'文을 模压 시문하였음.
○ 색깔과 태토 : 회갈색, 모래 혼입.

4) 재구덩이 출토유물

(1) 청자(青瓷器)

① 청자반구사이호(盤口四系青瓷罐, 2003JGTYC H3:4, 그림 21-6)
○ 크기 : 구연 직경 14.8cm, 동체 최대 직경 26.8cm, 바닥 직경 12cm, 목 높이 4.8cm, 전체 높이 29.6cm.
○ 형태 : 녹로로 제작(輪制). 동체에 동심원 형태의 물레제작 흔적이 있음. 盤口, 구순은 둥글게 처리하였음. 짧은 목, 둥근 어깨, 동체는 둥근 형태, 평평한 바닥, 구연 외연에 오목한 홈(凹槽)이 한 줄 있음. 동체 상부에 횡대상파수(橫橋狀耳)를 2개씩 대칭되게 4개 붙여 놓았음. 최대 복경 아래의 그릇 몸체는 바닥까지 비스듬하게 들어감. 이 유물을 소성한 후에 다시 한 번 고온작용을 거쳐 몸체가 불에 구워져(烘烤) 용해되어 바삭바삭 굽힌(焦灼) 상태임.
○ 태토 및 색깔 : 바닥까지는 유약을 바르지 않았으며, 盤口 내외벽에 유약을 가득 발랐음. 유약의 색깔은 비

교적 어둡고, 하복부는 회색의 그릇 바탕(胎體) 색깔이 드러나 있음.

② **청자이중구연육이호**(六系雙口靑瓷罐, 2003JGTYC H3:3, 그림 21-1)

○ 크기 : 안 깃 구연 직경 11.2cm, 안 깃 높이 4cm, 바깥 깃입(外領口) 직경 18cm, 바깥 깃 높이 4.4cm, 동체 최대 직경 34.8cm, 바닥 직경 18.4cm, 전체 높이 22.4cm.

○ 형태 : 이중구연, 두 입은 모두 깃(領)을 세운 원형 입술이며 안깃이 바깥 깃보다 높음. 바깥 깃이 비교적 곧으며, 안깃은 약간 바깥으로 기울어졌음(撇). 목 부분(領口部)에 각각 음각선문(凹弦文)을 2줄 시문. 바깥 깃(領)은 단독 제작한 후에 그릇 몸체에 갖다 붙였음. 동체는 둥근 형태, 평평한 바닥. 저부는 약간 안으로 오목함(內凹). 중상부에 소형 횡대상파수(橫橋狀耳)를 6개 장식했는데 손잡이는 단독 제작한 다음 그릇 몸체에 붙였음. 그릇을 만든 후에 재차 고온작용을 거쳤으며, 유약 바른 몸통은 불에 구워져(烘烤) 용해되어 바삭바삭 굽힌(焦灼) 상태이거나 이미(발랐던 유약이) 떨어져 나갔음.

○ 태토 및 색깔 : 그릇 표면은 전체적으로 유약을 바른 것은 아님. 두 깃 내외벽에 유약을 다 발랐지만, 하복부에는 유약을 바르지 않았고 회색의 그릇 바탕(胎體)색깔이 드러나 있음.

③ **청자사이호**(四系靑瓷罐, 2003JGTYC H3:1, 그림 21-7)

○ 크기 : 구연 직경 12cm, 세운 깃 높이 1.2cm, 최대 복경 23cm, 바닥 직경 12cm.

○ 형태 : 목이 낮고 곧음(小立領), 동체는 둥근 형태, 곧은 입, 구순은 둥글게 처리하였음. 평평한 바닥, 바닥은 약간 안으로 오목함(內凹). 목 부분 및 동체 상부에는 각각 한 줄의 음각선문(凹弦文)을 시문하였고 중상부 弦文 선상에 둘씩 대칭인 4개의 소형 대상파수(橫橋狀耳)를 붙였음. 손잡이 제작은 비교적 규범적인데, 윗면(頂面)은 장방형, 측면은 사다리형(梯形). 동체 부분에 녹로로 제작한 흔적이 보임.

○ 태토 및 색깔 : 그릇 표면에는 푸른 유약을 발랐고 유약 표면은 윤이 남. 또 가늘고 부서진 開片文(도자기의 표면에 잘게 난 금)이 있음. 口沿部 내외에 유약을 발랐고 몸통에는 유약을 발랐으나 바닥까지 바르지는 않았음. 저부 가까이에 회색의 그릇 바탕 색깔(胎體顔色)이 노출된 부분이 있음. 입 가장자리에 4개의 '十'字形으로 대칭을 이룬 흑갈색의 채색 반점이 있으며 손잡이 윗면에도 같은 채색 반점이 보임. 그릇 표면의 유약 바른 면에 영성한 窯峰이 보임

④ **청자사이호**(四系折肩靑瓷罐, 2003JGTYC H3:2, 그림 21-11)

○ 크기 : 바닥 직경 9.8cm, 최대 복경 14.8cm, 잔고 11.2cm.

○ 형태 : 그릇 口沿部 일부 파손. 꺾인 어깨, 어깨부분은 음각선문(凹弦文) 2줄을 둘렀고, 두 음각선문(凹弦文) 사이에 둘씩 대칭인 소형 대상파수(橫橋狀耳) 4개를 부착하였음. 최대 복경은 어깨가 파손된 곳이며, 그 아래의 복부 몸통부터 바닥까지는 비스듬하게 안으로 들어가 있음(斜收到底). 바닥은 평평함.

○ 태토 및 색깔 : 그릇 몸체는 바닥까지 유약을 바른 것은 아니고 저부 가까이에 회색의 그릇 바탕 색깔(胎體顔色)이 노출되어 있음. 이 그릇은 2차례 유약을 발랐는데 첫 번째는 기본적으로 바닥까지 유약을 발랐으며 2번째는 동체 아래 중부까지(하복중부) 유약을 발랐음. 그 때문에 동체 아래 중부에 釉色分界線이 한 줄 있음. 상부는 청색을 띠고 하부는 갈색을 띰.

⑤ **호**(折肩罐, 2003JGTYC H5:1, 그림 21-8)

○ 크기 : 최대 복경 12.4cm, 바닥 직경 7.6cm.

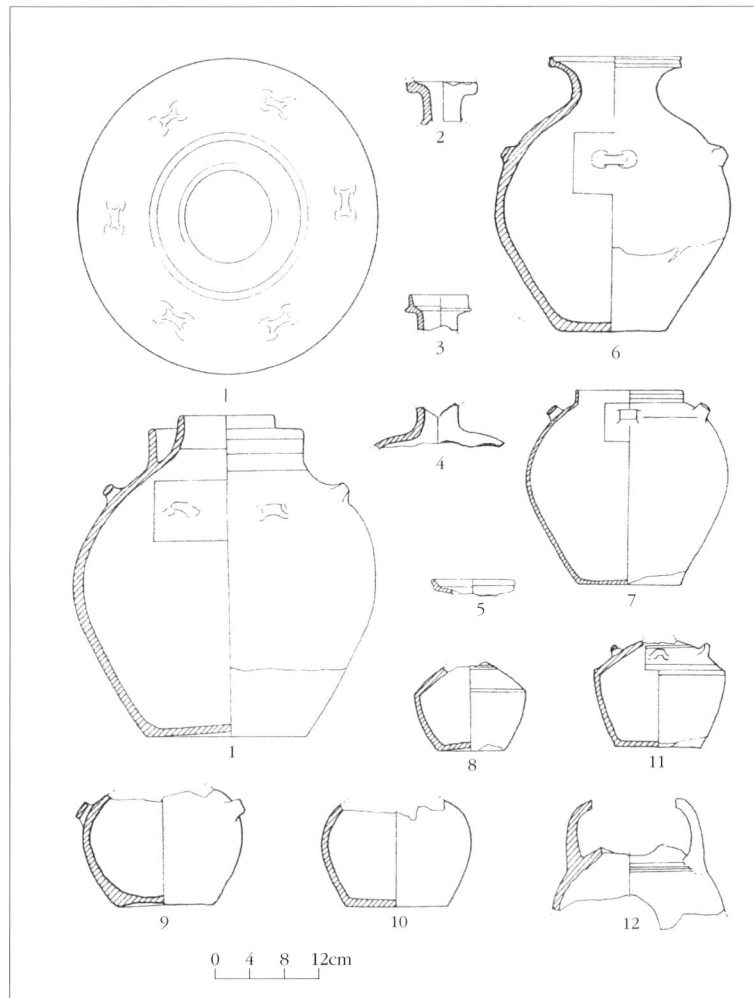

그림 21
운동장지점 출토 청자기(『國內城』, 138쪽)
1. 청자이중구연육이호
2. 반구청자호 경부 잔편
3. 구연 잔편
4. 구연 잔편
5. 반구자기 잔편
6. 청자반구사이호
7. 청자사이호(四系靑瓷罐)
8. 호(折肩罐)
9. 호(雙系瓷罐)
10. 호(罐)
11. 청자사이호(四系折肩靑瓷罐)
12. 파수부 호

○ 형태 : 구부 일부 파손. 꺾인 동체 어깨는 둥근 형태, 평평한 바닥. 바닥은 약간 안으로 오목함(內凹). 어깨 상부에 음각선문(凹弦文)을 3줄 둘렀고 어깨 부서진 곳에 요선문 2줄 시문함.

⑥ 호(雙系瓷罐, 2003JGTYC H3:8, 그림 21-9)
○ 크기 : 최대 복경 18cm, 바닥 직경 4.4cm.
○ 형태 : 구부 일부 파손. 동체는 둥근 형태, 평평한 바닥, 바닥은 약간 안으로 오목함(內凹). 동체 윗부분에 2개의 대칭인 횡대상파수(橫橋狀耳)가 있다.

⑦ 호(罐, 2003JGTYC H3:6, 그림 21-10)
○ 크기 : 최대 복경 16.8cm, 바닥 직경 13.6cm.
○ 형태 : 구연부 일부 파손, 동체는 둥근 형태, 평평한 바닥.

⑧ 파수부 호(提梁瓷器, 2003JGTYC H4:2, 그림 21-12)
○ 형태 : 구연과 바닥 모두 파손, 동체 중상부 잔존. 어깨 동체 부분 가까이에 부서진 다리가 있음. 다리 단면은 원형. 다리 있는 곳의 중상부 위치에 음각선문(凹弦文)을 4줄 시문했음.

⑨ **구연부**(2003JGTYC H3:7, 그림 21-3)
  ○ 크기 : 구연 직경 6.4cm.
  ○ 형태 : 구연 잔편. 小盤口, 곧은 입, 첨순, 곧은 목, 목 아래에 동체는 일부 파손. 盤口 저부에 凸棱文이 한 줄 있음.

⑩ 2003JGTYC H3:5(그림 21-5)
  ○ 크기 : 구연 직경 10cm, 경부 직경 4.4cm.
  ○ 형태 : 盤口瓷器殘片. 小盤口, 구연은 바라졌으며 구순은 둥글게 처리하였음. 盤口 외연에 음각선문(凹弦文)을 한 줄 시문함.

⑪ 2003JGTYC H3:9(그림 21-4)
  ○ 크기 : 경부 직경 4.8cm.
  ○ 형태 : 목과 어깨 부분 잔편. 곧은 목, 어깨와 동체는 둥근 형태.

(2) **시유도기**(釉陶器)

① **분**(盆)

㉠ 2003JGTYC H1:1(그림 22-1)
  ○ 크기 : 구연 직경 36.4cm, 바닥 직경 22cm, 전체 높이 6.2cm.
  ○ 형태 : 구연은 바라졌으며, 구순은 둥글게 처리하였음. 깊이가 얕고, 동체는 둥근 형태, 평평한 바닥. 중상부에 凸弦文 한 줄 시문. 그릇 몸체 안팎으로 유약 바름, 유약 바르기 전 그릇 안쪽 바닥에 向心文 2줄 시문. 內圈은 向心斜線文이고, 外圈은 向心垂帳文임. 둘 사이 및 사선문 내측에 각각 한 줄의 斷線文을 시문.

㉡ 2003JGTYC H6:1(그림 22-2)
  ○ 크기 : 분(盆) 바닥 두께 0.7cm.
  ○ 형태 : 그릇 바닥 잔편, 평평한 바닥. 그릇 몸체 내외에 황갈색 유약을 바름. 그릇 바닥 내벽 유약 바른 아래에 3組 向心結構文 장식이 잔존. 안과 바깥이 垂帳文, 篦點文, '〈'形文으로 분별되므로, 그 사이에 동심원선을 구획선(界格)로 삼았음.
  ○ 태토 및 색깔 : 그릇바탕 색깔은 엷은 갈색을 띰.

㉢ 2003JGTYC H6:7
  ○ 형태 : 구연은 넓고(敞口) 구순은 각이 져 있음. 동체는 둥근 형태.
  ○ 태토 및 색깔 : 황갈색 도기 바탕, 그릇 표면에 진한 녹색 유약을 바름.

㉣ 2003JGTYC H6:3
  ○ 형태 : 구연이 넓고(敞口) 구순은 둥글게 처리하였음. 입술상에 음각선문(凹弦文)을 2줄 시문했음. 동체는 둥근 형태.
  ○ 태토 및 색깔 : 황갈색 도기 바탕, 그릇 표면에 진한 녹색 유약 바름.

② **세발달린 원통형 토기**(奩, 2003JGTYC H1:2, 그림 22-3)
  ○ 크기 : 뚜껑(奩蓋)의 구연 직경 16cm, 전체 높이 6.8cm, 원통의 구연부 직경(奩口徑) 20cm, 바닥 직경 20cm, 전체 높이 20.8cm, 다리 높이 4.4cm.
  ○ 형태 : 이 유물은 뚜껑과 奩(렴, 경대) 2부분으로 만들어졌음. 奩(렴, 경대) 뚜껑은 圓弧形 몸체, 頂部 정중앙에 원형 꼭지(紐)가 있음. 뚜껑(奩蓋)과 손잡이(奩扣)를 합칠 때, 뚜껑의 구연은 奩구연의 내측에 있음. 뚜껑(奩蓋)은 구연이 내반(敛口)하고 구순은 각이 져 있음. 동체(奩腹)는 곧은 입, 구순은 둥글게 처리하였음. 筒形 동체, 평평한 바닥. 동체 중부에 凸弦文을 한 줄 장식했고, 이 구간의 복벽은 약간 안으로 들어갔음(內收). 동체 아래 기벽과 바닥 사이에 抹斜面이 한 개 있고, 저부에 獸足形 다리 3개가 접해 있음. 동체

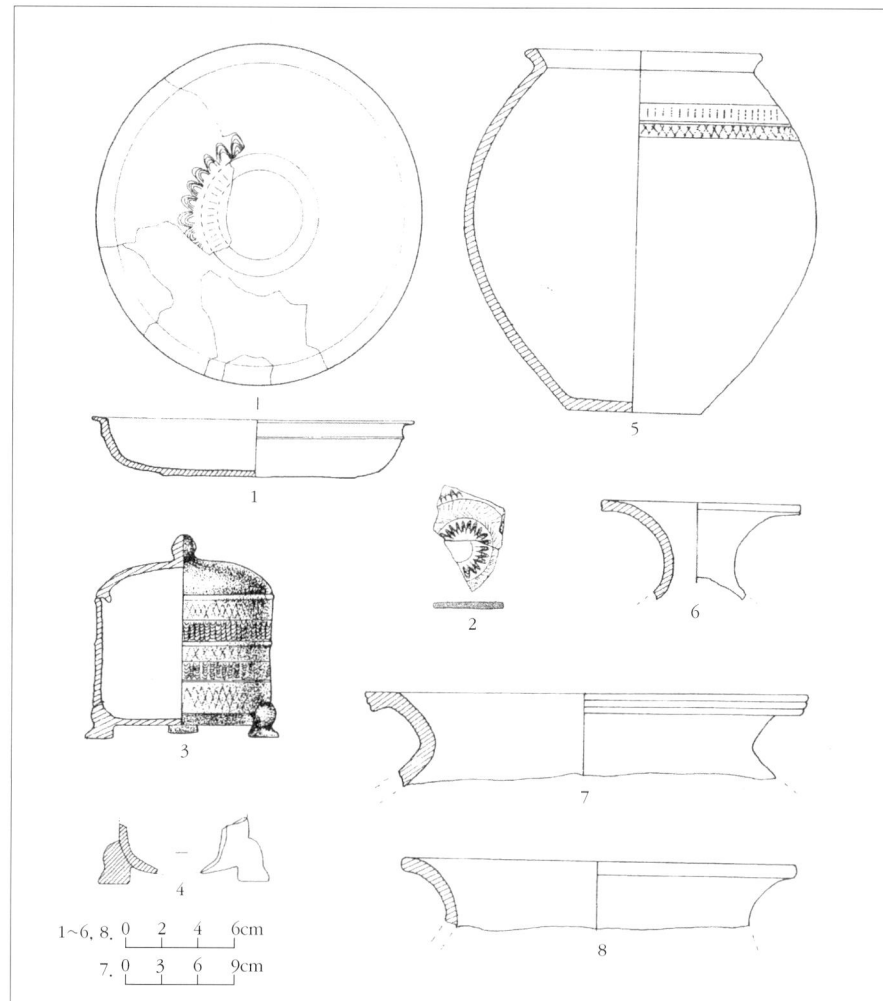

그림 22
운동장지점 출토 시유도기
(『國內城』, 140쪽)
1, 2. 분
3. 세발달린 원통형 토기
4. 짐승모양 토기 다리
5. 옹
6, 7, 8. 호

의 외벽 전체에 유약을 바르고 아래에 문양을 장식했는데, 위에서 아래로 문양을 분별해 가로방향으로 5組 문양 장식을 했고, 각 조의 문양 장식 사이에 음각선문(凹弦文) 2줄을 만들어 구획선(界格)을 삼았음. 구연 외측에 음각선문(凹弦文)이 한 줄 있고 그 아래에 'X'형 箆點文을 한 줄 둘렀음. 그 아래에 차례로 垂帳文, 'X'형 箆點文, 垂帳文, 'X'형 箆點文을 시문.

○ 태토 및 색깔 : 몸통 전체에 갈색 유약을 발랐음.

③ **짐승모양 토기 다리**(獸形足, 2003JGTYC H1:3, 그림 22-4)

○ 크기 : 다리 높이 4.8cm.

○ 형태 : 다리 하나가 남아 있음. 2003JGTYC H1:2의 짐승모양 토기다리(獸形足) 형태와 서로 같으며, 규격은 약간 큼.

○ 태토 및 색깔 : 갈색 유약을 발랐음.

④ **옹**(瓮, 2003JGTYC H4:1, 그림 22-5)

○ 크기 : 구연 직경 39.6cm, 동체 최대 직경 59.4cm, 바닥 직경 22.8cm.

○ 형태 : 구연은 바라졌으며, 구순은 方圓, 동체는 둥근 형태, 평평한 바닥, 동체의 중상부에 유약을 바르고 그 아래에 문양을 장식했음. 고온작용으로 인해 그릇 표면의 유약 바른 면은 이미 녹아서 바삭 굽힌(焦灼)

상태이거나 떨어져 나갔음(剝落). 그 때문에 문양 장식이 모호함. 위아래 2조의 문양은 분별할 수 있음. 윗쪽의 문양은 2줄의 弦文 사이에 가로방향으로 연속 배열한 세로방향 篦點線文을 한 줄 둘렀음. 아래쪽의 문양은 2줄의 弦文 안에 가로방향으로 연속한 'X'형 篦點文을 한 줄 시문했음.
○ 태토 및 색깔 : 모래혼입. 구연부 안과 밖 및 표면에 진한 녹색 유약을 발랐음.

⑤ 호(2003JGTYC H6:8, 그림 22-6)
○ 크기 : 구연 직경 22.4cm.
○ 형태 : 구연 잔편, 구연은 바라졌으며 구순은 각이 져 있음.
○ 태토 및 색깔 : 회색의 도기 바탕. 그릇 표면에 진한 녹색 유약을 발랐음.

⑥ 호(2003JGTYC H3:11, 그림 22-7)
○ 크기 : 구연 직경 50cm.
○ 형태 : 구연은 바라졌으며 구순은 둥글게 처리하였음. 구연 외연에 음각선문(凹弦文)을 2줄 시문.
○ 태토 및 색깔 : 홍갈색 도기 바탕. 그릇 표면에 황갈색 유약을 발랐음.

⑦ 호(2003JGTYC H3:10, 그림 22-8)
○ 크기 : 구연 직경 44cm.
○ 형태 : 구연 잔편, 구연은 바라졌으며 구순은 둥글게 처리하였음.
○ 태토 및 색깔 : 홍갈색 도기 바탕. 그릇 표면에 진한 녹색 유약을 발랐음.

⑧ 기타 시유도기편(재구덩이 H3 출토 문양의 시유도기편)
모두 황갈색 유약을 발랐고, 유약을 칠하기 전에 그릇 표면에 압인 혹은 음각(刻劃)한 문양을 시문했음.

㉠ 2003JGTYC H3:6(그림 23-1)
형태 : 그릇 표면에 상, 중, 하 3조의 가로배열 문양이 남아 있음. 上組는 가로방향으로 연속한 垂帳文, 가운데 組는 상하 2행 가로방향으로 연속한 'X'形 篦點文, 下組는 가로방향으로 연속한 斜線 篦點文. 3조 문양 사이를 弦文으로 장식.

㉡ 2003JGTYC H3:18(그림 23-2)
형태 : 그릇 표면에 상, 중, 하 3조의 가로배열 문양이 남아 있음. 上組는 가로방향으로 연속한 세밀한 세로방향 弧線文, 가운데 組는 가로방향으로 연속한 'X'形 篦點文. 下組는 상하 2행 문양인데, 上行(윗줄)은 현란한 篦點文. 下行(아랫줄)은 가로배열 세로방향의 弧線文. 3조 문양 사이를 弦文으로 장식.

㉢ 2003JGTYC H3:16(그림 23-3)
형태 : 그릇 표면에 상, 하 2조의 가로방향 문양이 남아 있음. 上組는 3행 문양, 2조의 垂帳文 사이에 현란한 篦點文이 있음. 下組는 가로방향의 연속한 'X'形 篦點文. 2조의 문양 사이는 弦文으로 장식.

㉣ 2003JGTYC H3:15(그림 23-4)
형태 : 그릇 표면에 상, 하 2조의 가로배열 문양이 남아 있음. 上組는 현란한 篦點文, 下組는 가로방향으로 연속한 垂帳文. 2조 문양 사이는 弦文으로 장식.

㉤ 2003JGTYC H3:21(그림 23-5)
형태 : 그릇 표면에 상, 하 2조의 가로배열 문양이 남아 있음. 上組는 가로방향으로 연속한 'X'形 篦點文, 下組는 현란한 篦點文. 2조 문양 사이는 弦文으로 장식.

㉥ 2003JGTYC H3:20(그림 23-6)
형태 : 그릇 표면에 상, 하 2조의 가로배열 문양이 남아 있음. 上組는 가로방향 연속 'X'形 篦點文, 下組는 가

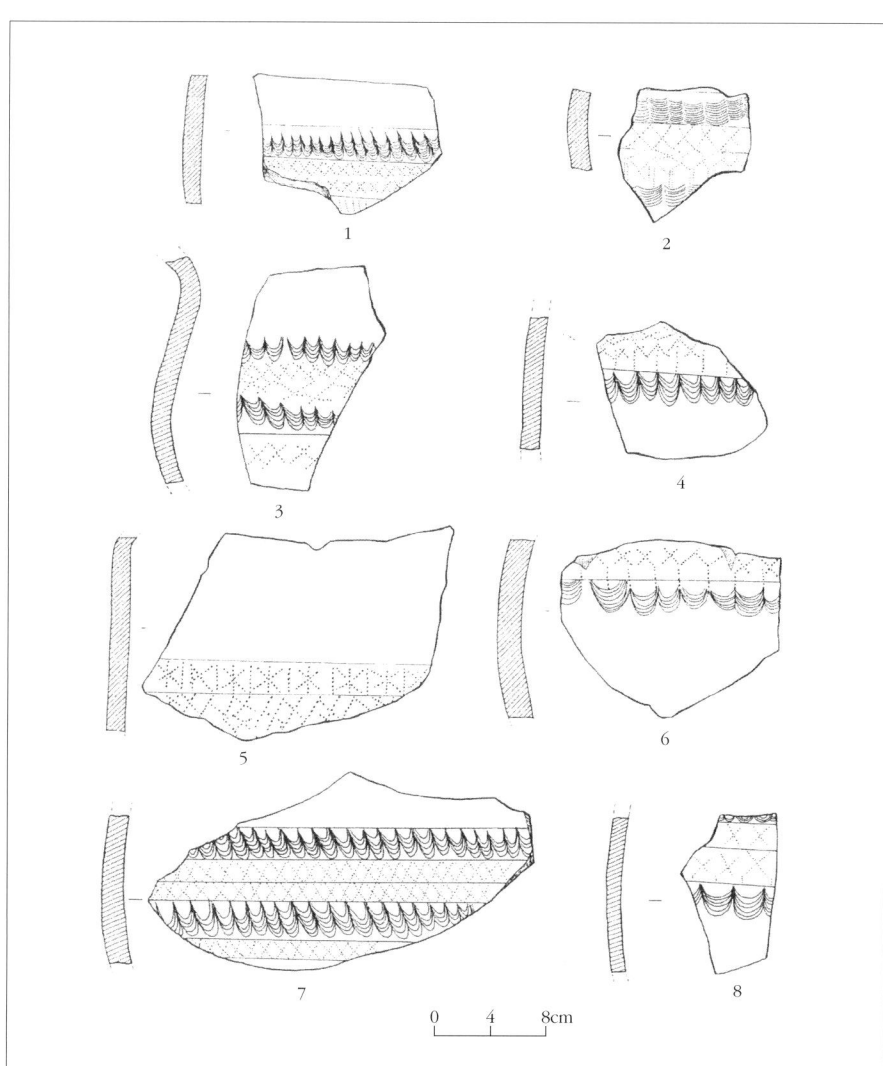

그림 23
운동장지점 H3 출토
문양 시유도기편
(『國內城』, 142쪽)
1. 문양 시유도기편
2. 문양 시유도기편
3. 문양 시유도기편
4. 문양 시유도기편
5. 문양 시유도기편
6. 문양 시유도기편
7. 문양 시유도기편
8. 문양 시유도기편

로방향 연속 垂帳文. 2조의 문양 사이 弦文에 가로방향 연속 세로방향 선 문양을 시문.

㊆ 2003JGTYC H3:12(그림 23-7)
형태 : 그릇 표면에 5조의 가로방향으로 배열된 문양이 있음. 위에서 아래로 차례대로 垂帳文, 2열의 'X'形 篦點文, 垂帳文, 'X'形 篦點文를 시문. 문양의 기본구조와 배열방식은 상술한 유물 문양과 같음. 각 조의 문양 사이는 弦文을 장식.

◎ 2003JGTYC H3:13(그림 23-8)
형태 : 그릇 표면에 4열 가로방향 문양이 남아 있음. 위에서 아래로 차례대로 가로방향의 연속한 垂帳文, 2열 'X'形 篦點文, 가로배열의 연속한 垂帳文, 제3열의 'X'形 篦點文 하부에는 가로방향의 연속한 세로방향 點線文이 있고, 각 조 문양 사이는 弦文을 장식했음.

5) 地層內 출토유물

(1) 제3층 출토유물

① 토기

㉠ 호(侈口束頸罐)
○ 수량 : 총 3건.
○ 모두 파손품.

● 2003JGTYCT16③:2 (그림 24-1)
○ 크기 : 구연 직경 19cm.
○ 형태 : 구연은 바라졌으며 구순은 둥글게 처리하였음. 목은 내만함. 동체는 둥근 형태.
○ 태토 및 색깔 : 니질의 흑갈색 토기.

㉡ 호(侈口罐)
○ 수량 : 총 8건.
○ 모두 파손품.

● 2003JGTYCT16③:1 (그림 24-2)
○ 크기 : 구연 직경 33.6cm.
○ 형태 : 녹로로 제작(輪制), 구연은 바라졌으며 구순은 뾰족함.
○ 태토 및 색깔 : 니질의 흑갈색 토기.

● 2003JGTYCT16③:3 (그림 24-3)
○ 크기 : 구연 직경 17cm.
○ 형태 : 구연은 바라졌으며 구순은 둥글게 처리하였음. 둥근 어깨, 동체는 둥근 형태. 어깨 부분에 음각 선문(凹弦文) 한 줄을 시문했음.
○ 태토 및 색깔 : 모래 섞인 황갈색 토기.

● 2003JGTYCT16③:6 (그림 24-4)
○ 크기 : 구연 직경 14cm.
○ 형태 : 구연은 바라졌으며 구순은 각이 져 있음. 동체는 둥근 형태.
○ 태토 및 색깔 : 모래 섞인 황갈색 토기.

● 2003JGTYCT9③:1 (그림 24-5)
○ 형태 : 구연은 바라졌으며 구순은 둥글게 처리하였음. 동체는 둥근 형태. 동체 부분에 凹弦見文 한 줄 시문함.
○ 태토 및 색깔 : 가는 모래 섞인 흑갈색 토기.

㉢ 호(斂口罐)
○ 수량 : 총 2건.
○ 모두 파손품.

● 2003JGTYCT51③:2 (그림 24-8)
○ 형태 : 구연부에 단이 져 있음(子母口, 이중 구연). 구순은 각이 져 있음.
○ 태토 및 색깔 : 모래 섞인 황갈색 토기.

● 2003JGTYCT9③:2 (그림 24-7)
○ 형태 : 태토 중에 조개가루가 섞여 있음. 녹로로 제작(輪制), 구연의 가장자리가 평평하고 구순은 둥글게 처리하였음. 동체는 둥근 형태.
○ 태토 및 색깔 : 모래 섞인 흑갈색 토기.

㉣ 분(盆)
수량 : 총 4건.

● 2003JGTYCT1③:1 (그림 24-9)
○ 크기 : 구연 직경 23.6cm, 바닥 직경 14cm, 전체 높이 7.7cm.
○ 형태 : 복원가능, 구연은 바라졌으며 구순은 둥글게

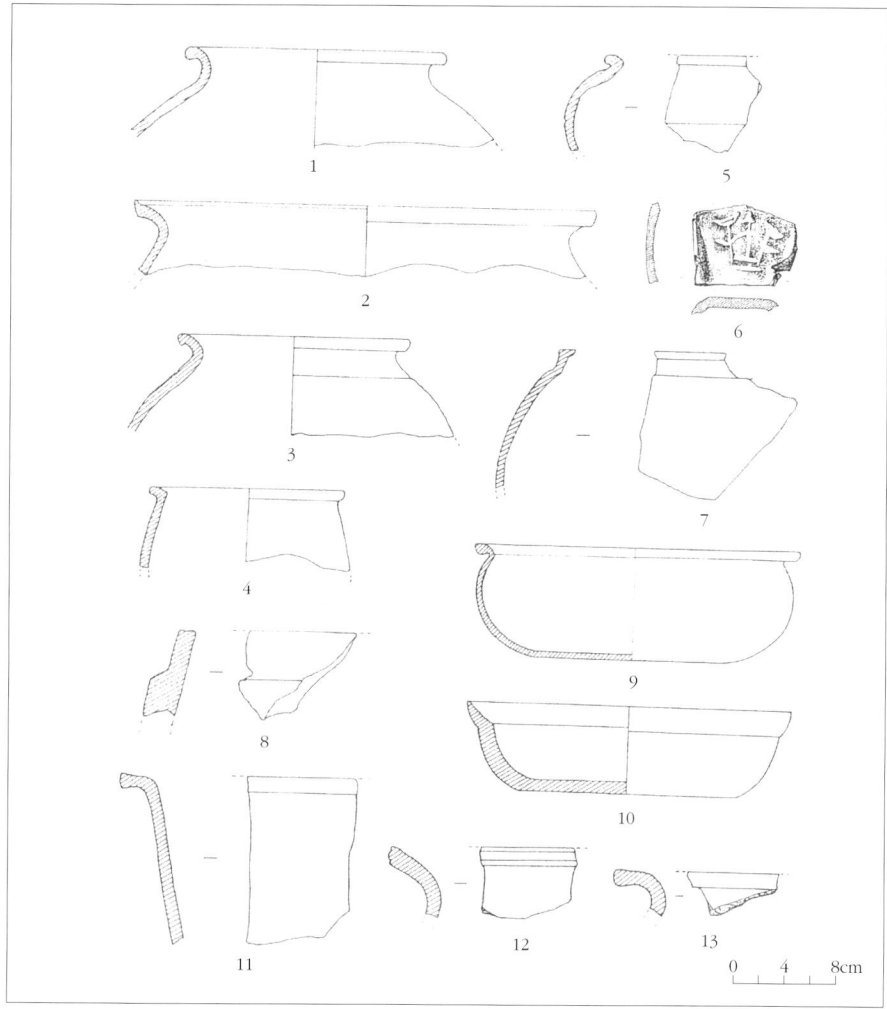

그림 24
운동장지점 제3층 출토 토기,
시유도기(『國內城』, 142쪽)
1. 호(侈口束頸罐)
2. 호(侈口束頸罐)
3. 호(侈口束頸罐)
4. 호(侈口束頸罐)
5. 호(侈口束頸罐)
6. 이형기
7. 호(斂口罐)
8. 호(斂口罐)
9. 분
10. 분
11. 분
12. 시유도기
13. 시유도기

처리하였음. 동체는 둥근 형태. 평평한 바닥.
○ 태토 및 색깔 : 니질의 회색 토기.

● 2003JGTYCT51③:3(그림 24-10)
○ 크기 : 구연 직경 23.4cm, 바닥 직경 16cm, 전체 높이 6cm.
○ 형태 : 복원가능, 구연은 바라졌으며 구순은 뾰족함. 동체는 둥근 형태, 평평한 바닥.
○ 태토 및 색깔 : 니질의 회색 토기.

● 2003JGTYCT9③:2(그림 24-11)
○ 형태 : 구연이 넓고(敞口), 구연의 가장자리는 平折

되어 있고, 구순은 각이 져 있음. 동체의 벽(腹壁)은 비스듬하게 곧음.
○ 색깔과 태토 : 모래 섞인 흑갈색 토기.

㉤ 異形器(2003JGTYCT23③:1)(그림 24-6)
○ 크기 : 토기편 잔존길이 약 7.5cm, 너비 약 7.5cm.
○ 형태 : 손상이 비교적 심해 그릇 형태가 불분명함. 손으로 빚음. 태토 중에 雲母가루가 함유되어 있고, 내외기벽은 연마하여 비교적 광택이 남. 그릇의 저부와 기벽의 일부가 남아 있음. 바닥은 평평함. 남아 있는 부분은 대략 키형태(簸箕形)를 띠고 있음. 앞이 넓고 뒤가 좁은 역사다리형의 기저 내벽에 模压(압축성형한)

제9부 성곽 185

兵器 도안이 새겨져 있고, 도안의 중앙은 활 1개, 화살 1개로 구성된 조형으로, 활의 좌우 양측에는 또 초생달 모양(月牙形)의 긴 방패(長杆) 병기를 부착했음. 그 하부에는 가로방향의 凸棱文이 하나 있음. 이것은 병기의 받침대(支架)를 표현한 것임.
○ 태토 및 색깔 : 니질의 회색 토기.

② 시유도기(釉陶器)

㉠ 2003JGTYCT23③:4(그림 24-12)
○ 형태 : 구연 잔편, 구연은 바라졌음. 입술 부분에 음각선문(凹弦文)을 2줄(兩道) 새김.
○ 태토 및 색깔 : 니질 회갈색 토기 바탕. 기벽에 진한 녹색 유약을 발랐음.

㉡ 2003JGTYCT23③:3(그림 24-13)
○ 형태 : 구연 잔편, 구연의 가장자리는 평평함. 구순은 각이 져 있음.
○ 태토 및 색깔 : 니질의 홍갈색 토기 바탕. 기벽에 진한 녹색 유약을 발랐음.

(2) 제4층 출토유물

① 토기류

㉠ 호
○ 수량 : 총 2건.
○ 모두 파손품.

● 2003JGTYCT41④:16(그림 25-2)
○ 크기 : 구연 직경 20cm.
○ 형태 : 구연, 동체 부분 잔편, 구연은 외반, 구순은 뾰족함. 목은 내만함. 동체는 둥근 형태.
○ 태토 및 색깔 : 가는 모래 섞인 회갈색 토기.

㉡ 호
○ 수량 : 총 5건.
○ 모두 파손품.

● 2003JGTYCT35④:7(그림 25-1)
○ 크기 : 구연 직경 34cm.
○ 형태 : 구연 잔편, 구연은 바라졌으며 구순은 둥글게 처리하였음. 동체는 둥근 형태, 동체 상부에 음각선문(凹弦文) 2줄이 시문됨.
○ 태토 및 색깔 : 모래 섞인 황갈색 토기.

㉢ 호
○ 수량 : 총 2건.
○ 모두 파손품.

● 2003JGTYCT41④:5(그림 25-3)
○ 크기 : 구연 직경 16cm.
○ 형태 : 구연 잔편, 구연은 내반, 구순은 각이 져 있음. 구연 하부에 凸棱文 한 줄이 시문됨. 동체는 둥근 형태.
○ 태토 및 색깔 : 모래 섞인 흑갈색 토기.

㉣ 호
○ 수량 : 1건.
○ 파손품.

● 2003JGTYCT41④:14(그림 25-5)
○ 크기 : 구연 직경 11cm, 깃 높이 3cm.
○ 형태 : 구연, 동체 부분 잔편, 작은 입, 구순은 둥글게 처리하였음. 곧은 목, 둥근 어깨, 동체는 둥근 형태, 어깨 부분에 대칭인 세로방향의 대상파수(竪橋狀耳)가 2개 있음.
○ 태토 및 색깔 : 니질의 회색 토기.

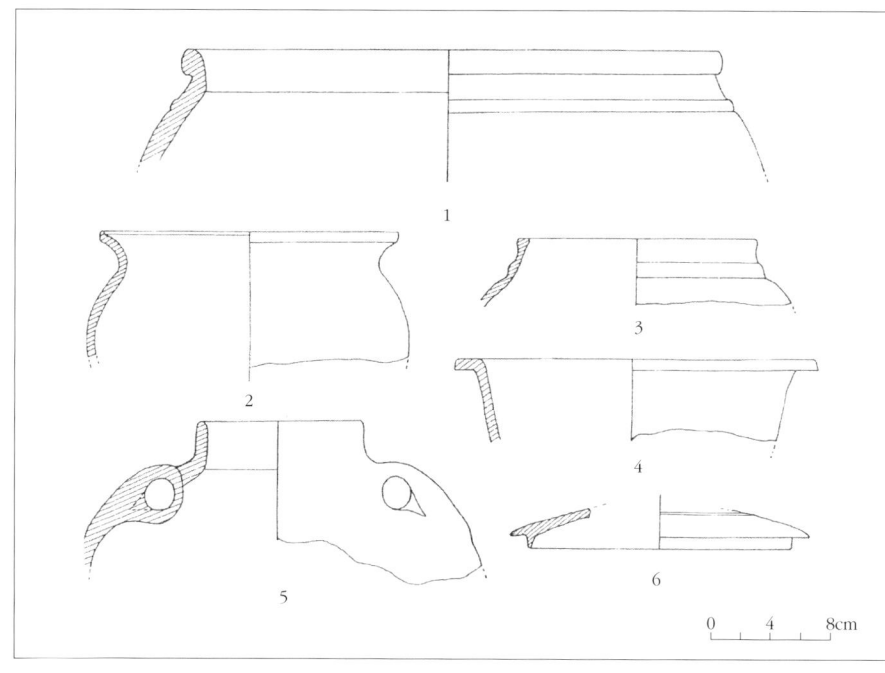

그림 25
운동장지점 제4층 출토 토기,
시유도기(『國內城』, 145쪽)
1. 호 2. 호
3. 호 4. 분
5. 호 6. 그릇 뚜껑

ⓜ 분(盆)
○ 수량 : 총 5건.
○ 모두 파손품.

● 2003JGTYCT4④:6(그림 25-4)
○ 크기 : 구연 직경 24cm.
○ 형태 : 구연이 넓고(敞口), 가장자리는 平折되었고, 구순은 각이 져 있음. 비스듬하게 곧은 벽.
○ 태토 및 색깔 : 모래섞인 흑갈색 토기.

② 시유도기(釉陶器)
출토된 시유도기는 모두 잔편임. 호(罐), 그릇 뚜껑 등 기형을 판별할 수 있음.

㉠ 호(2003JGTYCT1④:1)
○ 형태 : 구연은 바라졌으며 구순은 둥글게 처리하였음. 입술 외연에 음각선문(凹弦文) 한 줄 시문.
○ 태토 및 색깔 : 황갈색 토기 바탕. 그릇 표면에 진한 녹색 유약 바름.

㉡ 호(2003JGTYCT41④:8)
○ 형태 : 비스듬하게 곧은 벽, 그릇 동체 상부 유약 바른 아래에 篦點文 장식을 시문.
○ 태토 및 색깔 : 홍갈색 토기 바탕, 그릇 표면에 진한 녹색 유약 바름.

㉢ 그릇 뚜껑(器蓋)
○ 수량 : 총 1건.
○ 파손품.

● 2003JGTYCT41④:10(그림 25-6)
○ 형태 : 뚜껑 꼭대기(정수리) 부분과 손잡이(꼭지) 부분은 떨어져 나갔으며 우산 모양의 덮개 정수리, 뚜껑 가장자리는 첨순 모양.
○ 태토 및 색깔 : 황갈색 토기 바탕, 그릇 표면에 황갈색 유약을 바름.

제9부 성곽 187

③ 벽돌과 와당(瓦塼)

㉠ 벽돌(模压浮雕龍文塼, 2003JGTYCT4④:1, 그림 11-3, 그림 12-5(정면 승문), 그림 12-6(측면 용문))
○ 크기 : 벽돌 몸체 길이 28.6cm, 너비 15.1cm, 두께 6.1cm.
○ 문양 : 장방형 용문 벽돌, 이 벽돌은 대체로 완전하며 벽돌 윗면은 대략 안으로 오목한 형태(內凹)이며 가로방향의 승문(繩文)을 새겨넣었고, 그 앞쪽의 입면 및 그 우측 세로방향 입면에 模压부조로 조형된 용문 도안이 장식되어 있음.
○ 벽돌 몸체 전단 앞쪽 입면의 용문 도안은 4마리로 구성되어 있는데 중앙에 2마리 용의 머리가 서로 마주보고 있으며, 2마리 용의 몸 뒤를 각각 한 마리 용이 따라옴. 도안 표면은 약간 마모되어 손상되었는데 가장자리 모서리의 훼손 정도가 더 심함.
○ 4마리 용의 부조 조형구조는 같은데, 머리, 뿔, 수염, 목, 몸통, 지느러미, 사지, 팔꿈치 털, 발(발톱), 꼬리 등 10개 부분으로 조성.
○ 벽돌 앞쪽 입면에 접해있는 우측 입면에도 용문도안이 장식되어 있음. 이 입면은 마모로 많이 손상되었으며, 그 좌반부에 용 한마리가 남아 있으며 그 조형은 앞쪽 입면의 용문과 같음. 2000JGST1③:3의 비교적 완전한 벽돌 측면 용문 도안에 근거할 때, 이 입면도 좌우 대치하고 있는 2개 용문 장식일 것으로 판단됨. 우측의 용은 이미 손상되었음.
○ 용문도안과 이웃한 양측면의 뿔모서리 양측에 각각 반을 차지하는 유돌문 장식이 있음.
○ 색깔과 태토 : 갈색, 모래혼입, 토제(陶質).

㉡ 벽돌(壓印繩文梯形塼, 2003JGTYCT45④:1, 그림 19-3)
○ 크기 : 사다리꼴 벽돌로 윗 가장자리 길이 10.2cm, 바닥 가장자리 길이 15.6cm, 높이 20.1cm, 벽돌 두께 7.8cm.
○ 문양 : 벽돌 몸체는 사다리꼴이며 완형. 벽돌 윗면(頂面)에 압인 승문(繩文)을 시문했음.
○ 색깔과 태토 : 회갈색, 모래혼입.

㉢ 와당(2003JGTYCT14④:1, 그림 17-4, 그림 18-5)
○ 크기 : 와당 직경 1.3cm, 주연(邊輪) 너비 1.6cm, 높이 1.6cm.
○ 문양 : 수면 외쪽 하부는 약간 파손됨. 模压부조 수면문 조형은 2003JGTF3 : 9와 같음.
○ 색깔과 태토 : 홍갈색, 모래혼입.

(3) 제5층 출토유물

① 토기

㉠ 호
○ 수량 : 총 2건.
○ 모두 파손품.

● 2003JGTYCT11⑤:1(그림 26-1)
○ 크기 : 구연 직경 36cm.
○ 형태 : 구연은 바라졌으며 구순은 둥글게 처리하였음. 구연 외연에 凸弦文 한 줄 시문, 동체는 둥근 형태, 동체 몸통 상부에 음각선문(凹弦文) 3줄을 시문.
○ 태토 및 색깔 : 니질의 흑갈색 토기.

● 2003JGTYCT26⑤:1(그림 26-2)
○ 크기 : 구연 직경 9cm.
○ 형태 : 손으로 빚음. 구연은 바라졌으며 구순은 각이 져 있음. 동체는 둥근 형태.
○ 태토 및 색깔 : 모래 섞인 흑갈색 토기.

㉡ 분(盆)
○ 수량 : 총 4건.

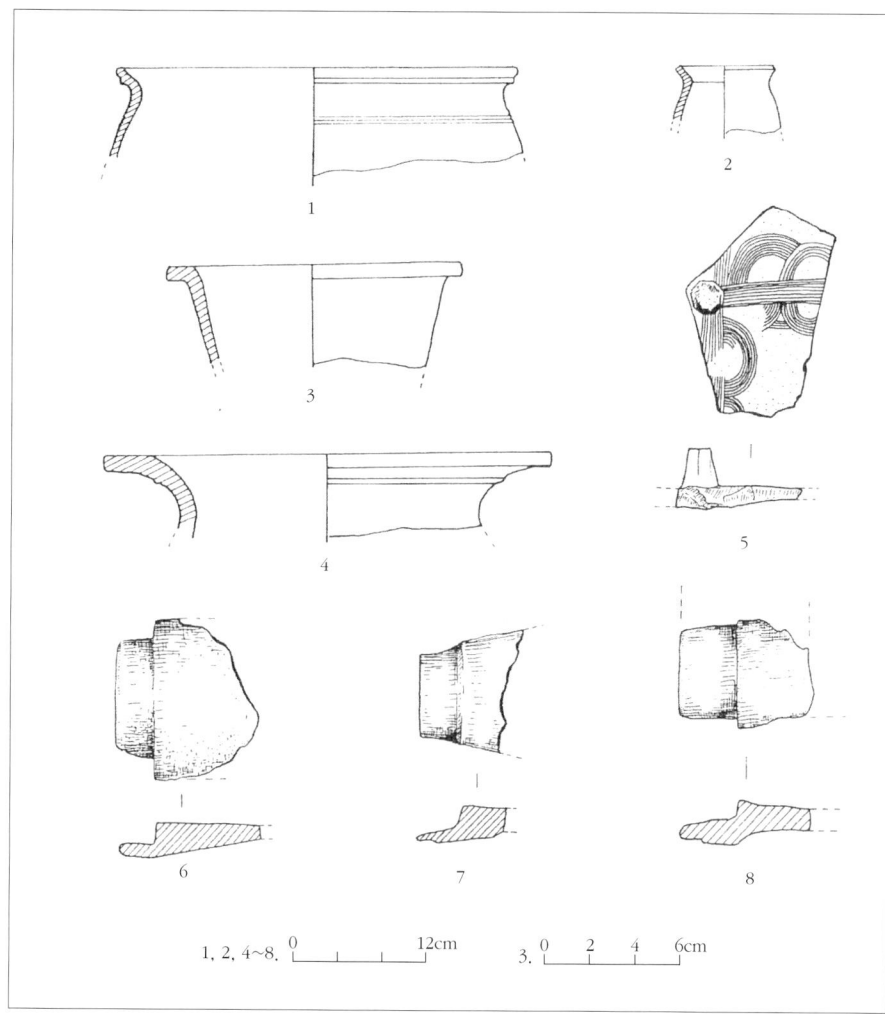

그림 26
운동장지점 제5층 출토 토기
(『國內城』, 147쪽)
1. 호
2. 호
3. 분
4. 시유도기호
5. 그릇 뚜껑
6. A형 수키와
7. B형 수키와
8. B형 수키와

○ 모두 파손품.

● 2003JGTYCT41⑤:1(그림 26-3)
○ 크기 : 구연 직경 26cm.
○ 형태 : 구연이 넓고(敞口), 가장자리는 平折되었고, 구순은 각이 져 있음. 비스듬하게 곧은 동체.
○ 태토 및 색깔 : 모래 섞인 회색 토기.

ⓒ 그릇 뚜껑(2003JGTYCT41⑤:3, 그림 26-5)
○ 크기 : 손잡이 높이 1.5cm.
○ 형태 : 뚜껑 손잡이는 8棱體이고, 손잡이 부분 모서리 선은 마모가 심함. 그릇 표면은 문양을 새겼고, 손잡이를 중심으로 凹線 9~10줄로 조성된 '十'자형 세선문을 압인하였음. 동시에 凹線文 양측에 세선문 9~10줄로 구성된 弧圈文을 둘렀음.
○ 태토 및 색깔 : 모래 섞인 황갈색 토기.

② 시유도기(釉陶器)
수량 : 총 1건.

㉠ 호(2003JGTYCT10⑤:1, 그림 26-4)
○ 크기 : 구연 직경 40cm.
○ 형태 : 구연 잔편. 구연이 넓고(敞口), 구연의 가장자리는 平折되었고, 구순은 각이 져 있음.

○ 태토 및 색깔 : 회색의 토기 바탕, 그릇 표면에 진한 녹색 유약을 바름.

③ 자기

수량 : 총 1건.

㉠ 2003JGTYCT5⑤:1 (그림 21-2)

○ 크기 : 경부 직경 2~2.4cm.

○ 형태 : 반구청자호 경부 잔편. 반구 잔. 비스듬하게 곧은 목.

④ 와당과 기와

㉠ 와당(2003JGTYCT18⑤:1, 그림 15-2, 그림 18-6)

○ 크기 : 와당 직경 약 14.8cm.

○ 문양 : 와당 잔편. '反模' 권운문와당. 이 와당의 특징은 다음과 같음. 주연(邊輪)이 없고 당면부조문양에 있는 모든 凸凹面은 기타 권운문 와당과 완전히 상반됨. 당면 문양은 안과 밖 삼중구도인데, 당면 중앙은 움푹 들어간 구형(球形)이고, 그 둘레에 8개의 凹綫으로 8개의 구획은 조성했고, 구획선 내에는 조형이 서로 같은 요선 권운문을 시문함. 이웃한 구획선안의 권운문 방향은 서로 상반되며, 2개씩 대칭됨. 당면 외연에는 요선을 두른 문양이 있고 그 바깥에 요선의 '∧'형 거치문을 시문함. 이 와당의 문양도안은 구워서 성형한 권운문와당을 그 흙벽돌(반제품의) 위에 압인해서 만들었을 것으로 추측됨.

○ 색깔과 태토 : 회색.

㉡ 수키와

제5층 퇴적물 중에서 니질의 회색 수키와 잔편이 출토됨. 표면은 무문, 내면은 승문(繩文)을 댔음. 기와 몸체와 미구 접합부의 형태 특징을 근거로 A, B형으로 나눌 수 있음.

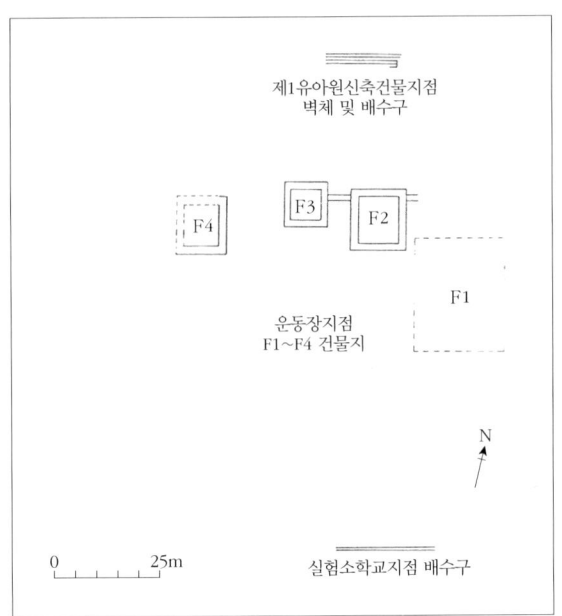

그림 27 국내성지 운동장·유아원·실험소학교 지점 위치 표시도 (『國內城』, 157쪽)

◎ A형

○ 수량 : 2건.

○ 모두 파손품. 기와 입술과 기와 몸체는 대략 직각으로 서로 접해 있으며 기와 입술이 비교적 짧음.

● 2003JGTYCT18⑤:2 (그림 26-6)

크기 : 기와 몸체 잔존길이 12.4cm, 기와 미구 길이 3.2cm.

◎ B형

○ 수량 : 총 4건.

○ 모두 파손품. 기와 미구와 몸체는 둔각으로 서로 접하는 모양. 기와 입술은 비교적 길고, 입술 내연에 요변이 있음.

● 2003JGTYCT19⑤:1 (그림 26-7)

크기 : 기와 몸체 잔존길이 7.2cm, 기와 미구 길이. 3.6cm.

● 2003JGTYCT23⑤ :2(그림 26-8)

크기 : 기와 몸체 잔존길이 12cm, 기와 미구 길이 5.4cm.

5. 역사적 성격

집안시의 운동장(현재의 고구려역사유적공원) 지역은 국내성지의 중앙으로 오래 전부터 왕궁지로 추정되어 왔음. 2003년도에 발굴한 지층 가운데 가장 아래쪽에 위치한 제5층의 퇴적층에서 4세기의 권운문와당이 출토되었기 때문에 현재로서는 이 유적층의 상한을 서기 4세기로 설정할 수밖에 없음. 제4층 아래에 위치한 7기의 재구덩이는 청자와 시유도기 등을 고온에 태운 다음 깨뜨려서 매납한 것으로 보아 의례행위 특히 제사 의례와 관련하여 조성된 유구일 가능성이 높음(백종오, 2006).

제3층 아래에 위치한 건물지 4기는 전체적인 외형이나 방향 등이 모두 동일하므로 동일한 시기에 조성된 건물군으로 추정됨. 또한 이 유적 건물지의 중심축과 방향은 북쪽에 위치한 유치원 지점의 건물지 및 남쪽에 위치한 시실험소학교 지점의 건물지 등과 기본적으로 동일함(그림 27 참조). 이에 이들 건물지가 위치한 국내성지 중앙 구역에 왕궁이 위치했을 것으로 추정하기도 함(여호규, 2012).

참고문헌

- 董峰, 1993, 「國內城中新發現的遺蹟和遺物」, 『高句麗研究文集』, 延邊大學出版社.
- 吉林省文物考古研究所·集安市博物館, 2004, 『國內城, 2000 - 2003年集安國內城與民主遺址試掘報告』, 文物出版社.
- 백종오, 2006, 「고구려기와의 성립과 왕권」, 주류성출판사.
- 여호규, 2012, 「고구려 국내성 지역의 건물유적과 도성의 공간구조」, 『한국고대사연구』 66.

20 집안 국내성지 게이트볼장지점
集安 國內城址門球場地點

1. 조사현황

1) 2003년 4~8월
○ 시행기관 : 吉林省文物考古研究所全省文物部門.
○ 참여자 : 宋玉彬, 劉景文, 何明, 庸志國, 唐音, 石肯原, 程建民, 張建宇, 全仁學, 丁宏毅, 楊俊峰, 翟敬源, 劉雪山, 谷德平, 馬洪, 王新勝, 王昭, 郝海波, 林世香.
○ 조사내용 : 4개 층위 확인. 건물지와 배수구 등 발굴, 발굴면적 445.5m².
○ 발표 : 吉林省文物考古研究所·集安市博物館, 2004, 『國內城, 2000-2003年集安國內城與民主遺址試掘報告』, 文物出版社.

그림 1 국내성지 게이트볼장지점 위치도(바탕도 『國內城』, 10쪽 ; 여호규, 2012, 48쪽)
세부 유적명은 이 책 74쪽 그림 1 참고.

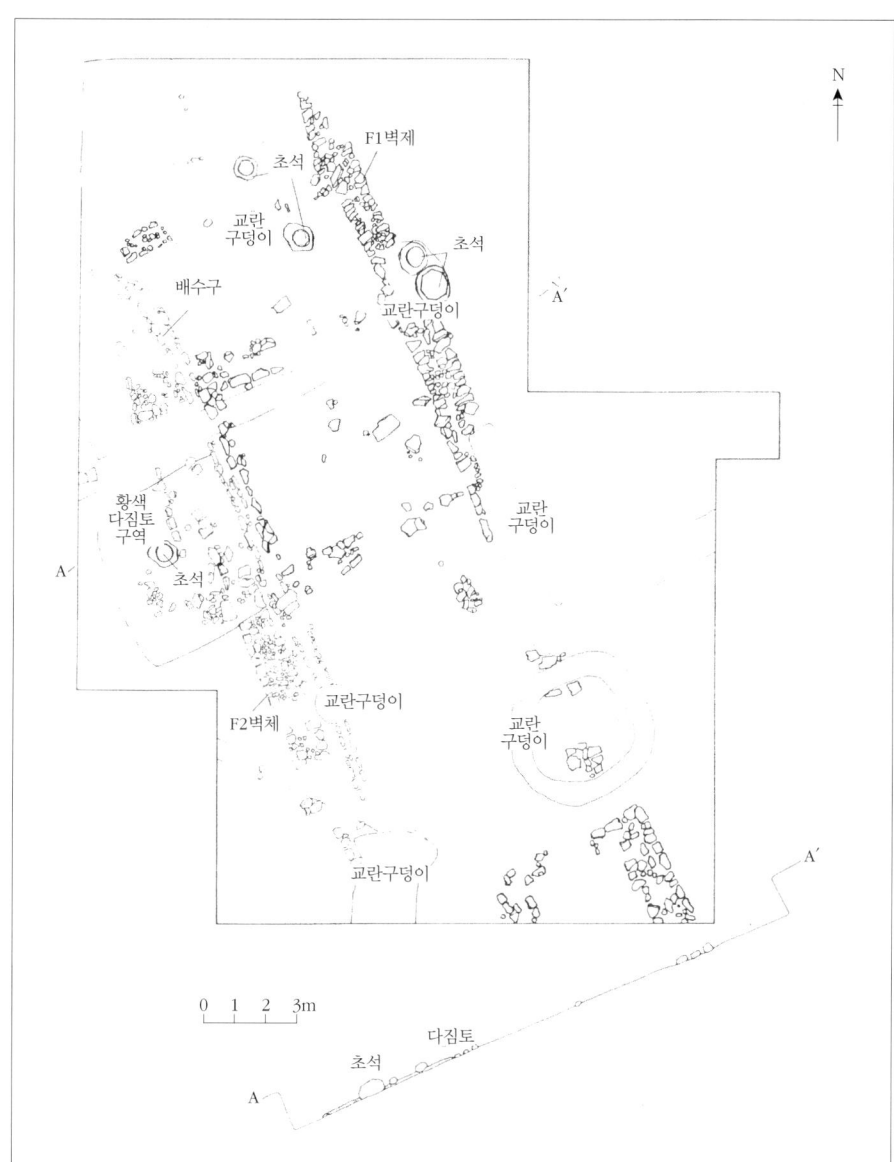

그림 2
국내성지 게이트볼장지점
트렌치 및 유적 평면도
(『國內城』, 149쪽)

2. 위치와 자연환경(그림 1-16)

○ 위치 : 운동장 발굴구역의 동남부에 위치, 두 유적의 거리는 약 144m.
○ 주변 환경 : 집안시 東盛北街 서측으로 과거 司法局과 도심 廣場 사이의 게이트볼장 구역임. 2009년 당시 고구려역사유적공원의 일부로 조성되었음.

3. 유적의 전체현황

1) 발굴개요(그림 2)

○ 도시정비계획에 따라 고구려역사유적공원의 일부로 조성하기 위해 게이트볼장에 대한 발굴 시행.
○ 남북방향 트렌치 길이 25m, 동서방향 트렌치 길이 22m. 너비 약 2m.
○ 양 방향의 트렌치를 십자형으로 교차시켰는데, 교차지점은 남북향 트렌치 북단에서 9m 거리임.

○ 유구 상황에 따라 발굴지역을 확장, 전체 발굴면적은 445.5m².

2) 지층 현황
조사구역의 지층 퇴적은 5층로 나눌 수 있음.

(1) 제1층
현대퇴적층. 2개의 층위로 세분됨. 1A은 성토층인데, 재찌꺼기가 섞인 황색 점토층으로 두께는 0.3~0.4m임. 1B층은 잡색토층인데, 현대 건물지의 기초석이 많이 발견되며, 두께는 0.3~0.5m임. 이 층에서 만주국시기부터 현대에 이르는 각종 유물이 출토됨.

(2) 제2층
흑토층. 토질이 푸석푸석하고 깨끗함. 유물이 발견되지 않았음. 두께 0.03~0.1m. 현대 건축물의 기초에 의해 크게 교란되었으나 이 퇴적층이 발굴구역 전체에 걸쳐 있음을 확인함.

(3) 제3층
황갈색 토층. 토질은 비교적 끈적끈적하며 사질토가 약간 함유되어 있음. 일부 구역은 가는 모래와 돌이 다량 포함되어 있음. 이 층의 퇴적층은 지표에서 깊이 0.65~1m임. 토층 두께는 0.5~0.9m. 현대 건축물의 기초나 구덩이에 교란되어 발굴구역내 제3층 퇴적층 사이의 연관성이 많이 결여되어 있음. 다만 이 퇴적층이 발굴구역 전체에 걸쳐 있음을 확인할 수 있음. 제3층 퇴적층에서 출토된 유물은 고구려와 발해 두 시기로 나누어짐. 유적의 開口는 제3층 아래에 있고 제4층 퇴적층 위에 위치해 있음. 석괴를 쌓아올린 건축물 기초 2기를 발굴하여 조사함.

(4) 제4층
○ 황갈색 가는 모래 토층. 강돌이 비교적 많이 포함되어 있음. 유물은 발견되지 않음. 지표 아래 1.6~2m 깊이로서 두께는 약 0.3~0.9m.

○ 제4층 아래는 모래와 강돌층인데 수맥과 가까이 잇닿아 있음.

3) 유적

(1) 전체 조사현황
○ 층위와 건물지의 관계 : 제3층 아래 제4층 퇴적층 위에서 파괴된 지상 건물지 2기를 발굴함. 건물지 2기는 동서방향으로 연결되어 있음. 서측 건축물 기초를 조성할 때 동측 건축물 기초석을 사용했음. 이로 보아 동측 건축물이 폐기된 후에 서측 건축물을 조영한 것으로 파악됨.

○ 건물지의 편호 : 동측 건축물을 2003JGMQCF1, 서측 건축물을 2003JGMQCF2로 편호함.

(2) 동측 건축물 기초(2003JGMQC F1, 이하 F1)

① 보존상태와 범위
F1 건물지는 현대 건축물 기초에 의해 심하게 파괴됨. 유구가 심하게 파괴되고, 발굴구역도 제한되어 건축물 기초의 범위와 성격을 확정할 수 없었음.

② 제1 서북-동남 방향의 벽체 기초
서북-동남 방향의 벽체 기초를 발견하고, 그 서쪽 부분을 발굴함. 기초는 저층의 기초석만 남아 있고, 남북 양단을 확정할 수 없음. 내외면을 비교적 큰 석괴를 사용해 축조했는데 바깥면을 가지런하게 쌓기 위해 주의했으며 내부에는 비교적 작은 강돌로 채웠음. 벽체의 북반부는 비교적 적게 교란되었지만, 남반부는 현대 건축물의 기초나 하수구에 의해 많이 파괴되었음. 殘長 약 28m, 너비 1~1.25m.

③ 서북-동남 방향 벽체 교란구덩이의 초석

상기 벽체 북단의 5.6m 거리에는 벽체를 파괴한 직경 2~3m인 현대의 타원형 구덩이가 있음. 이 부분의 벽체는 서측 외면만 조금 남아 있는데, 구덩이의 동벽 가까이에 남북방향으로 초석 2개가 나란히 놓여 있음. 그 중 남쪽의 초석은 팔각형인데, 臺面은 위가 작고 아래가 큰 팔릉체 모양이며, 臺面의 8개 측면은 쪼아서 만든 사다리꼴 사면임. 臺上面의 邊長은 0.3~0.4m, 臺底의 邊長은 0.35~0.45m, 전체 높이는 약 0.5m임. 북쪽의 초석은 원형인데, 臺面 직경 약 0.6m, 높이는 약 0.42m임. 초석 2기는 모두 고구려시기 초석의 전형적인 특징을 갖고 있음. 다만 초석이 위치한 곳은 현대의 교란구덩이로 원위치라고 보기는 어려움.

④ 제2 서북-동남 방향 벽체 기초

제1 서북-동남 방향 벽체의 서쪽 6m 거리에 상기 벽체와 동일한 방향의 벽체가 있는데, 많이 파괴되었음. 두 벽체 사이에 동북-서남 방향의 벽체 3개가 놓여 있는데, 동일 건축물의 일부로 추정됨. 殘長은 약 12.5m임. 그 중 일부 기초 석괴는 2003JGMQC F2 배수구 시설에 의해 차용됨.

⑤ 동북-서남 방향 벽체 기초

모두 3개의 벽체 기초가 확인됨.

㉠ 제1 동북-서남 방향의 벽체 기초

西段 일부만 잔존하는데, 잔존길이 약 1.6m, 잔존너비 약 0.8m. 벽체의 동단에서 동쪽으로 약 2.8m 떨어진 벽체 연장선상에서 원형 초석을 1개 발굴함. 臺面의 직경 약 0.5m, 높이 약 0.3m. 원형 초석 동남쪽 1.75m 거리에서 위치가 이동되고 뒤집힌 팔각형 초석 1개 발굴. 팔각형 臺面의 각변 길이는 약 0.25m.

㉡ 제2 동북-서남 방향의 벽체 기초

제1 동북-서남 방향 벽체의 남쪽 약 4m 거리에 위치. 서측의 잔존 상황이 양호한데, 석괴는 비교적 크지만 결실이 많음. 중간 부분은 현대 건축물 기초에 의해 파괴되었음. 동측에는 기단석만 몇 개 보임.

㉢ 제3 동북-서남 방향의 벽체 기초

제2 동북-서남 방향의 벽체기초의 남쪽 약 5.2m 거리에 위치. 동서 양측에 벽체의 흔적이 남아 있음. 중부는 결실. 벽체 잔흔만으로는 너비를 확인할 수 없음.

⑥ 기타 유구

건물지 내에서 인공적으로 흙을 다지고 불을 사용한 흔적은 발견되지 않았음. 곳곳에 산재한 여러 석괴의 성격은 분명하지 않음.

(3) 서측 건축물 기초(2003JGMQC F2, 이하 F2)

① 발굴개요

F2 건축물 기초의 동벽 일부와 그 동측 배수구(排水溝) 잔흔을 발굴함. 현대 건축물 기초와 나무 때문에 발굴구역 서쪽으로 트렌치를 확장하지 못함. 이로 인해 전면 발굴을 시행하지는 못함.

② 동벽의 기초

밑바닥 기초만 남았는데, F1의 벽체와 유사하며 서북-동남 방향임. 축조방식은 F1과 기본적으로 같은데, 내외면을 비교적 큰 석괴로 쌓고 내부를 비교적 작은 석괴로 채움. 다만 현대 주택 기초와 저장구덩이에 의해 파괴되어 일부 구간만 보존되어 있음. 벽체의 너비는 약 1.1~1.3m, 잔존길이는 약 16.5m임.

③ 건물지 내부 유구

건물지 내부에 황색점토층을 한 벌 깔았음. 건물지 북

부에 5×4m 규모의 흙다짐 구역이 있음. 흙을 다진 두께는 약 0.1m임. 이 구역 중 동벽 약 0.9m 거리에 원형 초석이 있는데, 초석 높이는 약 0.3m임. 원형 초석의 동북측에 돌 6개가 남아 있는 단층 석렬이 있는데, 동벽에 비해 방향은 서쪽으로 기울었음. 다만 잔존 부분이 아주 적어 그 구조와 성격을 명확하게 파악하기 어려움.

④ 배수구
동벽 동측에서 단층석괴로 쌓은 배수구 시설을 발굴함. 건물지 동벽과 배수구의 간격은 약 0.3~0.4m임. 배수구 잔흔의 전체 너비는 약 0.5m, 溝體의 너비는 약 0.2~0.3m. 배수구 중부의 약간 남쪽에 덮개돌이 남아 있는데, 덮개돌 윗면이 비교적 평평함. 배수구 동측의 석괴는 폐기된 F1 건물지의 서벽을 활용했고, F2 배수구는 F1과 동일한 수평면에 위치해 있지만, F2의 동벽은 F1의 유적보다 약간 높음. 배수구 北端에 서쪽으로 휘어진 부분이 있는데, F2의 동북 모서리에 해당하는 것으로 추정됨. 배수구의 남부는 현대의 저장구덩이에 의해 파괴되어 조사하지 못함. 배수구의 잔존길이는 약 17m임.

⑤ F2 내부 출토유물
F2 내부의 황색 점토 다짐층에서 연화문와당편이 출토되었는데, 전형적인 발해 연화문와당의 특징을 갖추고 있음.

4. 출토유물

1) 전체 현황
게이트볼장 지점에서 출토된 유물은 토기편이 대부분이며, 와당과 기와 잔편이 소량 있음. 그 가운데 발해시기의 연화문와당으로 판명된 F2 주거지 출토 연화문와당 이외에는 지층의 교란으로 인해 유물의 정확한 출토 층위를 파악하기 힘듦. 이에 토기의 기종 분류법에 의거하여 출토된 토기를 대략 고구려시기와 발해시기로 분류하고, 고구려시기는 乙組, 발해시기는 甲組로 분류함.

2) 고구려 시기 유물(乙組)

(1) 철기

① 철제못(鐵釘)
○ 수량 : 2건.
○ 부식이 비교적 심함.

㉠ 圓帽鐵釘 2003JGMQC:4
○ 크기 : 釘帽 직경 약 2.8cm.
○ 형태 : 圓形釘帽. 못 끝은 결실됨.

㉡ 折頭釘帽
○ 수량 : 2건.
○ 모두 파손품.

● 2003JGMQC:5
○ 크기 : 잔존길이 9.4cm.
○ 형태 : 釘身은 대략 방형 단면을 띰. 못 끝은 결실됨.

● 2003JGMQC:6
○ 크기 : 잔존길이 6.8cm.
○ 형태 : 釘身은 대략 방형 단면을 띰. 못 끝은 결실됨.

(2) 토기

① 호(斂口束頸罐)
○ 수량 : 11건.
○ 모두 파손품.

㉠ 2003JGMQC 乙:1 (그림 3-7)
○ 크기 : 구연 직경 28cm.
○ 형태 : 구연은 내반(敛口)하고 구순은 각이 져 있음. 목(頸身) 하부에 凸弦文 한 줄, 음각선문(凹弦文) 한 줄을 시문하여 분별하였음. 동체는 불룩한 형태.
○ 색깔과 태토 : 니질의 회색 토기.

㉡ 2003JGMQC 乙:2 (그림 3-3)
○ 크기 : 구연 직경 17cm.
○ 형태 : 구연은 내반, 구순은 각이 져 있음. 목(頸身) 하부에 음각선문(凹弦文) 한 줄을 시문하였음. 동체는 弧鼓腹 형태.
○ 색깔과 태토 : 모래혼입 회색 토기.

② 호(敛口罐)
○ 수량 : 4건.
○ 모두 파손품.

㉠ 2003JGMQC 乙:3 (그림 3-9)
○ 크기 : 구연 직경 30cm.
○ 형태 : 구연은 내반, 구순은 둥글게 처리하였음. 동체는 둥근 형태.
○ 색깔과 태토 : 니질의 회색 토기.

㉡ 2003JGMQC 乙:4 (그림 3-6)
○ 크기 : 내용 없음.
○ 형태 : 구연 내반, 가장자리 편평함. 구순은 尖圓. 동체는 둥근 형태. 구연 하부에 凸弦文 한 줄 시문.
○ 색깔과 태토 : 니질의 회색 토기.

③ 호(小立領罐)
○ 수량 : 3건.
○ 모두 파손품.

㉠ 2003JGMQC 乙:5 (그림 3-1)
○ 크기 : 내용 없음.
○ 형태 : 작은 입, 구순은 尖圓, 경사진 어깨, 구순에 음각선문(凹弦文) 한 줄 시문, 동체 상부에 음각선문(凹弦文) 한 줄 시문.
○ 색깔과 태토 : 모래혼입 회색 토기.

㉡ 2003JGMQC 乙:6 (그림 3-2)
○ 형태 : 구연은 내반(敛口)하고, 구순은 각이 져 있음.
○ 색깔과 태토 : 니질의 황갈색 토기.

④ 분(盆)
○ 수량 : 3건.
○ 모두 구연과 동체(腹部)의 잔편임.

㉠ 2003JGMQC 乙:7 (그림 3-5)
○ 크기 : 구연 직경 26cm.
○ 형태 : 구연은 넓고(敞口), 구순은 둥글게 처리하였음. 동체는 둥근 형태. 저부는 파손됨. 동체 상부에 너비가 점차 넓어지는 음각선문(凹弦文) 3줄 시문.
○ 색깔과 태토 : 니질의 황갈색 토기.

㉡ 2003JGMQC 乙:8 (그림 3-4)
○ 크기 : 구연 직경 26cm.
○ 형태 : 구연은 넓고(敞口), 구순은 둥글게 처리하였음. 기벽은 약간 얇음. 동체의 벽은 비스듬하게 곧음(斜直腹壁).
○ 색깔과 태토 : 모래혼입 회갈색 토기.

⑤ 완(碗, 2003JGMQC 乙:11, 그림 3-8)
○ 수량 : 총 1건.
○ 크기 : 구연 직경 9.4cm, 바닥 직경 3cm, 전체 높이 3.8cm.
○ 형태 : 파손품. 구연은 넓고(敞口), 구순은 둥글게

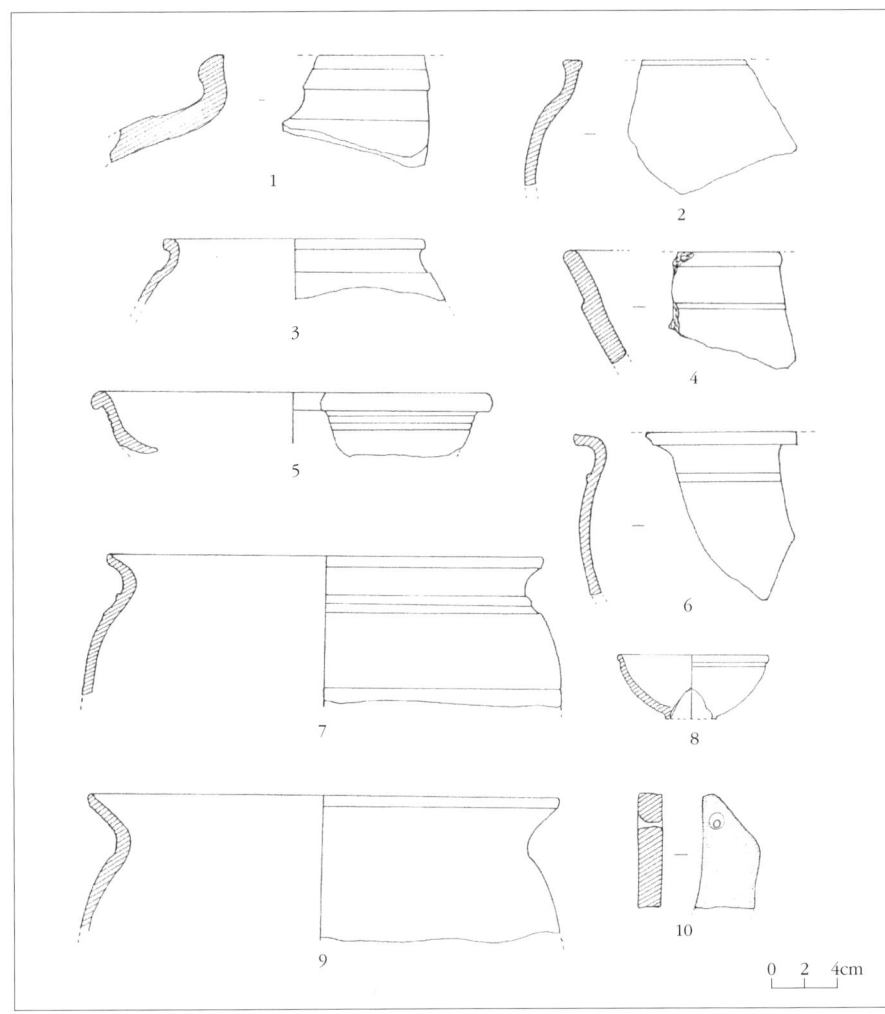

그림 3
게이트볼장지점 출토 토기(乙組)
(『國內城』, 155쪽)
1. 호(小立領罐)
2. 호(小立領罐)
3. 호(斂口束頸罐)
4. 분
5. 분
6. 호(斂口罐)
7. 호(斂口束頸罐)
8. 완
9. 호(斂口罐)
10. 숫돌

처리하였음. 반구형 동체, 평평한 바닥. 구연 외연에 음각선문(凹弦文) 한 줄 시문.
○ 색깔과 태토 : 모래혼입 갈색 토기.

⑥ **그릇 뚜껑**(2003JGMQC 乙:9)
○ 수량 : 1건.
○ 크기 : 구연 직경 9.4cm, 바닥 직경 3cm, 전체 높이 3.8cm.
○ 형태 : 파손품. 뚜껑(蓋身)의 하부 외연에 凸棱鋸齒文 한 줄 장식함.
○ 색깔과 태토 : 니질의 회색 토기.

⑦ **토기편**(陶器頸部殘片, 2003JGMQC 乙:10)
○ 크기 : 구연 직경 9.4cm, 바닥 직경 3cm, 전체 높이 3.8cm.
○ 형태 : 頸部. 목 상부 구연 가까운 곳에 凸弦文 2줄 시문, 凸弦文의 상하 각각에 음각선문(凹弦文) 한 줄 시문.
○ 색깔과 태토 : 모래혼입 회갈색 토기.

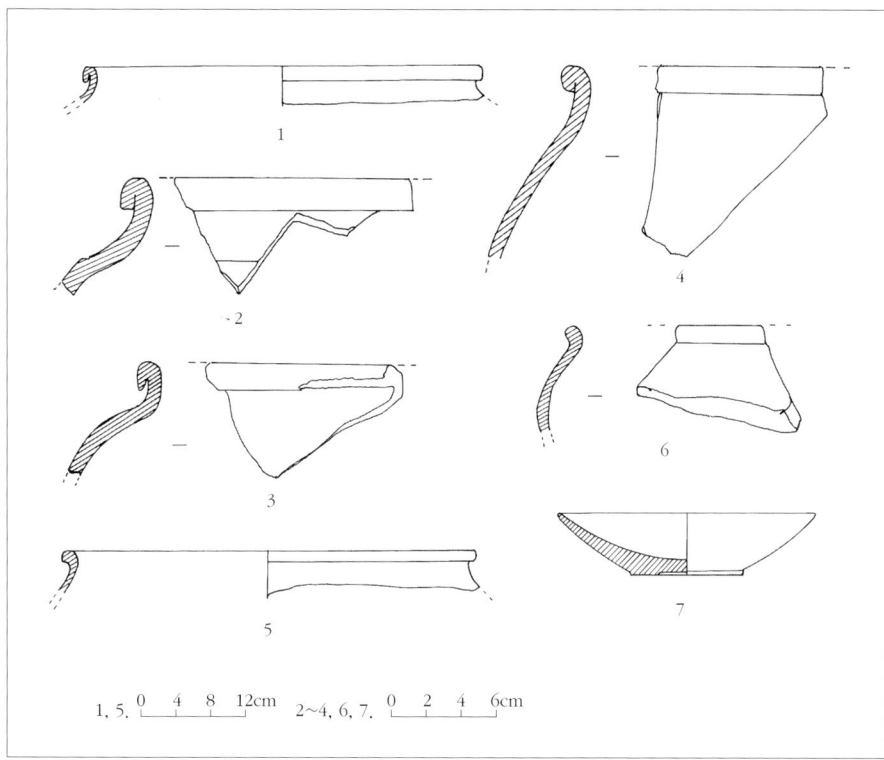

그림 4
게이트볼장지점 출토 토기(甲組)
(『國內城』, 154쪽)
1. 호(卷沿罐)
2. 호(卷沿罐)
3. 호(卷沿罐)
4. 호(卷沿罐)
5. 호(斂口罐)
6. 호(斂口罐)
7. 백자완

그림 5
게이트볼장지점 출토 와당
(『國內城』, 153쪽)
1. 발해시기 연화문와당
2. 발해시기 연화문와당
3. 발해시기 연화문와당
4. 발해시기 연화문와당
5. 고구려시기 인동문와당
6. 고구려시기 인동문와당
7. 고구려시기 인동문와당

(3) 기와

① 와당

㉠ 2003JGMQC:1(그림 5-6)
○ 크기 : 와당 직경 약 14.8cm, 당면 직경 12cm, 중방 직경 1.6cm, 주연(邊輪) 너비 1.6cm, 높이 1.6cm
○ 문양 : 高부조인동문와당, 일부 파손(一邊殘缺). 당면 중앙에 반구체 유돌문을 시문, 그 바깥을 凸弦文 한 줄 돌렸음. 凸弦文 외측에 8枝 3葉인동이 나있고, 인동의 조형은 생동감이 뛰어남. 가지와 잎의 성글고 세밀한 묘사도 적당함. 당면 외연에 凸弦文 한 줄 돌렸음.
○ 색깔과 태토 : 홍갈색, 모래혼입.

㉡ 2003JGMQC:2(그림 5-7)
○ 문양 : 高부조인동문와당, 가장자리 반은 파손됨. 문양의 조형은 2003JGMQC:1과 같음. 당면에 5枝 인동문 잔존.
○ 색깔과 태토 : 홍갈색, 모래혼입.

㉢ 2003JGMQC:3(그림 5-5)
○ 크기 : 주연(邊輪) 너비 1.4cm, 높이 1.2cm.
○ 문양 : 高부조인동문와당, 대부분 파손. 2枝 인동문 잔존. 가지와 잎이 비대함.
○ 색깔과 태토 : 홍갈색, 모래혼입.

(4) 기타 석기

① 숫돌(礪石, 2003JGMQC:7, 그림 3-10)
○ 크기 : 잔존길이 6.8cm, 두께 1.2cm, 구멍 직경 0.2~1cm.
○ 형태 : 마제, 한쪽 끝은 결실됨. 다른 한쪽 끝 石面상에 원형 구멍이 있음.

3) 발해시기 유물(甲組)

(1) 토기

① 호(卷沿罐)
○ 수량 : 4건.
○ 모두 파손됨.

㉠ 2003JGMQC 甲:1(그림 4-1)
○ 크기 : 구연 직경 46cm.
○ 형태 : 구연은 외반(侈口)하고, 구순은 둥글게 처리함.
○ 색깔과 태토 : 니질의 회색 토기.

㉡ 2003JGMQC 甲:2(그림 4-2)
○ 형태 : 구연은 외반(侈口)하고, 구순은 둥글게 처리하였음. 동체는 둥근 형태이며, 동체 상부에 음각선문(凹弦文)을 1줄 시문.
○ 색깔과 태토 : 협사 흑갈색 토기.

㉢ 2003JGMQC 甲:6(그림 4-3)
○ 형태 : 구연은 외반(侈口)하고, 구순은 둥글게 처리함. 동체는 둥근 형태임.
○ 색깔과 태토 : 협사 회갈색 토기.

㉣ 2003JGMQC 甲:7(그림 4-4)
○ 형태 : 구연은 외반(侈口)하고, 구순은 둥글게 처리함. 동체는 완만한 활모양을 띰.
○ 색깔과 태토 : 협사 회색 토기.

② 호(斂口罐)
○ 수량 : 3건.
○ 모두 파손됨.

㉠ 2003JGMQC 甲:3(그림 4-5)
- 크기 : 구연 직경 48cm.
- 형태 : 구연은 내반(內口)하고, 구순은 둥글게 처리함. 동체는 불룩할 정도로 둥근 모양임.
- 색깔과 태토 : 협사 흑갈색 토기.

㉡ 2003JGMQC 甲:4(그림 4-6)
- 형태 : 구연은 외반(外口)하고, 구순은 두툼하게 둥글게 처리함. 동체는 둥근 형태이며, 동체 상부에 음각 선문(凹弦文)을 1줄 시문.
- 색깔과 태토 : 협사 흑갈색 토기.

(2) 자기

① 백자완(白瓷碗)

㉠ 2003JGMQC 甲:5(그림 4-7)
- 크기 : 구연 직경 46cm, 바닥 직경 6.6cm,[1] 전체 높이 2.4cm.
- 형태 : 구연이 넓고, 구순은 둥글게 처리함. 동체는 완만한 활모양을 띰. 바닥의 가장자리에는 낮은 굽을 돌림.
- 색깔과 태토 : 안팎에 유약을 발랐고, 색깔은 유백색임.

4) F2 출토 발해시기 연화문와당
- 수량 : F2의 다짐토 구역에서 연와문와당 잔편 4개가 출토됨.
- 크기 : 잔편은 매우 작아 상호 관계를 파악하기 어려운 상태임.
- 문양 : 와당의 연화문은 하트 모양의 양각 윤곽선 내부에 종방향으로 양각선을 그어 중앙 구획선(隔線)으로 삼았고, 중앙 구획선 좌우에 물방울 모양(水滴形) 꽃잎(花瓣)을 한 개씩 시문했음.

(1) 2003JGMQCF2:1(그림 5-1)
- 크기 : 두께 1.6cm.
- 잔존 형태 : 당면에 2개의 연화문이 남아 있는데, 하나는 완전하고, 다른 하나는 잔편임.
- 색깔과 태토 : 니질의 회색 와당.

(2) 2003JGMQCF2:2(그림 5-2)
- 크기 : 주연부의 너비 1cm, 높이 0.8cm.
- 잔존 형태 : 당면에 불완전한 연화문 1개가 남아 있음.
- 색깔과 태토 : 니질의 회색 와당.

(3) 2003JGMQCF2:3(그림 5-3)
- 크기 : 주연부의 너비 1.9cm, 높이 1cm.
- 잔존 형태 : 막새면에 형태가 완전한 연화문 1개가 남아 있음.
- 색깔과 태토 : 니질의 회색 와당.

(4) 2003JGMQCF2:4(그림 5-4)
- 크기 : 주연부의 너비 1.4cm, 높이 0.9cm.
- 잔존 형태 : 당면에 형태가 거의 온전하게 연화문 1개가 남아 있음.
- 색깔과 태토 : 니질의 회색 와당.

5. 역사적 성격

게이트볼장지점은 국내성지의 중앙으로 이 일대는 오래 전부터 왕궁지로 추정되어 왔음. 제3층 아래에서 확인된 건물지 2기 가운데 동측에 위치한 F1이 서측의

---

[1] 『國內城』, 152쪽에는 66cm로 기재되어 있으나, 도면상 6.6cm의 오기로 추정됨.

F2보다 먼저 조성되었음. 서측에 위치한 F2 건물지는 발해시기의 연화문와당이 출토된 것으로 보아 유적의 하한을 발해시기로 설정할 수 있음.

참고문헌

- 董峰, 1993, 「國內城中新發現的遺蹟和遺物」, 『高句麗硏究文集』, 延邊大學出版社.
- 吉林省文物考古硏究所·集安市博物館, 2004, 『國內城, 2000-2003年集安國內城與民主遺址試掘報告』, 文物出版社.
- 백종오, 2006, 「고구려기와의 성립과 왕권」, 주류성출판사.

21 집안 국내성지 청량음료공장지점 건물지
集安 國內城址市冷飲廠地點

1. 조사현황

1) 1985년 5월 15일
- 시행기관 : 미상.
- 참여자 : 董峰 등.
- 조사내용 : 지층 확인 및 유물출토.
- 발표 : 董峰, 1993, 「國內城中新發現的遺蹟和遺物」, 『高句麗硏究文集』, 延邊大學出版社.

2. 위치와 자연환경(그림 1-5)

- 위치 : 국내성지 동북 모서리의 안쪽으로 동벽에서 50m, 북벽에서 48m 떨어진 지점임.

그림 1 국내성지 청량음료공장지점 위치도(바탕도 『國內城』, 10쪽 ; 여호규, 2012, 48쪽)
세부 유적명은 이 책 74쪽 그림 1 참고.

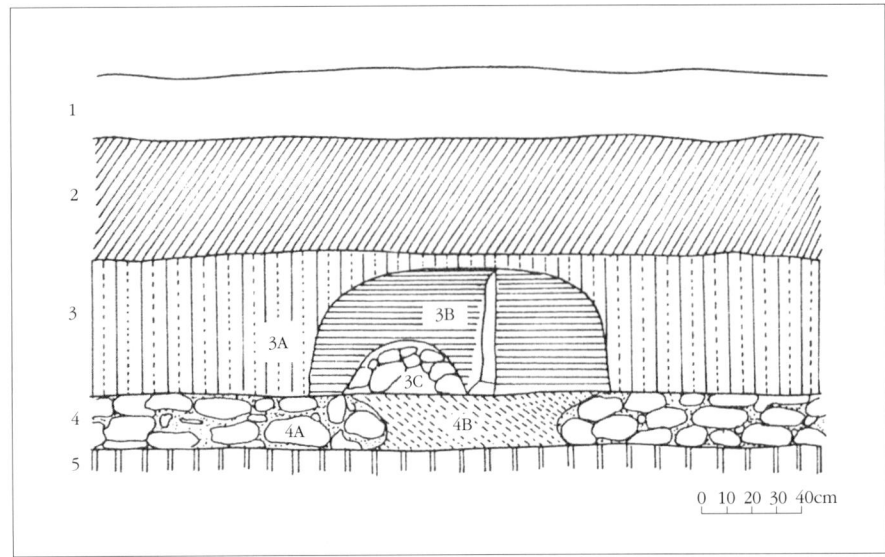

그림 2
국내성지 청량음료공장
서벽 건물지의 단면도
(『高句麗研究文集』, 190쪽)

○ 주변 환경 : 1985년 발견 당시에 청량음료공장의 서벽 부근에서 가옥을 신축하다가 지표하 78cm 지점에서 고대 쇠솥을 1개 발견하였음. 그 전에도 민간 주택지구인 이곳에서 건축공사나 저장구덩이 굴착시에 고대 토기편과 기와편이 출토되곤 하였음. 2009년에 청량음료공장은 없어지고, 주변 일대 전체가 아파트 지구로 변모함.

3. 유적의 전체현황

1) 발굴 개요
○ 쇠솥이 출토된 지점은 신축 건물의 동벽 기초홈.
○ 남북 길이 6m, 동서 너비 1m 전후를 발굴.
○ 지표하 0.78~1.45m 깊이에서 유물이 다수 출토됨.

2) 지층 현황(그림 2)

(1) 제1층
표토층. 두께 0.24~0.28m, 현대의 벽돌·기와·자기편 출토.

(2) 제2층
두께 0.44~0.47m, 淸代의 建隆通寶, 자기편 등 출토.

(3) 제3층
○ 고구려시기 유물이 다수 출토된 문화층. 세 부분으로 나뉨.
○ 3A층 : 黃褐色泥砂土層으로 두께는 0.52~0.55m임. 잔돌과 재가루가 섞여 있고, 灰色 토기편과 붉은색 기와편 등이 출토됨.
○ 3B층: 황색진흙을 장방형으로 쌓아올린 것인데, 상부의 가장자리가 조금 둥글고, 길이 1.24m, 두께 0.48m임. 중앙에 높이 0.48m, 너비 0.45m, 두께 0.1m인 石板이 있고, 석판의 북측에서 쇠솥이 출토되었음.
○ 3C층: 큰 돌과 진흙을 섞어서 축조한 凸形臺로 길이 0.50m, 두께 0.20m임. 윗부분의 진흙은 불에 구워졌고, 그 위에는 재가 길이 0.36m, 두께 0.02m로 깔려 있었음. 재가 깔린 곳 바로 위에서 쇠솥이 출토된 것

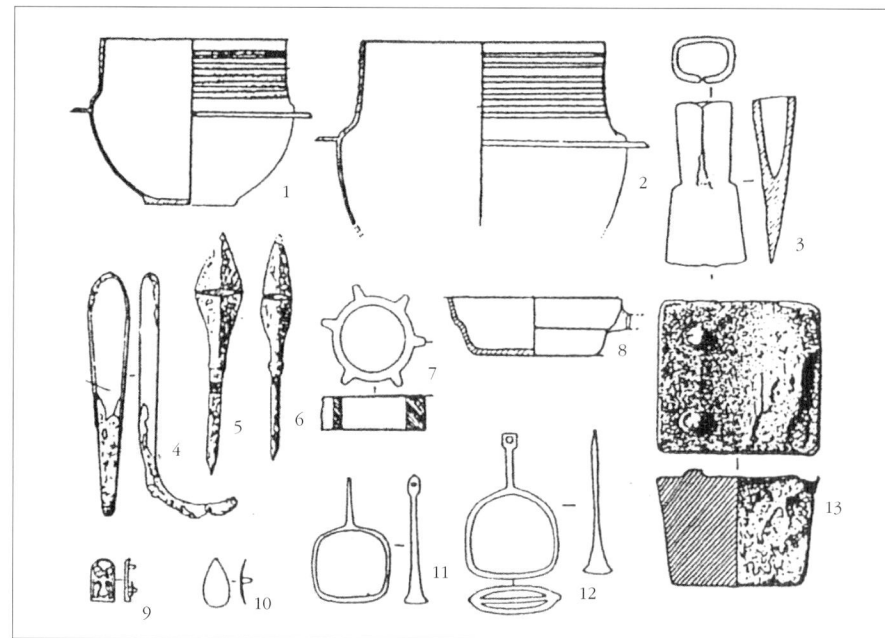

그림 3
국내성지 청량음료공장 출토유물
(『高句麗硏究文集』, 191쪽)
1. 청량음료공장 출토 철솥
2. 청량음료공장 출토 철솥
3. 제2시장 출토 괭이
4. 청량음료공장 출토 철제 띠고리
5. 청량음료공장 출토 마름모형 철촉
6. 청량음료공장 출토 버들잎형 철촉
7. 청량음료공장 출토 쇠솟대
8. 노도덕회 출토 다리미
9. 청량음료공장 출토 동제허리띠장식
10. 청량음료공장 출토 금동포식
11. 노도덕회 출토 등자
12. 노도덕회 출토 등자
13. 노도덕회 출토 철기 모루

으로 보아 아궁이터로 추정됨.

(4) 제4층
○ 두 부분으로 나뉨.
○ 4A층: 회색 진흙과 강자갈을 혼합하여 깐 층, 두께 0.20~0.22m.
○ 4B층: 황갈색 굵은 모래층, 4B층의 서벽에서 붉게 굽힌 흙이 넓게 발견되는 것으로 보아 火炕으로 추정됨.
○ 제5층: 강자갈과 굵은 모래층으로 生土層임.

4. 출토유물

1) 금동기(鎏金器)

(1) 금동포식(鎏金泡飾, 그림 3-10)
○ 크기: 길이 2.2cm, 두께 0.1cm.
○ 형태: 연꽃잎처럼 생겼음. 표면이 앞쪽으로 튀어나왔고, 뒷면 중앙에 못(釘)이 있음.

2) 청동기(銅器)

(1) 동제허리띠장식(銅帶飾, 그림 3-9)
○ 수량: 1건.
○ 크기: 길이 1.9cm, 너비 1.1cm, 두께 0.2cm.
○ 형태: 長方形, 머리쪽은 약간 둥근형태. 앞면 가장자리에 테두리를 둘렀고, 안쪽에는 券草文 圖案이 있음. 뒷면에 못(釘) 2개가 있음.

3) 철기(鐵器)

(1) 철솥(鐵鍋)
○ 수량: 2건.
○ 하나는 작고 하나는 큼. 모두 주조품으로 형태는 거의 비슷함.

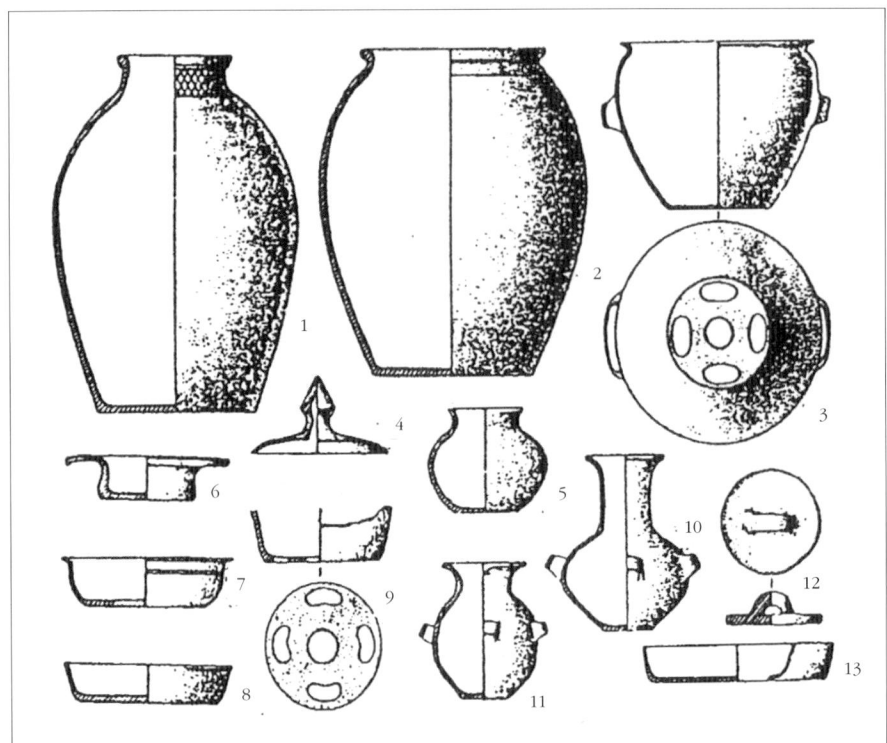

그림 4
국내성지 청량음료공장 출토유물
(『高句麗研究文集』, 193쪽)
1. 청량음료공장 출토 옹
2. 청량음료공장 출토 옹
3. 청량음료공장 출토 뚜껑
4. 청량음료공장 출토 시루
5. 채소시장지점 출토 호
6. 채소시장지점 출토 소반
7. 채소시장지점 출토 분
8. 채소시장지점 출토 분
9. 채소시장지점 출토 시루
10. 제2시장 출토 사이호
11. 노도덕회 출토 사이호
12. 노도덕회 출토 그릇 뚜껑
13. 노도덕회 출토 분

① 철솥(鐵鍋, 그림 3-1)
○ 크기 : 전체 높이 29.5cm, 口徑 37cm, 동체 최대 직경 40cm, 밑바닥 직경 17.5cm, 목의 높이 12cm. 솥전은 너비 4cm, 두께 0.8cm.
○ 형태 : 口緣이 안쪽으로 조금 꺾였고, 목부분은 곧으며, 목부분 바깥면에는 줄무늬를 10개 둘렀음. 목의 아래부분은 바깥쪽으로 약간 휘었음. 동체는 약간 불룩하고, 밑바닥은 평평함. 배의 위쪽에는 평평한 날개가 빙둘려져 있음.

② 철솥(鐵鍋, 그림 3-2)
○ 크기 : 殘高 31cm, 口徑 46cm, 배부분의 최대 직경 54.4cm, 목부분 높이 14.8cm,
○ 형태 : 목 부분의 바깥면에 줄무늬 6개를 둘렀음.

(2) 쇠줏대(鐵䡅, 그림 3-7)
○ 수량 : 1건.

○ 크기 : 바퀴의 내경 8cm, 외경 14cm, 두께 3cm.
○ 형태 : 주조품. 톱니바퀴모양. 톱니 사이의 거리는 일정하지 않음.

(3) 띠고리(帶鉤, 그림 3-4)
○ 수량 : 1건.
○ 크기 : 길이 11.9cm, 너비 1.9cm, 두께 0.8cm.
○ 형태 : 단조품. 몸체는 납작하고 평평함. 몸체 바깥쪽에는 얇은 쇠조각이 붙어 있는데, 白灰를 덧칠하였음.

(4) 철촉(鐵鏃)

① 마름모형(菱形鐵鏃, 그림 3-5)
○ 크기 : 전체 길이 11.2cm.
○ 형태 : 철촉의 중간에 등줄기가 돋았고, 날은 扁平하며, 경부(鋌)는 사각기둥인 송곳 모양.

② 버들잎형(柳葉形鐵鏃, 그림 3-6)
○ 크기 : 전체 길이 10.4cm.
○ 형태 : 몸에 등줄기가 돋았고, 날은 扁平하며, 경부(鋌)는 원형.

4) 토기(土器)

(1) 옹(陶甕)
수량 : 2건.

① 옹(陶甕, 그림 4-1)
○ 크기 : 전체 높이 60cm, 口徑 20.6cm, 동체 직경 46cm, 밑바닥의 직경 29cm.
○ 형태 : 구연이 작고 구순은 둥근 형태. 목부분은 짧으며, 동체는 깊고 밑바닥은 평평함. 구순 아래에 凸弦文 한 줄 둘렀고, 목 부분에는 斜方格文을 시문하였음. 목과 어깨 사이에도 음각선문(凹弦文) 한 줄 둘렀음.
○ 색깔과 태토 : 니질의 회색토기. 녹로로 제작(輪制). 소성온도가 높음.

② 옹(陶甕, 그림 4-2)
○ 크기 : 전체 높이 55cm, 口徑 34cm, 동체 직경 48cm, 밑바닥 직경 28cm.
○ 형태 : 구연은 외반, 구순은 둥근 형태. 동체는 불룩하며, 밑바닥은 평평함. 구연 아래에 음각선문 한 줄 둘렀고, 동체에도 음각문(刻文)이 곳곳에 있음.
○ 색깔과 태토 : 니질의 짙은 회색 토기. 녹로로 제작(輪制). 소성온도가 높음.

(2) 뚜껑(器蓋, 그림 4-4)
○ 크기 : 전체 높이 12.8cm, 직경 25.6cm.
○ 형태 : 등은 활처럼 조금 휘었고, 음각선문을 두 줄 둘렀으며, 중앙에 원추형의 꼭지가 있음.
○ 색깔과 태토 : 니질의 황색 토기.

(3) 시루(甑, 그림 4-3)
○ 크기 : 전체 높이 28cm, 口徑 35.2cm, 동체의 직경 37cm, 밑바닥의 직경 19cm. 중앙의 구멍 직경 5cm, 타원형의 구멍 길이 6.8cm, 너비 3.5cm.
○ 형태 : 구연은 외반, 구순은 둥근 형태. 동체가 불룩함. 동체 부분에 대칭인 손잡이가 2개 있고, 손잡이 위쪽에 음각선문을 한 줄 둘렀음. 평평한 밑바닥에는 구멍 5개가 있는데, 중앙의 구멍은 원형, 주위에 있는 구멍 4개는 타원형.
○ 색깔과 태토 : 가는 모래혼입 회갈색 토기. 녹로로 제작(輪制). 소성온도가 높음.
○ 그밖에도 토기편이 여러 개 출토되었는데, 器臺, 단지의 밑바닥, 손잡이와 아가리 등이 있음. 이러한 토기는 대체로 고구려 초기에는 보이지 않던 후기 토기로 추정됨.

5) 와당, 기와

(1) 와당(蓮花文瓦當)
○ 크기 : 직경 14.5cm, 두께 4cm, 주연(변연) 너비 1.2cm이고, 筒部의 殘長 11.5cm.
○ 문양 : 蓮花文을 8개 양각하였음. 꽃 사이에는 삼각형문양을 양각하였고, 중앙에는 원형의 중방(乳突)이 있고, 그 바깥에 철현문 한 줄 둘렀음.
○ 색깔과 태토 : 붉은색, 高浮雕式. 소성온도는 높은 편.

(2) 암키와(板瓦)
○ 크기 : 조각 두께는 대개 2cm 전후.
○ 문양 : 파손품. 안쪽면에는 布文이 있고, 바깥면에는 두 종류의 문양이 있는데 하나는 方格文, 다른 하나는 席文임.
○ 색깔과 태토 : 붉은색. 소성도는 높은편임.
○ 이들 기와와 와당은 東臺子遺蹟, 山城子山城 등에서도 출토되는 고구려시기의 전형적인 건축자재임.

5. 역사적 성격

국내성지 내부의 동북 모서리에 위치하는데, 토기의 연대로 보아 고구려 후기의 생활유적으로 추정됨.

참고문헌

- 董峰, 1993, 「國內城中新發現的遺蹟和遺物」, 『高句麗研究文集』, 延邊大學出版社.

22 집안 국내성지 제2시장지점 문화층
集安 國內城址市社二商場地點

1. 조사현황

1) 1988년 4월
- 시행기관 : 미상.
- 참여자 : 董峰 등.
- 조사내용 : 건물 신축 과정에서 유물 출토.
- 발표 : 董峰, 1993, 「國內城中新發現的遺蹟和遺物」, 『高句麗研究文集』, 延邊大學出版社.

2. 위치와 자연환경(그림 1 - 29)

- 국내성지 동남 모서리의 안쪽으로 동벽에서 150m, 남벽에서 175m 떨어진 지점임.

그림 1 국내성지 제2시장지점 위치도(바탕도 『國內城』, 10쪽 ; 여호규, 2012, 48쪽)
세부 유적명은 이 책 74쪽 그림 1 참고.

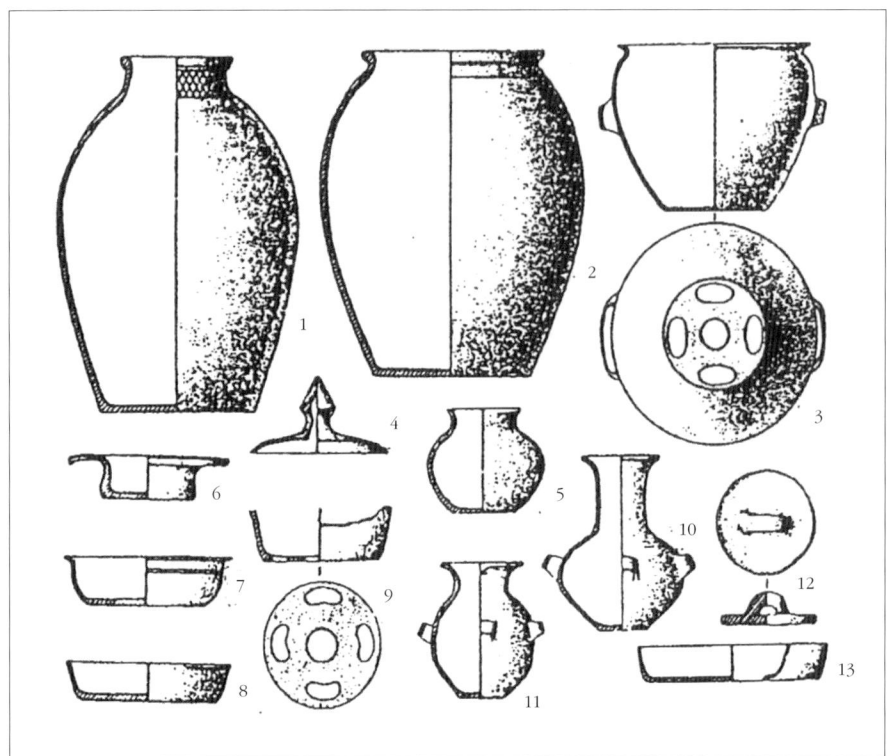

그림 2
국내성지 제2시장 출토유물
(『高句麗研究文集』, 193쪽)
1. 청량음료공장 출토 옹
2. 청량음료공장 출토 옹
3. 청량음료공장 출토 뚜껑
4. 청량음료공장 출토 시루
5. 채소시장지점 출토 호
6. 채소시장지점 출토 소반
7. 채소시장지점 출토 분
8. 채소시장지점 출토 분
9. 채소시장지점 출토 시루
10. 제2시장 출토 사이호
11. 노도덕회 출토 사이호
12. 노도덕회 출토 그릇 뚜껑
13. 노도덕회 출토 분

○ 발굴 당시 제2시장이 있었으나, 2009년에는 시장이 철거된 상태임.

3. 유적의 전체현황

제2시장의 건물을 신축하다가 지표하 1.6~2.2m 지점에서 돌담장, 그을린 검은색 구들 板石을 비롯하여 토기, 와당, 쇠도끼 등을 출토함.

4. 출토유물

1) 철기

(1) 괭이(鐵鏵, 그림 3-3)

○ 크기 : 전체 길이 15cm, 너비 7.5cm이고, 銎部의 길이 7.5cm, 너비 4cm.
○ 형태 : 단조품. 몸체는 사다리꼴. 날이 곧고, 몸체가 평평하며, 어깨 위쪽에 원통모양의 銎部가 있음.

2) 토기(土器)

(1) 사이호(四耳陶壺, 그림 2-10)

○ 수량 : 1건.
○ 크기 : 높이 29.2cm, 구경 13.6cm, 復徑 24.4cm, 底徑 8cm.
○ 형태 : 구연은 외반, 구순은 각이 져 있음. 목 부분이 길며, 어깨 부분은 둥그스름하고, 동체는 불룩하며, 밑바닥은 평평함. 어깨부분에 손잡이가 4개 달려 있음.
○ 색깔과 태토 : 모래혼입 흑회색 토기. 토기의 빛깔은 균일하지 않음.
○ 이 사이호는 山城下 고분군 196호분의 출토품과 비슷함. 무문(素文)이고 손으로 빚은 것으로 보아 고구려

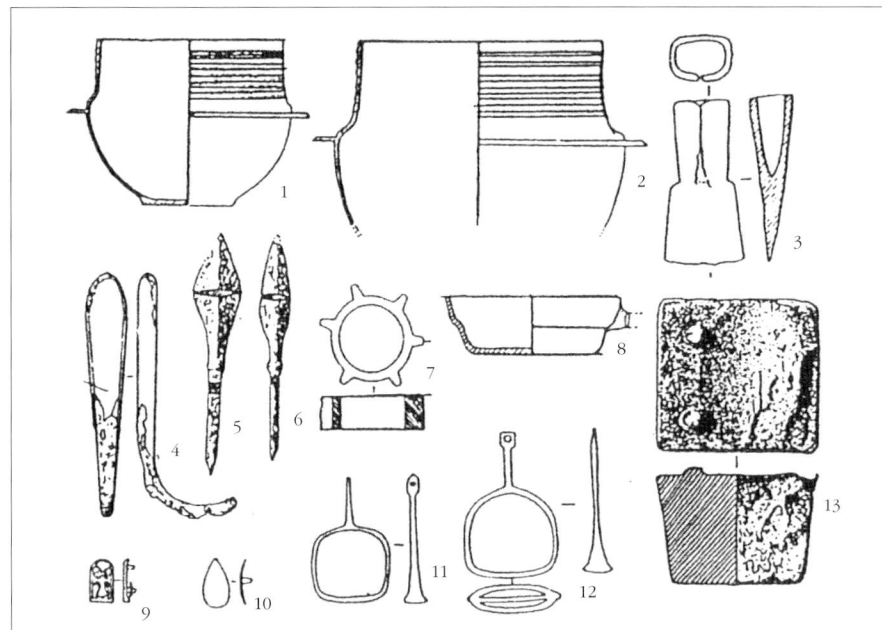

그림 3
국내성지 제2시장 출토유물
(『高句麗研究文集』, 191쪽)
1. 청량음료공장 출토 철솥
2. 청량음료공장 출토 철솥
3. 제2시장 출토 괭이
4. 청량음료공장 출토 철제띠고리
5. 청량음료공장 출토 마름모형 철촉
6. 청량음료공장 출토 버들잎형 철촉
7. 청량음료공장 출토 쇠꽂대
8. 노도덕회 출토 다리미
9. 청량음료공장 출토 동제허리띠장식
10. 청량음료공장 출토 금동포식
11. 노도덕회 출토 등자
12. 노도덕회 출토 등자
13. 노도덕회 출토 철기 모루

초중기로 비정됨.

3) 와당(瓦當)
수량 : 2건.

(1) 수면문와당
○ 크기 : 直徑 14cm, 두께 3.5cm, 주연(邊緣) 너비 1.2cm.
○ 문양 : 수면문와당. 高浮雕式. 선과 각이 선명하며 형상이 생동감이 넘침. 입은 장방형으로 크며, 이빨이 10개이며, 중앙에 작은 혀가 있음. 눈은 원형으로 눈알이 돌출하였고, 눈 위쪽에는 철현문을 두 줄 둘렀음. 코구멍은 커다랗게 원형으로 만들었고, 코 위에는 '人'자형 철현문을 세 겹 시문하였음. 뺨과 눈썹 사이에는 송곳모양의 깃털문양이 있고, 그 바깥에는 철현문을 한 줄 둘렀음.

(2) 인동문와당
○ 크기 : 직경 15.5cm, 두께 3.5cm, 주연(邊緣) 너비 1.5cm.
○ 형태 : 八枝忍冬文. 高浮雕式. 중앙의 중방 위에 음각선문을 한 줄 둘렀고 그 바깥에 철현문 한 줄 시문하였음.
○ 색깔과 태토 : 니질의 붉은색 토기.

5. 역사적 성격

국내성지 내부의 동남 모서리에 위치했는데, 출토유물로 보아 왕궁의 부속 건물이었을 것으로 추정하기도 함. 또 토기 연대로 보아 유적의 조성 연대는 고구려 초·중기, 즉 3세기 말~4세기 초까지 소급될 가능성이 있다고 함.

참고문헌
- 董峰, 1993, 「國內城中新發現的遺蹟和遺物」, 『高句麗研究文集』, 延邊大學出版社.

23 집안 국내성지 노도덕회터 문화층
集安 國內城址老道德會遺址

1. 조사현황

1) 1987년 6월
- 시행기관 : 미상.
- 참여자 : 董峰 등.
- 조사내용 : 문화층 확인 및 유물 출토.
- 발표 : 董峰, 1993, 「國內城中新發現的遺蹟和遺物」, 『高句麗研究文集』, 延邊大學出版社.

2. 위치와 자연환경(그림 1-23)

- 국내성지 서남 모서리 안쪽.
- 남벽 바로 북쪽으로 서벽에서 190m 떨어져 있음.

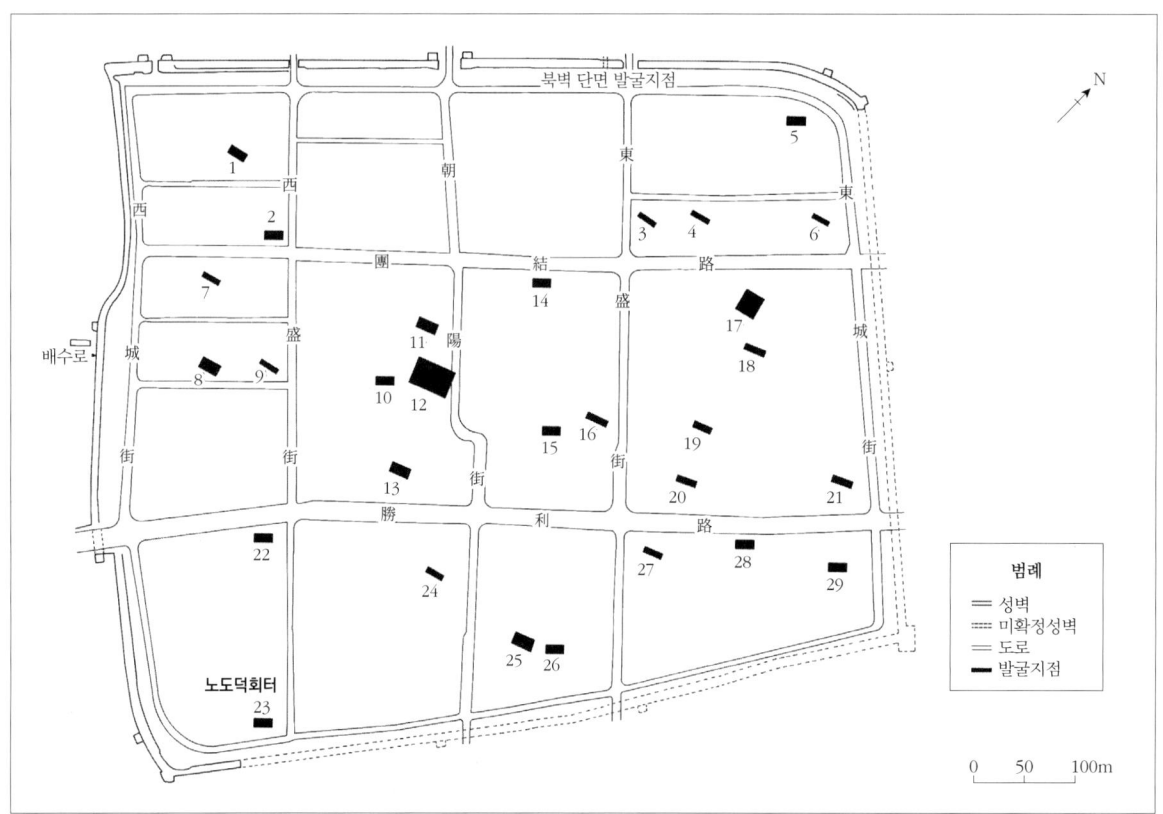

그림 1 국내성지 노도덕회터 위치도(바탕도 『國內城』, 10쪽 ; 여호규, 2012, 48쪽)
세부 유적명은 이 책 74쪽 그림 1 참고.

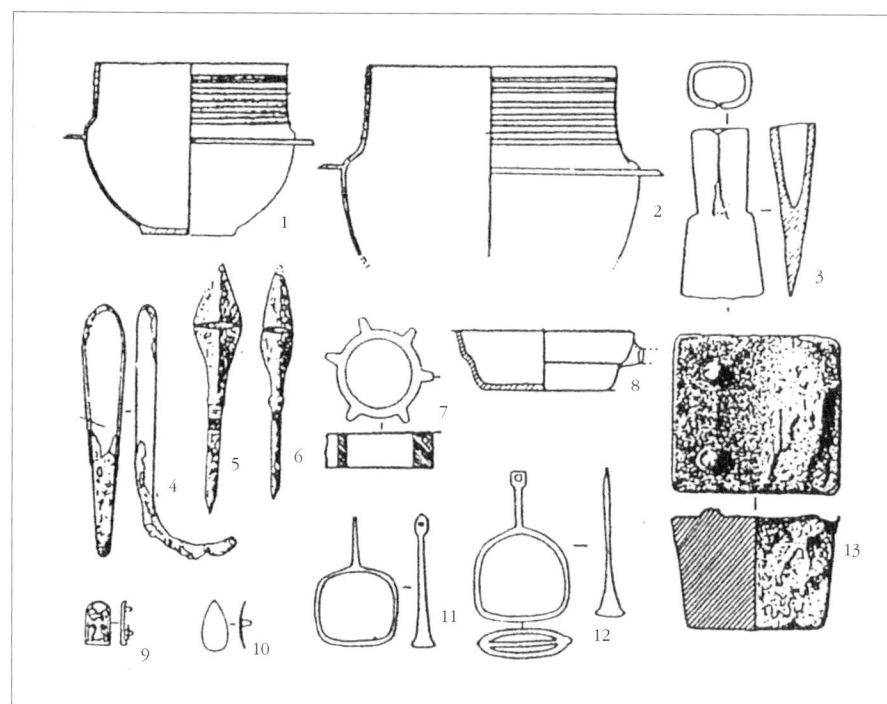

그림 2
국내성지 노도덕회터 출토유물
(『高句麗硏究文集』, 191쪽)
1. 청량음료공장 출토 철솥
2. 청량음료공장 출토 철솥
3. 제2시장 출토 괭이
4. 청량음료공장 출토 철제띠고리
5. 청량음료공장 출토 마름모형 철촉
6. 청량음료공장 출토 버들잎형 철촉
7. 청량음료공장 출토 쇠숫대
8. 노도덕회터 출토 다리미
9. 청량음료공장 출토 동제허리띠장식
10. 청량음료공장 출토 금동포식
11. 노도덕회터 출토 등자
12. 노도덕회터 출토 등자
13. 노도덕회터 출토 철기 모루

3. 유적의 전체현황

老道德會터에 민가를 짓다가 지표하 0.90~1.36m 지점에서 토기, 와당, 벽돌 등 다수의 유물을 출토함.

4. 출토유물

1) 철기(鐵器)

(1) 모루(鐵砧, 그림 2-13)

○ 수량 : 1건.

○ 크기 : 전체 높이 10cm, 윗면의 길이 16cm 너비 14.5cm, 아랫면의 길이 13cm 너비 13cm.

○ 특징 : 주조품으로 육면체. 윗면이 아랫면보다 조금 크며, 윗면 왼쪽에는 0.8cm 높이의 원기둥이 2개 있고, 오른쪽에는 길이 9cm 너비 1.8cm 깊이 1cm인 홈이 있음.

(2) 다리미(熨斗, 그림 2-8)

○ 수량 : 1건.

○ 크기 : 전체 높이 5.2cm, 口徑 16cm, 底徑 11.5cm.

○ 특징 : 주조품, 자루는 결실됨. 소반처럼 생겼는데, 구순은 둥근형태. 곧은 입(直口) 동체는 약간 경사졌고, 아래쪽은 안쪽으로 굽었으며, 밑바닥은 평평함.

(3) 등자

○ 수량 : 2쌍 4건.

○ 주조품으로 두 종류로 세분됨.

① 등자(그림 2-11)

○ 크기 : 높이 23cm, 너비 15.5cm, 발판 너비 4cm.

○ 특징 : 비교적 작은 方圓形. 고리 윗쪽에는 높이 9cm인 方形 자루가 달려 있고, 자루 끝에는 長方形 구멍이 있음.

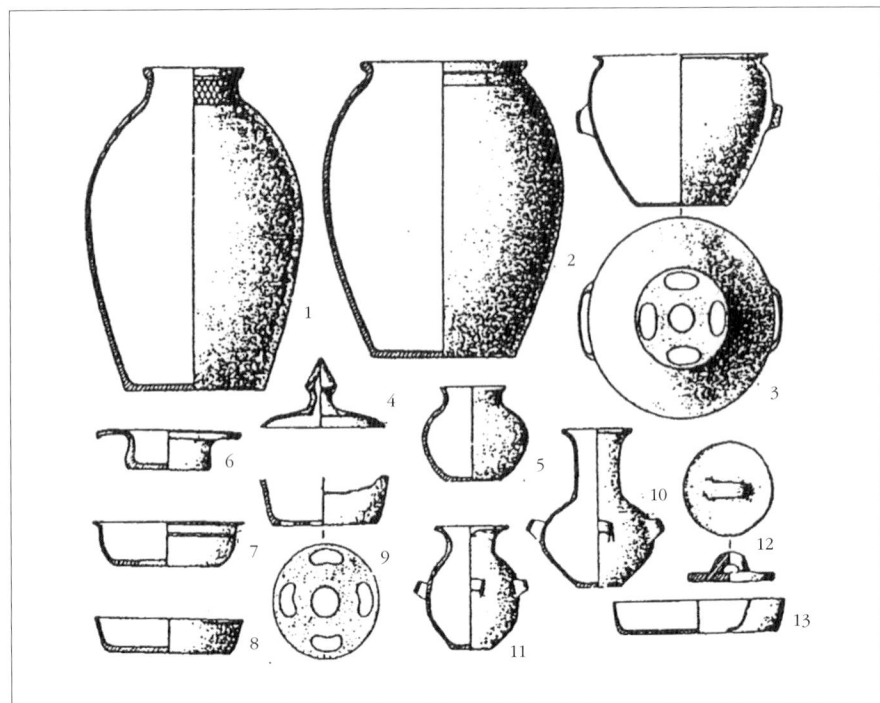

그림 3
국내성지 노도덕회터 출토 토기
(『高句麗硏究文集』, 193쪽)
1. 청량음료공장 출토 옹
2. 청량음료공장 출토 옹
3. 청량음료공장 출토 뚜껑
4. 청량음료공장 출토 시루
5. 채소시장지점 출토 호
6. 채소시장지점 출토 소반
7. 채소시장지점 출토 분
8. 채소시장지점 출토 분
9. 채소시장지점 출토 시루
10. 제2시장 출토 사이호
11. 노도덕회터 출토 사이호
12. 노도덕회터 출토 그릇 뚜껑
13. 노도덕회터 출토 분

② 등자(그림 2-12)

○ 크기 : 높이 26.5cm, 너비 18.7cm, 발판 너비 5cm.

○ 특징 : 비교적 큰 方圓形, 발판은 세 가닥의 방형 철사로 만들었음. 고리 윗쪽에는 높이 7cm인 方形 기둥이 있고, 그 끝에 방형 쇠덩어리가 달려 있는데, 중앙에 네모 구멍이 있음.

2) 토기(土器)

(1) 사이호(四耳陶罐, 그림 3-11)

○ 크기 : 전체 높이 23cm, 口徑 14cm, 復徑 17.6cm, 底徑 10cm.

○ 형태 : 무문(素文), 手制. 구연은 외반, 목 부분은 짧고, 동체는 불룩하며, 밑바닥은 평평함. 어깨와 동체가 만나는 곳에 대상파수(橋狀橫耳) 4개가 달려 있음.

○ 색깔과 태토 : 모래혼입 흑회색 토기. 소성온도는 비교적 높음.

○ 이 사이호(四耳壺)는 山城下고분군의 파괴된 적석묘 아래에서 출토된 夾砂灰褐陶罐과 거의 비슷함. 무문(素文)이고 손으로 빚은 것으로 보아 고구려 초·중기로 비정됨.

(2) 분(陶盆, 그림 3-13)

○ 크기 : 口徑 30cm, 底徑 25.5cm.

○ 형태 : 수제품. 구연이 넓고(敞口), 동체는 곧으며, 밑바닥은 평평함.

○ 색깔과 태토 : 니질의 흑회색 토기.

(3) 그릇 뚜껑(器蓋, 그림 3-12)

○ 크기 : 直徑 9cm, 두께 0.9cm.

○ 형태 : 윗쪽에 손잡이형 꼭지가 달려 있음.

○ 색깔과 태토 : 니질의 황색 토기. 수제품. 소성온도는 비교적 높음.

3) 기와, 벽돌(瓦塼)

(1) 암키와(板瓦)

문양 : 파손품. 앞면에는 큰 斜方格文이나 작은 斜方格文이 있는 것으로 세분되며, 뒷면에는 모두 布文이 있음.

(2) 와당(瓦當)

① 수면문와당

○ 크기 : 直徑 15cm, 두께 4cm, 테두리 너비 1.5cm.
○ 문양 : 수면문. 높게 양각하였는데, 입은 장방형으로 크며 12개의 이빨과 혀가 있고, 콧구멍도 크게 만들었음. 마름모꼴 눈동자는 밖으로 튀어나왔고, 눈초리는 뾰족한 깃털처럼 생겼고, 눈썹은 가늘고 조금 굽었음. 전체적으로 생동감이 넘침.

② 권운문와당

○ 크기 : 직경 13.7cm, 두께 2.5cm.
○ 문양 : 조금 깨어졌는데, 와당면을 8등분하여 권운문을 얕게 양각하였고, 가장자리에는 삼각으로 꺾인 줄무늬를 시문하였음. '四月造作'이라는 명문이 남아 있으며, 나머지 4자는 불분명하여 판독할 수 없음.
○ 색깔과 태토 : 흑회색, 소성온도가 비교적 높음.

(3) 벽돌

○ 크기 : 길이 26cm, 너비 15cm, 두께 6cm.
○ 문양 : 납작하고 평평한 장방형. 옆면에 꽃무늬를 얕게 양각하였는데, 중앙에 4개의 꽃무늬가 1열이고, 그 아래 위에는 꺾인 줄무늬 세겹과 직선무늬가 있음. 꽃무늬와 줄무늬 사이에는 수직선이 시문되었음. 윗면에는 승문(繩文), 아랫면에는 포문(布文)이 있음.
○ 색깔과 태토 : 청회색, 소성온도는 높음.

5. 역사적 성격

국내성지의 서남 모서리 안쪽에 위치하는데, 국내성지 중앙부가 고구려 왕궁의 중심지였다고 상정한 다음 노도덕회터의 건물지는 왕궁의 부속 건물로 추정하기도 함. 유적의 연대는 3세기 말~4세기 초까지 소급될 가능성이 높음.

참고문헌

• 董峰, 1993, 「國內城中新發現的遺蹟和遺物」, 『高句麗研究文集』, 延邊大學出版社.

24 집안 국내성지 목욕탕지점 문화층
集安 國內城址浴池地點

1. 조사현황

○ 1963년 목욕탕을 짓다가 고구려시기 건물지 발견.

○ 명문이 새겨진 회색 권운문와당 출토.

2. 위치와 자연환경 (그림 1-28)

국내성지의 동남부로 영화관지점 유적의 바로 동쪽임.

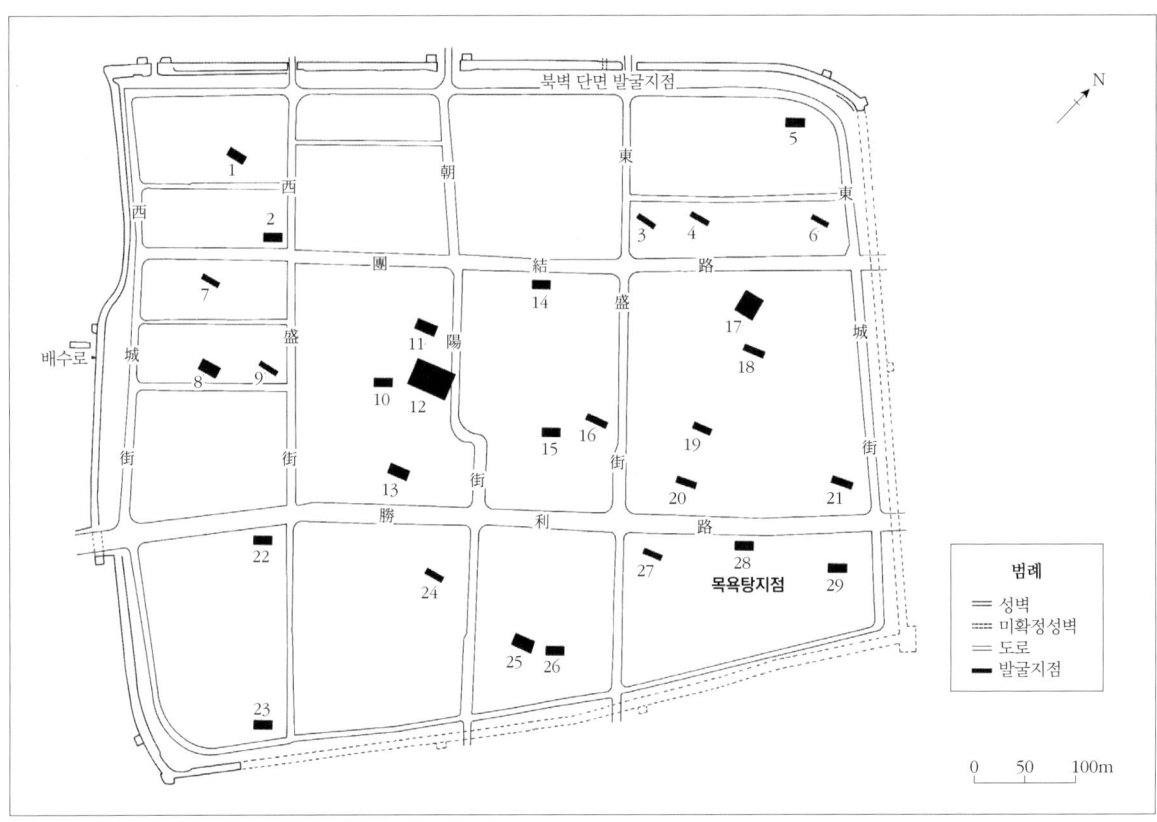

그림 1 국내성지 목욕탕지점 위치도 (바탕도 『國內城』, 10쪽 ; 여호규, 2012, 48쪽)
세부 유적명은 이 책 74쪽 그림 1 참고.

그림 2 목욕탕지점 출토 '태녕4년'명 권운문와당
(『高句麗瓦當研究』, 137쪽)

3. 출토유물

○ '太寧四年太歲□□閏月六日己巳造吉保子宜孫' 이라는 명문이 새겨진 회색 권운문와당 출토.

○ 크기 : 직경 12.5cm.

○ 형태와 문양 : 보존상태가 좋음. 와당의 색깔은 흑회색임. 당면은 평평한데, 유돌형 당심 둘레에 구획선은 8개 방사선 형태로 부조한 다음 등을 맞대는 형태로 권운문문양을 4조 얕게 부조함. 운문부와 주연부 사이의 테두리에 상기한 명문 26자를 새김.

○ 시기 : 보고자는 '太寧4년'을 '太寧3년'의 오기로 파악한 다음, 동진 명제 태녕3년 8월 6일에 제작한 것으로 추정함(『集安縣文物志』, 254~255쪽). 태녕3년은 고구려 미천왕 26년에 해당함.

4. 역사적 성격

○ 고구려 두 번째 도성이었던 국내성지 내부의 문화층.

○ 권운문와당이 출토된 것으로 보아 4세기까지 소급 가능.

참고문헌

- 吉林省文物志編委會, 1984, 『集安縣文物志』.
- 董峰, 1993, 「國內城中新發現的遺蹟和遺物」, 『高句麗研究文集』, 延邊大學出版社.
- 耿鐵華·尹國有, 2001, 『高句麗瓦當研究』, 吉林人民出版社.
- 백종오, 2006, 「고구려기와의 성립과 왕권」, 주류성출판사.

25 집안 국내성지 운동장서쪽지점 문화층
集安 國內城址市運動場西地點

1. 조사현황

○ 1971년 운동장 서쪽에서 굴착작업을 하다가 고대 담장의 기초, 초석, 고구려시기의 기와편 등 발견.
○ 담장 기초는 약 1.5m 깊이로서 이미 파괴되었음.
○ 초석 윗면은 소반을 엎어놓은 모양이었음.

2. 위치와 자연환경(그림 1 - 10)

국내성지 중부의 서쪽.

3. 역사적 성격

국내성지의 중심지로서 일찍부터 고구려 왕궁의 중심지로 추정됨.

참고문헌
· 董峰, 1993, 「國內城中新發現的遺蹟和遺物」, 『高句麗硏究文集』, 延邊大學出版社.

그림 1 국내성지 운동장서쪽지점 문화층 위치도(바탕도『國內城』, 10쪽 ; 여호규, 2012, 48쪽)
세부 유적명은 이 책 74쪽 그림 1 참고.

26 집안 국내성지 집안현구청사지점 문화층
集安 國內城址集安縣舊廳舍地點

1. 조사현황

○ 1975년 集安縣 廳舍의 기초홈을 파다가 고대 담장의 기초 발견.
○ 고구려시기의 붉은색 기와편을 대량으로 출토함.

2. 위치와 자연환경(그림 1-15)

국내성지 중앙부의 약간 남쪽. 과거 현청사(시정부)가 있었으나, 2009년에는 고구려유적공원으로 조성되어 있었음.

그림 1 국내성지 집안현구청사지점 문화층 위치도(바탕도 『國內城』, 10쪽 ; 여호규, 2012, 48쪽)
세부 유적명은 이 책 74쪽 그림 1 참고.

3. 역사적 성격

○ 1970년대에 발견된 시청사, 인민회의당, 운동장, 법원 일대의 건물지는 동서로 일직선상에 놓여 있고, 국내성 중앙에 해당하며, 그 범위는 동서 약 240m로서 동일한 건물유적으로 추정됨.

○ 규모와 위치로 보아 고구려 왕궁지의 중심부로 추정됨.

참고문헌

- 董峰, 1993, 「國內城中新發現的遺蹟和遺物」, 『高句麗研究文集』, 延邊大學出版社.

27 집안 국내성지 인민대회당지점 문화층
集安 國內城址市人大樓地點

1. 조사현황

1985년 8~9월 인민회의당 동쪽에서 고대 碑石의 龜趺, 토기편, 기와편 등이 발견되었음.

2. 위치와 자연환경(그림 1-14)

국내성지 중앙의 조금 북쪽. 과거 인민대회당이 있었으나 2009년에는 고구려유적공원으로 조성됨.

3. 역사적 성격

1970년대에 발견된 시청사, 인민회의당, 운동장, 법원 일대의 건물지는 동서로 일직선상에 놓여 있고, 국내성 중앙에 해당하며, 그 범위는 동서 약 240m로서 동일한 건물유적으로 추정됨. 규모와 위치로 보아 고구려 왕궁지의 중심부로 추정됨.

참고문헌

- 董峰, 1993, 「國內城中新發現的遺蹟和遺物」, 『高句麗研究文集』, 延邊大學出版社.

그림 1 국내성지 인민대회당지점 문화층 위치도(『國內城』, 10쪽)
세부 유적명은 이 책 74쪽 그림 1 참고.

28 집안 국내성지 인쇄공장지점 문화층
集安 國內城址市印刷廠地點

1. 조사현황

集安市 印刷공장을 짓다가 지표하 1.5m 지점에서 고구려시기 토기편, 기와편, 금동불 등을 발견함.

2. 위치와 자연환경(그림 1 - 22)

○ 국내성지의 서남부로 남쪽 서문의 안쪽에 위치.
○ 본래 집안시 인쇄공장이 위치했으나 2009년에는 '昌和水暖'라는 난방기구 판매점이 위치하고 있었음.

3. 역사적 성격

○ 국내성지 중앙부가 고구려 왕궁의 중심지였을 것으로 추정됨.
○ 인쇄공장 건물지는 왕궁의 부속 건물이었을 것으로 추정됨.

참고문헌

· 董峰, 1993,「國內城中新發現的遺蹟和遺物」,『高句麗研究文集』, 延邊大學出版社.

그림 1 국내성지 인쇄공장지점 문화층 위치도(바탕도『國內城』, 10쪽 ; 여호규, 2012, 48쪽)
세부 유적명은 이 책 74쪽 그림 1 참고.

29 집안 국내성지 실험소학교(제2소학교) 동쪽지점 문화층
集安 國內城址實驗小學地點

1. 조사현황

○ 조사기간 : 2008년 6월 26일~7월 10일.
○ 시행기관 및 참여자 : 吉林省文物考古硏究所와 集安市博物館. 발굴팀장은 吉林省文物考古硏究所의 王志剛, 현장 업무를 담당한 책임자는 集安市博物館의 郭建剛, 吉林省文物考古硏究所 李丹이 발굴에 참여.
○ 조사내용 : 集安市 시가지를 건설하기 위해 집안시 실험소학교(종전의 제2소학교) 동측의 소운동장에 대한 고고발굴을 진행하였음.
○ 발표 : 吉林省文物考古硏究所·集安市博物館,

그림 1 국내성지 실험소학교동쪽지점 위치도(바탕도 『國內城』, 10쪽 ; 여호규, 2012, 48쪽)
세부 유적명은 이 책 74쪽 그림 1 참고.

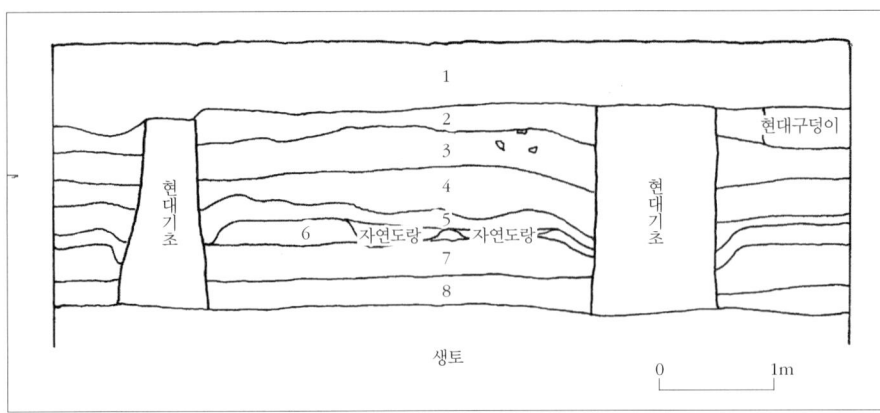

그림 2
T1 북벽 단면도
(『北方文物』 2009-4, 4쪽)

2009, 「吉林省集安市實驗小學發掘地點考古發掘簡報」, 『北方文物』 2009-4(執筆 : 王志剛·郭建剛·李丹).

2. 위치와 자연환경(그림 1 -26)

○ 위치 : 국내성지 남부의 약간 서쪽 치우친 곳에 위치. 국내성지 남벽에서 약 65m 거리에 있음.
○ 북측에 집안시 환경보호국 건물, 남측에는 주민들의 주택, 서측에는 실험소학교(종전의 제2소학교) 건물 등이 있음. 동측은 東盛南街임.

3. 조사현황

1) 발굴개요
○ 이 지역은 본래 단층집이었는데, 그 뒤 실험소학교의 소운동장으로 만들었으며, 종합빌딩 1동을 건설할 계획임. 건설지점의 면적은 200㎡.
○ 동서방향의 트렌치 2조를 발굴함. 남쪽에서 북쪽으로 2008JGST1과 2008JGST2 등으로 편호함(이하 T1, T2).
○ 트렌치 규격 : T1은 7×2m, T2는 10×2m, 발굴면적 34㎡.

○ 유구 및 출토유물 : 어떠한 유구도 발견되지 않았으며 고구려시기 기와와 토기편 등이 소량 출토되었음.

2) T1 북벽의 지층퇴적 현황(그림 2)
T1 북벽을 통해 지층을 8층으로 나눌 수 있음.

(1) 제1층
○ 표토층. 황색, 토질이 견고하고 단단함. 두께 0.5~0.75m.
○ 이 층은 단층집을 옮긴 후 운동장을 정리한 흙 다짐층임.
○ 출토유물 : 현대의 벽돌, 전돌과 기와, 콘크리트 덩이 등의 건축 폐기물과 석탄찌꺼기 등을 다량 함유하고 있음. 이 층 아래에 현대 구덩이와 基礎 2곳이 있음.

(2) 제2층
○ 흑갈색 토층. 토질이 비교적 부드러움. 두께 0.1~0.3m.
○ 출토유물 : 소량의 붉은 색 기와편이 출토됨.

(3) 제3층
○ 황갈색 토층. 토질이 세밀하고 견고하며 단단함. 두께 0.25~0.45m.
○ 출토유물 : 붉은색 기와편이 다량 섞여 있으며, 강돌

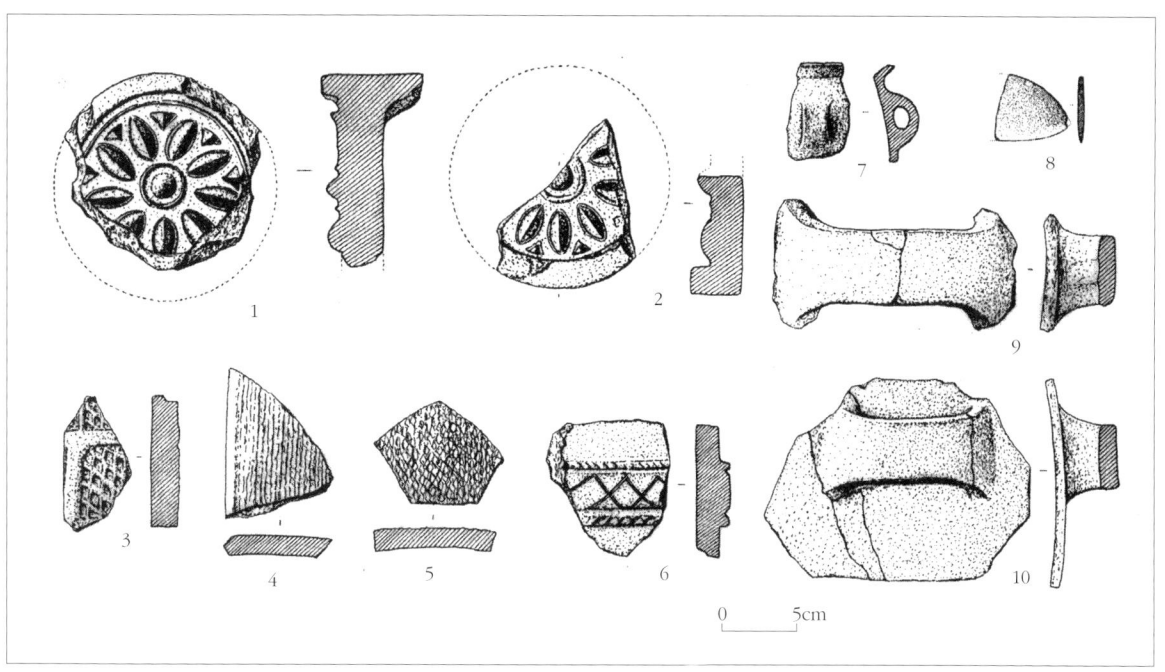

그림 3 국내성지 실험소학교동쪽지점 출토유물(『北方文物』 2009-4, 4쪽)
1, 2. 와당(T2①:1, T2①:2) 3~5. 암키와 6. 옹(T2①:3) 7. 종위대상파수호(T2④:1) 8. 간돌칼(采:1) 9, 10. 횡대상파수(T2⑤:1, T2⑤:2)

도 간혹 보임.

(4) 제4층

○ 황갈색 토층. 토질이 비교적 세밀하며 견고하고 단단함. 두께 0.15~0.45m. 이 층은 제3층과 토질, 토색이 구별되지 않음. 다만 이 층에는 붉은색 기와편이 섞여 있지 않음.

○ 출토유물 : 소량의 회색 繩文 기와편과 泥質의 회색 토기편 등 출토.

(5) 제5층

○ 짙은 황갈색 토층. 위에서 아래로 가면서 색깔이 점점 짙어지며, 토질은 세밀하며, 비교적 견고하고 단단함. 지표에서 깊이는 1.3~1.75m임. 지층의 두께는 0.1~0.3m.

○ 출토유물 : 모래 섞인 백색과 회색 토기편, 泥質의 회색 횡대상파수(橋狀橫耳) 등이 소량 출토되었고, 현대의 철제못이 1건 출토되었음.

○ 트렌치 중부에는 두 갈래의 자연도랑이 있는데, 서북-동남 방향이며, 제5층의 퇴적토와 동일한 흙이 채워져 있고, 유물은 출토되지 않음.

(6) 제6층

○ 황색 沙質土層. 다른 흙이 섞여 있지 않고, 토질은 푸석푸석함. 물이 흘러 진흙이 퇴적한 층임. 지표에서 깊이는 1.5~1.75m. 지층 두께 0.05~0.25m.

○ 출토유물 : 泥質 회색토기편이 소량 포함되어 있음.

(7) 제7층

○ 황색 진흙과 모래층. 토색은 순수하며, 토질은 비교적 단단함. 물이 흘러 진흙이 퇴적한 층임. 지표에서 깊이는 1.7~1.95m. 지층 두께 0.05~0.25m.

○ 출토유물 : 어떠한 유물도 보이지 않음.

(8) 제8층

○ 짙은 황색의 사질토층. 토질은 견고하고 단단함. 물이 흘러 진흙이 퇴적한 층임. 아래는 생토층. 지표에서 깊이는 2~2.2m. 지층 두께 0.1~0.3m.
○ 출토유물 : 어떠한 유물도 보이지 않음.

(9) 생토층

제8층 아래가 생토층임. 황색의 거친 모래가 섞인 강돌층.

4. 출토유물

표토층과 교란층에서 토기편이 다량 출토되었음. 동기로는 銅錢 1건이 출토되었고, 표토층에서 간돌칼 1건을 채집하였음.

1) 석기(石器)

(1) 간돌칼(石刀, 采:1, 그림 3-8)
○ 크기 : 잔장 5.2cm, 너비 약 4.5cm, 두께 약 0.5cm.
○ 형태 : 봉부(尖部)만 남아 있음. 청색의 礫石으로 전체를 갈아서 만들었음. 신부(刀身)는 납작하고 얇으며, 등과 날은 둥근 형태임. 날의 중부는 비교적 평평하고, 끝 부근은 둥글게 굽었으며, 날 부분은 예리함. 사용한 흔적이 없음.

2) 동기(銅器)

(1) 銅錢
○ 수량 : 1건.
○ '開元通寶'만 발견하였음.

3) 토기(陶器)

○ 수량 : 수량은 비교적 적음. 모두 잔편. 복원한 기물이 없음.
○ 문양 : 문양은 파상문(波浪文)과 돌대문(附加堆文)을 시문함.
○ 색깔과 태토 : 토기는 대부분 녹로제이며, 잘 만들었음. 泥質 토기가 대부분이며, 소성온도는 비교적 높음. 陶質은 비교적 견고하고 단단함. 대부분 灰色이며 소량은 灰褐色 토기, 黑皮 토기임. 모래 섞인 토기의 수량은 비교적 적은데, 소성온도는 비교적 낮고, 색깔은 균일하지 않으며, 태토 중에 다량의 운모편이 섞여 있음. 황갈색 토기, 회갈색 토기를 포함함.
○ 기형 : 단지(罐), 호(壺), 옹(甕)을 판별할 수 있음.

(1) 옹(陶甕, T2①:3, 그림 3-6)
○ 형태와 문양 : 동체부(腹部) 일부만 남음. 기벽(器身)의 두께는 두터우며, 돌대문(堆文)을 장식하였음. 돌대문의 위 아래에 가장자리 가까운 곳에 각각 한 줄(一道)의 홈(凹槽)을 壓印하였음. 문양은 3개의 區間으로 나뉨. 홈(凹槽)의 외측에 승문을 압인하였고, 중간에는 2줄(兩道)의 교착하는 波折文을 압인하였음.
○ 돌대문(附加堆文)의 너비 약 4.4cm, 높이 약 0.6cm.
○ 색깔과 태토 : 모래섞인 灰皮陶, 색조는 외면이 짙은 회색, 속심(胎色)은 엷은 회백색을 띰.

(2) 종위대상파수호(竪耳罐, T2④:1, 그림 3-7)
○ 크기 : 손잡이 길이 4.2cm, 너비 약 1.8cm.
○ 형태 : 口緣部 잔편만 남아 있음. 구연은 외반(侈口), 折沿, 口骨은 각이 져 있으며, 구연 아래에 손잡이(竪橋耳)가 부착되어 있음.
○ 색깔과 태토 : 모래 섞인 짙은 회색토기.

(3) 대상파수(橋狀橫耳, T2⑤:1, 그림 3-9)
○ 크기 : 손잡이 길이 약 16.6cm, 너비 5.2cm, 두께

1.2cm.
○ 색깔과 태토 : 모래섞인 회색 토기.

(4) 대상파수(橋狀橫耳, T2⑤:2, 그림 3-10)
○ 크기 : 손잡이 길이 약 12.4cm, 너비 4.4cm, 두께 1.2cm.
○ 색깔과 태토 : 모래섞인 회색 토기.

4) 기와, 와당
○ 표토와 교란층(1~5층)에서 많이 출토되었음.
○ 색깔과 태토 : 대부분은 모래 섞인 붉은색이며, 황갈색이 소량 있음.
○ 특징 : 기와의 제작 기술은 비교적 뛰어나며, 기와의 두께는 두꺼움. 소성온도는 비교적 높으며, 와질은 견고하고 단단함.
○ 형태 : 모두 잔편이며, 와당, 암키와, 수키와 등 세 종류가 출토됨.

(1) 와당
○ 수량 : 2건.
○ 형태 : 막새면과 주연부 일부 결실. 동일 와범 사용(模制).
○ 태토와 색깔 : 모래 혼입, 붉은색.
○ 문양 : 막새면은 모두 9엽의 단판 연화문을 시문함. 배면(後部)에 연접된 수키와(筒瓦)는 이미 결실됨. 와당면 중앙부에는 반구형의 자방이 있고 그 주위를 1조의 원권이 돌아감. 그 외곽에 연화문 9엽을 둘렀고, 각 연화문 사이에는 삼각형 문양을 부조함. 화판부와 주연부 사이에 1조의 원권이 돌아가고 있음.

① T2①:1 (그림 3-1)
크기 : 와당 직경 약 15.6cm, 두께 약 4.2cm, 자방(乳突) 직경 약 1.2cm, 주연(邊輪) 너비 약 1.4cm.

② T2①:2 (그림 3-2)
크기 : 와당 직경 약 15.6cm, 두께 약 3.7cm, 자방(乳突) 직경 약 1.8cm, 자방(乳突) 높이 약 0.9cm, 주연(邊輪) 너비 약 2cm, 높이 약 1.4cm.

(2) 암키와(板瓦, 그림 3-3, 4, 5)
문양 : 모두 잔편으로 복원이 불가능함. 내면(凹面)은 마포흔(布文)이 선명하며 배면(凸面)에는 菱形文, 繩文, 籃文 등을 시문함.

(3) 수키와(筒瓦)
○ 수량 : 소량.
○ 문양 : 모두 잔편으로 미구는 남아 있지 않음. 내면(凹面)은 마포흔(布文)이 남아 있고 배면은 문양을 소문화한 무문임.

5. 역사적 성격

이 유적은 고구려시기의 문화층. 실험소학교 발굴지점은 국내성지 남부에 위치하며, 발굴지점 상부 5층은 모두 근현대의 교란층으로, 제1~2층에서 비교적 다량의 고구려시기의 기와가 출토되었음. 이는 이 주변에 원래 건물이 존재했을 가능성을 시사하지만, 근·현대시기에 심하게 교란되었기 때문에 문화층은 모두 파괴되어 남아 있지 않으며, 유구도 발견되지 않았음. 유물은 모두 근·현대 교란층에서 출토되었기에 정확한 출토양상을 파악하기는 불가능함. 다만, 유구에서 출토된 2점의 연화문와당은 산성자산성에서 출토된 C형 연화문와당과 형태가 동일하므로, 그 연대를 추정하는데 유용함.

지층은 모두 8개 층위가 확인되었는데, 제1~2층은 근현대층, 제3~5층은 근현대 이전의 문화층, 제6~8층은 순수한 퇴적층 등으로 분류할 수 있음. 다만 제3층과 제4층은 지층의 색깔이 동일해 층위 구분이 어렵고, 기와 부스러기 출토 유무만 차이가 난다는 점으로 보아 사실상 동일한 지층일 가능성이 높음. 인접한 제2소학교지점처럼 제1~5층은 심하게 교란되었다고 하는데, 제3~5층을 고구려시기 층위로 설정하고, 토층의 색깔이 동일한 제3~4층을 같은 층위로 묶는다면, 제2소학교지점처럼 고구려시기의 문화층은 2개 층위로 이루어졌다고 볼 수도 있음.

참고문헌

- 吉林省文物考古硏究所·集安市博物館, 2009, 「吉林省集安市實驗小學發掘地點考古發掘簡報」, 『北方文物』 2009-4.

30 집안 국내성지 사구협건물지점 건물지
集安 國內城址社區協公樓地點

1. 조사현황

○ 조사기간 : 2008년 10월 29일~11월 19일.
○ 시행기관 : 吉林省文物考古研究所와 集安市文物局 고고팀.
○ 조사현황 : 集安市 社區協 건물을 건설하기 위해 고구려 거주지에 대하여 발굴을 진행하였음.
○ 발표 : 吉林省文物考古研究所·集安市文物局, 2009, 「2008年集安市國內城社區協公樓地點高句麗居住址的發掘」, 『北方文物』 2009-3(執筆 : 解峰·王鵬勇·于麗群).

그림 1 국내성지 사구협건물 발굴지점 위치도(바탕도 『國內城』, 10쪽 ; 여호규, 2012, 48쪽)
세부 유적명은 이 책 74쪽 그림 1 참고.

2. 위치(그림 1-2)

集安市의 團結路와 西盛街가 교차하는 부근의 國稅 구역 내부의 민간거주지 공터. 국내성지 내부의 서북쪽에 해당함.

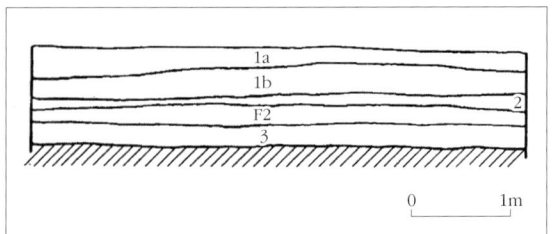

그림 2 T1 동벽 단면도(『北方文物』 2009-3, 9쪽)

3. 조사현황

1) 발굴개요
○ 2008년 10월 29일에서 11월 19일까지 集安市 社區協 건물을 건축하기에 앞서 고구려 거주지에 대하여 발굴을 진행하였음.
○ 발굴 계획면적은 100㎡였으나, 유구 상황에 따라 140㎡로 확장함.
○ 집터 2기, 독 구덩이 1개, 재 구덩이(灰坑) 1곳 등을 발굴하였음.

2) T1 동벽의 지층현황(그림 2)
발굴구역 내 지층은 3층으로 나눌 수 있으며 T1 동벽을 예로 들어 설명하면 다음과 같음.

(1) 제1층
○ 제1a층 : 현대의 흙 다짐층, 두께 0.15~0.3m.
○ 제1b층 : 건축폐기물이 포함된 현대 퇴적층, 지표하 0.35~0.6m, 두께 0.2~0.3m.

(2) 제2층
○ 회흑색 토층. 토질은 푸석푸석함. 강자갈이 소량 섞여 있으며, 니질 황갈색 및 회색 토기편이 소량 포함되어 있음. 淸代 유물도 있음.
○ 지표에서 깊이는 0.45~0.8m, 두께 0.1~0.15m.

(3) 제3층
○ 棕褐色 토층. 토질이 푸석푸석함. 강자갈이 대량 섞여 있으며, 泥質 황갈색 및 회색 토기편이 소량 포함되어 있음.
○ 지표에서 깊이는 0.9~1.2m, 두께 0.2~0.35m.
○ 고구려 문화층임.
○ 제3층 아래는 생토층임.

3) 유구

(1) 건물지(房址)
건물지 2기를 정리하였음.

① F1 (그림 3)
○ 전체현황 : 발굴구역의 중부에 위치함. F2 건물지를 평평하게 정리한 다음 그 위에 축조하였음. 장방형에 가까운 지상식 건물로 남북 길이 4.4m, 동서 너비 약 3.6m임.
○ 벽체 기초 : 동, 남, 북 3갈래의 벽체 기초를 발굴했는데, 모두 자갈을 깔아서 만들었음. 북벽 기초의 길이 3.5m, 동벽 기초의 길이 3.7m, 남벽 기초의 길이 1.5m이며, 벽체 기초의 너비는 약 0.8m. F1의 남벽 기초는 F2의 남벽 기초를 파괴하고 조성함.
○ 실내 퇴적층 : 흑회색 토층. 비교적 크게 교란되었으며 재층과 불에 탄 붉은색 흙알갱이가 섞여 있음. 거주면은 회갈색토를 한 벌 깔았는데, 비교적 가지런하

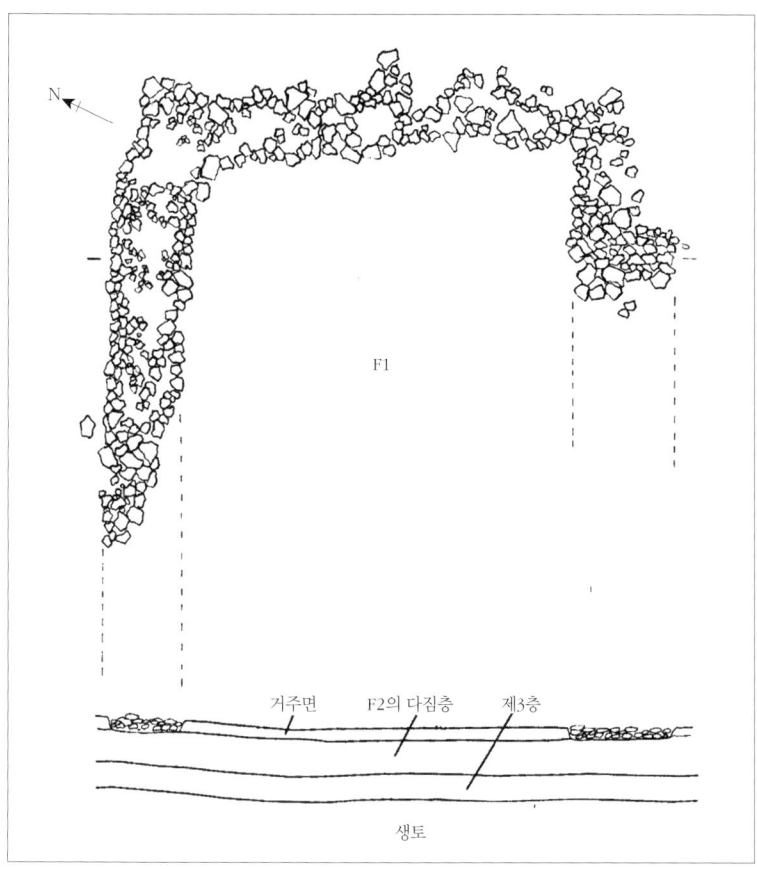

그림 3
F1의 평면도와 단면도
(『北方文物』 2009-3, 10쪽)

며 약간 교란되었음. 토질은 견고하며 단단함. 두께 약 5~8cm. 출토유물은 없음.

② F2(그림 4)
○ 전체현황 : 발굴구역의 서부에 위치함. 開口는 제2층 아래에 있고, 건물지는 제3층 위에 축조되었음. 다짐층을 가진 지상식 건축으로 평면은 정방형이고, 둘레는 약 8m임. 심하게 파괴되어 다짐층, 벽체 기초, 초석과 柱洞만 발굴했음.
○ 다짐층 : 다짐층은 발굴구역에 모두 분포할 뿐 아니라 트렌치 밖으로도 확장되어 있는데, 발굴면적의 제한으로 가장자리까지 발굴하지 못하였음. 흙과 돌을 섞어서 다졌는데, 다짐흙은 황갈색을 띠며, 토질은 견고하고 단단하며, 잔자갈이 소량 섞여 있음. 두께 약 0.1~0.3m.

○ 외벽 : 외벽은 다짐층 위에 얕은 구덩이를 판 다음, 잔자갈을 채워넣고, 잔자갈 사이에 엷은 황색의 진흙토를 채웠음. 남·북·서 3면의 벽체 기초는 거의 동일하며, 너비는 약 0.8m임. 동벽의 기초는 이들과 조금 다른데, 너비는 약 1m임.
○ 실내 벽체 : 실내에서 외벽과 연결된 벽체 기초 2곳을 발굴했음. 한 곳의 벽체기초는 서벽과 평행하며, 남단은 남벽 기초와 만나는데, 길이 약 2m, 너비 약 0.3~0.4m임. 다른 한 곳은 동북 모서리에 위치하는데, 평면은 직각으로 꺾여 있고, 모서리에 초석 한 개가 놓여 있음. 그 중 한 갈래는 동벽과 평행하며, 북단은 북벽과 만나는데, 길이 약 1.8m, 너비 약 0.7~0.8m. 또 다른 한 갈래는 북벽과 평행하며, 동단은 동벽 기초와 만나는데, 길이 약 1.9m, 너비 약 0.6~0.8m. 이 구간의 벽체 하단에 채운 자갈은 비교적 작고, 외벽 기

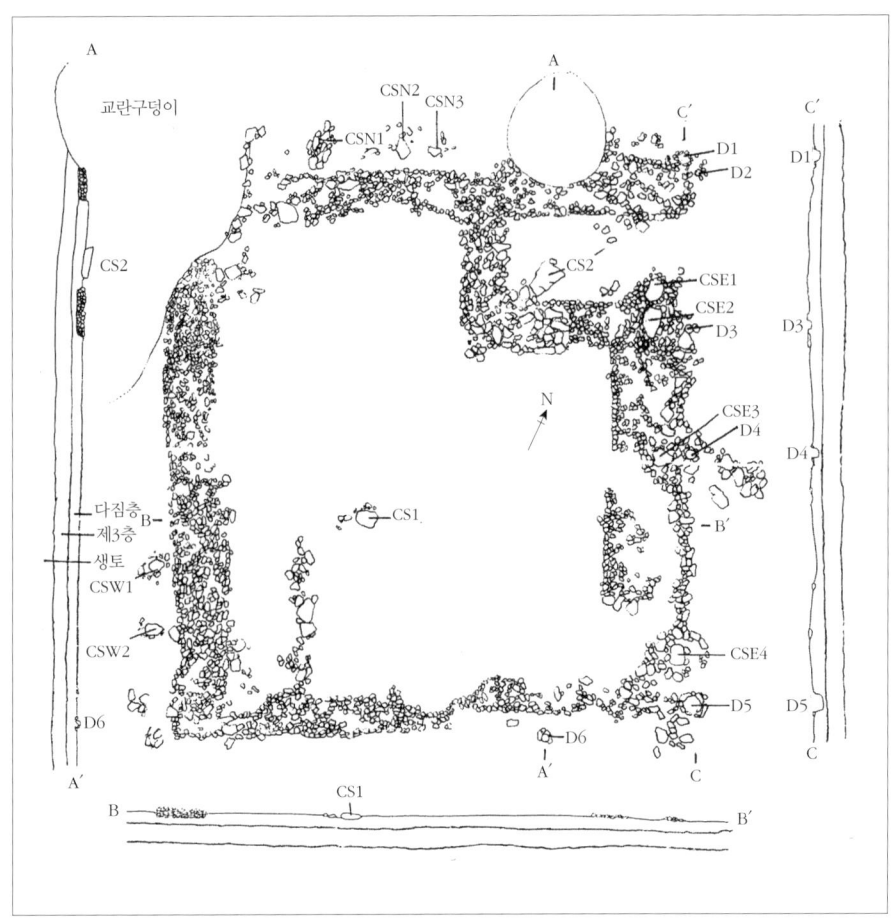

그림 4
F2의 평면도와 단면도
(『北方文物』 2009-3, 10쪽)

초의 잔자갈과 동일하며, 윗층 자갈은 크기가 상대적으로 큼.

○ 초석 : 모두 10개를 조사함. 그 중 4개가 동벽 기초 내에 위치하는데, CSE1, CSE2, CSE3, CSE4 등으로 편호함. 서벽 외측에도 2개가 있는데, CSW1, CSW2로 편호함. 북벽 외측에 3개가 있는데, CSN1, CSN2, CSN3 등으로 편호함. 실내 중부에 1개, 동북 모서리에 1개 등이 있는데, 각각 CS1, CS2로 편호함. 초석의 축조법은 기본적으로 동일한데, 모두 다짐층 위에 구덩이를 파서 잔자갈을 한층 깔고, 다시 비교적 큰 자갈을 구덩이 중앙에 놓고, 둘레를 작은 자갈로 채운 다음 옅은 황색토로 접합하였음. 그 중 CSN1이 있는 곳에서는 큰 자갈을 발견하지 못했음.

○ 기둥구멍(柱洞) : 기둥구멍 6개를 조사함. 모두 벽체기초의 外緣에 설치하였는데, D1, D2, D3, D4, D5, D6 등으로 편호함. 柱洞은 다짐층 위에 구덩이를 파서 만들었으며 네 둘레에 자갈을 한 줄 둘렀음. 형태는 기본적으로 동일하며, 벽체는 곧고 바닥은 평평함. 그 가운데 D1은 집터 동북 모서리의 벽체 기초의 외연에 위치함. D2는 D1의 동남측에 위치함. D3는 CSE2의 동측인 동벽의 외연에 위치함. D4는 CSE3의 동측인 동벽의 외연에 위치하며, D5는 동남 모서리의 벽체기초 외연인 CSE4의 동남 측에 위치함. D6는 남벽 기초의 외연 동부에 위치함. D1, D3, D4와 D5는 직선상에 위치함. 이 柱洞은 벽체기초의 외연에 연접해 있는데, 벽체 기초가 심하게 파괴되었기 때문에 축조법을 파악할 수 없음.

○ 퇴적층 : 퇴적층은 한 층으로 색깔은 다짐층과 유사

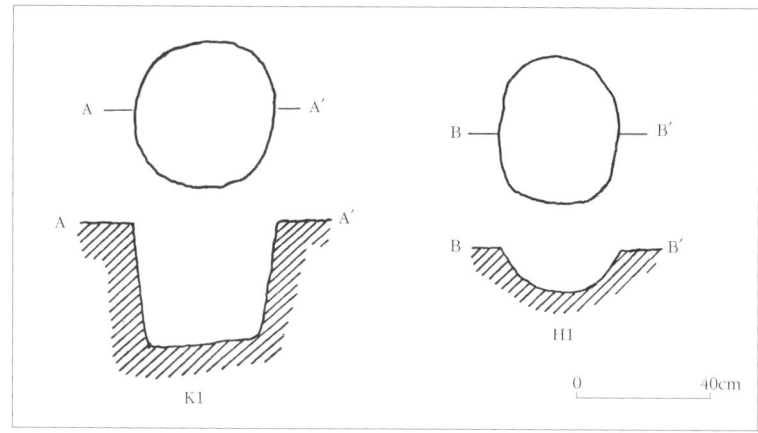

그림 5
K1과 H1 평·단면도
(『北方文物』 2009-3, 11쪽)

한 홍갈색 토층임. 불에 탄 붉은색 흙덩이를 대량 포함하며, 벽돌과 기와 파편이 소량 출토되었는데, 두께는 약 0.1~0.15m임. F2가 무너지며 형성된 퇴적층으로 추측됨. 주로 F2 실외 동측과 남측에 분포하며, 실내 서남 모서리에 소량 분포해 있음. F1 건물지를 축조할 때 F2 건물지를 정리하는 과정에서 형성된 것으로 추측됨. 퇴적층에서 泥質의 황갈색 토기편과 泥質의 회색 토기편이 출토되었음. F2의 거주면에서는 유물이 발견되지 않았음.

(2) 독 구덩이(甕坑, K1, 그림 5-1)

○ 위치와 층위 : F2 건물지 남벽 바깥의 약 0.5m 지점에 위치함. 독구덩이의 開口는 F2① 아래에 있고, F2의 다짐층을 파괴하였음. 다짐층 위에 구덩이를 파고, 독을 설치한 것으로 파악됨. 독은 하반부만 남아 있으며, 기본적으로 원위치가 보존되어 있음.

○ 규모와 퇴적층 : 坑口 직경 0.48m, 깊이 약 0.36m, 坑底 직경 0.36m. 독의 내부에 퇴적층이 한 층 형성되어 있는데, 불에 탄 붉은색 흙알갱이와 황갈색 재(炭灰)가 대량 섞여 있음.

○ 출토유물 : 泥質의 회색토기편이 소량 포함되어 있으며, 鏃形 철제화살촉 1건이 출토되었음.

(3) 재구덩이(灰坑, H1, 그림 5-2)

○ 위치와 층위 : 독구덩이(K1)의 동남 약 0.7m 지점에 위치함. 開口는 F2① 아래에 있는데, F2의 다짐층을 파괴하며 구덩이를 조성했음.

○ 규모 : 원형의 솥바닥 모양. 구경 약 0.4m, 깊이 약 0.11m.

○ 현황 : 구덩이의 벽과 바닥은 불을 사용해 붉은 종려나무색을 띰. 구덩이 내에는 홍갈색 토층이 1층 퇴적되어 있는데, 대량의 재(炭灰)와 불에 탄 붉은색 흙 알갱이가 섞여 있음. 구덩이 내에서 泥質의 황갈색 토기편과 회색 토기편이 소량 출토되었고, 청동제管狀器 1건을 채집하였음.

4. 출토유물

출토유물로 토기, 동기, 철기 및 기와, 전돌 등이 있음.

1) 銅器

수량 : 총 3건. 管狀器 1건, 걸쇠(扣)와 동전(錢幣) 각 1건.

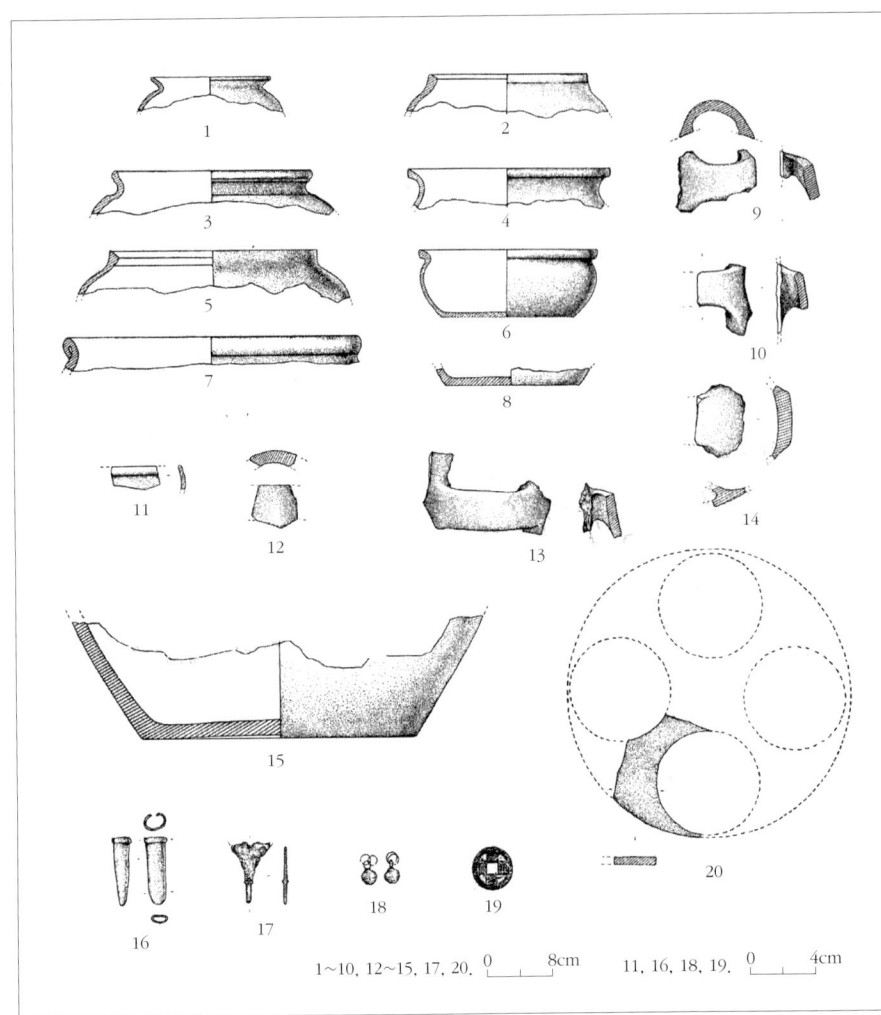

그림 6
국내성 사구협건물지점 출토유물
(『北方文物』 2009-3, 12쪽)
1~5, 7. 罐(H1:1, F2①:1, F2①:7, T2②:1, T1③:2, T3②:1)
6. 동이(T1③:1)
8. 바닥(T4②:1)
11. 발(T1②:4)
9, 10, 12~14. 손잡이(T2②:3, T2③:1, F2③:1, F2①:9, T3②:2)
15. 옹(K1:1)
16. 管狀器(H1:2)
17. 철촉(K1:2)
18. 걸쇠(T1②:1)
19. 乾隆通寶(T1②:2)
20. 시루(F2①:8)

(1) 管狀器 H1:2 (그림 6-16)
○ 수량 : 1건.
○ 크기 : 구경 1.3cm, 두께 0.1cm, 전체 길이 4cm.
○ 형태 : 편상 청동재료 飜券 鍛造로 만들었음. 한쪽 끝은 막혔고, 한쪽 끝은 뚫려 있음. 부식이 심함.

(2) 걸쇠(扣, T1②:1, 그림 6-18)
○ 수량 : 1건.
○ 크기 : 구슬 직경 1cm, 꼭대기 고리(鼻穿) 직경 0.4cm, 고리 직경 0.6cm.
○ 형태 : 대략 구슬 모양에 가까움. 표면에 꽃 모양을 빚었음. 꼭대기에 고리가 있으며, 그 위에 같은 크기의 청동제고리(銅圈)가 2개 있음.

(3) 동전(錢幣, 그림 6-19)
○ 수량 : 1건.
○ 乾隆通寶임.

2) 鐵器
수량 : 1건.

(1) 철촉(鐵鏃, K1:2, 그림 6-17)
○ 크기 : 殘長 7.2cm.
○ 형태 : 鏟形. 경부(鋌)에 方形의 능각(凸棱)을 한 줄

시문하였음.

3) 토기
○ 수량 : 모두 16건.
○ 기형으로 호(罐), 바리(鉢), 시루(甑), 옹(甕), 동이(盆) 등이 있음.
○ 형태 : 1건만 복원 가능. 다수는 잔편임. 주로 구연부와 바닥 및 손잡이 부분임.
○ 색깔과 태토 : 주로 니질의 회색 토기와 니질의 황갈색 토기임. 또 소량의 모래가 섞인 홍갈색 토기도 있음.

(1) 호(罐)
수량 : 6건.

① F2①:1 (그림 6-2)
○ 크기 : 구경 19.6cm, 잔고 4.3cm.
○ 형태 : 구순은 비스듬하게 각이 져 있음. 곧은 입(直口), 둥근 어깨(圓肩).

② F2①:7 (그림 6-3)
○ 크기 : 구경 23.4cm, 잔고 4.8cm, 두께 0.6cm.
○ 형태 : 구순은 둥근 형태, 仰折沿, 목은 잘록함(束頸), 경사진 어깨. 구연부 아래에 한 줄의 凸棱을 둘렀음.

③ H1:1 (그림 6-1)
○ 크기 : 구경 14.3cm, 잔고 4.4cm, 두께 0.4cm.
○ 형태 : 구순은 둥글며, 구연은 꺾이며 외반(侈口)하였음. 둥근 어깨.

④ T1③:2 (그림 6-5)
○ 크기 : 구경 24.8cm, 잔고 5.6cm.
○ 형태 : 구순은 비스듬하게 각이 져 있음. 곧은 입, 둥근 어깨.

⑤ T3②:1 (그림 6-7)
○ 크기 : 구경 35cm, 잔고 3.2cm, 두께 0.6cm.
○ 형태 : 구순은 둥글며 바깥으로 말려 있음(外卷). 구연은 외반(侈口)하였음.

⑥ T2②:1 (그림 6-4)
○ 크기 : 구경 24.8cm, 잔고 5cm, 두께 0.5cm.
○ 형태 : 구순은 각이 져 있음. 구연은 밖으로 말리며 외반(侈口)하였음.

(2) 발(鉢, T1②:4, 그림 6-11)
○ 수량 : 1건.
○ 크기 : 잔장 2.7cm, 잔고 1.4cm.
○ 형태 : 구순은 둥글며, 곧은 입. 구순 아래에 음각선문(凹弦文)을 한 줄 시문하였음.

(3) 시루(甑, F2①:8, 그림 6-20)
○ 수량 : 1건.
○ 크기 : 바닥 직경 34.2cm, 바닥 두께 0.5cm, 시루 구멍 직경 6.1cm.
○ 형태 : 바닥은 평평함.

(4) 독(甕, K1:1, 그림 6-15)
○ 수량 : 1건.
○ 크기 : 바닥 직경 33cm, 잔고 14cm.
○ 형태 : 바닥은 평평하며 안쪽으로 오목함(內凹).

(5) 동이(盆, T1③:1, 그림 6-6)
○ 수량 : 1건.
○ 크기 : 구연 직경 22cm, 동체 직경 21.8cm, 바닥 직경 16.2cm, 전체 높이 8cm.
○ 형태 : 구순은 각이 져 있으며 折沿. 둥근 어깨, 동체는 비스듬하게 둥근 형태, 바닥은 평평함.

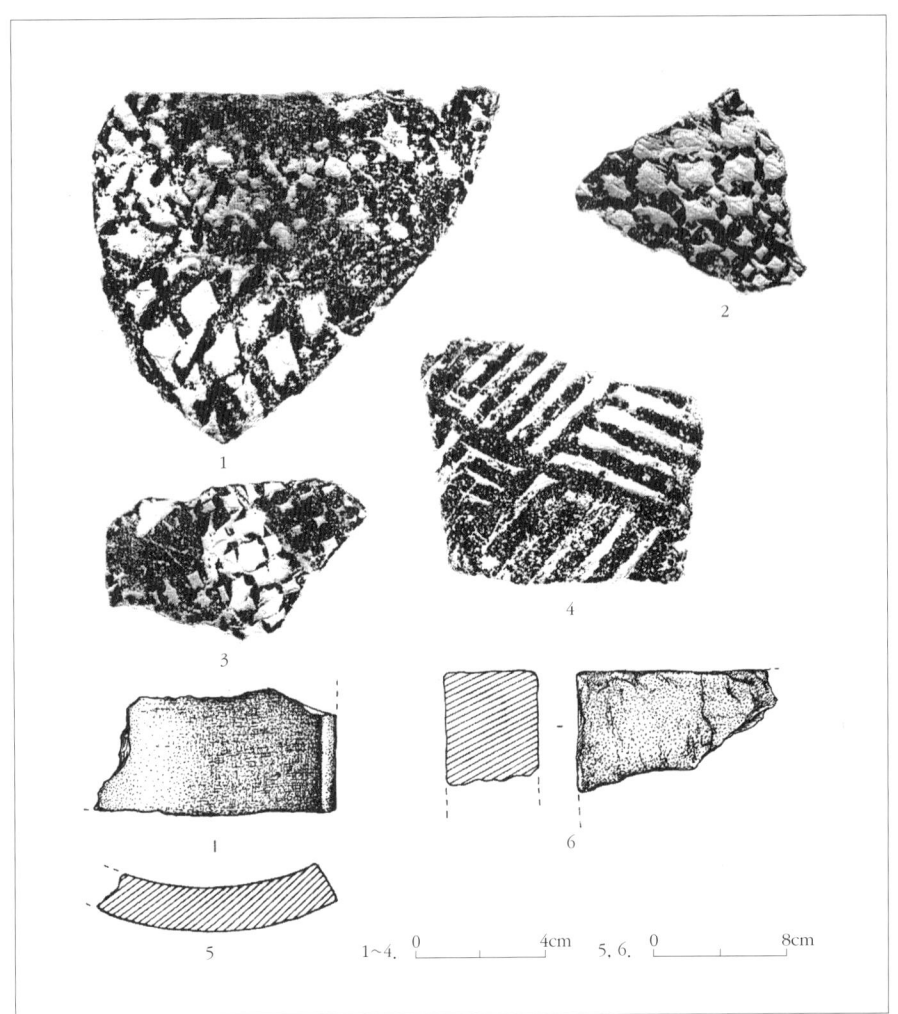

그림 7
국내성 사구협건물지점 출토
기와와 전돌
(『北方文物』 2009-3, 13쪽)
1~5. 기와(F2②:2, F2①:3,
F2①:4, F2①:5, T2②:3)
6. 전돌(F2①:6)

(6) 토기 저부(器底, T4②:1, 그림 6-8)

◦ 수량 : 1건.

◦ 크기 : 바닥 직경 16.4cm, 잔고 2cm, 바닥 두께 0.8cm.

◦ 형태 : 바닥은 평평함.

(7) 파수(器耳)

수량 : 5건.

① F2①:9(그림 6-13)

◦ 크기 : 너비 15.8cm.

◦ 형태 : 횡대상파수(橫橋耳).

② T1②:3(그림 6-10)

◦ 크기 : 너비 6.4cm.

◦ 형태 : 횡대상파수(橫橋耳).

③ T2②:2(그림 6-9)

◦ 크기 : 너비 8.8cm.

◦ 형태 : 횡대상파수(橫橋耳).

④ T3②:2(그림 6-14)

◦ 크기 : 너비 6cm.

◦ 형태 : 대상파수(橋狀耳).

⑤ T2③:1(그림 6-12)
○ 크기 : 너비 5.7cm.
○ 형태 : 대상파수(橋狀耳).

4) 기와, 전돌
○ 수량 : 6건.
○ 암키와와 전돌이 있음.

(1) 암키와
○ 수량 : 5건.
○ 문양 : 무문과 문양 2종류로 나눌 수 있음. 문양에는 2종류가 있음.
○ 색깔과 태토 : 泥質과 夾砂 2종으로 구분되며, 소성온도는 비교적 높음.

① 암키와(素面板瓦, T2②:3, 그림 7-5)
○ 수량 : 1건.
○ 크기 : 두께 2.5cm.
○ 문양 : 파손품. 무문(素面).
○ 색깔과 태토 : 모래 섞인 홍갈색 토기.

② 암키와(菱形網格文板瓦)
○ 수량 : 3건.
○ 문양 : 파손품. 표면에 마름모꼴의 網格文을 시문하였음.
○ 색깔과 태토 : 모두 泥質의 홍갈색 토기.

㉠ F2①:2
크기 : 두께 1.6cm(그림 7-1).

㉡ F2①:3
크기 : 두께 1.6cm(그림 7-2).

㉢ F2①:4
크기 : 두께 2cm(그림 7-3).

③ 암키와(編織文板瓦, F2①:5, 그림 7-4)
○ 수량 : 1건.
○ 크기 : 두께 2cm.
○ 문양 : 파손품. 표면에 석문(蓆文)을 시문하였음.
○ 색깔과 태토 : 니질의 홍갈색 토기.

(2) 전돌(F2①:6, 그림 7-6)
○ 수량 : 1건.
○ 크기 : 두께 5.8cm.
○ 문양 : 파손품. 무문(素面).
○ 색깔과 태토 : 니질의 회색 토기, 소성온도는 비교적 높음.

5. 역사적 성격

고구려시기의 건물지 유적임. F1 건물지는 F2의 다짐층 위에 건축하였는데, 출토유물이 없기 때문에 조성시기와 성격을 파악하기 힘든 상태임.

F2 건물지는 상대적으로 보존상태가 양호하지만, 발굴면적의 제한으로 말미암아 다짐층의 가장자리까지 발굴하지 못하였음. 다만 드러난 다짐층은 건물지의 범위를 초월했는데, 이 다짐층은 F2뿐 아니라 다른 건물과 공용일 가능성이 있음. 또한 F2의 동, 남 벽체 바깥의 기둥구멍은 벽체기초와 연접해 있는데, 처마를 받치는 기둥을 세울 때 설치한 것으로 파악됨. 서, 북 양벽 바깥의 초석은 회랑이 설치되었을 가능성을 시사함. 파괴가 심해 문길은 발굴하지 못했음. 이로 인해 F2의 방향을 확정할 수 없었음. 또한 F2가 무너지며 형성된 퇴적층에서 출토된 기와의 수량이 적고 파손이 비교적 심한 것으로 보아 일찍이 교란된 것으로 보임.

F2의 조영방법, 건축구조와 규모 등으로 보아 모두 국내성지 체육장 지점의 F2 건물지, 민주유적 1호 원락의 F1 건물지 및 2호 원락의 F5 건물지 등 고구려시기의 건물지 유적과 유사하며, 토기는 고구려 중기의 풍격을 지니고 있음. 그리고 제3층에서 고구려 초기의 풍격을 지니고 있는 단지 1개와 토기편이 출토되었음. 이러한 상황을 종합하면 F2의 조영시기는 고구려 중기로 추정할 수 있음. 이 밖에 층위관계와 출토유물의 현황을 종합하면, 독구덩이(K1)와 재구덩이(H1)도 고구려 중기의 유구로 추정됨. K1과 H1은 F2 부근에 위치했지만, F2와의 관계를 명확히 밝힐 수는 없음.

국내성지 체육장 지점, 민주유적 등은 발굴한 상층의 유구를 보호하기 위해 아래 지층에 대해 전면 발굴을 진행하지 못했는데, 이 유적의 제3층에서 채집한 정보를 통해 상기한 다른 건물지 유적의 상한을 유추해 볼 수 있음.

참고문헌

- 吉林省文物考古硏究所·集安市文物局, 2009, 「2008年集安市國內城社區協公樓地點高句麗居住址的發掘」, 『北方文物』 2009-3.

2
산성자산성

01 집안 산성자산성 : 환도산성
集安 山城子山城 : 丸都山城

1. 조사현황

1) 1905년
○ 조사자 : 鳥居龍藏.
○ 조사내용 : 通溝盆地 일대의 고구려 유적에 대한 전반적인 조사 시행. 산성자산성과 그 부근의 고분을 촬영한 유리원판 필름과 사진이 각각 국립중앙박물관과 서울대학교 도서관에 남아 있음.
○ 발표 : 鳥居龍藏, 1906, 「滿洲調査復命書」, 『史學雜誌』 17 ; 鳥居龍藏, 1914, 「鴨綠江畔に於ける高句麗の遺跡」, 『東洋時報』 137·140 ; 鳥居龍藏, 1914, 「丸都城及國內城の位置について」, 『史學雜誌』 25-7.

2) 1913년
○ 조사자 : 關野貞, 谷井濟一, 今西龍, 栗山俊一 등이 조선총독부의 위탁을 받아 11일간 통구 부근 고구려시대의 유적 조사.
○ 조사내용 : 성벽 실측 외.
○ 발표 : 關野貞, 1914, 「滿洲輯安縣及び平壤附近に於ける高句麗時代の遺跡(1·2)」, 『考古學雜誌』 5-3·4 ; 1914, 『朝鮮古蹟調査略報告』, 朝鮮總督府 ; 1915, 『朝鮮古蹟圖譜』 1, 2.

3) 1936년
○ 조사자 : 池內宏, 黑田源次, 小泉顯夫, 三上次男, 水野淸一 등.
○ 조사내용 : 池內宏이 1935년에 산성자산성을 방문했음. 1936년에는 남문과 성내의 유적을 상세히 조사하고(池內宏, 水野淸一), 남벽, 동벽, 북벽에 대한 조사를 진행함(黑田源次, 小泉顯夫, 三上次男). 다만 서벽은 시간이 부족하여 조사하지 못했다고 함.
○ 발표 : 池內宏·梅原末治, 1938, 『通溝』 上, 日滿文化協會.

4) 1958년
1958년 6월 28일 集安縣 文化科에서 환도산성에 대한 조사와 실측을 진행함.

5) 1960년대
○ 1960년 4월 6일 集安縣博物館에서 환도산성에 대해 조사를 진행함.
○ 1961년 4월 20일 吉林省 인민정부는 환도산성을 성급 제1 중점문물보호단위로 지정함.
○ 1962년 6월 吉林省博物館 고고팀은 환도산성에 대하여 현지조사를 진행하고 성벽을 실측함.
○ 1964년 쇠화살촉을 대거 수집함.

6) 1982년
○ 조사자 : 李殿福(吉林省博物館).
○ 조사결과 : 李殿福은 1949년 이후 중국학계의 조사결과를 종합 정리하는 한편, 산성자산성을 고구려의 丸都山城 및 尉那巖城으로 비정함.

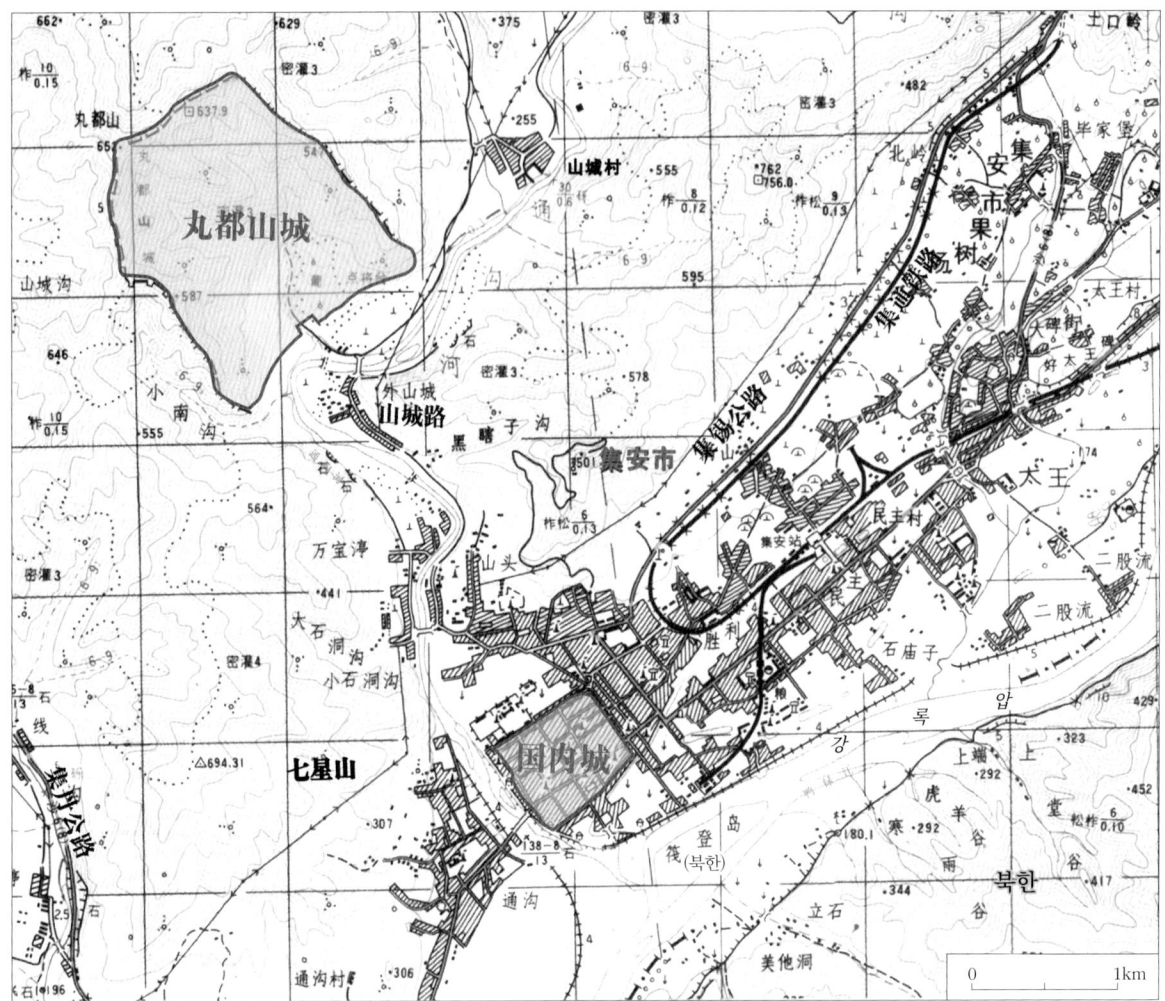

그림 1 산성자산성 지리위치도(『丸都山城』, 4쪽)

○ 발표 : 李殿福, 1982, 「高句麗丸都山城」, 『文物』 1982-6 ; 1982, 「集安高句麗山城子山城考略」, 『求是學刊』 1982-1 ; 1994, 『東北考古研究』(2), 中洲古籍出版社.
○ 결과 : 제2급 전국중점문물보호단위로 지정됨.

7) 2001~2003년
○ 시행기관 : 吉林省文物考古研究所.
○ 참여자 : 吉林省文物考古研究所의 金旭東(팀장), 李光日(집행팀장), 谷德平, 賈瑩, 王昭, 張玉春, 趙昕, 于立群, 劉慶彬. 集安市博物館의 王鵬勇, 林世賢, 董峰, 四平市文物管理委員會辦公室 趙殿坤, 德惠市文物保護所 孫東文, 九臺市文物保護所 姚啓龍, 中國人民解放軍 總裝備部勘探測繪總院 楊林春, 吉林大學 文學院 考古學系 研究生 唐淼, 張小輝, 李蜀蕾, 王樂, 華陽, 金君麗, 何景成 등. 그 중 金旭東, 李光日, 王鵬勇, 唐淼, 趙殿坤, 孫東文, 姚啓龍 등은 환도산성의 조사, 발굴 및 자료정리 작업에 참여함.
○ 조사내용 : 吉林省文物考古研究所는 集安市博物館의 협조하에 환도산성에 대한 전면적인 측량 및 조사와 발굴을 진행함. 궁전지, 장대(전망대), 저수지, 1호 문지(남옹문), 2호 문지, 3호 문지에 대한 발굴을

통해 고고자료와 유물을 대량으로 수집함. 이를 바탕으로 2003년도에는 성내 일부 유적에 대하여 보수작업을 진행함.
○ 발표 : 吉林省文物考古硏究所·集安市博物館 編著, 2004, 『丸都山城-2001~2003年集安丸都山城調査試掘報告』, 文物出版社.
○ 결과 : 세계문화유산으로 등재.

2. 위치와 자연환경

1) 지리위치(그림 1)
○ 中國 吉林省 集安市 國內城址에서 通溝河를 따라 북쪽으로 2.5km 떨어진 산에 위치함. 지리좌표는 산성 내부의 궁전지 북쪽을 기준으로 N: 41°09′02″, E: 126°09′26.2″임.
○ 백두산에서 압록강 右岸을 따라 서남쪽으로 뻗어내린 老嶺山脈의 첩첩 산 중에 위치함. 산성이 위치한 산은 해발 652m로[1] 속칭 환도산으로 불림.
○ 산성의 동쪽 0.5km 거리에 山城子村이 있음. 集安 평야에서 북쪽으로 가는 두 갈래 길을 지키고 있어 集安의 관문과 같은 위치에 있음.

2) 자연환경(그림 2, 그림 3)
○ 산성 주변에는 여러 산봉우리가 겹겹이 솟아 있어 매우 험준한 지세를 이룸. 대체로 산성 서북쪽의 지세가 높고 험준함.
○ 산성의 동쪽에는 비교적 넓은 골짜기가 펼쳐져 있고, 그 건너편에는 禹山이 있음. 산성의 서쪽은 깊은 골짜기로서 小板岔嶺과 마주하고 있으며, 산성의 서남쪽은 七星山으로 이어지는데 남북방향으로 압록강변까지 뻗어 있어 오른쪽 방어벽 구실을 함.
○ 동·북·서 삼면의 바깥쪽 경사면은 깎아지른 듯한 자연절벽이나 가파른 산비탈이지만, 안쪽에는 완만한 경사지와 평지가 비교적 넓게 펼쳐져 있음. 가장 낮은 남쪽도 수직 절벽으로 압록강 지류인 通溝河에 잇닿아 있어 일종의 해자 역할을 하는 천혐의 요새지임.
○ 산성의 가장 높은 곳과 낮은 곳의 고도차는 440m로서 전체적으로 키모양을 이룸. 이 가운데 산성의 북부는 지세가 비교적 높으며 산봉우리와 골짜기로 이루어져 있는데, 해발은 349~652m임. 張家溝(동쪽)와 刁家溝(서쪽)라 불리는 골짜기 두 개가 남북방향으로 달리다가 산성 남부의 계곡에서 만남. 張家溝의 북단은 다시 黑瞎子溝(좌측)와 大潦荒子溝(우측)라 불리는 두 개의 골짜기로 갈라지는데, 黑瞎子溝는 북벽 중단으로 이어지고, 大潦荒子溝는 성벽 동북 모서리로 이어짐. 刁家溝는 경사가 조금 완만한 편으로 북단에서 다시 두 개의 골짜기로 갈라지는데, 좌측의 臥子溝는 서벽으로 이어지고, 우측의 盤道溝는 성벽 서남 모서리로 이어짐. 張家溝(동쪽)와 刁家溝(서쪽)는 비록 경사가 가파르지만 성 내부의 통로 역할을 했을 것으로 추정됨.
○ 산성의 남부에는 경사가 완만한 평탄지와 산비탈이 많이 형성되어 있는데, 대체로 해발 310m 이하로서 현재 경작지로 이용되고 있고 밭 곳곳에 원두막이 있음. 성내에는 민가도 한 채 있음. 서북 모서리와 동쪽 산기슭에서 발원하는 작은 개울이 경사지와 평지 사이를 흘러 남문 부근에서 합류하여 通溝河로 유입됨.
○ 산성의 남부는 계곡을 경계로 크게 동쪽 기슭과 서쪽 기슭 지대로 구획됨. 2002년 5월 조사 시에 편의상 유적의 분포상황을 파악하기 위해 남부 대지를 크게 4구역으로 구획함. 서쪽 기슭 전체를 I구역으로 설정. 동쪽 기슭은 자연 계곡을 경계로 크게 3구역으로 구획하였는데, 남벽 부근 대지는 II구역, 궁전지 주위는 III구역, 장대(요망대, 전망대) 및 '飮馬灣' 부근은 IV구역

---
[1] 吉林省文物考古硏究所·集安市博物館 編著, 2004, 3쪽. 李殿福, 1982 ; 『集安縣文物志』에는 676m라고 기재되어 있고, 1937년에는 최고봉이 678m로 조사되었다(池內宏, 1938, 25쪽).

그림 2
산성자산성 지형도 1
(『丸都山城』, 5쪽)

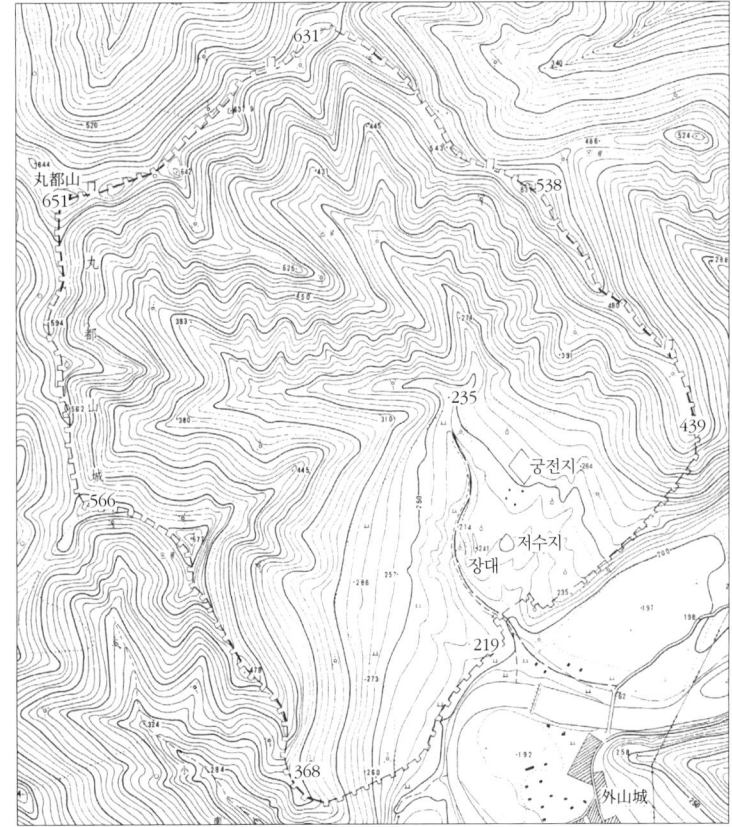

그림 3
산성자산성 지형도 2

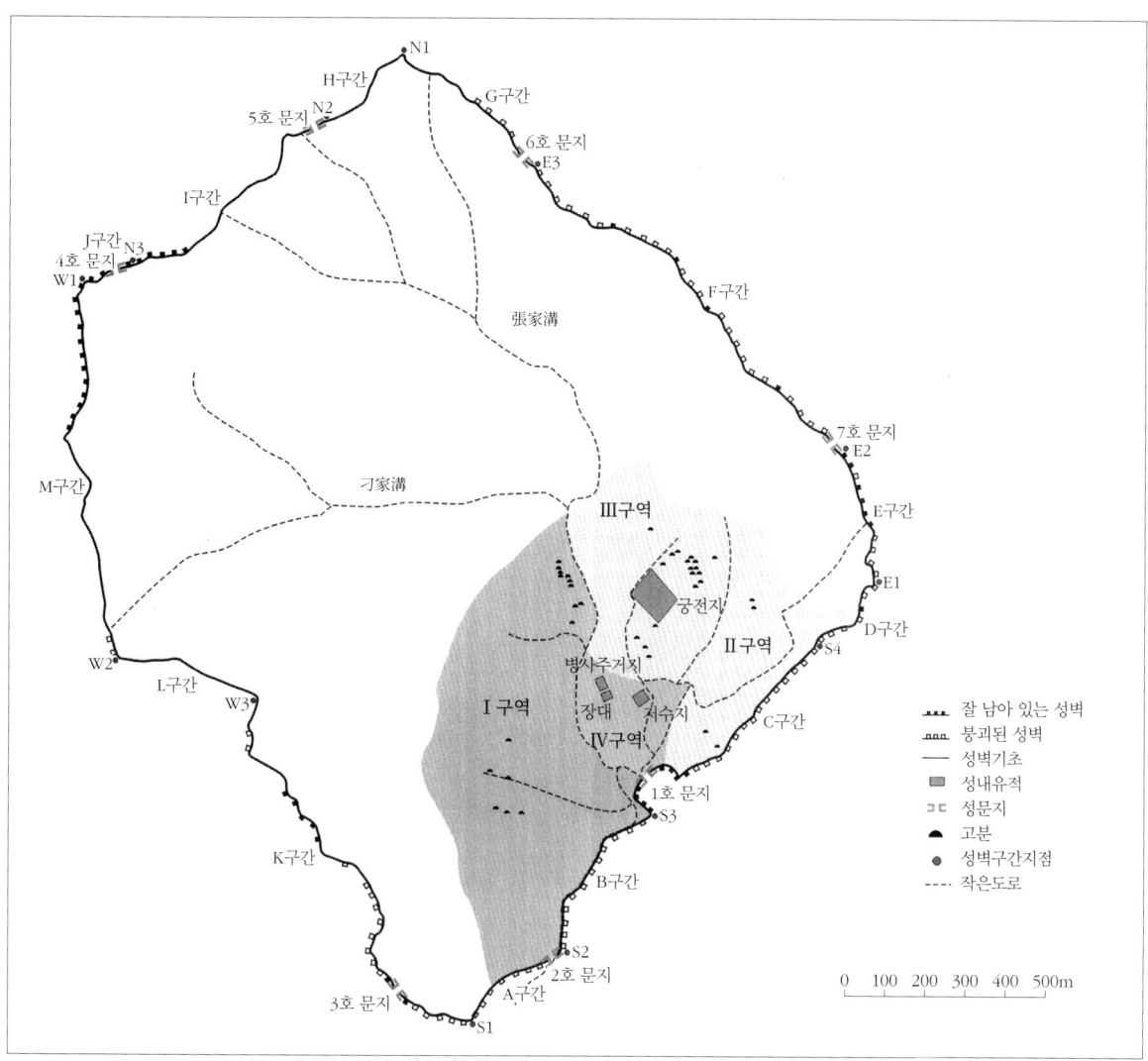

그림 4 산성자산성 유적 분포도(『丸都山城』, 6쪽)

으로 설정함. 이 가운데 I구역과 II구역에는 적석묘가 여러 기 분포하며, III구역에는 궁전지와 적석묘, 봉토묘 등이 분포하며, IV구역에는 장대와 병사주둔지 등이 분포함(그림 4 참조).

○ 산성의 남쪽 수직절벽 아래로는 通溝河가 동북에서 서남으로 흘러 국내성지 서남쪽에서 압록강으로 유입되고 있음. 通溝河 연안을 따라 좁고 기다란 충적대지가 펼쳐져 있고, 산성하고분군과 만보정고분군 등에는 고구려시기의 고분이 무수히 분포되어 있음(그림 5 참조).

3. 성곽의 전체현황

1) 전체 평면과 유적의 분포현황

(1) 鳥居龍藏(1905)의 조사내용

○ 지세 : 산성은 후방은 높은 산을 이루고 있고 중간은 옴폭하게 들어가 있으며, 후방 산의 능선이 전방으로 낮게 뻗어서 자연스럽게 성벽의 상태를 이룸. 산성의 입구는 트여 있으며, 후방 산 능선에 돌로 성벽을 축조했으며, 성 내부는 옴폭한 구릉을 이루고 있음. 성 내

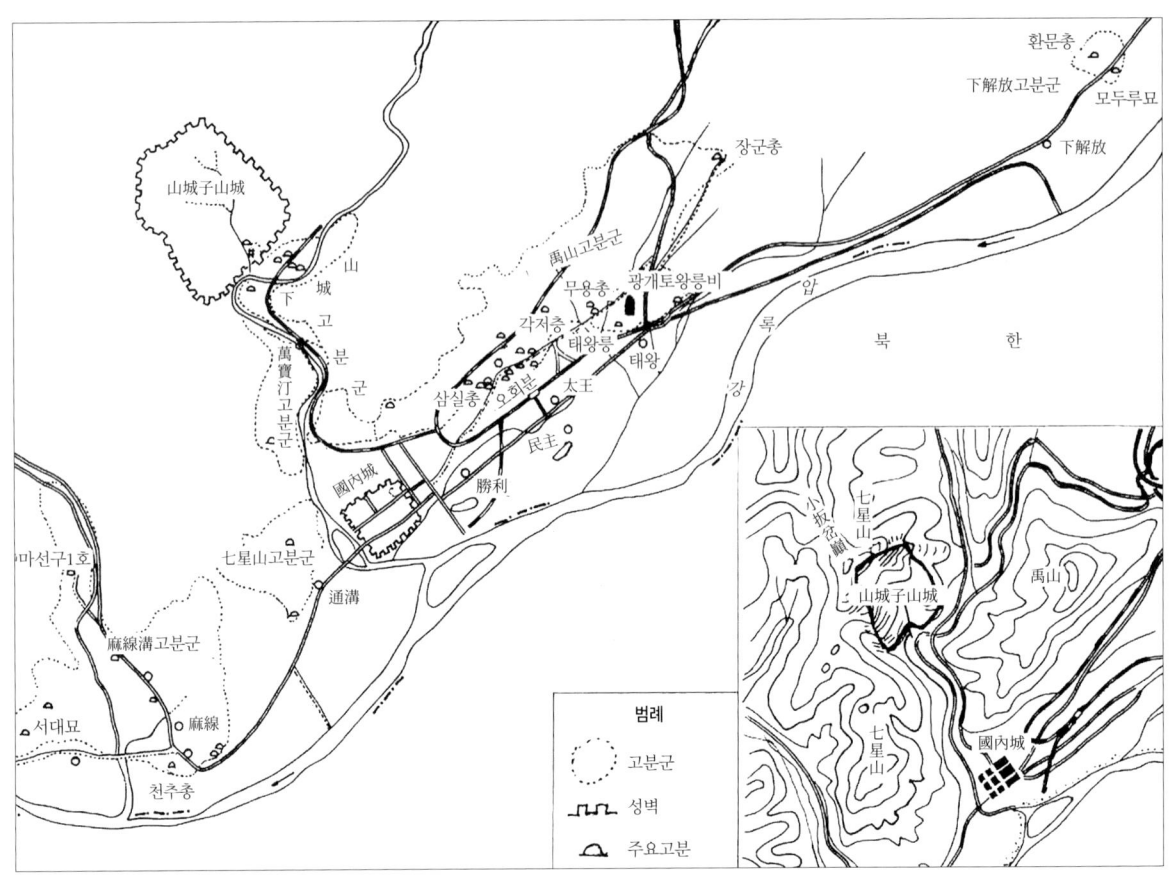

그림 5 산성자산성 위치도 및 주변 유적 분포도(여호규, 1998, 52쪽)

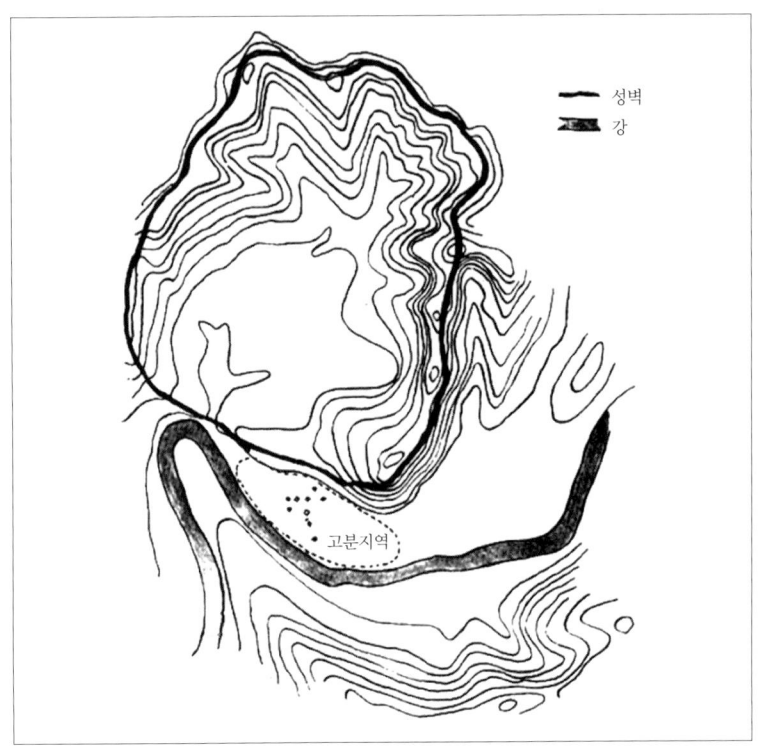

그림 6
關野貞 실측 산성자산성 평면도
(『朝鮮古蹟圖譜(1)』, 48쪽)

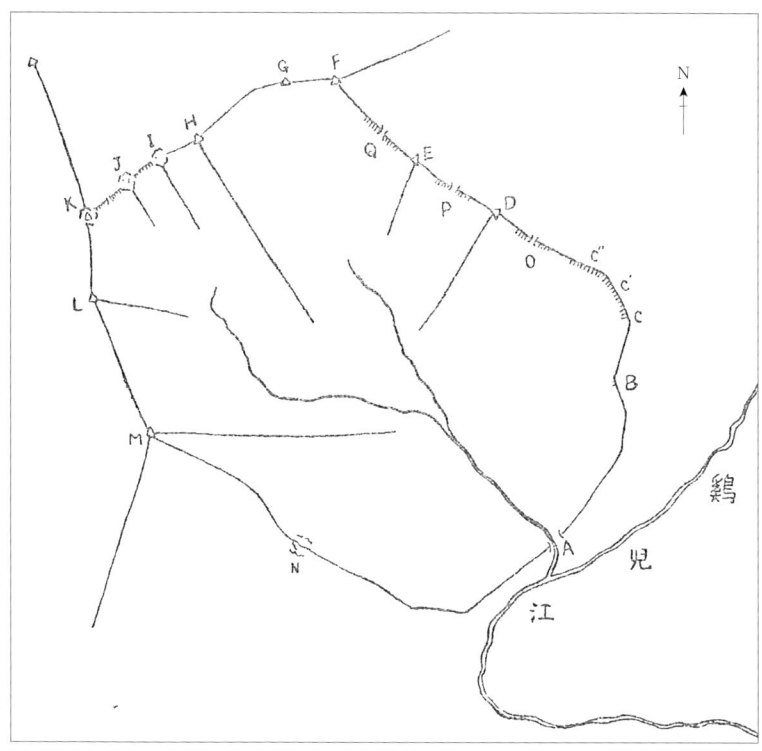

그림 7
池内宏 실측 산성자산성 평면도
(『通溝』上, 26쪽)

부에는 작은 개울이 있는데, 산성 앞쪽의 通溝河로 유입됨.
○ 유적 현황 : 궁전은 성의 오른편 즉 동측에 조영되어 있는데, 1905년 당시에도 石段을 축조한 흔적이 잘 남아 있었고, 석단 부근에는 기와나 기타 掘出物이 흩어져 있었다고 함. 성 내부에는 큰 저수지가 있음. 또 성문에 접하여 돌로 축조한 높은 平臺의 흔적도 남아 있음. 그리고 제1문을 지나면 또 문이 있고, 그 다음에 또 문이 있어서 궁전지에 이를 때까지 여러 개의 문을 통과해야 했던 것으로 파악했음. 산성 바깥에는 수백기의 고구려시기 고분이 분포해 있음.

(2) 關野貞(1913)의 조사내용(그림 6)
○ 지세 : 산성은 포곡식 산성임. 지세가 험하고 산봉우리가 겹겹이 둘러져 있는 천혜의 성으로 山頂에 인공적으로 견고한 성벽을 축조하여 실로 공격하기는 어렵고 지키기는 쉬운 요해처임.

○ 규모 : 성벽 둘레 약 1里, 성벽의 폭 약 3間. 성가퀴(女墻)의 높이와 두께 각 3척. 외벽 면의 전체 높이는 (성가퀴 포함) 약 11尺 5寸(약 3m).
○ 축조 방법 : 통구성벽(국내성)과 같음. 성벽 아래는 (아래 내려갈수록) 성돌을 조금씩 바깥으로 내어 쌓아 안정되고 견고하게 축조.

(3) 池內宏(1936)의 조사내용(그림 7)
○ 산돌과 강돌을 혼합하여 축조한 석축산성임.
○ 지세 : 산성은 서북부가 가장 높고 험준하며 바깥쪽 경사면은 가파른 낭떠러지이지만, 안쪽은 완만한 경사지와 평지가 비교적 넓게 펼쳐져 있음. 서북 산기슭에서 발원한 개울이 경사지와 평지 사이를 흘러 남문에 이르러 산성 밖으로 빠져나가 通溝河로 유입됨. 남문이 있는 남쪽이 가장 지세가 낮음.
○ 규모 : 산성의 둘레는 대략 2里 정도. 낭떠러지 높이 20~30尺, 성벽 높이는 같지 않음(c지점(동벽 남

그림 8
산성자산성 평면도(『文物』 1982-6, 84쪽)
1. 궁전지 2. 장대 3. 병사주거지

단) 15~16尺, a지점(남벽) 약 30尺, b지점(남벽의 동단) 50~60尺정도, J지점(북벽) 17尺정도).
○ 축조 방법 : 상세히 알 수 없으나 보존상태가 좋은 동남 모서리 및 북벽을 통해 성벽 안팎은 切石을 가지런하게 쌓고 내면은 낮게, 바깥면(外面)은 높게 쌓았으며 그 내부에는 강돌(川石)을 채웠음을 알 수 있음. 성벽의 높이는 같지 않음. 즉 C지점은 4尺 1寸, C'은 11尺 5寸, C"은 14尺 9寸. 북벽의 J지점은 17尺에 달함.

(4) 李殿福(1982)의 조사내용(그림 8)
○ 규모 : 동벽 길이 1,716m, 서벽 길이 2,440m, 남벽 길이 1,786m, 북벽 길이 1,009m, 전체 둘레 6,951m.
○ 평면 : 불규칙한 타원형. 사면의 성벽은 서로 확연히 구별됨. 남쪽 성벽은 지세가 비교적 낮으며, 산성의 전체 형태는 키(簸箕) 모양을 이룸.

○ 축조방법 : 자연조건을 충분히 이용하여 축성하는 고구려 산성 건축의 특징을 체현하였음. 성의 동남 모서리는 높고 가파른 암벽을 성벽으로 삼고 있고, 산마루 평탄한 곳에는 잘 다듬은 화강암 성돌로 성벽을 쌓았음. 산등성이의 기복에 따라 성벽의 높낮이가 다른데, 오목한 곳은 더 높이 쌓았음.

(5) 2004년 보고서의 조사내용

① 형태와 규모
불규칙한 장방향으로 전체 둘레는 6,947m임. 각 성벽의 길이는 동벽 1,716m, 서벽 2,440m, 남벽 1,786m, 북벽 1,009m임.

② 성곽의 축조방식
돌로 쌓은 석축성벽으로 동·북·서 3면의 성벽은 반원

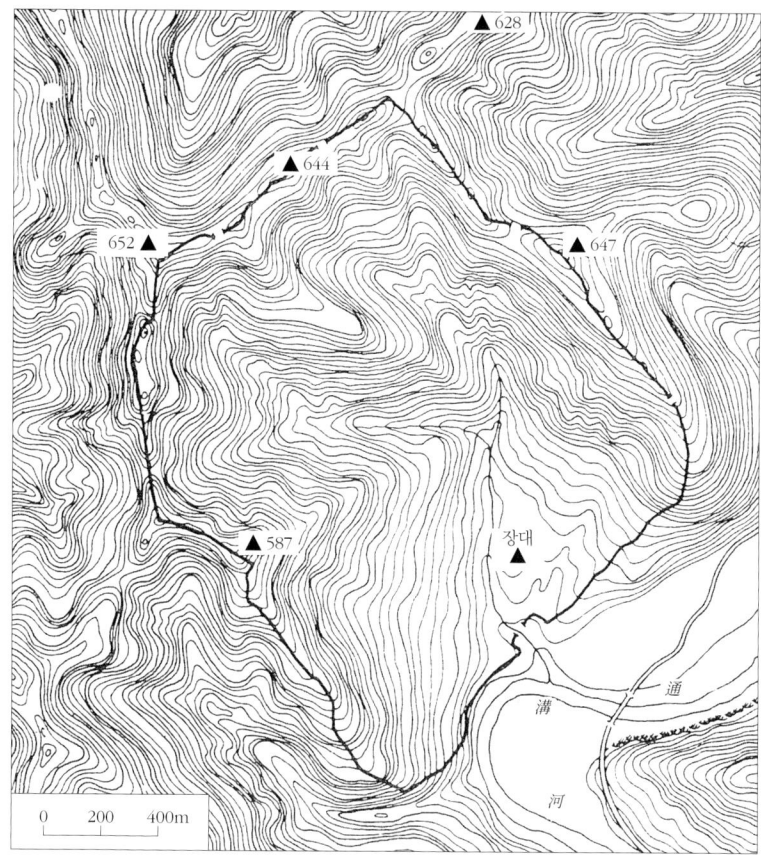

그림 9
산성자산성 평면도
(『吉林省志 ; 文物志』, 100쪽)

형처럼 생긴 산등성이를 따라 쌓았고 남벽은 通溝河 변의 수직 절벽 위에 축조. 특히 동남 모서리는 가파른 낭떠러지와 수직절벽을 자연성벽(岬壁墻)으로 삼았는데, 트인 곳에만 부분적으로 성벽을 쌓았음. 평탄한 산등성이에는 잘 다듬은 화강암 성돌로 성벽을 높이 쌓았음. 내외벽은 쐐기형돌을 사용하여 아래에서 위로 올라가면서 조금씩 들여쌓아 가지런하게 겉쌓기를 하였음. 안채움부는 쐐기형돌 안쪽에 길쭉한 북꼴돌을 끼워넣고 잔돌(碎石)로 빈틈을 채워 견고하게 속쌓기를 하였음.

③ 구역 구분

2001~2003년도 조사시에 산성 내부의 남쪽 지역을 4개 구역으로 구획하고, 각 구역별로 유적의 분포현황을 상세하게 파악했음. 산성 남부는 계곡을 경계로 동쪽 기슭과 서쪽 기슭 지대로 구획되는데, 2002년 5월 유적의 분포상황을 파악하기 위해 남부 대지를 크게 4구역으로 구획함. 서쪽 기슭 전체를 Ⅰ구역으로 설정하고, 동쪽 기슭은 자연 계곡을 경계로 다시 3구역으로 세분함. 남벽 부근 대지는 Ⅱ구역, 궁전지 주위는 Ⅲ구역, 장대와 '飮馬灣' 부근은 Ⅳ구역으로 설정.

④ 각 구역별 유적의 분포현황(그림 4)

○ Ⅰ구역 : 북쪽에서 남쪽으로 6개 소구역으로 나뉨.
- A구역 : 유적이 없음.
- B구역 : 東端에 적석묘 10기 분포. 그 부근에 토기편과 초석 4개 산재.
- C구역 : 유적이 없음.
- D구역 : 유적이 없음.
- E구역 : 서부에서 적석묘 3기 발견, 심하게 파괴되

었음.
- F구역 : 서부에 3기의 적석묘가 보이는데 심하게 훼손되었음.
○ II구역 : 북쪽에서 남쪽으로 2개 소구역으로 세분.
- A구역 : 東端의 산기슭 아래에서 2기의 소형 적석묘 발견.
- B구역 : 중부 약간 남쪽에서 방단적석묘와 원형적석묘 1기씩 발견.
○ III구역 : 북쪽에서 남쪽으로 3개 소구역으로 세분.
- A구역 : 작은 계곡을 경계로 북에서 남으로 3개의 자연구역으로 나뉨.
  A1 : 북단 소나무 숲에서 돌로 쌓은 작은 평대 발견.
  A2 : 서쪽 끝의 대지상에서 토기편 6건 수습.
  A3 : 동단에 대석괴 4개 분포, 그 부근에 적석묘 1기가 있음.
- B구역 : 궁전지 소재. 동부 산비탈 아래에 소형적석묘 13기 분포. 궁전지 서남측에 봉토묘 2기와 적석묘 2기 분포. 봉토묘의 보존상태는 양호함.
- C구역 : 유적이 없음
○ IV구역 : 장대터 소재. 장대터 북쪽의 소나무 숲에 초석 18개 분포.

2) 성곽의 보존상태

(1) 關野貞(1913)의 조사내용
○ 성문(남문)의 오른쪽에 축조 당시의 성벽 모습이 남아 있음.
○ 성 내부사항 : 성내에는 원래 창고 등의 흔적으로 보이는 곳이 있으며, 붉은색의 瓦片이 산재해 있음. 대다수가 와당(巴瓦)과 평기와(平瓦)의 파편인데, 문양은 국내성지 및 동대자에서 나온 것과 같으며 고구려 말기의 것으로 보임. 또 성내에 고분이라고 생각되는 것과 연못(池)이 있음.

(2) 池內宏(1936)의 조사내용
○ 성내에 민가가 8~9호 있어서 평지는 물론 경사지와 험준한 낭떠러지의 바깥면도 모두 경작지로 이용되고 있음.
○ 보존상태 : 산성의 동·북 2개의 성벽을 점검하면, 성벽(石壘)은 부분적으로 축조되어 남벽처럼 연속적으로 축조되어 있는 것이 아님. 그러나 북벽이 심하게 파괴되어 있는 것에 반해서, 동벽은 옛 모습이 남아 있는 부분이 많으며, 특히 동남 모서리와 북벽의 성벽은 거의 완전함.

(3) 李殿福(1982)의 조사내용
○ 동벽의 남쪽, 서벽의 북쪽과 북벽이 비교적 잘 보존되어 있음.
○ 북벽이 가장 잘 보존되어 있으며, 높이는 대체로 5m 이상임.

(4) 2004년 보고서의 조사내용
○ 동벽 남단과 서벽 북단 및 북벽 서단의 성벽이 잘 보존되어 있음. 서벽 북단 및 북벽 서단의 殘高는 5m, 동벽 남단은 23단에 이름.
○ 북벽과 서벽의 성벽은 최근에 보축한 흔적이 확인됨.
○ 종래에는 성의 남벽이 대부분 잡초와 나무 넝쿨 속에 가려서 제대로 볼 수 없었는데, 최근에는 비교적 성벽의 윤곽이 잘 드러나 보임.

(5) 2010년경의 보존상태
○ 성벽은 동벽의 남단과 북벽의 서단 구간의 보존상태가 여전히 가장 양호하며, 남쪽 동문의 동남쪽에는 성가퀴와 성가퀴 안쪽의 기둥구멍도 원상태에 가깝게 잘 남아 있음. 특히 서쪽 북문 부근에는 외벽을 쐐기형돌로 가지런하게 축조한 모습이 잘 남아 있는데, 성벽을 쌓은 단수가 30여 단에 이름. 그밖에 남쪽 동문과 북

쪽 동문 사이에도 성벽의 보존상태가 비교적 양호함. 이 구간의 성벽은 크게 산능선의 바깥쪽에 내탁식으로 축조한 것과 평탄한 산능선 위에 협축식으로 축조한 것 등 두 유형으로 분류할 수 있는데, 남쪽 구간에 전자가 많다면 북쪽 구간에는 후자가 많음. 북벽은 서쪽 북문 부근의 보존상태가 가장 양호하지만 동쪽 구간에도 산능선 바깥쪽을 따라 곳곳에 성벽이 잘 남아 있음. 또한 북벽의 중간 구간은 비교적 험준하며 산능선에서 위쪽으로 높이 솟은 절벽으로 이루어진 부분이 많은데, 이러한 절벽을 천연성벽으로 활용하면서 절벽 사이의 트인 구간에만 성벽을 축조하기도 했음.

○ 성문은 남문 2개, 동문 2개(또는 3개), 북문 2개, 서문 1개 등 총 7개(또는 8개)가 확인되었는데, 정문에 해당하는 중앙 남문과 서쪽 남문, 서문 등은 최근 발굴조사를 거쳐 복원했음. 그렇지만 동벽이나 북벽의 성문은 방치되어 있어서 외관상으로는 성문인지도 명확히 알기 어려운 상황임. 다만 남쪽 동문의 좌우에는 평대의 흔적이 완연하며, 과거 일본학자들이 북쪽 동문으로 추정한 지점 좌우에도 성벽이 비교적 잘 남아 있음. 이에 비해 북벽의 문지는 외관상으로는 흔적을 확인하기도 힘든 상태임.

○ 성 내부의 유적 가운데 2001~2003년에 궁전지, 장대, 저수지(飮馬池), 병사주둔지 등에 대한 조사를 마쳤으며, 특히 궁전지와 장대는 원상태를 파악할 수 있도록 복원해 놓았음. 그렇지만 1990년대만 하더라도 물이 많이 고여 있었던 저수지는 완전히 매몰되어 저수지의 흔적조차 찾기 힘든 상태이며,[2] 병사주둔지에 대한 상세한 조사도 아직 이루어지지 않은 상태임.

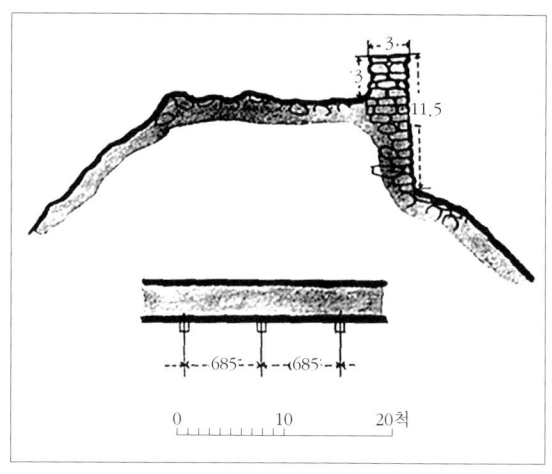

그림 10 關野貞 실측 산성자산성 성벽 단면도
(『朝鮮古蹟圖譜(1)』, 48쪽)

4. 성벽과 성곽시설

1) 성벽

(1) 關野貞(1913)의 조사내용(그림 10)

산성의 남쪽이 가장 낮아서 성안의 물이 모여 이곳에서 바깥으로 흘러나감. 성을 둘러싼 산봉우리의 조금 낮은 외곽선을 따라 석축성벽을 쌓음. 성벽의 전체 둘레는 약 1里, 성벽의 폭은 약 3間, 성벽의 높이는 약 11尺 5寸임.

(2) 池內宏(1936)의 조사내용(그림 7, 그림 11)

① 전체현황

○ 축조양상 : 산능선을 따라 성벽(石壘)이 곳곳에 축조되어 있고, 낭떠러지 위에도 성벽이 축조되어 있음. 내외벽 모두 다듬은 돌을 규칙적으로 쌓았는데, 내벽이 낮고 외벽이 높으며 내부는 강돌로 채웠음. 이러한 축조양상은 그림 11의 ⅠC' 지점의 실측도를 통해 잘 파악할 수 있음.

○ 성벽 높이 : 성벽의 높이는 지점에 따라 다름.
- 동벽 남단 : C지점 4尺 1寸, C'지점 11尺 5寸, C″

---

2 2016년에는 '飮馬池'라 불렸던 저수지를 다시 복구하여 정비 놓았음.

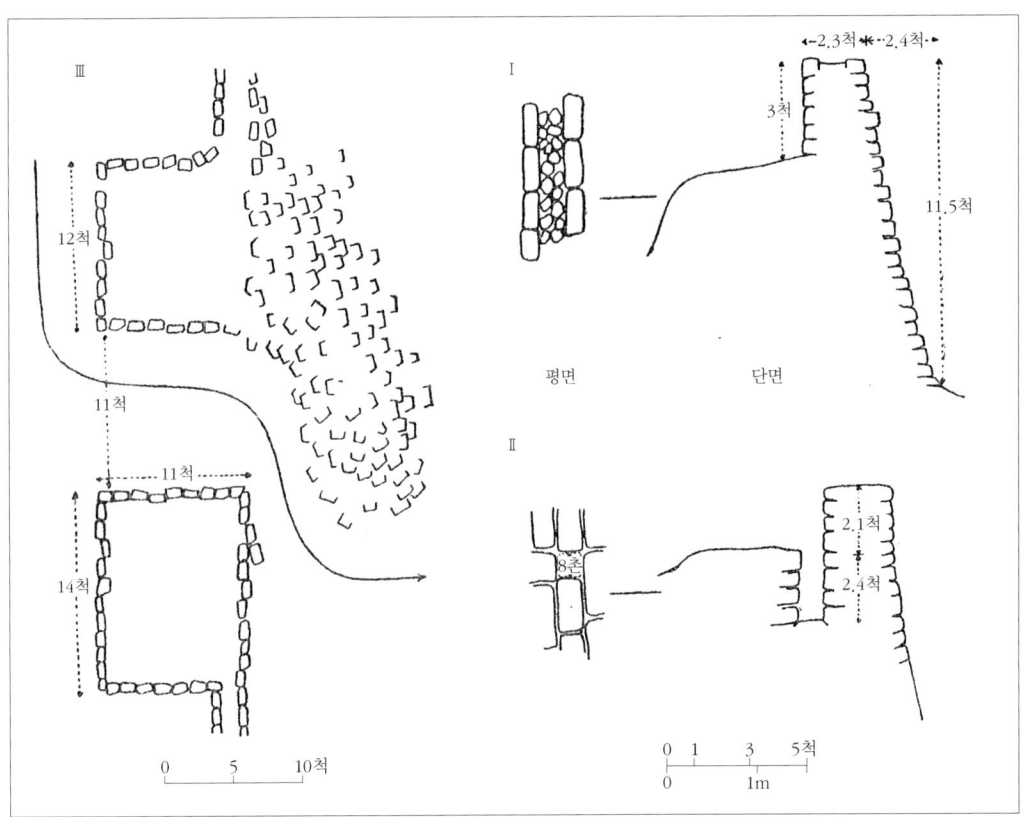

그림 11 산성자산성 성벽 및 문지 실측도(『通溝』 上, 26쪽)

지점 14尺 9寸.
- 북벽 : J지점 17尺.

② **남벽**(그림7)

남문을 기준(A지점)으로 동, 서 두 구간으로 나누어 조사. 먼저 동쪽 구간은 남문에서 동북 방향으로는 남문의 동쪽 날개를 이루는 성벽은 조금만 올라가면 끊겼다가, 산세가 급격하게 험준해지는 B지점부터 성벽을 축조한 것을 확인할 수 있지만 심하게 붕괴되어 그 구조를 상세하게 파악할 없음. 서쪽 구간은 通溝河(鷄兒江)에 잇닿은 낭떠러지를 이용해서 축조하였음. 성벽의 높이는 수 尺 내지 십 수 尺에 이르며 심하게 붕괴되었음. 깬돌(割石)과 강돌(川石)이 뒤섞여 있는데, 본래 성벽의 내외벽(表面)과 그 속(내부, 안채움부)에 사용하는 성돌을 달리했기 때문으로 추정됨.

③ **동벽**(그림7)

C지점 끝에서 성벽은 방향을 서북으로 바꾸어서 F지점까지 같은 방향으로 곧장 뻗어 있음. 동벽 구간인데, 중간에는 D·E 등의 산봉우리가 있어서 산세의 기복이 있으며, 점차 고도가 높아짐. 성벽(石壁)은 C지점에서 시작해서 서북으로 3町 정도 구간에 축조되어 있으며, 거의 완전한 상태로 남아 있음. CD, DE, EF 구간의 낮은 지점에도 성문을 설치한 성벽이 단속적으로 남아 있음(O, P, Q). 성문터 부근에는 기와편이 흩어져 있음.

④ **북벽**(그림7)

F지점에서 G·H 2개의 산봉우리를 지나서 산등성이가 노출된 고봉 K지점까지를 북벽이라 하는데, FH 구간은 기복이 조금 완만하게 위쪽을 향해 가는데 비해,

HK 구간은 경사가 급해서 암벽이 높고 험준함. IK 구간의 성벽(石壘)은 암벽의 바깥면을 따라 축조했는데, 매우 견고함. J지점 부근의 성벽은 높이 17尺 정도로 축조되어 있음. JK 구간 가운데 산능선이 오목하게 낮은 곳에 트인 곳이 있는데, 소량의 기와편이 어지러이 널려 있음. 대체로 문지로 추정됨.

⑤ 서벽(그림 7)

서북 모서리에 해당하는 K지점이 산성에서 가장 높은 곳으로 해발 678m임. K지점에서 서남쪽으로 내려가는 구간이 서벽에 해당하지만 실사하지 못함(당시 조사단을 호위했던 일본 군인의 증언에 의하면 N지점 부근에 성벽이 있는 것을 확인했다고 함).

(3) 李殿福(1982)의 조사내용(그림 8, 그림 12)

① 전체현황

○ 천연의 자연지세를 충분히 활용하면서 쌓은 석축 성벽임. 가령 동남 모서리는 깎아지른 낭떠러지나 절벽을 천연성벽으로 삼았는데, 트인 곳만 막았을 뿐임. 반면 산능성이 평탄한 지점에는 화강암 석재를 사용하여 성벽을 층층이 잘 쌓았음. 동, 서, 북 3면의 성벽은 半圓形의 산등성이 위에 쌓았는데 바깥쪽은 가파른 절벽과 잇닿아 있고, 안쪽은 광활한 산비탈을 둘러싸고 있음.
○ 축조방식 : 돌로 축조함. 성돌은 잘 다듬었는데, 일반적으로 길이 20~50cm, 폭 29~40cm,[3] 두께 10~27cm임.[4] 성벽의 외벽은 아래에서 위로 올라가면서 조금씩 안으로 들여쌓았고, 건축기술 수준이 비교적 높음. 산등성이의 기복에 따라 성벽의 높낮이도 다르며, 오목한 곳은 더 높이 쌓았음.

---

[3] 『集安縣文物志』에는 40~90cm로 기재되어 있음.

[4] 『集安縣文物志』에는 10~30cm로 기재되어 있음.

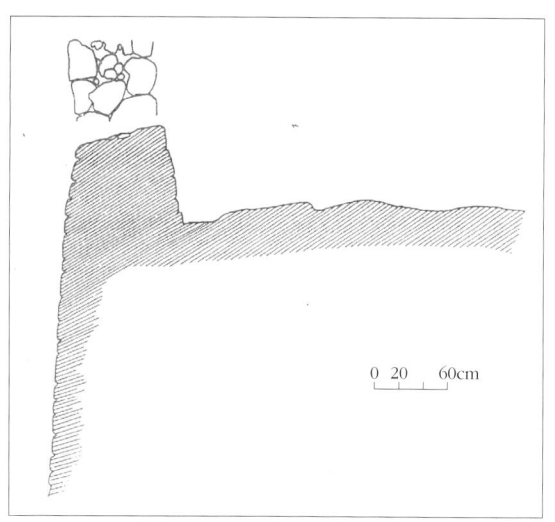

그림 12 산성자산성 성벽 단면 실측도(李殿福, 1994, 26쪽)

② 동벽

길이 1,716m. 동벽의 산등성이는 대체로 평탄해서 대부분 돌로 성벽을 높게 쌓았음. 특히 남쪽 구간의 보존상태가 좋음.

③ 북벽

길이 1,009m, 성벽 높이는 일반적으로 5m 이상. 북벽의 산등성이는 대체로 평탄해서 성벽의 높이도 가장 높고 보존상태도 가장 좋음. 북벽의 동쪽 구간은 산봉우리 안쪽이 험준하기 때문에 산봉우리 중턱 바깥쪽에만 성벽을 축조하였음.

④ 서벽

길이 2,440m, 성벽 높이 4~5m. 산등성이의 기복이 비교적 큼. 중간에 높은 봉우리가 하나 있으며, 이 봉우리에서 양측으로 뻗은 산세가 험준하기 때문에 천연의 산등성이를 성벽으로 삼았음. 남쪽 구간은 대부분 다듬은 돌로 쌓았으나 많이 무너졌음. 북쪽 구간은 대체로 평탄하나 산봉우리 안쪽이 험준하기 때문에 산봉우리 바깥쪽 중턱에 성벽을 축조하였음.

⑤ 남벽

길이 1,786m. 높이 15~20m인 수직 낭떠러지 위에 축조하였고 낭떠러지는 通溝河와 잇닿아 있음. 대부분 무너져 겨우 성벽 기초의 흔적만 남아 있음. 서쪽 구간(西段)에 잔고 1m 정도의 성벽이 비교적 잘 남아 있음.

(4) 2004년 보고서의 조사내용

① 전체현황(그림 13, 14 참조)

○ 평면과 규모 : 성벽은 산세를 따라 축조되어 있어 기복이 완연함. 북쪽이 높고 남쪽이 낮은 북고남저로 전체적으로 남쪽으로 경사진 '키(簸箕)' 모양을 이룸. 동, 서, 북 3면의 성벽은 성 내부를 둥글게 감싼 산능선을 따라 축조했는데, 바깥쪽은 가파른 절벽에 잇닿아 있고, 안쪽은 넓은 산비탈임. 남벽은 1호 문지 부근 지세가 비교적 낮고, 그 나머지 부분은 하천과 잇닿아 있는 낭떠러지 절벽상에 축조했음. 각 성벽의 길이는 동벽 1,716m, 서벽 2,440m, 남벽 1,786m, 북벽 1,009m로서 전체 둘레는 6,947m임. 전체적으로 불규칙한 장방형을 이룸.

○ 천연성벽 : 성벽은 자연지세를 충분히 활용하여 축조하여 고구려 산성의 특징을 구현했음. 산성의 동남 모서리는 가파른 절벽을 천연성벽으로 삼고 트인 곳에만 인공성벽을 축조했는데, 다른 곳에서도 이러한 방식으로 성벽을 축조한 양상을 확인할 수 있음.

○ 인공성벽 : 산능선이 평탄한 곳은 화강암 석재를 활용하여 성벽을 축조했음. 성벽은 아래에서 위로 올라갈수록 안쪽으로 조금씩 들여쌓아 외벽면이 안쪽으로 기울어진 형상을 하고 있음. 산능선이 오목하게 들어간 낮은 구간에는 성벽을 비교적 높게 축조했음. 동벽 남단, 서벽 북단, 북벽 서단의 보존상태가 양호함. 특히 북벽의 축조상태가 견고한데, 높이 5m 전후에 이름(그림 14. 성벽구조도).

○ 성돌 : 성벽 내부에는 양끝이 뾰족한 북꼴돌(梭形石)을 교차하여 쌓고 그 사이의 빈틈은 잔돌로 메웠으며, 내외 벽면은 쐐기형돌(楔形石, 牛尾石)을 북꼴돌 사이에 끼워넣은 방식으로 축조했음. 뾰족한 북꼴돌의 크기는 길이 0.6m, 너비 0.25m, 두께 0.15~25m임. 쐐기형돌은 일반적으로 길이 0.2~0.5m, 너비 0.29~0.4m, 두께 0.1~0.27m임.

○ 조사와 발굴경과

- 2002년 5월 : 성벽의 전체적인 보존상태와 유존 상황을 조사함. 성벽의 방향, 구조, 축조방식, 파괴 원인, 보축 현황 등을 파악함.

- 2004년 2월 : 성문 및 성벽의 특징이 명확한 부분을 중심으로 재조사. 성벽 상에 14개 좌표점을 표시하고, 西南角에서 시작하여 시계 역방향으로 조사했는데, 남, 동, 북, 서의 영문 첫 자를 따서 남벽부터 S1(남)-S4, E1(동)-E3, N1(북)-N3, W1(서)-W3 등의 좌표를 설정함. 가장 마지막의 W3 지점의 위치는 서벽 해발 577m 좌표상에 위치하며, 성벽은 모두 13구간(段)으로 나뉨. 그 중 남벽은 4구간, 동·북·서벽은 각기 3구간으로 나눔. 성벽은 Q, 트인 곳(豁口)은 H, 돌구멍(柱洞)은 D로 약기하여 표시함(그림 13).

② 남벽

○ 위치 : 산성 입구의 가장 낮은 곳에 위치. 골짜기 입구 동, 서 양측으로 뻗어 있기 때문에 지세가 점점 높아져 해발 296~367m 사이에 있음. 지세는 상대적으로 비교적 평탄.

○ 구간 : 중앙 남문을 기준으로 동, 서 두 구간으로 구분됨. 東端은 성벽 동남 모서리에서 동벽과 서로 이어져 있음. 西端은 2호 문지 남측에서 옹성과 연결되며, 성벽 아래는 通溝河 계곡과 잇닿아 있음.

○ 보존상태 : 심하게 파괴됨. 현재 지표에 잔존하는 성벽은 3구간으로 보존상태가 비교적 양호한 곳의 전체 길이는 137m임.

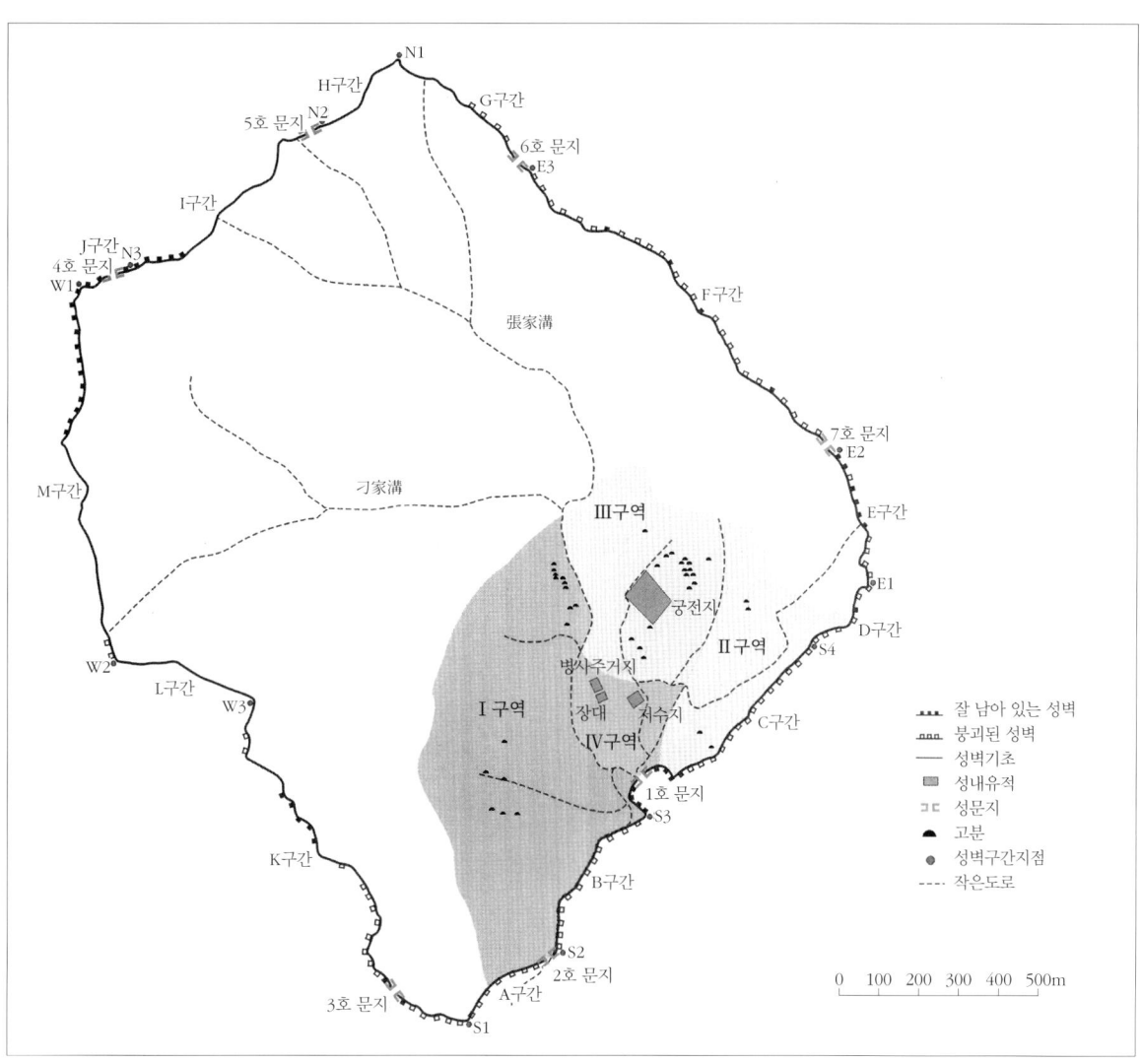

그림 13 산성자산성 성벽 구간 표시도(『丸都山城』, 6쪽)

㉠ A 구간

○ 위치 : S1~S2 사이. 서남각에서 남벽 西段의 모서리가 꺾이는 곳까지임.

○ 보존상태 : 이 구간의 성벽은 비교적 심하게 파괴됨.

○ 규모 : 잔고 0.5m, 너비 2m.

○ 특징 : 외측의 비탈면에서 무너진 성돌이 적지 않게 발견됨. 성벽상에는 현재 수목이 빽빽하게 자라고 있음.

㉡ B 구간

○ 위치 : S2~S3 사이. 남벽 西段의 꺾이는 지점에서 1호 문지 서측까지임.

○ 보존상태 : 이 구간은 3구간의 벽체가 보존되어 있음.

○ 이 구간은 가파른 수직 낭떠러지임. 낭떠러지 아래는 通溝河이며 낭떠러지 위에는 기본적으로 성돌이 보이지 않음. 다만 벼랑 사이의 움푹 들어간 지점에 파괴가 심한 벽체 일부가 남아 있음.

○ 성벽이 붕괴된 곳이나 성벽이 없는 부분은 모두 트인 곳으로 표시했는데, 서쪽에서 동쪽으로 각 구간의 양상을 서술해나가면 다음과 같음.

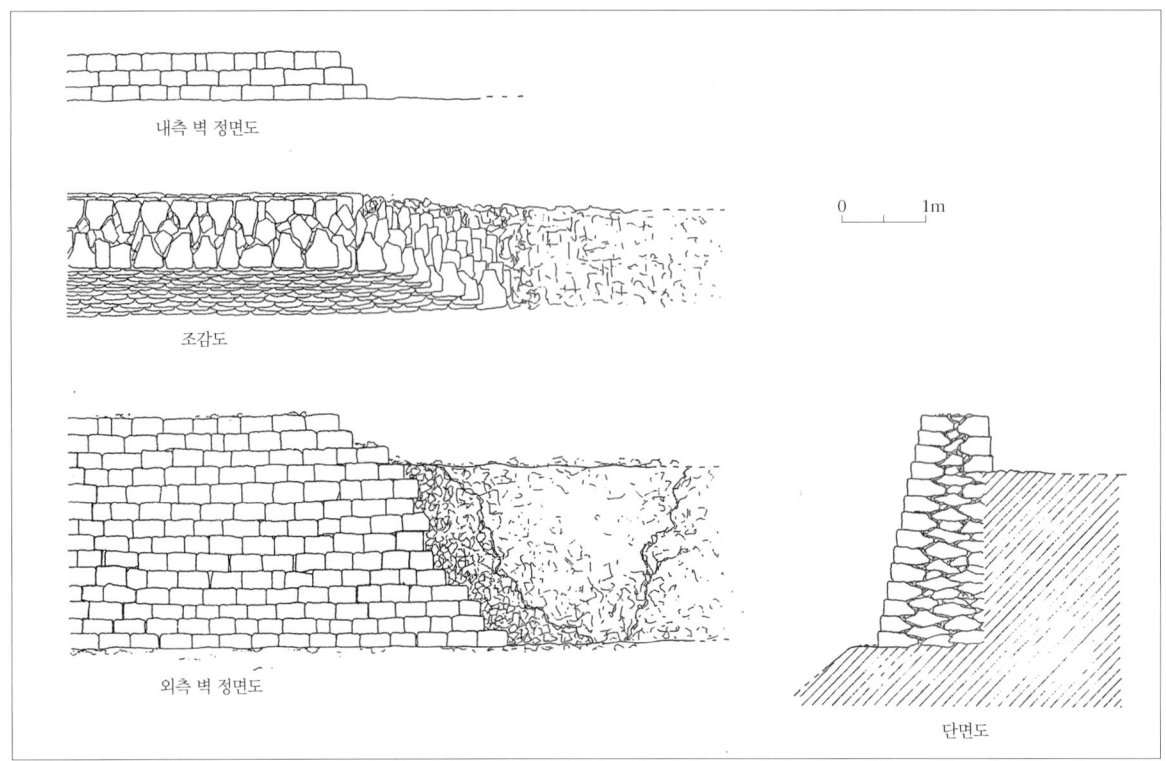

그림 14 산성자산성 성벽구조도(『丸都山城』, 55쪽)

- Q1 : 길이 14m, 높이 0.6~2.5m. 양쪽 낭떠러지 사이의 움푹 들어간 지점에 축조했음. 벽면은 약간 안으로 들여쌓았는데, 외벽의 면석이 모두 탈락되어 내부 구조가 노출되어 있음.
- Q2 : S2 지점에서 시작함. 길이 123m, 잔고 0.5~1m, 너비 5.5m. 비교적 심하게 파괴되었음. 지표에 무너진 대량의 돌덩이 더미는 기본적으로 당시의 성벽 상황을 반영함.

ⓒ C 구간

○ 위치 : S3~S4 사이. 1호 문지 서측에서 남쪽 낭떠러지 東端까지(보고서에는 西端으로 명기되어 있으나 東端의 오기로 판단됨).

○ 특징 및 보존상태 : 이 구간의 외측 산비탈은 비교적 가파르며 성벽은 심하게 파괴되었음. 무너진 성돌 더미가 외측 산비탈에 있음.

○ 규모 : 성벽의 현존 최고 높이 0.6m, 너비 2.6m.

ⓔ D 구간

○ 위치 : S4~E1 사이. 남쪽 낭떠러지의 東端(보고서에는 西端으로 명기되어 있으나 東端의 오기로 판단됨)에서 성벽 東南角까지.

○ 특징 : 이 구간은 가파른 낭떠러지로 해발 367m. 자연 절벽을 천연성벽으로 이용하였음.

③ 동벽

○ 가파른 산 능선 위에 축조하였으며, 해발 고도는 367~627m 사이임. 성벽 양측 산기슭의 경사도가 비교적 급함.

○ 6호, 7호 문지가 있어 양측 골짜기의 통로 역할을 함. 남에서 북으로 세 구간으로 나눌 수 있으며 보존상태가 비교적 양호한 성벽은 357.2m임.

㉠ E 구간

○ 위치 : E1~E2 사이. 성벽의 동남 모서리에서 7호 문지까지(동벽에는 문지가 두 곳 있는데, 남에서 북으로 차례대로 7호, 6호 문지로 명명함).

○ 축조방식 : 동남 모서리는 암석 위에 성벽을 축조했고, 외측 벽면은 점차 안으로 들여쌓기를 하였음.

○ 보존상태 및 규모 : 보존상태가 비교적 양호함. 현재 남아 있는 성벽은 3~10단 정도로 잔고 0.6~1.5m임. (2010년 10월 현장 조사에서 성가퀴 부분까지 포함하면 20단 이상으로 축조한 성벽을 확인했음). 모두 10구간에 성벽이 남아 있으며 각 구간 사이는 벽체가 붕괴되어 형성된 트인 곳인데, 각 구간의 양상을 남에서 북쪽으로 차례대로 서술하면 다음과 같음.

- Q1 : 길이 18.5m, 잔고 1.8m, 성벽의 단수 10단.
- H1 : 길이 5m.
- Q2 : 길이 8m, 잔고 3.2m. 현존 성벽은 16단. 성가퀴 축조.
- H2 : 길이 9m.
- Q3 : 길이 9m, 잔고 3.4m. 현존 성벽은 18단. 성가퀴 축조.
- H3 : 길이 5m. 트인 곳(豁口)에 큰 나무가 한 그루 있음.
- Q4 : 길이 40m, 잔고 3.55m. 성벽은 23단. 성가퀴 축조.
- H4 : 길이 9m.
- Q5 : 길이 7m. 심하게 파손된 상태.
- H5 : 길이 6m.
- Q6 : 길이 12m, 잔고 3.2m. 성벽은 16단, 성가퀴 축조.
- H6 : 길이 35m. 심하게 파손된 상태. 성벽의 큰 면적이 무너졌기 때문에 지면에 소량의 성돌이 보임.
- Q7 : 길이 12m, 잔고 4.3m. 성벽은 21단, 성가퀴 축조.
- H7 : 길이 7m.
- Q8 : 길이 3m. 남은 부분은 파손 상태가 심함.
- H8 : 길이 6m.
- Q9 : 길이 7.5m. 남은 부분은 파손 상태가 심함.
- H9 : 길이 7m.
- Q10 : 길이 10m, 잔고 3.3m. 현존 성벽은 16단.

㉡ F 구간

○ 위치 : E2~E3 사이. 7호 문지에서 6호 문지까지.

○ 보존상태 : 모두 16구간에 성벽이 남아 있음. 성벽이 심하게 무너졌거나 성벽의 흔적이 보이지 않는 곳은 모두 트인 곳(豁口)으로 설정함. 남에서 북으로 각 구간의 양상을 서술하면 다음과 같음.

- Q1 : 길이 5.5m, 너비 4.65m. 7호 문지의 북측 평대이며, 보존상태가 좋지 않음. 내측 잔고 0.7m. 잔존 성벽은 4단.
- H1 : 길이 14m. 지세는 비탈이며 북고남저임. 성돌이 보이지 않음.
- Q2 : 길이 6m, 잔고 2m. 현존 성벽은 11단. 암석 위에 축조하였음.
- H2 : 길이 9m. 이 구간은 암석 구간으로, 성돌은 보이지 않음. 천연암석으로 된 초벽장(峭壁)을 이용해 방어벽(屛障)을 만들었음.
- Q3 : 길이 12m, 너비 3m, 잔고 3m. 잔존 성벽은 17단, 내측 성돌은 모두 무너져서 둑 모양(坡狀)을 이루었음.
- H3 : 이 구간은 비교적 짧. 기본적으로 성돌이 보이지 않음
- Q4 : 길이 7.9m, 잔고 0.6~1.7m. 잔존 성벽은 4~8단. 벽체는 암석 위에 축조하였음. 암석의 방향으로 인해 벽체 남단은 약간 밖으로 꺾였는데 꺾인 부분의 길이는 1.1m.
- H4 : 길이 5m.
- Q5 : 길이 3.1m, 잔고 3.2m. 잔존 성벽은 19단. 북단은 암석에 의지해 축조하였고 외측 벽체는 약간

안으로 들여쌓았음.

- H5 : 길이 20m. 심하게 파괴되었으며 소량의 성돌이 남아 있음.
- Q6 : 길이 15m. 이 구간의 벽체는 암석에 의지해 축조하였고 중간에는 두 군데 작은 틈새가 있음. 잔고 1.2~2.2m. 잔존 성벽은 6~14단. 이 구간의 벽체 북부에 성가퀴를 설치하였음.
- H6 : 길이 7m. 파괴가 심함. 지표에는 비교적 많은 성돌이 남아 있음.
- Q7 : 길이 8.3m, 너비 1.4m, 잔고 3.2m. 현존 성벽은 21단. 외측 벽면은 층마다 안쪽으로 들여쌓기를 하였음.
- H7 : 길이 28.5m. 기본적으로 성돌이 보이지 않음.
- Q8 : 길이 18.4m, 잔고 3.8m. 잔존 성벽은 19단.
- H8 : 길이 5.6m. 트인 곳(豁口)에서 성벽의 단면 구조를 볼 수 있음. 벽 내부는 뾰족한 모양의 길쭉한 돌을 쌓아올려 축조했고 빈 틈을 잔돌로 채워 넣었음. 외측 벽면은 쐐기형돌을 사용하여 쌓았음.
- Q9 : 길이 3m, 높이 3m. 큰 암석의 남측 경사면 위에 축조하였음. 경사면의 기울기는 매우 가파름.
- H9 : 길이 39m. 기본적으로 성벽이 없으며, 경사지로 북고남저임.
- Q10 : 길이 16m, 너비 0.9m. 암석에 의지해서 축조하였음. 외측 잔고 0.5~3m, 내측 잔고 0.25m.
- H10 : 길이 14m. 이 구간은 암석임.
- Q11 : 길이 13m, 너비 0.9m. 이 구간의 성벽은 두 부분으로 나눌 수 있는데 북부 구간의 길이는 4.5m. 보존상태가 비교적 좋음. 외측 잔고 3.2m, 내측 잔고 0.5m. 내측지 적석 4단. 남부는 보존상태가 비교적 좋지 않으며, 잔고 1m로 외벽의 성돌은 이미 무너졌음.
- H11 : 길이 177m. 기본적으로 성돌이 보이지 않음
- Q12 : 길이 22m. 이 구간의 성벽은 두 부분으로 나눌 수 있으며, 남부는 보존상태가 비교적 좋지 않음. 길이 12m, 잔고 1.2m. 북부는 보존상태가 비교적 좋음. 길이 10m, 너비 0.9m, 외측 잔고 3.7m, 내측 잔고 0.65m.
- H12 : 길이 108m. 기본적으로 성돌이 보이지 않음
- Q13 : 길이 26m. 이 구간은 성벽이 파괴되어 있음. 성벽 내외 측면은 모두 이미 무너졌으며, 내측 잔고 0.3~0.6m.
- H13 : 길이 40m. 기본적으로 성벽이 보이지 않음
- Q14 : 길이 3.3m, 잔고 3.2m. 이 구간의 벽체는 Q13의 北端과 서로 연결되어 있음.[5]
- H14 : 길이 95m. 성벽의 파괴 정도가 심하며, 성돌이 보이지 않음.
- Q15 : 길이 3m, 잔고 3.2m.
- Q16 : 길이 5m, 너비 4.5m. 내측 잔고 1m. 이 구간의 성벽은 6호 문지의 남쪽 평대임.

ⓒ G 구간

○ 위치 : E3~N1 사이. 6호 문지에서 성벽 동북 모서리까지.

○ 보존상태 : 이 구간은 6구간에 성벽이 남아 있음(Q1-6).

○ 성벽이 없는 부분은 모두 트인 곳(豁口)으로 기록함. 남에서 북쪽으로 각 구간의 양상은 다음과 같음.

- Q1 : 길이 12m(6호 문지의 북측 평대 포함), 너비 4.1m, 내측 잔고 1~2m.
- H1 : 길이 12m. 기본적으로 성벽이 보이지 않음.
- Q2 : 길이 3m, 높이 2~3m.
- H2 : 길이 120m. 이 구간은 기본적으로 성돌이 보이지 않으며, 비교적 평평하고 완만한 흙언덕(土

---

[5] Q13과 Q14 사이에 성벽이 보이지 않는 트인 곳의 길이가 40m라고 했는데, Q14의 성벽이 Q13의 北端 성벽과 연결되어 있다는 서술을 정확하게 이해할 수 없음. 오기일 수 있으므로 추후 확인할 필요가 있음.

崗)임.
- Q3 : 길이 14.5m. 파괴가 심함. 외측 벽면은 모두 이미 무너졌음. 내측 높이 1.2m.
- H3 : 길이 51m. 이 구간은 모두 동서방향으로 뻗어 있는 암석임.
- Q4 : 길이 4.4m. 성벽은 이미 무너졌음.
- H4 : 길이 108.5m. 기본적으로 성돌이 보이지 않음.
- Q5 : 길이 10.5m. 너비 3.1m. 내측 높이 1.5m, 외측 높이 3.2m. 이 구간의 남쪽은 오목한 곳에 성벽을 축조했으며, 오목한 곳 부근에서 기와편을 발견하였음. 이 곳은 건물지에 해당함.[6]
- H5 : 길이 133.5m. 기본적으로 성돌이 보이지 않음.
- Q6 : 길이 0.8m.
- H6 : 길이 44m. 이 구간은 모두 암석임.
- H7 : 길이 3m.
- H8 : 길이 210m. 이 구간은 기본적으로 성돌이 보이지 않으며, 그 北端은 성벽의 동북 모서리와 서로 연결됨.

④ **북벽**
○ 북벽은 험준한 산 능선상에 축조하였고, 주변 지세는 가파르며, 해발 고도는 627~652m임. 가장 높고 험준한 부분에 해당함.
○ 북벽의 양측으로는 골짜기가 종횡으로 펼쳐져 있는데, 북벽에 위치한 2개의 성문을 통해 양 골짜기 곧 성 안팎을 왕래할 수 있음. 동쪽에서 서쪽 방향으로 크게 3구간으로 나누어 조사했음.

---

6 과거 일본학자인 池內宏이 북쪽 동문으로 파악했던 곳임. 성문터인지 여부에 대해서는 향후 더욱 면밀하게 조사할 필요가 있음.

㉠ H 구간
○ 위치 : N1~N2 사이. 성벽 동북 모서리에서 5호 문지까지(북벽에 성문이 2곳 있는데, 동쪽에서 서쪽으로 각각 5호와 4호 문지로 명명).
○ 특징 : 이 구간은 기본적으로 성벽이 보이지 않으며, 주로 암석과 흙언덕으로 이루어져 있음.
○ 산등성이 외측의 산비탈에서 성돌을 소량 발견했는데, 산등성이 위에 원래 석벽이 축조되었을 가능성을 시사함. 많이 파괴되었으며 구간의 길이는 약 330m.

㉡ I 구간
○ 위치 : N2~N3 사이. 5호 문지에서 4호 문지까지.
○ 보존상태 : 6구간에 성벽이 보존되어 있는데, 보존상태가 비교적 양호함. 각 구간 사이의 성벽이 붕괴된 곳은 모두 트인 곳으로 기록함. 동쪽에서 서쪽으로 각 구간의 양상은 다음과 같음.
- H1 : 길이 71m. 5호 문지에서 서쪽으로 향하는 구간. 기본적으로 성돌은 보이지 않음. 다만 외측 산중턱에서 소량의 성돌이 확인됨.
- Q1 : 길이 2.4m, 잔고 2.2m. 보존상태가 비교적 좋음. 그 東端은 나무뿌리로 인해 무너졌음.
- Q2 : 길이 49m. 이 구간의 성벽은 모두 무너져, 산등성이 외측 비탈에 흩어져 있음.
- H2 : 길이 44m. 지표에 성돌은 보이지 않음.
- Q3 : 길이 3m, 잔고 2m, 너비 1.2m. 보존상태가 비교적 좋음.
- H3 : 길이 2m. 트인 곳(豁口) 가운데에 커다란 나무가 한 그루 있음.
- Q4 : 길이 1.2m, 잔고 1.6m. 보존상태가 비교적 좋음.
- H4 : 길이 150m.
- Q5 : 길이 12m, 잔고 2.6m. 이 구간의 성벽의 서측 부분은 보존상태가 비교적 좋으며, 길이 5.9m.
- H5 : 길이 32m. 기본적으로 성돌은 보이지 않음.

- Q6 : 길이 197m. 너비 3m. 외측 높이 1.7~5m, 내측 높이 0.4m. 현존 성벽은 8~30단. 성가퀴가 보존된 부분도 있음. 이 구간의 성벽은 산성 전체에서 보존상태가 가장 좋고 긴 구간임. 다만 성벽 중에 붕괴되어 트인 곳이 4곳 있음. 성벽의 외면은 가지런한 편인에, 위로 올라가면서 안으로 들여쌓았고, 산등성이의 뻗은 형세를 따라 축조했음. 일부 벽체의 상부에는 보축한 흔적이 있음. 벽체 상부의 성돌은 비교적 얇은데 길이 0.3~0.45m, 너비 0.25~0.5m, 두께 0.12~0.16m이며, 성돌의 색깔은 기초부분과 일정한 차이가 있음. 기둥구멍이 남아 있음.

ⓒ J 구간
○ 위치 : N3~W1 사이. 4호 문지에서 산성의 서북 모서리까지.
○ 보존상태 : 이 구간은 4곳의 벽체가 비교적 잘 보존되어 있음. 동쪽에서 서쪽으로 각 구간의 양상은 다음과 같음.
- Q1 : 길이 17m, 잔고 4.5m. 현존 성벽 25단
- H1 : 길이 6.5m. 벽체의 큰 면적이 붕괴되어 트인 곳을 형성.
- Q2 : 길이 33m. 외측 잔고 4.7m, 현존 성벽 26단, 내측 잔고 0.3~0.4m.
- H2 : 길이 3.7m. 벽체가 무너져서 트인 곳이 형성되었음.
- Q3 : 길이 12.5m, 너비 0.8m. 외측 잔고 3.9m, 내측 잔고 0.4m.
- H3 : 길이 3.6m. 벽체가 무너져서 트인 곳이 형성되었음.
- Q4 : 길이 6.7m, 너비 1m. 외측 잔고 3.4m, 내측 잔고 0.3m.
- H4 : 길이 14m. 이 구간의 벽체는 큰 면적이 붕괴되어 심하게 파괴되었음. 서북 모서리는 둥근 활 모양이며, 바닥부는 바깥으로 약간 불룩하게 튀어났음. 높이 2.6m. 평평한 臺地 외측에 축조했는데, 이 臺地는 산성에서 가장 높은 지점으로 해발 652m임.

⑤ 서벽
○ 서벽은 고구려 왕도인 국내성의 중심부를 향하고 있으며, 맞은 편의 높은 산을 넘으면 麻線溝고분군에 이름.
○ 지리위치상 중요한 곳으로 산성을 방어하는 중요한 구역 중의 하나임.
○ 네 성벽 가운데 가장 긴 한 구간으로 해발 296~652m 사이에 있음.
○ 보존상태 : 현재의 보존상태는 상대적으로 양호함.
○ 남에서 북으로 3구간으로 구획했는데, 각 구간의 양상은 다음과 같음.

㉠ K 구간
○ 위치 : S1~W3 사이. 성벽의 서남 모서리에서 해발 577m 지점까지.
○ 보존상태 : 이 구간은 24구간에 성벽이 보존되어 있으며 성벽이 없거나 심하게 파괴된 부분은 모두 트인 곳(豁口)으로 기록하였음. 남에서 북으로 각 구간의 양상은 다음과 같음.
○ 서남 지점(S1) : 높이 솟은 암벽임.
- Q1 : 길이 9m, 잔고 3.1m. 벽체 하부는 보존상태가 좋으며, 상부의 외측 성벽은 모두 이미 무너졌음. 성벽의 北端은 거대한 암벽과 이어지고 성벽은 양쪽 암석 사이에 축조하였음.
- H1 : 길이 7m. 이 구간은 山巖으로 이루어져 있음.
- Q2 : 길이 18m. 이 구간의 성벽은 대부분 심하게 파괴되었음. 북부는 비교적 잘 보존되었는데 길이 5.6m, 잔고 3m. 외벽의 면석은 모두 이미 흩어져 벽체 내부구조가 드러나 있음. 북단은 커다란 암석과

이어짐.
- H2 : 길이 6m. 이 구간은 커다란 암석임.
- Q3 : 길이 3.3m, 잔고 1.1m. 외측은 이미 무너졌으며 이 구간의 성벽은 양 암석 사이의 오목한 곳에 축조하였음.
- H3 : 길이 15m. 이 구간은 흙언덕으로 성돌이 보이지 않음.
- Q4 : 길이 58m. 이 구간의 성벽은 암석과 서로 연결되어 있으며, 암석이 높이 솟은 곳은 암벽을 벽체로 이용하였고, 암석 사이의 오목한 곳에 성벽을 축조하였음. 벽체의 양측은 심하게 무너졌음.
- H4 : 길이 4.5m, 잔고 0.68m. 외측면은 심하게 무너졌음.
- Q5 : 길이 45m. 기본적으로 성돌이 보이지 않음.
- Q6 : 이 구간의 성벽은 두 부분으로 나눌 수 있는데, 남반부는 길이 25m, 너비 3.5m, 잔고 1.8m. 북반부 벽체는 약간 바깥으로 꺾였고, 길이 20m, 너비 3.5m, 잔고 3.4m. 현존 성벽은 21단, 그 북단은 3호 문지임.
- H6 : 길이 83m. 일부 성벽은 심하게 무너졌으며 어떤 부분은 흙언덕이며 어떤 부분은 암석으로 이루어져 있음.
- Q7 : 길이 40m. 벽체 너비 0.9~3.5m. 잔고 3~3.4m. 이 성벽의 남단은 서문의 북쪽 평대와 연결되어 있으며, 북단은 암석과 이어짐.
- H7 : 길이 22.5m. 벽체는 심하게 무너졌음. 성돌은 대부분 외측 산비탈에 흩어져 있음.
- Q8 : 길이 20m. 중간에 트인 곳이 한 곳 있음. 잔고 3m. 잔존 성벽은 16단인데, 南端은 둥근 활모양임.
- H8 : 길이 23m. 벽체가 심하기 무너져서 형성되었기 때문에 현재 성돌은 모두 외측 산비탈에 흩어져 있음.
- Q9 : 길이 6.5m, 잔고 2.7m. 너비 0.8m. 잔존 성벽 16단.
- H9 : 길이 3.7m. 성벽이 무너져서 트인 곳 형성.
- Q10 : 길이 12.5m, 잔고 1.6~2.8m, 너비 0.9~1.6m. 잔존 성벽 7~15단.
- H10 : 길이 4.7m. 성벽(石墻)이 무너져서 트인 곳 형성.
- Q11 : 길이 1.2m, 잔고 2.7m.
- H11 : 길이 15m. 벽체가 심하게 파손되어 트인 곳 형성되었음.
- Q12 : 길이 1m, 잔고 3.7m.
- H12 : 길이 18m. 벽체가 심하게 훼손되어 트인 곳이 형성되었기 때문에 현재 지표에 겨우 소량의 성돌이 남아 있음.
- Q13 : 길이 6m, 잔고 0.2m. 절반 정도의 구간은 암석 위에 축조.
- H13 : 길이 9m. 성벽이 심하게 무너져서 트인 곳이 형성되었음.
- Q14 : 길이 2.5m. 외측 잔고 2.8m.
- H14 : 길이 10m. 벽체가 심하게 파괴되어서 무너졌음.
- Q15 : 길이 8m, 너비 1.2m. 외측 잔고 3.4m. 현존 성벽 18단, 암석 위에 축조하였음.
- H15 : 길이 11m. 성벽이 심하게 무너져서 트인 곳 형성.
- Q16 : 길이 1.5m, 잔고 2.25m.
- H16 : 길이 27.5m. 기본적으로 성돌이 보이지 않음.
- Q17 : 길이 1.7m, 잔고 2.7m. 현존 성벽은 17단.
- H17 : 길이 43m. 주로 암석임.
- Q18 : 길이 3.7m, 너비 0.9m. 외측 높이 2.85m, 내측 높이 0.7m. 벽체위에 성가퀴가 축조되었음.
- H18 : 길이 30m. 기본적으로 성돌이 보이지 않음.
- Q19 : 길이 12m. 잔고 2m. 벽체 사이에 길이 3.7m인 트인 곳이 있음.
- H19 : 길이 48m. 모두 가파른 암석으로 암벽을 성

벽으로 삼았음.
- Q20 : 길이 2.5m, 잔고 1.5m. 성벽의 외측은 둥근 활모양을 띰.
- H20 : 길이 11m. 흙언덕이며 기본적으로 성돌이 보이지 않음.
- Q21 : 길이 56.5m. 5개의 작은 구간으로 나누어짐. 제1구간은 길이 11m, 외측 높이 3.1m, 현존 성벽 16단, 내측 높이 0.5m, 너비 1.1m. 아래쪽은 길이 약 5m인 트인 곳과 연결됨. 제2구간은 길이 8m, 너비 0.8m, 외측 높이 3m, 내측 높이 0.5m. 아래쪽은 길이 3.5m인 트인 곳과 연결됨. 제3구간은 길이 3.5m, 너비 0.9m, 외측 높이 2.9m. 아래쪽은 길이 4m인 트인 곳과 연결됨. 제4구간은 길이 12m, 외측 높이 0.3~2.7m, 현존 성벽 2~16단임. 이 구간의 벽체는 가파른 암벽 위에 축조하였으며, 지세는 북고남저임. 트인 곳은 모두 성벽이 무너져서 형성되었음.
- H21 : 길이 10m. 흙언덕으로 기본적으로 성돌이 보이지 않음.
- Q22 : 길이 11m. 벽체의 남부는 보존상태가 비교적 좋음. 길이 약 3m, 잔고 2.8m. 현존 성벽은 14단.
- H22 : 길이 136m. 기본적으로 성돌이 보이지 않음.
- Q23 : 길이 10.5m, 너비 0.9~1m, 잔고 0.8~2.4m. 현존 성벽은 4~9단. 암석 위에 축조. 그 중간에 기초부가 붕괴되어 작은 굴(洞)이 만들어졌음.
- Q24 : 길이 12m, 잔고 2.8m. 외벽의 성돌은 심하게 무너졌음.

ⓒ L 구간
○ 위치 : W3~W2 사이. 해발 577m에서 569m 좌표점까지.
○ 특징 : 이 구간은 기본적으로 성벽이 보이지 않음.

ⓒ M 구간
○ 위치 : W2~W1 사이. 해발 569m 지점에서 서북 모서리까지.
○ 보존상태 : 모두 17구간에 성벽이 보존되어 있음. 성벽이 없는 부분은 모두 트인 곳으로 기록함. 남에서 북으로 각 구간의 양상은 다음과 같음.
- Q1 : 길이 6.3m, 너비 0.9m. 외측 높이 5m, 내측 높이 0.4m. 현존 성벽 33단.
- H1 : 길이 609m. 기본적으로 성돌이 보이지 않음. 외측 산 중턱에서 굴러 떨어진 석재가 소량 발견됨.
- Q2 : 길이 3m, 잔고 4.5m.
- H2 : 길이 12m. 성돌이 무너져서 트인 곳이 형성되었음.
- Q3 : 길이 2.1m, 잔고 3m.
- H3 : 길이 4m. 성벽이 무너져서 트인 곳이 형성되었음.
- Q4 : 길이 6.5m, 너비 1.1m. 외측 높이 2.8m, 내측 높이 6.4m.
- H4 : 길이 3.7m. 성벽이 무너져서 트인 곳이 형성되었음.
- Q5 : 길이 10m, 너비 0.8m. 외측 높이 2m, 내측 높이 0.66m.
- H5 : 길이 10m.
- Q6 : 길이 5m, 너비 0.8m. 외측 높이 4.8m, 내측 높이 0.4m. 현존 성벽은 33단.
- H6 : 길이 34m. 기본적으로 성돌이 보이지 않음.
- Q7 : 길이 1.2m, 너비 0.9m. 외측 높이 4.4m, 내측 높이 0.4m.
- H7 : 길이 2.2m. 성벽이 무너져서 트인 곳이 형성되었음.
- Q8 : 길이 15.5m, 너비 0.9m. 외측 높이 4.6m, 내측 높이 0.4m. 현존 성돌 32단.
- H8 : 길이 9.4m. 성벽이 무너져서 트인 곳이 형성되었음.

- Q11 : 길이 5m, 너비 0.9m. 외측 높이 4.6m, 내측 높이 0.3m.
- H11 : 길이 18m. 성벽이 무너져서 트인 곳이 형성되었음.
- Q12 : 길이 30m, 너비 0.8m. 외측 높이 4~4.7m, 내측 높이 0.3~0.8m.
- H12 : 길이 6.3m. 성벽이 무너져서 트인 곳이 형성되었음.
- Q13 : 길이 36m, 너비 0.8m. 외측 높이 2.8~4.2m, 내측 높이 0.3m. 이 성벽의 남북 벽체는 일정한 차이가 있는데, 북부 외측 성돌은 비교적 새 것으로 비교적 납작함. 산성에서 보편적으로 사용된 쐐기형돌과 크기가 같지 않은데, 나중에 보축되었을 것으로 추측됨.
- H13 : 길이 12m. 성벽이 무너져서 트인 곳이 형성되었음.
- Q6~Q13 : 총체적으로 보아 Q6에서 Q13까지 기본적으로 서로 연결되었던 구간으로서 보존상태도 상대적으로 양호함.
- Q14 : 길이 34m, 너비 0.9m. 외측 높이 2.7~2.9m, 내측 높이 0.6m.
- H14 : 길이 13.5m. 성벽이 무너져서 트인 곳이 형성되었음.
- Q15 : 길이 2m, 잔고 2.7m.
- H15 : 길이 18m. 기본적으로 성돌이 없음.
- Q16 : 길이 약 38m, 너비 0.9m. 외측 높이 2.6~3.2m, 내측 높이 0.5m. 성벽 南端은 둥근 활모양이며 동쪽으로 꺾이었음. 가파른 산비탈에 축조하였으며, 지세는 북고남저임.
- H16 : 길이 6m. 성벽이 무너져서 트인 곳이 형성되었음.
- Q17 : 길이 7m. 너비 0.82m. 외측 높이 2.6m, 내측 높이 0.1m. 해발 652m인 산봉우리 정상부의 작은 평대 외측에 축조. 北端은 성벽의 서북 모서리임.

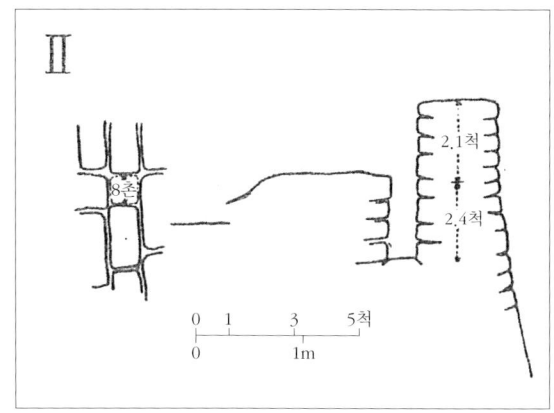

그림 15 기둥구멍 실측도(『通溝』 上, 26쪽)

2) 성가퀴와 기둥구멍

(1) 關野貞(1913)의 조사내용

○ 성벽의 外緣에 높이 3尺(약 1m), 두께 3尺 5寸의 성가퀴(女墻)를 설치함. 성가퀴를 포함한 외벽면의 전체 높이는 약 11尺 5寸(약 3m)에 이름.

○ 성벽 위쪽 성가퀴 저부 곳곳에 한 변 7寸 정도의 방형구멍이 있는데, 이를 물을 빼는 배수구멍(水拔孔)으로 파악.

(2) 池內宏(1936)의 조사내용(그림 15)

C″지점에서는 내벽과 연결된 기저부에 다듬은 돌로 둘려진 正方形의 구멍을 뚫은 것을 발견했음. 구멍 한 변의 길이 8寸, 깊이 2尺 4寸. J지점 부근의 성벽 내측에도 동일한 구멍이 있는 것을 확인했지만, 그 용도에 대해서는 궁구해보아야 한다고 기술함.

(3) 李殿福(1982)의 조사내용(그림 16)

○ 각 성벽에는 모두 성가퀴가 설치되어 있는데, 높이 0.78~1.3m, 폭 0.73~1m 등으로 균일하지 않음.

○ 성가퀴의 내벽 바닥 아래에 기둥구멍이 있음. 일반적으로 기둥구멍의 간격은 1.7m인데, 2m인 것도 있음. 장방형의 깊은 구멍 모양으로 입구의 길이

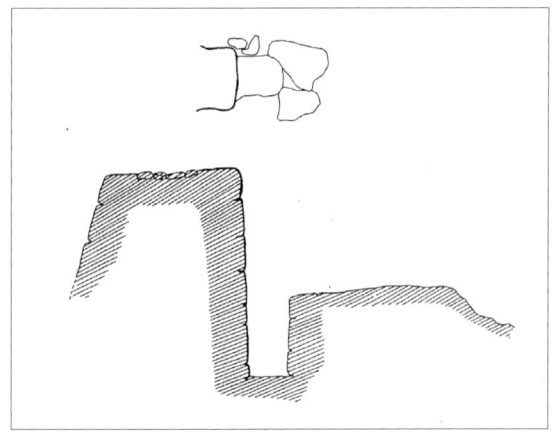

그림 16 산성자산성 동벽 성가퀴 내벽의 기둥구멍
(李殿福, 1994, 29쪽)

10cm, 폭 25cm, 깊이 45~80cm. 기둥구멍은 동벽 남쪽 구간에서 20여 개 발견되었고, 북벽과 서벽에서도 볼 수 있음.

(4) 2004년 보고서의 조사내용

① 성가퀴

○ 조사현황 : 동벽, 북벽, 서벽에서 성가퀴를 조사함. 특히 동벽 남단 성가퀴의 보존상태가 가장 양호했음.

○ 동벽 E 구간의 성가퀴

- Q4 지점 : 성가퀴의 잔존 외벽은 3단. 높이 0.5m, 너비 0.8m.
- Q6 지점 : 성가퀴의 외벽은 5단. 잔고 1m, 너비 0.9m.
- Q7 지점 : 성가퀴의 잔존 외벽은 3단. 잔고 0.5m. 너비 0.8m.

○ 동벽 F구간의 성가퀴

- Q6 지점 북부 : 길이 3.1m, 너비 1m, 잔고 1.2m. 외벽은 6단 잔존.

○ 북벽 I 구간의 성가퀴

- Q6 지점 : 성가퀴가 곳곳에 남아 있는데, 너비 0.8~0.9m임.

○ 서벽 K구간의 성가퀴

- Q18 지점 : 성가퀴의 길이 3.7m, 너비 0.9m, 잔고 2.8m.

② 기둥구멍(柱洞)

○ 조사현황 : 동벽, 북벽, 서벽의 성가퀴 안쪽에서 방형 기둥구멍 확인.

○ 동벽 E 구간 Q4 지점의 기둥구멍 : 성가퀴 안쪽에 일열로 늘어선 기둥구멍이 5개 있음. 남쪽에서 북쪽으로 차례대로 D1~D5로 명명함. 5개의 기둥구멍은 대체로 방형이며, 괴석을 층층이 쌓아올려 만들었음. D3, D4, D5의 보존상태가 비교적 좋음.

- D1 : 이 구간의 남단에서 1.6m 거리. 방형. 한 변 0.4m, 깊이 0.35m.
- D2 : D1에서 1.3m 거리. 남북길이 0.3m, 동서너비 0.15m, 깊이 0.3m.
- D3 : D2에서 1.75m 거리. 남북길이 0.3m, 동서너비 0.25m, 깊이 0.55m.
- D4 : D3에서 1.55m 거리. 남북길이 0.2m, 동서너비 0.25m, 깊이 0.44m.
- D5 : D4에서 1.9m 거리. 남북길이 0.25m, 동서너비 0.25m, 깊이 0.35m.

○ 동벽 E 구간 Q7 지점의 기둥구멍 : 성가퀴 안쪽에서 3개의 기둥구멍 발견. 모두 방형이며, 괴석을 쌓아올려 만들었음. 기둥구멍의 위치는 성가퀴의 벽체와 잇닿아 있음. 남에서 북으로 차례대로 D6~D8로 편호함. D8의 보존상태가 가장 양호함.

- D6 : 남북길이 1.65m, 동서 비 0.2m, 깊이 0.4m.
- D7 : D6에서 1.65m 거리. 남북길이 0.22m, 동서 너비 0.2m, 깊이 0.4m.
- D8 : D7에서 1.55m 거리. 남북길이 0.22m, 동서 너비 0.23m, 깊이 0.6m.

○ 북벽 I 구간 Q6 지점의 기둥구멍 : 성가퀴 안쪽에서 기둥구멍 한 개를 발견함. D11로 편호함.

- D11 : 잘 다듬은 괴석으로 축조. 정방형. 변의 길이 0.28m. 깊이 0.2m.
○ 서벽 K구간 Q6 지점의 기둥구멍 : 이 구간의 북부 벽체 중간 부위에서 기둥구멍 2개를 발견함. D9, D10으로 편호함. 보존상태는 좋지 않으며, 압력으로 인해 약간 변형되었음. 모두 장방형임.
- D9 : 남북 길이 0.17m, 동서 너비 0.25m, 깊이 0.7m.
- D10 : D9에서 1.8m 거리. 남북길이 0.5m, 동서너비 0.32m, 깊이 0.6m.
○ 서벽 K구간의 Q18 지점의 기둥구멍 : 성가퀴 안쪽에 2개의 방형 구멍(方孔)이 있으며 구멍 입구는 안을 향하고, 외측은 벽장(壁欌)과 유사함. 관통하지 않으며 용도는 자세하지 않음. 남에서 북으로 K1, K2로 편호함.
- K1 : 이 구간 남단에서 0.8m 거리. 위쪽 부분의 석재는 탈락됨.
- K2 : K1에서 0.45m 거리. 높이 0.2m, 남북 길이 0.28m, 깊이 0.5m.

3) 성문과 옹성시설

(1) 전체현황

① 일본학자의 조사내용

1905년에 산성을 처음으로 조사한 鳥居龍藏은 정문인 남문에 대해서만 언급했는데, 여러 문으로 이루어진 겹문으로 파악했음. 1913년에 산성을 조사한 關野貞도 남문에 대해서만 언급했음. 1936년 서벽을 제외한 성벽 전 구간을 조사한 池內宏은 남문 1개, 동문 3개, 북문(서쪽 북문) 1개로 파악했는데, 특히 남문과 남쪽의 동문은 옹성구조라고 파악함.

② 중국학자의 조사내용

李殿福은 1982년 논문에서 남문 1개, 동문 2개, 북문 2개로 파악했는데, 동쪽 북문을 새롭게 조사한 대신 池內宏이 성문으로 파악했던 동쪽 성문(그림 6-Q지점)을 성문으로 인정하지 않았음. 李殿福의 견해는 그 이후 중국학계에 계승되어 2001~2003년 조사시에도 동문은 2개인 것으로 파악하고, 종전에 池內宏이 동쪽 동문으로 파악했던 지점에는 건물지가 있었던 것으로 파악함(동벽 E구간 Q5지점). 한편 2001년~2003년 조사에서는 남벽 서단과 서벽 남단에서 각각 성문을 새롭게 발견했는데, 특히 남벽 서단의 2호 문지는 옹성구조를 갖춘 것으로 확인됨.

③ 북쪽 동문지(건물지)를 둘러싼 논쟁

상기와 같이 산성자산성의 성문 수는 조사의 진전과 더불어 계속 늘어나고 있음. 다만 1930년대에 산성을 조사한 池內宏은 동벽에 문지가 3개 있다고 보았지만, 중국학계에서는 2개라고 파악함. 더욱이 2001~2003년 조사에서는 池內宏이 문지로 보았던 동벽 북단의 트인 곳에 건물지가 있었다고 파악했음. 그런데 이곳은 동벽 북단에서 남쪽으로 300여 m 떨어진 지점으로서 동벽이나 북벽의 다른 문지처럼 양측 산봉우리 사이의 가장 낮은 지점으로서 성 안팎을 왕래할 수 있는 산길이 있음. 더욱이 이곳 좌우 성벽의 축조 양상은 남쪽 동문의 평대와 유사하며, 주변에서는 기와편도 많이 발견되었다고 함. 따라서 이곳에 건물이 있었다면 문루일 가능성이 높고, 움푹 들어간 곳으로 조망권이 넓지 않았다는 점에서 망루나 장대일 가능성은 거의 없다고 파악됨. 이로 보아 동벽 북단의 트인 곳은 문지일 가능성이 높은데, 추후 고고조사를 통해 규명할 필요가 있음.

(2) 중앙 남문(2004년 보고서의 1호 문지, JWN1)

① 일제시기의 조사내용

○ 鳥居龍藏(1905)의 조사내용 : 정문인 남문이 3중 문이었다고 파악함. 즉 성문에 접하여 돌로 축조한 높은 平臺의 흔적이 남아 있고, 제1문을 지나면 또 문이 있고, 그 다음에 또 문이 있어서 궁전지에 이를 때까지 여러 개의 문을 통과해야 했던 것으로 파악함.

○ 關野貞(1913)의 조사내용 : 남쪽의 가장 낮은 지점에 성문(남문)을 설치했다고 언급하면서 성문의 오른쪽에 석벽의 일부가 남아 있다고 기술함.

○ 池內宏(1936)의 조사내용(그림 17, 그림 18) : 1936년 남문에 대해 최초로 상세한 조사를 실시함. 남문 동측의 수십 간 높이의 언덕 위에서 돌무지와 함께 고구려 시기의 붉은색 기와편과 수면문와당이 발견되었는데, 전망을 위한 망루 등의 건물지로 추정함. 또한 남문의 옹성구조를 규명했는데, 성벽을 장방형으로 꺾어 안쪽으로 네모나게 오목하도록 하여 일종의 옹성 형태를 만들었다고 파악함. 성문 입구의 폭은 20여 間, 길이는 40間 정도로 측량함. 성안의 개울이 옹성 내부를 비스듬하게 경유해 성문 밖으로 흘러나가는데, 이것은 水門의 붕괴로 인해서 곧바로 흘러나가는 수로를 유실했기 때문으로 추정함. 옹성의 안쪽 구역은 산성 전체의 지세처럼 북에서 남으로 경사져 있어서 성벽의 높이도 일정하지 않음. 즉 c지점은 15~16尺, a지점은 약 30尺, b지점은 50~60尺 정도임. 성벽은 붕괴되어 있지만 본래 속채움부는 할석(割石), 내외벽(外面)은 다듬은 돌(切石)을 사용해 가지런하게 쌓았을 것으로 추정함. b지점 부근에 원래 축조양상을 엿볼 수 있는 곳이 한두 곳 남아 있으며 다듬은 돌 파편이 무수히 흩어져 있었다고 함(그림 17 참조). 또한 a지점의 내측에도 성벽 방향을 따라 열을 이루며 두어진 다듬은 돌을 볼 수 있었다고 함(그림 18 참조).

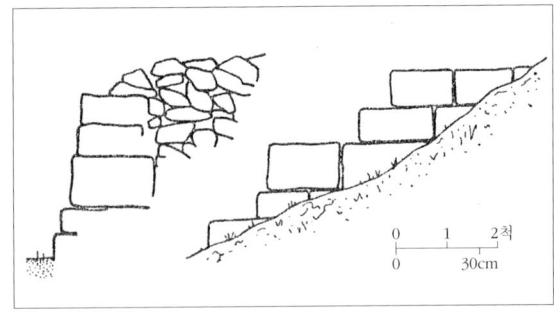

그림 17 산성자산성 남문 옹성 석벽(『通溝』上, 25쪽)

② 李殿福(1982)의 조사내용(그림 19)

○ 위치 : 남벽 정중앙에 위치. 남문을 나서면 평탄한 通溝河 골짜기임. 이곳은 산성 내부로 진입하는 가장 중요한 도로로서 험준한 곳에 위치.

○ 옹성구조 : 성벽이 성문 부근에 이르러 안쪽으로 네모나게 오므라들면서 장방형의 옹성구조를 이루고 있음. 옹성 내부는 산성 전체의 지세처럼 안쪽에서 바깥쪽으로 기울어져 안쪽 성벽은 낮지만, 바깥쪽 성벽의 높이는 약 20m에 이름.

○ 평대 : 문길의 좌·우벽에는 안쪽으로 뻗은 장방형의 平臺를 구축해 놓았음. 평대의 폭 10m, 길이 15~20m, 잔고 1.5m.

○ 옹성벽 : 좌·우 평대 바깥쪽에는 문 앞쪽으로 비스듬히 자갈을 쌓아올려 문길을 막았으나, 조사 당시에 이미 小路에 의해서 끊겼음. 남아 있는 흔적으로 볼 때 옹성문(옹문)에 해당함.

○ 배수로 : 옹성문 아래쪽에는 배수로가 있음. 성내의 계곡물이 이곳을 통해 산성 밖으로 빠져나가 通溝河로 유입됨.

③ 2004년 조사보고서의 조사내용(그림 20~그림 25)

○ 위치 : 남벽 정 중앙에서 꺾어져 안으로 오목한 곳에 위치. 성문 밖은 평탄한 通溝河 골짜기임. 이곳은 산성 안팎을 왕래하는 가장 중요한 통로의 하나일 뿐만 아니라 산성방어체계의 핵심이며 요충지임. 문지가 위치한

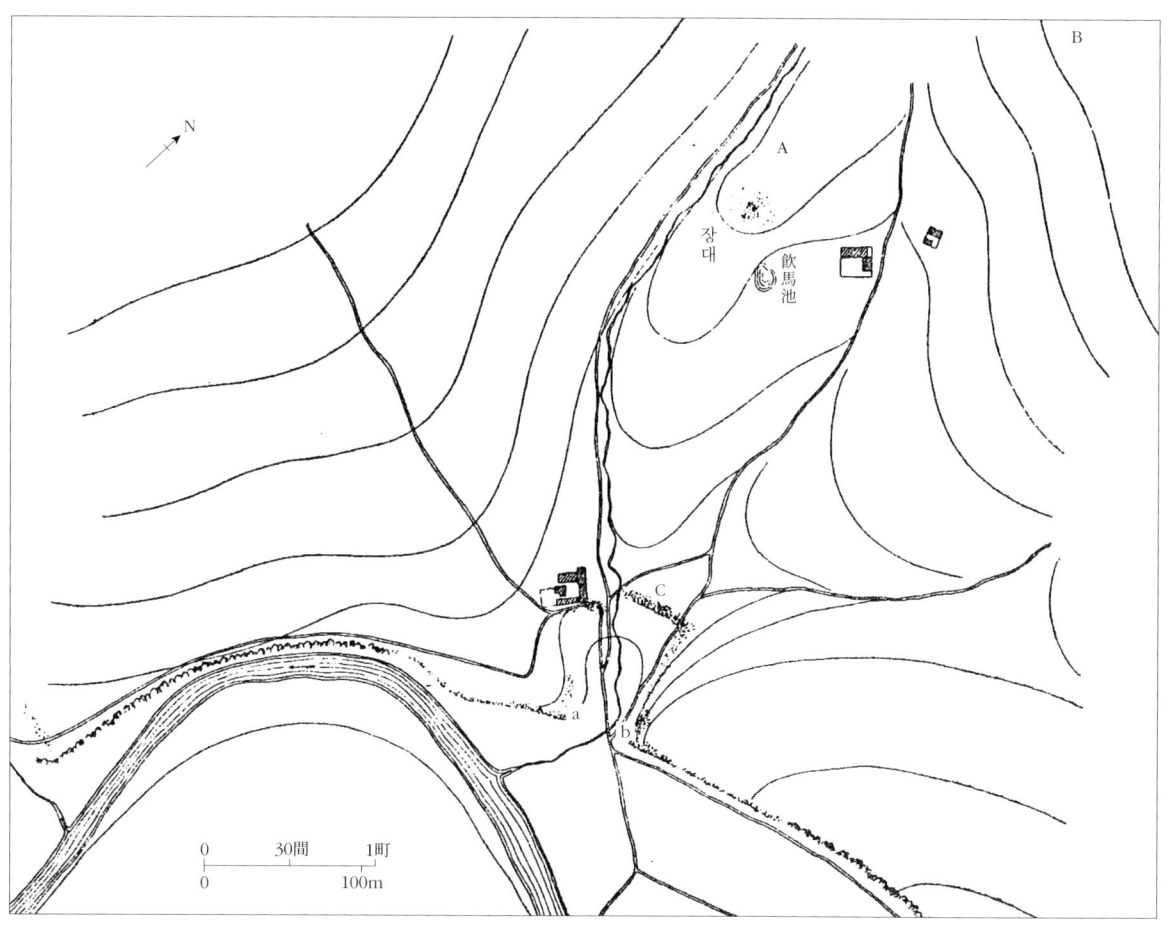

그림 18 산성자산성 남문 부근(『通溝』上, 24쪽)

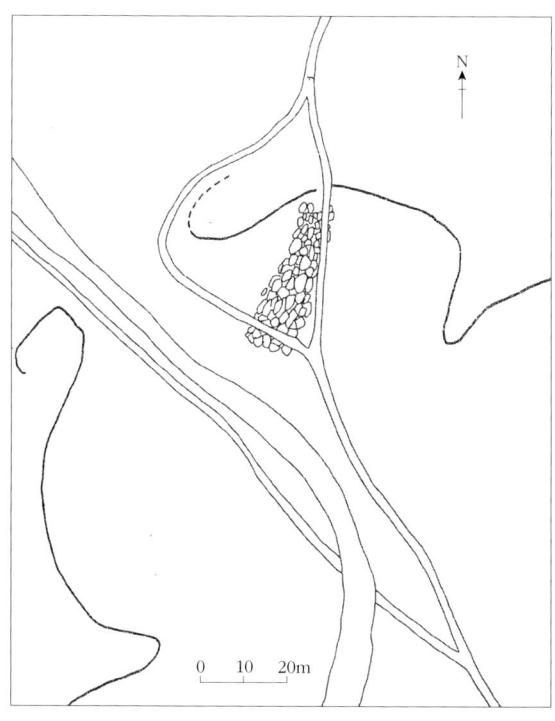

그림 19
산성자산성 남옹문 구조도(李殿福, 1994, 30쪽)

제9부 성곽 267

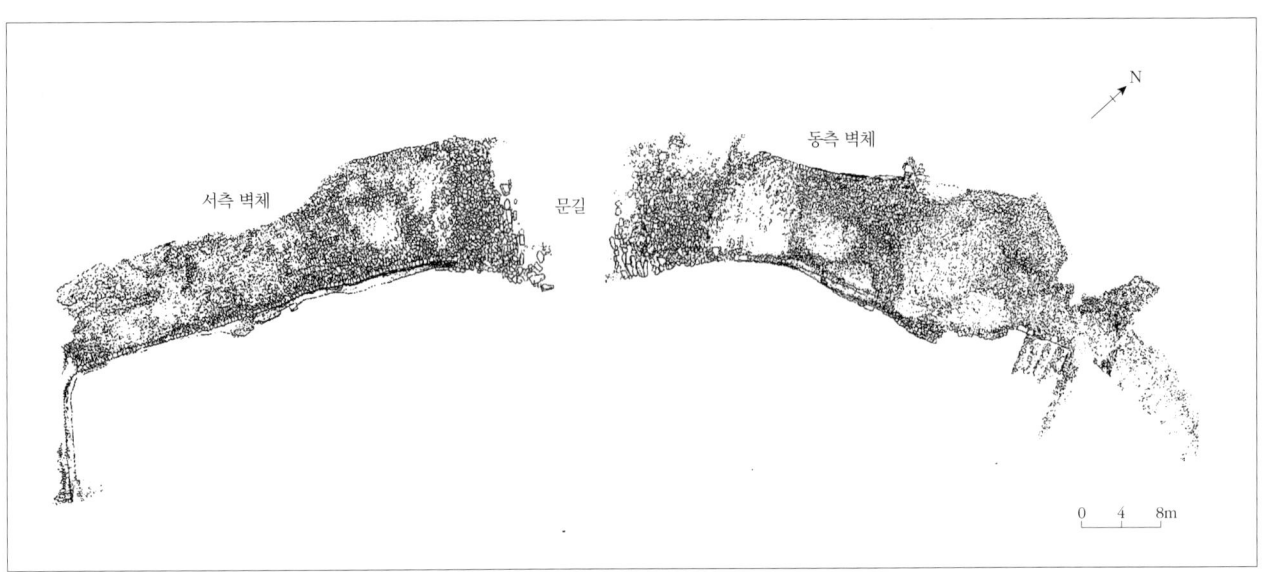

그림 20 1호 문지 전체 평면도(『丸都山城』, 9쪽)

곳은 산성의 가장 낮은 지점으로 해발 207m. 현재 작은 시냇물이 완만하게 흘러나가 문길 아래에서 通溝河로 유입됨.

○ 발굴개요 : 2003년 산성을 재조사하면서 남문 주변에 대해서도 정밀한 발굴조사를 시행하고, 1호 문지라고 명명함(JWN1). 문길 좌우의 동벽과 서벽의 외벽, 옹성 가운데 서벽의 대부분과 동벽의 일부를 발굴함. 발굴결과 문길이 심하게 파괴된 것을 제외하면 나머지 부분은 보존상태가 비교적 양호하며, 조사된 벽체의 구조도 기본적으로 정연한 것으로 확인됨. 문지는 평지에 축조하여 내외를 차단하였으며, 동·서 양측의 성벽과 옹성의 성벽이 혼연 일체를 이루며 뻗어나가 남쪽 골짜기 입구에 안으로 오목한 옹성을 형성하였음(그림 20 참조).

㉠ 옹성지(그림 20, 그림 21)

○ 전체현황 : 산성 남쪽 골짜기 입구의 자연지세를 이용하여 축조하였음. 남쪽 골짜기 입구 양측은 낮고 완만한 구릉으로 구릉의 외측 지세는 비교적 험준하며 내측의 경사도가 상대적으로 완만함. 골짜기 입구의 너비는 93.7m. 서쪽 구간은 흙과 돌이 섞인 토석 구조로 경사진 모양이며, 파괴된 성벽 구조는 판별하기 어려울 정도이고, 성내 작은 개울이 산 아래로 흘러내려감. 동쪽 구간의 산 형체는 파괴가 심한데 일찍이 크게 무너져 일부 암석이 표면에 드러나 있음. 골짜기 안쪽 가장자리 양측은 모두 석축 성벽이며, 자연지세의 차이로 인해 양측 옹성 성벽의 형태도 같지 않음.

○ 옹성벽의 구조 : 문지의 서측 산은 경사가 가파른데 성벽은 산에 의지하여 축조했음. 벽체는 비교적 곧고 서측 성벽과 연결되어 일체를 이룸. 성벽이 꺾인 부분은 활모양을 띠며, 골짜기 입구에서 남벽(서쪽 구간)의 벽체와 만남. 문지 동쪽 구간의 벽체는 골짜기 입구까지 뻗어나가다가 남벽의 벽체와 구릉 정상부에서 연결됨. 내벽의 경사도가 비교적 완만한 까닭에 방어를 강화하기 위해 골짜기 입구의 내벽에 옹성의 동측 벽체를 축조하였음. 일직선으로 뻗어나가다가 골짜기 입구에 이르러 문지 동쪽 구간의 서벽과 서로 교차하는데, 꺾이는 곳은 직각모양임. 옹성의 평면은 대체로 장방형으로 길이는 115.1m이고. 성내의 최대 너비는 56.5m임.

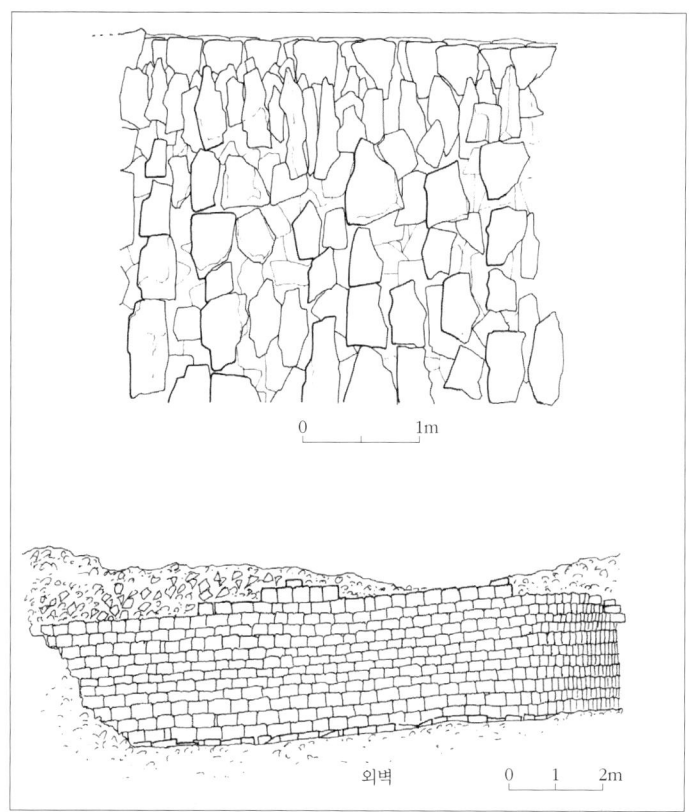

그림 21
1호 문지 옹성 서벽 외벽 입면도 및 벽체 구조도
(『丸都山城』, 11쪽)

○ 옹성벽의 축조양상 : 옹성의 서벽은 보존상태가 비교적 양호한데 정상부의 일부가 파괴되었을 뿐임. 2003년도에 벽체의 남쪽 구간을 조사하였음. 내외 양측 벽면은 길이 0.35~0.45m, 너비 0.35~0.4m, 두께 0.2~0.28m인 쐐기형돌을 사용해 서로 맞물리게 쌓아올려 외관이 매끈하고 가지런함. 안채움부는 북꼴돌이나 板形의 길쭉한 돌을 끼워넣고, 빈틈은 잔돌로 채워 넣었음. 잔고 4m, 너비 6m임. 옹성의 동벽은 심하게 파괴되었음. 2003년에 무너진 부분을 조사했는데, 대체로 서쪽 옹성의 구조와 비슷함. 잔고는 0.8m이며 잔존 성벽은 3단임.

○ 옹성의 성격 : 옹성은 지리조건의 장점을 충분히 이용하였음. 옹성의 성벽은 남벽과 더불어 골짜기 입구의 가장 높은 지점에서 옹성을 공제할 수 있는 瞰制高地를 구성하고 있음. 고지에서 아래쪽을 바로보는 易守難攻의 형세로 산성자산성 제1 방어체계를 구축하였음.

ⓒ 문지(그림 22, 그림 23)

○ 위치와 문길 : 골짜기 입구의 북쪽 56.5m 지점에 위치하며, 평지에 건축되었음. 문길은 문지의 가장 낮은 곳에 위치. 현재는 산길임. 계곡이 흘러가고 있는데, 오랜 세월 동안 계곡물의 흐름에 쓸려서 심하게 파괴되었음. 문길의 폭은 비교적 넓은 곳이 10m임.

○ 문길 좌우의 측벽 기초 : 문길의 좌우 양측에서 모두 장대석을 발견했음. 장대석은 남북으로 배열되어 있고, 동서방향으로 쌓았음. 장대석 가장자리에는 턱홈이 있는데, 윗층의 괴석(塊石)이 밀려나는 것을 방지하기 위해 인공적으로 파낸 홈임. 장대석은 대부분 위치가 이동했기 때문에 문길의 형태는 분명하지 않음.

○ 문지 좌우의 성벽 : 문길 양측의 벽체는 심하게 파괴되었지만, 나머지 부분의 보존상태는 비교적 양호함.

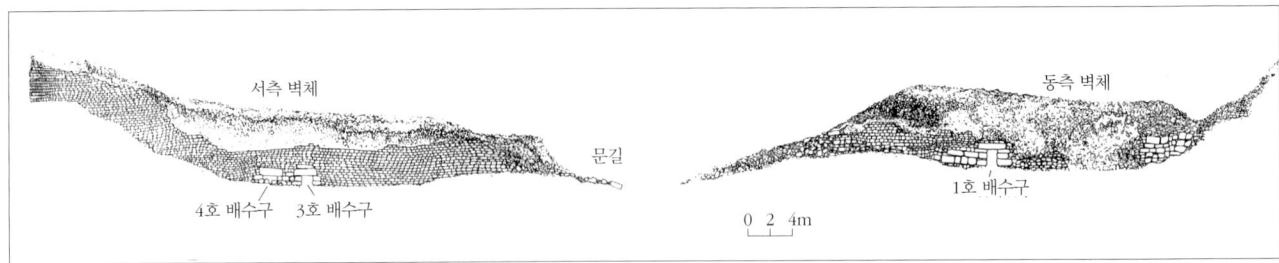

그림 22 1호 문지 벽체 외벽 입면도(『丸都山城』, 12~13쪽)

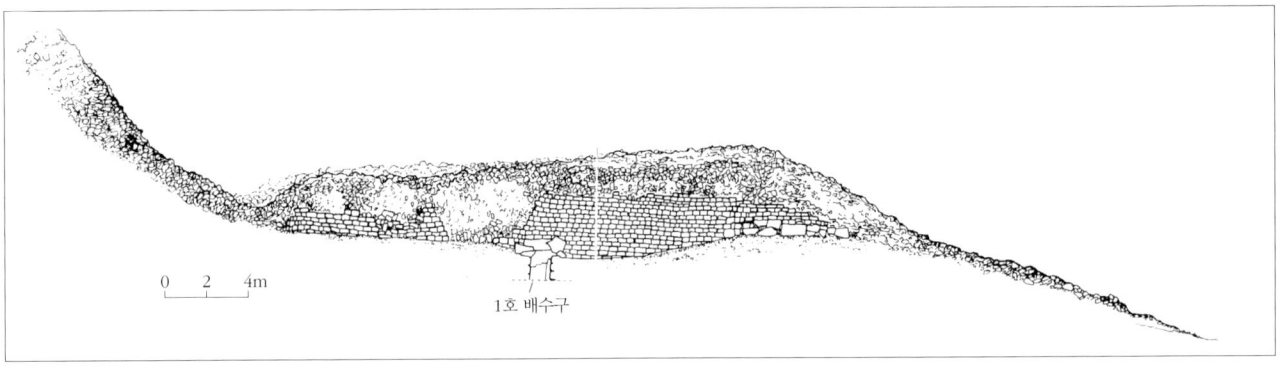

그림 23 1호 문지 동측 벽체 내벽 입면도(『丸都山城』, 12~13쪽)

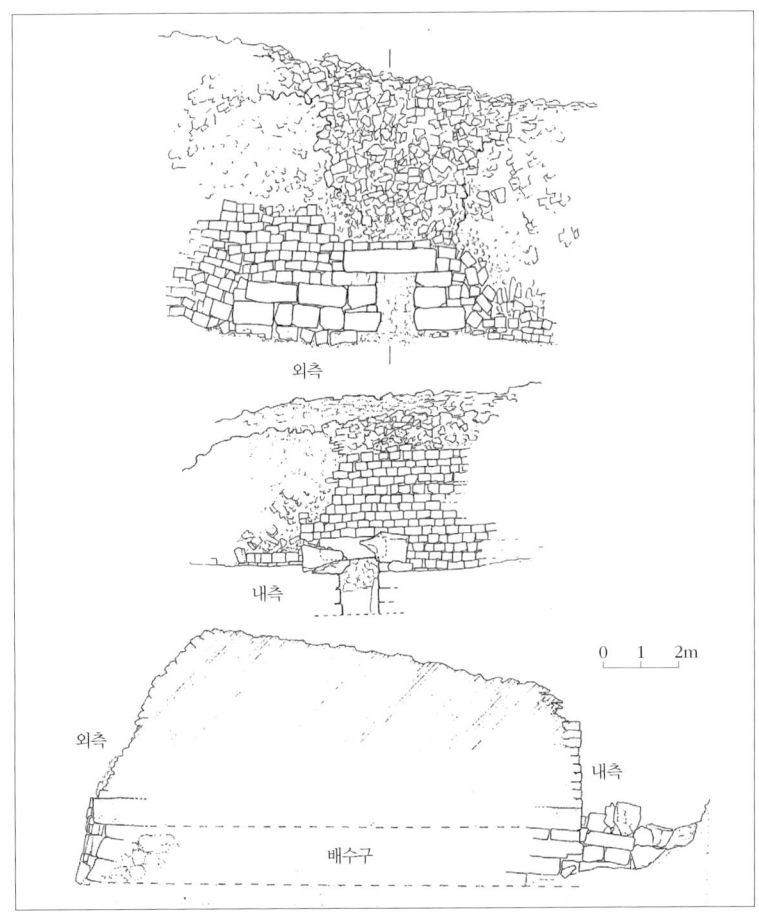

그림 24
1호 문지 1호 배수구 양측 입면도 및 구조도
(『丸都山城』, 14쪽)

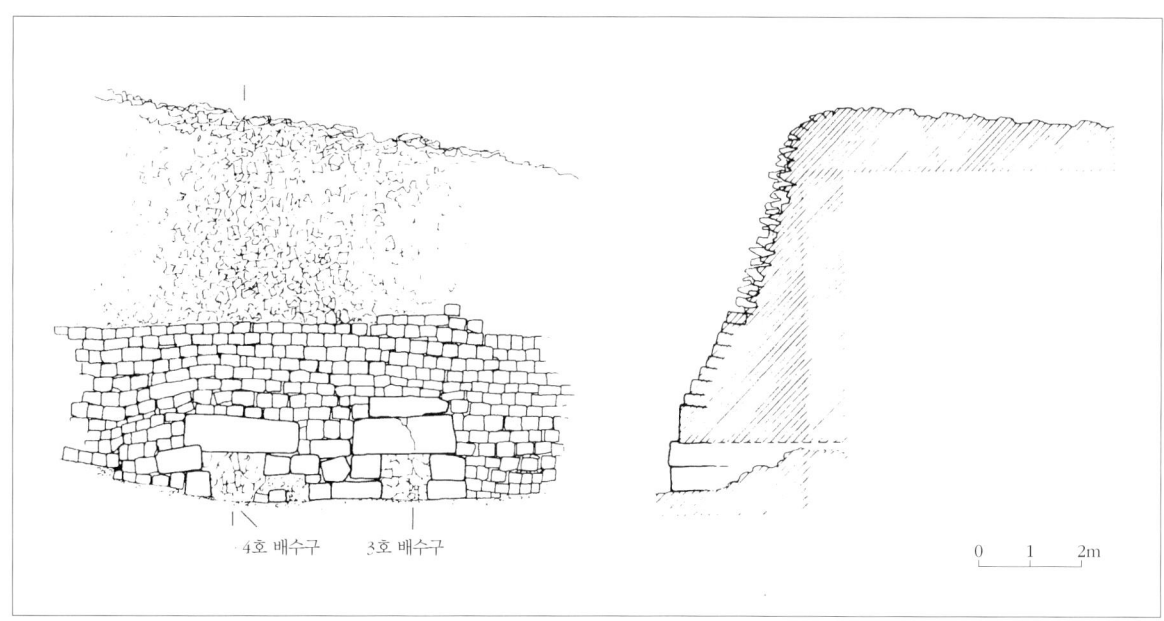

그림 25 1호 문지 3호, 4호 배수구 외측 입면도 및 단면도(『丸都山城』, 15쪽)

문지 좌우의 성벽은 평지에 축조했음. 동서방향으로 뻗어나간 부분은 자연지세를 이용해 축조했음. 문길에서 옹성벽 연결지점으로 나아가면서 벽체가 점점 높아지는데, 벽체는 약간 기복이 있음. 동측 성벽은 약간 안으로 휘었고 옹성벽과 연결되는 지점은 직각 모양을 띰. 서측 성벽은 비스듬하게 곧은데 옹성벽과 연결되는 지점은 안으로 휜 활모양임(그림 20 참조).

○ 성벽의 축조양상 : 성벽의 내외 벽면은 대체로 길이 0.35∼0.45m, 너비 0.38∼0.4m, 두께 0.24∼0.28m인 쐐기형돌을 서로 맞물리게 쌓았으며 외관은 매끈하며 가지런함. 안채움부는 북꼴돌이나 板形의 길쭉한 돌을 끼워넣고, 빈틈은 잔돌로 채워넣었음. 북꼴돌의 크기는 대체로 길이 0.45∼0.6m, 너비 0.2∼0.3m, 두께 0.15∼0.25m임. 板形의 길쭉한 돌의 크기는 대체로 길이 0.45∼0.8m, 너비 0.2∼0.3m, 두께 0.15∼0.25m.

○ 성벽의 규모 : 성벽 정상부는 심하게 파괴되었음. 동측 성벽은 殘高 6.5m, 너비 13m. 성벽 기초부 중앙에 배수구가 하나 있음. 서측 성벽은 잔고 6m, 너비 12m, 성벽 기초부에 배수구가 2개 있음.

ⓒ 배수구(排水涵洞)

○ 위치 : 문길 좌우의 성벽과 성문 아래 등 모두 4곳에 배수구 설치.

○ 1호 배수구(洞口, 그림 24)

- 위치 : 문지 동측 성벽의 기초부 중앙에 위치.

- 규모 : 배수구 양측에 모두 장대석을 3단으로 축조했는데, 너비 0.8m, 높이 1.4m, 전체 길이 13m임.

- 형태 : 배수구의 단면은 방형임. 윗면은 장대석으로 덮었음. 외측은 벽체의 압력 때문에 약간 변형되었고, 내측의 덮개돌은 절단되었음.

- 기능 : 홍수 등으로 산성 내에서 내려오는 물의 양이 증가하거나 범람할 경우 배수 작용을 함.

○ 2호 배수구(洞口)

- 위치 : 문길 아래쪽에 위치.

- 보존상태 : 심하게 파괴되었음. 성문에 남아 있는 흔적 및 성문 아래의 계곡 가운데에 인공적으로 다듬은 암석을 통해 1호 문지 아래에 배수구가 있었을 것으로 추측할 수 있음.

- 기능 : 산성의 가장 낮은 지점에 위치. 1호 문지 주

변은 산성 내의 물이 모여드는 가장 큰 구역으로서 내려오는 물의 양이 정상적인 상황에서는 2호 배수구를 통해 배수했을 것임.

○ 3호 배수구(洞口, 그림 25)
- 위치 : 문지 서측 성벽의 기초부에 위치함.
- 규모 : 배수구 양측에 모두 장대석을 2단 축조했는데, 배수구의 너비 0.9m, 배수구 높이 0.8m.
- 형태 : 배수구의 단면은 방형이며, 윗면은 장대석으로 덮었음. 거의 완전하게 남아 있음.
- 기능 : 홍수 등으로 산성 내에서 내려오는 물의 양이 증가하거나 범람할 경우 배수 작용을 함.

○ 4호 배수구(洞口, 그림 25)
- 위치 : 3호 배수구와 나란히 축조하였는데, 양자의 거리는 1m임.
- 규모 : 배수구 양측에 장대석을 2단으로 쌓고 윗면에도 장대석으로 덮음. 배수구의 너비 1.2m, 높이 0.6m.
- 보존상태 : 비교적 완전함.
- 기능 : 홍수 등으로 산성 내에서 내려오는 물의 양이 증가하거나 범람할 경우 배수 작용을 함.

㉣ 출토유물과 건축물(상세 내용은 '8. 출토유물' 참조)
○ 1호 문지를 조사하는 과정에서 문지 좌우의 성벽 윗부분과 양측 퇴적물에서 고구려시기의 유물을 발견하였음. 출토된 건축 재료로 보아 1호 문지에는 비교적 대형 목조 건축물이 있었을 것으로 추정됨.
○ 출토유물은 陶質의 건축재료와 철기류 등 두 종류로 양분됨.

(3) 서쪽 남문(2004년 보고서의 2호 문지, JWN2, 그림 26, 그림 27)

○ 조사 경위 : 종래 알려지지 않은 성문인데 2001~2003년 산성을 정밀 조사하는 과정에서 처음 확인함. 2002년 5~10월과 2003년 5~10월 두 차례에 걸쳐 발굴했는데, 발굴면적은 2,300m²임. 문길, 문길 동서 양측의 측벽, 남벽, 옹성 등을 발굴했으며, 유물 951건을 출토했음.

○ 위치와 지세 : 산성의 서남부, 남벽의 서쪽 구간에 위치. 지세는 서고동저로 산세와 서로 같음. 성문의 주체 부분은 산 아래 대지상에 축조했으며, 서측은 비교적 완만한 산비탈임. 산비탈 위쪽은 현대의 계단식 밭임. 동남쪽에 높이 28m에 달하는 낭떠러지가 형성되어 있으며 낭떠러지 가장자리에는 현대에 만들어진 산길이 있음. 산길 양측에는 관목이 자라고, 낭떠러지 아래는 通溝河인데, 通溝河 맞은 편은 山城下古墳群임. 남쪽으로는 곧바로 산골짜기로 이어지는데, 작은 계곡을 건너면 通溝河 우안의 萬寶汀古墳群에 도달할 수 있음.

○ 조사 직전의 상황 : 2001년 조사 때 지표는 밀집한 관목과 돌로 뒤덮혀 있었음. 성돌은 대체로 인공적인 손길을 거친 것으로 황갈색을 띰. 성돌이 맞물려 있는 틈새에서 깨어진 붉은색 기와가 산견됨.

㉠ 퇴적지층

2호 문지의 문길, 옹문, 성벽의 퇴적 상황은 대체로 동일하지 않음

◎ 2호 문지 문길의 퇴적지층
○ 제1층 : 흙과 돌이 섞여 있음. 흙색은 흑갈색을 띠며, 그 위에 나무들이 가득 들어차 있음. 두께 약 1.6m.
○ 제2층 : 흑색 분말의 토층. 그 가운데 대량의 붉은색 기와편과 와당 등의 건축 재료들이 섞여 있음. 두께 약 0.4m.
○ 제3층 : 평평하게 깐 석괴층인데, 문길의 돌을 깐 지면임. 일부 구역에서 불에 타서 숯이 된 나무기둥 흔적이 발견되었음. 石面에서도 불에 그을린 흔적이 일반적으로 보이며, 일부는 균열되고 변형됨.
○ 제4층 : 생토층인데, 황백색을 띰.

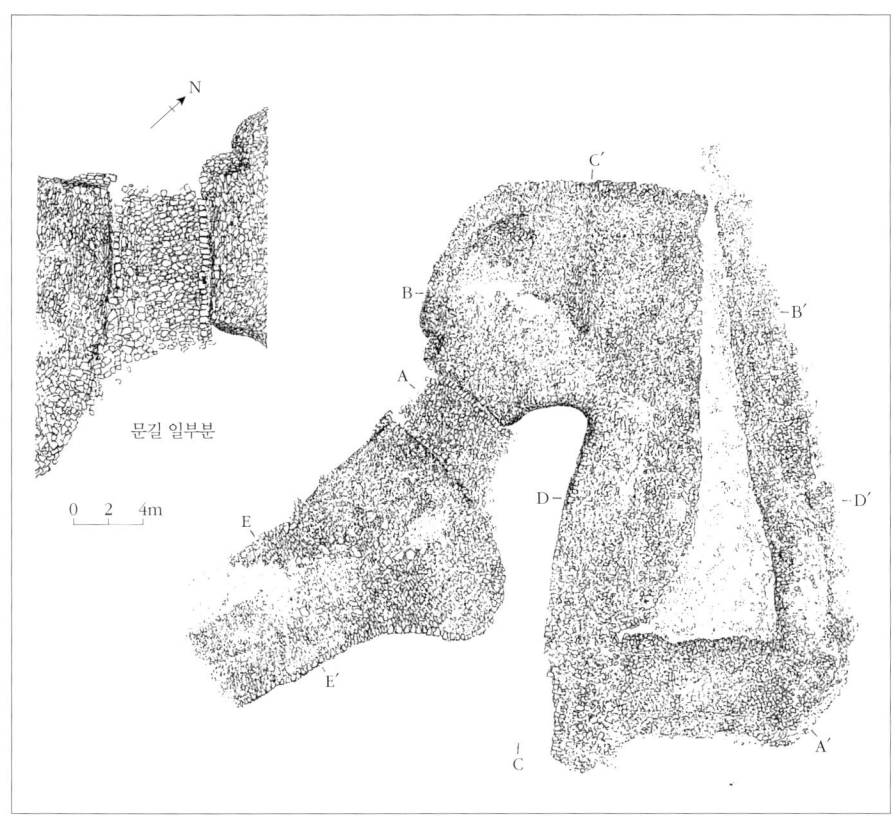

그림 26
2호 문지 평면도(『丸都山城』, 23쪽)

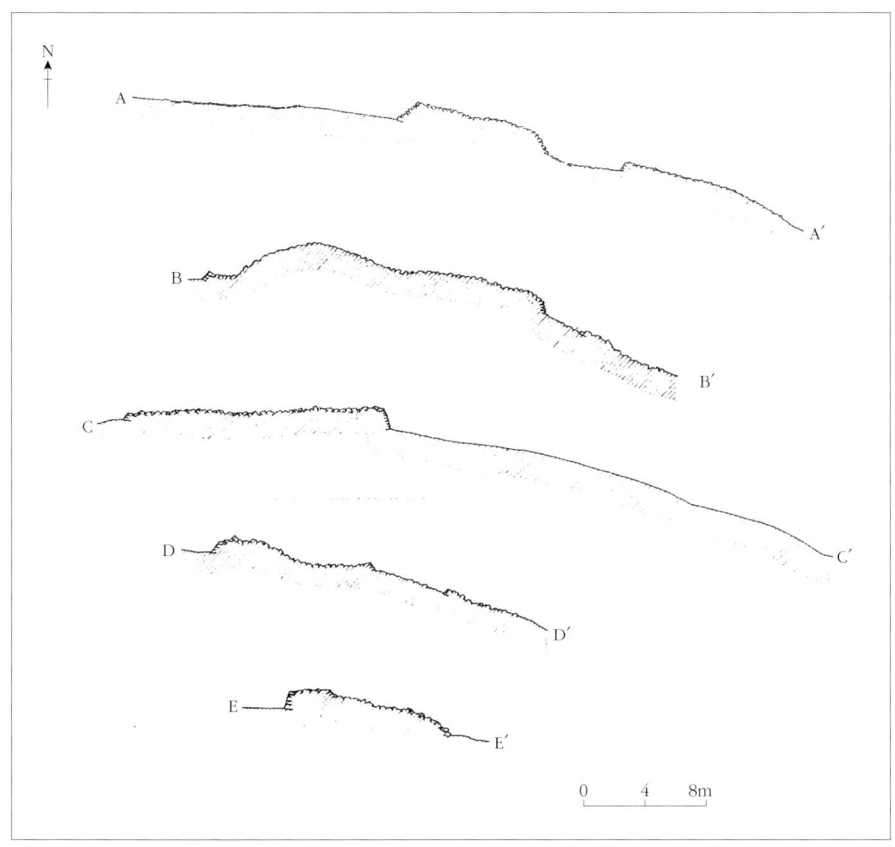

그림 27
2호 문지 각 지점의 단면도
(『丸都山城』, 23쪽)

제9부 성곽 273

◎ 2호 문지 옹성의 퇴적지층
○ 제1층 : 흙과 돌이 섞여 있음. 흙색은 흑갈색을 띠며, 그 위에 나무들이 가득 들어차 있음. 두께 약 1.65m.
○ 제2층 : 흑색 분말의 토층. 그 중에 대량의 붉은색 기와편, 와당 등 건축 자재들이 섞여 있음. 두께 약 0.2m.
○ 제3층 : 황토층, 흙색은 비교적 깨끗함. 두께 약 0.15m, 인공적으로 포장한 층.
○ 제4층 : 생토층, 황백색토.

◎ 2호 문지의 성벽 퇴적층
비교적 간단한데, 지표에 어지럽게 널부러진 돌과 수목을 정리하자 남아 있는 벽체가 드러났음.

◎ 유적 현상 및 퇴적 정황에 대한 종합 분석
○ 2호 문지는 두 차례의 폐기 과정을 거쳤음.
○ 제1차 폐기는 문길의 목조 구축물 및 부속 건축물이 화재로 붕괴되어 일어났는데, 제2층 및 제3층의 퇴적층을 형성하였음.
○ 제2차 폐기는 근·현대의 인위적인 힘과 자연력에 의한 파괴로 일어났는데, 제1퇴적층이 제2차 폐기 퇴적층임.

ⓒ 문지(그림 26, 그림 27)
○ 전체 구조 : 2호 문지의 형태는 독특하며 구조도 복잡함. 문길을 중심으로 서측 벽체는 서남 방향으로 뻗어나가 산 아래에 이르러 서벽과 연결되어 일체를 이룸. 동측 벽체는 꺾여 뻗어나가다가 문길 남측에 이르러 성문 입구에서 서측 벽체와 함께 자루부대 모양인 옹성의 내외 벽체를 구성함. 이곳은 성 안팎의 통행을 공제할 수 있는 2호 문지의 가장 높은 지점임.
○ 전체 구성 : 발굴조사한 문지는 문길, 동서 양측의 벽체, 남벽, 옹성 등으로 구성되었음. 전체적으로 불규칙한 '己'자형을 띰. 문길의 지표 및 퇴적층에서 발견된 대량의 화재 흔적을 통해 2호 문지에 대형 목조 건축물이 조영되어 있었음을 추측할 수 있음.

◎ 문길(門道)
○ 전체 양상 : 동북향, 방위각 126도. 길이 8.4m, 입구 너비 5.4m, 출구 너비 5.2m. 문길 내측의 양벽 및 바닥 노면에는 평평한 板石을 깔았음. 문길 바닥 양측에는 각각 노면에서 0.2m 정도 돌출한 길쭉한 돌을 1단 축조함.
○ 초석과 석재 : 문길 입구의 2m 거리에 성문 초석이 2개 있음. 문길 돌계단의 석재는 대체로 길이 0.2~0.3m, 두께 0.15~0.25m.

● 노면
○ 축조양상 : 인공적으로 다듬은 판석을 깔아서 설치하였는데, 두께는 약 0.08m임. 판석은 대체로 방형이며 한 변의 길이는 0.4m 전후임. 노면 양측은 문길 방향을 따라 각각 0.2m 정도 돌출한 길쭉한 계단석을 1단 깔았는데, 각기 20개 전후의 방형 석재로 축조했음.
○ 보존양상 : 화재로 인해 지면 아래가 가라앉거나 무너진 돌의 압력 때문에 밀려나서 노면이 가지런하지 않음. 일부 노면석은 화재로 불에 탄 흔적이 확연함. 노면상에서 어지러이 흩어진 기와편 및 화재로 훼손된 나무 기둥의 잔흔이 발견됨.

● 문확돌(門礎, 그림 28)
○ 위치 : 입구에서 2.5m 떨어진 노면 양측의 돌출된 계대상에 각각 2개의 문확돌이 있음. 문확돌은 남북으로 대칭으로 배열되어 있음.
○ 북쪽 문확돌 : 인공의 원형 홈이 있는데 문설주(문기둥)를 놓는 기능을 했을 것임. 초석의 길이 0.5m, 너비 0.6m, 높이 0.22m. 홈의 직경 0.15m.
○ 남쪽 문확돌 : 약간 높고 윗면에 방형 홈이 있는데 문설주를 놓는 기능을 했을 것임. 초석의 길이 약 0.64m, 너비 약 0.6m, 높이 0.36m, 홈의 한 변 길이 0.15m.

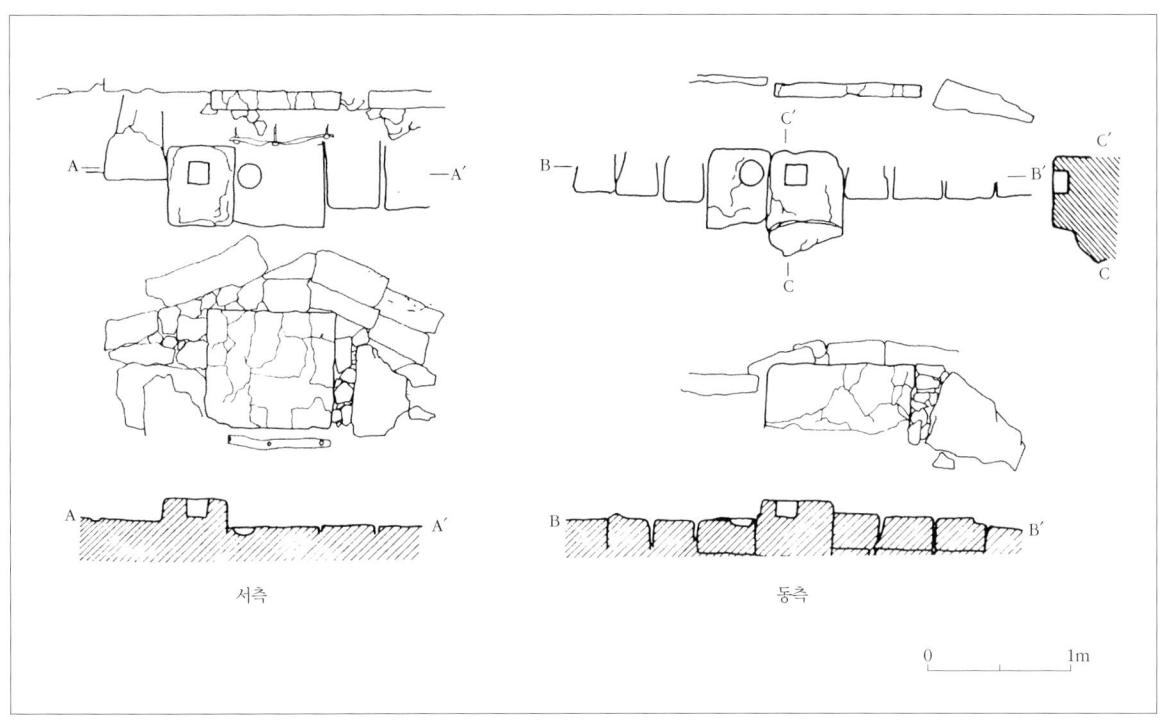

그림 28 2호 문지 문길 서측 문확돌 평·단면도 및 측면도(『丸都山城』, 25쪽)

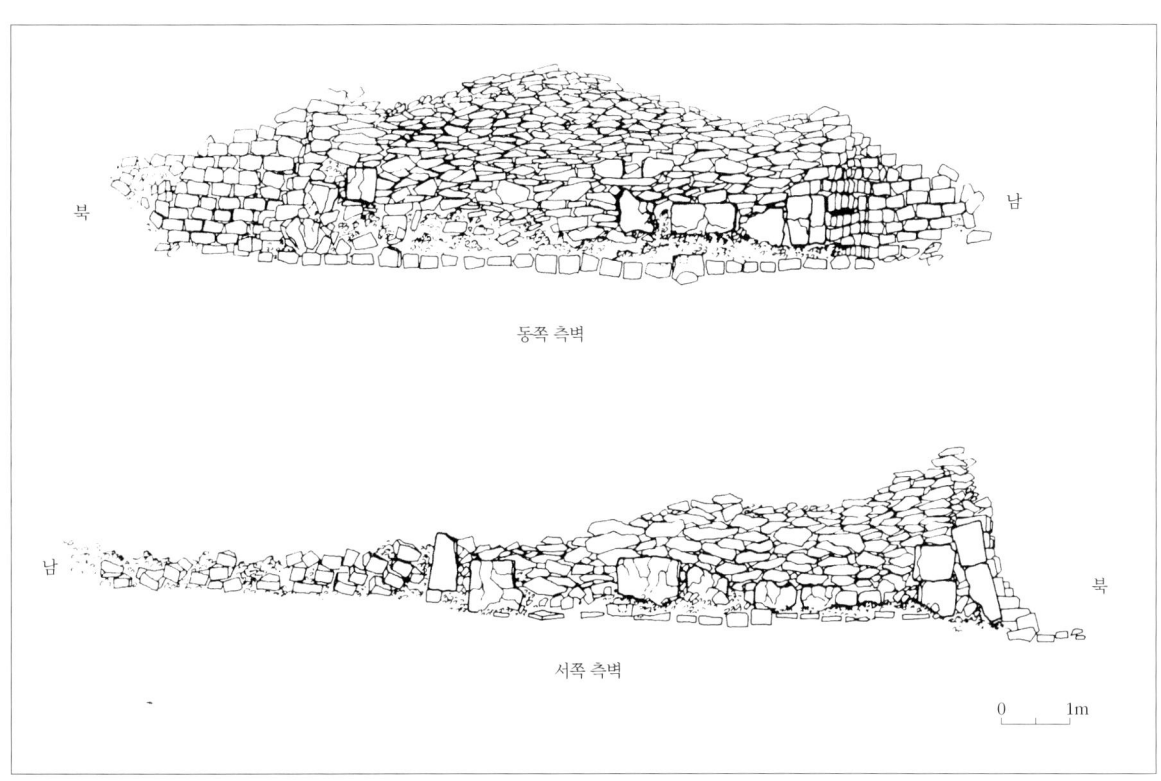

그림 29 2호 문지 문길 양쪽의 측벽 입면도(『丸都山城』, 26쪽)

● 동쪽 측벽(그림 29)
○ 보존상태 : 벽 상부는 심하게 파괴되었음. 잔고 2.95m. 성벽 기초부에서 8단의 성벽이 잔존함.
○ 판석 : 잔존 현상으로 보아 양측 벽체에는 판석을 세워 쌓았음. 현재 벽 표면은 심하게 파괴되어 겨우 6개의 판석만 남았음. 판석은 대체로 장방형인데, 대체로 길이 0.5~0.9m, 너비 0.5~0.75m, 두께 약 0.1m임.

● 서쪽 측벽(그림 29)
○ 보존상태 : 벽 상부는 심하게 파괴되었으며, 잔고 2.4m. 성벽 기초부터 10단의 성벽이 남아 있음.
○ 판석 : 성벽 표면에 판석 10개가 남아 있으며, 나머지는 모두 파괴되었음. 장방형으로 길이 0.6~0.9m, 너비 0.5~0.75m, 두께 0.1m(그림 29. 2호 문지 문길 양측 벽체 입면도)

◎ 내외 성벽(그림 30)
○ 외벽의 축조양상 : 문지 좌우 성벽의 외벽은 기초부에서 위로 올라가면서 안으로 들여쌓았는데, 계단 모양임. 쐐기형돌은 다듬은 면을 밖으로 향하게 맞물리게 쌓아올렸음. 벽체 내부는 가늘고 긴 북꼴돌을 끼워넣어 축조하고, 중간의 빈틈은 잔돌로 채워넣었음. 북꼴돌의 방향은 벽체와 수직임.
○ 내벽의 축조양상 : 내벽은 수직으로 축조하였음. 쐐기형돌은 다듬은 면을 밖으로 향하게 하였음. 각종 성돌을 순서대로 서로 맞물리도록 끼워넣어 성벽을 견고하고 아름답게 축조했음. 성돌은 대부분 쐐기형으로 길이 0.4~0.5m, 너비 0.3~0.4m, 두께 0.2~0.26m.

● 동측 성벽
○ 외벽 : 외벽은 활모양, 남쪽을 향하다가 남벽 부근에서 꺾여 서향함. 옹성의 남벽을 형성함. 파괴가 심함. 잔고 0.6m.
○ 내벽 : 보존상태가 비교적 좋으며, 벽면은 비스듬한 직선이며, 문길 입구에서 안으로 오목한 단지 모양을 이룸.
○ 기초부 : 벽체 기초는 생토층 위에 축조하였고, 외측면은 기초부에서 층층이 들여쌓아 계단 모양을 이룸.

● 서측 성벽
○ 보존상태 : 심하게 붕괴되어 상부 구조는 이미 파괴되었음. 문길 부근의 활모양 벽체는 상부 벽체에 의해 붕괴된 상태임.
○ 축조방법 : 쐐기형돌은 다듬은 면을 밖으로 향하게 서로 맞물리게 쌓아올렸음. 벽체 내부는 가늘고 긴 북꼴돌을 끼워넣어 축조하고, 중간의 빈틈은 잔돌로 채워넣었음. 북꼴돌의 방향은 벽체와는 수직임.
○ 기초부 : 외벽의 기초부는 층층이 안으로 들여쌓았음.
○ 성돌 : 대부분 쐐기형. 길이 0.4~0.5m, 너비 0.3~0.4m, 두께 0.2~0.26m.

ⓒ 옹성(그림 26, 그림 27)
○ 위치와 규모 : 옹성은 문길 외측에 위치. 성 밖의 通溝河 지류로 통하며, 작은 개울을 건너면 通溝河 우안의 萬寶汀古墳群과 國內城에 이름. 전체적으로 자루부대 모양임. 길이 19m, 너비 3.7~6.5m. 옹성은 북고남저의 지세이며, 문길 부근에 위치하여 화재의 흔적이 있음.
○ 축조방법 : 남측 옹성벽은 11단까지 남아 있는데, 길이 27.6m, 너비 10m. 벽체는 북꼴돌, 황토와 강돌 등으로 축조했음. 축조방식은 강돌이 대량으로 섞인 황토를 한 층 깔고, 그 위에 북꼴돌을 한 층 까는 것을 반복하여 겹겹이 쌓았음. 북꼴돌의 크기는 대체로 길이 0.5~0.63m, 너비 0.2~0.25m, 두께 0.15~0.3m. 지면은 비교적 깨끗한 황토를 사용해 깔아 만들었음. 두께 0.15m.
○ 소성벽 : 옹성의 자루부대 모양 지점에 쐐기형돌

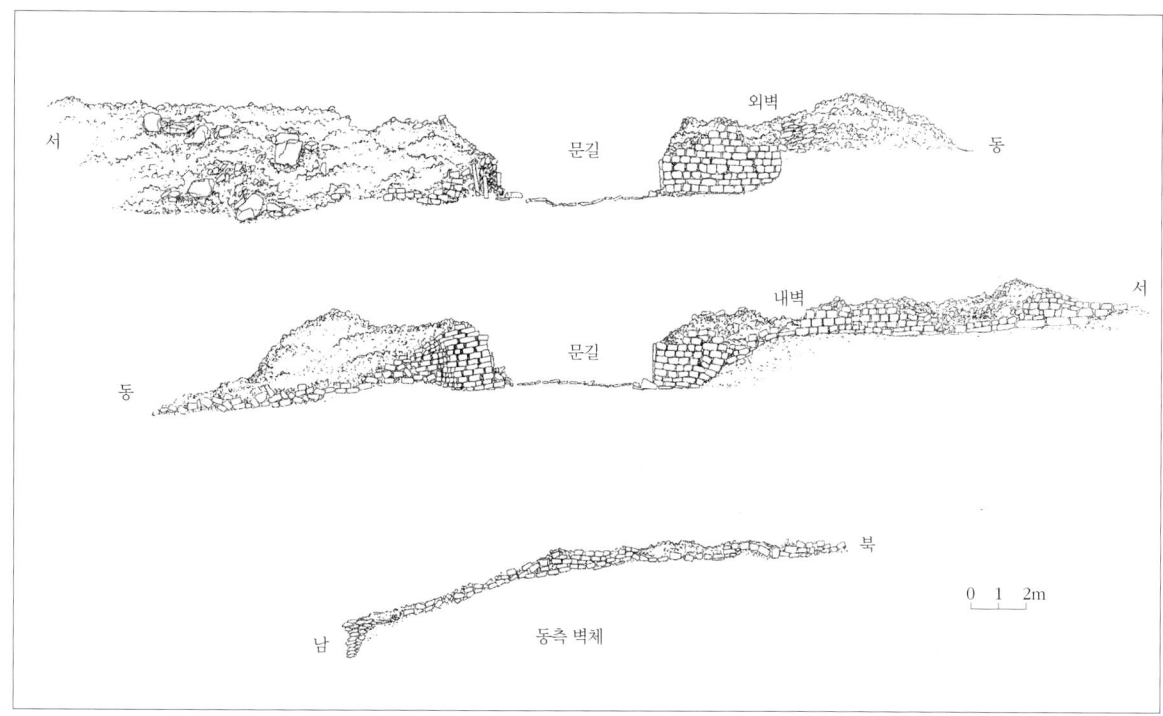

그림 30 2호 문지 성벽의 내외벽 및 동측 벽체의 입면도(『丸都山城』, 27쪽)

로 축조한 작은 성벽이 있는데, 3단만 남아 있음. 저부는 인공적으로 깐 황토층 위에 축조하였음. 비교적 가지런하게 축조했으며, 중간에 와편 및 흑색토가 섞여 있음. 이 층에서 '乾隆通寶'와 '道光通寶' 등이 출토되었음. 방위각은 50도, 잔장 4.75m, 잔고 0.75m. 퇴적지층의 관계와 출토유물로 보아 이 작은 성벽은 옹성을 폐기한 이후에 축조하였고, 시기도 淸末보다 이르지 않음.

ⓔ 성벽
○ 위치 : 산성 남벽의 서쪽 구간으로 옹문 입구 부근에서 꺾여 북향하며, 옹성의 외측 벽체와 연결되어 일체가 되고, 성안에 불규칙한 삼각형 공간을 형성함. 퇴적층을 발굴하지 않아 용도는 정확히 알 수 없음.
○ 보존상태 : 이 구간의 성벽은 심하게 파손되어, 겨우 내벽 부분이 보존되어 있음. 잔존 벽체는 3~4단, 잔고 0.6m, 벽의 남은 너비 2.6~3m. 외벽은 절벽에 잇대어 층층이 들여쌓는 방식으로 축조함.

ⓓ 출토유물과 건축물(상세 내용은 '8. 출토유물' 참조)
문길, 양측 벽체 및 옹성의 제2퇴적층 등에서 파괴된 건축 재료를 대량으로 발견. 수면문과 연화문 와당 및 암키와, 수키와 잔편이 있고, 철기도 발견됨. 옹성이 폐기된 뒤에 축조한 작은 옹성벽에서 淸代의 화폐 발견.

(4) 서문(2004년 보고서의 3호 문지, JWN3, 그림 31)
○ 위치와 주변 지형 : 종래 알려지지 않았던 성문인데, 2001~2003년 조사에서 처음 확인함. 서벽 남단에 위치, 성의 서남 모서리에서 약 245m 거리에 있음. 문지는 움푹하게 들어간 곳에 축조했는데, 해발 고도는 371m. 오솔길이 있는데 서쪽 남문(2호 문지)와 연결됨. 문지의 바깥쪽은 가파른 골짜기이고, 성내로 통하는 길은 상대적으로 비교적 완만함.
○ 축조양상 : 문지는 生土面 위에 축조되었고, 북쪽이

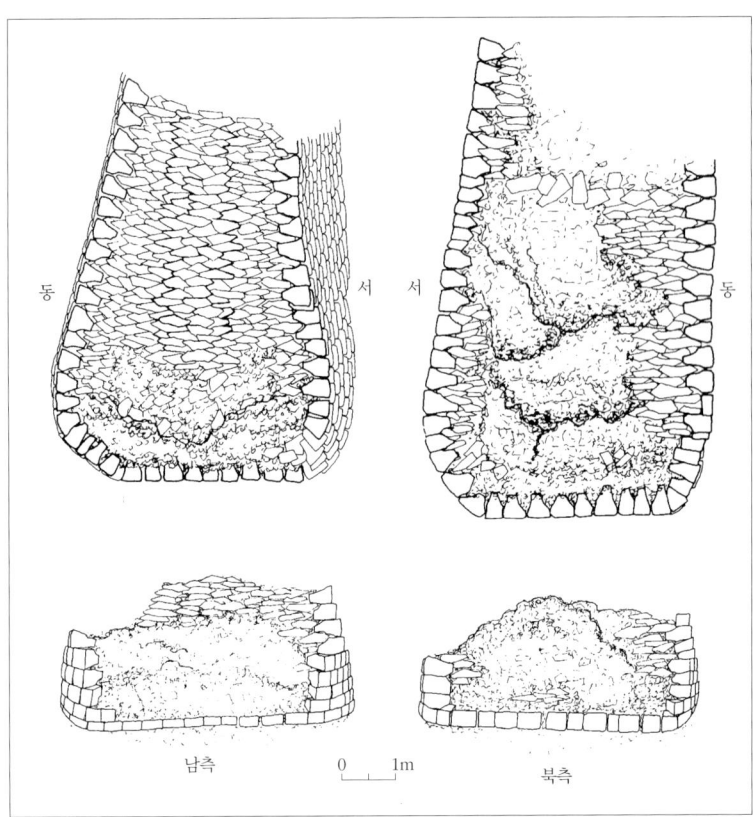

그림 31
3호 문지 평면도 및 문길 양측 입면도
(『丸都山城』, 49쪽)

높고 남쪽이 낮은데, 塊石을 축조하여 조성했음. 대체로 서남-동북 방향을 띠며, 방위각은 60도. 문지 윗면은 파괴가 심하고, 기초 부분은 보존상태가 비교적 양호함.
○ 문길과 측벽 : 문길은 生土를 다듬어 조성했고, 비교적 평평함. 길이 5.25m, 너비 3.6m. 문길 양측의 측벽은 쐐기형돌을 사용해 축조하였고, 벽면은 가지런하고 견고함. 안채움부는 북꼴돌을 끼워 쌓아올리고, 잔돌로 빈틈을 채웠음. 쐐기형돌의 크기는 대체로 길이 0.3~0.45m, 너비 0.3~0.4m, 두께 0.2~0.3m임. 북꼴돌의 크기는 길이 0.4~0.6m, 두께 0.15~0.25m. 문길 남쪽 측벽은 성벽이 1단만 남아 있는데, 잔고는 0.15m임. 북측 측벽도 1단만 남아 있는데, 잔고는 0.25m임. 양끝 모서리는 부채꼴 형태의 쐐기형돌로 쌓아 평대의 양단이 둥근 활모양을 띠도록 함.
○ 문지 양측의 성벽과 평대(그림 32, 그림 33) : 보존상태가 비교적 좋으며, 모두 쐐기형돌을 사용해 쌓았음. 남측 성벽의 내벽은 현재 8단이 남아 있고, 잔고는 1.85m임. 북측 성벽의 내벽은 11단 남아 있고, 잔고는 1.4m임. 축조방식은 남북 양측 성벽이 조금 다른데, 북측 외벽은 기초 위에 서로 맞물리도록 직선으로 쌓아올렸음. 이에 비해 남측 외벽의 기초부는 층층이 들여쌓기를 하여 비스듬히 경사진 모양임. 양측 성벽의 성돌은 기본적으로 같으며, 쐐기형돌은 대체로 길이 0.3~0.45m, 너비 0.3~0.4m, 두께 0.2~0.3m임. 북꼴돌은 대체로 길이 0.4~0.6m, 두께 0.15~0.25m임. 문지 양측 성벽의 축조방식의 차이로 말미암아 양측 평대(門墩)의 너비가 다르게 되었는데, 북측은 4.65m, 남측은 4.85m임.
○ 출토유물과 건축물 : 3호 문지를 발굴조사하던 과정에서 붉은색 암키와와 수키와의 기와편을 출토함. 목조 건축물이 있었음을 추측할 수 있음.

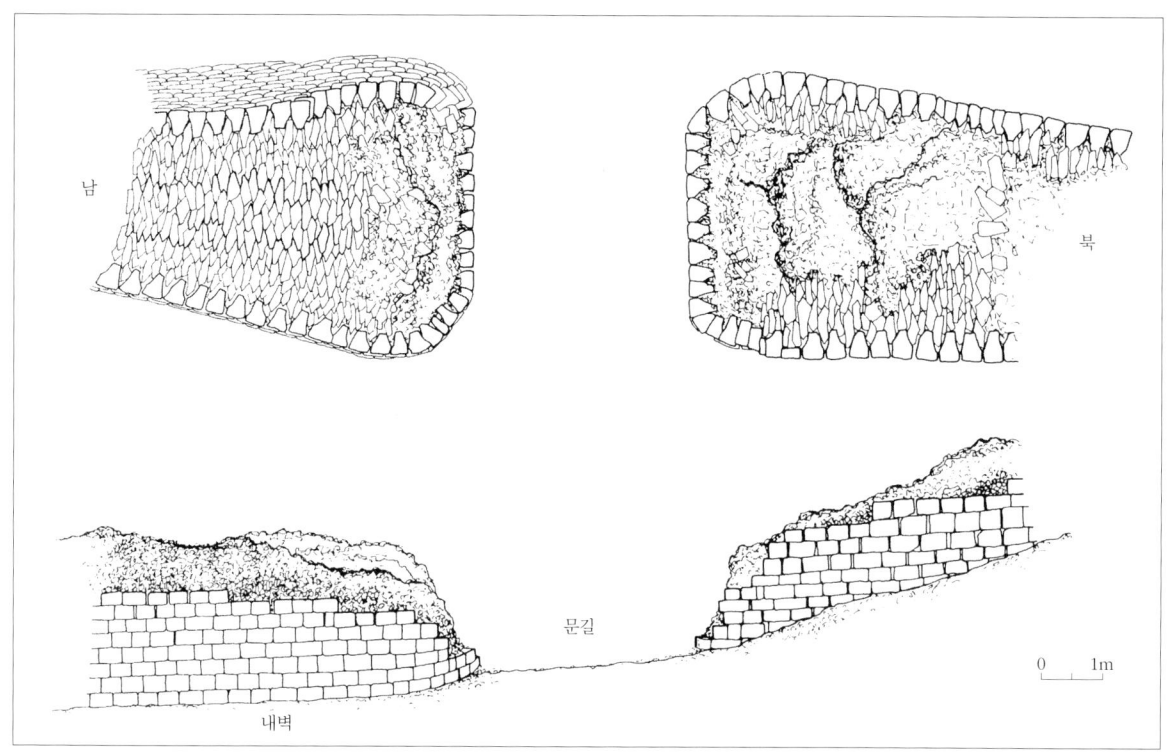

그림 32 3호 문지 문돈(평대) 내벽 입면도(『丸都山城』, 50쪽)

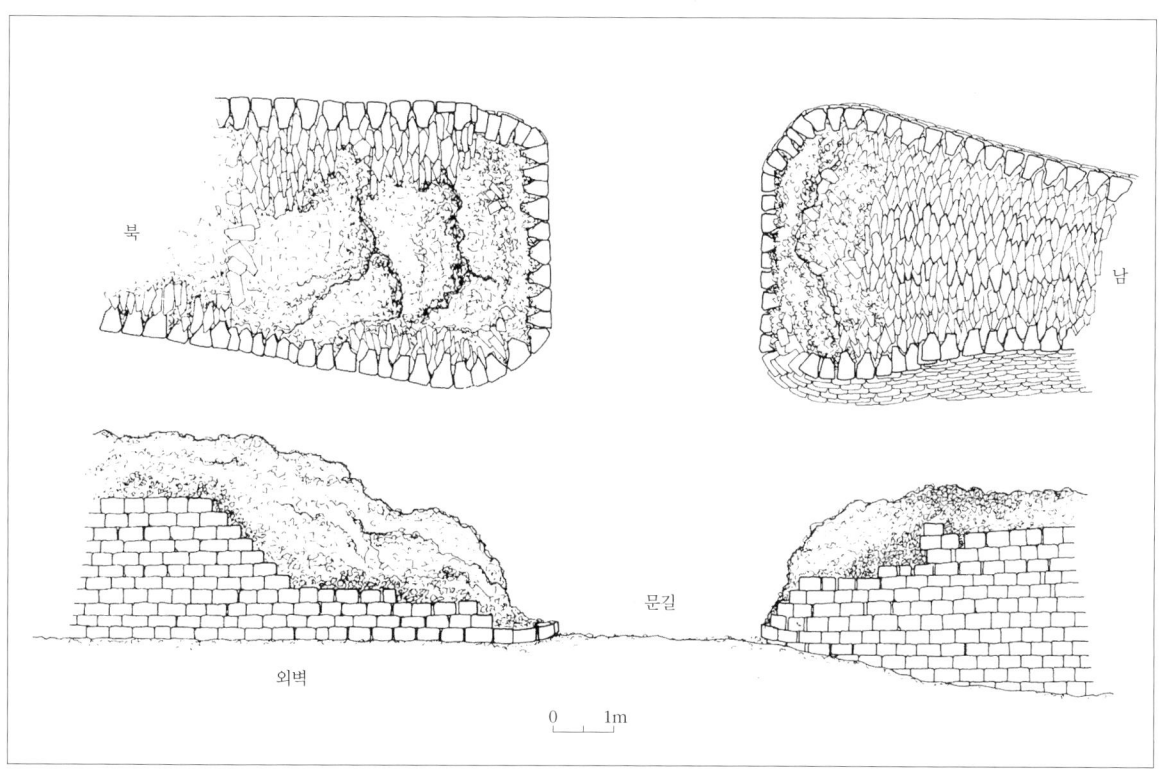

그림 33 3호 문지 문돈 외벽 입면도(『丸都山城』, 51쪽)

제9부 성곽 279

(5) 서쪽 북문(2004년 보고서의 4호 문지, JWN4)

① 일제시기의 조사내용
1936년 산성을 조사한 池內宏도 서쪽 북문의 존재를 확인함. 산성의 서북 모서리(K지점)와 북벽 산봉우리(J지점) 사이의 움푹 들어간 곳에 성벽이 단절되어 있고, 주변에는 기와편이 흩어져 있는데 문지일 것으로 추정함.

② 李殿福의 조사내용
○ 위치 : 李殿福은 1982년 논문에서 북벽에 성문이 2개 있다는 사실을 확인함. 동쪽 북문은 동북 모서리에서 293m, 서쪽 북문은 서북 모서리에서 175m 거리에 위치. 두 문 사이의 거리는 541m.
○ 규모 : 서쪽 북문의 너비는 약 2m. 문 바깥쪽에는 돌로 쌓은 8, 9개의 계단이 있으며, 지금도 안팎으로 통할 수 있는 작은 길이 있음.

③ 2004년 보고서의 조사내용
○ 위치와 지형 : 북벽 서단에 위치, 성의 서북 모서리에서 약 100m 거리에 있음. 문지의 내외 양측의 지세가 가파름. 작은 길이 있어 산성 안팎으로 통하며, 해발 647m.
○ 축조양상 : 문지 양쪽의 성벽은 보존상태가 비교적 양호함. 성문의 평대와 벽체가 연결되어 일체를 이루어 명확한 경계선이 없음.
○ 규모 : 성문의 너비 4m, 길이 2.9m, 외측 벽체 높이 4.5m, 내측 벽체 높이 0.5m. 문지 지표에서 유물은 발견되지 않음.

(6) 동쪽 북문(2004년 보고서의 5호 문지, JWN5)

① 李殿福의 조사내용
○ 위치 : 李殿福은 1982년 논문에서 북벽에 성문이 2개 있다는 사실을 확인함. 동쪽 북문은 동북 모서리에서 293m, 서쪽 북문은 서북 모서리에서 175m 거리에 위치. 두 문 사이의 거리는 541m.
○ 규모 : 서쪽 북문의 너비는 약 2m. 문 바깥쪽에는 돌로 쌓은 8, 9개의 계단이 있으며, 안팎으로 통할 수 있는 작은 길이 있음.

② 2004년 보고서의 조사내용
○ 위치와 지형 : 북벽 동단에 위치, 4호 문지에서 680m 거리임. 지세는 비교적 평탄하고 완만하며, 주변 산세는 험준하고, 大潦荒子溝를 지나서 성내로 통함.
○ 축조양상 : 지표는 안으로 약간 움푹 들어갔는데, 움푹 들어간 곳의 길이는 5.8m, 너비는 4.6m임. 양측 모두 성벽이 없음.
○ 출토유물 : 문지 부근에서 붉은색 기와 파편을 많이 발견함.

(7) 북쪽 동문(2004년 보고서에서는 문지로 파악하지 않음)
○ 池內宏의 조사내용 : 동벽의 성문을 3개로 파악하면서 북쪽 동문지를 '성문 Q'로 편호했으며, 문지 부근에서는 기와편이 산재해 있었다고 기술함. 다만 문지의 구체적인 양상에 대해서는 별다른 기술을 남기지 않음.
○ 중국학계의 조사내용 : 李殿福은 문지로 파악하지 않았고, 2001~2003년 조사에서는 이곳 주변에서 기와편을 수습하고 건물지가 있었다고 파악했음(동벽 G구간 Q5 지점). 이 구간 성벽의 길이 10.5m, 너비 3.1m, 내측 높이 1.5m, 외측 높이 3.2m로 조사했음.
○ 위치와 지세 : 동벽 북단에서 남쪽으로 300여 m 떨어진 지점임(2004년도 보고서의 기술내용을 종합하면 북쪽 동문에 해당하는 동벽 G구간 Q5 지점은 동벽 북단에서 약 300m 떨어져 있으며, 『通溝』上, 26쪽의 도면에 표기된 성문 위치는 1,700여 m인 동벽 전체 길이의 1/6로서 동북단에서 약 300m 거리임을 추산할 수 있음). 동벽이나 북벽의 다른 문지처럼 양측 산봉우리 사이의 가장 낮은 지점으로서 성 안팎을 왕래할 수 있는 산길이 있음. 더

욱이 이곳 좌우 성벽의 축조양상은 남쪽 동문의 평대(門墩)와 유사하며, 주변에서는 기와편도 많이 발견되었음. 따라서 이곳에 건물이 있었다면 문루일 가능성이 높고, 움푹 들어간 곳으로 조망권이 넓지 않았다는 점에서 망루나 장대일 가능성은 거의 없음. 이로 보아 동벽 북단의 트인 곳은 문지일 가능성이 높은데, 추후 면밀한 조사를 통해 규명할 필요가 있음.

(8) 중앙 동문(2004년 보고서의 6호 문지, JWN6)

① 일제시기의 조사내용

1936년 산성을 조사한 池內宏은 동벽의 성문을 3개로 파악하면서 중앙 동문을 '성문 P'로 편호했으며, 문지 부근에서는 기와편이 산재해 있었다고 기술함. 다만 문지의 구체적인 양상에 대해서는 별다른 기술을 남기지 않음.

② 李殿福의 조사내용

○ 위치 : 동벽에 두 개의 성문이 있었던 것으로 파악. 중앙 동문은 동북 모서리에서 522m 거리, 남쪽 동문은 동남 모서리에서 214m 거리에 위치. 두 문 사이의 거리는 980m.

○ 규모 : 2개 동문의 문길 너비는 모두 약 3m. 바깥쪽 산비탈은 비교적 완만하고 7, 8개의 계단이 있으며 작은 길을 통해 산 아래로 내왕할 수 있음.

③ 2004년 보고서의 조사내용

○ 위치와 지세 : 동벽 구간 중 북쪽 치우친 곳에 위치, 7호 문지에서 약 1,090m 거리. 문지 양측의 지세는 가파르며 경사도가 비교적 큼. 해발 536m.

○ 규모 : 안측 벽체의 보존상태는 비교적 양호함. 남쪽 평대의 길이 5m, 너비 4.5m, 내측 높이 1m, 외측 높이 3.1m, 북쪽 평대의 길이 7m, 너비 4.1m, 외측 높이 3.3m, 내측 높이 1.2m. 문의 너비 1.9m.

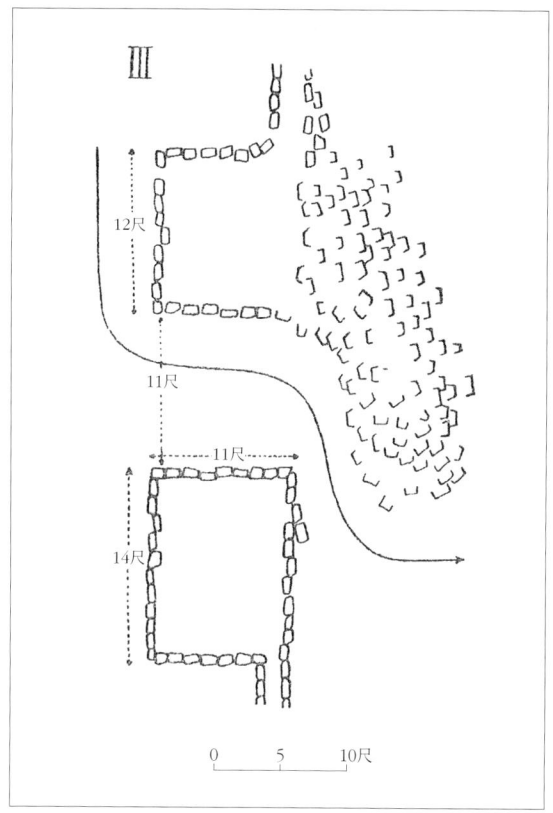

그림 34 산성자산성 성벽 및 O지점(동벽 남쪽) 문지 실측도 (『通溝』上, 26쪽)

○ 출토유물 : 지표에서 붉은색 기와 잔편이 많이 발견됨.

(9) 남쪽 동문(2004년 보고서의 7호 문지, JWN7)

① 池內宏(1936)의 조사내용 (그림 34)

○ 조사현황 : 1936년 산성을 조사한 池內宏은 동문을 3개로 파악하면서 남쪽 동문을 '성문 O'로 편호했으며, 문지 부근에서는 기와편이 산재해 있었다고 기술함. 문지의 축조양상에 대해서도 비교적 상세한 기록을 남김.

○ 문길과 양측의 평대 : 문길의 너비는 11척. 문길 남북 양측의 성벽(평대)은 성 안쪽으로 약간 튀어나왔음. 너비는 11尺, 길이는 십 수 尺으로 사각형 모양임. 다

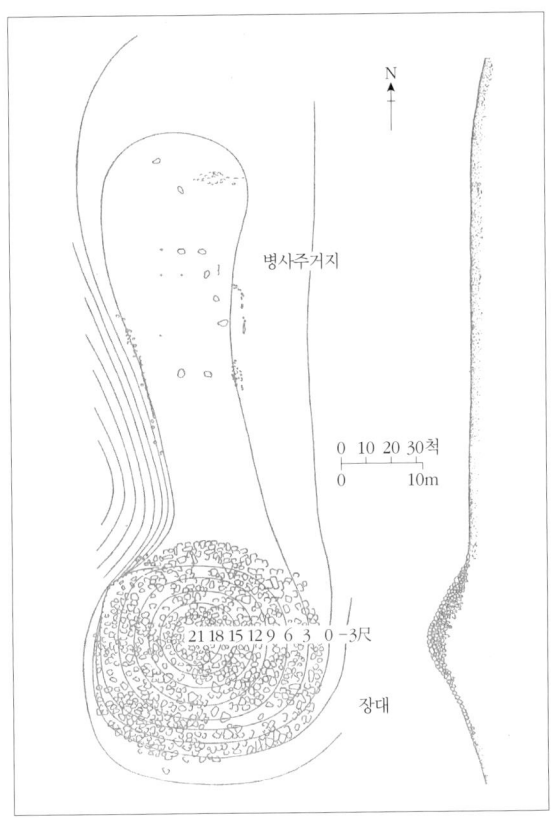

그림 35 산성자산성 장대 실측도(『通溝』上, 28쪽)

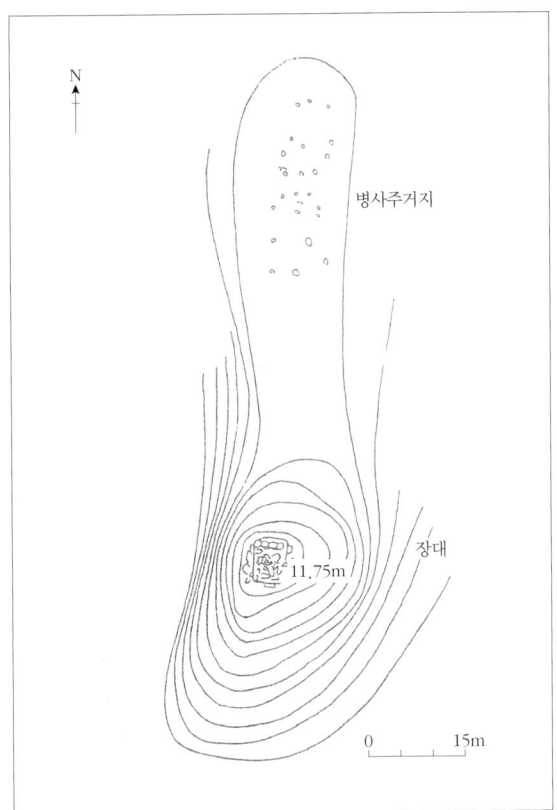

그림 36 산성자산성 장대 및 병사주거지 평면도
(李殿福, 1994, 34쪽)

듬은 돌로 축조한 성벽의 구조는 성벽의 나머지 부분과 같음.
○ 옹성구조 : 출입구 바깥면에는 북측 성벽의 연장으로 보이는 부분이 심하게 붕괴되어 내외를 연결하는 통로가 꺾여 있는데, 본래 옹성이었을 것으로 추정됨.
○ 유물 : 高句麗式 붉은색 기와편이 어지러이 흩어져 있음.

② 李殿福의 조사내용
○ 위치 : 동벽에 두 개의 성문이 있었던 것으로 파악. 중앙 동문은 동북 모서리에서 522m 거리, 남쪽 동문은 동남 모서리에서 214m 거리에 위치. 두 문 사이의 거리는 980m.
○ 규모 : 2개 동문의 문길 너비는 모두 약 3m. 바깥쪽 산비탈은 비교적 완만하고 7, 8개의 계단이 있으며 작은 길을 통해 산 아래로 내왕할 수 있음.

③ 2004년 보고서의 조사내용
○ 위치와 지세 : 동벽 남단에 위치. 동남 모서리에서 약 360m 거리. 성문 주변의 지세는 상대적으로 비교적 완만하며, 보존상태도 비교적 좋음.
○ 양측의 평대 : 남쪽 평대(門墩)의 크기는 길이 5～5.5m, 너비 4.65m, 외측 높이 3.3m, 내측 높이 1.15m 임. 북쪽 평대의 크기는 길이 5～5.5m, 너비 4.65m, 외측 높이 3.3m, 내측 높이 0.7m. 두 평대 사이의 거리는 3.2～3.5m.
○ 유물 : 문지의 지표에서 붉은색 기와편이 많이 발견됨.

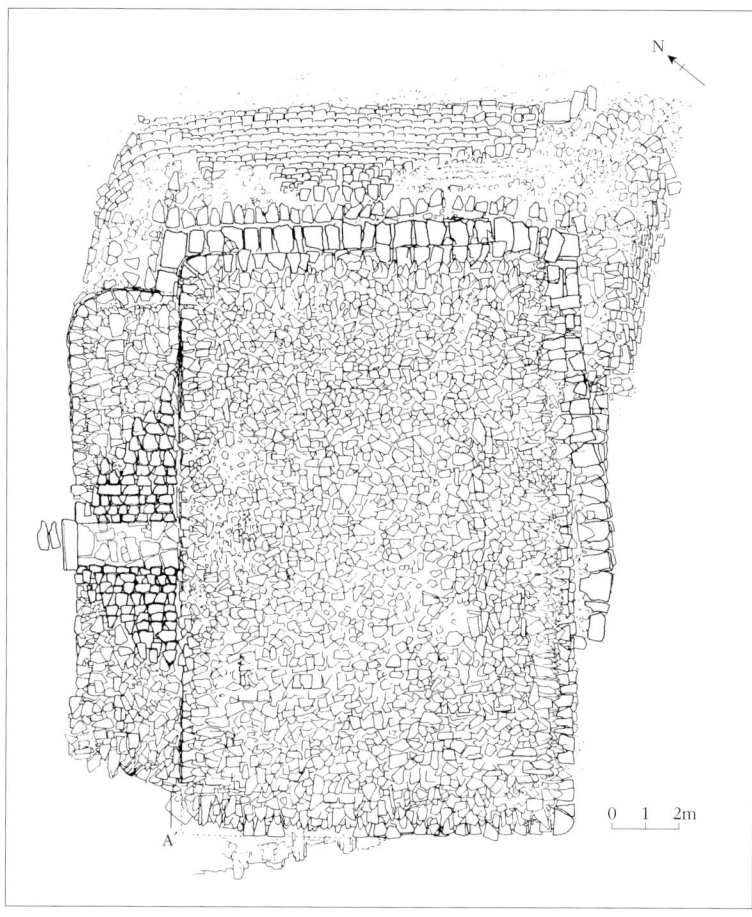

그림 37
장대 조감도(『丸都山城』, 155쪽)

4) 장대(점장대)

(1) 池內宏(1936)의 조사내용(그림 35)

○ 위치 : 산성 내부의 저수지인 飮馬池 뒤편의 높은 언덕에 위치. 남문의 옹성과 연결된 성내 대지에서 가장 높은 부분임.
○ 규모 : 이 대지의 남단에 직경 십수 間(20m), 높이 21尺 정도(6.1m)의 원추형 돌무지가 있음. 속칭 점장대라 하는데, 그 정상부에 서면 북·동·서의 3면과 함께 멀리 남쪽으로 남문 너머 通溝河(鷄兒江) 골짜기와 그 하구에 이르기까지 한눈에 조망할 수 있음. 전망대 유적으로 추정함.

(2) 李殿福(1982)의 조사내용(그림 36)

○ 위치 : 궁전터 앞쪽. 옹성문의 북쪽 약 200m 거리의 대지 위에 위치. 이곳에 올라서면 남쪽으로 通溝河 하류 및 국내성을 한눈에 조망할 수 있음.
○ 축조양상 : 돌로 축조한 高臺 건축으로 석벽은 층층이 들여쌓기를 했음. 높이 11.75m 정상부는 方形에 가깝고 각 변의 길이는 약 6m.

(3) 2004년 보고서의 조사내용(그림 37~그림 39)

① 전체현황(그림 37)

○ 위치와 지세 : 장대는 산성 서남부에 위치. 남쪽 100m 거리에 중앙 남문인 1호 문지, 동북쪽 320m 거리에 궁전지 위치. 방위각 336도. 이곳은 속칭 '점장

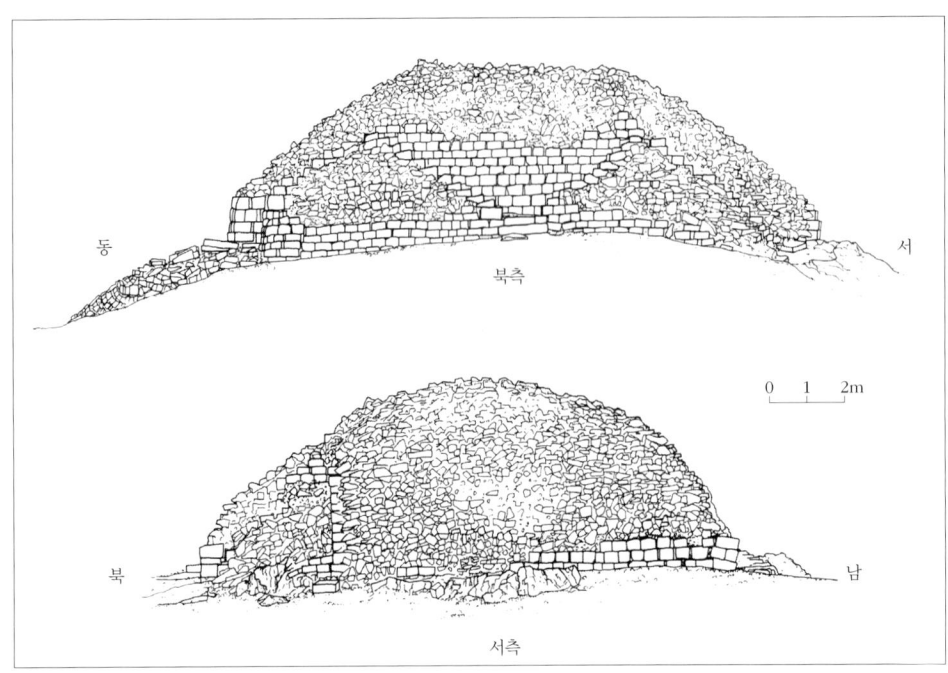

그림 38
장대 북벽과 서벽 입면도
(『丸都山城』, 156쪽)

대'로 발굴 전에는 흙언덕처럼 보였고, 관목이 빼곡하게 자라고 있었음. 장대의 동남쪽 지세는 비교적 낮고 현대식 봉토묘가 몇 기 분포되어 있는데 무덤 주위에는 소나무와 잣나무가 있음. 북측(보고서에는 남측으로 오기) 22.6m 거리에 병영터(戍卒居住址, 병사주거지)가 있음.

○ 기능 : 장대가 위치한 곳의 지세는 비교적 높고 시야가 탁 트여 산성과 국내성의 동정을 살필 수 있음. 남측으로는 通溝河谷 일대를 한눈에 조망할 수 있음. 서측으로는 협곡 너머로 서벽과 북벽을 멀리 조망할 수 있음. 군사적인 동향을 요망하는 역할을 담당.

○ 발견 및 발굴 : 장대터는 20세기 초에 발견되었음. 2003년 5~6월에 전면적인 발굴 진행. 장대와 무너진 퇴적층에서 대량의 붉은색 기와편을 발견했는데, 주변은 대체로 불에 탄 흔적이 있음. 총 출토유물은 178건.

○ 구성 : 유적은 주체 건물인 高臺와 階段으로 이루어져 있음.

② 주건축물 : 高臺
○ 규모와 축조방식 : 주 건축물은 모서리가 둥그스름한 장방형 석축 高臺임. 길이 6.7m, 너비 4.5m. 잔고 4.5m. 외벽은 쐐기형돌로 축조했음. 일부 쐐기형돌의 바깥쪽 가장자리에는 턱홈을 조성했는데, 윗층의 성돌이 밀려나는 것을 방지하기 위함임. 모서리 부분에는 두께 0.3m인 부채꼴 성돌을 사용했는데, 외면을 둥글고 매끈하게 꾸미기 위함임. 내부는 북꼴돌과 판석을 서로 맞물리게 끼워 쌓고 틈새를 잔돌로 채워넣었음. 쐐기형 성돌의 크기는 대체로 길이 0.45~0.55m, 너비 0.35~0.45m, 두께 0.25~0.3m. 부채꼴 돌(扇形石)은 두께 0.3m임.

○ 高臺 정상부의 축조양상 : 정상부는 심하게 파괴되어 구체적인 구조와 기능은 알기 어렵지만, 정상부와 아래쪽 지면에 기와편이 흩어져 있는 것으로 보아 석축 건축 상부에 목조 건물을 지었을 것으로 추측할 수 있음. 목조건물에는 기와와 와당을 대량으로 사용하였음.

○ 북벽의 축조양상(그림 38) : 규모는 길이 16m, 잔고 4.5m. 계단은 이 벽체의 가운데 부분에 기대어 축조

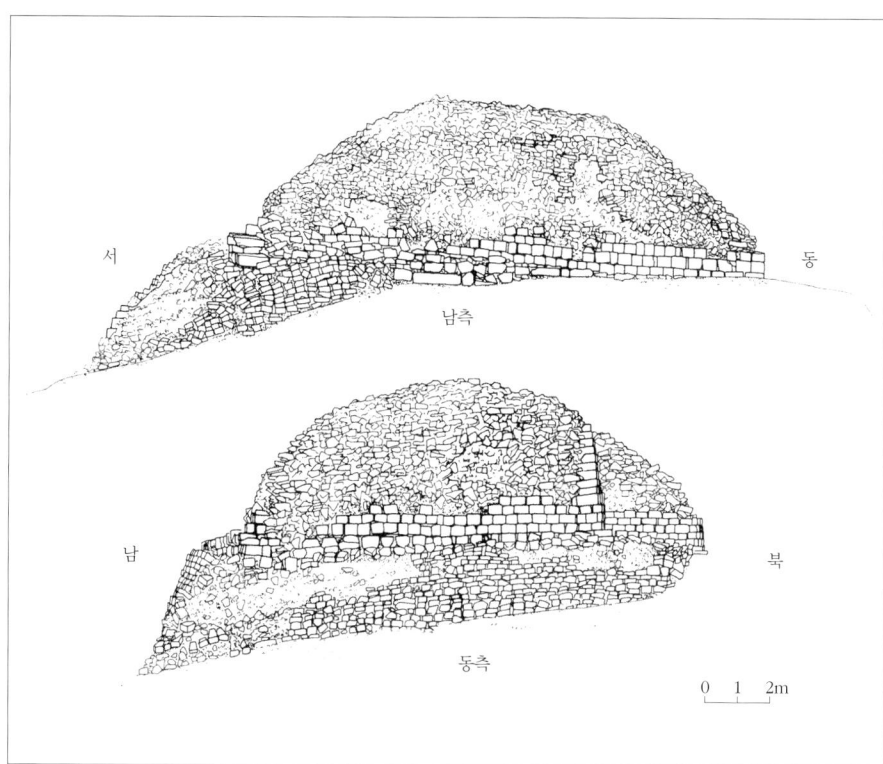

그림 39
장대 동벽과 남벽 입면도
(『丸都山城』, 157쪽)

하였음. 양측 계단 사이의 트인 부분에서 북벽을 볼 수 있음. 기초부의 보존상태는 양호하지만, 상부는 파괴되었음. 외측면은 잘 다듬은 쐐기형돌을 끼워넣어 축조했는데 외관이 가지런하고 매끈함. 조사 당시 성벽 15단이 잔존했음. 주변 지면에는 황색 점토를 섞어 깔았음.

○ 동벽과 남벽의 축조양상(그림 39) : 동벽과 남벽의 지세는 상대적으로 낮고 쐐기형돌로 축조한 외벽이 심하게 파괴되었음. 조사 당시 4단의 성벽이 남아 있었음. 동벽의 잔고 5m, 남벽의 잔고 5.5m. 동북 모서리에서 시작하여 벽 기초부를 따라서 대형 판석을 깔아 너비 0.5m의 보도를 설치했음. 보도는 남측을 지나 서남 모서리까지 일직선으로 뻗어가다가 북측의 점토면과 연결됨. 보도와 기초부를 견고하게 하기 위해 양측면에 지세를 이용해 보축을 했음. 보축 성벽은 쐐기형돌을 층층이 들여쌓아 조영했음. 돌 사이의 빈틈에는 작은 강돌을 채워넣었고, 안채움부는 황토로 채웠음.

보축 성벽의 경사는 55도이며, 길이는 3.2m임.

○ 서벽의 축조양상(그림 38) : 서쪽은 협곡에 닿으며, 지세는 험준함. 쐐기형돌로 축조한 외벽은 심하게 파괴되었음. 현재 겨우 3단이 남아 있음. 잔고 5m. 지면은 점토를 섞어 깔았음.

③ 계단(그림 38)

○ 축조양상 : 계단은 북벽에 기대어 축조하였음. 중앙에 위치한 양측 계단의 발판은 장대석 2개를 쌓아 조성했는데, 발판의 너비는 1m 정도임. 장대석의 크기는 길이 1.45~1.5m, 너비 0.35~0.4m, 두께 0.25~0.2m임. 발판의 양측으로 북쪽 성벽에 기대어 동서 방향으로 분리하여 폭 1m의 계단을 축조했는데, 지면과 대체로 45도 경사도를 형성함. 계단은 高臺의 모서리까지 뻗어나갔다가 모서리를 돌아서 정상부에 도달함. 각각 高臺의 동북각 및 서북각과 연결됨. 계단은 모두 쐐기형돌로 축조했는데, 쐐기형돌의 크기는 대

체로 길이 0.45~0.55m, 너비 0.35~0.45m, 두께 0.25~0.3m임.
○ 보존양상 : 본래 동서 양벽 정상부에 계단이 일부 남아 있었음. 조사 당시 동측에는 12계단이 남아 있었고, 잔고는 2.5m였음. 서측에는 10계단이 남아 있었고, 잔고는 2m임. 외벽과 발판면은 가지런하고 평평하게 다듬었고, 기초부의 보존상태는 양호함. 동서 양 끝에는 각각 활모양으로 돌아가는 모서리가 있음. 계단 상부는 심하게 파괴되었는데, 조사 당시 북꼴돌이나 길쭉한 돌을 맞물리게 쌓고 잔돌을 채워넣은 구조만 남아 있었음.

④ 출토유물과 건축물

건축용 기와가 대량으로 출토되었음. 와당 및 문양을 음각한 기와 등이 있었음. 또 철제못, 철촉, 금동제화살촉 등도 발견됨.

5) 서북 모서리의 망대

○ 위치 : 산성의 서북 모서리 산봉우리 정상에 위치.
○ 형태 : 성벽이 산봉우리 바깥쪽을 두르고 있고 반원형의 성벽과 산봉우리 정상이 평면으로 나란하여 직경 8m의 圓臺를 형성.
○ 기능 : 이곳에 서면 서쪽으로 麻線溝가 보이고, 북쪽으로 小板岔嶺이 한눈에 조망됨. 군사용 관측기능을 하던 망대로 추정됨. 다만 李殿福은 장대로 명명함.

6) 기타 성곽시설

북벽이나 동벽의 산봉우리나 모서리에도 망대가 있었을 것으로 추정되지만, 구체적인 조사가 진행되지는 않았음. 특히 북벽 중앙 산봉우리 정상에는 암석에 홈을 판 흔적이 남아 있는데, 봉화대 등으로 활용되었을 가능성을 면밀하게 조사할 필요가 있음.

5. 성내시설과 유적

1) 장대 동남쪽 저수지

(1) 일제시기의 조사내용

○ 鳥居龍藏의 조사 : 1905년 산성을 답사한 鳥居龍藏이 성 내부에 큰 저수지가 있다고 언급함. 다만 상세한 조사는 시행하지 않음.
○ 關野貞의 조사 : 1913년 산성을 조사한 關野貞이 성 내부에 저수지가 있다고 언급함. 다만 상세한 조사는 시행하지 않음.
○ 池內宏의 조사 : 1936년 산성을 조사한 池內宏이 처음으로 저수지에 대해 상세한 기록을 남김. 남문에서 성내로 들어와 개울을 지나 3町 정도 나아가면, 왼쪽의 人家를 사이에 두고 멀지 않은 곳에 속칭 飮馬池 혹은 養魚池라 불리는 작은 연못이 있음. 지금은 蓮池가 되었지만, 저수지의 흔적으로 만주 등지의 규모가 큰 산성에서 흔하게 볼 수 있다고 기술함.

(2) 李殿福의 조사내용

○ 위치 : 장대 동남쪽에 위치. 속칭 飮馬灣 혹은 蓮花池라 함.
○ 규모 : 50~60m² 정도 넓이의 물웅덩이. 연못의 북쪽 가장자리에는 다듬은 돌로 쌓은 연못 벽이 남아 있음.

(3) 2004년 보고서의 조사내용

○ 위치 : 장대(瞭望臺) 동남쪽 30m에 위치함. 남쪽 100m 거리에 중앙 남문인 1호 문지, 동북 300m 거리에 궁전지가 있음.
○ 보존양상 : 발굴 전에는 웅덩이였으나 발굴한 다음 물을 채워 넣어 저수지가 형성되어 수초가 자람. 가장자리는 경작지이고, 저수지 물은 맑음. 저수지 가운데 연꽃이 있어 '飮馬灣' 혹은 '蓮花池'라고 부른다고 함.

저수지에 진흙이 퇴적되어 몇 차례 준설했고, 1950년대에 군사용 진입로를 개설하면서 돌로 저수지를 메웠으나, 샘물이 흘러나와 작은 개울을 이룸. 시냇물은 구불구불 완만하게 흘러 남문을 지나 通溝河에 유입됨.

○ 발굴경과 : 보고자는 1930년대에 처음 발견되었다고 했으나 1905년에 산성을 답사한 鳥居龍藏도 저수지에 대해 언급함. 2003년 4월 22일부터 7월 22일까지 吉林省文物考古硏究所가 정식으로 발굴을 진행함. 5×5m 트렌치 30개를 설정하고, 조금 더 확장하여 총 1000m² 정도를 발굴함.

○ 발굴성과 : 옛 저수지의 湖岸 성벽과 저수지 바닥을 확인함. 각종 유물 8건과 소량의 동물 뼈도 출토되었음.

① **퇴적층의 양상**

○ 옛 저수지 내에는 5개의 퇴적층이 형성되어 있음.

○ 제1층 : 경작지 토층. 황갈색. 토질은 부드러움. 웅덩이 가장자리에만 남아 있음. 발굴 전에는 현대의 경작지였음. 두께는 약 0.1~0.3m.

○ 제2층 : 진흙과 모래 혼합층. 진흙과 모래가 반반씩 혼합되어 형성됨. 물의 흐름에 따라 생성된 침전층으로 교란 흔적이 있음. 평균 두께 0.6m.

○ 제3층 : 난석층(亂石層). 돌이 골고루 어지럽게 흩어져 있으며 밀집 분포되어 있음. 돌 사이에는 부드러운 黑土가 섞여 있음. 수분의 양은 적게 함유. 돌들은 대체로 다듬은 것으로 원래 성벽 축조용이었으나 후대인들이 저수지에 채워넣었음. 이 층의 두께는 약 0.6m.

○ 제4층 : 진흙층. 짙은 재색. 토질은 세밀한 점토질로 수분이 다량 함유되어 있음. 악취가 있음. 원시 침전층으로 교란되지 않았음. 두께 약 0.6m.

○ 제5층 : 암석층. 이 층은 저수지 바닥으로 천연 암석층을 다듬어 가지런하게 만들었음. 암석 사이 여러 곳에 샘 구멍이 있음. 저수지의 수원으로서 지표에서 약 2m 깊이임.

② **저수지 구조**

○ 조성방법과 규모 : 평지에서 지하로 수직으로 깊게 파서 저수지를 만들었음. 돌로 호안벽을 축조했고 평면은 모서리가 둥근 방형임. 동벽 길이 35m, 서벽 길이 36.7m, 남벽 길이 37.5m, 북벽 길이 37m. 둘레 길이 146.3m.

○ 보존상태 : 벽체는 몇 차례 파손되어 보존상태가 완전하지 않음. 그중 남벽 東段의 보존상태가 비교적 좋은데, 잔고는 1.8m임.

○ 호안벽의 축조방식 : 벽체는 안에서 바깥으로 3층으로 나뉨.

○ 바닥층 : 괴석으로 쌓은 기초부로서 저수지 바닥의 천연 암석층에 축조하였음. 너비 2m. 내외 양측은 모두 쐐기형돌을 서로 마주보도록 끼워서 쌓아 벽체의 외관이 가지런함. 쐐기형돌 사이에 북꼴돌을 끼워넣고, 그 사이의 빈 틈은 작은 잔돌로 채워넣었음.

○ 제2층 : 밀도가 비교적 큰 회색 진흙임. 석벽 위에 쌓아올려 벽체 안쪽을 충전하여 언덕 모양을 이룸. 높이 0.5m.

○ 최상층 : 가장 윗 층은 황토층이고, 벽체 기초부에서 축조하여 석벽을 감싸며 土包를 형성하고 있음. 가장 넓은 곳은 4m에 달하며, 높이 1.7m임. 황토는 점토질로서 다져서 축조했기 때문에 세밀하고 견고한 방수층을 형성하는데, 벽체 기초부를 공고하게 하고, 물이 바깥으로 새는 것을 방지함.

2) 기타 저수지와 샘물

(1) 池內宏의 조사내용

장대 동남쪽의 저수지 이외에 점장대 동북 4·5 町 거리에 동벽과 연결된 경사면의 중턱에 상당히 넓은 면적을 차지하는 전후 2段의 평지가 있는데, 아래 단 평지에 장대 동남쪽의 저수지와 같은 저수지가 있었다고 함.

(2) 李殿福의 조사내용
산성 안에는 샘물이 2개 있음. 하나는 성의 서북쪽 모서리에 있고, 다른 하나는 성의 동쪽 산기슭에 있음. 두 샘물은 자연적으로 두 줄기의 작은 시내를 이루어 남옹성 부근에서 합쳐 通溝河로 흘러들어감.

6. 출토유물

1) 2004년 보고서 이전의 기술내용

(1) 일제시기 유물 출토 현황
○ 성내에는 원래 창고 등의 흔적으로 보이는 곳이 있으며, 붉은색의 瓦片이 산재해 있음. 대다수가 와당(巴瓦) 및 평기와(平瓦)의 파편으로, 수법문양은 통구 및 동대자에서 나온 것과 같으며 고구려 말기의 것으로 보임(關野貞, 1914).
○ 1930년대 조사 시에 성문터, 병영터, 궁전터 등에 고구려시기의 붉은색 기와편이 무수히 흩어져 있었다고 함. 그 당시 성 내부에 거주하는 현지주민으로부터 기와를 여러 개 구입하였는데, 연화문와당, 귀면문와당 등이 있었다고 함(池內宏, 1938).

(2) 1964년 출토품
1964년 12월에는 산성 내부에서 철촉을 다수 채집하였음(集安縣文物志, 1984).

① 철촉
○ 크기 : 전체 길이 10.4cm.
○ 형태 : 마름모꼴(菱形)로 중간에 등날이 솟아 있고, 경부(鋌)는 뾰족한 송곳 모양.

② 철촉
○ 크기 : 蛇頭 부분 길이 2.5cm, 폭 0.8cm, 몸체 길이 9.5cm, 폭 0.6cm, 두께 0.4cm, 전체 길이 15cm.
○ 형태 : 뒤쪽 끝의 양면에 鏃身이 연결되어 있음. 몸체 부분은 단면이 장방형으로 가늘고 깊. 그 뒤에 경부(鋌)가 연결되어 있으며 가늚.

(3) 1984년 출토품
1984년 7월 23일에는 손잡이가 두 개 달린 세발 솥이 출토되었음(趙書勤, 1993, 「集安出土的高句麗鐵鍋」, 『高句麗硏究論集』, 延邊大學出版社).

① 세발 솥(그림 40-1)
○ 출토지 : 병영터.
○ 크기 : 전체 높이 16cm, 안쪽 직경 23cm, 바깥 직경 24.5cm. 솥 벽의 높이 9.2cm, 동체 직경 26cm, 바닥 직경 25.6cm. 바닥 중간의 구멍 직경 5cm, 높이 1cm. 솥발 높이 6cm 폭 9.8cm. 손잡이 폭 15cm, 높이 2cm.
○ 형태 : 구순은 비스듬하게 안쪽으로 약간 꺾였고, 가장자리 위쪽에 부러진 손잡이가 두 개 있음. 동체는 안쪽으로 조금 휘었고, 바닥은 둥그스름함. 바닥 중간에 볼록한 구멍이 있으며 또 삼각형 솥발이 일정 간격으로 세 개 있음.

(4) 1988년 출토품
1988년 6월 13일에는 산성 내부의 동쪽 산기슭에서 쇠창(鐵矛)이 출토되었음.

① 쇠창(鐵矛, 그림 40-2)
○ 출토지 : 산성 내부의 동쪽 산기슭.
○ 크기 : 전체 길이 25.8cm. 銎部와 창날의 비율은 3:2, 창날의 폭 2cm.
○ 형태 : 창날 부분과 창대를 끼우는 銎部로 이루어져

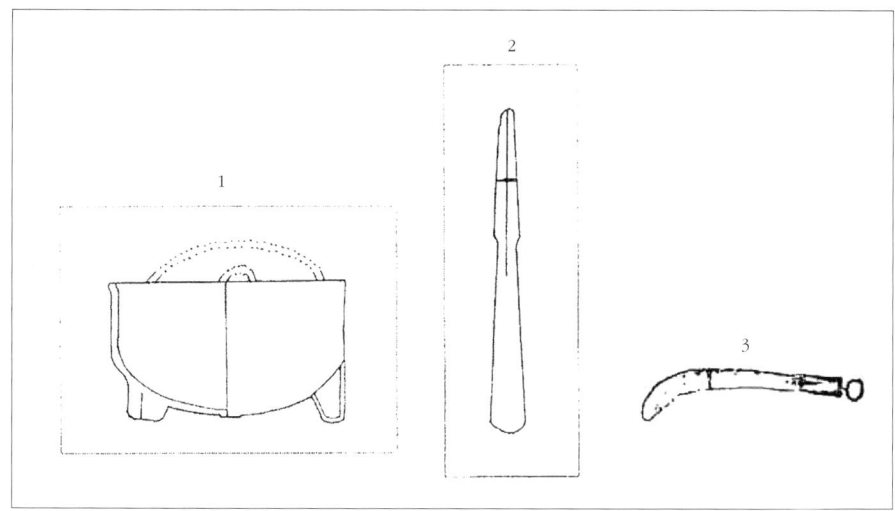

그림 40
산성자산성 출토유물
1, 2. 솥과 쇠창
(『高句麗研究文集』, 226쪽, 202쪽)
3. 쇠낫(『農業考古』 1989-1, 103쪽)

있음. 창날은 곧고 예리하며, 목 부분에는 능선이 없고, 鑿部의 끝은 말발굽형임.

(5) 기타

① 쇠낫(그림 40-3)
○ 크기 : 길이 38.5cm, 너비 3.8cm, 鑿部 직경 3.8cm.
○ 형태 : 낫의 몸체는 길고 끝부분은 내만하였고, 말단에 鑿部가 있음(耿鐵華, 1989, 100쪽).

2) 2004년 보고서의 기술내용

(1) 1호 문지(JWN1) 출토유물
○ 1호 문지를 발굴조사하는 과정에서 문지 벽체 꼭대기 부분(頂部)과 양측의 퇴적물 가운데서 고구려시기의 유물을 발견함.
○ 출토된 건축재료로 보아 1호 문지는 목조 건축물로 추정됨.
○ 1호 문지의 출토유물은 크게 도질의 건축 재료와 철기로 양분됨.

① 철기
○ 수량 : 10건.
○ 종류 : 못(鐵釘), 끌(鐵鑿), 창(鐵矛), 사슬(鐵鏈索) 등.

㉠ 철제못(鐵釘)
○ 수량 : 6건.
○ 종류 : A형과 B형 두 유형으로 분류됨.

◎ A형
○ 수량 : 4건.
○ 형태 : 못 부분(釘身)은 뾰족한 송곳모양으로 만들었음.
○ 종류 : 釘帽 및 釘身의 차이에 따라 4개 유형으로 나눌 수 있음.

● Aa형, 표본 2003JWN1:105(그림 41-1)
○ 수량 : 1건.
○ 크기 : 전체 길이 11cm, 釘帽 직경 1.2cm, 釘身 단면 길이 0.8cm, 너비 0.4cm.
○ 형태 : 완형. 단측 釘帽, 釘帽는 납작한 원형 모양(扁圓狀)이며, 釘身의 단면은 장방형임.

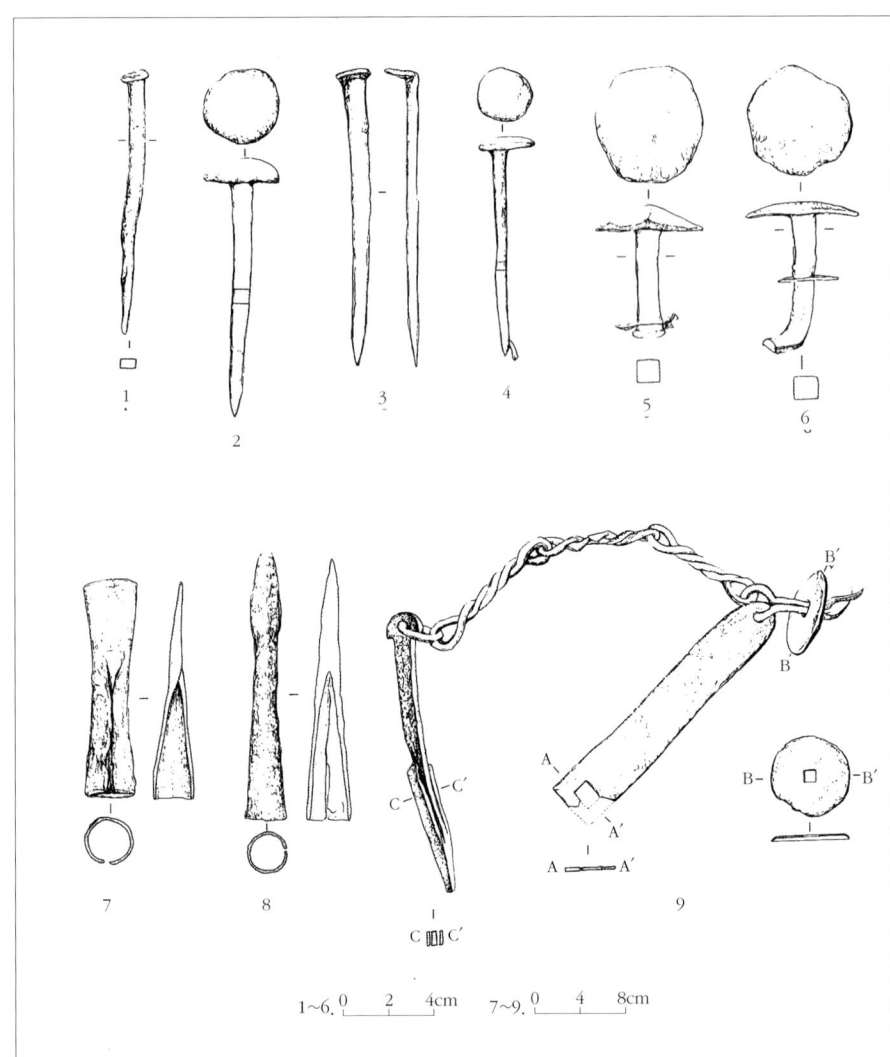

그림 41
1호 문지 출토 철기
(『丸都山城』, 20쪽)
1. Aa형 못(2003JWN1:105)
2. Ab형 못(2003JWN1:106)
3. Ac형 못(2003JWN1:104)
4. Ad형 못(2003JWN1:40)
5. Ba형 못(2003JWN1:4)
6. Bd형 못(2003JWN1:3)
7. 끌(2003JWN1:56)
8. 창(2003JWN1:58)
9. 재료(2003JWN1:58)

● Ab형, 표본 2003JWN1:106(그림 41-2)
○ 수량 : 1건.
○ 크기 : 전체 길이 11cm, 釘帽 직경 3.2cm, 釘身 단면 가장자리 길이 0.8cm.
○ 형태 : 완형. 원형의 釘帽, 釘身의 단면은 방형임.

● Ac형, 표본 2003JWN1:104(그림 41-3)
○ 수량 : 1건.
○ 크기 : 전체 길이 12.4cm, 釘帽 길이 1.5cm, 너비 0.8cm, 釘身 단면 가장자리 길이 0.4cm.

○ 형태 : 완형. 단측 釘帽, 釘帽는 납작하고 김. 釘身의 단면은 방형임.

● Ad형, 표본 2003JWN1:40(그림 41-4)
○ 수량 : 1건.
○ 크기 : 전체 길이 12.4cm, 釘身 단면 가장자리 길이 0.4cm.
○ 형태 : 완형. 단측 釘帽, 釘身 단면은 방형임.

◎ B형
○ 수량 : 2건.

○ 형태 : 釘身은 길이가 길고 길쭉한 모양(長條狀)으로 만들었음.
○ 종류 : 釘帽의 차이에 의거해 2종류로 나뉨.

● Ba형, 표본 2003JWN1:4(그림 41-5)
○ 수량 : 1건.
○ 크기 : 전체 길이 5.6cm, 釘帽 직경 4.7cm, 釘身 단면 가장자리 길이 1cm.
○ 형태 : 완형. 釘帽 가운데 부분이 볼록함(突起). 첨단부(尖端部)는 얇은 방형 철편이고, 釘身의 단면은 방형임.

● Bb형, 표본 2003JWN1:3(그림 41-6)
○ 수량 : 1건.
○ 크기 : 전체 길이 6.4cm, 釘帽 직경 4.8cm, 釘身 단면 가장자리 길이 1cm.
○ 형태 : 완형. 釘身의 덮개는 납작하고 얇은 방형의 철편이고, 뾰족한 끝은 彎曲하였으며, 釘身 단면은 방형임.

ⓒ 철제끌(鐵凿)
○ 수량 : 2건.
○ 형태 : 형태는 대체로 같음.

● 표본 2003JWN1:56(그림 41-7)
○ 크기 : 전체 길이 18.4cm, 銎部 길이 10cm, 구멍(銎孔) 직경 4.4cm, 날 부분 너비 4.6cm.
○ 형태 : 완형. 管銎. 단면날.

● 표본 2003JWN1:57
○ 크기 : 銎部 길이 8cm, 구멍(銎孔) 직경 1.8cm, 날 부분 길이 4.7cm, 너비 5cm.
○ 형태 : 형태는 완형이지만, 부식됨. 管銎, 단면날.

ⓒ 철제창(鐵矛)
수량 : 1건.

● 표본 2003JWN1:58(그림 41-8)
○ 크기 : 공부 길이 12.4cm, 창 구멍(銎孔) 직경 3.4cm. 공부 위의 작은 구멍 직경 0.3cm, 창날의 길이 7.6cm.
○ 형태 : 형태는 완형이지만, 부식됨. 管銎, 사다리형의 쌍면날. 창자루 구멍(銎部) 위에 작은 구멍이 있음.

㉢ 철제재료(鐵構件)
수량 : 1건.

● 표본 2003JWN1:1(그림 41-9)
○ 크기 : 철편의 길이 24.4cm, 너비 4cm, 두께 0.2cm. 尖狀器의 전체 길이 24cm, 뾰족한 부분 길이 11.4cm. 사슬 길이 34.4cm.
○ 형태 : 구멍이 뚫린 철편 구조물과 사슬(鎖鏈)을 함께 연결하여 만듦. 사슬은 3段의 철사줄로 구성되어 있으며, 양 끝은 고리모양(環狀)임.

② 건축재료(建築構件)
기와, 와당과 특수 건축재료 등이 있으나 모두 파손됨.

㉠ 기와(瓦)
○ 종류 : 수키와(筒瓦) 및 암키와(板瓦) 두 종류.
○ 색깔과 태토 : 모두 붉은색.
○ 문양 : 암키와(板瓦)는 방격문과 승문으로 장식하였고 수키와(筒瓦)는 무문(素面)이 대부분이며, 부분적으로 음각문(刻劃文) 부호로 장식.

㉡ 특수건축재료

● 표본 2003JWN1:12(그림 42, 그림 43)
○ 수량 : 1건.

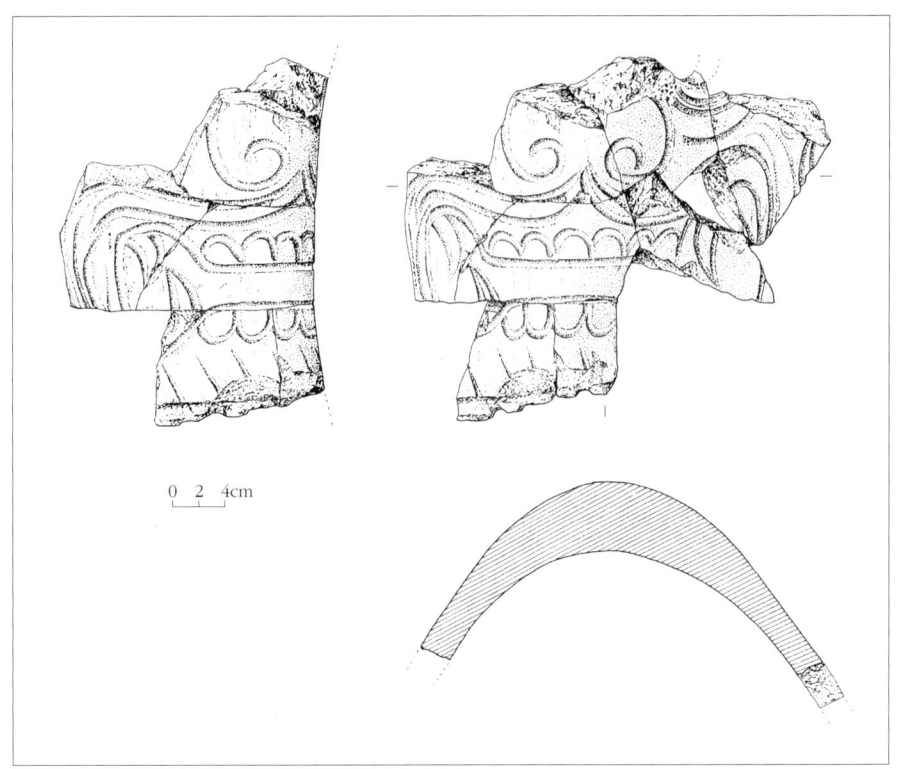

그림 42
1호 문지 출토 특수 건축재료
(『丸都山城』, 17쪽)

그림 43
1호 문지 출토 특수 건축재료 탁본
(『丸都山城』, 18쪽)

○ 크기 : 두께 5.2cm, 벽(壁) 두께 2.6m.

○ 문양 : 정면은 귀면 문양을 얕게 새겼으며, 口部와 鼻部가 남아 있음. 16개의 이빨, 상하에 각각 두 개씩 송곳니가 있으며, 입 너비(口闊) 35cm. 콧구멍은 동그랗게 확장되어 있음. 전체 문양은 재료가 꺾이는(구부러진) 곳을 중심으로 해서 양측이 대칭 분포해 있으며, 꺾인(굽은) 각도는 대체로 90도임.

○ 색깔과 태토 : 옅은 붉은색.

ⓒ 와당

○ 수량 : 10건.

○ 종류 : 수면문, 연화문, 인동문 3종류인데, 수면문이 대부분임.

◎ 수면문와당

이빨, 혀, 코 위쪽 장식에 따라 A와 B 두 종류로 나뉨.

● A형
○ 수량 : 4건
○ 문양 : 이빨 10개, 장방형의 큰 입, 가운데에 구슬 모양의 작은 혀가 있음. 눈 부분은 원형이며, 안구는 크고 바깥으로 튀어나왔으며, 주변을 두 줄의 철현문(凸弦文)으로 장식하였음. 상부에 각각 속눈썹 3개가 있는데, 불꽃 모양. 바깥 가장자리(外緣)에 철현문(凸弦文)을 한 줄 장식하였음.

● 표본 2003JWN1:8(그림 44-1)
○ 크기 : 직경 15.3cm, 두께 2.6cm, 주연(邊輪) 凸起의 높이 1.2cm, 너비 1.4cm.
○ 형태 : 파손됨.

● 표본 2003JWN1:97(그림 44-2)
○ 크기 : 직경 15.8cm, 두께 2.6cm, 주연(邊輪) 凸起의 높이 1.2cm, 너비 1.4cm.
○ 형태 : 파손됨.

● B형
문양 : 이빨 12개, 장방형의 큰 입, 입 가운데에 '一'자 형의 길쭉한 혀가 있음. 귀면선은 가늘고 섬세하고 둥글며 매끈함. 눈 부분은 대체로 사다리꼴로, 안구는 가운데가 볼록 튀어나왔으며, 가장자리는 凹弦文을 한 줄 장식하였음. 콧구멍은 둥글게 확장되어 있고, 코 위에 3겹의 꺾인 치퇴문(齒堆文)이 있음. 외연에는 凸弦文을 한 줄 장식하였음.

● 표본 2003JWN1:69(그림 44-3)
○ 크기 : 직경 14.8cm, 두께 2.2cm, 주연(邊輪) 凸起의 높이 1.2cm, 너비 1.2cm.

○ 형태 : 파손됨.

● 표본 2003JWN1:45(그림 44-4)
○ 크기 : 남은 직경(殘徑) 12.5cm, 두께 1.2cm.
○ 형태 : 파손됨. 주연(邊輪) 및 눈썹 부분은 모두 파손됨.

◎ 9판 연화문와당
수량 : 1건.

● 표본 2003JWN1:9(그림 44-5)
○ 크기 : 두께 3cm.
○ 문양 : 파손됨. 연판 사이는 삼각형의 철문(凸文)을 장식하였고, 가운데에 중방(乳突)이 있음. 주연(邊輪) 내측에는 연판 및 중방(乳突) 外緣을 분별하여 凸弦文을 한 줄 둘렀음.

◎ 인동문와당
수량 : 1건.

● 표본 2003JWN1:96(그림 44-6)
○ 크기 : 두께 2.8cm, 주연(邊輪) 凸起의 높이 1.2cm, 너비 1.4cm.
○ 문양 : 파손됨. 8줄기 인동문 도안을 얕게 부조하였음. 선은 길고 섬세함. 바깥은 凸弦文을 한 줄 둘렀음.

(2) 2호 문지(JWN2) 출토유물
○ 2호 문지를 발굴조사할 때, 문길(門道), 양측 벽체 및 옹성의 제2층 퇴적 가운데서 대량의 잔파된 건축 재료들을 발견하였음. 수면문과 연화문 와당 및 암키와(板瓦), 수키와(筒瓦) 잔편이 있고, 이 밖에 철기도 발견함.
○ 옹성을 폐기한 뒤에 축조한 작은 옹성 가운데서 淸代 화폐(錢幣)를 발견하였음.

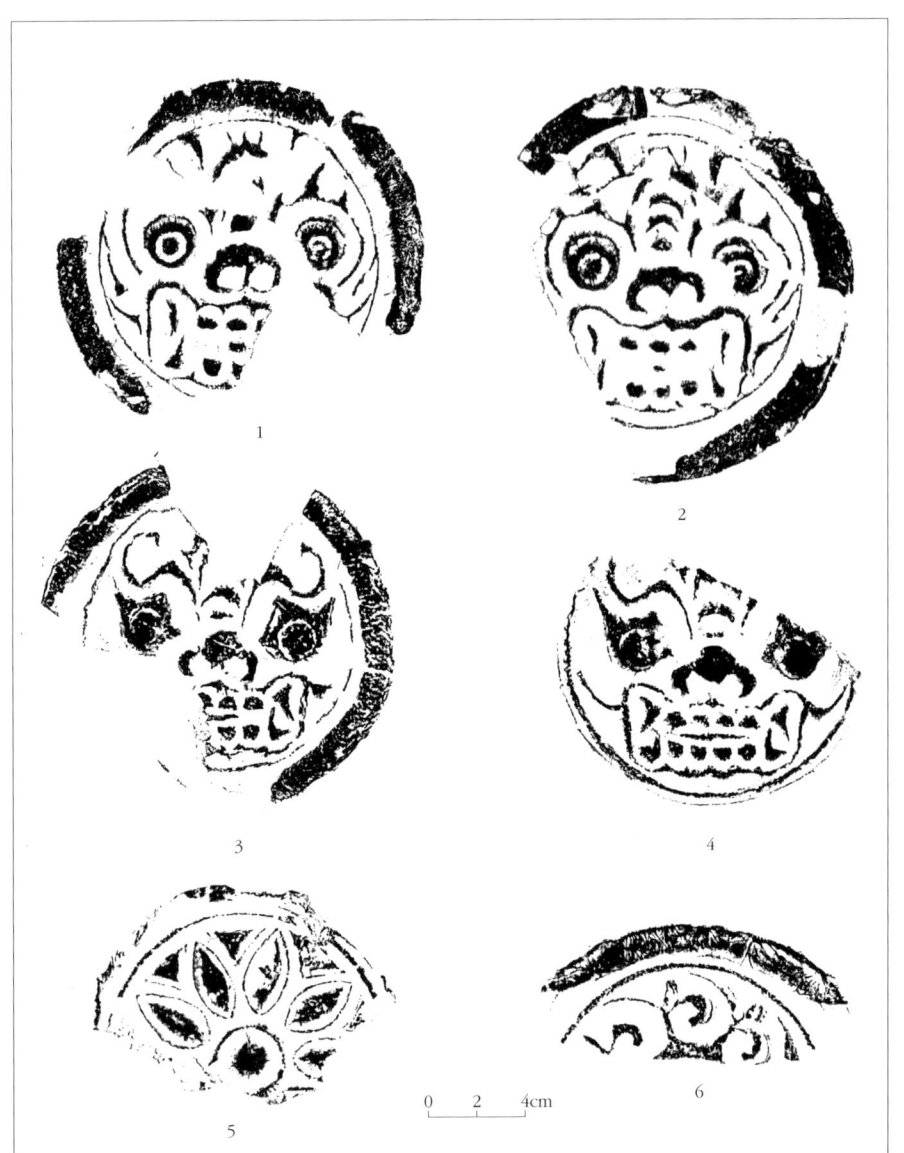

그림 44
1호 문지 출토 와당 탁본
(『丸都山城』, 19쪽)
1. A형 수면문와당(2003JWN1:8)
2. A형 수면문와당(2003JWN1:97)
3. B형 수면문와당(2003JWN1:69)
4. B형 수면문와당(2003JWN1:45)
5. 9판 연화문와당(2003JWN1:9)
6. 인동문와당(2003JWN1:96)

① 철기
o 수량 : 246건.
o 종류 : 철제못(鐵釘), 철촉, 물미(鐏), 철편 등.

㉠ 철제못(鐵釘)
o 수량 : 241건.
o 종류 : 釘身, 釘帽의 차이에 따라 A, B, C, D 4유형으로 나뉨.

◎ A형
형태 : 釘身은 송곳모양, 약간 굽었고, 釘帽는 원형, 단면은 반원형.

● 표본 2003JWN2T303②:71(그림 45-1)
o 크기 : 전체 길이 12.6cm, 釘帽 직경 3.6cm.
o 형태 : 완형.

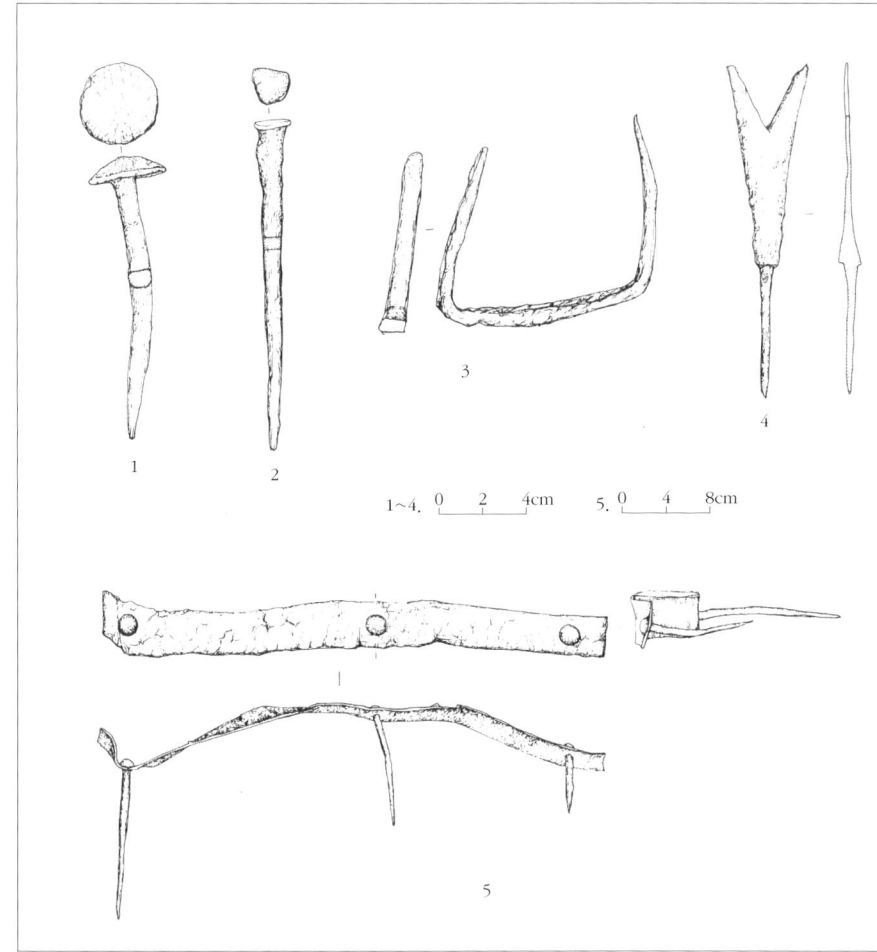

그림 45
2호 문지 출토 철기
(『丸都山城』, 47쪽)
1. A형 못(2003JWN2T303②:71)
2. B형 못(2003JWN2T303②:29)
3. C형 못(2003JWN2T303②:72)
4. 철촉(2003JWN2T203②:1)
5. 재료(2003JWN2T403②:1)

◎ B형

형태 : 釘身은 송곳 모양, 釘帽는 각이 둥근 삼각형. 釘身의 단면은 장방형을 띰.

● 표본 2003JWN2T303②:29(그림 45-2)
○ 크기 : 전체 길이 14.8cm, 釘身 단면 길이 0.8cm, 너비 0.6cm, 釘帽 직경 1.6cm.
○ 형태 : 완형.

◎ C형

형태 : 꺾쇠(鋦釘), 전체 모습은 'U'형에 가깝고, 양끝은 예리하며, 단면은 장방형.

● 표본 2003JWN2T303②:72(그림 45-3)
○ 크기 : 전체 길이 24cm, 단면 길이 1.2cm, 너비 0.6cm.
○ 형태 : 완형.

◎ D형

형태 : 釘身은 송곳모양, 單側 釘帽, 釘身의 단면은 방형.

● 표본 2003JWN2T303②:70
○ 크기 : 길이 28cm, 釘身의 단면 가장자리 길이(邊長) 1cm, 釘帽 직경 2.2cm.
○ 형태 : 완형.

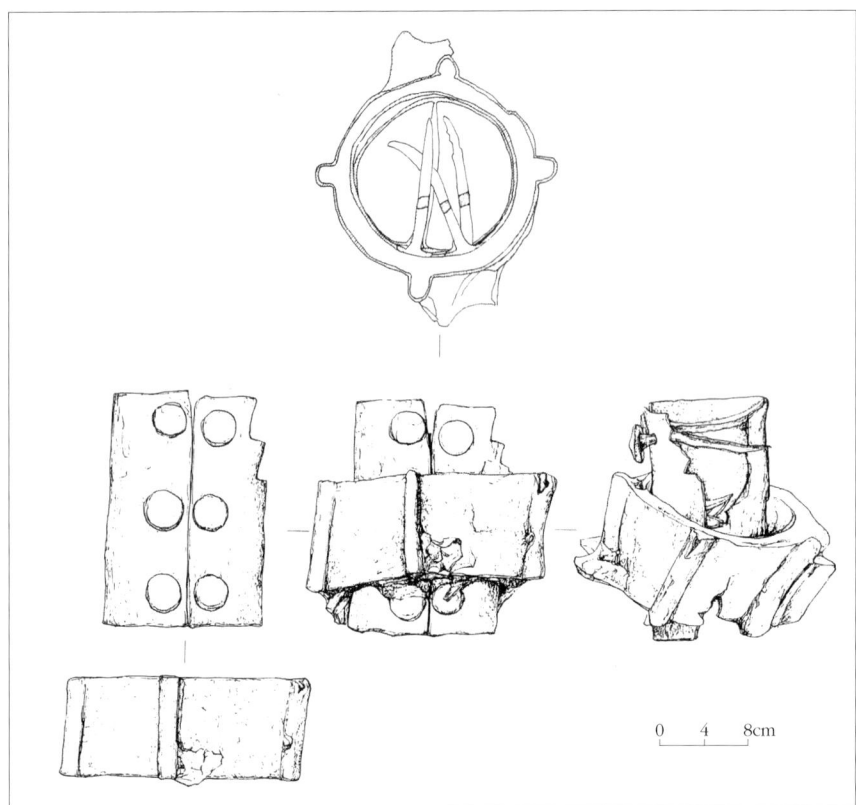

그림 46
2호 문지 출토 철제차관
(『丸都山城』, 48쪽)

ⓛ 철촉
○ 수량 : 3건.
○ 형태 : 기본적으로 동일함.

● 표본 2003JWN2T203②:1(그림 45-4)
○ 크기 : 전체 길이 14.8cm, 경부(鋌) 길이 5.8cm, 너비 3.8cm.
○ 형태 : 완형. 철촉의 앞 부분은 제비꼬리 모양, 鏃身은 납작하고 얇음. 경부(鋌)는 둥그스름함.

ⓒ 철제재료(鐵構件)
수량 : 1건.

● 표본 2003JWN2T403②:1(그림 45-5)
○ 크기 : 전체 길이 약 51.2cm, 너비 4cm, 두께 0.3cm.
○ 형태 : 완형. 장방형. 양끝 및 중앙에 각각 못 구멍이 있는데, 구멍에는 길이 14.2cm의 못(鐵釘)이 끼워져 있음.

ⓔ 철제차관(鐵車轄)

● 표본 2002JWN2T403②:97(그림 46)
○ 수량 : 1건.
○ 크기 : 통(筒) 직경 14.4cm, 길이 20cm, 철편 두께 0.4cm. 외부 구조물의 철편 두께 2.4cm, 직경 18.6cm.
○ 형태 : 약간 파손됨. 두 부분으로 구성됨. 내부 장식에 통(筒)모양의 구조물(構件)이 있으며, 양끝의 결합 부분에 2개의 못 구멍이 나란히 배열되어 있음. 그 위에 길이 12.4cm의 긴 못이 끼인 채 남아 있음. 외부는 원형의 구조물(構件) 하나가 둘러져 있음. 몸체(器身)에는 4개의 기둥모양 凸棱이 등간격으로 분포되어 있음.

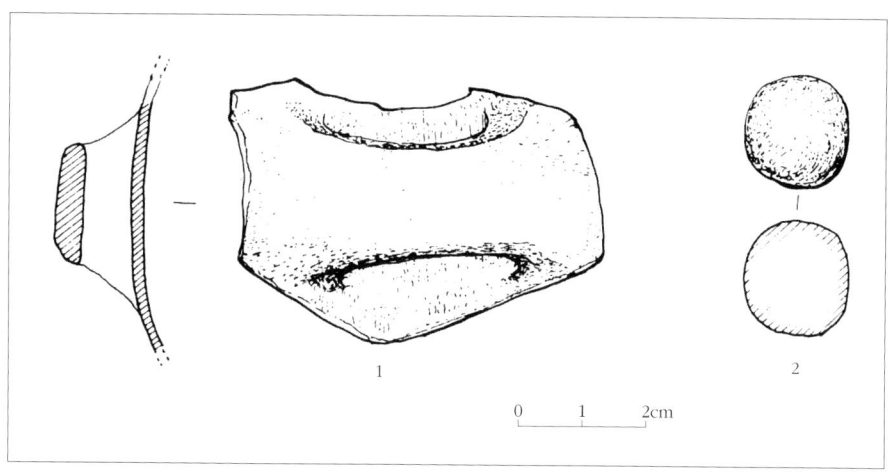

그림 47 2호 문지 출토 토기(『丸都山城』, 46쪽)
1. 그릇 손잡이 2. 토제구슬

② **토기**(陶器)

○ 수량 : 2건.

○ 종류 : 손잡이, 陶球 각 1건.

㉠ **그릇 손잡이**(器耳)

● 표본 2003JWN2T303②:65(그림 47-1)

○ 수량 : 1건.

○ 크기 : 너비 4.2cm.

○ 형태 : 수제품, 손잡이는 띠모양(橋狀).

○ 색깔 및 태토 : 재색의 거친 모래(砂陶)가 섞였음.

㉡ **토제구슬**(陶球)

● 표본 2003JWN2T403②:3(그림 47-2)

○ 수량 : 1건.

○ 크기 : 완전함. 직경 1.7cm.

○ 색깔 및 태토 : 황갈색, 니질.

③ **건축재료**

기와, 와당 두 종류로 분류로 나뉨.

㉠ **기와**(瓦)

암키와(板瓦)와 수키와(筒瓦)로 나뉨.

◎ **암키와**(板瓦)

○ 모두 파손품.

○ 수량 및 색깔 : 암키와 잔편은 총 8,625건, 그 중에 붉은색이 8,311건, 회홍색 314건.

○ 문양 : 주로 손으로 두드려 찍은(拍印的) 작은 방격문, 석문, 능형문 등임. 대부분이 작은 방격문이며 석문이 그 다음이고 복합문은 비교적 적음.

◎ **수키와**(筒瓦)

○ 모두 파손품.

○ 수량 및 색깔 : 수키와 잔편은 총 5,893건. 주로 붉은색이고, 회홍색은 총건수의 7.4%.

○ 문양 : 수키와 잔편중 일부 음각문(刻劃文) 기와가 있으며, 문양은 기다란 직선이 그려진 도안이 대부분이며, 소량의 명문기와와 새 및 동물 도안 기와도 있음.

◎ **명문기와**(文字瓦)

○ 수량 : 21건.

○ 문양 : 수키와 표면에 보이며, 기와를 불에 굽기 전에 음각(刻劃)하였고, 음각의 깊고 얕은 정도는 일치하지 않으며, 비교적 거침.

● '天下倉' 명문기와
수량 : 4건.

● 표본 2002JWN2T402①:68(그림 48-3)
○ 크기 : 두께 1.3cm.
○ 문양 : 수키와(筒瓦) 잔편, 직경 20cm의 구멍이 있음. 구멍 옆 가장자리에 새부리 모양의 문양을 음각(刻劃)하였음. 전체 조형은 새머리 형태로, 구멍은 흡사 새의 눈 있는 곳에 위치한 것 같음. 새머리 아래에 '下天倉' 字가 세로로 배열되어 있음.
○ 색깔과 태토 : 붉은색.

● 쌍겹의 '九'자[7] 명문기와
수량 : 2건.

● 표본 2002JWN2T302①:49
○ 크기 : 두께 1.4cm.
○ 문양 : 수키와(筒瓦) 잔편, 상하 중첩된 '九'자가 얕게 새겨져 있음.
○ 색깔과 태토 : 붉은색.

● 표본 2002JWN2T402①:2
○ 크기 : 두께 1.3cm.
○ 문양 : 수키와(筒瓦) 잔편, 상하 중첩된 '九'자가 얕게 새겨져 있음.
○ 색깔과 태토 : 붉은색.

● '九'자 명문기와
○ 수량 : 7건.
○ 문양 : 음각. 각획이 비교적 섬세함.

● 표본 2003JWN2T304②:70(그림 48-1)

● 표본 2003JWN2T304②:72(그림 48-2)

● '天'자 명문기와
○ 수량 : 1건.
○ 문양 : 음각.

● 표본 2003JWN2T304②:84(그림 48-4)
색깔과 태토 : 붉은색.

● '与'자 명문기와
○ 수량 : 4건.
○ 문양 : 음각. 글자의 흔적이 뚜렷함.

● 표본 2003JWN2T303②:76(그림 48-5)

● 표본 2003JWN2采:4
문양 : '与'자 오른쪽 아래에 꽃 봉우리 문양이 있음.

● '大'자 명문기와
수량 : 1건.

● 표본 2003JWN2T304②:118(그림 49-1)
문양 : 음각. 각획이 거침, 윗 부분의 문양은 결실됨.

● '手'자 명문기와
수량 : 1건.

---

[7] '九'자는 '瓦'자의 이체자로 추정됨.

● 표본 2003JWN2T303②:74(그림 49-2)
문양 : 음각, 각획이 거침, 오른쪽 부분의 문양은 결실됨.

● '冊'자 명문기와
○ 수량 : 3건.
○ 문양 : 비교적 깊게 음각(刻劃)하였음.

● 표본 2003JWN2T404②:35(그림 49-3)

● 표본 2003JWN2T304②:115(그림 49-4)

● 표본 2003JWN2T303②:2(그림 49-5)

● '君'자 명문기와
○ 수량 : 1건.
○ 문양 : 비교적 깊게 음각(刻劃)하였고, 붓 끝이 거침(粗放).

● 표본 2003JWN2T304②:103(그림 49-6)

◎ 음각(刻劃) 부호기와
○ 수량 : 211건.
○ 종류 : 비교적 많음. 鳥頭文, 연화문 기와 등을 포함함.

● 조두문기와
○ 수량 : 25건.
○ 종류 : 모두 수키와(筒瓦).
○ 형태 : 鳥頭文 형태는 각각 차이가 있음.

● 표본 2003JWN2T304②:101(그림 50-1)
문양 : 비교적 얕게 음각(刻劃)하였음. 머리는 둥글고 부리는 긺. 목 부분은 가늘고 길며, 휘었음.

● 표본 2003JWN2T303②:20(그림 50-2)
문양 : 부리는 뾰족하고 머리의 꼭대기 부분에 깃털이 장식되어 있음.

● 표본 2003JWN2T304②:99(그림 50-3)
문양 : 선이 힘이 있음. 눈의 형태를 비교적 풍부하게 표현함.

● 표본 2003JWN2T304②:17(그림 50-4)
문양 : 음각(刻劃)선은 길고 가늘며, 깊음. 부리가 뾰족함.

● 연화문기와
○ 수량 : 4건.
○ 종류 : 모두 수키와(筒瓦).

● 표본 2003JWN2T303②:6(그림 50-5)
문양 : 연꽃은 많은 꽃송이로 조성되어 있기 때문에 꽃송이 사이가 적당히 비례하고, 층차가 분명하며, 입체감이 비교적 돌출되어 있음.

● 표본 2003JWN2T304②:78(그림 50-6)

● '乎' 문 기와
수량 : 23건.

● 표본 2003JWN2T302②:60(그림 51-1)

● 표본 2003JWN2T402②:31(그림 51-2)

● '朩' 문 기와
수량 : 39건.

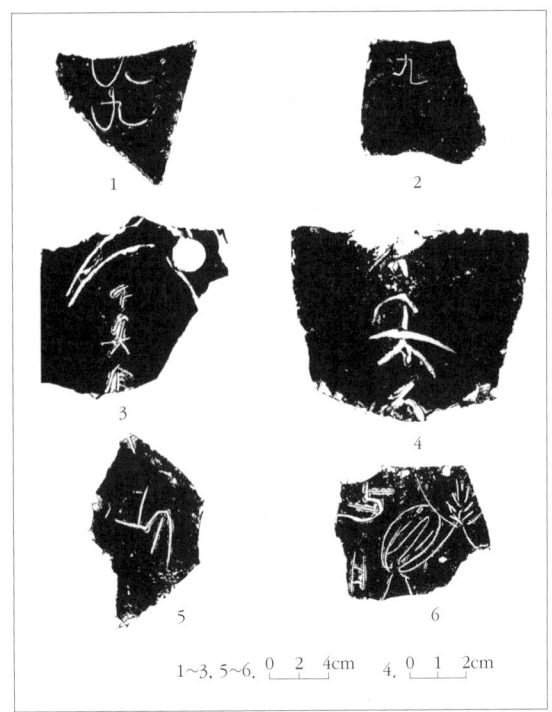

그림 48 2호 문지 출토 명문기와 탁본(『丸都山城』, 31쪽)

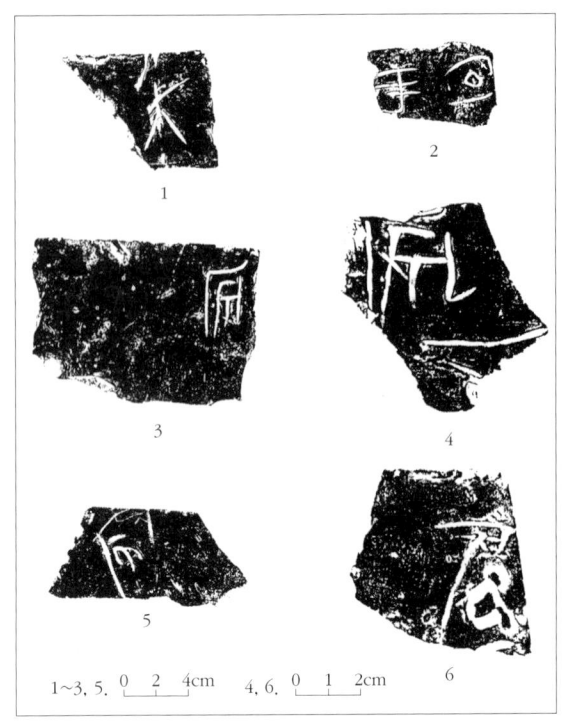

그림 49 2호 문지 출토 기와 탁본(『丸都山城』, 32쪽)

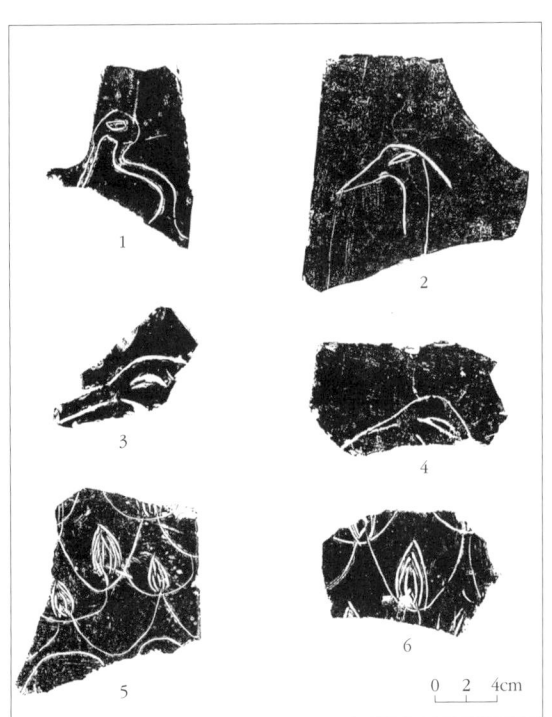

그림 50 2호 문지 출토 음각 조두문 및 연화문 기와
(『丸都山城』, 33쪽)
1~4. 조두문기와 5~6. 연화문기와

● 표본 2003JWN2T303②:17(그림 51-3)

● 표본 2003JWN2T303②:34(그림 51-4)

● 'Y'문 기와

수량 : 14건.

● 표본 2003JWN2T402②:25(그림 51-5)

● 표본 2003JWN2T402②:39(그림 51-6)

● '#'문 기와

수량 : 18건.

● 표본 2003JWN2T304②:45(그림 52-1)

● 표본 2003JWN2T404②:7(그림 52-2)

그림 51 2호 문지 출토 음각문기와 탁본(『丸都山城』, 35쪽)

그림 52 2호 문지 출토 음각문기와 탁본(『丸都山城』, 36쪽)

● 'X'문기와

수량 : 47건.

● 표본 2003JWN2T404②:36(그림 52-3)

● 표본 2003JWN2T404②:9(그림 52-4)

● '食'문기와

수량 : 12건.

● 표본 2003JWN2T402②:12(그림 52-5)
문양 : 글씨를 새긴 힘이 비교적 깊고, 그은 선은 조잡하고 거침.

● 표본 2003JWN2T303②:73(그림 52-6)

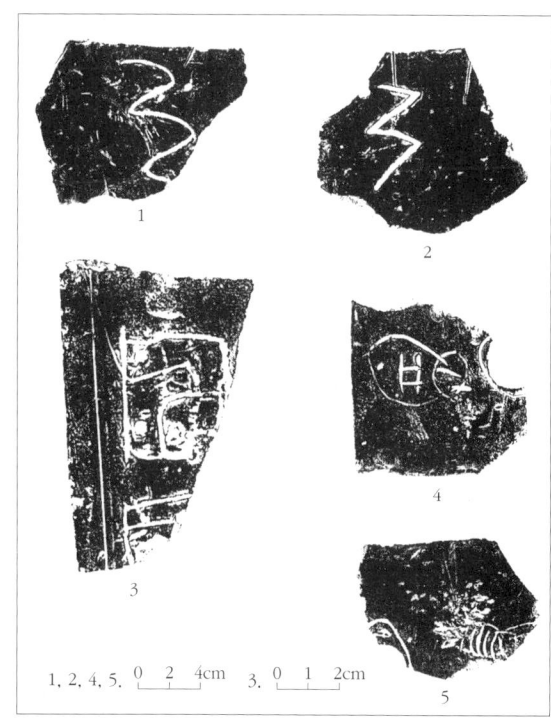

그림 53 2호 문지 출토 음각문기와 탁본(『丸都山城』, 37쪽)

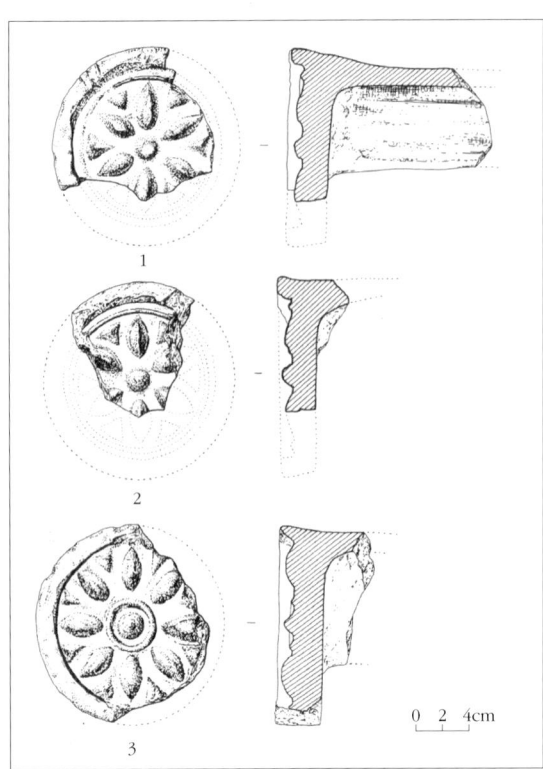

그림 54 2호 문지 출토 와당(『丸都山城』, 43쪽)
1~2. A형 연화문와당 3. B형 연화문와당

그림 55 2호 문지 출토 와당 탁본(『丸都山城』, 38쪽)
1~4. B형 연화문와당 5~6. A형 수면문와당

● 'ㄅ' 문 기와

○ 수량 : 14건.

○ 형태 : 알파벳 'W' 자를 세로로 세운 모양과 같음.

● 표본 2003JWN2T304②:93(그림 53-1)

● 표본 2003JWN2T304②:14(그림 53-2)

● '囝' 문 기와

○ 수량 : 1건.

○ 표본 2003JWN2T402②:28(그림 53-3)

● 'ㅐ' 문 기와

수량 : 1건.

● 표본 2003JWN2T402②:7(그림 53-4)

● '〓' 문 기와

○ 수량 : 1건.

○ 문양 : 문양의 모양이 생물의 머리 부분과 같음. 좌측에는 새머리 문양이 있음.

● 표본 2003JWN2T503②:6(그림 53-5)

ⓛ 와당

○ 수량 : 90건.

○ 종류 : 연화문와당과 수면문와당 2종류임.

◎ 연화문와당

○ 수량 : 35건.

○ 종류 : 문양의 차이에 따라 A, B, C 3유형으로 나뉨.

● A형

○ 6판 연화문와당.

○ 수량 : 2건.

○ 문양 : 고부조식 6판 연화문. 꽃잎 사이에 삼각형의 문양은 부조하였으며, 가운데는 중방(乳突)을 장식하였음. 주연(邊輪) 내측, 꽃잎 및 삼각형 중방(乳突) 외연에 각각 凸弦文을 한 줄 둘렀음.

● 표본 2002JWN2T404②:54(그림 54-1)

○ 크기 : 파손품. 직경 14.4m, 두께 2cm. 주연(邊輪) 凸起의 높이 1cm, 너비 1.2cm.

○ 색깔과 태토 : 검붉은색(짙은 붉은색).

● 표본 2002JWN2T404②:55(그림 54-2)

○ 크기 : 파손품. 직경 13.8cm, 두께 2.2cm, 주연(邊輪) 凸起의 높이 1cm, 너비 1.2cm.

○ 색깔과 태토 : 검붉은색(짙은 붉은색).

● B형

○ 8판 연화문와당.

○ 수량 : 9건.

○ 문양 : 고부조식 8판 연화문. 꽃잎 사이에 삼각형 문양을 부조하였고, 가운데 중방(乳突) 외연에 凸弦文을 한 줄 장식하였음.

● 표본 2002JWN2T404②:59(그림 55-1)

○ 크기 : 파손품. 직경 14cm, 두께 3cm. 주연(邊輪) 凸起의 높이 1.2cm, 너비 1.5cm.

○ 문양 : 5개의 꽃잎만 남아 있음.

○ 색깔과 태토 : 붉은색.

● 표본 2003JWN2T404②:60

○ 크기 : 파손품. 직경 14.8cm, 두께 3.5cm. 주연(邊輪) 凸起의 높이 1.4cm, 너비 1.2cm.

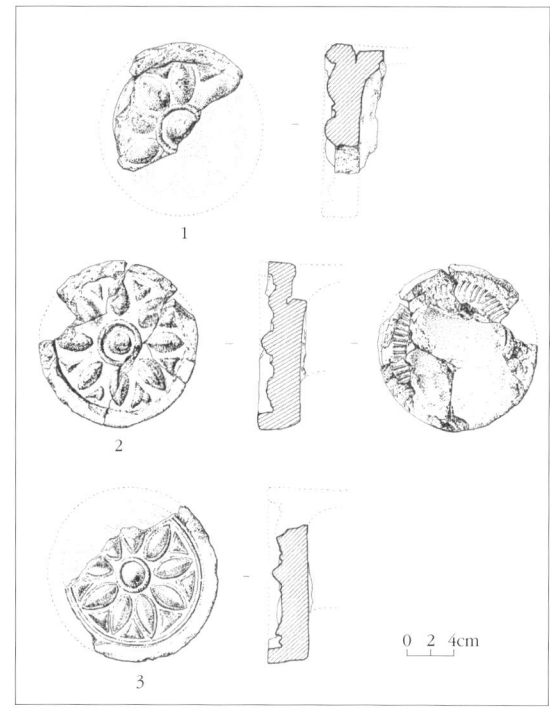

그림 56 2호 문지 출토 와당(『丸都山城』, 44쪽)
1~2. B형 연화문와당 3. C형 연화문와당

○ 색깔과 태토 : 검붉은색(짙은 붉은색).

● 표본 2003JWN2T503②:5(그림 55-2)

○ 크기 : 파손품. 직경 14.5cm, 두께 3.3cm. 주연(邊輪) 凸起의 높이 1.2cm, 너비 1.4cm.

○ 색깔과 태토 : 검붉은색(짙은 붉은색).

● 표본 2003JWN2采:1

○ 크기 : 파손품. 직경 14cm, 두께 3.5cm, 주연 돌기의 높이 1.2cm, 너비 1.2cm.

○ 색깔과 태토 : 검붉은색(짙은 붉은색).

● 표본 2003JWN2T303②:63(그림54-3, 그림55-3)

○ 크기 : 일부 파손됨. 직경 14.4cm, 두께 2.2cm. 주연(邊輪) 凸起의 높이 1cm, 너비 1.2cm.

○ 색깔과 태토 : 검붉은색(짙은 붉은색).

● 표본 2003JWN2T303②:64(그림 56-1)
○ 크기 : 일부 파손됨. 직경 13.6cm, 두께 2.2cm. 주연(邊輪) 凸起의 높이 1cm, 너비 1.4cm.
○ 색깔과 태토 : 검붉은색(짙은 붉은색).

● 표본 2003JWN2T304②:136(그림 55-4, 그림 56-2)
○ 크기 : 일부 파손됨. 직경 14cm, 두께 4cm. 주연(邊輪) 凸起의 높이 1.2cm, 너비 1.4cm.
○ 색깔과 태토 : 붉은색.

● C형
○ 9판 연화문와당.
○ 수량 : 19건.
○ 문양 : 고부조식 9판 연화문. 꽃잎 사이에 삼각형 문양을 부조하였음. 연륜내측, 꽃잎 및 중방(乳突) 外緣에 각기 凸弦文을 한 줄 둘렀음.

● 표본 2003JWN2T404②:57(그림 56-3)
○ 크기 : 일부 파손됨. 직경 14.6cm, 두께 2.4cm, 주연(邊輪) 凸起의 높이 1.2cm, 너비 1.2cm.
○ 색깔과 태토 : 붉은색.

● 표본 2003JWN2T503②:4(그림 57-1)[8]
○ 크기 : 일부 파손품. 직경 14.6cm, 두께 1.2cm, 주연(邊輪) 凸起의 높이 1cm, 너비 1.2cm.
○ 색깔과 태토 : 검붉은색(짙은 붉은색).

◎ 수면문와당
○ 수량 : 60건.
○ 종류 : 치아, 혀 및 코 위의 네모난 形象의 차이에 따라 A, B 두 유형으로 나뉨.

---

[8] 그림 57-1의 도면상으로는 연화문이 9개가 아니라 8개임.

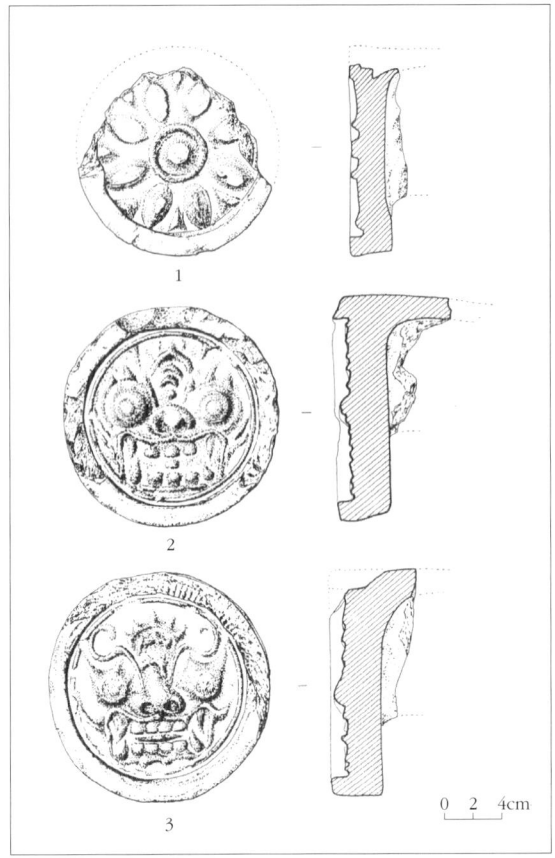

그림 57 2호 문지 출토 와당(『丸都山城』, 45쪽)
1. C형 연화문와당 2. A형 수면문와당 3. B형 수면문와당

● A형
○ 수량 : 58건.
○ 문양 : 이빨 10개, 가운데에 구슬모양의 작은 혀가 있음. 고부조식. 수면의 선은 강력한 힘이 느껴짐. 입은 길고 네모나며 큼. 눈알은 크고 바깥으로 튀어나옴(볼록함). 凸弦文을 두 줄 장식하였고, 상부에 각각 속눈썹털 3개가 있으며 불꽃모양으로 만들었음. 콧구멍은 둥글고 벌어져 바깥으로 뒤집어졌음. 콧대있는 곳에 구슬모양의 凸起가 있으며, 콧대에서 이마 부분 쪽으로 3겹의 '人'자 무늬가 있음. 눈썹(眉宇), 수염(胡須)은 모두 짧고 위로 말렸음. 외연에 凸弦文을 한 줄 둘렀음.

● 표본 2003JWN2T303③:24(그림 55-5)
○ 크기 : 직경 15.5cm, 두께 3.7cm, 주연(邊輪) 凸起

그림 58 2호 문지 출토 A형 수면문와당 탁본(『丸都山城』, 40쪽)

의 높이 1.2cm, 너비 1.4cm.
○ 색깔과 태토 : 붉은색.

● 표본 2003JWN2T304②:48(그림 55-6)
○ 크기 : 일부 파손됨. 직경 15.5cm, 두께 3.3cm, 주연(邊輪) 凸起의 높이 1.2cm, 너비 1.3cm.
○ 색깔과 태토 : 검붉은색(짙은 붉은색).

● 표본 2003JWN2T303②:22
○ 크기 : 일부 파손됨. 직경 16cm, 두께 3.4cm, 주연(邊輪) 凸起의 높이 1.3cm, 너비 1.3cm.
○ 색깔과 태토 : 붉은색.

● 표본 2003JWN2T304②:139(그림 58-1)
○ 크기 : 일부 파손됨. 직경 15.5cm, 두께 3.5cm, 주연(邊輪) 凸起의 높이 1.3cm, 너비 1.3cm
○ 색깔과 태토 : 붉은색.

● 표본 2003JWN2T404②:52(그림 58-2)
○ 크기 : 일부 파손됨. 직경 15.5cm, 두께 3cm, 주연(邊輪) 凸起의 높이 1.2cm, 너비 1.4cm.
○ 색깔과 태토 : 붉은색.

● 표본 2003JWN2T503②:2(그림 58-3)
○ 크기 : 일부 파손됨. 직경 15.5cm, 두께 3cm, 주연(邊輪) 凸起의 높이 1.3cm, 너비 1.3cm.
○ 색깔과 태토 : 붉은색

● 표본 2003JWN2T503②:1(그림 58-4)
○ 크기 : 일부 파손됨. 직경 15.5cm, 두께 3cm, 주연(邊輪) 凸起의 높이 1.2cm, 너비 1.3cm.
○ 색깔과 태토 : 붉은색.

● 표본 2003JWN2T503②:3(그림 58-5)
○ 크기 : 일부 파손됨. 직경 15.5cm, 두께 3cm, 주연(邊輪) 凸起의 높이 1.2cm, 너비 1.3cm.
○ 색깔과 태토 : 붉은색.

● 표본 2003JWN2T402②:43
○ 크기 : 파손품. 두께 3cm.
○ 문양 : 주연(邊輪)은 이미 파손되었음.
○ 색깔과 태토 : 붉은색.

● 표본 2003JWN2T402②:44(그림 58-6)
○ 크기 : 일부 파손됨. 직경 15.5cm, 두께 3.3cm, 주연(邊輪) 凸起의 높이 1.3cm, 너비 1.3cm.
○ 색깔과 태토 : 회홍색.

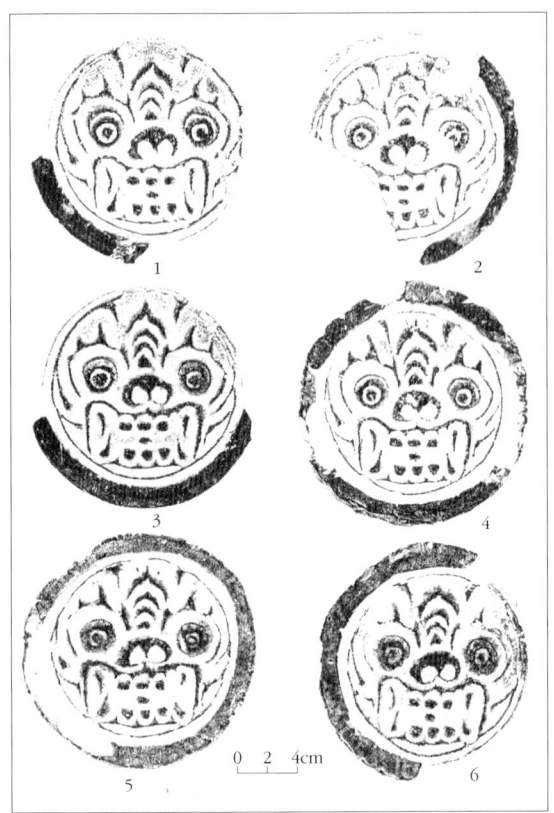

그림 59 2호 문지 출토 A형 수면문와당 탁본(『丸都山城』, 41쪽)

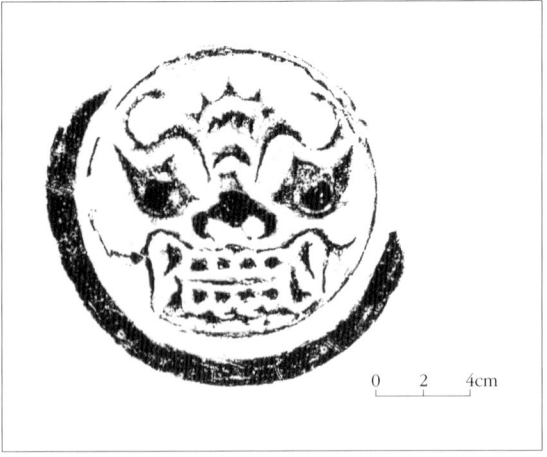

그림 60 2호 문지 출토 B형 수면문와당(2003JWN2T404②:50) 탁본(『丸都山城』, 42쪽)

● 표본 2003JWN2T303②:65(그림 59-1)
○ 크기 : 일부 파손됨. 직경 15.5cm, 두께 3.5cm, 주연(邊輪) 凸起의 높이 1.3cm, 너비 1.5cm.
○ 색깔과 태토 : 붉은색.

● 표본 2003JWN2T303②:37(그림 59-2)
○ 크기 : 파손품. 직경 15.5cm, 두께 3.5cm, 주연(邊輪) 凸起의 높이 1.2cm, 너비 1.3cm.
○ 색깔과 태토 : 붉은색.

● 표본 2003JWN2T303②:66(그림 59-3)
○ 크기 : 일부 파손됨. 직경 15.5cm, 두께 3.3cm, 주연(邊輪) 凸起의 높이 1.2cm, 너비 1.4cm.
○ 색깔과 태토 : 붉은색.

● 표본 2003JWN2T404②:51(그림 57-2, 그림 59-4)
○ 크기 : 완전함. 직경 14.8cm, 두께 2.6cm, 주연(邊輪) 凸起의 높이 1.2cm, 너비 1.4cm.
○ 색깔과 태토 : 붉은색.

● 표본 2003JWN2T303②:21(그림 59-5)
○ 크기 : 일부 파손됨. 직경 14.8cm, 두께 2.4cm, 주연(邊輪) 凸起의 높이 1.2cm, 너비 1.4cm.
○ 색깔과 태토 : 붉은색.

● 표본 2003JWN2T402②:2(그림 59-6)
○ 크기 : 일부 파손됨. 직경 15.5cm, 두께 3.2cm, 주연(邊輪) 凸起의 높이 1.2cm, 너비 1.4cm.
○ 색깔과 태토 : 붉은색.

● B형
○ 수량 : 2건.
○ 문양 : 이빨 12개. 입 가운데 '一'자형의 긴 혀가 있음. 고부조식. 수면선(얼굴 선)은 섬세하며, 둥글고 윤이 남. 입은 길고 네모나며 큼. 눈알은 대체로 능형, 삼각형의 송곳모양으로 위로 말렸음. 눈알은 돌출해 있

고 凸弦文을 한 줄 둘렀음. 콧구멍은 둥글고 크며, 코 위에 3겹의 꺾인 齒堆文이 있음. 눈썹(眉宇), 수염(胡鬚)은 모두 곡선으로 말린 모양이며, 이마에 불꽃문양을 장식하였음. 외연에 凸弦文을 한 줄 둘렀음.

● 표본 2003JWN2T404②:50(그림 57-3, 그림 60)
○ 크기 : 일부 파손됨. 직경 15.4cm, 두께 2.4cm, 주연(邊輪) 凸起의 높이 1.2cm, 너비 1.4cm
○ 색깔과 태토 : 재색.

(3) 3호 문지 출토유물
3호 문지의 발굴조사 과정 중에 기와 잔편을 발견했는데, 암키와(板瓦)와 수키와(筒瓦) 2종류로 모두 붉은 색임.

(4) 장대(전망대, 瞭望臺) 출토유물
장대에서 비교적 다수의 건축용 기와가 출토되었음. 와당 및 刻劃文 기와 등이 있음. 또 철제못(鐵釘), 철제화살촉(鐵鏃), 도금한 동제화살촉(鎏金銅鏃) 등의 유물이 발견됨.

① 청동기

㉠ 도금한 청동제신발 못(鎏金銅履釘)
수량 : 1건.

● 표본 2003JWL :34(그림 61-22)
○ 크기 : 釘身 길이 4cm.
○ 형태 : 청동제, 표면은 도금하였음. 釘身은 4면이고, 4면 모두 파도(波浪) 문양 사이에 둥근 점 문양(圓點式文飾)을 장식하였음. 전체를 정치하게 다듬었음.

② 철기

㉠ 철제못(鐵釘)
○ 수량 : 54매.
○ 종류 : 길고 짧은 두 종류로 분류됨.

◎ 긴 못(長釘)

● 표본 2003JWL:102(그림 61-1)
○ 크기 : 전체 길이 13.8cm. 釘帽 직경 1.6cm. 釘身 변장 0.6cm.
○ 형태 : 완형. 단측 釘帽, 釘帽의 원형, 釘身의 단면은 방형에 가까움.

● 표본 2003JWL:113(그림 61-2)
○ 크기 : 전체 길이 14.8cm. 釘帽 직경 1.6cm. 釘身 길이 0.7cm, 너비 0.6cm.
○ 형태 : 완형. 단측 釘帽, 釘帽는 원형. 釘身의 단면은 방형에 가까움.

◎ 짧은 못(短釘)

● 표본 2003JWL:105(그림 61-3)
○ 크기 : 남은 길이 3cm. 釘帽 직경 1.5cm.
○ 형태 : 일부 파손됨. 釘身의 단면은 원형.

● 표본 2003JWL:29(그림 61-4)
○ 크기 : 전체 길이 3.8cm. 釘帽 직경 1.4cm. 釘身 변장 3cm.
○ 형태 : 완형. 釘身의 단면은 방형.

㉡ 철제화살촉(鐵鏃)
○ 수량 : 31매.
○ 종류 : 모양에 따라 A, B, C, D 4유형으로 분류됨.

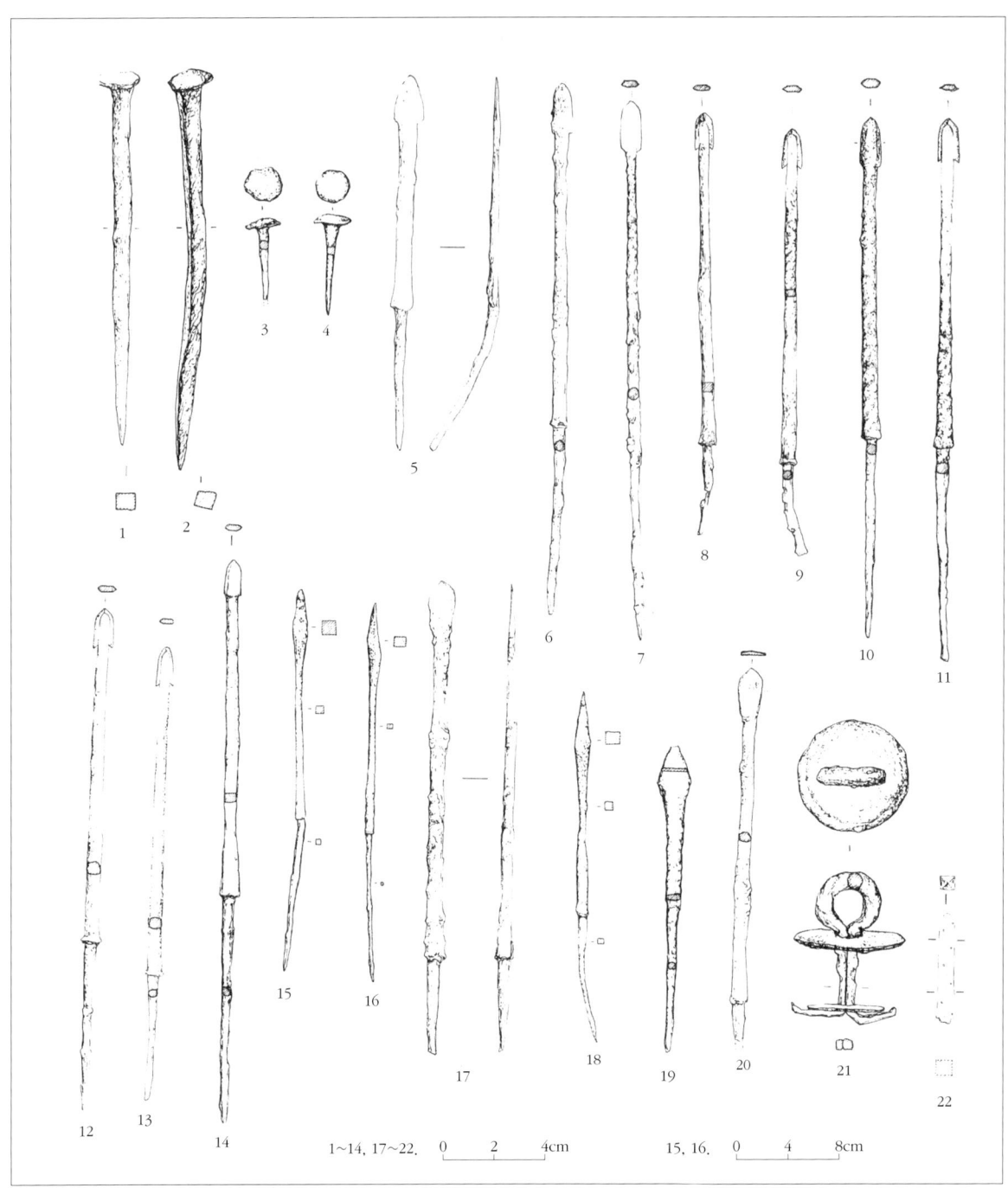

그림 61 장대(전망대) 출토 철기(『丸都山城』, 160쪽)
1. 못(2003JWL:102) 2. 못(2003JWL:113) 3. 못(2003JWL:105) 4. 못(2003JWL:29) 5. 화살촉(2003JWL:110) 6. 화살촉(2003JWL:13)
7. 화살촉(2003JWL:108) 8. 화살촉(2003JWL:162) 9. 화살촉(2003JWL:27) 10. 화살촉(2003JWL:161) 11. 화살촉(2003JWL:10)
12. 화살촉(2003JWL:109) 13. 화살촉(2003JWL:15) 14. 화살촉(2003JWL:38) 15. 화살촉(2003JWL:25) 16. 화살촉(2003JWL:41)
17. 화살촉(2003JWL:16) 18. 화살촉(2003JWL:107) 19. 화살촉(2003JWL:112) 20. 화살촉(2003JWL:19) 21. 코걸이(2003JWL:179)
22. 금동제신발못(2003JWL:34)

◎ A형 : 쌍익촉(雙翼鏃)

● 표본 2003JWL:110(그림 61-5)
○ 크기 : 경부(鋌) 길이 5.2cm, 촉관(鏃關) 길이 7cm, 鏃身 길이 1.8cm.
○ 형태 : 완형이지만, 부식이 심함. 단면은 柳葉形.

◎ B형

● 표본 2003JWL:13(그림 61-6)
○ 크기 : 鏃關 길이 10.8cm, 경부(鋌) 길이 7.8cm, 鏃身 길이 1.8cm.
○ 형태 : 완형.

● 표본 2003JWL:108(그림 61-7)
○ 크기 : 경부(鋌) 길이 6.3cm, 鏃關 길이 11.4cm, 鏃身 길이 1.8cm.
○ 형태 : 완형이지만, 부식이 심함.

● 표본 2003JWL:162(그림 61-8)
○ 크기 : 경부(鋌) 남은 길이 3.4cm. 鏃關 길이 11cm, 鏃身 길이 1.4cm.
○ 형태 : 경부(鋌)가 약간 남아 있음.

● 표본 2003JWL:27(그림 61-9)
크기 : 경부(鋌) 남은 길이 3.5cm, 鏃關 길이 11cm, 鏃身 길이 1.4cm.

● 표본 2003JWL:161(그림 61-10)
○ 크기 : 경부(鋌) 길이 7.3cm, 鏃關 길이 10cm, 鏃身 길이 1.8cm.
○ 형태 : 완형.

● 표본 2003JWL:10
○ 크기 : 경부(鋌) 길이 7.8cm, 鏃關 길이 10.6cm, 鏃身 길이 1.6cm.
○ 형태 : 완형.

● 표본 2003JWL:109(그림 61-12)
○ 크기 : 경부(鋌) 길이 6.2cm, 鏃關 길이 11cm, 鏃身 길이 1.4cm.
○ 형태 : 완형.

● 표본 2003JWL:15(그림 61-13)
○ 크기 : 경부(鋌) 길이 4.6cm, 鏃關 길이 10.8cm, 鏃身 길이 1.4cm.
○ 형태 : 완형.

● 표본 2003JWL:38(그림 61-14)
○ 크기 : 경부(鋌) 길이 8.4cm, 鏃關 길이 11.2cm, 鏃身 길이 1.4cm.
○ 형태 : 완형.

◎ C형
형태 : 경부(鋌), 鏃身, 鏃關등의 단면이 방형을 띰.

● 표본 2003JWL:25(그림 61-15)
○ 크기 : 전체 길이 28cm, 경부(鋌) 길이 11.2cm.
○ 형태 : 완형.

● 표본 2003JWL:41(그림 61-16)
○ 크기 : 전체 길이 17.2cm, 경부(鋌) 길이 10.8cm.
○ 형태 : 완형.

● 표본 2003JWL:16(그림 61-17)
○ 크기 : 경부(鋌)의 남은 길이 3.5cm, 鏃關 길이 12.1cm, 鏃身 길이 2cm.

○ 형태 : 경부(鋌)는 파손됨.

● 표본 2003JWL:107(그림 61-18)
○ 크기 : 전체 길이 13cm, 경부(鋌) 길이 4.8cm
○ 형태 : 완형.

◎ D형 : 능형촉

● 표본 2003JWL:112(그림 61-19)
○ 크기 : 전체 길이 11.3cm, 경부(鋌) 길이 5.4cm.
○ 형태 : 약간 파손됨. 鏃關은 납작하고 얇음.

● 표본 2003JWL:19(그림 61-20)
크기 : 鏃關 길이 10.4cm, 경부(鋌) 잔장 1.4cm, 鏃身 길이 2cm.

ⓒ 코걸이(環鼻)
수량 : 1건.

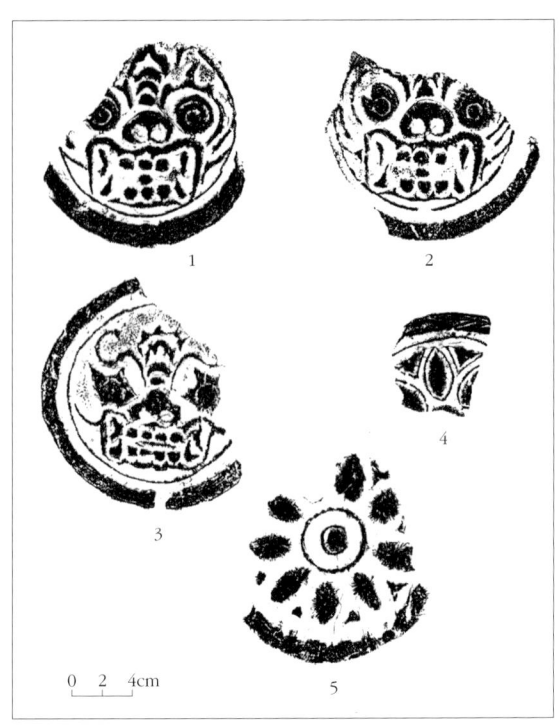

그림 62 장대(전망대) 출토 와당 탁본(『丸都山城』, 159쪽)
1. A형 수면문와당(2003JWL:175-3)
2. A형 수면문와당(2003JWL:175-1)
3. B형 수면문와당(2003JWL:175-2)
4. 9판 연화문와당(2003JWL:175-7)
5. 9판 연화문와당(2003JWL:174)

● 표본 2003JWL:179(그림 61-21)
○ 크기 : 고리 직경 2.5cm, 고리의 단면 직경 0.6cm. 철편 직경 4.2cm.
○ 형태 : 완형. 철사와 2매의 원형 철편으로 조성되었음. 철사는 철편 가운데 구멍을 뚫고 나와 만곡을 이루며 고리를 이룸. 고리의 단면은 원형.

③ 와당

㉠ 와당
○ 수량 : 수량은 비교적 적음.
○ 문양 : 모두 파손품. 수면문과 연화문 와당 두 종류임.

◎ 수면문와당
종류 : 혀 부분에 따라 A, B 두 유형으로 분류됨.

● A형
○ 수량 : 2건.
○ 문양 : 이빨 10개. 얼굴을 그린 선(수면선)은 힘이 있음. 장방형의 큰 입. 가운데에 구슬모양의 작은 혀가 있음. 눈자위(眼眶)는 둥글고, 눈알은 크고 튀어나왔음(볼록함). 凸弦文 두 줄을 장식하였으며. 상부에 각각 속눈썹 털 3개가 있음. 불꽃 모양으로 만들었음. 콧구멍은 둥글고 크며 바깥으로 뒤집혔으며, 콧대 있는 곳에 구슬모양의 凸起가 있고, 콧대에서 이마부분 쪽으로 차례대로 3겹의 '人'자 무늬가 있음. 눈썹과 수염은 모두 짧고 위로 말렸음. 외연에 凸弦文을 한 줄 장식하였음.

● 표본 2003JWL:175-3(그림 62-1)
○ 크기 : 파손품. 두께 2.4cm. 주연(邊輪) 凸起의 높이 1.2cm, 너비 1.4cm.
○ 문양 : 주연(邊輪)은 파손됨.

● 표본 2003JWL:175-1(그림 62-2)
○ 크기 : 파손품. 두께 2.6cm. 주연(邊輪) 凸起의 높이 1.2cm, 너비 1.4cm.
○ 문양 : 주연(邊輪)은 파손됨.

● B형
○ 수량 : 1건.
○ 문양 : 이빨 12개. 얼굴을 그린 선은 길고 섬세하며 둥글고 유려함. 장방형의 큰 입. 입 가운데 'ㅡ'자형의 혀가 있음. 눈자위는 대체로 능형이며 삼각형의 송곳모양을 만들며 위로 치켜올라갔음. 눈알은 밖으로 튀어 났으며(볼록하며), 凹弦文을 한 줄 장식하였음. 콧구멍은 둥글고 크며, 코 위에 3겹의 꺽인 齒堆文이 있음. 눈썹과 수염은 모두 말려 위로 올라간 모양이고 이마위쪽에 불꽃 문양(火焰文)을 장식하였음. 외연에 凸弦文을 한 줄 둘렀음.

● 표본 2003JWL:175-2(그림 62-3)
크기 : 파손품. 직경 15cm, 두께 2.4cm. 주연(邊輪) 凸起의 높이 1.2cm, 너비 1.4cm.

◎ 연화문와당
문양 : 모두 9개의 잎(9판 연화문와당).

● 표본 2003JWL:175-7(그림 62-4)
○ 크기 : 두께 3cm, 주연(邊輪) 凸起의 높이 1cm, 너비 1.2cm
○ 문양 : 겨우 꽃잎 3개가 남아 있음. 꽃잎 사이에 삼각형의 凸文을 부조하였으며 주연(邊輪) 내측, 꽃잎 및 삼각형의 외변에 각기 凸弦文을 한 줄 둘렀음.

● 표본 2003JWL:174(그림 62-5)
○ 크기 : 파손품. 두께 1.9cm, 주연(邊輪) 凸起의 높이 1.1cm, 너비 1.4cm.
○ 문양 : 와당의 전체 모습은 심하게 파손되었음. 표면은 도질이 탈락하였고, 바탕(胎體)은 거칠고, 꽃잎 사이에 삼각형의 凸文이 있음. 가운데에 중방(乳突)이 있음.

ⓒ 음각문(刻劃文字) 기와 및 模印文 기와(그림 63~그림 66)
○ 명문기와, 음각선기와, 조두문기와 등이 있음.
○ 대부분 수키와인데, 암키와도 소량 있음.

(5) 저수지 출토유물

① 철기

㉠ 철제못(鐵釘)
수량 : 2건.

● 표본 2003JWXT706①:1(그림 67-1)
○ 크기 : 길이 6.8cm, 釘帽 직경 4.8cm, 釘身 단면 변장 0.9cm.
○ 형태 : 완형. 釘帽는 원형. 釘身의 단면은 방형. 정은 끝이 예리하고 굽어 직각을 이룸.

㉡ 철제화살촉(鐵鏃)
○ 수량 : 5건.
○ 형태 : 鏃身 모습은 삽모양(鏟形). 경부(鋌)는 비교적 짧음.

● 표본 2003JWXT103②:1(그림 67-2)
○ 크기 : 전체 길이 9.6cm, 鏃身 길이 5.8cm, 단면

그림 63 장대(전망대) 출토 음각문기와 및 문자기와
(『丸都山城』, 162쪽)
1·3·4. 음각문기와 2. 문자기와

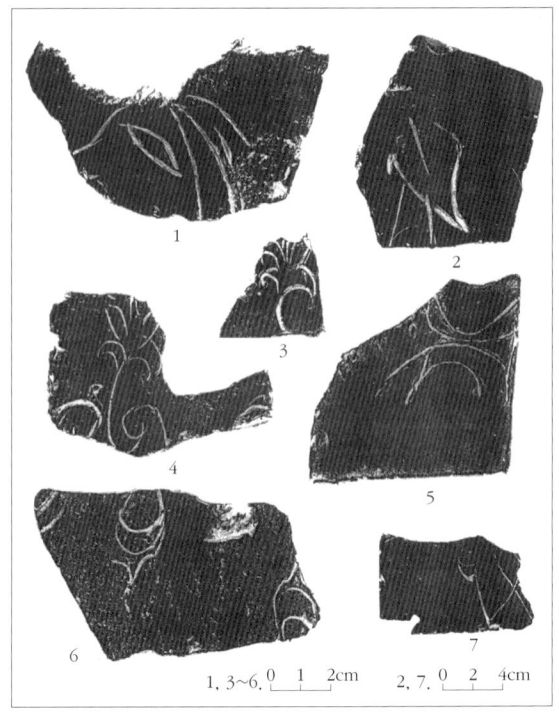

그림 64 장대(전망대) 출토 음각문기와 탁본(『丸都山城』, 163쪽)

그림 65 장대(전망대) 출토 음각문기와 탁본(『丸都山城』, 164쪽)
1. 2003JWL:62 2. 2003JWL:155 3. 2003JWL:56
4. 2003JWL:149 5. 2003JWL:150

그림 66 장대(전망대) 출토 음각문기와 및 음각문기와 탁본
(『丸都山城』, 165쪽)
1. 음각문기와(2003JWL:49) 2. 음각문기와(2003JWL:169)
3. 模印文기와(2003JWL:172) 4. 음각문기와(2003JWL:97)

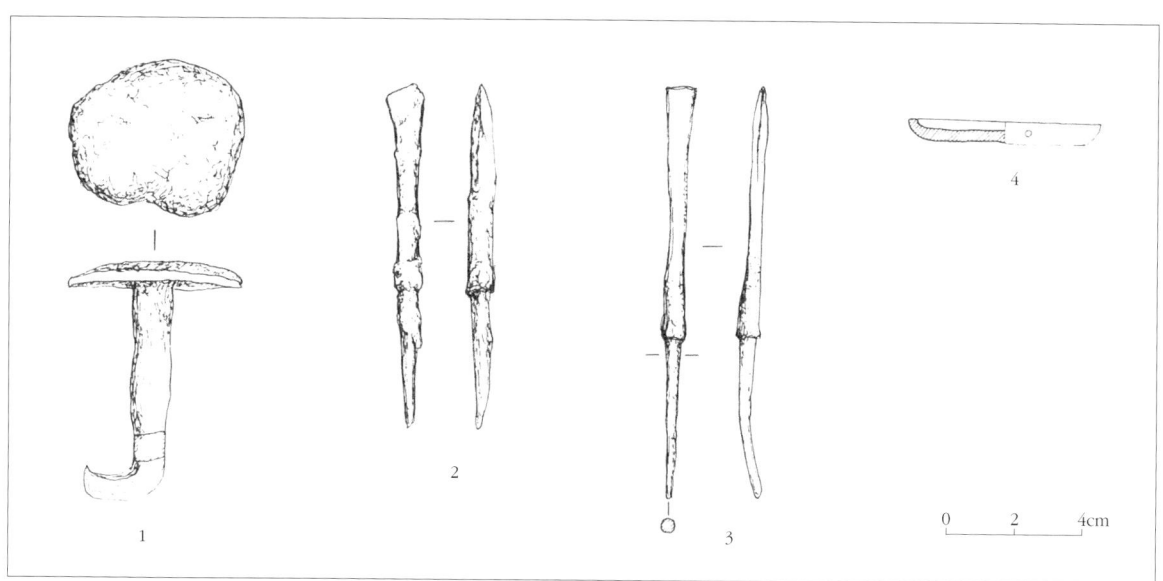

그림 67 저수지 출토유물(『丸都山城』, 168쪽)
1. 철제못 2·3. 철제화살촉 4. 그릇 뚜껑

길이 0.45cm, 너비 0.35cm.
○ 형태 : 鏃身은 부식이 심함. 단면은 방형에 가까움.

● 표본 2003JWXT103②:2(그림 67-3)
○ 크기 : 전체 길이 11.4cm, 鏃身 길이 7cm, 단면 직경 0.4cm.
○ 형태 : 완형. 봉부(鋒部)는 예리하며, 단면은 원형.

② 토기(陶器)

㉠ 그릇 뚜껑(器蓋)
수량 : 1건.

● 표본 2003JWXT405③:1(그림 67-4)
○ 크기 : 직경 10.8cm, 높이 0.4cm, 구연 너비 0.5cm.
○ 형태 : 완형. 물레로 제작. 원형의 얕은 소반(盤) 형태임. 구연부는 약간 내만(內彎).
○ 색깔과 태토 : 외벽은 윤이 나며 흑색을 띰. 내벽은 옅은 재색. 모래섞인 갈색 토기(褐陶).

③ 동물 뼈

㉠ 소뼈
발가락 뼈 2개, 늑골 5개, 발톱 뼈(距骨) 1개, 등뼈 1개가 있음.

㉡ 개뼈
머리뼈 1개, 아래턱뼈 1개가 있음.

㉢ 새뼈
○ 아래턱 뼈 1개, 어깨뼈 1개가 있음.
○ 이 밖에도 부패로 인해 판단이 불가능한 일부 골격이 있음.
○ 동물 뼈들은 대부분 T405의 진흙층, 즉 저수지의 가운데 부분에서 나왔음.

7. 역사적 성격

1) 지정학적 위치

集安 산성자산성(환도산성)은 압록강 우안을 따라 형성된 通溝盆地(集安盆地) 서북쪽의 험준한 산에 위치함. 통구분지는 동서(동북-서남) 길이 약 16km, 남북 폭 2~4km 전후로 압록강 중류유역에서 가장 넓은 분지임. 通溝河와 압록강이 합류하는 通溝盆地 중앙에는 평지성인 국내성지가 있음.

통구분지의 북쪽으로는 老嶺山脈에서 뻗어나온 禹山이 압록강과 나란히 달리며 병풍처럼 펼쳐져 있는데, 동쪽의 龍山과 서쪽의 七星山과 함께 통구분지 전체를 방어해주는 천연 병풍의 역할을 하고 있음.

산성은 통구분지를 감싸고 있는 禹山의 서북쪽, 七星山의 동북쪽에 자리하고 있는데, 通溝河를 따라 동남쪽으로 2.5km 내려가면 국내성지에 도달함. 이로 보아 산성은 평지성인 국내성지와 밀접히 연관될 것으로 추정됨. 또 산성 서북방의 板岔嶺에서는 1906년에 毌丘儉紀功碑가 발견되었고, 1963년에는 창, 칼, 화살촉 등 고구려시기의 무기류가 많이 출토되었음. 그리고 산성 동북쪽 3km 거리의 夾皮溝門에서도 보루 유적이 발견됨. 이러한 유적은 모두 渾江 유역에서 老嶺山脈을 넘어 산성자산성이 자리한 통구분지로 향하는 적군을 방어하기 위한 전방 보루로 추정됨.

2) 주변의 유적 현황

(1) 산성 내 고분

산성자산성 내부에는 고구려시기의 고분이 총 37기 분포함. 대부분은 적석묘이고 봉토묘도 1기 있음. 적석묘는 무기단적석묘, 방단적석묘, 방단계단적석묘 등 세 종류가 있는데, 대부분 서벽 안쪽의 산비탈에 분포함. 봉토묘는 봉토석실묘로 궁전터 서남쪽 30m 거리에 위치함.

(2) 산성 주변의 유적 현황

① 평지성과 건물터

산성에서 通溝河를 따라 동남쪽으로 2.5km 정도 내려가면 通溝河와 압록강이 만나는 합류지점의 동북쪽에 고구려시기의 평지 도성인 국내성지가 위치함. 국내성지 내부에서는 수많은 건물지가 발견되었을 뿐 아니라, 그 주변에 民主遺蹟, 東臺子 유적, 梨樹園子南 유적, 氣象臺 유적 등 다수의 건물지가 분포함.

② 고분과 능비

압록강을 따라 동북-서남방향으로 기다랗게 펼쳐진 通溝盆地(集安盆地)에는 禹山 산기슭, 通溝河와 麻線溝 연안, 七星山 기슭, 下解放 들판과 산기슭 등에 고구려시기의 적석묘와 봉토석실묘 등 1만 2천여 기의 고분이 분포함. 특히 通溝盆地 동쪽의 태왕릉과 장군총 사이에는 고구려 제19대 광개토왕의 묘비인 광개토왕릉비가 우뚝 솟아 있음. 이러한 고분과 능비는 通溝盆地 일대가 고구려 두 번째 도성이었음을 잘 보여줌.

③ 보루(哨所) 유적

1906년 渾江 지류인 新開河를 거슬러 통구분지로 향하는 길목인 板岔嶺에서 毌丘儉紀功碑가 발견되었고, 1963년에는 이곳에서 창·칼·화살촉 등 고구려시기 유물이 다수 발견되었는데, 산성자산성의 전방 보루로 추정됨. 板岔嶺에서는 小板岔嶺을 거쳐 험준한 산능성을 따라 산성자산성의 서북 모서리로 나아갈 수 있음. 또 산성의 동북쪽 3km 거리에 위치한 夾皮溝門 양안의 절벽 위에서 보루가 발견되었는데, 협곡 사이로 通溝河가 산성 쪽으로 급류하고 있음.

그 밖에도 渾江 지류인 新開河 유역에는 望波嶺關隘와 霸王朝山城, 淸河(葦沙河) 유역에는 關馬墻山城과 大川哨所, 大羅圈溝河 유역에는 石湖關隘와 二道溝門關隘, 漏河 유역에는 北溝關隘와 城墻砬子山

城 등이 있는데, 모두 渾江 유역에서 通溝盆地로 향하는 적군을 방어하기 위한 군사시설임. 또 國內城 하류 방면의 압록강 연안에서도 七個頂子關隘와 灣溝老邊墻關隘 등이 분포하는데, 압록강을 거슬러 通溝盆地로 향하는 적군을 방어하기 위한 군사시설임.

3) 성곽현황과 축성시기

(1) 성벽 현황

산성자산성의 존재가 처음 확인된 것은 1905년이며, 그 뒤 1913년 조사에서 산성의 전체 평면도와 더불어 개략적인 성벽 단면도가 작성되고, 1936년 조사에서는 남벽, 동벽, 북벽의 축조양상을 확인함과 더불어 비교적 상세한 성벽 단면도를 작성했음. 1949년 이후 중국학자들이 여러 차례 성벽의 전체현황을 재조사함. 특히 2001~2003년에는 각 성벽을 구간별로 세분하여 축조양상과 보존상태를 상세히 조사하고, 성벽의 단면도와 정면도 등 많은 실측도를 작성했음.

전체 성벽 가운데 동벽의 남쪽 구간, 북벽의 서쪽 구간, 서벽의 북쪽 구간이 비교적 잘 남아 있는데, 이러한 양상은 2010년 10월의 현지답사를 통해서도 확인할 수 있었음. 동벽 남쪽과 북벽 서쪽 구간에서는 성돌을 20~30여 단 전후씩 가지런하게 쌓은 성벽 모습을 확인할 수 있음. 성벽의 전체적인 축조양상은 桓仁 五女山城이나 高儉地山城, 新賓 黑溝山城 등과 비슷함. 특히 자연암반을 성벽 기초부로 활용하는 양상, 수직절벽이나 산등성이의 높이 솟은 암석을 천연성벽으로 활용하는 양상 등은 고구려 초기 산성의 대표적인 축성방식으로 이해되고 있음. 이러한 성벽 현황으로 보아 산성자산성의 초축은 고구려 초기에 이루어진 것으로 파악할 수 있음.

(2) 성가퀴와 기둥구멍 현황

1913년 성벽 윗면에서 성가퀴와 기둥구멍이 확인된 이래 1936년과 1980년대에도 동벽의 남쪽 구간, 북벽과 서벽 등에서 성가퀴와 더불어 기둥구멍이 다수 확인되었음. 1949년 이후의 재조사에서는 동벽의 남쪽 구간에서 약 20개의 기둥구멍을 확인했다고 함. 2001~2003년에는 동벽, 북벽, 서벽에 남아 있는 성가퀴와 기둥구멍의 현황을 구간별로 상세히 조사했음. 특히 동벽 E구간의 Q6 지점에서 외벽을 5단으로 축조한 성가퀴의 원모습을 확인했으며, 기둥구멍은 동벽에서 8개, 북벽에서 1개, 서벽에서 2개 등을 조사했음.

성가퀴 안쪽에 설치한 기둥구멍의 기능에 대해서는 견해가 분분한 상황이지만(趙俊杰, 2008), 桓仁 五女山城과 高儉地山城, 新賓 黑溝山城 등 압록강 유역에 위치한 고구려 초기 산성에서 공통적으로 나타나는 현상임에는 거의 모든 연구자가 동의하고 있음.

(3) 성문 현황

1905년과 1913년 조사에서는 중앙 남문만 확인되었지만, 1936년 조사에서는 중앙 남문과 더불어 동문 3개, 북문 1개 등을 확인했고, 특히 중앙 남문과 남쪽 동문의 옹성 구조가 밝혀짐. 그렇지만 1949년 이후의 재조사에서는 동쪽 북문을 추가로 확인했지만, 북쪽 동문은 문지로 인정하지 않음. 이러한 견해는 2001~2003년 조사에도 계승되어 동문이 2개인 것으로 파악함. 다만 2001~2003년 조사에서는 중앙 남문을 발굴하는 한편, 서쪽 남문과 서문을 새롭게 발견했음. 특히 서쪽 남문에서는 옹성구조와 더불어 청말에 산성을 재사용한 흔적을 확인했음.

따라서 북쪽 동문을 문지로 인정한다면 산성자산성에는 남문 2개, 동문 3개, 북문 2개, 서문 1개 등 총 8개의 성문이 설치되었고, 이 중 중앙과 서쪽의 남문, 남쪽의 동문은 옹성 구조를 갖추었던 것으로 파악할 수 있음. 이러한 문지 부근에는 기와와 와당편을 비롯한 많은 건축재료, 철기류 등이 출토되고 있는데, 3세기 이전으로 올려볼 수 있는 유물은 아직까지 확인되지 않고 있음. 다만 서쪽 남문의 문길에서는 불탄 건축자재가 많이 출토되었는데, 이는 이 성문이 화재로 인해 소실되었을 가능성을 시사함.

(4) 장대와 내부 건물지 현황

20세기 전반부터 장대와 저수지를 비롯하여 산성 내부의 건물지가 다수 확인되었음. 다만 2000년 이전에는 이들 유적에 대한 발굴조사가 진행되지 않아 외형적인 현상만 지적되었음. 2001~2003년에 중앙 남문 뒤쪽의 장대, 장대 동남쪽의 저수지, 궁전지 등에 대한 발굴조사가 진행되었음. 그 결과 장대, 저수지, 궁전지 등의 규모와 축조양상 등을 상세하게 파악하고, 기와와 와당을 비롯한 수많은 건축자재, 철기와 토기, 동기 등의 유물이 많이 출토되었음.

이 가운데 궁전지에서 '小兄'이라는 관등명이 새겨진 기와편이 많이 출토되었는데, 이는 궁전지의 조영에 고구려의 중하위 관등인 小兄을 소지한 官人이나 匠人이 대거 관여했음을 반영함. 최근 대다수 중국학자들은 궁전지를 비롯한 산성 내부의 건축물이 고구려 초기에 조성되어 342년 환도성 함락과 더불어 소실되었고 이때 산성도 폐기되었다고 파악하고 있음.

그렇지만 일찍이 關野貞이 지적한 것처럼 궁전지 등에서 출토된 와당은 동대자유적 출토품과 유사하며 대체로 5세기 후반 이후로 편년됨. 문헌기록만을 근거로 현재 발견되고 있는 산성 내부의 성곽시설이나 건물지의 연대를 342년 이전으로 비정하기는 힘들다고 생각됨. 성곽시설이나 건물지의 구체적인 연대는 향후 정밀한 발굴조사와 더불어 다른 유적에서 출토된 유물과의 비교연구를 통해 다각도로 규명할 필요가 있다고 생각됨.

(5) 축성 시기

이상과 같이 성벽의 축조양상, 성벽에 남아 있는 성가퀴나 기둥구멍의 현황만 놓고 본다면 산성자산성은 桓仁 五女山城과 高儉地山城, 新賓 黑溝山城 등과 함께 3세기 이전에 축조된 고구려 초기 산성으로 분류할 수 있음. 그렇지만 현재까지 성문 주변을 비롯하여 장대지, 궁전지, 저수지 등에서 기와와 와당편을 비롯한 건축자재, 철기, 토기, 동기 등의 유물이 많이 출토되었지만, 3세기 이전으로 편년할 만한 유물은 거의 확인되지 않은 상태임. 오히려 장대나 궁전지에서 출토된 와당은 5세기 후반 이후의 고구려 후기로 편년될 가능성이 높음. 따라서 산성자산성의 초축시기나 사용기간에 대해서는 향후 정밀한 발굴조사와 다른 성곽이나 유물과의 비교 연구를 통해 다각도로 규명할 필요가 있다고 생각됨.

4) 國內 遷都 시기와 산성자산성의 성격

(1) 國內 遷都와 관련된 사료

산성자산성이 위치한 通溝盆地(集安盆地) 일대가 고구려 두 번째 도성이었던 國內城 지역이라는 데는 거의 모든 연구자가 동의하고 있음. 다만 卒本에서 國內로 천도한 시기, 國內 遷都 이후의 초기 중심지, 산성자산성의 축성시기 등과 관련해서는 논란이 분분한 실정임.

3년(유리왕 22) 10월 卒本에서 國內로 천도하고 尉那巖城 축조.

198년(산상왕 2) 2월 丸都城 축조.

209년(산상왕 13) 10월 丸都로 移都.

246년(동천왕 20) 10월 毌丘儉의 침입으로 丸都城 파괴.

247년(동천왕 21) 2월 丸都城이 파괴로 인해 수도로 복구 불가능, 平壤城을 축조하여 백성과 宗廟·社稷을 옮김.

336년(고국원왕 4) 8월 平壤城 증축.

342년(고국원왕 12) 2월 丸都城 수리, 國內城 축조.

342년(고국원왕 12) 8월 丸都城으로 移居.
342년(고국원왕 12) 11월 전연 慕容皝의 침입으로 丸都城 파괴.
343년(고국원왕 13) 7월 平壤東黃城으로 이거.
427년(장수왕 15) 평양으로 遷都.

국내 천도와 관련된 사료를 종합하면 위와 같음. 이에 따르면 고구려는 유리왕 22년 國內로 천도하면서 尉那巖城을 축조하였고, 그 이후에도 國內城만 도성으로 삼았던 것이 아니라 丸都城·平壤城 등으로 移都(移居)하였다고 함. 이에 종래 國內城·尉那巖城·丸都城의 관계에 대해 많은 논란이 있었고, 平壤城의 위치에 대해서도 여러 이견이 제기되었음.

(2) 20세기 이전 국내성(환도성)의 위치 비정

고려나 조선시기에는 대체로 國內城과 丸都城은 동일한 곳에 위치한 것으로 파악했고, 그 위치는 압록강 하구 근처(『高麗史』, 兵志)를 비롯하여 의주(『三國史略』)나 義州 남쪽의 麟州(『東國輿地勝覽』, 권52), 초산부 강북의 兀剌山城 곧 桓仁 五女山城(『東史綱目』), 만포진 맞은 편(『海東繹史』), 초산 대안(『大韓疆域考』, 권3) 등으로 추정되었음.

19세기 후반 通溝盆地에서 광개토왕릉비가 발견된 이후 국내성과 환도성은 대체로 通溝盆地 부근에 위치한 것으로 비정했지만(白鳥庫吉), 국내성지를 비롯하여 산성자산성과 주변의 유적에 대한 조사가 진전됨에 따라 다양한 견해가 제기되기도 했음.

(3) 국내성과 환도성의 관계에 대한 여러 견해

1905년 山城子山城을 처음 조사한 鳥居龍藏은 毌丘儉紀功碑가 발견된 판석령과 산성자산성이 연결된다는 사실에 주목하고 산성자산성을 毌丘儉이 함락시켰다는 丸都城에 비정하고, 집안 국내성지는 환도성의 別城으로 파악함. 그리고는 桓仁 五女山城의 본래 명칭인 兀剌山城의 발음이 유리왕 22년에 천도했다는 國內 尉那巖城의 '尉那'와 유사한 사실을 근거로 국내성은 환인 오녀산성으로 비정함. 또 이 무렵 松井等도 환도성을 관구검기공비가 발견된 板石嶺으로 비정한 다음 국내성은 臨江縣으로 비정했음.

이로써 국내성과 환도성을 다른 곳에 비정하는 異處說이 우세해지기 시작했는데, 楡樹林 일대에서 대규모 고분군을 조사한 關野貞은 국내성을 국내성지, 위나암성을 산성자산성으로 비정하면서 丸都城은 유수림 일대로 비정했음. 그 뒤 중국학계의 王健群은 국내성=영흥(불내성), 환도성=집안현성, 북한의 손영종이 국내성=집안분지, 환도성=新賓 黑溝山城으로 비정하는 등 異處說이 지속되고 있음.

그렇지만 대다수 학자는 동천왕대에 환도성을 함락한 毌丘儉의 紀功碑가 1906년에 集安 小板岔嶺에서 발견된 사실에 유의하여 國內城과 丸都城을 모두 통구분지 일대로 비정함. 다만 한국학계나 중국학계의 대다수 학자가 國內城은 평지성인 國內城址, 환도성은 산성인 산성자산성 등으로 분리하여 비정하는데 비해, 일본학자들은 국내성·환도성을 같은 도성에 대한 두 개의 칭호(白鳥庫吉) 또는 '환도'는 국내성에 대한 중국측 가칭으로서 모두 국내성지(집안현성)에 해당하며 산성자산성은 그 부속 산성이라고(三品彰英) 파악하기도 함. 이러한 일본학자들의 견해는 국내성·환도성을 같은 성곽을 지칭한다고 파악하는 점에서 同一說로 명명할 수 있는데, 卒本에서 國內로의 천도시기를 山上王代로 파악하는 견해와 밀접히 연관되어 있음.

(4) 國內遷都 시기와 尉那巖城·丸都城의 관계

『삼국사기』 고구려본기에 따르면 고구려는 유리왕 22년(A.D. 3)에 卒本에서 國內로 천도하고 尉那巖城을 축조했으며, 공손씨의 압박을 받던 산상왕 2년(198)에 환도성을 축조한 다음 동왕 13년(209)에는 환도성으로 移都했다고 함. 반면 『삼국지』 동이전 고구려조에는 公孫氏의 침공으로 도성이 파괴되자 산상왕이 '새로운 도성을 건설했다(更作新國)'고 함. 국내학계나 중국학계의 대다수 학자들은 『삼국사기』 고구려본기를 근거로 국내로의 천도시기를 유리왕대로 설정하고, 위나암성과 환도성을 모두 산성자산성에 비정하고 있음.

이에 비해 일본학자들은 白鳥庫吉과 池内宏 이래 『삼국지』 동이전의 기록을 근거로 산상왕대인 2세기 말경에 卒本에서 國内로 천도했다고 파악하고, 산상왕 이전의 고구려 왕계나 사료까지 후대에 꾸며진 것이라며 불신했음. 이에 따른다면 산성자산성의 축조연대는 산상왕대 이전으로 설정할 수 없음. 國内 尉那巖城을 桓仁 五女山城, 丸都城을 集安 山城子山城으로 비정한 鳥居龍藏의 견해도 이와 유사하다고 할 수 있는데, 최근 국내나 구미학계에서도 尉那巖城을 환인 오녀산성으로 비정하고, 유리왕 22년 국내천도 기사를 졸본지역 내에서의 천도로 파악했음(노태돈, 1999: 2012, 및 Mark Byington 2004).

그런데 고구려는 첫 번째 도성인 卒本에서 이미 평지거점과 군사방어성으로 이루어진 도성체계를 구축했음. 산상왕이 축조한 성곽은 국내 도성 전체가 아니라, 군사방어성인 환도성을 가리킴. 산상왕의 도성 건설은 공손씨의 침공에 대비하기 위해 국내지역의 평상시 거점에서 새로운 군사방어성으로 거처를 옮긴 것을 가리키며, 그 이후 公孫氏 정권을 이어 조위의 침공위협이 계속되자 군사방어성을 계속 임시 왕성으로 삼은 것으로 파악됨. 실제 동천왕대에 고구려를 침공한 毌丘儉은 沸流水(혼강 유역)을 경유해 頹峴(䫴峴, 頽峴)을 넘은 다음 "懸車束馬하여 비로소 丸都山에 오른 다음 그 도읍을 도륙했다"고 하는데, 이는 환도성이 험준한 산에 위치한 산성임을 시사함.

따라서 산상왕대에 "새로운 도성을 건설했다"는 『삼국지』 동이전의 기사는 통구분지 내의 평지성에서 방어용산성으로 이거한 사실을 기술한 것으로 산상왕대 천도설은 성립하기 어려움. 즉 문헌자료상 山城子山城의 초축 연대는 적어도 산상왕이 환도성을 축조했다는 198년으로 설정할 수 있음.

그럼 산성자산성이 산상왕대 이전에 축조되었을 가능성은 없을까? 이와 관련하여 가장 중요한 문제는 國内 尉那巖城과 丸都城의 관계임. 현재 국내학계나 중국학자들은 대부분 유리왕 22년에 國内로 천도하면서 현재의 산성자산성에 尉那巖城을 축조하고, 그 뒤 산상왕대에 尉那巖城을 대대적으로 개축한 다음 그 명칭을 丸都城으로 변경했다고 파악하고 있음. 이에 따른다면 산성자산성의 초축연대는 기원을 전후한 시기로 소급할 수 있음.

그렇지만 고구려본기 초기 기사는 윤색된 부분이 많으므로 유리왕대 천도설을 그대로 신빙하기는 어려움. 제반 상황을 종합하면 卒本에서 國内로의 천도는 국가체제를 확립하던 1세기 중후반에 단행되었다고 생각되는데, 국내지역이 제2현도군과 멀리 떨어져 있어서 군사방어상 유리했다는 점이 크게 작용한 것 같음. 이와 더불어 국내지역이 당시 고구려가 배후기지를 건설하려던 동해안 방면과 가깝고, 압록강 중상류 전체를 아우르는 수로망의 중심지라는 점도 고려되었다고 생각됨.

다만 태조왕대에 卒本에서 國内로 천도했다고 하여 尉那巖城의 위치를 곧바로 현재의 산성자산성으로 비정하기는 힘듦. 尉那巖城에 대한 기록은 대무신왕대 이후 나오지 않으며, 丸都城과의 관계를 명확하게 보여주는 자료도 없기 때문. 尉那巖城과 丸都城의 관계, 나아가 山城子山城의 초축 연대 등에 대해서는 향후 더욱 면밀한 연구가 필요하다고 생각됨.

(5) 산성자산성의 성격

상기 검토를 통해 산성자산성의 초축 연대나 尉那巖城과의 관계를 명확히 알기는 힘들지만, 최소한 산성자산성이 公孫氏 政權의 침공을 방어하기 위해 2세기 말에 축조한 丸都城에 비정됨을 확인할 수 있었음. 즉 산성자산성은 고구려 두 번째 도성인 國內地域 평지거점의 방어용산성으로 축조되었던 것임. 다만 공손씨 세력이 괴멸된 다음에도 조위의 군사적 위협이 계속되었기 때문에 산성자산성=환도성을 계속 임시 왕성으로 삼았으며, 마침내 246년 조위 관구검의 침공을 받아 함락되었음. 산성자산성이 2세기 말에서 3세기 중반까지 약 50여 년간 임시 왕성으로 사용되었던 것임.

그 뒤 산성자산성은 방치되었다가 4세기 전반 前燕의 침공을 방어하기 위해 342년 2월 개축하여 8월에 임시 왕성으로 삼았지만, 같은 해 11월에 전연 모용황에게 함락되어 파괴됨. 중국학자들은 거의 대부분 이때 산성자산성이 완전히 폐기되었다고 파악하고, 성곽시설이나 건물지의 연대를 4세기 중반 이전으로 설정하고 있음. 그렇지만 장대나 궁전지 등에서 출토된 와당은 5세기 후반 이후 고구려 후기로 편년됨(김진경, 2011, 66~69쪽 ; 여호규, 2012, 77~79쪽 ; 양시은, 2016, 53쪽). 더욱이 본래 산성자산성을 지칭하던 '丸都'가 427년 평양 천도 이후에도 '國內城'이라는 명칭과 더불어 舊都 전체를 지칭하는 명칭으로 사용되었음. 따라서 산성자산성은 평양천도 이후에도 계속 사용되었을 것으로 추정되는데, 평양천도 이후 산성자산성의 성격에 대해서는 아직 별다른 논의가 이루어지지 않았으므로 향후 다각도로 검토할 필요가 있음.

참고문헌

- 那珂通世, 1895, 「朝鮮古史考」, 『史學雜誌』 6-4.
- 鳥居龍藏, 1906, 「滿洲調査復命書」, 『史學雜誌』 17.
- 鳥居龍藏, 1910, 「鴨綠江畔洞溝に於ける高句麗の遺跡」, 『東洋時報』 137·140, 東洋時報社.
- 松井等, 1911, 「國內城の位置に就きて」, 『東洋學報』 1-2.
- 關野貞, 1914, 「滿洲輯安縣及び平壤附近に於ける高句麗時代の遺跡(1·2)」, 『考古學雜誌』 5-3·4.
- 關野貞, 1914, 「丸都城及國內城の位置」, 『史學雜誌』 25-11.
- 鳥居龍藏, 1914, 「丸都城及國內城の位置について」, 『史學雜誌』 25-7.
- 白鳥庫吉, 1914, 「丸都城及國內城考」(1·2), 『史學雜誌』 25.
- 朝鮮總督府, 1915, 『朝鮮古蹟圖譜』 1, 2.
- 關野貞, 1920, 「丸都城考」, 『大正六年度 古蹟調査圖譜』, 朝鮮總督府.
- 池內宏, 1936, 「丸都城と國內城」, 『史學雜誌』 47-6.
- 池內宏, 1936, 『滿洲國安東省輯安縣高句麗遺跡』, 滿日文化協會.
- 藤田亮策, 1936, 「滿洲國安東省輯安縣に於ける高句麗遺蹟の調査」, 『靑丘學叢』 23.
- 藤田亮策, 1936, 「高句麗古蹟調査槪要」, 『靑丘學叢』 26.
- 池內宏·梅原末治, 1938·1940, 『通溝』(上, 下), 日滿文化協會.
- 三上次男, 1938, 「輯安行-高句麗時代の遺跡調査」, 『歷史地理』 71-1.
- 關野貞, 1941, 「滿洲國輯安縣に於ける高句麗時代の遺跡」, 『朝鮮の建築と藝術』, 巖波書店.
- 三品彰英, 1951, 「高句麗王都考」, 『朝鮮學報』 1.
- 李殿福, 1982, 「高句麗丸都山城」, 『文物』 1982-6.
- 吉林省文物志編委會, 1984, 『集安縣文物志』.
- 吉林省考古研究室·集安縣博物館, 1984, 「集安高句麗考古的新收穫」, 『文物』 1984-1.
- 林至德·張雪巖, 1984, 「高句麗兩都城」, 『文物天地』 1984-6.
- 王承禮, 1984, 『吉林遼寧的高句麗遺迹』, 『考古與文物』 1984-6.
- 魏存成, 1985, 「高句麗初中期的都城」, 『北方文物』 1985-2.
- 西川宏, 1985, 「集安における高句麗遺跡調査の成果」, 『考古學研究』 31-4.
- 賈士金, 1985, 「集安高句麗文物考古工作中的新課題」, 『博物館研究』 1985-2.
- 李殿福, 1986, 「兩漢時代的高句麗及其物質文化」, 『遼海文物學刊』, 創刊號.
- 王健群, 1987, 「玄菟郡的高西遷和高句麗發展」, 『社會科學戰線』 1987-2.
- 孫進己·馮永謙, 1988, 『東北歷史地理』(一), 黑龍江人民出版社.
- 耿鐵華, 1989, 「集安高句麗農業考古槪述」, 『農業考古』 1989-1.
- 武田幸男, 1989, 「丸都と國內城の私的位置」, 『高句麗史と東アヅア』, 巖波書店.

- 李殿福·孫玉良, 1990, 「高句麗的都城」, 『博物館研究』 1990-1.
- 三上次男, 1990, 「輯安行-高句麗時代の遺跡調査」, 『高句麗と渤海』, 吉川弘文館.
- 劉永祥, 1990, 「從都城變遷看高句麗的不同發展時期」, 『東北亞歷史與文化』.
- 杉山信三·小笠原好彦, 1992, 『高句麗の都城遺跡と古墳』, 同朋舍.
- 차용걸, 1993, 「고구려전기의 도성」, 『국사관논총』 48, 국사편찬위.
- 孫進己, 1994, 「高句麗王國的地方建置」, 『東北民族史研究』, 中州古籍出版社.
- 李殿福, 1994, 「集安山城子山城考略」, 『東北考古研究』 (二), 中州古籍出版社.
- 王禹浪·王宏北, 1994, 『高句麗渤海古城址 研究匯編』 (上), 哈爾濱出版社.
- 李殿福(차용걸·김인경 역), 1994, 『중국내의 고구려 유적』 학연문화사.
- 魏存成, 1994, 「城址·建築址」, 『高句麗考古』, 吉林大學出版社.
- 馮永謙, 1994, 「高句麗城址輯要」, 『北方史地研究』, 中州古籍出版社.
- 최무장, 1995, 『고구려 고고학』, 민음사.
- 박진석, 1995, 「丸都城遺址에 대한 고증」, 『中國境內 高句麗遺蹟』, 예하.
- 東潮·田中俊明, 1996, 『高句麗の歷史と遺跡』, 中央公論社.
- 余昊奎, 1998, 「集安 山城子山城」, 『高句麗 城』 I(鴨綠江中上流篇), 國防軍史研究所.
- 노태돈, 1999, 「고구려의 기원과 국내성 천도」, 『한반도와 중국 동북3성의 역사와 문화』, 서울대학교출판부.
- 李健才, 2000, 「高句麗的都城和疆域」, 『高句麗歸屬問題研究』.
- 耿鐵華·倪軍民, 2000, 『高句麗歷史與文化』, 吉林文史出版社.
- 王綿厚, 2001, 「高句麗的城邑制度與都城」, 『社會科學戰線』 2001-7.
- 西谷正, 2001, 「1945年以前における高句麗遺跡の發掘と遺物」, 『고구려연구』 제12집.
- 魏存成, 2002, 『高句麗遺迹』, 文物出版社.
- 王綿厚, 2002, 『高句麗古城研究』, 文物出版社.
- 김종은, 2003, 「고구려 초기 천도기사로 살펴본 왕실교체」, 『숙명한국사론』 3.

- 금경숙, 2004, 「고구려 국내성 천도의 역사적 의미」, 『고구려연구』 15.
- Mark E. Byington, 2004, 「Problems Concerning the First Relocation of the Koguryo Capital」, 『고구려의 역사와 문화유산』, 서경문화사.
- 李新全·梁志龍·王俊輝, 2004, 「關于高句麗兩座土城的一點思考」, 『東北史地』 2004-4.
- 周向永, 2004, 「從紇升骨到國內城人地關係的歷史思考」, 『東北史地』 2004-6.
- 李殿福, 2004, 「高句麗的都城」, 『東北史地』 2004-1.
- 李健才, 2004, 「關于高句麗中期都城機介問題的探討」, 『東北史地』 2004-1.
- 耿鐵華, 2004, 「集安作爲高句麗都城的考古學證明」, 『東北史地』 2004-1.
- 金旭東, 2004, 「丸都山城」, 『中國文化遺産』 2004-2.
- 秦升陽, 2004, 「高句麗王城王陵及山貴族墓葬」, 『東北史地』 2004-7.
- 吉林省文物考古硏究所 集安市博物館 編著, 2004, 『丸都山城-2001~2003年集安丸都山城調査試掘報告』, 文物出版社.
- 여호규, 2005, 「고구려 국내 천도의 시기와 배경」, 『한국고대사연구』 38.
- 심광주, 2005, 「고구려 국가형성기의 성곽연구」, 『고구려의 국가형성』, 고구려연구재단.
- 김성구, 2005, 「고구려의 기와와 전돌」, 『한국 고대의 Global Pride 고구려』(고려대학교개교100주년기념박물관특별전도록).
- 백종오, 2006, 「고구려기와의 성립과 왕권」, 주류성출판사.
- 白種伍, 2006, 「高句麗 國內城期 평기와 考察」, 『文化史學』 25.
- 藤島亥治郎 編著, 2005, 「滿洲國輯安縣に於ける高句麗時代の遺跡」, 『朝鮮の建築と藝術』.
- 李淑英, 2005, 「高句麗古城研究的新成果」, 『北方文物』 2005-4.
- 李殿福, 2006, 「國內城始人建于戰國晚期燕國遼東郡塞外的一介據點之上」, 『東北史地』 2006-3.
- 東潮·田中俊明(박천수·이근우 옮김), 2008, 『고구려의 역사와 유적』, 동북아역사재단.
- 趙俊杰, 2008, 「試論高句麗山城城墻上石洞的功能」, 『博物館研究』 2008-1.
- 사회과학원, 2009, 『고구려의 성곽』(조선고고학전서27, 중세편4), 진인진.
- 白種伍, 2009, 「高句麗 卷雲文 瓦當의 成立과 그 背景」,

- 『白山學報』83.
- 백종오, 2010, 「鴨綠江 中·上流域 出土 高句麗 遺物 檢討」, 『고조선단군학』 22.
- 김진경, 2011, 「고구려 연화문와당의 제작기법 연구」, 서울대학교 석사학위논문.
- 盧泰敦, 2012, 「고구려 초기의 천도에 관한 약간의 논의」, 『한국고대사연구』 68.
- 박순발, 2012, 「고구려의 도성과 墓域」, 『한국고대사탐구』 12.
- 여호규, 2012, 「고구려 國內城 지역의 건물유적과 都城의 공간구조」, 『한국고대사연구』 66.
- 백종오, 2012, 「高句麗 瓦當의 毀棄와 그 象徵的 意味」, 『韓國古代史研究』 66.
- 양시은, 2013, 「桓仁 및 集安 都邑期 高句麗 城과 防禦體系 硏究」, 『영남학』 24.
- 양시은, 2014, 「고구려 도성 연구의 현황과 과제」, 『고구려발해연구』 50.
- 여호규, 2014, 「고구려 도성의 구조와 경관의 변화」, 『삼국시대 고고학개론(I)』 진인진.
- 임기환, 2015, 「고구려 國內都城의 형성과 공간 구성」, 『한국사학보』 59.
- 강현숙, 2015, 「고구려 초기 도성에 대한 몇 가지 고고학적 추론」, 『역사문화연구』 56.
- 양시은, 2016, 『고구려 성 연구』, 진인진.
- 王志剛, 2016, 「高句麗王城及相關遺存研究」, 吉林大學 박사학위논문.
- 김현숙, 2017, 「고구려 초기 王城의 위치와 國內 遷都」, 『先史와 古代』 54.
- 백종오, 2017, 「中國內 高句麗山城의 發掘現況과 主要 遺構·遺物의 檢討」, 『先史와 古代』 54.
- 백종오, 2017, 「高句麗城郭 築城術의 擴散에 대한 豫備的 檢討」, 『高句麗渤海研究』 59.
- 이정빈, 2017, 「고구려의 국내성·환도성과 천도」, 『한국고대사연구』 87.
- 기경량, 2017, 「高句麗 王都 硏究」, 서울대 박사학위논문.
- 권순홍, 2018, 「고구려 도성 연구」, 성균관대 박사학위논문.
- 강진원, 2018, 「고구려 국내도읍기 王城의 추이와 집권력 강화-내적 변화의 외적 동기와 관련하여-」, 『한국문화』 82.
- 여호규, 2019, 「고구려 국내성기의 도성 경관과 토지 이용」, 『고구려발해연구』 65.

02 집안 산성자산성 병사주거지
集安 山城子山城戍卒住居址

1. 조사현황

1) 1905년
○ 조사자 : 鳥居龍藏.
○ 조사내용 : 산성자산성과 그 부근의 고분을 조사했으나 병사주거지에 대해서는 명확한 언급이 없음.
○ 발표: 鳥居龍藏, 1914,「鴨綠江畔に於ける高句麗の遺跡」,『東洋時報』137·140 ; 鳥居龍藏, 1914,「丸都城及國內城の位置について」,『史學雜誌』25-7.

2) 1913년
○ 조사자 : 關野貞, 谷井濟一, 今西龍, 栗山俊一 등이 조선총독부의 위탁을 받아 11일간 통구 부근 고구려시대의 유적 조사.
○ 조사내용 : 병사주거지 유적을 조사하였으나, 그 성격은 창고 등으로 파악함.
○ 발표: 關野貞, 1914,「滿洲輯安縣及び平壤附近に於ける高句麗時代の遺跡(1·2)」,『考古學雜誌』5-3·4.

3) 1936년
○ 조사자 : 池內宏, 黑田源次, 小泉顯夫, 三上次男, 水野淸一 등.
○ 조사내용 : 성벽과 성내 유적을 조사하면서 장대 뒤쪽의 건물지의 상황에 대해 비교적 상세히 조사하고, 장대와 함께 실측도를 작성함.

○ 발표 : 池內宏·梅原末治, 1938,『通溝』上, 日滿文化協會.

4) 1982년
○ 조사자 : 李殿福(吉林省 박물관)
○ 조사결과 : 성벽, 성문, 성내 시설 등을 전반적으로 조사하면서 병사건물지의 초석 배열 상태도 확인함.
○ 발표 : 李殿福, 1982,「高句麗丸都山城」,『文物』1982-6 ; 1982,「集安高句麗山城子山城考略」,『求是學刊』, 1982-1 ; 1994,『東北考古研究』(2), 中州古籍出版社.

5) 2001~2003년
○ 시행기관 : 吉林省文物考古研究所.
○ 참여자 : 吉林省文物考古研究所의 金旭東(팀장), 李光日(집행팀장), 谷德平, 賈瑩, 王昭, 張玉春, 趙昕, 于立群, 劉慶彬. 集安市博物館의 王鵬勇, 林世賢, 董峰, 四平市文物管理委員會協公室 趙殿坤, 德惠市文物保護所 孫東文, 九臺市文物保護所 姚啓龍, 中國人民解放軍 總裝備部勘探測繪總院 楊林春, 吉林大學 文學院考古學系在校研究生 唐淼, 張小輝, 李蜀蕾, 王樂, 華陽, 金君麗, 何景成 등. 그 중 金旭東, 李光日, 王鵬勇, 唐淼, 趙殿坤, 孫東文, 姚啓龍 등은 환도산성의 조사, 발굴 및 자료정리 작업에 참여함.
○ 조사내용: 성벽과 성곽시설, 성 내부의 건물지 등에 대해 대대적으로 발굴하고 조사했는데, 병사주거지의

초석 분포상황도 상세히 조사함. 다만 장대, 궁전지, 저수지 등과 달리 발굴조사를 시행하지는 않음.
- 발표 : 吉林省文物考古研究所 集安市博物館 編著, 2004, 『丸都山城 - 2001~2003年集安丸都山城 調査試掘報告』, 文物出版社.

2. 위치와 자연환경

- 점장대 북쪽의 평평한 언덕에 위치(池內宏).
- 장대에서 북쪽으로 15m 떨어진 평지에 위치(李殿福).
- 장대 북측에 위치함. 서쪽과 북쪽 양면은 골짜기와 잇닿아 있고, 동쪽과 서쪽 양면은 경사가 완만한 臺地임(2004 보고서).

3. 유적의 전체현황

1) 關野貞(1913)의 조사내용
성내에는 본래 창고 등의 흔적으로 보이는 곳이 있으며, 붉은색의 기와편이 산재해 있음. 대다수가 수키와와 암키와의 파편으로 문양은 국내성지나 동대자유적에서 나온 것과 같으며 고구려 말기의 것으로 보임.

2) 池內宏(1936)의 조사내용(그림 1)
장대와 연결된 북쪽의 언덕은 그 서쪽으로 성내 개울을 끼고 있으며 거기에 면한 벼랑에 수직으로 축조한 성벽이 있는데, 아래에서 올라오는 적이 기어오를 수 없도록 막고 있음. 북쪽의 언덕 윗면에는 동서 폭 5·6間, 남북 길이 7·8間 정도 범위에 걸쳐 본래 위치에서 이동된 초석이 7·8개 남아 있고, 붉은색 기와편도 다량 산포해 있음.

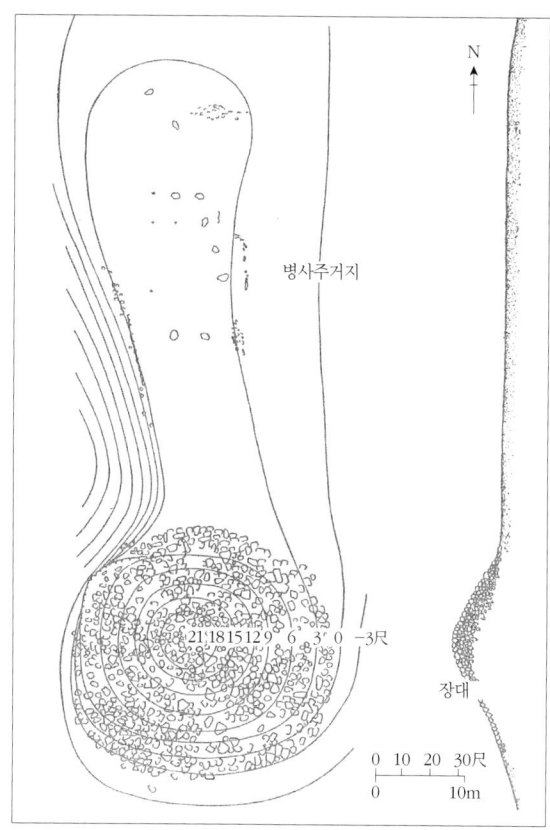

그림 1 산성자산성 장대와 병사주거지 실측도(『通溝』 上, 28쪽)

3) 李殿福(1982)의 조사내용(그림 2)
길이 26m, 폭 8m 범위에 초석이 세 줄로 배열되어 있는데, 모두 20여 개임.

4) 2004년 보고서의 기술내용(그림 3)
- 초석의 배열상태 : 유적은 심하게 파괴되어 초석만 남아 있음. 지표에서 초석 18개를 확인함. 대체로 장방형으로 분포하며, 범위는 남북 길이 약 16m, 동서 너비 약 9m임. 남부의 초석은 띄엄띄엄 분포되어 있고, 북부는 비교적 조밀하게 분포되어 있음. 일부 초석은 교란되어 위치가 이동되었음.
- 석축 시설 : 북부 동측 가장자리에서 길이 0.35m, 너비 0.2m인 장방형 돌로 쌓은 구축물을 발견하였음.
- 北端의 초석 : 北端에 초석 하나가 있는데, 장방형 건물에서 4.5m 떨어져 있음.

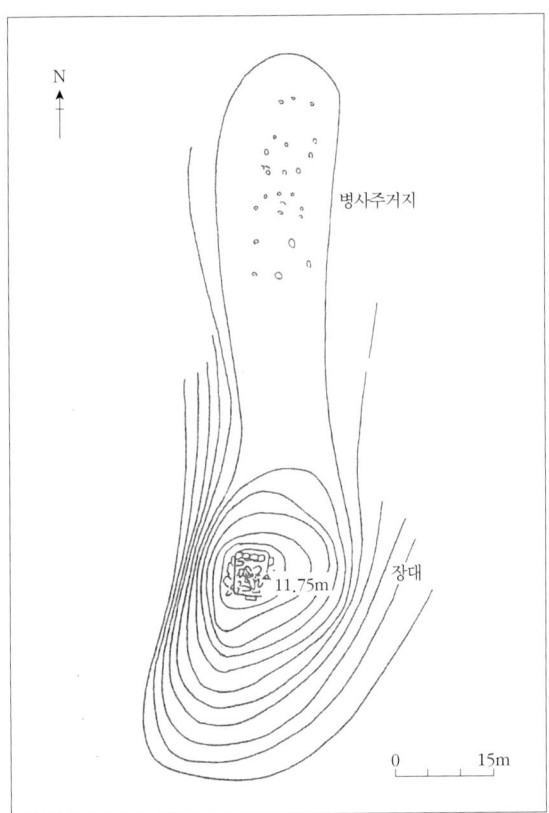

그림 2 산성자산성 장대 및 병사주거지 평면도
(李殿福, 1994, 34쪽)

그림 3 병사주거지 평면도(『丸都山城』, 166쪽)

4. 출토유물

붉은 기와편이 다량 산포해 있음.

5. 역사적 성격

병사주거지 유적은 장대 뒤쪽에 위치함. 초창기에는 창고로 추정하기도 했지만(關野貞, 1914 : 1941), 조사가 진행되면서 점차 장대와 밀접한 관련이 있는 건물로 파악하기 시작함(池內宏, 1936 ; 池內宏·梅原末治, 1938). 이에 중국학계에서는 일반적으로 장대를 지키던 병사들이 주둔하던 시설로 파악하는데(李殿福, 1982 ; 吉林省文物考古硏究所 集安市博物館 編著, 2004), 제반 상황으로 보아 타당한 견해라고 생각됨.

참고문헌

- 關野貞, 1914, 「滿洲輯安縣及び平壤附近に於ける高句麗時代の遺跡(1·2)」, 『考古學雜誌』 5-3·4.
- 池內宏, 1936, 『滿洲國安東省輯安縣高句麗遺跡』, 滿日文化協會.
- 池內宏·梅原末治, 1938, 『通溝』 上, 日滿文化協會.
- 關野貞, 1941, 「滿洲國輯安縣に於ける高句麗時代の遺跡」, 『朝鮮の建築と藝術』, 巖波書店.
- 李殿福, 1982, 「高句麗丸都山城」, 『文物』 1982-6.
- 吉林省文物志編委會, 1984, 『集安縣文物志』.
- 吉林省文物考古硏究所 集安市博物館 編著, 2004, 『丸都山城-2001~2003年集安丸都山城調査試掘報告』, 文物出版社.

03 집안 산성자산성 궁전지
集安 山城子山城宮殿址

1. 조사현황

1) 1905년
○ 조사자 : 鳥居龍藏.
○ 조사내용 : 산성에 대한 개괄적인 조사.
○ 발표 : 鳥居龍藏, 1914, 「鴨綠江畔に於ける高句麗の遺跡」, 『東洋時報』 137·140 ; 鳥居龍藏, 1914, 「丸都城及國內城の位置について」, 『史學雜誌』 25-7.

2) 1913년
○ 조사자 : 關野貞, 谷井濟一, 今西龍, 栗山俊一 등이 조선총독부의 위탁을 받아 11일간 통구 부근 고구려시대의 유적 조사.
○ 조사내용 : 성벽 실측 외.
○ 발표 : 關野貞, 1914, 「滿洲輯安縣及び平壤附近に於ける高句麗時代の遺跡(1·2)」, 『考古學雜誌』 5-3·4.

3) 1936년
○ 조사자 : 池內宏, 黑田源次, 小泉顯夫, 三上次男, 水野淸一 등.
○ 조사내용 : 성벽 및 성내의 주요 유적 실측.
○ 발표 : 池內宏·梅原末治, 1938, 『通溝』 上, 日滿文化協會.

4) 1962년
○ 시행기관 : 吉林省博物館 輯安考古팀.
○ 조사결과 : 궁전지의 전체현황과 초석의 배치상황 조사.
○ 발표 : 李殿福, 1982, 「高句麗丸都山城」, 『文物』 1982-6 ; 1982, 「集安高句麗山城子山城考略」, 『求是學刊』 1982-1 ; 1994, 『東北考古研究』 (2), 中州古籍出版社.

5) 1982년
○ 조사자 : 李殿福(길림성 박물관).
○ 조사결과 : 고구려의 丸都山城(=尉那巖城)으로 비정.
○ 발표 : 李殿福, 1982, 「高句麗丸都山城」, 『文物』 1982-6 ; 1982, 「集安高句麗山城子山城考略」, 『求是學刊』 1982-1 ; 1994, 『東北考古研究』 (2), 中州古籍出版社.
○ 결과 : 제2급 전국중점문물보호단위로 지정됨.

6) 2001~2003년

(1) 시행기관
吉林省文物考古研究所.

(2) 참여자
吉林省文物考古研究所의 金旭東(팀장), 李光日(집행팀장), 谷德平, 賈瑩, 王昭, 張玉春, 趙昕, 于立群,

그림 1 궁전지 트렌치 분포도(『丸都山城』, 65쪽)

劉慶彬, 集安市博物館의 王鵬勇, 林世賢, 董峰, 四平市文物管理委員會協公室 趙殿坤, 德惠市文物保護所 孫東文, 九臺市文物保護所 姚啓龍, 中國人民解放軍 總裝備部勘探測繪總院 楊林春, 吉林大學 文學院考古學系在校硏究生 唐淼, 張小輝, 李蜀蕾, 王樂, 華陽, 金君麗, 何景成 등. 그 중 金旭東), 李光日, 王鵬勇, 唐淼, 趙殿坤, 孫東文, 姚啓龍 등은 환도산성의 조사, 발굴 및 자료의 정리 작업에 참여함.

(3) 조사내용

○ 산성에 대한 전면적인 측량 및 조사와 발굴 시행.
○ 궁전지, 장대(전망대), 저수지, 1호 문지(남옹문), 2호 문지, 3호 문지에 대한 전면 발굴 시행. 2003년도에는 성내 일부 유적에 대한 보수작업 진행.

(4) 궁전지에 대한 조사 및 발굴과정(그림 1)

○ 2001년에 발굴에 착수할 때는 각 계단상 대지의 경계선이 불분명하였고, 대다수 대형 초석은 지표에 노출

되어 있었음.
- 2001년 4~11월 : 1호와 2호 臺地 및 서쪽과 북쪽 담장 발굴.
- 2002년 6~9월 : 3호와 4호 臺地 및 남쪽 담장 발굴.
- 2003년 5~6월 : 동쪽 담장과 그 외곽의 排水溝 발굴.
- 발굴면적 : 10×10m 트렌치 91개, 총면적은 9,100m².

(5) 발표
吉林省文物考古硏究所·集安市博物館 編著, 2004, 『丸都山城 – 2001~2003年集安丸都山城調査試掘報告』, 文物出版社.

2. 위치와 자연환경

1) 지리위치(그림 2)
- 中國 吉林省 集安市 通溝盆地의 산성자산성 남부의 평탄하고 완만한 臺地에 위치. 해발 254m.
- 궁전지 북쪽의 지리좌표는 북위 41°09′02″, 동경 126°09′26.2″임.

2) 자연환경
- 산성의 남부에는 경사가 완만한 평탄지와 산비탈이 많이 형성되어 있는데, 대체로 해발 310m 이하로서 경작지로 이용되고 있음. 2002년 5월에 유적의 분포 상황을 파악하기 위해 남부 대지를 크게 4구역으로 구획함.
- 서쪽 기슭 전체를 I구역으로 설정. 동쪽 기슭은 자연 계곡을 경계로 3구역으로 구획하였는데, 남벽 부근 대지는 II구역, 궁전지 주위는 III구역, 장대 및 저수지 부근은 IV구역으로 설정함(그림 2). 이 가운데 궁전지는 적석묘, 봉토묘 등과 함께 III구역에 위치.
- 궁전지의 동쪽은 약간 낮은 완만한 구릉으로 2003년에는 과수원으로 경작되고 있었고, 궁전지의 서쪽은 평탄한 산기슭임. 작은 길을 따라 남문에 이를 수 있는데, 양자의 거리는 460m임.
- 궁전지 남북 양측은 자연적으로 형성된 골짜기인데, 북쪽 골짜기는 비교적 얕아서 2003년에는 동벽으로 가는 오솔길로 사용되고 있었음. 남쪽 골짜기는 비교적 깊은데 바닥에 샘이 있어서 항상 물이 솟아나며 산간의 계곡물과 합쳐져서 남문을 경유해 通溝河로 흘러듦.
- 궁전지 주변은 유적이 가장 밀집된 지역임. 병사주거지, 장대, 저수지 등이 궁전지 서남쪽 300~320m 거리에 분포함. 골짜기 맞은편 남쪽 대지상에서도 일찍이 철촉이 발견되었음. 궁전지 서남쪽 모서리에는 고구려시기의 봉토묘가 있는데, 발굴자는 궁전지 폐기 이후에 조영했을 것으로 추정했음.

3. 유적의 전체현황

1) 鳥居龍藏(1905)의 조사내용
궁전은 성의 오른편 즉 동측에 조영되어 있는데, 石段을 축조한 흔적이 잘 남아 있었고, 석단 부근에는 기와나 기타 掘出物이 흩어져 있었음.

2) 關野貞(1913)의 조사 내용
건물지 : 성내에는 원래 창고 등의 흔적으로 보이는 곳이 있으며, 붉은색의 기와편이 산재해있음. 대다수가 수키와와 암키와의 파편인데, 제작 수법이나 문양은 동대자유적의 출토품과 거의 같으며 고구려 말기의 것으로 보임.

3) 池內宏(1936)의 조사 내용
- 위치와 현황 : 장대에서 동북으로 4~5町 거리에 동벽으로 이어지는 경사지의 중턱에 상당히 넓은 면적을 차지하는 2단 대지가 있는데, 기와편이 흩어져 있고

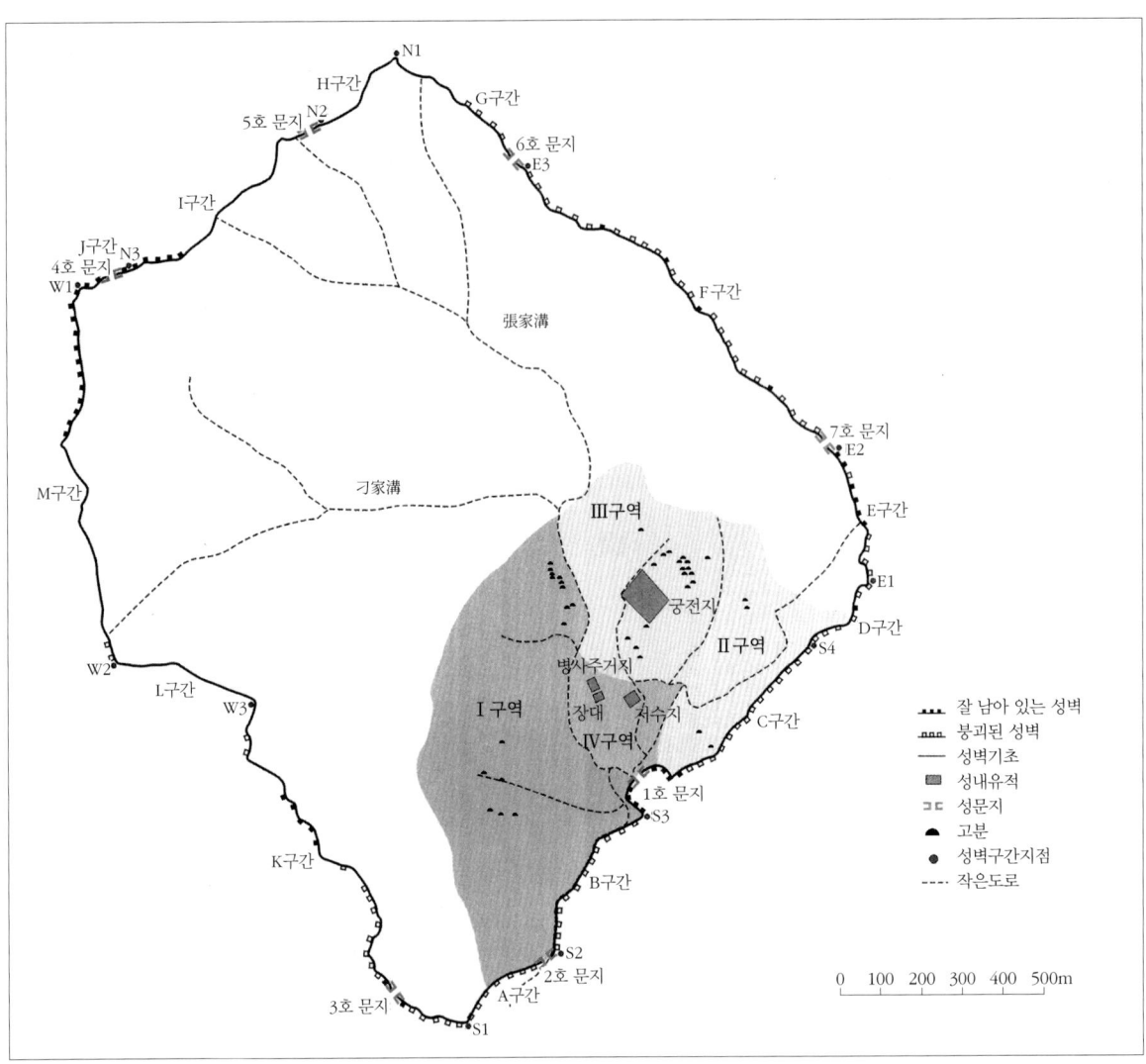

그림 2 산성자산성 유적 분포도(『丸都山城』, 6쪽)

그 사이로 크고 작은 초석이 여러 개 남아 있음. 초석의 배열 상태로 보아 궁전지로 볼 만한 유적임.

○ 건물 형태 : 아래 쪽 대지(前段) 중앙부의 초석은 거대하며, 그 수는 20여 개임. 좌우에 배열된 초석은 비교적 작은 것으로 수량이 매우 많음. 대체로 중앙이 正殿이고 그 좌우에 翼廡(翼廊) 건물이 있었을 것으로 추정됨. 위쪽 대지에도 그와 병행한 여러 열의 초석이 가로 방향으로 기다랗게 분포되어 있음. 이것도 궁전을 구성하는 건물 흔적으로 보임. 다만 시간 관계상 실측하지는 못함.

4) 吉林省博物館 集安考古隊(1962)의 조사내용

① 궁전지의 전체현황

궁전지의 면적은 길이 95.5m, 너비 76m로 기다랗고 좁은 3층의 계단상 대지를 조영했는데, 각 대지 사이의 높이는 1m 내외임. 제1층 대지는 비교적 협소한 반면, 제2층 대지는 비교적 넓음. 제3층 대지는 협소함.

② 초석의 배치상황

각 계단상 대지에는 크고 작은 초석이 수십 개 분포되

어 있는데, 남북으로 질서정연하게 배열되었음. 제2층 대지의 초석이 약 50여 개로 가장 많음. 제1층과 제3층 대지의 초석은 비교적 적음. 각 계단상 대지는 모두 길쭉한 돌을 쌓아 축대를 조성함.

5) 李殿福(1982)의 조사내용

○ 규모 : 남북 길이 92m. 동서 너비 62m 범위에 3층 계단상 臺地를 조성했는데, 각 층의 높이는 1m 정도임. 제1층과 제3층 대지의 폭은 비교적 좁고 제2층 대지의 폭은 상대적으로 넓음.
○ 초석 : 각 층 대지에는 크고 작은 초석 수십 개가 남북방향으로 열 지어 있음. 제2층 대지에 약 50여 개로 가장 많으며, 제1층과 제3층 대지에는 초석이 비교적 적음.
○ 축대 : 각 계단상 대지에는 길쭉한 돌로 축대를 쌓았음.
○ 구조와 형태 : 전체를 발굴하지 않아 건물의 구조와 형태를 파악할 수 없음. 대체로 건물지가 산을 등지고 있고, 대지가 南偏西 60도 정도인 것으로 보아 서향이었다고 추정됨.

6) 2004년 보고서의 조사내용

궁전지의 전체규모, 지층현황, 담장, 배수체계, 각 건물지에 대해 전면적인 재조사 시행. 이를 통해 궁전지의 전체현황을 새롭게 파악함.

(1) 전체 규모(그림 4)

○ 지형 : 산세에 따라 조영했는데 동고서저로 낙차는 13m 정도임.
○ 방위 : 서향한 동쪽에 자리 잡았으며, 방위각은 234도임.
○ 평면 형태 : 지세로 인해 평면 형태는 불규칙함. 부속시설을 포함하여 전체 규모는 남북 길이 95.5m, 동서 너비 86.5m로 총면적 8260.75m²임.
○ 담장 길이 : 동·서 두 담장은 비교적 평평하고 곧지만, 남·북 담장은 기울어져 있음. 막돌로 담장을 축조했는데, 2003년 조사 당시에는 겨우 기초만 남아 있음. 각 담장의 길이는 동벽 91m, 서벽 96m, 북벽 75m, 남벽 70m 등으로 전체 둘레는 332m.

(2) 지층 현황(그림 3)

모두 6개의 층위로 구성.

① **제1층**

현대 경작층. 황갈색토. 토질은 부드러움. 두께 0.15~0.3m. 대량의 고구려 붉은색 기와편과 소량의 현대 도자기편이 포함되어 있음.

② **제2층**

진흙층. 황갈색. 토질이 비교적 단단함. 잔돌과 모래가 많이 섞여 있음. 두께 0.05~0.06m. 이 층에서 유물은 발견되지 않음. 이 층위는 주로 궁전지 북부와 동북부에서 보이며, 서북부 및 다른 궁전지의 대부분 지역에는 분포되어 있지 않음.

③ **제3층**

흑색 가루 상태의 흙. 잿더미(灰燼)와 숯찌꺼기(炭屑)가 섞여 있음. 두께 0.1~0.35m. 붉은색 기와편, 와당 및 건축자재 등이 다량 포함되어 있음. 궁전지에 널리 분포되어 있고, 유물도 가장 풍부하게 출토됨.

④ **제4층**

황갈색토인데 토질은 부드럽고 알갱이는 비교적 굵음. 불에 탄 흙덩이가 상당량 섞여 있음. 두께 0.05~0.2m. 주로 2~4호 대지의 중남부에 분포되어 있고, 1호 대지에도 부분적으로 발견되지만 불연속적임. 지층의 두께는 비교적 얇지만, 유물은 비교적 풍부함. 붉은색 기와편, 귀면문와당, 철제못 등이 다량 출토됨. 그 밖에 불탄

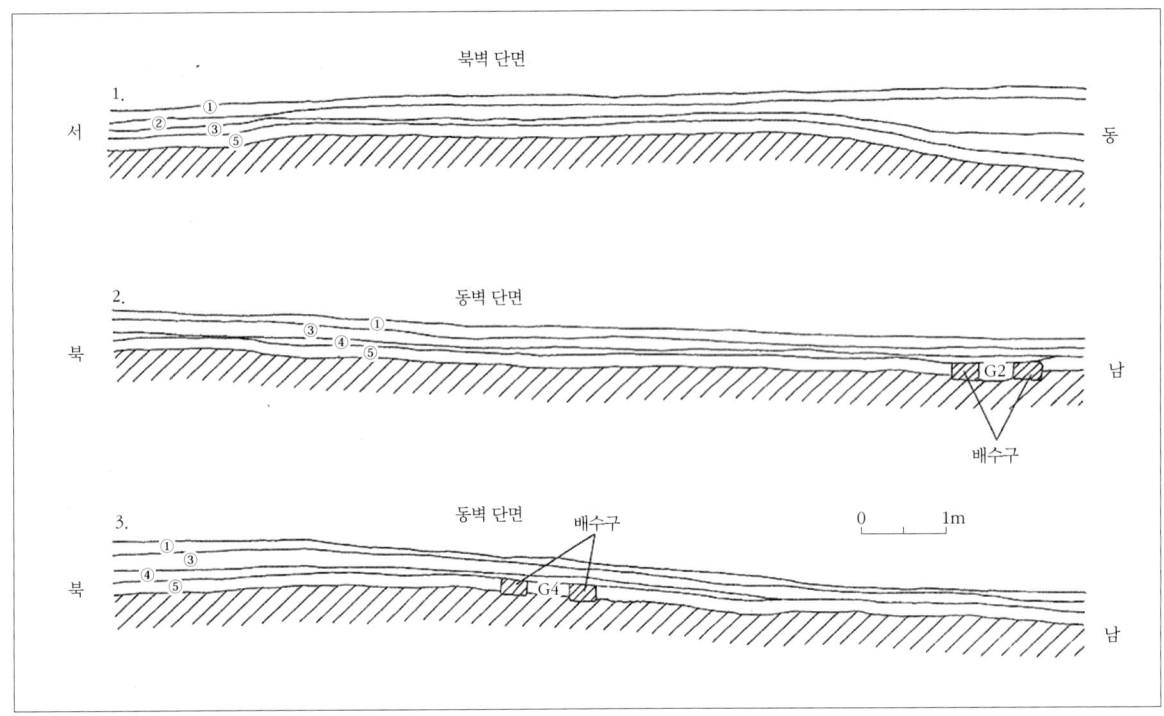

그림 3 궁전지 지층 단면도(『丸都山城』, 66쪽)

1. 북벽 단면: 궁전지 제1층 계단상의 대지 T803 북벽 단면도
2. 동벽 단면: 궁전지 제2층 계단상의 대지 T507 동벽 단면도
3. 동벽 단면: 궁전지 제3층 계단상의 대지 T709 동벽 단면도

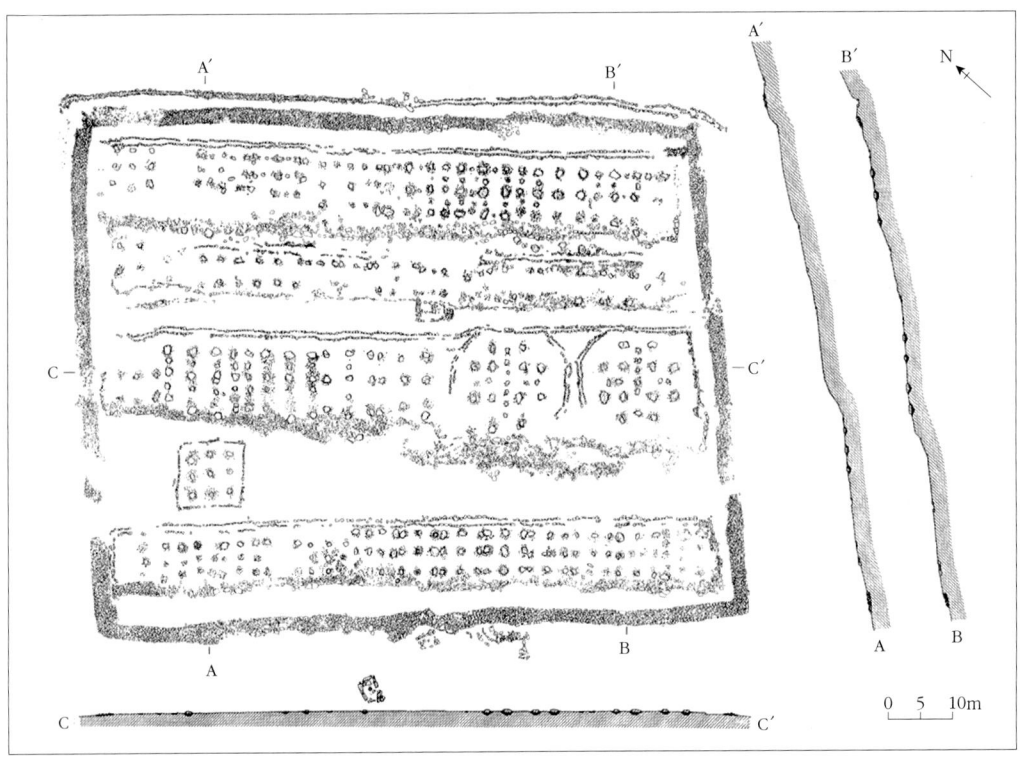

그림 4 궁전지의 평면도와 단면도(『丸都山城』, 67쪽)

나무기둥 흔적도 발견됨.

⑤ 제5층
담황색의 점토층. 비교적 깨끗하며 세밀함. 두께 약 0.15m. 이 층은 인공적으로 흙을 다졌음. 토질은 단단함. 이 층의 범위는 궁전지 전체를 뒤덮고 있음. 이 층에서 어떤 유물도 발견되지 않음.

⑥ 제6층
생토층. 황갈색토. 잔돌과 괴석 등이 다량 섞여 있음. 토질이 비교적 단단함.

⑦ 각 지층의 성격과 형성과정
○ 제1층은 근현대 경작으로 형성된 현대 문화층임.
○ 제2층은 홍수로 형성된 충적층임. 동쪽 언덕이 궁전지 남부 구역을 둘러싸는 병풍의 역할을 해줌으로써 홍수의 영향을 적게 받았으며, 북부의 평평하고 완만한 臺地는 홍수의 주요 통로임. 이로 인해 북부의 제2층 퇴적층은 중부에 비해 비교적 두껍게 형성되었고, 2호와 3호 대지의 건물 북부의 구조물이 많이 훼손되었을 뿐 아니라, 排水溝와 기초벽의 위치까지 이동시킬 정도로 전체가 심하게 훼손되었음.
○ 제3층과 제4층은 궁전지가 두 차례 폐기된 과정을 반영함. 이 층의 포함물을 분석하여 궁전지가 대화재를 입었음을 확인할 수 있었음. 이 가운데 제4층은 궁전지 건축이 아직 전면적으로 훼손되기 전에 화재로 불타서 형성된 퇴적층임. 퇴적은 비교적 얕으며, 또 紅燒土를 다량 함유함. 제3층은 궁전지 내부 건축의 큰 면적이 훼손되어 형성된 제2차 폐기 퇴적임. 재 지꺼기층이 두터우며, 유물도 풍부함.
○ 1~4호 대지와 광장 등에서 모두 확인되는 제5층은 궁전지의 건축물과 대지를 조영하기 위해 땅을 다져서 조성한 인공지층임.

(3) 계단상 대지와 건축물 현황

① 대지의 전체현황 (그림 4, 그림 5)
○ 서쪽에서 동쪽으로 가면서 4층의 계단상 대지를 조성했는데, 1~4호로 편호함. 각 대지는 장방형이며, 서, 남, 북 3면에 막돌로 축대를 쌓았음. 각 대지의 너비는 일정하지 않으며, 2호가 약간 넓고, 1호가 가장 협소함.
○ 1~4호 대지상에 모두 11동의 건축물을 조영한 것으로 추정됨. 1호와 2호 대지 사이에 장방형 광장이 있고, 그 북측에는 정면과 측면이 모두 2칸인 건물이 있음. 유사한 건물이 2호·4호 대지 북부에도 있음.

② 1호 대지
○ 지세와 규모 : 비교적 평탄함. 평면은 장방형. 길이 89m, 폭 9.5m, 면적 854.5m².
○ 축대와 排水溝 : 남, 서, 북 3면에 돌로 축대를 조성했고, 동측에 막돌로 쌓은 배수구가 하나 있음.
○ 건물지 : 건물 유적은 많이 파괴되었음. 초석 혹은 초석 구덩이만 겨우 남아 있음. 건물지 2동이 분포했을 것으로 추정됨. 6호 건물지는 북측에 위치하는데, 정면 8칸, 측면 2칸이고, 남쪽 치우친 곳에 문길이 있음. 7호 건물지는 남측에 위치하는데, 정면 17칸, 측면 2칸임.

③ 2호 대지
○ 지세와 규모 : 비교적 높음. 광장과 떨어져 있고 상대 고도는 3.3m. 대지 표면은 비교적 평탄하며, 북쪽은 협소하고 남쪽은 넓음. 전체 길이는 87.5m이고, 협소한 북부는 길이 50m, 너비 12.5m이고, 넓은 남부는 길이 37.5m, 너비 17.5m임.
○ 축대와 배수구 : 남, 서, 북 3면에 돌로 축대를 축조했음. 축대는 서측이 비교적 높고, 남과 북 양측은 동고서저의 형상으로 높이 차이가 있음. 대지 동측 및 남부 팔각형 건물지 주변에 배수구가 있음.

○ 보존상태 : 축대는 많이 파괴되었음. 북단의 축대는 벽체가 이동되었고, 남단도 대부분 파괴된 상태임. 현재 대지상의 초석은 축대 가까이 위치한 것의 위치가 일부 이동한 현상을 제외하면, 대부분 보존 상태가 좋음.
○ 건물지 : 총 4동의 건물지가 있었던 것으로 추정됨. 4호 건물지는 북단 가까이에 위치하는데, 정면과 측면 모두 2칸임. 8호 건물지는 4호 건물지 남측에 위치했는데, 측면 3칸, 정면 10칸임. 2호와 3호 건물지는 남단에 위치했는데, 평면은 팔각형임. 북에서 남으로 2호와 3호 건물지로 편호함.

④ 3호 대지

○ 지세와 규모 : 2호와 4호 대지 사이의 완만한 산비탈로 지세는 평탄하고 완만함. 평면은 장방형으로 길이 82m, 너비 7m임.
○ 축대와 排水溝 : 서, 북, 남 3면에 축대 조성, 동측에는 배수구를 축조.
○ 보존 상태 : 전체 구조는 파손이 심하며, 배수구는 대부분 변형되었고, 일부 석축 구조는 남아 있지 않음. 남북 축대는 조금 남아 있는데, 대체적인 외형을 판단할 수 있음. 대지상의 건물은 모두 파괴됨. 초석의 위치도 이동되었고 파손 현상이 심함.
○ 건물지 : 회랑식 건물이 1동 있었던 것으로 추정됨. 9호 건물지로 편호하였는데, 축대 중부에 석축 계단이 있음.

⑤ 4호 대지

○ 위치와 규모 : 궁전지 가장 위쪽에 위치하며, 3호 대지와의 상대 고도는 2m임. 평면은 장방형으로 길이 85.5m, 너비 11.8m임.
○ 축대와 排水溝 : 서, 남, 북 3면에 축대 쌓음. 동쪽에 배수구 조성.
○ 보존 상태 : 자연적인 요인과 인위적 요인으로 인해 파괴가 심함. 건축물은 남아 있지 않으며, 서측 축대는 모두 파괴되었고, 북측 축대의 일부가 남아 있음.
○ 건물지 : 초석의 배열 상태로 보아 건물지 3동이 있었을 것으로 추정됨. 5호 건물지는 가장 북단에 위치했는데, 정면과 측면 모두 2칸임. 10호 건물지는 5호 건물지 남측에 위치했는데, 규모는 비교적 작고, 측면 2칸, 정면 4칸임. 11호 건물지는 4호 대지의 주건물로 중남부에 위치했는데, 측면 2칸, 정면 15칸임.

(4) 궁문지

○ 서쪽 담장에 궁문 2곳이 남아 있음.
○ 1호 궁문지(정문) : 서쪽 담장 중앙에 위치. 3호 대지의 석축 계단 등 각 건물 대지의 석축 계단과 함께 궁전지의 정중앙 축선에 위치.
○ 2호 궁문지 : 정문에서 북쪽으로 17m 떨어진 지점에 위치함. 6호 건물지의 門道와 마주보고 있음.

(5) 배수시설

○ 배수시설이 비교적 체계적인데, 인공과 자연 배수시설로 나뉨. 각 층 대지에는 모두 인공적으로 축조한 배수구가 있음. 남·북 담장과 1~4호 대지 사이에는 지세를 이용한 자연 배수시설이 있음.
○ 인공 排水溝는 모두 각 대지의 동측에 조성되었고, 남·북의 축대와 일체를 이룸. 배수구를 통과한 물은 대지와 담장 사이의 자연 배수시설로 모여듦. 일부는 남단의 지세가 비교적 낮은 담장 아래를 통해 배출됨.
○ 남측 담장의 북부와 중부의 벽체 아래에서 소형 排水口 두 곳을 발견했는데 모양이 모두 규정적이지 않음.

(6) 부속시설

○ 궁전지 바깥에서 부속 유적 두 곳을 발견했음.
○ 하나는 동벽 바깥에서 1.5m 떨어진 지점의 5호 배수구에 위치하며, 그 구조는 궁전지의 인공 배수구와 기본적으로 일치. 5호 排水溝의 양 끝에 있는 排水口

는 약간 활모양으로 굽어져 있어 구별되는데, 배수구의 물이 지세로 인해 남북 양측 담장의 바깥으로 배수됨.

○ 서측 담장 바깥의 북쪽으로 약간 치우친 곳에서 막돌로 축조한 건축시설이 하나 발견되었음. 깃발(王旗)을 세우던 시설로 추정됨.

4. 궁전지의 각종 시설과 건물지 현황 (그림 5)

1) 담장(宮墻)

(1) 담장의 전체현황

○ 평면과 규모 : 산세를 따라 축조했는데, 평면은 불규칙한 평행사변형이며, 동북에서 서남향으로 경사짐. 남북 길이 91~96m, 동서 너비 70~75m.
○ 석재 : 막돌로 쌓아 축조했는데, 대부분 화강석이며, 석회암과 강돌이 섞여 있음. 대부분 가공을 거치지 않았음.
○ 축조방식 : 산성자산성의 성벽이나 장대, 성문의 축조방식과는 구별됨. 기초부는 생토층 위에 직접 조성했고, 꽉 맞물리도록 층층이 포개어 축조했음. 동측 담장의 틈새에서 석회 잔흔을 발견하였음.

(2) 서측 담장(西宮墻)

○ 보존상태 : 심하게 파괴되어 기초만 남아 있음. 잔고 0.2~0.45m.
○ 형태 : 담장은 서북-동남향. 약간 활모양으로 굽었음. 서측 담장의 본벽체와 남·북측 담장과 접하는 곳의 형태는 조금 다름. 북단은 활처럼 약간 둥그스름하게 휘었지만, 남단은 예각(銳角) 형태를 띰.
○ 규모 : 담장은 길이 96m, 너비 2~3m, 잔고 0.2~0.45m.

○ 지세 : 담장과 1호 대지 사이의 지세는 약간 낮아 오목한 형태를 띰. 담장 바깥은 평탄하고 완만한 경사진 산비탈. 고도 차이는 1.2m임.

(3) 동측 담장(東宮墻)

○ 지세 : 궁전지에서 가장 높고, 서측 담장과의 고도차는 13m. 북에서 남으로 경사져 있음.
○ 축조방식과 규모 : 석재는 서, 남, 북측 담장의 석재에 비해 크고 거칠며, 대부분 가공하지 않았음. 동측 담장은 생토 위에 직접 축조하였음. 양단 모서리의 내벽은 직각을 띠며, 외벽 구조는 명확하지 않음. 길이 91m, 너비 1.7~2.7m, 잔고 0.2~0.45m.
○ 보존 상태 : 심하게 파괴되었으며, 기초만 겨우 남아 있음. 벽체 북단과 모서리는 심하게 파괴되었으며, 다른 곳은 보존상태가 비교적 양호함.

(4) 북측 담장(北宮墻)

○ 보존 상태 : 서쪽 부분이 파괴가 심함. 현대의 小路로 인해 양 끝의 벽체도 완전히 파괴되었음. 동쪽 부분은 보존 상태가 비교적 좋은데, 기초의 양측은 일부 다듬은 막돌을 사용해 쌓았고, 구조는 비교적 완전함.
○ 규모 : 길이 75m, 너비 2~3.2m, 잔고 0.2~0.45m.
○ 지세 : 벽체는 동에서 서로 경사짐.

(5) 남측 담장(南宮墻)

○ 보존 상태 : 심하게 파괴되었음.
○ 석재 : 석재는 비교적 작고, 기본적으로 다듬지 않았음.
○ 규모 : 길이 70m, 너비 1.5~2.5m, 잔고 0.2~0.45m.
○ 지세 : 동에서 서쪽으로 경사짐. 북측 담장과 대체로 평행함. 벽체는 경사졌지만 곧음(斜直).
○ 배수구 : 담장 아래에서 소형 배수구 두 곳 발견. 다듬은 막돌로 축조했음. 심하게 파손되어 구조를 판명하기 어려움.

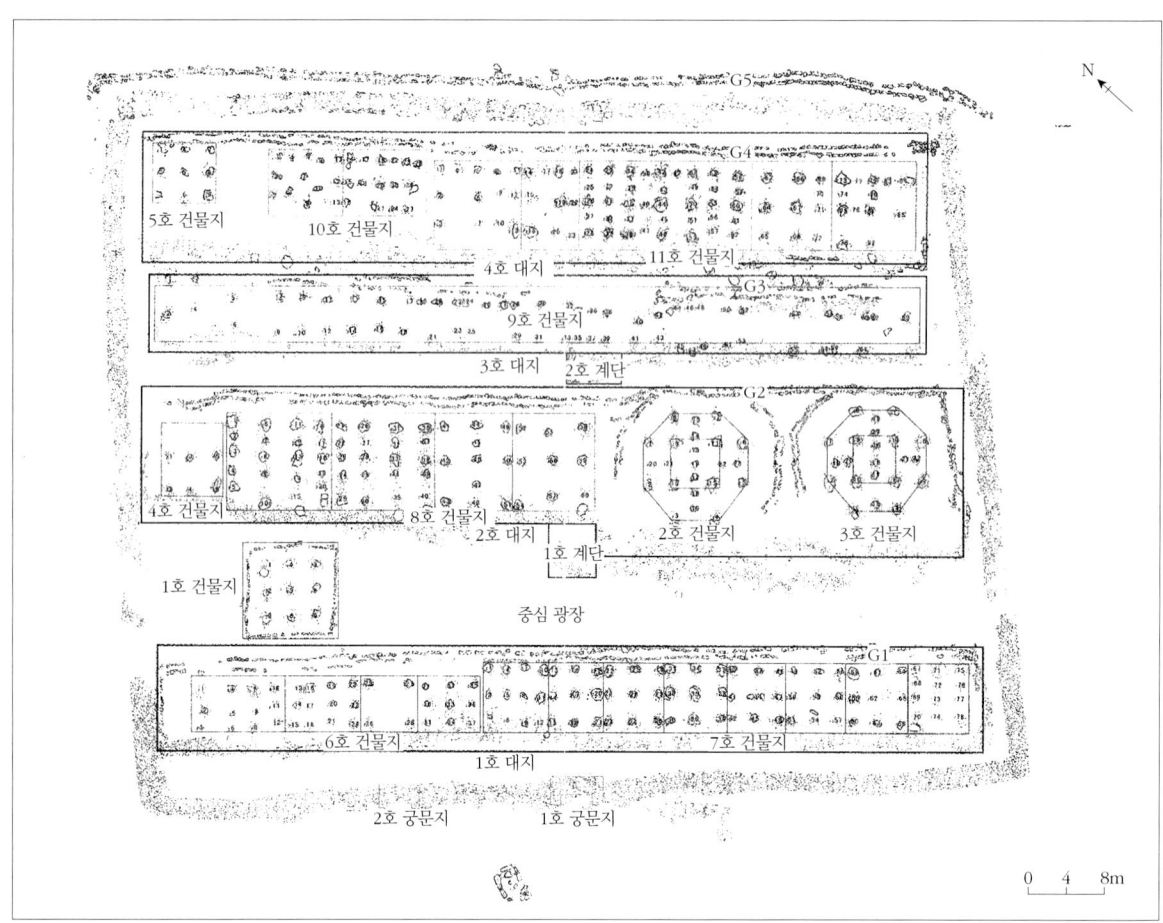

그림 5 궁전지 건축 분포도(『丸都山城』, 71쪽)

2) 궁문

서측 담장에서 궁문지를 두 곳 발견. 1호와 2호 궁문지로 편호함.

(1) 1호 궁문지

○ 위치 : 서측 담장의 중부에 위치하는데, 2호 대지, 4호 대지의 계단과 대체로 동일 축선임.

○ 구조와 石材 : 파괴된 상태임. 담장 기초부보다 약간 낮고, 잔존너비는 약 6m임. 양측에서 불규칙하게 층층이 쌓은 석괴를 발견했는데, 인공적으로 손질한 흔적이 비교적 명료함. 다만 구조를 명확하게 판별하기는 어려움.

○ 步道 : 문지 앞길에는 돌을 깔았는데, 발굴 당시 길이 2.8m, 너비 2.4m의 鋪石層이 남아 있었음. 대부분 심하게 파괴되었고 석재의 훼손도 심하지만, 보도의 기본 형태는 충분히 식별할 수 있음.

○ 출토유물 : 1호 문지의 퇴적층은 비교적 간단함. 경작 토층 아래는 제3층 퇴적층임. 문지 양측에서 유물이 집중 출토되었음. 귀면문와당 13건, 연화문와당 3건, 문자가 시문된 기와편 2건, 刻劃文 부호가 시문된 기와편 4건 등이 출토되었는데, 궁전지 내부에서 유물이 가장 집중된 곳 가운데 하나임(그림 6, 그림 7).

○ 성격 : 대규모 건물이 있었을 것으로 보이는데, 궁전지의 중문에 해당함.

(2) 2호 궁문지

○ 위치 : 서측 담장 북부에 위치, 남쪽 17m 거리에 1호 궁문지가 있음. 동쪽으로는 6호 건물지의 門廊과 접함.

○ 구조와 門道 : 많이 파괴되어 문도만 남아 있음. 문도는 약간 낮아 움푹 들어갔는데, 서측 담장 외벽보다 0.6m 낮음. 길이 2m, 너비 3m. 문도는 형태가 일정한 장방형(矩形) 석재를 깔아 조성하였음. 석재의 배열 방향은 대체로 일치하며, 서측 담장과 기본적으로 수직 방향임.

○ 석재 : 크기가 약간씩 다른데, 가장 큰 것은 길이 1.8m, 너비 0.8m.

○ 출토유물 : 2호 궁문지는 두께 0.05~0.3m인 제3층 퇴적층으로, 전돌, 붉은색 암키와, 수키와, 귀면문 와당 등이 출토되었음.

3) 대지(臺基)와 축대

(1) 대지의 전체현황

○ 대지 구성 : 궁전지는 동고서저의 경사지로 고도 차이는 13m에 달함. 경사면을 따라 계단상 대지를 4곳 조성했는데, 서쪽에서 동쪽 방향으로 1~4호 대지로 편호하였음.

○ 조성 방식 : 지세에 따라 조성했는데, 각 대지의 높은 곳은 삭평하고 낮은 곳은 메워서 고도차를 낮추어 수평 상태를 이루고, 아래쪽에 축대를 쌓아 견고한 구조를 갖춤. 북, 서, 남 3면에 축대를 쌓았는데, 서측 축대가 가장 높음. 3면의 축대와 동부의 인공 배수구가 합쳐져 장방형 대지를 이룸.

○ 점토 다짐층 : 각 층의 대지에는 황색 점토를 간 다짐층 地面이 있음.

(2) 1호 대지와 축대

○ 위치와 규모 : 궁전지 가장 서측에 위치함. 서측 담장에서 3.5m 떨어져 있음. 평면은 장방형으로 길이 89m, 너비 9.5m임. 거주면에는 황색 점토를 다졌는데, 다짐층의 두께는 약 0.15m임.

○ 축대의 보존상태 : 3면의 축대는 보존상태가 상이하며, 고도차가 큰 서측 축대가 심하게 파괴되었음. 상부는 무너졌고, 잔존 기초부로 기본 구조를 판명할 수 있음. 기초부와 벽체로 구성되어 있음.

○ 축대 기초부 축조방식 : 기초부의 석재는 대체로 화강암을 선별해 사용하였고, 일반적으로 장방형임. 손질한 정도가 비교적 세밀하며 형체가 모두 균일함. 대체로 길이 0.7m, 너비 0.4m. 기초부는 지표 아래에 구덩이를 파고, 축대의 초석을 쌓았음. 초석의 높이는 구덩이보다 약간 높음.

○ 축대 벽체 축조방식 : 축대의 기초부 위에 벽체를 쌓았음. 벽체의 석재는 규격이 일정하지 않으며, 형태가 각기 다름. 대부분 화강암 석재임. 서로 맞물리게 층층이 포개어 축조했음. 벽체의 높이는 대지의 거주면과 수평을 이룸. 벽체의 두께는 일반적으로 2층 이상이지만, 1호 대지 3면 축대 벽체 의 두께를 명확하게 판별하기는 힘든 상태임.

○ 서측 축대 : 서측 축대의 벽체와 담장 사이는 좁고 기다란 완만한 경사지임. 경사지의 중부가 약간 낮아 움푹 들어갔는데, 이로 인해 서측 축대 벽체의 높이가 남북 양측 축대의 벽체보다 약간 높게 됨. 잔고는 0.2m임.

○ 남북 축대 : 남북 양측의 축대 벽체는 모두 동쪽이 높고 서쪽이 낮고, 경사진 모양임. 북측 축대는 담장과 비교적 가까워 거리는 0.5m도 안 되며, 잔고는 0.32m임. 남측 축대는 담장에서 2m 떨어져 있으며, 잔고는 0.26m임.

(3) 2호 대지

○ 위치와 규모 : 제2층 계단상 대지의 서측에 위치하며, 4개 대지 중 낙차가 가장 큼. 동쪽은 3호 대지, 서

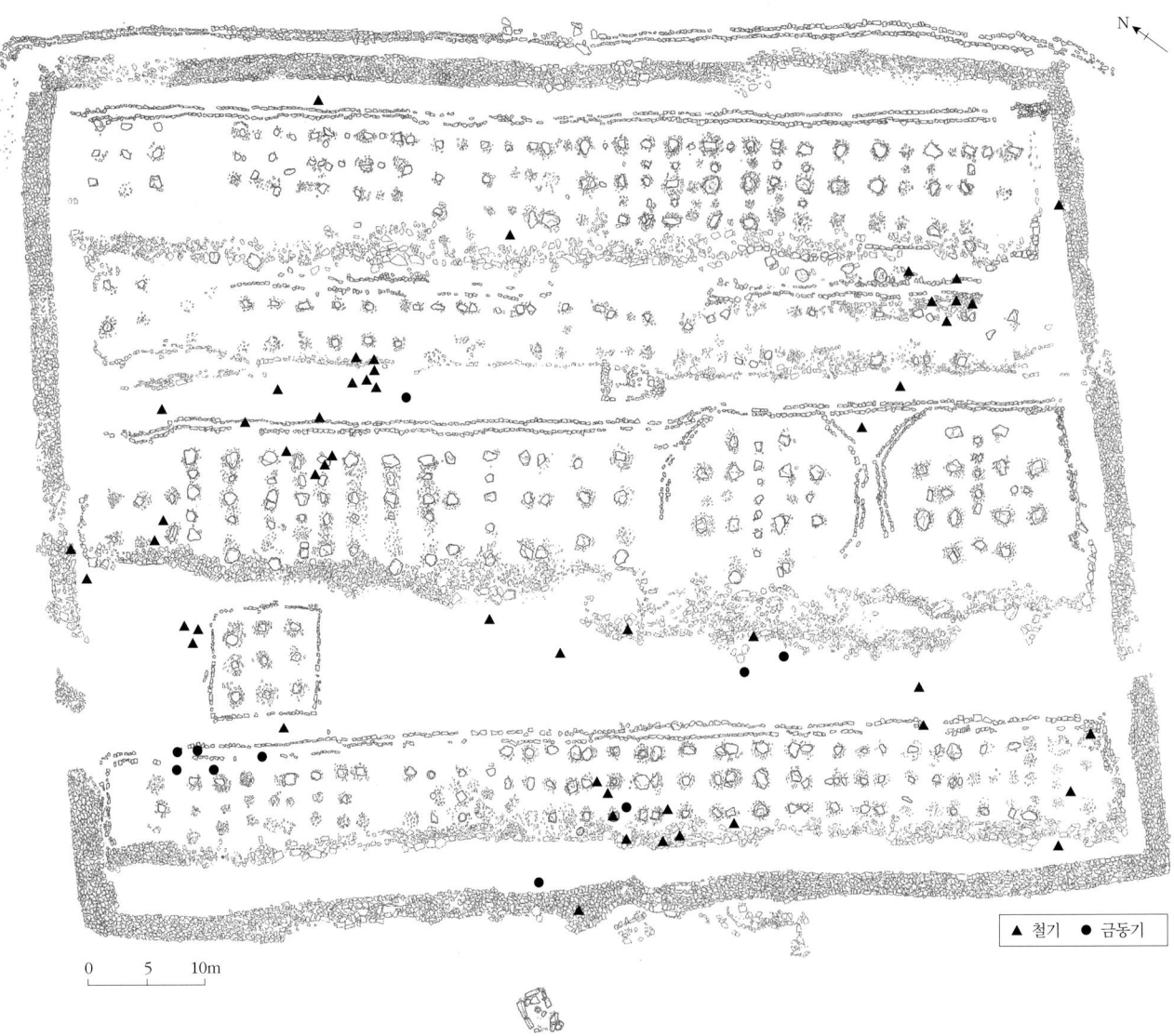

그림 6 궁전지 출토 철기와 금동기 분포도(『丸都山城』, 87쪽)

쪽은 중심 광장인데, 2호 대지와 중심 광장의 고도차는 2.3m임. 대지의 평면은 'ㄱ'자 모양(曲尺形)인데, 계단이 경계선임. 북쪽이 협소하고 남쪽이 넓음. 북측 대지는 길이 49.7m. 너비 12m임. 남측 대지는 길이 38m, 너비 18m임. 대지의 전체 길이는 87.7m임. 거주면에는 황색 점토를 다졌는데, 다짐층의 두께는 0.15~0.2m임.

○ 축대의 축조방식 : 축대의 보존상태는 좋지 않은데, 무너졌거나 원위치에서 이동되었음. 북측 축대의 동단은 남아 있지 않고, 서측 북단과 남측 기초만 일부 남아 있음. 대체로 장방형 석재를 사용했는데, 석질이 견고하고, 비교적 크며, 정밀하게 가공했음. 축대의 모서리는 직각을 이룸. 서측 축대의 북단이 가장 잘 남아 있는데, 잔장은 6.6m임. 벽체는 화강암을 사용해 서로 맞물리게 쌓아 올렸고, 壁面은 매끈하고 가지런하며, 높이 0.9m인데, 3층이 남아 있음.

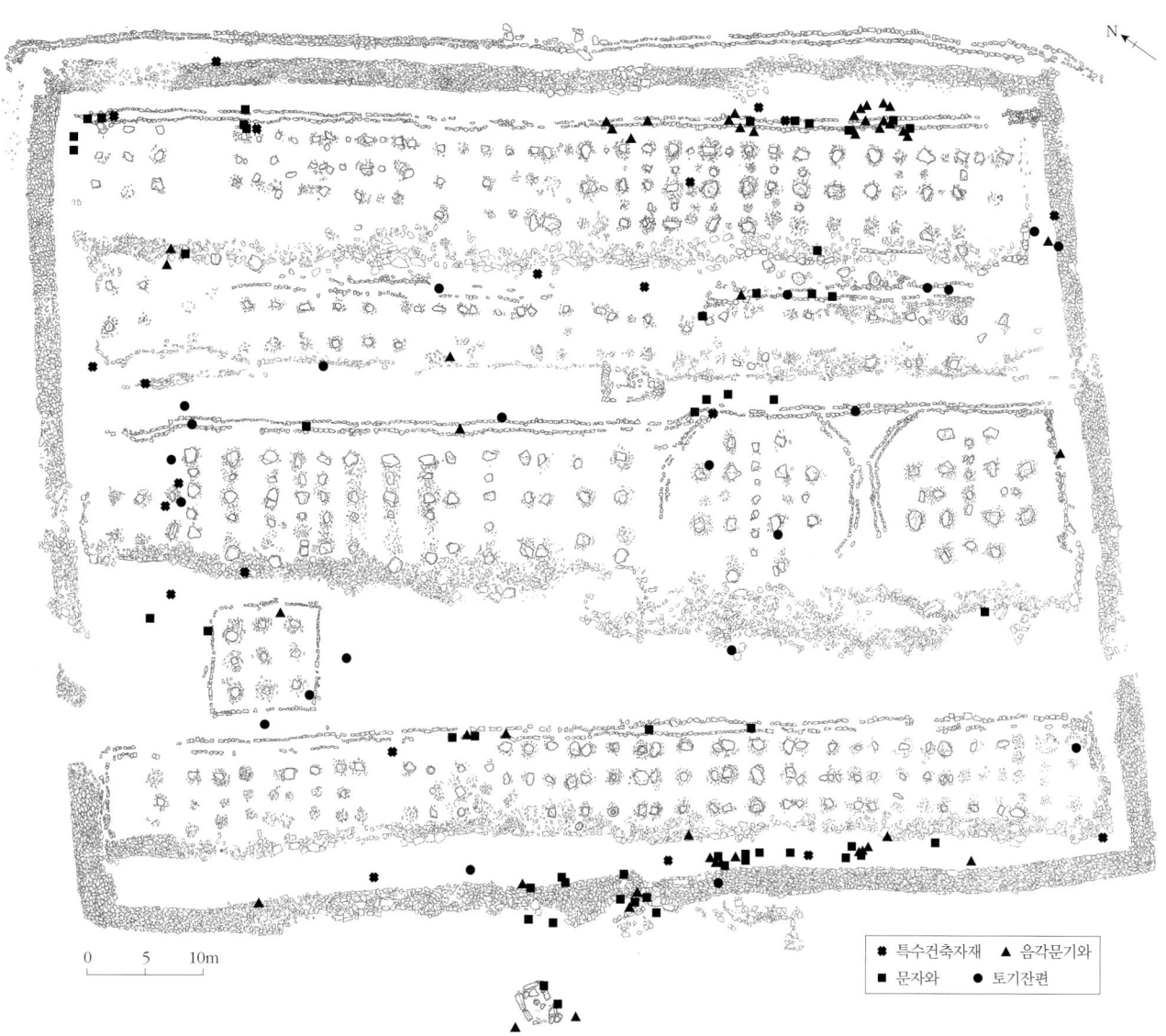

그림 7 궁전지 출토 특수건축자재, 문자와, 음각문기와 및 토기잔편 분포도(『丸都山城』, 126쪽)

(4) 3호 대지

○ 위치와 규모 : 제2호 대지의 동측에 위치, 2호 대지보다 2m 정도 높음. 경사가 완만하여 대지의 고도 차는 비교적 낮음. 서측의 가장 높은 곳의 상대 고도 차는 0.9m임. 평면은 장방형으로 길이 84.5m, 너비 7m임. 지면에는 황색 점토를 다졌는데, 다짐층의 두께는 0.15m임.

○ 축대의 축조방식 : 축대의 벽체는 거의 모두 파괴되었음. 서측 축대의 기초부는 보존 상태가 비교적 좋으며, 방향이 분명함. 북측 축대의 일부 벽체는 이동되었음. 북측 중부와 남측의 축대 기초는 남아 있지 않음. 서측 축대는 소형 석재를 주로 사용했는데, 석재의 크기는 2호 대지에 사용한 것보다 작고, 형태도 일정하지 않으며, 비교적 거칠게 다듬었음.

○ 계단 : 3호 대지의 중부에 석축 계단이 있음.

(5) 4호 대지

○ 위치와 규모 : 가장 높은 동측에 위치하는데, 동

측 담장에서 2.5m 떨어져 있음. 평면은 장방형으로 길이 85m, 너비 11.6m임. 거주면은 황색 점토로 다져 비교적 가지런하고 단단한데, 다짐층의 두께는 0.12~0.18m임.
○ 축대의 축조방식 : 축대의 벽체는 심하게 파괴되었는데, 남·북 양측은 모두 파괴됨. 서측 축대 벽체의 정상부는 무너졌지만, 기초부는 보존 상태가 비교적 좋은데, 잔고는 0.38m이고, 석재는 비교적 크지만 규격은 일정하지 않음. 서벽과 남벽이 연결되는 곳은 직각을 띰.

4) 도로 체계와 계단(踏步)

(1) 전체현황
○ 도로체계 : 궁전지 내부의 도로체계는 비교적 간단함. 계단 및 계단과 관련된 門道가 궁전지의 도로 체계를 구성하고 있음.
○ 계단 : 2곳 발견, 모두 대지의 중부에 위치, 궁전의 정문과 동일한 축선상에 위치하며 궁전지의 중축선을 형성함.

(2) 1호 계단
○ 위치 : 2호 대지의 서벽에 위치, 2호와 8호 건물지 사이에 있음.
○ 축조방법 : 서벽에 기대어 축조, 인공적으로 다듬은 석재로 조영. 심하게 파괴되었음. 가장자리의 기초구조는 비교적 완연하게 남아 있지만, 주체 부분의 구조는 판명할 수 없음. 대체로 장방형인데, 길이 6m, 너비 5m임.

(3) 2호 계단
○ 위치 : 3호 대지의 서벽에 위치함.
○ 축조방법 : 많이 파괴되었음. 제1층 계단이 겨우 남아 있음. 동고서저이며, 장방형의 괴석으로 축조함. 석재는 비교적 일정한 모양인데 장방형을 띰. 계단의 규모는 길이 3m, 너비 5.5m임.

(4) 기타 계단
그 밖에 1, 2호 계단과 서로 대응하는 4호 대지 중부의 서측 축대에서도 비교적 잘 다듬은 괴석을 쌓은 시설이 발견되었는데, 너비는 1호 계단과 비슷함. 4호 대지의 계단으로 추정됨.

5) 배수체계

(1) 전체현황
○ 배수시설은 비교적 체계적임. 동측의 둥근 언덕은 궁전지의 남측이 수해를 입지 않도록 만든 것임.
○ 궁전지의 면적은 비교적 넓게 조성했는데, 이는 강우의 피해를 충분히 고려한 것임. 각 대지의 외측에 배수구를 조성함. 동시에 자연지세를 활용해 대지 양측에 자연 배수구를 설치하였음.

(2) 1호 排水溝(G1)
○ 위치 규모 : 1호 대지의 동측에 위치하는데, 서북-동남 방향임. 규모는 길이 88.5m, 너비 0.4~0.7m, 깊이 0.2m임.
○ 排水溝 측벽의 축조방법 : 배수구의 측벽은 막돌로 축조함. 대부분 화강암이며, 청회색 혈석(頁石)도 일부 있음. 장방형인데, 수직방향으로 가지런하게 쌓음. 보존상태는 대체로 양호함. 남측의 벽면은 일정 정도 파괴되었고, 약간 결손이 있지만, 구조는 비교적 명확함.
○ 排水溝 홈통 : 배수구 홈통은 생토층 위에 조성했는데, 점토를 다져 채웠음. 단면은 방형이며, 배수구는 남단에 있음.
○ 진흙 퇴적층 : 배수구 내에서 회흑색 진흙층을 발견했는데, 토질이 비교적 세밀하며, 궁전 폐기 이후에 빗물이 충적되어 형성된 것으로 보임.
○ 출토유물 : 1호 배수구에서 출토된 유물은 비교적

많음. 금동제장식품(鎏金銅飾件), 철제못(鐵釘) 등을 포함하며 소형 유물이 대부분임.

(3) 2호 排水溝(G2)

○ 위치와 규모 : 제2층 계단상 대지 건물지의 동측에 위치하는데, 서북-동남 방향임. 비교적 잘 보존되었는데, 규모는 길이 84.5m, 너비 0.3~0.7m, 깊이 0.2m임.

○ 排水溝 측벽의 축조방법 : 排水溝의 단면은 장방형인데, 일부 구간은 비틀리거나 위치가 이동해 있음. 북단이 비틀리거나 위치가 이동한 정도가 더 심함. 배수구 바닥은 점토층으로 땅을 다져 채워 처리하였음.

○ 排水口 : 排水口는 남과 북 양단에 위치해 있는데, 남부의 지세가 낮아서 2호 排水溝 중앙부에 물이 차면 남측의 자연 배수시설로 흘러 들어감. 남측의 담장 바닥에서 소형 排水口 두 곳이 발견되었는데, 자연 배수시설에 물이 차면 궁전지 남부의 계곡으로 흘러 들어가게 되어 있음.

○ 별도의 배수체계 : 2호와 3호 건물지의 양측에는 별도로 활모양의 배수시설을 두 곳 설치했는데, 두 건물지의 건축구조와 상관있음. 또 이 두 곳의 전각터가 궁전지 내에서 차지하는 위상을 반영함.

○ 출토유물 : 2호 배수구 및 2·3호 건물지 배수시설의 퇴적층은 한 층임. 회색토층으로 지질은 세밀함. 이 퇴적층에서 다량의 홍색 기와편 및 소량의 철제못 등이 출토되었음. 2·3호 건물지의 배수시설(보고서에는 2·3호 배수구로 되어 있지만, '2·3호 건물지 배수시설'의 오기로 보임) 내에서는 기와편 및 귀면문와당 등이 출토되었음.

(4) 3호 排水溝

○ 위치와 규모 : 3호 대지의 동측에 위치하는데, 서북-동남 방향임. 평면은 장방형인데, 규모는 길이 78.3m, 너비 0.5~0.8m, 깊이 0.2m임.

○ 축조방식 : 보존 상태가 좋지 않아 중부와 북부는 거의 모두 파괴되었고, 측벽의 면석이 거의 남아 있지 않음. 다만 바닥과 단면 구조는 비교적 분명함. 남단의 排水口도 파괴되었음. 배수구에 물이 차면 남측 담장 벽체 아래를 지나 남부의 도랑으로 흘러 들어감.

○ 출토유물 : 배수구 내의 회흑색 진흙 퇴적층에서 다량의 홍색 기와편이 출토됨. 대부분 배수구 남측에서 집중 출토되었는데, 소량의 철기도 보임.

(5) 4호 排水溝

○ 위치와 규모 : 제4호 대지와 동측 담장 사이에 위치하는데, 서북-동남 방향임. 평면은 장방형, 단면은 방형인데, 규모는 길이 86.4m, 너비 0.5m, 깊이 0.2m임.

○ 축조방식 : 보존 상태가 아주 좋아 비틀리거나 위치 이동 현상이 없음. 중부와 북부는 파괴되어 벽면 석재가 소량 남아 있음. 배수구 측벽의 벽면 석재는 대부분 화강암이며 가공한 정도가 비교적 정밀함. 石灰頁巖도 일부 사용함. 벽면의 축조상태는 비교적 가지런함. 배수구의 홈통과 바닥에는 모두 점토를 깔아 다졌음. 남단은 남측 담장과 연결되어 있는데, 벽체 하부의 排水口를 통해 담장 바깥으로 배수됨.

○ 출토유물 : 4호 배수구 내의 회흑색 진흙퇴적층에서 유물이 출토됨. 남·북 양단에서 집중 출토되었는데, 철기, 와당, 刻劃文 기와 등이 있음.

(6) 5호 排水溝

○ 위치와 규모 : 동측 담장 바깥에 위치하는데, 동측 담장과 1.5m 떨어져 있음. 동측 담장의 침식을 방지하기 위해 조성한 배수구임. 구조는 견고하며 정밀하게 구축하여 보존상태도 양호함. 서북-동남 방향으로 규모는 길이 97m, 너비 0.7~0.9m, 깊이 0.2~0.4m임. 1~4호 배수구보다 큼.

○ 축조방식 : 5호 배수구의 측벽 벽면 구조와 석재는

다른 배수구와 대체로 같으며, 배수구 바닥에는 水量을 고려하여 판석을 깔았음. 5호 배수구는 남측과 북측 담장보다 약간 길며, 배수구는 담장의 남북 양측 벽체와 접하는 곳에서 꺾여 서쪽으로 향함. 지세로 인해 배수구 내에 물이 차면 남측과 북측 담장 바깥의 도랑으로 흘러 들어감.

○ 출토유물 : 배수구 내의 퇴적층은 잔돌이 대량으로 섞여 있는 황갈색 충적층이며, 유물은 발견되지 않았음.

6) 건물지

○ 건물 수 : 궁전지 내에서 건물지 11동을 발견함.
○ 구조 : 기능적인 차이로 인해 건물지의 구조는 서로 같지 않음.

(1) 1호 건물지(그림 8)

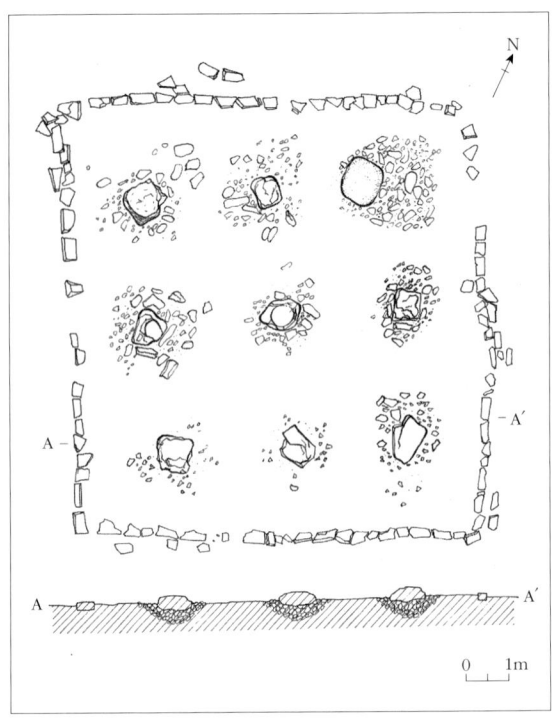

그림 8 궁전지 1호 건물지 평면도와 단면도(『丸都山城』, 77쪽)

① 위치

1호 대지의 동북부에 위치함. 중심 광장의 북단 가까이에 잇닿아 있음.

② 1호 건물지의 지층

○ 지층은 5층으로 나뉘어짐.
○ 제1층 : 경작토층. 황갈색토, 토질은 부드러움. 퇴적유물로는 잔돌(碎石), 붉은색 기와편, 현대 도자기편 등이 있음. 두께는 0.1~0.3m임.
○ 제2층 : 진흙 퇴적층. 황갈색. 비교적 다량의 잔돌(碎石)과 모래(沙土)가 섞여 있음. 두께는 0.1~0.35m임. 어떠한 유물도 발견되지 않았음. 1호 건물지의 본체는 이 퇴적층에 의해 복개되었음.
○ 제3층 : 흑색토이며 가루 상태임. 재찌꺼기가 대량 섞여 있음. 토질은 부드러움. 두께는 0.05~0.25m임. 1호 건물지의 동남 모퉁이 이외에 이 층에 의해 복개된 건물지 부분은 제2차 폐기 퇴적층임.

○ 제4층 : 황갈색토. 토질은 약간 부드러움. 알갱이는 비교적 큼. 소량의 불탄흙덩이가 발견됨. 두께는 0.12~0.18m임.
○ 제5층 : 점성이 있는 담황색 토양으로 토질은 단단함. 인공적으로 땅을 다진 흔적이 있는데, 두께는 0.15m임.

③ 1호 건물지의 구조

○ 평면과 규모 : 평면은 대체로 방형이며, 서남 모퉁이는 약간 변형되었음. 각 변의 길이는 9~9.5m임. 건물지 내에 대형 초석이 모두 9개 있음.
○ 빗물받이(散水) 구조 : 건물의 네 둘레에 장방형 석괴를 쌓아 건물 주변의 빗물받이(散水)를 구성함. 빗물받이에 쌓은 돌은 단층이며, 지표보다 약간 높음. 석재는 화강암이 대부분이며, 일부 석회암도 사용하였는데 비교적 일정한 모양으로 가공하였음. 일반적으로 길이 0.6m, 너비 0.2m, 두께 0.25m. 현재 빗물받이는 약간

파손되었지만, 전체적으로 보존상태가 상당히 양호함.

④ 초석과 건물 규모
o 배열양상 : 가로 세로 각 3열, 열마다 3개씩 총 9개의 초석 배열. 초석의 간격은 2m 정도. 동에서 서, 북에서 남으로 차례대로 Z1~Z9로 편호.
o Z8 : 화강암을 다듬어 만들었는데, 초석면은 원형이며, 화재를 입어 균열된 흔적이 있고, 암홍색을 띰. 인공적인 손질을 가했음.
o Z5 : 중심 부분에 위치, 비교적 정밀하게 가공, 초석면은 원형.
o Z1, Z3~Z7, Z9 : 자연 礫石으로 형태가 불규칙함.
o 초석 기초구덩이 : 초석 아래에서 원형의 기초구덩이가 발견됨. 직경은 약 0.3~0.45m임. 점토와 작은 돌을 혼합해 층층이 다져 수평으로 만든 다음, 초석을 설치했음.
o 건물 규모 : 초석 배열로 보아 측면 2칸, 정면 2칸이며, 각 칸의 너비는 2m 정도. 네 둘레에는 돌로 쌓은 빗물받이가 있음.

⑤ 출토유물
o 폐기 퇴적층에서 귀면문와당, 연화문와당, 수키와와 암키와 잔편, 철제못(鐵釘) 등의 유물이 비교적 풍부하게 출토되었음.
o 유물 분포로 보아 건물 본체는 동서 방향으로 무너진 것으로 추정됨.

(2) 2호 건물지(그림 9)

① 위치
2호 대지의 남측에 위치하며, 남쪽에는 3호 건물지가 있음.

② 2호 건물지의 지층
o 지층은 5층으로 나뉘어짐.
o 제1층 : 경작토층으로 회갈색이며 토질이 부드러움. 붉은색 기와편과 근현대 도자기편 등이 포함되어 있음. 두께는 0.1~0.15m임.
o 제2층 : 푸석푸석한 흑색토인데, 재 찌꺼기가 다량 섞여 있고, 토질은 부드러움. 건물지 동북부에 분포함. 가장 두꺼운 곳은 0.35m에 달함. 다량의 붉은색 기와편, 와당 및 각획 부호가 시문된 수키와(筒瓦) 등이 출토되었음. 건물지의 제2차 폐기 퇴적층임.
o 제3층 : 황갈색 토층으로 토질은 부드러움. 알갱이는 비교적 큼. 건물지 1차 폐기시에 형성되었는데, 동북 모퉁이에 소규모 범위로 분포함. 두께는 비교적 얕아 0.1m에 불과함. 붉은색 기와편이 소량 출토되었고, 그 사이에 불탄 작은 흙덩이가 섞여 있음.
o 제4층 : 건물지의 거주면에 해당하는데, 황색 점토를 인공적으로 다져 만들었음. 가지런하며 단단함. 두께는 0.15m임.
o 제5층 생토층, 황갈색토.

③ 2호 건물지의 구조
o 평면과 규모 : 팔각형으로 길이 12m, 너비 11.2m임.
o 구조 : 초석 배열 구조로 보아 팔각형 건물로 8칸임. Z9~Z12는 나무기둥을 떠받치기 위한 용도가 아닐 가능성이 있으며, 특수한 용도가 있을 것으로 추정됨. Z13~Z19, Z20~Z23은 팔각형 건물의 부속 기둥(附柱) 초석임.

④ 초석
o 모두 23개의 초석 확인, 동북 모서리의 외곽에서 안쪽으로 차례대로 Z1~Z23으로 편호하였음.
o Z1~Z8 : 두 개가 1조를 이루어 서로 마주보고 있고, 건물의 외부구조를 구성함. 팔각형이며, 각 변의 너비는 약 3.2m로 동일함.

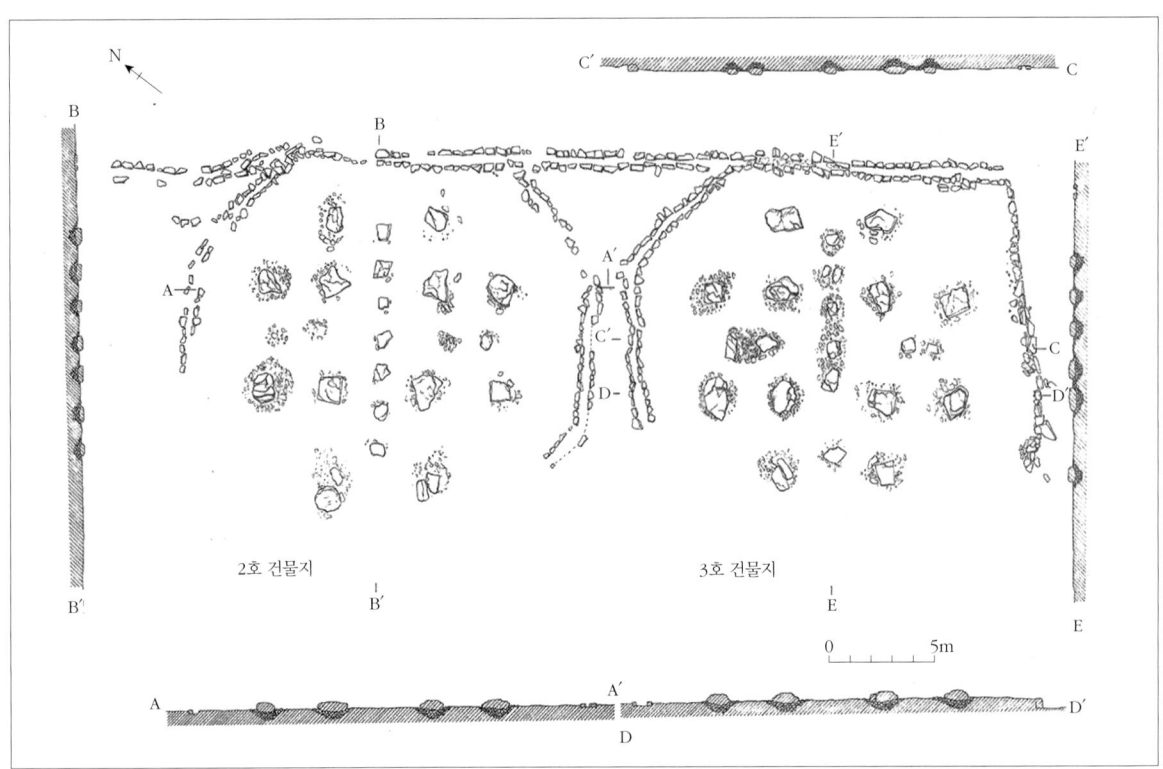

그림 9 궁전지 2호, 3호 건물지의 평면도와 단면도(『丸都山城』, 79쪽)

○ Z9~Z12 : 방형으로 초석의 간격은 균등함. 각 변의 길이는 3.1m. 건물 내부에 2열로 놓인 부속 기둥임.
○ Z13~Z19 : 동서 방향으로 7개 초석을 배열, 초석의 간격은 약 0.8m.
○ Z20~Z23 : 남북 방향으로 2개 초석이 1조를 이룸. 남북 양단에 대칭적으로 분포해 있으며 두 초석의 간격은 0.85m.
○ 2호 건물지의 초석은 기능적인 차이로 인해 형태에 구별이 있음.
○ Z1~Z8, Z9~Z12 : 비교적 크며, 대부분 약간 다듬은 자연 礫石으로 형태는 일정하지 않음. 소량은 화강암 석재 사용. 일반적으로 길이 1.1m.
○ Z13~Z23 : 비교적 작으며 형태도 일정하지 않음. 대부분 화강암 석재 사용. 일부 자연 礫石도 있음. Z20, Z21, Z22 초석은 조사 당시 이미 파괴.

○ 초석의 기초구덩이 : 초석 아래에는 모두 기초구덩이가 있음. Z1~Z12 등의 기초구덩이는 비교적 크며 원형인데, 대체로 직경 1.5m, 깊이 0.45m임. Z13~Z23 등의 기초구덩이는 약간 작으며 원형인데, 대체로 직경 0.9m, 깊이 0.35m임. 기초구덩이 내부는 점토와 잔돌을 섞어 층층이 다졌음.

⑤ 배수체계

○ 排水溝 : 2호 건물지의 동측에 2호 배수구가 있고, 건물지 남북 양측에 둥근 활모양의 배수구를 2개 조성했음.
○ 배수체계 : 북측 배수구는 절반 가량 파손되었는데, 남북 양측의 배수구와 2호 배수구가 유기적으로 연결되어 건물지의 물을 배수함.
○ 축조방식 : 동서 양측의 배수구 축조방식은 1~5호 배수구와 기본적으로 동일함. 생토층 위에 둥근 활모

양(호형)의 배수구 홈통을 판 다음, 배수구 벽면과 바닥을 점토로 다져 채웠음. 배수구의 단면은 방형. 배수구의 측벽은 손질을 가한 화강암이나 혈암판석(页巖石板)을 세워서 쌓았음. 석재의 크기는 일반적으로 길이 0.5m, 너비 0.2m, 두께 0.15m.

⑥ 출토유물

귀면문과 연화문 와당, 刻劃文 부호가 시문된 수키와와 암키와, 철기 등 비교적 풍부한 유물이 출토되었음.

(3) 3호 건물지(그림 9)

① 위치와 전체현황
○ 위치 : 2호 대지의 최남단에 위치하는데, 북쪽으로 2호 건물지와 잇닿아 있음.
○ 전체현황 : 구조는 2호 건물지와 기본적으로 같음. 출토유물로 보아 초축과 폐기 연대가 2호 건물지와 같을 것으로 판단됨. 2호와 3호 건물지의 너비는 2호 대지 북부의 8호 건물지보다 넓음.

② 지층
○ 지층은 5층으로 나눌 수 있음.
○ 제1층 : 경작토층인데, 회갈색이며, 토질은 부드러움. 붉은색 기와편, 소량의 근현대 도자기편 등이 포함되어 있음. 두께는 0.1~0.18m임.
○ 제2층 : 푸석푸석한 흑색토. 재 찌꺼기가 다량 섞여 있고, 토질은 부드러움. 건물지 일부 구역에 소규모로 분포하는데, 가장 두꺼운 곳의 두께는 0.32m에 달함. 다량의 붉은색 기와편, 와당 및 刻劃 부호가 시문된 수키와 등이 출토되었음. 건물지의 제2차 폐기 퇴적층임.
○ 제3층 : 황갈색토. 토질은 부드럽고, 알갱이가 비교적 큼. 건물지의 제1차 폐기 시점에 형성되었음. 서북 모서리에 작은 면적에 분포함. 퇴적층은 비교적 얇으며 두께는 0.15m임. 출토유물은 소량의 붉은색 기와편, 불탄 작은 흙덩이 등임.
○ 제4층 : 건물지의 거주면임. 황색 점토다짐층인데, 두께는 0.15m임.
○ 제5층 : 생토층이며 황갈색토.

③ 초석
○ 모두 초석 22개가 발견되었는데 규칙적으로 분포함. 동북 모서리에서 차례대로 편호.
○ Z1~Z8 : 팔각형 건물의 외부 윤곽을 구성, 각 변의 길이는 3.2m.
○ Z9~Z12 : 건물지 중심부에 위치, 동서방향으로 차례대로 편호. 두 개씩 상호 대응, 간격은 3.1m로 균등함.
○ Z13~Z18 : 건물지의 수직방향 중축선에 위치, 동서 방향으로 6개 초석이 배열되어 있음. Z13~Z17의 초석 간격은 0.8m로 대체로 균등함. Z18~Z17의 간격은 2.2m. 2호 건물지의 구조를 참고하면 Z18~Z17 사이에 간격이 균등한 초석이 있어야 함.
○ Z19~Z22 : 건물지의 가로 방향 축선상에서 초석 4개 배열, 2개씩 1조를 이루며 대칭 분포함. 북에서 남으로 차례대로 Z19~Z22로 편호하였음. 2조의 초석의 간격은 균등하며 0.7m. Z20과 Z21의 간격은 0.5m.
○ Z1~Z12의 크기와 형태 : 비교적 크고, 일반적으로 길이 1.6m임. 자연 礫石으로 板狀 형태임.
○ Z13~Z22의 크기와 형태 : 비교적 작고, 일반적으로 길이 0.8m. 板狀의 자연 礫石임.
○ 초석의 기초구덩이 : 초석 아래에 모두 기초구덩이가 만들어져 있는데, 원형임. Z1~Z12 초석의 기초구덩이는 직경 1.5m, 깊이 0.5m임. Z13~Z22 초석의 기초구덩이는 직경 0.9m, 깊이 0.35m임.

④ 排水溝
○ 3호 건물지 동측은 2호 배수구의 남단이고, 북측에

활모양의 배수구 조성. 남측은 2호 대지의 남측 축대로서 그 아래는 자연 배수시설이 있음. 북측 배수구의 보존상태는 양호하며 2호 배수구와 연결되어 일체를 이룸.
○ 3호 건물지 남측 및 서측의 배수는 2호 대지의 남측 및 서측 축대의 벽체를 직접 이용하였음. 양측 배수구의 홈통은 생토층 위에 직접 축조했고, 양측 벽면과 바닥은 황색 점토를 다져 단단하게 하였음. 배수구의 단면은 대체로 방형임. 배수구 벽면 양측은 화강암과 일부 석회암 판석을 세워 쌓았는데, 석재는 일반적으로 길이 0.5m, 너비 0.2m, 두께 0.15m.

⑤ 출토유물
귀면문와당, 연화문와당, 각획문 부호가 시문된 수키와와 암키와 등 출토.

(4) 4호 건물지

① 위치
2호 대지의 최북단에 위치하는데, 서·북 양측은 2호 대지의 서·북 축대의 벽체임. 남으로 8호 건물지와 접해 있음. 양자의 간격은 약 0.8m임.

② 초석과 건물 구조
○ 초석 : 초석 6개가 발견되었는데, 비교적 규칙적으로 배열됨. 남북 간격은 2m. 동에서 서로, 북에서 남으로 차례대로 Z1~Z6로 편호하였음. 초석은 板狀의 자연 礫石으로 형태가 일정하지 않음. 상면은 약간 손질을 가했으며 상대적으로 가지런하고 매끈함. 길이는 0.5~1.5m임. Z1, Z4는 결실됨.
○ 건물 구조 : 1호 건물지와 대체로 동일함. 4호 건물지의 동측에도 초석 3개가 다른 초석과 같은 간격으로 분포했을 것임. 파손된 초석 3개를 더하면 건물지는 대체로 방형이며, 측면 2칸, 정면 2칸, 길이 6m, 너비 4.5m임.

○ 초석의 기초구덩이 : 평면은 원형이며, 직경 1m, 깊이 0.4m임. 점토와 막돌을 채워 다져서 수평을 만들었고, 그 위에 초석을 설치함.

③ 排水溝와 배수구조
건물지 동측의 2호 排水溝는 심하게 변형되었고, 排水口도 파괴되었음. 2호 排水溝의 북단, 2호 대지의 서측과 북측 축대 등이 공동으로 4호 건물지의 배수체계를 구성하고 있음.

④ 출토유물
와당, 수키와(筒瓦), 암키와(板瓦)의 잔편 등이 소량 출토됨.

(5) 5호 건물지

① 위치
4호 대지의 북단에 위치하는데, 궁전지의 동북 모서리에 해당함. 10호 건물지와의 거리는 6.5m임. 상대적으로 독립되어 있는 건물 구조임.

② 초석과 건물 구조
○ 초석의 배열상태 : 초석 9개가 발견되었는데, 비교적 규칙적으로 분포함. 간격은 1.8m로 비교적 균등함. 동에서 서로, 북에서 남으로 차례대로 Z1~Z9로 편호하였음. Z6은 결실되었지만, 나머지는 보존상태가 비교적 좋음. 초석의 분포는 방형이며, 각 변의 길이는 5.6m임. 8개 초석은 모두 板狀의 자연 礫石이며, 표면은 다듬었지만 거침. 초석의 크기는 일반적으로 길이 0.5~1.1m, 두께 0.25~0.45m임.
○ 건물 구조 : 초석의 배열로 보아 5호 건물지는 1호 건물지의 구조와 대체로 같음. 다만 건물지 주변의 빗물받이 시설에 차이가 있음.
○ 초석의 기초구덩이 : 원형으로 직경 1.1m, 깊이

0.45m임. 황색 점토와 잔돌을 혼합하여 다져서 수평을 만든 다음, 그 위에 초석을 설치함.

③ 排水溝와 배수체계

○ 5호 건물지의 동측은 4호 排水溝인데, 북측 축대는 파손된 상태임. 서측의 축대 벽체는 보존 상태가 비교적 양호함.

○ 4호 배수구, 서측과 북측의 축대 벽체, 축대 바깥의 배수시설 등이 5호 건물지의 배수체계를 구성함.

④ 출토유물

수키와(筒瓦)와 암키와(板瓦) 잔편 등이 소량 출토되었음.

(6) 6호 건물지

① 위치

1호 대지의 북측에 위치함.

② 초석과 건물 구조

○ 초석의 현황 : 총 37개가 발견되었는데, 위치가 이동되고 결실 현상도 심함. 동에서 서로, 북에서 남으로 차례대로 Z1~Z37로 편호함. 판상의 자연 礫石으로 약간 다듬었지만, 규칙적이지 않음. 크기는 대체로 길이 0.7~1m임.

○ 초석의 기초구덩이 : 원형으로 직경 1.2m, 깊이 0.45m임. 황색 점토와 잔돌을 혼합하여 다져서 조성하고, 그 위에 초석을 놓음.

○ Z29, Z34 : 화강암 석재로 정밀하게 제작함(그림 10).

○ Z1, Z3, Z5, Z6, Z8, Z9, Z10, Z11, Z12, Z13, Z14, Z15, Z17, Z18, Z20, Z21, Z24, Z26, Z28, Z36, Z37 : 초석은 결실되고, 기초구덩이만 남아 있음.

○ 초석의 배열상태 : 북에서 남으로 3열로 배열, 간격은 2m로 균등함. 남북방향으로 13개의 초석이 배열되어 있는데, 일부의 간격은 균등하지 않음. Z10~Z12는 동북-서남 방향임. Z13~Z15는 서북-동남 방향임. Z16~Z24의 간격은 1.4m로 같음. Z29~Z37 간격은 1.8m로 기본적으로 같음. Z25~Z28는 두 개씩 대응되며, 간격은 3.6m임. Z1~Z9의 간격은 같은 것만은 아님. 북단의 Z1, Z4, Z7 등 3개 초석의 간격은 2.2m와 1.4m로 차이가 남.

○ 건물 형태와 규모 : 건물의 형태는 장방형으로 측면은 비교적 협소함. 길이는 35m, 너비는 5.2m임. 초석의 배열상태로 보아 4개 조로 나뉨. 제1조와 제2조는 12개 초석, 제3조는 4개 초석, 제4조는 9개 초석 등으로 구성되었음. 정면 8칸, 측면 2칸 건물로 제3조 초석은 문길(門道)로 추정됨.

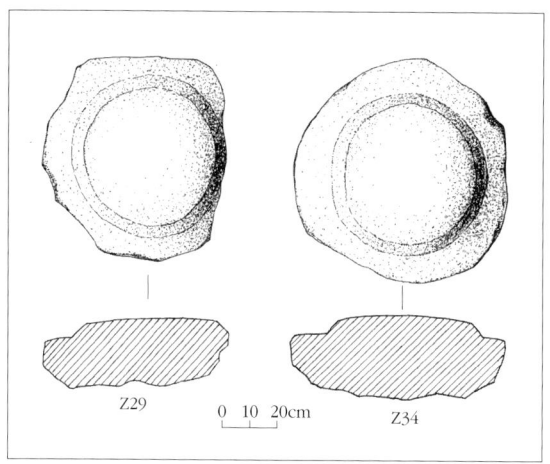

그림 10 산성자산성 궁전지 6호 건물지 초석 평면도와 단면도 (『丸都山城』, 81쪽)

③ 排水溝

6호 건물지의 동측은 1호 배수구임. 북측과 서측은 1호 대지의 북·서 축대로서 1호 배수구와 함께 6호 건물지의 배수체계를 구성함.

④ 출토유물

폐기 퇴적층에서 귀면문과 연화문 와당, 문자와 刻劃

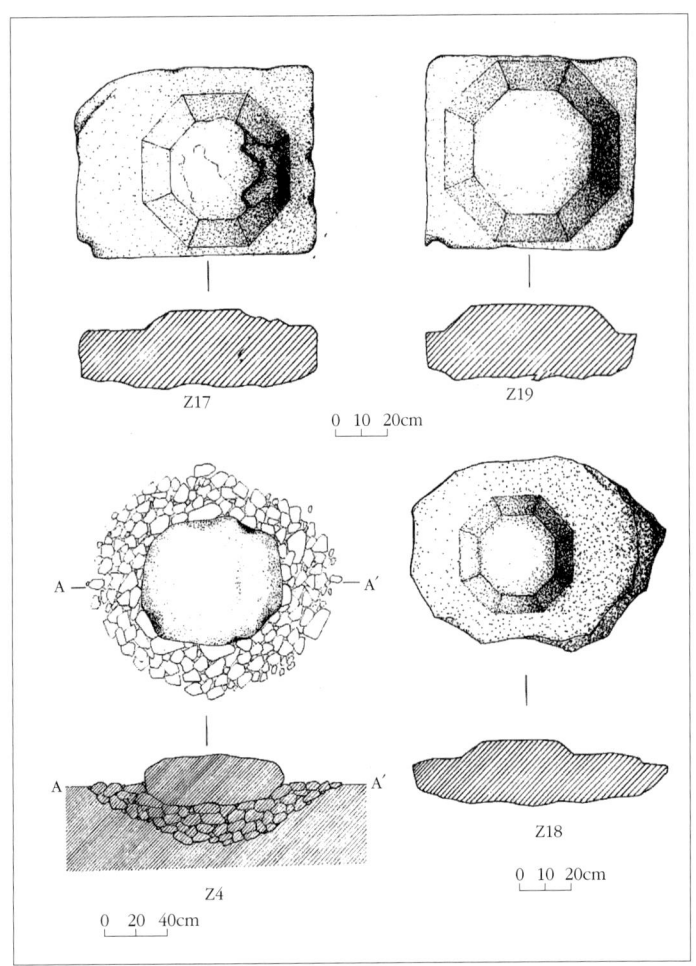

그림 11
궁전지 7호 건물지 초석 평면도와 단면도
(『丸都山城』, 83쪽)

文 부호가 시문된 수키와와 암키와 잔편, 철기 등이 다량 출토됨.

(7) 7호 건물지

① 위치
1호 대지의 남부에 위치.

② 초석과 건물 구조(그림 11)
○ 초석의 배열양상 : 북에서 남으로 3열로 배열했고, 각 열당 초석의 수량은 25개임. 초석의 간격은 균등하며, 거리는 약 1.2~1.8m임. 모두 초석 78개가 발견되었는데, 동에서 서로, 북에서 남으로 차례대로 Z1~Z78로 편호하였음. 대부분 자연 礫石 혹은 화강암인데, 형태는 대부분 板狀으로 표면은 거칠게 다듬었음. 특수하게 가공한 초석도 있는데, Z16, Z17, Z18, Z19은 화강암으로 정밀하게 다듬은 팔각 覆頭形으로 문길(門道)에 사용된 부재임. 초석의 크기는 대체로 길이 0.6~1.7m임. 초석은 많이 결실되었는데, Z3, Z6, Z12, Z63, Z66, Z68~Z70, Z72~Z78 등은 초석구덩이만 남아 있음.

○ 초석의 기초구덩이 : 원형으로 직경 1.65m, 깊이 0.35m임. 황색 점토와 잔돌을 채워 넣고 층층이 다져서 수평을 만든 다음, 초석을 설치함(그림 11).

○ 건물 구조 : 초석의 분포양상으로 보아 건물은 장방형으로 추정되며, 정면 17칸, 측면 2칸임. 초석의

배열구조에 근거하여 건물은 크게 8개 조로 나눌 수 있음. 북단의 1조 건물은 초석 12개로 구성되었음 (Z1~Z12). 남단의 1조 건물은 초석 11개로 조성되었는데, Z76과 Z78 사이에 초석 한 개가 결실되었음. 기타 6조 건물은 모두 초석 9개로 구성되었는데, 각 조의 공간이 다른 건물보다 작을 것으로 추정됨.

③ 排水溝
7호 건물지의 동측은 1호 배수구이며, 남, 서 양측은 1호 대지의 남·서 축대이며, 남측 축대 아래는 궁전지 남측의 자연 배수시설임. 이들이 7호 건물지의 배수체계를 구성함.

④ 출토유물
○ 수량 : 비교적 풍부함.
○ 종류 : 와당, 수키와(筒瓦), 암키와(板瓦) 등이 있음.

(8) 8호 건물지

① 위치
2호 대지의 2호 건물지와 4호 건물지 사이에 위치.

② 초석과 기초구덩이
○ 초석의 배열양상 : 초석은 장방형으로 분포하는데, 길이 39m, 너비 8.7m임. 궁전지 중에서 2호와 3호 건물지를 제외하면 측면의 폭이 가장 넓은 건물에 해당함. 모두 초석 60개가 있는데, 동에서 서로, 북에서 남으로 차례대로 Z1~Z60을 편호하였음. 초석의 보존 상태는 비교적 좋음. 다만 서측 축대 벽체 가까이에 위치한 초석 4개는 위치가 이동되었음.
○ 초석의 석재 : 초석의 석재는 크게 대형과 소형으로 나뉘어짐. 대형 초석은 대부분 자연 礫石이고, 일부는 화강암 석재를 사용하기도 함. 형태는 板狀 모양이고, 표면을 간단히 다듬어 전체적으로 거친 상태임. 크기는 일반적으로 길이 1.1~1.4m임. 소형 초석도 대부분 자연 礫石인데, 강돌(河卵石)도 조금 있음. 형태는 板狀 모양인데, 정밀하게 가공하지 않았지만, 표면이 상대적으로 가지런함. 크기는 일반적으로 길이 0.7m임.
○ 초석의 기초구덩이 : 초석의 기초구덩이는 모두 원형인데, 점토와 잔돌을 혼합하여 층층이 다져 수평을 만든 다음 그 위에 초석을 설치하였음. 초석의 크기에 따라 대형과 소형으로 나뉘어짐. 대형 초석구덩이는 직경 1.7m. 깊이 0.45m임. 소형 초석 구덩이는 직경 1.1m, 깊이 0.35m임.

③ 건물 규모와 구성
○ 규모 : 8호 건물지는 정면 10칸, 측면 3칸으로 1호 건물지의 구조를 바탕으로 총 4조의 건물로 나눌 수 있음.
○ 제1조 건물 : 가장 북측의 초석 20개로 구성(Z1~Z20). 대형 초석 12개가 건물의 주체 구성, 그 사이에 동에서 서쪽으로 소형 초석 8개가 등거리로 분포. 대형 초석의 간격은 2.2m, 소형과 대형 초석의 간격은 0.5m.
○ 제2조 건물 : 제1조 건물 남측의 초석 20개로 구성 (Z21~Z40). 건물구조는 제1조 건물과 완전히 같음. 제1조 건물 남측과 제2조 건물 북측 사이의 초석 간격은 1m 정도로 매우 좁음.
○ 제3조 건물 : 제2조 건물 남측의 초석 11개로 구성 (Z41~Z51). 중앙부 초석 3개 사이에 각각 작은 초석 1개가 있음. 5개 초석의 간격은 1m 정도로 기본적으로 균등함.
○ 제4조 건물 : 가장 남측의 초석 9개로 구성(Z52~Z60). 초석의 간격은 2.4m로 기본적으로 균등함.

④ 排水溝와 배수체계
동쪽의 2호 배수구, 서쪽의 2호 대지 축대, 남쪽의 3호 건물지 북측 배수구 등이 배수구와 배수체계를 구성함.

⑤ 출토유물

귀면문과 연화문 와당, 각획문 부호가 시문된 수키와와 암키와 잔편 등이 다량 출토되었음.

(9) 9호 건물지

① 위치

3호 대지상에 위치.

② 초석과 건물 구조

○ 초석의 배열양상 : 초석은 장방형으로 배열되어 있는데, 길이 84.5m, 너비 4m로 궁전지 가운데 가장 좁고 기다란 건물임. 초석과 초석의 기초구덩이 63개가 발견되었음. 동에서 서로 북에서 남으로 차례대로 Z1~Z63을 편호하였음. 보존상태가 좋지 않으며, 결실이 심함. 발굴 당시 남아 있는 초석은 38개였고, 기타는 초석구덩이만 남아 있었음. 초석의 위치 이동 현상도 비교적 심함.

○ 초석의 석재 : 대부분 자연 礫石인데, 크기는 일정하지 않으며 대체로 길이 0.7m, 너비 0.5m임. 형태는 板狀 모양인데, 표면을 약간 가공했지만, 대체로 거침. Z58은 화강암으로 정밀하게 가공한 팔각 覆頭形임.

○ 초석의 기초구덩이 : 원형으로 직경 0.9m, 깊이 0.45m임. 점토와 잔돌을 혼합해 채웠으며, 흙을 층층이 다져 평평하게 만든 후, 그 위에 초석을 설치하였음.

○ 초석의 배열과 건물 구조 : 초석이 남에서 북으로 2열로 배열된 것으로 보아 건물은 측면 1칸인 회랑식 구조로 추정됨. 보존 상태가 비교적 좋은 기초구덩이와 초석의 배열로 보아 초석 간격은 2m로 대체로 균등한 것으로 판단됨. 또 초석 2개가 1조를 이룬 것이 3곳 있는데, 건물 구조와 관련됨.

③ 배수체계

동측의 3호 배수구 및 대지의 3면의 축대가 배수체계를 구성함.

④ 출토유물

와당, 수키와(筒瓦), 암키와(板瓦) 잔편 등이 다량 발견되었음.

(10) 10호 건물지

① 위치

4호 대지의 북부에 위치, 북쪽 6.5m 거리에 5호 건물지가 있음.

② 초석과 건물 구조

○ 초석의 배열양상 : 모두 초석 28개를 발견하였음. 동에서 서로, 북에서 남으로 차례대로 Z1~Z28로 편호하였음. 남북 3열로 장방형으로 배열되었는데, 간격은 2m로 균등함. 동서 방향의 대형 초석은 모두 6열이며, 각 열의 초석 사이에 등간격으로 소형 초석이 분포되어 있는데, 간격은 1.2m로 균등함.

○ 초석의 석재 : 초석의 석재는 표면을 약간 다듬었는데, 형태가 일정하지 않음. 크기에 따라 대형과 소형으로 나뉨. 대형 초석은 자연 礫石인데, 크기는 대체로 길이 0.7m, 두께 0.4~0.45m이고, 모두 板狀 형태임. 소형 초석은 대부분 자연 礫石이고, 크기는 대체로 길이 0.5m, 두께 0.2~0.3m이고, 형태는 板狀임.

○ 초석의 기초구덩이 : 기초구덩이는 원형인데, 점토에 잔돌을 혼합해 다져 채워넣어 수평을 만든 다음 그 위에 초석을 설치하였음. 크기에 따라 대형과 소형으로 나뉘는데, 대형은 직경 1.1m, 깊이 0.45m이고, 소형은 직경 0.7m, 깊이 0.35m임.

○ 건물 구조 : 초석의 배열상태로 보아 건물지는 측면 2칸, 정면 4칸의 건물로 추정됨.

③ 排水溝와 배수체계
동측의 4호 배수구가 주요 배수체계를 구성하였음.

④ 출토유물
와당, 刻劃文 부호가 시문된 수키와와 암키와 등이 소량 출토됨.

(11) 11호 건물지

① 위치
가장 동쪽에 자리한 4호 대지의 남부에 위치함.

② 초석
○ 초석의 분포양상 : 초석은 장방형으로 분포하는데, 길이 55m, 너비 8m임. 모두 초석 85개가 있는데, 동에서 서로, 북에서 남으로 차례대로 Z1～Z85로 편호하였음.
○ 초석의 보존 상태 : 보존상태가 비교적 좋음. 다만 Z4, Z7, Z9, Z10, Z15, Z17, Z0, Z23, Z27, Z51, Z56, Z57, Z62, Z65, Z70～Z74, Z87, Z88 등은 초석이 결실되고 기초구덩이만 남아 있음.
○ 초석의 석재 : 초석의 형태는 대부분 板狀 모양인데, 표면은 초벌 가공을 하였고 비교적 가지런하지만, 전체적인 제작 모습은 거친 상태임. 초석은 크기에 따라 대형과 소형으로 나뉨. 대형 초석은 대부분 자연 礫石이며, 화강암도 소량 있는데, 크기는 대체로 길이 1.3m임. 소형 초석은 주로 화강암이며, 자연 礫石도 비교적 소량 있는데, 크기는 대체로 길이 0.6m임. 초석 표면에는 대부분 불에 탄 흔적이 있는데, 일부 대형 초석에 파열 흔적이 더욱 분명하게 드러나 있음.
○ 초석의 기초구덩이 : 기초구덩이는 원형인데, 점토를 잔돌과 혼합하여 채워 넣고 흙을 다져 수평을 만든 후 그 위에 초석을 설치하였음. 크기에 따라 대형과 소형으로 나뉘는데, 대형은 직경 1.9m, 깊이 0.45m이고, 소형은 직경 0.7m, 깊이 0.35m임.

③ 건물 규모와 구성
○ 규모와 구성 : 초석의 배열상태로 보아 건물지는 정면 15칸, 측면 3칸으로 추정됨. 초석의 배열에 의거해 모두 5개 조의 건물로 나눌 수 있음.
○ 제1조 건물 : 가장 북측의 제1조 건물은 13개 초석으로 구성되어 있음(Z1～Z13). 9개의 대형 초석은 남에서 북으로 3열로 배열되었고, 초석 간격은 3.4m로 균등함. 동측의 제1열 대형 초석 사이에 2개의 작은 초석이 있으며 대형과 소형 초석의 간격은 1.6m로 균등함. 남측의 제2열과 제3열 대형 초석 사이에도 작은 초석이 균등한 간격으로 분포해 있는데, 간격은 1.6m임. 북쪽에서 남쪽으로 제2열(중앙열)과 제3열 초석 사이에도 약간 북쪽으로 치우치게 소형 초석을 설치했는데, 건물 기둥의 무게를 감소하기 위한 구조물임. 동일한 구조가 가장 남쪽의 제5조 건물에서도 확인됨.
○ 제2조 건물 : 제1조 건물 남측의 초석 10개로 구성. 대형 초석은 동에서 서로 2m 간격으로 균등하게 배열해 있음. 북에서 남으로 제1열, 제2열 초석 사이에 소형 초석이 있고, 양단의 대형과 소형 초석의 간격은 1m로 균등함.
○ 제3조 건물 : 11호 건물지 중앙에 위치한 주체 건물이며, 초석 38개로 구성. 남북 3열로 초석 간격은 1.6m로 균등하게 분포함. 각 열의 대형 초석 사이에는 모두 균등한 거리로 소형 초석이 있으며 초석의 간격은 1m임.
○ 제4조 건축 : 제3조 건물 남측에 위치. 건물의 주체를 이루는 대형 초석 9개의 간격은 2.2m로 균등함. 대형 초석 사이에 소형 초석이 분포해 있는데 규칙적이지 않음. 이는 그 건물의 형태와 관련이 있음.
○ 제5조 건축 : 가장 남측에 위치. 모두 초석 13개가 발견되었음. 9개의 대형 초석은 남북방향이며, 2.2m

의 등간격으로 배열되어 있음. 제1열과 제2열의 대형 초석 사이에 동에서 서로, 북에서 남으로 모두 소형 초석이 끼어 있으며 북에서 남으로 배열된 제2열과 제3열 초석 사이에 또 동측의 1열에도 소형 초석이 발견됨. 대형과 소형 초석의 간격은 1m로 기본적으로 모두 균등함.

④ 排水溝와 배수체계
동측의 4호 배수구와 4호 대지의 서·남 축대가 배수체계를 구성함.

⑤ 출토유물
제3층의 폐기 퇴적층에서 귀면문과 연화문 와당, 刻劃文 符號瓦 문자를 시문한 수키와 암키와 잔편, 철기 등이 다량 출토되었음.

7) 기타 부속 건물
궁전지 바깥에서 부속 건물 2곳이 발견되었음. 유적은 파괴가 심한 상태이며 유물이 거의 출토되지 않아 건물지의 성격을 판단하기 어려움.

(1) 1호 유적
○ 위치와 규모 : 서측 담장의 서쪽에 위치하는데, 서측 담장에서 6.5m 떨어져 있음. 1호 궁문지와의 간격은 10m임. 방위각은 218도이며, 평면은 장방형이며, 장방형의 장조석으로 주변을 쌓았음. 규모는 길이 3.5m, 너비 3m, 높이 0.5m임.
○ 석재 : 장조석의 가공 상태는 조잡하며, 틈새는 작은 막돌로 채웠음.
○ 원형 유적 : 내부에 소형 막돌로 쌓은 원형 유적이 있는데, 직경 0.5m, 깊이 0.1m임. 회색토가 퇴적되어 있었는데, 유물은 없었음.
○ 퇴적층과 출토유물 : 유적 내부의 퇴적층은 흑회색 토층이며, 토질은 부드러움. 두께는 약 0.3m임. 퇴적층에서 鳥頭文과 문자를 시문한 수키와 6건이 출토됨.
○ 유적의 성격 : 위치와 구조로 보아 王旗를 꽂았던 곳으로 추정됨.

(2) 2호 유적
○ 위치 : 서측 담장의 서쪽에 위치하는데, 북쪽 7m 거리에 1호 궁문지가 있음. 유적의 규모는 길이 7m, 최대 너비 3.8m, 잔고 0.35m임.
○ 축조방식 : 막돌로 쌓았고, 동쪽은 궁전지의 서측 담장과 접하며, 북단은 약간 둥근 활모양임. 황토 대지상에 축조했는데 대지의 토질은 단단하며 황색 점토를 다져서 만들었음.
○ 보존상태 : 남부는 이미 파괴되었음. 내부도 보존상태가 좋지 않아 서측에 괴석을 쌓은 흔적만 남아 있고, 동측은 남아 있지 않음.
○ 성격 : 유적의 성격은 불분명함.

8) 산성 내부의 고분군
○ 2003년 조사 당시 산성 내부에서 총 38기의 무덤을 확인했는데, 주로 남부의 臺地와 산 아래의 평탄하고 완만한 지대에 분포함. 자연 골짜기를 경계로 4구역으로 구분한 지역에 모두 분포하는데, 그 중 I구역의 동부와 III구역의 동부에 비교적 밀집 분포해 있음.
○ 유형 분류 : 고구려시기의 고분으로 적석묘, 방단적석묘, 봉토묘 등 3유형으로 분류되는데, 적석묘 30기, 방단적석묘 6기, 봉토묘 2기임. 상세한 사항은 〈산성하고분군의 산성자산성 내부의 고분군〉 항목 참조.

5. 출토유물

1) 關野貞(1913) 조사 시의 출토유물
○ 기와편 : 성내에는 원래 창고 등의 흔적으로 보이는 곳이 있으며, 붉은색의 瓦片이 산재해 있음.

○ 연대 : 대다수가 와당(瓦當) 및 평기와(平瓦)의 파편으로 수법문양은 통구 및 동대자에서 나온 것과 같으며 고구려 말기의 것으로 보임.

2) 池內宏(1938) 조사 시의 출토유물

○ 성문터, 병영터, 궁전터 등에 고구려시기의 붉은색 기와편 산재.
○ 성 내부의 현지 주민으로부터 八瓣연화문와당, 귀면문와당, 사선문판와, 젖망울무늬판와 등의 기와 구입.
○ 1935년 이 산성을 조사했던 기타 일행이 장대 아래에 거주하는 현지 주민으로부터 고구려기와를 다수 구입했는데, 궁전지에서 출토되었을 것임.

3) 李殿福(1982) 조사 시의 출토유물

궁전지에는 고구려시대의 기와편이 널려 있음.

4) 『집안현문물지』(1984)의 출토유물

(1) 鐵器

① 철촉(鐵鏃)

집안의 通溝분지에서는 棒狀, 蛇頭狀, 窄扁面形, 魚尾形, 鏟形, 柳葉形, 菱形, 三翼形, 雙叉形 등 다양한 철촉이 출토되었는데, 산성자산성에서 菱形과 蛇頭形 철촉이 출토됨.

㉠ 능형철촉(菱形鐵鏃)
○ 출토일 : 1964년 12월.
○ 출토지 : 산성 내부.
○ 크기 : 전체 길이 10.4cm.
○ 형태 : 마름모꼴(菱形). 중간에 등날이 솟아 있고, 경부(鋌)는 뾰족한 송곳 모양.

㉡ 사두형철촉(蛇頭形鐵鏃)
○ 출토일 : 1964년 12월.
○ 출토지 : 산성 내부.
○ 크기 : 鏃의 蛇頭 부분의 길이 2.5cm, 너비 0.8cm. 몸체 길이 9.5cm, 너비 0.6cm, 두께 0.4cm, 전체 길이 15cm.
○ 형태 : 사두형(蛇頭形). 鏃의 끝 부분(尖部)은 뱀대가리 모양임. 뒤 끝 양면에 촉신이 연결되어 있음. 몸체 부분은 가늘고 길며 단면은 장방형임. 그 뒤에 가느다란 경부(鋌)가 연결되어 있음.

5) 「高句麗兵器硏究」(1993)의 기술내용

(1) 철제창(鐵矛, 그림 12)

○ 출토일 : 1988년 6월 13일.
○ 출토지 : 산성 내부의 동쪽 산기슭.
○ 크기 : 전체 길이 25.8cm. 銎部와 창날의 비율은 3 : 2, 창날의 너비 2cm.
○ 형태 : 銎部와 창날 부분으로 구성되었음. 창날은 곧고 예리하며, 목 부분에는 능선이 없고, 銎部의 끝은 말발굽형임.

6) 2004년 보고서의 출토유물

○ 산성자 산성 궁전지의 출토유물은 비교적 풍부함.
○ 철기, 동기, 도기 등.
○ 건축 부재(構件)가 대부분이며, 거마 용구, 무기 및 생활용기가 소량 포함됨.

(1) 금동기

○ 출토지 : 산성자산성 궁전지.
○ 수량 : 19건.
○ 기물의 몸체 표면은 도금했는데, 대부분 탈락되었음. 기물의 몸체는 허리(亞腰)형의 棒 모양 부재와 하부가 筒形인 부재를 결합시켜 만든 榫卯구조로, 양

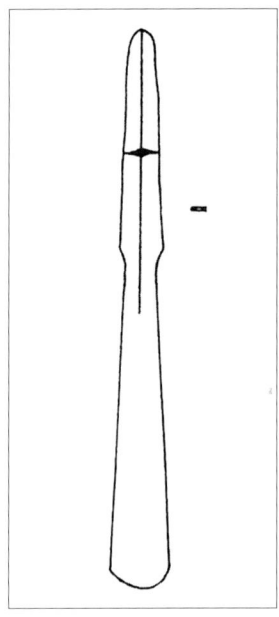

그림 12
산성자산성 출토 철제창
(『高句麗研究文集』, 202쪽)

자 사이에 연화모양의 잎 6개를 장식하였음. 기물의 대부분은 파손된 상태로 출토됨.

① 허리(亞腰)형의 棒 모양 부재와 筒形 부재(표본 2001JWGG4:6, 그림 13-1)
○ 출토지 : 산성자산성 궁전지.
○ 크기 : 허리(亞腰)형의 棒 모양 부재 길이 4.2cm, 직경 0.9cm. 통형인 하부의 부재 길이 2.6cm, 직경 1.3cm.
○ 형태 : 약간 파손됨. 허리(亞腰)형의 棒 모양 부재 표면은 둥글고 윤이 남, 단면은 원형. 허리(亞腰)형의 棒 모양 부재와 하부의 통형 부재 사이에 국화 모양의 꽃잎 6개가 장식되어 있음.

② 허리(亞腰)형의 棒 모양 부재와 筒形 부재(표본 2001JWGT802④:5-4, 그림 13-2)
크기 : 잔존길이 8.2cm, 통형인 하부 부재 직경 1.5cm.

③ 허리(亞腰)형의 棒 모양 부재와 筒形 부재(표본 2001JWGT802④:5-5, 그림 13-3)
크기 : 잔존길이 9cm.

④ 허리(亞腰)형의 棒 모양 부재와 筒形 부재(표본 2001JWGT703③:9-1, 그림 13-4)
크기 : 길이 6.3cm.

⑤ 허리(亞腰)형의 棒 모양 부재와 筒形 부재(표본 2001JWGT703③:9-2, 그림 13-5)
○ 크기 : 길이 5cm.
○ 형태 : 경부(鋌身) 단면은 원형을 띰.

⑥ 허리(亞腰)형의 棒 모양 부재와 筒形 부재(표본 2001JWGT703③:9-3, 그림 13-6)
○ 크기 : 잔존길이 5.1cm.
○ 형태 : 경부(鋌身) 단면은 원형을 띰.

⑦ 꽃잎 모양 치레걸이(花瓣形飾件, 그림 13-7~10)
○ 출토지 : 산성자산성 궁전지.
○ 수량 : 5건.
○ 형태 : 국화꽃잎 모양과 유사함. 가운데에 원형의 구멍이 있음. 대부분은 꽃잎이 6개임. 각각의 꽃잎 길이가 다름.
○ 종류 : 대체로 긴 것 1개와 짧은 것 4개, 긴 것 4개와 짧은 것 2개 두 종류임.

(2) 철기
○ 출토지 : 산성자산성 궁전지.
○ 수량 : 모두 333건 출토됨.
○ 종류 : 못(釘), 고리(環), 고리못(環鼻), 받침 조각(墊片), 테(箍), 굽은(꺾인)잎사귀, 갈고리모양(낚싯바늘모양) 철기(釣形器), 별정(別釘), 정리(釘履), 편자(馬掌), 수레 용구(車具), 가죽띠(革帶), 허리띠걸쇠(帶扣) 걸개(挂件), 꾸미개(飾件), 儀仗器, 화살촉 등(그림 6. 궁전지 출토 철기, 금동기 분포도).

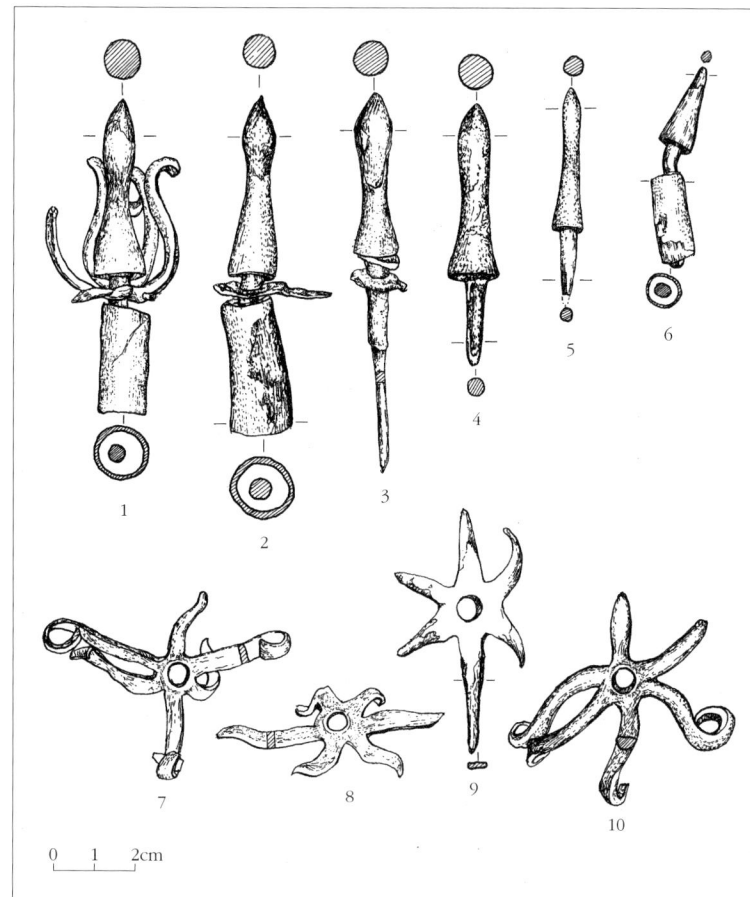

그림 13
산성자산성 궁전지 출토 금동기 및
꽃잎모양 치레걸이(『丸都山城』, 99쪽)

1. 금동기(2001JWGG4:6)
2. 금동기(2001JWGT802④:5-4)
3. 금동기(2001JWGT:5-5)
4. 금동기(2001JWG703③:9-1)
5. 금동기(2001JWGT703③:9-2)
6. 금동기(2001JWGT703③:9-3)
7. 꽃잎모양치레걸이(2001JWGT802④:5-2)
8. 꽃잎모양치레걸이(2001JWGT802④:5-1)
9. 꽃잎모양치레걸이(2001JWGT703③:3)
10. 꽃잎모양치레걸이(2001JWGT90GG2:1)

① **철제못(鐵釘)**

○ 수량 : 255건.

○ 종류 : 못의 종류는 길이가 긴 것, 중간, 짧은 것 및 특수형태의 철제못(鐵釘) 등 4가지로 분류됨. 특수형태의 못은 다시 4종류로 세분되는데 용도와 관련이 있음.

㉠ **긴 못(長釘)**

○ 수량 : 26건.

○ 크기 : 일반적으로 전체길이 10~18.5cm. 釘身단면변장 0.6~0.8cm.

○ 형태 : 단측 釘帽, 釘身의 단면은 방형.

● **표본 2001JWGT702③:24 (그림 14-1)**

○ 출토지 : 산성자산성 궁전지.

○ 크기 : 전체길이 18.2cm, 釘身단면변장 0.8cm.

○ 형태 : 완형.

● **표본 2001JWGT901③:4 (그림 14-2)**

○ 크기 : 전체길이 16cm, 釘身단면변장 0.8cm.

○ 형태 : 완형.

㉡ **중간길이 못(中長釘)**

○ 출토지 : 산성자산성 궁전지.

○ 크기 : 일반적으로 전체 길이 6~10cm, 釘身단면변장 0.3~0.6cm.

○ 종류 : 정모의 차이에 따라 A형과 B형으로 나뉨.

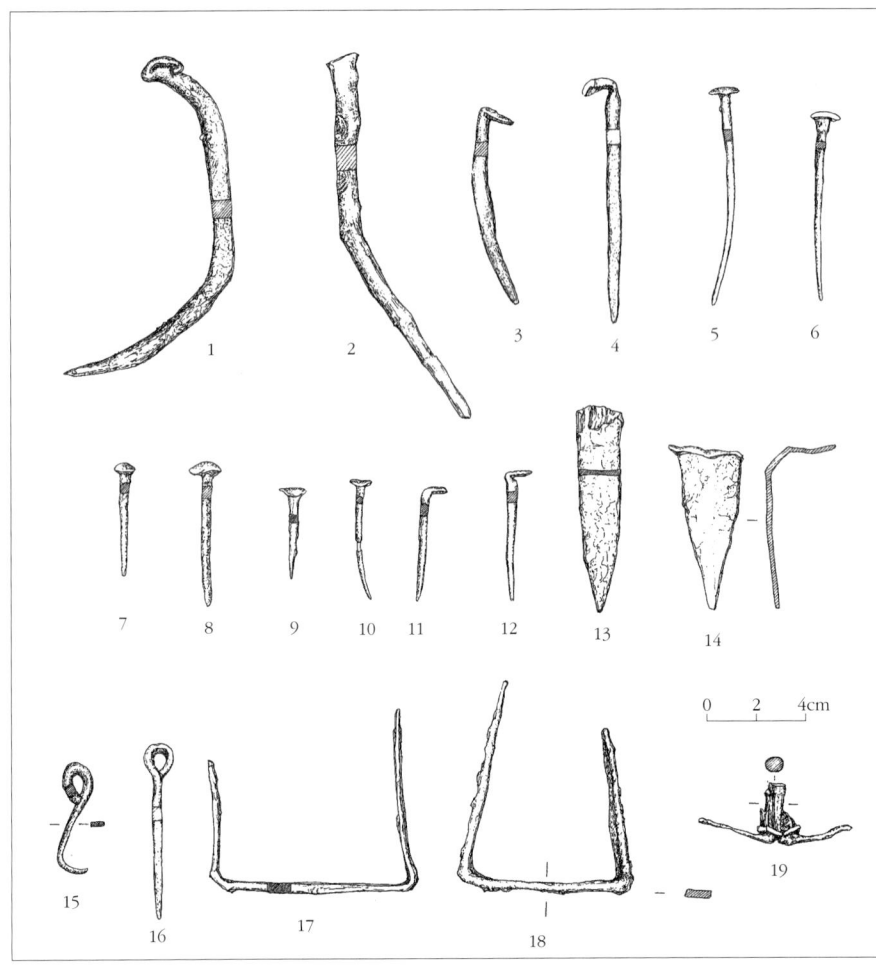

그림 14
산성자산성 궁전지 출토
철제못(『丸都山城』, 88쪽)
1~4. A형 중간길이 못
5~6. B형 중간길이 못
7~8. A형 짧은 못
9~10. B형 짧은 못
11~12. C형 짧은 못
13~14. 쐐기형 못
15~16. 고리모양 釘帽 못
17~18. 꺾쇠 못
19. 별정

◎ A형
○ 형태 : 단측 釘帽.
○ 수량 : 42건.

● 표본 2001JWGT207④:1(그림 14-3)
○ 출토지 : 산성자산성 궁전지.
○ 크기 : 전체길이 8cm, 단면변장 0.5cm.
○ 형태 : 완형. 釘身단면은 방형.

● 표본 2001JWGT1006③:17(그림 14-4)
○ 출토지 : 산성자산성 궁전지.
○ 크기 : 전체길이 9.8cm, 釘身단면변장 0.6cm.
○ 형태 : 완형. 釘身단면은 방형.

◎ B형
○ 형태 : 정모는 납작하고 둥근 형태임(扁圓釘帽).
○ 수량 : 15건.

● 표본 2001JWGT305③:153(그림 14-5)
○ 출토지 : 산성자산성 궁전지.
○ 크기 : 전체길이 8.8cm, 정모 직경 1cm, 釘身단면변장 0.4cm.
○ 형태 : 완형.

● 표본 2001JWGT405③:8(그림 14-6)
○ 출토지 : 산성자산성 궁전지.
○ 크기 : 전체길이 7.5cm, 정모 직경 1.2cm, 釘身단

면변장 0.4cm.
○ 형태 : 완형.

ⓒ 짧은 못
○ 크기 : 일반적으로 전체 길이 3~6cm, 釘身단면변장 0.2~0.5cm.
○ 종류 : 정모의 차이에 따라 A, B, C형으로 분류됨.

◎ A형
○ 수량 : 69건.
○ 크기 : 정모 직경 0.8~1.5cm.
○ 형태 : 丘形 釘帽.

● 표본 2001JWGT306③:19(그림 14-7)
○ 출토지 : 산성자산성 궁전지.
○ 크기 : 전체 길이 4.5cm, 釘身단면의 직경은 0.4cm, 정모 직경 0.8cm.
○ 형태 : 완형. 釘身단면은 원형임.

● 표본 2001JWGT305③:1(그림 14-8)
○ 출토지 : 산성자산성 궁전지.
○ 크기 : 전체길이 4.8cm, 釘身단면변장 0.4cm, 정모직경 1.2cm.
○ 형태 : 완형. 釘身단면은 방형임.

◎ B형
○ 수량 : 34건.
○ 크기 : 정모 직경 0.5~1.4cm.
○ 형태 : 扁圓 釘帽.

● 표본 2001JWGT803④:37(그림 14-9)
○ 출토지 : 산성자산성 궁전지.
○ 크기 : 전체길이 3.4cm, 釘身단면 직경 0.4cm, 정모 직경 1.4cm.

○ 형태 : 완형. 약간 녹이 슬어 부식됨. 釘身단면은 원형임.

● 표본 2001JWGT504③:29(그림 14-10)
○ 출토지 : 산성자산성 궁전지.
○ 크기 : 전체길이 4.8cm, 釘身단면 직경 0.2cm, 정모 직경 0.8cm.
○ 형태 : 완형. 약간 녹이 슬어 부식됨. 釘身단면은 원형임.

◎ C형
○ 수량 : 53건.
○ 형태 : 단측 정모, 釘身단면은 방형임.

● 표본 2001JWGT806③:60(그림 14-11)
○ 출토지 : 산성자산성 궁전지.
○ 크기 : 전체 길이 4.6cm, 釘身단면변장 0.3cm.
○ 형태 : 완형.

● 표본 2001JWGT504③:40(그림 14-12)
○ 출토지 : 산성자산성 궁전지.
○ 크기 : 전체 길이 5cm, 釘身단면변장 0.4cm.
○ 형태 : 완형.

ⓔ 쐐기형 못(楔形釘)
○ 출토지 : 산성자산성 궁전지.
○ 수량 : 4건.
○ 형태 : 몸체는 납작하고 얇음. 평면은 쐐기 모양, 넓은 쪽의 끝 부분이 휘어서 못대가리(釘帽)가 되었음.

● 표본 2001JWGT905③:6(그림 14-13).
○ 출토지 : 산성자산성 궁전지.
○ 크기 : 길이 8.2cm. 너비 1.8cm, 두께 0.2cm.
○ 형태 : 완형.

● 표본 2001JWGT504③:9(그림 14-14).
○ 출토지 : 산성자산성 궁전지.
○ 크기 : 가운데 부분의 너비 2.2cm, 두께 0.2cm.

㉰ 고리모양 釘帽 못(環帽釘)
○ 수량 : 5건.
○ 형태 : 釘帽는 고리 모양(環形), 釘身의 한쪽 끝은 예리하며, 한쪽은 만곡되어 닫혀진 고리모양의 정모를 이룸.

● 표본 2001JWGT504③:9(그림 14-15)
○ 출토지 : 산성자산성 궁전지.
○ 크기 : 전체 길이 5.5cm, 정모단면 직경 0.4cm, 釘身 단면은 방형으로 길이 0.5cm, 너비 0.2cm임.
○ 형태 : 완형. 모부의 단면은 원형임.

● 표본 2001JWGT504③:8(그림 14-16)
○ 출토지 : 산성자산성 궁전지.
○ 크기 : 전체 길이 7cm, 釘身단면의 길이 0.5cm, 너비 0.4cm.
○ 형태 : 완형. 정모 및 釘身단면은 모두 장방형임.

㉱ 꺾쇠 못(거멀못, 錫釘)
○ 수량 : 6건.
○ 형태 : 몸체(整體)는 'U'字 모양에 가까움. 양끝은 예리하며, 단면 변장은 방형임.

● 표본 2001JWGT405③:19(그림 14-18)
○ 출토지 : 산성자산성 궁전지.
○ 크기 : 전체 길이 21.8cm, 단면 길이 1cm, 너비 0.3cm.
○ 형태 : 완형.

● 표본 2001JWGG4:2(그림 14-17)
○ 출토지 : 산성자산성 궁전지.
○ 크기 : 전체 길이 20.4cm, 단면 길이 1cm, 너비 0.4cm.
○ 형태 : 완형.

㉾ 별정(別釘)
수량 : 1건.

● 표본 2001JWGG1:3(그림 14-19)
○ 출토지 : 산성자산성 궁전지.
○ 크기 : 잔존길이 6.2cm, 釘身단면 직경 0.7cm, 끝 부분의 길이 2cm.
○ 형태 : 못(整體)의 상부는 파손됨. 못 끝은 두 갈래로 갈라져, 양측을 향해 '一'字 모양을 이루며, 고정시키는 작용을 함.

② 철제고리(鐵環)
○ 수량 : 3건.
○ 형태 : 고리 몸체(環體)의 단면은 원형. 環體는 環鼻를 통과해 180도 자유선회가 가능함. 環鼻의 목 부분에 철판 2개 사이에 목판을 끼워 고정시켰고, 環鼻의 끝은 別釘 모양을 띰.

● 표본 2001JWGT804③:36(그림 15-1)
○ 출토지 : 산성자산성 궁전지.
○ 크기 : 고리 직경(環經) 5.8cm. 環體 단면의 최대 직경 0.6cm.
○ 형태 : 완형. 불규칙한 원형을 띰.

● 표본 2001JWGT1007③:37(그림 15-2)
○ 출토지 : 산성자산성 궁전지.
○ 크기 : 고리 직경(環經) 8.6cm. 環體의 단면직경 0.8cm.

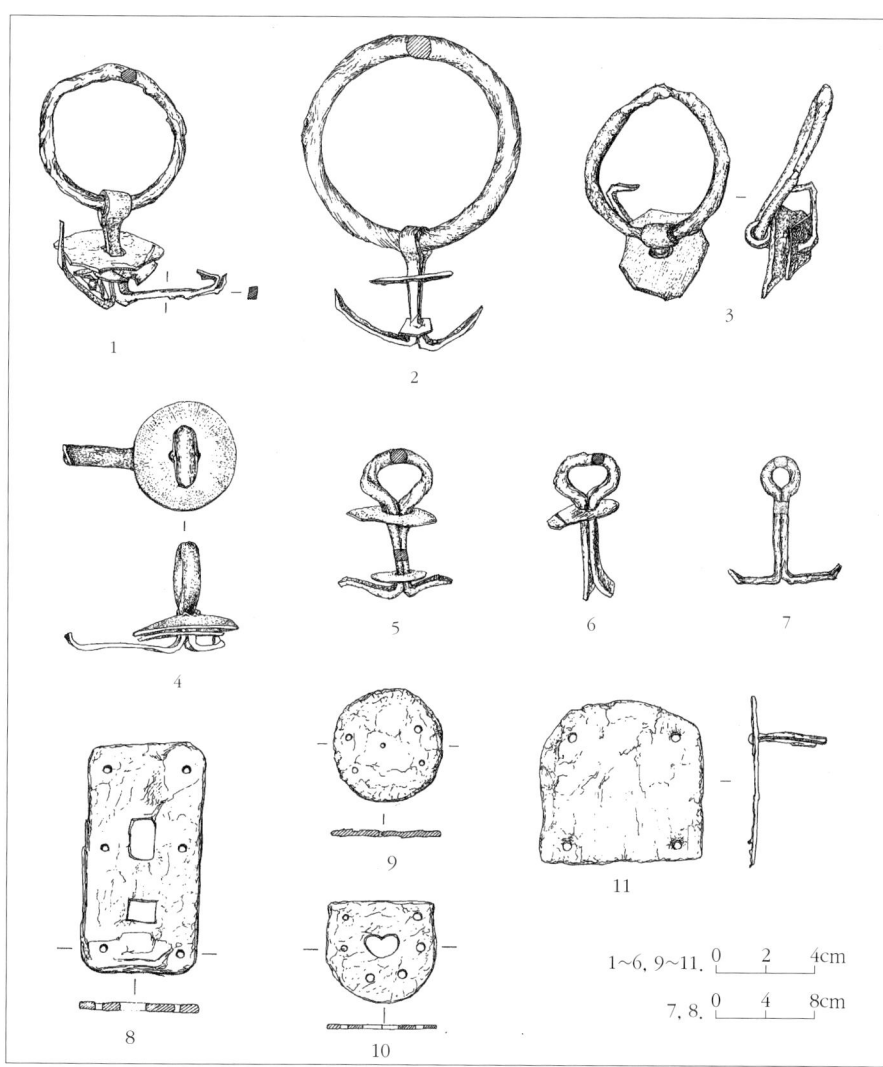

그림 15
산성자산성 궁전지 출토 철기
(『丸都山城』, 90쪽)
1~3. 고리
4~7. 철제고리 못
8. A형 받침 조각
9. B형 받침 조각
10~11. C형 받침 조각

1~6, 9~11. 0   2   4cm
7, 8.   0   4   8cm

○ 형태 : 완형. 環體은 원형.

● 표본 2001JWGT804③ : 37(그림 15-3)
○ 출토지 : 산성자산성 궁전지.
○ 크기 : 環體단면직경 0.6cm. 고리 직경(環經) 6cm.
○ 형태 : 완형. 고리에 연결되어 고정된 재료의 보존 상태는 완전함.

③ 고리 못(環鼻)
○ 수량 : 4건.
○ 형태 : 단면 혹은 양끝이 예리하고 가늘은 鐵條가 중부에서 만곡을 이루어 고리가 만들어졌음. 環體의 단면원형이고, 나머지 부분의 단면은 방형임. 양측이 한데 합쳐진 다음, 얇은 철편이 2개를 통과해, 끝부분에 이르러 別釘으로 고정시켰음.

● 표본 2001JWGT404③ : 188(그림 15-4)
○ 출토지 : 산성자산성 궁전지.
○ 크기 : 環體단면 직경 0.6cm, 고리 직경(環經) 2.4cm.
○ 형태 : 완형.

● 표본 2001JWGT504③:2(그림 15-5)
○ 출토지 : 산성자산성 궁전지.
○ 크기 : 環體단면직경 0.6cm, 고리 직경(環經) 2.8cm.
○ 형태 : 완형.

● 표본 2001JWGT304③:3(그림 15-6)
○ 출토지 : 산성자산성 궁전지.
○ 크기 : 최대 직경 2.6cm, 둘레 길이(邊長) 0.4cm
○ 형태 : 완형. 環鼻는 '하트' 모양을 띰. 環體단면은 원각방형을 띰.

● 표본 2001JWGT505③:16(그림 15-7)
○ 출토지 : 산성자산성 궁전지.
○ 크기 : 전체길이 10cm, 고리 직경 1.6cm, 고리 단면의 최대 직경 0.6cm.
○ 형태 : 완형. 고리 부분은 원형을 띰. 環體단면은 불규칙한 원형.

④ 받침 조각(墊片)
○ 형태 : 얇은 철편으로 만들어졌음. 모양은 규칙적이며, 위쪽에 작은 구멍이 있음. 못을 박아 목판의 위쪽에 고정시켰음.
○ 종류 : 모양의 차이에 따라 A, B, C, D형으로 나눌 수 있음.

㉠ A형
○ 수량 : 4건.
○ 형태 : 장방형의 받침 조각(墊片).

● 표본 2001JWGT404③:11(그림 15-8)
○ 출토지 : 산성자산성 궁전지.
○ 크기 : 길이 18cm, 너비 9.2cm, 두께 0.6cm. 철편 주연의 구멍 직경 0.5cm, 변장은 길이 3.2cm, 너비 2cm 및 길이 2cm, 너비 1.6cm로 나뉨.

○ 형태 : 평면은 장방형. 철편 둘레에 6개의 등거리 작은 구멍이 있음. 철편 중부에 장방형의 구멍이 나란히 배열되어 있음.

㉡ B형
○ 수량 : 2건.
○ 형태 : 원형의 받침 조각(墊片).

● 표본 2001JWGT605③:11(그림 15-9)
○ 출토지 : 산성자산성 궁전지.
○ 크기 : 직경 4.4cm, 두께 0.2cm, 주연 구멍 직경 0.2cm.
○ 형태 : 완형. 평면은 원형. 구멍이 5개인데, 중앙에 1개 둘레에 4개 있음.

㉢ C형
○ 수량 : 2건.
○ 형태 : 舌形 받침 조각(墊片).

● 표본 2001JWGT806③:98(그림 15-10).
○ 출토지 : 산성자산성 궁전지.
○ 크기 : 길이 4cm, 너비 4.2cm, 두께 0.2cm, 주연 구멍 직경 0.2cm.
○ 형태 : 완형. 혀모양. 둘레에 작은 구멍이 6개 있고, 가운데(중심)에 '하트(心)' 모양의 큰 구멍이 있음.

● 표본 2001JWGT509③:25(그림 15-11)
○ 출토지 : 산성자산성 궁전지.
○ 크기 : 길이 6.4cm, 너비 6.6cm, 두께 약 0.2cm, 네 모서리의 구멍 직경 0.3cm.
○ 형태 : 완형. 舌形, 네 모서리에 작은 구멍이 분포해 있으며, 못의 구멍으로 쓰임.

ⓒ D형
○ 수량 : 1건.
○ 형태 : 모서리가 굽은(꺽인) 받침 조각(墊片).

● 표본 2001JWGT106③:50(그림 16-1)
○ 출토지 : 산성자산성 궁전지.
○ 크기 : 장방형의 철편 길이 8cm, 너비 4cm. 방형 구멍의 변장 1.6cm, 반원형의 철편 반경은 3.3cm.
○ 형태 : 완형. 장방형의 철편 하나와 반원형의 철편 하나가 마주 접하여 직각을 이룸. 한쪽 끝에 방형의 구멍이 있음. 반원형의 철편의 위쪽에 3개의 작은 구멍이 등거리로 있음. 각 구멍에는 못(鐵釘)이 하나씩 꽂혀 (끼워져) 있음.

⑤ 철제테(鐵箍)
○ 수량 : 4건.
○ 형태 : 長條形의 얇은 철편으로 만들어져 있음. 장방형을 띰. 위쪽에 작은 구멍이 있으며, 못을 박아 木器를 고정시켰음.

● 표본 2001JWGT806③:63(그림 16-2)
○ 크기 : 몸체 길이 7.6cm, 너비 4cm, 철편 너비 1.6cm.
○ 형태 : 완형. 네 둘레(四邊)에 각각 안쪽을 향해서 철제못이 꽂혀 있음.

⑥ 경첩(折葉)
○ 수량 : 7건.
○ 두 개의 얇은 철편을 마주대하여 꺾어서 만듦.
○ 철편 사이는 못을 박아 고정했는데 90도 회전이 가능함.
○ 절엽 위쪽에 작은 구멍이 있고, 못을 박아 고정함.

● 표본 2001JWGT410③:10(그림 16-3)
○ 크기 : 펼친 전체길이 14cm, 너비 6.4cm, 두께 0.2cm, 작은 구멍의 직경 0.4cm.
○ 형태 : 완형. 舌形의 철편 2개를 마주 접어서 만들었고, 부채모양 철판에는 작은 구멍이 등간격으로 있음. 4개의 구멍에 작은 철제못이 잔존해 있음.

● 표본 2001JWGT904③:2(그림 16-5)
○ 크기 : 큰 조각의 길이 6.4cm, 너비 6.4cm, 작은 조각의 길이 5.8cm, 너비 6cm. 철편의 평균 두께 0.2cm, 양편의 못 구멍 직경 0.2cm.
○ 형태 : 완형. 크기가 같지 않은 舌形의 철편이 2개를 마주 꺾어서 만듦. 양편에 직경 0.2cm인 못 구멍이 분포해 있음. 구멍에 작은 철제못이 남아 있음.

⑦ 갈고리형 철기(釣形器)
수량 : 3건.

● 표본 2001JWGT505③:17(그림 16-7)
○ 크기 : 상단 쇠줄 단면은 방형으로 길이 1.4cm, 너비 0.8cm. 하단 갈고리 몸체의 단면 직경 1cm.
○ 형태 : 완형. 環鼻 및 철제갈고리로 조성된 連鎖式 구조임. 상단은 環鼻, 별정모양을 띠며 고정되어 있음. 단면은 장방형. 하단은 철제갈고리로 한쪽 끝이 만곡되어 둥근 고리 형태(環形)이며, 다른 한쪽 끝은 비교적 예리하게 彎曲되어 갈고리 모양을 띰. 갈고리 몸체의 단면은 원형이며, 직경 1cm. 環鼻와 철제갈고리가 중간에서 한데 합쳐져 있는데, 양 끝은 둥근고리로 연결시킴.

● 표본 2001JWGT503③:34(그림 16-6)
○ 크기 : 전체 길이 6cm, 釘身단면의 직경 0.2cm.
○ 형태 : 상단의 만곡 부분은 파손됨. 납작한 모양. 하단은 갈고리 모양. 釘身단면은 원형.

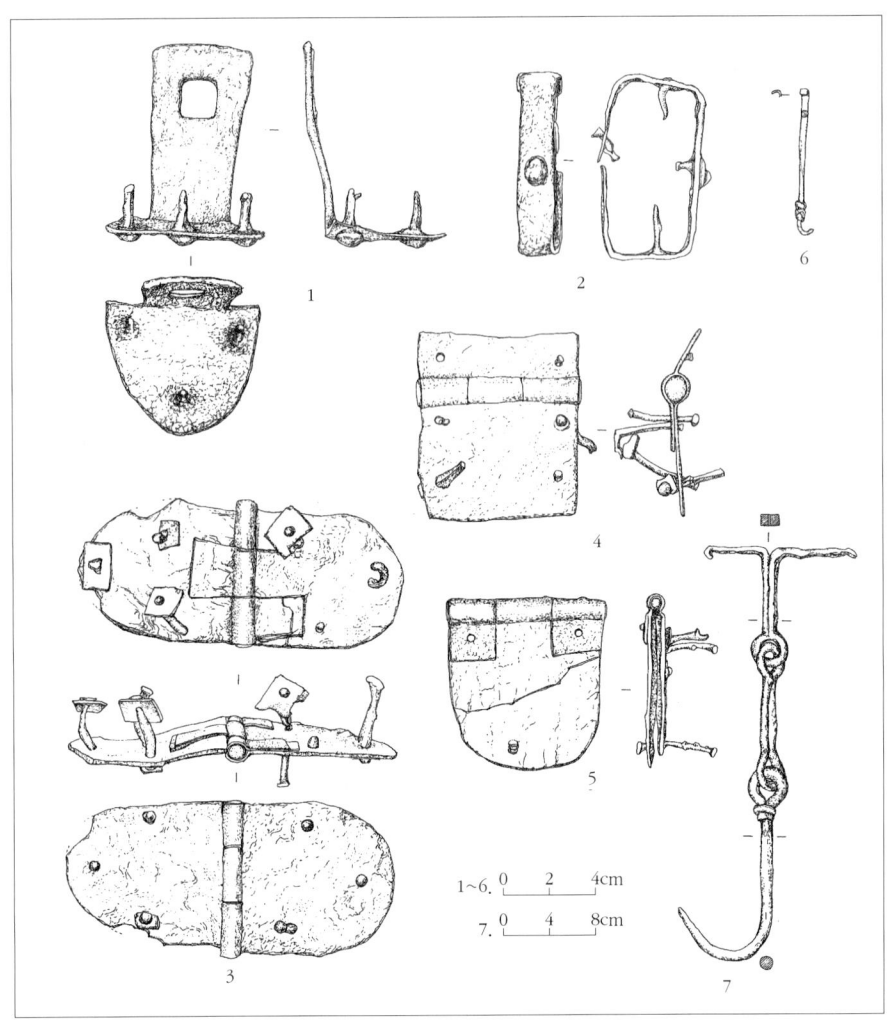

그림 16
산성자산성 궁전지 출토 철기
(『丸都山城』, 92쪽)
1. D형 받침 조각
2. 테
3~5. 경첩
6~7. 갈고리형 철기

⑧ **철제못 신발**(鐵釘履)
○ 수량 : 5건.
○ 종류 : 형태 차이에 따라 A, B형으로 양분됨.

㉠ A형
○ 수량 : 3건.
○ 형태 : 전체 형태는 닫혀진 'U'형. 발판면(踏面)과 신발 못(履釘) 단면은 모두 방형.

● **표본 2001JWGT903③ :19(그림 17-1)**
○ 크기 : 신발면은 길이 14.4cm, 너비 10.4cm. 단면은 길이 1cm, 너비 0.6cm. 저부의 못 길이 4cm, 釘身 단면 길이 0.8cm, 너비 0.6cm.
○ 형태 : 완형. 저부에 7개의 못이 장식되어 있음.

● **표본 2001JWGT903③ :21(그림 17-2)**
○ 크기 : 신발면은 길이 12cm, 너비 10cm. 단면 길이 0.4cm, 너비 0.8cm. 저부의 못 길이 2.4cm, 釘身 단면 길이 0.6cm, 너비 0.8cm.
○ 형태 : 완형. 저부에 6개의 못이 장식되어 있음.

㉡ B형
○ 수량 : 2건.
○ 형태 : 전체 형태는 말굽형을 띰.

● 표본 2001JWGT905③:5(그림 17-3)
○ 크기 : 길이 11.2cm, 너비 9.6cm. 저부의 못 길이 2.7cm.
○ 형태 : 완형. 저부에 7개의 못이 있음. 釘身 단면은 장방형을 띰.

● 표본 2001JWGT410③:1(그림 17-4)
○ 크기 : 길이 11.2cm, 너비 10cm. 저부의 못 길이 4cm, 釘身 단면의 가장 넓은 곳은 1cm.
○ 형태 : 완형. 아래에 6개의 못이 있음. 釘身단면은 방형을 띰.

⑨ 편자(馬掌)
○ 수량 : 4건.
○ 형태 : 말굽형. 위쪽에 납작하고 원형인 작은 구멍이 있음.

● 표본 2001JWGT702③:27(그림 17-5)
○ 크기 : 작은 구멍의 직경 1.5cm, 전체길이 10.2cm, 두께 1cm.
○ 형태 : 완형. 양끝은 얇고 좁음. 납작하고 둥근 작은 구멍 5개가 등간격으로 있고, 양 구멍에 밑창 못이 꽂혀 있음.

● 표본 2001JWGT503③:38(그림 17-6)
○ 크기 : 잔존길이 8.4cm, 최대 너비 2cm. 못 구멍 길이 0.8cm, 너비 0.4cm.
○ 형태 : 두 개의 못구멍이 있으며 못 구멍은 모서리가 둥근 장방형을 띰. 못구멍의 양끝은 안으로 들어가 있으며(內收) 비교적 얇음. 정모와 서로 물려 있음.

● 표본 2001JWGT806③:80(그림 17-7)
○ 크기 : 잔존 길이 6cm, 너비 1.5cm, 가장 큰 못 구멍의 직경 0.6cm.
○ 형태 : 납작한 원형. 못 구멍이 두 개이며, 구멍의 한쪽 끝은 들어가 있고 비교적 얇음. 정모와 서로 물려 있음.

⑩ 편자 못(馬掌釘)
○ 수량 : 3건.
○ 형태 : 체형은 비교적 작음. 整體(못의 몸체)는 납작하고 얇음. 모자 부분은 정면에서 볼 때 삼각형이며, 못의 몸체 및 창 부분의 단면은 모두 장방형을 띰.

● 표본 2001JWGT404③:9(그림 17-8)
○ 크기 : 잔존길이 3.2cm, 창 부분의 길이 1.4cm, 너비 0.4cm, 못의 몸체 부분의 길이 2cm, 못의 몸체 부분의 단면은 장방형으로 길이 0.4cm, 너비 0.2cm.
○ 형태 : 어깨 부분은 약간 파손됨. 창 부분은 가장 넓은 곳의 단면은 장방형을 띰. 못의 몸체 부분의 단면은 장방형을 띰.

⑪ 허리띠
○ 수량 : 5건.
○ 크기 : 구멍 직경 3cm.
○ 형태 : 舌形의 얇은 철편 4개로 만들어져 있고, 4개의 철편에 못을 꽂아 서로 연결함. 철편에는 원형의 작은 구멍 3개가 있음. 철편 2개를 1조로 삼아 중간에 가죽을 끼우고 못으로 고정시킴.

● 표본 2001JWGT906③:6(그림 18-1)
○ 크기 : 혁대의 펼친 길이 4.5cm, 판엽(扇葉) 너비 2.6cm, 철편 두께 0.2cm.
○ 형태 : 완형.

● 표본 2001JWGT906③:5(그림 18-2)
○ 크기 : 혁대의 펼친 길이 4.4cm, 판엽(扇葉) 두께 0.6cm, 철편 두께 약 0.2cm.

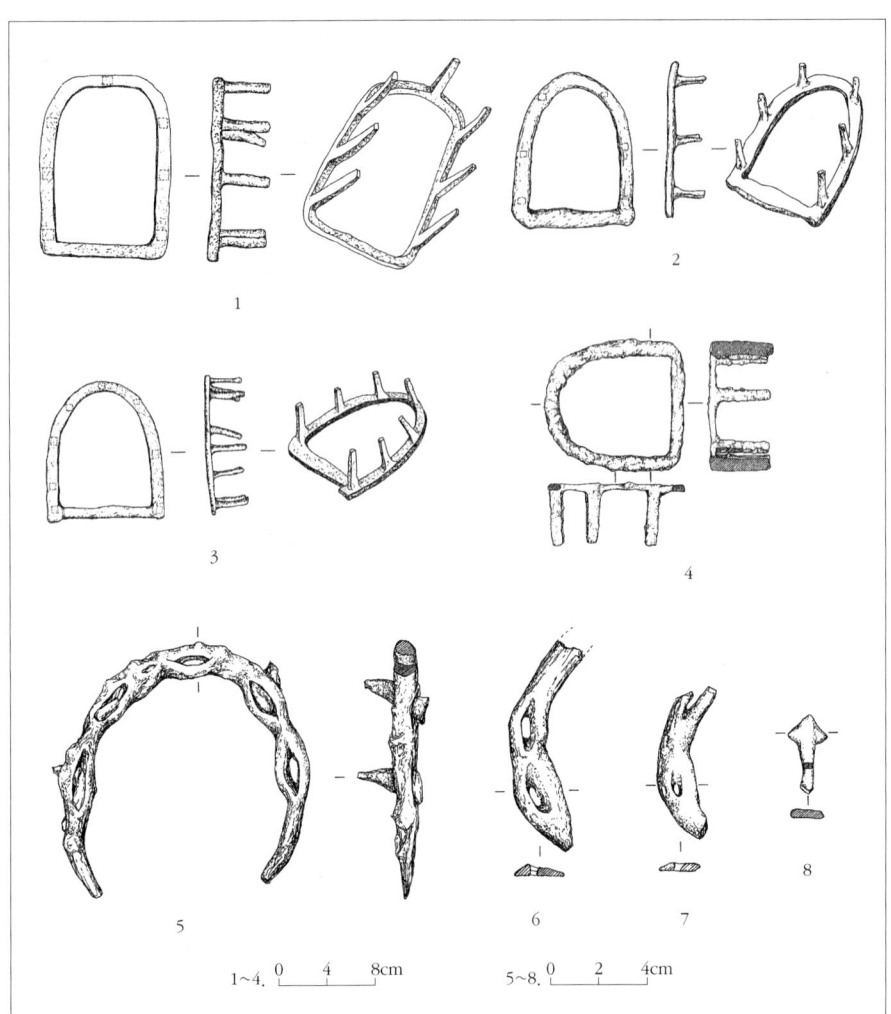

그림 17
산성자산성 궁전지 출토
철기(『丸都山城』, 93쪽)
1~2. A형 철제못신발
3~4. B형 철제못신발
5~8. 말굽밑창

○ 형태 : 완형.

● 표본 2001JWGT906③ : 8 (그림 18-3)
○ 크기 : 혁대의 펼친 길이 4cm, 판엽 두께 0.5cm, 철편 두께 0.2cm.
○ 형태 : 완형.

● 표본 2001JWGT906③ : 10 (그림 18-4)
○ 크기 : 혁대의 펼친 길이 4.3cm, 판엽(扇葉) 두께 0.6cm, 철편 두께 0.2cm.
○ 형태 : 완형.

⑫ 허리띠걸쇠(帶扣)
○ 수량 : 4건.
○ 형태 : 형태는 모두 다름.

● 표본 2001JWGT705③ : 7 (그림 18-5)
○ 크기 : 몸체(整體) 길이와 너비 3.2cm. 허리띠 걸쇠의 양끝 단면 직경은 0.4cm와 0.3cm.
○ 형태 : 완형. 몸체(整體)는 'U'字형을 띰. 허리띠걸쇠의 양끝 단면은 원형으로 크기가 다름.

● 표본 2001JWGT406③ : 9 (그림 18-6)
○ 크기 : 고리(環體) 단면 직경 0.4cm.

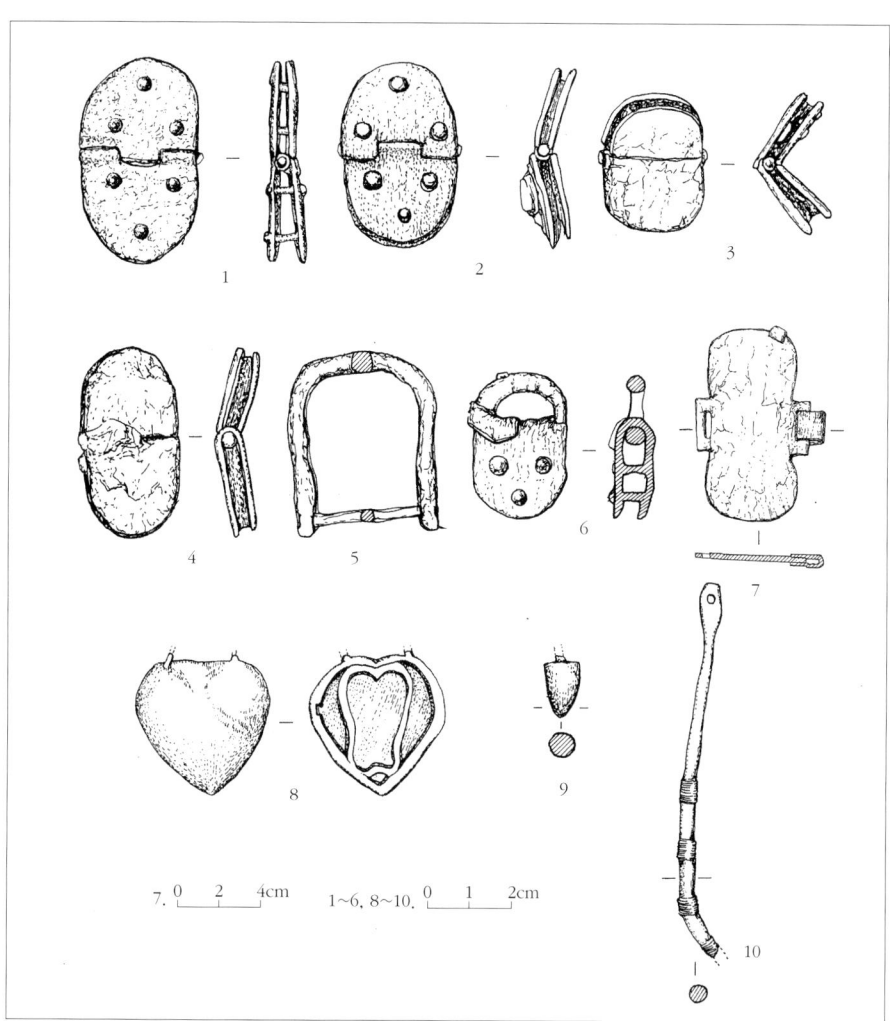

그림 18
산성자산성 궁전지 출토 철기
(『丸都山城』, 94쪽)
1~4. 허리띠
5~7. 허리띠걸쇠
8~10. 걸개

○ 형태 : 완형. 얇은 철편에 반고리를 통과시켜 꺾어서 만듦. 양끝은 리벳(铆钉)으로 고정시켰음. 반고리는 회전과 움직임이 가능함. 고리(環體)단면은 원형에 가까움.

● 표본 2001JWGT509③:20(그림 18-7)
○ 크기 : 길이 8.6cm, 너비 4.2cm, 두께 0.2cm. 허리(亞腰) 길이 2.2cm, 너비 5.8cm. 구멍 길이 1.2cm, 너비 0.2cm.
○ 형태 : 완형. 얇은 철편으로 만들었는데, 모서리는 둥근 장방형(圓角長方形)에 가까움. 가운데(중부)는 허리(亞腰) 모양을 띰. 양측에 각각 方形의 귀모양의 구멍이 뚫어져 있음. 한쪽 구멍에 方形의 철제고리(鐵環)가 장식되어 있음.

⑬ **철제걸개**(鐵挂件)
수량 : 5건.

● 표본 2001JWGT505③:1(그림 18-8)
○ 크기 : 咬合口 너비 0.2cm.
○ 형태 : 약간 파손됨. 하트 모양. 정면은 밖으로 볼록함(外鼓). 등면은 안으로 오목함(內凹). 등 부분의 주연(邊緣)에 咬合口가 하나 있음. 걸개 상부에 코 하나가 있는데, 거는데 사용하는 것이지만 파손되었음.

제9부 성곽 363

● 표본 2001JWGT506③:1(그림 18-9)
○ 크기 : 길이 1.2cm, 너비 0.8cm.
○ 형태 : 약간 파손됨. 탄두 모양. 상단은 이미 파손됨.

● 표본 2001JWGT106③:51(그림 18-10)
○ 크기 : 전체 길이 8.7cm.
○ 형태 : 완형. 장조형. 한쪽 끝은 납작한 원이고, 직경 0.2cm인 원형의 구멍이 뚫려 있음. 다른 한쪽 끝은 대나무 마디(竹節) 모양을 띰. 단면은 원형인데, 직경 0.4cm임.

⑭ 철제말띠꾸미개(鐵節約)
수량 : 2건.

● 표본 2001JWGT904③:1(그림 19-1)
○ 크기 : 철편 두께 0.1cm, 직경 3.5cm. 周緣의 원형 장식 직경 1.2cm.
○ 형태 : 완형. 정면은 원형. 5개의 구멍이 있는데, 중앙에 1개, 양측 가장자리에 2개씩 대칭 분포함. 주연에 바깥을 향하여 돌출된 등거리 원형 장식 4개가 있음.

● 표본 2001JWGT707④:17(그림 19-2)
○ 크기 : 전체 길이 11.2cm, 너비 8cm, 두께 0.2cm. 작은구멍 길이 0.6cm, 너비 0.2cm.
○ 형태 : 완형. 舌形 철편으로 만들어졌음. 장방형 작은 구멍 5개가 있는데, 정 중앙에 3개, '舌'뿌리 양 끝에 각각 1개씩 있음. '舌' 뿌리 주연(邊緣)의 정중앙에 오목한 口하나가 있음.

⑮ 철제치레걸이(鐵飾件)
수량 : 1건.

● 표본 2001JWGT205③:51(그림 19-3)
○ 크기 : 철편 길이 13cm, 가장 넓은 곳 2.5cm, 두께 0.2cm.
○ 형태 : 평면은 뿔 모양을 띰. 얇은 철편으로 만듦. 장방형의 구멍과 원형의 구멍이 있음.

⑯ 철제부재(鐵構件)
수량 : 2건.

● 표본 2001JWGT508③:21(그림 20-1)
○ 크기 : 鎖鏈 각 조의 길이 13.2~14.8cm, 鎖鏈 직경 1cm, 첨상기(尖狀器) 전체 길이 17.8cm, 뾰족한 부분의 길이 9.2cm.
○ 형태 : 완형. 용도는 미상. 구멍 있는 철편과 鎖鏈으로 조성함. 鎖鏈 한쪽 끝은 철편에 이어서 연결했고, 다른 한쪽 끝은 尖狀器로 연결함. 尖狀器가 철편의 방형 구멍을 관통하는 방식임. 鎖鏈은 모두 4개인데, 양단의 고리로 연결하였음. 단면은 원형인데, 직경은 1cm임.

● 표본 2001JWGT608③:2(그림 20-2)
형태 : 완형. 철편과 鐵鎖鏈으로 조성되어 있음. 鎖鏈의 尖狀器가 철편의 방형 구멍을 관통하며 서로 연결됨. 鎖鏈은 3조인데, 양단의 고리로 서로 연결하였음.

⑰ 철제연결부재(鐵鏈接)
수량 : 2건.

● 표본 2001JWGT705③:5(그림 19-4)
○ 크기 : 길이 3.8cm, 최대 너비 0.7cm, 두께 0.2~0.4cm, 구멍 직경은 0.2cm.
○ 형태 : 완형. 전체 몸체(通體)는 납작하고 김. 단에 원형의 구멍이 뚫려 있는 철편임.

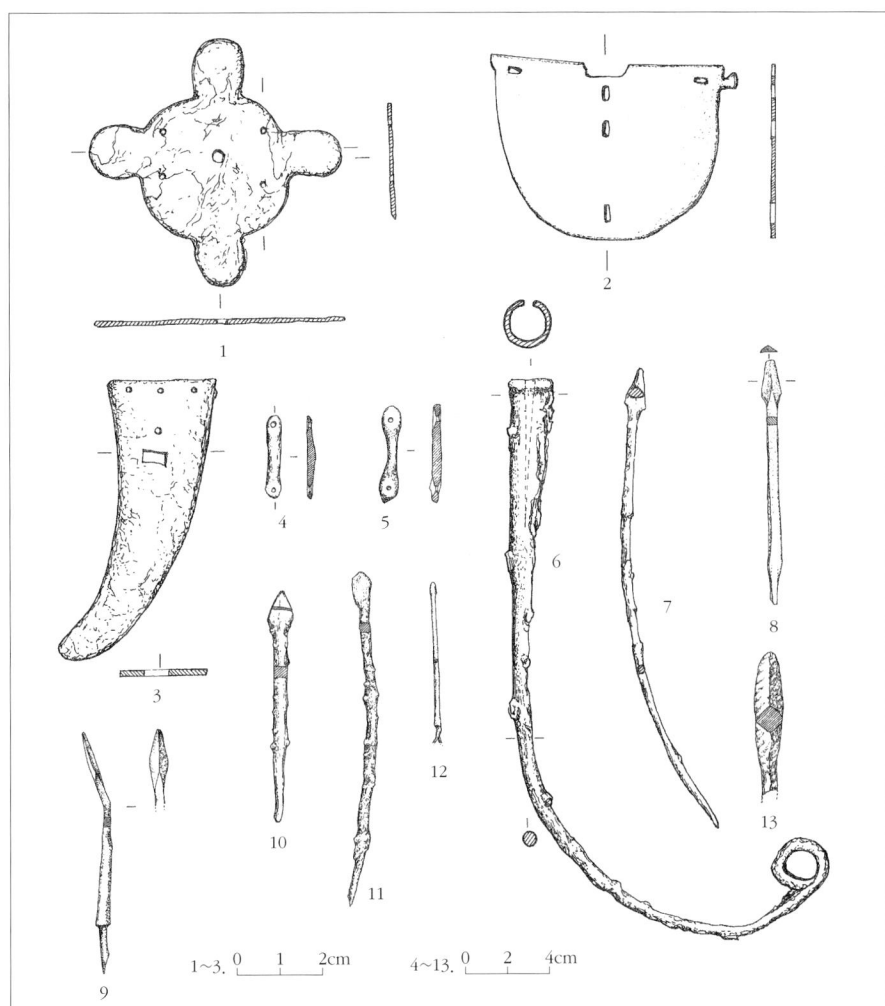

그림 19
산성자산성 궁전지 출토 철기
(『丸都山城』, 96쪽)
1~2. 걸개
3. 치레걸이
4~5. 연결부재
6. 철기
7·13. A형 세모서리형 철촉
8~9. B형 쌍날개형 철촉
10~12. C형 마름모형 철촉

● **표본 2001JWGT705③ : 4(그림 19-5)**
○ 크기 : 전체 길이 4.6cm, 중부의 허리 너비 0.4cm, 두께 0.4cm, 구멍 직경 0.1cm.
○ 형태 : 완형. 양끝은 원형, 중부는 허리(亞腰) 모양을 띰. 양끝에는 각각 원형의 구멍이 뚫려 있음.

⑱ **기타 철기**
수량 : 2건.

● **표본 2001JWGT306③ : 4(그림 19-6)**
○ 크기 : 鞭形 단면 원형 직경 0.7cm. 管銎 길이 6.8cm, 구멍(銎孔) 직경 2cm. 內徑 1.6cm.

○ 형태 : 완형. 채찍 모양(鞭形). 단면은 원형, 한쪽 끝은 대롱 구멍(管銎). 다른 한쪽 끝은 말려올라가 고리 모양을 이룸. 거는 장식으로 이용.

⑲ **철촉(鐵鏃)**
○ 수량 : 8건.
○ 종류 : 형태의 차이에 따라 3 유형으로 분류됨.

㉠ A형
형태 : 세모서리형(三棱形鏃).

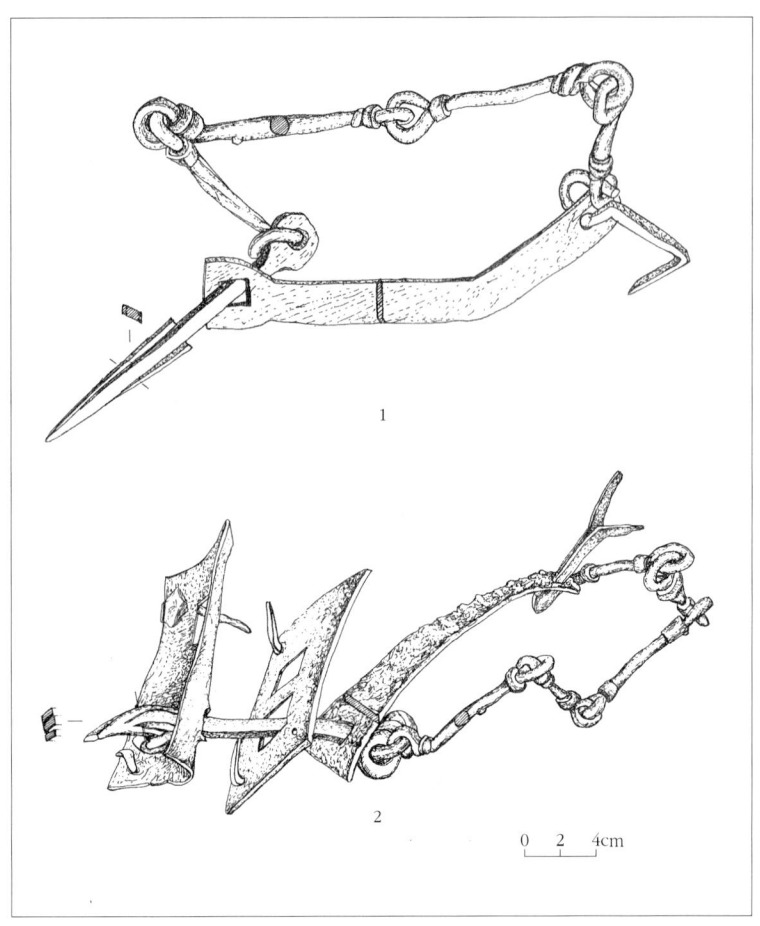

그림 20
산성자산성 궁전지 출토 철제부재
(『丸都山城』, 97쪽)

● 표본 2001JWGT1003③ : 2 (그림 19-7)
○ 크기 : 전체 길이 21.8cm. 鏃身 길이 2cm, 최대 너비 1cm. 경부(鋌) 길이 9.2cm, 직경 0.4cm.
○ 형태 : 완형. 鏃身 단면은 마름모형. 경부(鋌) 단면은 원형.

● 표본 2001JWGG1 : 8 (그림 19-13)
○ 크기 : 잔존길이 6.6cm.
○ 형태 : 파손됨. 단면은 마름모형.

ⓒ B형
형태 : 쌍날개형(雙翼鏃).

● 표본 2001JWGT304③ : 5 (그림 19-8)
○ 크기 : 전체 길이 11.4cm, 경부 잔존길이 1.2cm.
○ 형태 : 鏃 끝 및 경부(鋌部)는 약간 파손됨.

● 표본 2001JWGT404③ : 10 (그림 19-9)
○ 크기 : 전체 길이 11.2cm. 경부(鋌部) 잔존길이 2.2cm.
○ 형태 : 鏃部는 약간 파손됨.

ⓒ C형
형태 : 마름모형(菱形鏃).

● 표본 2001JWGT905③ : 19 (그림 19-10)
○ 크기 : 전체 길이 10.8cm, 최대 너비 0.6cm, 경부(鋌部) 잔존길이 3.3cm.

○ 형태 : 경부(鋌部)가 약간 파손됨.

● 표본 2001JWGT106③:52(그림 19-12)
○ 크기 : 전체 길이 7.5cm, 鏃身 길이 0.6cm, 鏃身단면의 직경 0.2cm.
○ 형태 : 경부(鋌部)가 약간 파손됨. 鏃身단면은 원형을 띰.

● 표본 2001JWGT306③:3(그림 19-11)
○ 크기 : 전체 길이 15.6cm, 鏃身 길이 1.7cm, 鏃關 길이 11.7cm.
○ 형태 : 경부(鋌部)가 약간 파손됨.

(3) 토기
○ 수량 : 궁전지에서 출토된 생활용 토기 수량은 비교적 적은 12건임.
○ 종류 : 호(罐), 소반(盤), 분(盆), 충(盅, 술잔) 및 토기 구연부, 손잡이(器耳), 바닥(器底) 등.

① 호(罐)
수량 : 1건.

● 표본 2001JWGT407③:1(그림 21-1)
○ 출토지 : 산성자산성 궁전지.
○ 크기 : 구연 직경 24cm, 바닥 직경 20cm, 전체 높이 33cm, 벽 두께 0.8cm, 어깨 부분 최대 직경 31.6cm.
○ 형태 : 완형. 절연(折沿). 구순은 둥글게 처리하였음. 어깨는 불룩함(鼓肩). 바닥은 크고 평평함(大平底). 동체(腹部)에 양 대칭의 대상파수(橋狀橫耳)가 있음.
○ 태토 및 색깔 : 황갈색.

② 소반(盤)
수량 : 1건.

● 표본 2001JWGT809③:6(그림 21-2)
○ 출토지 : 산성자산성 궁전지.
○ 크기 : 구연 직경 36cm, 바닥 직경 32cm, 전체 높이 6cm, 바닥 두께 1.6cm, 벽 두께 1.2cm.
○ 형태 : 파손품. 복원 가능. 곧은 입(直口). 바닥은 평평함(平底). 동체(腹部)는 약간 둥근 형태(微弧腹).
○ 태토 및 색깔 : 황갈색.

③ 분(盆)
수량 : 1건.

● 표본 2001JWGT1005③:1(그림 21-3)
○ 출토지 : 산성자산성 궁전지.
○ 크기 : 구연 직경 36cm, 바닥 직경 12cm, 전체 높이 6.8cm, 벽 두께 1.2cm.
○ 형태 : 파손품. 복원 가능. 평연(平沿). 동체는 약간 둥근 형태(淺弧腹). 바닥은 안으로 오목함(內凹), 가운데 부분이 불거져 있음(中部突起).

④ 술잔(盅)
수량 : 1건.

● 표본 2001JWGT607③:1(그림 21-4)
○ 출토지 : 산성자산성 궁전지.
○ 크기 : 구연 직경 3.8cm, 바닥 직경 1.5cm, 전체 높이 1.5cm, 벽 두께 0.2cm.
○ 형태 : 파손품, 복원 가능. 구연은 넓게 외반하였고(敞口), 비스듬하게 문질러 정면함(抹斜). 바닥은 평평함(平底). 동체는 사선 모양(斜腹).

⑤ 구연(口沿)
수량 : 4건.

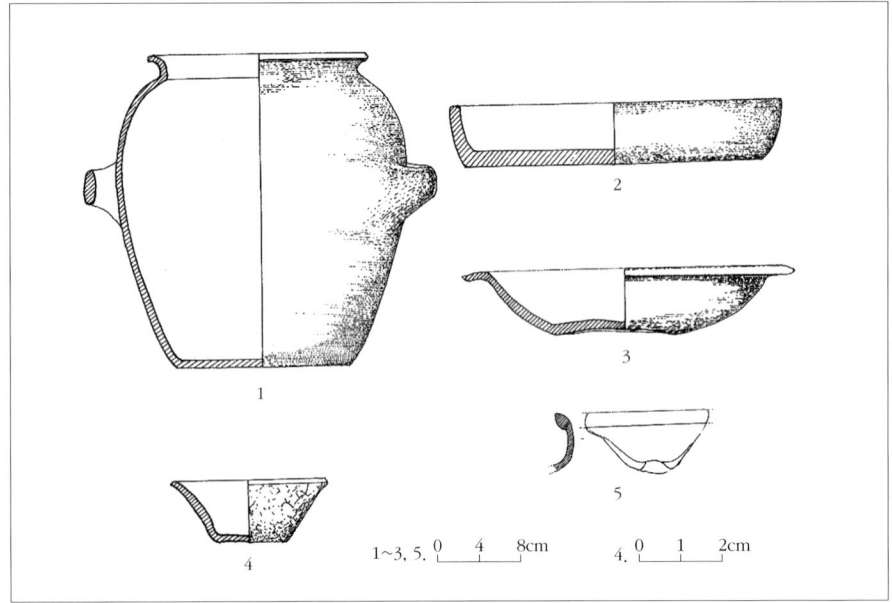

그림 21
산성자산성 궁전지 출토 토기
(『丸都山城』, 153쪽)
1. 호
2. 소반
3. 분
4. 술잔
5. 구연

● 표본 2001JWGT1004③:1(그림 21-5)
○ 출토지 : 산성자산성 궁전지.
○ 크기 : 벽 두께 0.6cm.
○ 형태 : 호(陶罐), 목이 높음(高領), 구연 외반(侈口). 구순의 외연은 두께가 두터움.

(4) 와당(그림 22)
종류 : 수면문, 연화문, 인동문 와당 3종류가 있음.

① 수면문와당
○ 모두 고부조식.
○ 이빨 부분의 차이에 따라 A, B, C형으로 분류됨.

㉠ A형
○ 이빨 10개인 수면문와당
○ 수량 : 9건.
○ 문양 : 수면선이 짙고 힘이 있음. 장방형의 큰 입, 가운데 구슬모양의 작은 혀가 있음. 눈동자는 원형이며, 눈알(안구)이 크고 바깥으로 볼록하며, 두 줄의 凸弦文을 시문하였음. 상부에 각각 속눈썹이 있는데 불꽃 모양임. 콧구멍은 둥글고 크며 바깥으로 들려 있으며, 콧등이 있는 곳에 구슬 모양의 凸起가 하나 있음. 콧등에서 이마쪽으로 차례대로 3겹의 人자가 시문됨. 눈썹, 수염 모두 짧고 위로 말려올라가 있음. 외연에 凸弦文을 한 줄 시문하였음.

● 표본 2001JWGT703④:46(그림 23-1)
○ 출토지 : 산성자산성 궁전지.
○ 크기 : 직경 15cm, 두께 3cm. 주연(邊輪) 凸起의 높이 1.2cm, 너비 1.4cm.
○ 보존상태 : 완형.
○ 색깔과 태토 : 엷은 붉은색.

● 표본 2001JWGT603④:8(그림 24-2)
○ 출토지 : 산성자산성 궁전지.
○ 크기 : 직경 15.4cm, 두께 2.6cm. 주연(邊輪) 凸起의 높이 1.2cm, 너비 1.4cm.
○ 보존상태 : 완형.
○ 색깔과 태토 : 엷은 붉은색.

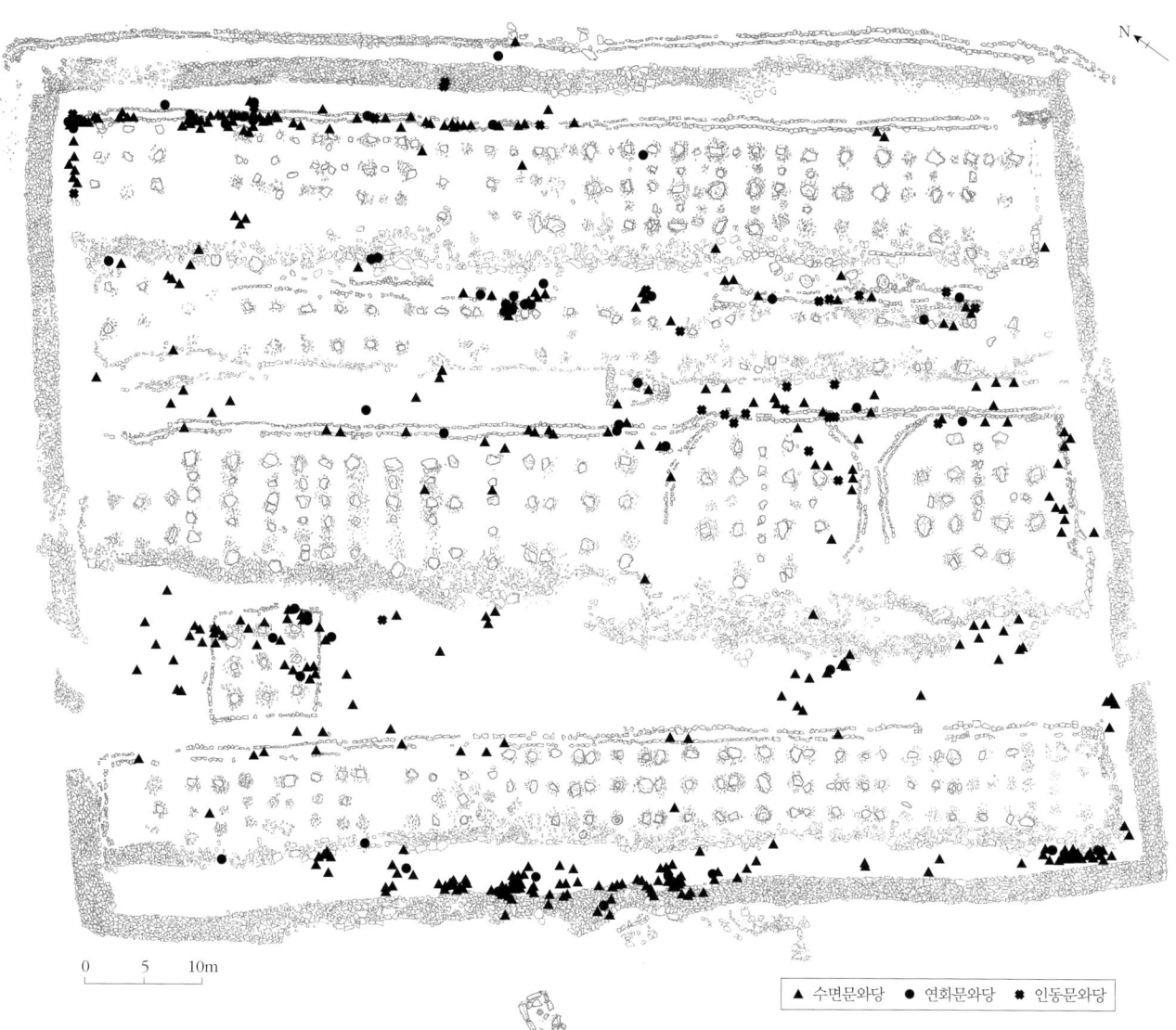

그림 22 궁전지 출토 와당 분포도(『丸都山城』, 100쪽)

● 표본 2001JWGT807④:13(그림 23-2)
○ 출토지: 산성자산성 궁전지.
○ 크기: 직경 14.8cm, 두께 2.6cm. 주연(邊輪) 凸起의 높이 1.2cm, 너비 1.4cm.
○ 보존상태: 완형.
○ 색깔과 태토: 엷은 붉은색.

● 표본 2001JWGT703③:40(그림 23-3)
○ 출토지: 산성자산성 궁전지.

○ 크기: 직경 15.2cm, 두께 2.4cm. 주연(邊輪) 凸起의 높이 1cm, 너비 1.4cm.
○ 보존상태: 완형.
○ 색깔과 태토: 엷은 붉은색.

● 표본 2001JWGT1005④:2(그림 25-1)
○ 출토지: 산성자산성 궁전지.
○ 크기: 직경 15cm, 두께 3.2cm. 주연(邊輪) 凸起의 높이 1cm, 너비 1.2cm.

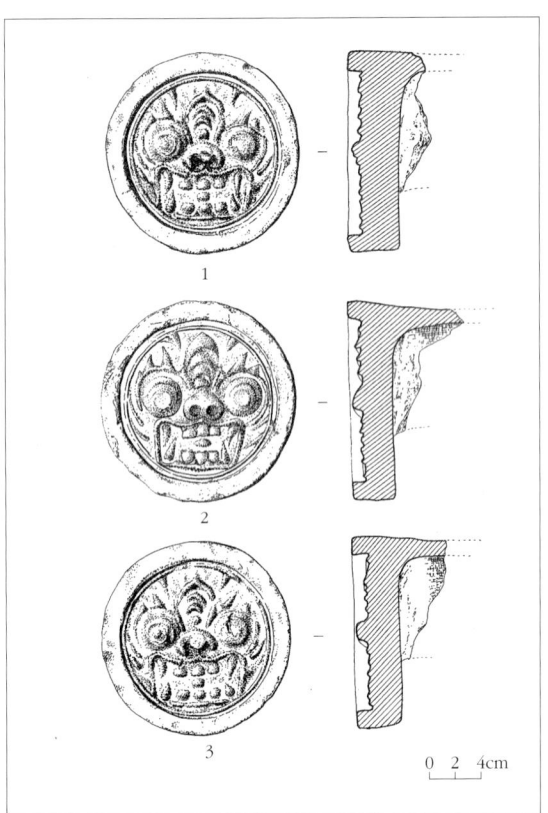

그림 23 산성자산성 궁전지 출토 A형 수면문와당
(『丸都山城』, 101쪽)

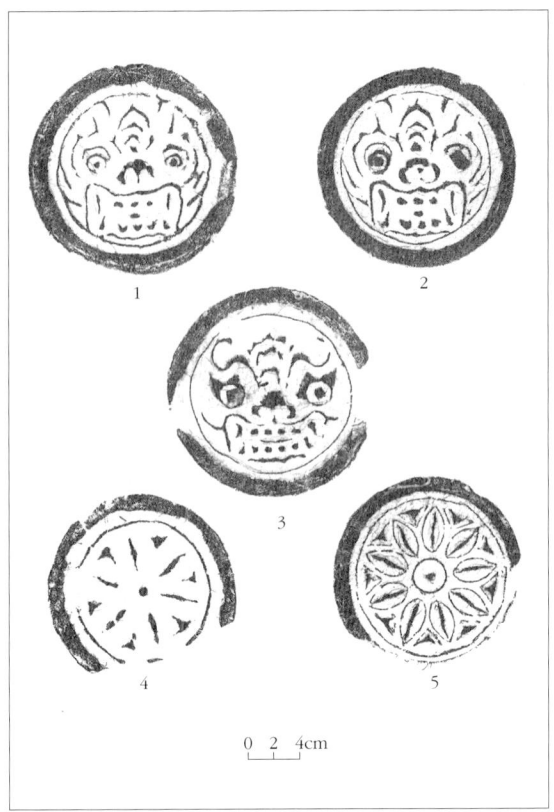

그림 24 산성자산성 궁전지 출토 와당 탁본(『丸都山城』, 121쪽)
1~2. A형 수면문와당 3. Ba형 수면문와당 4. A형 연화문와당
5. C형 연화문와당

○ 보존상태 : 완형.
○ 색깔과 태토 : 붉은색.

ⓒ B형
○ 이빨 12개인 수면문와당.
○ 수량 : 27건.
○ 종류 : 혀 부분의 차이에 따라 두 종류로 분류됨.

◎ Ba형
문양 : 혀가 있음. 獸面線은 섬세하고 둥글며 윤이 남. 장방형의 큰 입. 입 가운데 '一'字형의 혀가 있음. 눈동자는 대체로 마름모형이며, 각이 셋 있어 송곳 모양을 만들어 위로 말려 올라감. 눈알은 돌출되고, 음각선문(凹弦文) 한 줄 시문. 콧구멍은 둥글고 크며, 코 윗부분에 3겹의 齒堆文이 있음. 눈썹, 수염은 모두 위로 말려

올라간 모양이며, 이마에 화염문을 시문하였음. 외연에 한 줄의 凸弦文을 시문하였음.

● 표본 2001JWGT508④:58(그림 25-2)
○ 출토지 : 산성자산성 궁전지.
○ 크기 : 직경 15.6cm, 두께 2.6cm. 주연(邊輪) 凸起의 높이 1.2cm, 너비 1.3cm.
○ 보존상태 : 완형.
○ 색깔과 태토 : 붉은색.

● 표본 2001JWGT607③:22(그림 25-3)
○ 출토지 : 산성자산성 궁전지.
○ 크기 : 직경 15cm, 두께 2.8cm. 주연(邊輪) 凸起의 높이 1.2cm, 너비 1.4cm.
○ 보존상태 : 완형.

○ 색깔과 태토 : 붉은색.

● 표본 2001JWGT1107④:34
○ 출토지 : 산성자산성 궁전지.
○ 크기 : 직경 15.4cm, 두께 2.6cm. 주연(邊輪) 凸起의 높이 1.2cm, 너비 1.4cm.
○ 보존상태 : 완형.
○ 색깔과 태토 : 붉은색.

● 표본 2002JWGT908③:13
○ 출토지 : 산성자산성 궁전지.
○ 크기 : 직경 15.2cm, 두께 2.4cm. 주연(邊輪) 凸起의 높이 1.2cm, 너비 1.4cm.
○ 보존상태 : 완형.
○ 색깔과 태토 : 붉은색.

● 표본 2001JWGT607③:21(그림 24-3)
○ 출토지 : 산성자산성 궁전지
○ 크기 : 직경 15cm, 두께 2.4cm. 주연(邊輪) 凸起의 높이 1cm, 너비 1.2cm.
○ 보존상태 : 완형.
○ 색깔과 태토 : 붉은색.

● 표본 2001JWGT508③:41(그림 28-1)
○ 출토지 : 산성자산성 궁전지.
○ 크기 : 직경 15.6cm, 두께 2.6cm. 주연(邊輪) 凸起의 높이 1.2cm, 너비 1.2cm.
○ 보존상태 : 완형.
○ 색깔과 태토 : 붉은색.

● 표본 2002JWGT1007③:4(그림 28-2)
○ 크기 : 직경 15.4cm, 두께 2.4cm. 주연(邊輪) 凸起의 높이 1.2cm, 너비 1.2cm.
○ 보존상태 : 완형.

○ 색깔과 태토 : 붉은색.

● 표본 2001JWGT508③:35(그림 28-3)
○ 출토지 : 산성자산성 궁전지.
○ 크기 : 직경 15.6cm, 두께 2cm. 주연(邊輪) 凸起의 높이 1.2cm, 너비 1.4cm.
○ 보존상태 : 완형.
○ 색깔과 태토 : 붉은색.

◎ Bb형
○ 수량 : 3건.
○ 문양 : 당면이 비교적 큼. 獸面線은 둥글며 윤이 남. 장방형의 큰 입. 嘴角은 위로 말아 올렸음. 눈동자는 마름모형. 눈알(안구)은 볼록하게 돌출해있음. 콧구멍은 둥글고 크며, 콧등 위에 두 겹의 半月形 堆文이 거꾸로 배치되어 있음. 이마 정 가운데에 유돌이 하나 있음. 얼굴면 주위에 수염을 말아올려 장식하였는데 양측이 대칭 분포이며 각각 6개임.

● 표본 2001JWGT1104③:19(그림 29-1)
○ 출토지 : 산성자산성 궁전지.
○ 크기 : 직경 17.8cm, 두께 3cm. 주연(邊輪) 凸起의 높이 1.2cm, 너비 1.4cm.
○ 보존상태 : 완형.
○ 색깔과 태토 : 붉은색.

● 표본 2001JWGT903③:26(그림 29-2)
○ 출토지 : 산성자산성 궁전지.
○ 크기 : 직경 18.4cm, 두께 1.4cm. 주연(邊輪) 凸起의 높이 1.1cm, 너비 1.4cm.
○ 보존상태 : 약간 파손됨.
○ 색깔과 태토 : 붉은색.

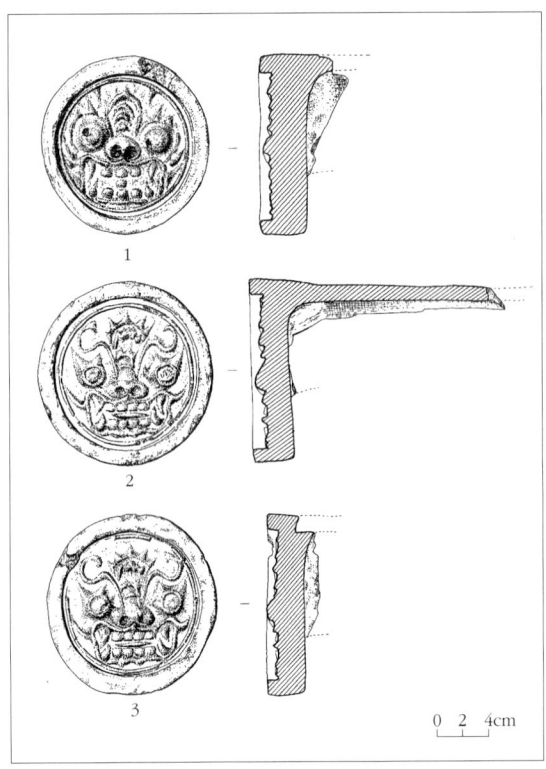

그림 25 산성자산성 궁전지 출토 A형, Ba형 수면문와당
(『丸都山城』, 102쪽)
1. A형 수면문와당   2~3. Ba형 수면문와당

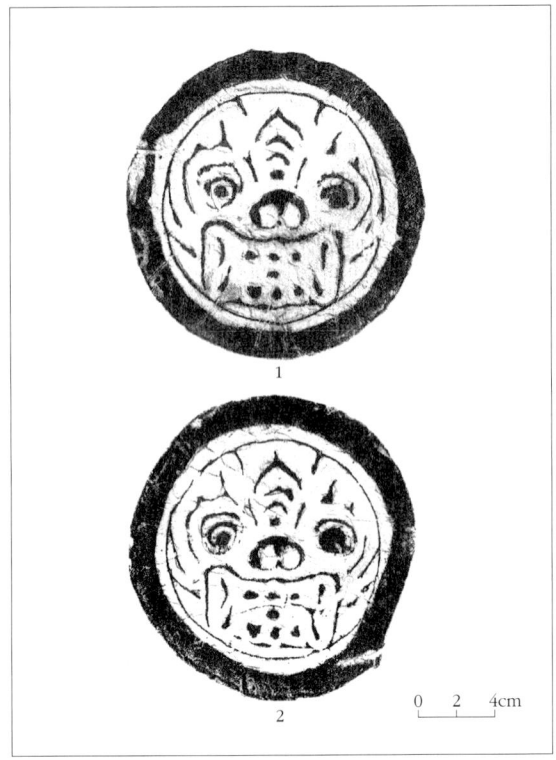

그림 26 산성자산성 궁전지 출토 A형 수면문와당 탁본
(『丸都山城』, 122쪽)

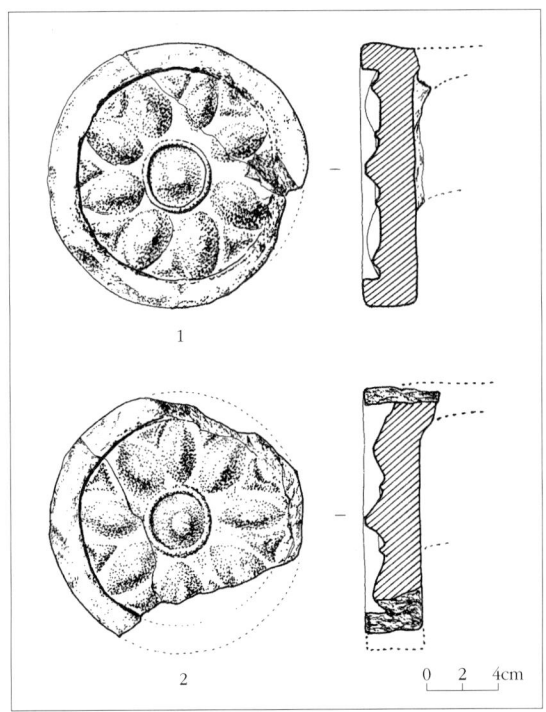

그림 27 산성자산성 궁전지 출토 B형 연화문와당
(『丸都山城』, 107쪽)

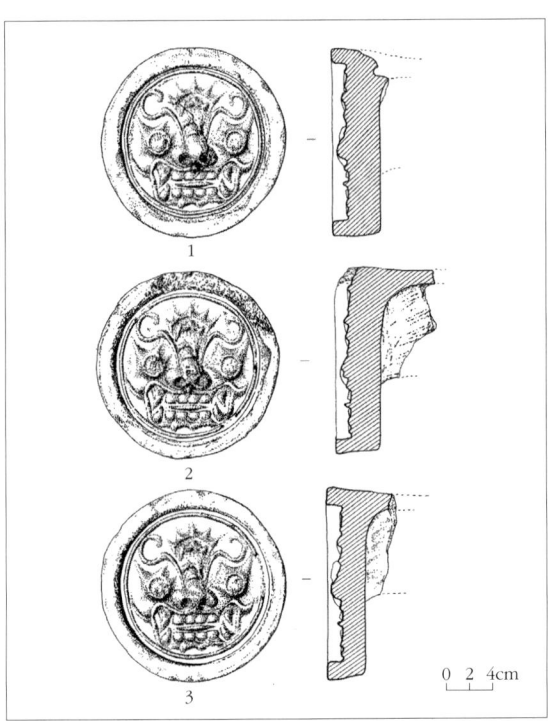

그림 28 산성자산성 궁전지 출토 Ba형 수면문와당
(『丸都山城』, 104쪽)

● 표본 2001JWGT503④:138(그림 29-3)
○ 출토지 : 산성자산성 궁전지.
○ 크기 : 직경 18cm, 두께 3cm. 주연(邊輪) 凸起의 높이 1.2cm, 너비 1.4cm.
○ 보존상태 : 반쪽만 남았음.
○ 색깔과 태토 : 붉은색.

ⓒ C형
○ 이빨 13개인 수면문와당.
○ 수량 : 4건.
○ 문양 : 혀가 없음. 당면은 비교적 큼. 문양선은 힘이 있고, 棱角은 분명함. 장방형의 큰 입. 嘴角은 위로 말아 올렸음. 콧구멍은 둥글고 크며 바깥으로 드러나 있음. 눈알은 크고 돌기해 있으며, 눈동자는 원형임. 콧등있는 곳에 3겹의 반월형퇴문을 거꾸로 배치했음. 눈동자 상부, 이마에 각각 화염문을 장식하였음. 얼굴면 네 둘레에 乳釘文을 장식하였음. 외연은 凸弦文을 한 줄 둘렀음.

● 표본 2001JWGT106④:34(그림 31-1)
○ 출토지 : 산성자산성 궁전지.
○ 크기 : 직경 18.2cm, 두께 3.4cm. 주연(邊輪) 凸起의 높이 1cm, 너비 1.4cm.
○ 문양 : 파손됨.
○ 색깔과 태토 : 엷은 붉은색.

● 표본 2001JWGT508③:1(그림 31-2)
○ 출토지 : 산성자산성 궁전지.
○ 크기 : 직경 21cm, 두께 4cm. 주연은 파손됨. 너비 1.7cm.
○ 보존상태 : 파손됨.
○ 색깔과 태토 : 황갈색.

● 표본 2001JWGT1206④:37
○ 출토지 : 산성자산성 궁전지.
○ 크기 : 두께 3.2cm. 주연(邊輪) 凸起의 높이 1.4cm, 너비 1.8cm.
○ 보존상태 : 파손됨.
○ 색깔과 태토 : 황갈색.

② 연화문와당
○ 수량 : 16건.
○ 문양 : 모두 고부조식.
○ 종류 : 문양의 차이에 따라 A, B, C형으로 분류됨.

㉠ A형
○ 6판 연화문와당.
○ 종류 : 1건.
○ 문양 : 고부조식 6판 연화문. 화판 사이에 삼각형 凸文을 시문하였음. 중심은 유돌. 외연에 凸弦文을 한 줄 시문하였음.

● 표본 2002JWGT106③:25(그림 24-4)
○ 출토지 : 산성자산성 궁전지.
○ 크기 : 직경 14.5cm, 두께 2cm. 주연(邊輪) 凸起의 높이 1cm, 너비 1.2cm.
○ 보존상태 : 약간 파손됨.
○ 색깔과 태토 : 붉은색.

㉡ B형
○ 8판 연화문와당.
○ 종류 : 2건.
○ 문양 : 화판 사이에 삼각형 철문을 시문하였음. 당심 외연에 凸弦文을 한 줄 시문하였음.

● 표본 2001JWGT804④:7(그림 27-1)
○ 출토지 : 산성자산성 궁전지.

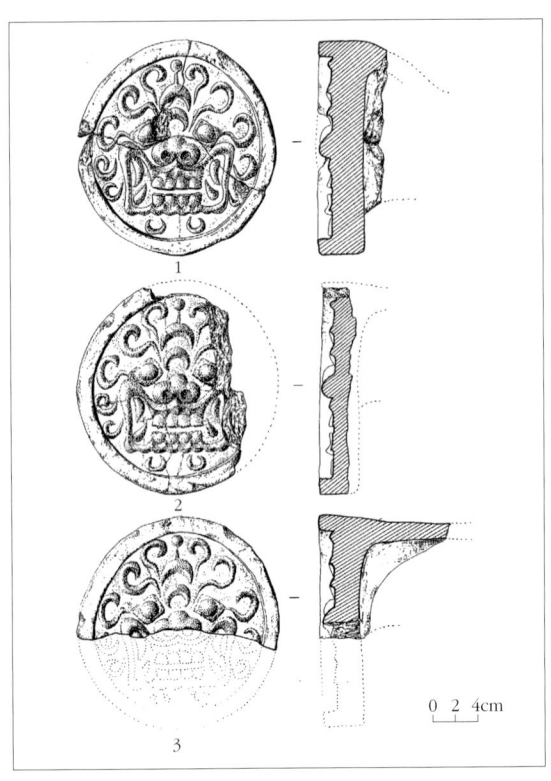

그림 29 산성자산성 궁전지 Bb형 수면문와당(『丸都山城』, 105쪽)

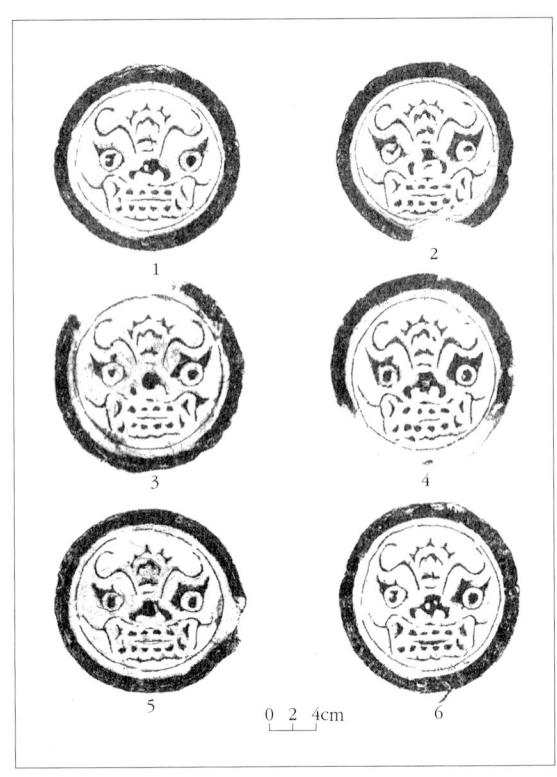

그림 30 산성자산성 궁전지 출토 Ba형 수면문와당 탁본 (『丸都山城』, 123쪽)

○ 크기 : 직경 14.4cm, 두께 2cm. 주연(邊輪) 凸起의 높이 1cm, 너비 1.5cm.
○ 보존상태 : 완형.
○ 색깔과 태토 : 엷은 붉은색.

● 표본 2001JWGT804③ : 23(그림 27-2)
○ 출토지 : 산성자산성 궁전지.
○ 크기 : 직경 14cm, 두께 2.4cm. 주연(邊輪) 凸起의 높이 1.4cm, 너비 1cm.
○ 보존상태 : 약간 파손됨.
○ 색깔과 태토 : 엷은 붉은색.

ⓒ C형
○ 9판 연화문와당.
○ 종류 : 13건.

○ 문양 : 화판 사이에 삼각형 철문을 시문하였음. 당심은 유돌 모양임. 주연(邊輪) 내측, 화판 및 당심 외연에 凸弦文을 한 줄 돌려 각 부분을 구분하였음.

● 표본 2002JWGT1007③ : 13(그림 32-1)
○ 출토지 : 산성자산성 궁전지.
○ 크기 : 직경 14.8cm, 두께 2.8cm. 주연(邊輪) 凸起의 높이 1cm, 너비 1.2cm.
○ 보존상태 : 완형.
○ 색깔과 태토 : 붉은색.

● 표본 2002JWGT1008③ : 5(그림 32-2)
○ 출토지 : 산성자산성 궁전지.
○ 크기 : 직경 14.6cm, 두께 2.8cm. 주연(邊輪) 凸起의 높이 1.2cm, 너비 1.3cm.

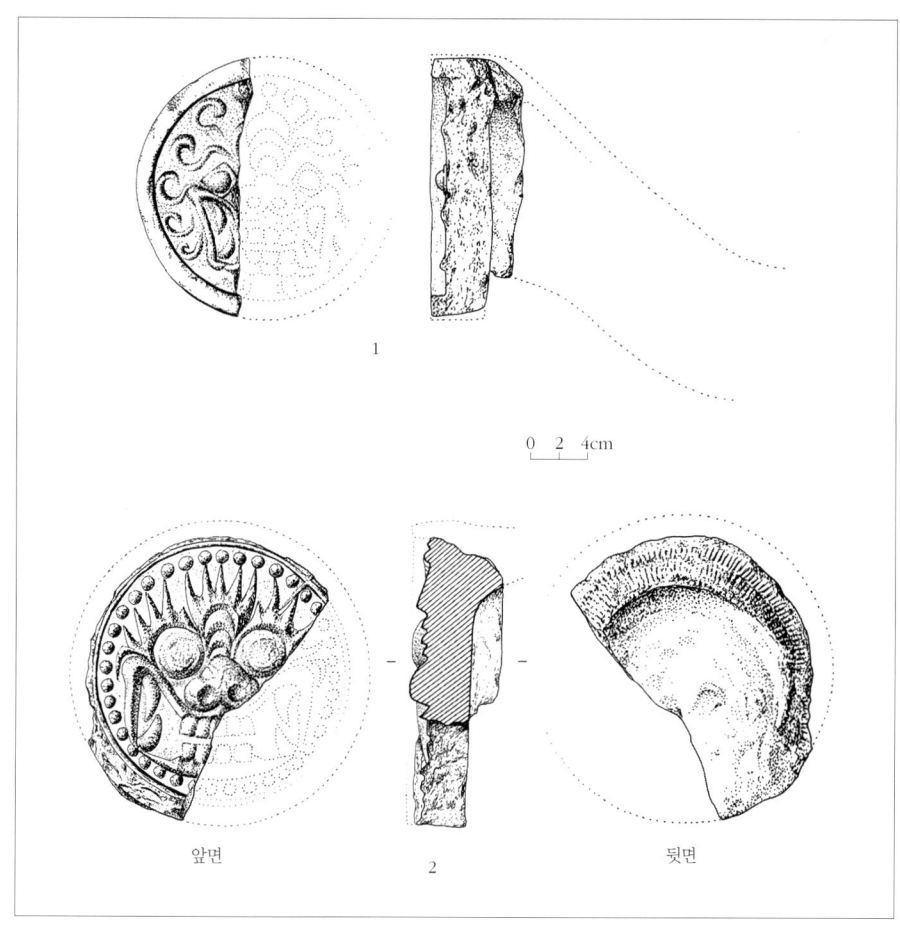

그림 31
산성자산성 궁전지 출토
C형 수면문와당
(『丸都山城』, 106쪽)
1. 2001JWGT106④:34
2. 2001JWGT508③:1

○ 보존상태 : 완형.
○ 색깔과 태토 : 붉은색.

● 표본 2001JWGT603④:5(그림 32-3)
○ 출토지 : 산성자산성 궁전지.
○ 크기 : 직경 15cm, 두께 2.6cm. 주연(邊輪) 凸起의 높이 1cm, 너비 1.2cm.
○ 보존상태 : 완형.
○ 색깔과 태토 : 붉은색.

● 표본 2001JWGT408③:8(그림 34-1)
○ 출토지 : 산성자산성 궁전지.
○ 크기 : 직경 14.4cm, 두께 2.6cm. 주연(邊輪) 凸起의 높이 1.2cm, 너비 1.4cm.

○ 보존상태 : 완형.
○ 색깔과 태토 : 붉은색.

● 표본 2001JWGT607③:6(그림 34-2)
○ 출토지 : 산성자산성 궁전지.
○ 크기 : 직경 15.4cm, 두께 2.4cm. 주연(邊輪) 凸起의 높이 1cm, 너비 1.2cm.
○ 보존상태 : 약간 파손됨.
○ 색깔과 태토 : 붉은색.

● 표본 2001JWGT807④:2(그림 34-3)
○ 출토지 : 산성자산성 궁전지.
○ 크기 : 직경 15cm, 두께 2.2cm. 주연(邊輪) 凸起의 높이 1.2cm, 너비 1.4cm.

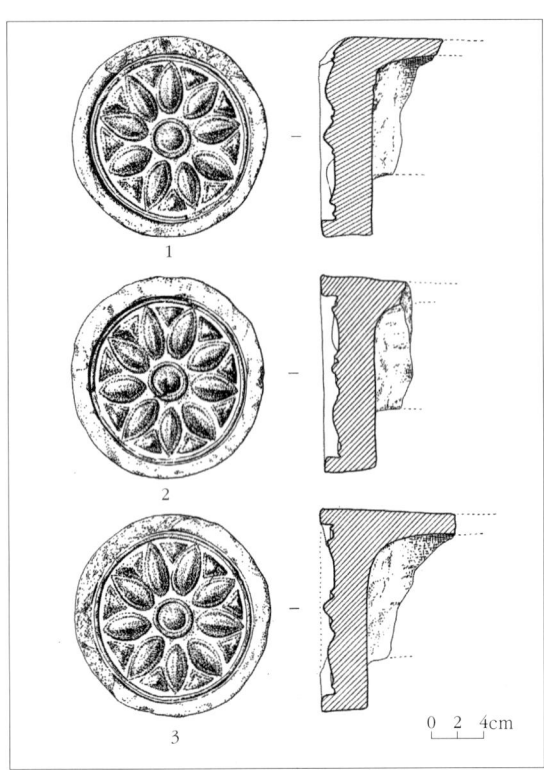

그림 32 산성자산성 궁전지 출토 C형 연화문와당
(『丸都山城』, 108쪽)

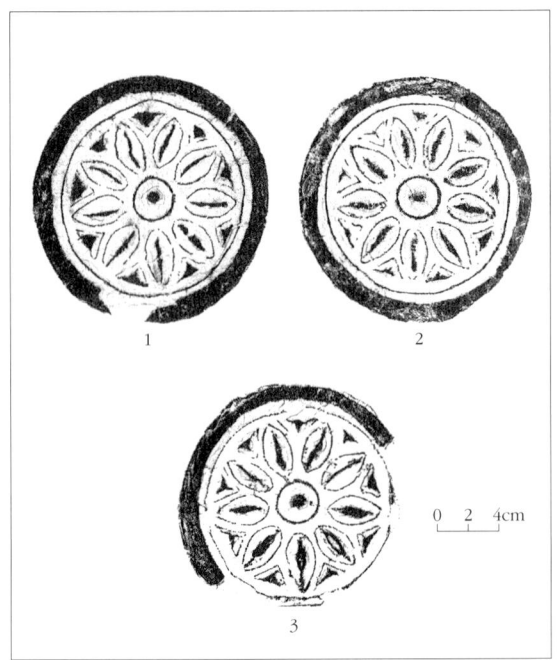

그림 33 산성자산성 궁전지 출토 C형 연화문와당 탁본
(『丸都山城』, 124쪽)

○ 보존상태 : 파손됨.
○ 색깔과 태토 : 붉은색.

● 표본 2001JWGT807④:3(그림 35-1)
○ 출토지 : 산성자산성 궁전지.
○ 크기 : 직경 14.8cm, 두께 2.8cm. 주연(邊輪) 凸起의 높이 1cm, 너비 1.3cm.
○ 보존상태 : 파손됨.
○ 색깔과 태토 : 붉은색.

● 표본 2001JWGT807④:4(그림 35-2)
○ 출토지 : 산성자산성 궁전지.
○ 크기 : 직경 14.8cm, 두께 3cm. 주연(邊輪) 凸起의 높이 1.2cm, 너비 1.2cm.
○ 보존상태 : 완형.

○ 색깔과 태토 : 붉은색.

③ 인동문와당
○ 수량 : 14건.
○ 문양 : 얕은 부조식. 인동문 도안 8개를 한 바퀴 두르고, 그 바깥에 凸弦文을 시문하였음. 당심의 돌출부(乳凸狀)에 작은 유돌을 시문하였음.

● 표본 2001JWGT607③:25(그림 36a-1)

● 표본 2001JWGT507③:13(그림 36a-2)
○ 출토지 : 산성자산성 궁전지.
○ 크기 : 직경 15cm, 두께 3.2cm. 주연(邊輪) 凸起의 높이 1.2cm, 너비 1.2cm.
○ 보존상태 : 완형.
○ 색깔과 태토 : 붉은색.

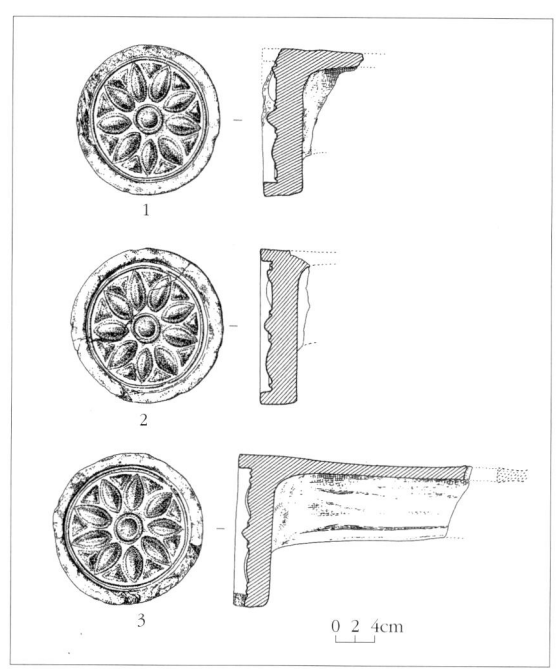

그림 34 산성자산성 궁전지 출토 C형 연화문와당
(『丸都山城』, 109쪽)

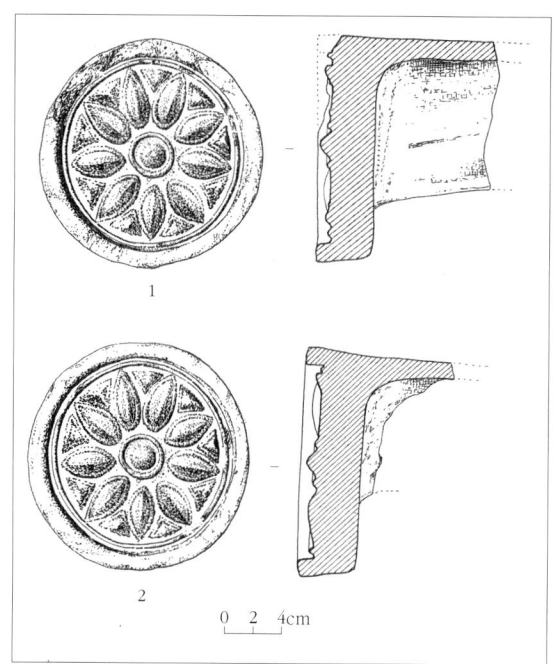

그림 35 산성자산성 궁전지 출토 C형 연화문와당
(『丸都山城』, 111쪽)

1. 2001JWGT807④:3 2. 2001JWGT807④:4

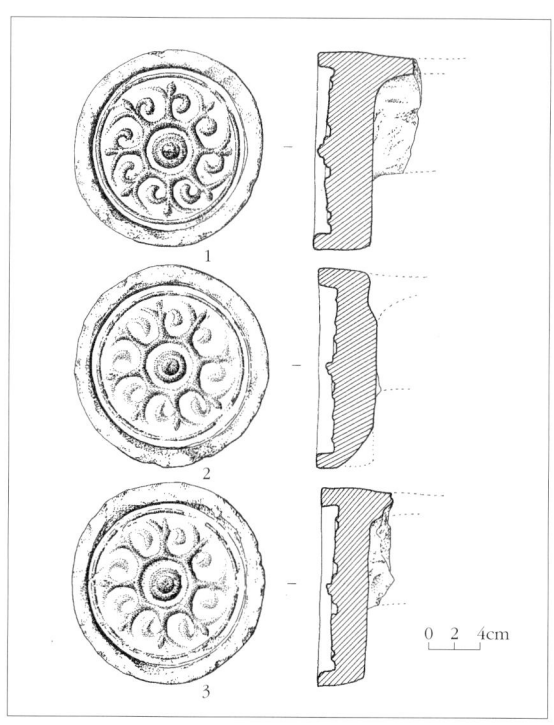

그림 36-a 산성자산성 궁전지 출토 인동문와당
(『丸都山城』, 112쪽)

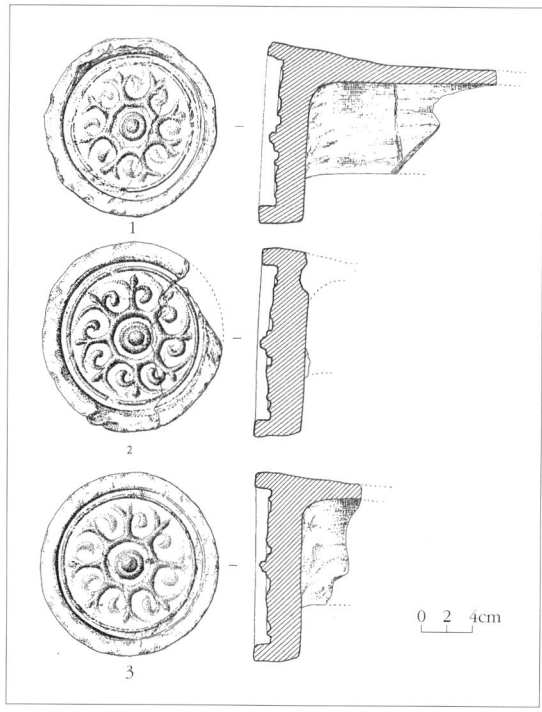

그림 36-b 산성자산성 궁전지 출토 인동문와당
(『丸都山城』, 113쪽)

● 표본 2001JWGT508④:37(그림 36a-3)
○ 출토지 : 산성자산성 궁전지.
○ 크기 : 직경 15cm, 두께 2.8cm. 주연(邊輪) 凸起의 높이 1.2cm, 너비 1.4cm.
○ 보존상태 : 완형.
○ 색깔과 태토 : 붉은색.

● 표본 2001JWGT607④:10(그림 36b-1)
○ 출토지 : 산성자산성 궁전지.
○ 크기 : 직경 14.8cm, 두께 2.6cm. 주연(邊輪) 凸起의 높이 1.4cm, 너비 1.4cm.
○ 보존상태 : 완형.
○ 색깔과 태토 : 붉은색.

● 표본 2001JWGT607④:9(그림 36b-2)
○ 출토지 : 산성자산성 궁전지.
○ 크기 : 직경 15.4cm, 두께 2.8cm. 주연(邊輪) 凸起의 높이 1.2cm, 너비 1.2cm.
○ 문양 : 파손됨.
○ 색깔과 태토 : 붉은색.

● 표본 2001JWGT107③:25
○ 출토지 : 산성자산성 궁전지.
○ 크기 : 직경 15.2cm, 두께 2.6cm. 주연(邊輪) 凸起의 높이 1.2cm, 너비 1.4cm.
○ 보존상태 : 완형.
○ 색깔과 태토 : 붉은색.

● 표본 2001JWGT508④:45(그림 36b-3)
○ 출토지 : 산성자산성 궁전지.
○ 크기 : 직경 15.2cm, 두께 2.6cm. 주연(邊輪) 凸起의 높이 1.4cm, 너비 1.4cm.
○ 보존상태 : 완형.
○ 색깔과 태토 : 붉은색.

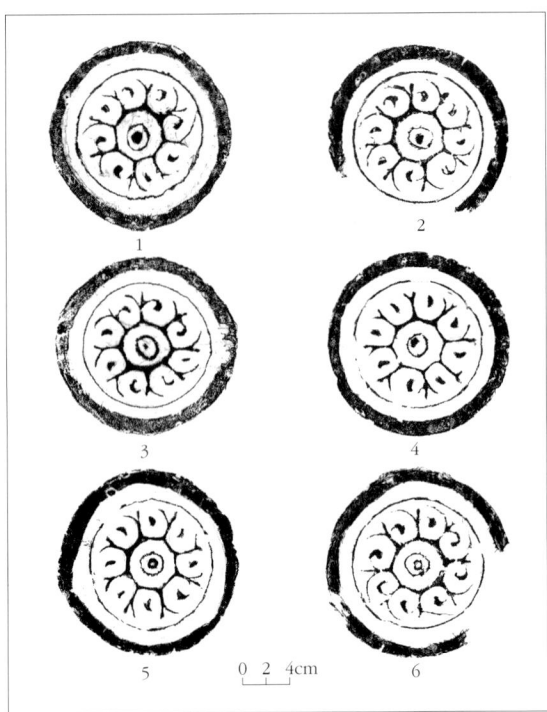

그림 37 산성자산성 궁전지 출토 인동문 와당 출토 탁본
(『丸都山城』, 125쪽)

(5) 기와

① 암키와(板瓦)
○ 수량 : 출토 수량은 비교적 많음. 그 중 2건은 복원 가능함.
○ 형태와 문양 : 대부분 사다리형, 단면은 약간 활(弧)모양. 전체에 시문. 문양은 方格文, 菱形文, 席文 등. 소량의 암키와상에 음각문(刻劃文) 부호를 시문하였음.
○ 색깔과 태토 : 주로 붉은색.

● 표본 2001JWGT806③:79
○ 출토지 : 산성자산성 궁전지.
○ 크기 : 길이 54cm, 너비 32~38cm, 두께 2.8cm.
○ 보존상태 : 완형. 정면에 작은 方格文을 눌러 찍었음(拍印). 좁은 끝 한 모퉁이에 '十'字형 부호를 새겼음.

● 표본 2001JWGT205③:50
○ 출토지 : 산성자산성 궁전지.
○ 크기 : 길이 50cm, 너비 23.2~24cm, 두께 1.6cm.
○ 형태와 문양 : 잔편. 복원가능. 정면에 작은 方格文을 시문함.

② 수키와(筒瓦)
○ 수량 : 출토 수량이 비교적 많음. 11건 복원 가능함.
○ 형태와 문양 : 앞은 좁고 뒤는 넓으며 전체 형태는 사다리형. 대부분은 무문(素面). 부분적으로 음각문(刻劃文) 부호 혹은 문자를 시문하였음.
○ 색깔과 태토 : 대부분 붉은색 혹은 담홍색.

● 표본 2001JWGT607③:20
○ 출토지 : 산성자산성 궁전지.
○ 크기 : 길이 42cm, 너비 10~18cm, 두께 1.6cm.
○ 형태와 문양 : 완형. 꼬리 끝 모서리에 '小兒' 글자를 양각하였음.

● 표본 2001JWGT503③:103
○ 출토지 : 산성자산성 궁전지.
○ 크기 : 길이 44cm, 너비 6~9cm, 두께 0.3cm.
○ 형태와 문양 : 완형. 무문(素面).

● 표본 2001JWGT205③:20
○ 출토지 : 산성자산성 궁전지.
○ 크기 : 길이 46cm, 너비 12~18cm, 두께 1.2cm.
○ 형태와 문양 : 완형. 꼬리 끝에 模印 '井'文을 시문하였음.

● 표본 2001JWGT503④:147
○ 출토지 : 산성자산성 궁전지.
○ 크기 : 길이 37cm, 두께 1.6cm, 꼬리 끝 너비 7cm. 와당 직경 14cm, 두께 4cm. 주연(邊輪) 凸起의 높이 1.2cm, 너비 0.8cm.
○ 형태와 문양 : 완형. 무문(素面). 瓦頭와 와당이 서로 연결되어 있고, 꼬리 끝에 직경 2.2cm인 원형 기와 구멍이 있음. 와당은 Bb형 수면문와당.

● 표본 2001JWGT905③:24
○ 출토지 : 산성자산성 궁전지.
○ 크기 : 길이 36cm, 너비 4cm, 꼬리 끝 너비 1.8cm, 와당의 직경 14cm, 두께 3.4cm, 주연(邊輪) 凸起의 높이 1.2cm, 너비 0.8cm.
○ 형태와 문양 : 완형. 무문. 瓦頭와 와당이 연결되어 있음. 와당은 A형 수명문와당임. 기와 꼬리 끝부분에 직경 2cm인 원형 기와 구멍이 있음.

● 표본 2001JWGT106③:1(그림 38)
○ 출토지 : 산성자산성 궁전지.
○ 크기 : 전체 길이 44cm, 두께 1.6cm. 꼬리 끝 너비 12cm. 와당 직경 32cm, 두께 2.8cm. 주연(邊輪) 凸起의 높이 1.6cm, 너비 1.68cm.
○ 형태와 문양 : 완형. 瓦頭와 대형 와당이 서로 연결되어 있음. 와당은 Bb형 수면문와당, 형체는 비교적 큼.

③ 설형 기와(舌形瓦, 착고기와)
○ 수량 : 3건.
○ 문양 : 앞부분(前端)은 비교적 좁고, 꼬리끝은 둥근 활 모양임. 정면에서 볼 때 혀 모양임. '혀'(舌)의 뾰쪽한 끝은 약간 위로 말렸으며 횡으로 자른 면은 활모양을 띰.

● 표본 2001JWGT807③:1(그림 39-1)
○ 출토지 : 산성자산성 궁전지.
○ 크기 : 길이 17cm, 너비 21cm, 두께 1.8cm.
○ 형태와 문양 : 완형. 앞부분(前端)에 方格文을 시문하였음.
○ 색깔과 태토 : 붉은색.

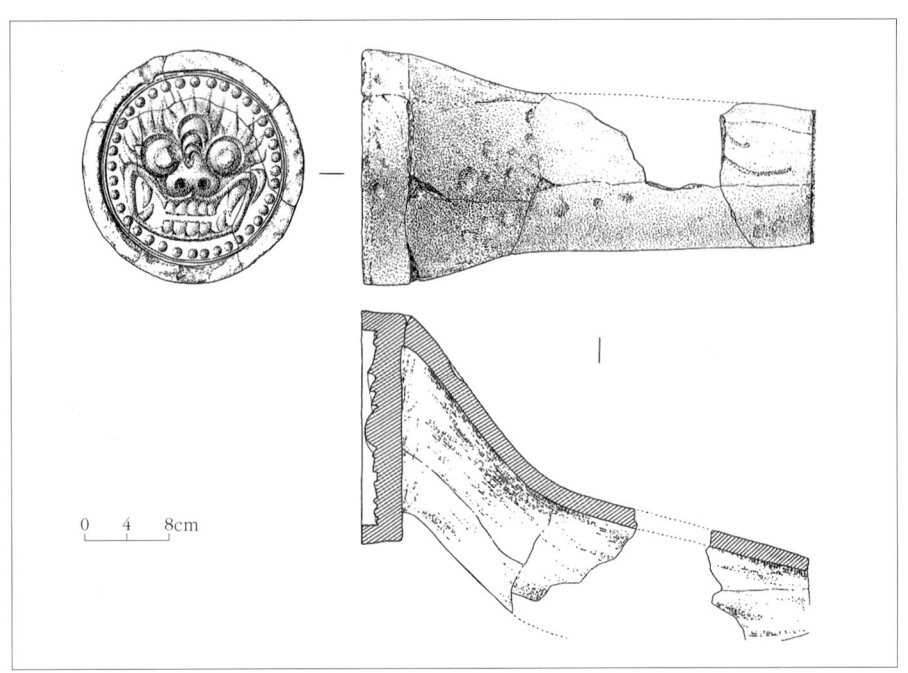

그림 38
산성자산성 궁전지 출토
수키와(2001JWGT106③:1)
(『丸都山城』, 114쪽)

● 표본 2001JWGT909③:1(그림 39-2)
○ 크기 : 길이 17cm, 너비 23cm, 두께 1.4cm.
○ 형태와 문양 : 완형. '혀'끝 등면에 4구획으로 나누어 문양을 얕게 새겼음. 안에는 直角折線文을 중첩적으로 깊게 刻劃하여 시문하였음.
○ 색깔과 태토 : 회색, 부분적으로 붉은색.

● 표본 2001JWGT709③:1(그림 39-3)
○ 출토지 : 산성자산성 궁전지.
○ 크기 : 길이 17.5cm, 너비 21cm, 두께 1.8cm.
○ 형태와 문양 : 완형. '혀'면에 불규칙하게 음각문(刻劃文)을 얕게 시문하였음. 내벽에 눌러 찍은 작은 方格文이 있음.
○ 색깔과 태토 : 색깔이 균일하지 않은데, 회색과 홍색이 뒤섞여 있음.

(6) 특수 건축자재
수량 : 1건.

● 표본 2002JWGT710③:20(그림 40, 그림 42-1)
○ 출토지 : 산성자산성 궁전지.
○ 크기 : 가장 두꺼운 곳은 약 7.5cm.
○ 형태와 문양 : 파손됨. 단면은 拱形. 표면에 손가락으로 누른 波浪文을 여러 겹 시문하였음.
○ 색깔과 태토 : 붉은색.

(7) 명문(文字) 및 부호(刻劃文) 기와편
○ 출토지 : 산성자산성 궁전지.
○ 수량 : 대량의 문자 혹은 刻劃文 부호가 시문된 잔와가 출토됨.
○ 수키와(筒瓦)에 많이 보이며, 소량의 암키와(板瓦)에도 발견됨.
○ 문양 : 주요 시문 방법은 刻劃, 模印, 抹壓 등. 刻劃 부호의 종류는 비교적 많으며 동물 문양과 상형 부호도 있음. 문자는 대체로 규범적이지 않음. 일부는 판독이 가능함.

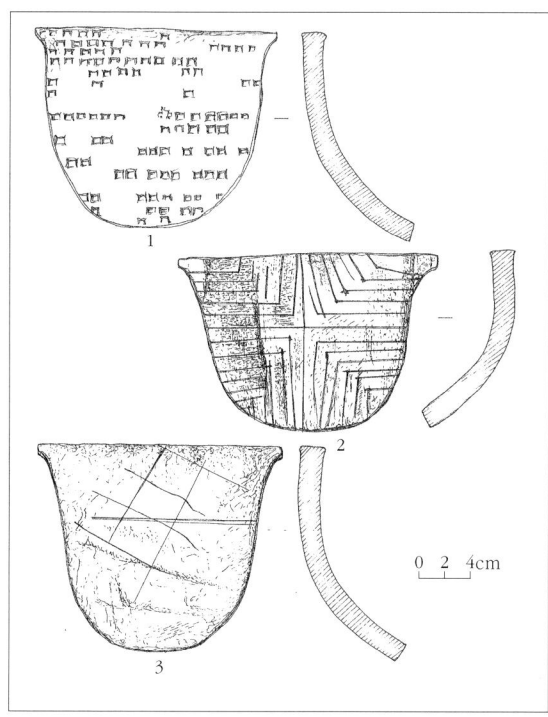

그림 39 산성자산성 궁전지 출토 설형 기와(『丸都山城』, 115쪽)

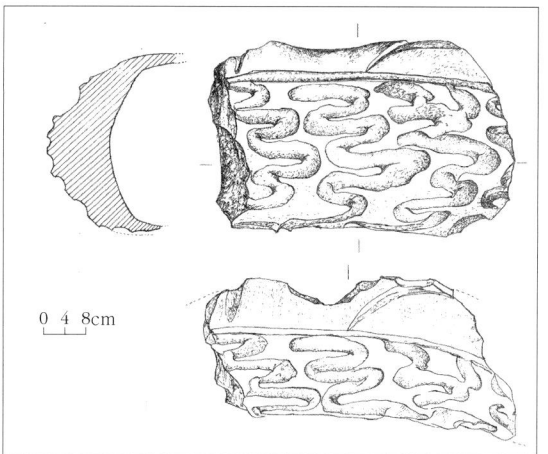

그림 40 산성자산성 궁전지 출토 특수건축자재(『丸都山城』, 116쪽)

① **수키와(筒瓦) 잔편**
- 출토지 : 산성자산성 궁전지.
- 수량 : 1,159건.
- 이 가운데 명문기와는 86건인데, 모두 음각하였음.

㉠ '小兄' 명문기와
- 출토지 : 산성자산성 궁전지.
- 수량 : 15건.
- 두 글자 세로로 종서함.
- 표본 2001JWGT608④:28(그림 43-1).
- 표본 2001JWGT607③:23(그림 42-3).
- 표본 2001JWGT607③:24(그림 43-2).
- 표본 2001JWGT206④:11(그림 43-3).

㉡ '大用' 명문기와
- 출토지 : 산성자산성 궁전지.
- 수량 : 25건.
- 두 글자 세로로 종서함.
- 표본 2001JWGT403③:15(그림 45-1).
- 표본 2001JWGT1206④:17(그림 44-1, 그림 45-2).
- 표본 2001JWGT503③:56(그림 44-2).

㉢ '九'字 명문기와[1]
- 출토지 : 산성자산성 궁전지.
- 수량 : 6건.
- 표본 2001JWGT305③:56(그림 45-3).
- 표본 2001JWGT503④:158.
- 표본 2001JWGT609④:35.

㉣ '鳥'字 명문기와
- 출토지 : 산성자산성 궁전지.
- 수량 : 3건.
- 표본 2001JWGT503③:122(그림 44-3)

㉤ 기타 명문기와

그 밖에 또 일부 인식되지 않는 문자가 있으며, 그 중 문자가 가장 많은 것은 6글자에 달함(그림 44, 그림 60~62).

---

[1] '九'자는 '瓦'의 이체자로 추정됨.

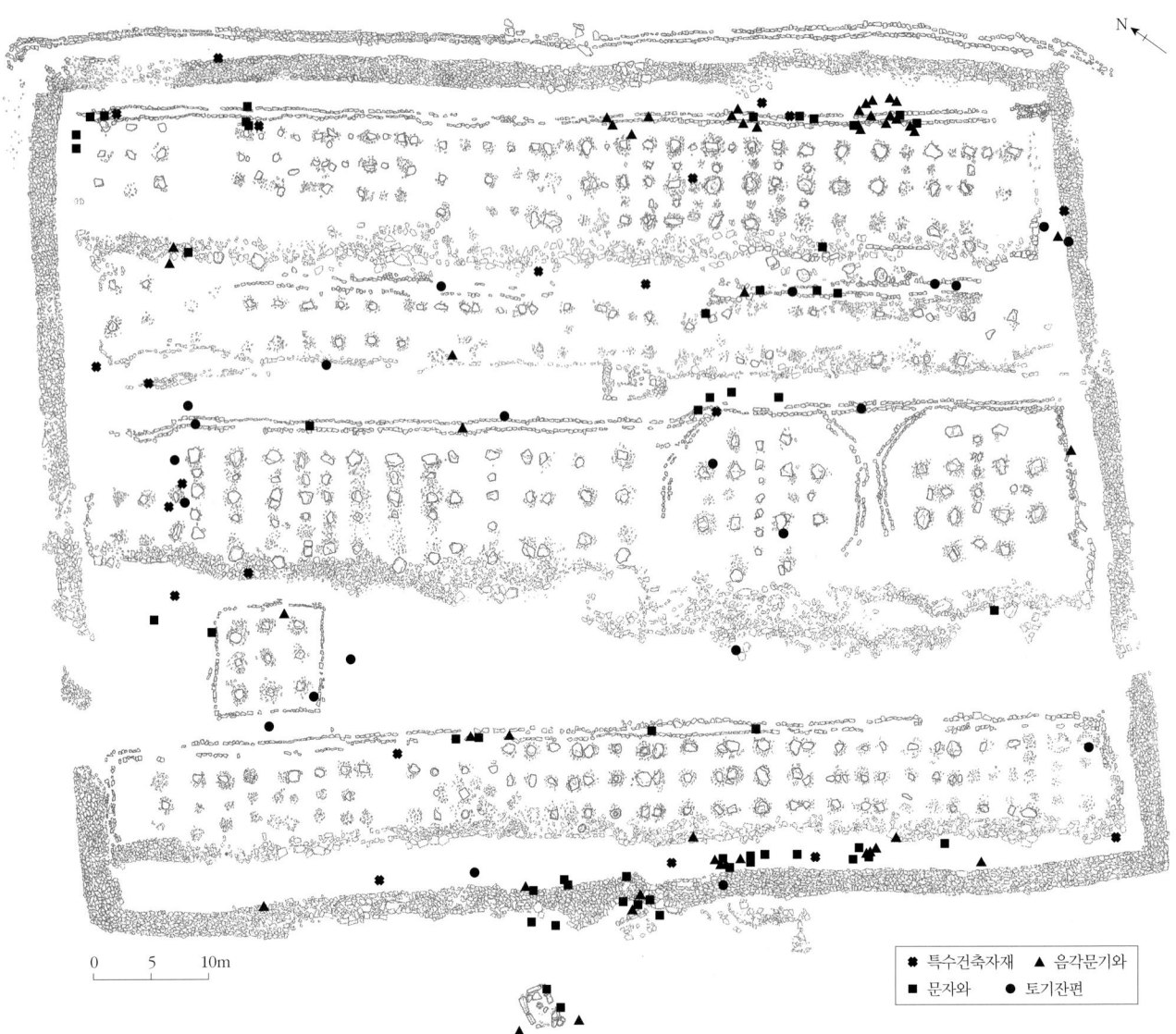

그림 41 산성자산성 궁전지 출토 특수건축자재, 문자기와 및 토기편 분포도(『丸都山城』, 126쪽)

ⓑ 부호기와(刻劃 符號瓦)
 ○ 출토지 : 산성자산성 궁전지.
 ○ 종류 : 鳥頭文瓦, '井'字文 符號瓦, '十'字文 符號瓦, 波浪文 符號瓦 등이 있음.

◎ 조두문기와(鳥頭文瓦)
 ○ 수량 : 163건.
 ○ 종류 : 刻劃과 模印 두 종류가 있음.

● 각획 조두문기와(刻劃 鳥頭文瓦)
 ○ 수량 : 150건.
 ○ 문양 : 몸체(整體)는 鳥頭 모양을 띰. 선은 간결 유창하며 새의 부리가 왼쪽을 향해 있음.
 ○ 표본 2001JWGT404③:68(그림 46-1).
 ○ 표본 2002JWGT305③:67(그림 45-4).
 ○ 표본 2001JWGT305③:47(그림 46-2, 그림 47-1).

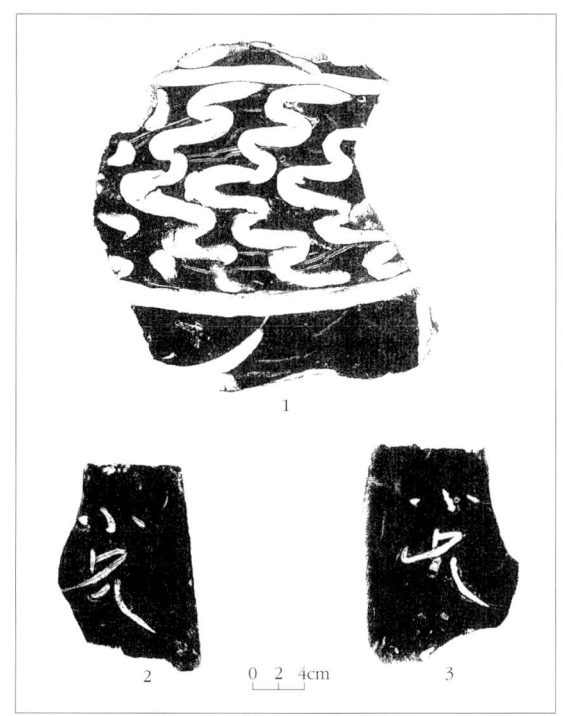

그림 42 산성자산성 궁전지 출토 특수건축자재 및 명문기와 탁본(『丸都山城』, 127쪽)
1. 특수건축자재 2~3. 명문기와

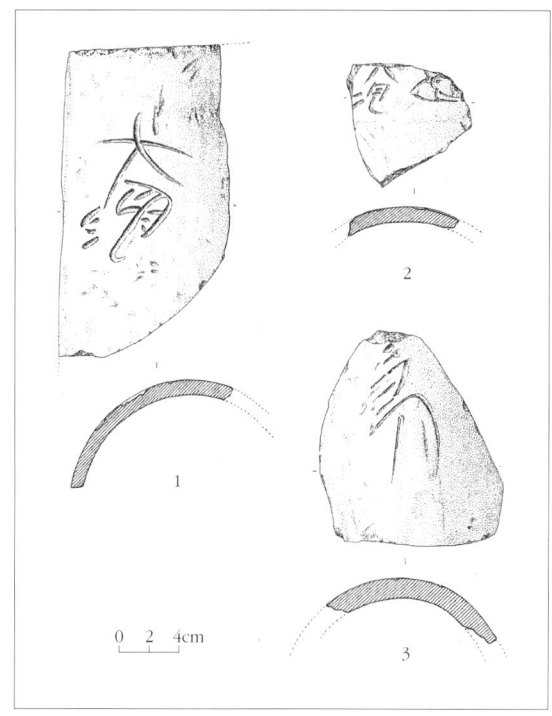

그림 44 산성자산성 궁전지 출토 명문기와(『丸都山城』, 118쪽)

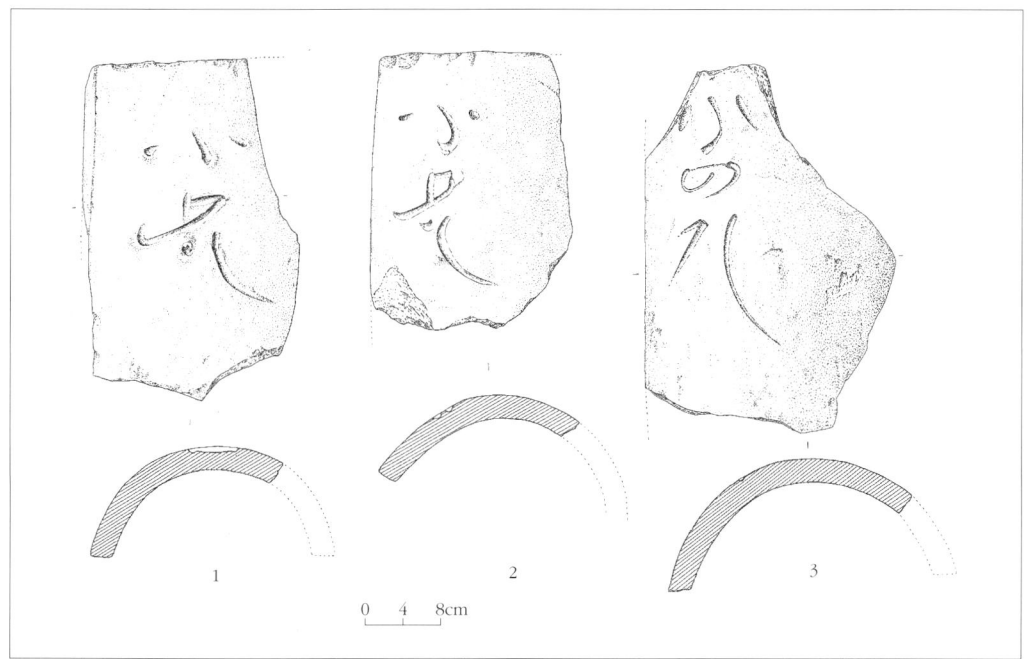

그림 43 산성자산성 궁전지 출토 '小兄' 명문기와(『丸都山城』, 117쪽)

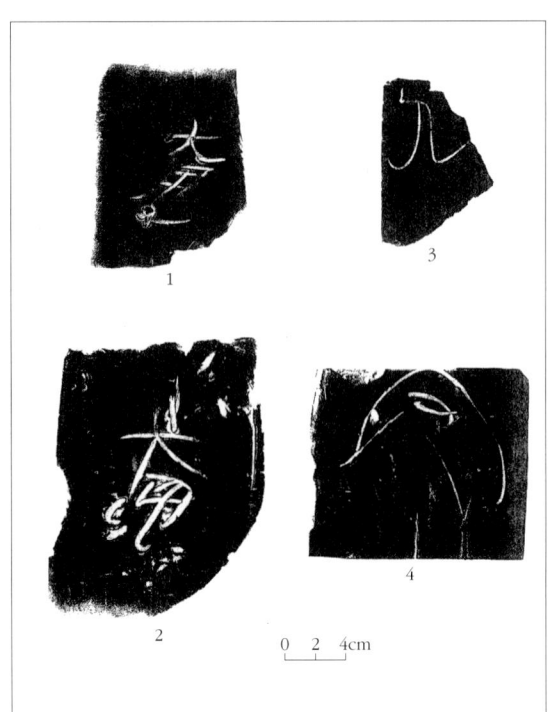

그림 45 산성자산성 궁전지 출토 명문기와 및 각획문기와 탁본
(『丸都山城』, 127쪽)
1~3. 명문기와 4. 각획 조두문기와

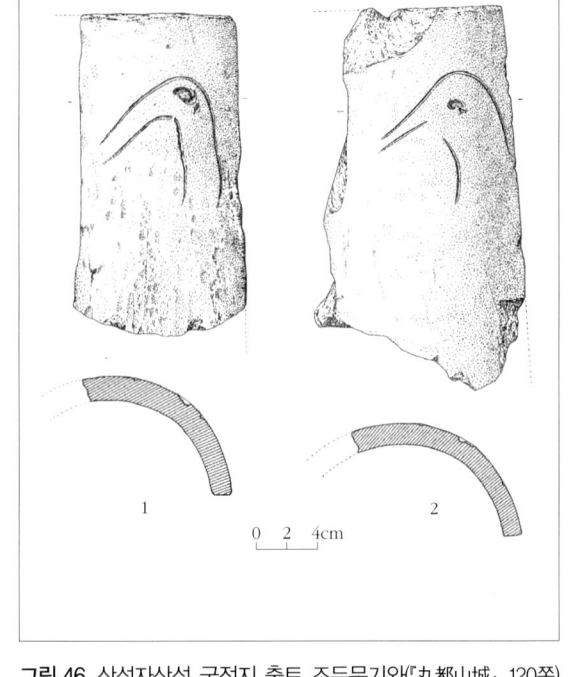

그림 46 산성자산성 궁전지 출토 조두문기와(『丸都山城』, 120쪽)
1. 2001JWGT404③:68   2. 2001JWGTT305③:47

● 모인 조두문기와(模印鳥頭文瓦)
○ 수량 : 13건.
○ 문양 : 몸체(整體)는 鳥頭 모양. 선은 조잡하고 두꺼우며, 새의 부리가 오른쪽을 향해 있음.
○ 표본 2002JWGT610③:46(그림 47-2).
○ 표본 2001JWGT305③:42(그림 47-3).

◎ '井'字文 符號瓦
○ 종류 : 刻劃과 模印 두 종류가 있음.

● 刻劃 '井'字文 符號瓦
○ 수량 : 73건.
○ 표본 2001JWGT1107③:26(그림 47-4).
○ 표본 2001JWGT801③:6.

● 模印 '井'字文 符號瓦
○ 수량 : 26건.
○ 표본 2001JWGT708③:2(그림 48-2).
○ 표본 2001JWGT205③:47.

◎ '×'符號瓦
○ 수량 : 43건.
○ 표본 2001JWGT404③:86(그림 48-3).
○ 표본 2001JWGT503③:43(그림 48-4).

◎ 물결무늬부호기와(波浪形符號瓦)
○ 수량 : 30건.
○ 표본 2001JWGT801③:8(그림 49-1).
○ 표본 2002JWGT909③:14(그림 49-2).

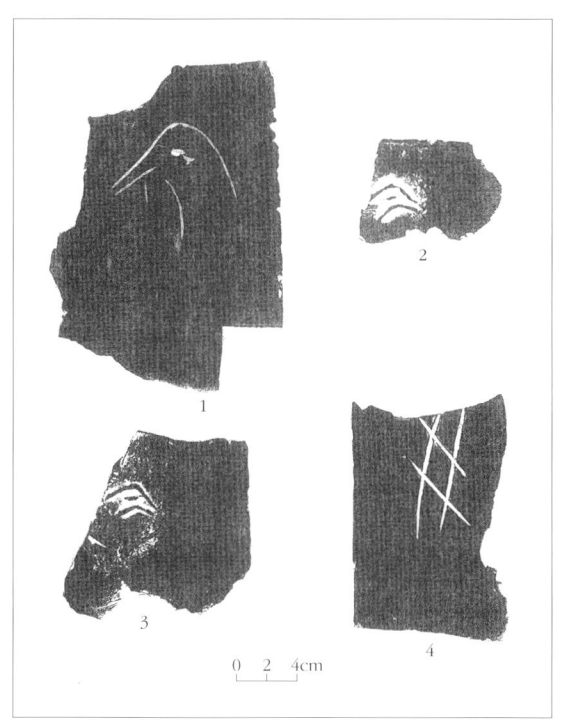

그림 47 산성자산성 궁전지 출토 각획문, 모인문 기와 탁본
(『丸都山城』, 129쪽)
1·4. 각획문기와 2·3. 모인문기와

그림 48 산성자산성 궁전지 출토 각획문, 모인문 기와 탁본
(『丸都山城』, 130쪽)
1·3~4. 각획문기와 2. 모인문기와

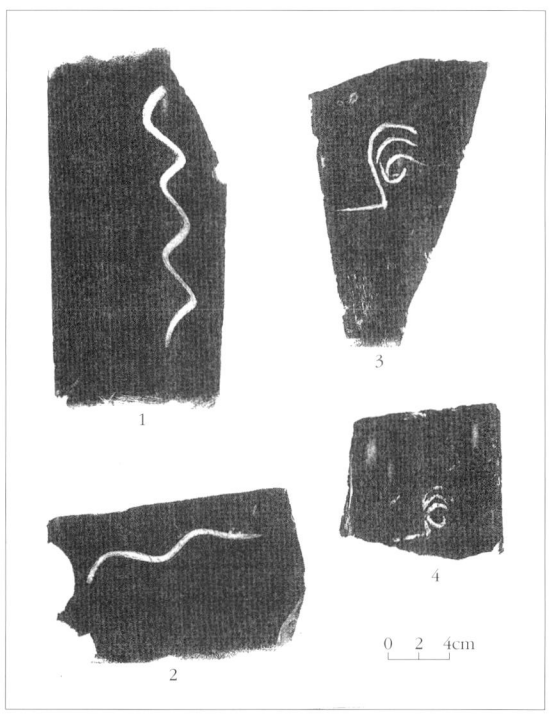

그림 49 산성자산성 궁전지 출토 각획문기와 탁본
(『丸都山城』, 131쪽)

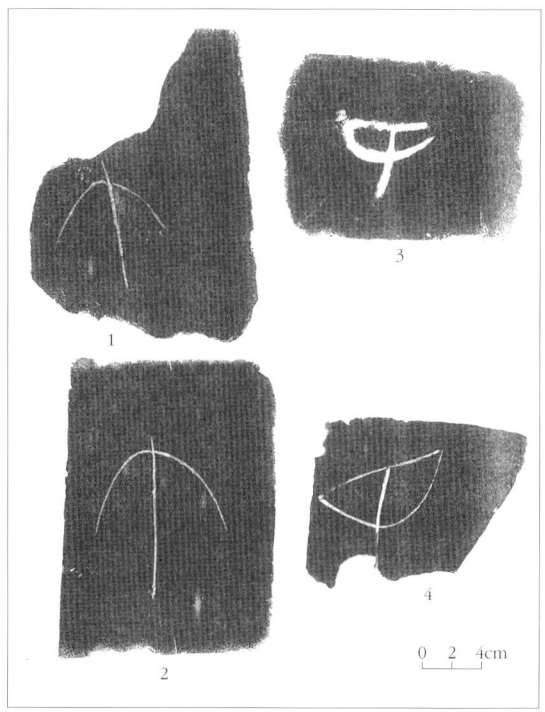

그림 50 산성자산성 궁전지 출토 각획문기와 탁본
(『丸都山城』, 132쪽)

◎ '丰' 符號瓦
- 수량 : 12건.
- 표본 2001JWGT404③:146.
- 표본 2001JWGT305③:45(그림 49-3).
- 표본 2002JWGT610③:12(그림 49-4).

◎ 'f' 符號瓦
- 수량 : 84건.
- 표본 2001JWGT404③:70(그림 50-1).
- 표본 2001JWGT205③:3(그림 50-2).
- 표본 2001JWGT304③:1.
- 표본 2001JWGT106③:15.

◎ '甲' 符號瓦
- 수량 : 24건.
- 표본 2001JWGT205③:18(그림 50-3).
- 표 2001JWGT305③:82(그림 50-4).

◎ '贠' 符號瓦
- 종류 : 刻劃과 模印 두 종류가 있음.

● 刻劃 '贠' 符號瓦
- 수량 : 63건.
- 표본 2001JWGT1104③:23(그림 51-1).
- 표본 2001JWGT205③:19.
- 표본 2001JWGT404③:208(그림 51-2).

● 模印 '贠' 符號瓦
- 수량 : 2건.
- 표본 2001JWGT304③:6(그림 51-3).
- 표본 2001JWGT503④:182(그림 51-4).

◎ '⇧' 符號瓦
- 수량 : 22건.

그림 51 산성자산성 궁전지 출토 각획문, 모인문 기와 탁본
(『丸都山城』, 133쪽)
1~2·5. 각획문기와   3~4. 모인문기와

- 표본 2001JWGT704④:10(그림 51-5).
- 표본 2001JWGT305③:101(그림 52-1).

◎ 'Y' 符號瓦
- 수량 : 26건.
- 표본 2002JWGT704③:15(그림 52-2).
- 표본 2001JWGT908③:16(그림 52-3).
- 표본 2001JWGT909③:15.

◎ '于' 符號瓦
- 수량 : 18건.
- 표본 2001JWGT305③:17(그림 52-4).
- 표본 2001JWGT503③:68(그림 53-1).

◎ '기' 符號瓦
- 수량 : 11건.

그림 52 산성자산성 궁전지 출토 각획문기와 탁본
(『丸都山城』, 134쪽)

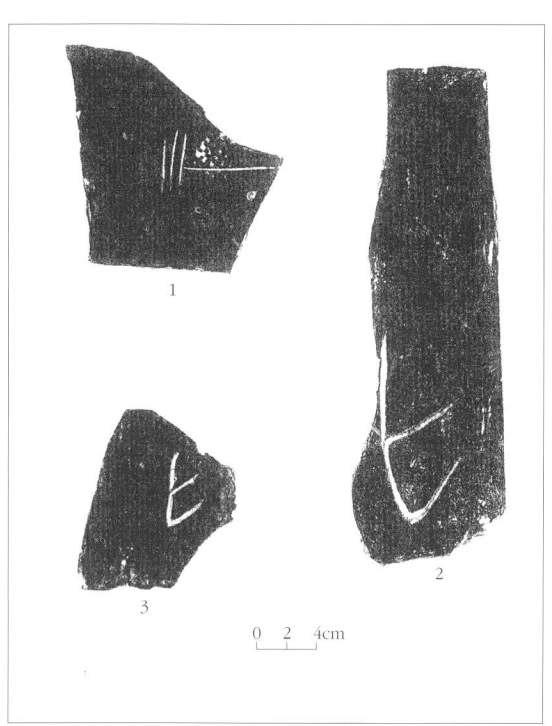

그림 53 산성자산성 궁전지 출토 각획문기와 탁본
(『丸都山城』, 135쪽)

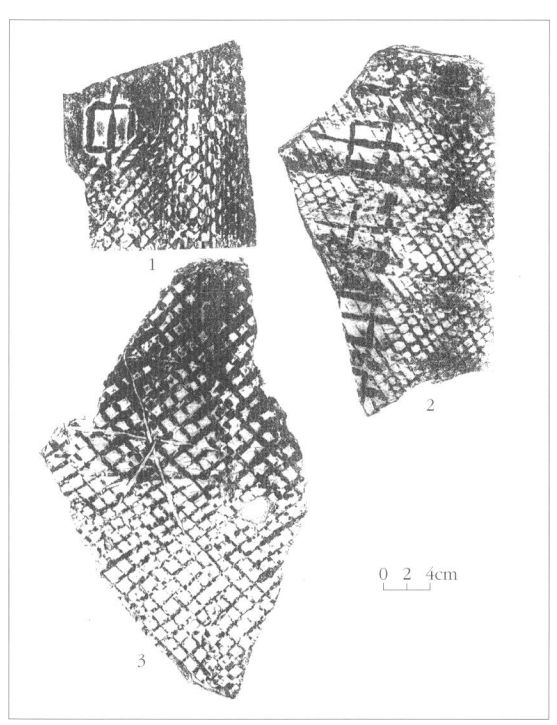

그림 54 산성자산성 궁전지 출토 명문기와 탁본
(『丸都山城』, 137쪽)
1. 2001JWGT408③:10   2. 2001JWGT409③:17
3. 2001JWGT404③:49

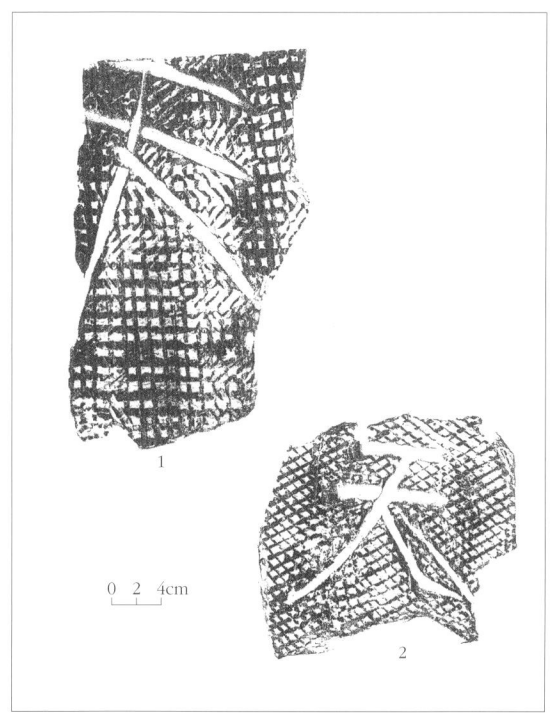

그림 55 산성자산성 궁전지 출토 명문기와 탁본
(『丸都山城』, 138쪽)
1. 2001JWGT404④:200   2. 2001JWGG 5:4

○ 표본 2001JWGT909③:5(그림 53-2).
○ 표본 2002JWGT710③:18(그림 53-3).

◎ 'Q' 符號瓦
○ 수량 : 10건.
○ 표본 2001JWGT909③:13.

◎ 기타
그 밖에 형태가 특수한 刻劃文瓦가 소량 출토되었음
(그림 63~그림 69).

② 암키와(板瓦) 잔편
○ 수량 : 194건.
○ 문양 : 주로 刻劃과 抹壓 부호이며, 소량의 模印文도 있음.
○ 종류 : 명문기와와 刻劃 부호를 시문한 기와 두 종류가 있음.

㉠ 명문기와
○ 수량 : 10건.
○ 종류 : '中', '天' 두 종류가 식별 가능함.

◎ '中'字명문기와
○ 수량 : 4건.
○ 문양 : 模印.
○ 표본 2001JWGT408③:10(그림 54-1).
○ 표본 2001JWGT409③:17(그림 54-2).

◎ '天'字명문기와
○ 수량 : 3건.
○ 종류 : 서사방식은 刻劃과 抹壓 두 종류가 있음.

● 刻劃 '天'字명문기와
○ 수량 : 1건.

○ 표본 2001JWGT404③:10(그림 54-3).

● 抹壓 '天'字명문기와
○ 수량 : 2건.
○ 표본 2001JWGT404④:200(그림 55-1).
○ 표본 2001JWGG5:4(그림 55-2).

㉡ 부호기와(飾有符號瓦)
○ 수량 : 184건.
○ 부호 : '十'文, '不'文, '井'文 등이 있음.

◎ '十'文符號瓦
○ 수량 : 15건.
○ 종류 : 시문방식에 刻劃, 模印, 抹壓 세 종류가 있음.

● 刻劃 '十'文符號瓦
○ 수량 : 9건.
○ 표본 2002JWGT809③:40(그림 56-1).

● 模印 '十'文符號瓦
○ 수량 : 3건.
○ 표본 2001JWGG4:9(그림 56-2).

● 抹壓 '十'文符號瓦
○ 수량 : 3건.
○ 표본 2002JWGT610③:77(그림 56-3).

◎ '不'文符號瓦
○ 수량 : 7건.
○ 종류 : 시문방식에 刻劃, 抹壓 두 종류가 있음.

● 刻劃 '不'文符號瓦
○ 수량 : 5건.

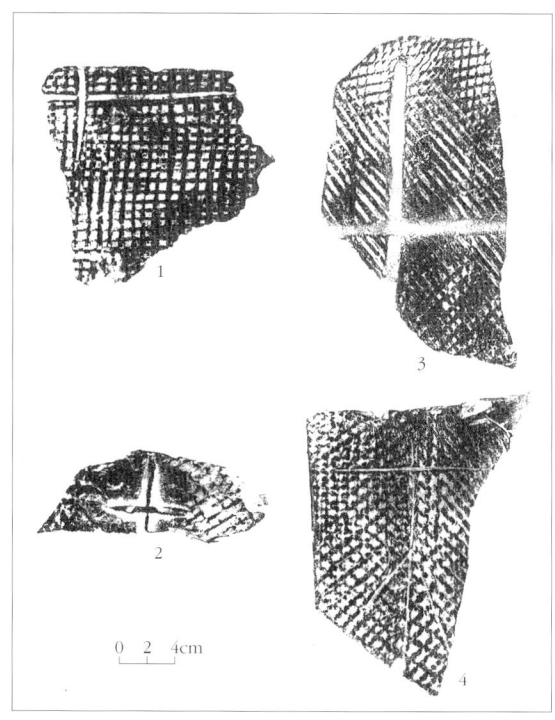

그림 56 산성자산성 궁전지 출토 각획문, 말압문, 모인문 기와 탁본(『丸都山城』, 139쪽)
1, 4. 각획문기와 2. 모인문기와 3. 말압문기와

그림 57 산성자산성 궁전지 출토 말압문기와 탁본 (『丸都山城』, 140쪽)

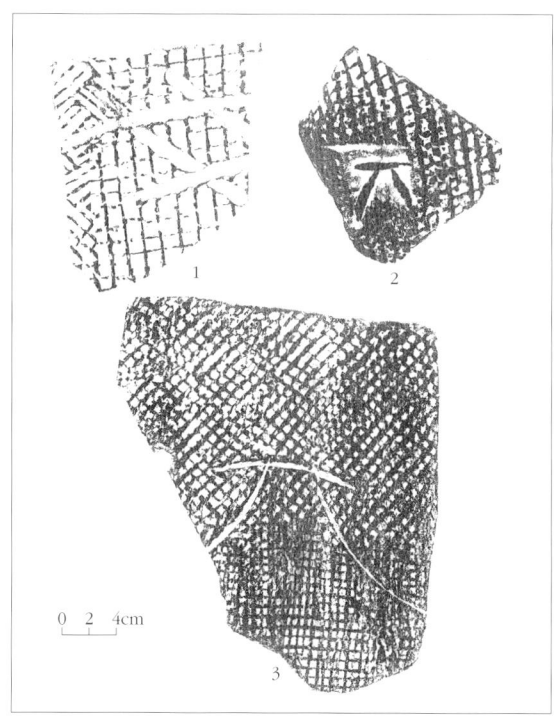

그림 58 산성자산성 궁전지 출토 각획문, 말압문, 모인문 기와 탁본(『丸都山城』, 141쪽)
1. 말압문기와 2. 모인문기와 3. 각획문기와

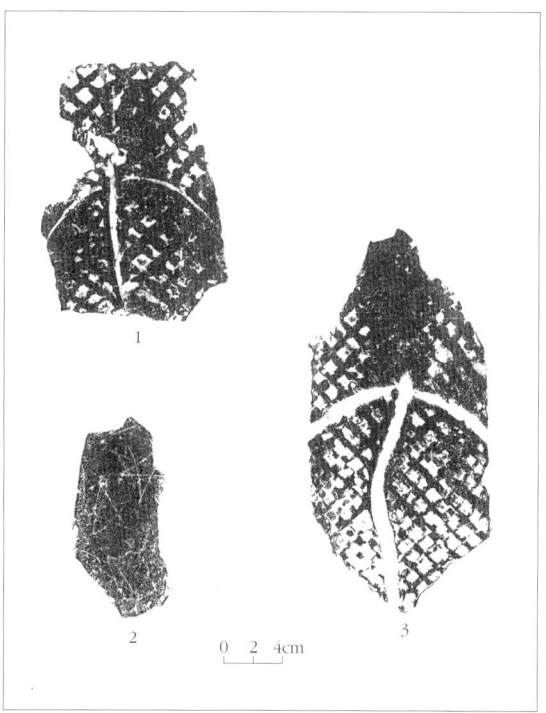

그림 59 산성자산성 궁전지 출토 각획문, 모인문 기와 탁본(『丸都山城』, 142쪽)
1~2. 각획문기와 3. 모인문기와

그림 60 산성자산성 궁전지 출토 명문기와 탁본
(『丸都山城』, 143쪽)

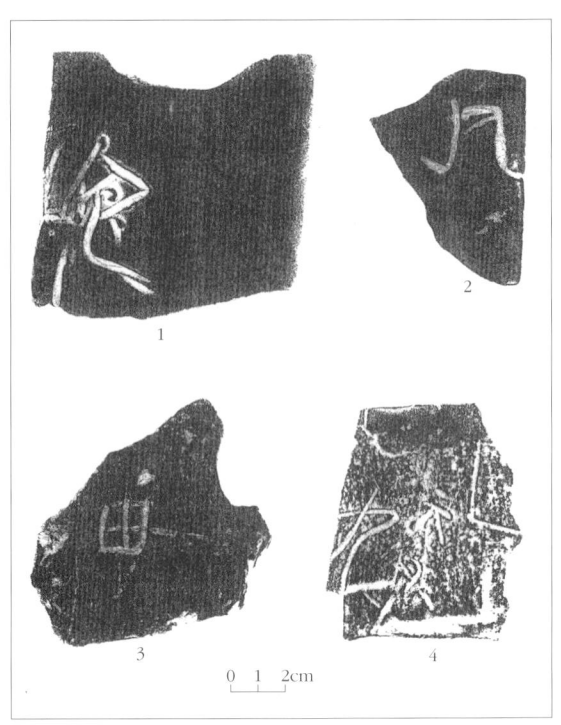

그림 61 산성자산성 궁전지 출토 명문기와 탁본
(『丸都山城』, 144쪽)

그림 62 산성자산성 궁전지 출토 명문기와 탁본
(『丸都山城』, 145쪽)

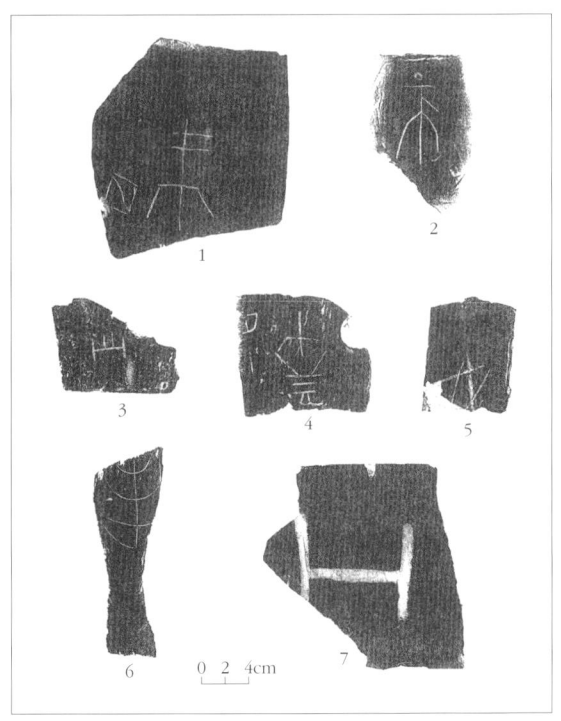

그림 63 산성자산성 궁전지 출토 각획문기와 탁본
(『丸都山城』, 146쪽)

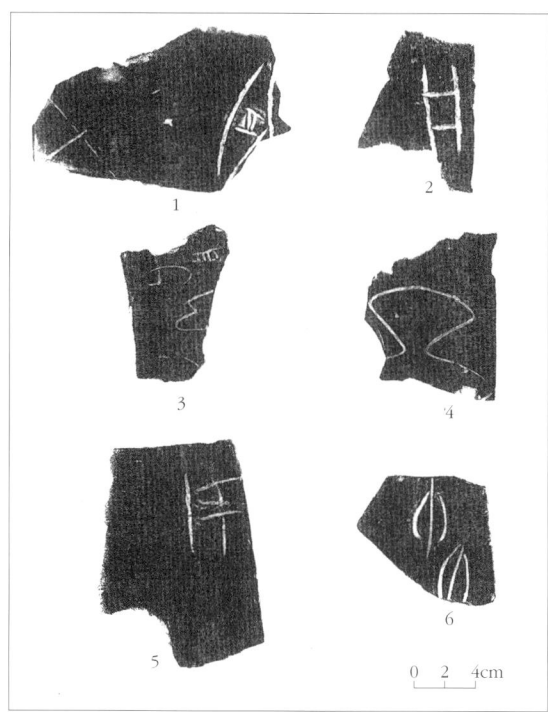

그림 64 산성자산성 궁전지 출토 각획문기와 탁본
(『丸都山城』, 147쪽)

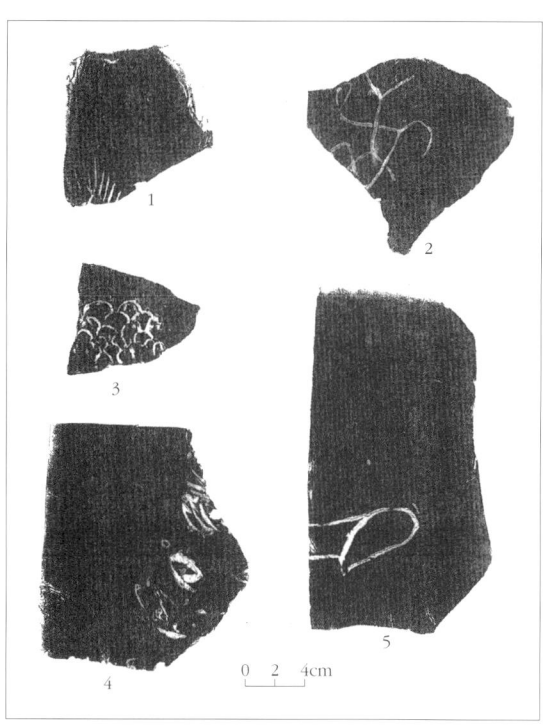

그림 65 산성자산성 궁전지 출토 각획문기와 탁본
(『丸都山城』, 148쪽)

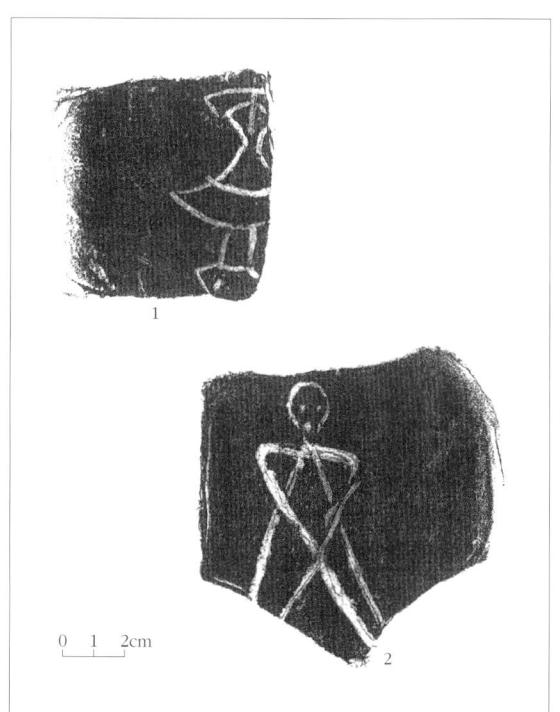

그림 66 산성자산성 궁전지 출토 각획문기와 탁본
(『丸都山城』, 149쪽)

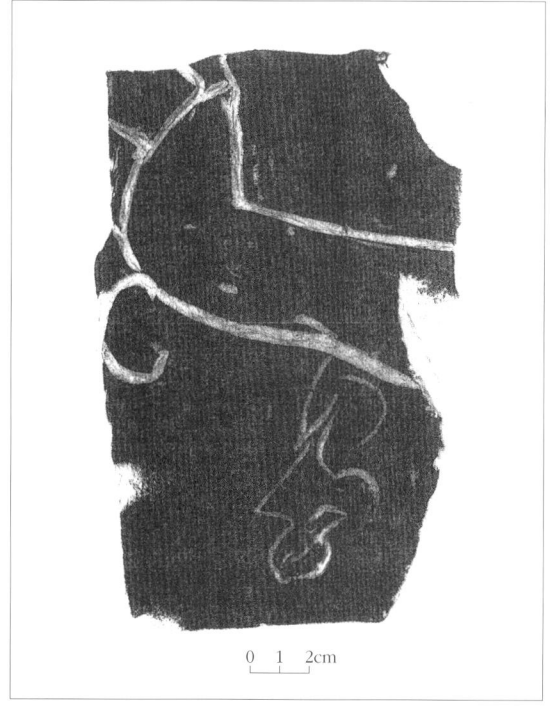

그림 67 산성자산성 궁전지 출토 각획문기와 탁본
(『丸都山城』, 150쪽)

그림 68 산성자산성 궁전지 출토 각획문기와 탁본
(『丸都山城』, 151쪽)

그림 69 산성자산성 명문기와 탁본(『丸都山城』, 152쪽)

○ 표본 2001JWGT305③:105(그림 56-4).
○ 표본 2001JWGT1107④:46.

● 抹壓 '不'文符號瓦
○ 수량 : 2건.
○ 표본 2003JWGT410③:54(그림 57).

◎ '井'文符號瓦
○ 수량 : 5건.
○ 문양 : 시문방식은 抹壓임.

● 抹壓 '井'文符號瓦
○ 수량 : 1건.
○ 표본 2001JWGT106④:48(그림 58-1).

◎ '元'符號瓦
○ 수량 : 2건.

○ 종류 : 시문방식은 刻劃, 模印 두 종류가 있음.

● 刻劃 '元'符號瓦
○ 수량 : 1건.
○ 표본 2001JWGT305③:108(그림 58-3).

● 模印 '元'符號瓦.
○ 수량 : 1건.
○ 표본 2001JWGT604③:38(그림 58-2).

◎ 'f'符號瓦
○ 수량 : 4건.
○ 종류 : 시문방식은 刻劃, 模印 두 종류가 있음.

● 刻劃 'f'符號瓦
○ 수량 : 2건.
○ 표본 2002JWGT610③:76(그림 59-1).

● 模印 'f' 符號瓦
  ○ 수량: 2건.
  ○ 표본 2001JWGT404④:194(그림 59-3).

◎ '⩔' 符號瓦
  ○ 수량: 1건.
  ○ 표본 2003JWGT410②:51(그림 59-2).

6. 역사적 성격

1) 궁전지의 위치

산성자산성 궁전지는 산성 남부의 평탄하고 완만한 臺地에 위치해 있으며, 궁전지의 동쪽은 약간 낮은 완만한 구릉으로 2003년 현재 과수원으로 경작되고 있었고, 궁전지의 서쪽은 평탄한 산기슭임. 작은 길을 따라 남문에 이를 수 있는데, 양자의 거리는 460m임.

궁전지 주변은 산성 내부에서 유적이 가장 밀집된 지역임. 병사주거지, 장대, 저수지 등이 궁전지 서남쪽 300~320m 거리에 분포함. 골짜기 맞은편 남쪽 대지에서도 철촉이 발견된 바 있음. 궁전지 서남쪽 모서리에는 고구려시기의 봉토묘가 있는데, 발굴자는 궁전지 폐기 이후에 조영했을 것으로 추정했음.

2) 궁전지의 성격과 조영 시기

산성자산성은 고구려 두 번째 도성인 國內城의 방어용 산성인 丸都城으로 비정되며, 산성 내부에 위치한 궁전지는 그 규모와 출토유물에 근거하여 20세기 전반부터 거의 모든 조사자와 연구자가 궁전지로 추정해왔음. 특히 2001~2003년 대대적인 조사와 발굴을 통해 4층으로 조성한 계단상 인공대지에서 총 11기의 건물지로 이루어진 대규모 건물군을 확인했으며, 각종 기와와 와당 등 고급 건축자재를 출토했음. 특히 '小兄'이라는 고구려 관등이 새겨진 명문기와가 다수 출토되었는데, 이는 小兄 관등을 가진 인물이 궁전지의 조성에 관여했음을 보여줌. 따라서 산성자산성의 궁전지는 종전에 파악한 대로 고구려시기의 궁전지일 가능성이 매우 크다고 파악됨.

종래 중국학자들은 342년 前燕에 의해 환도성이 함락된 기사를 근거로 산성자산성이 342년 이후 또는 427년 평양천도 이후 쇠락하거나 폐기되었을 것으로 파악했음. 이러한 견해에 따른다면 궁전지도 342년이나 427년 이후에는 쇠락했다고 보아야 하며, 현존하는 궁전지의 조영시기는 342년 이전으로 파악해야 함. 실제 2004년 보고서에서는 궁전지를 비롯한 산성자산성의 현존하는 성곽시설이나 건물지가 342년 전연의 침공에 의해 훼손되었다고 파악했음. 즉 현존하는 궁전지가 342년 이전에 조영되었다는 것임. 중국학계의 최신 성과에서도 이러한 견해를 확인할 수 있음(王志剛, 2016, 113~125쪽).

2004년 보고서에 따르면 궁전지는 생토층을 제외하면 모두 5개 층위로 이루어졌다고 함. 이 가운데 생토층 위에 위치한 ⑤층은 궁전지를 조성하기 위해 인공적으로 다진 층위이며, ①층과 ②층은 궁전지가 완전히 폐기된 이후에 형성된 퇴적층과 경작층이라고 함. 결국 ③층과 ④층이 궁전지의 조영과 폐기과정을 보여주는데, 두 층위의 색깔이 선명하게 구별되고, 양자 모두 고구려시기의 기와편과 와당 등을 대량으로 포함하고 있었다는 점에서 현재의 궁전지는 크게 두 차례에 걸쳐 조영되고 폐기되었다고 파악됨.

그런데 궁전지의 ③층과 ④층에서 와당이 대량으로 출토되었지만, 4~5세기에 유행한 권운문와당이나 분할선(輻線)이 있는 연화문와당은 되지 않았음. 연화문와당은 모두 5세기 후반 이후에 출현한 분할선이 없는 것임(김진경, 2011, 66~69쪽). 이로 보아 현재의 궁전지가 보고서의 기술대로 생토층 위에 처음 조성된 것이라면 그 초축 시기를 5세기 말 이전으로 소급하기는 힘듦. 즉 산성자산성은 3~4세기에 임시 왕성으로 사용된 바 있기 때문에 일찍부터 왕궁이 조영되었을 가능성이 크지만, 현재의 궁전지를 평양천도 이전의 國內城期에 축조했다고 보기는 어려움(양시은, 2016, 53쪽).

오히려 연화문와당의 출토양상으로 보아 현재의 궁전지는 평양천도 이후 그것도 6세기경에 조영했을 가능성이 큼. 산성자산성(환도성)은 평양천도 이후 폐기되거나 쇠락한 것이 아니라, 오히려 초대형 건축물을 조영할 정도로 활발하게 사용되었던 것임. 이와 관련하여 평양천도 이후에도 국내성이 別都로서 도성에 버금가는 위상을 지녔다는 사실이 주목됨. 즉 현존하는 궁전지는 평양천도 이후 別都에 조영한 行宮이었을 가능성이 크다고 판단됨(여호규, 2012, 77~79쪽).

참고문헌

- 鳥居龍藏, 1906, 「滿洲調査復命書」, 『史學雜誌』 17.
- 鳥居龍藏, 1910, 「鴨綠江畔洞溝に於ける高句麗の遺跡」, 『東洋時報』 137·140, 東洋時報社.
- 關野貞, 1914, 「丸都城及國內城の位置」, 『史學雜誌』 25-11.
- 白鳥庫吉, 1914, 「丸都城及國內城考」(1·2), 『史學雜誌』 25.
- 鳥居龍藏, 1914, 「丸都城及國內城の位置について」, 『史學雜誌』 25-7.
- 關野貞, 1914, 「滿洲輯安縣及び平壤附近に於ける高句麗時代の遺跡(1·2)」, 『考古學雜誌』 5-3·4.
- 朝鮮總督府, 1915, 『朝鮮古蹟圖譜』 1, 2.
- 關野貞, 1920, 「丸都城考」, 『大正六年度 古蹟調査圖譜』, 朝鮮總督府.
- 藤田亮策, 1936, 「滿洲國安東省輯安縣に於ける高句麗遺蹟の調査」, 『靑丘學叢』 23.
- 池內宏, 1936, 『滿洲國安東省輯安縣高句麗遺跡』, 滿日文化協會.
- 藤田亮策, 1936, 「高句麗古蹟調査概要」, 『靑丘學叢』 26.
- 池內宏, 1936, 「丸都城と國內城」, 『史學雜誌』 47-6.
- 池內宏·梅原末治, 1938, 『通溝』 上, 日滿文化協會.
- 三上次男, 1938, 「輯安行-高句麗時代の遺跡調査」, 『歷史地理』 71-1.
- 關野貞, 1941, 「滿洲國輯安縣に於ける高句麗時代の遺跡」, 『朝鮮の建築と藝術』, 巖波書店.
- 三品彰英, 1951, 「高句麗王都考」, 『朝鮮學報』 1.
- 李殿福, 1982, 「高句麗丸都山城」, 『文物』 1982-6.
- 吉林省考古研究室·集安縣博物館, 1984, 「集安高句麗考古的新收穫」, 『文物』 1984-1.
- 王承禮, 1984, 『吉林遼寧的高句麗遺迹』, 『考古與文物』 1984-6.
- 林至德·張雪巖, 「高句麗兩都城」, 『文物天地』 1984-6.
- 吉林省文物志編委會, 1984, 『集安縣文物志』.
- 賈士金, 1985, 「集安高句麗文物考古工作中的新課題」, 『博物館研究』 1985-2.
- 西川宏, 1985, 「集安における高句麗遺跡調査の成果」, 『考古學研究』 31-4.
- 魏存成, 1985, 「高句麗初中期的都城」, 『北方文物』 1985-2.
- 李殿福, 1986, 「兩漢時代的高句麗及其物質文化」, 『遼海文物學刊』 創刊號.
- 王健群, 1987, 「玄菟郡的高西遷和高句麗發展」, 『社會科學战线』 1987-2.
- 孫進己·馮永謙, 1988, 『東北歷史地理』(一), 黑龍江人民出版社.
- 武田幸男, 1989, 「丸都と國內城の私的位置」, 『高句麗史と東アヅア』 巖波書店.
- 耿鐵華, 1989, 「集安高句麗農業考古槪述」, 『農業考古』 1989-1.
- 三上次男, 1990, 「輯安行-高句麗時代の遺跡調査」, 『高句麗と渤海』 吉川弘文館.
- 劉永祥, 1990, 「從都城變遷看高句麗的不同發展時期」, 『東北亞歷史與文化』.
- 李殿福·孫玉良, 1990, 「高句麗的都城」, 『博物館研究』 1990-1.
- 杉山信三·小笠原好彦, 1992, 『高句麗の都城遺跡と古墳』 同朋舍.
- 차용걸, 1993, 「고구려전기의 도성」, 『국사관논총』 48, 국사편찬위.
- 耿鐵華·孫仁杰·遲龍, 1993, 「高句麗兵器研究」 『高句麗研究文集』, 延邊大學出版社.
- 李殿福(차용걸·김인경 역), 1994, 『중국내의 고구려 유적』, 학연문화사.
- 李殿福, 1994, 「集安山城子山城考略」, 『東北考古研究』(二), 中州古籍出版社.
- 王禹浪·王宏北, 1994, 『高句麗渤海古城址 硏究匯編』(上), 哈爾濱出版社.
- 魏存成, 1994, 「城址·建築址」, 『高句麗考古』, 吉林大學出版社.

- 馮永謙, 1994, 「高句麗城址輯要」, 『北方史地研究』, 中州古籍出版社.
- 孫進己, 1994, 「高句麗王國的地方建置」, 『東北民族史研究』, 中州古籍出版社.
- 박진석, 1995, 「丸都城遺址에 대한 고증」, 『中國境內 高句麗遺蹟』, 예하.
- 최무장, 1995, 『고구려 고고학』, 민음사.
- 東潮·田中俊明, 1996, 『高句麗の歷史と遺跡』, 中央公論社.
- 余昊奎, 1998, 「集安 山城子山城」, 『高句麗 城』I(鴨綠江中上流篇), 國防軍史研究所.
- 耿鐵華·倪軍民, 2000, 『高句麗歷史與文化』, 吉林文史出版社.
- 李健才, 2000, 「高句麗的都城和疆域」, 『高句麗歸屬問題研究』.
- 王綿厚, 2001, 「高句麗的城邑制度與都城」, 『社會科學战线』 2001-7.
- 王綿厚, 2002, 『高句麗古城研究』, 文物出版社.
- 魏存成, 2002, 『高句麗遺迹』, 文物出版社.
- 耿鐵華, 2004, 「集安作爲高句麗都城的考古學證明」, 『東北史地』 2004-1.
- 金旭東, 2004, 「丸都山城」, 『中國文化遺産』 2004-2.
- 吉林省文物考古研究所 集安市博物館 編著, 2004, 『丸都山城-2001~2003年集安丸都山城調査試掘報告』, 文物出版社.
- 李健才, 2004, 「關于高句麗中期都城機介問題的探討」, 『東北史地』 2004-1.
- 秦升陽, 2004, 「高句麗王城王陵及山貴族墓葬」, 『東北史地』 2004-7.
- 李殿福, 2004, 「高句麗的都城」, 『東北史地』 2004-1.
- 藤島亥治郎 編著, 2005, 「滿洲國輯安縣に於ける高句麗時代の遺跡」, 『朝鮮の建築と藝術』.
- 李淑英, 2005, 「高句麗古城研究的新成果」, 『北方文物』 2005-4.
- 백종오, 2006, 「고구려기와의 성립과 왕권」, 주류성출판사.
- 白種伍, 2006, 「高句麗 國內城期 평기와 考察」, 『文化史學』 25.
- 李殿福, 2006, 「國內城始人建于戰國晚期燕國遼東郡塞外的一介據點之上」, 『東北史地』 2006-3.
- 東潮·田中俊明(박천수·이근우 옮김), 2008, 『고구려의 역사와 유적』, 동북아역사재단.
- 趙俊杰, 2008, 「試論高句麗山城城墻上石洞的功能」, 『博物館研究』 2008-1.
- 白種伍, 2009, 「高句麗 卷雲文 瓦當의 成立과 그 背景」, 『白山學報』 83.
- 사회과학원, 2009, 『고구려의 성곽』(조선고고학전서27, 중세편4), 진인진.
- 김진경, 2011, 「고구려 연화문와당의 제작기법 연구」, 서울대학교 석사학위논문.
- 백종오, 2012, 「高句麗 瓦當의 毁棄와 그 象徵的 意味」, 『韓國古代史研究』 66.
- 여호규, 2012, 「고구려 國內城 지역의 건물유적과 도성의 공간구조」, 『한국고대사연구』 66.
- 양시은, 2016, 『고구려 성 연구』, 진인진.
- 백종오, 2017, 「高句麗城郭 築城術의 擴散에 대한 豫備的 檢討」, 『高句麗渤海研究』 59.
- 백종오, 2017, 「中國內 高句麗山城의 發掘現況과 主要 遺構·遺物의 檢討」, 『先史와 古代』 54.

제10부

기타 유적

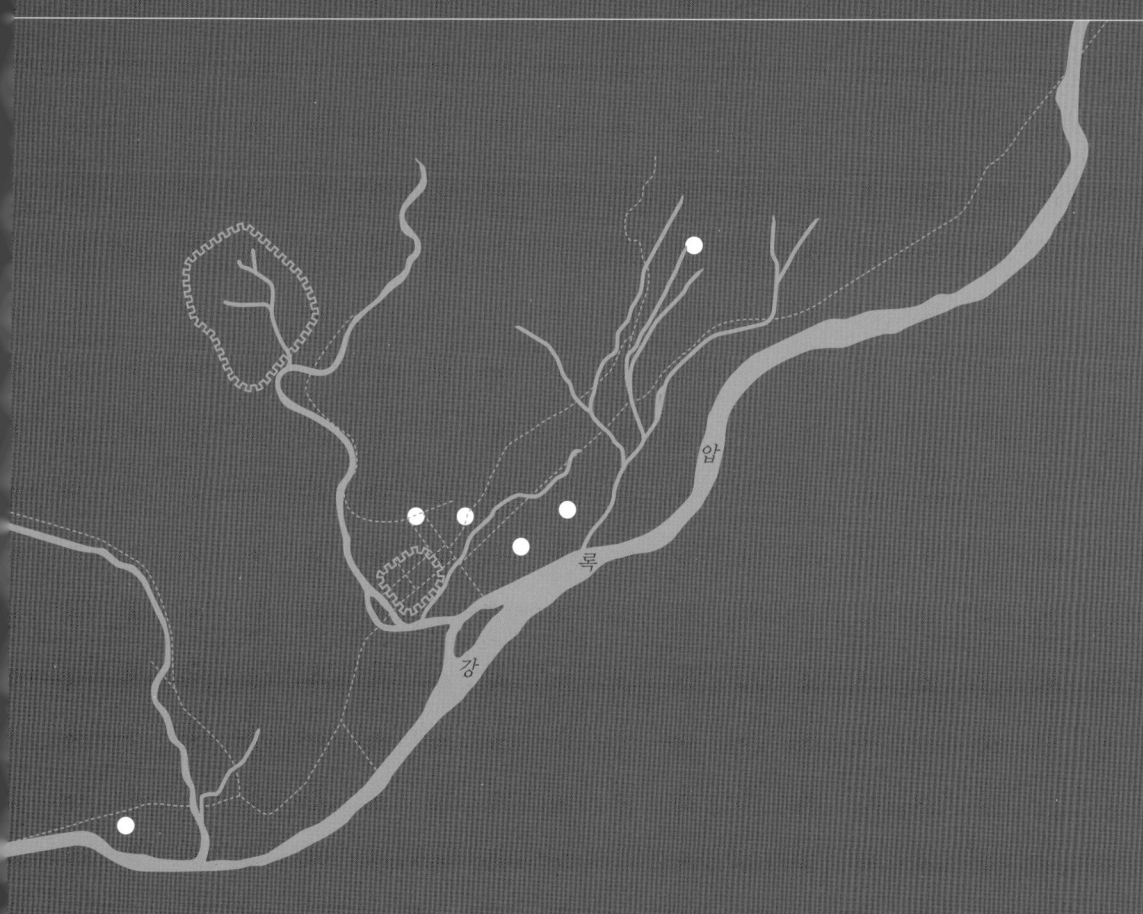

01 집안 이수원자남유적
集安 梨樹園子南遺址 | 果樹園子南遺址

1. 조사현황

1) 20세기 전반
○ 1937년에 일본학자들이 이 일대를 조사하여 건물 초석과 와당, 기와편 등을 확인하고, 만주국의 병사 막사가 있는 곳이라 하여 병사유적(兵舍遺址)이라고 명명함.
○ 일제시기에 '戊戌'명과 '十谷民造'명 권운문와당 등이 출토됨.

2) 1958년 8월
1958년 8월에 당시 식량창고였던 이곳에서 곡식을 햇빛에 말리려고 지면을 정리하였는데, 이때 白玉耳杯 1건, 금동화살촉(鎏金箭頭) 20건, 금동그릇 뚜껑 1건, 금동갈고리 1건 등이 출토됨.

3) 1980년대
고구려시기의 연화문, 인동문, 수면문 와당 등을 다수 채집함.

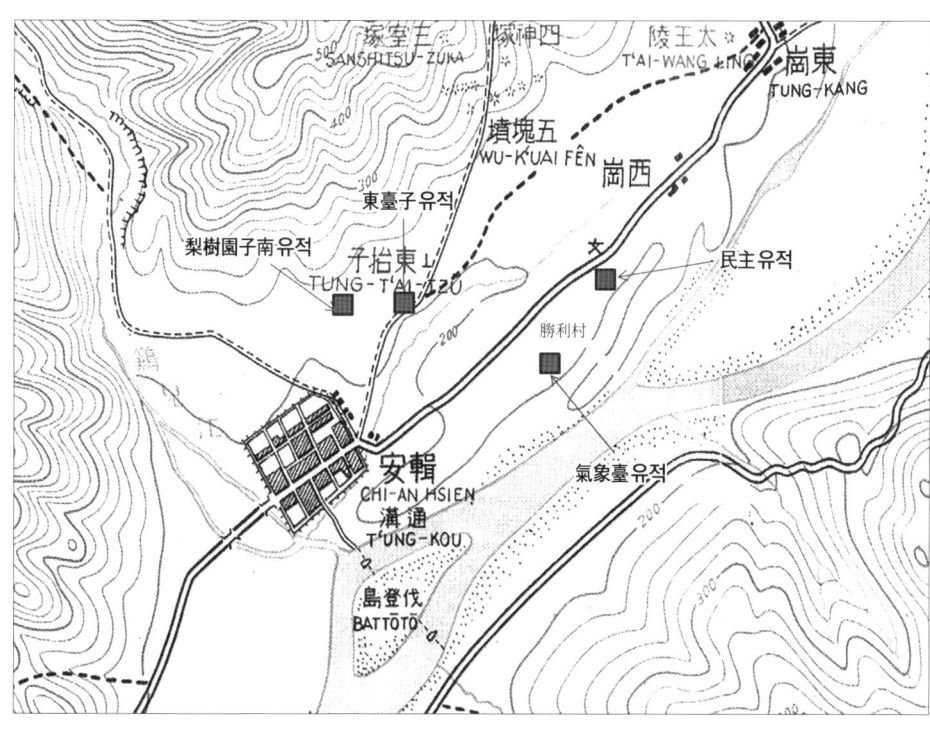

그림 1
이수원자남유적 위치도
(바탕도 『通溝』上 ;
여호규, 2019, 27쪽)

2. 위치와 자연환경 (그림 1)

○ 禹山 서쪽 기슭의 과수원자 남쪽에 위치.
○ 2009년 당시 集安市 黨校가 자리했고, 당시의 集安市博物館에서[1] 서쪽으로 약 80m 떨어져 있었음.
○ 유적은 뒤로 禹山을 등지고 있으며, 남쪽으로 집안 분지가 펼쳐짐. 남쪽으로 고구려 두 번째 도성이었던 국내성지가 바라다보이며, 북쪽 약 100m 거리에 우산하 3341호와 3340호 대형 봉토석실묘가 있음.
○ 별칭 : 유적지에 있었던 건물이나 시설 명칭을 따서 兵舍유적, 食糧倉庫유적, 당간부학교(黨校)유적 등으로 불리기도 함.

3. 유적의 현황

○ 지형과 규모 : 유적은 주변의 평지보다 약 7~10m 정도 높은 대지에 위치하는데, 경사도는 약 5°임. 대지의 규모는 동서 길이 약 150m, 남북 너비 약 80m임.
○ 초석 : 유적 서쪽에 거대한 화강암 초석 4개가 동서로 배열되어 있음. 초석렬 연장선상의 지하에도 초석이 대량으로 묻혀 있을 것으로 추정됨.
○ 현황 : 1980년대에도 지표에 기와편과 와당이 많이 흩어져 있었음. 정식으로 발굴된 적은 없으며 해마다 많은 유물이 출토되고 있음.

4. 출토유물

○ 1958년 8월에 잔(白玉耳杯) 1건, 도금한 화살촉(鎏金箭鏃) 20건, 도금한 뚜껑(鎏金器蓋) 1건, 도금한 고리(鎏金挂勾) 1건 등이 출토되었음.
○ 와당이 많이 채집되었는데, 모두 니질의 붉은색이고, 문양은 연화문, 인동문, 수면문 등이 있음. 연화문 와당이 많은데, 여러 형식으로 나뉨. 기와편은 붉은색이 다수이고 문양은 方格紋, 蓆紋, 菱形紋 등이 있음. 와당의 형식과 태토 등은 집안 동대자유적이나 환도산성에서 출토된 와당과 일치함.
○ 北京 玉石 전문가의 감정에 따르면 白玉耳杯는 新疆의 和田玉을 갈아서 제작한 것이라고 함. 정밀하고 세심하게 연마하여 조형이 빼어나고 정교하며 아름다움. 漢代 궁중에서 사용했던 물건이 고구려로 전해진 것으로 추정됨. 도금한 화살촉 역시 고구려 유물 가운데 상등품으로 쉽게 보지 못하는 고구려 왕실과 귀족이 사용하던 것임.

1) 청동기(銅器)

(1) 도금한 청동제화살촉(鎏金銅箭頭)
○ 크기 : 箭頭 전체 길이 30cm, 그중 鋌 길이 12.7cm. 鏃 길이 16.3cm.
○ 형태 : 조형미가 빼어남. 鏃身은 도금을 하였고, 하부는 圓柱形. 상부는 扁四楞葉狀. 끝 부분(尖部)은 날카로움. 鏃身은 도금하지 않았음. 단면은 정방형.
○ 소장처 : 집안현박물관.

(2) 도금한 청동제화살촉(鎏金銅箭頭)
○ 크기 : 경부(鋌) 길이 12.7cm, 鏃 길이 16.3cm.
○ 소장처 : 길림성박물관.
○ 이 밖에 그릇 뚜껑(鎏金銅器蓋)이 길림성박물관에 소장 중.

---

[1] 集安市博物館은 2013년에 국내성지의 동편으로 이전하여 개관함.

2) 와당

(1) '戊戌'명 권운문와당(그림 2)

舊滿洲 병사지에서 출토된, 형태가 완형인 와당 하나는 와당면 직경이 14cm인데, 鋸齒문양이 둘려진 내측에 '歲□戌年造瓦(戶+攵)記'라는 8字가 시문되어 있음(『朝鮮古文化綜鑑』의 기재 내용).

(2) '十谷民造'명 권운문와당

① 『朝鮮古文化綜鑑』의 기재 내용(그림 2)
○ '十谷氏造'로 판독.
○ 또 같은 형식(異曲同式)의 다른 하나는 약 사분의 일에 해당하는 파편이 현존하는데, 남아 있는 구획선 내에 '夫一'이, 그 바깥 가장자리에 '十谷氏造' 文字가 있음.

② 『集安縣文物志』의 기재 내용
○ 수량 : 1건.
○ 크기 : 잔존길이 7.5cm, 두께 2.3cm.
○ 문양 : 당면은 평평함. 흑회색 권운문와당에 명문이 양각되어 있음. 가운데 중방(乳突)에 '길(吉)'자가 있고, 가장자리에 '十谷民造' 명문이 있음.

(3) 연화문와당

○ 1963년 5월 동대자유적에서 출토된 1건은 보존상태가 완형.
○ 크기 : 직경 15cm, 두께 4.5cm, 주연(邊緣) 볼록한 곳 1.3cm, 筒長 30.8cm, 筒厚 1.7~2.0cm.
○ 문양 : 筒上 원형 구멍의 직경 3.0cm. 당면은 高浮雕, 감나무 꼭지 모양잎(柿蔕狀葉)은 十字形을 띰. 사이에 사판 연화가 있고, 연화는 雙邊이며, 엽판 사이는 원형의 乳釘文을 시문하였으며, 중부 원형의 乳釘 있는 곳에 凸弦文을 한 줄 둘러 꽃술을 조성했음.

그림 2 이수원자남유적 출토 '戊戌'명 권운문와당
(『朝鮮古文化綜鑑(4)』, 36쪽)

3) 백옥이배(白玉耳杯)

○ 크기 : 구연 길이(杯口長) 13cm, 너비 9.5cm, 높이 3.2cm.
○ 형태 : 백옥을 갈아 만들었으며, 광택이 남. 잔 안에는 희미하게 띠모양의 흰 결점(白瑕, 옥의 티)이 몇 줄 보임. 구연(杯口)은 긴 타원형이며, 가장자리 양측에 약간 말아올린 抹角의 손잡이를 부착했음. 바닥에는 낮은 굽(假圈足)이 있는데, 모서리가 둥그스름한 장방형(四角抹圓)임. 기형은 완전히 남아 있지만, 손잡이 근처의 구연부, 손잡이 끝의 원각 부분, 바닥의 긴 변 중부 등에 점점이 잔흔이 있음. 조형미가 빼어나며 정교함.

그 형태와 크기는 滿城漢墓 출토의 耳杯와 유사함.
○ 시기 및 성격 : 작업 공정과 형태로 보아, 고구려 생산품이나 민간 생산품이 아님. 漢代 畿內 工匠의 걸작품으로 漢代 궁중 물건과 유사함. 이에 보고자는 백옥이배가 중원에서 고구려에 전해진 시기를 서기 2~3세기 혹은 이보다 조금 늦은 시기로 추정하기도 함. 중원왕조가 사여했거나 교역을 통해 구입했을 가능성이 있는데, 전자일 가능성이 크다고 추측함.

5. 역사적 성격

梨樹園子南유적은 禹山 서쪽 기슭에 위치하는데, 고구려 두 번째 도성인 국내성지의 북쪽에 해당함. 국내성지 북벽과 이수원자남유적 사이에서는 아직까지 별다른 유적이 확인된 바 없음. 이수원자남유적에서는 20세기 전반에 '戊戌'명과 '十谷民造'명 등 권운문와당이 다량 출토되었음. 이 가운데 '戊戌'명 권운문와당의 제작시기는 338년, '十谷民造'명 권운문와당의 연대는 '乙卯'명(355)이나 '丁巳'명(357) 권운문와당과 비슷한 350년대로 비정됨. 이수원자남유적은 4세기 초중반에 조영되었을 가능성이 큰 것임.

이수원자남유적에서는 권운문와당 이외에도 연화문, 인동문, 수면문 등의 화려한 와당과 더불어 方格文, 蓆文, 菱形文 등의 붉은색 기와편도 많이 출토되었음. 이는 이 유적에 화려한 기와건물이 존재했을 가능성을 시사함. 또 白玉耳杯, 도금한 청동제화살촉, 도금한 청동제그릇뚜껑, 도금한 청동제갈고리 등 고급 유물이 많이 출토되었는데, 특히 백옥이배는 漢代 궁중에서 사용하던 물품으로 확인됨. 이에 고구려시기의 별궁이나 관청, 왕실이나 귀족의 저택 등으로 추측하기도 함(吉林省文物志編纂委會, 1984, 45~46쪽).

한편 국내성지 내부의 거의 모든 지역에서 4세기에 유행한 권운문와당이 출토되며, 집안분지에 산재한 초대형적석묘에서도 권운문와당이 출토됨. 4세기에 들어와 국내성지 내부에 기와 건물이 다수 조영되었고, 집안분지 곳곳에 초대형 적석묘를 조영하였던 것임. 4세기에 국내성의 도성 경관이 크게 변모했는데, 이수원자남유적은 국내성지 외곽에도 중요한 건축물을 조영했음을 가능성을 시사한다는 점에서 매우 중요함. 다만 이수원자남유적을 제외하면 국내성지 외곽에서 4세기에 조영했다고 단정할 만한 건물지는 아직까지 확인된 바 없음. 국내성지 동쪽의 동대자유적은 5세기 말 이후에 조영된 것으로 추정되며, 민주유적이나 기상대유적(승리촌유적)도 현재까지 확인된 유구는 고구려 후기에 해당함(여호규, 2012, 73~77쪽).

참고문헌

- 藤田亮策·梅原末治, 1966, 『朝鮮古文化綜鑑』 4, 養德社.
- 吉林省文物志編委會, 1984, 『集安縣文物志』.
- 國家文物局 主編, 1993, 『中國文物地圖集』 吉林分冊.
- 李殿福(차용걸·김인경 역), 1994, 『중국내의 고구려 유적』, 학연문화사.
- 魏存成(신용민 역), 1996, 『고구려 고고』, 호암미술관.
- 백종오, 2006, 「고구려기와의 성립과 왕권」, 주류성출판사.
- 白種伍, 2009, 「高句麗 卷雲文 瓦當의 成立과 그 背景」, 『白山學報』 83.
- 여호규, 2012, 「고구려 國內城 지역의 건물유적과 都城의 공간구조」, 『한국고대사연구』 66.

02 집안 동대자유적
集安 東臺(擡)子建築遺址

1. 조사현황

1) 1913년
○ 조사자 : 關野貞.
○ 조사내용 : 지표조사로 초석 10개 확인, 건물지의 존재를 확인함.
○ 발표 : 關野貞, 1914, 「滿洲輯安縣及び平壤附近に於ける高句麗時代の遺跡(2)」, 『考古學雜誌』 5卷 4號.

2) 1936년
○ 조사자 : 池內宏 등.
○ 조사내용 : 도로 개설로 유적지의 상당 부분이 파괴되고, 초석도 원위치에서 많이 이동했음. 건물지가 존재했던 곳임을 규명하는 지표조사 시행.
○ 발표 : 池內宏·梅原末治, 1938, 『通溝』 上, 日滿文化協會.

3) 1958년 4~7월
○ 시행기관 : 吉林省博物館

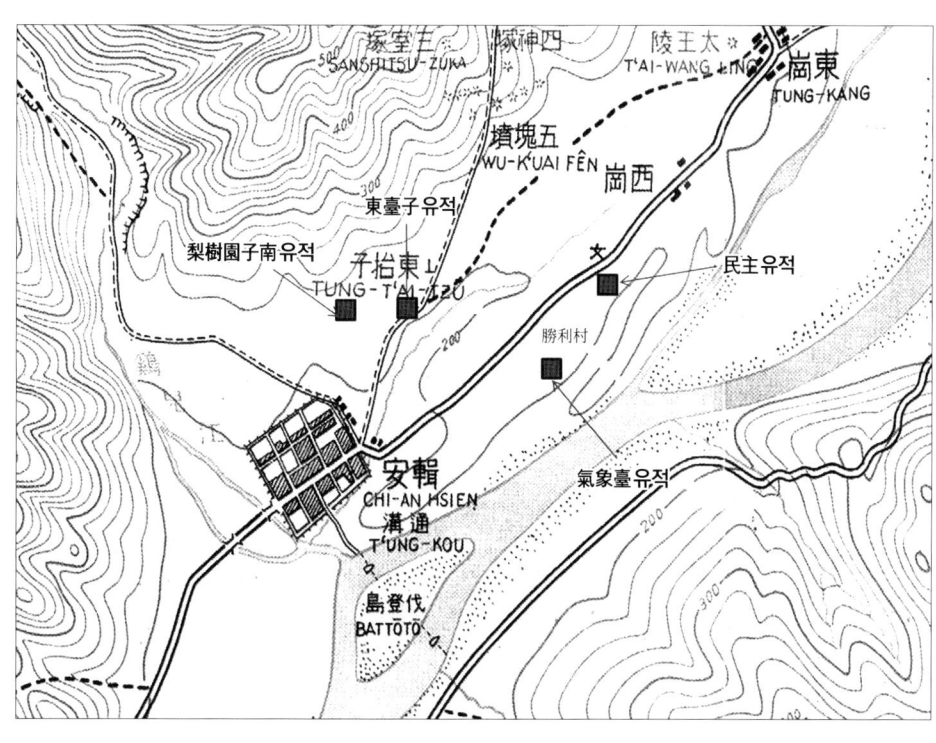

그림 1
동대자유적 위치도
(바탕도 『通溝』 上 ;
여호규, 2019, 27쪽)

○ 조사내용 : 전면적인 발굴조사 시행. 3차에 걸쳐 약 2,000m² 발굴. 回廊이 있는 건물지와 偏房의 건물지 등 4곳 발굴.
○ 발표 : 吉林省博物館, 1961, 「吉林輯安高句麗建築遺址的淸理」, 『考古』 1961-1.

2. 위치와 자연환경(그림 1)

○ 고구려 두 번째 도성인 국내성지에서 동쪽 0.5km 거리에 위치. 일제시기에는 주변보다 약간 높고 평탄한 彎道里의 언덕에 위치했다고 함. 集安시가지 동쪽의 勝利 시멘트공장의 북쪽에 위치함.
○ 주변보다 약간 높은 동서 방향의 황토 대지로서 속칭 '東臺子'로 불렸는데, 남쪽은 탁 트인 충적평원임. 대지의 동서 길이는 약 500m이고, 남북 너비는 약 150m임. 주변 지표면보다 8~10m 정도 높음.
○ 통화-집안 철로가 유적지 중부를 통과하며, 2009년 당시 유적지 일대에는 民家가 들어서 있었음.

3. 유적의 전체현황

1) 關野貞(1913)의 조사내용

○ 건물의 초석 십수 개가 잔존한 상황을 조사한 다음, 고구려 말기의 유적으로 추정.
○ 유물 : 평기와편과 와당편을 수집했는데, 와당의 종류로는 연화문와당, 귀면문와당, 인동문와당 등이 있었다고 함.
○ 국내성지의 동쪽 외곽에서 동대자유적에 이르는 구간에도 붉은색 기와편이 많이 산재해 있었다고 함.

2) 池內宏(1936)의 조사내용

○ 도로 개설과 토사 채취로 유적이 상당히 파괴된 상

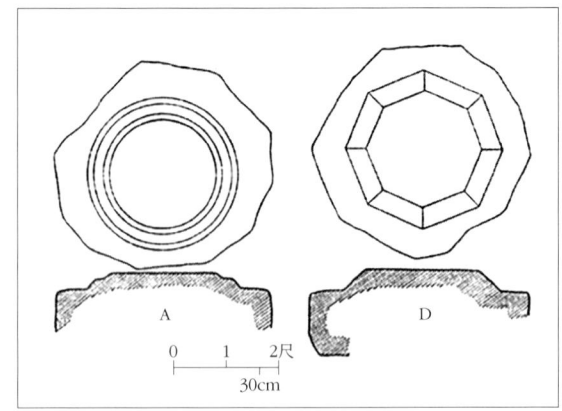

그림 2 동대자유적 출토 초석(『通溝』 上, 46쪽)

태였는데, 건물 초석과 기와편 등이 출토됨.
○ 건물 초석은 화강석으로 상면에 2중의 원형 기둥자리가 있고, 기둥자리는 1段 높고 직경은 2척 정도임. 원형 초석 외에 팔각형으로 기둥자리를 다듬은 것도 있음(그림 2). 초석은 원위치에 있는 것은 드물고 상호 간격을 확인할 수 있을 뿐 그 수가 적어 초석 사이의 관계를 파악할 수 없음.
○ 기와편 중에는 고구려의 특색을 갖춘 인동문와당이나 연화문와당 등과 함께 치미편이 확인됨.

3) 吉林省博物館(1958)의 발굴조사

(1) 전체현황

대지의 대부분이 通化-集安 철도 건설시 파괴되어 조사 당시 일부분만 남아 있었음. 지표에는 붉은색 기와편이 대량으로 흩어져 있었음(그림 3).

(2) 문화층 퇴적 상황(그림 3)

正屋 제I실 중부에서 4층으로 이루어진 지층 확인.

① 제1층

회흑색 경작토층. 두께 0.2~0.25m. 극소량의 기와편 포함.

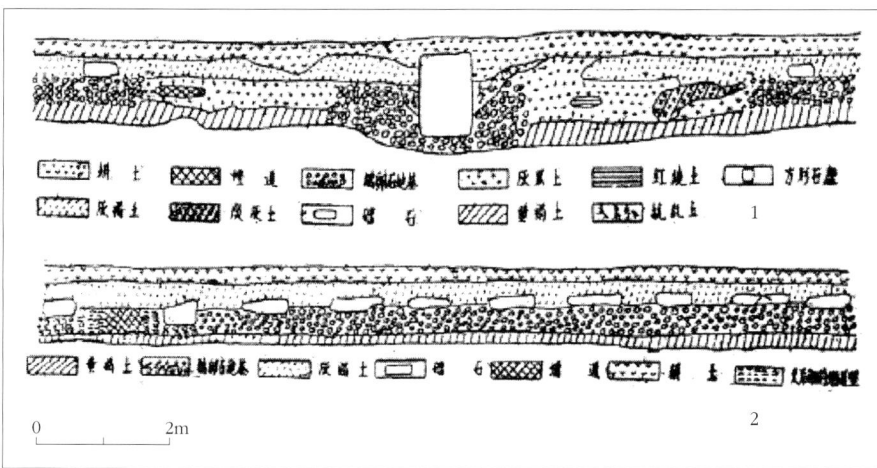

그림 3
동대자유적의 지층 단면도
(『高句麗渤海硏究集成』高句麗 卷二, 148쪽)
1. Ⅰ실 중부 동서 격벽 단면도
2. Ⅰ실 북벽 동서 기초 종단면도

② 제2층

회갈색 토층. 두께 0.25~0.4m. 고구려 기와편 다량 포함. 이 층의 下半部에서 배열이 정연한 초석 발견.

③ 제3층

회흑색 토층. 두께 0.25~0.7m. 고구려 기와편이 상층부에 비교적 소량 포함되어 있음. 토기편과 철기는 이 층의 중부와 하부에 집중 분포. 불에 구워진 붉은색 흙덩이와 숯찌꺼기, 아궁이 재 등이 이 층에서 발견됨.

④ 제4층

황갈색 토층. 두께 0.15~0.25m. 토질은 견고하고 단단하며 그 상부의 토질은 不純하며, 아궁이 재와 뒤섞여 있음. 토질이 견고하고 단단한 정도로 보아 다진 층으로 보이지만 다짐 구멍과 층위가 분명하지 않음.

각 층에서 출토된 유물은, 그 形制 혹은 제작기술 등이 기본적으로 서로 같음. 따라서 이 유적은 동일 문화에 속하는 유적임.

(3) 건물 기초의 분포와 구조(그림 4)

○ 구성 : 동대자건축유적은 둘레에 회랑을 돌린 가옥으로 正屋(Ⅰ실과 Ⅱ실로 구성됨)과 偏房(Ⅲ실과 Ⅳ실로 구성됨)으로 구성되어 있음.

○ 정실 : 정실 두 칸의 중간에는 남북으로 길고 좁은 통로가 있고, 처마 돌출 부분의 支柱에 잇대어 복도가 나 있음. 正屋의 면적은 동서 길이 35m, 남북 너비 36m.

○ 편방 : Ⅲ실과 Ⅳ실은 모두 正屋과 연결되어 있거나 부속관계가 있음. 정옥의 회랑과 偏房의 복도는 서로 이어져 통함.

① 正屋 Ⅰ실(東室)

○ 위치와 규모 : 正屋 동쪽 칸에 위치. 동서 길이 15m, 남북 너비 11m.

○ 형태 및 보존상태 : 평면은 장방형이며, 보존이 가장 잘되어 있음.

○ 기초부 : 건물의 기초부는 강돌과 황토로 깔아 견고하게 다짐. 기초부의 너비는 1.5~2m, 깊이는 0.3~0.5m.

○ 초석 : 기초부 윗면에 초석이 질서정연하게 배열되어 있음. 초석은 판상 모양의 석괴로서 修飾을 가하지는 않음. 그 중 몇 개는 약간 가공을 하였으나 가공 정도는 거침. 건물 바깥의 회랑에는 기초부없이 초석 아랫면에만 강돌을 2~3층으로 둥글게 깔아 초석을 안정시킴. 옥내의 초석은 평평한 돌을 대충 다듬어 사용했으나, 회랑의 초석은 아주 정밀하게 다듬.

○ Ⅰ실 중앙의 石座(토石) : Ⅰ실의 중앙에 길이 0.8m,

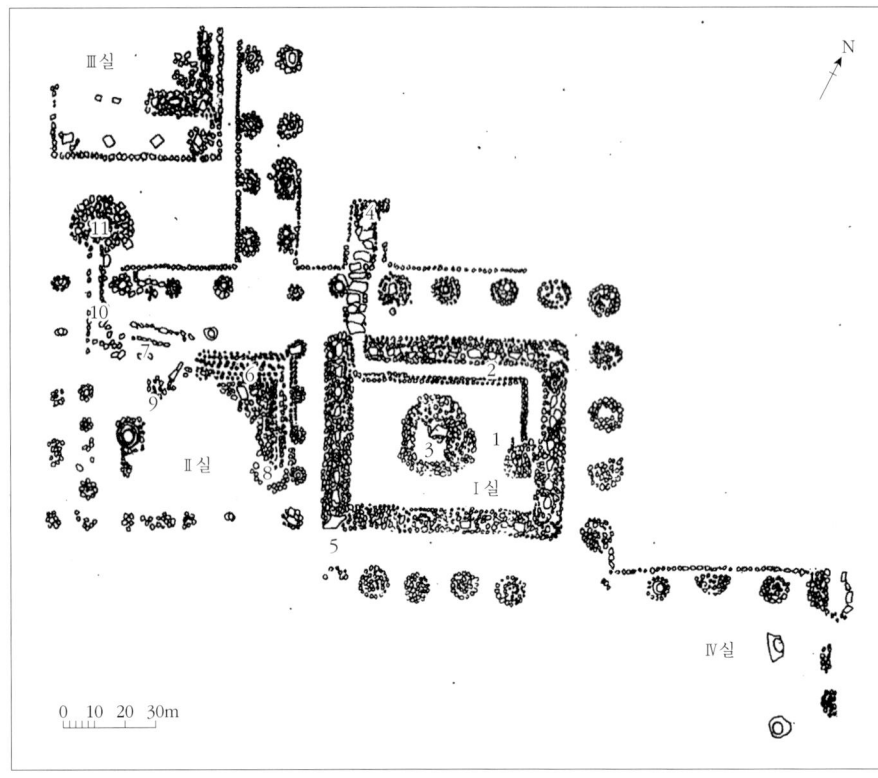

그림 4
동대자유적 평면도
(『吉林省志』 43(文物志), 37쪽 ;
『高句麗渤海研究集成』 高句麗 卷二, 148쪽)
1, 8, 9. 아궁이터
2, 6, 7, 10. 고래
3. 석좌
4, 11. 굴뚝
5. 회랑

너비 0.6m, 높이 0.1m인 장방형 石座가 있는데, 석좌의 윗면은 실내 지면에서 0.6m 높이이고, 아랫면은 지하로 0.4m 묻혀 있음. 석좌의 윗면 중앙에는 동서방향으로 4개의 장방형 홈이 파여 있는데 홈 길이는 9cm, 너비 4cm, 깊이 8cm. 석좌의 서측과 남측에도 파여진 흔적이 남아 있음. 석좌 주위의 토층은 이미 파괴되었음. 제반 상황으로 보아 석좌는 파괴된 거석의 일부이고, 윗면의 장방형 홈은 후대인의 행위임을 추정할 수 있음. 석좌가 노출된 실내 지면의 하부 주위에는 냇돌이 깔려 있고, 일직선으로 석좌의 기초부까지 묻혀 있어 석좌를 고정시켜 줌. 석좌의 본체 주위에 깔려 있는 냇돌층의 면적은 4m²로 실내 면적의 1/5을 차지함. 석좌 주위에 깔려 있는 냇돌이 지면보다 높아 실내 중앙에 기초가 둥근 방주형의 석좌를 조성해줌.

○ 아궁이터 : 실내 동벽의 南端 부근에서 아궁이터 발견. 매우 두터운 재흙와 불에 탄 흙덩이가 있으며, 재흙에는 숯덩이가 다량 섞여 있음. 그 부근에서 출토된 유물로 토기편과 쇠솥편이 있고, 아궁이터 최하단에서 냇돌과 기와편이 발견되었음. 기와편은 그을리고 불탄 흔적이 있음. 재흙의 면적과 두께로 보아 아궁이는 크지 않으며, 아궁이 입구는 원지면보다 낮았을 것으로 추정됨.

○ 재구덩이 : 아궁이와 연결된 南面에 장방형의 재구덩이가 있고, 그 南端은 남벽의 기초 아래와 연결됨. 깊이는 0.6m, 너비는 약 2m. 안에서는 기와편과 재찌꺼기가 소량 있었고, 다른 유물은 발견되지 않음. 이 재구덩이로 보아 아궁이 앞면은 본래 움푹 패인 공터로 추정됨.

○ 고래(烟道) : 아궁이 北面은 고래와 연결됨. 고래는 동벽과 북벽의 기초부를 따라 이어지다가 북벽의 西端에서 돌아 나감. 고래의 전체 길이는 22m, 너비 0.7, 높이 0.25m. 고래의 양 벽 아랫면에는 각각 냇돌을 한 층 깔았고, 냇돌의 윗면에는 크고 작은 기와편을 층층이 쌓았는데, 기와는 안쪽 면이 아래쪽을 향하도록 가지런히 쌓았음. 고래의 바닥에도 와편을 깔았는데, 안

쪽면이 아래를 향하도록 가지런히 깔았음. 고래 윗면에는 石板을 덮었는데, 실내 고래 윗면의 석판은 비교적 얇아 두께 약 2~3cm임. 실외의 고래 윗면에도 석판을 덮었는데, 석판의 두께는 두께 5~10cm이며, 틈이 없을 정도로 조밀하게 석판을 잘 맞추어 덮었음. 고래 안에는 검은 그을음이 묻은 재흙이 있는데, 색깔이 비교적 엷은 것으로 보아 고래의 사용기간이 그다지 길지 않았던 것으로 보임. 고래 바닥은 실내에서 시작해 실외에 이를 때까지 점점 경사가 낮아지지만 차이가 크지는 않음.

○ 굴뚝(烟筒) : 고래 끝에는 직경 1m의 원형 굴뚝이 있음. 굴뚝의 바닥에는 냇돌을 깔았고, 고래벽은 기와편으로 쌓았는데, 발굴 당시에 2~3층, 높이 약 0.5m 정도가 보존되어 있었음. 연통의 앞면과 좌우에는 냇돌과 황토로 쌓은 벽이 있는데, 좌우 양면은 무너졌으나 앞면은 잘 보존되어 있었음. 길이 2.3m, 너비 0.5, 높이 0.4m로서 굴뚝을 보호하기 위해 쌓은 것으로 추정됨. 실외 고래 양측과 기초 부근에 1단의 석괴열이 있는데, 석괴는 대체로 삼각형 모양임. 평평한 면이 바깥을 향하도록 가지런하게 쌓았음. 東室에서 발견된 고래는 일종의 난방 설비임.

○ 문 : 동실의 남벽을 따라 놓은 기초는 동, 서, 북 세 벽면의 기초보다 적은데, 이는 남벽 정중앙이나 좌우에 각각 문을 설치했을 가능성을 시사함.

○ 출토유물 : 동실에서 출토된 유물은 대부분 굴뚝 서측에서 약간 남쪽으로 치우친 곳에서 출토되었는데, 모두 대형 토기편임. 실내에서는 철제솥의 잔편도 발견되었음. 와당은 대부분 처마 아래의 초석 부근에서 발견되었음.

② 正屋 Ⅱ실(西室)
○ 위치와 규모 : 正屋의 西間. 동서 길이 15m, 남북 너비 14m.
○ 형태 및 보존상태 : 평면은 방형에 가깝고 보존 상태가 비교적 좋음.

○ 초석 : 4벽 기초 아래에 정교하게 다듬은 초석이 분포되어 있는데, 대체로 네모난 모양에 기둥자리(柱坐)는 원형임. 초석 하부에는 냇돌을 2~3층 둥글게 깔아서 초석을 견고하게 했는데, 초석의 함몰을 방지하기 위한 기초임. 초석의 간격은 1~2m로 초석 사이에 기초를 조영하지는 않음. 서벽과 남벽의 초석은 대부분 후대인에 의해 옮겨져서 초석 아래에 깔았던 냇돌만 남아 있음.

○ 회랑 : Ⅱ실(西室)의 남벽 外面에 동실 남벽 외면과 서로 평행하는 회랑이 있었을 것임. 다만 서실의 남벽 外側이 파괴되어 원래의 흔적은 남아 있지 않음.

○ 북벽 안쪽의 구들(炕) : 북벽에 커다란 구들이 있음. 고래벽 3개가 고래(炕洞) 2개를 형성함. 두 고래의 간격은 0.25m, 각 고래는 너비 0.3m, 깊이 0.2m. 고래 내부에는 두터운 재흙이 있고, 아궁이 부근의 고래에는 목탄 부스러기가 있음. 기와편을 이용해 고래벽을 쌓았고, 바닥에는 두께 0.3~0.5m의 판석을 깔았는데 대부분 파괴됨. 구들의 전체 면적은 길이 11m, 너비 2m임. 구들은 실내 지면보다 약간 높지만 실외 지면보다는 낮거나 평행함. 이 구들의 南端에서 두께 0.3m의 재흙더미를 발견했는데, 그 속에 붉은색의 불탄 흙덩이, 토기편, 깨진 쇠솥조각 등이 포함되어 있었음. 최하단에는 냇돌이 있었는데 아궁이로 추정됨.

○ 서북쪽 구들 : 상기 구들의 西端 북쪽에도 석괴로 축조한 구들이 있음. 상기 구들처럼 고래벽 3열이 고래 2개를 이룸. 고래벽의 잔존높이는 0.25~0.3m, 고래 간격은 0.15~0.2m임. 고래는 동서방향으로 바닥에 두께가 일정하지 않은 재흙 퇴적층이 있음. 구들의 전체 면적은 동서길이 3m, 남북 너비 2m. 구들면의 높이는 상기한 그들과 같음. 이 구들은 남쪽의 구들과 서로 연결되어 통하는데, 통하는 곳의 南面에 아궁이가 하나 있음. 아궁이는 솥바닥 모양의 원형 구덩이로서 깊이 0.25m, 직경 1m임. 아궁이 윗면에는 매우 불규

착한 석괴가 놓여져 있고, 윗면과 그 주위에는 재흙더미가 있음. 아궁이 모양은 이미 흐트러졌고, 아궁이의 西端은 고래와 서로 연결됨. 고래는 남북방향으로 양벽은 잔돌덩이(碎石塊)를 사용해서 쌓았는데, 길이는 6m, 너비는 0.8m이고, 높이는 석괴의 유실로 인해 자세히 알 수 없음. 고래의 끝에 원형 굴뚝이 있는데, 벽의 기초부는 석괴로 쌓아올렸고, 기초부 주위에는 부서진 삼각형 석괴가 둘러져 있음. 굴뚝은 직경 1m, 기초벽의 잔고 0.25m임.

○ 실내 초석 : 실내 중앙의 서남쪽에 정교하게 다듬은 초석 1개가 있는데, 기둥자리는 2단으로 다듬은 원형이며, 초석 몸체는 두께가 육중하며, 아랫면에 냇돌을 깔았음.

○ 유물 : 아궁이 부근에 토기편이 있고, 구들 주변과 그 내부에 쇠못과 쇠편이 있었음. 두 구들의 연결 부분 北面에서 절구 1건, 철촉, 토제가락바퀴, 四足帶孔陶器 1건 등 출토.

③ 偏房 Ⅲ실

○ 위치 : 正屋 Ⅱ실의 북쪽 6m 거리(서북 모퉁이)에 위치.
○ 형태 : 평면은 대략 方形으로 남북 2실로 나누어져 있으며 南室은 길이가 길고 좁으며, 북실은 비교적 탁 트이고 너비가 넓음.
○ 보존상태 : 북벽, 동벽, 서벽은 모두 심하게 훼손된 상태이고, 남벽의 기초만 보존되어 있음. 길이 약 11m.
○ 초석 : 초석은 모두 판석 모양의 석괴를 가져다가 가지런히 배열했으나 아주 세밀하지는 않음. 기초의 외측에 석괴를 한 층 놓았고, 석괴는 대체로 삼각형으로 머리를 밖으로 향하게 가지런히 쌓았는데 미관상 아름답게 보이기 위해서임. 초석은 正屋처럼 처마 아래에 놓았는데, 처마 밑으로 비가 들이쳐 기저부의 흙을 침식하는 것을 방지하기 위해 설치한 것임.
○ 출토유물 : 대부분 철기(鐵器)이고, 토기편이 소량 발견됨.

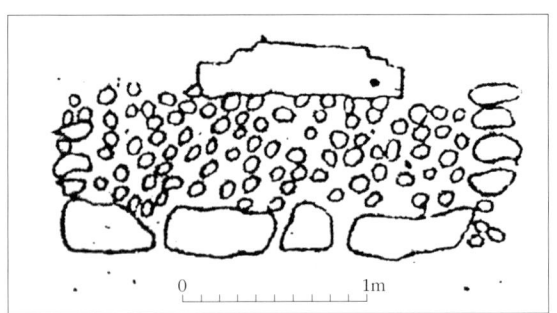

그림 5 偏房 Ⅳ실 단면도(『考古』 1961-1, 52쪽)

④ 偏房 Ⅳ실(그림 5)

○ 위치와 보존상태 : 正屋 Ⅰ실의 동남 모퉁이에 위치. 동, 남 서 3면의 기초는 심하게 훼손되었음. 북벽의 보존상태가 비교적 양호하지만, 東段은 잘려져 나갔음.
○ 기초 축조법 : 기초부 내외면은 모두 가지런한 석괴를 이용해 잘 쌓았는데, 바닥은 평평하게 하고, 그 위에는 비교적 큰 석괴를 한층 깔았음. 그런 다음 냇돌을 홈에 넣고 그 사이에 황토를 바르고, 다시 반복해 견고한 기초를 만들었음. 기초부의 너비 2.5m, 깊이 1m. 북벽 기초에는 남으로 경사져 함몰한 부분이 있음.
○ 재구덩이(灰坑) : 함몰한 곳의 외측에 길이 1.8m, 너비 1.4m, 깊이 0.8m의 재구덩이가 있고, 재구덩이 양측 벽의 기울기는 기초부의 기울기와 거의 비슷함. 재구덩이 안의 재흙은 그다지 많지 않으며 기와편이 많음. 이곳의 기초부는 재구덩이 부근에 있어서 벽체의 하중을 이기지 못하고 구덩이 쪽으로 함몰된 것으로 추정됨.
○ 출토유물 : 토기편, 철제솥편, 철촉 등이 있음.

4. 출토유물

1) 청동기(銅器)

(1) 청동제장식물(銅質鎏金飾物)
○ 수량 : 1건.

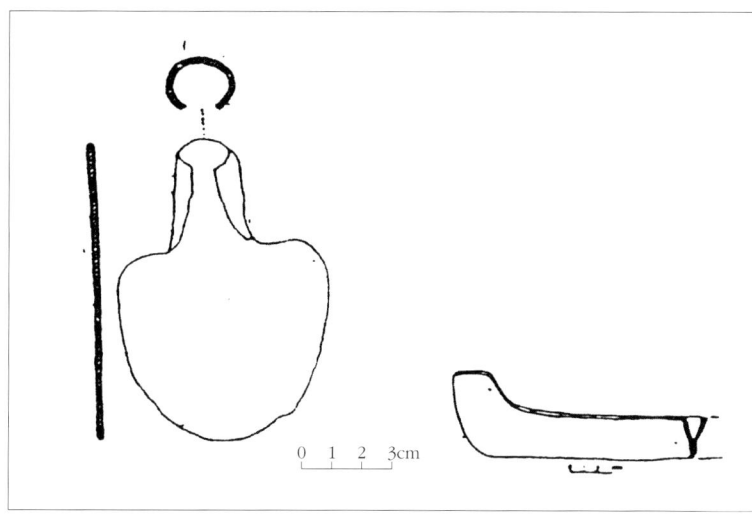

그림 6
철제삽(좌)과 철제삽날(우)
(『考古』1961-1, 54쪽)

○ 크기 : 전체 길이 10cm, 가장 너비가 넓은 곳 1cm.
○ 형태 : 긴 네모 모양에 편평함. 양 끝이 가늘고 좁음.

(2) 청동제비녀(銅質鎏金發簪)

○ 수량 : 1건.
○ 크기 : 길이 13.5cm.
○ 형태 : 파손품. 精致하게 제작되었음.
○ 소장처 : 집안현박물관.

2) 철기

(1) 철제도끼(鐵斧)

○ 수량 : 1건.
○ 크기 : 길이 15.5cm, 너비 5cm, 두께 2.5cm, 도끼구멍(銎) 길이 4cm, 너비 0.8cm.
○ 형태 : 부식이 매우 심함. 완형. 날 양면의 경사(坡) 정도가 서로 같음.

(2) 철제삽(鐵鏟, 그림 6)

○ 수량 : 1건.
○ 크기 : 최대 너비 7cm. 날에 가까운 어깨의 길이 정도는 너비 정도와 서로 같음. 잔존길이 9.8cm, 가운데 너비 6.8cm, 두께 0.2cm.
○ 형태 : 가로 어깨에 날은 둥근 형태(橫肩圓刃), 자루구멍(褲)은 半圓의 筒狀 모양.
○ 기형은 작음. 단제품.

(3) 철제삽날(鐵錛, 그림 6)

○ 수량 : 1건.
○ 크기 : 잔존길이 16cm. 溝槽는 아래가 좁고 위가 넓으며, 비교적 얕음(淺).
○ 형태 : 한쪽 끝은 이미 파손됨.

(4) 철제보습(鐵鉆)

○ 수량 : 1건.
○ 크기 : 길이 3cm, 너비 3~4cm.
○ 형태 : 方柱形. 頂部에 망치(錘)로 두드린 흔적이 뚜렷함.

(5) 철제칼(鐵刀)

○ 수량 : 2건.
○ 크기 : 하나는 길이(身長) 16cm, 너비 2cm, 등 두께 0.5cm, 또 하나는 길이(身長) 9cm, 너비 1cm, 등 두께 0.3cm.

○ 형태 : 몸체(身體)는 납작하면서 좁고 긺.

(6) 기물고(器物褲)
○ 수량 : 1건.
○ 크기 : 褲長 9cm, 자루(柄) 직경 3cm.
○ 형태 : 器身은 결실됨.

(7) 뚜껑(器蓋)
○ 수량 : 1건.
○ 크기 : 직경 14cm, 壁 두께 0.5cm.
○ 형태 : 半圓 활모양. 파손품. 頂部에 구멍(鼻)이 있으며, 아울러 허리띠 계통의 구멍(孔)이 있음.

(8) 철제솥(鐵鍋)
○ 수량 : 2건.
○ 크기 : 직경 14cm, 壁 두께 0.5cm.
○ 형태 : 모두 파손품. 하나는 口徑 30cm, 壁 두께 1cm. 어깨 아래에 돌출한 솥전이 있음. 다른 하나는 구경 20cm, 壁 두께 0.5cm. 어깨에 3줄의 流紋이 있고, 어깨 아래에 돌출한 솥전이 있음.

(9) 철제못(鐵釘)
○ 수량 : 비교적 다량 발견되었음.
○ 크기 : 길이(尺寸)가 같지 않음. 짧은 것은 5~8cm, 긴 것은 10~23cm.
○ 형태 : 斷面은 方形, 釘帽는 둥글고 납작함. 모두 부식이 심함.

(10) 갑옷편(甲片)
○ 수량 : 다량 발견되었음.
○ 크기 : 2~6개의 구멍이 있음. 길이 5~9cm, 너비 2~3cm, 두께 0.2cm.
○ 형태 : 모두 부식이 심함.

(11) 철제화살촉(鐵鏃)
○ 수량 : 3건.
○ 크기 : 길이 7cm, 가장 너비가 넓은 곳 2cm, 경부(鋌) 길이 3cm(扇面形).
○ 형태 : 1건은 본체(體身)가 편평하고 머리 부분(頭部)은 무디고 둥근 형태(鈍圓)로 부채모양(扇面形)을 띰. 약간 파손됨. 양측에 날(鋒刃)이 있음. 경부(鋌)는 방형. 2건은 四棱形이고, 頭部는 편평하며 날은 예리함(鋒銳). 그중 한 건은 경부(鋌)가 파손되었음.

(12) 삼조기(三爪器)
○ 크기 : 전체 길이 18cm.
○ 소장처 : 집안현박물관.

3) 토기
모두 파손품임.

(1) 붉은색 니질 토기(紅色細泥陶, 그림 7)
○ 형태 : 몇 개만 복원 가능. 口緣部에 근거해 대체로 동이(盆), 단지(罐), 대야(盤) 등으로 구별할 수 있음. 녹로로 제작(輪制). 平底. 기형은 큰 것과 작은 것이 있음. 외반, 구순은 각이 져 있음. 동체는 둥근 형태임.
○ 태토 및 색깔 : 붉은색. 가는 모래 혼입 니질도. 소성 온도는 비교적 낮음. 陶質은 가늘고 매끄러움. 태토는 淘洗를 거쳤음. 하지만 토질이 가늘고 뭉쳐지지 않아서 가는 모래를 섞었음.

(2) 홍갈색 니질 토기(紅褐色泥陶, 그림 8)
○ 형태 : 대부분 대형. 모두 파손품. 기형으로 단지(甕), 호(罐), 동이(盆)이 있음. 모두 바닥이 평평함.
○ 태토 및 색깔 : 태토는 淘洗를 거쳤음. 비교적 붉은색 니질 토기로 조잡함. 소성 온도와 제작 기술은 모두 붉은색 니질 토기와 같음.

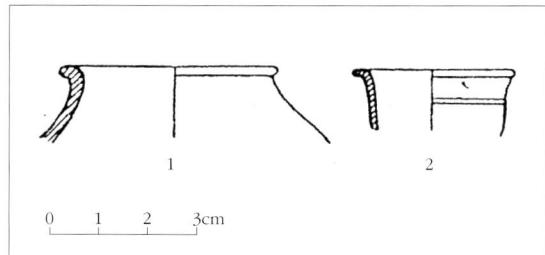

그림 7 붉은색 니질 토기(『考古』 1961-1, 54쪽)
1. 호 2. 분

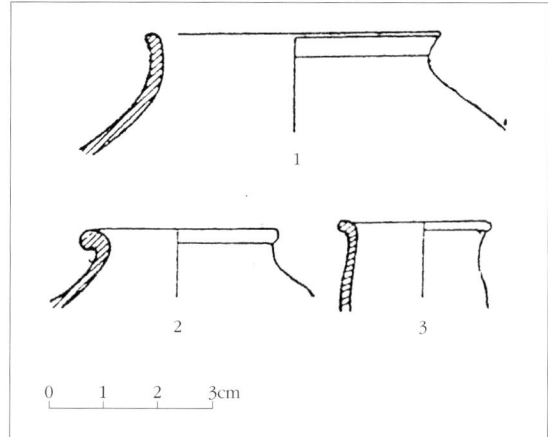

그림 8 홍갈색 니질 토기(『考古』 1961-1, 54쪽)
1. 옹 2. 호 3. 분

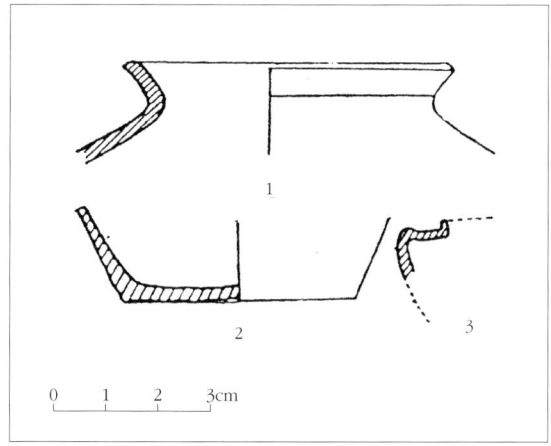

그림 9 갈색 니질 토기(『考古』 1961-1, 54쪽)
1. 옹 2. 항 3. 호

(3) 갈색 니질 토기(褐色泥陶, 그림 9)

○ 형태 : 기형은 紅褐色泥陶의 기형과 대체로 같음. 小型이 있으나 수량은 아주 적음. 구연부와 바닥으로 볼 때 항(缸), 옹(甕), 단지(罐), 동이(盆)을 판별할 수 있음.

○ 태토 및 색깔 : 태토는 淘洗를 거쳤음. 단지(罐), 동이(盆)는 토기의 질(質地)이 가늘고 매끄러움. 항(缸), 옹(甕)의 질(質地)은 조잡함. 紅褐色泥陶와 단지(罐)의 질(質地)은 유사함.

(4) 청회색 니질 토기(靑灰色泥陶, 그림 10)

○ 형태 : 동이(盆), 단지(罐), 옹(甕) 등이 있음. 녹로로 제작(輪制).

○ 태토 및 색깔 : 도질은 비교적 가늘고 소성 온도는 비교적 높음.

(5) 기타 토기

○ 黑灰色泥陶 : 이 회색 토기는 질(質地)이 견고하고 단단하며 가늘고 매끄러운 특징이 있음. 소성 온도는 비교적 높고 녹로로 제작(輪制)함.

○ 도두(陶豆) 2건, 가락바퀴(陶紡輪) 2건, 帶孔陶器 1건(그림 11) 등 출토.

4) 기와, 벽돌(瓦塼)

(1) 기와(瓦)

① 암키와(板瓦)

○ 크기 : 길이 45cm, 너비 30cm, 두께 2~3cm.

○ 문양 : 암키와(瓦身) 양측은 약간 아치형(拱). 내면에 布紋이 있고 배면에 方格紋과 席紋이 있음.

○ 색깔과 태토 : 붉은색.

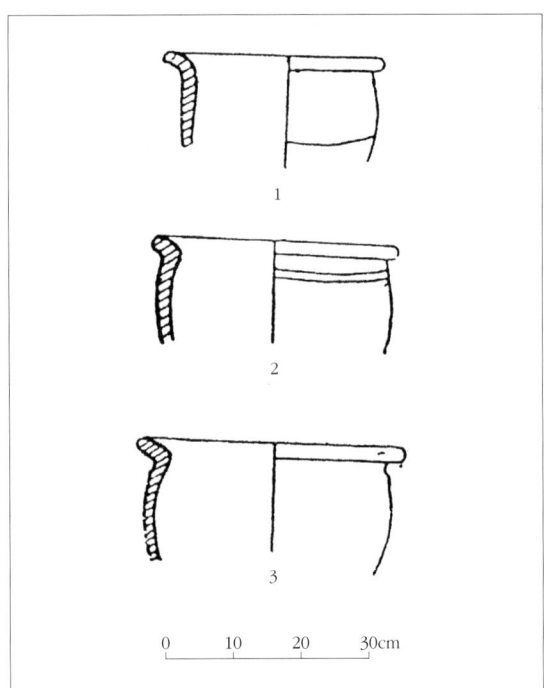

그림 10 청회색 니질 토기(『考古』1961-1, 54쪽)
1·2. 분 3. 호

그림 11 帶孔陶器(『考古』1961-1, 54쪽)

그림 12 명문수키와 탁본(『考古』1961-1, 53쪽)

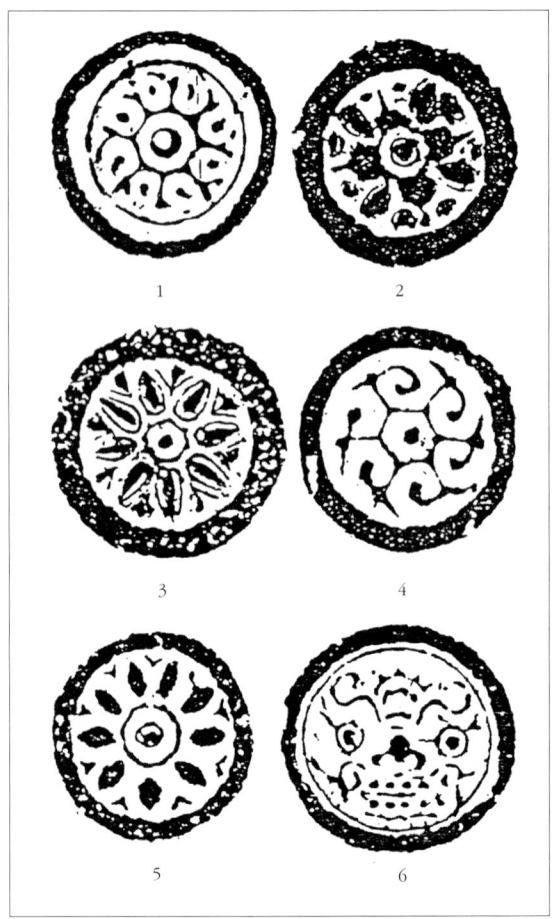

그림 13 와당(『考古』1961-1, 53쪽)
1·4. 인동문 2·3·5. 연화문 6. 수면문

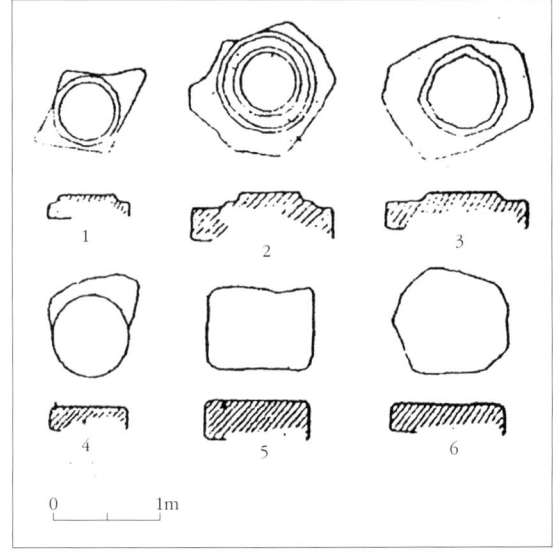

그림 14 초석 평·단면도(『考古』1961-1, 53쪽)

② 수키와(筒瓦)

○ 크기 : 길이 45cm, 너비 30cm, 두께 1~2cm. 머리(頭部) 직경 8cm, 꼬리(尾部) 직경(徑) 5cm.
○ 문양 : 수키와(瓦身) 양측은 彎凹. 머리(頭部)는 半圓, 꼬리(尾部)도 半圓. 내면에 布紋이 있고 배면에는 문양이 없음. 수키와 중에 배면에 '延'字를 陰文한 것이 있는데, 기와를 건조하기 전에 새긴 것임(그림 12).
○ 색깔과 태토 : 붉은색.

③ 와당(瓦當, 檐頭筒瓦, 그림 13)

○ 크기 : 와당 직경 16cm, 두께 2cm.
○ 문양 : 처마 수키와는 모두 와당을 갖고 있음. 문양은 연화문, 인동문, 수면문 3종류가 있음. 그 중 연화문와당이 비교적 많이 발견되었고 그 다음이 인동문이며, 수면문이 가장 적음. 그 중 연화문와당의 蓮瓣은 四瓣, 六瓣, 八瓣과 九瓣이 있는데, 瓣은 뾰족하고 가늘게(尖瘦) 깎았으며, 圈点裝飾이 있음. 이러한 연화문와당은 남북조시기의 연화문와당의 작풍과 매우 유사하지만 독특한 풍격이 있음. 인동문와당의 문양도 대체로 변화가 풍부함.
○ 색깔과 태토 : 와질은 견고하고 단단하며 소성 기술은 매우 높음.

(2) 벽돌

○ 크기 : 너비 20cm, 두께 8cm. 길이는 자세하지 않음.
○ 문양 : 모두 파손품. 수량은 매우 적음. 기와의 질량보다 좋지 못함.
○ 색깔과 태토 : 붉은색. 소성 기술은 매우 낮음.

5) 기타

(1) 초석(그림 14)

○ 형태상 2종류.
○ 하나는 특별히 손질을 가하지 않은 것으로 方形, 長

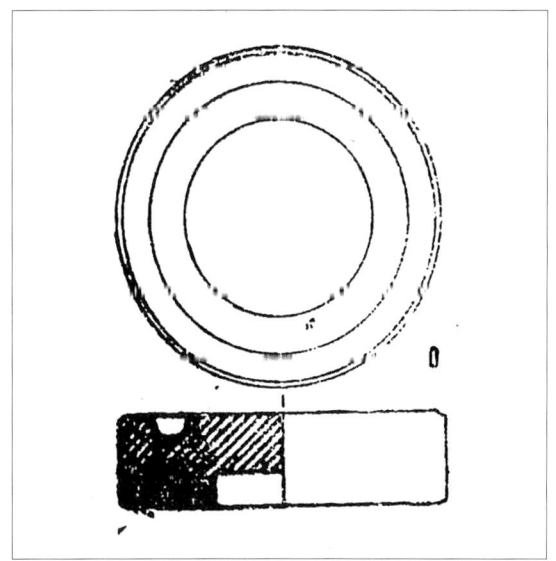

그림 15 토제벼루(『集安縣文物志』, 224쪽)

方形 혹은 不規則形(사각, 육각과 팔각의) 석괴이고, 다른 하나는 아주 섬세하게 가공한 것으로, 하나의 원 혹은 이중 원 혹은 팔각형 凸起의 초석임.
○ 석질은 모두 화강암이며, 놓인 위치는 일반적으로 규율적임.
○ 벽(墻壁) 내부에서 나무기둥을 받쳐주는데 이용한 초석은 대부분 전자(특별히 손질을 가하지 않은 것)를 이용했고, 벽(墻壁) 外面의 복도(廊道)에서 나무기둥을 받쳐주는데 이용한 초석은 대부분 후자(섬세하게 가공한 것)를 이용했음.

(2) 토제벼루(陶硯, 그림 15)

○ 출토 시기 : 1963년 10월 23일 동대자유적에서 채집.
○ 형태와 크기 : 형태는 둥근 떡 모양(圓餅形)인데, 바닥에는 굽다리(圈足)가 있음. 중간의 먹을 가는 부분은 약간 도드라겼고, 테두리에 묵즙을 모으는 고리 모양(環狀)의 홈이 있음. 전체 직경 13.5cm, 높이 4cm. 홈의 깊이 1cm, 너비 1.2cm.
○ 태토와 색깔 : 泥質의 황색 陶器.
○ 시기 : 보고자는 이러한 원병형 벼루를 '璧雍硯'으

로 일컫는다면서 漢 - 晉시기에 유행한 것으로 파악함.
○ 소장처 : 집안현박물관(소장품 번호 484).

5. 역사적 성격

東臺子遺蹟은 고구려 두 번째 도성인 국내성지의 동쪽 0.5km 거리에 위치함. 유적이 위치한 대지는 주변의 지표면보다 8~10m 높고 평탄한데, 동서 길이 약 500m, 남북 너비 약 150m임. 유적은 20세기 전반에 확인되었고, 고구려시기의 기와편, 와당, 건물 초석 등이 다량 산재하여 중요한 건축물이 있었을 것으로 주목받아 왔음.

　　1958년에 吉林省博物館이 발굴조사를 진행하여 건물지의 구조를 구체적으로 규명함. 吉林省博物館은 고고조사를 바탕으로 동대자유적의 건물 구조가 비례가 정확하여 균형이 잡혀있고, 외관이 화려하여 조형미가 뛰어나다고 평가함. 또 수키와와 연화문와당, 정치하게 다듬은 초석 등은 중국 漢 - 南北朝시기의 풍격이 있는데, 고구려인들이 외래문화를 수용해 자신의 문화를 발전시키던 양상을 보여준다고 파악함. 건물은 正屋(본체) 2실과 부속 건물 2동으로 이루어졌는데, 正屋 I실(東室)은 사무실(廳堂), II실(西室)은 침실로 추정되며, 부속건물인 III~IV실은 성격을 추정하기 힘들다고 파악함. 그러면서 왕궁과 사직을 제사지내던 시설일 가능성을 검토할 필요가 있다고 과제를 제시함(吉林省博物館, 1961, 151~152쪽).

　　동대자유적의 성격에 대해서는 方起東이 구체적인 고찰을 진행함. 그에 따르면 正屋 I실 중앙의 장방형 巨石은 기능면에서 일상 생활에 어울리지 않고, 왕궁이나 관청일 가능성도 적다고 함. 실내에서 출토된 유물이 적고 건물도 일상적으로 사용되지 않은 점 등을 종합해볼 때 제사나 의례에 사용된 건축물일 가능성이 가장 크다고 상정함. 중앙에 있는 장방형 거석은 臺座의 형상을 갖추지 않았고 그 위에 어떤 형태의 神祇나 偶像을 얹었던 흔적도 없으며, 외형상 대단히 조잡함. 고구려 건축물에서 외부로 노출된 받침용 석재는 일반적으로 정치하게 다듬었고 조형미도 뛰어남. 이로 미루어 보아 외형이 조잡한 장방형 거석은 石坐보다는 거석숭배와 연관된 어떤 神祇의 상징물로 숭배의 대상이었을 가능성이 큼. 더욱이 역대 중국에서 거행되었던 社 제사의 神主와 매우 유사함. 이로 보아 동대자유적은 제사와 예배를 거행하던 장소로 I실은 地母神을 제사하던 '社' 유적이고, I실 중앙에 있는 장방형 거석은 社主로 추정됨. 그러므로 II실은 農神인 '稷'을 제사하던 장소일 가능성이 매우 큼. 『삼국사기』고구려본기에 따르면 392년(고국양왕 9)에 國社를 세우고 宗廟를 수리했다고 하는데, 전연 모용황의 침공으로 파괴된 社를 재건립한 것으로 추정됨. 동대자유적은 392년에 수리한 왕실의 종묘와 사직으로 추정된다는 것임(方起東, 1982, 155~157쪽).

　　동대자유적이 392년에 건립한 종묘와 사직이라는 方起東의 견해는 그 이후 중국학계에서 널리 수용되었고(吉林省文物志編纂委會, 1984, 45쪽 ; 李殿福, 1994, 89~91쪽 ; 魏存成, 2000, 43~45쪽),[1] 한국학계에도 큰 영향을 줌(서영대, 1990). 특히 최근 王飛峰은 고국양왕이 391년에 동대자유적에 國社와 宗廟를 착공했으나 완공하지 못하여 광개토왕이 완공했으며, 평양천도 이후에는 점차 폐기되었을 것으로 파악했음(王飛峰, 2016, 44~49쪽).

　　이에 대해 북한학계에서는 I실(동실)과 II실(서실)

---

[1] 다만 吉林省文物志編纂委會, 1984, 45쪽에서는 I실만 제사시설로 파악함. 즉 I실의 구들은 너비 90cm로 매우 좁아 사람이 생활하기에 적당하지 않아 제사 의식을 거행하던 장소로 추정됨. 반면 II실에는 너비 2m의 구들이 있고 두꺼운 재가 있어 항상 불을 피웠으며, 돌절구, 토제가락바퀴, 네발토기 등의 생활용구도 많이 발견된다는 것임. 이에 건물지 좌측에 위치한 I실이 귀신에게 제사지냈다는 왼쪽의 큰 집에 해당한다며, 392년(고국양왕 9)에 興建한 왕실의 사직과 종묘였다고 파악함.

에 모두 구들 시설이 있다는 점에 주목하여 기본적으로 귀족의 주거시설(살림집)이었다고 파악함(리화선 1989). 다만 한인호는 II실(서실)은 재흙이 두껍게 쌓였고 생활용구가 많이 출토되었다는 점에서 일상생활을 영위하던 살림방이지만, I실(동실)은 재흙이 매우 적다는 점에서 일상생활을 하던 곳으로는 보기 어렵다고 파악함. 즉 서쪽의 II실(서실)에서 일상생활을 하다가 제사 때가 되면 I실(동실)에서 제사를 지냈다는 것임. 3실과 4실은 본채에 딸린 별채인데, 서북쪽의 3실에서도 온돌시설이 보인다는 점에서 역시 살림방이었을 것이라며 壻屋으로 추정하기도 함(한인호, 1995, 11~14쪽).

국내학계에서도 I실(동실)과 II실(서실)의 구들 구조와 아궁이의 개수 등을 분석하여 I실(동실)은 대청의 기능을 겸한 침실이고, II실(서실)은 취사와 가사노동을 겸한 침실일 것으로 파악함. 다만 I실(동실)의 경우, 기본적으로 주거용도의 방이지만 중앙에 놓인 石材와 관련해 제사기능을 겸했을 가능성은 있다고 추정함(김도경·주남철, 2003, 119~128쪽).

한편 동대자유적의 조성 시기에 대해 중국학계에서는 392년에 건립한 國社와 宗廟 시설로 보고 있지만, 일찍이 이 유적에서 출토된 연화문와당은 고구려 후기의 특징을 많이 보유하고 있다는 점이 지적됨(關野貞, 1914 : 1941, 299쪽). 실제 동대자유적에서는 아직까지 4세기에 유행한 권운문와당뿐 아니라, 4~5세기의 구획선 연화문와당도 출토된 바 없음. 동대자유적에서 출토된 연화문와당은 모두 5세기 후반 이후에 출현한 구획선이 없는 연화문와당임. 이러한 점에서 동대자유적의 상한은 5세기 말을 상회하기 힘들다고 파악됨(강현숙, 2010, 171~199쪽). 동대자유적은 392년에 조영했다는 고구려의 國社나 宗廟로 파악하는 중국학계의 견해는 재검토할 필요가 있음.

참고문헌

- 關野貞, 1914, 「滿洲輯安縣及び平壤附近に於ける高句麗時代の遺跡(2)」, 『考古學雜誌』 5卷 4號.
- 池內宏·梅原末治, 1938, 『通溝』 上, 日滿文化協會.
- 關野貞, 1941, 「滿洲國輯安縣に於ける高句麗時代の遺跡」, 『朝鮮の建築と藝術』, 巖波書店.
- 張馭寰, 1958, 「輯安附近高句麗時代的建築」, 『文物』, 1958年 4期.
- 吉林省博物館, 1961, 「吉林輯安高句麗建築遺址的淸理」, 『考古』 1961-1.
- 方起東, 1982, 「集安東臺子高句麗建築遺址的性質和年代」, 『東北考古與歷史』 1982-1.
- 吉林省文物志編委會, 1984, 『集安縣文物志』.
- 吉林省考古硏究室·集安縣博物館, 1984, 「集安高句麗考古的新收穫」, 『文物』 1984-1.
- 리화선, 1989, 『조선건축사』 I, 과학백과사전출판사.
- 서영대 역, 1990, 「集安東臺子高句麗建築遺跡의 性質과 年代」, 『인하대 인문과학연구소 논문집』 16.
- 吉林省地方志編纂委員會, 1991, 「東臺子遺址」, 『吉林省志』 43(文物志), 吉林人民出版社.
- 國家文物局 主編, 1993, 『中國文物地圖集』 吉林分冊.
- 李殿福(차용걸·김인경 역), 1994, 『중국내의 고구려 유적』, 학연문화사.
- 최무장, 1995, 『고구려 고고학』, 민음사.
- 方起東(嚴長錄 옮김), 1995, 「集安 東臺子고구려 건축유지의 성격과 연대」, 『중국 경내 고구려유적 연구』.
- 한인호, 1995, 『조선 중세건축 유적 연구』(삼국편), 사회과학출판사.
- 魏存成(신용민 역), 1996, 『고구려 고고』, 호암미술관.
- 魏存成, 2002, 『高句麗遺迹』, 文物出版社.
- 김도경·주남철, 2003, 「집안 동대자유적의 건축적 특성에 관한 연구」, 『대한건축학회논문집』 19-9(통권 179호).
- 백종오, 2006, 「고구려기와의 성립과 왕권」, 주류성출판사.
- 강현숙, 2010, 「中國 吉林省 集安 東台子遺蹟 再考」, 『한국고고학보』 75.
- 王飛峰, 2016, 「吉林集安東台子遺址硏究」, 『北方文物』 2016-3.

03 집안 민주유적
集安 民主遺址

1. 조사현황

1) 1936년
○ 조사자 : 일본인 池內宏.
○ 조사내용 : 石柱와 礎石 조사.
○ 발표 : 池內宏·梅原末治, 1938, 『通溝』 上, 日滿文化協會.

2) 1961년
고구려의 유적으로 파악하고 輯安縣級 문물보호단위로 공포.

3) 1963년 9월 10~20일
○ 조사자 : 北·中 聯合考古隊.
○ 조사내용 : 동측의 石柱 주변 발굴.
○ 발표 : 조사 결과를 발표하지는 않음.

4) 1984년
○ 『集安縣文物志』에 '高句麗石柱' 항목 기술.
○ 石柱의 偏西北 40m 지점에 고구려시기 대형 건축 유적이 있다고 기술.

5) 2003년 8~11월
○ 조사자 : 吉林省文物考古研究所와 集安市博物館의 연합 조사팀.
○ 조사내용 : 도시개발공사에 협력하기 위해 石柱유적 서측의 채소밭 구역에 대해 긴급 구제 발굴 진행. 대형 건물지 3기 발굴, 石柱 기초와 주변 지역 발굴. 총 발굴면적은 3,606.72m².
○ 발표 : 吉林省文物考古研究所·集安市博物館, 2004, 「第二編 民主遺址」, 『國內城, 2000~2003年 集安國內城與民主遺址試掘報告』, 文物出版社.

2. 위치와 자연환경

1) 지리 위치(그림 1, 그림 2)
○ 1930년대에는 西崗 부락으로 불림. 당시 東崗 소속 소학교 뒤편에 石柱가 위치했으며, 멀리 압록강을 바라다보는 지점이었다고 함.
○ 2003년 발굴 당시 集安市 경제개발구에 속하는 太王鎭 民主村 三隊 소속으로 유적 명칭은 마을 이름에서 따온 것임.
○ 國內城 동쪽 약 1.5km 거리이며, 북쪽 약 0.5km 거리에 五盔墳 고분군이 위치함. 유적의 남쪽 약 0.6km에 압록강이 있으며, 유적의 서부는 雲峰發電所 직원의 생활구역임. 민주유적은 禹山과 압록강 사이의 평원지대에 위치함.

2) 주변 환경
○ 민주유적에 대한 인식은 종래 石柱에 한정되어 있었음. 동서방향으로 분포한 석주 2기의 간격은 약 40m

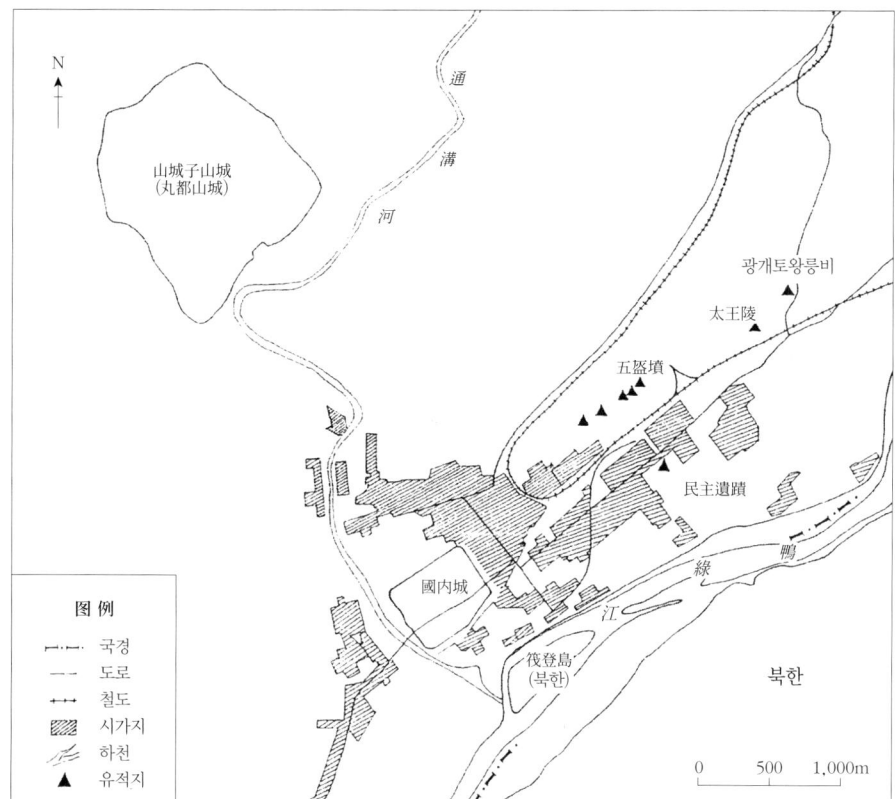

그림 1
민주유적 위치도(『國內城』, 6쪽)

그림 2 민주유적 위치도(바탕도『通溝』上 ; 여호규, 2019, 27쪽)

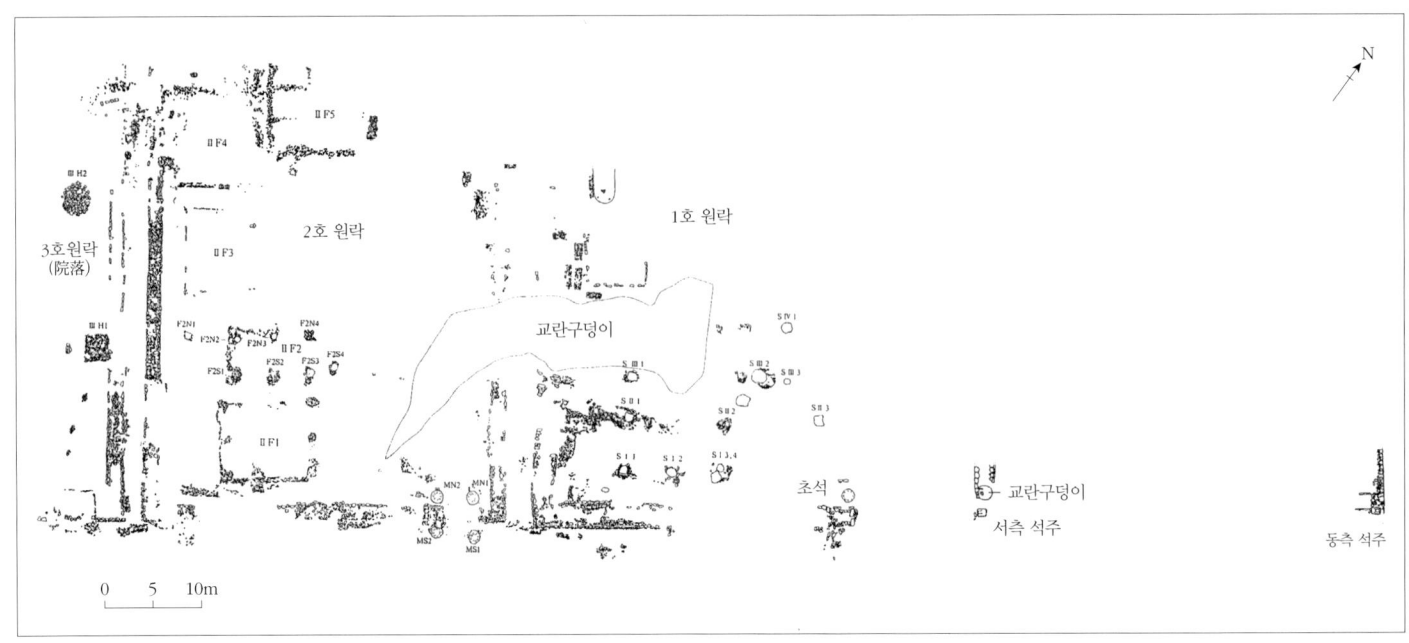

그림 3 민주유적 평면도(『國內城』, 163쪽)

이며, 원위치로 추정됨. 현재 두 기의 石柱는 민가 내에 세워져 있는데, 이미 이 구역은 주택지로 바뀌었음.
○ 石柱의 西部는 현재 농경지임. 고구려시기 대형 건물지가 있었을 것으로 추정되는 구역은 이전에는 논이었으나, 2003년 발굴 당시에는 채소밭으로 경작되고 있었음. 채소밭의 서측은 논인데, 두 부분이 이 일대에서 유일한 농경지임. 도시개발공사의 건축지역이 논의 동부구역까지 미쳐 민간 주택으로 건설되고 있음.
○ 石柱와 채소밭 사이, 채소밭과 논 사이에 각각 남북방향의 비포장도로가 있는데, 남쪽으로 압록강으로 통함. 동측 비포장도로의 북단은 개발구역의 주요 간선도로인 鴨江路와 닿아 있고, 서측 비포장도로는 개발구역 시장을 사이에 두고 鴨江路와 접함.
○ 채소밭 구역의 남북 양측에는 2003년 발굴 당시 현대식 건물이 꽉 들어차 있었고, 남측은 民主 3隊 주택지임. 북측은 東에서 西로 각각 개발구역 주유소, 개발구역 오피스텔, 이동통신 철탑 및 5층 빌라 한 채가 있었음.
○ 채소밭 북부에는 종래 禹山에서 흘러나와 東에서 西로 흘러 압록강으로 흘러 들어가는 작은 하천이 있었는데, 오래전에 토사의 퇴적으로 인해 매몰되었음. 또 소하천 구간에는 대부분 현대식 건축물이 들어섰는데(5층 빌라 포함), 일부 구역에는 아직도 고립된 웅덩이가 남아 있음.

3. 유적의 전체현황

1) 지층 현황

○ 유적은 크게 동측의 석주유적과 서측(채소밭)의 건물지로 구분할 수 있음. 채소밭 구역에서 총 3개의 지층을 확인함.
○ 제1층 : 경작 토층. 흑갈색의 부식토로 토질이 푸석푸석함. 두께 0.20∼0.22m.
○ 제2층 : 갈색 토층. 수분이 많아 부식된 성분이 함유되어 있고, 토질은 비교적 단단함. 두께 0.10∼0.15m. 이 층은 논 경작 이후 잔존한 경작층임. 제2층 아래에서 대형 건물지 3기를 발굴했는데, 건물지는 모두 제

3층에 자리잡고 있었음.

○ 제3층 : 황갈색 모래흙층. 과립 형태의 흑색 점토를 소량 함유. 토질은 비교적 부드러움. 제3층 퇴적층에 대형 건물지가 존재하기 때문에 유적 보존을 위해 그 아래층은 발굴하지 않음.

2) 건물지

(1) 전체현황(그림 3)

○ 위치 : 石柱 서부의 채소밭 구역에 자리함. 유적이 발견된 지층은 제1~2층(경작층) 아래의 제3층에 해당함.

○ 현황 : 동서방향의 건물지를 3조 발굴했는데, 각기 독립적인 院落式 건물지임. 건물지는 많이 훼손되어 전체 구조를 파악하기 힘든 상태임. 발굴상황으로 보아 건물지 3조는 남북방향의 長方形 院落式 건물지의 일부임을 알 수 있었음. 각 院落의 남벽은 비교적 잘 보존되어 있는데, 동측의 石柱 2기와 동서방향의 軸線에 위치하여 상호 긴밀한 관계임을 알 수 있음.

○ 민주유적의 유적기호를 2003JM으로 부여하고, 3조의 건축물을 동쪽에서 서쪽으로 차례대로 1호 院落(2003JMⅠ), 2호 院落(2003JMⅡ), 3호 院落(2003JMⅢ)으로 편호함.

(2) 1호 院落유적(2003JMⅠ. 그림 4)

① 院落의 담장

○ 파괴가 심하고, 발굴구역이 제한되어 전체 윤곽과 건물 배치상황을 확인하기 힘듦.

○ 院落의 남벽과 서벽 일부 잔존 구간을 발굴함. 동벽은 채소밭 동측의 마을 길 아래에 있을 것이지만 발굴하지 못함. 북벽이 있는 구역도 발굴하지 못함. 院落 내에서 건물지의 일부 잔존 유적을 발굴함.

㉠ 院落 남벽

○ 현황 : 남벽의 동단과 서남 모서리 부분의 남벽 기초가 남아 있음.

○ 남벽 동단 구간 : 잔존길이는 3.8m. 잔존한 벽체의 너비는 일정하지 않으며, 기저의 너비는 약 1.9~2.5m임. 내외면에 크기가 일정하지 않은 길쭉한 돌을 쌓아 축조했는데, 벽체 2~3단이 남아 있음. 상층 석괴는 하층 석괴보다 안쪽으로 들여쌓았는데, 벽체 내부를 채워넣은 돌은 남아 있지 않음. 이 구간 벽체의 東端은 장방형 석괴 2개로 막아놓았는데, 벽체의 동부 끝지점으로 추정됨.

○ 동단의 배수구 시설 : 동단의 서쪽 2.1m 지점에 세로 방향으로 쌓은 돌이 남아 있음. 남북방향으로 관통하는 배수구 시설로 추정되지만, 흔적이 뚜렷하지는 않음.

○ 동단 부근의 초석 : 남벽 東端의 북쪽 0.5m 지점에서 팔각형 초석을 발굴함. 불규칙한 석괴 윗면에 돌출한 팔각형 기둥자리(柱坐)를 다듬음. 초석의 전체 두께는 0.75m, 돌출한 기둥자리(柱坐) 높이는 약 0.15m임. 마을 주민에 따르면, 예전에 경작을 하다 그 초석의 동남측에서 비슷한 초석 하나를 발견한 적이 있는데, 지금 마을길 아래에 묻혔다고 함. 2호 院落 門址의 양상으로 보아 이 초석은 院落 門址의 잔존 유구로 추정됨.

○ 남벽 서부 구간 : 서남 모서리에서 보존상태가 양호한 남벽 기초 발견. 남벽의 동단과 서부 사이에 벽체 기초가 결실된 약 14.5m 구간이 있음. 마을 주민이 석괴를 가져다가 현대식 주택을 지어 결실되었다고 함. 남벽 서부 구간의 외벽은 결실이 없으나 내벽은 일부 결실되었음. 외벽의 잔존길이는 약 14m, 내벽의 잔존길이는 약 12.5m. 담장 기초의 너비는 약 2.5m. 축조방식은 동단 구간과 동일함. 가장 잘 보존된 곳은 5단까지 남아 있음. 각 단 사이는 서로 맞물리게 쌓았는데, 위로 올라가면서 0.1~0.15m 정도씩 들여쌓기를 함.

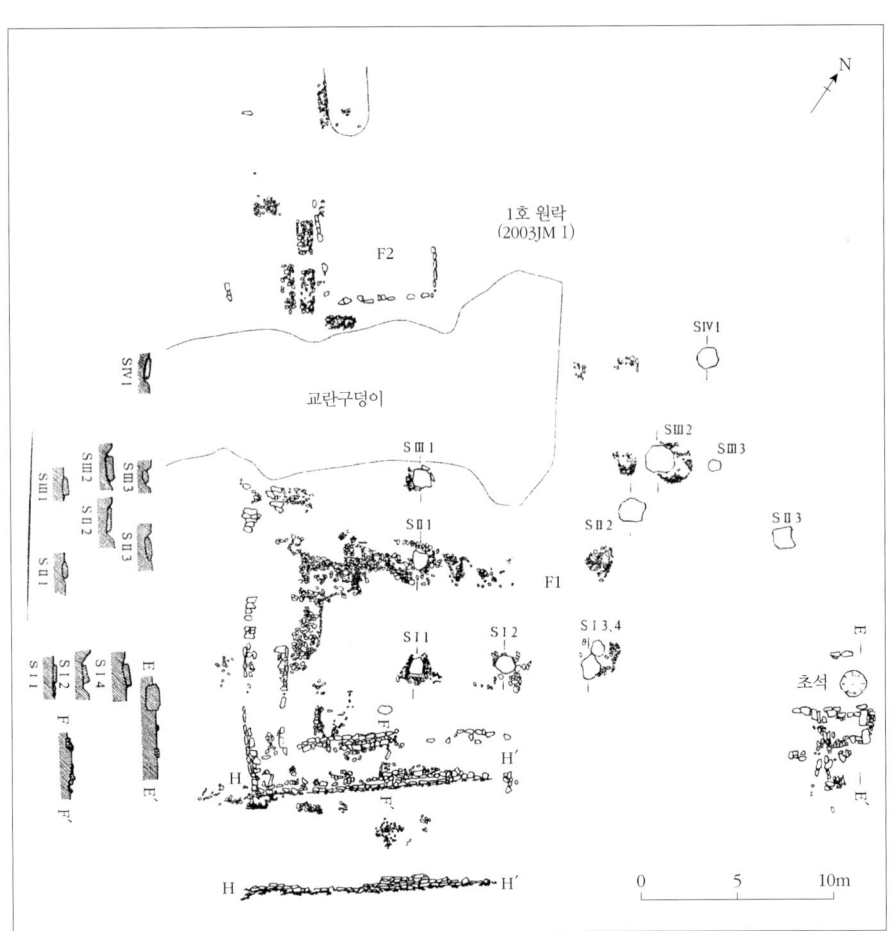

그림 4
1호 院落 평면도와 단면도
(『國內城』, 165쪽)

벽체 사이에 강돌이 일부 섞여 있는데, 본래의 결구임.

ⓒ 院落 서벽

○ 서벽의 남단 구간 : 남벽과 서벽이 직각으로 연결되는 모서리 부근에 서벽의 일부 잔존. 파괴되어 결실된 부분이 있음. 외벽의 약 15m, 내벽의 잔존길이는 약 12.5m, 벽체 기초의 너비는 약 2.5m. 축조방식은 남벽과 같고, 벽체 내부에 소량의 강돌이 보임.

○ 서벽의 중부 구간 : 서벽 남단의 북쪽 8.5m 거리에서 북쪽으로 뻗은 띠 모양의 강돌 퇴적 구간 발굴. 서벽 중부의 벽체 기초로 추정됨.

ⓒ 층위와 축조양상

○ 층위 : 1호 院落의 담장은 제3층 퇴적층 위에 위치하는데, 벽체 기초가 제3층 퇴적층을 파괴한 흔적을 발견하지는 못함.

○ 축조양상 : 벽체 기저부에 사용된 돌은 비교적 크고, 위로 올라갈수록 작아짐. 벽체가 위치한 제3층 퇴적층의 토질은 비교적 부드러움. 더욱이 벽체는 위로 올라갈수록 들여쌓기를 했기 때문에 발굴한 벽체의 기초석은 안으로 기울어진 모습이 뚜렷함.

② 院落 내 1호 집터(房址, 2003JM I F1)

㉠ 전체현황

○ 위치와 규모 : 1호 院落 내부에서 발굴한 유적은 주로 西半部에 집중 분포함. 그 가운데 서남부에 일정한 순서로 배열된 초석이 있는데, 1호 院落의 1호 집

터(2003JMⅠF1)로 편호함. 11개의 柱礎 유구를 발굴했는데, 그중 10곳에 초석이 있었음. 초석의 邊長은 0.5m 이상이며, 원위치에 매장됨.

○ 층위 : 초석 유구는 모두 제3층 퇴적층을 움푹하게 판 구덩이에 놓여 있었음. 일종의 暗礎에 속하는 건물 기초 형성.

○ 배열 양상 : 그물망 형태로 배열했는데, 가로 방향으로 4열 놓음. 가장 남쪽의 첫 번째 열에는 총 4개의 초석이 있음(西에서 東으로 각각 2003JMⅠF1 SI1~4로 편호함, 이하 SI1~SI4). 두 번째 열에는 3개의 초석이 있음(西에서 東으로 각각 2003JMⅠF1 SⅡ1~3로 편호함, 이하 SⅡ1~3). 세 번째 열에는 3개의 초석이 있음(西에서 東으로 각각 2003JMⅠF1 SⅢ1~3로 편호함, 이하 SⅢ1~3). 네 번째 열에는 초석이 한 개만 있는데, 2003JMⅠF1 SⅣ1로 편호함.

ⓛ 초석렬

○ SI1 : 2003JMⅠF1의 서남 모퉁이에 위치. 이 초석(초석의 중심점이 기준이 됨, 이하 동일)은 남벽에서 약 3m, 서벽에서 약 7m 떨어져 있음. 초석 둘레에 깨뜨린 강돌을 다져 깔아 초석 주위가 하나의 원형 테두리를 이루고 있음.

○ SI2 : SI1의 동쪽 5m 지점. 초석 주위에는 깨뜨린 강돌을 다져 깔았음.

○ SI3~4 : 같은 초석 구덩이에 있음. SI2의 동쪽 5m 지점. 두 초석 동측에 깨뜨린 강돌을 다져 깔았음.

○ SⅡ1 : SI1의 북쪽 5.5m 지점. 띠 모양으로 분포된 꺾여진 강돌 포석층이 東에서 西로 SⅡ1을 통과하고 한 다음, 院落 서벽 부근에서 남쪽으로 꺾임.

○ SⅡ2 : 초석이 존재하지 않고, 다져서 깐 강돌층만 원형으로 남아 있음. SI3~4와 남북방향으로 마주 보는데, 양자의 간격은 약 5m임.

○ SⅡ3 : SⅡ2의 동쪽 약 10m 지점. 남북 양측에서 대응하는 초석을 발견하지 못함.

○ SⅢ1 : SⅡ1의 북쪽 4m 지점. 초석 주위에 소량의 강돌이 잔존함.

○ SⅢ2 : SⅢ1의 동쪽 약 13m에 위치. 남북 양측에는 대응하는 초석이 없음. 동측의 강돌적심석으로 보아 초석의 위치가 이동된 것으로 판단됨. SⅢ2의 서쪽 0.5m 지점에서 직경이 약 1m인 불규칙한 강돌 퇴적층 발굴. SⅢ2와 SⅡ2 사이에 석괴 하나가 있는데, 위치가 이동된 초석으로 추측됨.

○ SⅢ3 : SⅢ2의 동쪽 약 3m에 위치. 북쪽 5.25m 거리에 SⅣ 1이 있음.

○ SⅣ1 : SⅣ1의 동, 서, 북측에서 대응하는 초석을 모두 발견하지 못함. SⅣ1 서측에 강돌 퇴적층이 소량 있는데, SI3·SI4와 남북방향으로 대칭됨.

ⓒ 건물의 규모

○ 초석은 규칙적으로 분포함.

○ SI1, SI2, SI 3~4, SⅡ1, SⅡ2, SⅢ1 등의 초석 구성으로 보아 2003JMⅠF1은 정면 2칸, 측면 2칸의 건축물로 볼 수 있음.

○ 만약 SⅡ3, SⅢ3, SⅣ1을 원위치에 있던 주초로 보고 이것까지 포함시켜 파악한다면, 2002JMⅠF1은 정면 4칸, 측면 3칸의 건축물로 볼 수 있음.

③ 2호 집터(房址, 발굴번호 : 2003JMⅠF2)

○ 위치 : 院落의 서북부에서 강돌을 한층 깔아 조영한 'Π'형 건물지 기초를 발굴했는데, 1호 院落의 2호 집터(2003JMⅠF2)로 편호함.

○ 윤곽과 형태 : 유적의 북부가 거의 보존되지 않았기 때문에 전체적인 윤곽을 확정하기 힘든 상태임. 현존하는 유구로 보아 장방형 혹은 방형일 것으로 판단됨

○ 기초 : 제3층 퇴적층 위에 위치. 남벽의 윤곽은 비교적 잘 보존되어 있는데, 길이는 약 6m임. 동벽과 서벽은 남벽과 직각으로 연결되어 있으며, 동벽의 잔존길이는 2.5m, 서벽 잔존길이는 약 5.25m임. 서벽과 남벽

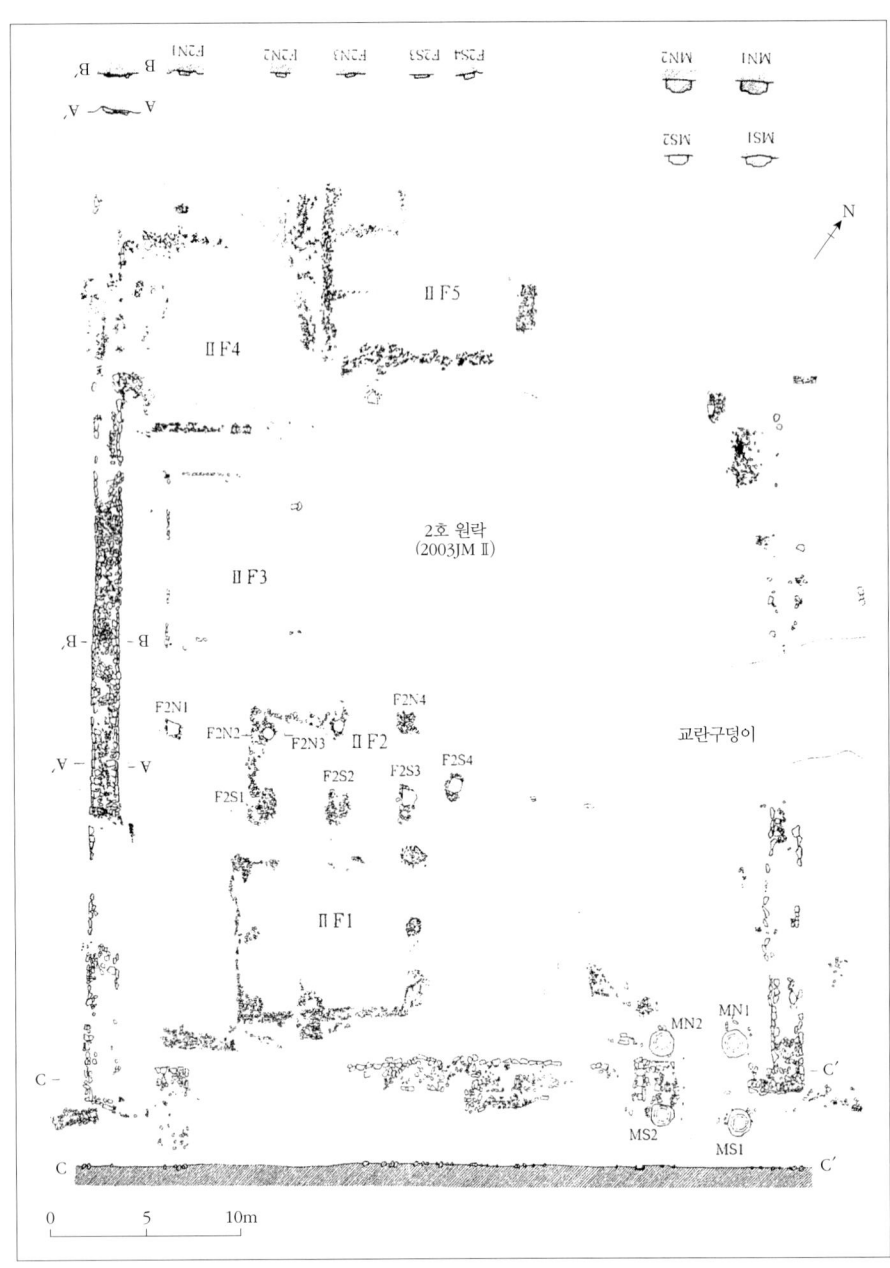

그림 5
2호 院落 평면·단면도
(『國內城』, 168쪽)

외측에는 띠 모양으로 분포된 3段 강돌 퇴적층이 잔존하는데, 건물기초와 관련이 있을 것으로 추정됨.

(3) 2호 院落유적(2003JM Ⅱ, 그림 5)

① 院落의 담장

○ 2호 院落의 담장은 동벽 南段, 남벽, 서벽 등의 벽체 기초가 남아 있음.

○ 3기의 院落 중 2호 院落이 가장 잘 보존되어 있음.

○ 남벽의 길이를 확정하고, 남벽의 東端에서 門址 위치도 확인함.

㉠ 동벽 南段

○ 규모 : 잔존길이 약 14m, 너비 1.7m.

○ 보존현황 : 벽체 내면은 기본적으로 연결되어 있으며, 외면은 결실이 있음. 벽체 내부에는 강돌로 쌓은 기초가 보존되어 있음. 동벽 南段 북쪽의 벽체 연장선상에 강돌 퇴적층이 흩어져 있는데, 벽체의 잔흔으로 추정됨.
○ 1호 院落과의 간격 : 1호 院落 서벽과 2호 院落 동벽의 간격은 약 2.5~3m. 양자 모두 동벽 남단의 벽체만 일부 잔존했기 때문에 서로 연결하는 통로가 있었는지 확인할 수 없음.

ⓒ 남벽
○ 규모 : 남벽에 결실 부분이 있지만, 東南과 西南 모서리가 남아 있어서 전체 길이를 파악할 수 있음. 전체 길이는 약 37.5m임.
○ 남벽 동단 : 東南 모서리의 남벽 東端에 벽체 외면과 내부를 채운 강돌 기초 잔존.
○ 남벽 中段 : 벽체 내면과 내부를 채운 강돌 기초 잔존. 외면은 남아 있지 않음.

ⓒ 남벽 門址 유적(2003JMⅡM)
○ 위치 : 2호 院落 남벽 동단에 위치, 팔각형 초석 4개 발굴.
○ 초석 배열 : 초석 4개는 두 개씩 마주 보며, 전체 배열상태는 방형임. 남측 초석 2개는 東에서 西로 2003JMⅡMS1, 2003JMⅡMS2로 편호함. 북측 초석 2개는 동에서 서로 2003JMⅡMN1, 2003JMⅡMN2로 편호함.
○ 초석 간격 : 2003JMⅡMS1과 2003JMⅡMS2의 동서 방향 간격은 4m, 2003JMⅡMN1과 2003JMⅡMN2의 동서방향 간격은 3.75m임. 2003JMⅡMS1과 2003JMⅡMN1의 남북방향 간격은 4m, 2003JMⅡMS2와 2003JMⅡMN2의 남북방향 간격은 3.5m(이상의 간격은 각 초석 중심점 사이의 거리임).
○ 과거 상황 : 마을 주민에 따르면 예전에 경작할 때 이런 초석을 몇 개 발견한 적이 있었으나 초석이 커서 운반할 수 없었다고 함. 발굴시 초석의 기둥자리(柱坐)가 약간 경사졌음을 확인했으나, 초석이 대체로 원위치에서 이동되지 않은 것으로 추정됨.
○ 벽체와의 관계 : 남벽 외측에 위치한 2003JMⅡMS1은 그 중심점이 남벽의 외면에서 약 1.5m 떨어져 있음. 2003JMⅡMN1과 남벽 내측의 간격은 확정할 수 없었으며, 그 중심점은 2호 院落 동벽(보고서에는 서벽으로 기술되었으나 오기로 보임) 내면에서 약 2m 떨어져 있음. 2003JMⅡMS1과 2003JMⅡMN1 사이에 벽체 흔적을 볼 수 없으며, 2003JMⅡMS2와 2003JMⅡMN2의 사이에서 훼손된 벽체 흔적을 발굴했으나 원모습을 파악하기 힘들었음.
○ 초석상의 명문과 부호 : 2003JMⅡMN1 臺座의 서측 立面上에 '石', '井' 2자를 새김. 2003JMⅡMN2 臺座의 서측 立面상에 'A', '⌐' 부호 새김. 2003JMⅡMS2 臺座의 서측 立面上에 '十' 부호 새김.
○ 門址의 구조 : 4개 초석의 東西 방향 사이에서 벽체 흔적을 발견하지 못함. 4개의 초석만으로는 院門의 구조를 구체적으로 파악하기 힘듦.

ⓒ 排水溝
○ 위치 : 2003JMⅡMS2와 2003JMⅡMN2 사이의 훼손된 벽체 서측에서 문지에 바짝 붙어 남벽 기초부를 남북방향으로 통과하는 배수구 발견.
○ 보존상태 : 배수구는 많이 파괴되었지만, 윤곽은 가늠할 수 있음. 남북방향으로 남벽 기초부를 관통하는데, 底部 기초가 남아 있음.
○ 축조방법 : 바닥에는 평평한 석괴를 깔았고, 바닥석 동서 양측에 불규칙한 석괴를 세워 배수구 벽체로 삼음. 배수구 너비는 약 0.25~0.3m.
○ 덮개돌 : 배수구 윗부분에 덮개돌은 보이지 않음.
○ 관련 유구 : 2003JMⅡMN2 기둥자리(柱坐) 중심점 서쪽 1.75m 거리에서 배수구와 관련된 것으로 보

이는 석괴 3개 발굴. 동서방향으로 놓인 편평한 석괴 남북 양측에 불규칙한 길쭉한 돌을 하나씩 세웠는데, 양자의 간격은 0.2m.
o 배수구의 전체 모습 : 상기 유구에 근거하여 2호 院落의 배수구는 남벽 내측을 따라 동서방향으로 뻗어가다가, 院門에 이르러 남북방향으로 벽체를 관통한 것으로 추정할 수 있음.

ⓓ 서벽
o 보존상태 : 北段이 훼손된 것을 제외하면 보존상태가 양호함. 殘長 약 36m.
o 서벽 남단 : 殘長은 13.5m, 벽체 외면, 내면의 일부, 강돌을 채운 벽체 내부 등이 남아 있음.
o 서벽 중단 : 잔존길이는 약 22m임. 벽체 기초가 잘 보존되어 있는데, 벽체 내외면이 모두 연결되어 있을 뿐 아니라, 내부를 채운 강돌퇴적층도 잘 보존되어 있음. 벽체 기저부의 너비는 약 2.25m, 벽체 외벽은 2단까지 남아 있는 부분이 있는데, 들여쌓기를 함.

② 院內 건축유적
o 현황 : 총 5곳의 건축유적을 발굴함. 제3층 퇴적층 위에 위치하는데, 일부 초석구덩이는 제3층 퇴적층을 파내려 감.
o 편호 : 남에서 북으로 차례대로 2003JMⅡF1, 2003JMⅡF2, 2003JMⅡF3, 2003JMⅡF4, 2003JMⅡF5 등으로 편호함.

㉠ 1호 건축유적(2003JMⅡF1)
o 위치 : 2호 院落의 서남부에 위치. 남벽은 남쪽 담장에서 2m, 서벽은 서쪽 담장에서 약 6.2m 거리. 東北 모서리의 초석구덩이는 동쪽 담장에서 약 17.75m 거리.
o 구조 : 잔존하는 강돌 벽체 유적은 대략 장방형 구조임.
o 벽체 기초 : 남벽과 서벽에 강돌로 쌓은 'ㄱ' 모양의 벽체 외면 기초가 남아 있음. 북벽에도 강돌로 쌓은 벽체 유구가 일부 남아 있음.
o 초석구덩이 : 남벽의 동서 양측과 중부 서쪽에 강돌을 채운 초석구덩이가 있음. 서벽의 중부와 北段에도 비슷한 초석구덩이가 있음. 동벽에서는 강돌로 쌓은 벽체 기초부를 발견하지 못했지만, 중부와 北段에 강돌 초석구덩이가 보존되어 있음. 이들 초석구덩이는 제3층의 퇴적층을 파고 조성함.
o 규모 : 동서 길이 약 11m, 남북 너비 약 8m.
o 주변의 유구 : 2003JMⅡF1의 서남부에서 띠 모양의 강돌 포석층을 발굴함. 院落의 남쪽 담장과 평행한데, 성격이 불분명함. 잔존길이 약 4m, 너비 약 0.6~1m.

㉡ 2호 건축유적(2003JMⅡF2)
o 위치 : 2003JMⅡF1 북측에서 동서방향으로 2열 배열된 초석과 초석구덩이 발굴. 1호와 2호 건축 유적의 간격은 약 1.75m임.
o 윤곽 : 남쪽 초석렬과 북쪽 초석렬은 각기 4개의 초석과 초석구덩이로 구성. 양자의 남북간격은 약 2.5m. 전체적인 성격을 파악하기는 힘듦.
o 남쪽 초석렬 : 총 4개의 초석과 초석구덩이로 구성. 西에서 東으로 차례대로 2003JMⅡF2 S1~S4로 편호함(이하 S1~S4).
o S1 : 소형 강돌을 채운 초석구덩이, 2호 院落 서벽에서 동쪽 6.75m 거리에 위치함.
o S2 : 소형 강돌을 채운 초석구덩이, S1의 동쪽 약 2.5m 거리에 위치함.
o S3 : 소형 강돌을 채운 초석구덩이와 초석으로 구성, S2의 동쪽 약 2.5m 거리에 위치함.
o S4 : 소형 강돌을 채운 초석구덩이와 초석으로 구성, S3의 동쪽 약 2.5m 거리에 위치함.
o 남쪽 초석렬 동편의 석괴 : S4 동쪽 3.5m와 6.5m 거리에 작은 석괴 2개가 있음. 그 성격은 명확히 파악할 수 없음.

○ 북쪽 초석렬 : 총 4개의 초석과 초석구덩이로 구성. 西에서 東으로 2003JMⅡF2 N1~N4로 편호함(이하 N1~N4).

○ N1 : 소형 강돌을 채운 초석구덩이와 초석으로 구성. 초석은 인공적으로 다듬었는데, 기둥자리(柱坐)는 볼록한 원형으로 직경 약 0.6m. 2호 院落 서쪽 담장에서 동쪽 약 2.5m 거리에 위치함.

○ N2 : 소형 강돌을 채운 초석구덩이와 초석으로 구성. 2003JMⅡF2S1과 남북으로 마주보고 있으며, 양자 사이에 강돌 깔린층이 보임. N1의 동쪽 3.75m 거리에 위치함.

○ N3 : 소형 강돌을 채운 초석구덩이와 초석으로 구성. N2와 N3 사이에 강돌 깔린층이 있음. N3과 S2는 남북으로 서로 마주 보고 있음. N2의 동쪽 약 2.5m 거리에 위치함.

○ N4 : 소형 강돌을 채운 초석구덩이. S3과 남북으로 서로 마주 보고 있음. N3의 동쪽 약 2.5m 거리에 위치함.

ⓒ 3호 건축유적(2003JMⅡF3)

○ 위치 : 2호 院落의 중부 서쪽에 위치. 서벽은 원락의 서쪽 담장에서 약 2.4m 거리. 남벽은 2003JMⅡF2에서 약 3m 거리.

○ 현황 : 강돌로 1단 쌓은 서벽 및 북벽의 일부 구간이 남아 있음. 전체적인 윤곽이 방형 혹은 장방형이라는 것만 추정할 수 있을 뿐 구체적인 성격을 파악하기 힘듦.

○ 서벽 : 길이는 약 8.6m인데, 결실된 부분이 3곳 있음.

○ 서벽과 북벽의 관계 : 대략 직각으로 서로 연결되어 있음.

○ 북벽의 잔존 구간 : 북벽 西段에 잔존길이 약 4m가 남아 있음.

○ 남벽의 잔존 흔적 : 서남부에 강돌 퇴적층이 잔존함. 남벽의 잔흔으로 추정됨.

ⓔ 4호 건축유적(2003JMⅡF4)

○ 위치 : 2호 院落의 서북부. 건물지의 서부는 2호 院落의 서쪽 담장과 잇닿아 있고, 2003JMⅡF3과의 남북 간격은 약 2m임.

○ 형태 : 강돌로 벽체 기초를 축조, 전체적인 형태는 대략 방형임.

○ 보존상태 : 네 벽체가 대부분 파괴됨. 남벽과 북벽 서단에 벽체 기초가 약간 남아 있음.

○ 규모 : 남벽의 잔존길이 약 6m, 너비 약 0.5m. 북벽 잔존길이 약 5.5m. 서벽의 길이는 약 10m임. 동벽과 서벽의 간격은 약 10m. 한 변이 10m인 방형 건물지로 추정됨.

○ 동북부의 부속시설 : 동북 모서리 북쪽에 부속 시설의 잔흔이 남아 있음.

○ 초석 : 서북 모서리의 북벽상에 큰 석괴가 있는데 초석으로 추정됨.

ⓜ 5호 건축유적(2003JMⅡF5)

○ 위치 : 4호 건축유적의 동북부에 위치함. 4호 건물지보다 북쪽으로 치우침. 남벽은 4호 건축유적의 남벽보다 북쪽으로 약 2m 이동. 서벽은 4호 건축유적의 동벽과 잇닿아 있음.

○ 형태와 규모 : 잔존하는 벽체 유적을 근거로 방형 혹은 장방형 건축지로 추정할 수 있는데, 동서 길이는 약 11.5m로 추정됨.

○ 발굴상황 : 남벽, 동벽, 서벽의 일부 발굴. 북벽은 전면적인 발굴을 하지 못함.

○ 남벽 : 남벽의 西半部 벽체 기초가 남아 있는데, 잔존길이는 약 9m임.

○ 서벽 : 남벽과의 연결 부분은 결실됨. 서벽의 잔존길이는 약 8.75m, 잔너비는 약 0.5~1m임.

○ 서벽과 연결된 유구 : 서벽 남단에서 3m되는 지점에 서벽과 연결된 동서방향의 벽체 흔적이 남아 있는데, 잔존길이는 약 2.5m임. 벽체의 성격은 확정할 수

없음. 서벽 남단에서 약 6m되는 지점에서도 서벽에서 동쪽으로 뻗어나간 벽체 구간을 발굴함. 이 벽체의 잔존 부분은 'ㄱ'字 모양으로 처음에는 동쪽으로 이어지다가 북쪽으로 꺾여짐. 동쪽으로 이어지는 부분의 길이는 약 3.5m. 북쪽으로 꺾인 부분은 최소 2m 이상임. 건물지의 북부가 정리되지 않아 'ㄱ'자형 벽체의 성격을 파악하기는 힘듦.

○ 동벽 : 南段의 일부 벽체 기초만 잔존하는데, 잔존 길이는 약 2.5m, 너비는 약 1m임.

○ 초석 : 남벽에서 1m 떨어진 건물지 서남부에서 큰 석괴를 1개 발굴함. 석괴 北部에는 작은 강돌이 흩어져 있는데, 초석 유구로 추정됨. 이 유구 동쪽 약 17.4m 지점에도 불규칙한 석괴와 작은 강돌퇴적층이 있음. 이 퇴적층의 동남측에서 남북방향으로 분포된 띠 모양의 강돌 퇴적층 발굴. 이들 유구는 심하게 파괴되어 동일 건물의 기초인지 판단하기 힘든 상태임.

(4) 3호 院落유적(일련번호 2003JM Ⅲ, 그림 6)

○ 위치 : 3호 원락유적(2003JM Ⅲ)은 발굴구역의 서부에 위치함.

○ 현황 : 유적이 발굴구역 서쪽 외곽으로 이어져 있는데, 비포장도로 구역이어서 전면 발굴을 진행하지 못함.

① 담장(院墻)유적

3호 院落의 동벽 및 남벽의 일부 구간을 발굴함.

㉠ 院落의 동벽

○ 보존상태 : 南段 및 中段 일부 구간의 벽체 기초가 남아 있음.

○ 동벽 남단 : 잔존한 벽체 외면이 내면보다 길며, 내부에 강돌을 채운 기초가 남아 있음. 잔존길이는 약 15.5m, 기저부의 너비는 약 1.6~1.75m임.

○ 동벽 중단 : 벽체 내외면 1단이 斷續的으로 잔존해 있음. 잔존길이는 약 15m, 기저부의 너비는 약

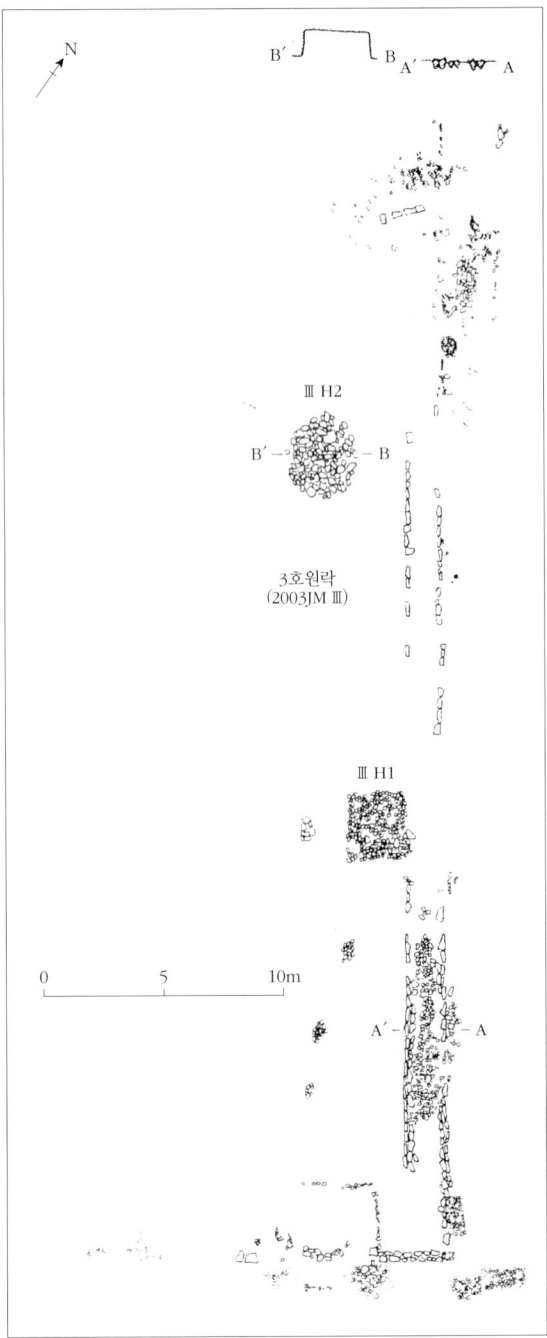

그림 6 3호 院落 평면·단면도(『國內城』, 172쪽)

1.5m임. 동벽 남단과 중단 사이에 약 6m 정도의 결실 구간이 있음.

○ 2호 院落 서벽과 3호 院落 동벽의 간격은 약 2.5~2.6m임. 3호 院落 동벽 중단 북부에는 2호 院落 서벽

과 3호 院落 동벽 사이에 강돌 퇴적층이 있는데, 파괴된 벽체 잔흔으로 추정됨.

ⓒ 院落 남벽
○ 현황 : 남벽 東端에 벽체가 잔존해 있는데, 잔존길이는 약 3.5m임. 벽체 외벽은 동벽의 외벽과 직각으로 연결되며, 안쪽에서는 벽체 흔적을 발견하지 못함. 남벽 東端의 서쪽에도 강돌 퇴적층이 흩어져 있는데, 교란된 남벽의 벽체 잔흔으로 추정됨.
○ 남벽 동단 안쪽의 유구 : 남벽 유적이 잔존한 서단에는 남북방향으로 뻗어나가다가 서쪽으로(보고서에는 동쪽, 오기로 추정됨) 꺾여진 'ㄱ'字 모양의 강돌 벽체 흔적이 있는데, 그 성격은 명확하게 판명하기 힘듦. 남북방향 벽체의 길이는 2.75m이고, 동서방향 벽체의 잔존길이는 3m임.
○ 2호와 3호 원락 사이의 담장과 통로 : 2호 院落의 서남 모서리와 3호 院落의 동남 모서리 사이의 남측에서 동서방향으로 뻗어나간 띠 모양의 강돌 퇴적구간을 발굴함. 길이는 약 3.2m, 너비는 약 0.8m~1.2m임. 2호 院落과 3호 院落 사이의 공백 지대를 막기 위한 유구로 추정됨. 이로 보아 1호 院落 서남 모서리와 2호 院落 담장 동남 모서리 사이의 벽체 외측에서 확인된 강돌 퇴적층도 동일한 성격의 유구로 추정됨. 만약 상술한 추론이 성립된다면, 3기 院落의 東西 양측 담장에는 서로 통하는 통로가 있었을 것임.

② 院內 유적
○ 현황 : 3호 院落 구역 내부의 동벽 부근에서 강돌과 불규칙한 석괴를 가득 채운 구덩이를 2곳 발굴함. 양자는 남북방향으로 분포하여 남에서 북으로 2003JM Ⅲ H1, 2003JM Ⅲ H2로 편호함.
○ 그밖에 작은 강돌을 퇴적한 유구를 몇 곳 확인함.

㉠ 2003JM Ⅲ H1
○ 위치 : 동벽 南段 북부의 서측에 위치함. 제2층 아래에 위치하며 제3 퇴적층을 파괴함. 구덩이 밑면은 제3 퇴적층보다 높음. 구덩이 내부를 발굴하지는 않음.
○ 형태와 규모 : 평면 형태는 방형이며, 규모는 남북 길이 약 2.7m, 동서 길이 약 2.5m임.
○ 주변 유구 : 이 구덩이의 서부와 서남부에서 작은 강돌 퇴적유구 4곳을 확인함. 그 성격은 불분명함.

㉡ 2003JM Ⅲ H2
○ 위치와 층위 : 2003JM Ⅲ H1의 서북부에 위치함. 2003JM Ⅲ H1과의 직선거리는 약 12m이고, 2호 院落 서벽과의 간격은 약 2m임. 층위 관계는 2003JM Ⅲ H1과 같음.
○ 형태와 깊이 : 이 구덩이의 평면은 원형인데, 직경은 약 3~3.5m임. 구덩이의 벽은 곧고 바닥은 활모양인데, 깊이는 약 1m임.
○ 구덩이 내부 : 강돌과 불규칙한 석괴로 메워져 있는데, 석괴는 2003JM Ⅲ H1 구덩이의 석괴보다 큼.
○ 발굴구역이 제한되어 있어 3호 院落의 동부(보고서에서는 서부로 오기)만 일부 발굴, 이로 인해 3호 院落의 서부에 2003JM Ⅲ H1, 2003JM Ⅲ H2와 상응하는 유적 현상이 있는지 판단하기 힘들며, 유구의 성격을 판명하기도 어려움.

3) 石柱 유적

(1) 『通溝』上의 기술내용

① 석주(그림 7)
○ 마을에는 석주 2개와 초석 2개가 나란히 남아 있음. 석주의 거리는 50步쯤 되고, 校숨(소학교 건물) 뒤쪽 민가의 담벽을 끼고 그 동서에 서 있음.
○ 화강암으로 만들었는데, 평면은 방형에 가깝고 동

쪽의 것은 지상 높이가 7尺이 못되고, 서쪽의 것은 약 8尺임.

○ 표면은 평평하고 윤이 나며, 다듬은 흔적이 있음. 동쪽 석주(東石)의 동, 서 2면에 특별히 기록한(분명한) 것이 있음. 그러나 석주에 문자가 새겨져 있었던 것인지는 명확하지 않고, 그 용도도 미상임.

② 초석(그림 7)

○ 2기의 석주(立石)와 함께 또 2개의 초석이 남아 있음.

○ 하나는 동쪽의 立石으로부터 남쪽으로 6尺 정도 되는 곳이자 서쪽 방향으로 1丈 4尺 5寸되는 민가의 동벽 가까운 곳에 위치함. 다른 하나는 서쪽의 立石으로부터 안길로 민가의 서벽 곁을 지나 서쪽 3丈 2尺 지점이자 북쪽으로 치우쳐서 9尺 정도 되는 지점에 위치함.

○ 화강암을 다듬은 것인데, 상면을 두께 3寸 8分, 內區의 직경 2尺 2寸인 팔각형으로 다듬었음. 이들 초석은 위의 立石과 함께 본래 위치를 잃지 않았고, 상호 관계가 있을 것으로 생각되지만, 표면적인 조사만으로는 그 관계를 명확하게 할 수 없음.

(2) 『集安縣文物志』(1984)의 기술내용

① 위치와 주변 환경

○ 太王鄕 民主 3隊 마을에 위치.

○ 북쪽 0.5km 거리에 집안 기차역이 있고, 서쪽 2.5km 거리에 집안현성 소재지가 있음. 마을 북쪽으로 멀지 않은 곳에 기다란 웅덩이가 있고, 웅덩이를 지나 남쪽방향으로 높고 평탄한 臺地가 있는데, 지세는 북쪽이 약간 낮고 남쪽이 높음. 석주는 이 대지의 북편에 우뚝 솟아 있음.

② 형태와 크기

○ 석주는 모두 2개, 동서 방향으로 서 있음. 모두 方

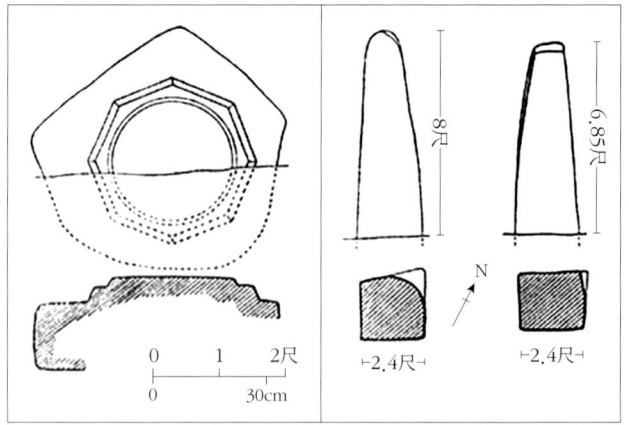

그림 7 석주와 초석(『通溝』上, 46쪽)

錐形으로 위가 좁고 아래가 넓음. 기둥 사이의 거리는 40m.

○ 동쪽 석주(東柱): 높이 2.2m, 너비(幅寬) 0.34~0.64m.

○ 서쪽 석주(西柱): 높이 3.6m, 너비(幅寬) 0.4~0.77m.

③ 특징

○ 기둥은 다듬었고, 斷面은 正方形. 그 위에 글자를 새긴 흔적은 없음.

○ 기둥 꼭대기는 완만한 원형인데, 가공한 흔적은 보이지 않음.

○ 초석: 두 석주의 내측에 각각 팔각형 礎石이 한 개씩 있으며 정밀하게 가공. 석주(柱基)와 초석 간의 거리는 4~5m로 같지 않으며, 석주와 관련 있는 건축유적일 것으로 추정됨.

④ 발굴 경위

○ 1962년 9월 10~20일에 北·中 聯合考古隊가 東邊 석주의 기초(柱基)에 대하여 발굴정리를 진행함.

○ 석축의 기초와 석벽(石墻)을 발견함. 석주의 매장 깊이가 약 1.2m임을 측량함. 유물은 발견되지 않았음.

⑤ 주변 유적 및 석주의 성격

○ 주변 유적 : 석주의 서북편 40m 되는 곳에 고구려 시기의 건축지가 있음. 지표에서 니질의 붉은색 토기, 암키와, 수키와 등을 채집, 분포 범위가 5,000m²에 달하며, 기와의 윗면 문양과 제작방법이 고구려 국내성, 환도산성 출토품과 동일함.

○ 석주의 성격 : 석주의 위치 및 주위 유적 분포의 상황에 근거해, 이 석주는 일종의 중요 건축물 앞에 세우는 石闕로 원래 그 위와 왼쪽 가까이에 나무 재질의 屋頂과 子闕이 있었을 것으로 추측됨. 지금은 모두 썩어서 남아 있지 않음.

○ 석주 및 그 부근의 유적으로 보아 이곳은 고구려시기에 비교적 중요한 제사 장소였을 것으로 추정됨. 석주에서 북쪽으로 1km 떨어진 우산 남쪽 기슭에 五盔墳과 四盔墳 등이 있는데, 이 묘장은 봉분이 높고 크며, 배열에 질서가 있고 서열이 분명함. 왕실의 묘지와 유사. 이 석주는 이들 고분의 神道 石闕일 것으로 추정됨.

(3) 『國內城』(2004)의 기술내용

① 전체현황

○ 1호 院落 동측 약 13.5m 거리에 石柱 2기가 있으며, 3호 院落의 남벽과 대략 동서방향으로 일직선상에 배열된 양상을 띰.

○ 두 석주의 동서방향 거리는 약 40m이며, 두 석주 사이에 동서방향으로 배열된 가옥이 2채 있는데, 거의 석주 사이의 공간을 차지하고 있음.

○ 석주 기초부의 구조 및 석주의 성격을 깊이 탐색하기 위해 석주의 지하 매장 부분을 발굴함. 총 발굴면적은 59.07m²임.

○ 1963년 9월에[1] 北·中 연합고고팀이 석주를 조사

---

[1] 『集安縣文物志』에는 '1962년 9월 10~20일'이라고 기재되어 있음.

하였으나, 자료를 아직 발표하지 않았음. 그해 작업에 참여하였던 集安縣博物館 林至德이 발굴현장을 촬영하였는데, 이 사진은 현재 集安市博物館에 소장되어 있음. 이 사진은 현재 볼 수 있는 당시 조사 상황과 관련된 유일한 자료임.

② 동측 石柱遺跡(그림 8)

㉠ 위치와 주변 환경

石柱는 民主 3隊 마을 주민인 韓春林의 주택 동측의 채소밭 안에 위치하며, 북, 동, 남측의 가까운 거리에 세 가구가 있음. 주택이 막고 있어서 마당을 들어서야만 비로소 석주의 존재를 알 수 있는데, 이번에 조사한 면적은 41.25m²임.

㉡ 지층 현황

○ 석주 아래에서 두 층의 지층퇴적을 정리함.

○ 제1층 : 흑갈색 경작 토층. 잡색토가 비교적 다량 포함되어 있고, 현대의 매립토가 묻혀있음. 토층 두께는 약 0.5~0.6m임.

○ 제2층 : 황갈색 沙壤土로 土質은 비교적 푸석푸석함. 석주 북부의 벽체 기초가 이 퇴적층에 위치하는데, 그 일부 구역은 이 층의 퇴적을 파괴시켰음. 유적현상을 보존하기 위해 제2층 퇴적에 대해 전면적인 발굴을 진행하지 않았으며, 두께는 분명하지 않음.

㉢ 석주의 제원과 축조방식

○ 재질과 크기 : 석주는 화강암질이며, 전체 높이는 3.25m임. 지표상에 2.15m가 노출되어 있고, 지하에 매장된 깊이는 1.1m임.

○ 형태와 특징 : 석주는 네 모서리가 뽀족하고 기둥은 위가 좁고 아래는 넓으며, 꼭대기 부분은 다듬고 갈지 않아 불규칙한 弧圓形을 띰. 남, 동, 서 3면은 다듬는 공정을 거쳐 기둥면이 가지런하지만, 북측 면은 다소

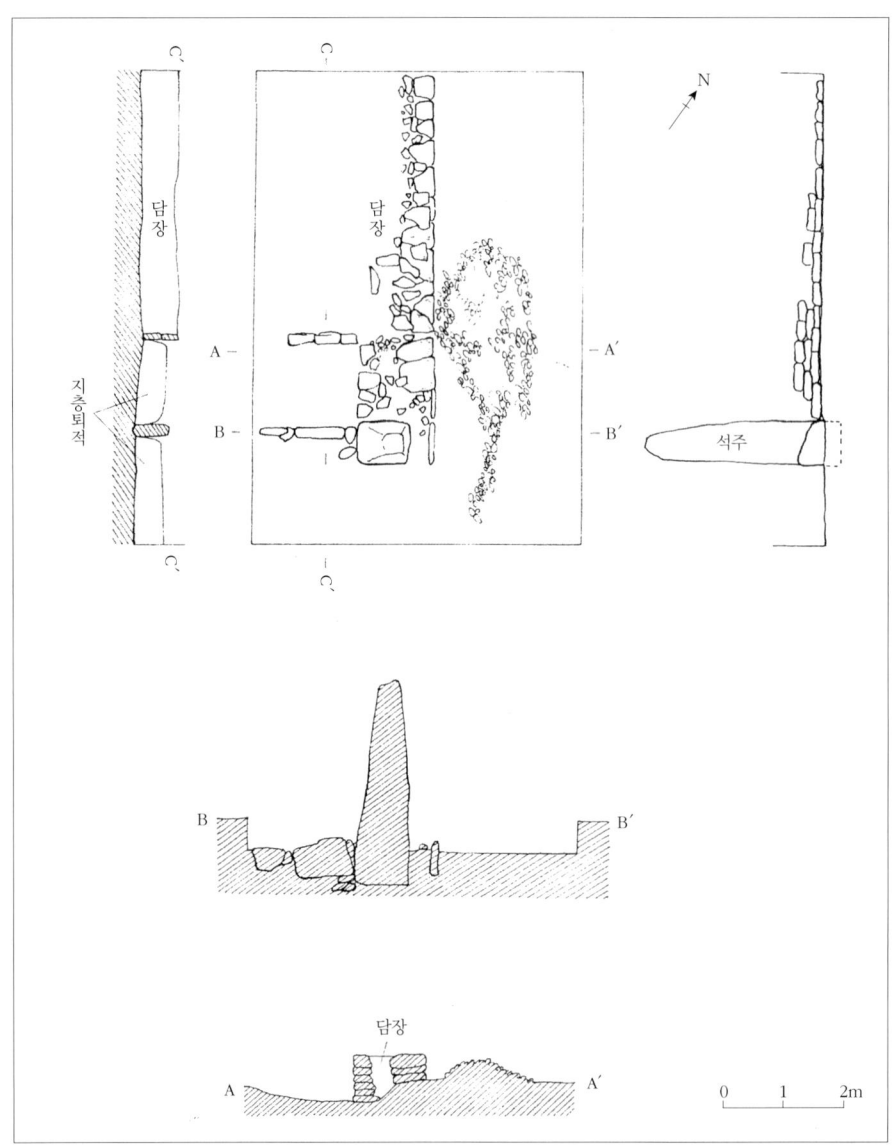

그림 8
동측 석주유적 평면도와
단면도(『國內城』, 176쪽)

거침. 석주의 네 측면의 입면 상에는 모두 문자가 새겨져 있지 않음.

○ 입석 방법 : 석주 基底의 서측에 석회암 석괴(立石)를 세워 석주 기초 부분을 지지하였고, 立石 바닥과 서측에 立石을 견고하게 바치는 강돌이 보이고, 立石과 석주 사이의 빈틈에는 강돌을 가득 채웠음.

○ 석주의 북측 벽체 : 석주 기초 부분의 북측에서 남북 방향의 벽체 유구를 발굴조사함. 이 벽체는 석괴를 사용해 쌓았는데, 벽체의 南端은 석주의 북측 입면에 붙어 있음.

○ 외측 벽체 : 내외 벽체 가운데 외측(東) 벽체가 상대적으로 잘 보존되어 있음. 다소 넓어 돌출해 보이는 석주의 동측 입면에 맞추어 불규칙한 석회암 석괴를 축조하였음. 가장 높은 곳은 3단의 벽체가 잔존해 있는데, 각 층 사이는 서로 맞물리게 쌓았음. 외측 벽체에 근거해 판단해보면, 벽체의 基底는 석주의 바닥과 평행하지 않고, 벽체의 基底가 석주의 바닥보다 약 0.35m 정도 높음. 발굴구역이 제한되어 있어 약 5.8m만 발굴하

였고, 북쪽으로 이어진 부분에 대해서는 발굴하지 못했음.

○ 내측 벽체 : 내측(西) 벽체의 남단은 석주의 서측 입면과 남북방향으로 일직선을 이루는데, 북쪽으로 1.25m 뻗어나가다가 직각으로 서쪽으로 꺾인 다음 서쪽으로 뻗어나감. 마을 주민의 창고를 경유하고 있어 서쪽으로 뻗어나간 벽체는 1.3m만 조사함. 서쪽으로 꺾이기 전 남북방향 벽체의 너비는 약 1.3m이고, 벽체 내부는 강돌과 황갈색 점토로 구성된 혼합 벽체임. 3단의 벽체가 잔존해 있는데, 벽체의 基底와 석주의 바닥은 평행을 이루며, 불규칙한 석괴를 사용해 서로 맞물리게 쌓아 올렸는데, 석괴의 빈 틈 사이에는 작은 강돌을 채워 넣었음. 서쪽으로 꺾인 후의 동서방향의 벽체도 서로 맞물리게 쌓았고, 제1층과 제3층의 벽체는 불규칙한 석괴를 사용했고, 제2층 벽체는 석회암 석괴를 사용함. 내측 벽체가 꺾이는 지점의 석괴는 서로 맞물려 있지 않음. 서쪽으로 꺾인 후의 동서방향 벽체의 북쪽 구역은 황갈색 점토로 가득 채워져 있고, 발굴구역이 비교적 작아 그 구조와 성격을 명확히 판단할 수 없음.

○ 석주 기초부분의 남측과 그 북측 벽체의 동측에서 강돌 석괴를 발굴조사함. 여러 가지 흔적으로 보아 이 석괴는 원위치에 매장된 것이 아니고, 교란되어 다시 퇴적된 것으로 판단됨.

③ **서측 石柱 유적**(그림 9)

㉠ 위치와 주변 환경

○ 석주는 民主 3隊 마을 주민인 王仁春의 주택 서쪽의 채소밭에 위치하고 있으며, 동, 남 양측 4m 정도 거리에 주택지가 있음. 서측에 집안현 인민정부가 1963년에 세운 석주 유적 보호 표지판이 세워져 있으며, 북측은 채소밭임. 이 석주에서 1호 院落 남벽 잔흔까지의 거리는 약 13.5m.

○ 발굴한 면적은 17.82m²임. 층위 관계는 동측 석주와 동일함.

㉡ 석주의 제원과 특징

○ 화강암임. 전체 높이 3.1m로 지표상에 드러난 부분은 2m, 지하에 매장된 부분은 1.1m.

○ 석주는 사각추 모양으로 기둥 윤곽은 동측 석주와 기본적으로 같음. 현재 기둥은 약간 서남방향으로 기울어져 있음. 동측 석주와 마찬가지로 이 석주 4면 기둥 입면에는 모두 문자가 새겨져 있지 않음.

○ 서, 남 양측 입면은 아주 정교하게 다듬고 갈아서 기둥면은 가지런함. 동, 북 양 입면은 거칠게 다듬었고 기둥면은 가지런하지 않음.

○ 석주의 바닥은 평탄하지 않아 서쪽이 높고 동쪽이 낮음. 이에 석주의 평형을 유지하기 위해 바닥의 동측에 강돌을 깔았음.

㉢ 발굴조사

○ 석주 북측에서 지표 아래 약 0.8m 깊이의 황갈색 모래층에서 길이 약 3m인 남북방향의 벽체 기초 잔흔을 발굴조사함.

○ 이 벽체 남부는 훼손되어 석주의 북측 기둥면과 1m 정도의 틈새가 존재하는데, 그 사이는 현대 구덩이에 의해 파괴되었음. 벽체의 북부는 북쪽으로 뻗어 있는데, 발굴구역의 제한으로 발굴하지 못함.

○ 벽체의 동서 양측 벽면은 불규칙한 석회암 석괴로 축조했고, 내부를 축조한 부분은 남아 있지 않음. 벽체의 기초 부분은 석주의 바닥과 평행하지 않고 석주의 바닥(底部)보다 약 0.25m 높음. 벽체 기초 부분의 너비는 약 2m인데, 동서 양측의 벽체는 모두 石柱의 동서 양측 입면보다 넓음.

○ 동측 벽체는 약 1.5m를 조사했음. 2층의 벽체가 잔존하며 상층 벽체는 안쪽으로 들여쌓기를 하였는데, 석괴를 서로 맞물리게 쌓음.

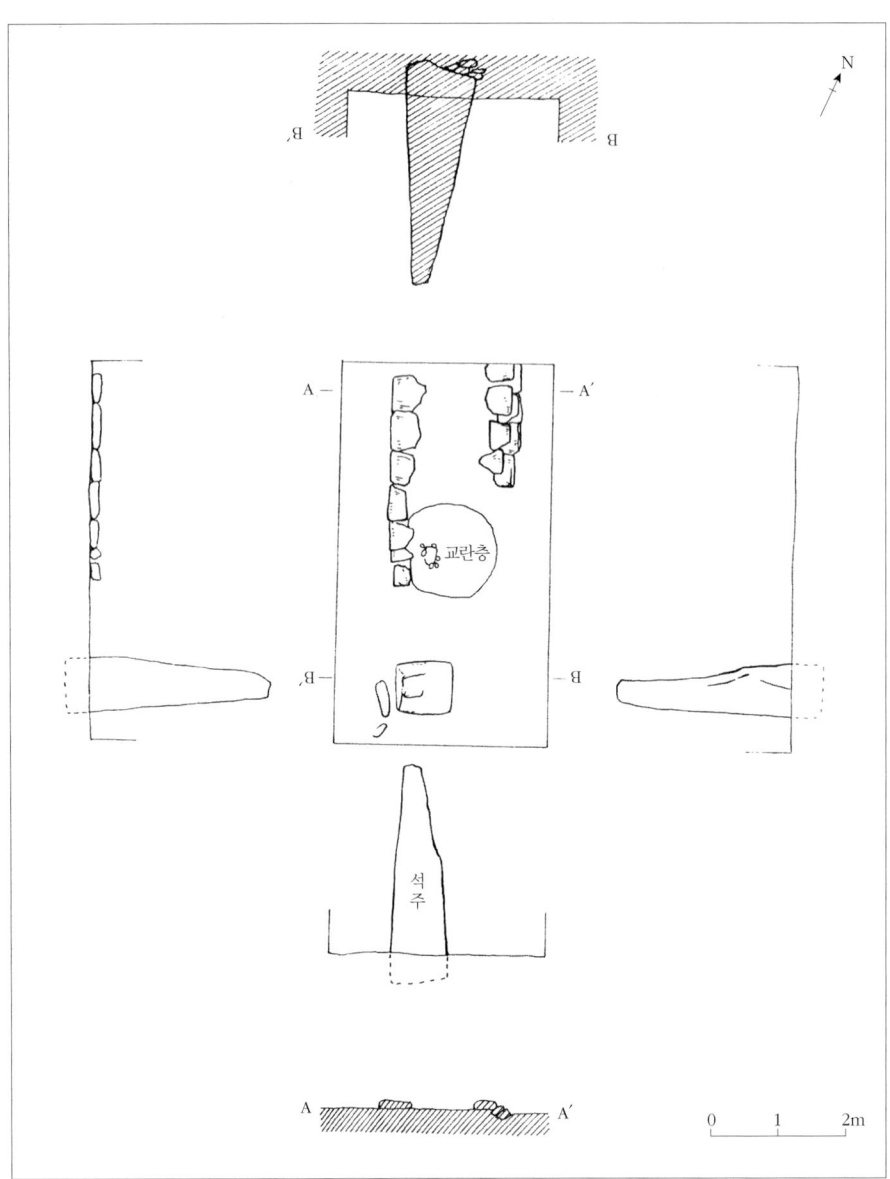

그림 9
서측 석주유적 평면·단면도
(『國内城』, 179쪽)

○ 서측 벽체는 약 3m를 조사했는데, 바닥층만 남아 있었음.

4. 출토유물(그림 10)

○ 3기의 院落구역 내에서 유물이 다량 출토되었음.
○ 2호 院落의 제3층면에서 '開元通寶' 출토(일련번호: 2003JMⅡ:1, 그림 10-2).
○ 網格紋 홍갈색 암키와 잔편, 시유 토기, 니질 회색 토기 및 황갈색 토기, 모래혼입 회갈색 토기, 황갈색 토기편 등도 출토됨. 토기 기형으로는 단지(罐), 동이(盆), 시루(甑) 등이 있는데, 국내성 출토 고구려 토기와 동일함.
○ 1호와 2호 院落에서 출토된 팔각형 초석은 고구려시기 초석의 전형적인 특징을 가지고 있음. 출토유물상 3기의 院落은 고구려시기의 건축유적으로 파악됨.
○ 쌍선 능형문 벽돌(雙線菱形紋塼:2003JMDSZ:1, 그

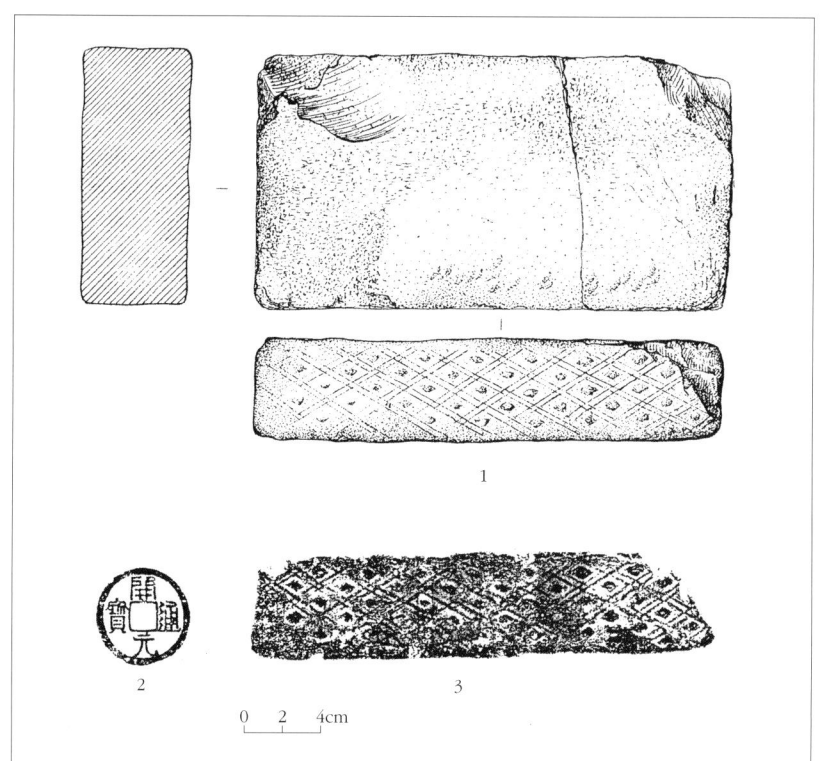

그림 10
민주유적 출토유물(『國內城』, 178쪽)
1, 3. 능형문벽돌(2003JMDSZ:1)
2. '開元通寶'(2003JM Ⅱ:1)

림 10-1·3).

- 출토지점 : 동측 석주 북측의 벽체.
- 제원 : 길이 24.6cm, 너비 12.6cm, 두께 2.5cm.
- 특징 : 회갈색의 장방형 벽돌로 한쪽 끝 입면에 부조 능형문 도안을 얕게 장식하였음. 쌍선 능형문 내부에 마름모꼴 凸起文이 들어 있음.

5. 역사적 성격

민주유적은 고구려 두 번째 도성인 국내성지의 동쪽 약 1.5km에 위치하는데, 유적의 서남쪽에는 4세기의 권운문와당이 출토된 기상대유적이 있음. 민주유적의 북쪽으로는 五盔墳을 비롯한 禹山下古墳群이 분포하며, 남쪽 약 0.6km 거리에는 압록강이 서남쪽으로 흘러가고 있음. 현재의 지형상 민주유적은 禹山과 압록강 사이의 평원지대에 위치하는 것으로 파악됨.

민주유적은 3기의 院落과 그 내부의 건물지로 구성되어 있음. 각 院落의 담장은 靑石, 화강암, 석회암 석괴를 사용하여 축조했고, 벽체 내부는 강돌로 채웠음. 벽체는 심하게 파괴되었는데, 잔존 상황으로 보아 아래에서 위로 올라갈수록 안으로 들여쌓은 퇴물림 축조법을 채용한 것으로 보임. 또 院落 내부 구역의 토질은 顆粒 형태의 흑색 점토를 소량 함유한 황갈색 점토층인데, 院落 유적이 조영된 제3층의 황갈색 사질토층과는 명확하게 차이가 남. 이로 보아 황갈색 점토는 유적 내부에 깐 흙다짐층으로 추정됨.

3기의 院落 내부에서는 유물이 다량 출토되었는데, 그중 2호 院落의 제3층 퇴적층에서 '開元通寶' 1건이 출토됨. 그밖에 網格紋을 시문한 홍갈색 암키와편, 시유 토기, 니질의 회색토기와 황갈색토기, 모래가 혼입된 회갈색토기와 황갈색 토기편 등이 출토되었음. 토기의 기형으로는 단지(罐), 시루(甑) 등이 있는데, 그 재질과 형태는 국내성지에서 출토된 고구려시기의 토기와 차이가 없다고 함. 또 1호 院落과 2호 院落에서 발견된 팔각형 초석은 고구려시기 초석의 전형적인 특징을 가지고 있음. 이로 보아 민주유적을 구성하는 院落은 고구려시기의 건축유적으로 파악됨. 다만 유적에서는 건축 규모에 비해 건축 부재가 극히 소량만 출토됨. 이에 보고자는 미완성된 고구려시기의 건물지일 가능성을 제기하기도 함.

1호 院落 내부에서는 규모가 비교적 큰 건물지 2개가 조사되었는데, 그 가운데 1호 건물은 정면 약 20m, 측면 9.5m로 총면적이 57.35평에 이르고, 2호 건물은 한 변 6m인 정방형의 소규모 건물임. 이에 2호 건물을 1호 건물의 부속시설로 상정한 다음, 1호 건물은 내부 전체가 한 공간으로 이루어진 중층 건물로 높은 천장의 중앙에 보개천장을 만든 治朝 건물일 가능성을 제기하기도 함(서정호, 2005, 84~85쪽).

한편 국내성지 동남 모서리 외곽에는 압록강의 舊流路가 있는데, 민주유적과 기상대유적의 동남쪽에도 압록강 舊流路의 흔적으로 추정되는 웅덩이나 저수지가 산재해 있음. 고구려시기에는 압록강이 민주유적~기상대유적에 근접하여 흘렀을 것으로 추정됨. 민주유적과 기상대유적이 지금은 우산과 압록강 사이의 평지에 자리한 것으로 보이지만, 고구려시기에는 압록강변에 동북-서남 방향으로 기다랗게 뻗은 하안단구(자연제방)에 위치했을 가능성이 큰 것임(그림 2 참조). 이에 기상대 유적에서 4세기의 권운문와당이 출토된 사실에 주목하여 민주유적과 기상대유적 일대에 평양천도 이전부터 압록강의 水運驛站과 관련한 건물이나 시설이 조영되었을 가능성을 상정하기도 함(여호규, 2019, 26~29쪽).

참고문헌

- 關野貞, 1914, 「滿洲輯安縣及び平壤附近に於ける高句麗時代の遺跡(2)」, 『考古學雜誌』 5卷 4號.
- 池內宏·梅原末治, 1938, 『通溝』 上, 日滿文化協會.
- 關野貞, 1941, 「滿洲國輯安縣に於ける高句麗時代の遺跡」, 『朝鮮の建築と藝術』, 巖波書店.
- 吉林省文物志編委會, 1984, 『集安縣文物志』.
- 國家文物局 主編, 1993, 『中國文物地圖集』 吉林分冊.
- 李殿福(차용걸·김인경 역), 1994, 『중국내의 고구려 유적』, 학연문화사.
- 魏存成(신용민 역), 1996, 『고구려 고고』, 호암미술관.
- 吉林省文物考古研究所·集安市博物館, 2004, 『國內城, 2000-2003年集安國內城與民主遺址試掘報告』, 文物出版社.
- 서정호, 2005, 「집안 민주유적 건물지의 성격에 관한 연구」, 『고구려연구』 19.
- 여호규, 2019, 「고구려 국내성기의 도성 경관과 토지 이용」, 『고구려발해연구』 65.

04 집안 기상대유적
集安 氣象站遺址 | 氣象臺遺址

1. 조사현황

○ 마을 주민들이 저장구덩이를 파다가 건축자재와 유물을 많이 출토했다고 함.
○ 1962년에 集安縣 현급문물보호단위로 지정됨.

2. 위치와 자연환경 (그림 1)

○ 집안현성에서 동쪽으로 1km 떨어진 우산 남쪽 기슭의 평지에 위치함.
○ 남쪽 약 0.5km에 압록강이 있음.
○ 繁榮路가 유적지를 관통하며, 유적지 동편에 集安市 氣象臺가 위치함.

3. 유적의 현황

○ 지형 : 압록강 북안의 충적평지임.
○ 규모 : 분포범위는 勝利 3~5대에 걸쳐 있고, 총면

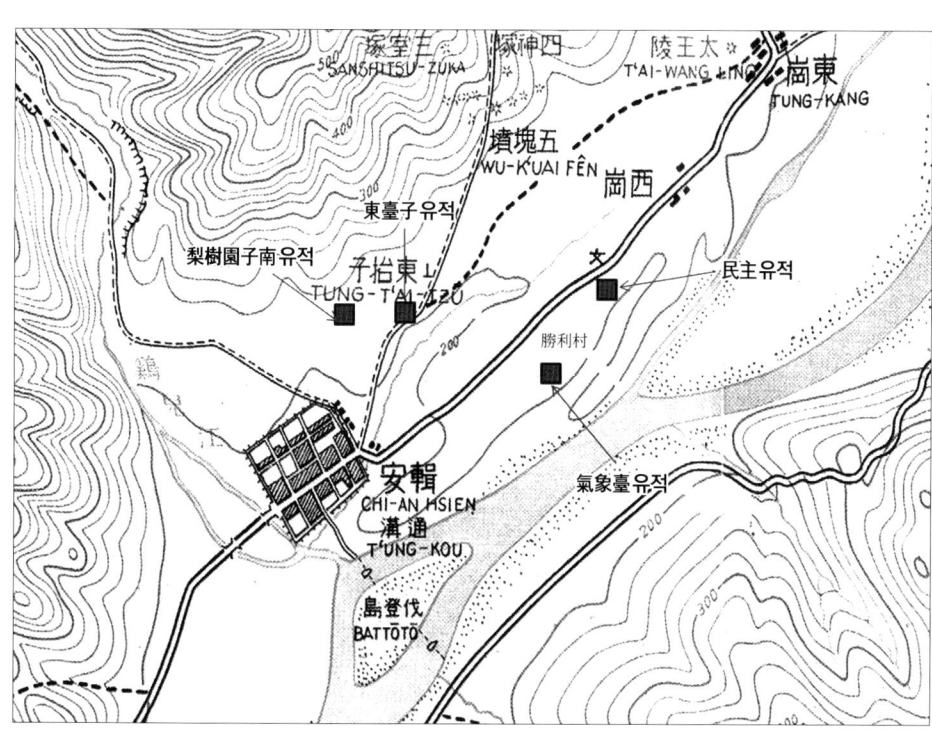

그림 1
기상대유적 위치도
(바탕도 「通溝」 上 ;
여호규, 2019, 27쪽)

적은 3만 m²임.
○ 현황 : 일찍이 마을주민이 저장구덩이를 파다가 불에 굽힌 흙덩이, 아궁이의 재퇴적층, 초석과 벽돌담장 등을 발견함. 유적은 대부분 민가 아래에 매몰되어 있음.

4. 출토유물

○ 고구려시기의 붉은색 토제어망추, 붉은색 연화문와당, 수키와와 암키와, 띠모양 그릇손잡이, 철촉 등이 출토됨.[1]
○ 遼·金시기의 회색 수면문과 인면문 와당이 출토되었음.
○ 지표 아래 30~40cm 지점에서 회색 무문 전돌을 깐 층이 발견됨. 회색 전돌은 2종인데, 대형은 길이 36cm, 너비 18cm, 두께 5.3cm이고, 소형은 길이 33cm, 너비 13cm, 두께 5cm임.

5. 역사적 성격

기상대유적은 고구려 두 번째 도성인 국내성지의 동쪽 약 1km에 위치하는데, 유적의 동북쪽에는 민주유적이 있음. 기상대유적의 북쪽으로는 禹山下古墳群이 분포하며, 남쪽으로는 압록강이 서남쪽으로 흘러가고 있음. 현재의 지형상 기상대유적은 禹山과 압록강 사이의 평원지대에 위치하는 것으로 파악됨. 이에 기상대유적에서 고구려시기의 건축자재와 함께 遼·金代의 와당이 출토된 점에 주목하여 고구려시기에 형성된 마을유적으로 遼·金시기까지 사용된 것으로 파악함(吉林省文物志編纂委會, 1983, 47~48쪽).

한편 국내성지 동남 모서리 외곽에는 압록강의 舊流路가 있는데, 기상대유적과 민주유적의 동남쪽에도 압록강 舊流路의 흔적으로 추정되는 웅덩이나 저수지가 산재해 있음. 고구려시기에는 압록강이 기상대유적~민주유적에 근접하여 흘렀을 것으로 추정됨. 민주유적과 기상대유적이 지금은 우산과 압록강 사이의 평지에 자리한 것으로 보이지만, 고구려시기에는 압록강 변에 동북-서남 방향으로 기다랗게 뻗은 하안단구(자연제방)에 위치했을 가능성이 높음(그림 1). 이에 기상대유적 부근의 勝利 消防隊에서 4세기의 권운문와당이 출토된 사실에 주목하여 기상대유적과 민주유적 일대에 평양천도 이전부터 압록강의 水運驛站과 관련한 건물이나 시설이 조영되었을 가능성을 상정하기도 함(여호규, 2019, 26~29쪽).

참고문헌
- 吉林省文物志編纂委會, 1984, 『集安縣文物志』.
- 林至德·耿鐵華, 1985, 「集安出土的高句麗瓦當及其年代」, 『考古』 1985-7.
- 白種伍, 2009, 「高句麗 卷雲文 瓦當의 成立과 그 背景」, 『白山學報』 83.
- 여호규, 2019, 「고구려 국내성기의 도성 경관과 토지 이용」, 『고구려발해연구』 65.

---

[1] 1957년에는 기상대유적 부근의 勝利村 消防隊에서 '願作'명 권운문와당이 출토되었다고 함(林至德·耿鐵華, 1985, 647쪽).

05 집안 건강유적
集安 建疆遺址

1. 조사현황

1) 1985년
○ 조사내용 : 유적을 발견. 전체 면적은 100m²이고, 문화층의 두께는 0.7m임. 지표 위에서 비교적 많은 회색·황갈색 포문기와, 니질의 회색토기편, 건축용 깬돌 등이 출토됨에 따라 고구려 유적으로 파악함. 조사 당시 논으로 개간되었음.
○ 발표 : 國家文物局, 1993, 『中國文物地圖集』吉林分冊, 中國地圖出版社.

2) 2010년
○ 조사기간 : 2010년 10~11월.
○ 조사기관 : 吉林省 文物考古硏究所, 集安市博物館.
○ 조사내용 : 通化市 通天酒業이 建疆村 부지에 포도주농장을 세웠는데, 북쪽으로 集安-丹東 도로가 지남. 原 建疆小學 및 현재의 旺玖酒業과 남북으로 마주하고 있고, 나머지 세면은 포도주농장과 인접해 있음. 점유구역 평면은 사다리꼴에 가깝고 동서길이 약 370m, 남북너비 300m, 부지 면적은 약 10만m²임. 포도주농장 건설을 위해 고고 조사를 진행함. 부지내에 단속적으로 1~2층의 문화퇴적층이 분포하는데, 문화층은 거의 전체 건설부지 범위에 걸쳐 있고, 건설부지 범위 밖으로도 확장. 문화층에서 모래혼입 홍갈색 토기편과 손잡이(橋狀耳), 홍·회색 승문기와편 등이 출토됨. 그 외에 부지내 동남부에서 기와퇴적층을 발견하였는데, 이를 통해 고구려시기의 유적임을 확인. 당시 부지 서단이 1985년 조사 때 확인된 유적지 위치였고 부지내 남아 있는 시기 또한 고구려임을 감안하면 부지내 발견된 유적은 1985년 조사 때 확인된 건강유적과 동일한 것으로 추정되는데, 확인된 유적의 범위는 1985년 조사 때 확인된 유적범위보다 훨씬 넓음. 이름을 바꾸지 않고 계속해서 건강유적이라고 부름.

3) 2011년
○ 조사기간 : 2011년 5~8월.
○ 조사기관 : 吉林省 文物考古硏究所, 集安市博物館.
○ 조사내용 : 전면적인 고고조사를 진행하였는데, 발굴 면적은 약 1,650m²임. 발굴 전 서남 모서리를 기점으로 피트를 설치하였는데, 피트는 10×10m이고, 남북향임. 발굴 과정은 크게 3단계와 3가지 목적에 따라 진행하였음. 첫 번째는 트렌치 발굴을 진행하여 훼손 구역에 잔존한 고고 정보를 최대한 획득함. 두 번째, 광범위하고 임의적인 트렌치 발굴을 진행하여 전체 지층퇴적과 유구의 잔존 현황을 파악함. 세 번째, 상기 조사를 토대로 보존상태가 양호한 지점을 전면 발굴함. 발굴 초기에는 유적지 북부에서 15개의 트렌치를 택하여 각 트렌치 내부의 2×10m를 발굴. 그런 다음 상술한 방법으로 유적지 각 방면으로 10개 트렌치를 택하여 발굴 진행. 두 차례에 걸친 피트 발굴을 통해 구역 중북부와 동남부의 지층퇴적이 비교적 두껍고 출토유물이 풍부함을 확인. 유적 중북부에서

그림 1
피트 설치 평면도
(『邊疆考古硏究』 17, 65쪽)

10×10m 피트 6개를 발굴하였는데 2011JJT1915, 2011JJT1916, 2011JJT2015, 2011JJT2016(이상 4개는 원래 2×10m를 발굴), 2011JJT2115, 2011JJT2116 등으로 편호하는 한편, 주거지(房址) 1기와 溝 1기를 조사하였고, 많은 토기를 수습함. 유적지 동남부에서는 10×10m 피트 5개를 발굴하였는데 2011JJT1124, 2011JJT1125(동부가 수구로 변모하면서 1/2만 정리), 2011JJT1123, 2011JJT1224, 2011JJT1323 등으로 편호하는 한편, 제3층과 제4층에서 띠모양으로 분포하고 있는 대량의 고구려시기 기와퇴적을 발견하였고 주거지 2기, 溝 1기, 구덩이(坑) 1개, 아궁이(竈址) 1개 등을 발굴하였음. 상술한 두 발굴구역을 제외하고 유적지 동부에서 토기편을 집중 발견하였고, 10×10m 피트 1개를 발굴하였는데, 2011JJT1624라고 편호함(원래는 2×10m로 시굴정리). 유적지 중남부에서도 기와퇴적층을 집중 발견하였고, 10×10m 피트 1개를 발굴하였는데, 2011JJT0918이라고 편호함. 모두 2×10m의 피트 20개, 10×10m의 피트 12.5개를 발굴함(그림 1).

2. 위치와 자연환경(그림 2)

1) 지리위치

○ 集安市 麻線鄕 建疆村 서남쪽 400m 지점에 위치함.
○ 서북쪽으로 600m 떨어진 지점에 西大墓가 있음.
○ 북쪽으로 700m 떨어진 지점에 麻線溝626號墓가 있음.
○ 동쪽으로 1,000m 떨어진 지점에 千秋墓가 있음.

2) 자연환경

○ 유적이 자리잡고 있는 麻線溝는 通溝盆地 가장 서쪽에 위치하는데, 동·북·서 3면은 산줄기로 둘러싸여 있고, 남쪽에는 압록강이 동북쪽에서 서남쪽으로 흘러가고 있음. 麻線河 양안을 따라 소규모 분지가 형성되어 있는데, 건강유적은 마선하 서쪽의 평지에 자리잡고 있음.

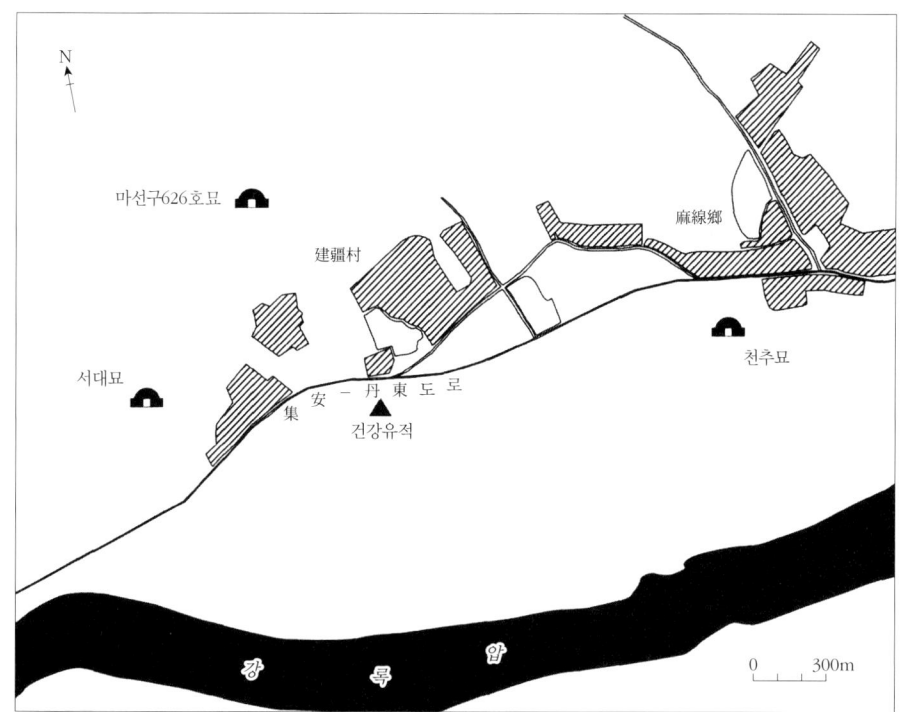

그림 2
지리위치도
(『邊疆考古研究』17, 63쪽)

3. 유적 현황

○ 지층퇴적은 5층으로 나눌 수 있음.
- 제1층 : 포도농장 경작토층임. 흑갈색으로 토질은 푸석푸석함. 유물은 거의 발견되지 않았음. 대다수 피트의 층 아래에 간격 2m, 너비 0.5m, 깊이 0.4~0.5m의 포도 시비도랑이 있는데, 유적지 제2, 3, 4층을 파괴하였음. 도랑 안에서 소량의 홍·회색 기와편과 토기편이 출토됨.
- 제2층 : 논 경작토층임. 황갈색으로 토질은 약간 단단함. 그 사이에서 황갈색 반점 모양의 물때를 많이 볼 수 있는데, 1960~1970년대 논 경작과 관련이 있음. 유적지 동남부의 여러 피트에서 교란, 분포 산란, 깨진 기와편 등을 볼 수 있고, 기타 구역에서는 기본적으로 유물을 볼 수 없음.
- 제3층 : 황토층임. 토질은 푹신푹신함. 모래가 많이 들어가 있음. 유적지 안에 단속적으로 분포함. 동남부 여러 피트에서 비교적 많은 기와퇴적을 볼 수 있음. 아울러 커다란 기와편이 원위치에서 깨져 있는 흔적을 볼 수 있음. 북부구역에서 모래혼입 토기편을 많이 볼 수 있는데, 대부분 소성온도는 높지 않고 색깔은 고르지 않으며 푸석푸석함. 대다수 홍갈색, 흑갈색, 황갈색이고 손잡이(橫·竪橋狀耳)와 바닥임. 고구려시기의 문화층임.
- 제4층 : 黑·黃花土層임. 주로 흑색토인데, 매끄러우면서 단단함. 水平層 형태의 성질을 가지고 있는데, 물 흐름에 따른 토사 침적과 관련이 있음. 황색토는 매끄럽고 푹신푹신하며, 모래가 많이 들어가 있음. 토질은 제3층과 비슷함. 흑·황색토가 혼합되어 있는데, 위치에 따라 혼합 비율은 차이가 있음. 유적 중북부는 비교적 많은 토기편을 함유하고 있는데, 토기의 재질·형태·특징은 제3층에서 출토된 것과 같음. 유적지 동남부에서는 많은 기와편을 볼 수 있는데, 기와편 또한 제3층에서 출토된 것과 차이가 없음. 고구려시기의 문화층임.
- 제5층 : 흑·황화토임. 토질과 토색은 제4층과 비슷

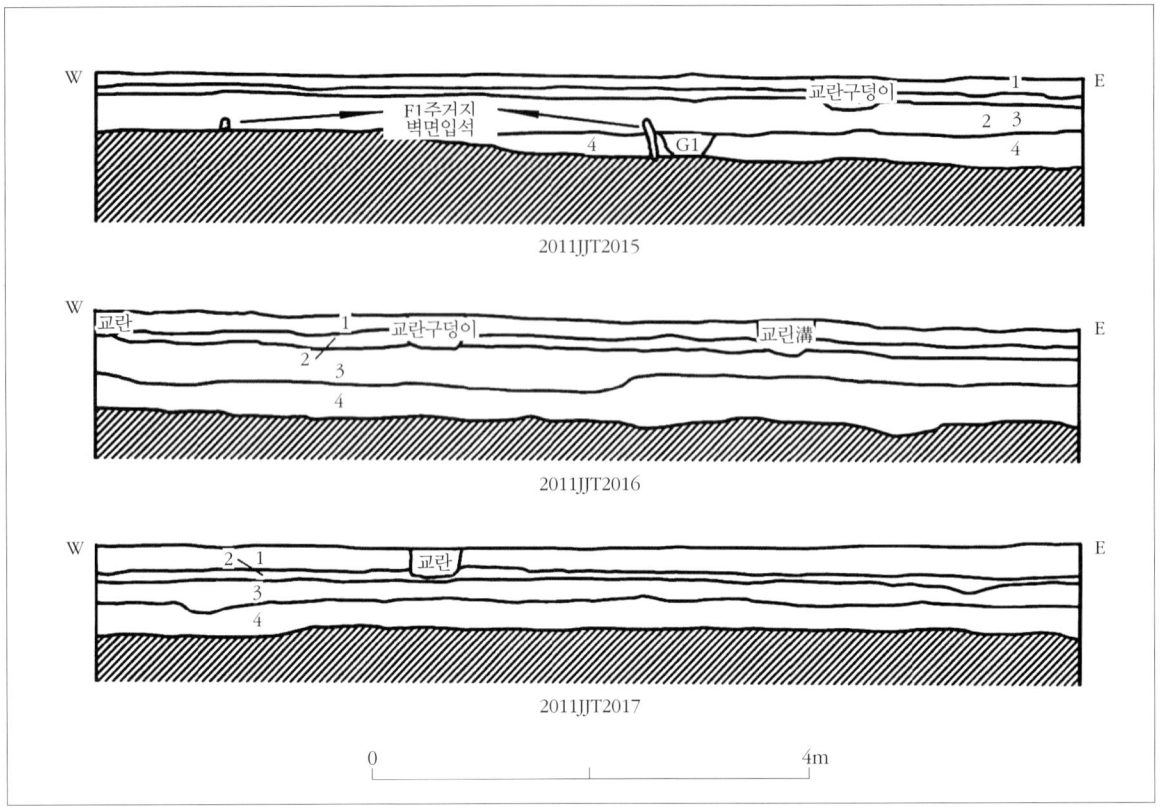

그림 3 2011JJT2015, 2011JJT2016, 2011JJT2017 북벽 단면도(『邊疆考古硏究』 17, 66쪽)

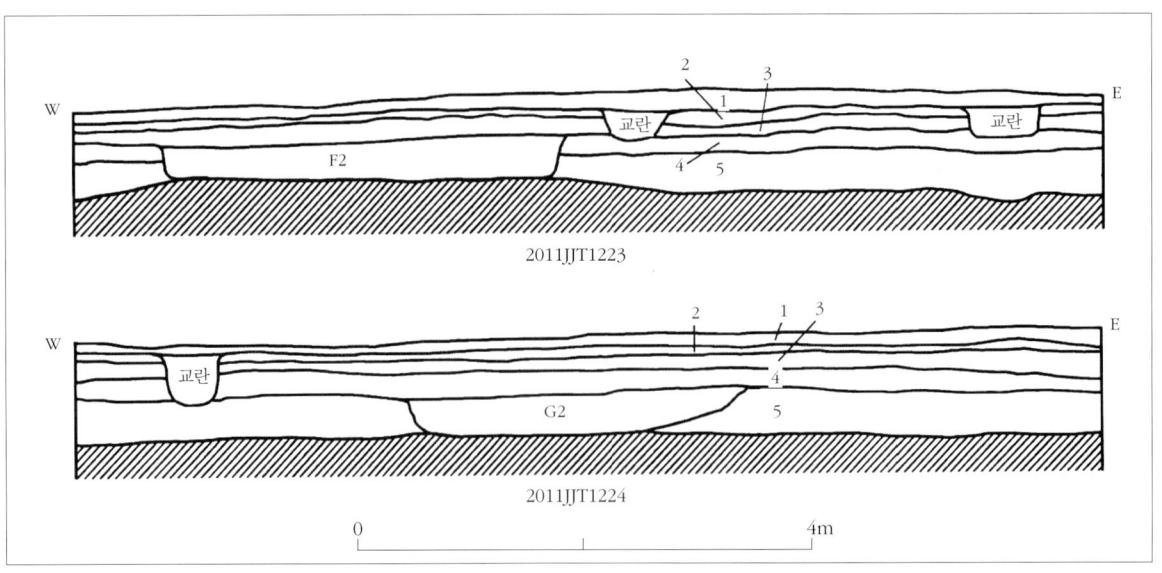

그림 4 2011JJT1223, 2011JJT1224 남벽 단면도(『邊疆考古硏究』 17, 67쪽)

하고, 색깔만 황색에 더 가까움. 유적지 동남부의 T1223, T1224, T1225, T1124, T1125 내에서만 볼 수 있음. 유물은 보이지 않음. 물 흐름에 따른 침적층임.
- 생토층 : 유적지 북부의 제4층 아래와 동남부의 5층 아래는 생토층임. 생토는 위치에 따라 차이가 있으나, 대다수 구역 문화층 아래의 생토는 황색 강모래와 크기가 다른 강자갈의 혼합층이고, 일부 구역은 두께가 일정하지 않은 황색 강모래층임. 두 층 모두 순수한 지층임.

○ 유적지 중북부의 지층퇴적은 2011JJT2015, 2011JJT2016, 2011JJT2017 등의 북벽(그림 3), 남부의 지층퇴적은 2011JJT1223, 2011JJT1224 등의 남벽(그림 4) 등의 사례가 있음.

4. 유적내 시설

○ 주거지(房址) 3기, 溝 2기, 재구덩이(灰坑) 1기, 아궁이(竈址) 1기 등을 발굴함.
○ 주거지는 지상식(地面式)과 반지하식(半地穴式) 등이 있음.

1) 주거지

(1) 2011JJF1 주거지(그림 5)
○ T2015·T2115 피트에 위치함.
○ 지상식 건축으로 생토층 위에 축조되었고, 제3층·제4층 아래에 위치함.
○ 평면은 圓角方形에 가까움. 남북 길이 3.6m, 동서 너비 3.2m, 방향 237°임.
○ 북벽과 동벽 북단은 돌로 쌓은 折尺形 고래(煙道)를 외벽으로 삼았는데, 높이는 0.25~0.32m임. 동벽 남단, 남벽, 서벽 등은 모두 단층의 석판을 세웠는데, 주거지 외벽으로 높이는 0.2~0.35m임. 동벽 남단에는 길이 1.2m, 서벽 남단에는 길이 0.85m의 입석이 남아 있음. 동벽 북단과 동북 모서리 바깥 고래 외측의 입석은 파괴되었고, 서벽 북단의 입석은 엎어지거나 결실됨.
○ 남벽 중부에 문이 있는데, 문길 너비는 약 1.2m임. 문지 남측 생토면에 2개의 원형 구멍이 있음. 서측 구멍은 직경이 크고 얕으며, 동측 구멍은 상대적으로 직경이 작고 깊음. 메워진 흙은 흑갈색으로, 제4층의 토질 및 토색과 같음. 두 구멍과 주거지 남벽 방향은 약간 편차가 있고, 구멍 사이의 거리는 문지 너비와 비슷한데, 문지 외측의 기둥구멍일 가능성이 있음. 내부 정중앙에는 40×25cm 크기의 타원형 구덩이가 있는데, 깊이는 6cm임. 구덩이 바닥은 강모래와 강자갈의 혼합층임. 이 또한 기둥구멍으로 추정됨.
○ 주거지 내부는 흑·황점토를 혼합하여 다졌음. 현재 남아 있는 두께는 1cm 정도이고, 상당히 단단함.
○ 주거지내 중부에서 남쪽으로 치우친 지점, 대체로 문지와 마주하는 위치는 주거지 남벽과 같은 방향임.
○ 평면이 장방형인 구덩이가 주거면을 파괴하였음. 구덩이는 길이 약 85cm, 너비 17~25cm, 깊이 5~6cm임. 구덩이 안에는 흑·황화토가 섞여 있는 燒土가 다져져 있어 상당히 단단함. 坑口 퇴적은 가지런한데, 거주면과 대체로 평평함. 거주면을 보수한 후에 형성된 흔적으로 추정됨.
○ 아궁이는 주거지 동부에 있는데, 조사 전에는 무너진 고래 판석에 덮혀 있었음. 평면은 원형에 가까움. 호형의 벽, 둥그스름한 바닥 모두 가지런하지 않고 가공한 흔적이 없음. 바닥 깊이는 황사층 아래의 강모래·강자갈 혼합층까지 이르고, 크기가 다른 여러 개의 강자갈이 노출되어 있음. 아궁이의 긴 직경은 68cm, 짧은 직경은 54cm, 깊이는 12cm임. 아궁이의 동반부는 고래 내부에 있음. 아궁이가 위치한 고래 서벽에는 입석이 설치되어 있지 않음. 아궁이문(竈門)은 보이지

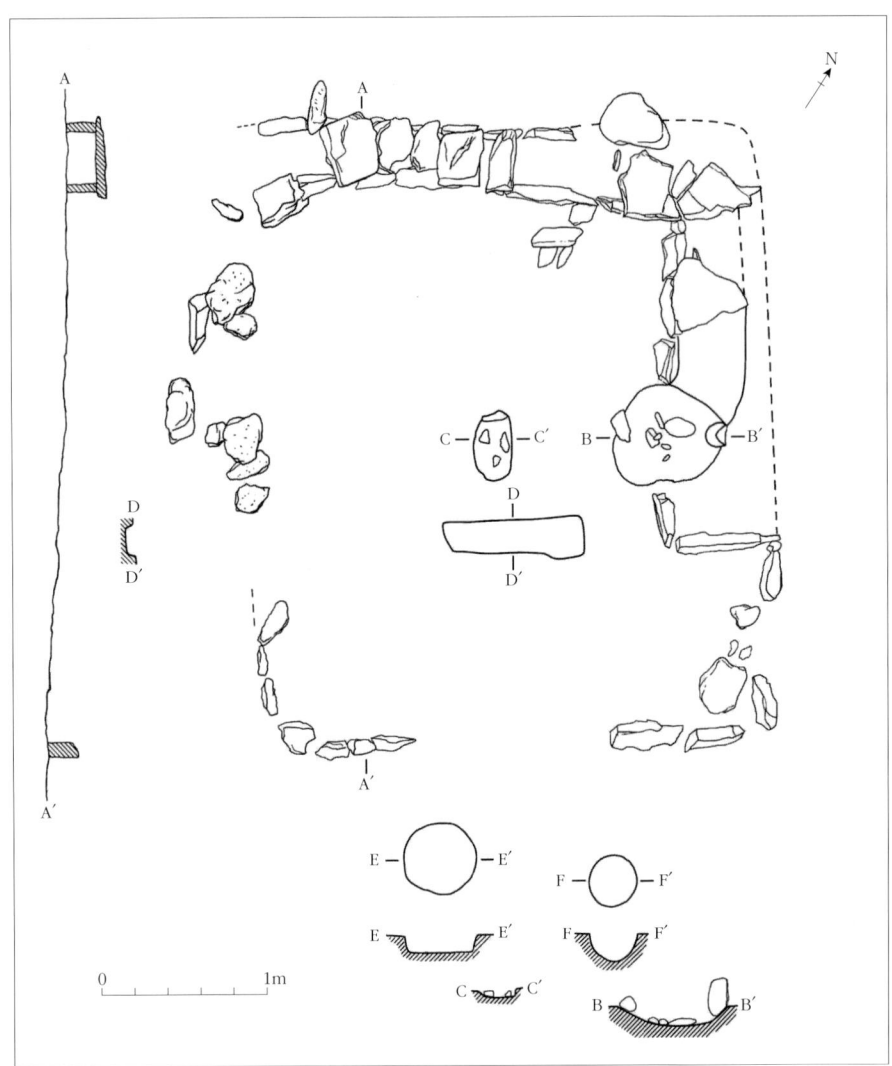

그림 5
2011JJF1 주거지 평·단면도
(『邊疆考古硏究』 17, 69쪽)

않음. 아궁이의 동벽에는 비교적 정연하게 다듬은 기둥 모양의 돌을 세웠음. 아궁이의 서벽에는 돌이 박혀 있는데, 가공 흔적이 없음. 아궁이 안은 푹신푹신한 흑갈색 흙으로 채워져 있는데, 숯부스러기와 불탄 흙이 많이 포함되어 있고 유물은 보이지 않음.

○ 아궁이 동북쪽으로 折尺形 고래가 이어짐. 고래는 대부분 판석을 이용하여 쌓았는데, 일부는 강돌을 사용하여 양 벽을 쌓았고 고래 위는 석판으로 덮었음. 고래 남북방향의 길이는 1.75m임. 개석은 2개가 남아 있음. 내벽은 온전하며, 외벽에 쌓은 돌은 북단 근처에 1개만 남아 있는데, 이를 통해 고래 깊이가 20cm, 너비가 28cm임을 알 수 있음. 아궁이와 접하는 고래에는 깊이 2cm의 고래 바닥이 남아 있는데, 불에 탄 흙이 있음. 동서방향의 고래와 주거지 북벽의 길이는 3m로 동일함. 고래는 깊이 15~20cm, 너비 25~28cm임. 동단 근처의 일부 측벽 입석과 개석이 결실된 것을 제외하고 대부분 원위치에 남아 있음. 고래 서단은 약간 남쪽으로 휘어져 있고, 개석이 결실되었으며, 굴뚝(煙囪) 흔적은 보이지 않음. 고래 안은 흑갈색 흙으로 채워져 있고, 아궁이 근처에는 비교적 많은 검은색 재와 목탄이 있음. 약 1m 바깥의 토양은 비교적 순수함.

○ 주거지 내부를 메운 흙은 피트의 제3층·4층 퇴

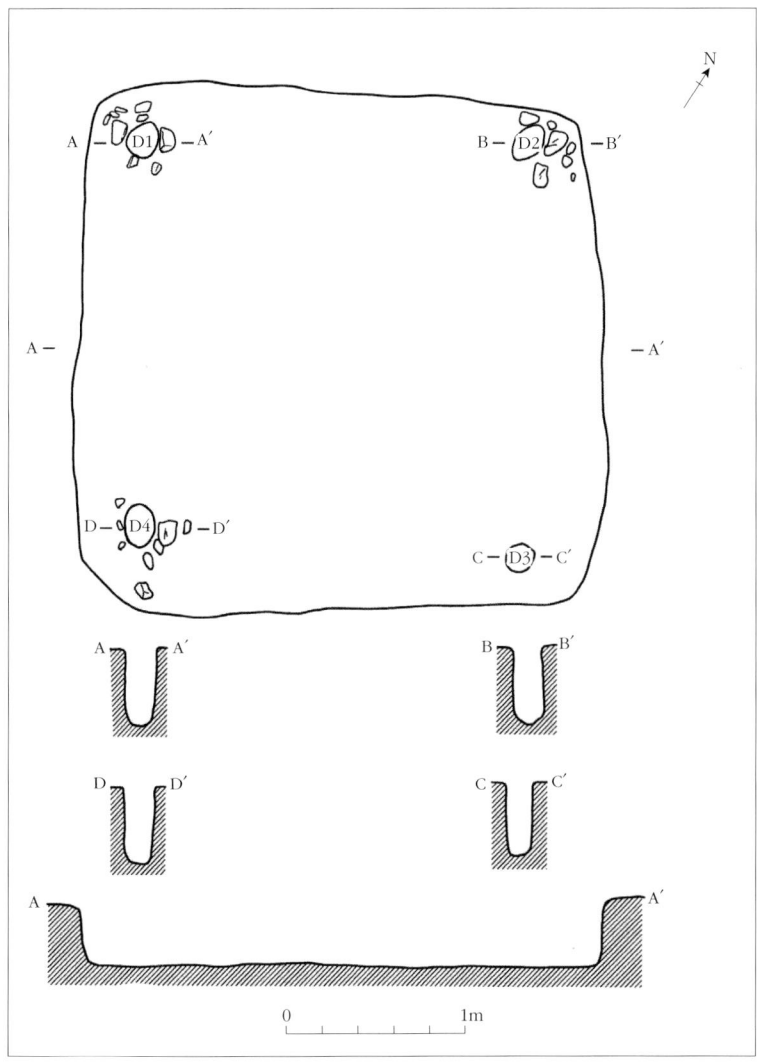

그림 6
2011JJF2 주거지 평·단면도
(『邊疆考古硏究』 17, 70쪽)

적임. 별도의 다짐층은 보이지 않음.
○ 유물은 보이지 않음.

(2) 2011JJF2 주거지(그림 6)

○ T1223 서남부에 위치. 주거지 남반부는 T1223 남벽을 깊이 파고 들었음. 開口는 제3층 아래에 있음. 제4·5층을 파괴하면서 조성됨.
○ 반지하식임. 평면은 圓角方形에 가깝고, 동서 길이는 2.95m, 남북 너비는 2.75m, 깊이는 0.32~0.37m이며, 방향은 北偏西 27°임.
○ 벽은 곧고, 바닥은 평평함. 네 벽은 가공한 흔적이 없음. 수혈 바닥면을 보면 강모래와 강자갈이 뒤섞인 생토층 윗면까지 판 다음 그 위에 두께 1cm 정도의 흑·황화토를 깔았는데, 거주면에 해당함.
○ 수혈의 네 모서리 근처에 각각 원형에 가까운 기둥구멍을 팠음. 기둥구멍의 벽은 평평하고 곧으며, 바닥은 평평함. 직경 15~18cm, 깊이 38~40cm임. D1·D3·D4 기둥구멍의 입구 주위에 강자갈이 여러 개 쌓여 있는데, 기둥을 견고하게 세우기 위한 것임. 기둥구멍 사이에서 벽체의 흔적이 발견되지 않음.
○ 문지·아궁이·고래 등의 흔적은 발견되지 않음.
○ 주거지 내부에 채워진 흙은 황사토로, 푹신푹신하

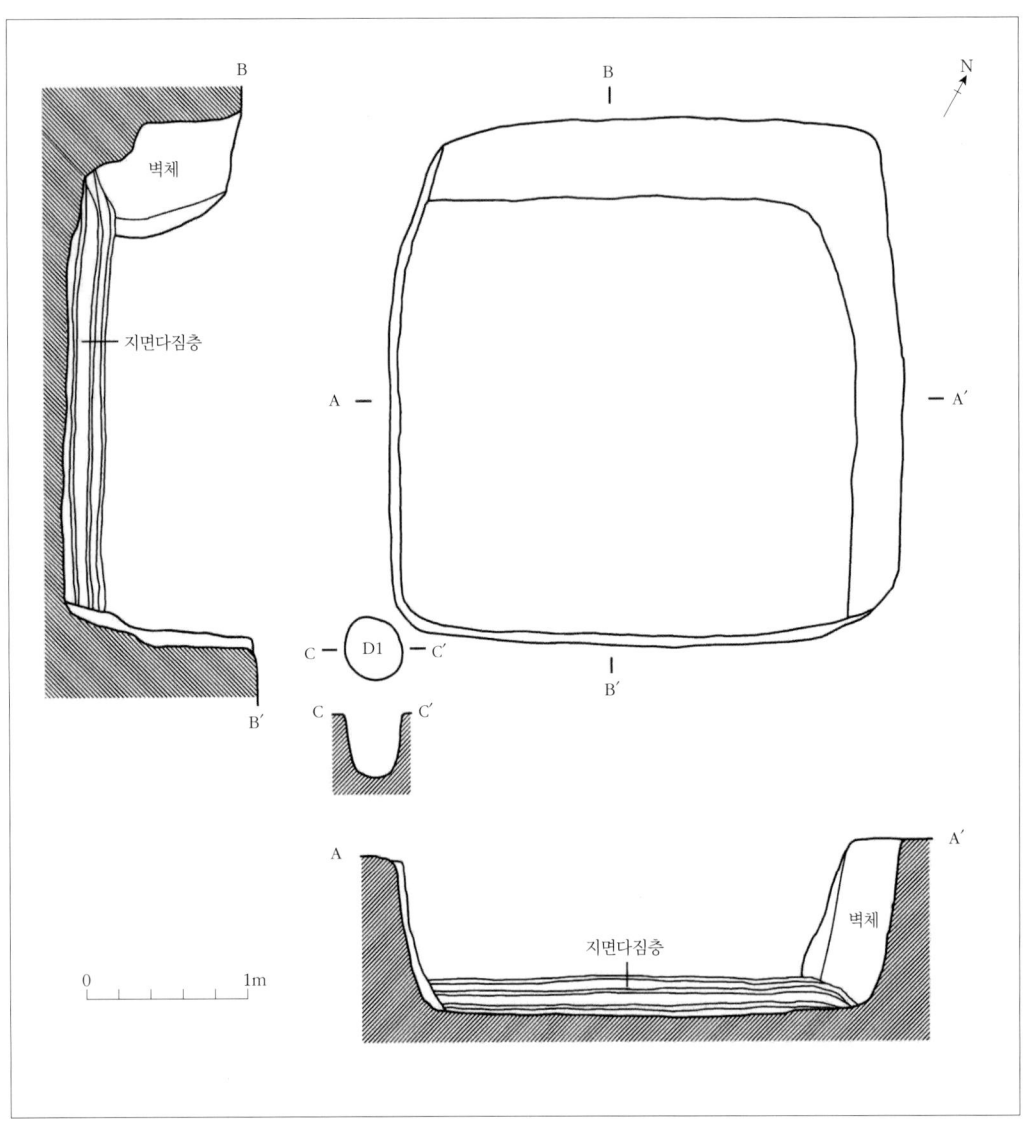

그림 7 2011JJF3 주거지 평·단면도(『邊疆考古研究』17, 71쪽)

고 숯알갱이가 약간 들어가 있음.

(3) 2011JJF3 주거지(그림 7)

○ T1223 서부에 위치함. 서북 모서리는 T1223 서벽을 파고 들어감. 開口는 제3층 아래에 있음. 제4층과 생토층를 파괴함.

○ 반지하식임. 평면은 圓角方形에 가까움. 동서 길이 3.2m, 남북 너비 3.1m, 깊이 0.8~0.95m이고, 방향은 北偏西 30°임.

○ 측벽과 직벽은 약간 기울어져 있음. 바닥 부분은 그다지 정연하지 않음. 수혈 서벽과 남벽 바깥은 두께 약 10cm로 판축하였고, 매끄러우면서 단단한 흑색 점토로 벽체를 조성하였음. 동벽과 북벽은 강자갈과 청색 강모래를 혼합하여 조성했는데, 두께는 0.3~0.5m임. 벽체 표면은 작은 강돌이 약간 들어가 있는 가늘고 윤기 있는 회색 泥沙로 조성하였는데, 두께는 약 10cm 정도로 비교적 단단함. 바닥에는 흙을 6층 다졌는데, 두께는 약 20~25cm임. 가장 아래층에는 靑膏泥를

깔았음. 수혈의 바닥면이 평평하지 않아 청고니층 두께 또한 고르지 않은데, 가장 두꺼운 지점은 5cm임. 청고니층 위에는 두께 2cm인 단단한 홍갈색 점토층(3층)과 두께 약 5cm인 가늘고 부드러운 회색 모래층(2층)을 교대로 깔아서 조성함.

○ 6층 지면 다짐층 서·남측은 벽면까지 깔려 있고, 동·북측은 석벽 아래로 들어감. 즉, 주거지 네 벽과 지면 다짐층의 층위관계를 보면 동·북벽 강자갈 벽체가 지면의 다짐층을 누르고 있고, 지면의 다짐층은 서·남 벽면을 누르고 있는데, 이는 지면과 벽체의 조성 순서를 보여줌. 지면의 제6층 다짐층에서 출토된 호(竪耳罐)와 주거지 동벽 내부에서 출토된 토기 구연부는 동일한 개체의 토기인데, F3 주거지 바닥다짐층과 벽체 사이에 존재하는 중첩관계가 동시기의 유적 축조과정 중에서의 축조 순서 차이일 뿐이라는 것을 증명함.

○ 수혈 서남측에 기둥구멍 한 개가 있는데, 직경은 약 37cm, 깊이는 약 40cm임. 이외 주거지 안팎에서 기둥구멍은 발견되지 않았음.

○ 주거지 안팎에서 문지나 난방시설은 발견되지 않았음.

○ 주거지 내부의 채워진 흙은 제3층 퇴적과 동일한데, 다만 주거지내 지면 위에서 길이와 직경 30cm 정도인 강자갈 여러 개와 깨진 판석이 소량 발견됨. 돌무지는 무작위로 쌓여 있고, 주변에 채워진 흙은 소량의 숯 알갱이를 포함하고 있으며, 불탄 흙은 보이지 않음. 주거지내에서 불을 사용한 것과 관련이 있는 것으로 추정됨.

2) 재구덩이(灰坑)

(1) 2011JJH1 재구덩이(그림 8)

○ 2011T1124 남부에 위치. 재구덩이 남반부는 피트 남벽 안에 있음. 開口는 3층 아래에 있음. 제4층을 파괴함.

○ 평면은 불규칙형임. 발굴된 부분의 길이와 직경은 5.1cm, 깊이는 약 0.52m임.

○ 경사벽과 위치에 따라 구덩이벽의 경사도가 다르고, 구덩이 바닥은 평평하며, 가공 흔적이 보이지 않음.

○ 채워진 흙은 황사토임. 토질과 토색은 피트 내 제3층과 유사하며, 비교적 많은 기와편이 포함되어 있음.

3) 溝

(1) 2011JJG1 溝(그림 9)

○ 세로방향으로 T2015와 T2115를 통과함. 북단은 T2115 서쪽 격벽(隔梁)으로 이어짐. 開口는 제3층 아래에 있음. 제4층과 황사층 생토를 파괴함. 溝가 소재한 지세는 서북쪽이 높고 동남쪽이 낮음.

○ 평면은 띠모양임. 서북-동남 방향의 길이는 14.5m이고, 너비는 0.2~1.4m이며, 깊이는 0.1~0.25m임.

○ 벽은 대체로 경사졌는데, 경사도는 구역에 따라 같지 않음. 바닥은 평평함. 바닥은 강모래·강자갈 생토층 윗면과 접하고 비교적 가지런함.

○ 채워진 흙은 흑갈색이고, 토질은 비교적 부드러움.

(2) 2011JJG2 溝(그림 10)

○ 서북-동남 방향으로 T1124와 T1224 두 피트를 통과함. 開口는 제4층 아래에 있음. 제5층을 파괴함.

○ 평면은 대체로 띠모양임. 전체 길이 24.3cm, 너비 1.9~5m, 가장 깊은 지점 약 0.5m임.

○ 양 측벽의 평면은 물결모양의 포물선임.

○ 바닥을 보면 서북쪽이 높고 남동쪽이 낮은데, 물 흐름의 충격으로 인한 것으로 보임.

○ 채워진 흙은 황사토임. 토질과 토색은 피트 내 제3층과 유사함.

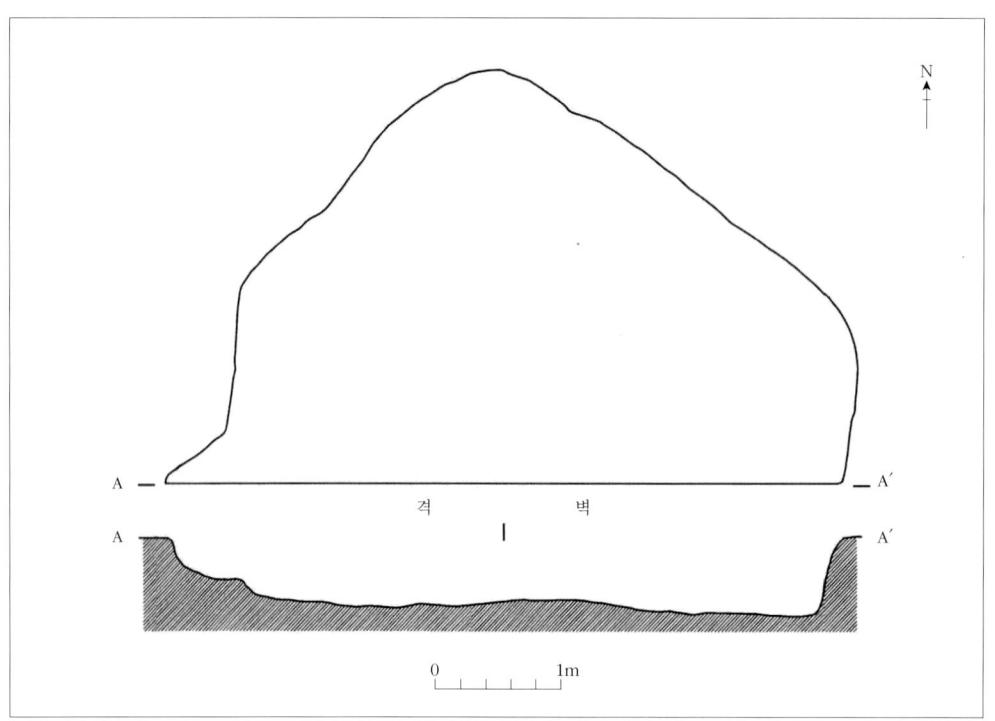

그림 8
2011JJH1 재구덩이 평·단면도
(『邊疆考古研究』17, 74쪽)

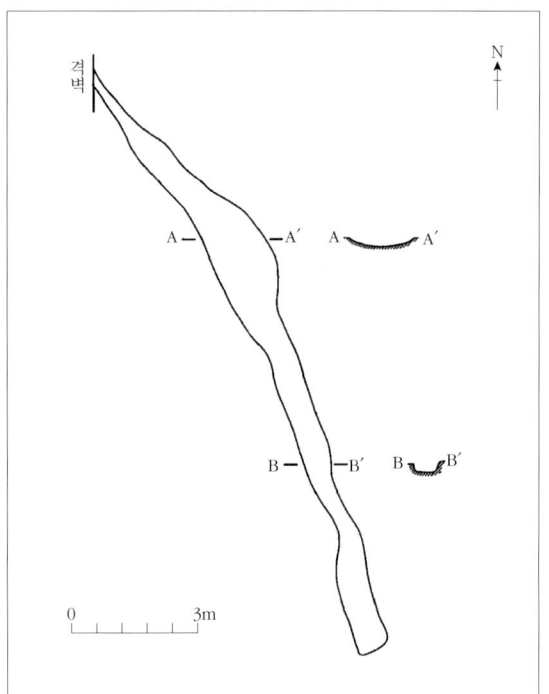

그림 9 2011JJG1 溝 평·단면도(『邊疆考古研究』17, 75쪽)

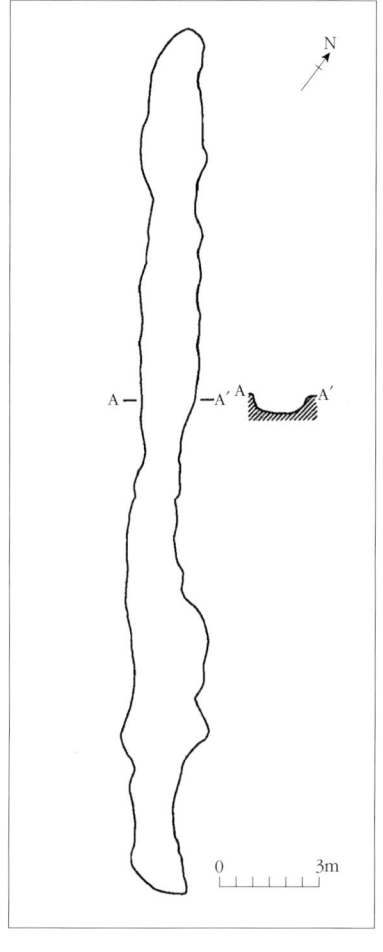

그림 10
2011JJG2 溝 평·단면도
(『邊疆考古研究』17, 75쪽)

4) 아궁이(竈址)

(1) 2011JJZ1 아궁이(그림 11)
○ 2011T1125 서부의 제4층 위에 있음.
○ 평면은 장방형임. 남북 길이 87cm, 동서 너비 50cm, 깊이 32cm임.
○ 제4층면 위로는 얕은 구덩이를 파고 강자갈을 동·서로 평행하게 두 줄로 세워 화덕을 만듦. 기타 시설은 보이지 않음.
○ 아궁이내 채워진 흙은 황색 사질토로 토질은 푸석푸석한데, 아궁이 위에 중첩된 제3층 퇴적과 구별하기 어려움. 채워진 흙 안에는 입자가 포함되어 있고, 불탄 흙은 보이지 않음. 입석 또한 불탄 흔적이 보이지 않음.

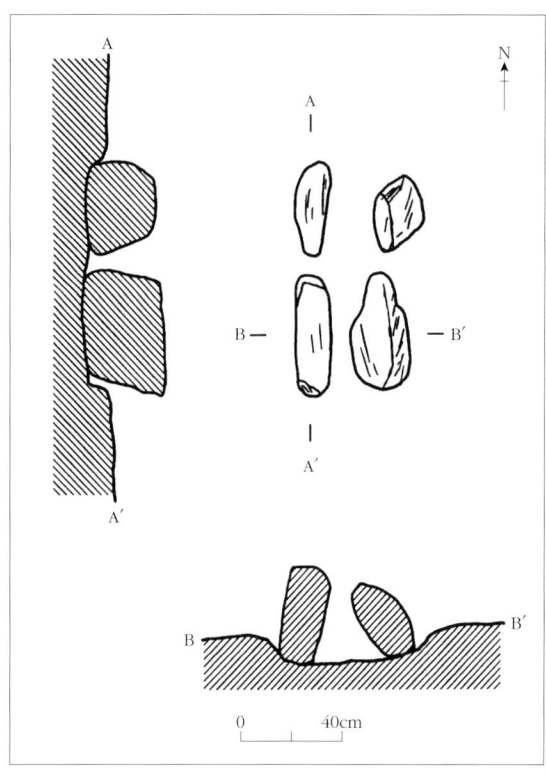

그림 11 2011JJZ1 아궁이 평·단면도(『邊疆考古研究』17, 77쪽)

5. 출토유물

1) 2011JJF2 주거지
소량의 깨진 기와편이 출토됨. 대부분 홍색이고 일부 회색임. 모두 배면에 승문이 있음.

2) 2011JJF3 주거지
○ 주거지의 다짐층, 동·서·북벽 내 채워진 흙, 주거지 지면 위, 주거지내 채워진 흙에서 유물이 출토됨. 기와편이 대다수이고 일부는 토기편임.
○ 토기는 手制이고, 물레질 흔적을 볼 수 없음. 일부 토기 외벽은 비교적 가지런한데, 물레를 사용하여 가공하였을 가능성이 있음. 모두 모래 혼입이고, 거의가 황갈색과 홍갈색임.

(1) 토기

① 호(雙耳罐, 2011JJF3墊⑥:1, 그림 12-5)
○ 출토지 : 건강유적 2011JJF3 주거지 지면 다짐층내.
○ 크기 : 口徑 15.5cm, 남은 높이 13.5cm.
○ 형태 : 표면은 얼룩덜룩함. 외벽은 매끈하고, 내벽은 가지런하지 않음. 구연은 외반됨(侈口). 구순은 각이 짐(方脣). 목은 긺(長頸). 동체는 배부름(鼓腹). 목과 동체부가 접하는 지점에 세로방향의 손잡이(竪橋耳)가 있음. 동체부 가운데에서 약간 아래는 파손. 구연 일부는 동벽의 채워진 흙에서 수습됨.
○ 태토 및 색깔 : 모래혼입 황갈색토기.

② 솥(陶釜, 2011JJF3墊⑥:2, 그림 12-8)
○ 출토지 : 건강유적 2011JJF3 주거지 지면 다짐층내.
○ 크기 : 口徑 23.5cm, 바닥 직경 8.6cm, 높이 12.1cm, 바닥 두께 1.6cm.
○ 형태 : 많은 석영알갱이가 들어가 있는데, 큰 것은 길이와 직경이 2mm가 넘고 비교적 얇음. 바닥에서 구연으로 갈수록 점점 얇아지는 추세를 보임. 외벽 중하

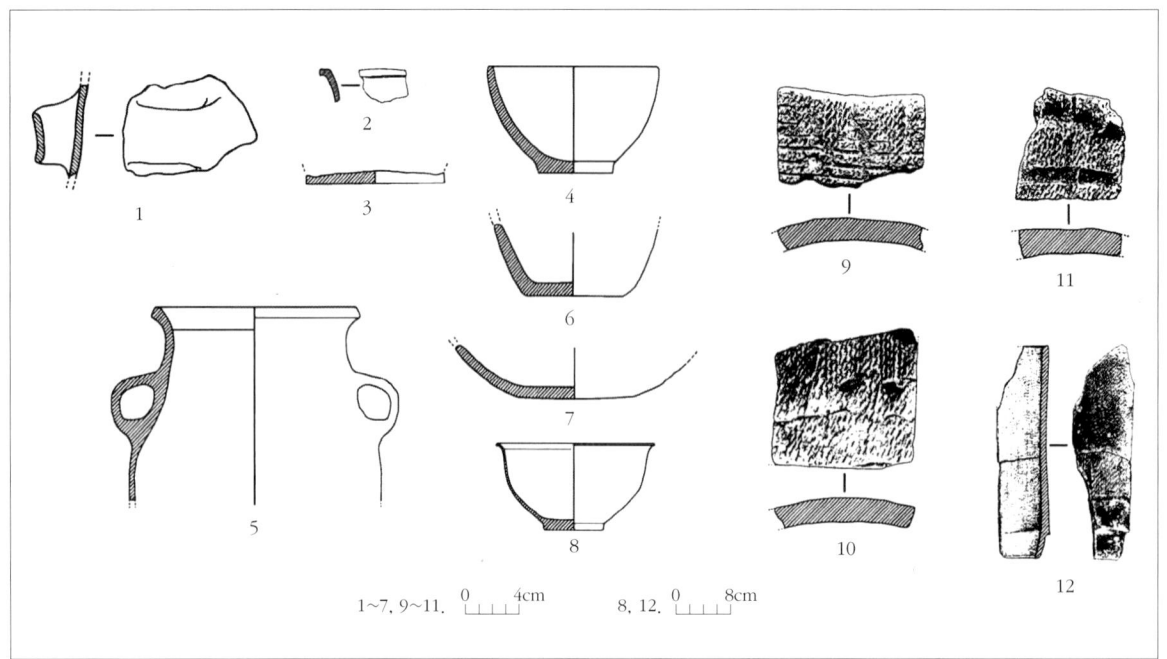

그림 12 2011JJF3 주거지 출토유물(『邊疆考古硏究』17, 72쪽)
1. 토기 손잡이 2. 토기 구연 3. 토기 바닥 4. 완 5. 호 6~7. 토기 바닥 8. 솥 9~11. 암키와 12. 수키와

부에 얼룩덜룩한 연기 그을림 흔적이 있는데, 취사기임을 알 수 있음. 구연은 외반되고(侈口) 위로 꺾여 있음(仰折沿). 구순은 둥그스름함(圓脣). 휘어 있는 동체부(弧腹) 아래는 급하게 들어짐. 臺底임.
○ 태토 및 색깔 : 굵은 모래혼입 황갈색토기.

③ **토기 바닥**(陶釜, 2011JJF3塾⑥:3, 그림 12-3)
○ 출토지 : 건강유적 2011JJF3 주거지 지면 다짐층내.
○ 크기 : 바닥 직경 약 10.3cm.
○ 형태 : 조잡하게 제작. 두께는 균일하지 않음. 내벽에서 불규칙한 스크래치 흔적을 많이 볼 수 있음.
○ 태토 및 색깔 : 니질의 회색토기.

④ **완**(陶碗, 2011JJF3:2, 그림 12-4)
○ 출토지 : 건강유적 2011JJF3 주거지 지면 위.
○ 크기 : 口徑 12.6cm, 바닥 직경 5.6cm, 높이 7.3cm.
○ 형태 : 소성온도는 비교적 높고, 단단함. 내부 색깔은 약간 회황색이고, 기벽 색깔은 회색 또는 회흑색임. 출토 당시에는 지면 위에서 여러 편으로 흩어져 있었음. 외벽은 비교적 정연하게 제작되었고 물레 흔적은 보이지 않음. 내벽은 상대적으로 조잡하고 고르지 않은 곳이 많음. 구연 내벽에서는 스크래치로 형성된 흔적이 있고, 구순부(脣部)는 두께가 균일하지 않음. 구연은 외반됨(敞口). 구순은 둥그스름함(圓脣). 동체부는 비스듬히 휘어져 있음(斜弧腹). 臺底임.
○ 태토 : 니질.

⑤ **토기 손잡이**(橫橋耳, 2011JJF3:1, 그림 12-1)
○ 출토지 : 건강유적 2011JJF3 주거지 지면 위.
○ 크기 : 口徑 12.6cm, 바닥 직경 5.6cm, 높이 7.3cm.
○ 형태 : 안쪽은 회황색, 외벽은 회흑색임.
○ 태토 : 굵은 모래혼입토기.

⑥ **토기 구연**(陶器口沿, 2011JJF3墳:6, 그림 12-2)
○ 출토지 : 건강유적 2011JJF3 주거지의 채워진 흙내.
○ 크기 : 口徑 12.6cm, 바닥 직경 5.6cm, 높이 7.3cm.
○ 형태 : 안쪽은 황갈색, 외벽은 흑갈색임. 소성온도는 비교적 높고, 단단함. 구연은 꺾여 있음(折沿). 구순은 각이 짐(方脣).
○ 태토 : 가는 모래혼입토기.

⑦ **토기 바닥**(2011JJF3墳:7, 그림 12-6)
○ 출토지 : 건강유적 2011JJF3 주거지의 채워진 흙내.
○ 크기 : 바닥 직경 7.4cm, 두께 약 0.9cm.
○ 형태 : 내·외벽 모두 얼룩덜룩한 흑색 연기자국이 있음. 바닥은 평평함. 동체부는 비스듬하게 약간 휘어져 있음(斜腹微弧).
○ 태토 및 색깔 : 가는 모래혼입 황갈색토기.

⑧ **토기 바닥**(2011JJF3墳:8, 그림 12-7)
○ 출토지 : 건강유적 2011JJF3 주거지의 채워진 흙내.
○ 크기 : 바닥 직경 8.5cm, 두께 약 0.8cm.
○ 형태 : 외벽 바닥과 바닥 근처에서 흑색의 연기자국을 볼 수 있음. 바닥은 좁고 평평함. 바닥 바깥가장자리가 표면보다 약간 돌출되어 명확하지 않은 낮은 바닥을 형성함. 바닥 가운데 부분은 약간 부풀어오름. 측벽은 바깥으로 뻗어나감.
○ 태토 및 색깔 : 석영알갱이가 들어간 굵은 모래혼입 황갈색토기.

(2) 기와
○ 수키와는 모두 파손. 형태와 문양은 동일함. 모두 니질의 홍색임. 내면에는 포문이 펼쳐져 있음. 미구(瓦舌)에는 문양이 없음. 언강(瓦肩)은 낮고 약간 위로 올라감. 배면에는 승문이 있음.
○ 암키와는 심하게 파괴되어 형태가 명확하지 않음. 모두 니질임. 대부분 홍색이고 일부 회색임. 내면에는 포문이 펼쳐져 있음. 한측 端頭 내면의 포문 위에는 대체로 瓦身의 45° 방향으로 기울어진 격자문이 박인됨. 배면에는 와신의 세로방향을 따라 승문이 펼쳐져 있고, 일부는 시문 후에 다시 가로방향의 승문을 시문. 대체로 두 종류로 나눌 수 있음. 한 종류는 너비가 손가락에 가깝고 대다수 한 줄이며 비교적 간단하게 시문. 다른 한 종류는 너비가 0.6cm 정도이고 간격이 약 2cm인 문양이 평행하게 시문되었으며 비교적 깊게 시문.

① **수키와**(2011JJF3墳:1, 그림 12-12)
○ 출토지 : 건강유적 2011JJF3 주거지의 채워진 흙내.
○ 크기 : 길이 31cm, 미구(瓦舌) 길이 3.3cm, 높이 8cm, 두께 1cm.
○ 태토 및 색깔 : 니질의 홍색.

② **암키와**(2011JJF3墳:4, 그림 12-10)
○ 출토지 : 건강유적 2011JJF3 주거지의 채워진 흙내.
○ 크기 : 두께 1.7cm.
○ 형태 : 끝부분이 남아 있음. 배면에는 승문, 내면에는 격자문이 있음.
○ 태토 및 색깔 : 니질의 홍색.

③ **암키와**(2011JJF3墳:5, 그림 12-11)
○ 출토지 : 건강유적 2011JJF3 주거지의 채워진 흙내.
○ 크기 : 두께 1.8cm.
○ 태토 및 색깔 : 니질의 홍색.

④ **암키와**(2011JJF3墳:3, 그림 12-9)
○ 출토지 : 건강유적 2011JJF3 주거지의 채워진 흙내.
○ 크기 : 두께 1.8cm.
○ 형태 : 남아 있는 瓦身 배면에서 가로방향의 抹文 7줄을 볼 수 있음.
○ 태토 및 색깔 : 니질의 회색.

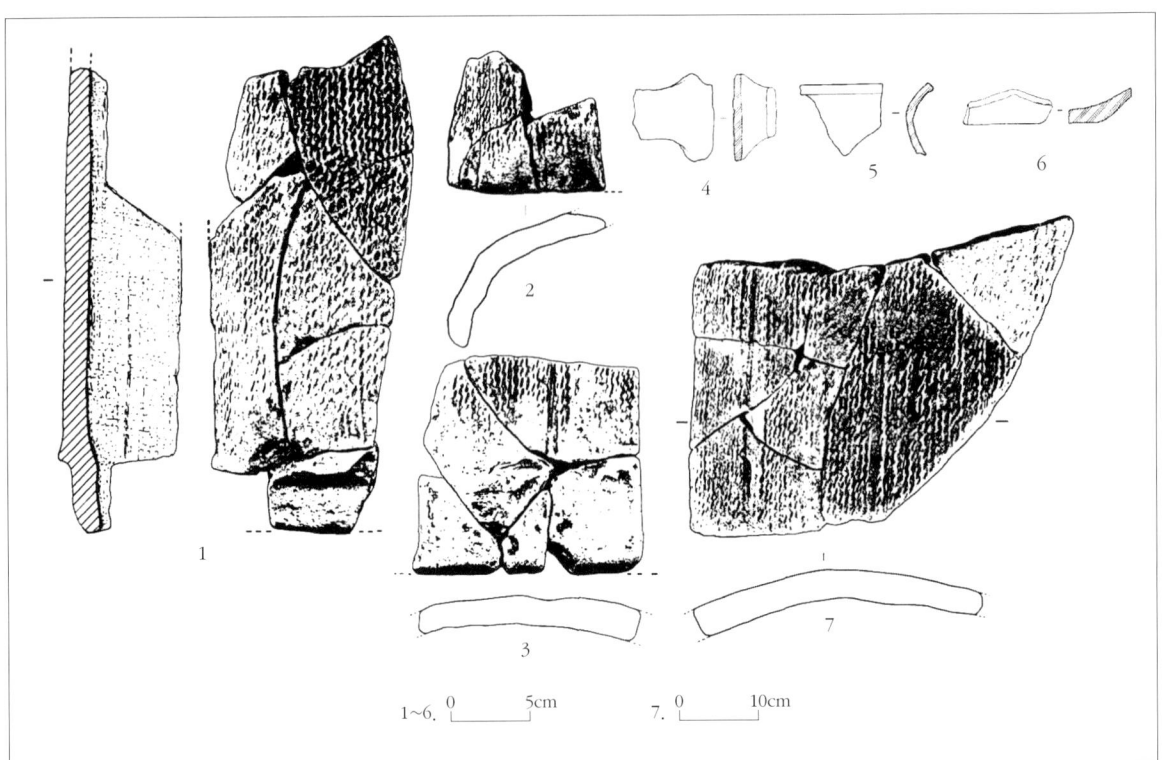

그림 13 2011JJG1·G2 溝 출토유물(『邊疆考古硏究』 17, 76쪽)
1~2. 수키와 3·7. 암키와 4. 토기 손잡이 5. 토기 구연 6. 토기 바닥

3) 2011JJG1 溝
○ 출토유물은 비교적 적음.
○ 깨진 기와편은 모두 홍색과 황색임. 니질이고 푸석푸석함. 배면에 굵은 승문이 있음.

(1) 기와

① 수키와(2011JJG1:1, 그림 13-1)
○ 출토지 : 건강유적 2011JJG1 溝.
○ 크기 : 남은 길이 24cm, 두께 1.5cm, 미구(瓦舌) 길이 4.2cm.
○ 형태 : 파손됨. 미구는 비교적 짧음. 문양은 없음. 언강(瓦肩)은 낮고 약간 위로 올라감.
○ 태토 및 색깔 : 니질의 홍색.

② 수키와(2011JJG1:2, 그림 13-2)
○ 출토지 : 건강유적 2011JJG1 溝.
○ 크기 : 두께 1.6cm.
○ 형태 : 남은 부분은 瓦端임. 手制이고, 평평하지 않음.
○ 태토 및 색깔 : 니질의 황색.

③ 암키와(2011JJG1:3, 그림 13-3)
○ 출토지 : 건강유적 2011JJG1 溝.
○ 크기 : 두께 1.5~2cm.
○ 형태 : 남은 부분은 瓦端임. 와단 길이 약 5cm인 부분은 抹光하여 문양이 없고, 구순은 둥그스름함(圓脣).
○ 태토 및 색깔 : 니질의 황색.

④ 암키와(2011JJG1:4, 그림 13-7)
○ 출토지 : 건강유적 2011JJG1 溝.
○ 크기 : 두께 1.8cm.
○ 형태 : 배면에서 세로방향의 溝槽를 볼 수 있음.
○ 태토 및 색깔 : 니질의 황색.

4) 2011JJG2 溝
출토된 유물은 매우 적음. 동남단에서 소량의 승문 기와편이 출토됨.

(1) 토기

① 토기 구연(2011JJG2:1, 그림 13-5)
○ 출토지 : 건강유적 2011JJG2 溝.
○ 형태 : 구연은 외반됨(侈口). 구순은 각이 짐(方脣).
○ 태토 및 색깔 : 모래혼입의 홍갈색토기.

② 토기 바닥(2011JJG2:2, 그림 13-6)
○ 출토지 : 건강유적 2011JJG2 溝.
○ 형태 : 臺底임.
○ 태토 및 색깔 : 굵은 모래혼입의 황갈색토기.

③ 토기 손잡이(橫橋耳, 2011JJG2:3, 그림 13-4)
○ 출토지 : 건강유적 2011JJG2 溝.
○ 태토 및 색깔 : 굵은 모래혼입의 청갈색토기.

5) 2011JJZ1 아궁이(竈址)
토기 2점을 식별할 수 있음.

(1) 토기

① 호(罐, 2011JJZ1:1, 그림 14)
○ 출토지 : 건강유적 2011JJZ1 아궁이.
○ 크기 : 동체부(腹) 직경 33cm, 남은 높이 28.4cm.

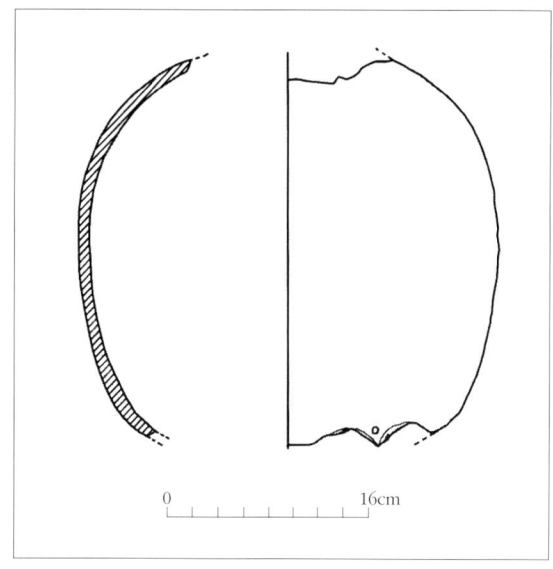

그림 14 2011JJZ1 아궁이 출토 호(『邊疆考古硏究』 17, 77쪽)

○ 형태 : 소성온도는 높지 않음. 안쪽은 청회색이고, 표면은 회황색임. 어깨는 넓음(廣肩). 동체부는 약간 구형임. 동체부 아래는 약간 들어갔고, 거멀못(銅釘) 구멍을 볼 수 있음.
○ 태토 : 가는 모래혼입토기.

② 토기편
○ 출토지 : 건강유적 2011JJZ1 아궁이.
○ 형태 : 동일한 개체의 여러 편임. 기형은 판별할 수 없음.
○ 태토 : 가는 모래혼입의 회색토기.

6) 지층
○ 유물은 대다수 제3·4층에서 출토됨. 두층의 표토에서는 유물이 거의 출토되지 않음. 주로 토기와 기와가 출토되었고, 다른 유물은 극히 적음.
○ 유물이 출토된 층위·종류·출토지점은 일정한 특징이 있음. 유적지 북부에서는 유물이 주로 제4층에서 출토되었고, 제3층에서는 적게 출토됨. 주로 토기가 출토되었고, 기와는 적게 보임. 유적지 동남부에서는 유

물이 주로 제3층에서 출토되었고, 제4층에서는 적게 보임. 주로 기와가 출토되었고, 토기는 비교적 적음. 비록 유물 분포에 있어서 차이가 있지만, 출토된 토기와 기와 사이에 명확한 공존관계가 있음. 즉, 제작 연대가 서로 가까운 것임. 제3·4층에서 출토된 유물 사이에 재질과 제작 기법의 차이는 없고, 기와 또한 비슷함. 두 문화층의 연대는 비교적 가깝고, 유형학상으로 볼 때도 문화층 사이에 시대 차이가 보이지 않음. 대체로 동시기에 제작된 유물로 볼 수 있는 것임.

(1) 토기

○ 토기는 대부분 파손되었고, 복원이 가능한 것은 적음. 모두 모래혼입 토기로, 혼입된 모래의 굵기만 차이가 있음. 표면에 가는 모래로 문질러 광택을 낸 모습을 많이 볼 수 있음. 대다수가 정연하지 않고 비대칭함. 일부 토기만 정연한데, 물레질을 하였을 가능성이 있음. 호(罐)가 주를 이루고 호(壺), 시루(甑), 발(鉢), 토기 뚜껑(器蓋), 가락바퀴(紡輪) 등은 적게 보임.

○ 호(罐)의 기형이 다양함. 전반적으로 구연은 외반됨(侈口). 구순은 각이 지거나(方脣) 혹은 각이 지면서 둥그스름함(方圓脣). 대부분 손잡이(橫·竪橋耳)가 있는데, 붙이는 방식을 채용하였고, 榫卯方式으로 기벽에 고정한 방식도 보임. 대다수 세로방향의 손잡이(竪橋耳)는 구연(沿) 아래 – 어깨 위(肩上), 가로방향의 손잡이(橫橋耳)는 동체부(腹部)에 부착됨.

○ 세로방향의 손잡이를 갖춘 호(竪橋耳罐)는 모두 파손됨. 12점이 출토됨. 구연은 모두 외반되었고(侈口), 구순은 각이 지거나(方脣) 혹은 각이 지면서 둥그스름함(方圓脣). 목(頸)·어깨(肩) 부분에 손잡이가 부착되어 있음. 동체부(腹部)의 형태에 따라 두 유형으로 나눌 수 있음. A형은 목(頸部)이 비교적 깊. 동체부는 호형이고(弧腹) 약간 깊. 구연(沿) 아래에서 어깨(肩) 위에 걸쳐 세로방향의 손잡이가 부착됨. B형은 목이 거의 없음. 동체부는 배부름(鼓腹). 손잡이 2개가 어깨 위에 붙어 있음.

○ 가로방향의 손잡이를 갖춘 호(橫橋耳罐)는 2점이 출토되었는데, 동체부(腹部)와 바닥부 형태 복원이 가능함. 대체로 동체부는 배부른 구형임(球腹). 동체부 위에 가로방향의 손잡이 2개가 대칭하고 있음. 小臺底임.

○ 시루(甑)는 모두 바닥부분만 출토되었는데, 형태는 모두 같음. 기벽과 바닥이 접하는 지점은 약간 안으로 들어감. 대체로 낮은 臺底와 유사함. 바닥과 벽 그리고 양자가 접하는 지점에 작은 구멍들이 있고, 구멍의 간격과 분포는 불규칙함.

○ 가로방향의 손잡이(橫橋耳)는 13점이 출토되었는데, 형태는 서로 같음.

① 호(竪橋耳罐, 201JJT1916④:1, 그림 15-1)
○ 출토지 : 건강유적 지층.
○ 크기 : 口徑 11cm, 동체부(腹) 직경 12.1cm, 남은 높이 15.3cm.
○ 형태 : 목(頸部)은 비교적 깊. 동체부는 호형이고(弧腹) 약간 깊. 구연(沿) 아래에서 어깨(肩) 위에 걸쳐 세로방향의 손잡이(竪橋耳)가 부착되었는데, 비교적 좁고 얇음. 표면은 홍색이고 황색과 흑색 얼룩이 있는데, 연기와 관련이 있는 듯함. 외벽은 내벽보다 매끄럽고 평평하며 광택이 남. 토기 바닥은 파손.
○ 태토 및 색깔 : 가는 모래혼입의 황갈색토기.

② 호(竪橋耳罐, 201JJT1624③:6, 그림 15-2)
○ 출토지 : 건강유적 지층.
○ 형태 : 구연은 외반되고(侈口) 꺾여 있음(仰折沿). 구순은 각이 짐(方脣). 목은 깊(長頸). 동체부는 호형임(弧腹). 목(頸)과 어깨(肩)가 만나는 지점에 세로방향의 손잡이(竪橋耳)가 있음.
○ 태토 및 색깔 : 모래혼입의 황갈색토기.

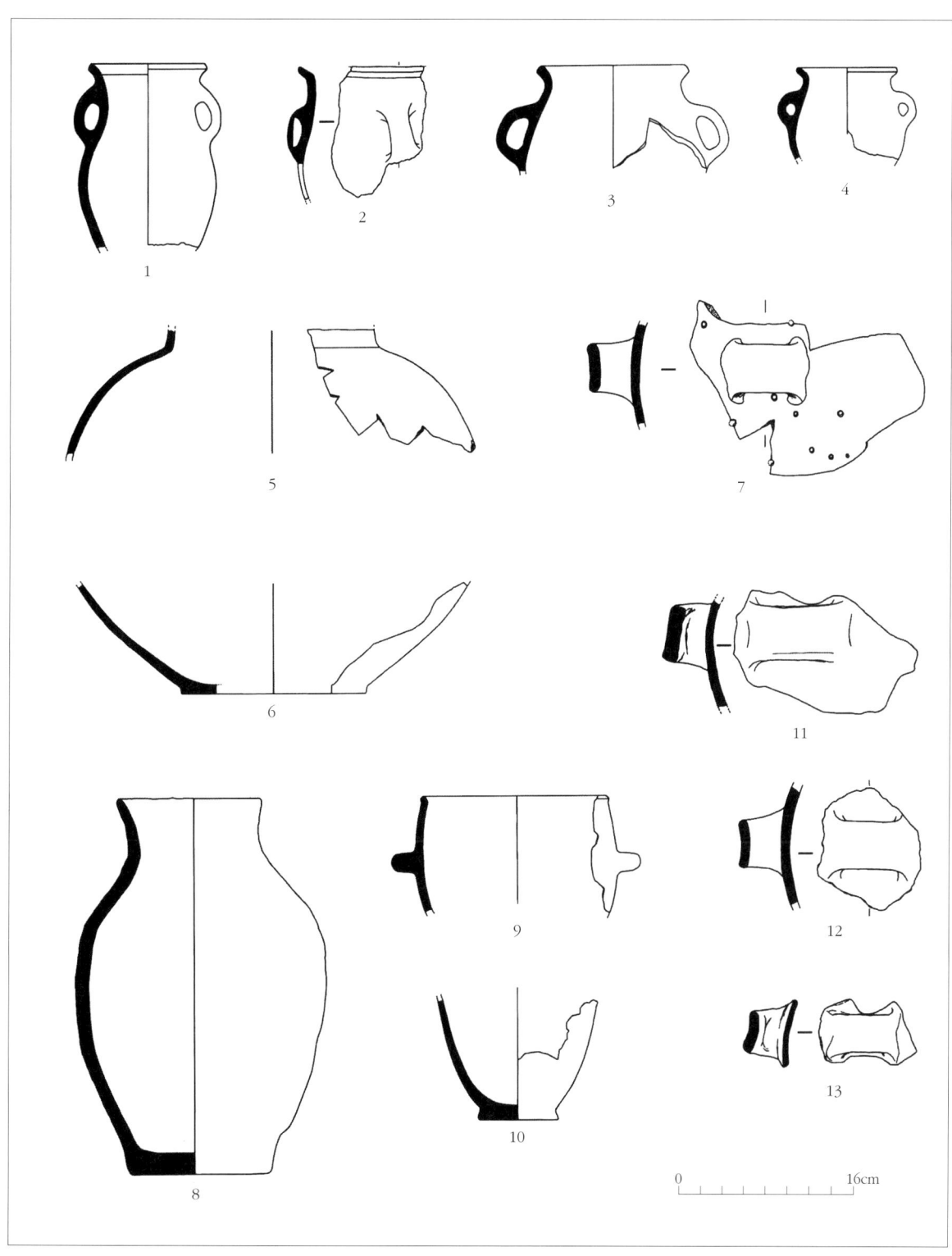

그림 15 지층 출토 토기 1(『邊疆考古硏究』 17, 79쪽)
1~10. 호   11~13. 토기 손잡이

③ 호(豎橋耳罐, 2011JJT2015④:8, 그림 15-3)
○ 출토지 : 건강유적 지층.
○ 크기 : 口徑 13.5cm, 남은 높이 8.5cm.
○ 형태 : 목(頸部)은 거의 없음. 동체부는 배부름(鼓腹). 세로방향의 손잡이(豎橋耳) 2개가 어깨(肩) 위에 붙어 있는데, 비교적 넓고 두꺼움. 내벽은 회흑색이고, 외벽 일부에는 흑색 얼룩이 있음. 동체부 아래는 파손됨.
○ 태토 및 색깔 : 모래혼입의 황갈색토기.

④ 호(豎橋耳罐, 2011JJT2015④:6, 그림 15-4)
○ 출토지 : 건강유적 지층.
○ 크기 : 口徑 9.7cm, 남은 높이 7.5cm.
○ 형태 : 구연은 외반됨(侈口). 구순은 둥그스름함(圓唇). 동체부는 배부름(鼓腹). 구연(沿) 아래에서 동체부(腹) 위까지 세로방향의 손잡이(豎橋耳)가 부착되어 있는데, 작고 동그란 고리와 유사함. 내외벽 모두 얼룩덜룩함. 표면은 평평하지 않음.
○ 태토 및 색깔 : 가늘고 작은 운모가 들어간 모래혼입의 황갈색토기.

⑤ 호(橫橋耳罐, 2011JJT1915④:17, 그림 15-7)
○ 출토지 : 건강유적 지층.
○ 크기 : 동체부(腹) 직경 33cm, 손잡이(耳) 길이 7.8cm, 너비 4cm, 높이 3.6~4cm.
○ 형태 : 동체부만 남아 있음. 가로방향의 손잡이(橫橋耳) 1개가 있는데, 원래는 2개였을 것임. 손잡이 윗부분은 약간 안으로 꺾이면서 비스듬히 들어가 있는데, 口部가 접해 있던 곳임. 깨진 편 가장자리에 여러 개의 원형 거멀못(鋦釘) 구멍이 있음. 내벽은 흑색이고, 외벽에는 황색과 흑색 얼룩이 있음.
○ 태토 : 소량의 가늘고 작은 雲母가 들어간 니질토기.

⑥ 호(橫橋耳罐, 2011JJT1215④:2, 그림 15-5)
○ 출토지 : 건강유적 지층.
○ 크기 : 남은 높이 10.3cm.
○ 형태 : 푸석푸석하고 기벽이 얇음. 口部는 파손되었고 깃(領) 혹은 목(頸)이 남아 있음. 동체부는 배부른 구형임(球腹). 동체부 가운데에 가로방향의 손잡이(橫橋耳)가 떨어져 나간 흔적이 있음.
○ 태토 및 색깔 : 굵은 모래혼입의 황갈색토기.

⑦ 호(橫橋耳罐, 2011JJT1215④:1, 그림 15-6)
○ 출토지 : 건강유적 지층.
○ 크기 : 바닥 직경 16cm, 남은 높이 9cm.
○ 형태 : 기벽은 얇음. 바닥만 남아 있는데, 낮은 臺底임. 동체부(腹)의 아랫벽이 밖으로 크게 뻗어 나왔는데, 이를 통해 동체부가 배부른 구형임을 알 수 있음(球腹). 표면에 황색과 홍색 얼룩이 있음. T1215④:2와 함께 출토되었는데, T1215④:2는 동일한 호의 口部임.
○ 태토 및 색깔 : 굵은 모래혼입의 황갈색토기.

⑧ 호(鏨耳罐, 2011JJT1915④:21, 그림 15-9)
○ 출토지 : 건강유적 지층.
○ 크기 : 口徑 16.5cm, 남은 높이 9.8cm, 손잡이(耳) 길이 2cm, 너비 2cm, 두께 1.5cm.
○ 형태 : 표면은 얼룩덜룩함. 구연은 외반됨(侈口). 구순은 각이 짐(方唇). 동체부는 호형임(弧腹). 동체부 위에 2개의 손잡이(鏨耳)가 있음.
○ 태토 및 색깔 : 모래혼입의 홍갈색토기.

⑨ 호(鏨耳罐, 2011JJT1915④:4, 그림 15-10)
○ 출토지 : 건강유적 지층.
○ 크기 : 남은 높이 10.1cm, 바닥 직경 7.2cm, 臺底 높이 1.1cm.
○ 형태 : 외벽과 바닥에서 얼룩덜룩한 흑색 연기그

을음을 많이 볼 수 있음. 동체부는 비스듬하게 휘어짐(斜弧腹). 臺底는 높음. T1215④:21과 함께 출토되었는데, 동일한 호임.
○ 태토 및 색깔 : 모래혼입의 홍갈색토기.

⑩ 호(長腹罐, 2011JJT1915④:1, 그림 15-8)
○ 출토지 : 건강유적 지층.
○ 크기 : 口徑 12cm, 동체부(腹) 직경 22cm, 바닥 직경 12.5cm, 바닥 높이 1.5cm, 전체 높이 31.5cm.
○ 형태 : 복원 가능. 手制임. 정연하지 않게 제작되었고, 기형은 비대칭임. 문질러 광택을 낸 면은 대부분 벗겨져 나감. 구연은 외반됨(侈口). 구순은 둥그스름함(圓唇). 목은 잘록함(束頸). 동체부는 깊(長腹). 臺底임.
○ 태토 및 색깔 : 모래혼입의 홍색토기.

⑪ 호(大口罐, 2011JJT2115④:8, 그림 16-1)
○ 출토지 : 건강유적 지층.
○ 크기 : 口徑 25.6cm.
○ 형태 : 구연은 외반되고(侈口) 꺾여 있음(仰折沿). 구순은 각이 지면서 둥그스름함(方圓唇).
○ 태토 및 색깔 : 굵은 모래혼입의 황갈색토기.

⑫ 호(大口罐, 2011JJT2115④:5, 그림 16-2)
○ 출토지 : 건강유적 지층.
○ 크기 : 口徑 15cm.
○ 형태 : 구연은 외반되고(侈口) 꺾여 있음(仰折沿). 구순은 각이 지면서 둥그스름함(方圓唇).
○ 태토 및 색깔 : 굵은 모래혼입의 황갈색토기.

⑬ 호(大口罐, 2011JJT2115④:16, 그림 16-3)
○ 출토지 : 건강유적 지층.
○ 크기 : 口徑 17.7cm.
○ 형태 : 표면은 흑색이고 광택이 남. 소성온도는 높고, 단단함. 구연은 외반되고(侈口) 꺾여 있음(仰折沿). 구순은 각이 짐(方唇).
○ 태토 및 색깔 : 모래혼입의 회색토기.

⑭ 호(大口罐, 2011JJT1916④:4, 그림 16-4)
○ 출토지 : 건강유적 지층.
○ 형태 : 표면은 광택이 남. 구연은 외반되고(侈口) 꺾여 있음(仰折沿). 구순은 둥그스름함(圓唇). 벽은 비스듬하게 곧음(斜直壁).
○ 태토 및 색깔 : 굵은 모래혼입의 홍갈색토기.

⑮ 호(大口罐, 2011JJT2115④:6, 그림 16-5)
○ 출토지 : 건강유적 지층.
○ 크기 : 口徑 11.3cm.
○ 형태 : 구연은 꺾여 있음(折沿). 구순은 각이 지면서 둥그스름함(方圓唇).
○ 태토 및 색깔 : 비교적 많은 雲母가 들어간 모래혼입의 황갈색토기.

⑯ 호(侈口罐, 2011JJT1916④:10, 그림 16-6)
○ 출토지 : 건강유적 지층.
○ 크기 : 口徑 13cm.
○ 형태 : 표면은 문질러 광택이 남. 기형은 정연하지 않음. 구연 두께는 일정하지 않음. 구연은 외반됨(侈口). 동체부는 호형임(弧腹). 동체부 아래는 파손.
○ 태토 및 색깔 : 굵은 모래혼입의 황갈색토기.

⑰ 호(鼓腹罐, 2011JJT2115④:標3, 그림 16-7)
○ 출토지 : 건강유적 지층.
○ 형태 : 깃은 곧음(直領). 구순은 뾰족하면서 둥그스름함(尖圓唇). 동체부는 배부른 구형임(球腹).
○ 태토 및 색깔 : 모래혼입의 황갈색토기.

⑱ 호(壺, 2011JJT2015④:4, 그림 16-8)
○ 출토지 : 건강유적 지층.

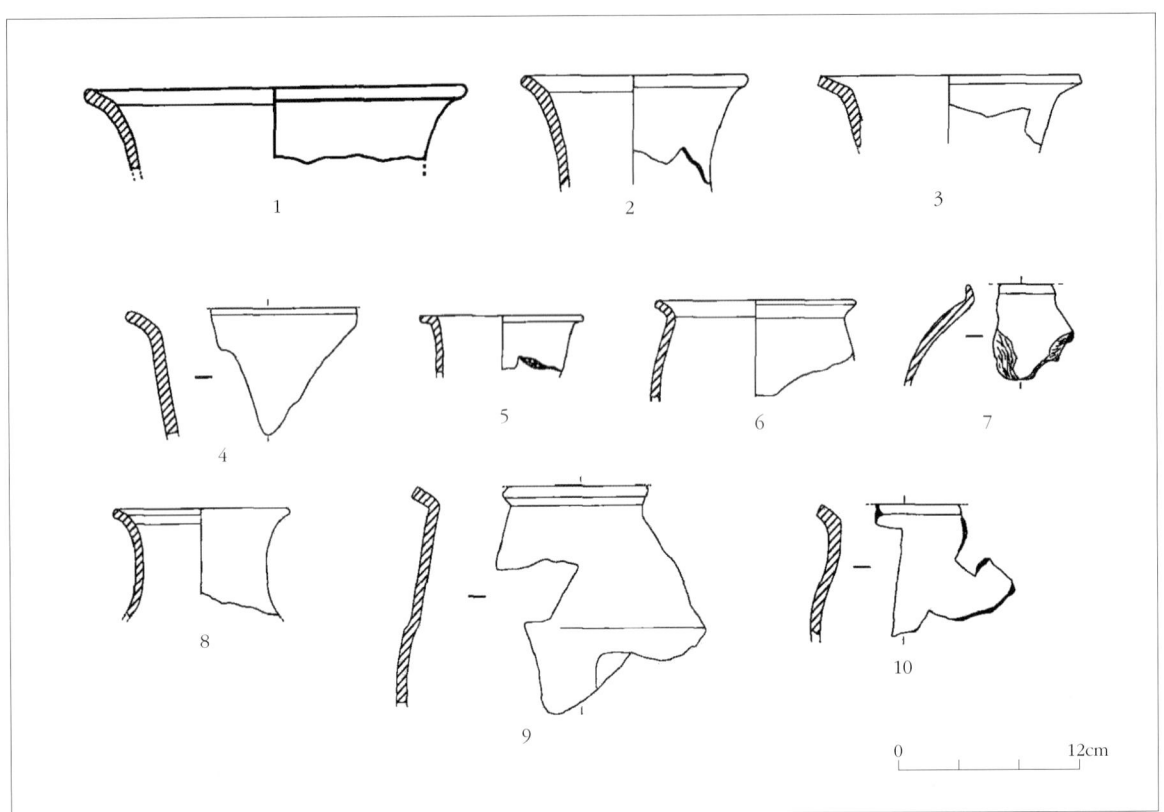

그림 16 지층 출토 호(『邊疆考古硏究』 17, 81쪽)

○ 크기 : 口徑 11.6cm.
○ 형태 : 구연은 외반됨(侈口). 구순은 각이 짐(方脣). 구연 내벽에서 꺾인 흔적 2줄을 볼 수 있음. 목은 잘록하고(束頸), 아래는 파손.
○ 태토 및 색깔 : 모래혼입의 회갈색토기.

⑲ 호(壺, 2011JJT1916④:8, 그림 16-9)
○ 출토지 : 건강유적 지층.
○ 형태 : 표면은 얼룩덜룩함. 구연은 꺾여 있음(仰折沿). 구순은 각이 짐(方脣). 목은 비스듬하게 곧음(斜直頸). 어깨는 꺾여 있음(折肩).
○ 태토 및 색깔 : 모래혼입의 황갈색토기.

⑳ 호(壺, 2011JJT2115④:標7, 그림 16-10)
○ 출토지 : 건강유적 지층.

○ 형태 : 구연은 외반됨(侈口). 구순은 꺾여 있음(仰折沿). 구순은 각이 짐(方脣). 목은 낮음(矮頸). 어깨는 흘러내려감(溜肩). 어깨 아래는 파손.
○ 태토 및 색깔 : 雲母가 들어간 가는 모래혼입의 홍갈색토기.

㉑ 시루(甑, 2011JJT2115④:13, 그림 17-5)
○ 출토지 : 건강유적 지층.
○ 크기 : 바닥 직경 16cm, 구멍 직경 0.6~0.8cm.
○ 형태 : 비교적 단단함. 안쪽 바닥면은 평평하고 가지런함. 바깥 바닥면의 구멍 주위는 바닥면보다 약간 높은데, 안쪽에서 바깥으로 뚫는 방식으로 둥근 구멍을 만들었음을 알 수 있음
○ 태토 및 색깔 : 니질의 회색토기.

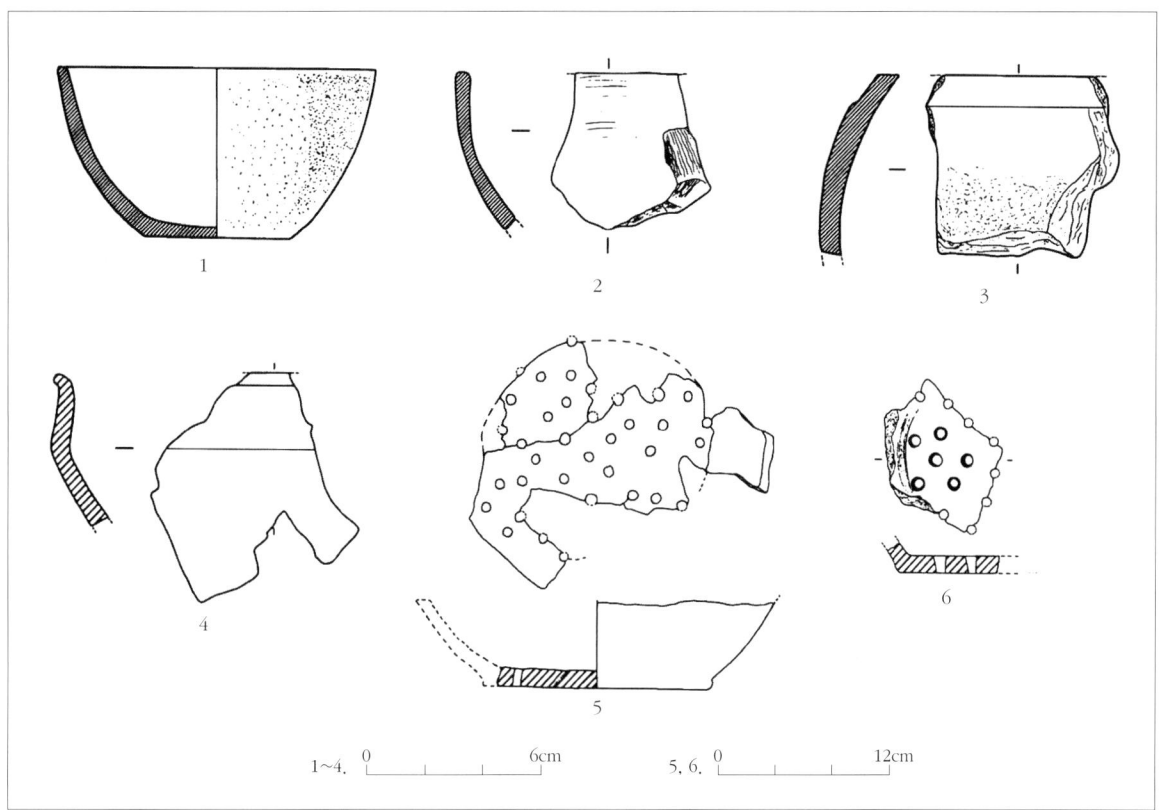

그림 17 지층 출토 발과 시루(『邊疆考古研究』 17, 82쪽)
1~4. 발 5~6. 시루

㉒ **시루**(甑, 2011JJT2116④:4, 그림 17-6)
○ 출토지 : 건강유적 지층.
○ 크기 : 구멍 직경 0.7~0.8cm.
○ 형태 : 구멍은 2011JJT2115④:13보다 정교하게 제작. 둥근 구멍은 안쪽에서 바깥으로 뚫었음.
○ 태토 및 색깔 : 굵은 모래혼입의 회색토기.

㉓ **발**(鉢, 2011JJT1624③:1, 그림 17-1)
○ 출토지 : 건강유적 지층.
○ 크기 : 口徑 11cm, 바닥 직경 5cm, 높이 5.6cm.
○ 형태 : 소성온도는 비교적 높고, 단단함. 구연은 외반됨(敞口). 구순은 각이 짐(方脣). 동체부는 호형임(弧腹). 바닥은 평평함.
○ 태토 및 색깔 : 모래혼입의 회색토기.

㉔ **발**(鉢, 2011JJT1215③:4, 그림 17-2)
○ 출토지 : 건강유적 지층.
○ 형태 : 안쪽은 청회색이고, 표면은 청흑색임. 구연은 곧음(直口). 구순은 둥그스름함(圓脣). 동체부는 비스듬하게 휘었음(斜弧腹).
○ 태토 : 니질의 토기.

㉕ **발**(鉢, 2011JJT0610③:標4, 그림 17-3)
○ 출토지 : 건강유적 지층.
○ 형태 : 구연은 내반됨(斂口). 구순은 각이 짐(方脣).
○ 태토 : 모래혼입의 황회색토기.

㉖ **발**(鉢, 2011JJT1916④:5, 그림 17-4)
○ 출토지 : 건강유적 지층.

○ 형태 : 보드랍고 매끄러움. 소성온도는 높고, 단단함. 구연은 외반됨(侈口). 구순은 둥그스름함(圓脣). 동체부(腹) 위쪽은 곧고 아래쪽은 비스듬하게 꺾이면서 안으로 들어감. 동체부 아래는 결실.
○ 태토 : 雲母알갱이가 들어가 있는 가는 모래혼입의 회흑색토기.

㉗ **토기 바닥**(2011JJT1915④:10, 그림 18-1)
○ 출토지 : 건강유적 지층.
○ 크기 : 남은 높이 15cm, 바닥 직경 약 7.5cm.
○ 형태 : 筒形의 호(罐) 바닥임. 외벽은 고운 진흙으로 抹光함. 비교적 매끄럽고 평평함. 광택이 나는 면은 대부분 벗겨졌는데, 조잡한 안쪽 태토가 노출됨. 기형은 정연하지 않고 바대칭이며 기벽 두께는 균일하지 않음. 구연은 결실됨. 동체부(腹)는 비스듬하게 곧으면서 약간 휘어짐. 바닥은 평평한데, 중심이 얇고 가장자리는 두꺼움.
○ 태토 및 색깔 : 굵은 모래혼입의 황갈색토기.

㉘ **토기 바닥**(2011JJT1915④:14, 그림 18-2)
○ 출토지 : 건강유적 지층.
○ 크기 : 바닥 직경 6.9cm.
○ 형태 : 筒形의 호(罐) 바닥임. 외벽은 고운 진흙으로 문질러 광택이 남. 바닥은 평평함. 기벽은 비스듬하게 곧음.
○ 태토 및 색깔 : 굵은 모래혼입의 황갈색토기.

㉙ **토기 바닥**(2011JJT1916④:7, 그림 18-3)
○ 출토지 : 건강유적 지층.
○ 크기 : 바닥 직경 8.8cm.
○ 형태 : 筒形의 호(罐) 바닥임. 외벽은 고운 진흙으로 문질러 광택이 남. 바닥은 평평함. 기벽은 비스듬하게 곧음.
○ 태토 및 색깔 : 굵은 모래혼입의 홍갈색토기.

㉚ **토기 바닥**(2011JJT2015④:5, 그림 18-4)
○ 출토지 : 건강유적 지층.
○ 크기 : 바닥 직경 10.3cm.
○ 형태 : 동체부가 배부른 호(鼓腹罐)의 바닥임. 태질, 제작방법, 기형 모두 T1215④:1과 같음. 바닥과 동체부 아래에서 얼룩덜룩한 흑색의 연기그을림을 많이 볼 수 있음.
○ 태토 및 색깔 : 굵은 모래혼입의 홍갈색토기.

㉛ **토기 바닥**(2011JJT2115④:11, 그림 18-5)
○ 출토지 : 건강유적 지층.
○ 크기 : 바닥 직경 11cm.
○ 형태 : 동체부가 배부른 호(鼓腹罐)의 바닥임. 태질, 제작방법, 기형 모두 T1215④:1과 같음.
○ 태토 및 색깔 : 굵은 모래혼입의 황갈색토기.

㉜ **토기 바닥**(2011JJT1915④:12, 그림 18-6)
○ 출토지 : 건강유적 지층.
○ 크기 : 바닥 직경 10cm.
○ 형태 : 동체부가 배부른 호(鼓腹罐)의 바닥임. 태질, 제작방법, 기형 모두 T1215④:1과 같음.
○ 태토 및 색깔 : 굵은 모래혼입의 황갈색토기.

㉝ **토기 바닥**(2011JJT2115④:12, 그림 18-7)
○ 출토지 : 건강유적 지층.
○ 크기 : 바닥 직경 10cm.
○ 형태 : 동체부가 배부른 호(鼓腹罐)의 바닥임. 태질, 제작방법, 기형 모두 T1215④:1과 같음. 표면은 고운 진흙으로 문질러 광택이 남. 臺底임.
○ 태토 및 색깔 : 모래혼입의 황갈색토기.

㉞ **토기 바닥**(2011JJT1624③:7, 그림 18-8)
○ 출토지 : 건강유적 지층.
○ 크기 : 동체부(腹) 직경 11.2cm, 바닥 직경 6.7cm,

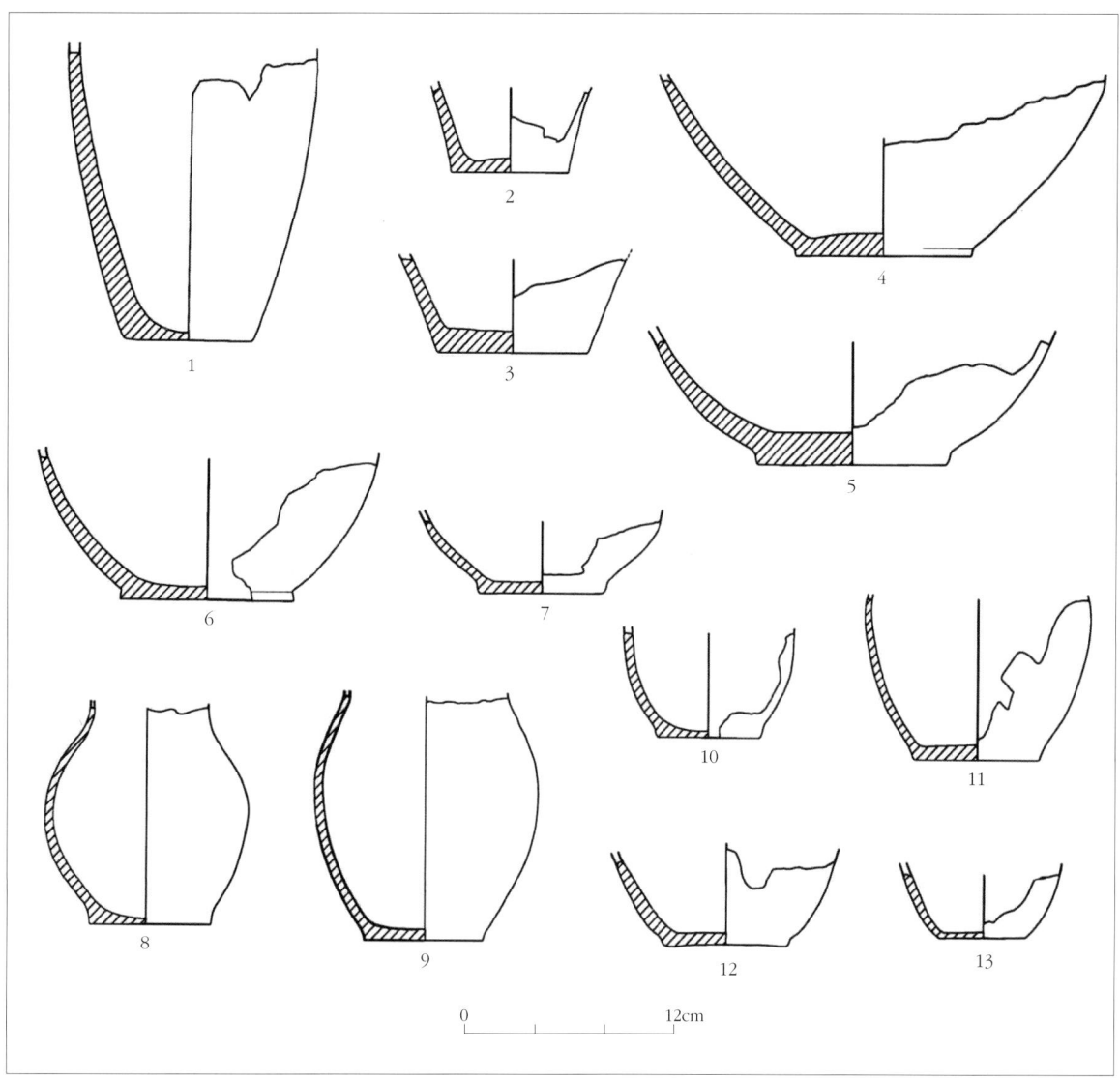

그림 18 지층 출토 토기 바닥(『邊疆考古研究』 17, 84쪽)

남은 높이 11.8cm.
○ 형태 : 동체부가 호형인 호(弧腹罐)의 바닥임. 동체부는 배부름(鼓腹). 臺底임. 목부분(頸部)은 일부 남아있고, 구연은 결실됨.
○ 태토 및 색깔 : 모래혼입의 황갈색토기.

㉟ 토기 바닥(2011JJT1624③:16, 그림 18-9)
○ 출토지 : 건강유적 지층.
○ 크기 : 동체부(腹) 직경 13cm, 바닥 직경 7cm, 남

은 높이 13.2cm.
○ 형태 : 동체부가 호형인 호(弧腹罐)의 바닥임. 臺底임. 동체부 위쪽은 약간 안으로 들어갔는데, 목부분(頸部)에 가까운 지점임. 구연은 결실됨.
○ 태토 및 색깔 : 모래혼입의 황갈색토기.

㊱ 토기 바닥(2011JJT1915④:15, 그림 18-10)
○ 출토지 : 건강유적 지층.
○ 크기 : 바닥 직경 6cm.

○ 형태 : 동체부가 호형인 호(弧腹罐)의 바닥임. 동체부는 호형이면서 약간 배부름(鼓). 평평한 바닥 가운데 부분은 약간 안으로 들어감. 바닥 바깥주변이 약간 높으면서 낮은 받침대모양임.
○ 태토 및 색깔 : 모래혼입의 홍갈색토기.

㊲ **토기 바닥**(2011JJT1916④:11, 그림 18-11)
○ 출토지 : 건강유적 지층.
○ 크기 : 바닥 직경 7.2cm.
○ 형태 : 동체부가 호형인 호(弧腹罐)의 바닥임. 소성온도는 비교적 높고, 단단함. 기벽은 얼룩덜룩함. 동체부는 호형이면서 약간 배부름(鼓). 바닥은 평평하고 약간 두꺼움.
○ 태토 및 색깔 : 雲母가 들어간 모래혼입의 흑갈색토기.

㊳ **토기 바닥**(2011JJT2115④:10, 그림 18-12)
○ 출토지 : 건강유적 지층.
○ 크기 : 바닥 직경 7.3cm.
○ 형태 : 동체부가 호형인 호(弧腹罐)의 바닥임. 표면은 고운 진흙으로 문질러서 광택을 내었고, 황색과 흑색 얼룩이 있음. 바닥 가운데 부분은 약간 안으로 들어갔고, 주변은 약간 솟아 있음.
○ 태토 및 색깔 : 모래혼입의 황갈색토기.

㊴ **토기 바닥**(2011JJT2115④:9, 그림 18-13)
○ 출토지 : 건강유적 지층.
○ 크기 : 바닥 직경 5cm.
○ 형태 : 동체부가 호형인 호(弧腹罐)의 바닥임. 평평한 바닥의 가운데 부분은 약간 안으로 들어감.
○ 태토 및 색깔 : 모래혼입의 황갈색토기.

㊵ **토기 손잡이**(橫橋耳, 2011JJT2015④:1, 그림 15-11)
○ 출토지 : 건강유적 지층.
○ 크기 : 손잡이(耳) 길이 9.4cm, 너비 4.8cm, 높이 3.4~3.8cm.
○ 형태 : 가로방향의 손잡이임. 정연하게 제작됨.
○ 태토 및 색깔 : 雲母片이 들어간 모래혼입의 황갈색토기.

㊶ **토기 손잡이**(橫橋耳, 2011JJT1915④:19, 그림 15-12)
○ 출토지 : 건강유적 지층.
○ 크기 : 손잡이(耳) 길이 6.8cm, 너비 3.9cm, 높이 4cm.
○ 형태 : 가로방향의 손잡이임. 조잡하게 제작됨. 표면은 간단하게 문질러 광택을 내었는데, 평평하지 않음.
○ 태토 및 색깔 : 모래혼입의 회흑색토기.

㊷ **토기 손잡이**(橫橋耳, 2011JJT1915④:3, 그림 15-13)
○ 출토지 : 건강유적 지층.
○ 크기 : 손잡이(耳) 길이 6.6cm, 너비 3.6cm, 높이 3.2~3.5cm.
○ 형태 : 가로방향의 손잡이임.
○ 태토 및 색깔 : 모래혼입의 황갈색토기.

㊸ **토기 뚜껑**(2011JJT2116④:1, 그림 19-1)
○ 출토지 : 건강유적 지층.
○ 크기 : 직경 8cm, 두께 0.6~0.7cm.
○ 형태 : 手制임. 원반 형태만 남아 있음. 가운데 부분이 주변보다 약간 두꺼움. 한 면은 평평하고 가지런하며, 다른 한 면은 표면보다 돌출됨. 평평한 면에 원형의 파손 흔적이 있는데, 뚜껑 꼭지(蓋紐)가 떨어져 나가면서 형성된 것임.
○ 태토 및 색깔 : 雲母片이 들어간 모래혼입의 황갈색토기.

㊹ **토기 뚜껑**(2011JJT2115④:3, 그림 19-2)
○ 출토지 : 건강유적 지층.
○ 크기 : 두께 1cm.

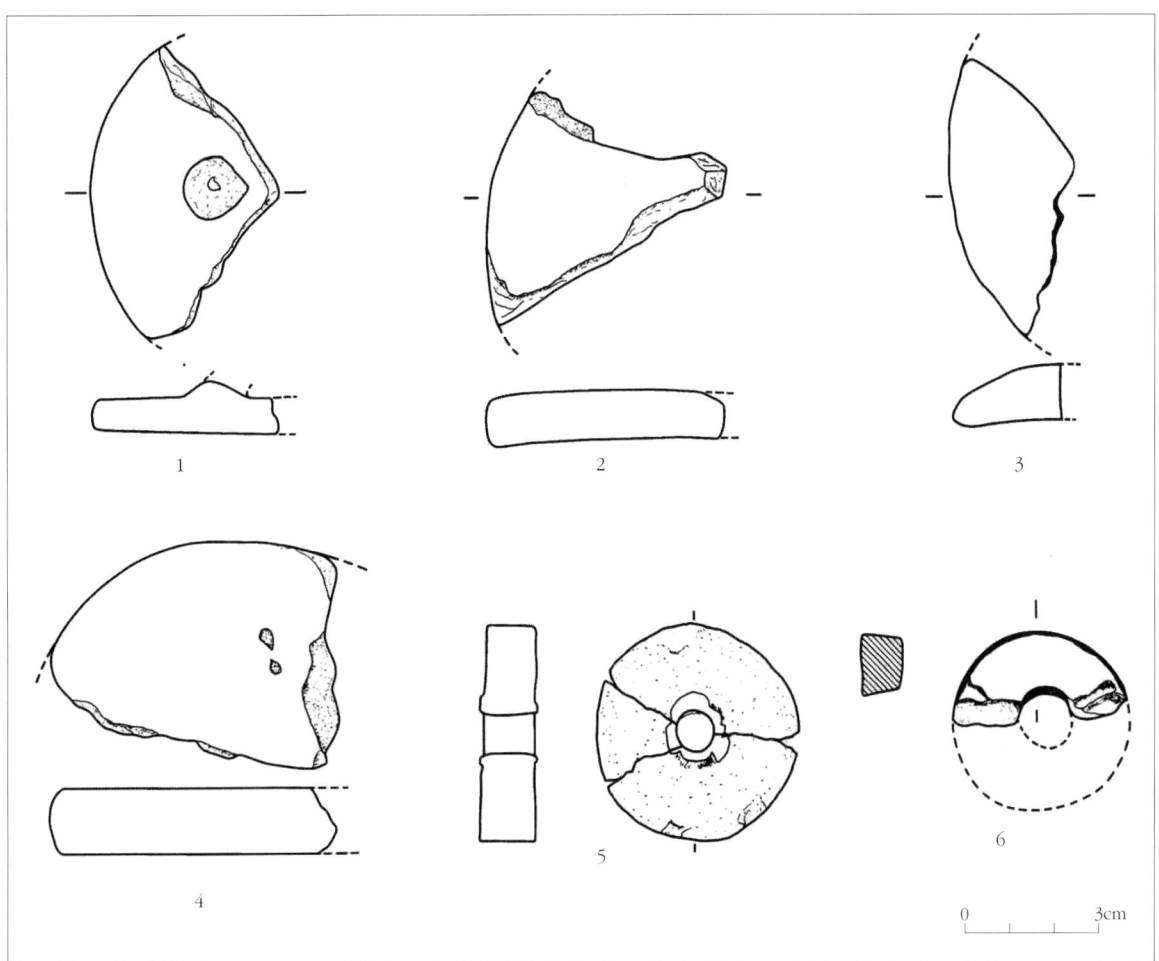

그림 19 지층 출토 토기2(『邊疆考古硏究』17, 85쪽)
1~4. 토기 뚜껑 5~6. 가락바퀴

○ 형태 : 2011JJT2116④:1과 유사함.
○ 태토 및 색깔 : 모래혼입의 흑갈색토기.

㊺ **토기 뚜껑**(2011JJT1915④:7, 그림 19-3)
○ 출토지 : 건강유적 지층.
○ 크기 : 두께 1.1cm.
○ 형태 : 2011JJT2116④:1과 유사함.
○ 태토 및 색깔 : 니질의 황갈색토기.

㊻ **토기 뚜껑**(2011JJT2116④:2, 그림 19-4)
○ 출토지 : 건강유적 지층.
○ 크기 : 두께 1.4cm.

○ 형태 : 2011JJT2116④:1과 유사함.
○ 태토 및 색깔 : 니질의 황갈색토기.

㊼ **토제가락바퀴**(紡輪, 2011JJT2015④:2, 그림 19-5)
○ 출토지 : 건강유적 지층.
○ 크기 : 직경 4.5cm, 두께 1~1.2cm, 구멍 직경 0.8cm.
○ 형태 : 手制임. 표면은 평평하지 않음. 원반 모양임. 출토 당시 3단으로 부서진 상태였음. 정가운데에 원형 구멍이 있음. 원형 구멍 양단에는 구멍이 뚫어지면서 형성된 돌출부가 있음.
○ 태토 및 색깔 : 모래혼입의 홍색.

㊽ 토제가락바퀴(紡輪, 2011JJT2015③:1, 그림 19-6)
- 출토지 : 건강유적 지층.
- 크기 : 직경 3cm, 구멍 직경 1.2cm.
- 형태 : 원반 모양으로 정가운데에 구멍 한 개가 있는데, 파손됨.
- 태토 및 색깔 : 니질의 황색.

(2) 기와

○ 암키와와 수키와가 있음. 모두 泥質임. 홍색이 가장 많고, 다음으로 황갈색·황색 순이며, 회색이 비교적 적음. 대부분 깨져 있고 복원이 가능한 기와는 적음. 기와의 제작기법·시문방법은 기본적으로 같음. 기와의 분할은 내면 한 측을 반으로 자른 후 분리하는 방법을 채택하였는데, 瓦身 양측 곧은 변의 내면 한 측에서 절단하면서 형성된 평평한 면을 볼 수 있고, 배면 한 측에서는 평평하지 않게 꺾인 흔적이 있음. 한 점의 암키와편은 측변이 정연하게 잘려 있고 부러진 흔적은 보이지 않음. 잔편이 비교적 작고 유일한 예이기 때문에 특수한 기능 및 사용 방법과 관련이 있을지는 판단하기 어려움. 내면에는 모두 포문이 있음. 배면에는 암키와 일부 하단부와 수키와의 언강을 제외하고 모두 승문이 있는데, 승문의 굵기는 약간 차이가 있음. 모두 세로방향으로 시문하는 방식을 채용함. 시문공구의 형체는 좁고 긴데, 너비는 대체로 3cm 정도이고, 일부 수키와의 시문공구 너비는 4cm가 넘음. 현재 많은 기와에서 시문하면서 남은 장조형 무늬가 있음. 일부 수키와는 곡률이 커서 세로방향으로 시문한 후 동체부 배면에 세로방향으로 평행하는 융기돌선(棱脊)이 여러 줄 형성됨.

○ 암키와는 한 점만 복원이 가능. 평면이 장방형에 가까운 일반적인 암키와와 평면이 오각형인 割角瓦가 있음. 할각와는 현재 2점만 확인되는데, 일반 암키와의 泥坯 한 모서리를 자른 형태임. 평면만 제외하고 일반 암키와와 차이가 없음. 암키와의 端頭부분은 두 종류가 있음. 한 종류는 瓦端의 구순이 각이 져 있고, 배면 승문은 단두까지 시문되어 있으며, 내면 끝의 너비 5~10cm 부분은 45°로 기울어진 망격문(方格文帶)이 박인되어 있음. 다른 한 종류는 8~10cm 부분에 승문을 시문한 후 抹光하여 문양이 없음. 아울러 배면의 한 측 구순변(唇邊)에 약간 말광한 원호형이 나타남. 기와 끝의 2~3cm 부분은 말광하여 문양이 없음. 복원된 암키와의 양측 단두는 상술한 두 유형으로 나눌 수 있음. 상술한 암키와의 단두 차이는 암키와의 頭·尾 사이의 형태 차이에서 체현된 것으로 추정됨. 암키와의 배면에는 瓦身 세로방향을 따라 승문이 펼쳐져 있는데, 일부는 시문 후에 다시 승문을 가로지르는 抹壓 文飾을 시문함. 말압문은 대체로 두 유형으로 나눌 수 있음. 첫 번째 유형은 너비가 손가락에 가깝고, 대부분 한 줄이며 비교적 얇게 시문. 두 번째 유형은 너비가 0.6cm 정도이고, 1~2cm 사이로 여러 줄을 시문하였으며, 비교적 깊게 시문. 일부 암키와에서는 4~5줄이 한 세트로 나타나고, 연속적으로 여러 세트의 시문과 여러 줄의 무늬가 나누어지지 않고 두 유형을 사용. 극히 일부 기와의 배면에서 세로방향의 얕은 槽를 볼 수 있는데, 이러한 조는 대체로 상술한 첫 번째 말압문과 함께 나타나고, 가로세로로 교차하는데, 기와 제작 중 瓦坯의 고정 및 결박과 관련이 있을 가능성이 있음.

○ 수키와의 형태는 대체로 같은데, 반원형의 통모양임. 앞의 끝 혹은 내면에 비교적 긴 抹斜가 있는데, 약간 밖으로 뻗거나 위로 올라감. 대다수 앞부분에는 점토로 제작할 때 손가락으로 쥐면서 형성된 흔적이 있음. 대다수 손질을 하지 않아 끝부분이 울퉁불퉁하고, 승문은 희미하여 명확하지 않음. 수키와의 끝부분에는 瓦身이 밖으로 꺾이면서 모아진 미구(瓦舌)가 있음. 미구는 문양이 없으며 약간 곡률이 있으나 명확한 마디홈(曲節)을 볼 수 없음. 하단부 언강(唇部)은 끝이 비교적 둥글고 완만함. 언강 내면 혹은 배면이 약간 비스듬하고, 그 끝은 약간 얇음. 언강(瓦肩)은 위로 들려 있고, 모두 낮으며, 대부분 높이 1cm를 넘지

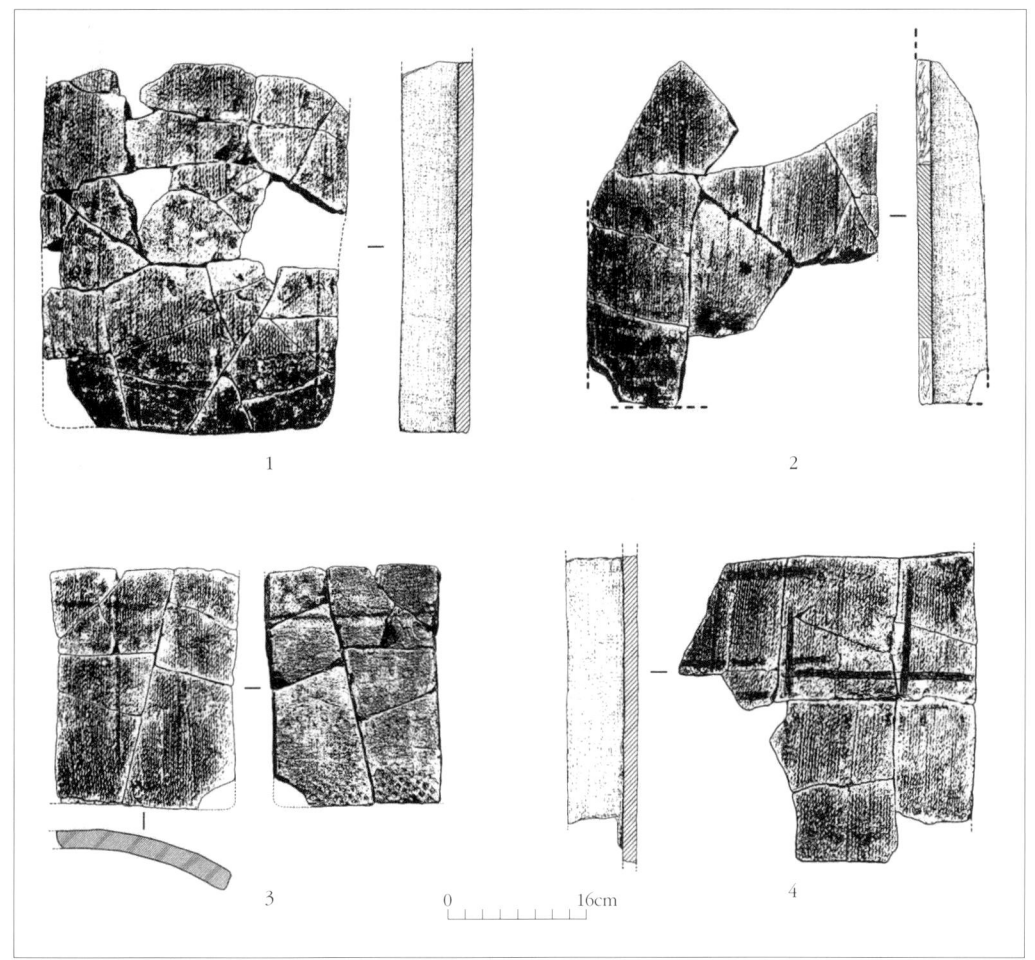

그림 20 지층 출토 암키와 1(『邊疆考古硏究』17, 87쪽)

않음. 언강과 미구의 교각은 대부분 둔각이고 일부는 직각에 가까움. 배면에는 세로방향의 승문이 펼쳐져 있고 일부 수키와에는 승문을 가로지르는 抹壓文이 있는데, 문양의 특징·시문은 암키와의 첫 번째 유형의 말압문과 비슷함.

① **암키와**(2011JJT1124③:1, 그림 20-1)
○ 출토지 : 건강유적 지층.
○ 크기 : 남은 길이 40.5cm, 너비 36cm, 두께 1.7cm.
○ 형태 : 기와 끝과 양 측변이 남아 있는데, 곧음. 기와 끝 배면 너비 약 8~9cm 부분은 抹光하여 문양이 없음.

○ 태토 및 색깔 : 니질의 홍색.

② **암키와**(2011JJT1124③:4, 그림 20-2)
○ 출토지 : 건강유적 지층.
○ 크기 : 남은 길이 38cm, 남은 너비 34cm, 두께 1.9cm.
○ 형태 : 기와 끝 한 측과 곧은 한 측변만 남아 있음. 기와 끝 배면 너비 8cm 부분은 抹光하여 문양이 없음. 가로방향의 평행한 3줄의 抹壓文이 있음. 배면에는 여러 줄의 승문으로 형성된 융기돌선(棱脊)이 있음.
○ 태토 및 색깔 : 니질의 회색.

③ **암키와**(2011JJT1124③:6, 그림 20-3)
○ 출토지 : 건강유적 지층.
○ 크기 : 남은 길이 27.5cm, 두께 1.8cm.
○ 형태 : 기와 끝 한 측과 곧은 한 측 변만 남아 있음. 기와 끝 배면에 승문이 端頭까지 이름. 단두 내면 5cm의 포문 위에는 45°로 기울어진 망격문(方格紋)이 있음. 배면의 승문 위에는 세로방향의 얕은 槽 2줄이 있음. 기와 끝 근처에서 가로방향의 抹壓文과 조 2줄이 교차.
○ 태토 및 색깔 : 니질의 홍색.

④ **암키와**(2011JJT1124③:24, 그림 20-4)
○ 출토지 : 건강유적 지층.
○ 크기 : 남은 길이 33.4cm, 남은 너비 35.6cm, 두께 2cm.
○ 형태 : 瓦身 한 측변이 남아 있는데, 곧음. 배면에는 승문이 펼쳐져 있고, 승문 위에는 세로방향의 얕은 槽 3줄이 있음. 가운데 부분 근처에서 가로방향의 抹壓文 2줄과 세로방향의 얕은 조 3줄이 교차함.
○ 태토 및 색깔 : 니질의 홍색.

⑤ **암키와**(2011JJT1124③:5, 그림 21-1)
○ 출토지 : 건강유적 지층.
○ 크기 : 남은 길이 12cm, 남은 너비 35cm, 두께 1.6cm.
○ 형태 : 瓦身 가운데 부분만 남아 있음. 와신 양 측변은 곧음. 배면에는 승문이 있고, 승문 위로는 여러 줄의 평행한 抹壓文이 가로지르고 있는데, 모두 12줄의 말압문을 볼 수 있음.
○ 태토 및 색깔 : 니질의 홍색.

⑥ **암키와**(2011JJT1124④:2, 그림 21-2)
○ 출토지 : 건강유적 지층.
○ 크기 : 남은 길이 16cm, 남은 너비 16.5cm, 두께 1.3cm.

○ 형태 : 瓦端이 남아 있음. 端頭의 너비 4~5cm 부분은 抹光하여 문양이 없음. 瓦身 배면의 나머지 부분은 승문을 시문하였고, 그 위로 抹壓文 3세트(4~5줄이 1세트)가 가로지르고 있음.
○ 태토 및 색깔 : 니질의 홍색.

⑦ **암키와**(2011JJT1124③:14, 그림 21-3)
○ 출토지 : 건강유적 지층.
○ 크기 : 남은 길이 13cm, 너비 9cm, 두께 1.6cm.
○ 형태 : 瓦身 한 측변이 남아 있는데, 곧음. 배면에 승문이 있고, 그 위로 抹壓文 3세트(4~5줄이 1세트)가 가로지르고 있음.
○ 태토 및 색깔 : 니질의 홍색.

⑧ **암키와**(2011JJT1124③:19, 그림 21-4)
○ 출토지 : 건강유적 지층.
○ 크기 : 남은 길이 11cm, 남은 너비 13.5cm, 두께 2.4cm.
○ 형태 : 배면에 승문이 있고, 승문 위로 가로방향의 抹壓文 2줄과 세로방향의 얕은 槽 1줄이 교차.
○ 태토 및 색깔 : 니질의 홍색.

⑨ **암키와**(2011JJT1124④:3, 그림 21-5)
○ 출토지 : 건강유적 지층.
○ 크기 : 남은 길이 19.8cm, 너비 17.8cm, 두께 1.7~2.5cm.
○ 형태 : 瓦端과 곧은 한 측변이 남아 있음. 배면에는 승문이 펼쳐져 있는데, 승문은 좁고 긴 장조형의 陶拍으로 만들었고, 瓦身의 세로방향으로 시문. 배면에는 너비가 2cm 정도인 세로방향의 융기돌선(棱脊)이 있음.
○ 태토 및 색깔 : 니질의 홍색.

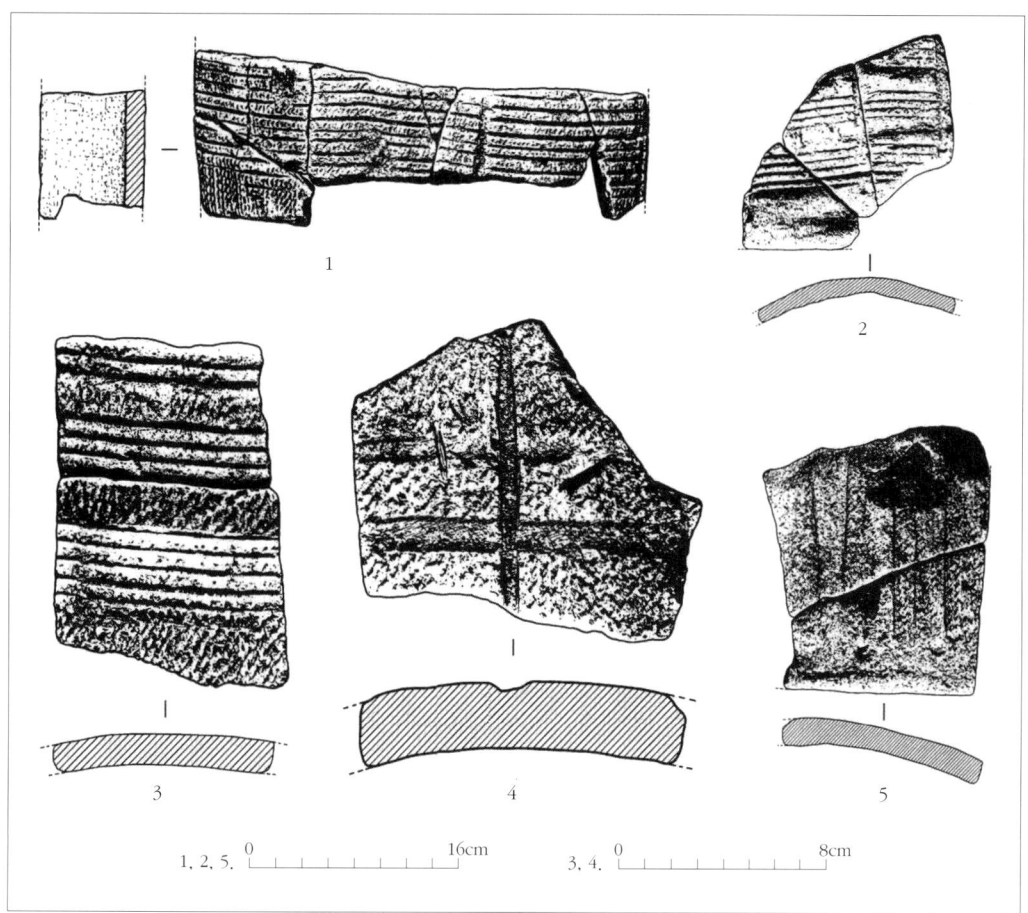

그림 21 지층 출토 암키와 2(『邊疆考古硏究』 17, 88쪽)

⑩ **할각와**(割角瓦, 2011JJT1124③:2, 그림 22)
○ 출토지 : 건강유적 지층.
○ 크기 : 전체 길이 48.1cm, 너비 22~32cm, 두께 1.7~2cm.
○ 형태 : 복원 가능. 일반 암키와의 泥坯 한 모서리를 잘랐음. 좁은 한쪽 끝에서 니배를 자른 후 남아 있는 흔적을 볼 수 있음. 좁은 한쪽 끝에 비스듬하게 기울어진 망격문(方格文)이 박인되어 있음. 넓은 한쪽 끝 배면은 抹光하여 문양이 없음.
○ 태토 및 색깔 : 니질의 홍색.

⑪ **수키와**(2011JJT1124④:5, 그림 23-1)
○ 출토지 : 건강유적 지층.
○ 크기 : 전체 길이 36.4cm, 너비 16.4~18cm, 높이 8cm, 미구(瓦舌) 길이 3.6cm, 언강(瓦肩) 높이 0.8cm, 두께 1.6cm.
○ 형태 : 언강과 미구가 접하는 지점은 직각에 가까움. 瓦身에는 굵은 승문이 있음. 기와 앞부분은 평평하지 않음. 문양은 지워져서 명확하지 않음.
○ 태토 및 색깔 : 니질의 회색.

⑫ **수키와**(2011JJT1323④:1, 그림 23-2)
○ 출토지 : 건강유적 지층.
○ 크기 : 현재 길이 35cm, 너비 18cm, 높이 9.6cm, 미구(瓦舌) 길이 2.8cm, 언강(瓦肩) 높이 0.8~1cm, 두께 1.4cm.

그림 22 지층 출토 할각와(『邊疆考古硏究』17, 89쪽)

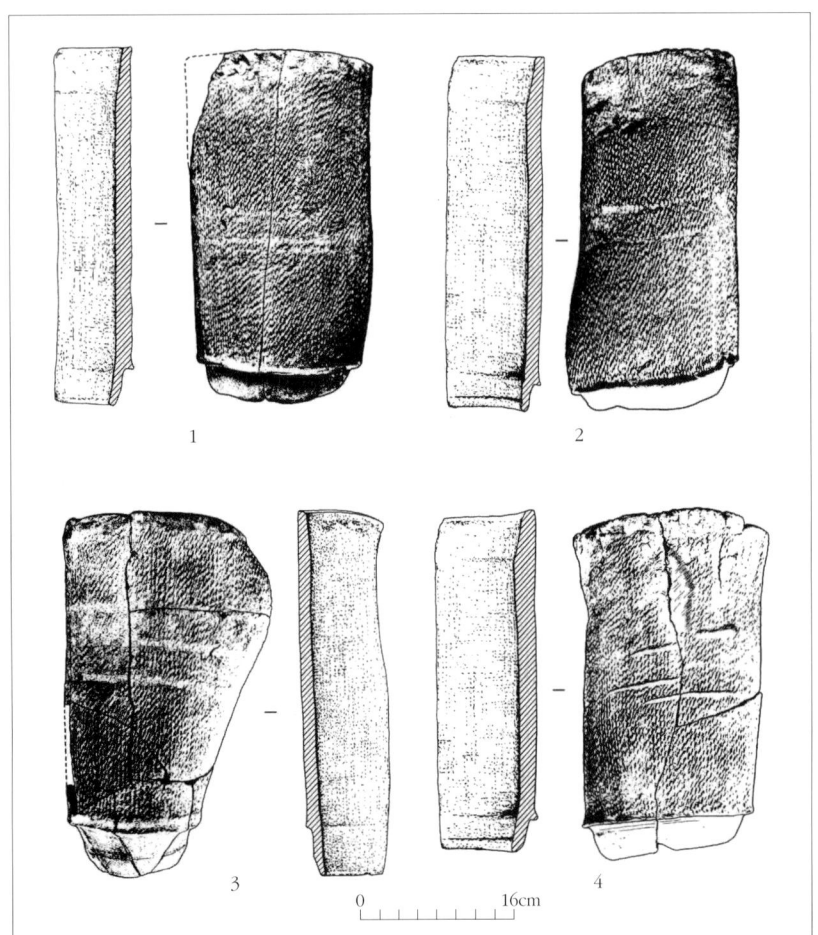

그림 23
지층 출토 수키와 1
(『邊疆考古硏究』17, 90쪽)

○ 형태 : 언강과 미구가 접하는 지점은 직각에 가까움. 瓦身에는 승문이 있음. 와신 가운데부분에 승문을 가로지르는 2줄의 抹壓文이 있음.
○ 태토 및 색깔 : 니질의 회색.

⑬ **수키와**(2011JJT1124③:3, 그림 23-3)
○ 출토지 : 건강유적 지층.
○ 크기 : 길이 33.1cm, 현재 너비 18∼20.6cm, 높이 10.2cm, 미구(瓦舌) 길이 3.4cm, 언강(瓦肩) 높이 1cm, 두께 1.9cm.
○ 형태 : 언강과 미구가 접하는 지점은 직각에 가까움. 瓦身에는 승문이 있음. 와신 가운데 부분에 승문을 가로지르는 4줄의 抹壓文이 있음.
○ 태토 및 색깔 : 니질의 회색.

⑭ **수키와**(2011JJT1124③:2, 그림 23-4)
○ 출토지 : 건강유적 지층.
○ 크기 : 길이 35.7cm, 현재 너비 13.8∼21.6cm, 높이 8.7cm, 미구(瓦舌) 길이 4cm, 언강(瓦肩) 높이 0.7cm, 두께 1.4cm.
○ 형태 : 언강과 미구가 접하는 지점은 둔각임. 瓦身에는 승문이 있음. 와신 가운데 부분에 승문을 가로지르는 3줄의 抹壓文이 있음.
○ 태토 및 색깔 : 니질의 회색.

⑮ **수키와**(2011JJT1124③:1, 그림 24-1)
○ 출토지 : 건강유적 지층.
○ 크기 : 남은 길이 29.5cm, 높이 8.6cm, 두께 1.5cm.
○ 형태 : 瓦頭가 남아 있는데, 밖으로 뻗어 위로 올라간 형태임. 올라간 부분은 약간 抹光함. 승문은 희미하여 잘 보이지 않음.
○ 태토 및 색깔 : 니질의 홍색.
수키와(2011JJT1124③:10, 그림 24-2)
○ 출토지 : 건강유적 지층.

○ 크기 : 남은 길이 15.5cm, 두께 1.6cm.
○ 형태 : 瓦頭가 남아 있는데, 약간 밖으로 뻗어 위로 올라감. 끝부분에 손가락으로 문지른 흔적이 있음.
○ 태토 및 색깔 : 니질의 황색.

⑯ **수키와**(2011JJT1124③:4, 그림 24-3)
○ 출토지 : 건강유적 지층.
○ 크기 : 길이 27cm, 너비 18cm, 높이 10cm, 미구(瓦舌) 길이 3.6cm, 언강(瓦肩) 높이 0.9cm, 두께 1.6cm.
○ 형태 : 언강과 미구가 접하는 지점은 직각에 가까움. 瓦身에는 승문이 있음. 그리고 승문이 박인되면서 형성된 세로방향의 교접 평면 5개가 있음.
○ 태토 및 색깔 : 니질의 회색.

⑰ **수키와**(2011JJT1124③:8, 그림 24-4)
○ 출토지 : 건강유적 지층.
○ 크기 : 남은 길이 14.5cm, 미구(瓦舌) 길이 4.2cm, 언강(瓦肩) 높이 0.8cm, 두께 1.5cm.
○ 형태 : 언강과 미구가 접하는 지점은 둔각임. 언강 위에 抹壓文 1줄이 있음.
○ 태토 및 색깔 : 니질의 황갈색.

⑱ **수키와**(2011JJT1124③:6, 그림 24-5)
○ 출토지 : 건강유적 지층.
○ 크기 : 남은 길이 12cm, 미구(瓦舌) 길이 4cm, 두께 1.7cm.
○ 형태 : 언강(瓦肩)과 미구는 둥글게 접함. 언강 위에 抹壓文 1줄이 있음.
○ 태토 및 색깔 : 니질의 황갈색.

⑲ **수키와**(2011JJT1124③:16, 그림 24-6)
○ 출토지 : 건강유적 지층.
○ 크기 : 남은 길이 19.3cm, 높이 8.3cm, 미구(瓦舌)

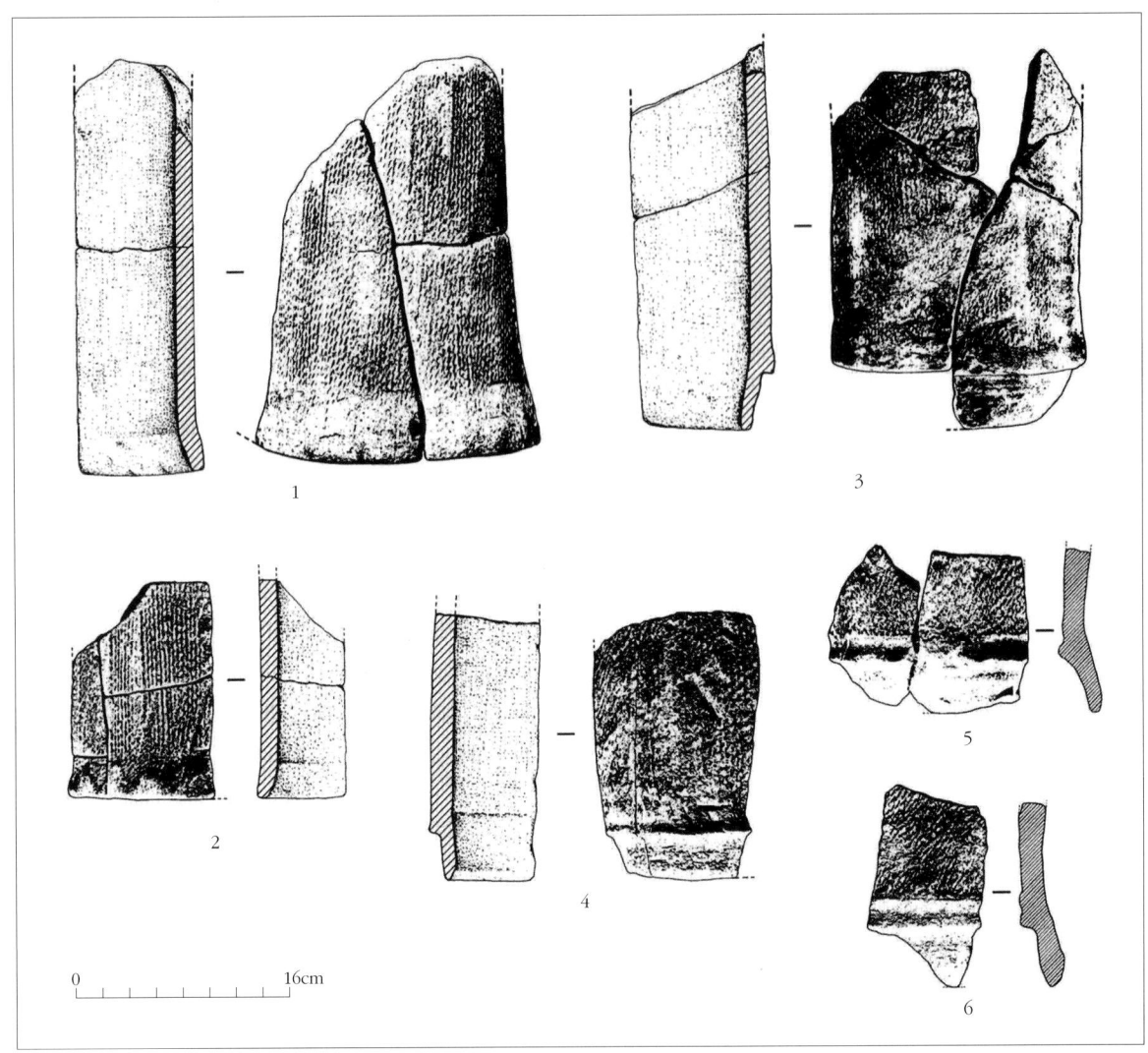

그림 24 지층 출토 수키와 2(『邊疆考古硏究』 17, 91쪽)

길이 3cm, 언강(瓦肩) 높이 0.6cm.
○ 형태 : 언강과 미구가 접하는 지점은 직각에 가까움.
○ 태토 및 색깔 : 니질의 황갈색.

(3) 석기

① 숫돌(礪石, 2011JJT2115④:4, 그림 25-1)
○ 출토지 : 건강유적 지층.
○ 크기 : 남은 길이 10cm, 너비 3.5~6.5cm, 두께 1.1~2.8cm.

○ 형태 : 회홍색의 사암으로, 모래는 비교적 굵고 알갱이 크기는 균등하지 않음. 평면은 도끼형임. 두 폭의 면과 그 사이의 한측 긴 면에는 연마면이 있고, 나머지 세 면에는 조약돌이 부서진 자연면이 남아 있음.

② 숫돌(礪石, 2011JJT2115④:1, 그림 25-2)
○ 출토지 : 건강유적 지층.
○ 크기 : 남은 길이 5.1cm, 너비 2cm, 두께 0.8cm, 구멍 직경 0.4cm.
○ 형태 : 회황색의 가는 사암을 갈아서 제작. 석재는

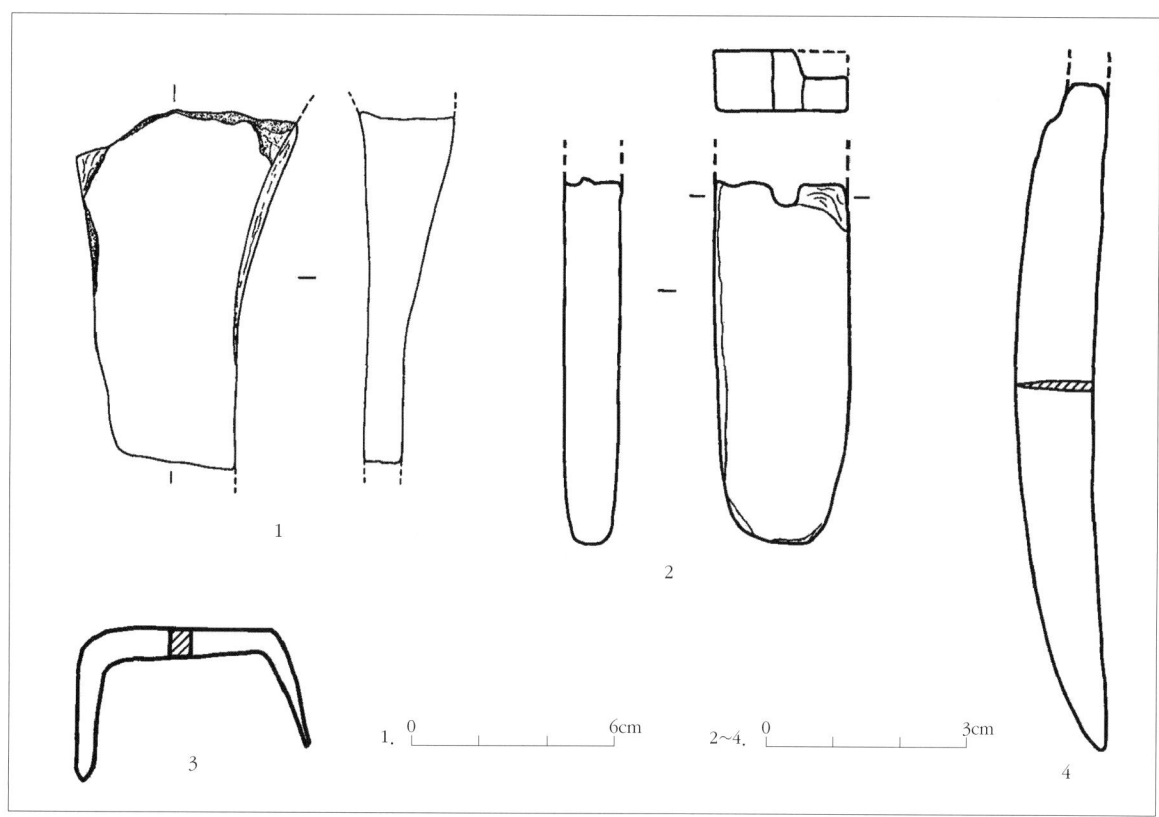

그림 25 지층 출토 석기와 철기(『邊疆考古硏究』 17, 92쪽)
1~2. 숫돌 3. 철제꺾쇠 4. 철제칼

매끄럽고, 가늘고 작은 알갱이가 들어가 있음. 평면은 납작한 사각기둥 모양임. 전체적으로 광택이 남. 한쪽 끝은 둥글고, 다른 한쪽 끝은 파손. 파손된 부분에 원형 구멍이 있음.

(4) 철기

① 철제꺾쇠(鐵鍋釘)

○ 출토지 : 건강유적 지층.
○ 형태 : 2점이 출토되었는데, 형태는 같고 크기는 비슷함. 단면이 장방형인 철사 양단을 구부려서 'U'자형으로 제작. 삽입되는 부분은 납작한 날 모양임. 2011JJT2015④:9는 완형으로 길이 3.4cm, 높이 2.3cm임(그림 25-3).

② 철제칼(鐵刀, 2011JJT2015④:3, 그림 25-4)

○ 출토지 : 건강유적 지층.
○ 크기 : 남은 길이 9.2cm, 날 너비 1.2cm, 등 두께 0.15cm.
○ 형태 : 등은 곧고 날은 휘었음. 뾰족한 끝은 칼자루(刀柄)에 끼워지는 부분임.

6. 역사적 성격

1) 유적 축조시기

1985년에 유적을 처음 발견했을 때 지표상에 노출된 토기와 기와편 등을 근거로 고구려시기의 유적지로 추정함(國家文物局, 1993).

유적에서 출토된 토기는 모두 문양이 없고 각이 진

구순(方脣)이 많은데, 기형의 제반 특징이 五女山城 제3기 문화층 출토 토기와 유사함. 예컨대 세로방향 의 손잡이가 있는 호(竪耳罐)인 2011JJT1916④:1, 2011JJT1624③:6, 2011JJT2015④:6은 각각 오녀산성 제3기 문화층의 F47:1, H5:1, F36:1, T50③:3 등과 유사. 그리고 광구호(大口罐)인 2011JJT1915④:16은 오녀산성 제3기 문화층의 T50②:2, 호(壺)인 2011JJT2015④:4는 오녀산성 제3기 문화층의 T406②:1, 구연이 외반된 호(侈口罐) 인 2011JJT1916④:1은 오녀산성 제3기 문화층의 T64②:2, 통형 호(筒形罐)인 2011JJT1915④:10은 오녀산성 3기 문화층의 H10:1과 유사함.

기와는 수키와와 암키와만 출토되었고, 와당이나 舌形기와(當溝)는 보이지 않음. 기와는 비교적 크며, 소박하고 예스러우며, 시문은 간단한데, 암키와 端頭 내면에 망격문이 拍印된 것을 제외하면 瓦身 배면에서 승문과 소량의 抹壓文이 보일 뿐임. 이러한 양상은 集安의 다른 고구려유적에서 출토된 기와와 차이가 있음. 다른 고구려 유적에서 출토된 기와를 보면 암키와는 대부분 배면에 망격문(方格文)과 席文 등이 있고, 수키와는 문자, 부호, 도안 등이 있음. 그런데 건강유적에서는 이와 같은 기와가 잘 보이지 않는데, 이는 비교적 이른 시기의 특징임. 유적에서 출토된 기와를 보면 승문은 비교적 굵고, 수키와의 언강(瓦肩)은 낮음. 암키와 한 측 瓦端 내면에는 망격문이 박인되어 있고 한측 와단 배면은 抹光하여 문양이 없는데, 이는 초기 고구려왕릉인 麻線溝2378號墓와 麻線溝626號墓에서 출토된 기와와 유사함. 이로 볼 때 축조시기는 두 고분과 비슷하다고 여겨짐. 한편 일부 회색 암키와는 배면에 먼저 승문을 시문한 다음 손으로 문질렀고, 또 일부는 한쪽 끝의 내면에 비스듬하게 망격문을 박인하였는데, 新賓 永陵鎭古城에서 출토된 後漢 시기 암키와에서도 이러한 문양을 볼 수 있음. 그렇다면 영릉진고성 축조시기와도 비슷할 것임.

오녀산성 제3기 문화층은 대체로 兩漢시기로 편년되는데, 이는 고구려 건국 전후에 해당함. 마선구 2378호묘와 마선구626호묘는 모두 초기 고구려왕릉으로 각각 1세기 전후, 1~2세기로 축조되었을 것으로 추정됨. 그리고 영릉진고성에서 출토된 기와는 후한 시기에 제작된 것임. 이를 감안하면 축조시기는 대체로 후한 시기로, 후한 말보다 늦지 않을 것으로 추정됨(吉林省文物考古硏究所·集安市博物館, 2012, 10쪽 ; 吉林大學邊疆考古硏究中心·吉林省文物考古硏究所·集安市博物館, 2015, 93쪽 ; 王志剛, 2016, 158쪽).

F1 주거지는 말각방형의 지상식 건물로 쪽구들을 갖추었다는 점에서 오녀산성 제4기 문화층의 주거지와 유사하고, F2와 F3 주거지는 반지하식 주거지로 고구려 건국 초기인 오녀산성 제3기 문화층에 해당한다고 파악하기도 함(강현숙, 2015, 28~30쪽).

2) 유적의 성격

유적에서 발견된 주거지는 길이와 너비 모두 3m 정도로 규모가 작은데, 응당 민의 거주지임. 두 문화층과 유구에서 비교적 많은 기와편이 출토되었는데, 기와가 소재한 건물유구를 발견하지는 못함. 기와 출토 분포를 보면, 주로 동남부의 3개 피트 내부에서 장조형으로 집중 퇴적되어 있음. 출토된 기와의 수는 많지만, 완형이거나 복원이 가능한 기와는 5점뿐임. 그 가운데 수키와 4점은 불에 노출되어 심각하게 변형됨. 출토 수가 많은 암키와는 구역과 층을 나누어 채집하였지만, 복원이 가능한 것은 1점뿐임. 복원 수량은 상대적으로 발견 기와 수와 큰 차이가 있고, 기와 퇴적층 주변에서 벽체, 초석(礎石), 기둥구멍, 아궁이(竈址) 등의 유구는 발견되지 않았음. 이로 보아 기와퇴적층은 건축지가 폐기되면서 형성된 것이 아니라 기와를 폐기하고 집중적으로 쌓은 것과 관련이 있다고 여겨짐. 이러한 기와퇴적층 주변에 기와 가마터가 존재했을 수도 있고 건축유적지가 있을 수도 있는데, 발견하지는 못함.

건강유적의 범위는 매우 넓은 편인데, 이는 고구려 유적에서 드물게 보이는 것임. 유적에서 대량으로 발견된 기와를 보면 제작시기는 비교적 이른데, 기와의 제작 연대나 특징이 유적지 북측의 마선구626호묘에서 출토된 기와와 유사함. 고구려 왕릉급 적석묘 주변에서 능묘와 관련된 건물지가 다수 발견되었는데, 건강유적이 마선구626호묘와 관련이 있을지는 알 수 없음(吉林省文物考古研究所·集安市博物館, 2012, 10쪽 ; 吉林大學邊疆考古研究中心·吉林省文物考古研究所·集安市博物館, 2015, 94쪽).

한편 卒本에서 國內로 천도한 이후 평상시 거점을 어디에 조영했는지에 대해서는 백가쟁명식의 논쟁이 진행 중임. 특히 2009~2011년 국내성지의 동벽에 대한 발굴조사를 통해 현존하는 국내성 석축성벽의 축조 시기가 4세기 초를 상회하기 힘들다는 사실이 확인됨. 이에 국내로 천도한 직후에는 3면이 산으로 둘러싸인 麻線溝 일대에 평상시 거점을 조영했을 것으로 상정한 다음(여호규, 2014, 70~76쪽), 건강유적을 그와 연관된 유적으로 파악하기도 함(강현숙, 2015, 27~33쪽 ; 여호규, 2019, 19~23쪽).

참고문헌

- 國家文物局, 1993, 『中國文物地圖集』 吉林分冊, 中國地圖出版社.
- 백종오, 2006, 「고구려기와의 성립과 왕권」, 주류성 출판사.
- 吉林省文物考古研究所·集安市博物館, 2012, 「集安高句麗早期遺存研究新進展-集安建疆遺址考古發掘收獲」, 『東北史地』 2012-4.
- 여호규, 2014, 「고구려 도성의 구조와 경관의 변화」, 『삼국시대 고고학개론(I)』, 진인진.
- 강현숙, 2015, 「고구려 초기 도성에 대한 몇 가지 고고학적 추론」, 『역사문화연구』 56.
- 吉林大學邊疆考古研究中心·吉林省文物考古研究所·集安市博物館, 2015, 「2011年集安市建疆遺址考古發掘報告」, 『邊疆考古研究』 17.
- 王志剛, 2016, 「高句麗王城及相關遺存硏究」, 吉林大學 박사학위논문.
- 여호규, 2019, 「고구려 국내성기의 도성 경관과 토지 이용」, 『고구려발해연구』 65.

06 집안 장군총 서남건축유적
集安 將軍塚西南建築遺址

1. 조사현황

1) 2003년 조사
○ 조사기관 : 吉林省文物考古硏究所.
○ 조사기간 : 2003년 8월 4일~9월 20일.
○ 조사내용 : 장군총 서남쪽 대지에서 담장(墻體), 산수(散水) 시설, 배수구(涵洞), 문지(門址) 등으로 이루어진 고구려시기 건축물 조사. 총 발굴면적은 1,800m².
○ 발표 : 吉林省文物考古硏究所, 2011, 「集安將軍墳西南建築遺址的考古發掘」, 『邊疆考古硏究』 10.

2. 위치와 자연환경(그림 1, 그림 2)

○ 장군총은 集安市 太王鎭 果樹村 3組에 위치하며, 서남쪽 7.5km 거리에 국내성지가 있음. 통구 우산고분군의 중요 고구려 고분임(그림 1).
○ 유적지는 龍山 남쪽 기슭의 경사가 완만한 기다란 대지에 자리하고 있음. 동북으로 장군총과 약 100m 떨어져 있음. 유적지가 자리한 대지는 남북 길이 약 150m, 동서 너비 약 40~50m임(그림 2).
○ 대지는 북고남저로 지세가 탁 트였고, 동서 양쪽에는 오랜 침식 작용에 의해 골짜기가 형성되어 있음. 서쪽은 침식이 비교적 완만하게 이루어졌는데, 골짜기 안에 마을이 자리잡고 있음. 동쪽 골짜기는 짧고 작음. 원

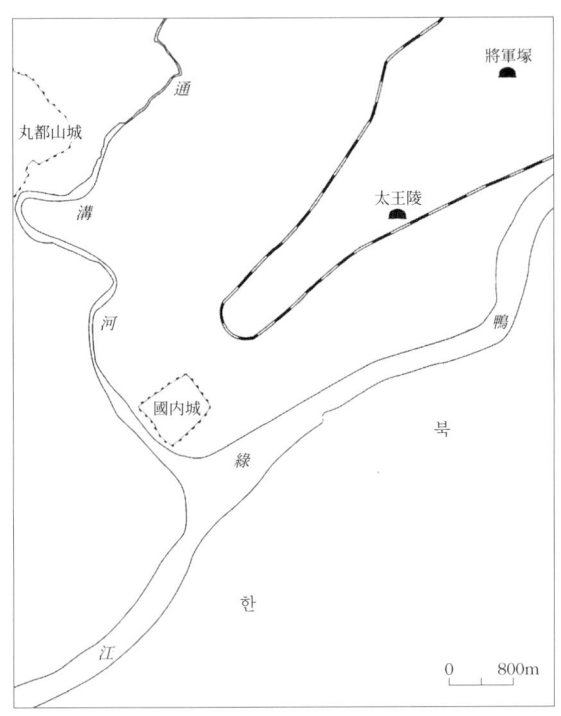

그림 1 장군총 위치도(『邊疆考古硏究』 10, 445쪽)

래 장군총을 통행하던 시멘트 포장도로가 골짜기의 서쪽 가장자리를 따라 통과했는데, 2003년에 장군총 동쪽에 신도로를 건설하면서 폐기됨.

3. 유적의 전체현황과 지층

1) 전체현황(그림 3, 그림 4)
○ 장군총 서남쪽 대지에서 고구려시기 건축물을 발견

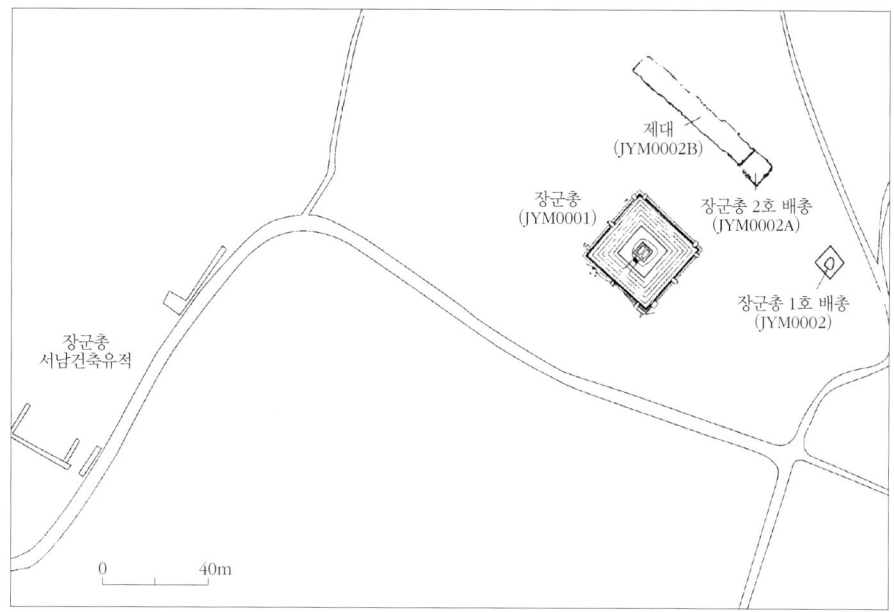

그림 2
유적지와 장군총의 상대 위치
(『邊疆考古硏究』 10, 446쪽)

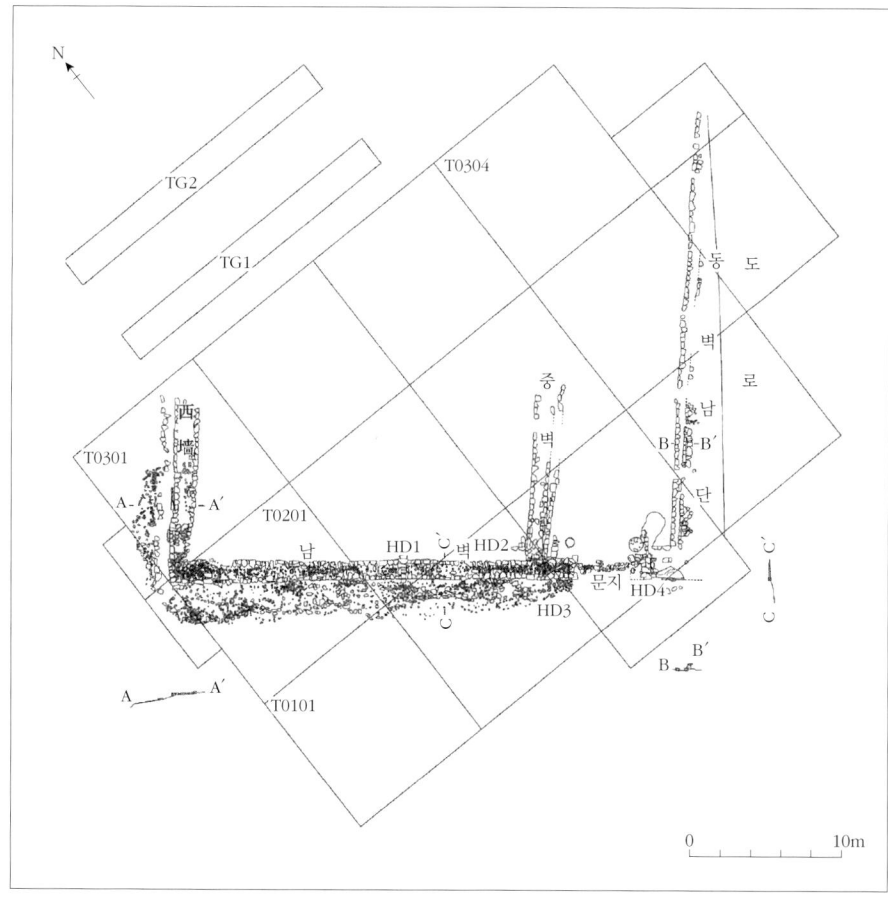

그림 3
유적지 남부의 유구
평면도와 단면도
(『邊疆考古硏究』 10, 448쪽)

하였는데, 장군총과 관련된 건축유적으로 추정함. 유적지는 지점에 따라 보존 상태가 다른데, 유적지 중·북부는 1960년대에 군부대 병영 건설로 많이 파괴됨. 유적지 남부는 군부대 운동장으로 개발되었으나 상대적으로 적게 파괴됨. 유적지 동부는 1980년대에 장군총 진출입로를 건설하면서 상당히 파괴됨.

○ 집안 고구려 유적 보호 공정에 보조를 맞추어 고고 발굴을 진행함. 유적지 현황을 고려해 장방형 트렌치와 방형 피트를 결합한 방식으로 발굴했음. 보존이 양호한 유적지 남부 구역은 방형 피트 방식으로 전면 발굴함. 반면 심하게 교란된 동부와 북부는 방형 피트와 시굴 트렌치를 결합하여 발굴함.

○ 발굴 총면적은 1,800m²임. 유적지의 현존 유구는 주로 대형 院落 건축물인데, 담장(墻體), 산수(散水) 시설, 배수구(涵洞), 문지(門址) 등을 조사함. 방향은 동북-서남으로 北偏東 40°인데, 장군총 방향과 약간 편차가 있음. 고구려시기의 건축 자재가 다량 출토되었음.

○ 현존 유적은 대체로 남·북 두 부분으로 나눌 수 있음. 유적지 남부는 보존 상태가 상대적으로 좋으며, 여러 줄의 담장, 散水 시설, 門址, 배수구 등이 남아 있음(그림 3). 유적지 북부는 심하게 교란되고 담장과 산수 시설이 극히 일부 남아 있음(그림 4).

2) 지층퇴적(그림 5)

○ 유적지의 지층 퇴적은 4층으로 나눌 수 있음.

○ 제1층 : 경작지층(耕土層). 황갈색. 토질은 비교적 부드럽고 두께는 0.1~0.15m임. 니질 홍갈도 기와 잔편이 출토됨. 고구려시기의 건축유적은 대부분 이 지층의 아래에서 드러남.

○ 제2층 : 현대건축 쓰레기 퇴적층. 유적의 중·북부에 분포, 두께는 0~0.7m임. 주로 군부대 병영을 철거하고 이주하면서 남긴 현대 와당이 다량 포함됨. 그 밖에 陶水管 잔편, 황토 혼합퇴적 등이 소량 포함됨. 이 지

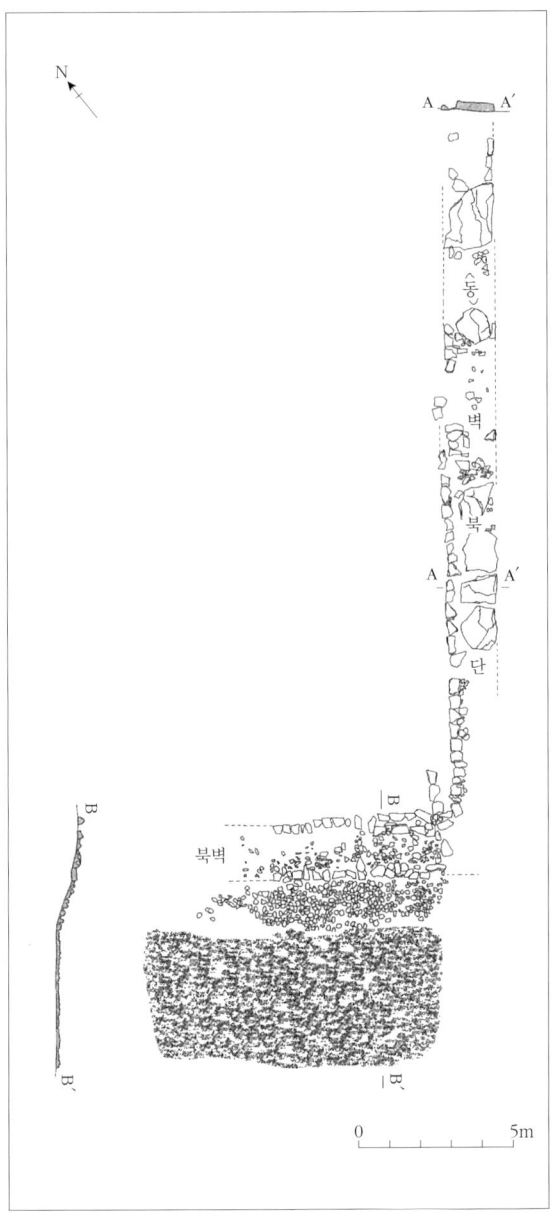

그림 4 북벽 및 동벽의 북단 평·단면도(『邊疆考古研究』 10, 449쪽)

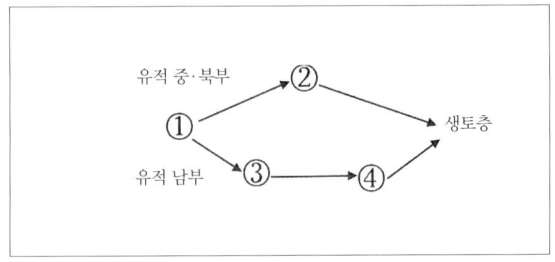

그림 5 유적 지층 퇴적 설명도(『邊疆考古研究』 10, 447쪽)

층의 바닥부에는 격자문(方格文)과 승석문(席文)이 새겨진 홍갈색 기와 잔편과 와당이 소량 뒤섞여 있음.
○ 제3층 : 흑토층. 흙색은 순 흑색이며, 토질은 부드럽고 매끄러우며, 두께는 0~0.3m임. 니질 수키와, 능격문(菱格文)·승석문(席文)·격자문(方格文)이 새겨진 암키와, 연화문와당 등을 다량 포함하고 있음. 이 지층은 유적지 남부에 길이와 너비 30m도 안되는 좁은 구역에만 분포함. 건축물의 붕괴퇴적층임.
○ 제4층 : 황토층. 토질은 비교적 순정하며 부드럽고 매끄러움. 두께는 0~0.18m임. 유적 남부의 일부 구역에서만 볼 수 있는데 분포 면적은 매우 작고 단절적이고 연속되지 않음. 홍갈도 기와편을 소량 포함하고 있는데, 건축물의 붕괴퇴적층임.
○ 제4층 이하는 生土層인데, 생토는 황색이며, 비교적 많은 쇄산석이 섞여 있으며, 지질은 조밀하고 어떤 포함물이 없음. 고구려시기 건축유적은 모두 생토층 위에 조영됨.

4. 유구별 현황

1) 담장(墻體)과 빗물받이(散水) 시설

(1) 전체현황
○ 5줄의 담장을 발견하였는데, 동벽(東墻)·서벽(西墻)·남벽(南墻)·북벽(北墻)·중벽(中墻) 등으로 칭함. 그 가운데 동벽은 남·북 양단으로 다시 나눌 수 있음. 담장은 모두 생토 위에 직접 축조했고, 지하 기초부는 없음.
○ 담장의 너비는 약간씩 다르며, 잔존높이는 보존 상황에 따라 차이가 있음. 남벽의 보존 상태가 가장 좋으며, 나머지 각 벽은 일정 정도 파손됨. 담장의 형식과 축조방식은 서로 비슷한데, 석괴를 서로 어긋지도록 놓아 내외벽을 평평하게 쌓았음. 면석은 대체로 장방형의 천연 괴석을 사용했는데, 가공을 하지 않아 채석 당시의 형태를 그대로 유지하고 있음. 면석 가운데 비교적 평평하고 곧은 면을 외측면으로 삼았음. 석재의 규격은 대체로 길이 0.3~0.5m, 너비와 두께는 0.15~0.25m임. 남벽·서벽·북벽의 내외 벽면 사이에는 황색 黏土에 깬돌과 소량의 자갈을 섞어 벽심을 다져서 축조했음. 동벽과 중벽의 내외 벽면 사이에는 황색 점토로만 채워넣었음.

(2) 남벽(南墻, 그림 3, 그림6)
○ 보존 상태는 비교적 좋음. 동서 잔존길이 약 33.5m, 너비 1.2~1.5m임. 담장의 남측면에는 대부분 석괴가 2층 남아 있고, 보존 상태가 가장 좋은 곳은 3층이 남아 있기도 한데, 잔존높이는 약 0.5m임. 북측면은 대부분 석괴가 1층 남아 있고, 보존 상태가 가장 좋은 곳은 2층이 남아 있기도 한데, 잔존높이는 약 0.3m임. 동·서 양단은 거의 수평을 이룸. 담장의 북쪽 지면은 평평하며, 남측 지면은 완만한 경사지인데, 북측 지면은 남측보다 0.3m 높음.
○ 남벽 남측에는 빗물받이(散水) 유구가 있음. 남측 지면이 완만한 경사지여서 散水 시설도 경사지게 깔려 있음. 보존 상태가 비교적 좋은데, 문지 구역에서는 散水 시설의 흔적을 볼 수 없음. 산수 시설은 두 부분으로 나눌 수 있음. 제1 부분은 생토면 위에 碎山石을 한 층 깔았는데, 현존 너비는 2~2.5m임. 쇄산석을 깐 부분에 남벽과 주향이 같은 돌길이 한 줄 있는데, 장방형 大山石塊를 생토층에 박아서 조성했고, 大山石塊와 碎山石의 윗면이 수평으로 가지런하여 일체를 이룸. 석재는 가공을 거치지 않은 것으로 비교적 평평한 부분을 위로 향하게 한 다음, 괴석 남측을 평평하고 가지런하게 배열함. 석재 규격은 균일하지 않아 큰 것은 길이가 약 0.5m이고, 작은 것은 길이가 0.25m 정도임. 碎山石帶와 塊石은 모두 남벽의 산수 시설이지만, 구별이 가능함. 큰 塊山石을 깐 散水 시설은 散水石, 碎石이

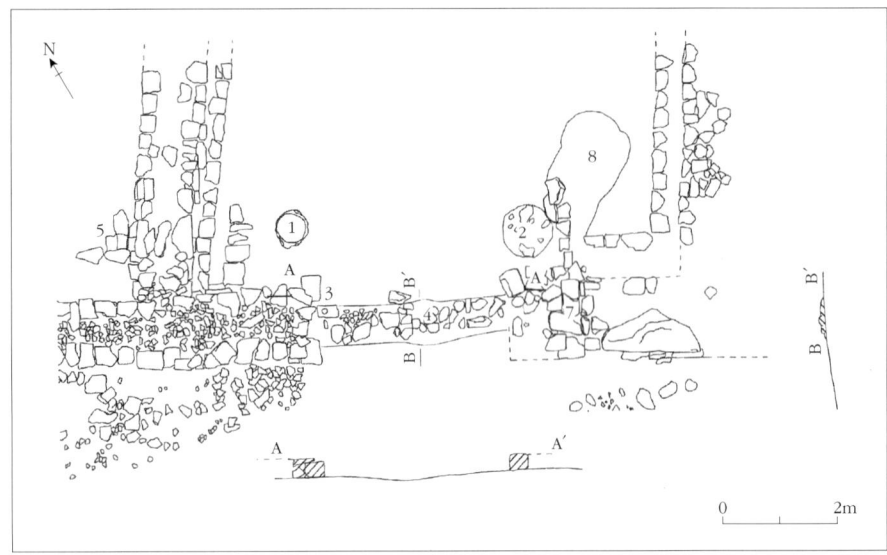

그림 6
남벽의 문지 평·단면도
(『邊疆考古硏究』 10, 451쪽)

나 자갈을 깐 散水 시설은 山水帶라고 각각 구별하여 칭함. 담장 바깥이 경사지이고, 표토가 매우 얇아 산수석은 많이 결실되거나 위치가 이동되었지만, 남벽 중부 배수구 HDI 동측의 산수석 약 4m는 비교적 잘 보존되어 있음. 기본적으로 평평하게 직선을 유지하고 있는데, 산수석 가장자리는 남벽에서 약 1~1.5m 떨어져 있음.

○ 남벽 동·서 양단은 각기 동벽 및 서벽과 연결됨. 남벽의 동단 부근에 중벽 남단과 연결되는 지점이 있음. 남벽 가운데 동벽 및 중벽과 연결되는 지점 사이에 문지가 하나 있음.

(3) 동벽(東墻, 그림 3, 그림 4)

○ 동벽은 동쪽으로 도로와 접해 심하게 파괴되었음. 현존하는 담장은 남·북 兩段으로 나뉘는데, 그 사이의 60m 구간은 시멘트 포장도로에 위치하여 담장을 볼 수 없음. 다만 남·북 양단의 벽체 주향이 같고 연장선도 대체로 일치하므로 담장 중부에는 토석혼축의 벽심도 보이지 않지만, 남·북 兩段을 잠정적으로 같은 담장의 남·북 두 부분으로 간주하기로 함.

○ 동벽 남단의 벽체 가운데 동측 외벽의 축조석은 모두 결실되었음. 서측 내벽면의 축조석은 斷續的으로 남아 있는데, 잔존길이는 약 18.5m임. 축조석은 대부분 1층만 남아 있으나, 남벽과 연결되는 지점은 지세가 낮아 무너진 벽체면의 석괴가 3층 남아 있음. 서쪽에 散水 시설이 있는데, 길이는 약 28m임. 散水 시설의 가장자리는 서측 벽체면에서 약 0.5~0.6m 거리임. 산수석의 재료는 남벽과 같지만 벽체와의 거리는 비교적 가까움(그림 3).

○ 동벽 북단 담장의 잔존길이는 약 21.8m이며, 담장 너비는 1.5~1.8m임. 심하게 파괴되어 한 층만 남아 있음. 서측 내벽의 축조석은 대부분 보존되어 있지만, 동측 외벽의 축조석은 대부분 결실됨. 동측 외벽의 축조석은 대부분 큰데, 한 변 길이는 1m 이상이고, 평평하고 곧은 면을 외면으로 삼았는데, 어떤 곳은 커다란 大塊石 하나를 담장으로 삼기도 함. 내외 벽면의 가장자리 가운데 평평하지 않은 곳은 작은 塊石으로 채움(그림 4).

(4) 북벽(北墻, 그림 4)

○ 북벽은 잔존길이 5.9m, 너비 1.7~1.2m임. 외벽 석괴는 1층만 남아 있는데, 잔존높이 약 0.2m임. 담장의 방향과 축조 방식은 남벽과 동일함.

○ 북벽과 동벽 북단의 연결 지점 안쪽에는 塊石으로 축조한 'ㄴ' 모양의 석축 시설이 있음. 이 시설은 담장과 같은 塊石으로 축조했는데, 내측 가장자리는 비교적 평평하고 곧지만, 외측 가장자리는 들쭉날쭉함. 축조석은 1층만 남아 있는데, 동서방향과 남북방향 두 부분으로 나뉨. 동서방향 부분은 길이 약 2m로 괴석 4개로 조성했고, 북벽과의 거리는 약 0.5m이고, 방향은 북벽과 일치함. 남북방향 부분은 길이 1.4m 괴석 3개로 조성했는데, 동벽 북단과의 거리는 약 0.6~0.8m이고, 방향은 대체로 동벽과 일치함. 이 시설의 서단과 북벽 사이는 북벽과 직교하는 장대석으로 연결했는데, 담장과의 사이에는 황토와 쇄석을 소량 메웠음. 이로 보아 이 시설은 담장 내측의 散水 시설이 아니라, 모서리 지점을 견고하게 하기 위한 시설로 추정됨.

○ 북벽의 남·북 고도차는 비교적 큰데, 북측 지면이 남측보다 약 70cm 높음. 담장 남측에는 경사지게 자갈을 깔아 너비 약 1.6m인 散水帶를 조성함. 자갈은 직경 10cm 전후로 크기가 균일함. 散水帶 남쪽에는 직경 약 5cm인 작은 자갈을 깐 水平石層이 있는데, 자갈 사이는 黑土로 메웠고, 두께는 10cm이고, 남북 너비는 약 4.1m임. 북벽 散水의 확장 부분으로 추정됨.

(5) 서벽(西墻, 그림 3)

○ 서벽은 南端만 남아 있는데, 잔존길이 11.8m, 너비 1.4~1.6m임. 담장의 축조석은 1층만 남아 있는데, 석재와 축조방법은 남벽과 같음. 다만 내외벽 사이의 벽심은 주로 황색 점토로 메웠고, 碎石은 매우 적음.

○ 서벽은 서측의 지면이 비교적 낮아 경사지를 이루며, 서쪽 골짜기와 연결됨. 서측에는 현존하는 서벽과 같은 길이의 散水石이 한 열 보존되어 있는데, 산수석 가장자리와 서벽의 간격은 0.7~1m이며, 散水石 가운데 일부는 위치가 이동된 상태임. 산수 시설의 재료, 부석시설 방식, 담장과의 간격 등은 모두 남벽과 동일함.

(6) 중벽(中墻, 그림 3)

○ 중벽은 남벽과 연결되는데, 남단만 일부 남아 있고, 잔존길이 10.5m, 너비 1.1~1.2m임. 중벽 북부에는 담장 축조석이 1층만 남아 있지만, 남벽과의 연결 지점에는 2~3층이 잔존함. 석재와 축조방식 등은 남벽과 동일하나, 내외벽 사이에는 황점토로만 메우고, 쇄석을 섞지 않았음.

○ 중벽 동측에는 산수 시설이 1열 남아 있는데, 잔존 길이는 약 11m이고, 산수시설의 가장자리와 중벽의 거리는 약 0.3~0.5m임. 산수 시설의 중부는 약 4m 정도 결실됨. 석재의 크기, 부석시설 방식, 담장과의 간격 등은 모두 동벽 서측의 산수 시설과 일치함.

2) 문지(門址, 그림 6)

○ 문지는 남벽 동부에 위치하는데 중벽과 동벽 사이임. 문길(門道), 측벽(門垛), 문확돌(門臼), 문지방(地栿), 초석(柱礎) 등으로 조성됨.

○ 문길(門道) : 문길은 너비가 약 3.35m이며, 지표는 생토면에 노출됨. 문길에 돌을 깐 흔적은 보이지 않고 흙을 깔은 흔적이 남아 있음.

○ 측벽(門垛) : 문지의 너비는 약 3.35m이고, 양측에 측벽(門垛)을 정교하게 쌓음. 서측 측벽의 보존 상태가 온전한데, 내·외 벽면은 각기 잘 다듬은 쐐기형돌(楔形石)로 쌓고, 그 사이를 남벽의 다른 구간처럼 황색 점토와 깬돌로 충전하지 않고 커다란 괴석 2개로 메움.

○ 문확돌(門臼) : 서측 측벽 동측에 장방형의 문확돌(門臼石)이 있는데, 길이 약 0.35m, 너비 약 0.2m, 높이 약 0.15m임. 頂面에는 직경 약 6cm, 깊이 약 3cm의 원형 홈(臼窩)이 있음. 원형 홈 서쪽 가장자리는 측벽 동쪽 가장자리와 수평을 이루는 것으로 보아 원위치로 추정됨. 동측 측벽은 심하게 파괴되었지만, 안쪽 가

장자리의 쐐기형돌은 위치가 조금 옮겨진 상태로 남아 있음. 남벽 바깥쪽의 쐐기형돌은 없어졌고, 문확돌도 보이지 않음.

○ 문지방(地栿) : 양측 측벽 사이에는 너비 약 0.5m로 양 측벽을 연결하는 동서방향의 자갈띠(河卵石帶)가 있음. 자갈의 크기는 균일하지 않고, 황색 점토로 생토면 위에 판축함. 윗면의 높이는 문확돌 상면보다 약간 낮음. 강자갈띠의 북측 지면은 남측 지면보다 약 0.3m 정도 높은데, 문지방 시설로 추정됨.

○ 주춧돌(柱礎) : 문지 안쪽 서측에는 중벽과 남벽이 만나는 모서리 지점에 원형 臺面을 가진 주춧돌이 하나 있음. 주춧돌 윗부분의 臺面은 약간 볼록하고 매끈하게 다듬었는데, 높이 약 0.03m, 직경 0.5m임. 臺面 이외 부분은 모양이 불규칙하고 거칠게 다듬었음. 주춧돌의 대면 중심은 남벽과 약 1m, 중벽과 약 1.8m 거리인데, 문루의 초석으로 추정됨. 문길 안쪽 동측에도 상응하는 위치에 직경 약 0.9m인 礎石 구덩이가 있는데, 초석은 없고 구덩이 바닥에 깬돌이 깔려 있어서 초석을 놓은 基礎로 추정됨.

○ 기와 퇴적층 : 문지와 그 안쪽 지면에는 기와가 다량 퇴적되어 있음. 퇴적층의 범위는 동벽과 중벽 사이이며, 남으로 문지방까지 이르는데, 남북 너비는 약 4m임. 퇴적층의 두께는 약 5cm이고 흑갈색 토층으로 유적의 제③퇴적층에 해당함. 퇴적층에는 심하게 파괴된 기와 조각편도 있는데, 길이가 0.1m를 넘지 않음. 대부분 암키와와 수키와 잔편이고, 와당 잔편도 소량 있음. 현대 유물은 보이지 않음. 문지가 붕괴한 퇴적층으로 추정됨.

3) 배수구(排水函洞)

(1) 전체현황

○ 배수구 4개를 조사했는데, 3개는 남벽, 1개는 중벽 남부에 위치함. 서에서 동으로 HD1~HD4호로 편호했는데, 배수구의 형식과 구축방식은 기본적으로 동일함. 배수구 바닥에는 윗면을 정연하게 다듬은 판석을 깔았는데, 의도적으로 높이 차를 두어 배수를 잘 되게 함. 배수구 측석은 대부분 近方形의 천연석인데, 측석의 노출면을 약간 다듬어 정연하게 하기도 함. 측석 위에 덮개돌을 덮었는데, 담장의 중량을 떠받칠 수 있도록 육중한 돌을 사용함. 가공하지 않은 자연석으로 울퉁불퉁한 표면에는 작은 돌로 틈을 에웠음.

○ 배수구는 자연지세를 잘 이용할 수 있도록 설계함. 남벽의 배수구 3개는 모두 지세가 높은 남벽 안쪽에서 낮은 바깥쪽으로 직접 배수하도록 했음. 다만 HD2는 중벽 아래의 暗渠인데, 중벽 서측의 물을 동쪽으로 배수하도록 설계되어 있음. HD2를 통해 배수된 물은 중벽 동측의 明渠를 지난 다음, 다시 HD3를 통해 남벽 바깥으로 배수되도록 설계되어 있음. 이러한 배수 계통은 건축시공 이전에 치밀하게 설계된 것으로 추정됨.

(2) HD1(그림 7)

○ 위치 : 남벽 중부의 偏西, 동쪽으로 중벽과 약 7.7m 떨어져 있음.

○ 규모 : 배수구 길이는 남벽의 벽체 너비와 동일하며, 바닥 양끝(兩端)은 각기 벽체보다 약 0.2m 더 펼쳐져 있음. 배수구 너비는 약 25cm, 높이는 약 10cm이고, 바닥면 북단은 남단보다 5cm 높음.

○ 축조방식 : 측석은 대부분 자연석을 사용했는데, 내측면을 조금 다듬은 것도 있음. 바닥석은 정교하게 다듬었는데, 평면은 근장방형으로 윗면을 잘 가공하여 정연함. 덮개돌은 대부분 결실되고 북단에만 두 개 남아 있음. 최북단 덮개돌은 가공한 것인데, 밖으로 노출된 부분이 매끈하고 정연함.

(3) HD2(그림 8)

○ 위치 : 중벽 남부.

○ 규모 : 길이 1.15m, 높이와 너비 약 20cm.

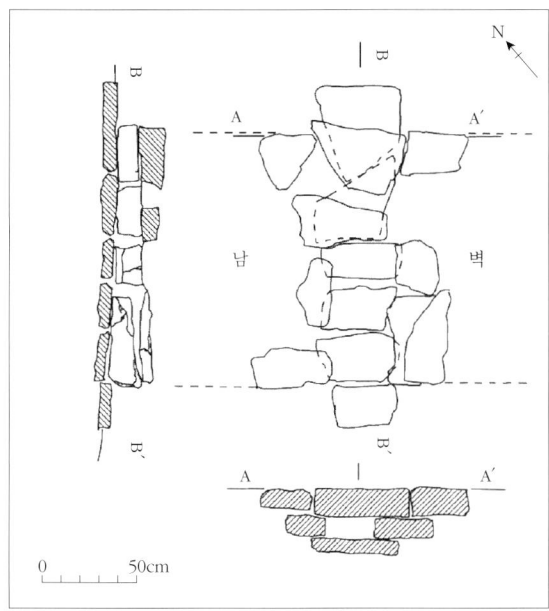

그림 7 배수구 HD1 평·단면도(『邊疆考古硏究』10, 452쪽)

○ 축조방식 : 중벽을 비스듬하게 통과함. 바닥면은 서쪽이 동쪽보다 약 5cm 높은데, 서에서 동으로 배수됨. 배수구는 보존 상태가 온전하여 바닥석, 측석, 덮개돌이 잘 남아 있음. 석재와 구축방법은 HD1과 동일함. 서측 입수구는 남벽과 약 80cm 떨어져 있고, 양 측벽석은 밖으로 약간 돌출하였음.

○ 入水口 외측의 明渠 : 입수구 외측에는 明渠가 일부 남아 있는데, 잔존길이는 길이 1.15m임. 명거는 측석과 바닥석으로 조성했는데, 남벽에는 측석 2개가 남아 있고, 북벽에는 측석 1개가 현존하고, 바닥석은 3개 남아 있음. 측석 내측면과 바닥석 윗면은 가공하여 정연함. 명거의 동단과 배수구 서단은 하나의 바닥석을 함께 사용함.

○ 出水口 외측의 明渠 : HD2 동측의 출수구는 남벽과 약 60cm 떨어져 있으며, 출수구 밖은 중벽 동측의 散水 시설이며, 중벽 남단의 산수 시설은 중벽과 매우 가까이 위치함. 散水 시설 윗면은 HD2 바닥석 윗면과 높이가 같아 직접 연결되어 있으며, 중벽 동측 산수 시설의 남단은 HD3 북측 입수구의 서벽 측석과 연결됨.

散水石 바깥에는 散水石과 평행하게 塊石을 한 줄 설치함. 괴석은 모두 5개로 길이는 약 1.6m임. 散水石과의 간격은 약 0.3m임. 괴석 남단은 HD3 동쪽 측벽과 연결됨. 괴석 윗면의 높이는 산수석 윗면보다 약 5cm 높음. 중벽 동측 남단의 산수석은 그 동측의 석괴와 함께 明渠와 유사한 구조를 형성하는데, HD2 출수구를 통과한 물을 HD3 입수구에 들어가도록 할뿐만 아니라, 중벽 동측의 물을 배수하는 작용도 함.

(4) HD3(그림 8)

○ 위치 : 남벽 동부. 문지 서측 약 1.7m 지점.
○ 규모 : 길이 약 1.5m. 입수구 너비 25cm. 출수구 너비 20cm. 높이 약 20cm.
○ 축조방식 : 남벽을 남북방향으로 통과하며, 남북 양단의 고도차는 약 7cm임. 출·입수구의 노출면은 잘 다듬어 정연함. 보존 상태가 양호한데 덮개돌 상부에는 황색 점토와 쇄석으로 축조한 벽심이 남아 있음. 배수구 형식과 구축방식은 HD1과 동일함. 배수구 북단의 입수구는 HD2의 出水口 외측의 明渠와 연결됨.

(5) HD4(그림 9)

○ 위치 : 문지 동측 1m 지점.
○ 규모 : 길이 1.5m, 현존 너비 20cm.
○ 축조방식 : 배수구 부근의 남벽이 심하게 파괴되어 보존 상태가 좋지 못함. 배수구의 현존 높이는 6~10cm임. 배수구 형식과 구축방식은 다른 배수구와 동일하고, 사용한 석재만 약간 얇은 편임. 내측면은 모두 다듬었지만 그 나머지는 자연형태 그대로임. 바닥석은 보존 상태가 온전하고 윗면은 가공하여 정연함. 측석은 대부분 남아 있으나 대부분 위치가 이동됨. 배수구 남부의 덮개돌은 파괴되고, 북단 입수구처에 덮개돌이 2개 남아 있음.

○ 引水 시설 : HD4 북측에는 HD3 북측의 明渠와 유사한 引水 시설이 있음. 배수구 입수구 북쪽에 석괴

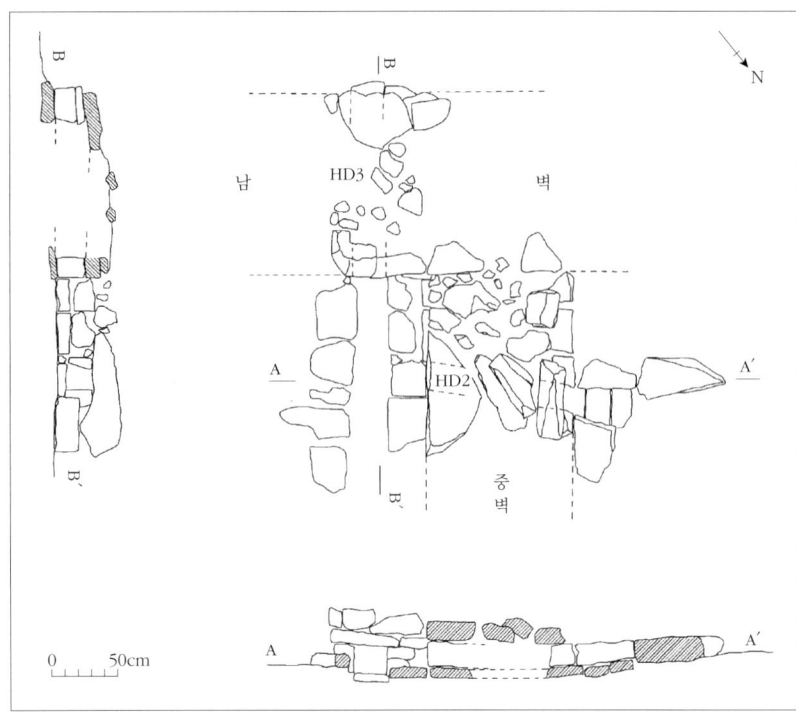

그림 8
배수구 HD2 및 HD3 평·단면도
(『邊疆考古硏究』10, 453쪽)

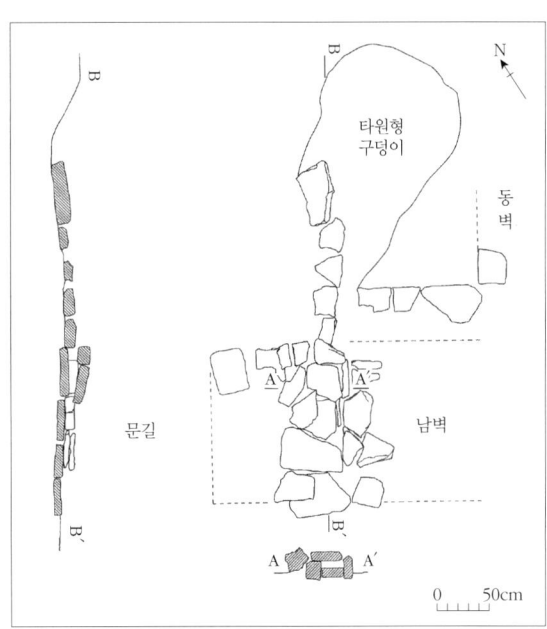

그림 9 배수구 HD4 평·단면도(『邊疆考古硏究』10, 454쪽)

가 5개 있는데, HD4 주향과 일치하며, 총 길이는 약 1.7m임. 윗면은 대체로 정연하게 다듬었고, 석괴 동측벽은 모두 평평하고 곧음. 윗면의 높이는 HD4 바닥석보다 높고, 측석의 높이와 비슷함. 이 石列의 서측은 문길 동측의 礎石 구덩이인데, 초석의 이동이나 건축물의 폐기·붕괴 등으로 인해 돌이 동쪽으로 이동했을 수 있음. 석렬은 현재 동쪽으로 약간 볼록하게 튀어난 형상을 하고 있음. 원위치는 HD4 입수구의 서측 측벽과 연결되는 지점으로 추정되는데, 동벽 남단 서측의 물이 HD4 입수구로 들어가게 하는 작용을 함. 石列 동측에도 남벽 나란한 동서방향으로 석괴 3개가 놓여 있음. 석렬의 길이는 1.2m이며, 북측면이 가지런하게 직선을 이룸. 남벽과 약 0.5m 떨어져 있고, 지표 위에 직접 쌓았음. 서단은 배수구 북측의 引水道와 약 0.2m 떨어져 있는데, 水流를 가로막아 남벽을 보호하는 역할을 하며, HD4로 물을 끌어들이는 작용을 보조함.

○ 타원형 구덩이 : 배수구 북측의 석렬과 동벽의 散水 시설 사이에는 타원형 구덩이가 하나 있음. 開口는 건축물이 붕괴한 퇴적층 아래에 있고, 생토층을 파괴했는데, 빗물에 의해 장기간 침식되어 형성된 것으로 보임.

5. 출토유물

출토유물은 모두 도질의 건축 부재로 와당, 수키와, 암키와, 착고(當溝, 舌形 기와) 등을 포함함. 유물은 주로 유적지 남부, 서·남·중벽이 포괄하는 구역 안에서 출토됨. 남벽 중부 북측에서는 더욱 집중적으로 출토되는데 유적 중벽과 동벽 사이의 구역임. 또한 유적지 중앙부의 트렌치에서는 소량의 유물만이 보임. 유적지 북부에서는 어떤 유물도 보이지 않음. 기와는 모두 泥質이며, 소성도가 비교적 높음. 대부분 붉은색 색조이나 일부 적갈색을 띠고 있음. 와당과 평기와류는 문양에 따라 총 118점을 수집함.

1) 와당(瓦當)

(1) 출토 양상

○ 55점 출토. 대다수 파편으로 크기는 비교적 작음. 막새면에는 當面에 일정한 석회(砂漿) 흔적이 남아 있음. 와범에서 주연을 떼어내기에 편리하도록 배려한 제작기법으로 추정됨. 일부 와당의 주연부에도 온전한 회색 석회 흔적이 남아 있어 막새면과 주연부의 와범 제작을 알려주고 있음. 막새면이 거칠게 남아 있는데 이는 다수의 와당들이 높은 소성도에 의해 기형이 변형되거나 와당면에 석회 흔적이 두껍게 덮여 있어 막새면의 문양이 선명하게 보이지 않음. 또한 일부 막새면과 주연부에는 와범의 압흔이 남아 있는데 성형시 수비가 고르지 못한 상태의 흔적으로 여겨짐.

○ 와범 틀(邊框)은 대부분 너비가 좁고 높이가 고르지 않음. 또 다른 와범 틀(邊框)의 내측에는 매우 정연하지 못하게 동심원상의 회전 흔적(輪痕)이 남아 있음. 막새와 연결된 수키와는 대부분 이탈되었는데 접합부에는 방사상으로 파안 다치구 흔적이 역력하게 남아 있어 당시 제작기법의 일면을 알 수 있음.

○ 와당 연결 수키와는 그 수량이 비교적 적은 편임. 수키와의 미구는 圓弧形이며 하단 미구에서 상단부로 1/3 되는 지점에 와정공(瓦釘穿孔)의 구멍이 지름 약 3cm로 남았는데 해당 보고자는 목제 와정일 가능성도 언급하고 있음.

(2) 형식 구분

○ 막새면의 연판 수의 차이에 의해 다음과 같이 세 형식으로 분류할 수 있음.

○ A형은 총 18점임. 대부분 일부가 결실된 상태임. 중앙의 반구상 자방에는 작은 혹모양(瘤狀)의 자방이 있으며 그 외곽 내구에는 6엽 연화문을 방사상 형태로 시문하고 있음. 연판 밖의 가장자리인 내구와 주연부 사이에는 1조의 원권이 돌아가고 있음. 아주 많은 개체는 당면을 덮은 석회 모르타르가 비교적 두터워서 연판 가장자리의 원권은 그다지 명확치 않게 됨. 연판 부 판단 사이에는 삼각형의 꽃받침무늬(花萼紋)를 시문하였고, 이 외곽에 원권을 돌린 것인데 주연은 비교적 높게 조성되어 있음.

○ B형은 총 32점. 8엽 연화문이 주요 문양으로 연판과 자방부의 돌기(乳突) 형태에 의해 두 유형으로 재분류됨. Ba형은 13점으로 중심에 반구상의 돌기(峰狀 乳突)가 있고 그 밖에 1조의 원권이 돌아가며 그 외곽인 내구에 8엽의 연화문이 포치된 형태임. 연판은 비교적 후육하여 서로 접하는 상태임. 연판 중앙에 능선이 남아 있으며 연판 사이에는 'V'字形의 판단부 사이 문양이 시문되어 있음. 주연부는 비교적 고부조에 폭이 넓게 조성된 편임. Bb형은 19점으로 중심에 半球形의 자방과 그위에 돌기가 형성되었고 그 밖으로 1조의 원권이 돌아가고 있음. 원권 외곽인 내구에는 8엽 연화문이 배치되었는데 연판은 비교적 가늘고 긴 형태로 흡사 대추씨와 같은 모습을 보여주고 있음. 판단 사이에는 'V'字形 문양이 포치되고 주연은 비교적 높은 편임.

○ C형은 5점. 중심부의 반구상 자방의 가운데에는 돌기가 남아 있으며 그 외곽에 1조의 원권이 돌아가는 형

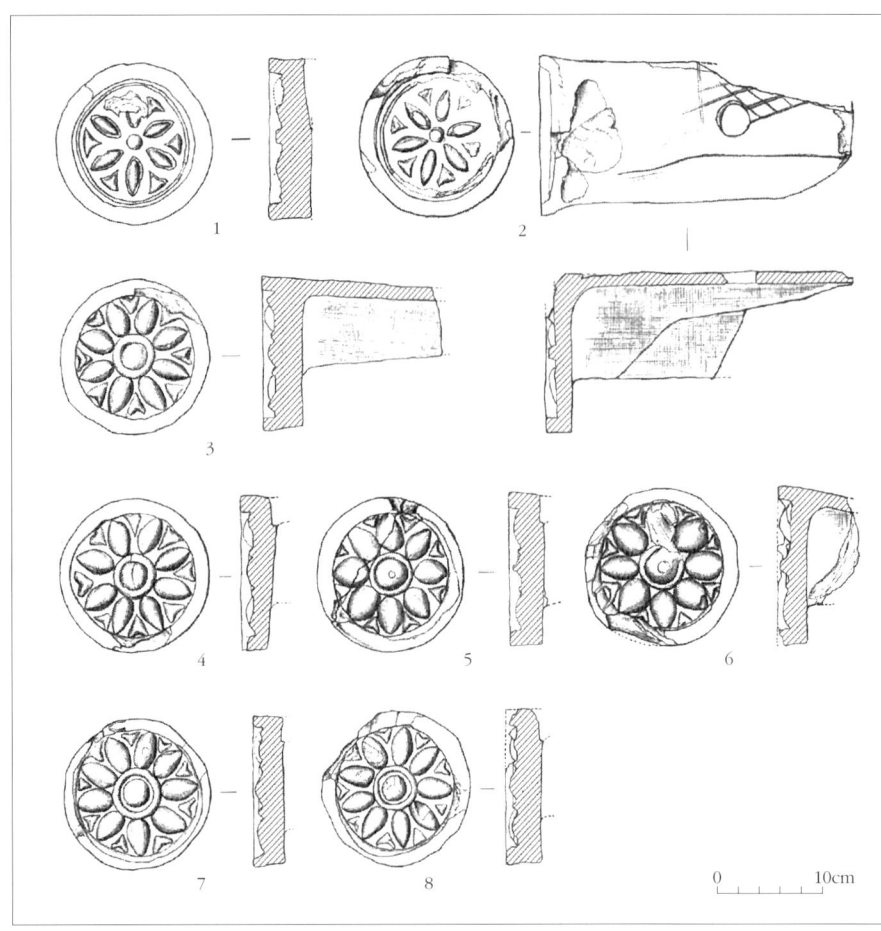

그림 10
유적지 출토 와당
(『邊疆考古硏究』 10, 456쪽)
1, 2. A형(03JJXNTG1③:7, 03JJXNT0303③:1)
3, 4. Bb형(03JJXNT0204④:1, 03JJXNT0303②:3)
5, 6. Ba형(03JJXNT0204③:9, 03JJXN 采:5)
7, 8. C형(03JJXNT0303③:67, 03JJXNT0303②:2)

태임. 원권 밖 내구에는 9엽 연화문이 시문되었는데 판단부에는 'V'字形의 꽃받침 문양을 배치하고 있음.

(3) 개별 와당

① **A형 와당 1**(03JJXNTG1③:7, 그림 10-1, 그림 11-1)
○ 출토지 : 장군총 서남건축유적지.
○ 크기 : 와당 직경 14.5~15cm, 가장자리 두께 4~4.2cm.
○ 색깔과 태도 : 니질 홍도.
○ 형태 : 정교하게 제작함. 무늬는 명확함. 주연부는 비교적 넓고 두터운데 너비와 높이가 균일함. 막새면과 주연부는 약간 일부가 손상됨.

② **A형 와당 2**(03JJXNT0303③:1, 그림 10-2)
○ 출토지 : 장군총 서남건축유적지.
○ 크기 : 와당 직경 14.2~14.5cm, 가장자리 두께 2~2.6cm, 전체 길이 약 28cm.
○ 색깔과 태도 : 니질 홍도.
○ 형태 : 시문면은 보존 상태가 좋지 못함. 주연부와 내구 사이에 1조의 원권이 있는데 대부분 결실된 상태임. 막새 연접 수키와는 약간 손상되었는데 미구부의 가장자리에는 마름모형 무늬가 새겨져 있음.

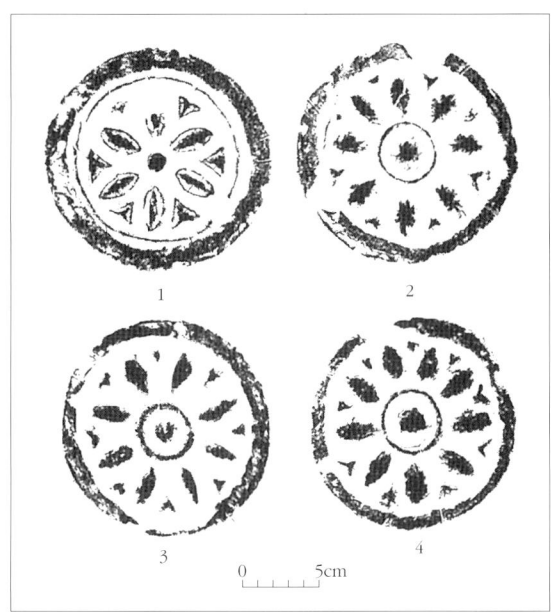

그림 11 와당 탁본(『邊疆考古硏究』10, 457쪽)
1. A형(03JJXNTG1③:7) 2. Ba형(03JJXNT0204③:9)
3. Bb형(03JJXNT0303②:3) 4. C형(03JJXNT0303③:6)

③ Ba형 와당 1(03JJXNT0204③:9, 그림 10-5, 그림 11-2)
○ 출토지 : 장군총 서남건축유적지.
○ 크기 : 와당 직경 14.2~14.6cm, 가장자리 두께 3.3cm.
○ 색깔과 태도 : 니질 홍도.
○ 형태 : 정교하게 제작함. 연판은 고르고, 시문면은 잔존 상태가 매우 좋아 거의 마모되지 않음. 주연부는 약간 손상됨.

④ Ba형 와당 2(03JJXN 采:5, 그림 10-6)
○ 출토지 : 장군총 서남건축유적지.
○ 크기 : 와당 직경 14.1~14.4cm, 가장자리 두께 2.8~3cm, 잔존길이 7.5cm.
○ 색깔과 태도 : 니질 홍도.
○ 형태 : 주연부는 비교적 높고 내측은 긁어내었기 때문에 주연 내측은 비탈 형상을 띠고 있음. 시문면은 마모되었으며, 보존 상태는 비교적 나쁜데 일부 주연은 파손되었고 그 뒤에는 수키와와 연결됨.

⑤ Bb형 와당 1(03JJXNT0204④:1, 그림 10-3)
○ 출토지 : 장군총 서남건축유적지.
○ 크기 : 와당 직경 14~14.4cm, 가장자리 두께 3.5~3.7cm, 잔존길이 17.5cm.
○ 색깔과 태도 : 니질 홍도.
○ 형태 : 형식은 정연하고 제작은 비교적 정교함. 주연부는 약간 파손되었고 그 뒤에는 수키와와 연결됨.

⑥ Bb형 와당 2(03JJXNT0303②:3, 그림 10-4, 그림 11-3)
○ 출토지 : 장군총 서남건축유적지.
○ 크기 : 와당 직경 14~14.3cm, 가장자리 두께 2.2~2.4cm.
○ 색깔과 태도 : 니질 주황색 도기.
○ 형태 : 형식은 정연하고 제작은 비교적 정교함. 주연부는 약간 파손되었고 막새면은 약간 마모되어 있음.

⑦ C형 와당 1(03JJXNT0303③:6, 그림 10-7, 그림 11-4)
○ 출토지 : 장군총 서남건축유적지.
○ 크기 : 와당 직경 13.6~14.1cm, 가장자리 두께 3cm.
○ 색깔과 태도 : 니질 홍도.
○ 형태 : 형식은 정연하고 제작은 비교적 정교함. 막새면은 평평하게 누른 흔적이 있음. 주연 내측에는 긁은 흔적이 있고 일부 손상된 상태임.

⑧ C형 와당 2(03JJXNT0303②:2, 그림 10-8)
○ 출토지 : 장군총 서남건축유적지.
○ 크기 : 와당 직경 13.9~14.3cm, 가장자리 두께 3.3~3.5cm.
○ 색깔과 태도 : 니질 홍도.

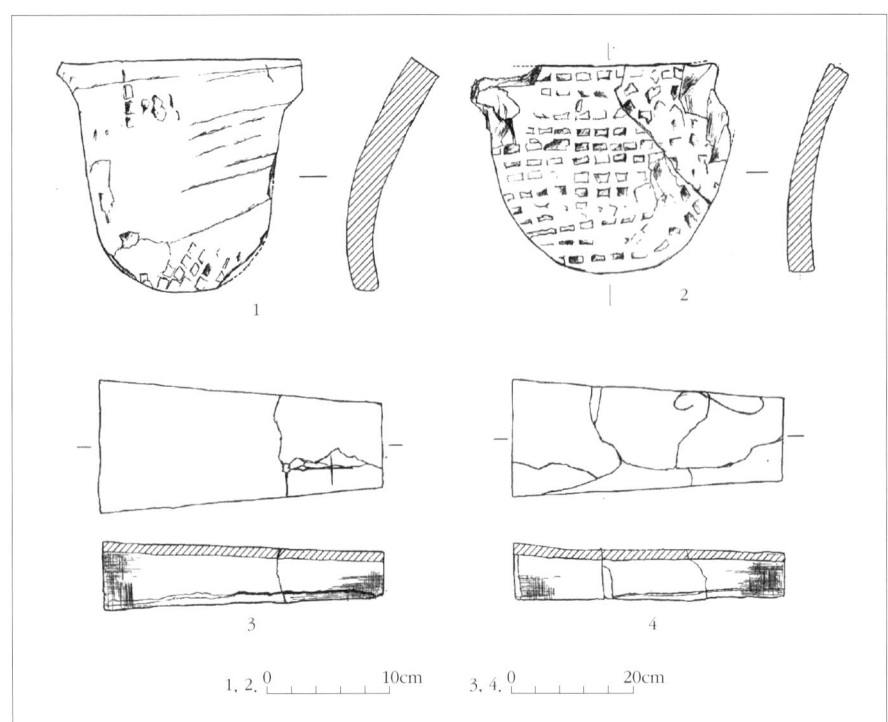

그림 12
착고 및 수키와
(『邊疆考古研究』 10, 458쪽)
1. 착고(03JJXNTG1③:4)
2. 착고(03JJXNT0303③:7)
3. 수키와(03JJXNT0204④:3)
4. 수키와(03JJXNT0204④:2)

○ 형태 : 주연은 변형되어 너비가 균일하지 않으며, 내측에는 긁어낸 흔적이 있으며, 약간 손상됨.

2) 착고 기와(當溝, 舌形 기와)

(1) 출토 양상

4점. 니질홍도 또는 주황색 도기임. 기와의 외면(器表)은 각기 다른 정도로 회백의 석회 반죽(砂漿) 한 층이 발라져 있으나 형식은 동일함. 형태는 舌形으로 상부는 직선(直邊)으로 양단은 밖으로 더 펼쳐졌는데 그 나머지 삼면은 하나의 완만한 호상의 외변을 이루는 모습임. 내면에는 포흔이 잔존하며 배면에는 능형문 또는 방격문이 시문되어 있음.

(2) 착고 기와1(03JJXNTG1③:4, 그림 12-1)

○ 출토지 : 장군총 서남건축유적지.
○ 크기 : 頂面 너비 약 19.5cm, 높이 약 18cm, 두께 1.6~2.6cm.

○ 색깔과 태도 : 니질 홍도.
○ 형태 : 배면에는 장방격문이 눌려 있으며, 점토벽돌에 시문한 후에 가장자리는 평평한 공구를 사용해 위에서 아래로 긁어냄. 표면에는 대체로 평행한 여러 줄의 비스듬히 긁어낸 흔적이 남아 있음. 시문은 불명확하고 변형되어져 있음. 외변은 약간 손상됨.

(3) 착고 기와2(03JJXNT0303③:7, 그림 12-2)

○ 출토지 : 장군총 서남건축유적지.
○ 크기 : 頂面 너비 약 19.7cm, 높이 약 15.5cm.
○ 색깔과 태도 : 니질 주황색 도기.
○ 형태 : 배면에는 장방격문이 눌려 있으며, 시문은 명확치 않으며 약간 손상됨.

3) 수키와(筒瓦)

(1) 출토 양상

수량은 비교적 많으며, 대다수 잔편임. 모두 와통 제작

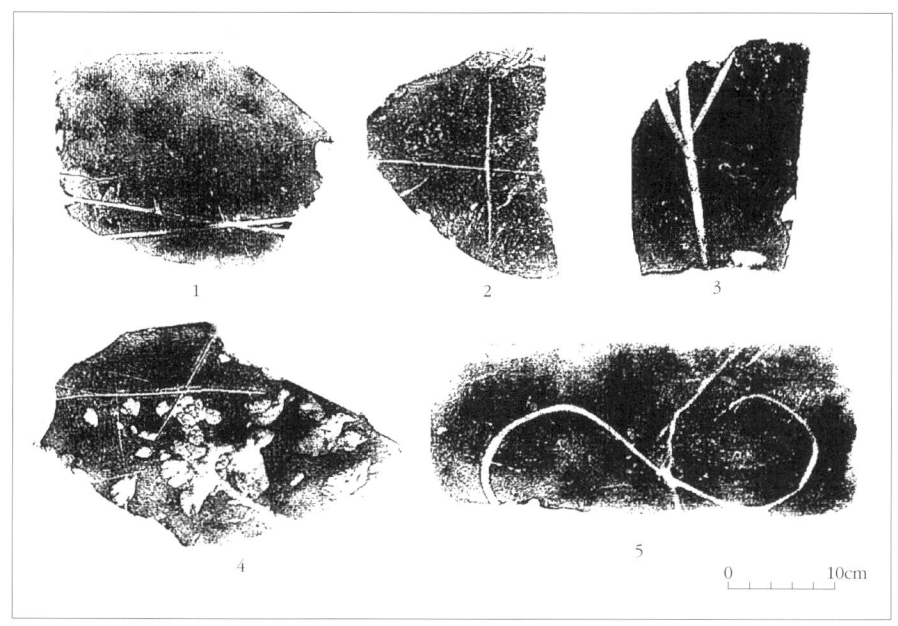

그림 13
수키와 문양 탁본
(『邊疆考古硏究』 10, 456쪽)

이며, 다수가 니질 홍갈을 띠고 있음. 내면에는 포목흔이 남아 있고, 배면은 다수가 무문이고 극소량의 배면 위에는 음각문을 시문함(그림 13).

(2) 수키와 1(03JJXNT0204④:3, 그림 12-3)
- 출토지 : 장군총 서남건축유적지.
- 크기 : 길이 46cm, 상단 너비 20.5cm, 높이 10.8cm. 하단 너비 13cm, 높이 8.2cm, 두께 1.4~1.7cm.
- 색깔과 태도 : 니질 홍도.
- 형태 : 완형으로 半筒形임. 평면은 梯形으로 보임. 배면은 무문임.

(3) 수키와 2(03JJXNT0204④: 2, 그림 12-4)
- 출토지 : 장군총 서남건축유적지.
- 크기 : 길이 43.8cm, 瓦頭 너비 18.4cm, 높이 8.7cm. 瓦尾 너비 12.8cm, 높이 7.1cm, 두께 1.4~1.8cm.
- 색깔과 태도 : 니질 홍도.
- 형태 : 외면에는 회흑색 석회 반죽(砂漿) 한 층이 발라져 있음. 半筒形으로 평면은 제형으로 보임. 배면은 무문임. 하단부와 가까운 곳의 한 측면에는 'S'무늬가 새겨져 있음. 복원할 수 있음.

4) 암키와(板瓦)

(1) 출토 양상
다수가 잔편이고 모두 와통 성형임. 다수가 니질의 홍갈색이고 소량은 주황색 또는 홍갈색을 띠고 있음. 암키와의 형태는 모두 비교적 크고 두터움. 평면은 다수가 梯形이며, 내면에는 포문이 남아 있고 배면에는 각종 무늬가 눌려 있음. 눌린 무늬는 각종 마름모형 무늬와 방격문이 주를 이루고 소량은 석문이 시문되었고 무문은 거의 보이지 않음. 시문은 비교적 마음대로 되어 있는데 시문 형태와 크기, 밀도 및 시문방식이 각기 다름. 동일한 기와 위에 각기 다른 무늬가 눌려 있거나 동일한 위치에 반복하여 동일한 무늬가 눌려 있는 정황을 볼 수 있음. 극소수의 눌린 무늬 위에는 평행선 또는 '人'자형으로 긁어낸 흔적이 더 시문되어 있음(그림 14).

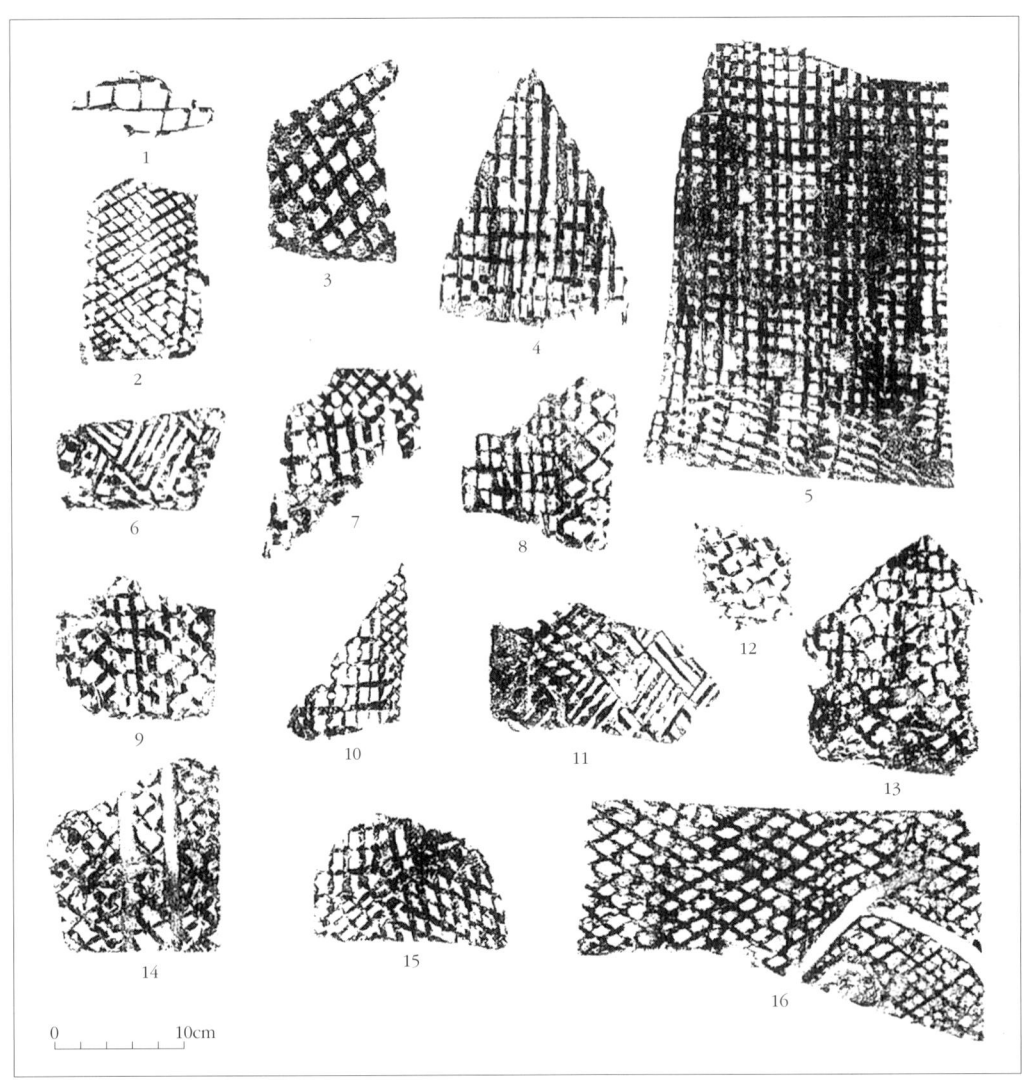

그림 14 유적지 출토 암키와 문양 탁본(『邊疆考古研究』 10, 459쪽)
1~5. 방격문 6. 석문 7~10. 여러 방격문 11. 방격문 석문 조합 12, 13, 15. 중복으로 찍힌 방격문
14. 방격문 위로 평행선 흔적 16. 방격문 위로 'ㅅ'자형 흔적

(2) 암키와 1(03JJXNT0303③:8, 그림 15-1)

○ 출토지 : 장군총 서남건축유적지.

○ 크기 : 길이 약 49.6cm, 끝너비(端寬) 각기 14cm 및 26.8cm, 두께 2.7~3cm.

○ 색깔과 태도 : 니질 홍도.

○ 형태 : 외면에는 약간의 회백색 석회반죽(砂漿)가 발라져 있음. 평면은 오각형이며, 암키와 상단 내측 모서리를 조정하는 기법이 관찰됨. 배면에는 장방격문과 마름모형무늬가 타날되어 있음. 복원 가능함.

(3) 암키와 2(03JJXNT0204 東擴④:1, 그림 15-2)

○ 출토지 : 장군총 서남건축유적지.

○ 크기 : 전체 길이 약 48.8cm, 끝너비(端寬) 각기 33.5cm 및 26.4cm, 두께 2.4~2.9cm.

○ 색깔과 태도 : 니질 주황색 도기.

○ 형태 : 평면은 제형이며, 배면에는 방격문과 마름모

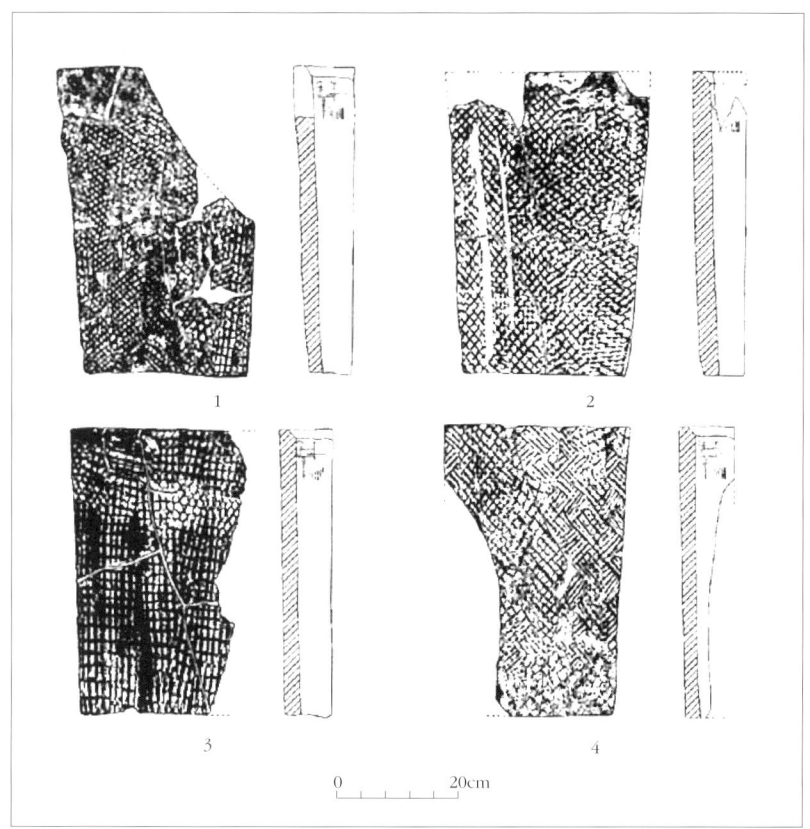

그림 15
암키와(『邊疆考古硏究』 10, 460쪽)

형무늬가 타날되어 있음. 복원 가능함.

(4) 암키와 3(03JJXNT0204③:10, 그림 15-3)
○ 출토지 : 장군총 서남건축유적지.
○ 크기 : 길이 약 46.1cm, 두께 2.4~2.8cm.
○ 색깔과 태도 : 니질 홍도.
○ 형태 : 외면에는 회백색 석회반죽(砂漿)이 약간 발라져 있음. 배면에는 장방격문과 마름모형무늬가 타날되어 있음. 한 측변이 손상됨.

(5) 암키와 4(03JJXNT0301④:1, 그림 15-4)
○ 출토지 : 장군총 서남건축유적지.
○ 크기 : 길이 약 46.3cm, 寬端 너비 30.5cm, 두께 2.4~2.8cm.
○ 색깔과 태도 : 니질 홍도.
○ 형태 : 외면에는 회백색 석회반죽(砂漿)이 약간 발라져 있음. 배면에는 먼저 방격문을 타날하고, 석문(席紋)을 시문하였는데, 양자가 교차하며 덮혀 있음. 기와 동체부의 한쪽 모서리는 손상됨.

6. 역사적 성격

1) 건축물의 구조

유적지가 많이 파괴되어 건축 배치를 명확하게 파악하기 힘듦. 유적지 북부와 남부에 남은 담장은 주향이 일치하고 구축 방법도 같다는 점에서 동일한 건축물의 일부로 추정됨. 건축물의 규모는 동서 너비 35m 이상(너비는 동벽의 잔존길이로 추정), 남북 길이 100여 m로 매우 큼. 담장은 아주 두껍고, 구조와 규격은 민주유적지의 院落 벽체와 유사함. 벽체는 비교적 두껍지만, 구조가 견고하지는 않으며, 초석도 보이지 않음. 양자 모두 주거지의 벽체가 아니라 원락의 담장으로 추정됨. 유적지 남부가 비교적 잘 보존되어 있는데, 각 담장의 연결 지점의 경계가 명확하지 않으며, 배수구는 담장의 축조석과 하나로 되어 있음. 각 시설은 전체적인 설계에 의거해 한 번에 조영하였던 것임.

남부의 서벽, 남벽의 中西段 구간, 중벽 등이 하나의 밀폐된 공간을 이루며 독립적인 院落을 형성함. 원락의 동서 길이는 약 25m이며, 담장 외측에 산수 시설을 깔았고, 남벽과 중벽 남단에 배수구를 설치함.

동벽 남단의 서측에도 산수석을 설치함. 각 담장의 외측에만 산수 시설을 설치하였고, 내측에 산수 시설를 깐 정황은 없음. 동벽 남단과 중벽은 남벽 문지의 양측에 대칭적으로 위치하는데, 두 담장의 구조, 형식, 축조 방법, 산수석과 담장의 상대 위치 등은 모두 동일하며, 남벽이나 서벽과는 일정한 차이가 있음. 이는 동벽 남단과 중벽의 기능이 일치했을 가능성을 시사함. 이로 보아 남문지의 동측에는 중벽·남벽 중서단·서벽으로 둘러싸인 院落과 동서로 대칭하는 또 다른 원락 유적이 존재했던 것으로 추정됨.

2) 건축물의 조성 시기

유적지에서 출토된 기와는 환도산성·국내성에서 출토된 기와와 형식이 동일함. 다만 제작 수준은 거칠고, 와당은 무늬가 명확하지 않음. 와당은 모두 연화문인데, 그중 A형 와당은 환도산성 2호 문지의 A형 연화문와당과 형식이 비슷함. Ba형·Bb형 와당은 환도산성 궁전지 및 2호 문지의 B형 연화문와당과 형식이 동일함. C형 와당은 국내성 운동장 지점 F3의 2003JGTYCF3:1, 2003JGTYCF3:2, 2003JGTYCF3:5, 환도산성 출토 C형 연화문와당과 유사함. 착고(舌形기와)는 환도산성 궁전지의 2001JWGT807③:1, 2001JWGT909③:1, 2001JWGT709③:1 등과 형식이 동일함.

이처럼 이 유적지에서는 연화문와당만 출토되고, 그보다 앞선 권운문와당은 출토되지 않았음. 이에 보고자는 권운문와당과 연화문와당이 동시에 출토된 천추총보다는 늦게 조영되었을 것으로 추정함(吉林省文物考古硏究所, 2011, 461쪽). 그런데 이 유적지에서는 4세기 후반~5세기 초로 편년된 구획선 연화문와당은 보이지 않고, 5세기 후반 이후에 출현한 구획선이 없는 연화문와당만 출토됨. 이로 보아 현전하는 유적지의 조성 시기는 5세기 말 이후일 가능성이 높다고 생각됨.

3) 건축물의 기능

유적지의 규모는 환도산성 궁전지나 민주유적에 버금갈 정도로 방대함. 다만 기와는 대부분 거칠게 제작되어 유적지 규모와 부합하지 않음. 또 건축 부재만 출토되었고, 일상 생활용기는 없음. 이는 유적지가 일상생활과 무관하였을 가능성을 시사함.

유물은 남벽의 북쪽 40m 이내 구역에서만 출토되며, 중·북부에서는 출토되지 않았음. 민주유적도 院落 3곳에서 건물지를 다수 조사했지만, 출토유물의 수량은 매우 적었음. 이에 발굴자는 민주유적을 미완공 건축으로 추정한 바 있음. 이 유적지도 남부에만 건축 부재가 있고 중·북부에는 어떤 유물도 없는데, 미완공이거나 사용되지 않은 결과로 추정됨.

이처럼 장군총 서남쪽 건축 유적지는 심하게 파괴되어 건축 형식과 배치가 명확치 않고 출토유물도 건축부재뿐임. 이에 보고자는 건축물의 조영시기나 장군총과의 관계 등을 명확하게 파악하기 어렵다고 하면서도 장군총의 제사와 관련된 '寢園'이나 '陵廟' 유적으로 조성 시기는 장군총 축조 시기에 근접할 것으로 추정함(吉林省文物考古硏究所, 2011, 461쪽).

그렇지만 장군총에서는 4세기 후반~5세기 초의 구획선 연화문와당이 다량 출토된 반면, 이 유적지에서는 5세기 후반 이후에 출현한 구획선이 없는 연화문와당만 출토됨. 이로 보아 이 유적지의 조성 시기는 장군총보다 늦은 5세기 말 이후로 추정됨. 다만 위치로 보아 장군총의 '寢園'이나 '陵廟'일 가능성은 큰데, 평양천도 이후 국내성을 別都로 운영하던 과정에서 역대 왕릉을 재정비하며 조영했을 가능성이 큼.

참고문헌

- 백종오, 2006, 「고구려기와의 성립과 왕권」, 주류성출판사.
- 吉林省文物考古研究所, 2011, 「集安將軍墳西南建築遺址的考古發掘」, 『邊疆考古研究』 10.

제11부

유물

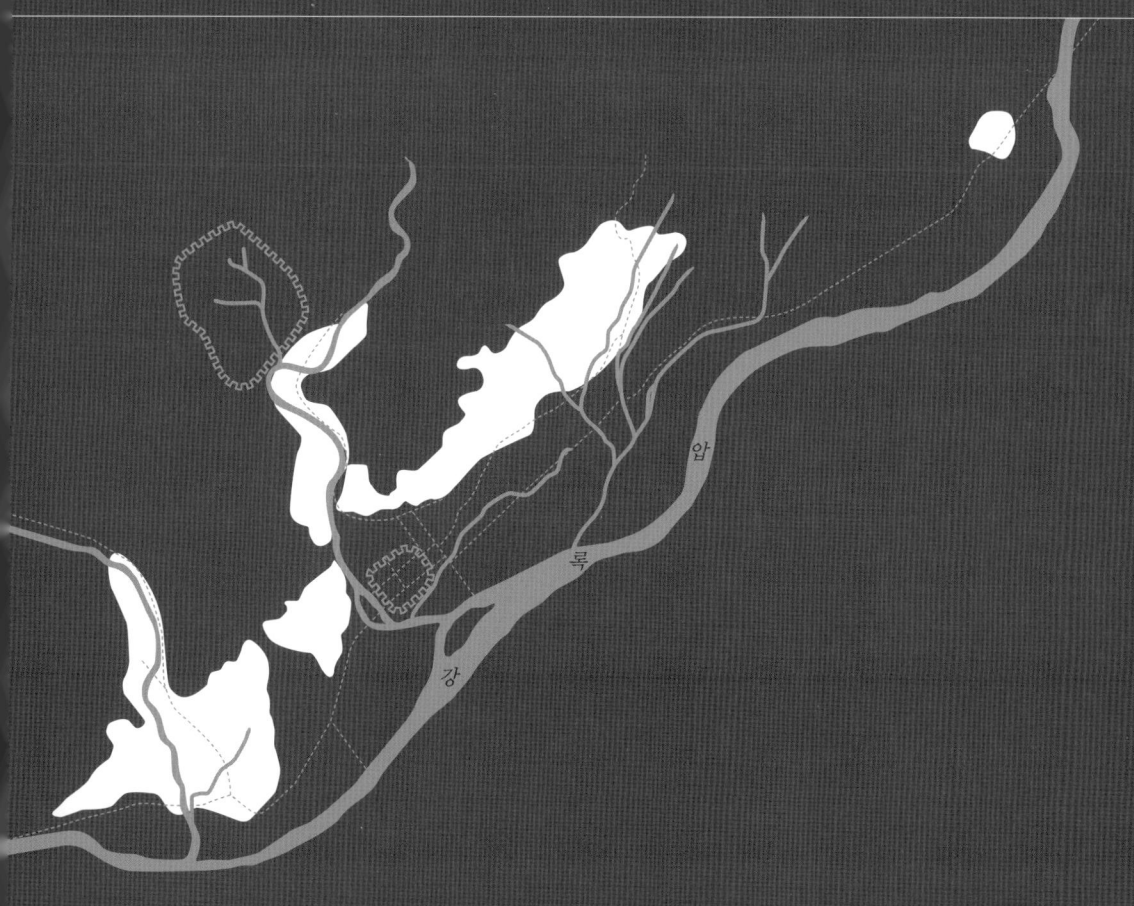

1
청동기(靑銅器)

01 청동제호
青銅壺

1. 출토지

1975년 겨울, 麻線溝고분군 2349호분에서 출토.

2. 유물현황

○ 크기 : 남은 높이 17cm, 아가리 지름(口徑) 12.5cm, 두께(胎厚) 0.1cm.
○ 형태 : 어깨의 아랫부분은 결실되었으며 목 부분이 남아 있음. 구순은 각이 져 있으며, 구순 아래에 이중의 구순이 약간 안으로 오목한 모양을 형성하고 있음. 어깨 상부에는 饕餮모양의 鋪首가 2개 대칭해 있으며, 안으로 鍛造해서 만든 五棱의 동제고리가 뚫려 있음. 어깨 부분에는 두 줄 사이에 너비 2.6cm의 음각선문(凹弦文)이 있음. 두 줄의 선문 사이에 또 약간 얕고 넓은 음각선문이 두 줄 있음. 鑄造品이며 정밀하고 섬세함. 비교적 얇음.
○ 시기 : 이 호는 漢代의 비교적 전형적인 기물임. 이는 漢과 고구려 양국 간 교류가 아주 밀접했음을 보여줌.

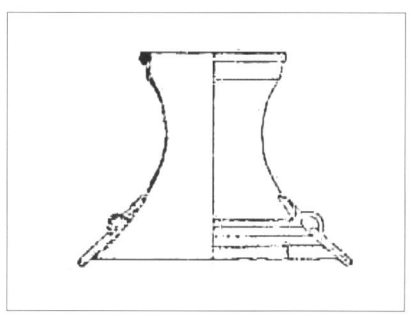

그림 1 집안 출토 동제호(『集安縣文物志』, 200쪽)

3. 소장처

집안현박물관(소장품 번호 1557).

참고문헌
• 吉林省文物志編纂委會, 1984, 『集安縣文物志』.

02 청동제솥
青銅釜

1. 출토지

1975년 7월 22일 果樹場 8隊의 파괴된 적석묘에서 출토.

2. 유물현황

○ 크기 : 높이 13.7cm, 구연부 지름(口徑) 12.8cm, 동체부 지름(腹徑) 19.7cm, 바닥 지름 5.4cm.
○ 형태 : 목은 짧으며 곧은 입. 어깨는 둥근 형태이며 동체는 볼록함. 바닥은 작고 편평함. 동체의 중부에 너비 1.4cm, 두께 0.2cm인 솥전이 둘러져 있음. 鑄造品이며 공예 기술이 비교적 높음. 표면은 윤이 남. 표면은 짙은 녹색이고, 보존상태가 완형.
○ 시기 : 이와 유사한 동제솥은 후한에서 兩晉시기에 중원에서 성행하였음. 北京 淸河鎭에서 출토된 같은 종류의 기물 분석에 근거해 중원에서 고구려에 유입된 것으로 추정함. 시대는 대략 漢晉 사이임.

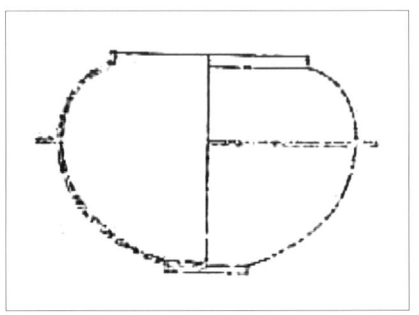

그림 1 집안 출토 동제솥(『集安縣文物志』, 200쪽)

3. 소장처

집안현박물관(소장품 번호 1555).

참고문헌

• 吉林省文物志編纂委會, 1984, 『集安縣文物志』.

03 청동제대야
青銅洗

1. 출토지

1975년 겨울 麻線鄉 동쪽 산비탈의 2351호 적석묘에서 출토.

2. 유물현황

○ 크기 : 높이 7.3cm, 아가리 지름(口徑) 21.6cm, 동체 직경 17.8cm, 바닥 직경 7.3cm.
○ 형태 : 구연부는 약간 파손된 상태임. 구순은 뾰족하며, 구연은 넓게 외반하였고(侈口) 비교적 얇음. 안으로 오목한 굽은 활모양을 띰(內凹弧曲形). 동체는 곧으며, 동체의 하부에 비교적 넓게 돌기한 선문(弦文)이 2줄 있음. 바닥에는 낮은 굽이 있음. 굽의 저부에 각획한 '米'자가 있음. 동체의 안쪽 저부는 약간 안으로 오목하며, 바닥 가장자리에는 구름과 물모양의 도안을 한 줄 둘렀음.
○ 시기 : 중원에서 출토된 유사 종류의 기물에 근거할 때, 東晉 전후 시기에 고구려에 유입된 것으로 추정됨.

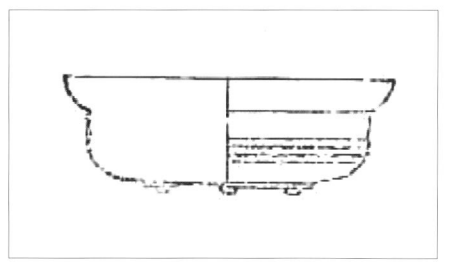

그림 1 집안 출토 동제대야(『集安縣文物志』, 200쪽)

3. 소장처

집안현박물관(소장품 번호 1556).

참고문헌
• 吉林省文物志編纂委會, 1984, 『集安縣文物志』.

04 청동제솥
青銅鍑

1. 출토지

1959년 4월, 太王鄕 下解放村의 고구려 고분에서 출토.

2. 유물현황

○ 크기 : 솥 높이 13cm, 타원형 아가리의 긴 지름과 짧은 지름은 각각 10cm와 8cm. 바닥 지름 7cm, 손잡이 높이 2cm.
○ 형태 : 동체는 타원형 모양. 아가리도 타원형. 구연은 내반함(斂口). 바닥은 편평함. 구연의 상부에 손잡이 2개가 부착되어 있음. 제조는 조잡하며 작은 구멍이 6군데 남아 있는 것으로 보아 보수한 적이 있음. 음료용 그릇임.
○ 성격 : 풍격으로 보아 북방 유목민족이 사용하던 동제솥(銅鍑)과 매우 닮았음. 이 器體는 扁圓한데, 위쪽에 부착되어 있는 2개의 손잡이는 불 위에서 음식을 익혀 먹기 위해 사용할 때 끈으로 매달아 놓기 위한 것으로 추정됨.
○ 시기 : 이러한 형태의 솥은 伊克昭盟補溝洞 흉노 고분에서 출토된 바 있는데, 다만 銅製가 아닌 鐵製

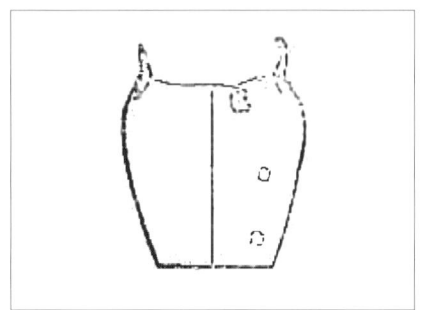

그림 1 집안 출토 동제솥(『集安縣文物志』, 200쪽)

였음. 동제솥은 흉노, 선비 등 유목민족에서 일찍이 대량 사용되었음. 이처럼 고구려 고분에서 발견된 것은 漢代에 고구려와 북방 유목민족 간에 일찍이 교류 관계가 있었음을 설명함.

3. 소장처

집안현박물관(소장품 번호 960).

참고문헌
• 吉林省文物志編纂委員會, 1984, 『集安縣文物志』.

05 청동제완과 뚜껑
青銅蓋碗

1. 출토지

1970년 6월에 집안현의 중의원에서 採土할 때 발견.

2. 유물현황

○ 크기 : 높이 13.7cm, 아가리 지름(口徑) 17.1cm, 바닥 지름(底徑) 10.5cm.
○ 형태 : 원형. 상부에 원형의 두껑이 있으며, 뚜껑 위에 구슬 기둥 모양의 둥근 꼭지가 연결되어 있음. 낮은 굽이 있음(假圈足). 뚜껑 頂部와 뚜껑 가까이 주연부(邊緣部)에 각각 3줄의 음각선문(凹弦文)을 시문하였음. 동제합(盒)의 구연 아래 네 둘레에 음각문(劃文)이 있음.
○ 시기와 용도 : 이 종류의 기형은 무용총과 장천1호묘에 실물을 본 떠 만든 모조품이 출토된 바 있으므로 고구려시기의 유물로 추정됨. 경주 호우총에서도 형태가 동일한 동제합이 1건 출토되었는데, 바닥에 "乙卯年國崗上廣開土地好太王壺杅十"이라는 명문이 있어

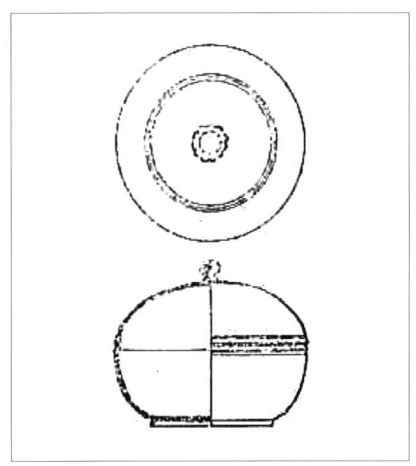

그림 1 집안 출토 동제완과 뚜껑(『集安縣文物志』, 200쪽)

이름을 '壺杅'(『集安縣文物志』에는 '壺楡'라고 오기되어 있음)라 명명함. 무용총과 장천1호묘의 조영 시기에 따르면 이러한 기종의 사용 기간은 비교적 길며, 이 유물의 연대는 4세기 전후로 추정됨. 중원의 漢代 銅製盒과도 유사한데, 일종의 의례용(禮器)으로 추정됨.

참고문헌

- 吉林省文物志編纂委會, 1984, 『集安縣文物志』.

06 청동제합
青銅盒

1. 출토지

1976년 5월에 七星山 고분군의 방단계단적석묘에 출토되었는데, 고분 번호는 JQM1191-1.

2. 유물현황

○ 크기 : 아가리 지름 16.5cm, 바닥 지름 10cm. 전체 높이 13.8cm.
○ 형태 : 보존상태는 양호함. 합은 곧은 입에 동체가 깊으며 바닥은 평평함. 위쪽에 이중 구연(子母口)의 뚜껑이 있음. 뚜껑 꼭대기에 十자형의 손잡이가 있음. 합 아래에 두 줄의 음각선문(凹弦文)이 둘러져 있으며 음각선문의 간격은 1cm임. 그릇 표면은 윤이 나며, 가공은 정밀하고 세밀함.
○ 시기 : 이 동제합은 後漢시기 동제합의 풍격이 있으며, 당시 중원에서 주변 지역으로 유입된 기물로 추정됨. 4세기 중엽으로 비정됨.

3. 소장처

집안현박물관(소장품 번호 1682).

참고문헌

- 吉林省文物志編纂委會, 1984, 『集安縣文物志』.

07 동제수면문거울
瑞獸鏡

1. 출토지

1976년 4월 郊區鄕 山城9隊에서 출토됨.

2. 유물현황

○ 크기 : 직경 13.1cm, 가장자리 두께 0.4cm, 너비 0.6cm.
○ 형태 : 평면은 원형. 외연은 평평하며 무늬가 없음 (平素). 가장자리 안쪽은 두 구역으로 나뉘는데, 바깥 구역은 點線文과 鋸齒文 도안을 한 줄 둘렀고, 안쪽 구역은 약간 볼록하게 솟아오른 방사선 모양의 선과 가는 弦文을 둘렀음. 안쪽 구역은 용처럼 생긴 상서로운 짐승 4마리가 구름이 흐르는 가운데에서 서로 마주보며 달리고 있음.
○ 시기 : 이러한 거울은 수면문거울 가운데 비교적 말기 단계에 해당하는데, 당 고종 시기에 유행하였음. 이 거울은 고구려 멸망 이후 집안 지역과 중원지역의 교류가 밀접하게 지속되었음을 보여줌.

3. 소장처

집안현박물관(소장품 번호 1679).

참고문헌
- 吉林省文物志編纂委會, 1984, 『集安縣文物志』.

08 동제화살촉
鐵鋌銅鏃

1. 출토지

1980년 9월 6일 果樹鄕 夾皮溝門 山崖에서 채석할 때 발견됨.

2. 유물현황

○ 크기 : 길이 3cm, 철제경부의 길이 30cm, 직경 0.6cm.
○ 형태 : 鏃身은 청동(銅質)이고, 경부(鋌)는 철제로 형태는 三棱形임. 이러한 종류의 화살촉은 중량이 비교적 크며, 弓箭 사용에 불리하므로 쇠뇌(弩機) 전용 화살촉임.
○ 시기 : 쇠뇌(弩機)는 고고 발견 중에 이른 시기로는 춘추시대까지 올라가며, 철제경부에 동제화살촉(鐵鋌銅鏃)은 戰國에서 漢代까지 광범위하게 응용되었으며, 집안에서 출토된 이러한 종류의 화살촉은 연대가 조금 늦은 시기에 해당하며 대략 兩漢시기의 유물로 추정됨.

참고문헌

· 吉林省文物志編纂委會, 1984, 『集安縣文物志』.

09 청동제사람형상수레바퀴비녀장
青銅人形車轄

1. 출토지

1983년 6월 상순에 集安縣 太王鄕 禹山4隊 주민들이 集安 기차역 북쪽 400m 지점에서 채토를 하다가 출토.

2. 유물현황

○ 수량과 보존상태 : 2개인데, 하나는 조금 부러졌음.
○ 크기 : 수레바퀴비녀장의 몸체 높이 11.5cm, 너비 2.4cm, 두께 1cm, 인형의 높이 7.1cm, 전체 높이 18.6cm.
○ 형태 : 수레바퀴비녀장은 청동으로 만든 납작한 장방형 기둥모양으로 상부에 사람형상(人形)을 주조했음. 사람형상은 머리에 꼭지를 자른 원추형 모자를 쓰고 있음. 얼굴은 통통하면서 약간 긴데, 앞이마는 널찍하고, 눈두덩은 돌출했고, 두 눈은 점차 가늘어지며, 뺨 부분은 약간 오목하면서 평평함. 코는 높고, 턱은 아래로 뾰족하고, 입과 입술은 약간 돌기하며 타원형을 이룸. 비례가 균일하며 대칭이 잘 맞아 신비로운 자태를 띰. 두 어깨 아래에는 좌우 대칭인 구멍이 있고, 그 아래로 거할의 몸체와 접함. 거할의 몸체 하부는 조금씩 좁아지며 얇아지고, 말단부에 작은 구멍이 있음.
○ 시기 : 보고자는 중국의 廣東 지역 출토품과 비교하여 중원대륙의 春秋·戰國時代에 해당할 것으로 파악함(『集安縣文物志』, 198쪽). 그렇지만 고구려 임강총과 우산하2110호분에서도 이것과 동일한 사람 모양 수레바퀴 비녀장(人形車轄)이 출토되었음(『集安高句麗王陵』, 58~59쪽, 74~75쪽). 이로 보아 이 수레바퀴비녀장도 두 고분이 조영된 3~4세기에 제작되었을 가능성이 높음.

3. 소장처

집안현박물관.

참고문헌
- 吉林省文物志編纂委會, 1984, 『集安縣文物志』.
- 吉林省文物考古研究所·集安市博物館, 2004, 『集安高句麗王陵』, 文物出版社.

10 청동제세발솥
青銅鼎

1. 출토지

1975년 8월 상순에 集安縣 太王鄕 禹山3대의 경작지에 위치한 2968호 방단적석묘에서 동력(銅鬲, 銅甌), 솥(銅釜), 대야(銅洗) 등과 함께 출토됨.

2. 유물현황

○ 2968호분은 방단적석묘로 파괴된 상태였음.
○ 형태 : 발굽형 다리가 3개 있고, 동체부가 깊고, 뚜껑이 있음. 구연은 곧고(直口), 바닥은 둥그스름함. 상부에 솥뚜껑이 있는데, 뚜껑 위에 둥근 구슬모양 꼭지가 있음. 솥의 위와 어깨 부분에 '羛'자가 한 글자씩 음각되어 있음. 동체부 중부에 돌대를 한 바퀴 둘렀고, 어깨에는 손잡이 2개가 대칭하여 있음.
○ 크기 : 전체 높이 16cm, 구경 10cm.
○ 시기 : 보고자는 중원대륙에서 後漢에서 魏·晉 시기에 유행한 銅鼎과 유사하다면서 중원대륙에서 전래한 물품으로 4세기에 해당한다고 추정함.

3. 소장처

집안현박물관.

참고문헌

• 吉林省文物志編纂委會, 1984, 『集安縣文物志』.

11 청동언
銅甗

1. 출토지

1975년 8월 상순에 集安縣 太王鄕 禹山3대의 경작지에 위치한 2968호 방단적석묘에서 동제 세발솥(銅鼎), 솥(銅釜), 대야(銅洗) 등과 함께 출토됨.

2. 유물현황

○ 2968호분은 방단적석묘로 파괴된 상태였음.
○ 형태 : 위는 시루, 아래는 솥임.
○ 시루 : 구연이 외반하였고, 굽이 있으며, 바닥에 구멍이 5개 있음. 그릇 높이 9.2cm, 구경 19.6cm.
○ 솥 : 구연은 곧고, 목은 짧으며, 동체부는 불룩함. 동체주 상부에 솥전을 한 바퀴 둘렀는데, 너비는 0.8cm임. 그릇 높이 12.6cm, 구경 11cm.
○ 시기 : 보고자는 중원대륙으로 수입한 물품으로 4세기에 해당할 것으로 추정함.

3. 소장처

집안현박물관.

참고문헌
· 吉林省文物志編纂委會, 1984, 『集安縣文物志』.

12 서수진왕동경
瑞獸秦王銅鏡

1. 출토지

1979년 10월에 集安縣 太王鄕 二股流1대의 강변에서 출토.

2. 유물현황

○ 크기 : 원형인데, 직경 14.7cm, 주연부의 두께 0.6cm, 너비 1cm.
○ 형태와 문양 : 거울의 형태는 원형이며, 주연부에는 비스듬하게 돌출한 높은 테가 두 개 있는데, 주연부를 안팎 두 개 구역으로 나눔. 바깥에는 "賞得秦王鏡, 持不惜千金, 非關欲照胆, 特爽自明心."이라는 명문이 있음. 안쪽에는 꼭지 둘레에 여우나 이리와 비슷한 서수 4마리가 달리고 있고, 짐승 사이에는 화초가 있는데, 생동감있고 활기가 넘침. 꼭지는 원형이고, 꼭지 아래에는 원형 돌대를 두 줄 둘렀음.
○ 시기 : 보고자는 唐代에 유행한 瑞獸鏡의 하나로 武德 연간 이후에 해당한다고 추정함.

3. 소장처

집안현박물관(소장품 번호 1863).

참고문헌
· 吉林省文物志編纂委會, 1984, 『集安縣文物志』.

13 해수포도문동경
海獸葡萄文銅鏡

1. 출토지

1978년 4월에 석탄공사(煤建公司) 貯油庫 管道 굴착 시에 출토.

2. 유물현황

○ 크기 : 원형인데, 직경 9.4cm, 주연부의 두께 0.6cm.
○ 형태와 문양 : 거울 형태는 원형이며, 거울 면은 약간 볼록함. 뒷면의 花紋은 내외 2구역으로 구분됨. 바깥 구역에는 짐승과 새, 포도 뿌리와 넝쿨이 있음. 바깥 구역 외연부는 안쪽으로 비스듬한데, 그다지 명확하지 않은 卷草紋 도안이 있고, 내연부에는 문양이 없음. 안쪽 구역에는 자태가 서로 다른 해수 4마리가 포도의 가지와 넝쿨 사이에 분포함. 거울 중심에는 짐승 모양 꼭지가 1개 있음.
○ 시기 : 보고자는 盛唐시기에 유행한 瑞獸葡萄鏡의 일종으로 파악한 다음, 발해에서 仿製鏡이 널리 유행했을 뿐 아니라 이 해수포도경의 제작 상태가 조잡하고 문양이 명확하지 않다는 점을 근거로 방제경일 것으로 추정함.

3. 소장처

집안현박물관(소장품 번호 1836).

참고문헌

• 吉林省文物志編纂委會, 1984, 『集安縣文物志』.

2
철기(鐵器)

01 철제거울
鐵鏡

1. 출토지

1976년 6월 마선구고분군 487호분에서 출토.

2. 유물현황

○ 크기 : 직경 1.35cm, 두께 0.3cm.
○ 형태 : 거울의 모양은 동제거울과 유사함. 테두리는 약간 융기해 있고, 꼭지(鈕)는 원형으로 크고 납작함. 중간에 구멍이 뚫려 있는데, 매다는데 사용하는 것임. 이러한 종류의 철제거울은 집안에서 다수 출토되었는데 모두 부식이 비교적 심함.
○ 시기 : 洛陽 燒溝 漢墓에서도 이러한 거울이 일찍이 8개(面)가 출토되었는데, 대략 후한 말기에서 晉까지 성행하였음. 집안에서 출토된 이러한 종류의 철제거

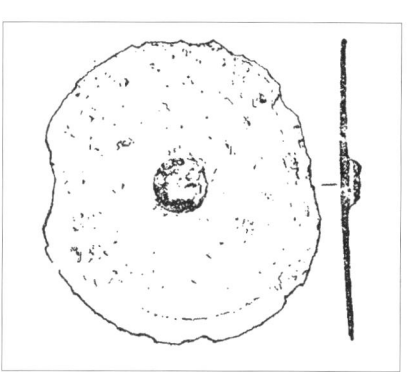

그림 1 집안 출토 철제거울(『集安縣文物志』, 211쪽)

울은 고구려시기에 해당하는데, 중원에서 전입된 것으로 추정됨.

참고문헌
· 吉林省文物志編纂委會, 1984, 『集安縣文物志』.

02 철제삽
鐵鍤

1. 조사현황

집안지역 출토 철제삽은 크게 4종류로 분류됨.

2. 유물현황

1) I식 표본 3795호(그림 1-1)
○ 출토지 : 동대자 부근의 고분에서 출토.
○ 크기 : 길이 24cm, 너비 13.5cm, 날 두께 0.6cm, 'Y'자형의 홈(槽) 깊이 1.5cm.
○ 한 변의 날은 파손됨. 중간에 'Y'자형의 홈(槽)이 있는데 목제손잡이(木柄)를 부착하기 위한 것임.
○ 소장처 : 집안현박물관(소장품 번호 3795).

2) II식 표본 1721호(그림 1-2)
○ 출토지 : 1976년 6월 勝利유적지에서 출토.
○ 크기 : 길이 13.5cm, 삽날 너비 2.5cm.
○ 형태 : 凹字形. 양 끝이 위를 향하며 만곡해 가운데가 오목한 모양임. 중간에 홈(鑿)이 있음. 칼날 부분은 정면에서 볼 때 대칭적인 銳角임.
○ 기능 : 철제삽날은 목제가래나 쟁기(木耒)의 끝에 끼워서 흙을 갈아엎는데 사용하는 농구로 현대의 가래(鐵鍬)에 상당함.
○ 시기 : 이러한 철제삽날은 집안에서 여러 건이 출토되었는데, 洛陽 燒溝漢墓와 長葛漢墓, 湖南 馬王堆

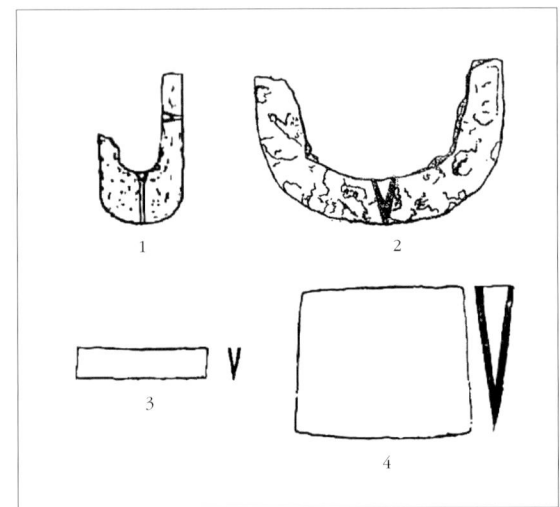

그림 1 집안 출토 철제삽
(1·3·4.『農業考古』 1989-1, 103쪽, 2.『集安縣文物志』, 211쪽)

漢墓의 출토품과 같음. 시기도 동일한 것으로 추정됨.
○ 소장처 : 집안현박물관(소장품 번호 3795).

3) III식(그림 1-3)
○ 크기 : 길이 14cm, 너비 3.2cm.
○ 형태 : 장방형의 철제삽. 장방형의 鐵板을 鍛打하여 만들었음. 정면은 장방형을 띠며, 'V'형의 홈(槽)이 있음.

4) IV식, 표본 998호(그림 1-4)
○ 출토지 : 台上鄕 劉家村에서 출토.
○ 크기 : 길이 8.5cm, 날 너비 10.3cm.

○ 방형의 철제삽. 날 부분은 예리하며, 단면은 'V'자 형임.

○ 소장처 : 집안현박물관(소장품 번호 998).

참고문헌

- 吉林省文物志編纂委會, 1984, 『集安縣文物志』.
- 耿鐵華, 1989, 「集安高句麗農業考古槪述」, 『農業考古』 1989-1.

03　철제화살촉
鐵鏃

1. 조사현황

○ 철제화살촉은 集安 경내의 고구려 유적, 고분 및 성지, 관애 등에서 출토됨.
○ 절대 다수는 철제이며, 형태는 有棒形, 蛇頭形, 窄扇面形, 魚尾形, 鏟形, 柳葉形, 菱形, 三翼形, 双叉形 등 20여 종임(그림 1).

2. 유물현황

1) 철제화살촉(棒形鐵鏃) 1
○ 출토지 : 집안 郊區鄕 勝利小學 남쪽에서 출토.
○ 크기 : 길이 5.0cm, 너비 0.5cm, 경부(鋌) 길이 3.5cm.
○ 형태 : 鏃身은 방추모양. 뒤쪽에 원추형의 경부(鋌)와 교차해 있음.

2) 철제화살촉(三翼形鐵鏃) 2
○ 출토지 : 1979년 10월 山城下 159호 적석묘.
○ 크기 : 길이 6.7cm.
○ 형태 : 경부 중앙에서 三翼이 갈라져 앞을 향해 펼쳐짐. 上端은 평평하고 가지런하며, 下端은 송곳모양으로 줄어듦. 날개 위에 타원형 구멍이 있음. 경부는 단면이 원형으로 細長함.

참고문헌

• 吉林省文物志編纂委會, 1984, 『集安縣文物志』.

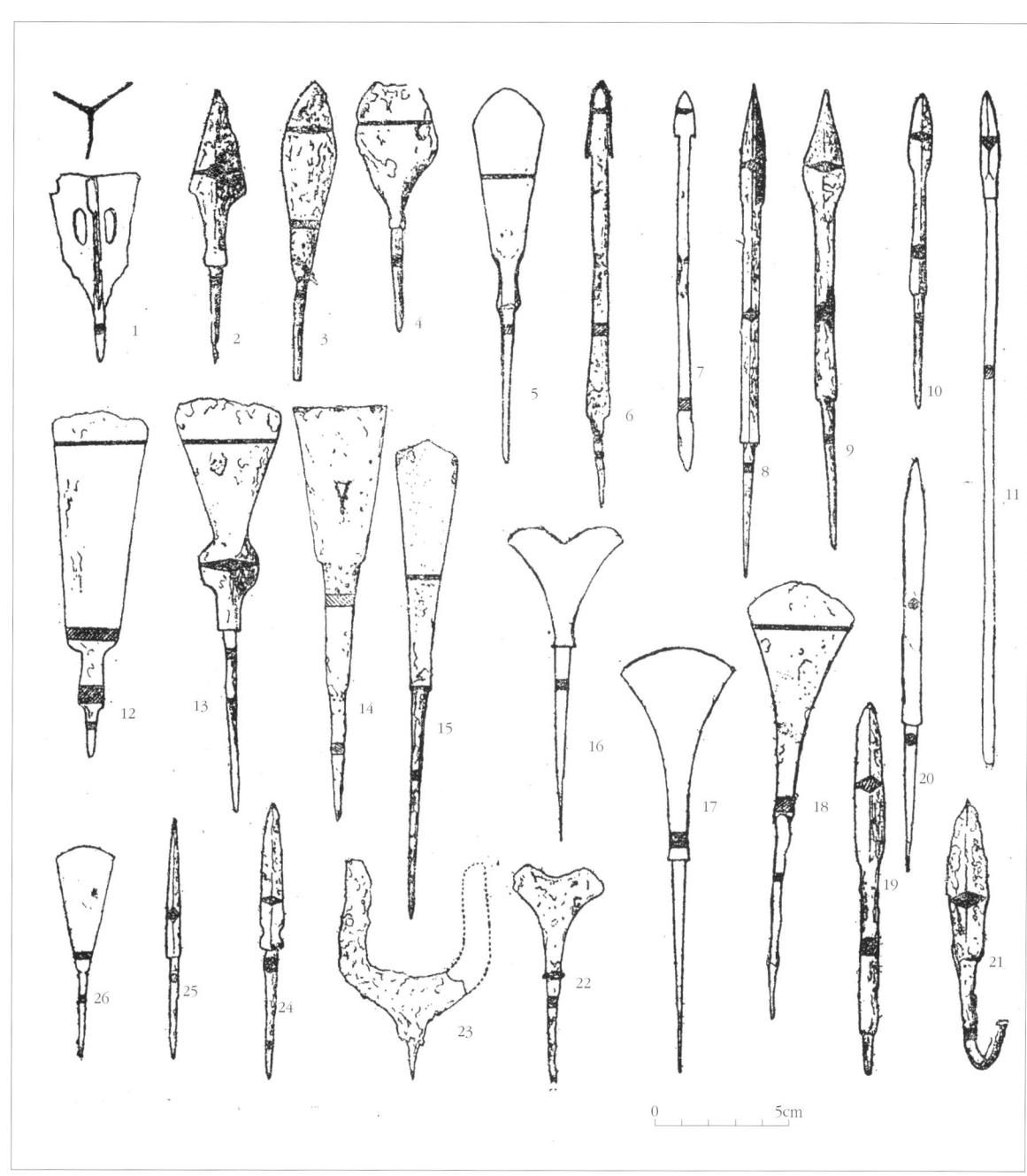

그림 1 집안 출토 각종 철촉(『集安縣文物志』, 215쪽)

04 철제보습
鐵犁鏵

1. 조사현황

철제보습은 集安지역에서 많이 출토되는데, 3종류로 구분됨.

2. 유물현황

1) 철제보습 1
○ 1976년 9월 30일 楡林鄕 地溝村 七寶溝 남쪽 산비탈에서 출토된 것이 대표적임.
○ 크기 : 매 변의 길이 19.2cm, 너비 5.4cm.
○ 형태 : 주조품. 생김새는 거꾸로 선 삼각형 모양. 단면은 'V'자형 구멍이며, 정면의 중앙은 脊을 형성.

2) 철제보습 2
○ 1975년 겨울 태왕릉 서측에서 출토된 것이 대표적임.
○ 크기 : 등뼈 길이 44.8cm, 바닥 길이 50.4cm, 너비 46cm.
○ 형태 : 단조품. 삼각형 모양. 양쪽 가장자리에 날이 있음. 중간에 등뼈가 융기해 있는데, 兩坡式으로 형성되어 흙을 양쪽으로 가르는 역할을 함. 바닥은 평평하며 곧음. 뒤쪽에는 삼각형의 구멍이 있음.
○ 시기 : 기형은 山東 滕縣에서 출토된 漢代 철제보습과 동일하며, 漢代의 전형적인 생산 공구에 속함.
○ 소장처 : 길림성박물관.

3) 철제보습 3
○ 1963년 가을 勝利村 동대자유적에서 출토된 것이 대표적임.
○ 크기 : 등뼈 길이 44.8cm, 바닥 길이 50.4cm, 너비 46cm, 바닥 부분의 원형 구멍(孔) 길이 36cm, 뒤의 끝(後端) 너비 30cm.
○ 형태 : 보습의 일부가 남아 있음. 허리가 약간 볼록한 삼각형인데, 上部는 완만한 원형 모양으로 볼록하게 솟아올라 있고, 중간에 홈(銎部)이 있고, 홈(銎部) 위쪽에 원형 구멍이 하나 있음. 바닥은 평평한데, 원형 구멍이 두 개 있음.
○ 소장처 : 집안현박물관(소장품 번호 501).

참고문헌
• 吉林省文物志編纂委會, 1984, 『集安縣文物志』.

05 철제솥
鐵鍋

1. 출토지

1958년 12월 집안 郊區鄕 勝利7隊 군중이 흙을 채굴할 때 발견함.

2. 유물현황

○ 크기 : 높이 43.5cm, 口徑 41cm, 솥전의 너비와 두께는 3cm와 1.5cm.
○ 형태와 문양
- 鑄造品.
- 直口, 동체는 불룩함. 동체의 중상부에 너비 3cm, 두께 1.5cm인 솥전을 한바퀴 둘렀음. 어깨 상부에 3條의 양각선문(凸弦文)이 있음.
- 솥의 바닥 중심에 작은 철제꼭지(柱) 한 개가 돌출해 있음.
○ 기능 : 이러한 종류의 철제솥은 고구려인들이 상용하던 생활용구임.
○ 집안 경내에서 여러 건 출토되었는데 형태는 동일하며, 크기는 차이가 있음.

3. 소장처

집안현박물관(소장품 번호 89).

참고문헌
• 吉林省文物志編纂委會, 1984, 『集安縣文物志』.

06 철제도끼
鐵斧

1. 조사현황

3종류가 있음. 모두 鍛造임.

2. 유물현황

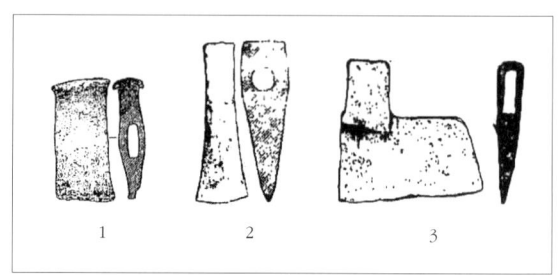

그림 1 철제도끼
1.『集安縣文物志』, 211쪽 2~3.『農業考古』1989-1, 103쪽

1) I식(그림 1-1)

○ 출토지 : 마선구고분군 M1445 출토.

○ 크기 : 길이 13.5cm, 너비 6.5cm, 두께 3cm, 도끼 구멍(銎) 길이와 너비는 각 3.5cm와 1.3cm.

○ 형태 : 형태는 근대의 철제도끼와 비슷함. 몸체(斧身)는 약간 굽었고, 刃部는 몸체보다 약간 넓음. 측면 중간에 長方形 구멍이 있는데, 자루를 끼우는 부분임. 刃部와 頂部는 모두 결손이 있는데, 장기간 사용한 결과임.

○ 시기 : M1445는 3실을 갖춘 봉토석실분이고, 축조방법은 삼실총과 유사함. 시기는 대략 고구려 중·후기에 해당하므로 철제도끼의 연대도 이와 가까울 것으로 추정됨.

2) II식(그림 1-2)

○ 크기 : 길이 22cm. 너비 4.4cm. 刃 너비 7.6cm, 도끼 구멍(銎) 직경 3.2cm.

○ 형태 : 몸체(斧身)는 장방형. 손잡이의 도끼 구멍은 원형. 제작기술이 정밀하고 좋음.

○ 소장처 : 집안현박물관(소장품 번호 88).

3) III식(그림 1-3)

○ 크기 : 길이 9.7cm, 刃 너비 10.2cm, 두께 1.6cm, 도끼 구멍(銎)의 길이와 너비는 각 3cm와 0.9cm.

○ 형태 : 몸체(斧身)는 장방형. 등 부분의 한쪽 끝을 鍛造하여 장방형의 도끼 구멍(銎)이 돌출해 있음. 날 부분은 예리함.

○ 소장처 : 집안현박물관(소장품 번호 913).

참고문헌

- 吉林省文物志編纂委會, 1984,『集安縣文物志』.
- 耿鐵華, 1989,「集安高句麗農業考古槪述」,『農業考古』1989-1.

07 철제가위
鐵剪刀

1. 출토지

1963년 7월 郊區鄕 勝利 2隊 주민이 동대자유적 서쪽의 고분 부근에서 출토함.

2. 유물현황

○ 크기 : 전체 길이 27cm, 날부분 길이 16cm.
○ 형태 : 단조품으로 날 부분은 곧고, 등 부분은 약간 휘었음. 앞쪽은 뾰족함. 날 뒤쪽의 다리 부분은 교차하다가 꼬리 부분에서 만곡하여 둥근고리를 이룸. 통째로 단조하여 제작했는데, 고리 형태 손잡이에 탄력을 증가시킴.
○ 시기 : 洛陽 燒溝漢墓 출토품과 유사하다고 보아 漢 시기에 해당한다고 추정하기도 함.

참고문헌

· 吉林省文物志編纂委會, 1984, 『集安縣文物志』.

3
금기(金器)

01 금제비녀
金簪

1. 출토지

1976년 1월 郊區鄕 城後1隊의 경작지에서 출토.

2. 유물현황

○ 크기 : 무게 2.5g, 금함량률 80%, 전체 길이 8.6cm.
○ 형태
- 보존 상태가 양호함. 금제비녀는 針形으로 만들었음. 한쪽 끝은 추(錘)가 튀어나와 납작한 원형의 葉片을 이루며, 葉片의 표면에는 점 문양을 한 줄 둘러 새겼음. 한 면은 오목하게 아래로 들어가게, 다른 한 면은 볼록하게 위쪽으로 돌출되게 새겼음.
- 주연(邊緣)은 두껍게 두드려 쳤으며(鍛打) 가늘고 매끄러운 정도(細膩)가 모두 균일함.

3. 소장처

집안현박물관.

참고문헌
- 吉林省文物志編纂委會, 1984, 『集安縣文物志』.

02 금제귀걸이
金墜飾

1. 조사현황

고구려 금제귀걸이는 通溝분지 일대에서 많이 출토되었고, 양식도 다양함.

2. 유물현황

1) 금제귀걸이(金墜飾) 1

○ 출토지 : 1976년 4월 石廟4대의 주민이 경작시 출토함.
○ 순량(净重) 12g, 금 함량률 80%.
○ 형태와 문양 : 보존상태는 양호함. 귀걸이의 상부는 속이 꽉 찬(實心) 금제고리이며, 아래는 작은 금고리 하나가 연결되어 수하식과 엮여 있음. 수하식 몸체는 일체형으로 역 호리병 모양임. 위에서 아래로 2줄의 세밀한 眞珠文이 있으며, 중간의 오목한 부분에 등거리의 圓圈文을 4조 박아넣었으며, 아래는 세로 모양의 선문(豎線文)이며, 중간에 돌출면(凸面)이 있으며, 다시 아래의 문양은 상부와 대칭하며, 수하식의 뾰족한 뿌리 부분에는 둥근 점 고리를 3조 두른 잎사귀 문양이 시문되어 있음. 수하식은 각 부분을 자연스럽게 긴밀히 조합하여 제작하였으며, 새기고(刻), 상감하고(嵌), 줄칼로 썰고(鋥), 두드리는(鍛) 등의 공예 수준이 정교함.
○ 집안현박물관(소장품 번호 1854).

2) 금제귀걸이(金墜飾) 2

○ 출토지 : 1975년 11월 17일 禹山3隊에서 경작시 출토함.
○ 순량(净重) 5.56g, 금 함량률 80%.
○ 형태와 문양 : 귀걸이는 3부분으로 조성되어 있음. 상부는 속이 빈(空心) 원형 금고리가 작은 금제고리와 연결되어 있으며, 중부는 금제대롱(金筒)을 말아놓았고, 양 끝에 각각 금제고리와 연결되어 있음. 대롱 중간에 2줄의 양각선문(凸弦文)을 상감하였으며, 위쪽에 線文을 비스듬하게 새겼음. 선문(弦文) 외단에 4줄의 고리모양의 돌기를 박아넣었음. 하부의 고리는 작은 복숭아 모양의 금제조각 2개를 커다란 복숭아 모양의 금제조각 양쪽에 붙여놓았음. 상감하고(嵌), 새기고(刻), 줄칼로 썰고(鋥), 못을 박는(鉚) 등의 금제장식물의 공예 수준이 매우 높음.
○ 집안현박물관(소장품 번호 1549).

참고문헌

• 吉林省文物志編纂委會, 1984, 『集安縣文物志』.

03　금제반지
金指環

1. 출토지

1975년 11월 17일, 우산하2138호분 부근에서 출토함.

2. 유물현황

○ 순량(淨重) 6.1g, 금 함량률 80%.
○ 형태 : 반지에 문양이 있으며, 보존상태는 양호함. 얇은 금 조각을 감아서 고리 모양을 만들었음. 표면의 외연에 세로 모양의 선문(線文)을 한 줄 시문하였음. 중간에 圈凹 아래의 圓點을, 圓點 가운데에 또 조 알갱이 크기의 금제구슬을 두 방울씩 매달아 놓았음. 鍛打 공예 수준이 매우 높으며 정교함.

3. 소장처

집안현박물관(소장품 번호 1584).

참고문헌
• 吉林省文物志編纂委會, 1984, 『集安縣文物志』.

04 금제비녀
金頭釵

1. 출토지

1965년 6월 6일, 통구8대 서쪽 산비탈의 고분에서 출토.

2. 유물현황

○ 순량(淨重) 48g, 금 함량률 80%.
○ 크기 : 전체 길이 13.5cm.
○ 형태 : 파손품. 雙叉折股形. 折股하는 곳은 비교적 너비가 넓고, 상단의 표면에 瓦楞文을 장식하였음. 조형미가 뛰어남.
○ 성격 : 고구려 귀족 부인의 장식물임.

3. 소장처

집안현박물관.

참고문헌
· 吉林省文物志編纂委會, 1984, 『集安縣文物志』.

4
금동기(鎏金器)

01 금동제못신
鎏金銅釘鞋底

1. 출토지

1960년 麻線溝의 돼지사육장 부근에서 출토.

2. 유물현황

○ 크기 : 길이 32cm, 너비 8.4~9.8cm.
○ 형태 : 신발 바닥에 24개의 금동제못(釘)이 부착되어 있음. 못의 길이는 1cm임. 신발 바닥 가장자리가 약간 솟아 있는데, 그 둘레에 실로 꿰맨 작은 구멍이 있음.
○ 시기 : 5세기 전후로 추정.

3. 소장처

집안현박물관.

참고문헌
· 吉林省文物志編纂委會, 1984, 『集安縣文物志』.

02 금동제비녀
鎏金頭釵

1. 출토지

1964년 장군총 외곽 동남쪽 흙더미에서 출토.

2. 유물현황

○ 크기 : 길이 17.9cm, 너비는 최대 4.7cm, 최소 0.6cm임.
○ 형태 : 비녀의 끝은 부러짐. 전체 모양은 갈고리 형태. 가장자리에 두 갈래의 점렬문이 있음. 양면에 도금하였음.
○ 시기 : 5세기 전후로 추정.

3. 소장처

집안현박물관.

참고문헌

• 吉林省文物志編纂委會, 1984, 『集安縣文物志』.

5
은기(銀器)

01 은제장식
銀飾

1. 출토지

1974년 3월 1일 M151 발굴 중에 출토.

2. 유물현황

○ 크기 : 전체 길이 4.7cm.
○ 형태 : 보존상태는 완형임. 상단은 장방형의 투조(鏤空) 은제조각인데, 투조 장식은 구름 문양임. 그 아래에 가운데가 빈 복숭아 모양 수식을 매달았는데, 접합부는 못(鉚釘) 2매를 사용하여 연결하였음.
○ 시기 : 유물이 출토된 고분의 형태 및 은제장식의 조형에 근거할 때, 고구려시기에 사용된 장식물로 5세기 전후로 추정됨.

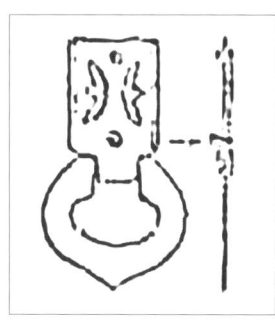

그림 1 은제장식
(『集安縣文物志』, 200쪽)

3. 소장처

집안현박물관(소장품 번호 1626).

참고문헌

· 吉林省文物志編纂委會, 1984, 『集安縣文物志』.

6

토제품(土製品)·토기(陶器)

01 가락바퀴
陶紡輪

1. 출토지

1977년 10월 17일 郊區鄉 勝利유적지에서 밭을 가는 중 채집함.

2. 유물현황

○ 수량 : 총 5건.
○ 보존상태 : 5건 중에 3건은 보존상태가 양호함.
○ 색깔과 태토 : 모두 모래가 섞인 회색도임. 태토에 석면과 운모 깨진 조각이 뒤섞여 있는데, 陶色은 모두 균일함.

1) 표본 381 A(그림 1-2)[1]
○ 출토지 : 1977년 10월 17일 郊區鄉 勝利유적지에서 채집함.
○ 크기 : 직경 5cm, 구멍 지름(孔徑) 0.7cm, 높이 1.4cm.
○ 형태 : 바닥은 오목하고 표면은 볼록함. 바닥에 구멍 41개가 두 줄로 뚫려 있음.

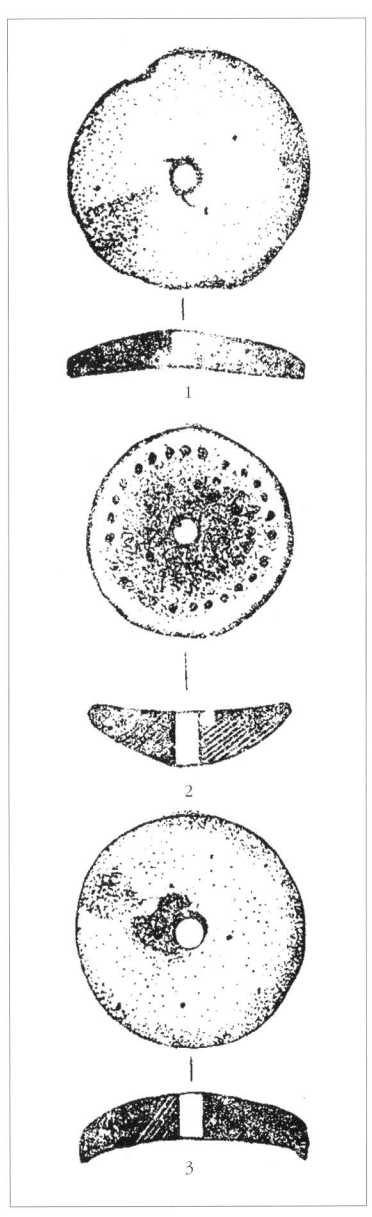

그림 1 勝利유적 출토 가락바퀴
(『集安縣文物志』, 224쪽)

---

[1] 『集安縣文物志』, 223쪽에서는 표본 381A를 그림 1-1, 381C를 그림 1-2라고 기재하였지만, 뒤바뀐 것으로 추정됨.

2) 표본 381 C(그림 1-1)
○ 출토지 : 1977년 10월 17일 郊區鄕 勝利유적지에서 채집함.
○ 크기 : 직경 5.5cm, 구멍 지름(孔徑) 0.8cm, 높이 1.7cm.
○ 형태 : 바닥의 오목한 정도가 비교적 크며, 단면은 활모양에 가까운 방형임.

3) 표본 381 D(그림 1-3)
○ 출토지 : 1977년 10월 17일 郊區鄕 勝利유적지에서 채집함.
○ 크기 : 직경 6.2cm, 구멍 지름(孔徑) 0.8cm, 높이 1.1cm.
○ 형태 : 바닥면은 대략 평평함.

4) 기능과 시기
○ 기능 : 가락바퀴는 실을 꼬는 데 사용했던 공구임.
○ 시기 : 대략 청동기시대 혹은 초기철기시대로 추정됨.

3. 소장처

집안현박물관(소장품 번호 381).

참고문헌
• 吉林省文物志編纂委會, 1984, 『集安縣文物志』.

02 연가
煙家 | 陶倉

1. 출토지

1975년 11월 26일, 집안 郊區鄕 勝利2隊의 2325호 봉토석실분에서 출토됨.

2. 유물현황

○ 크기 : 바닥 직경 24cm, 처마 직경(檐徑) 24cm, 전체 높이 92cm.
○ 형태 : 완형으로 보전. 녹로로 제작. 空心은 원형임. 바닥은 약간 큼. 꼭대기는 투구와 유사함. 상단에 버섯 모양의 꼭지가 있고, 그 아래에 처마가 돌출하여 있음. 처마 아래의 홈에는 하트 모양의 투공 4개를 등간격으로 뚫었고, 중간에 음각선문이 한 줄 있음. 표면은 윤이나 반질반질함.
○ 시기 : 고구려 후기의 유물로 추정됨.

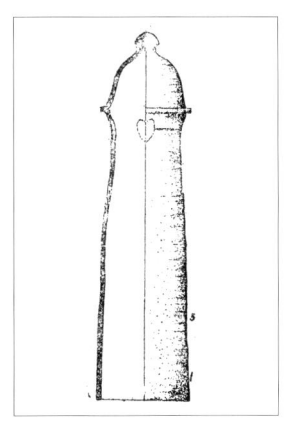

그림 1
집안 출토 연가
(『集安縣文物志』, 224쪽)

3. 소장처

집안현박물관(소장품 번호 1746).

참고문헌
- 吉林省文物志編纂委會, 1984, 『集安縣文物志』.

03 사이호
四耳陶壺

1. 조사현황

사이호는 고구려 토기 중 가장 특징적인 유물로 집안 고구려 유적지, 고분에서 많이 발견됨. 사이호의 규격은 크고 작은 차이가 있고 모두 일상생활에 사용하는 물건을 담거나 저장하는 그릇임. 일부 사이호는 유약을 발랐음. 이는 실용 그릇을 모방해 만든 明器임.

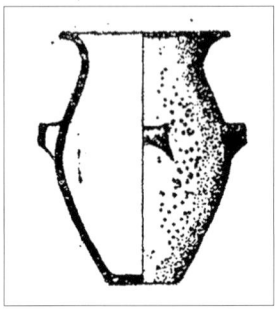

그림 1 집안 출토 사이호
(『集安縣文物志』, 224쪽)

2. 유물현황

1) 표본 1

○ 출토 : 1961년 11월 郊區鄕 勝利村 주민이 通溝河 口 유적지에서 발견함.
○ 크기 : 陶壺의 구경 32.4cm, 腹徑 30cm, 바닥 지름(底徑) 18.6cm, 전체 높이 62.5cm.
○ 형태와 문양 : 완형임. 목이 길고 구연은 외반한 나팔(喇叭) 모양임. 구순은 둥그스름하며, 동체는 깊고 바닥은 평평함. 어깨 아래에 횡대상파수(橫橋狀耳) 4개가 등간격으로 있는데, 문양은 없음(素面). 어깨, 배에 모두 方格網文이 시문되어 있음. 녹로를 사용해서 정밀하게 제작했고, 실용적인 고구려 토기의 대표작임.
○ 색깔과 태토 : 니질의 회도.

2) 표본 2(그림 1)

○ 출토 : 1983년 10월 6일, 집안 변전소 부근 경작지.
○ 크기 : 구경 36cm, 底徑 16cm, 전체 높이 50.5cm
○ 형태와 문양 : 완형에 가까움. 구연은 외반(侈口), 동체가 볼록하고(鼓腹), 바닥은 평평함(平底). 동체의 최대 지름 위쪽에 횡대상파수(橫橋狀耳) 4개가 있음. 좁은 목. 구순은 각이 져 있음(方脣). 무문(素面無文飾).
○ 색깔과 태토 : 니질의 황도인데, 색이 짙고 불그스름함. 그릇 표면과 안을 모두 연마하여 陶色은 모두 균일함. 소성도는 비교적 높음.

3) 시기

표본 2건은 모두 비교적 말기의 특징을 표현한 것으로 대략 고구려 말기의 유물로 추정됨.

3. 소장처

집안현박물관(소장품 번호 147).

참고문헌

· 吉林省文物志編纂委會, 1984, 『集安縣文物志』.

04　호
夾砂褐陶壺

1. 조사현황

○ 출토지 : 1979년 10월 31일 집안현 문물보관소가 산성하고분군 196호분 발굴중에 출토함.
○ 수량 : 2건.
○ 점토를 붙여 복원하였음.

2. 유물현황

1) 표본 1976호

○ 크기 : 구연 직경 14cm, 동체 직경 20cm, 바닥 직경 6.6cm, 전체 높이 25cm.
○ 형태와 문양 : 구연은 외반(侈口)하였고, 구순은 둥근 형태임. 목은 높고 동체는 납작하고 둥근 형태임. 바닥은 평평하고 낮은 굽이 있음(假圈足). 동체 중부의 위쪽에 횡대상파수(橫橋狀耳)가 4개 부착되어 있음. 手制. 무문(素面)임.
○ 색깔과 태토 : 모래 섞인 갈색 토기.

2) 표본 1977호

○ 크기 : 태토와 색깔 등은 표본 1976호와 동일함. 오로지 기형에 약간 차이가 있음. 목이 높고 구연은 넓음. 동체는 불룩하고 바닥은 평평함. 동체 상부에 횡대상파수(橫橋狀耳)와 鏨狀 손잡이가 각기 2개가 달려 있음.
○ 색깔과 태토 : 모래 섞인 갈색 토기.

3) 시기

이상 2건의 호는 동일 시기의 일용 그릇임. 이러한 종류의 사이도호는 고구려 토기 중에 가장 풍부한 특징과 변화를 보여줌. 대체로 3단계의 발전을 거치는데 위의 사이도호는 초기의 형태로, 시기는 대략 3세기 전후임(耿鐵華·林至德, 1984).

3. 소장처

2건 모두 집안현박물관(소장품 번호 1976, 1977).

참고문헌

· 吉林省文物志編纂委會, 1984, 『集安縣文物志』.
· 耿鐵華·林至德, 1984, 「集安高句麗陶器的初步研究」, 『文物』 1984-1.

05 완과 뚜껑
陶蓋碗 | 盒

1. 출토지

1970년 10월 麻線溝古墳群의 940호분에서 출토.

2. 유물현황

○ 보존상태 : 약간 파손됨.
○ 크기 : 구연 직경 18cm, 바닥 직경 18cm, 전체 높이 12.4cm.
○ 형태와 문양 : 그릇 외관은 약간 납작한 공 모양임. 뚜껑은 둥그스름한 형태인데, 중앙에 원형 꼭지가 있고, 음각선 2줄을 등간격으로 새겼음. 그릇과 뚜껑은 잘 맞음. 구연은 약간 내만(微斂)하였고, 바닥은 평평하고 낮은 굽이 있음(假圈足). 동체부 중간에 음각선을 2줄 둘렀음. 물레로 제작한 흔적이 명확하며, 성형한 다음 마연하지는 않았음.
○ 색깔과 태토 : 泥質의 黑灰色 토기.
○ 시기 : 경주 호우총에서 출토된 명문 호우와 유사

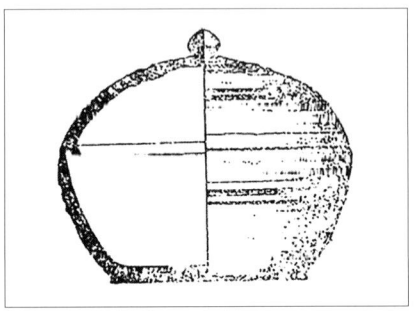

그림 1 완과 뚜껑(『集安縣文物志』, 224쪽)

하다는 점을 근거로 5세기 전후로 추정함.

3. 소장처

집안현박물관(소장품 번호 1508).

참고문헌

· 吉林省文物志編纂委會, 1984, 『集安縣文物志』.

06	베개
	陶枕

1. 출토지

1970년 10월 麻線溝古墳群의 117호분에서 출토.

2. 유물현황

○ 크기 : 베개의 길이 22.3~24.5cm, 너비 14.2cm, 높이 8.3~10.4cm.
○ 형태와 문양 : 베개의 형태는 장방형에 가까움. 베개의 윗면 중앙에 깊이 3.1cm, 직경 12.6cm인 머리 받침이 있고, 그 아래에 오목한 목받침이 있음. 표면은 마연을 하여 윤기가 나며, 모서리는 문질러서 완만하게 둥근 형태를 띰.
○ 색깔과 태토 : 泥質의 黃色 토기.
○ 시기 : 마선구고분군 117호는 봉토통실묘인데, 함께 출토된 四耳壺와 고분의 형태 등으로 보아 베개는 고구려 후기에 제작된 明器로 추정됨.

3. 소장처

집안현박물관(소장품 번호 1510).

참고문헌
· 吉林省文物志編纂委會, 1984, 『集安縣文物志』.

07 호자
陶虎子

1. 표본 1

○ 출토지 : 1976년 10월 8일 山城下古墳群 345호분 발굴 중 출토.
○ 보존상태 : 저부가 약간 파손됨.
○ 크기 : 길이 24.5cm, 호(虎)의 구경 8.1~8.7cm, 殘高 16cm.
○ 형태와 문양 : 아가리(구연)와 꼬리가 위로 말려서 짐승처럼 보임. 그릇 몸체는 동글동글하고, 표면은 마연하여 광택이 남. 아가리와 꼬리 사이에 납작한 형태로 네모난 손잡이가 있음. 바닥은 평평하며, 구연은 둥글고, 口脣은 각이 졌고(方脣), 꼬리는 뽀족함.
○ 색깔과 태토 : 泥質 계통의 黃色 토기.
○ 시기 : 실용 용기로 5~6세기로 추정됨.
○ 소장처 : 집안현박물관(소장품 번호 1752).

2. 표본 2

○ 출토지 : 1975년 10월 25일 禹山下古墳群 2321호분 부근에서 출토.
○ 보존상태 : 완형.
○ 크기 : 높이 23.1cm, 어깨 부위 직경 20.4cm, 바닥 직경 14.5cm. 虎 구연의 長徑 6.6cm, 短徑 5cm.
○ 형태와 문양 : 그릇 몸체는 원형이고, 위에 버섯 모양 손잡이가 있음. 동체부는 불룩하고, 바닥은 평평한데, 기형은 전체적으로 위가 넓고 아래는 좁음. 어깨와 동체부 사이에 납잡한 원형의 아가리(虎口)가 있는데, 문양은 없고 문질러서 광택을 냈음.
○ 색깔과 태토 : 泥質 계통의 黃色 토기.
○ 시기 : 실용 용기로 5~6세기로 추정됨.
○ 소장처 : 집안현박물관(소장품 번호 1560).

참고문헌

- 吉林省文物志編纂委會, 1984, 『集安縣文物志』.

08 박자
陶拍

1. 출토지

1962년 8월 14일 集安縣 郊區鄕 勝利7隊 주민이 通溝河口 유적지에서 채집.

2. 유물현황

○ 크기 : 길이 11.5cm, 너비 9.5cm.
○ 형태와 문양 : 토기의 대상파수(橋狀耳) 잔편을 재활용하여 갈아서 만들었음. 모서리를 둥글게 처리한 사각형임. 토기를 제작할 때 표면에 대어서 내벽을 원활하고 균일하게 정면할 수 있도록 함. 고구려시기의 토기 제작 도구임.
○ 색깔과 태토 : 泥質의 灰色 토기.

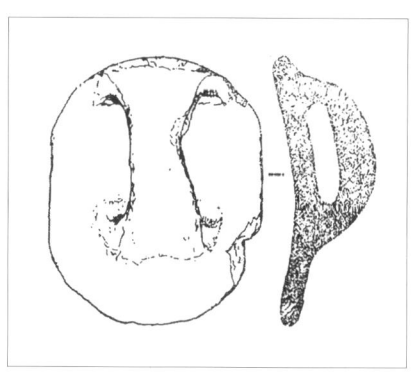

그림 1 박자(『集安縣文物志』, 224쪽)

3. 소장처

집안현박물관(소장품 번호 241).

참고문헌

· 吉林省文物志編纂委會, 1984, 『集安縣文物志』.

09 분
黃綠釉陶盆

1. 출토지

1976년 8월 15일에 山城下古墳群의 1815호분에서 출토.

2. 유물현황

○ 보존상태 : 약 1/5이 남아 있지만 접합하여 복원함.
○ 크기 : 구경 26.4cm, 높이 5.9cm.
○ 형태와 문양 : 구연은 평평하며, 구순은 둥글고, 어깨는 꺾임. 바닥은 둥그스름함. 문양은 없고 녹로로 제작함.
○ 색깔과 태토 : 泥質의 紅陶. 안팎에 黃綠色 유약을 칠함. 표면이 광택과 윤기가 나고, 색채는 조화롭고 짙음.
○ 시기 : 1815호분은 봉토석실분으로 연대가 조금 늦음. 고구려 후기의 유물로 4세기 중엽보다 이르지 않

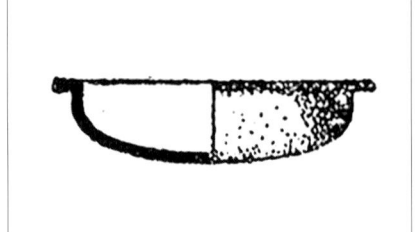

그림 1 분(『集安縣文物志』, 224쪽)

을 것으로 추정함.

3. 소장처

집안현박물관(소장품 번호 1812).

참고문헌

· 吉林省文物志編纂委員會, 1984, 『集安縣文物志』.

10	솥
	黃綠釉陶釜

1. 출토지

1977년 8월 15일에 山城下古墳群의 1815호분에서 출토.

2. 유물현황

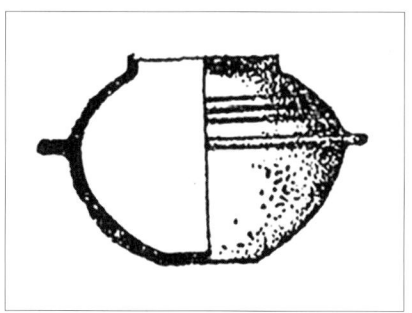

그림 1 솥(『集安縣文物志』, 224쪽)

○ 보존상태 : 접합하여 복원함.
○ 크기 : 구연 직경 13cm, 바닥 직경 8cm, 높이 16.5cm, 동체부 최대직경 25cm.
○ 형태와 문양 : 태토가 고움. 구순은 둥글고, 목은 짧고, 동체부는 불룩함. 동체부 중간에 솥전을 한 바퀴 돌림. 바닥은 평평한데 작음. 솥전 위의 어깨 부위에 음각선을 세 줄 돌렸고, 목 부분에도 음각선을 두 줄 돌렸음.
○ 색깔과 태토 : 泥質의 紅陶. 안팎에 黃綠色 유약을 칠함. 색깔이 고르게 윤택하며 광택이 남.
○ 시기 : 실용기를 모방한 明器인데, 고구려 고분에서는 동일한 형태의 동제나 토제 솥이 출토된 바 있음. 1815호분은 봉토석실분으로 연대가 조금 늦음. 고구려 후기의 유물로 4세기 중엽보다 이르지 않을 것으로 추정함.

3. 소장처

집안현박물관(소장품 번호 1809).

참고문헌
- 吉林省文物志編纂委會, 1984, 『集安縣文物志』.

11 병
綠釉陶瓶

1. 출토지

1976년 10월 吉林省文物工作隊와 集安縣文物保管所가 공동으로 山城下古墳群 365호분을 발굴하다가 출토.

2. 유물현황

○ 보존상태 : 파편을 접합하여 복원함.
○ 크기 : 구연 직경 9.2cm, 동체부 직경 20cm, 바닥 직경 13.5cm, 전체 높이 25.5cm.
○ 형태와 문양 : 구연부는 소반 모양이며(盤口), 목이 가늘고, 동체부는 공처럼 동글동글함. 구연부 가장자리는 비교적 두텁고, 구순은 뾰족하며, 바닥은 크고 평평함. 어깨 위와 동체부 중간에 각각 4줄의 음각선을 돌렸음.

○ 색깔과 태토 : 토기 안팎에 갈색 유약을 균일하게 칠했는데, 색깔은 짙은 녹색임. 토기 표면이 광택과 윤기가 나는데, 소성 기술이 비교적 높음.
○ 시기 : 산성하365호분은 봉토통실묘인데, 동일한 병이 敦化 六頂山의 발해고분군에서 출토된 바 있음. 토기의 제작시기는 발해시기로 통구고분군 가운데 발해시기의 고분이 있음을 반영함.

3. 소장처

집안현박물관(소장품 번호 1751).

참고문헌
• 吉林省文物志編纂委會, 1984, 『集安縣文物志』.

12 호
廣腹壺

1. 출토지

1975년 11월 集安縣 太王鄕 民主6대 동쪽의 고대 주거지에서 출토.

2. 유물현황

○ 보존상태 : 복원함.
○ 크기 : 구연 직경 13.5cm, 바닥 직경 12.4cm, 동체부 직경 23cm, 전체 높이 14cm.
○ 형태와 문양 : 목이 짧고, 동체부는 납작하며, 바닥은 평평함. 구연부는 평평하며, 구순은 각이 져 있음(方脣). 동체부 위에 마연하여 만든 方格 암문이 있음.
○ 색깔과 태토 : 泥質의 灰色 토기. 문양은 없고, 문질러서 광택이 남.
○ 시기 : 같은 형태의 토기가 和龍 北大地 발해고분에서 출토된 바 있음. 발해시기의 토기로 추정되는데, 집안이 발해의 서경압록부 소속 桓州의 치소이며, 조공도의 필수 경로인 것과 연관됨.

3. 소장처

집안현박물관(소장품 번호 1711).

참고문헌
· 吉林省文物志編纂委會, 1984, 『集安縣文物志』.

13	호
	雙耳罐

1. 출토지

1975년 11월 集安縣 太王鄕 民主村의 주민이 民主 6대 부근에서 토지 정지작업을 하다가 출토함.

2. 유물현황

○ 보존상태 : 완형.
○ 크기 : 구연 직경 26cm, 바닥 직경 18cm, 전체 높이 28cm.
○ 형태와 문양 : 구연부는 내반하였고, 구순은 바깥쪽으로 말림. 동체부는 불룩하며, 바닥은 평평함. 동체부 중간에 가로 방향의 대상파수(橫橋狀耳)가 2개 있음. 동체부 중간에 음각선을 한 줄 둘렀음. 음각선 위쪽에 가로방향으로 눌러서 마연한 흔적이 있고, 음각선 아래쪽에는 수직방향으로 눌러서 마연한 흔적이 있음. 나머지는 문질러서 광택을 냄. 녹로로 제작한 흔적이 명확하며 소성온도는 비교적 높음.
○ 색깔과 태토 : 泥質의 옅은 灰色 토기.
○ 시기 : 이 토기와 함께 출토된 토기는 敦化 六頂山

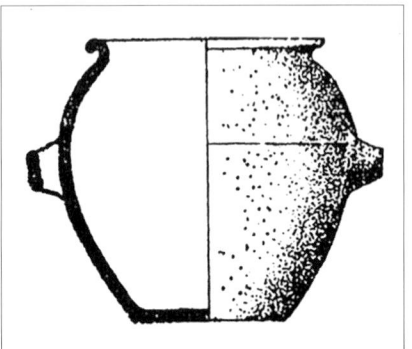

그림 1 호(『集安縣文物志』, 224쪽)

고분군에서 출토된 발해토기와 유사함. 이 토기도 발해 시기로 추정됨.

3. 소장처

집안현박물관(소장품 번호 1578).

참고문헌

· 吉林省文物志編纂委會, 1984, 『集安縣文物志』.

14	호
	鼓腹罐

1. 출토지

1970년 9월 麻線溝古墳群의 2165호분에서 출토.

2. 유물현황

○ 보존상태 : 완형.
○ 크기 : 구연 직경 12cm, 동체부 직경 19cm, 바닥 직경 12cm, 전체 높이 13.6cm.
○ 형태와 문양 : 녹로를 사용해 제작함. 목이 짧고, 구연은 외반했고(侈口), 구순은 말림(卷脣). 동체부는 불룩하고, 바닥은 평평함.
○ 색깔과 태토 : 문양은 없는데, 문질러서 광택을 냄.
○ 시기 : 마선구2165호분은 봉토통실묘로 고분 형식은 和龍 北大地의 발해고분과 유사함. 이 토기는 敦化 六頂山의 발해고분에서 출토된 구연이 내반한 호와 유사함. 발해시기에 제작된 것으로 추정됨.

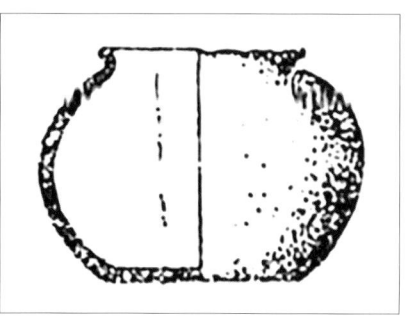

그림 1 호(『集安縣文物志』, 224쪽)

3. 소장처

집안현박물관(소장품 번호 1585).

참고문헌
· 吉林省文物志編纂委會, 1984, 『集安縣文物志』.

7
기와(瓦)·와당(瓦當)

01 권운문와당
卷雲文瓦當

1. 표본 : JSX - 1957 (그림 1)

○ 출토지 : 1957년 3월 集安 勝利村 消防隊 부근에서 출토.
○ 크기 : 직경 14cm, 두께 2.7cm.
○ 보존상태 : 원래 와당의 1/4 정도 남아 있음.
○ 형태 : 권운문. 얕은 부조식. 앞면에는 8등분으로 된 內向連弧卷雲文을 시문하였음. 連弧 내에는 양각된 '□作' 두 글자가 있고 가장자리에는 三角折線文을 시문하였음.
○ 색깔과 태토 : 회색.

그림 1 '□作' 와당
(표본:JSX-1957, 『高句麗瓦當硏究』, 145쪽)

2. 표본 : JMZ - 1971 (그림 2)

○ 출토지 : 1971년 가을, 집안 마선중학교에서 서북쪽으로 50m 지점에서 출토.
○ 크기: 직경 15cm, 두께 2.5cm.
○ 보존상태 : 원래 와당의 2/5 정도가 남아 있음.
○ 형태: 권운문. 얕은 부조식. 앞면에는 8등분으로 된 內向連弧卷雲文을 시문하였음. 連弧 내에는 글자가 있는데, '己丑' 두 글자가 남아 있고, 가장자리에는 三角折線文을 시문하였음.

그림 2 '己丑' 와당
(표본:JMZ-1971, 『高句麗瓦當硏究』, 141쪽)

3. 표본 : JYD - 1980 (그림 3)

○ 출토지 : 1980년에 집안 京劇院 길 서쪽에서 출토.
○ 크기 : 직경 15cm, 두께 2.5cm.
○ 보존상태 : 원래 와당의 1/3 정도가 남아 있음.
○ 형태: 권운문. 얕은 부조식. 앞면에는 4등분으로 된 內向連弧卷雲文을 시문하였다. 권운문 밖에는 模壓 양각된 '寧四年太歲' 글자가 남아 있음. 가장자리에는 三角折線文을 시문하였음. 형태나 문양이 1963년에 인민 목욕탕에서 출토된 JSB-J2933과 같음.

4. 1987년 國內城 南門里 출토품

○ 출토지 : 1987년 10월 15일에 國內城 南門里에서 출토.
○ 크기 : 직경 14cm.
○ 형태 : 권운문와당. 중앙의 유돌형 당심에 글자가 있지만 읽을 수 없음. 권운문 외곽의 연호부에 '太寧□年四月造作' 글자가 남아 있음.

그림 3 집안 출토 권운문와당
(표본 : JYD-1980, 『高句麗瓦當硏究』, 138쪽)

참고문헌

- 林至德·耿鐵華, 1985, 「集安出土的高句麗瓦當及基年代」, 『考古』 1985-7.
- 耿鐵華·尹國有, 2001, 『高句麗瓦當硏究』, 吉林人民出版社.

02 수면문사래기와
獸面文蛇羅瓦

1. 유물현황

○ 수량 : 2건.
○ 출토지 : 1992년 5월 집안 商貿街 건축 공사장 북측. 지표 아래 1.2~1.5m 깊이의 瓦礫層에서 출토.
○ 크기 : 와당 2건의 크기, 이빨과 배면의 손잡이(扳手) 등이 약간 다름(그림 1).
○ 보존상태 : 모두 완형임.
○ 형태 : 수면문사래기와. 상부는 반원형이고, 저부는 평평함. 중간은 활처럼 안으로 오목함. 정면은 고대의 방패 모양임. 고부조식. 이마 부분(額頭部)에 주름살문양(褶皺射線文)이 있고, 양 갈래에 둥근 모양의 눈썹(眉)이 있으며 線이 길게 돌출해 있음. 코와 눈이 돌출해있고 이빨은 방형이며 거대함. 주연(邊緣)에 돌대를 한 줄 둘렀음. 背面의 주연(邊緣)은 돌기함. 중부는 아래가 오목함. 저부는 가장자리를 따라 아래가 오목한 활 면에 손잡이(扳手)가 있는데, 용마루에 고정시키기 위해 사용되는 것과 유사함.
○ 색깔과 태토 : 청회색 니질도. 소성온도가 매우 높음.
○ 기능 : 와당 2건은 중원지역에서 보기 드문 고구려의 수면문사래기와임. 지금까지 출토된 와당은 모두 원형 수면문와당임. 수면문사래기와와 함께 출토된 원형 수면문와당과 연화문와당 및 그 잔편들이 적지 않았음. 이러한 종류의 와당은 백회를 칠한 흔적이 있으므로, 용머리(지붕머리) 끝이나 지붕의 네 귀퉁이의 장식물로 사용된 건축 자재로 추정됨.

그림 1
수면문사래기와
(『高句麗瓦當硏究』, 43쪽)

1) 와당 A
○ 크기 : 와당의 높이 25.8cm, 너비 20.5cm, 두께 7.2cm. 저부는 안으로 오목함. 2.7cm. 주연(邊緣)의 너비 1.5cm. 後緣의 너비 1.5cm, 높이 5cm, 折柱狀 扳手 길이 7.6cm, 높이 3.5cm, 직경 3cm.
○ 형태 : 수면의 이빨은 12개인데 장방형임. 위와 아래에 각각 6개가 있음.

2) 와당 B
○ 크기 : 높이 25.2cm, 너비 19.4cm, 두께 7cm. 저부의 안으로 오목한 곳 2.5cm, 코 부분 凸起 2.2cm. 변연 너비 1.2cm, 후연 너비 1.5cm, 높이 4.8cm. 둥근 모양의 扳手 길이 7.4cm, 높이 3.5cm, 직경 3cm.
○ 형태 : 수면에 이빨이 8개 있는데, 위와 아래에 각각 4개씩 있음.

참고문헌

· 耿鐵華·尹國有, 2001, 『高句麗瓦當硏究』, 吉林人民出版社.

8

석기(石器)·옥기(玉器)

01 초석
石柱礎

1. 조사현황

集安 國內城유적, 東臺子유적, 梨樹園南유적, 丸都山城 궁전지유적에서 초석(柱礎)이 다량 발견됨. 고구려시기의 건축자재임.

2. 유물현황

1) 제1종(그림 1-1)
○ 크기 : 초석 직경 90cm, 두께 50cm. 초석면은 돌출한 정팔면체인데, 높이는 10cm이고, 정팔면체의 대각선 길이는 54cm임.
○ 형태 : 초석은 扁圓形이고, 상부에 정팔면체의 초석면이 돌출해 있음.

2) 제2종(그림 1-2)
○ 크기 : 초석 직경 80cm, 두께 40cm. 초석면은 돌출한 원형인데, 높이는 6cm이고, 원형 초석면의 직경은 58cm임.
○ 형태 : 상부에 원형 초석면이 높이 6cm로 돌출해 있음. 중부는 볼록하며, 가장자리에 방사형의 세밀한

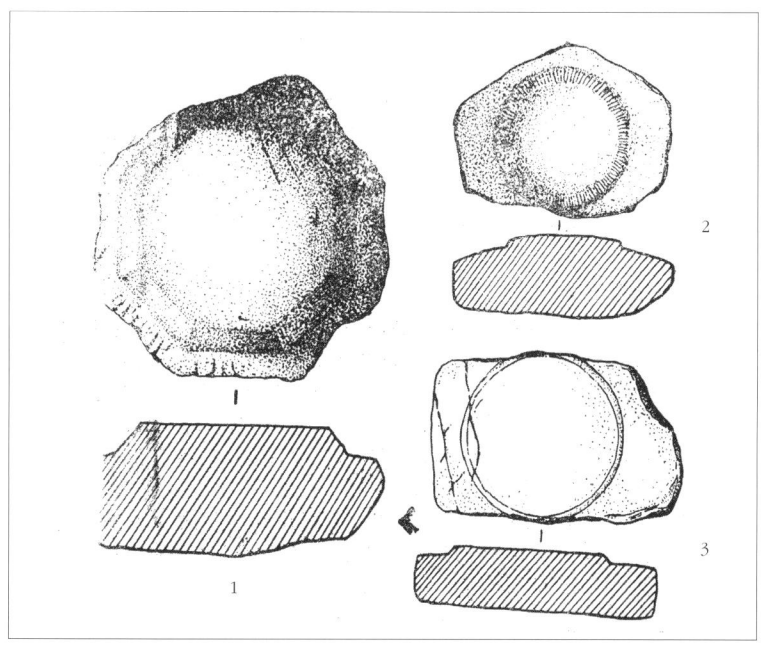

그림 1
집안 출토 초석(『集安縣文物志』, 266쪽)

短鑿文이 있음.

3) 제3종(그림 1-3)
○ 크기 : 길이 75cm, 너비 45cm, 두께 24cm. 원형 초석면은 높이 4cm, 직경 45cm임.
○ 형태 : 초석은 장방형이고, 초석면은 평원형임. 원형 초석면은 정연하게 다듬었고, 초석면이 2중 원형인 것도 있음.

3. 소장처

집안현박물관.

참고문헌

· 吉林省文物志編纂委員會, 1984, 『集安縣文物志』.

02 초석
石柱礎

1. 출토지

集安市 公安局 경내에 동서로 나란히 배열된 초석이 두 개 있음.

참고문헌
- 集安縣文物保管所, 1984,「集安高句麗國內城址的調査與試掘」,『文物』1984-1.

2. 형태와 크기

초석 윗면을 팔각형으로 다듬은 것이 있는데, 직경은 85cm임(그림 1-1). 초석 윗면을 소반을 엎어놓은 것처럼 원형으로 다듬은 것도 있는데, 직경은 60cm임(그림 1-2).

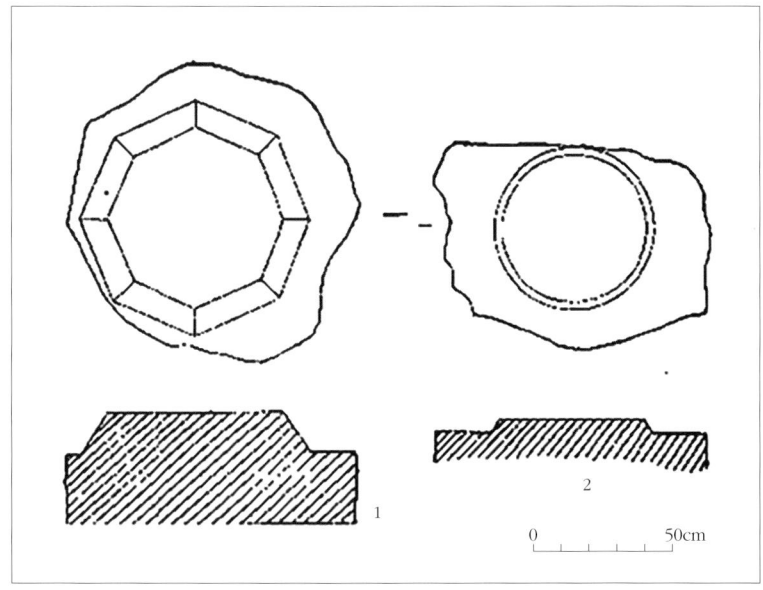

그림 1
集安市 公安局 경내 출토 초석
(『文物』1984-1)

03 숫돌
礪石

1. 출토지

1965년 4월 13일에 集安縣 郊區鄕 通溝村의 요주구(腰朱溝) 서쪽의 고분에서 출토.

2. 유물현황

○ 크기 : 길이 23.8cm, 너비 2.2cm, 두께 1.7cm.
○ 형태 : 灰黃色 石英巖을 갈아서 만들었는데, 사각기둥형태임. 양쪽 끝은 안쪽으로 조금 내만하였음. 한쪽 끝 부근에 작은 구멍이 있는데, 새끼로 거는 자리임.

○ 시기 : 제작 기술이 높고, 고구려 고분에서 출토되었으므로 고구려시기 물품으로 추정됨.

3. 소장처

집안현박물관(소장품 번호 874).

참고문헌
• 吉林省文物志編纂委會, 1984, 『集安縣文物志』.

04 석제벼루
石硯

1. 출토지

1963년 3월 22일에 集安縣 郊區鄕 勝利4대 주민들이 기상대 부근에서 채소밭을 경작하다가 출토함.

2. 유물현황

○ 크기 : 윗면의 길이 13.7~14.3cm, 바닥면의 길이 14.0~14.5cm, 전체 높이 10cm.
○ 형태 : 灰色 玄武巖을 갈아서 만들었는데, 납작한 육면체이고, 아래에는 작은 다리가 4개 있음. 윗면을 갈아서 오목한 면을 방형으로 만들었는데, 둘레에는 너비 1.1cm인 외곽 테두리가 있어서 먹물이 넘치는 것을 막음. 한쪽 모서리에는 먹을 가는 데 사용하는 물을 담는 원형 홈이 있는데, 직경 3.6cm, 깊이 2.7cm로 돌대를 둘렀음. 바닥의 네 모서리에는 다리가 있는데, 높이는 1.5cm이고, 한쪽 다리는 깨어져서 없음. 석제가 조잡하고, 제작 상태는 정밀하지는 않음. 조형이 예스럽고 질박하여 널리 사용되었을 것으로 보임.
○ 시기 : 보고자는 고구려시기에 제작된 것으로 추정함.

3. 소장처

집안현박물관(소장품 번호 315).

참고문헌
• 吉林省文物志編纂委會, 1984, 『集安縣文物志』.

05 옥벽
玉璧

1. 출토지

1963년 7월 1일에 集安縣 郊區鄕 勝利2대 주민이 東臺子遺蹟 서쪽의 고구려고분 부근에서 채토하다가 파괴된 고분에서 출토함.

2. 유물현황

○ 크기 : 원형. 전체 직경 8.6cm. 중앙의 구멍 직경 3.4cm, 두께 0.3cm.
○ 형태 : 평면은 원형으로 정중앙에 구멍이 있고, 전체적으로 연마하여 광택이 나며, 淡靑色으로 반투명한데, 중간에 흰 옥이 있음. 위쪽에 마연의 흔적과 함께 균열된 문양이 있는데, 장시간 장식용으로 사용했기 때문으로 추정됨. 옥벽은 우아하며, 아주 정밀하게 마연하였음.
○ 시기 : 옥벽은 중원지역에서 신석기시대부터 사용되던 의기로 商·周 이래로 국가 사이의 왕래, 제후 사이의 交聘, 제사나 상장 등에 사용하던 禮器였음. 보고자는 고구려에서 제작한 것이 아니라 중원지역에서 전래된 물품으로 漢·晉 시기에 해당할 것으로 추정함.

3. 소장처

집안현박물관(소장품 번호 443).

참고문헌
· 吉林省文物志編纂委會, 1984, 『集安縣文物志』.

9
화폐(貨幣)

01 화폐
貨幣

1. 조사현황

○ 집안 고대 유적지, 고구려 고분에서 다수 발견됨.
○ 출토지 : 1958년 가을에 마선구고분군 서대묘의 동쪽 약 50m 지점에 위치한 파괴된 고구려 적석묘 아래에서 200kg의 고대 화폐가 출토됨.
○ 소반 모양처럼 첩첩이 쌓인 상태로 출토됨.
○ 종류 : 동전 구멍에 마끈(麻繩)이 남아 있었는데, 전국시대의 圜錢, 漢代의 半兩, 五銖, 新莽錢 등이 있음.

2. 유물현황

1) 반량(半兩)

○ 형태 : 안과 밖에 테(廓)가 없음. 뒤쪽은 무문(素背). 동전의 몸체는 비교적 얇음. 조잡하고 거칠게 제조되었음.
○ 종류 : 4식으로 분류됨.
- I式 : 동전 지름 3.1cm. 구멍 길이 0.7cm, 너비 0.9cm, 무게 6.8g.
- II式 : 직경 2.9cm, 구멍 길이, 너비 각각 0.8cm, 무게 4.5g.
- III式 : 동전 지름 2.4cm, 구멍 길이, 너비 각각 0.8cm, 무게 2.4g.
- IV式 : III式과 서로 같으며, 유일하게 문자 '兩'字 중간의 '入入'이 변하여 가로로 一이 새겨져 있음.

○ 시기 : 반량전은 몇 종류가 있으나, 秦의 반량은 크고 두터우며 무거운데 비해 이 동전은 비교적 작고 가볍고 얇음. 漢代에 주조된 것임.

2) 오수(五銖)

○ 五銖錢은 漢 武帝가 기원전 118년(元狩 5)에 처음 주조했는데, 윗면에 '五銖'를 새겨 중량을 표시함. 漢代부터 唐 초기인 8세기 중엽까지 사용됨.
○ 종류 : 집안에서 출토된 오수전은 5식으로 분류됨.

(1) I式

○ 크기 : 동전 지름 2.5cm.
○ 형태 : '銖'자 가운데 '金'획의 머리 부분은 속이 빈(空心) 삼각형 모양을 띠며, '朱'획은 모나게 꺾임. '五'자는 약간 만곡되었음. 동전 글자는 또렷하며, 외면은 가지런하며 네모진 구멍 위쪽에 가로로 테(橫廓)가 하나 있으며, 무늬 없는 뒷면은 안팎에 테두리가 있음.

(2) II式

○ 크기 : 동전 지름 2.45cm.
○ 형태 : 바깥 테는 좁으며, 동전의 정면에는 안틀(內郭)이 없음. '銖'자 가운데 '金'획의 머리 부분은 이등변 삼각형을 띠며 비교적 작음. '朱'획은 모나게 꺾임. 五의 글자는 약간 만곡되었음. 뒷면은 무문이며, 내외 테(郭)가 있음.

(3) III式

형태 : '銖'자 가운데 '金'획의 머리 부분은 비교적 작으며, '朱'획보다 약간 낮게 위치함. '五'자는 필획이 교차해서 만곡되었는데 그 정도가 심함. 위와 아래 모두 가로로 연접된 곳은 직삼각형을 띰. 달문양(月文)과 별무늬(星文)가 있는 것이 있고, 테두리가 마모된 것도 있음.

(4) IV式

형태 : 이 형식의 동전은 조잡하고 거칠게 제작되었음. '五銖' 글자의 순서를 바꾸어 왼편에서 오른편으로 새김. 테두리는 마모됨. '銖'자 가운데 '金'획의 머리 부분은 비교적 크며, 4개의 점이 비교적 깊. '朱'획은 모나게 꺾임.

(5) V式

형태 : 후한 靈帝시기에 제작한 四出五銖. 조잡하고 거칠게 제작됨. 테두리(廓)가 울퉁불퉁함. '五'획은 만곡했고, '朱'획은 둥글게 꺾임.

(6) 시기

I~III식은 전한 시기, IV~V식은 후한 시기에 각각 제작된 오수전임. 후한 초기에는 王莽시기의 화폐를 사용하다가, 광무제 건무 16년(40)에 다시 오수전을 주조함. 후한 중엽에 화폐의 가치가 평가절하되었는데, 후한 말기에 더욱 평가 절하되어 오수전도 아주 가벼워짐. IV, V式 오수전 가운데 테두리가 없고(磨廓), 중앙의 방형 구멍을 크게 하고(延環), 문자도 없는 얇고 작은 화폐가 많음. 제작 수준도 조잡함.

3) 왕망의 화폐(王莽貨幣)

王莽이 전한의 帝位를 찬탈한 다음, 五銖錢의 사용을 금지하고 서기 7년 섭정시부터 新莽 통치기 동안에 네 차례 화폐제도의 개혁을 단행함. 이때 제작된 화폐 가운데 '大泉五十'과 '貨泉' 등이 있음.

(1) 대천오십(大泉五十)

○ 크기 : 직경 2.7cm, 길이 0.8cm, 너비 0.8cm. 무게 5.2g.
○ 형태 : 가장자리에 테두리, 중앙에 정방형 구멍이 있음. 구멍 양면에는 테두리가 있음.

(2) 화천(貨泉)

① 제1종류

○ 크기 : 직경 2.3cm, 구멍 길이 0.7cm, 구멍 너비 0.7cm. 무게 3g.
○ 형태 : 가장자리(邊緣)에 테두리(廓), 중앙에 정방형 구멍이 있음. 구멍 양면에는 테두리가 있음. 글자는 또렷하고 정밀하며, 약간 가늚.

② 제2종류

○ 크기 : 동전 지름 2.2cm.
○ 형태 : 동전의 글자는 가늚. 약간 조잡하고 거침.

③ 제3종류

○ 크기 : 동전 지름 2.1cm.
○ 형태 : 약간 조잡하고 거침.

참고문헌

• 吉林省文物志編纂委會, 1984, 『集安縣文物志』.

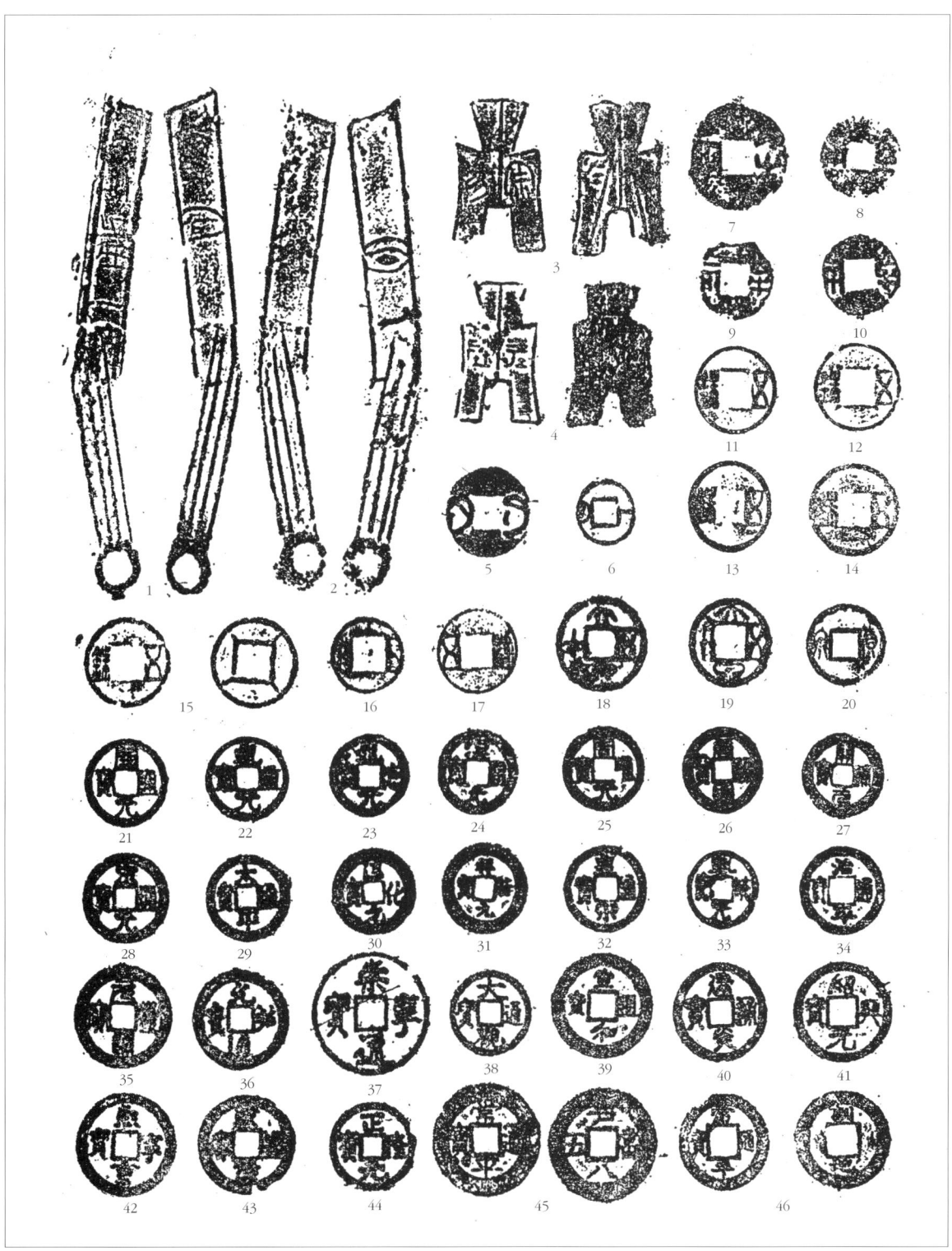

그림 1 집안 출토 고대 화폐(『集安縣文物志』, 248쪽)

제11부 유물 559

10

비(碑)

01 광개토왕릉비

集安 廣開土王陵碑 | 廣開土王碑 | 好太王碑

1. 조사현황[1]

1) 능비에 대한 옛 기록

○ 능비는 광개토왕이 사망한 다음 만 2년이 지난 414년에 3년상을 거행하며 건립했음. 능비가 위치한 國內城 지역은 427년 평양천도 이후에도 別都로서 정치·문화의 주요 중심지였고, 고구려 멸망 후 발해의 영역이 되어 이곳에 桓州가 설치되었음. 이로 보아 능비는 발해시기까지도 안전하게 보호되었을 가능성이 높음.

○ 국내성 지역은 金代에는 東京道의 婆速府 관할 아래 있었고, 元代에는 東寧路에 속하였는데, 변경의 벽지에 불과했음. 고려시기의 기록에도 이곳에 관한 것은 보이지 않음. 그러다가 공민왕 18년(1369) 고려가 元의 동녕부를 공격해 于羅(五女)山城을 공략했는데, 이때의 기록을 담은 용비어천가 등에는 현재의 集安 지역에 皇城이 있고 그 북쪽 7里 거리에 큰 碑石이 있다고 노래했음. 이것이 414년 이후 처음 확인되는 능비에 대한 기록임. 이어 『동국여지승람』에서도 이 지역을 皇城坪이라 하였고, 장군총을 皇帝墓라고 했음. 그 이후 成俔 등 조선의 士大夫들이 압록강 남쪽의 滿浦鎭에 들러 집안지역의 城과 古碑 및 石塚 등을 바라보며 느낀 감회를 담은 詩를 남겼지만, 모두 그 유적을 여진족(金)의 것으로 여기었음. 조선 사대부들의 이러한 인식은 조선 후기까지 계속 이어짐.

2) 淸의 封禁정책 해제와 능비의 재발견

○ 청나라는 1681년(康熙 20)부터 光緖 초인 1875년경까지 淸朝의 발상지를 보호한다는 명목으로 松花江 동남의 백두산 구역을 封禁지역으로 정해 漢人, 몽골인뿐만 아니라 滿族旗人의 출입을 금지했음. 이러한 淸朝의 봉금정책에 따라 고구려 옛 도읍인 桓仁과 通溝盆地 일대도 봉금지역으로 지정됨에 따라 고구려의 문화유적도 황무지 속에 파묻혀 버림.

○ 乾隆 연간(1736~1795)에 사람들이 변경을 넘어 봉금지역에 진입하여 황무지를 개간하는 등 변경 주둔 淸兵과 수시로 충돌하고, 나아가 대규모 抗淸 투쟁으로까지 번지게 되자, 청 정부는 관군을 동원하여 대대적인 소탕작전을 개시했음. 이때 고구려의 옛 도읍인 通溝, 廟兒溝 등 국내성지 일대도 평정했음.

○ 光緖 3년(1877)에 鳳凰의 동쪽 변경에 安東縣을 설치하고 관리를 임명했으며, 이해 7월에는 縣을 더 설치하고 관청을 세움. 『봉천통지·관지』에 따르면 懷仁縣의 知縣을 光緖3년(1877) 7월에 임명했다는 기록이 있음. 光緖 3년의 상주문에도 7월에 奉天 東邊道 및 寬甸, 懷仁, 通化 등의 현을 증설했다고 기록되어 있으며, 『懷仁縣志』에도 章樾이 광서 3년에 知縣에 부임하였다는 기록이 있음.

○ 章樾이 懷仁縣의 知縣으로 부임할 때 금석문 애호

---

[1] 광개토왕릉비의 전체 개관에 대해서는 박시형, 1966 ; 王健群, 1984 ; 노태돈, 1992 ; 박진석, 1993 ; 耿鐵華, 1994 ; 徐建新, 2006 ; 武田幸男, 2009 등 참조.

가인 關月山이 書啓를 맡았는데, 關月山은 여가를 이용해 민간을 방문하다가 通溝의 강가, 禹山 기슭에서 고구려의 비석을 발견하게 되었음. 關月山은 비석을 관찰한 다음 몇 글자를 탁본하여 탁본 애호가에게 나누어 주었는데, 이때부터 광개토왕릉비가 널리 전해지게 됨. 이로 보아 關月山이 광개토왕릉비의 발견자이며 처음으로 현장을 조사하고 탁본을 뜬 사람으로 여겨짐.

3) 능비의 초기 상태와 탁본

○ 葉昌熾, 談國桓, 長延厚 등의 기술에 따르면 능비를 처음 발견했을 때는 푸른 이끼가 가득 끼어 있었다고 함. 이에 마을 사람이 비문을 손질하고, 말똥을 이용해 비면에 발라서 불에 태워 이끼를 제거했는데, 이 과정에서 碑身에 균열이 생기는 등 많은 손상을 입게 됨.

○ 능비가 재발견된 다음 처음에는 비면의 요철이 심하고 탁본 재료와 기술의 부족으로 原石 精拓이 이루어지지 못함. 초창기에는 주로 비면에 종이를 붙이고 가볍게 두드려 글자의 윤곽을 뜬 뒤 글자가 없는 자리에 먹을 칠하는 이른바 雙鉤加墨本이나, 글자의 윤곽을 模寫한 뒤에 빈 자리에 묵을 칠하는 墨水廓塡本 등의 탁본을 제작. 이러한 탁본은 자의적이든 아니든 간에 글자에 대한 誤讀이나 조작이 가능했음. 1881년경 淸의 李超瓊이 懷仁縣 縣令 章樾로부터 받았다는 墨本 2벌이나 1883년 일본 酒勻景信이 입수한 酒勻景信本은 모두 이러한 방식으로 제작한 것임. 2000년대 초반 中國 北京의 文物競賣會에 나왔던 潘祖蔭本은 李超瓊이 章樾로부터 받은 墨本 2벌 가운데 1884년에 潘祖蔭에게 선사한 것으로 확인됨.[2]

○ 談國桓에 따르면 1887년에 奉天省 督學使 楊頤가 原石拓本 6벌을 처음 제작했다고 하는데, 현전하는 원석탁본 가운데 대만의 傅斯年乙本, 중국의 北大 E본, 王氏소장본, 중국국가도서관본 등 4종이 이에 해당하는 것으로 추정됨. 이로써 능비의 존재가 북경의 금석문 애호가들에게 널리 알려지자, 1889년 전문 拓工인 李雲從을 파견해 보다 정밀한 원석탁본 50벌을 제작함. 현전하는 탁본 가운데 국내의 청명본과 혜정본, 대만의 傅斯年甲本, 중국의 北大 A·B·C·D본, 일본의 水谷悌二郞本과 金子鷗亭本, 『書通』창간호(1973) 소개본 등이 이에 해당하는 것으로 추정됨.

○ 1890년대에 들어와[3] 탁본 제작의 편의와 선명한 탁본 획득을 위해 비면에 石灰를 칠한 이른바 '石灰拓本'이 제작되어 널리 보급되었음. 20세기 이후의 탁본은 대부분 이러한 石灰拓本임. 1907년 프랑스 학자 샤반(Édouard Chavannes)이 현지를 방문하여 입수한 탁본도 석회탁본임. 石灰拓本을 제작하는 과정에서는 비면의 罫線이나 마멸 부분뿐 아니라 선명하지 않은 글자의 여백에도 석회를 칠함. 심지어 탁본 제작자가 본인의 주관적 판단에 근거해 석회를 발라 글자를 만들기도 함. 이로 인해 글자의 자획이 변형되는 근본적인 문제가 발생하였음. 현재 국내외 각 기관에 소장한 능비 탁본 가운데 상당수는 자획이 많이 변형된 석회탁본임.

○ 1938년 탁본 제작 금지령이 내려진 이후 한동안 탁본이 제작되지 않다가 1963년에 張明善本, 1981년에 周雲台本 등 2종의 탁본이 제작됨. 다만 1960~1970년대에도 비면 곳곳에는 석회가 남아 있었다는 점에서 張明善本이나(徐建新, 2006, 296쪽 ; 武田幸男, 2009, 378쪽. 실제 張明善本에서는 석회칠에 따른 자획의 변형 흔적을 다수 확인할 수 있음.) 周雲台本도 일종의 석회탁본이라고 할 수 있음. 이러한 점에서 능비의 비문

---

2 다른 한 벌은 李鴻裔(眉生)에 줌.

3 石灰를 칠한 시점에 대해서는 1890~1894년(徐建新, 2006, 168쪽), 1895년경(武田幸男, 2009, 123~124쪽), 1900년경(王健群, 1984, 32~35쪽), 1904년경(耿鐵華, 1994, 378쪽) 등 다양한 견해가 있는데, 1993년에 天津 文運堂에서 1890년 전반에 제작된 것으로 추정되는 石灰拓本이 발견되었다고 함(徐建新, 2006, 166~170쪽).

판독과 관련해서는 1887~1889년에 제작된 원석탁본이 가장 중요하다고 할 수 있음(여호규, 2019, 34쪽).

4) 능비에 대한 조사

(1) 1905년 鳥居龍藏의 조사
능비에 대한 조사를 처음으로 행함. 능비가 매몰된 적이 없음을 밝힘. 능비의 석재를 4각의 장방형 화강암으로 파악하고, 각 면의 크기를 측정함. 높이 2丈 5寸, 東面(1면)의 너비 5尺, 南面(2면)의 너비 5척, 西面(3면)의 너비 4척 8촌, 北面(4면)의 너비 6척 5촌.

(2) 1907년
프랑스 학자 샤반(Édouard Chavannes)이 능비의 지리 환경을 고찰하고 사진을 촬영함. 이 해에 일본군 제57연대가 능비를 일본으로 밀반출하려고 기도함. 당시의 輯安縣 知事 吳光國 등의 반대로 실행에 옮기지 못함.

(3) 1913년 關野貞과 今西龍의 조사
1913년을 기준으로 10여 전부터 석회탁본이 성행하고 있음을 확인함. 능비의 석재를 단면이 불규칙한 4각형 凝灰巖(今西龍은 稜蛮巖으로 파악) 자연석으로 파악. 각 면의 크기 측정, 제1면의 너비 5척 1촌, 제2면의 너비 4척 7촌 5분, 제3면의 너비 6척 5촌, 제4면의 너비 4척 6촌. 높이 20척 8촌 5분. 또한 비문에 대한 관찰을 통해 종래 13행으로 알려졌던 제3면이 14행임을 밝히는 한편(제1행 27자를 辭로 판독함),[4] 비문에 대한 새로운 판독 시도.

(4) 1918년 黑板勝美의 조사
능비의 대좌를 상세히 조사하고, 석회를 제거하고 원글자를 몇 자 확인함. 사진 촬영(東洋文庫 소장).

(5) 1927년
集安縣 상공인들이 자금을 모아 능비 주변을 보수하고 나무재질의 철제기와로 된 보호각을 1928년에 준공함. 이로써 능비는 비바람으로 인해 침식되는 것을 방지할 수 있게 되었음.

(6) 1935~1936년 池內宏 등의 조사
능비의 대좌를 상세히 조사하고 실측함.

(7) 1938년
일제의 괴뢰 정권인 滿洲國이 능비의 탁본 금지령을 내렸는데(武田幸男, 2009, 348쪽), 전문 拓工이던 初天富 부자도 이때 탁본 제작을 중단함(王健群, 1984, 14쪽).

(8) 1957년
林至德이 현지 조사.

(9) 1958년
吉林省博物館이 현지 조사 진행.

(10) 1961년
중국 정부가 전국 제1급 重點文物保護單位로 공포함.

(11) 1962년
王承禮, 方起東, 李殿福 등이 능비에 대한 전면적인 조사와 실측 진행. 특히 능비의 훼손 및 균열 상태에 대한 상세히 조사.

(12) 1963년
중국과 북한의 공동조사단이 조사 진행. 이때 張明善 本이 작성됨. 이해 8월 보호각에 대한 보수 조치 취함.

---

4   1909년 羅振玉은 탁본을 통해 제3면 1행 41자를 '潰'로 판독하고, 14행임을 처음 밝힘.

(13) 1964~1965년

중국의 國家文物局과 吉林省, 集安縣 등의 문물부가 능비에 대한 조사, 관측을 진행함. 아울러 능비 발견 초기의 이끼 제거를 위한 화재, 석회칠, 자연적인 풍화 등으로 인해 생긴 균열과 훼손에 대해 화학 약품을 사용하여 보존처리를 시행함.

(14) 1972년

王健群이 비를 실측하는 한편, 비문에 대한 판독 시도.

(15) 1973년

吉林省 建築設計院이 능비 부근의 암반층 조사. 李進熙의 문제 제기로 陵碑의 僞造說이 불거지자, 중국은 이해에 張明善을 集安에 파견하여 능비의 위조 여부를 조사함(徐建新, 2006, 4~5쪽).

(16) 1974년

集安縣 文物管理所의 林至德 등이 능비의 기초에 대해 조사. 또 1965년 1차 화학처리 이후의 능비 현황에 대해 조사.

(17) 1976년

林至德 등이 능비의 대좌에 대한 실측을 진행함. 또 보호각의 목재 기둥이 부식되어 기울어지면서 비가 무너질 위험이 있었기 때문에 보호각을 철거하고 다방면의 유지 보수를 거쳐 능비의 기초를 단단히 하는 보호 처리와 함께 8×8m² 시멘트 받침대를 조성함.

(18) 1978년

북한의 고고학자와 미술사학자가 통구고분군의 벽화고분과 장천고분군과 더불어 능비 조사.

(19) 1979년

王健群이 비문에 대한 조사 시행. 이해 8~9월에 제2차 화학보존처리 시행.

(20) 1981년

王健群, 方起東이 비문에 대한 조사 시행. 이때 周云台本이 작성됨.

(21) 1982년 5월 10일

새로운 보호각 건립. 높이 14.3m, 면적 140.42m².

2. 위치와 자연환경

○ 위치(소재지) : 中國 吉林省 集安市(구 집안현) 太王鄕 九華里 大碑街.
○ 압록강 우안의 集安盆地의 禹山 아래에 웅대한 자세로 우뚝 솟아 있음. 남쪽으로 압록강이 동북에서 서남으로 흐르고 있고, 동쪽에는 龍山이 자리잡고 있음.
○ 서쪽으로 200여 m 거리에 초대형 계단석실적석묘인 太王陵, 동북쪽 2km 거리에 역시 초대형 계단석실적석묘인 將軍塚이 각각 위치하고 있음.
○ 서남쪽 4km 거리에 集安市 소재지가 있음.

3. 비문의 현황

1) 비석의 상태

① 형태

○ 方柱形 비석으로 초대형의 角礫凝灰巖을 약간 다듬어서 만들었음.
○ 비석의 제2면과 제4면의 표면은 평평함. 제1면 가운데는 약간 안으로 들어갔으며, 제3면 가운데가 약간 밖으로 나왔음. 제1면의 꼭대기 부분이 약간 밖으로 나오고, 제2면과 제4면의 꼭대기 부분은 약간 안으로 들

어갔음. 제3면의 상단과 하단의 너비는 차이가 거의 없으며 가운데 부분은 약간 밖으로 볼록함.
○ 전체 모습은 균형이 잡히고 반듯하며 또 자연적으로 형성된 운치가 있음. 조형이 소박하면서도 장엄함.

② 크기
○ 높이 6.39m.
○ 밑너비 : 제1면 1.43m, 제2면 1.34m, 제3면 1.97m, 제4면 1.43m.
○ 각 면 제1자 위치의 너비 : 제1면 1.61m, 제2면 1.00m, 제3면 1.95m, 제4면 1.00m.
○ 폭이 가장 넓은 곳은 제3면의 밑에서 위쪽으로 4.00m 지점으로 2.00m.
○ 폭이 가장 좁은 곳은 제2면과 제4면 꼭대기 부분으로 1.00m.
○ 비신의 무게 : 37톤.

③ 능비의 臺座
○ 재질 및 형태 : 불규칙한 화강암 석판으로 대체로 오각형임.
○ 크기 : 길이 3.55m, 너비 2.70m.
○ 대좌는 비신의 하중으로 인해 세 부분으로 갈라졌음. 대좌의 중부는 비석의 하중을 받아 양측의 기초 부분보다 5cm 내려앉았음.

④ 각 비면의 상황
○ 글자 수 : 4면, 총 44행으로 1,775자임. 150여 자는 판독이 어려움.
○ 縱線 : 각 면의 상황에 따라 꼭대기 부분은 0.70m 비워두고, 밑 부분은 0.25m 비워두었음. 가운데의 장방형 비면에 일정한 간격으로 세로 선을 그어 칸을 만들고 명문을 새김.
○ 비문은 4면에 모두 새겼으며, 각 면의 문자는 가로 세로로 줄을 맞추어 규칙적으로 장방형을 이루고 있으며, 네모반듯하고 단정하며 장엄함. 행간은 12.5~13.8cm이며, 각 행의 끝 글자는 기초 부분에서 25cm 떨어져 있음.
○ 書體 : 전체적으로 隸書임. 다만 隸書 외에 楷書도 있으며, 篆書의 특징을 일부 보유하고 있다고 보는 연구자도 있음. 능비를 건립할 때는 대체로 隸書體로부터 楷書體로 변화하는 시기였음.
○ 글자 크기 : 비문 글자의 대소 차이는 크지 않고 일반적으로 扁方形이며 길이가 9cm, 너비 10cm 전후임. 일부 글자는 일반적인 크기보다 약간 큰 장방형이 있는데, 이는 획수가 더욱 번잡한 글자이기 때문임. 예로 제1면 제5행 제36자인 '谷'자는 길이가 12.5cm, 너비 11cm이며, 제4면 제1행 제19자인 '奧'는 길이가 12.5cm, 너비 12cm임.

〈제1면〉
○ 전체 글자 수 : 모두 449자.
○ 전체 11행. 행마다 41자를 새겼는데, 제6행 하단에는 두 글자가 空隔임.

〈제2면〉
○ 전체 글자 수 : 모두 387자.
○ 전체 10행. 행마다 41자를 새겼는데, 제9~10행은 原石의 상태로 인해 제9행은 제7자, 제10행은 제16자까지 각각 刻字하지 않았음.

〈제3면〉
○ 전체 글자 수 : 모두 574자.
○ 전체 14행. 행마다 41자를 새김.

〈제4면〉
○ 전체 글자 수 : 모두 365자.
○ 전체 9행. 행마다 41자를 새겼는데, 제1행은 原石 상태로 인해 제4자까지 刻字하지 않았음.

2) 판독문

표 1 제1면 판독안[5]

11	10	9	8	7	6	5	4	3	2	1	
利	首	由	羊	永	弔	二	龍	連	巡	惟	1
城	攻	來	不	樂	卅	九	貢	葭	幸	昔	2
雜	取	朝	可	五	有	登	昇	浮	南	始	3
珎	壹	貢	稱	年	九	祚	天	龜	下	祖	4
城	八	而	數	歲	宴	号	顧	然	路	鄒	5
奥	城	倭	於	在	駕	爲	命	後	由	牟	6
利	臼	以	是	乙	棄	永	世	造	夫	王	7
城	模	辛	旋	未	國	樂	子	渡	餘	之	8
句	盧	卯	駕	王	以	太	儒	於	奄	創	9
牟	城	年	因	以	甲	王	留	沸	利	基	10
城	各	來	過	稗	寅	恩	王	流	大	也	11
古	模	渡	襄	麗	年	澤	以	谷	水	出	12
須	盧	海	平	不	九	格	道	忽	王	自	13
耶	城	破	道	△司	月	亐	興	本	臨	北	14
羅	幹	百	東	□	卄	皇	治	西	津	夫	15
城	弓	殘	來	久	九	天	大	城	言	餘	16
頁	利	■	△阝	躬	日	威	朱	山	日	天	17
□	[城]	□	城	率	乙	武	留	上	我	帝	18
□	□	[新]	力	住	酉	振	王	而	是	之	19
□	□	羅	城	討	遷	被	紹	建	皇	子	20
□	城	以	北	過	就	四	承	都	天	母	21
城	閣	爲	豊	富	山	海	基	焉	之	河	22
分	弥	臣	五	山	陵	掃	業	不	子	伯	23
而	城	民	備	貧	於	除	遝	樂	母	女	24
耶	牟	以	海	山	是	□	至	世	河	郞	25
羅	盧	六	遊	至	立	□	十	位	伯	剖	26
[城]	城	年	觀	鹽	碑	庶	七	因	女	卵	27
瑑	弥	丙	土	水	銘	寧	世	遣	郞	降	28
城	沙	申	境	上	記	其	孫	黃	鄒	世	29
於	城	王	田	破	動	業	國	龍	牟	生	30
利	■	躬	獵	其	績	國	岡	來	王	而	31
城	舍	率	而	三	以	富	上	下	爲	有	32
■	蔦	大	還	部	示	民	廣	迎	我	聖	33
□	城	軍	百	洛	後	殷	開	王	連	[豫]	34
[城]	阿	討	殘	六	世	五	土	王	葭	□	35
豆	旦	伐	新	七	焉	穀	境	於	浮	□	36
奴	城	殘	羅	百	其	豊	平	忽	龜	□	37
城	古	國	舊	營	辞	熟	安	本	應	■	38
沸	利	軍	是	牛	日	昊	好	東	聲	□	39
□	城	■	屬	馬		天	太	岡	卽	命	40
□	□	[殘]	民	羣		不	王	履	爲	駕	41

---

5 판독안은 노태돈, 1992, 7~35쪽을 바탕으로 편자의 견해를 추가하여 수정한 것임.
판독부호 : [ ] 문맥상 추독, [글자] 자획상 추독, ■ 자획 존재, □ 판독 불능자

표 2 제2면 판독안

10	9	8	7	6	5	4	3	2	1	
		[特]	通	帛	迷	歸	城	城	利	1
		遣	王	愼	之	穴	曾	燕	城	2
		使	巡	土	愁	就	[婁]	婁	弥	3
		還	下	谷	錄	便	城	城	鄒	4
		告	平	因	其	圍	[儒]	析	城	5
		以	穰	便	後	城	古	支	也	6
		[密]	而	抄	順	而	盧	利	利	7
	■	計	新	得	之	殘	城	城	城	8
	■	十	羅	莫	誠	主	仇	巖	大	9
	背	年	遣	斯	於	困	天	門	山	10
	急	庚	使	羅	是	逼	城	三	韓	11
	追	子	白	城	[得]	獻	□	城	城	12
	至	敎	王	加	五	□	國	林	掃	13
	任	遣	云	太	十	男	□	城	加	14
	那	步	倭	羅	八	女	[城]	但	城	15
	加	騎	人	谷	城	生	□	城	敦	16
十	羅	五	滿	男	村	口	其	∆斤	拔	17
九	從	萬	其	女	七	一	國	□	城	18
盡	拔	住	國	三	百	千	城	□	□	19
更	城	救	境	百	將	人	殘	□	□	20
脩	城	新	潰	餘	殘	細	不	□	城	21
■	卽	羅	破	人	主	布	服	利	國	22
安	歸	從	城	自	弟	千	義	城	婁	23
羅	服	男	池	此	幷	四	敢	就	賣	24
人	安	居	以	以	大	跪	出	鄒	城	25
戍	羅	城	奴	來	臣	王	百	城	散	26
兵	人	至	客	朝	十	自	戰	■	[那]	27
新	戍	新	爲	貢	人	誓	王	拔	城	28
[羅]	兵	羅	民	聆	旋	從	威	城	[那]	29
[城]	■	城	歸	事	師	今	赫	古	旦	30
■	新	倭	王	九	還	以	怒	牟	城	31
[得]	羅	滿	請	年	都	後	渡	婁	細	32
其	城	其	命	己	八	永	阿	城	城	33
村	■	中	太	亥	年	爲	利	閏	牟	34
■	城	官	王	百	戊	奴	水	奴	婁	35
■	倭	軍	恩	殘	戌	客	遣	城	城	36
□	寇	方	慈	違	敎	太	刺	貫	亏	37
□	大	至	矜	誓	遣	王	迫	奴	婁	38
□	潰	倭	其	与	偏	恩	城	城	城	39
□	城	賊	忠	倭	師	赦	橫	彡	蘇	40
言	內	退	誠	和	觀	[先]	□	穰	灰	41

표 3 제3면 판독안

14	13	12	11	10	9	8	7	6	5	4	3	2	1	
城	炅	看	家	人	民	鴨	餘	□	□	□	請	亦	■	1
四	古	烟	爲	國	四	盧	□	城	■	□	□	以	□	2
家	城	句	看	烟	凡	王	廾	合	□	□	□	隨	■	3
爲	國	牟	烟	一	盡	恩	年	戰	鋒	□	□	■	□	4
看	烟	客	南	看	爲	普	庚	斬	相	朝	[安]	□	■	5
烟	一	頭	蘇	烟	破	覆	戌	煞	遇	貢	羅	□	□	6
各	看	二	城	卅	城	於	東	蕩	王	十	人	戌	□	7
模	烟	家	一	三	亏	六	是	夫	盡	幢	四	兵	□	8
盧	三	爲	家	梁	城	十	旋	餘	所	要	年	昔	□	9
城	客	看	爲	谷	一	四	還	舊	攘	截	甲	新	□	10
二	賢	烟	國	二	家	又	是	鎧	盪	辰	羅	□	□	11
家	韓	求	烟	家	一	其	鄒	鉀	刺	而	寐	□	□	12
爲	一	底	新	爲	千	慕	牟	一	倭	倭	錦	□	□	13
看	家	韓	來	看	四	化	王	萬	寇	不	未	□	□	14
烟	爲	一	韓	烟	百	隨	屬	餘	潰	軌	有	[興]	□	15
牟	看	家	穢	梁	守	官	民	領	敗	侵	身	□	□	16
水	烟	爲	沙	城	碑	來	中	軍	斬	入	來	□	□	17
城	阿	看	水	二	利	者	叛	資	煞	帶	聆	□	□	18
三	旦	烟	城	二	城	味	不	器	無	方	事	□	□	19
家	城	舍	國	家	人	仇	貢	械	數	界	□	□	□	20
爲	雜	蔦	烟	爲	烟	婁	不	十	和	□	□	□	□	21
看	珎	城	一	國	戶	鴨	躬	可	七	通	[國]	□	□	22
烟	城	韓	看	安	賣	盧	率	稱	年	殘	[岡]	□	□	23
幹	合	穢	烟	夫	句	卑	住	數	丁	[兵]	[上]	□	□	24
弓	十	國	一	連	余	斯	討	還	未	[至]	[廣]	□	□	25
利	家	烟	牟	城	民	麻	軍	破	教	石	開	□	□	26
城	爲	三	婁	二	國	鴨	到	沙	遣	城	土	辞	□	27
國	看	看	城	家	烟	盧	餘	溝	步	□	境	□	□	28
烟	烟	烟	二	一	烟	耑	城	城	騎	連	好	■	□	29
一	巴	廾	家	看	三	社	而	婁	五	船	太	■	□	30
看	奴	一	爲	烟	東	婁	餘	城	萬	[王]	□	□	□	31
烟	城	古	看	改	海	鴨	■	■	□	□	㠯	□	□	32
三	韓	[須]	烟	谷	賈	盧	國	住	□	□	□	□	□	33
弥	九	耶	豆	誓	連	肅	駭	城	□	[王]	□	□	□	34
鄒	家	羅	比	三	二	斯	□	□	□	躬	■	□	□	35
城	爲	城	鴨	家	烟	舍	■	城	□	率	寐	□	□	36
國	看	一	岑	看	看	鴨	□	□	□	[住]	[錦]	□	□	37
烟	烟	家	韓	烟	烟	[盧]	□	□	□	[討]	□	□	□	38
一	臼	爲	五	新	五	□	□	□	□	[從]	[家]	殘	□	39
看	模	看	家	城	俳	敦	□	□	[王]	平	僕	■	□	40
烟	盧	烟	爲	三	婁	城	□	□	那	師	穰	句	潰	41

표 4 제4면 판독안

9	8	7	6	5	4	3	2	1	
又	不	其	若	家	城	城	殘		1
制	安	不	吾	爲	一	國	南		2
守	石	知	萬	看	家	烟	居		3
墓	碑	法	年	烟	爲	二	韓		4
人	致	則	之	國	國	看	國	七	5
自	使	復	後	岡	烟	烟	烟	也	6
今	守	取	安	上	那	八	一	利	7
以	墓	舊	守	廣	旦	璪	看	城	8
後	人	民	墓	開	城	城	烟	三	9
不	烟	一	者	土	一	國	五	家	10
得	戶	百	但	境	家	烟	大	爲	11
更	差	十	取	好	爲	一	山	看	12
相	錯	家	吾	太	看	看	韓	烟	13
轉	唯	合	躬	王	烟	烟	城	豆	14
賣	國	新	巡	存	句	八	六	奴	15
雖	岡	舊	所	時	牟	味	家	城	16
有	上	守	略	教	城	城	爲	國	17
富	廣	墓	來	言	一	六	看	烟	18
足	開	戶	韓	祖	家	家	烟	一	19
之	土	國	穢	王	爲	爲	農	看	20
者	境	烟	令	先	看	看	賣	烟	21
亦	好	卅	備	王	烟	烟	城	二	22
不	太	看	洒	但	於	就	國	奧	23
得	王	烟	掃	教	利	咨	烟	利	24
擅	盡	三	言	取	城	城	一	城	25
買	爲	百	教	遠	八	五	看	國	26
其	祖	都	如	近	家	家	烟	烟	27
有	先	合	此	舊	爲	爲	七	二	28
違	王	三	是	民	看	看	閏	看	29
令	墓	百	以	守	烟	烟	奴	烟	30
賣	上	卅	墓	洒	比	彡	城	八	31
者	立	家	教	利	利	穰	國	須	32
刑	碑	自	令	掃	城	城	烟	鄒	33
之	銘	上	取	吾	三	卄	二	城	34
買	其	祖	韓	慮	家	四	看	國	35
人	烟	先	穢	舊	爲	家	烟	烟	36
制	戶	王	二	民	爲	爲	卄	二	37
令	不	以	百	轉	烟	看	二	看	38
守	令	來	卄	當	細	烟	古	烟	39
墓	差	墓	家	贏	城	散	牟	五	40
之	錯	上	慮	劣	三	那	婁	百	41

4. 비문의 역사적 성격

1) 주변의 유적 현황

(1) 고분

광개토왕릉비가 소재한 通溝盆地(集安盆地)는 고구려 두 번째 도성인 국내성이 위치했던 곳임. 通溝盆地는 압록강을 따라 동북-서남 방향으로 기다랗게 펼쳐져 있는데, 禹山 산기슭, 通溝河와 麻線溝 연안, 七星山 기슭, 下解放 들판 등에 고구려시기의 적석묘와 봉토석실묘 등 1만 2천여 기의 고분이 분포함.

능비의 서남쪽으로 200여 m 거리에 초대형 계단석실적석묘인 太王陵, 동북쪽 2km 거리에 초대형 계단석실적석묘인 將軍塚이 각각 위치하고 있음. 태왕릉과 장군총 가운데 어느 하나가 광개토왕릉임은 거의 명확하지만 어느 것인지는 단정하기 힘든 상황임.

(2) 도성 유적

통구하와 압록강이 만나는 합류지점의 동북쪽에 고구려시기의 평지도성인 국내성지가 위치함. 국내성지 내부에서는 수많은 건물지가 발견되었을 뿐 아니라, 그 주변에도 民主遺蹟, 東臺子유적, 梨樹園子南유적, 氣象臺유적 등 다수의 건물지가 분포함. 또 국내성지에서 서북쪽 2.5km 거리에는 군사방어성인 산성자산성(환도성)이 위치함. 이러한 국내성지와 산성자산성 등은 능비가 위치한 집안분지 일대가 고구려 두 번째 도성이었음을 잘 보여줌.

2) 비문의 역사적 성격

이 비는 광개토왕이 죽은 지 2년이 지난 414년에 왕의 3년상을 기념하여 왕릉 앞에 세운 광개토왕릉비임. 능비는 고려 말에 다시 발견되었지만 여진족이 세운 金나라 황제의 비로 이해했으며, 이러한 이해는 조선시기 동안 계속 지속됨. 1880년경 광개토왕릉비임을 재확인함.

능비는 총 1,775자로 비의 내용은 크게 세 부분으로 구성되어 있음. 첫 번째 부분에서는 고구려의 건국신화와 추모왕(鄒牟王 : 동명성왕), 유류왕(儒留王 : 유리왕), 대주류왕(大朱留王 : 대무신왕) 등 3대의 왕위계승과 광개토왕의 행적에 관하여 기술하였고, 둘째 부분에서는 광개토왕 일대에 이루어진 정복활동을 기록했음. 마지막 셋째 부분에서는 능비를 지키는 守墓人의 수와 출신지, 그와 관계된 법령을 서술하였음.

능비에는 광개토왕대의 영토확장을 비롯하여 5세기 고구려인의 천하관, 삼국과 왜와의 국제관계 등에 관한 풍부한 내용이 담겨 있음. 또 거란(영락 5년조), 숙신(영락 8년조), 임나가라(영락 10년조), 동부여(영락 20년조) 등이 등장하고 있어 고구려사뿐만 아니라 한국 고대사 나아가 고대 동아시아 국제정세의 동향을 연구하는 일급 사료로 활용되고 있음.

종래 능비에 대한 연구는 일본과 중국의 연구자들이 주도했지만, 최근 국내에서도 혜정본(동북아역사재단, 2014), 청명본의 결본인 규장각본(권인한, 2015) 등 원석탁본이 추가적으로 발견됨에 따라 능비에 대한 재판독이 활발하게 이루어지고 있음(고광의, 2014 ; 권인한, 2015 ; 백승옥, 2015 ; 기경량, 2020). 향후 원석탁본에 대한 비교 검토와 비문에 대한 육안 관찰을 통해 더욱 정확한 판독문을 마련하고, 이를 토대로 다양한 연구를 진행할 필요가 있음.

참고문헌

주요 저서와 본문에 인용한 논문만 수록

- 亞細亞協會編, 1889, 『會餘錄』 5.
- 朝鮮總督府, 1915, 『朝鮮古蹟圖譜』 1.
- 朝鮮總督府, 1919, 『朝鮮金石總覽』 上.
- 池內宏·梅原末治, 1938, 『通溝』 上, 日滿文化協會.
- 水谷悌二郞, 1959, 「好太王碑考」, 『書品』 100號.
- 朴時亨, 1966, 『광개토왕능비』.
- 金錫亨, 1966, 『초기조일관계사』.
- 李進熙, 1972, 『廣開土王陵碑の研究』, 吉川弘文館.
- 任昌淳, 1973, 「廣開土大王碑釋文」, 『書通』 創刊號.
- 佐伯有淸, 1974, 『硏究史 廣開土王陵碑』.
- 佐伯有淸, 1976, 『廣開土王碑と參謀本部』, 吉川弘文館.
- 水谷悌二郞, 1976, 『好太王碑考』, 開明書店(原載, 1959, 『書品』 100號).
- 李進熙, 1980, 『廣開土王碑と七支刀』, 學生社.
- 李進熙, 1982, 『廣開土王碑의 探究』(李基東 譯).
- 吉林省文物志編委會, 1984, 『集安縣文物志』.
- 王健群, 1984, 『好太王碑硏究』(1985, 林東錫譯, 『廣開土王碑硏究』).
- 李亨求·朴魯姬, 1986, 『廣開土王陵碑新硏究』.
- 武田幸男, 1988, 『廣開土王陵碑原石拓本集成』, 東京大學出版會.
- 武田幸男, 1989, 『高句麗史と東アジア』, 巖波書店.
- 王健群·買士今·方起東, 1988, 『好太王碑と高句麗遺跡』(讀賣新聞外報部 譯).
- 조선유적유물도감편찬위원회, 1990, 『조선유적유물도감』.
- 吉林省地方志編纂委員會 編纂, 1991, 『吉林省志』 43, 吉林人民出版社.
- 星野良作, 1991, 『廣開土王碑硏究の軌跡』, 吉川弘文館.
- 노태돈, 1992, 「광개토왕릉비」, 『역주 한국고대금석문(제1권)』, 가락국사적개발연구원.
- 박진석, 1993, 『호태왕비와 고대조일관계연구』, 연변대학출판사.
- 白石昭一郞, 1993, 『廣開土王碑文の硏究』, 吉川弘文館.
- 耿鐵華, 1994, 『好太王碑新考』, 吉林人民出版社.
- 임기중 편, 1995, 『광개토왕비원석초기탁본집성』, 동국대출판부.
- 박진석, 1996, 『고구려 호태왕비 연구』, 아세아문화사.
- 고구려연구회, 1996, 『광개토호태왕비 연구 100년』, 학연문화사.
- 손영종, 2001, 『광개토왕릉비문 연구』, 중심.
- 任世權, 李宇泰, 2002, 『韓國金石文集成(1) 高句麗1 廣開土王碑』, 韓國國學振興院.
- 耿鐵華, 2002, 『好太王碑一千五百八十年祭』, 中國社會科學出版社.
- 이도학, 2006, 『고구려 광개토왕릉비문 연구』, 서경.
- 徐建新, 2006, 『好太王碑拓本の硏究』, 東京堂出版.
- 武田幸男 편, 2007, 『廣開土王碑』, 天來書院.
- 武田幸男, 2007, 『廣開土王碑との對話』, 白帝社.
- 耿鐵華, 2012, 『高句麗好太王碑』, 吉林大學出版社.
- 동북아역사재단 편, 2014, 『혜정 소장본 광개토태왕비 원석탁본』.
- 고광의, 2014, 「廣開土太王碑 석문 일고」, 『혜정 소장본 광개토태왕비 원석탁본』, 동북아역사재단.
- 權仁瀚, 2015, 『광개토왕비문 신연구』, 박문사.
- 백승옥, 2015, 「광개토태왕릉비문 신묘년조에 대한 신해석」, 『동양학』 58.
- 국립문화재연구소, 2019, 『張明善 탁출 광개토왕릉비 탁본』, 국립문화재연구소.
- 여호규, 2019, 「북한의 광개토왕비 연구와 장명선 탁본」, 『張明善 탁출 광개토왕릉비 탁본』, 국립문화재연구소.
- 기경량, 2020, 「광개토왕비문의 신판독과 해석」, 『고구려발해연구』 68.

02 집안고구려비
集安高句麗碑

1. 조사현황[1]

1) 2012년 7월 29일 일요일

2012년 7월 29일 오전에 集安市 麻線鄕 麻線村 5組 村民 馬紹彬이 麻線河 인근에서 큰 돌덩이를 찾아, 자기 집 포도나무 철선의 지주석으로 사용하고자 하였음. 馬紹彬은 麻線河 서안을 따라가다가 麻線河 舊橋 아래 약 80m 지점에 이르렀는데, 편평한 큰 돌덩이가 물가에 비스듬하게 꽂혀 있는 것을 발견함. 그가 가래를 이용하여 파자 커다란 돌덩어리가 점차 원래 모습을 노출하게 되었는데, 매우 가지런한 큰 석판이었음. 그는 지게차를 이용하여 집으로 옮겼음. 馬紹彬은 큰 석판을 대문 옆에 세워 두고 다듬다가 석판에 글자 같은 것을 발견하였음. 석판 위의 문자를 명확하게 보기 위해, 그는 부친 집으로 달려가 확대경을 빌렸음. 부친 馬晉坦과 여러 촌민이 馬紹彬의 집 문 앞에서 큰 석판을 보았음. 이들은 확대경을 통해 석판에 글씨가 있음을 확인함. 석판을 세워 자세히 보았는데, 윗변은 삼각형 같은데 일부가 결락됨. 아래에 장방형의 榫頭가 있어서 석비라고 추정하였음. 만약 석비라면 문화재이므로 文物 당국에 신고해야 했음. 馬紹彬은 즉시 紙筆로 석비 모습을 그리고, 휴대폰으로 사진을 찍었음.

2) 2012년 7월 30일 월요일

7월 30일 오전 馬紹彬은 集安市 文物局을 방문하여 文物局 文保科 高遠大와 博物館 周榮順, 郭建剛 등에서 글자가 있는 석비를 발견했다고 신고함. 馬紹彬은 석비의 정황, 발견 위치, 발견 경과 등을 자세하게 보고하면서, 손으로 그린 석비 모사도와 사진을 보여줌. 이에 高遠大 등은 고대의 석비라고 인지하고, 현장 조사를 통해 더 많은 정보를 알고자 하였음. 동시에 文物局局長 侯巖에게 보고함. 侯巖은 文物局 黨委書記 高良田, 文物局 高遠大, 博物館 周榮順·郭建剛·董風波 등을 인솔하여, 馬紹彬과 함께 그 집의 정황을 살펴봄. 馬紹彬의 집은 麻線河 舊橋 서변 제1條 골목 북면 서측에 있음. 三間 正房이고, 대문은 동쪽을 향하고 있음. 석비는 대문 바깥 우측(남측)에 놓여 있었음. 석비는 화강암을 다듬어 제작하였음. 상단 한쪽 모서리는 파손됨. 전체적으로 납작한 장방형이고 아래에 榫이 있는 형태임. 조사 요원이 석비에 대한 측량, 기록, 사진 촬영 등을 진행함. 이후 물로 비면을 깨끗하게 씻었지만, 명확한 글자 흔적을 발견하지 못하였음. 석비를 옆으로 세워 벽에 기대어 다른 면을 깨끗하게 씻으니, 왼쪽 아래 모서리에서 음각한 글자를 볼 수 있었는데, 글자 흔적은 모호하였음. 현장의 조건으로 인해 자세히 알아보기 힘들었고, 석비의 연대도 판단하기 어려웠음. 다만 고대의 석비이고, 윗면에 글자가 있으며, 연구할 가치가 있음을 확인함. 이에 석비를 출토지에서 가까운 千秋墓保護管理房으로 옮겨 보관하고,

---

[1] 集安市博物館, 2013, 2~6쪽 및 139~149쪽을 바탕으로 조사과정을 일지 형태로 정리함.

연구를 진행하기로 함. 그 뒤 조사 인원은 馬紹彬의 인도 아래 麻線河 강변으로 가서, 석비 출토지점에 대하여 초보적인 조사를 진행하였음. 석비 출토지는 麻線河 서안 河灘地에 위치하는데, 부근은 모래와 자갈이고, 서쪽으로는 잡초가 무성하며, 강변 근처에 낭떠러지가 있었고, 낭떠러지 위에는 민가와 농지가 있었음. 석비가 출토되었을 때, 절반은 땅속에 있었고, 首部는 강물에 노출되어 있었음. 출토 후 원래 위치에 구덩이가 생겼음을 명확하게 볼 수 있었음.

3) 2012년 8월 1일 수요일

2012년 8월 1일 오후에 文物局 副局長 董峰, 조사팀원 高遠大·王鵬勇, 博物館 관원 周榮順 등은 현장에서 석비 출토정황을 조사하였고, 석비 출토지점과 주변 환경을 파악하였음. 조사팀은 석비 발견자인 馬紹彬과 그곳에서 오랜 기간 살았던 노인을 방문하여, 馬紹彬이 석비를 발견한 경과와 이 지역의 역사·지리 등의 관련 정황을 상세하게 파악함. 석비 출토지에서 馬紹彬은 "이 석판은 여러 해 전에 모래를 파내면서 노출되었는데, 윗부분 절반은 바깥면에 계속 노출되어 있었다. 나는 원래 그 형태가 매우 평평해, 옷을 빨기에 좋아보여서, 빨래판으로 쓰려고 하였다. 하지만 손에 넣을 시간이 없었다. 이번에 포도나무 철선 지주석으로 쓰고자 했다. 강 안에서 돌을 뒤집고 이 돌이라고 생각하였고, 그래서 나는 돌을 운반하였다. 그런데 찾아보니 석비, 그것도 글자가 있는 석비였다"라고 언급하였음. 馬紹彬은 그의 부친 馬晉坦과 부근에 사는 康黎明을 찾아서 상황을 설명하였음. 馬晉坦은 2012년 당시 82세였음. 麻線村 五組 村民이고, 현지에서 태어나 자란 麻線村 사람임. 康黎明은 당시 91세였음. 山東人으로 1964년에 麻線鄉 麻線村으로 이주하였음. 麻線 舊橋에서 馬晉坦은 "나는 여기서 태어난 사람이고, 82세이다. 내 기억에 강줄기는 현재에 비해 좁았고, 너비는 현재보다 절반이 조금 넘는 정도였다. 강물은 매우 컸고, 강바닥은 현재보다 얕았다. 현재의 강줄기는 여러 차례 홍수를 입었는데, 그로 인해 동서 양변 모두 적지 않게 넓어졌다. 우리가 보고 있는 하천 東岸과 西岸 모두 홍수로 침식되었다. 몇 년 동안 강바닥의 모래를 파왔는데, 강바닥에서 1m 가량 더 파자, 비석이 나온 것이다. 이전에는 비석이 있다는 사실을 알지 못하였고, 노인들로부터 그러한 말을 듣지 못하였다. 이 비석은 일찍부터 江岸에 묻혀 있었던 것이다"라고 언급하였음. 康黎明은 "1964년 내가 麻線에 왔을 때, 麻線溝 양안에 이렇게 집들이 많지 않았고, 대부분 빈 땅이었다. 강의 東岸은 麻線村의 빈 땅이었고, 강의 西岸 근처 강변 또한 麻線村의 빈 땅이었으며, 서쪽으로 50m 가면 建疆村의 빈 땅이었다. 비석이 발견된 지점은 원래 지금보다 높았다. 모래를 파내서 낮아졌는데, 만약 모래를 파지 않았다면 이 비석은 나오지도 않았을 것이다"라고 언급하였음. 방문조사를 통하여 비석 출토지에 대한 역사와 지리 정황을 파악하였음. 그 후 周榮順은 '文物局이 운송비와 상금으로 900위안을 지급한다'는 약정을 馬紹彬과 맺었고, 아울러 馬紹彬에게 千秋墓保護管理房으로 석비를 옮겨줄 것을 요청함.

4) 2012년 8월 4일 토요일

오전 郭建剛·孫義鈞 등은 석비 출토지에 대해 현장조사를 진행하여, 주변의 지형과 토질, 강 안의 석재, 서측 낭떠러지의 지층 등을 파악함. 또 석비 출토지점에서 舊橋나 新橋와의 거리, 千秋墓·西大墓·麻線溝 626號墳·麻線溝2100號墳 등 대형고분과의 거리, 북측의 麻線墓區 가운데 석비 출토지에서 가장 가까운 고분(麻線溝 677號墳)과의 거리 등을 측정함.

5) 2012년 8월 7일 화요일

오전에 集安市 公安局 政治處 副主任 柏龍, 조사인원 劉景雲·李世凱, 文保派出所 所長 崔貴東, 조사인원 李亞軍, 集安市 텔레비전 방송국 台長 張志剛 등

이 馬紹彬의 집을 방문하여 석비의 발견 경과를 파악하고, 석비 출토지를 조사하였음. 柏龍 등은 馬紹彬과 그의 부인 宋傳芳이 적극적으로 문화재를 보호한 행동을 칭찬하고, 지역주민에게는 '文物法' 등 법률법규를 선전함.

6) 2012년 8월 9일 목요일

崔貴東·劉景雲은 集安市 政府公衆信息網에 "麻線鄕 村民, 글자가 새겨져 있는 석판으로 보이는 문화재를 발견하다"라는 제목으로 석비 출토를 소개함. 기사는 "7월 29일 오전, 우리 市 麻線鄕 麻線村 5組 村民 馬紹彬이 麻線舊橋 아래 100m 떨어진 강바닥에서 큰 석판을 발견하였는데, 희미하게 글자가 있는 것을 보고, 가래를 사용하여 석판을 파내 자기 집 문 앞으로 옮겨 보호하였고, 즉시 文物保護員에게 연락을 하였다. 麻線鄕 麻線村은 고구려 洞溝고분군에 위치하는데, 여러 해 동안 문물보호에 대한 선전으로 촌민의 문물보호 의식이 크게 제고되었다. 馬紹彬과 그의 부인 宋傳芳은 석판 위에 글자가 있다고 여기고, 비석이라고 생각하면서 문화재라고 의심하였다. 그리고 제일 먼저 文物保護員에게 알렸고, 文物保護員은 文物局과 文物保護派出所에게 보고하였다. 文物局과 文物保護派出所는 이 같은 정황을 매우 중시하면서 석판에 대해서 초보적인 선별을 진행하고, 비석이 고대의 기사비라고 추정하였다. 이 비석은 높이 7m, 너비 60cm, 두께 20cm이다. 여러 해 동안 강물에 침식되면서 필적은 모호해졌고, 구체적인 연대는 비문에 대한 탁본연구가 진행된 후에 공포된다. 이 석비는 國家文物保護 범위에 속한다. 8월 7일, 文物保護派出所는 『中華人民共和國文物保護法』에 근거하여, 馬紹彬이 강안에서 파낸 문화재에 대하여 조사검증을 진행하였고, 馬紹彬 부부의 문화재를 보호하는 행동에 대하여 찬사를 보냈으며, 법에 의거하여 문화재를 회수하고 창고에 보관하였다. 馬紹彬 부부의 문화재를 보호하는 행동은 주위 촌민들로부터 많은 칭찬을 받았고, 촌민들에게 문화재를 보호하는 의식을 더욱 증강시켰다. 文物保護派出所는 문물보호에 대한 교육·홍보를 계속 확대하여, '四位一體'의 문물보호망을 더욱 실현시켰고, 集安 文物의 안전을 확보하였다"라는 내용임.

7) 2012년 8월 10일 금요일

오전에 董峰이 通化市文物保護硏究所 所長 王志敏의 전화를 받았는데, 王志敏에게 비석이 발견된 사실을 알렸음. 王志敏은 『新文化報』通化記者站 站長 盧紅의 초청을 받아, 集安에 도착하여 集安高句麗碑가 출토된 정황을 살펴보고, 그 제작연대를 추론해 보았음. 그 후 集安市文物局, 公安局, 博物館 등의 간부 및 董峰·柏龍·崔貴東·周榮順 등이 盧紅·王志敏과 함께 麻線村을 방문하였음. 盧紅은 석비 발견자인 馬紹彬을 취재하였음. 王志敏은 석비 글자체와 필획의 굵기를 볼 때 석비의 문자는 隸書이고, 적어도 200여 자가 있었으며, 연대는 대략 漢魏시기로 고구려시기의 석비라고 추정하였음. 아울러 석비 왼쪽 아래 모서리 글자를 '不得其寶(보고서에서는 '不得其買')'라고 판별하였음.

오후에 馬紹彬은 文物局과의 약조에 의거하여 千秋墓保護管理房으로 석비를 옮겼고, 周榮順은 馬紹彬에게 900위안을 지급하였음.

『北方法制報』 제6판에 『촌민이 古文物을 발견하고, 즉시 신고하여 칭찬을 받다』라는 제목으로, 馬紹彬이 비석을 발견하였고 즉시 文物部門에 보고하였다는 기사가 실림.

8) 2012년 8월 13일 월요일

오전에 盧紅은 석비 문자와 대체적인 시대 구분 등의 소식에 대해 "석판은 고구려시기의 기사비로 의심된다"라는 신문 보도를 발표하고자 하였음. 그녀는 초고를 文物局 副局長 董峰에게 넘겨 의견을 구하였음.

석비의 내용과 연대가 명확하지 않으므로, 董峰은 내일 석비에 대한 탁본이 진행되니 탁본이 다 되기를 기다린 후, 비문 내용을 근거로 보도 유무를 확정하자고 말하였음.

崔貴東·劉景雲이 集安市政府 대중정보네트워크(公衆信息網)에 발표한 소식을 通化 黨務公開網에 옮겨 실었는데, 제목은 "集安市 麻線鄕 村民이 문자가 새겨진 석판으로 추정되는 유물을 발견하다"임.

9) 2012년 8월 14일 화요일

8월 14일 아침, 文物局 高遠大, 博物館 周榮順·郭建剛·董健·劉賓 등은 千秋墓保護管理房에 가서 전통적인 기법으로 석비 탁본을 진행함. 오전 10시쯤 석비 하단 비문에 대한 탁본을 마쳤는데, '始祖鄒牟王之創基也', '祭祀', '亦不得其買', '碑文' 등의 문자를 발견함. 董峰 등은 탁본한 요원과 함께 연구·토론을 한 후, 비문의 글자체와 내용이 광개토왕릉비와 비슷하다면서, 고구려시기의 비각으로 추측하였음. 董峰은 전화를 통하여 이러한 정황을 북경으로 출장을 가 있던 侯巖과 集安에 있던 高良田에게 알림. 高良田은 전화를 받고 즉시 千秋墓保護管理房으로 가서 탁본한 비문을 관찰하였음. 高良田은 集安市 書法家協會 主席을 겸임하였고, 여러 해 동안 서예와 篆刻에 몸담았었음. 그는 광개토왕릉비의 서체를 자세하게 판별하고 연구한 바 있는데, 集安高句麗碑의 서체에 대하여 隸書라고 추정하였음. 또 비문 첫머리 부분이 광개토왕릉비의 첫머리와 유사하다며 고구려시기의 석비로 추정하였음. 석비의 보호를 더욱 강화하기 위하여 高良田·董峰은 侯巖과의 전화통화로 비석 보호에 관하여 여러 의견을 나누고, 文物保護派出所의 역량을 집중시켜 석비보호를 강화하겠다고 함.

정오에 周榮順 등이 탁본을 마쳤고, 박물관에 탁본을 보관함.

오후에 文物局은 기계와 트럭을 이용하여 석비를 千秋墓保護管理房에서 신박물관의 유물 창고로 옮겨 전담자로 하여금 보호하게 함.

通化師範學皖 高句麗研究院 院長 耿鐵華는 박물관에 가서 高良田·董峰과 광개토왕 서거 1600주년을 기념하는 학술세미나 논문집 원고 편찬 등의 문제를 상담하였는데, 이때 董峰의 요청으로 탁본을 검토함. 그는 글자체와 내용을 토대로 비문 연대를 고구려시기로 추정하였음. 이때에 이르러 기본적으로 고구려시기의 석비임을 확정하였음. 柳河에서 集安으로 돌아온 孫仁杰도 판독을 진행하여 고구려시기 비석임을 확인함.

저녁에 文物局은 고구려비 安保組와 專家組를 조직함. 또 안보요원이 24시간 전담하여 석비 보호를 진행하였음. '석비 보호관리 강화'라는 토대 위에서 계속해서 탁본을 진행하였고, 문자 해독과 연구 작업을 전개함. 專家組는 耿鐵華·王志敏·孫仁杰·高良田·董峰 등으로 구성됨. 專家組는 文物局 소속의 尙武·王春燕·李薇와 더불어 비문에 대한 판독을 진행함. 판독을 통해 석비 정면에 문자가 10행이 있고, 행마다 22자를 새겼음을 확인함. 상단의 문자는 명확하지 않아 판독하기 어려웠고, 하단의 문자는 약간 명확해 97자를 판독하였음.

10) 2012년 8월 15일 수요일

北京으로 출장을 갔던 侯巖이 석비가 출토된 관련 정황에 대해 전화를 통하여 주요 간부에게 보고함. 아울러 省文物局에도 전화를 통하여 소식을 보고함.

耿鐵華·孫仁杰·董峰 등이 석비 출토지 현장을 답사함.

정오에 周榮順은 석비 정면에 대해 제2차 탁본을 실시하였고, 耿鐵華·孫仁杰·高良田 등은 판독을 실시하였음.

高遠大·王鵬勇 등은 石碑에 대하여 측량하고 도면을 그렸음.

集安市 副市長 許偉民이 신박물관에서 석비를 참

관하고, 석비의 보호와 연구를 독려함. 그는 비밀 유지와 보호 강화 등을 요구하였고, 文物局이 구성한 專家組에 대해 동의함.

11) 2012년 8월 16일 목요일
오전에 周榮順은 석비 정면에 대해 제3차 탁본을 실시하였음.

정오에 專家組 구성원 王志敏이 集安에 도착하여 석비 연구에 참가함.

오후에 集安市 市長 李東友가 박물관을 방문하여 석비를 참관하고 석비 보호와 연구작업을 독려하였고, 보안작업을 강조하였으며, 集安市 고구려연구 전문기구의 조직을 요구하였음.

12) 2012년 8월 17일 금요일
오전에 侯巖은 신박물관에 가서 석비를 보았고, 되도록 빨리 석비 관련 자료를 정리하라고 요구하였으며, 市 간부에 보고함.

專家組 구성원인 耿鐵華·王志敏·孫仁杰 등은 文物局 黨委書記 高良田·副局長 董峰, 博物館 周榮順·郭建剛·董健 등과 함께 신박물관 회의실에서 제1차 회의를 개최함. 회의에서는 1단계 석비보호와 비문 연구정황에 대해 총결산을 진행하였고, 석각의 이름을 정하는 문제에 대하여 토론함. 비문 해독의 정황을 근거로 集安麻線高句麗碑, 集安高句麗碑, 中國集安高句麗碑 등이 제시되었는데, 만장일치로 '集安高句麗碑'로 결정함. 文物局은 集安高句麗碑에 대한 정황을 集安市委·市政府에 보고함. 市委·市政府 지도부는 매우 깊은 관심을 보였는데, 經希軍 書記, 李東友 市長, 許偉民 副市長 등은 여러 차례 신박물관을 시찰하고, 集安高句麗碑의 보호와 연구에 대해 논의하였음. 集安市 組織 관련 單位와 部門은 集安高句麗碑 보호와 연구 領導小組를 조직하였고, 市 재정에서 비용을 조달하여 集安高句麗碑 연구작업에 사용하도록 결정함.

周榮順이 비석의 뒷면을 탁본함.

專家組는 비문 뒷면 탁본을 연구하였는데, 문자의 흔적은 중간에 세로열 1행만 확인되고, 매우 모호하여 판독하기 어렵다고 하였음.

오후에 文物局은 회의를 개최함. 회의에서는 석비 보호와 연구작업을 하는 전체 인원의 참여를 요구하고, 석비보호와 보안작업의 강화를 요구함.

董峰·孫仁杰·王志敏·郭建剛·孫義鈞은 麻線河로 가서 석비 출토지점에 대한 중심지리 좌표를 측정하였는데, 동경 126° 08′28″, 북위 41° 05′146″, 해발은 184m였음.

13) 2012년 8월 18일 토요일
專家組가 비문에 대한 판독작업을 일단락하였는데, 모두 152자를 판독하였고, 비의 뒷면에 있는 문자는 판독하지 못하였음.

14) 2012년 8월 20일 월요일
오후에 董風波·張世鴻·林久文·李玉彬·高遠大·周榮順 등이 集安高句麗碑의 무게를 측정하였는데, 464.5kg이었음.

集安市委 書記 經希軍, 副市長 許偉民, 市委秘書長 王安然 일행이 신박물관에 가서 集安高句麗碑를 참관하고, 석비의 보호와 연구작업을 독려함. 侯巖·高良田·董峰 등은 석비의 발견 경과와 관련 소식을 소개하고, 현재까지의 보호와 연구 작업의 정황을 종합하여 보고함. 經希軍 書記는 集安高句麗碑의 보호, 연구작업의 강화, 보안작업에 주의할 것을 요구함. 또 되도록 빠르게 석비 정황을 省文物局에 보고하고, 연구성과도 대외적으로 공포하여 주기를 요청하였음. 또 市 재정에서 10만 위안을 지원하여 集安高句麗碑의 보호와 연구 작업에 쓰도록 하라고 지시하였음. 이어서 經希軍·王安然은 侯巖·高良田·董峰 등과 함께 集安高句麗碑 출토지를 시찰하였음.

15) 2012년 8월 21일 화요일
集安市委·市政府는 '集安高句麗碑保護和研究領導小組'를 조직함.

　오후에 耿鐵華와 王志敏이 集安을 방문하였고, 孫仁杰·高良田·董峰·周榮順·高遠大·郭建剛과 함께 신박물관에서 集安高句麗碑에 대한 연구를 계속함.

16) 2012년 8월 22일 수요일
저녁에 高良田·董峰·周榮順·高遠大·王鵬勇·王志敏·郭建剛·孫義鈞·尚彦臣 등은 中國文化遺産研究院 成倩·賀宇樂·陳旭과 신박물관에서 3D기법을 이용하여 集安高句麗碑에서 희미하여 명확하지 않은 문자에 대하여 식별을 진행하였음. 그러나 측정기 렌즈 시각이 너무 작아, 일부분만 분석할 수 있었고, 석비 비문의 식별에는 적합하지 않았음.

17) 2012년 8월 24일 금요일
오전에 侯巖·董峰은 副市長 許偉民에게 集安高句麗碑 보호와 연구 작업이 진행된 정황을 종합하여 보고하였음.

18) 2012년 8월 25일 토요일
오전에 市委書記 經希軍은 신박물관에 와서 省文物局 회보에 보고할 集安高句麗碑의 정황을 연락함. 아울러 되도록 빨리 省文物局에 보고하라고 지시함.

19) 2012년 8월 27일 월요일
오후에 侯巖·董峰·董風波 등은 長春에 가서 吉林省 文物局 局長 金旭東에게 集安高句麗碑 출토 정황과 관련 내용을 보고함. 金旭東은 國家文物局 文物保護·考古司의 간부에게 集安高句麗碑 출토와 보호 정황을 보고함. 이로써 集安高句麗碑 출토 현황, 명칭 명명, 상부에 대한 보고 등이 마무리되고, 다음 단계로 비석 보호와 심화 연구작업 등을 진행함.

20) 2012년 9월 3일 월요일
오후에 吉林省 文化廳 副廳長 翟利國, 吉林省 文物局 局長 金旭東, 吉林省 文物局 博物館處處長 安文榮, 吉林省 文物局 文保處副處長 鄭國君 등 5명이 集安을 방문하였음. 이들은 候巖·高良田·董峰과 함께 신박물관에서 集安高句麗碑를 참관하고, 석비의 보호와 연구 작업을 독려하였음. 석비 정황에 대한 보고를 들은 후, 翟利國과 金旭東은 集安市文物局에게 연구 강화를 요구함.

21) 2012년 9월 22일 토요일
오전에 專家組는 신박물관에서 제2차 회의를 개최함. 참석 인원은 耿鐵華·王志敏·孫仁杰·高良田·董峰·遲勇·郭建剛·董健 등임. 회의에서는 集安高句麗碑의 조사·연구의 단계적 성과를 총결산하고, 集安高句麗碑의 비문 구조와 내용을 토론하였음. 또 編寫組 구성을 결정하였는데, 이 회의는 '編寫組 제1차 회의'이기도 하였음. 토론과 연구를 거쳐 책 제목과 편집 요강을 결정하였음. 책의 제목은 『集安高句麗碑』로 정함. 前言과 後記를 제외하고, '제1장 集安高句麗碑 출토기, 제2장 集安高句麗碑 조사, 제3장 集安高句麗碑 판독, 제4장 集安高句麗碑 연구, 제5장 集安高句麗碑의 가치, 제6장 集安高句麗碑 일지, 부록 제1 광개토왕릉비 해석, 부록 제2 충주고구려비 해석, 부록 제3 모두루묘지 해석, 부록 제4 참고문헌'으로 구성하기로 하였음.

　오후에 조를 나누어 토론하고, 자료를 수집하였으며, 분업을 진행함. 郭建剛이 제1장과 제6장의 저술을 맡고, 孫義鈞이 보조 요원으로 참여하기로 함. 遲勇이 제2장의 저술을 맡고, 王鵬勇·孫義鈞이 보조요원으로 참여하기로 함. 孫仁杰과 王志敏이 제3장의 저술을 맡고, 楊帥가 보조요원으로 참여하기로 함. 耿鐵華는 제4장과 제5장의 저술을 맡고, 전체 원고의 심사와 수정도 맡기로 함. 高良田은 書法 부분의 저술을 맡고, 董健이 보조요원으로 참여하기로 함. 董峰은 前言과 後記의 저술을 맡고, 조사·측량·자료종합 작업 등도 맡음. 周榮順·高遠大·王鵬勇은 탁본·도면·사진 촬영 등을 맡음. 저녁에 원고 저술 준비를 시작함.

專家組는 석문을 해독하고, 석비 이름을 '集安高句麗碑'라고 정함. 석비 출토 지점의 자연환경, 부근 고구려 고분군과 왕릉의 관계를 파악하기 위해 董峰·高良田·耿鐵華·孫仁杰·王志敏·遲勇 등 6인이 조사조를 조직하여 석비 출토지점 부근의 고분에 대해 상세한 조사를 진행하였고, 동시에 석비 출토지점과 주변 환경에 대해 측량을 진행하였음.

22) 2012년 9월 23일 일요일

博物館 副局長室, 硏究室, 文保科 등 세 개 그룹으로 나누어 저술을 진행함. 高良田과 董峰 등이 물자 지원을 맡음.

23) 2012년 9월 28일 금요일

吉林省委 書記 孫政才 일행이 集安市委 書記 經希軍, 市長 李東友 등과 함께 신박물관을 참관하고 集安高句麗碑를 시찰함.

24) 2012년 9월 29일 토요일

오전에『集安高句麗碑』編寫組는 저술 작업을 잠시 일단락하고, 비문 탁본과 관련 자료를 봉인하여 보관한 후, 중추절과 국경절을 마치고 계속 작업하기로 함.

25) 2012년 10월 5일 금요일

『集安高句麗碑』編寫組는 제2차 회의를 개최함. 참가자는 耿鐵華·王志敏·孫仁杰·高良田·董峰·遲勇·郭建剛·董健·孫義鈞·楊帥 등임. 회의에서는 다음 단계 저술 작업의 중점을 연구하고, 저술요구와 비밀유지 기율을 거듭 요청함. 저술 작업은 계속 진행됨.

26) 2012년 10월 6일 토요일

오전에『集安高句麗碑』編寫組는 박물관 연구실에서 제3차 회의를 진행함. 참가자는 耿鐵華·王志敏·孫仁杰·高良田·遲勇·郭建剛·董建·孫義鈞·楊帥 등임. 회의에서는 集安高句麗碑에서 판독한 문자 수를 확정함. 판독한 문자의 정확성·과학성·권위성을 확보하기 위하여, 비문이 파손되어 결실된 문자나 판독하기 어려운 문자 가운데, 전후 문맥으로 추론할 수 있는 문자에 대하여 판독할 수 있는 문자로 계산하지 않았음. 또 전문가들이 개인적으로 판독한 문자에 대해서, 專家組 내에 반대 의견이나 동의하지 않은 의견이 있으면 판독할 수 있는 문자로 계산하지 않았음. 회의 후에 토론과 연구를 거쳐 최종적으로 판독할 수 있는 문자로 156자를 확정하여 이를 각 부분의 원고 집필 기준으로 삼음.

27) 2012년 10월 7일 일요일

오전에 遲勇·王志敏·郭建剛·孫義鈞·劉賓 등은 麻線鄕 建疆채석장과 紅星채석장을 방문하여 현장 조사를 통해 석재 정황을 파악하고, 석채 표본을 채집하였음. 또 두 채석장의 중심지리 좌표를 측정함. 紅星채석장의 중심지리 좌표는 동경 126°08′19″, 북위 41°06′41″, 해발은 193m임. 建疆채석장의 좌표는 동경 126°08′08″, 북위 41°06′15″, 해발은 196m임.

孫仁杰이 集安高句麗碑 비문을 모사함.

28) 2012년 10월 8일 월요일

『集安高句麗碑』撰寫組 원고 저술이 막바지에 이르면서, 도면과 사진 등의 문제를 제기하였고, 文物局 간부에게 연구가 진행될 수 있도록 요청하였음. 일부 사진에 대해서는 다시 찍어야 하는 점을 고려하여, 文物局은 吉林省文物考古硏究所 전문 촬영사인 趙聽을 초청하여 사진을 찍어달라고 요청함.

오후에『集安高句麗碑』전체 부문의 원고 초고가

완성되면서, 저술 작업이 일단락되었음. 耿鐵華·高良田·董峰 등이 각 조의 원고를 검토함.

29) 2012년 10월 9일 화요일

오전에 『集安高句麗碑』 編寫組는 제4차 회의를 진행함. 회의를 통해 각 부분 원고를 耿鐵華에게 전해 심사·수정을 하도록 하였고, 郭建剛과 董健이 함께 수정작업을 하는 것으로 결정하였음. 孫仁杰은 삽도와 사진 모음을 맡았음. 사진 보충은 省文物考古研究所 趙聽이 맡았음.

오후에 『集安高句麗碑』 전 부문 원고가 모아졌고, 耿鐵華가 일률적인 편집과 수정을 맡았음.

30) 2012년 10월 10일 수요일

오전에 耿鐵華와 郭建剛이 『集安高句麗碑』 제1부와 제6부 원고 초고를 수정함.

31) 2012년 10월 11일 목요일

孫仁杰·遲勇·趙昕 등이 麻線河에 가서 야외 촬영을 진행하였음.

耿鐵華·董健 등은 『集安高句麗碑』 제2·3·4·5장 원고 초고를 수정하였음.

저녁에 『集安高句麗碑』 編寫組는 제5차 회의를 진행함. 耿鐵華·孫仁杰·高良田·董峰은 원고구성을 조정하였는데, 비문 해석과 비교 두 부분으로 나누었고, 비문 탁본을 추가하였음. 또 석비 기술보호 부분을 추가하였는데, 周榮順이 저술을 맡기로 하였음. 최종적으로 '전언, 제1장 集安高句麗碑 출토기, 제2장 集安高句麗碑 조사, 제3장 集安高句麗碑 해석문, 제4장 集安高句麗碑 비문서체 비교, 제5장 集安高句麗碑 연구, 제6장 集安高句麗碑의 가치, 제7장 集安高句麗碑 기술보호 보고, 제8장 集安高句麗碑 일지, 부록 제1 광개토왕릉비, 부록 제2 충주고구려비, 부록 제3 모두루묘지, 부록 제4 참고문헌, 후기' 등으로 구성하였음.

32) 2012년 10월 12일 금요일

趙聽은 신박물관에서 석비 배면을 촬영하였음.

耿鐵華·董健은 『集安高句麗碑』의 前言을 저술하고, 董峰과 董健은 後記를 저술함. 董健·孫義鈞은 附錄을 정리하였음.

33) 2012년 10월 13일 토요일

周榮順은 석비 뒷면을 탁본함.

孫仁杰·孫義鈞은 박물관에서 도판 사진을 편성함. 王鵬勇은 석비 뒷면과 측면도를 그렸음.

耿鐵華·董健 등은 全文 양식과 부록을 수정함. 郭建剛·孫義鈞은 원고 삽도를 제작함.

저녁에 周榮順·高遠大는 석비에 낀 때와 페인트칠 분포 도면을 제작함. 아울러 석비에 대하여 기술처리를 진행함.

34) 2012년 10월 14일 일요일

오전에 趙昕은 석비에 낀 때를 제거한 석비 뒷면을 촬영함.

耿鐵華·孫仁杰·孫義鈞은 원고 문자와 도판을 정리함. 『集安高句麗碑』 제1고가 완성됨.

35) 2012년 10월 15일 월요일

趙昕이 석비의 정면, 측면, 일부 부분, 탁본 등을 촬영함.

36) 2012년 10월 16일 화요일

餘濤·田義魯·馬秀偉·馬玉清 등은 석비 출토지에 가서 측량함.

37) 2012년 10월 17일 수요일

郭建剛은 석비 자료를 정리함.

38) 2012년 10월 18일 목요일
周榮順은 석비에 낀 때 제거작업의 보고서 저술을 마침.
郭建剛·董健은『集安高句麗碑』초고를 교정함.

39) 2012년 10월 21일 일요일
耿鐵華가『集安高句麗碑』초고를 교정·수정함. 郭建剛·孫義鈞은 도판과 삽도를 검수함.『集安高句麗碑』제2고가 완성됨.

40) 2012년 10월 23일 화요일
耿鐵華·孫義鈞은『集安高句麗碑』도판 사진을 수정함. 郭建剛은 때가 분포된 도면을 그림. 張然은 석비 위치도를 그림. 董健은 원고를 교정함.

41) 2012년 10월 25일 목요일
耿鐵華·孫仁杰·遲勇·郭建剛·孫義鈞·張然이 도판 사진과 석비 위치도를 연구·수정함.

42) 2012년 10월 26일 금요일
오전에 耿鐵華·孫仁杰·遲勇·郭建剛·董健·孫義鈞 등이 수정하여 도판을 완성함.

오후에 耿鐵華·郭建剛·董健·孫義鈞 등이 원고의 삽도와 문자를 수정함.

『集安高句麗碑』편집 작업이 일단락됨. 編寫組 高良田·耿鐵華·孫仁杰·遲勇·郭建剛·董健·孫義鈞 등은 博物館文保科辦公室에서 제6차 회의를 진행함. 耿鐵華가 석비 보호, 연구 작업,『集安高句麗碑』의 편찬 작업 등에 대한 총결산을 진행하였고, 다음 단계 작업에 대해서 약간의 건의를 함. 高良田은 석비 보호, 연구 작업,『集安高句麗碑』의 편찬 작업 등의 관련 기율을 재확인함.

43) 2012년 10월 27일 토요일
郭建剛·孫義鈞이 탁본을 훑어보고, 원고 중 문제가 있는 삽도를 수정함.

44) 2012년 10월 31일 수요일
國家文物局과 省文物局의 지시를 근거로 集安市文物局은 전문가 논증회를 개최하여 석비를 연구·논증하고자 함. 文物局과 박물관 요원이 전문가 논증회 준비를 시작함.

45) 2012년 11월 1일 목요일
오전에 高良田·董峰은『集安高句麗碑』제3고 원고를 들고, 市 간부에게 원고 정황과 전문가 논증회 준비 작업 정황을 종합하여 보고함.

文物局의 侯巖·高良田·董峰·李薇·崔寶軍, 博物館의 周榮順·郭建剛·宋峰宇·王雲剛·孫義鈞·張然·楊帥 등이 회의장 배치, 회의자료 집필, 프리젠테이션 제작, 회의책자 제작 등 준비 작업에 착수함.

46) 2012년 11월 2일 금요일
오전에 副市長 許偉民은 회의 준비작업을 검수함.

47) 2012년 11월 3일 토요일
오전에 文物局은 회의를 개최함. 회의에서는 전문가 논증회 관련 작업을 논의함. 侯巖·高良田·董峰·李薇·崔寶軍·周榮順·王雲剛·郭建剛·孫義鈞·張然·楊帥 등이 전문가 논증회 각 준비작업을 원활하게 진행함.

저녁에 侯巖은 長春에 가서 간부와 전문가를 맞이함.

48) 2012년 11월 4일 일요일
『高句麗集安碑調査情況報告』가 제작되었는데, 모두 15세트(份)임.

오후에 省文物局 간부 金旭東·鄭國君, 전문가인 林沄·魏存成·張福有·徐建新·耿鐵華·孫仁杰 등이 集安에 도착하였고, 紫都苑賓館에 숙박하였음.

49) 2012년 11월 5일 월요일

2012년 전문가 논증회가 개최되었고, 회의는 集安市 副市長 許偉民이 주재하였음. 회의는 다음 순서로 진행함.

   1. 集安市 市長 李東友 축사.

   2. 集安市 文物局 副局長 董峰의 석비 발견 정황에 대한 보고.

   3. 단체사진 촬영.

   4. 市 간부와 전문가의 석비 출토지점 답사 및 신박물관에서의 석비 고찰(오전 회의 마무리).

   5. 專家組 組長 林沄이 전문가 토론회를 조직하여 「集安 출토 고구려 비석에 관한 전문가 그룹의 논증 의견」을 만듦.

   6. 許偉民의 총결산 발언.

   7. 吉林省 文化廳 副廳長 및 文物局 局長 金旭東의 발언.

50) 2012년 11월 6일 화요일

吉林省 내외 전문가 의견을 근거로 『集安高句麗碑』 일부를 조정함. 耿鐵華는 원고를 수정하고, 孫仁杰은 탁본을 모사하였으며, 遲勇과 王志敏은 太王陵에 가서 國內城에서 출토된 碑座를 조사하였음. 高良田과 孫義鈞은 비문 비교표를 만들었고, 郭建剛과 孫義鈞은 문자 원고를 인쇄하여 교정용으로 제공하였음.

51) 2012년 11월 7일 수요일

耿鐵華는 『集安高句麗碑』 각 부분 원고에 대해 수정 의견을 제시하였고, 孫仁杰·王志敏·高良田·遲勇·郭建剛·周榮順 등은 각자 맡은 부분의 원고를 수정함. 모사된 탁본을 확인하고, 張然은 삽화를 수정함.

52) 2012년 11월 8일 목요일

『集安高句麗碑』 編寫組 耿鐵華·孫仁杰·王志敏·高良田·遲勇·郭建剛·周榮順 등은 각자 맡은 부분의 원고를 수정함. 董健은 원고를 수정하고, 孫義鈞은 모사한 탁본을 훑어봄.

  오후에 각 부분 원고 수정을 마침.

  耿鐵華·孫仁杰·高良田·董峰 등은 전문가 논증회 관련 사진의 보충을 상의하였음. 郭建剛·孫義鈞은 사진과 삽화를 수정함.

53) 2012년 11월 9일 금요일

耿鐵華는 『集安高句麗碑』 원고를 검토하고, 郭建剛·董健·孫義鈞은 원고 문자·삽도를 수정함.

54) 2012년 11월 10일 토요일

耿鐵華·郭建剛은 『集安高句麗碑』 원고 문자를 수정하고, 孫義鈞은 삽도를 수정함.

  오후에 洛陽文物考古研究院 江化國·李光夫가 集安을 방문하여 集安高句麗碑에 대한 탁본 준비를 함.

55) 2012년 11월 11일 일요일

江化國·李光夫·周榮順 등은 신박물관에서 고구려비를 탁본함.

  耿鐵華·郭建剛·孫義鈞 등은 『集安高句麗碑』 원고 문자와 도판을 수정함.

56) 2012년 11월 12일 월요일

江化國·李光夫·周榮順 등은 신박물관에서 고구려비를 탁본함.

  耿鐵華·郭建剛은 신박물관에 와서 사진을 촬영하고, 도판을 수정함.

  오후에 『集安高句麗碑』 원고가 완성됨.

2. 위치와 자연환경

1) 위치(그림 1～그림 3)

集安高句麗碑는 吉林省 集安市 서남 3.5km의 麻線鄉 麻線河 우안(서안) 강변에서 출토됨. 중심지리 좌표는 동경 126°08′28″, 북위 41°05′46″, 해발은 184m임.

麻線鄉은 集安市 서쪽 외곽에 위치하고, 시가지에서 3km 떨어져 있음. 관할구역은 동경 125°58′～126°09′, 북위 40°56′～41°08′임. 동쪽으로는 市區 通勝街道, 서쪽으로는 楡林鎭, 남쪽으로는 압록강, 동쪽으로는 臺上鎭이 인접해 있음. 鄉境은 동서 길이 14km, 남북 너비 20km, 면적은 296.15평방미터임. 2003년 10개 村, 64개 村民條로 편제되었음.

集安高句麗碑가 출토된 지점은 麻線河 下流 서안임. 麻線河는 鄉 내에서 압록강으로 유입되는 큰 하천 두 개 가운데 하나임. 老嶺山脈 남쪽 기슭에서 발원하여 南流하면서 大西岔・石廟子・頭道陽岔・紅星村・建疆村・麻線村 등을 지나 압록강으로 유입됨. 석비가 출토된 지점은 建疆・麻線 두 촌의 경계지점으로 강변의 거주민은 麻線村 5組에 속하고, 토지는 建疆村에 속함.

集安高句麗碑 출토지에서 남쪽으로 110m 떨어진 지점에 新橋가 있는데, 集丹도로(集安－丹東)가 동서방향으로 지나감. 북쪽 83m 거리에 麻線河 舊橋가 있음. 서남측 약 10m 거리에는 2층 건물이 있음. 서쪽으로는 2단 계단상 대지인데, 고도차는 4.3m임. 계단상 대지 위는 농경지임. 동측 河岸 위는 麻線村 5組의 주민 거주구역임. 麻線河 동서 양안은 麻線溝고분군의 중심구역으로 고구려 고분 수천기가 있음.

集安高句麗碑가 출토된 지점에서 북쪽으로 약 200m 거리의 麻線河 양 안은 고구려 고분군 분포구역임. 부근에는 여러 기의 왕릉급 고분이 있음. 비석은 千秋墓의 서북 456m, 麻線溝2100號墳의 서남 659m, 麻線溝626號墳의 동남 861m, 西大墓의 동쪽 1,149m 거리에 위치함. 集安高句麗碑가 출토된 지점에서 각 왕릉급 고분과의 거리를 살펴보면, 千秋墓가 가장 가까움. 석비가 있던 곳은 守墓烟戶의 거주지일 것임.

2) 자연환경(그림 4)

석비 출토지에서 10m 범위 안의 자연환경을 살펴보면, 동쪽으로 5m 떨어진 지점은 강바닥인데, 지표는 모두 강돌이고, 맑은 물이 북쪽에서 남쪽으로 느리게 흘러감. 남쪽과 북쪽으로 각기 5m 떨어진 지점은 하천 서쪽 연안 일선의 하안 대지로 계단상 대지와 강바닥의 높이차는 0.5m임. 하천 서쪽의 5m 범위까지의 지표는 가는 모래흙이고, 잡초가 자라고 있음. 서쪽으로 17m 정도 더 가면 서쪽이 높고 동쪽이 낮은 완만한 경사지가 나타남. 출토지점에서 서쪽으로 5m 떨어진 지점에는 계단 형태의 대지가 명확하게 형성되어 있는데, 1m 정도 높아 낙차가 명확하고, 斷面은 강돌로 구성되어 있음. 제1단 대지 서측의 제2단 대지 근처에는 큰 백양나무와 회화나무가 2～3줄 줄지어 있음. 그 서쪽으로는 제2단 대지인데, 제1단 대지보다 2.70m 높음.

석비 출토지에서 10m 범위 밖의 자연환경을 보면, 남북은 하천 강변임. 남변에는 新橋가 있고, 북변에는 舊橋가 있음. 하천 서쪽 1단 계단상 대지 근처에 낭떠러지가 있고, 낭떠러지 위는 2단 계단상 대지임. 2단 계단상 대지는 평탄하고 광활한데, 하곡 충적평원이고, 토질은 푹신푹신하고 비옥함. 계단상 대지 위는 농경지로 옥수수 등 농작물을 재배하고 있음. 서쪽으로 50m 가면 포도밭임. 남측은 리조트임. 북쪽은 민가이고, 민가 뒤편으로는 麻線鄉－建疆村에 이르는 鄉路가 동서방향으로 관통하고 있음. 鄉路 북측은 麻線 5組村 민가이고, 민가 북측은 線溝溝고분군 가운데 建疆片古墓임.

集安高句麗碑 출토지 東岸은 비교적 가파름. 河岸 지층 단면에서 원래 강바닥의 자갈층이 드러나는데, 두

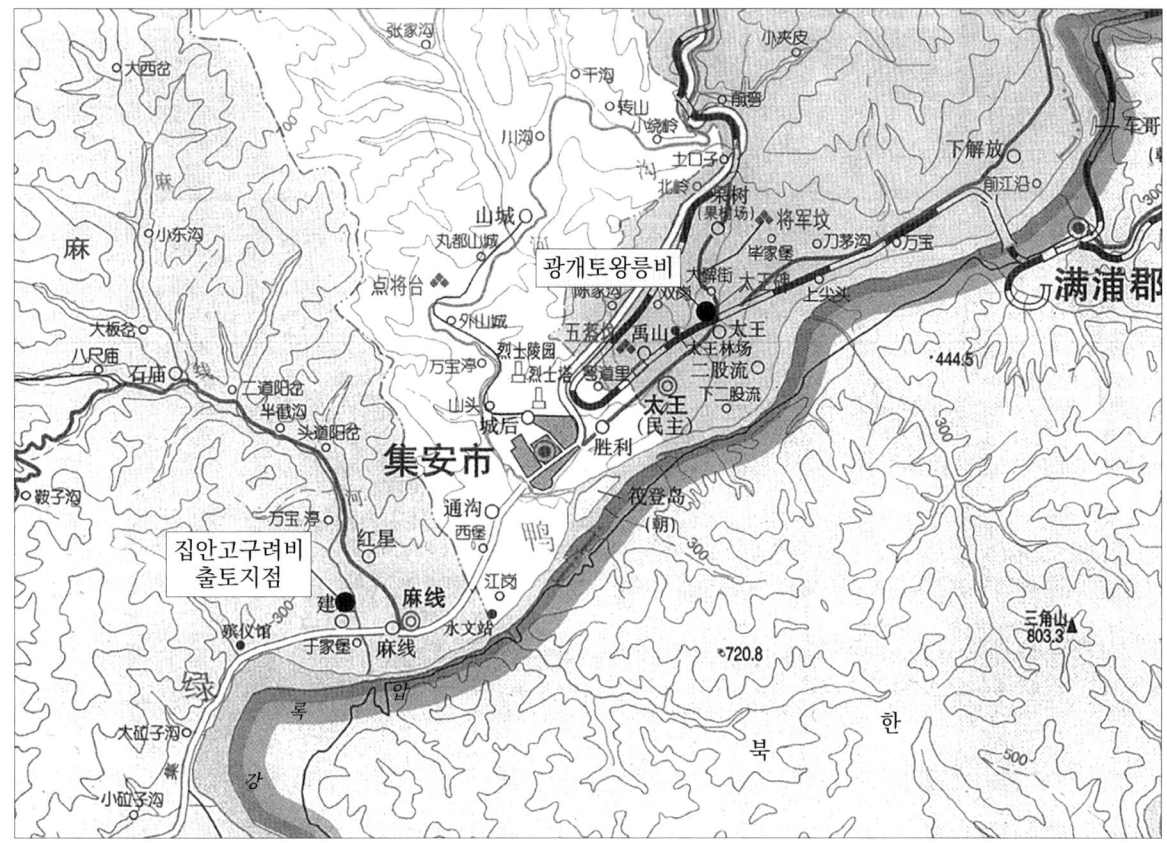

그림 1 집안고구려비 출토지점(『集安高句麗碑』, 2쪽)

그림 2 집안고구려비 출토지점(『集安高句麗碑』, 7쪽)

제11부 유물   583

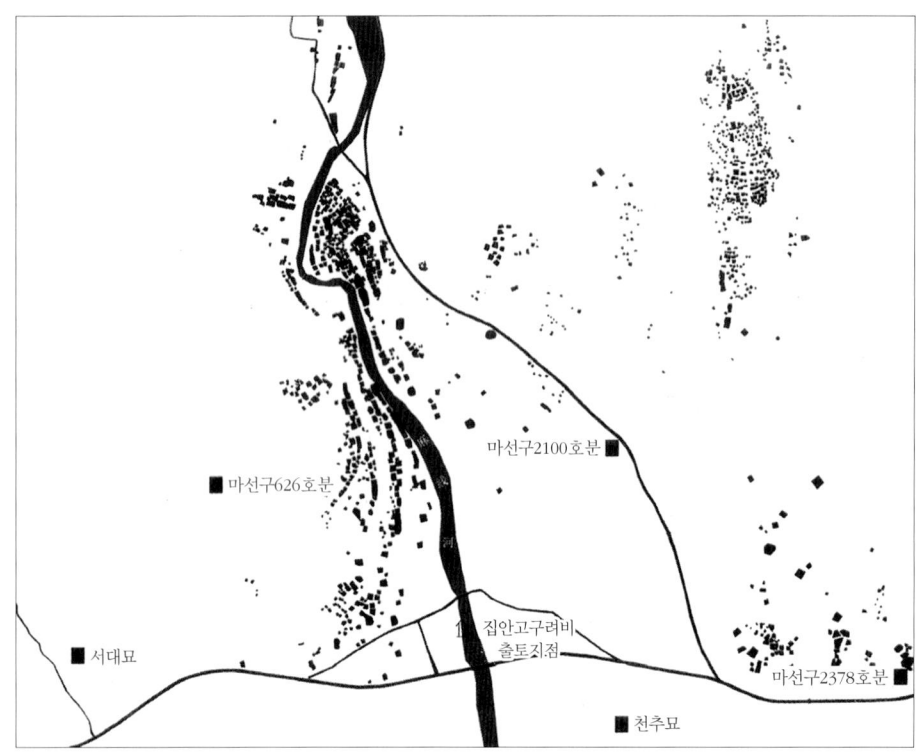

그림 3 집안고구려비가 발견된 마선구고분군 내 고분 위치도(『集安高句麗碑』, 7쪽)

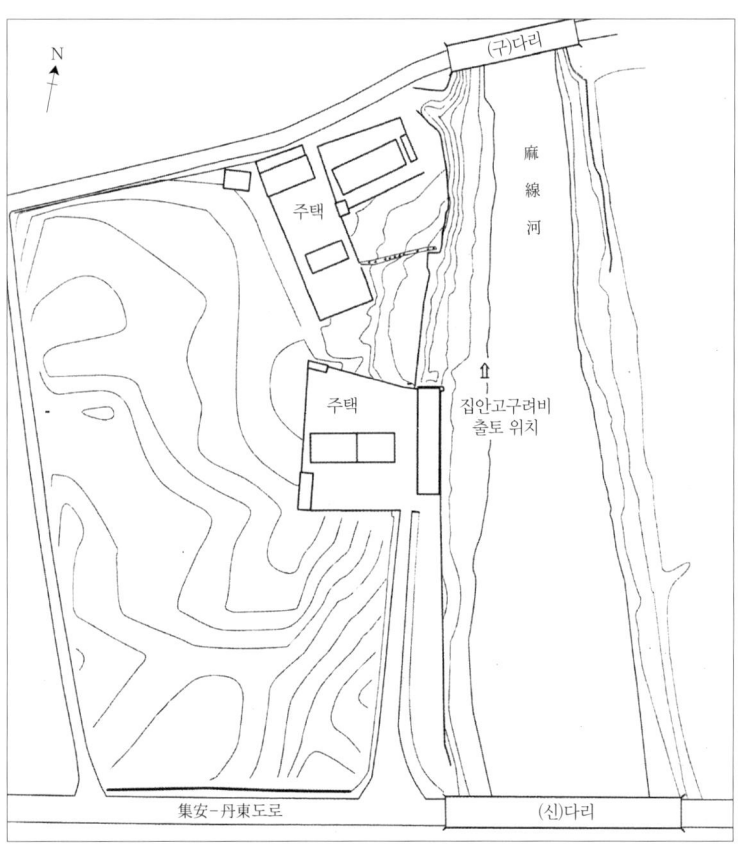

그림 4 집안고구려비 출토지점 지형도(『集安高句麗碑』, 8쪽)

께는 1.5~2m에 달함. 이를 통해서 이 河流는 일찍이 여러 해 전에 동쪽에서 서쪽으로 불어났음을 알 수 있음. 이로 볼 때, 석비는 본래 하천 서안의 2단 계단상 대지 위에 있었다고 추측할 수 있음. 강물이 서쪽으로 불어나 서안 낭떠러지를 세차게 치고 서안 계단상 대지를 침식하였으며, 마지막에는 비석이 있는 2단 계단상 대지 낭떠러지가 무너지면서 비석이 강물에 떨어졌다고 볼 수 있음. 높이차가 매우 크면서 석비가 떨어질 때 오른쪽 위 모서리가 강바닥 안의 돌과 부딪쳤고, 이에 따라 석비의 오른쪽 위 모서리가 파손되었다고 볼 수 있음.

하천 상·하류 300m 범위 안에서 석비의 대좌는 발견되지 않았음.

3. 석비 현황

1) 석비 모습

(1) 발견 당시의 석비 모습

발견 당시 석비 정면이 아래를 향하고 있었음. 底部는 서쪽을 향하면서 물가의 진흙과 모래 중에 박혀 있었음. 首部는 약간 들려 있으면서 모래와 자갈 중에 엎어져 있었음. 석비의 首部 오른쪽 위 모서리는 파손되어 있었음.

석비는 장기간에 걸쳐 강바닥 모래 자갈에 놓여 있었고, 일부는 水面(흙탕물)에 노출되었음. 장기간에 걸쳐 바람이 불고 햇볕이 내리쬐며, 사계절 온도차가 크고, 강우량 분포가 균등하지 못한 환경에 노출되었고, 河水·地下水·可溶鹽 등에 노출되면서, 미생물(녹조, 흑조)·泥漬·泥垢가 끊임없이 화강암의 빈 틈에 스며들었음. 게다가 우계에 홍수가 범람하면서 강한 물줄기가 몰고 온 강돌·모래알이 석비와 세게 부딪치고 침식시킴으로써 석비의 마모와 손상을 가져왔고, 裂紋(痕)을 발생시켜 명문을 침식하여 판독할 수 없게 하였음.

특히 진흙과 모래에 노출된 부분이 마모가 심함. 석비를 옮기는 과정에서 일정 정도 파손되었는데, 사람들에 의한 인위적인 손상·페인트 오염·三氧化二鐵(녹) 오염·泥土 오염 등이 확인되었음. 석비의 정면과 뒷면 양면에 적색 페인트 오염과 三氧化二鐵(녹) 오염이 보임. 석비 양측면은 녹조·泥垢(흑색)·백색 부착물 등이 꽤 많이 덮고 있었음. 석비 꼭대기 외측과 아랫부분 장부(榫頭)에는 흑색 泥垢가 가득하였음.

(2) 석비의 형태(그림 5~그림 6)

集安高句麗碑는 분황색의 화강암질로 제작함.

석비는 납작한 장방형임. 하단이 상단에 비하여 약간 넓음. 또한 하단이 상단에 비하여 약간 두꺼움. 정면·뒷면 양면과 좌우 양측은 가공하여 정연하고 가지런함. 碑의 圭首부분은 碑身과 연결되어 일체를 이룸.

형태는 圭形임. 오른쪽 위 모서리는 파손됨. 底部 양 모서리는 완만한 원형임. 하단 중간에 장부(榫頭)가 있어, 원래 碑座가 있었음을 알 수 있으나, 현재는 존재하지 않음. 碑身 정면·뒷면 양면은 비교적 정교하게 가공하였고, 표면은 정연하고 광택이 남. 정면 윗부분에 새겨진 글자는 마모가 비교적 심하고, 아랫부분에 새겨진 글자는 마모가 그다지 심하지 않음. 오른쪽 윗부분 모서리가 파손되면서 그 부분에 있던 10여 글자가 결실됨.

集安高句麗碑의 규격은 남은 높이 173cm, 너비 60.6~66.5cm, 두께 12.5~21cm임. 아랫부분의 장부(榫頭)는 높이 15~19cm, 너비 42cm, 두께 21cm임. 석비의 총중량은 464.54kg임.

석비 정면에 陰刻한 碑文은 隸書임. 모두 10행이 있음. 오른쪽에서 왼쪽방향으로 세로로 썼음. 앞의 9행은 행마다 22자를 새겼고, 마지막 행인 10행은 20자를 개심. 총 218자인데, 오른쪽 윗부분이 파손되면서 약 10여 자가 결실되었음. 석비가 장기간에 걸쳐 강바닥에 있어서 강물에 침식되고 모래와 자갈에 마모되면

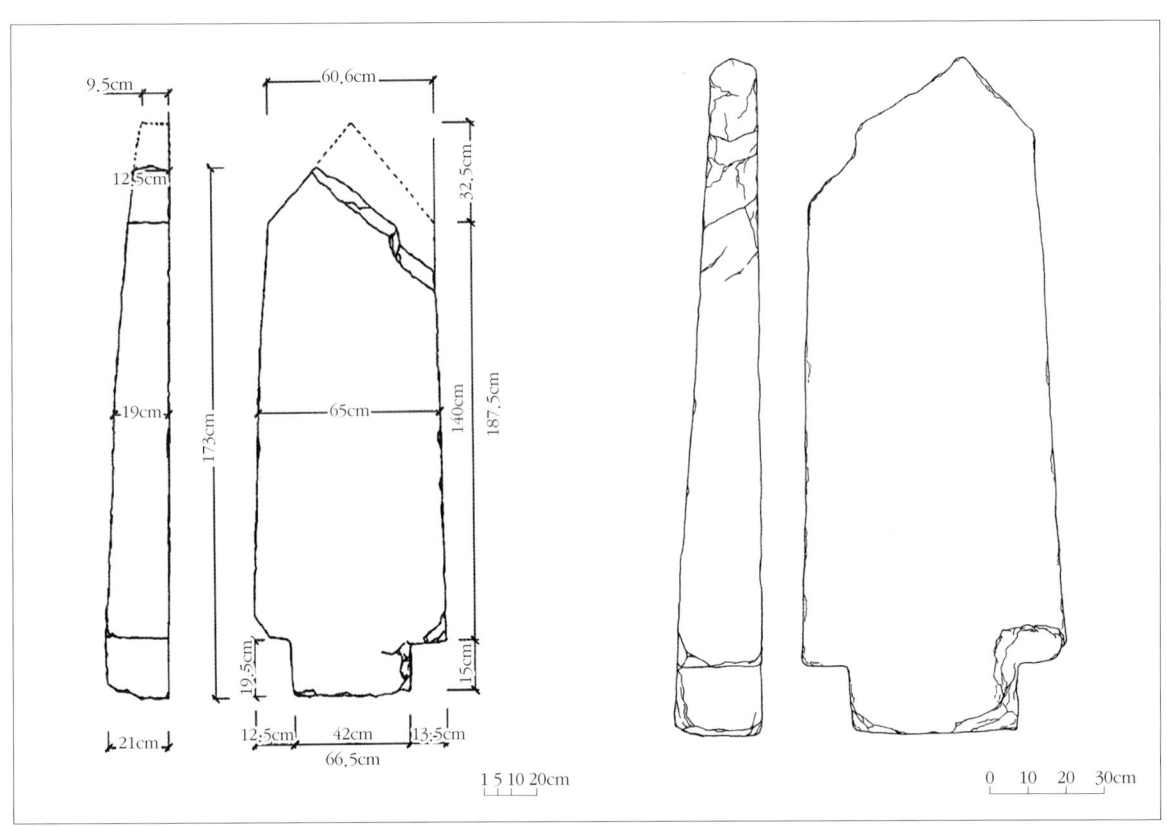

그림 5 집안고구려비 앞면(左)과 뒷면(右)의 정면도·측면도(『集安高句麗碑』, 9쪽)

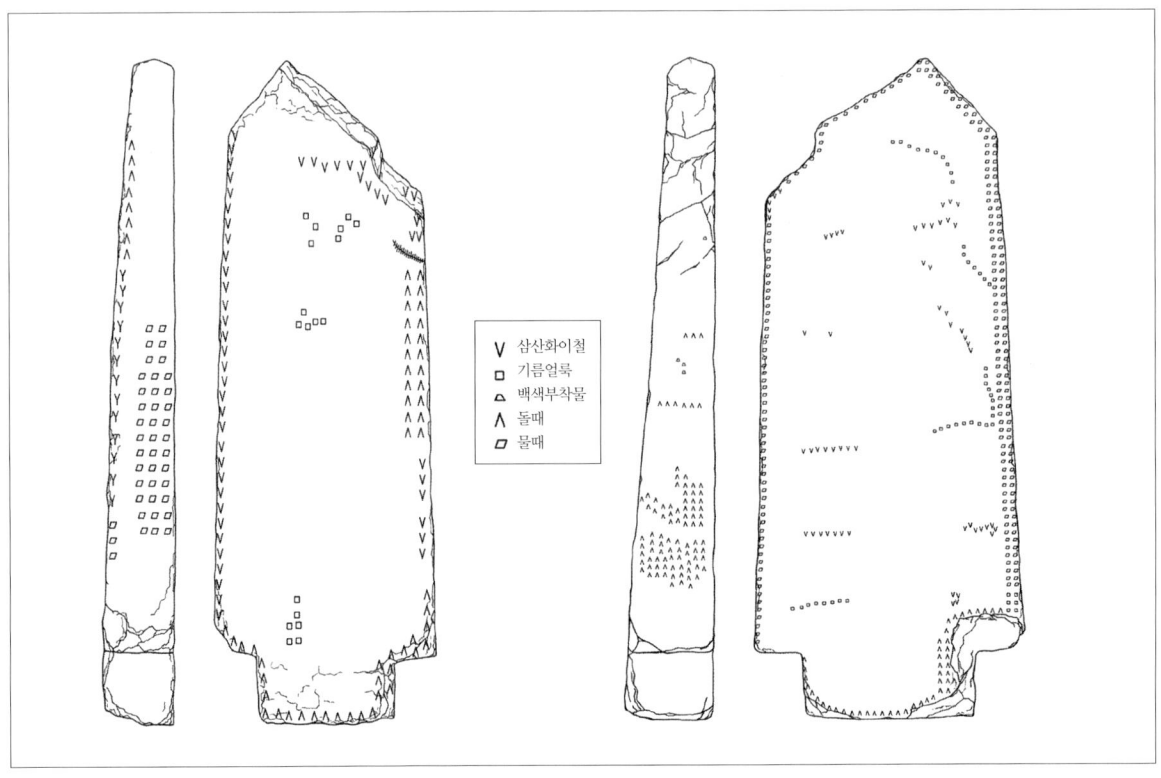

그림 6 집안고구려비 앞면(左)과 뒷면(右)의 때 끼인 모습(『集安高句麗碑』, 136쪽)

서 명문의 일부가 모호해졌음. 조사팀은 정면에서 총 156자를 판독함. 뒷면에는 한 행만 확인할 수 있음. 좌측에 인위적으로 鑿損한 흔적이 있고, 필획 흔적이 희미하게 보이는데, 烟戶頭의 이름 등으로 추정됨.

(3) 석재의 출처

集安高句麗碑는 화강암 석질인데, 이러한 석질은 현지에서 많이 볼 수 있음. 集安의 지층은 火成巖이 주를 이루고, 沉積巖과 變質巖이 그 다음을 차지함. 지질구조는 대다수 화강암으로 구성되어 있음. 集安市區 서쪽의 면적 150제곱킬로미터 범위는 화강암인데, 집안고구려비의 석질과 서로 부합함.

集安高句麗碑는 알갱이가 들어간 화강암 재질임. 알갱이는 굵고 그 사이의 틈은 비교적 크다는 특징을 갖추고 있어, 비석에 대하여 여러 종류의 병해와 표면의 오염을 조성하기가 쉬움.

석비가 출토된 이후 集安市文物局과 集安市博物館은 전문인원을 조직하여 여러 차례에 걸쳐 석비가 출토된 지점 부근의 채석장을 방문하여, 석비의 석재 출처에 대하여 조사를 진행하였음. 먼저 석비가 출토된 지점에서 북쪽으로 1km 떨어진 麻線鄕 建疆村 채석장에 대하여 조사를 진행함. 建疆채석장의 중심지리 좌표는 동경 126° 08′08″, 북위 41° 06′15″, 해발은 196m임. 이 채석장의 석질은 화강암이고, 색깔은 분홍색임. 석질은 고구려비와 같지만, 색깔이 같지 않음. 또 석영 함량이 많음. 그러므로 이 지점에 대해서는 조사조를 배제하였음. 두 번째 조사지점은 紅星채석장임. 麻線河 상류 좌안에 위치하는데 麻線鄕 紅星村 2組에 속함. 중심지리 좌표는 북위 41° 06′414″, 동경 126° 08′190″, 해발은 193m임. 채석장이 위치한 지점은 七星山 산줄기의 최서단으로 麻線河와의 거리는 앞으로 50m임. 남쪽으로 약 1.5km 떨어진 지점이 集安高句麗碑 출토지임. 북측은 麻線溝고분군의 石廟子 일대임. 채석장은 일찍부터 개발되었는데, 현재 최서단 산봉우리는 채석으로 인하여 평평해짐. 2012년 9월 20일 조사조는 이 채석장에 대하여 전면적인 조사를 진행함. 채석장의 석질은 화강암이고, 석재의 색깔은 분홍색으로 석비의 석질과 색깔이 같음. 또 석비의 출토지와 그리 멀지 않음. 이에 조사조의 전체 인원 모두 紅星채석장이 집안고구려비의 석재를 채석한 지점이라고 추정함.

2) 集安高句麗碑 판독문

(1) 보고서(集安市博物館, 2013)의 판독문과 글자 현황 기술

集安高句麗碑 정면에 새겨진 비문은 오른쪽에서 시작하여 세로로 써내려 갔음. 모두 10행으로 행마다 22자를 새겼고, 마지막 행에는 20자를 새김. 총 218자인데, 專家組는 아래와 같이 총 156자를 판독하였음.

표 1 「中國文物報」 및 『集安高句麗碑』(보고서)의 판독문

	1	5	10	15	20
I	□□□□世必授天道自承元王始祖鄒牟王之創基也					
II	□□□子河伯之孫神靈祐護蔽蔭開國辟土継胤相承					
III	□□□□□□烟戶以此河流四時祭祀然而□脩長烟					
IV	□□□□烟戶□□□富足□轉賣□守墓者以銘					
V	□□□□□□罡□太王□□□□王神□□興東西					
VI	□□□□□□追述先聖功勳彌高悠烈継古人之慷慨					
VII	□□□□□□自戊□定律教□發令其脩復各於					
VIII	□□□□立碑銘其烟戶頭廿人名以示後世自今以後					
IX	守墓之民不得擅自更相轉賣雖富足之者亦不得其買					
X	賣如有違令者後世□嗣□□看其碑文与其罪過					

* 밑줄 없는 글자는 「中國文物報」 2013. 1. 4에 제시된 140자 판독문임. 밑줄 친 글자는 보고서 156자 판독문에 추가된 것, 진한 글자는 수정자.

비문 탁본을 근거로 석비의 문자 현황은 2종류로 나눌 수 있음. 첫째 專家組가 토론을 통해 판독한 문자임. 둘째 판독 불능자임. 판독 불능자는 마모가 심한

것, 자형과 자획을 판별하기 어려운 것, 대체적인 현상을 식별할 수 있는 것, 학자들의 견해차가 큰 것 등이 있음. 판독불능자는 □로 표시하고, 설명하지 않음. 판독이 가능한 문자는 명확(清楚), 비교적 명확(較清楚), 대체로 명확(基本清楚) 등으로 나눌 수 있음. 판독 가능자 156자 가운데 명확한 글자는 46자로 29.48%, 비교적 명확한 글자는 89자로 57.05%, 대체로 명확한 글자는 21자로 13.46%를 차지함.

I-1. □ : 비석이 파손되면서 결실됨.
I-2. □ : 비석이 파손되면서 결실됨.
I-3. □ : 비석이 파손되면서 결실됨.
I-4. □ : 비석이 파손되면서 결실됨.
I-5. 世 : 전체가 비교적 명확함. 너비는 5.2cm, 높이는 3.5cm임. 세로획 중 가로획 부근의 鑿痕은 비교적 얕고, 자획이 끊어져 결실된 곳의 길이는 0.9cm임. 그 안측에는 필획과 같은 패인 곳이 아직 남아 있는데, 길이는 1cm, 너비는 0.5cm임. '世'자 필획의 최대 너비는 0.6cm, 최소 너비는 0.1cm임.
I-6. 必 : 전체가 명확함. 너비는 5.3cm, 높이는 3.8cm임. 파인 획(捺劃) 위에는 크랙(泐痕)이 그 끝부분을 관통하는 것을 볼 수 있는데, 크랙(泐痕)의 길이는 7.5cm임. 글자체는 전체적으로 두터운데, 최대 너비는 0.9cm임.
I-7. 授 : 전체가 비교적 명확함. '扌'변(旁)의 하단 竪鉤劃은 휘어져 있고, 굵기가 고르지 않은데, 마모 때문일 수 있음. '冖'의 우측에 패인 곳(凹坑)이 있는데, '冖'의 折劃과 중첩되어 있고 너비는 1.1cm임. 그 아래의 '又'자는 비교적 모호함. 파인 획(捺劃)은 横捺에 가까움.
I-8. 天 : 전체가 비교적 명확함. 너비는 4cm, 높이는 3.6cm임. 위의 가로획은 비교적 짧고, 아래 가로획은 비교적 가늘고 깊. 삐친 획(撇劃)의 斷續은 그다지 명확하지 않음. 삐친 획(撇劃)과 파인 획(捺劃) 사이에 길이 1.8cm, 너비 1.3cm인 세로방향의 패인 곳(凹痕)이 있음. 필획의 최대 너비는 0.5cm임.

I-9. 道 : 전체가 대체로 명확함. 너비는 5cm, 높이는 4.5cm임. 글자에서는 '首'자와 走 변(旁)을 판별할 수 있는데, 장기간 마모되면서, 走 변(旁)의 필획은 약간 가늘어졌음. '首'자는 약간 모호하지만, 그 형태가 나타남.

I-10. 自 : 전체가 명확함. 너비는 2.5cm, 높이는 3.3cm임. 글자의 형태는 비교적 작음. 필획의 굵기는 균등함. 다만 '目'자 안의 가로획은 약간 가늚.

I-11. 承 : 전체가 비교적 명확함. 너비는 5.5cm, 높이는 4cm임. 좌변의 가로로 삐친 획(橫撇劃)은 마모가 심하여 끊어졌다 이어졌다 하고 있음. 우변 파인 획(捺劃)의 하단에는 비스듬하게 패인 흔적(凹痕)이 있음.

I-12. 元 : 전체가 비교적 명확함. 너비는 5cm, 높이는 3cm임. 위의 가로(上橫)획은 비교적 짧아서 점 모양임. 아래 가로(下橫)획은 길고 가느다람. 삐친 획(撇劃)과 竪彎鉤劃 모두 비교적 가늚.

I-13. 王 : 전체가 비교적 명확함. 너비는 4.5cm, 높이는 3.3cm임. 중상단 두 가로획의 거리는 가까움. 중간 가로획 오른쪽 부분의 파인 흔적(鑿痕)은 비교적 얕음. 게다가 마모가 심하여 명확하지 않음. 아랫면 가로획 오른쪽 위 모서리에 패인 곳(凹坑)이 있는데, 이 획의 끝부분과 서로 연결되어 있음

I-14. 始 : 전체가 비교적 명확함. 너비는 4.2cm, 높이는 3cm임. '女'자 변(旁) 가로획 아래에는 길이 1.3cm, 너비 0.3cm의 가로방향의 필획 흔적이 있는데, 가로로 撇折劃의 상단을 관통함. 우측 '台'자의 상단은 비교적 작고, 삼각형 모양임.

I-15. 祖 : 전체가 비교적 명확함. 너비는 4.5cm, 높이는 3.3cm임. '示'자 변(旁)의 상단 삐친 획(撇劃)과 점획(點劃)은 비교적 가늘고, 매우 명확하지 않음. 우측 '且'자는 좌변이 가늘고 우변이 두터움. 글자는

뚜렷함.

Ⅰ-16. 鄒 : 전체가 비교적 명확함. 너비는 4cm, 높이는 3.5cm임. 좌측에서 '土'자 2개가 위아래로 배열된 것을 볼 수 있음. 위아래 두 橫折劃은 명확하지 않음. 우측 'ß'변(旁)은 뚜렷함.

Ⅰ-17. 牟 : 전체가 비교적 명확함. 너비는 4cm, 높이는 4.2cm임. 상단은 비교적 좁고 삼각형 모양임. 하단 '牛'자에서 삐친 획(撇劃)은 없고, 가로획 가운데 위는 짧고 아래는 김. 세로획(豎劃)의 파인 흔적(鑿痕)은 얕고 가늚.

Ⅰ-18. 王 : 전체가 대체로 명확함. 너비는 4m, 높이는 3cm임. 字形은 판별할 수 있음.

Ⅰ-19. 之 : 전체가 비교적 명확함. 너비는 4.2cm, 높이는 2.5cm임. 좌상단의 두 점 사이의 위로 치우친 지점에 패인 곳(凹坑)이 있음. 상단 점획(點劃)이 서로 연결됨.

Ⅰ-20. 創 : 전체가 비교적 명확함. 너비는 4.2cm, 높이는 3.5cm임. 좌측 '倉'자 아래의 '口'는 약간 모호함. 우측 '刂'변(旁) 하단에는 흠집(疤痕)이 겹쳐져 있음. 흠집(疤痕)은 너비가 1cm임.

Ⅰ-21. 基 : 전체가 명확함. 너비는 5cm, 높이는 4.2cm임.

Ⅰ-22. 也 : 전체가 비교적 명확함. 너비는 5cm, 높이는 4.2cm임. 좌측 豎彎鉤筆劃의 중부와 중간 세로획 사이에 비교적 큰 흠집(疤痕)이 관통함. 흠집(疤痕)은 가로 길이 2.5cm, 세로 높이 0.9cm임.

Ⅱ-1. □ : 비석이 파손되면서 결실됨.

Ⅱ-2. □ : 비석이 파손되면서 결실됨.

Ⅱ-3. □ : 비석이 파손되면서 결실됨.

Ⅱ-4. 子 : 전체가 명확함. 너비는 4.3cm, 높이는 3cm임. 필획은 두터운데, 최대 너비는 0.7cm임.

Ⅱ-5. 河 : 전체가 명확함. 너비는 4.5cm, 높이는 3.5cm임. 우측 '可'자 필획은 두터운데, 최대 너비는 0.7cm임.

Ⅱ-6. 伯 : 전체가 대체로 명확함. 너비는 4cm, 높이는 3.5cm임. 좌측 'ㅅ'변(旁) 필획은 뚜렷하지만, 우측 '白'자는 뚜렷하지 않음.

Ⅱ-7. 之 : 전체가 명확함. 너비는 4cm, 높이는 3.5cm임.

Ⅱ-8. 孫 : 전체가 비교적 명확함. 너비는 4.5cm, 높이는 3.8cm임. 좌측 '子'자 橫折劃의 꺾이는 지점은 그다지 뚜렷하지 않음. 豎鉤劃의 鉤 부분에 가로 방향의 흠집(疤痕)이 있음. 흠집(疤痕)은 가로 길이 1.4cm, 세로 높이 0.9cm임. 우측 '系'자는 마모로 인하여 약간 모호함. 대체로 字形은 판별할 수 있음.

Ⅱ-9. 神 : 전체가 비교적 명확함. 너비는 4.4cm, 높이는 4cm임. '示'자 변(旁) 오른쪽 점획(點劃)은 뚜렷하지 않음. 우측 '申'자 좌상단 모서리에는 비스듬한 흠집이 있는데, 길이는 2cm, 너비는 0.5cm임. '申'자 중간 세로획 윗부분과 연결됨.

Ⅱ-10. 靈 : 전체가 비교적 명확함. 너비는 4.2cm, 높이는 4.2cm임. 상단 '雨'字 필획은 비교적 명확함. 하단은 패인 곳과 흠집으로 인해 훼손됨.

Ⅱ-11. 祐 : 전체가 비교적 명확함. 너비는 4.9cm, 높이는 3.4cm임. 좌측 '示'자 변(旁)은 마모가 심함. 삐친 획(撇劃)과 세로획 사이에는 삼각형의 흠집(疤痕)이 있는데, 흠집(疤痕)은 최대 너비가 1cm임. 우측 '右'자 하단 '口'자 오른쪽의 세로획은 명확하지 않음.

Ⅱ-12. 護 : 전체가 비교적 명확함. 너비는 3.7cm, 높이는 2.8cm임. 좌측 '言'자 변(旁)에서 2번째 가로획(橫劃) 이하 필획은 뚜렷하지 않음. 우측 字形은 비교적 명확함.

Ⅱ-13. 蔽 : 전체가 대체로 명확함. 너비는 4.5cm, 높이는 3.5cm임. 전체 字形의 윤곽은 드러남.

Ⅱ-14. 蔭 : 전체가 비교적 명확함. 너비는 4.2cm, 높이는 4.2cm임. 상단 '艹'자는 모호해져 뚜렷하지 않음. 하단 좌측 'ß'변(旁) 세로획은 약간 좌측으로 휘

어져 있음.

Ⅱ-15. 開 : 전체가 비교적 명확함. 너비는 4cm, 높이는 3.7cm임. 字形은 명확함. 좌우 양변 세로획은 비교적 뚜렷하고, 그 나머지 부분은 약간 모호함.

Ⅱ-16. 國 : 전체가 비교적 명확함. 너비는 3.7cm, 높이는 3.5cm임. '口'자 틀은 뚜렷함. '或'자는 약간 모호함. 필획 굵기는 비교적 균등함.

Ⅱ-17. 辟 : 전체가 명확함. 너비는 4.9cm, 높이는 4cm임. 왼쪽 부분은 위로 약간 치우쳐 있고, 오른쪽 부분은 아래로 약간 치우쳐 있음. '辛'자 하단에는 '一' 가로획이 하나 더 있음. 세로획의 끝부분은 왼쪽을 향하는 갈고리 모양임.

Ⅱ-18. 土 : 전체가 명확함. 너비는 3.9cm, 높이는 3.4cm임. 상단의 필획은 뚜렷함. 하단 가로획은 약간 모호함.

Ⅱ-19. 継 : 전체가 비교적 명확함. 너비는 5.3cm, 높이는 3.8cm임. 좌측 '糸' 변(旁)의 가운데 부분에 새긴 흔적(鑿痕)이 비교적 얕아 필획이 끊어진 모양임. 우측은 약간 위로 치우쳐 있음. 아랫부분의 가로획은 '糸' 변(旁) 가운데 부분과 나란히 함.

Ⅱ-20. 胤 : '胤'자의 이체자임. 상단에는 '一' 가로획이 하나 더 있음. 전체가 명확함. 너비는 4.9cm, 높이는 4.1cm임. 우측 '夂' 변(旁)의 삐친 획(撇劃)은 비교적 가늚.

Ⅱ-21. 相 : 전체가 명확함. 너비는 4.5cm, 높이는 2.5cm임. 좌측 '木'자 변(旁)의 세로획 아랫부분은 왼쪽으로 휘어져 있음.

Ⅱ-22. 承 : 전체가 명확함. 너비는 5.3cm, 높이는 3.4cm임. 상단의 가로로 삐친 획(橫撇劃)은 扁口形임.

Ⅲ-1. □ : 비석이 파손되면서 결실됨.

Ⅲ-2. □ : 비석이 파손되면서 결실됨.

Ⅲ-3. □

Ⅲ-4. □

Ⅲ-5. □

Ⅲ-6. □

Ⅲ-7. 烟 : 전체가 대체로 명확함. 너비는 4.3cm, 높이는 3.7cm임. 마모가 비교적 심하여 글자 필획이 모호함. 다만 전체적인 윤곽은 판별할 수 있음.

Ⅲ-8. 戶 : 전체가 대체로 명확함. 너비는 3.2cm, 높이는 3cm임. 마모가 비교적 심하여 글자 필획이 모호함. 다만 '戶'자의 전체 윤곽은 판별할 수 있음.

Ⅲ-9. 以 : 전체가 비교적 명확함. 너비는 5.1cm, 높이는 2.5cm임. 좌측 豎提劃과 점획(點劃)이 연결되면서 圈狀을 이룸. 우측 삐친 획(撇劃)은 비교적 짧고, 파인 획(捺劃)과 연결되는 두 지점은 명확하지 않음. 파인 획(捺劃)은 비교적 깊.

Ⅲ-10. 此 : 전체가 대체로 명확함. 너비는 4.4cm, 높이는 3.2cm임. 상단의 '山'자는 비교적 뚜렷함. 하단의 필획은 약간 모호함.

Ⅲ-11. 河 : 전체가 비교적 명확함. 너비는 3.6cm, 높이는 3cm임. 좌측 '氵' 변(旁)은 비교적 뚜렷함. 우측 '可'자는 약간 모호하지만, 전체 字形은 판별할 수 있음.

Ⅲ-12. 流 : 전체가 비교적 명확함. 너비는 5.5cm, 높이는 3.4cm임. 좌측 '氵' 변(旁)은 비교적 뚜렷함. 우측 상단은 '亡'자 모양이고, 하단 중간의 세로획은 명확함. 좌우 양 획은 약간 모호함. 아울러 흠집(疤痕)이 있음.

Ⅲ-13. 四 : 전체가 명확함. 너비는 3.7cm, 높이는 2cm임.

Ⅲ-14. 時 : 전체가 비교적 명확함. 너비는 5.3cm, 높이는 3.7cm임. 좌측 '日'자 변(旁)은 비교적 뚜렷함. 우측 '寺'자 상단 세로획은 모호하여 명확하지 않음. 하단 豎鉤劃과 가로획이 서로 만나는 지점은 명확하지 않음.

Ⅲ-15. 祭 : 전체가 비교적 명확함. 너비는 5cm, 높

이는 4.5cm임. 하단의 '示'자 제1 가로획은 비교적 가늘고, 세로획은 비교적 굵음.

Ⅲ-16. 祀 : 전체가 비교적 명확함. 너비는 5cm, 높이는 3.1cm임. 좌측 '示'자 변(旁)의 가로획은 약간 모호함. 점획(點劃)은 비교적 작음.

Ⅲ-17. 然 : 전체가 비교적 명확함. 너비는 5cm, 높이는 3.5cm임. 상단 우측의 '犬'자 삐친 획(撇劃)은 비교적 가늘고, 파인 획(捺劃)은 비교적 굵음.

Ⅲ-18. 而 : 전체가 비교적 명확함. 너비는 4cm, 높이는 3cm임. 상단 가로획과 가운데 부분 가로획은 뚜렷함. 하면에서는 4개의 작은 세로획을 볼 수 있는데, 뚜렷하지는 않음.

Ⅲ-19. □

Ⅲ-20. 俻 : 비문에서는 '備'자의 이체자임. 그 좌측의 '亻' 변(旁)은 두 개의 병렬된 '亻' 변(旁)으로 이루어짐. 전체가 비교적 명확함. 너비는 5cm, 높이는 4cm임.

Ⅲ-21. 長 : 전체가 명확함. 너비는 4.5cm, 높이는 3.3cm임.

Ⅲ-22. 烟 : 전체가 비교적 명확함. 너비는 3.5cm, 높이는 2.4cm임. 좌측 '火'자 변(旁)은 뚜렷하지 않음.

Ⅳ-1. □ : 비석이 파손되면서 결실됨.

Ⅳ-2. □

Ⅳ-3. □

Ⅳ-4. □

Ⅳ-5. 烟 : 전체가 대체로 명확함. 너비는 6cm, 높이는 3.4cm임. 필획은 모호하지만, 좌우 구조를 판별할 수 있음. '烟'자의 대체적인 윤곽은 판별할 수 있음.

Ⅳ-6. 戶 : 전체가 대체로 명확함. 너비는 3.5cm, 높이는 3.3cm임. 필획은 모호하지만, '戶'자라는 대체적인 윤곽은 판별할 수 있음.

Ⅳ-7. □

Ⅳ-8. □

Ⅳ-9. □

Ⅳ-10. □

Ⅳ-11. 富 : 전체가 비교적 명확함. 너비는 5cm, 높이는 4.5cm임. '宀'자는 비교적 명확함. '宀' 아래의 '口'자와 '田'자는 字形을 판별할 수 있음.

Ⅳ-12. 足 : 전체가 비교적 명확함. 너비는 3.4cm, 높이는 4cm임. 상단의 '口'자는 명확함. 하단의 折點도 명확함. 파인 획(捺劃)은 점 모양임.

Ⅳ-13. □

Ⅳ-14. 轉 : 전체가 비교적 명확함. 너비는 5.2cm, 높이는 4.5cm임. 마모가 심하여 필획은 모호하지만, 字形은 명확하게 판별할 수 있음.

Ⅳ-15. 賣 : 전체가 비교적 명확함. 너비는 4.8cm, 높이는 5.2cm임. 마모가 심하여 필획은 약간 모호함. 다만 字形은 명확하게 판별할 수 있음.

Ⅳ-16. □

Ⅳ-17. □

Ⅳ-18. 守 : 전체가 비교적 명확함. 너비는 4cm, 높이는 3.5cm임. 마모로 인하여 필획은 약간 모호함.

Ⅳ-19. 墓 : 전체가 대체로 명확함. 너비는 5cm, 높이는 5cm임. 마모가 심하여 필획은 모호하여 명확하지 않음. 하지만 전체적인 字形은 판별할 수 있음.

Ⅳ-20. 者 : 전체가 명확함. 너비는 3.5cm, 높이는 3.4cm임.

Ⅳ-21. 以 : 전체가 명확함. 너비는 4.5cm, 높이는 1.8cm임.

Ⅳ-22. 銘 : 전체가 비교적 명확함. 너비는 4.5cm, 높이는 3.2cm임.

Ⅴ-1. □

Ⅴ-2. □

Ⅴ-3. □

Ⅴ-4. □

Ⅴ-5. □

Ⅴ-6. □

Ⅴ-7. □

Ⅴ-8. 罡 : 전체가 비교적 명확함. 너비는 4cm, 높이는 3.8cm임. 상단의 '四'자는 명확함. 하단의 작은 가로(小橫)와 큰 가로(大橫)는 명확함. 세로획은 명확하지 않음.

Ⅴ-9. □

Ⅴ-10. 太 : 전체가 명확함. 너비는 4.5cm, 높이는 3cm임.

Ⅴ-11. 王 : 전체가 비교적 명확함. 너비는 4.2cm, 높이는 3cm임. 상단의 가로획은 약간 가늘고, 새겨진 흔적은 비교적 얕음. 하단의 '土'자는 명확함.

Ⅴ-12. □

Ⅴ-13. □

Ⅴ-14. □

Ⅴ-15. □

Ⅴ-16. 王 : 전체가 비교적 명확함. 너비는 4.5cm, 높이는 2.8cm임.

Ⅴ-17. 神 : 전체가 비교적 명확함. 너비는 4.5cm, 높이는 3.4cm임.

Ⅴ-18. □

Ⅴ-19. □

Ⅴ-20. 興 : 전체가 비교적 명확함. 너비는 4.9cm, 높이는 2.8cm임.

Ⅴ-21. 東 : 전체가 비교적 명확함. 너비는 3.5cm, 높이는 3.5cm임.

Ⅴ-22. 西 : 전체가 비교적 명확함. 너비는 3.4cm, 높이는 2.3cm임

Ⅵ-1. □

Ⅵ-2. □

Ⅵ-3. □

Ⅵ-4. □

Ⅵ-5. □

Ⅵ-6. □

Ⅵ-7. 追 : 전체가 비교적 명확함. 너비는 5cm, 너비는 4cm임. 좌측에 비교적 큰 흠집(疤痕)이 있음.

Ⅵ-8. 述 : 전체가 비교적 명확함. 너비는 3.8cm, 높이는 3cm임. 마모가 심하여, '辶'변(旁) 상단의 '朮'자 삐친 획(撇劃)과 파인 획(捺劃) 사이의 흠집(疤痕)은 필획과 거의 연결되어 하나를 이룸.

Ⅵ-9. 先 : 전체가 명확함. 너비는 3.8cm, 높이는 3.4cm임.

Ⅵ-10. 聖 : 전체가 명확함. 너비는 4cm, 높이는 3.7cm임.

Ⅵ-11. 功 : '功'자의 이체자임. '功'자의 하면에 4개의 점이 더해져 있음. 전체가 비교적 명확함. 너비는 3.5cm, 높이는 2cm임. 字形은 비교적 작고, 약간 얼룩덜룩함.

Ⅵ-12. 勳 : 전체가 비교적 명확함. 너비는 4.5cm, 높이는 4cm임. 비록 약간 얼룩덜룩하지만, 字形과 구조는 판별할 수 있음.

Ⅵ-13. 彌 : 전체가 비교적 명확함. 너비는 4.5cm, 높이는 3cm임.

Ⅵ-14. 高 : 전체가 비교적 명확함. 너비는 4.5cm, 높이는 3.8cm임.

Ⅵ-15. 悠 : 전체가 대체로 명확함. 너비는 4.5cm, 높이는 3.5cm임. 좌측 '亻'변(旁)과 아래의 4개 점획(點劃)은 비교적 명확함. 우반부의 '攵'字頭는 마모가 심하여 필획이 모호함.

Ⅵ-16. 烈 : 전체가 비교적 명확함. 너비는 3.8cm, 높이는 3.2cm임.

Ⅵ-17. 継 : 전체가 비교적 명확함. 너비는 4.5cm, 높이는 2.8cm임.

Ⅵ-18. 古 : 전체가 비교적 명확함. 너비는 4cm, 높이는 3cm임.

Ⅵ-19. 人 : 전체가 명확함. 너비는 3.5cm, 높이는

3cm임. 삐친 획(撇劃)과 파인 획(捺劃)이 합쳐지는 부분은 훼손됨. 두 획은 교차하는 모양임.

Ⅵ-20. 之 : 전체가 명확함. 너비는 3.8cm, 높이는 3cm임.

Ⅵ-21. 慷 : 전체가 명확함. 너비는 5cm, 높이는 3.5cm임. 우측 '康'자는 흠집(疤痕)이 비교적 많아서 얼룩덜룩함.

Ⅵ-22. 慨 : 전체가 비교적 명확함. 너비는 5cm, 높이는 3.2cm임. 글자의 외쪽 부분은 비교적 명확함. 오른쪽 부분은 약간 모호함.

Ⅶ-1. □

Ⅶ-2. □

Ⅶ-3. □

Ⅶ-4. □

Ⅶ-5. □

Ⅶ-6. □

Ⅶ-7. □

Ⅶ-8. □

Ⅶ-9. 自 : 전체가 비교적 명확함. 너비는 2.5cm, 높이는 3cm임.

Ⅶ-10. 戊 : 전체가 명확함. 너비는 4.5cm, 높이는 3cm임.

Ⅶ-11. □

Ⅶ-12. 定 : 전체가 비교적 명확함. 너비는 4cm, 높이는 3cm임. '宀'의 왼쪽 아래에는 패인 곳(凹坑)이 있음. 아랫부분의 삐친 획(撇劃)은 명확하지 않음.

Ⅶ-13. 律 : 전체가 비교적 명확함. 너비는 4.5cm, 높이는 4cm임. '彳' 변(旁) 중 두 삐친 획(撇劃)의 간격이 가까워서 하나로 이어진 것처럼 보임. 우측 '聿'자 하단의 두 가로획은 비교적 가늘고 모호하여 명확하지 않음.

Ⅶ-14. 敎 : 전체가 비교적 명확함. 너비는 4.9cm, 높이는 3.5cm임. 좌측 '孝'자는 비교적 명확함. 우측 '攵'변(旁) 중 삐친 획(撇劃)과 파인 획(捺劃)은 비교적 가늚.

Ⅶ-15. □

Ⅶ-16. 發 : 전체가 비교적 명확함. 너비는 5cm, 높이는 3.2cm임. 상단의 필획은 비교적 명확하지만, 하단은 약간 모호함.

Ⅶ-17. 令 : 전체가 비교적 명확함. 너비는 3.7cm, 높이는 3cm임. 하단 橫折劃의 꺾인 획과 점획(點劃)은 비교적 짧고 서로 연결되어 있음.

Ⅶ-18. 其 : 전체가 대체로 명확함. 너비는 3.5cm, 높이는 3.3cm임. 전체적으로 약간 모호하여 명확하지 않지만, 字形의 윤곽으로 판별할 수 있음.

Ⅶ-19. 脩 : 전체가 비교적 명확함. 너비는 4.8cm, 높이는 3.3cm임. 좌측 '亻' 변(旁) 필획은 명확함. 오른쪽 부분은 약간 모호하고, 하단은 흠집(疤痕)이 있음.

Ⅶ-20. 復 : 전체가 명확함. 너비는 4.5cm, 높이는 4cm임.

Ⅶ-21. 各 : 전체가 명확함. 너비는 4.4cm, 높이는 2.9cm임.

Ⅶ-22. 於 : 전체가 명확함. 너비는 4.8cm, 높이는 2.7cm임.

Ⅷ-1. □

Ⅷ-2. □

Ⅷ-3. □

Ⅷ-4. □

Ⅷ-5. 立 : 전체가 대체로 명확함. 너비는 4.5cm, 높이는 4.3cm임. 상단의 점획(點劃)은 명확함. 두 가로획도 비교적 명확함. 다만 중간 부분은 마모로 인하여 모호함.

Ⅷ-6. 碑 : 전체가 비교적 명확함. 너비는 5cm, 높이는 3.5cm임. 마모가 조금 심하여 필획이 약간 모호함. 다만 字形의 윤곽은 판별할 수 있음.

Ⅷ-7. 銘 : 전체가 비교적 명확함. 너비는 5cm, 높이는 4cm임. 마모가 심하여 필획이 얼룩덜룩함. 좌측 '金'자 변(旁)은 비교적 명확하고, '名'자 오른쪽 윗 모서리에 있는 흠집(疤痕)과 이어짐.

Ⅷ-8. 其 : 전체가 비교적 명확함. 너비는 4cm, 높이는 4cm임. 상단 좌측 세로획에는 흠집(疤痕)이 있음. 왼쪽 아래 삐친 획(撇劃)은 명확하지 않음.

Ⅷ-9 烟 : 전체가 대체로 명확함. 너비는 5cm, 높이는 3.2cm임. 字形은 비교적 명확함.

Ⅷ-10. 戶 : 전체가 비교적 명확함. 너비는 3.5cm, 높이는 3.4cm임. 왼쪽 위 모서리에는 흠집(疤痕)이 있고, 필획은 얼룩덜룩함.

Ⅷ-11. 頭 : 전체가 비교적 명확함. 너비는 5cm, 높이는 3.5cm임.

Ⅷ-12. 廿 : 전체가 비교적 명확함. 너비는 4.5cm, 높이는 3.5cm임. 우측 세로획은 약간 모호함.

Ⅷ-13. 人 : 전체가 명확함. 너비는 4.4cm, 높이는 3.2cm임.

Ⅷ-14. 名 : 전체가 비교적 명확함. 너비는 3.5cm, 높이는 3.2cm임. 좌상단에 흠집(疤痕)이 있는데, 삐친 획(撇劃)과 이어짐. 왼쪽 아래에는 크랙(泐痕)이 있음.

Ⅷ-15. 以 : 전체가 대체로 명확함. 너비는 5cm, 높이는 2cm임. 상단에는 흠집(疤痕)이 여러 곳 있고, 필획은 얼룩덜룩함. 대체로 字形은 판별할 수 있음.

Ⅷ-16. 示 : 전체가 비교적 명확함. 너비는 4cm, 높이는 3cm임. 상단의 가로획은 비교적 짧아 점 모양(點狀)임.

Ⅷ-17. 後 : 전체가 비교적 명확함. 너비는 4.5cm, 높이는 3.8cm임. 좌측 '彳' 변(旁) 두 삐친 획(撇劃)의 간격이 가까워서 서로 이어진 것처럼 보임. 세로획은 왼쪽 아래로 비스듬하게 기울어져 있음.

Ⅷ-18. 世 : 전체가 명확함. 너비는 4.3cm, 높이는 2.3cm임.

Ⅷ-19. 自 : 전체가 명확함. 너비는 2cm, 높이는 3cm임.

Ⅷ-20. 令 : 전체가 명확함. 너비는 5cm, 높이는 3.8cm임.

Ⅷ-21. 以 : 전체가 명확함. 너비는 4.7cm, 높이는 1.8cm임.

Ⅷ-22. 後 : 전체가 명확함. 너비는 4.8cm, 높이는 3.3cm임.

Ⅸ-1. 守 : 전체가 비교적 명확함. 너비는 3.5cm, 높이는 2.8cm임. 마모가 심하고 글자 주위에 흠집(疤痕)이 많지만, 필획은 비교적 명확함.

Ⅸ-2. 墓 : 전체가 비교적 명확함. 너비는 4cm, 높이는 4cm임. 마모가 비교적 심하고 필획은 얼룩덜룩하지만, 字形의 윤곽은 판별할 수 있음.

Ⅸ-3. 之 : 전체가 비교적 명확함. 너비는 4cm, 높이는 2.3cm임. 점획(點劃)과 가로로 삐친 별획(橫撇劃) 사이는 약간 모호함.

Ⅸ-4. 民 : 전체가 비교적 명확함. 너비는 4cm, 높이는 3.3cm임. 마모가 비교적 심하고 필획은 얼룩덜룩하지만, 字形의 윤곽은 명확하게 판별할 수 있음.

Ⅸ-5. 不 : 전체가 비교적 명확함. 너비는 3.5cm, 높이는 2.8cm임. 마모가 비교적 심하고, 필획은 얼룩덜룩함. 우측에 비교적 많은 흠집(疤痕)이 있음.

Ⅸ-6. 得 : 전체가 비교적 명확함. 너비는 4.5cm, 높이는 4cm임. 좌측 '彳' 변(旁)은 위로 약간 치우쳐져 있고, 오른쪽 부분은 아래로 약간 치우져 있어서 자획이 다소 어긋나 있음. 마모가 비교적 심하고, 필획은 얼룩덜룩함.

Ⅸ-7. 擅 : 전체가 대체로 명확함. 너비는 4.5cm, 높이는 4.5cm임. 마모가 비교적 심하고 필획은 모호하여 명확하지 않지만, 그 윤곽은 판별할 수 있음.

Ⅸ-8. 自 : 전체가 대체로 명확함. 너비는 3.5cm, 높이는 3.2cm임. 마모가 비교적 심하고 필획은 모호하여 명확하지 않지만, 그 윤곽은 판별할 수 있음.

Ⅸ-9. 更：전체가 비교적 명확함. 너비는 4.5cm, 높이는 3.5cm임. 왼쪽 상단에는 비스듬한 흠집(疤痕)과 가로획이 서로 겹쳐져 있음.

Ⅸ-10. 相：전체가 명확함. 너비는 4.5cm, 높이는 3.6cm임.

Ⅸ-11. 轉：전체가 비교적 명확함. 너비는 5cm, 높이는 4.5cm임. 마모가 심하여 필획은 모호하지만, 字形의 윤곽은 판별할 수 있음.

Ⅸ-12. 賣：전체가 비교적 명확함. 너비는 4.5cm, 높이는 5cm임. 마모가 심하고, 필획은 얼룩덜룩함.

Ⅸ-13. 雖：전체가 비교적 명확함. 너비는 4.5cm, 높이는 3cm임. 마모가 비교적 심하고, 필획은 약간 모호함.

Ⅸ-14. 富：전체가 비교적 명확함. 너비는 4cm, 높이는 4cm임. 마모가 비교적 심하고, 필획은 얼룩덜룩함. '宀'의 가로로 삐친 획(橫撇劃)은 끊어졌다 이어졌다함. '口'자 우측에는 흠집(疤痕)이 있음.

Ⅸ-15. 足：전체가 명확함. 너비는 3cm, 높이는 3cm임.

Ⅸ-16. 之：전체가 명확함. 너비는 3.5cm, 높이는 3cm임.

Ⅸ-17. 者：전체가 명확함. 너비는 3cm, 높이는 3cm임.

Ⅸ-18. 亦：전체가 명확함. 너비는 3.5cm, 높이는 2.8cm임.

Ⅸ-19. 不：전체가 명확함. 너비는 4cm, 높이는 2.8cm임.

Ⅸ-20. 得：전체가 명확함. 너비는 4cm, 높이는 3.4cm임.

Ⅸ-21. 其：전체가 명확함. 너비는 4cm, 높이는 3.8cm임.

Ⅸ-22. 買：전체가 명확함. 너비는 3.8cm, 높이는 3.5cm임.

Ⅹ-1. 賣：전체가 대체로 명확함. 너비는 3.5cm, 높이는 4cm임. 마모가 심함. 우상단에 비교적 큰 흠집(疤痕)이 있음. 하단 '口'자는 약간 圓圈形임. 전체적인 字形은 판별할 수 있음.

Ⅹ-2. 如：전체가 대체로 명확함. 이 글자는 마모가 심하고 필획은 모호함.

Ⅹ-3. 有：전체가 대체로 명확함. 너비는 4cm, 높이는 3.5cm임. 마모가 심하고 필획은 얼룩덜룩하지만, 그 字形 윤곽은 판별할 수 있음.

Ⅹ-4. 違：전체가 대체로 명확함. 너비는 4.5cm, 높이는 3.7cm임. 마모가 비교적 심하고 필획은 얼룩덜룩하지만, 그 字形 윤곽은 판별할 수 있음.

Ⅹ-5. 令：전체가 명확함. 너비는 4.8cm, 높이는 4cm임. 마모가 비교적 심함. 그 상단에는 비교적 큰 흠집(疤痕)이 있는데, 필획과 겹쳐짐.

Ⅹ-6. 者：전체가 비교적 명확함. 너비는 3.5cm, 높이는 3.5cm임. 좌측 가운데 부분에 비교적 큰 흠집(疤痕)이 있음. 하단 '日'자 좌측 세로획은 비교적 가늘고 명확하지 않음.

Ⅹ-7. 後：전체가 비교적 명확함. 너비는 3.5cm, 높이는 3.8cm임. 마모로 인하여 약간 얼룩덜룩함.

Ⅹ-8. 世：전체가 비교적 명확함. 너비는 4cm, 높이는 2.7cm임. 마모가 비교적 심하고, 필획은 얼룩덜룩함. 윗 가로획 아래는 흠집(疤痕)과 연결됨. 좌측 세로획은 약간 가늘어서, 아랫부분의 가로획과 선명하게 대비됨.

Ⅹ-9. □

Ⅹ-10. 嗣：전체가 비교적 명확함. 너비는 4cm, 높이는 3.2cm임. 좌측은 약간 모호함. 우측 '司'자는 비교적 명확함. 우측 橫折鉤劃 상단에는 가로방향의 흠집(疤痕)이 橫折鉤劃의 세로부분을 관통하고 있음.

Ⅹ-11. □

Ⅹ-12. □

Ⅹ-13. 看：전체가 비교적 명확함. 너비는 4cm, 높이는

이는 4cm임. 상단 삐친 획(撇劃)의 왼쪽 위 모서리에 비교적 얕은 흠집(疤痕)이 있음. 우상단에는 비스듬한 흠집(疤痕)이 있음. '目'자는 훼손되어 윤곽 안의 필획이 명확하지 않음.

X-14. 其 : 전체가 명확함. 너비는 3.8cm, 높이는 3.4cm임. 필획은 비교적 명확함. 字口는 명확함. 필획은 고름.

X-15. 碑 : 전체가 명확함. 너비는 4.5cm, 높이는 3cm임. '石'자 변(旁)은 위로 약간 치우쳐 있음. '卑'자 상단의 삐친 획(撇劃)은 명확하지 않음.

X-16. 文 : 전체가 명확함. 너비는 3.5cm, 높이는 3cm임. 파인 획(捺劃)은 비교적 완만하고(平緩), 가로획에 가까운 모양임.

X-17. 与 : 전체가 비교적 명확함. 너비는 3cm, 높이는 3.2cm임. 우측 필획은 고르고 명확함. 좌측 하단은 약간 모호함.

X-18. 其 : 전체가 명확함. 너비는 3.4cm, 높이는 3cm임. 字口는 비교적 명확함. 비스듬한 흠집(疤痕)이 있는데, 우측 세로획과 제1가로획이 교차하는 지점에 있음. 하단의 가로획 좌반부는 비교적 가늚.

X-19. 罪 : 전체가 명확함. 너비는 4cm, 높이는 2.8cm임. 상단 '四'자 좌우 양변 세로획은 비교적 굵고, 위아래 두 가로획과 내부의 두 세로획은 모두 가늚. 하단 '非'자는 두 세로획이 비교적 가늘고, 세로획(橫劃)이 약간 굵음.

X-20. 過 : 전체가 명확함. 너비는 4.2cm, 높이는 3cm임. 走 변(旁) 점획(點劃)은 명확하지 않음.

(2) 비문 판독에 대한 여러 견해[2]

비문을 처음 공개한 「中國文物報」(2013. 1. 4.)에는 140자 판독문이 게재되었고, 보고서에서는 156자 안을 제시했음(표 1). 특히 보고서 본문에서는 Ⅶ행 10~11자를 '戊子'로 추정하면서도, 판독문에는 '戊 □'로 제시함. 이는 '研究領導小組'의 조사나 '專家論證會'의 논증에서 판독과 관련해 다양한 異見이 표출되었을 가능성을 시사함.[3]

실제 研究領導小組 조장으로 조사를 주도했던 耿鐵華는 비문 판독이나 건립시기 등과 관련해 보고서와 유사한 견해를 제시했지만, 8자를 추독하고, 14자를 추가 판독해 178자의 개인 판독안을 제시함(耿鐵華, 2013a, 82쪽 ; 2013c, 2~3쪽). 조사에 참가했던 孫仁杰도 2013년 한국고대사학회 학술회의에서 166자 판독안을 제시했다가, 최종적으로 3자를 수정하고 32자를 추가 판독해 188자 판독안을 제시함(孫仁杰, 2013b, 24~26쪽 ; 2013c, 51~53쪽).

專家論證會에 참가했던 張福有는 별도의 조사를 바탕으로 190자 판독안을 제안했다가(張福有, 2013a ; 2013b), Ⅵ행 1~3자에 2자(卄家)만 刻字했다며 글자 수를 217자로 상정하고 비문 전체를 판독(추독)함(張福有, 2013c, 14~17쪽 ; 2013d, 앞의 글, 42~46쪽). 林澐도 Ⅴ~Ⅶ행 1~3자에 '卄家' 2자만 刻字했다며 글자 수를 211자로 상정하고, 4자를 수정하고 16자를 추가 판독해 172자 판독안을 제시함(林澐, 2013, 8~14쪽). 徐建新은 7자를 難讀字, 6자를 수정하고 11자를 추가 판독해 160자 판독안을 제시함(徐建新, 2013, 19~25쪽). '研究領導小組'나 '專家論證會'에 참여했던 중국학자 대부분이 개인 판독안을 제시한 것임.

한국학계에서는 2013년 1월 16일 비석의 발견

---

2 이 부분은 여호규, 2016, 127~138쪽을 요약 정리한 것임.

3 研究領導小組는 2013년 10월 6일에 156자 판독안을 마련했는데, 專家論證會의 論證을 거치면서 일부 수정되었음. 가령 Ⅴ-20자는 '與'에서 '輿', Ⅲ-18자는 미판독자에서 '而', Ⅶ-15자는 '遣'에서 미판독자 등으로 수정됨(張福有, 2013c, 15쪽 ; 林澐, 2013, 7쪽).

소식을 인지한 다음, 한국고대사학회를 중심으로 2013년 3월 9일과 6월 1일에 공동 판독회를 열고, 4월 13일에는 국제학술회의를 개최해 비문을 다각도로 검토했음(이영호, 2013a, 297~311쪽 ; 여호규, 2013, 52~53쪽). 이를 통해 보고서 판독안 중 상당수 글자를 수정 판독하고, 미판독자를 새롭게 판독함. 이를 바탕으로 여호규는 12자를 수정하고(1자는 難讀字), 22자를 추가 판독하고, 8자를 추독해 185자 판독안을 제시함(여호규, 2013, 72쪽). 윤용구는 9자를 수정하고(1자 難讀字), 28자를 추가 판독해 183자 판독안을 제시함(윤용구, 2013, 43쪽).

한국학계의 판독안에 대해 중국학계에서 별다른 반응이 없지만, 集安高句麗碑 연구의 진전을 위해서는 반드시 교차 검토할 필요가 있음. 2016년까지 제시된 각 연구자의 판독안을 종합하면 표 2와 같음.[4]

(3) 編者의 비문 판독안[5]

I~II행은 상단의 파손된 부분을 제외하면 마멸이 심하지 않아 판독상의 異見이 적음. 다만 파손된 1~4자를 '惟太王之'(耿鐵華, 2013c, 2쪽), '惟雄才不'(張福有, 2013d, 46쪽), '聖太王之'(趙宇然, 2013, 163쪽) 등으로 추독하기도 하는데, 편자는 陵碑의 건국설화와 비교해 '惟剖卵降'으로 추독한 바 있음(余昊奎, 2013, 88쪽, 주95).

II행 1~3자는 파손되었지만, '□□□子, 河伯之孫'을 통해 시조인 鄒牟王의 출자를 표현한 부분임을 알 수 있음. 이에 모두루묘지의 '河泊之孫, 日月之子, 鄒牟聖王'와 대비해 '日月之'(耿鐵華, 2013c, 2쪽 ; 여호규, 2013, 73쪽 ; 기경량, 2014, 207쪽), 陵碑의 '天帝之子, 母河伯女郎'와 대비해 '天帝之'(張福有, 2013d, 43쪽) 등으로 추독하기도 함. II행 8자는 '後'로도 판독하지만, 보고서 판독대로 '孫'이 가장 타당함. II행 10자도 '龜'로도 판독하지만, 보고서 판독대로 '靈'이 가장 타당함. 先秦古文의 '靈'자 자형에서 유래했을 가능성이 높음(윤용구, 2013, 32쪽).

II행 11자(祐)는 '於'나 '祚' 판독안도 제기되었는데, VII-22 '於' 자획과 다르며, 右邊 하단의 자획은 縱線을 확인하기 어렵지만 '祐'의 '口'자에 가장 가까움. 12자(護)는 '甄'자안이 제기되는데, 于拓B를 통해 좌변에서 '護'자의 '言', 우상단에서 '艹' 자획을 각기 확인할 수 있음. 13자(蔽)는 '假'나 '葮' 판독안이 제기되었는데, '假'자 판독안이 많은 지지를 받고 있음. 그런데 '假'자로 볼 경우 字劃이 左右로 너무 퍼진다는 문제점이 있음. '亻' 변으로 판독한 부분은 흠집일 가능성이 높음. 좌변 자획은 '尙'과 유사한데 '蔽'의 楷書 가운데 이와 같이 쓴 사례가 있으며, 右邊의 자획은 '蔽'의 '攴'에 해당함. 13자는 '蔽'자 또는 '蔽'의 通假字인 '敝'일 가능성이 높음(林澐, 2013, 8쪽). 14자(蔭)에 대해 '熊'자안도 제기되었지만, '蔭'자의 예서나 해서에 가까움. II행 11~14자는 보고서대로 '祐護蔽蔭'으로 판독하는 것이 가장 타당함.

III행 5~6자를 보고서에서는 미판독자로 처리했는데, 孫仁杰이 '各家'로 판독한 이래 다수 연구자들이 이에 따르고 있음. 실제 III행 5자는 '各'일 가능성이 높음. 다만 6자는 중간에 '日' 자획이 보이며 그 아래 위로도 자획 흔적이 남아 있음. III행 7~8자에 '家'와 의미가 같은 '烟戶'가 이어진다는 사실을 고려하면 '家'보다 '墓'일 가능성이 더 높음(여호규, 2013, 69쪽). III-10자를 보고서에서는 '此'자로 판독했고, 중국학자들은 대부분 이에 따르고 있음. 그렇지만 한국고대사학회 공동 판독회에서는 '此'자로 보기 어렵다는 견해가 주류를 이루었음.

---

4 현재까지 확인된 탁본은 보고서의 대표 탁본 2종(周榮順 작성), 周榮順 탁본 5종, 江化國·李光夫 탁본 4종, 高遠大·高良田 탁본, 孫仁杰 탁본, 于麗群 탁본 2종 등 15종임(윤용구, 2013, 18~23쪽).

5 이 부분은 여호규, 2016, 127~138쪽을 요약 정리한 것임.

표 2 集安高句麗碑 판독안 종합

X	IX	VIII	VII	VI	V	IV	III	II	I	
賣	守	[先abcg] [祖j]	(丁c)	(廟d) (南e)	□	[戶cd]	□	[日bc] [天gj]	□ [惟b]	1
如 (因c) (向g)	墓	[王abcg] [先j]	□	□	□	(守c) (亦g)	□	[月bc] [帝gj]	□ [太b]	2
有 (若ce#)	之	[墓abcgj]	□	□	□	□	□	[之bcgj]	□ [王b]	3
違	民	[上abcgj]	(好cd) (丁ag) (癸h)	□ (巡*)	□	□	□	子	□ [之b]	4
令	不	立	(太cd) (卯a*)	(世c) (故*)	□	烟	(各acd#) (宏e)	河	世	5
者	得	碑	(聖cd) (太e) (歲a*)	(室cd) (國a#)	(王cdm) (唯b*) (主e)	戶	(墓c) (家a#)	伯	必	6
後	擅	銘	(王cdj) (刊a*) (先m)	追	(國abcdjm#)	[贏c] (爲dg)	烟	之	授	7
世 (立e) (王e)	自 (買cdgi)	其	(日cdj) (因e) (石a#) (王m)	述	罡	(劣cd) (規a) (禁g)	戶	孫 (後j)	天	8
(繼abcdgl)	更	烟	自 (庚j)	先	(上abcd gijm)	(甚cd) (禁a) (舊g)	以	神	道	9
嗣	相	戶	戊 (戌j)	聖	太	(衰cd) (有a) (民g)	此 (◎cf) (安d) (臨m)	靈 (龜j)	自	10
[之agil] [卅b]	轉 (擅degi)	頭	(子aclm) (午d) (申b#) (年j)	功	王	富 (當c) (露e)	河	祐 (祚e) (於e)	承	11

X	IX	VIII	VII	VI	V	IV	III	II	I	
(者ag)(罰b)(墓d)(王l)	賣	廿	定	動	(號ag)(國bd)	足(買c)(衰e)(庶g)	流	護(甄e)	元	12
看	雖	人	律(神e)	彌	(平acdgm)(乎h)	(者a)(家d)(擅g)	四	蔽(假adgil)(微,葭e)	王	13
其	富	名	教	高	(安adgm)	轉	時	蔭(熊e)	始	14
碑	足	以(垂c)(銘e)(宣g)	(內cdil)(言ag)(遣b)(今m)	悠(然c*)	(太ad*)(元e)	賣	祭	開	祖	15
文	之	示	發	烈	王	(數cd)(轉a)(韓bg)	祀	國	鄒	16
与	者	後	令	継	神	(買a)(穢bg)(衆d)	然	辟	牟	17
其	亦	世	其(更cd)(並g)	古	(亡cdej)(武a*)	守	而(萬a*)	土	王	18
罪	不	自	脩	人	(求ce)(乘ag)(喪e)(車h)(我j)	墓	(世acdl#)(其,與e)	継	之	19
过	得	今	復	之	輿(興cde)(與i)	者	脩(悠acdl#)	胤	創	20
	其(共j)	以	各	慷	東(京j)	以	長	相	基	21
	買	後	於	慨	西	銘	烟	承	也	22

〈표 2〉에 대한 주기

- 음영 부분은 비석이 깨진 곳임
- 별도 표시가 없는 것은 보고서 『集安高句麗碑』의 판독안임
- □ 미판독자, [ ] 추독자('烟'자 다음은 '戶'자로 추독), ◎ 난독자
- ( ) 안의 글자는 보고서와 다르게 판독한 것임
- 판독안의 전거 : a(孫仁杰, 2013c, 51쪽), b(耿鐵華, 2013c, 2~3쪽), c(余昊奎, 2013, 72쪽), d(尹龍九, 2013, 45쪽), e(2013년 3월 9일 한국고대사학회 판독회), f(2013년 6월 1일 한국고대사학회 판독회), g(張福有, 2013d, 46쪽), h(林澐, 2013, 14쪽), i(徐建新, 2013, 25쪽), j(徐德源, 2013, 10~11쪽), l(武田幸男, 2014, 127쪽), m(趙宇然, 2013, 144~152쪽), #(張福有·林澐·徐建新), *(張福有·林澐)
- 다만 비문 전체를 판독한 張福有의 판독안 중 자획이 거의 없는 자에 대한 견해 및 별다른 논거 없이 비문 전체를 판독한 李東, 2014, 66쪽의 판독문은 논의 대상에서 제외했음. 그리고 이성제, 2013, 187쪽 ; 홍승우, 2013, 88쪽 ; 강진원, 2013, 110쪽 ; 기경량, 2014, 207쪽 ; 김창석, 2015, 79쪽 ; 권인한, 2016, 279~294쪽 ; 최일례, 2016, 22쪽 ; 王飛峰, 2014, 346쪽 등에도 판독문이 게재되어 있지만, 주로 기존 판독안 중 취사선택하는 방식을 택했으므로 상기 도표에 별도로 명기하지 않고, 본문에서 언급함. 한국고대사학회의 공동 판독회에서 제기된 견해는 아래와 같음

2013년 3월 9일 한국고대사학회 판독회의 판독안
II행 : 11자 祚(윤재석) 또는 於(고광의), 12자 甄(조법종), 13자 微·徵(고광의) 또는 葭(주보돈), 14자 熊·態(고광의)
III행 : 5자 宏(윤재석), 19자 其·與(김경호) 또는 그 자획(고광의)
IV행 : 11자 露(조법종), 12자 衰(홍승우)
V행 : 6자 主(노중국, 주보돈), 15자 元(주보돈), 18자 亡(고광의), 19자 求(이용현) 또는 喪(김창석), 20자 興(윤재석)
VI행 : 1자 南·祠(김창석)
VII행 : 6자 太(이용현), 8자 因·囚(김경호), 13자 神(윤재석)
VIII행 : 15자 銘(고광의)
IX행 : 11자 擅(홍승우)
X행 : 3자 若(노중국, 이경미), 8자 立(정현숙) 또는 王(홍승우)

2013년 6월 1일 한국고대사학회 판독회에서 처음 제기된 판독안(표 2가 너무 복잡해 도표에는 게재하지 않음)
II행 : 10자 雷(고광의)
III행 : 10자 難讀字(다수), 20자 悠(다수)
IV행 : 8자 勢(조법종), 9자 立(고광의), 10자 第(고광의), 16자 雖(조우연)
VI행 : 15자 熱(김창석)
VII행 : 5~6자 國罡(조우연), 13자 伸(고광의)
X행 : 2자 或(정호섭), 3자 各(정현숙)

III-18자(而)에 대해 '萬'자 판독안도 제시되었지만, 탁본상 '萬'자의 상단 자획을 찾기 어려움. 보고서 판독안대로 '而'자일 가능성이 높음. III-19자는 보고서에서 미판독자로 처리했지만, 孫仁杰의 견해처럼 '世'자일 가능성이 높음. III-20자는 보고서에서 '脩'로 판독했으나, '悠'의 예서나 해서에 더 가까움. 孫仁杰의 견해처럼 19~20자는 '世悠'로 판독하는 것이 타당함.

IV행 1자는 파손되었지만 '戶'자의 左下劃이 남아 있어 III-22자의 '烟'과 연계해 '戶'로 추독할 있음. IV 2자는 '守'자 자획이 남아 있음. IV행 7~10자는 마멸이 심해 대부분 미판독자로 처리하고 있음. 중국

학자들이 '□規禁有'(孫仁杰, 2013c, 52~53쪽), '爲禁舊民'(張福有, 2013d, 43쪽), '□敎無窮'(王飛峰, 2014, 346쪽) 등의 판독안을 제기했지만, 논거는 제시하지 않았음. 편자는 8~10자를 '劣甚衰'의 예서나 초기 해서체로 판독한 바 있음. 실제 9자의 경우, 비석 관찰을 통해 중간의 縱線이 '甚'자의 예서체처럼 비스듬하면서 바깥쪽으로 포물선을 그리는 모습을 확인할 수 있음. 이에 8~10자를 '劣甚衰'로 판독하고, 陵碑와의 비교를 통해 7자를 '羸'자로 추독한 바 있음(여호규, 2013, 69쪽).

Ⅳ행 11~12자는 보고서에서 '富足'으로 판독한 이래 많은 연구자들이 이에 따르고 있음. 그렇지만 Ⅳ-12의 자형은 Ⅸ-15의 '足'과 많은 차이가 남. 張福有, 林澐, 徐建新 등도 이 점을 지적하며 '庶'로 판독하거나(張福有, 2013c, 15쪽) 미판독자로 처리했음(林澐, 2013, 9쪽; 徐建新, 2013, 21쪽). 그런데 일부 탁본에서 '買'의 '罒' 자획이 읽힘. 하단의 자획이 명확하지 않지만, 뒤이어 買收를 전제로 하는 '轉賣'라는 표현이 나오므로 '買'일 가능성이 높음. 12자가 '買'라면 11자는 '買'에 조응하는 '當'으로 추정되는데, 일부 탁본서 '當'자 상단 좌우의 점이 확인됨(여호규, 2013, 62쪽).

Ⅳ행 16~17자도 보고서에서 미판독자로 처리했는데, '轉賣', '韓穢', '孰形', '數衆' 등의 판독안이 제시되었는데, 이 중 '轉賣'(孫仁杰, 2013c, 54쪽), '韓穢'(耿鐵華, 2013c, 3쪽; 張福有, 2013d, 43쪽), '孰形'(王飛峰, 2014, 346쪽) 등의 판독안은 별다른 논거를 제시하지 못함. 윤용구는 초기 해서체 및 武威漢簡과의 대비를 통해 '數衆'일 가능성을 제시했는데(윤용구, 2013, 35쪽), 현재로서는 가능성이 가장 높음.

Ⅴ행은 마멸이 심해 보고서에서도 8자만 판독했음. 이로 인해 비문 내용에 대한 한중 양국학계의 견해차도 심한 편임. Ⅴ-6자는 여러 판독안이 제시되었는데, 중국학자는 '唯', 한국학자는 '王'으로 판독하고 있음. 중국학계는 좌상에 '唯'의 '口'자 자획이 있다는 점(林澐, 2013, 9~10쪽; 張福有, 2013d, 43쪽), 한국학계는 '王'자의 가로와 세로획이 모두 확인된다는 점을(윤용구, 2013, 36쪽) 주요 논거로 삼고 있음. 편자는 최종 판단을 보류한 바 있는데(여호규, 2013, 69쪽), 于麗群 2호 탁본의 실견을 통해 '王'자일 가능성이 높다고 파악함(여호규, 2016, 141쪽).

Ⅴ행 7자와 9자는 보고서에서 미판독자로 처리했지만, '國'자와 '上'자일 가능성이 제기되었음. 7자는 탁본상 '國'의 외곽선이 선명하지 않지만 비석 관찰을 통해 테두리를 확인할 수 있음. 9자도 자획이 위쪽으로 치우쳤지만, '上'자임이 명확함. 다만 Ⅴ-8자를 보고서에서 '罡'자로 읽었는데, '岡'자의 예서에 해당함. Ⅴ행 7~11자에는 '國岡上太王'라는 王名이 刻字된 것임.

Ⅴ행 12~15자도 보고서에서 미판독자로 처리했는데, 13자는 다수 연구자가 '平'자로 판독함. 15자는 '太', '元', '六' 등 다양한 견해가 제시되었음. 편자도 '元'자안을 제기한 바 있지만(여호규, 2013, 69~70쪽), 于麗群 2호 탁본의 실견을 통해 '太'자일 가능성이 높다고 파악함(여호규, 2016, 141쪽). 12자는 '號'와 '國', 15자는 '安' 등의 판독안이 제기되었지만, 마멸로 인해 판단하기 어려움. 다만 Ⅴ행 12~16에도 '□平□太王'라는 王名이 刻字된 것임.

Ⅴ행 18~20자도 논란이 분분하다. 20자는 보고서를 비롯해 중국학자들은 대부분 '輿'로 판독하는데, 徐建新은 '與'자로 추정함(徐建新, 2013, 22쪽). 반면 한국학자들은 대부분 한국고대사학회 공동판독회에서 제기된 '興'자안을 수용하고 있음. 편자도 여러 탁본과 비석 관찰을 통해 상단의 점은 '輿'의 자획이 아니라 흠집으로 확인한 바 있고, '興'의 예서체 중에 이 비석처럼 '同' 자획의 상단에 'ノ'을 부가한 사례를 확인한 바 있음(여호규, 2013, 68쪽).

Ⅴ-19자는 마멸이 심해 판독하기 힘듦. Ⅴ-18자도 중국학계는 '武'자, 한국학계는 '亡'자로 판독하는 경향이 강함. 중국학계가 탁본상 확인되지 않는 자획을 추가해 '武'자로 판독한다면, 한국학계는 명확히 확인

되는 자획을 근거로 '亡'자로 판독하고 있음.

Ⅵ행은 상대적으로 논란이 적은데, 다만 1~6자는 마멸이 심해 보고서에서 미판독자로 처리했음. Ⅵ-1자는 '廟'자나 '南'자로 보거나 '祠'자 판독안도 제기되었지만(김창석, 2015, 79쪽 ; 권인한, 2016, 287쪽), 마멸이 심해 단정하기 쉽지 않음. 또한 張福有나 林澐은 Ⅵ행 1~3자에 '卄家' 두 글자만 刻字되었다고 보았지만, 동의하기 어려움.

Ⅵ행 5~6자는 중국학계에서는 '故國'이나 '□國', 한국학계에서는 '世室(□室)'로 판독하고 있다. 편자는 일부 탁본을 통해 Ⅵ-5자를 '世'자로 읽은 바 있는데, Ⅵ-6자는 윤용구의 견해대로 '室'자일 가능성이 높음. Ⅵ-15자는 보고서 판독안대로 많은 연구자들이 '悠'로 판독하고 있지만, Ⅲ-20자의 '悠'자와는 자형이 많이 다름. Ⅵ-15자의 하단은 '心'보다 '灬'에 가깝고, 상단의 'ㅏ'변과 우변 사이에는 '悠'의 종선 자획을 찾기 힘듦. 張福有와 林澐의 견해처럼 '然'자로 판독됨(林澐, 2013, 11~12쪽 ; 張福有 2013d, 44쪽).

Ⅶ행 1~8자도 마멸이 심해 보고서에서 미판독자로 처리했음. 다만 중국의 孫仁杰과 張福有는 4~8자를 '丁卯歲刊石'(孫仁杰, 2013c, 51~52쪽 ; 張福有, 2013d, 45쪽), 林澐은 '癸卯歲刊石'(林澐, 2013, 12~13쪽) 등으로 판독했는데, 한국 서예학계에서도 '丁卯年刊石'으로 판독하기도 함(선주선, 2013, 15쪽 ; 정현숙, 2013, 316~322쪽 ; 문성재, 2013, 85~94쪽; 한상봉, 2013, 16~17쪽). 그런데 4자는 오른쪽으로 약간 치우쳐졌지만, '好'자가 판독됨. 그 다음 글자도 일부 탁본에서 '太'자로 읽을 수 있음. 7~8자는 '王曰'로 판독되는데, '王'자 하단의 우측 자획은 缺落되었음. '曰'자는 약간 비스듬하고 상단의 왼쪽이 약간 트여 있지만, 이와 유사한 '曰'의 예서체가 다수 확인됨. 이에 한국학계에서는 '好太(聖)王曰' 판독안이 널리 수용되고 있음.[6] 편자는 Ⅶ-1자를 '丁'자로 판독한 다음, 干支가 이어질 가능성을 제기한 바 있음(여호규, 2013, 70~71쪽).

Ⅶ행 9~10자는 보고서처럼 '自戌'가 거의 명확함. 干支의 일부인 Ⅶ-11자는 '子', '午', '申' 등 다양한 판독안이 제기되었음. '申'자 판독안은 張福有가 촬영한 사진에 의거하고 있는데(張福有, 2013d, 44쪽 ; 林澐 2013, 13~14쪽 ; 徐建新, 2013, 23쪽), 탁본상 이와 유사한 자형을 확인할 수 없음. 탁본상으로는 '子'자나 '午'자일 가능성이 높음. 편자는 중간 가로획이 Ⅱ-4의 '子'처럼 가로로 길며, 하단의 종선은 흠집에 가깝다는 점에서 '子'로 판독한 바 있음(여호규, 2013, 71쪽). 다만 탁본상 '午'자일 가능성도 배제하기 힘들므로(윤용구, 2013, 41~42쪽 ; 이성제, 2013, 187쪽) 향후 면밀한 검토가 필요함.

Ⅶ-13자는 보고서 판독안처럼 '律'자로 판독하는 것이 타당한데, 居延漢簡에서 이와 유사한 사례를 확인할 수 있음. Ⅶ-15자에 대해 중국학계에서는 '言'과 '遺', 한국학계에서는 '內' 등의 판독안이 제시되었는데, 탁본상 '內'자일 가능성이 높음. Ⅶ-18자를 보고서에서는 '其'로 판독했지만, 다른 '其'자와는 자형이 다르고 오히려 '更'자인 Ⅸ-9자와 비슷함. 이에 편자가 '更'자로 수정 판독한 바 있음(여호규, 2013, 68쪽).

Ⅷ행은 1~4자를 제외하면 판독상 이견이 거의 없음. 1~4자 전후의 '各於」□□□□立碑, 銘其烟户頭卄人名, 以示後世'라는 문구는 陵碑 말미의 '盡爲祖先王, 墓上立碑, 銘其烟户, 不令差錯.'에 상응하는 표현임. 양자를 대비하면 1~4자는 비석 건립 장소로 능비의 '祖先王墓'에 대응됨. 이에 孫仁杰, 耿鐵華는 Ⅷ-4자에 '上'자 자획이 남아 있다고 보아 '先王墓上'으로 추독했는데(孫仁杰, 2013c, 52~53쪽 ; 耿鐵華,

---

[6] 윤용구·이성제는 '好太聖王曰', 여호규는 '好太(△)王曰', 강진원·기경량·임기환은 '好□□王曰', 김창석은 '□□□王曰' 등으로 판독하고 있다. 한편 중국학계의 徐德源도 '□□□王曰'로 판독했다(徐德源, 2013, 8쪽).

표 3 편자의 集安高句麗碑 판독안

X	IX	VIII	VII	VI	V	IV	III	II	I	
賣	守	[先ab]	(丁c)	(△)	□	[戶]	□	[日]	□	1
(因c)	墓	[王ab]	□	□	□	(守c)	□	[月]	□	2
(若e)	之	[墓ab]	□	□	□	□	□	[之]	□	3
違	民	[上ab]	(好d)	□	□	□	□	子	□	4
令	不	立	(太d)	(世c)	□	烟	(各a)	河	世	5
者	得	碑	[△]	(室d)	(王d)	戶	(墓c)	伯	必	6
後	擅	銘	(王cd)	追	(國ab)	[△]	烟	之	授	7
世	(買c)	其	(日cd)	述	(岡c)	戶	孫	天	道	8
(継ab)	更	烟	自	先	(上ab)	以	神	道	自	9
嗣	相	戶	戊	聖	太	(衰c)	◎	靈	承	10
◎	轉	頭	(子ac)	功	王	(當c)	河	祐	元	11
◎	賣	廿	定	勳	□	(買c)	流	護	王	12
看	雖	人	律	彌	(平a)	□	四	蔽	始	13
其	富	名	教	高	□	轉	時	蔭	祖	14
碑	足	(垂c)	(内c)	(烋)	(太ad*)	賣	祭	開	鄒	15
文	之	示	發	烈	王	(數d)	祀	國	牟	16
与	者	後	令	継	神	□	然	辟	王	17
其	亦	世	(更c)	古	(亡e)	守	而	土	之	18
罪	不	自	脩	人	(△)	墓	(世a)	継	創	19
過	得	今	復	之	(興e)	者	(悠a)	胤	基	20
	其	以	各	慷	東	以	長	相	也	21
	買	後	於	慨	西	銘	烟	承		22

* □ 미판독자, [ ] 추독자, △ 판독 유보자, ◎ 난독자

* ( ) 안의 글자는 보고서와 다르게 판독한 것으로 알파벳은 최초로 판독안을 제기한 연구자임(표 2의 주기 참조)

* 판단 유보자의 후보안 : IV-7. [蠃], V-19. 求, VI-1. 南·廟, VII-6. [聖]

표 4 集安高句麗碑의 단락 구분

A(I~II행) : 서두, 고구려의 건국과 왕위계승

㉠ □□□□世, 必授天道, 自承元王, 始祖鄒牟王之創基也.」㉡ [日月之]子, 河伯之孫, 神靈祐護蔽蔭, 開國辟土. ㉢ 継胤相承.

B1(III~VI행) : 본문1, 왕릉 수묘제의 시행과 전개

㉠ □□□□(各墓)烟户, 以◎河流, 四時祭祀. ㉡ 然而(世)(悠)長, 烟[戶](守)□□, 烟戶△(劣甚衰), (當買)□轉賣數, □守墓者以銘□□. ㉢ □□(王), (國)(岡)(上)太王, □(平)□(太)王神(亡), □(興)東西, △□□□(世室), 追述先聖功勳, 彌高(烋)烈, 継古人之慷慨.」

B2(VII~X행) : 본문2, 광개토왕대 왕릉 수묘제 수복과 수묘인 매매 금지령

㉠ (丁)□□(好太△王曰), ㉡ 自戊(子)定律, 教(内)發令, (更)脩復. ㉢ 於」[先王墓上], 立碑, 銘其烟戶頭廿人名, (垂)示後世. ㉣ 自今以後,」守墓之民, 不得擅(買)更相轉賣, 雖富足之者, 亦不得其買」賣, (因若)違令者, 後世(継)嗣◎◎, 看其碑文, 与其罪過.

2013c, 2~3쪽), 타당하다고 생각됨. Ⅷ-15자를 보고서에서 '以'로 판독했지만, 탁본상 다른 '以'와는 자형이 다름. 이에 편자는 종선과 가로획이 직교하고 종선 좌우에 'ㅅ'劃이 확인된다는 점을 근거로 '垂'의 隸書로 판독한 바 있음(여호규, 2013, 68쪽).

Ⅸ행은 마멸이 심하지 않아 보고서에서 22자 모두를 판독했음. 다만 8자를 '自'자로 판독했지만, 다른 '自'자와 자형이 다르고 Ⅸ-22의 '買'자와 비슷함. 실제 상단에 '買'자의 '罒' 자획이 확인됨. 이에 편자가 '買'자로 수정 판독한 바 있음(여호규, 2013, 68쪽). Ⅸ-11자에 대해 보고서에서는 '轉'으로 판독했는데, '擅'자 판독안이 다수 제기됨. 실제 11자의 좌변은 'ㅊ', 우변 하단은 '且'로 볼 수도 있음. 그렇지만 좌변 상단의 점선까지 포함하면 '車'로 볼 수 있고, 우변의 상단에서도 '專'의 중간 종선이 확인됨. 비문 해석까지 고려한다면 '轉'자일 가능성이 더 높음(여호규, 2013, 62쪽). Ⅸ-21자를 '共'자로도 판독하지만, 보고서 판독문처럼 '其'자가 거의 명확함.

Ⅹ행은 마멸이 심하지 않지만, 자획이 불분명한 글자가 다수 있음. Ⅹ행 2~3자를 보고서에서는 '如有'로 판독했지만, 탁본상 Ⅹ-3자를 '有'자로 판독하기 어려움. 이에 '若'자 판독안이 제기되었는데(林澐, 2013, 14쪽 ; 徐建新, 2013, 24~25쪽 ; 張福有 2013d, 45쪽 ; 여호규, 2013, 68쪽), 상단에 '若'자의 '艹', 하단에 '口' 자획이 남아 있음. 3자를 '若'으로 판독하면 2자를 '如'로 판독하기 힘듦. 편자는 탁본 관찰을 통해 '口'의 윤곽선과 내부의 '大'획을 확인하고, '因'으로 판독한 바 있음(여호규, 2013, 68쪽).

Ⅹ행 8~12자도 이견이 많이 표출되었다. 8자에 대해 한국고대사학회 판독회에서 '立', '王' 등의 가능성이 제기되었지만, 보고서 판독안처럼 '世'자일 가능성이 높음. 9자는 보고서에서 미판독자로 처리했는데, 여러 연구자들이 '継'자로 판독하고 있음. 실제 탁본상 왼쪽의 '糸'변과 오른쪽의 'ㄴ'획이 읽힘. 11자에 대해 '之'나 '幷' 판독안이 제시되었지만, 마멸이 심해 판독하기 힘들다. 12자는 '者', '罰', '墓', '王' 등의 판독안이 제시되었는데, 武田幸男의 견해처럼 '王'자일 가능성도 배제할 수 없음.

이상의 논의를 바탕으로 편자의 판독안과 단락구분안을 제시하면 표3, 표4와 같음.

3) 集安高句麗碑 서체에 대한 보고서의 기술내용

(1) 비문의 서체

① 비문의 배치와 글자 크기

集安高句麗碑의 명문은 반듯하게 다듬은 화강암 비석에 새겼음. 석질은 부드럽고 매끄러움. 문자 형태는 비교적 좋은데, 隸書의 기본 특징이 드러나 있음. 集安高句麗碑는 남은 높이 173cm, 너비 66.5cm임. 문자면은 높이 123cm, 너비 58cm임. 세로로 음각을 했고, 가로 세로가 상응함. 계선을 긋지는 않았지만, 배열이 정연하고, 규칙적으로 배치함. 행 사이의 간격은 1~2cm이고, 글자 사이의 간격은 2~3cm로 글자 사이의 상하 간격이 행 사이의 좌우 간격보다 큼.

명문은 字形에 따라 변화하고 크기도 다름. 가장 작은 글자는 제8행 제19자인 '子'자로 높이 3cm, 너비 2cm임. 가장 큰 글자는 제4행 제15자인 '賣'자로 높이 5.2cm, 너비 4.8cm임. 가장 낮은 글자는 제4행 제21자인 '以'자로 높이 1.8cm, 너비 4.5cm임. 가장 높은 글자는 제4행 제15자인 '賣'자로 높이 5.2cm, 너비 4.8cm임. 너비가 가장 넓은 글자는 제4행 제5자인 '煙'자로 높이 3.4cm, 너비 6cm임. 이처럼 글자가 크기는 같지 않지만, 각 행과 글자 간격의 균형을 파괴하지 않아 전체적으로 글자 배열이 규칙적임.

② 비문의 글자 유형

비문의 서체는 자연스럽고 유창함. 비록 字形의 변화

가 있고 크기도 다르지만, 字形은 편평한 단정함. 字形은 크게 3유형으로 나눌 수 있음.

첫 번째 유형의 字形은 편평하고 橫長方形임. 글자 너비가 높이보다 큼. 제8행 제15자인 '以'자는 높이 2cm, 너비 5cm임. 제1행 제19자인 '之'자는 높이 2.5cm, 너비 4.2cm임. 제8행 제2자인 '後'자는 높이 3.3cm, 너비 4.8cm임. 이러한 유형의 글자체가 비문의 절대 다수를 차지하고 있음.

두 번째 유형의 字形은 반듯하고 단정하며, 정방형임. 글자의 높이와 너비는 서로 같음. 제2행 제10자인 '靈'자는 높이 4.2cm, 너비 4.2cm임. 제5행 제21자인 '東'자는 높이 3.5cm, 너비 3.5cm임. 제8행 제8자인 '其'자는 높이 4cm, 너비 4cm임. 이러한 유형의 글자체는 그리 많지 않음.

세 번째 유형의 字形은 높이가 높고, 縱長方形임. 글자의 높이가 너비보다 큼. 제8행 제19자인 '自'자는 높이 3cm, 너비 2cm임. 제1행 제17자인 '牟'자는 높이 4.2cm, 너비 4cm임. 이러한 유형의 글자체는 드물게 보임.

③ 비문 서체

비문의 글자체는 편평한 방형이고, 좌우로 퍼져 있으며, 약간 蠶頭가 있고, 燕尾가 명확함. 제1행 제19자인 '之', 제3행 제14자인 '時', 제2행 제22자인 '承', 제3행 제21자인 '長', 제4행 제21자인 '以', 제8행 제22자인 '後', 제6행 제14자인 '高' 등은 隸法이 명확한데, 漢隸碑帖과 일치함. 이러한 예서체는 비석의 주를 이루고 있음. 제10행 제19자인 '罪'자는 史晨碑와 일치함. '長'자는 史晨碑·張遷碑와 일치함. 제8행 제22자인 '後', 제3행 제14자인 '時', 제6행 제14자인 '高' 등은 張遷碑와 일치함. 이로 볼 때, 비문의 서체가 隸書임을 의심할 수 없음. 이외에도 刻制형식을 보면, 글자 간격이 행 간격보다 큰데, 이 또한 隸書의 기본적인 원칙에 부합하는 것임.

④ 비문 서체 비교

集安高句麗碑와 고구려의 다른 碑石, 墓志, 벽돌이나 기와 銘文 등을 비교해보면 서체의 특징을 알 수 있음.

㉠ 광개토왕릉비와의 비교

광개토왕릉비의 隸書는 붓을 이용하였고, 蠶頭·燕尾가 없음. 광개토왕릉비 제1면 제1행 제7자인 '王', 제1면 제10행 제38자인 '高', 제1면 제4행 제7자인 '世' 등은 모두 이러한 서체의 전형적인 글자임. 集安高句麗碑의 제5행 제16자인 '王', 제8행 제18자인 '世'자는 이들과 명확하게 다른데, 蠶頭·燕尾가 표현되어 있음.

광개토왕릉비의 글자체는 너비가 넓고 밖으로 퍼져 있는데, 'ㅁ'획이 과대하게 표현됨. 제4면 제9행 제19자인 '足', 제4면 제9행 제21자인 '者', 제1면 제6행 제9자인 '以'가 대표적임. 集安高句麗碑의 제9행 제15자인 '足', 제9행 제17자인 '者', 제8행 제21자인 '以', 제9행 제10자인 '相' 등의 'ㅁ'자는 字形과 비교적 조화로움. 광개토왕릉비처럼 'ㅁ'가 과대하게 새겨진 경우는 없음.

광개토왕릉비의 글자체는 가로획은 평평하고, 세로획은 곧으며, 字形은 방형임. 광개토왕릉비 비문의 제1면 제6행 제9자인 '以', 제4면 제8행 제33자인 '碑', 제3면 제4행 제5자인 '相', 제1면 제1행 제8자인 '之' 등이 대표적임. 集安高句麗碑는 제3행 제9자인 '以', 제8행 제6자인 '碑', 제9행 제10자인 '相', 제9행 제16자인 '之'자 등과 같이 字形이 扁方인 글자가 주를 이룸. 하지만 일부 글자는 높이가 너비보다 큼. 제8행 제19자인 '自'와 제1행 제17자인 '牟'는 높이가 4.2cm, 너비가 4cm임. 이러한 글자는 높이가 너비보다 큼.

광개토왕릉비의 석재는 화산의 용암으로 형성된 것으로, 재질은 거칠고, 각력응회암에 속함. 가공하였지만 표면이 매끄럽지 못함. 광개토왕릉비를 판각할 때,

이러한 점을 고려해야 했음. 이에 광개토왕릉비에 글자를 쉽게 새기기 위해 가로획은 평평하고 세로획은 곧게 하였으며, 너비를 넓게 밖으로 확장시키고, 'ㅁ'획을 과대하게 함. 명문은 매우 큰데, 대체로 10cm 정도이고, 12~13cm에 이르기도 함. 그리고 명문을 더욱 명확하게 하기 위해 자획을 깊게 새겼음. 集安高句麗碑는 표면이 매끈하고 재질이 견고한 화강암 석재임. 비문의 隸書 필획 구조는 변화가 풍부한데, 자형에 규칙이 있고, 편평한 방형이며, 필획의 굵기는 알맞음. 처음에는 유치하고 서툴게 보이지만, 정미한 기품이 있어서 광개토왕릉비의 서체와 비교해보면 필법이 더욱 간결함.

ⓒ 牟頭婁墓誌와의 비교[7]

集安 牟頭婁墓誌는 고구려 귀족 고분의 墨書인데, 集安高句麗碑와 비교하면 명확한 차이가 있음.

먼저 문자의 표현방식이 같지 않음. 牟頭婁墓誌는 회칠한 벽면 위에 墨書로 직접 글씨를 썼음. 반면 集安高句麗碑는 석비 위에 새긴 것으로 牟頭婁墓誌에 비해 새기는 작업이 추가됨.

글씨를 쓰는 자세가 같지 않음. 牟頭婁墓誌를 쓴 사람은 벽면 앞에 서서 유연한 필획으로 평행하게 글씨를 썼음. 반면 集安高句麗碑는 몸을 굽히고 수직으로 쓰고 새긴 것임. 쓰든 새기든 간에 모두 석비를 평지에 가로뉘어서 진행한 것으로 書者와 刻者 모두 곧게 서는 자세를 유지하기 어려웠을 것임.

쓰는 대상이 같지 않음. 牟頭婁墓誌는 표면이 매끈한 벽면 위에 글씨를 썼음. 이로 인해 牟頭婁墓誌에 글씨를 쓰는 것은 난이도가 비교적 높았고, 높은 수준이 요구됨. 그 서체에 대해서는 논란이 분분한데, 漢簡의 韻味와 풍격이 있음. 묵서의 삐침과 파임(撇捺)은 명확하고 과장된 필법을 갖추고 있음. 集安高句麗碑는 먼저 석비 위에 글씨를 쓴 후에 새긴 것으로, 2차 가공으로 제작되었음.

쓴 용도가 같지 않음. 牟頭婁墓誌는 귀족의 고분을 위해 쓴 기념적 성격의 문자로 글자체는 다소 펼쳐있고 유창하며 자유로운데, 글씨를 쓴 사람의 공력과 수준이 표현되었다고 볼 수 있음. 반면 集安高句麗碑는 왕릉을 위해 새겨진 법률적 성격의 문서로 규칙성·엄숙함·정연함 등이 요구되었는데, 고구려 왕실의 기세를 충분히 구현하였음.

ⓒ 벽돌·기와 銘文과의 비교

銘文이 있는 벽돌과 기와는 모두 고구려 왕릉의 건축 부재임. 이러한 건축부재의 용도와 형태 등은 같지 않지만, 전체 풍격은 대체로 일치함. 이들 명문의 특징은 첫째, 模印된 陽刻 銘文은 문자가 돌출되었으며, 새긴 陰刻 銘文은 필획이 가늚. 둘째, 模印된 陽刻 銘文은 네모나고 평평하며 곧고, 새긴 陰刻 銘文은 필획이 때때로 弧曲이 있음. 셋째, 陽刻 銘文이든 陰刻 銘文이든 간결·명쾌하고, 자연스럽고 시원함. 넷째, 기사는 간단하고, 내용은 명확하며, 형상은 뜻을 잘 나타냄.

集安高句麗碑는 석비 위에 음각한 것으로 벽돌이나 기와와 재질이 다름. 벽돌의 陽刻 銘文은 돌출되어 있기 때문에 비석의 음각 명문과는 자연스럽게 차이가 드러남. 벽돌이나 기와의 음각문자 또한 비석의 陰文과 차이가 있음. 벽돌과 기와의 문자는 瓦刀를 이용하여 직접 새긴 것인데, 비록 유창하지만, 필획의 예리함이 부족하고 蠶頭燕尾가 있기 어려움.

현전하는 벽돌과 기와 명문의 글자 수는 비교적 적음. 글자가 가장 많은 丁巳年 와당도 24자에 불과함. 太王陵 文字磚은 10자가 있고, 일부 기와는 단지 2~3자가 있음. 그들이 표현하고자 했던 내용은 吉祥用語, 인명, 지명, 표식 등임. 集安高句麗碑는 고구려 喪葬制度와 烟戶 매매를 금지하는 법률 조문을 기

---

[7] 보고서에는 '冉牟墓誌'라고 나오지만, 국내학계의 통설에 따라 '모두루묘지'로 수정함.

록하였음. 이 때문에 편폭이 비교적 길었고, 書者의 수준과 刻者의 기술이 나타날 수 있었음.

(2) 비문 비교

集安高句麗碑 비문의 서체와 새겨진 정황은 명확한 특징을 가지고 있음. 고구려 광개토왕릉비, 충주고구려비, 모두루묘지 등과 비교하면 전술한 바와 같이 같은 부분도 있고 다른 부분도 있음. 이는 고구려인이 사용한 한자가 서로 다른 형식으로 표출된 풍격과 특징임. 또 고대 동북아시아와 한반도에서는 한자를 사용하여 공지사항을 발포하고 人事를 기록하며, 사상과 문화를 교류한 정황을 설명함. 이러한 문자와 서체는 고구려인의 서체와 새기는 특징을 갖추고 있는데, 당연히 시대 특징이 표출된 것임. 고구려 서체의 특징을 밝히기 위해서는 각종 비석 및 석각(曹全碑, 爨寶子碑, 張遷碑 등)과의 비교가 필요함.

4) 集安高句麗碑의 내용에 대한 보고서의 기술

(1) 비문에 담긴 역사 관련 내용

① 고구려 기원과 건국 관련

集安高句麗碑 제1행과 제2행에는 '□□□□世, 必授天道, 自承元王, 始祖鄒牟王之創基也, □□□子, 河伯之孫, 神靈祐護蔽蔭, 開國辟土, 継胤相承'이라고 기록되어 있음. 이 기사의 서술은 간단 명료한데, 고구려의 기원과 건국 정황을 직접 기록·실증하고 있음.

비문의 '始祖鄒牟王之創基也' 기사는 광개토왕릉비의 '惟昔始祖鄒牟王之創基也' 기사와 같은데, 단지 '惟昔' 두 글자가 없을 뿐임.

비문의 '□□□子, 河伯之孫'의 경우, 모두루묘지의 '河泊之孫, 日月之子, 鄒牟聖王, 元出北夫餘, 天下四方, 知此國郡(君)最聖德' 기사를 볼 때, '日月之子, 河伯之孫'으로 추측할 수 있음.

비문의 '神靈祐護蔽蔭, 開國辟土, 継胤相承' 기사는 광개토왕릉비에 기록된 '갈대가 연결되고 거북떼가 물위로 떠올라 奄利大水를 건넜다'는 전설을 가리키는 것임. 鄒牟王은 강을 건너면서 스스로 '皇天之子'라고 칭하고 어머니는 '河伯女郎'이라고 하였는데, 즉 '日月之子, 河伯之孫'임. 갈대가 연결되고 거북떼가 물 위로 떠오른 것은 神靈이 보호한 결과임. 鄒牟王은 忽本(문헌에서는 '卒本')에 도착하여 국가를 세웠는데, '開國辟土'라고 기록함. 동시에 중요한 내용이 부가되어 있는데, 그것은 바로 鄒牟王이 건국한 후, 주변의 부락과 국가를 정복하고, 영토를 개척하고, 안정적으로 통치하였다는 내용이 함축되어 있음.

'継胤相承' 기사는 광개토왕릉비 가운데 '顧命世子儒留王, 以道興治, 大朱留王紹承基業' 부분임. 새롭게 출토된 集安高句麗碑와 광개토왕릉비 모두 基業을 개창한 정황과 이전 3대 왕의 전승 정황이 기록되어 있는데, 문헌 기록의 내용과 대체로 일치함. 이는 중국 정사와 『삼국사기』에 기록된 관련 내용을 믿을 수 있다는 것을 증명함.

② 광개토왕의 통치 관련

集安高句麗碑에는 '□罡□太王'이 보임.[8] 모두루묘지의 '逮至國罡上太王'과 비문의 뜻을 토대로 유추해볼 때, '國罡上太王'이라고 추정되는데, 문자의 마모로 인하여 명확하지 않아 판독하기가 어려움. 하지만 광개토왕시기의 사회 안정과 영역 확장을 추측할 수 있고, 그래서 선왕을 위하여 비석을 세우고 그들의 공훈을 追述한 정황으로 볼 수 있음.

---

[8] 5행 7～11자에 나오는 '國岡上太王' 명문을 지칭한다. 이 명문의 '國岡上太王'을 중국학계에서는 일반적으로 광개토왕으로 비정하지만, 한국학계에서는 광개토왕의 할아버지인 '故國原王'으로 비정한다(여호규, 2016, 152쪽). 牟頭婁墓誌의 '국강상태왕' 역시 고국원왕으로 비정된다.

③ 고구려의 제사 관련

集安高句麗碑 3행에는 '以此河流, 四時祭祀' 기사가 있는데, 고구려 출토 문자자료 가운데 명확하게 보이는 '祭祀' 문구로, 그 함의와 가치는 큼.

　　集安高句麗碑의 '以此河流, 四時祭祀' 기사는 비석이 세워진 강변에서 춘하추동 사계절에 제사를 진행하였음을 가리킴. 석비는 麻線河 우측 강변에서 발견됨. 비석은 원래 하천 우안에 세워졌는데, 강물이 불어나 강변이 침식되고 낭떠러지가 무너져 강물 속으로 넘어진 것으로 보임. 석비가 세워진 곳에는 주민들이 거주하는 비교적 큰 촌락이 형성되어 있음. 촌 북쪽은 고구려 고분군인데, 촌 동남쪽으로 약 350m 떨어진 지점에 千秋墓가 있음. 석비가 세워진 곳은 守墓烟戶의 거주지역이라고 볼 수 있음. 석비에는 守墓烟戶 관련 제도가 새겨져 있을 뿐만 아니라, '以此河流, 四時祭祀'를 강조하고 있음. 烟戶들에게 守墓 灑掃뿐만 아니라 하천변에서 제사를 거행할 것도 요구한 것임. 제사 활동이 제도화된 모습이 새겨져 있는데, 고구려 문헌과 문자자료 가운데 처음 보이는 것임. 그러므로 고구려의 종교 제사 활동을 연구하는 데 중요함.

(2) 비문에 기재된 수묘제도

고구려 王公貴族은 陵園을 조성하고 수묘제도를 확립하였음. 集安高句麗碑에는 수묘제도에 대한 인식을 보완해 주는 내용이 풍부하게 담겨 있음. 集安高句麗碑를 통해 고구려 장례풍속의 특징을 알 수 있음.

　　첫째, 王公貴族의 墓葬에 守墓烟戶를 두었음을 알 수 있음. 광개토왕릉비를 보면 광개토왕의 수묘연호로 330가를 두었음을 알 수 있음.『삼국사기』新大王 15년(179) 가을 9월조에는 '고구려 국상 明臨答夫가 죽었을 때 質山에 예로써 장사지내고 守墓 20家를 두었다'는 기록이 있음. 이를 통해 고구려에서 일찍부터 수묘인과 관련된 기록이 있었음을 알 수 있음. 광개토왕시기에 고구려 왕릉을 지키는 사람을 '烟戶'라고 하였는데, 國烟과 看烟 두 유형이 있었음. 看烟은 그 수가 많고, 전쟁에서 사로잡은 韓穢가 맡았음. 國烟은 舊民烟戶인데, 그 신분은 看烟보다 높음.[9] 集安高句麗碑 비문에서는 '烟戶頭'로 추정됨.

　　둘째, 고구려 왕릉에서 '四時祭祀' 하였음을 알 수 있음. 이전의 문헌을 보면 16국시대 北燕의 馮跋이 太常丞 劉軒을 보내서 北部人 500호를 長谷으로 옮겨 祖父의 邑으로 삼았다고 함. 그리고 東晉 安帝 義熙 6년(410)에 예로써 高雲을 장사지내면서 韮町에 高雲의 사당을 세우고, 園邑 20가를 두어 四時 제사를 지냈다고 함. 高雲은 고구려의 후손인데, 광개토왕과 동시기의 인물로 광개토왕보다 2년 일찍 죽었음. 高雲의 園邑과 광개토왕대의 守墓烟戶는 대체로 같은 것이라고 볼 수 있음. '四時供薦'은 '守墓人이 墓主人을 위하여 春夏秋冬 과일(果品)을 바치고, 망령을 달랬다'는 의미인데, '四時祭祀'도 이러한 의미임.

　　고구려의 수묘 연호제도는 비교적 일찍 형성되었음. 前漢 이래 제왕의 능묘 제도 성립에 따라, 王公貴族의 陵園 부근에는 모두 守墓人 看守와 灑掃가 있었음. 守墓人은 대부분 家·戶가 단위가 되고, '守塚'이나 '園邑', '陵戶' 등으로 불렸음. 漢 高祖 시기에 일찍이 陳涉을 위해 守塚 30가를 두었다고 함. 漢 元帝는 부모를 위해 守塚를 두어 제사를 지냈고, 宣帝는 '園戶를 더욱 늘려 奉明縣을 삼았다'고 함. 삼국시기나 5호16국시기의 여러 나라도 秦漢 이래의 수묘제도를 이어받았음. 魏 明帝 靑龍 2년(234) 3월에 '庚寅 山陽公이 죽었을 때, 漢孝獻皇帝로 추증하면서 漢의 예로써 山陽國에 장사지내고, 릉을 禪陵이라고 하고, 園邑을 두었다'고 함. 北燕의 馮跋은 太常丞 劉軒을 보내서 北部人 500호를 長谷으로 옮겨 祖父의 園邑으로 삼았다고

---

[9] 集安市博物館, 2013, 106쪽. 國烟은 舊民 연호가 맡고, 看烟은 新來韓穢가 맡았다는 기술은 명백한 오류임. 舊民과 新來韓穢 모두 國烟과 看烟으로 차출되었음.

함. 그리고 東晉 安帝 義熙 6년(410)에는 高雲을 예로써 장사지냈는데, 韮町에 高雲의 사당을 세우고, 園邑 20가를 두면서, 四時 제사를 지냈다고 함.

前漢 이래 守墓人의 수는 증가하였음. 때로는 수백·수천家가 옮겨지기도 하였는데, 縣이 설치되기도 하였음. 守墓戶의 관리를 강화하기 위해, 漢初 이래로 陵園職官이 설치되었음. 현재 漢印 가운데 陵園 職官의 印으로는 '孝景園令', '孝昭園令印', '霸陵園丞', '領陵園丞', '漢氏文園宰', '漢氏成園丞相' 등이 있는데, 중국 고대의 능침제도에 있어 진귀한 자료임.

고구려 王公貴族 수묘제도에 대한 기록은 많지 않은데, 먼저 新大王이 '고구려 國相 明臨答夫를 위하여 守墓 20家를 두었다'는 기록이 있음. 이 기록은 고구려 守墓制度에 관련된 비교적 이른 시기의 기록으로 후한 靈帝 光和 2년(179)에 해당함. 이 기록을 통하여 이때부터 이미 秦漢과 같은 守墓制度가 존재하고 있었음을 알 수 있음. 義熙 6년(410) 北燕 馮跋은 慕容雲을 예로써 장사지내고 園邑 20가를 두었으며 四時 供薦하였음. 慕容雲은 字가 子雨이고, 慕容寶의 양자였음. 慕容雲의 조부 高和는 고구려의 支庶로 스스로 高陽氏의 후예라고 하면서 고(高)로 성씨를 삼았음. 慕容雲은 高雲임. 馮跋과 高雲은 '의리로는 군신간이고, 은혜로는 형제'였음. 이 때문에 馮跋은 예로써 高雲과 그 처자를 장사지냈음. 이를 통해 鮮卑와 고구려도 守墓制度가 있었음을 알 수 있는데, 중원의 守墓制度와 대체로 같았음.

광개토왕릉비에 기록된 고구려왕릉의 守墓制度는 더욱 구체적임.

첫째, 守墓人 烟戶의 출신과 수량이 명확함. 광개토왕릉비 3면 8행부터 '守墓人烟戶, 賣句餘民, 國烟二, 看烟三. 東海賈, 國烟三, 看烟五. 敦城民, 四家爲看烟. 於城一家爲看烟…'으로 시작하여 제4면 제5행까지 이어지는데, 각 지역 國烟의 家, 看烟의 家를 모두 명확하게 기록되어 있음.

둘째, 守墓人 烟戶의 종류와 수가 명확하게 기록되어 있음. 광개토왕릉비 비문 제4면 제 5행~8행에 '國罡上廣開土境好太王存時敎言: 祖先, 先王, 但敎取遠近舊民守墓灑掃. 吾慮舊民轉當羸劣. 若吾萬年之後, 安守墓者, 但取吾躬巡所略來韓穢, 令備灑掃. 言敎如此. 是以如敎令, 取韓穢二百廿家. 慮其不知法則, 複取舊民一百十家, 合新舊守墓戶, 國烟卅, 看烟三百, 都合三百卅家.'라는 기록이 있음. 이 기록을 통하여 광개토왕을 위한 守墓烟戶가 330家였고, 그 가운데 國烟은 30家, 看烟은 300家임을 알 수 있음.

셋째, 守墓烟戶의 직책을 알 수 있음. 광개토왕릉비 비문에 '但敎取遠近舊民, 守墓灑掃', '但取吾躬巡所略來的韓穢, 令備灑掃.'라는 기록이 있음. '守墓灑掃와 令備灑掃'가 守墓烟戶의 직책인데, 王陵을 돌보고, 陵園 환경의 관리를 책임지는 것임.

넷째, 선왕을 위하여 墓上에 비를 세웠고, 先王의 守墓烟戶 수를 명확하게 하였음을 알 수 있음. 광개토왕릉비 비문 제4면 7~8행에 '自上祖先王以來, 墓上不安石碑, 致使守墓人烟戶差錯. 唯國罡上廣開土境好太王, 盡爲祖先王墓上立碑, 銘其烟戶, 不令差錯'이라는 기록이 있음. 이 기록은 守墓制度에서 매우 중요한 조항임. 광개토왕 이전, 고구려 왕릉에는 석비가 없었고, 守墓烟戶의 수와 來源을 새기지 않아 연호의 도망 혹은 매매를 초래하고, 이로 인해 守墓의 직책을 완성하기 어려웠음. 오직 광개토왕이 선왕들을 위하여 비석을 세우고, 守墓烟戶를 새로이 명확하게 하며, 착오가 없게 하라고 명하였음.

다섯째, 守墓烟戶의 買賣를 금하는 법령이 명확함. 광개토왕릉비 제4면 제9행에 '又制守墓人, 自今以後, 不得更相轉賣. 雖有富足之者, 亦不得擅買. 其有違令, 賣者刑之, 買人制令守墓之.'라는 기록이 있음. 이 기록을 통해 守墓烟戶 매매를 금하였고, 만약에 어기면 산자와 판자 모두 벌을 받았음을 알 수 있음. 파는 사람은 烟戶를 관리하는 관리나 두목이었는데, 그 처벌이 엄중하였고, 처벌이 필요하면(要受刑), 사는 사람은 守墓하는 벌을 받았음.

集安高句麗碑는 비록 문자는 적지만, 守墓制度에 대한 정보를 보완해줌.

첫째 守墓烟戶의 직책에 제사가 더해짐을 알 수 있음. '以此河流, 四時祭祀'라는 기록을 통해, 춘하추동 사계절에 강가에서 제사를 지냈음을 알 수 있다.

둘째, 守墓烟戶의 頭目이 명확해졌는데, '烟戶頭'라고 불렀고, 烟戶頭 20명의 이름을 기재하면서 그 책임을 명확하게 하고자 하였음.

셋째, 守墓烟戶의 매매가 발생하면 법률조문을 근거로 죄를 다스리고 징벌하였음을 알 수 있는데, 守墓制度가 더욱 구체화되고 완성되었음을 볼 수 있음.

守墓烟戶의 신분과 지위에 대해서 광개토왕릉비 발견 이래 일부 학자는 '노예'와 비슷하였다고 추정하였는데, 그 추정은 논증과 근거가 부족하고, 지나치게 자의적임. 1980년대 일부 학자는 守墓烟戶의 신분은 노예로, 國烟은 물론이고 看烟도 예외가 아니라고 주장을 하였음.

그 이유에 대해 첫 번째, 광개토왕의 교언으로 '若吾萬年之後, 安守墓者, 但取吾躬巡所略來韓穢, 令備洒掃'라는 기록이 있는데, 이 기록을 보면 守墓者는 백제와의 전쟁 중에 사로잡은 사람들로 그들의 신분은 '賤役에 종사한 노예'라는 것임. 두 번째, 비문에서는 守墓人에 대해 '自今以後, 不得更相轉賣. 雖有富足之者, 亦不得擅買.'라고 규정하고 있는데, 이는 이전에는 전매를 하였음을 설명하는 것이고, '不得擅買'는 반대로 살 수 있었다는 것을 설명하는 것이므로, 守墓烟戶는 원래 매매되는 노예라는 것임. 이 근거는 守墓烟戶가 奴隸라는 대표적인 근거가 되었음.

그러나 자세히 분석해보면 광개토왕릉비의 守墓烟戶는 노예로 보기 어려움.

첫째, 守墓烟戶가 노예라고 주장하는 학자의 논리를 보면 고구려가 대백제전에서 노획한 사람은 '賤役에 종사당한 노예'이고, 이러한 사람들이 守墓烟戶가 되었으므로 노예라는 것인데, 표면적으로 보면 그 추리가 옳은 것처럼 보임. 그러나 이는 역사적인 사실에 어긋남. 광개토왕릉비에 의하면, 6년 丙申年(396)에 광개토왕이 공격하여 58개 성과 700개의 촌락을 획득하였다고 함. 17년 丁未年(407)에는 步騎 5만을 보내 백제를 격파하고 6개 성과 여러 촌락을 획득하였다고 함. 광개토왕릉비에서는 백제와의 전쟁 중에 64개 성과 1,400개 촌락을 획득하였다는 것임. 그런데 백제왕의 동생과 대신 10명도 광개토왕에게 사로잡혔음. 그렇다면 64개 성과 1,400개 촌락의 귀족·관리·평민 모두 광개토왕에게 사로잡힌 백제인으로 광개토왕이 몸소 다니며 略取해 온 韓穢라고 볼 수 있음. 그들이 대부분 '賤役에 종사한 노예'가 아니라면, 왜 그 가운데 수묘연호 220家만 노예라고 보아야 할까? 韓穢 출신 國烟과 看烟의 신분은 다양하고, 귀족·관리·평민들이 포함된 것임. 그 가운데 노예의 포함 여부와 그 수에 관해서는 판단하기 어려움. 韓穢 출신 烟戶의 원래 신분과 國烟·看烟이 된 이후의 신분은 별개이고, 혼동해서는 안 됨.

둘째, 新來韓穢뿐 아니라 舊民 출신 國烟과 看烟도 守墓와 洒掃에 종사하였음. 비문을 통해 알 수 있듯이, 종전에 守墓烟戶를 매매하는 일이 확실히 존재하였는데, 동의를 거친다면 절대로 매매할 수 없는 것은 아니며 그저 마음대로 살 수 없었을 뿐이었음. 烟戶가 노예라고 주장하는 사람들은 매매를 할 수 있었다는 점을 근거로 제시하고 있는데, 이는 마르크스주의 고전 작가의 노예 신분에 관한 기본 관점을 위배하는 것으로 노예와 농노의 가장 근본적인 구별을 혼동하고 있음. 스탈린은 노예의 정의와 관련하여, '노예의 주인은 노예를 가축처럼 매매할 수 있고 죽일 수 있는 자'라고 하였음. 매매를 할 수 있고 죽일 수 있다는 이 두 가지 조건을 동시에 갖추어야 노예라고 칭할 수 있다는 것임. 동시에 죽임을 당할 수 있는지 없는지가 노예와 농노를 구별하는 기준이고, 또한 인신자유의 정도도 중요한 척도임. 광개토왕릉비에는 이전에 존재하였던 수묘연호 매매 정황이 반영되어 있음. 그런데 烟戶를 학살할 수 있었다거나 학살을 하였다는 기록은 없음. 이것은 國烟·看烟의 人身權利를 포함해 특히 生死權利가 보증되었음을 증명함. 그러므로 그들은 절대로 노예가 아님. 광개토왕릉비에서는 守墓烟戶와 관련하여 '自今以後不得更相轉賣. 雖有富足之者亦不得擅買. 其有違令, 賣者刑之, 買人制令守墓之'라는 기록이 있음. 법령에서는 '이제부터 다시 서로 팔아넘기지 못한다'고 명확하게 규정하고 있는데, 적어도 광개토왕시기 守墓烟戶의 신분은 농노에 비하여 높았다고 볼 수 있음.

셋째, 광개토왕릉비에는 율령을 어기고 烟戶를 매매한 자에 대한 징벌이 규정되어 있는데, '賣者刑之, 買人制令守墓之'라는 기록이 있음. 이를 통해 守墓烟戶를 산 사람이 벌로써 守墓烟戶가 되었음을 알 수 있음. 사는 사람은 대부분 '富足之者'였는데, 富足之家가 守墓烟戶가 되는 것으로 守墓烟戶가 "賤役에 종사한 노예'가 아님을 알 수 있음.

넷째, 集安高句麗碑에는 '自今以後, 守墓之民, 不得擅自更相轉賣, 雖富足之者, 亦不得其買賣, 如有違令者, 後世□嗣□□, 看其碑文, 與其罪過'라는 기록이 있음. '□嗣'는 '子嗣' 혹은 '後嗣'라고 추정되고, 뒤의 두 글자는 '懲罰' 혹은 '並罰'로 추정됨. 守墓烟戶의 매매를 불허한다고 강조한 것인데, 富足之者도 매매를 할 수 없었음. 만약 이를 어기고 매매를 한 사람은 벌을 받을 뿐만 아니라, 그 자손까지 연루시켰음. 이를 통해 守墓烟戶가 크게 중시되었다고 볼 수 있음. 또 신분과 지위가 맘대로 매매하거나 살육할 수 있는 노예가 아님을 알 수 있음. 비문에서 '烟戶'는 '守墓之民'이라고도 칭하였음. 이는 烟戶를 庶民으로 보고 있다는 예로 보통 백성임을 보여줌.

광개토왕릉비와 集安高句麗碑를 볼 때, 고구려왕을 위한 守墓烟戶는 노예가 아니고, 고구려의 보통 民戶라고 볼 수 있음.

(3) 集安高句麗碑와 광개토왕릉비의 비교

① 비석의 출토와 형태

광개토왕릉비는 414년에 건립되었고, 光緒 3년(1877)에 재발견되었음. 광개토왕릉비는 集安 시가지 동북 4km의 大碑街에 있는데, 발견할 때에는 奉天 懷仁縣 通溝巡檢에 속하였음. 200여 년간 封禁으로 인하여 주위에는 나무와 잡초가 무성하였고, 석비에는 이끼가 가득하였음. 懷仁에 縣이 설치된 다음, 書 啟 關月山이 공무 이외의 여가 시간에 고적을 찾아 나섰는데, 덩굴풀 속에서 광개토왕릉비를 발견하였음. 손으로 몇 글자를 탁본하고, 동호인에게 주면서 널리 알려지게 됨. 寅卯 사이(光緒 4년 戊寅~5년 己卯, 1878~1879) 현지인들이 불을 질러 이끼를 제거함. 光緖 6년(1880)에는 정연한 탁본이 출현함. 2012년 7월 29일 集安高句麗碑가 출토되었는데, 광개토왕릉비가 발견된 지 135년만임. 그 해는 고구려 광개토왕 서거 1600주년이었음. 集安高句麗碑는 集安 시가지 서쪽 4.3km의 麻線河 우안에서 발견됨. 발견자는 麻線 5組 촌민 馬紹彬임.

광개토왕릉비와 集安高句麗碑 모두 集安市區에서 발견됨. 광개토왕릉비는 동쪽, 集安高句麗碑는 서쪽에서 발견되었는데, 양자의 거리는 8.3km임. 발견된 시차는 135년임. 광개토왕릉비의 발견자는 縣의 官吏였고, 集安高句麗碑 발견자는 보통 촌민임. 두 비석 모두 강한 시대적 특징을 갖추고 있음.

광개토왕릉비와 集安高句麗碑는 석질과 형태에서 비교적 큰 차이를 보임. 광개토왕릉비는 각력응회암을 약간 가공하여 제작하였고, 碑身은 方柱形에 가까움. 각 면의 너비는 다른데, 1.34~2m 사이이고, 높이는 6.39m임. 碑首와 贔屭는 없음. 基座는 정연한 화강암 석판으로 五邊形이고, 길이는 3.55m, 너비는

2.70m임. 碑身의 무게가 37톤이나 되어 그 압력으로 基座가 세 부분으로 갈라짐. 가운데 부분이 비교적 크고, 碑身의 중압을 받아 5cm 정도 가라앉았음. 碑身 4면에 명문이 예서체로 새겨져 있음. 모두 44행이고 행마다 41자인데, 총 1,775자임.

集安高句麗碑는 분황색 화강암으로 제작함. 碑體는 圭形이고, 위가 좁고 아래는 넓음. 좌우 양 측면은 약간 가공하였음. 정면과 뒷면은 세밀하게 가공하였는데, 표면은 가지런하고 광택이 남. 현재도 정연한데, 오른쪽 모서리만 약간 결손되었음. 석비는 남은 높이 173cm, 너비 60.6~66.5cm, 두께 12.5~21cm임. 하단 중간에는 장부(榫頭)가 있는데, 높이 19.5cm, 너비 42cm, 두께 21cm임. 원래 碑座가 있었음을 알 수 있음. 석비의 정면에 새겨진 비문은 모두 10행인데, 앞의 9행에는 22자가 있고, 마지막 행에는 20자가 있어 모두 218자임. 뒷면에 세로 1행이 있는데, 마모가 심하여 판독하기 어려움. 좌측에 鑿損 흔적이 있고, 희미하지만 필획을 볼 수 있는데, 字形을 판별하기 어려움.

광개토왕릉비와 集安高句麗碑는 형태에 있어 명확하게 차이를 보이는데, 광개토왕릉비가 보다 原始 형태에 가깝고, 형체가 큼. 集安高句麗碑는 가공을 하여 정연하고, 표면은 가지런하고 광택이 남. 크기는 비교적 작은데, 높이가 광개토왕릉비의 1/4에 불과함. 後漢 이래의 圭形碑에 속함. 두 비석에 있는 문자의 글자체는 대체로 같은데, 모두 隸書임. 두 비석의 석질이 달라 필획 표현이 약간 다르고, 크기 또한 다름. 광개토왕릉비에서 비교적 작은 글자는 제3면 제8행 제39자인 '五'자로 세로 길이 6cm, 가로 길이 8.5cm임. 제1면 제9행 제30자인 '王'자는 세로 길이 7cm, 가로 길이 12cm임. 제4면 제4행 제35자인 '家'자는 세로 길이 11.5cm, 가로 길이 11.5cm임. 集安高句麗碑 비문에서 비교적 작은 글자는 제1행 제10자인 '自'자로 세로 길이 3.3cm, 가로 길이 2.5cm임. 비교적 큰 문자는 제4행 제15자인 '賣'자로 세로 길이 5.2cm, 가로 길이 4.8cm임.

② 비문 내용

광개토왕릉비의 내용은 대체로 세 부분으로 나누어져 있음.

첫째 부분은 제1면 1~6행까지임. 고구려 제1대 왕인 鄒牟王이 基業을 개창한 전설, 제2대 왕인 儒留王이 도(道)로서 나라를 잘 다스렸고, 제3대 왕인 大朱留王이 基業을 계승하여 발전시켰다는 내용이 기록되어 있음. 그리고 鄒牟王의 17세손인 國罡上廣開土境平安好太王이 국가를 통치한 정황과 그가 통치한 시기에 백성들이 안정된 생활을 누리며 즐겁게 일하고, 국가가 부강해졌으며, 오곡이 풍성하게 있었다는 내용도 기록되어 있음. 광개토왕이 18세에 왕위에 등극하려 39세에 죽었고, 甲寅年(414) 9월 29일 乙酉에 山陵으로 모시었으며, 이에 비를 세워 그 공훈을 기록하여 후세에 전한다는 내용이 기록됨.

둘째 부분은 제1면 7행~제3면 8행까지임. 광개토왕이 재위기간에 행하였던 정복활동을 기록하였음. 광개토왕이 永樂 5년 乙未(395)에 稗麗를 정벌한 내용, 6년 丙申(396) 백제를 정벌한 내용, 8년 戊戌(398) 교를 내려 한 부대의 군사를 파견하여 帛愼土谷을 관찰하였다는 내용, 9년 己亥(399) 백제와 倭가 통하자 광개토왕이 평양으로 행차하여 내려갔다는 내용, 10년 庚子年(400) 왕이 교를 내려 步騎 5만으로 신라를 구원하였다는 내용, 14년 甲辰(404) 倭가 帶方界를 공격하자 왕이 격파하였다는 내용, 17년 丁未年(407) 교를 내려 步騎 5만으로 격파하였다는 내용, 20년 庚戌(410) 왕이 동부여를 공격하였고 동부여가 항복하였다는 내용 등이 기록되어 있음. 광개토왕은 일생 동안 무수한 정복전에 나섰고, 64개의 성과 1,400개의 촌락을 공파하였음.

셋째 부분은 제3면 8행~제4면 9행까지임. 광개토왕을 위한 守墓烟戶의 분담을 기록하였는데, 모두 330家임. 동시에 守墓烟戶를 다시 서로 팔아넘기지 못하며, 비록 부유한 자라 하더라도 함부로 사들이지 못하고, 만약 이 법령을 위반하는 자가 있으면, 판 자는 형벌을 받을 것이고, 산 자는 자신이 守墓하도록 한다는 기록이 있음.

集安高句麗碑는 내용이 비교적 짧음. 판독된 정황을 볼 때, 비문에 언급된 내용은 대체로 세 부분으로 나눌 수 있음.

첫째 부분은 시조 鄒牟王이 基業을 개창하고, 神靈이 보우하여, 나라를 세우고 국경을 넓히며, 왕들이 대를 이어서 계속 전승하였다는 내용이 있음. 아울러 '令備洒掃, 四時祭祀'했다는 내용도 있음.

둘째 부분은 國罡上太王 즉위 후에 강토를 개척하고, 선왕을 위해 비석을 세우고 공훈을 追述하고, 守墓條令를 공포하였다는 내용이 있음.

셋째는 守墓烟戶頭 20명의 인명을 기록하고 후세에 보이겠다는 내용이 있음. 아울러 '지금 이후로 함부로 사거나 되팔지 못하고, 비록 부유한 자일지라도 매매할 수 없으며, 令을 어기는 자는 후세 자식들이 이어 죄를 받고, 그 비문에 보인다'라는 기록이 있음.

광개토왕릉비와 集安高句麗碑 가운데 광개토왕릉비가 내용이 풍부하고, 단락과 순서가 명확하며, 서술도 정연함. 광개토왕 생전의 군사활동은 물론이고, 광개토왕 사후 守墓烟戶의 분담과 烟戶制度에 대해서도 구체적이고 명확함. 集安高句麗碑에는 시조 鄒牟王이 創基하여 나라를 건국하고 강토를 하였다는 내용과 광개토왕이 통치한 일들이 기록되어 있지만, 지나치게 간략함. 뒷면에는 구체적인 守墓烟戶의 來源이나 인원수 등은 없고, 烟戶頭 20인과 烟戶 매매를 하지 말라는 禁令이 있었을 것임. 비문의 문자 수는 광개토왕릉비보다 크게 적지만, 守墓烟戶의 직책과 法令條文의 관련된 비각임을 알 수 있음.

③ 광개토왕릉비와의 관계

集安高句麗碑의 내용을 보면, 광개토왕릉비와 밀접한 관계가 있음. '始祖鄒牟王之創基也', '烟戶', '富足者轉賣□□守墓□', '□罡□太王(광개토왕릉비에서는 '國罡上廣開土境平安好太王')', '先王墓上立碑', '銘其烟戶', '以示後世', '自今以後', '不得擅自更相轉賣', '雖有富足之者亦不得其買賣', '如有違令者' 등의 문장이나 표현은 광개토왕릉비와 유사하거나 동일한데, 이는 集安高句麗碑와 광개토왕릉비가 매우 밀접한 관계임을 보여줌. 동일한 문장 구조는 守墓烟戶를 매매할 수 없다는 부분에서 많이 보임. 비문 중에 있는 '定律'·'發令' 등의 문구는 守墓烟戶 제도와 관련된 法律條文이 존재했음을 알려줌.

集安高句麗碑의 문자를 연구할 때, 광개토왕릉비의 몇몇 문자에 대한 인식을 떼어놓고 생각할 수 없음. 광개토왕릉비에 '上祖先王以來, 墓上不安石碑, 致使守墓人烟戶差錯. 唯國罡上廣開土境平安好太王, 盡爲祖先王墓上立碑, 銘其烟戶, 不令差錯'이라는 기록이 있음. 이 문장에는 세 가지 의미가 담겨져 있음.

첫째, 上祖先王부터 광개토왕 이전까지 여러 왕의 능묘에는 비석이 없었음을 알 수 있음. 광개토왕 이전까지 모두 18명의 왕이 있었음. 그들의 무덤은 고구려 도성인 紇升骨城과 國內城에 분포하고 있음. 紇升骨城과 國內城 부근에는 고구려시기의 무덤이 있는데, 무덤의 피장자에 대해서는 의견이 분분함.

둘째, 광개토왕 이전 각 왕의 무덤에 일정한 守墓烟戶가 있었음을 알 수 있음. 烟戶를 기록한 석비가 없음으로 인하여 시간의 흐름에 따라 관리가 해이해졌다고 함. 그리하여 守墓烟戶가 도망을 치거나 매매하는 일이 발생하게 되면서, 인원수에 착오가 생기고 守墓洒掃와 四時祭祀 임무를 완수하는데 어렵게 되었음. 여러 해 동안의 고고조사와 연구에도 불구하고 고구려왕에 대한 능묘를 확인하기는 어려움. 그 주요 원인은 고구려 왕릉의 축조 연대가 매우 오래되어 비교적 심하게 훼손됨으로써 원래의 모습을 잃어버렸기 때문임. 아울러 묘에 비석을 세우지 않은 것도 중요한 원인 가운데 하나인데, 그로 인하여 守墓烟戶가 섞갈리게 되었고,

보호관리가 문란해졌음.

셋째, 광개토왕시기에 처음으로 祖先王을 위하여 묘에 비석을 세웠고, 그 烟戶를 기록하여 착오가 없게 하라고 명하였음을 알 수 있음. '墓上立碑'는 무덤 꼭대기에 비석을 세웠다는 것이 아니고, 또한 무덤 앞에 비석을 세웠다는 것도 아님. 주로 烟戶들을 규정하는 비석이므로, 烟戶 거주구역에 세우는 것이 적당하다고 볼 수 있는데, 광개토왕릉비가 가장 좋은 예라고 할 수 있음. 광개토왕릉비는 太王陵 동북쪽 360m 떨어진 지점에 위치하는데, 태왕릉 앞에 있는 것도 아니고, 陵園 안에 있는 것도 아닌 烟戶 거주구역 안에 위치하고 있음.

광개토왕릉비의 내용을 볼 때, 集安高句麗碑는 광개토왕시기에 先王을 위해 守墓烟戶를 기록한 비석 가운데 하나라고 볼 수 있음. 集安高句麗碑에는 守墓烟戶제도를 기록하고 있는데, 특히 守墓烟戶 매매 불허를 자세하게 밝히고 있고, 守墓烟戶頭 20명을 새기면서 그 책임을 명확하게 하고 있음. 석비 출토지점을 볼 때, 원래 비석은 麻線河 우안 평원에 세워져 있었던 것으로 보이는데, 동남쪽으로 456m 떨어진 지점에 千秋墓가 있고, 북쪽으로 麻線墓區의 河西 지구까지는 200m 거리임. 이곳은 응당 千秋墓 守墓戶 거주구역이라고 볼 수 있음.

4. 역사적 성격

1) 비석의 건립 시기에 대한 보고서의 기술내용

광개토왕릉비에는 '甲寅年 9월 29일 乙酉에 山陵으로 모시고, 이에 비를 세워 그 공훈을 기록한다'라는 기록이 있음. 甲寅年은 414년으로 건립 연대를 명확하게 알 수 있음. 반면 集安高句麗碑에는 현재까지 판독된 내용 중에 건립 연대를 알 수 있는 기록이 없음. 集安高句麗碑의 제작 연대는 비문의 내용과 관련자료를 근거로 추론할 수밖에 없음.

(1) 비석의 형태 관련

集安高句麗碑는 圭形임. 圭形 유물과 관련해서는 西周 시기의 玉圭가 출토된 바 있음. 이러한 형태의 석각은 漢代부터 제작되기 시작함. 『洛陽日報』보도에 따르면, 河南省 孟津縣 平樂鎭 新莊村 주민들이 관개수로를 파다가 漢代 圭形 석비를 발견하였다고 함. 비석은 길이 2.5m, 너비 84cm, 두께 20cm임. 발견 당시 비석은 두 토막이 나 있었음. 상단은 劍頭形, 중하단은 장방형임. 중간에 직경 15cm의 원형 구멍이 있음. 석비에는 '冀州從事馮君碑'라는 글자가 있음. 비문에는 冀州從事 馮君에 대한 생애, 그의 부친·형제·본인의 품행이 기록되어 있음. 重慶市 6.2km 長江 남안 古黃陵 사당 안에도 圭形 石碑가 있음.『黃牛廟記』에는 後漢 말 諸葛亮이 사천으로 들어갈 때, 이곳을 지나가면서 저술하였다고 전해짐. 이 사당은 漢代에 처음 축조되고 이후 파괴되었다가, 唐 大中 元年에 복건되어 黃牛廟라고 불렀고, 北宋 시기에 黃陵廟로 개칭되었음. 현재 黃陵廟는 明代 萬曆 46년에 중건된 것임. 이러한 규형 비석은 인물을 기념하기 위한 혹은 기록하기 위한 비석으로 明清 시기까지 사용되었음. 그러므로 형태상으로는 集安高句麗碑의 제작 시기를 판단하기 어려움.

(2) 비문의 내용 관련

비문은 鄒牟王이 고구려 基業을 개창하여 여러 왕이 전승하였다는 기술로 시작함. 그 뒤 守墓烟戶가 守墓灑掃하고 四時祭祀하였는데, 얼마 후 烟戶를 매매하는 일이 발생하였고, 墓人烟戶가 섞갈리는 상황에 이르게 되었다는 기록이 있음. 비문 중간 부분에는 광개토왕 통치 시기가 기술되었는데, 강토를 개척하고 공로가 탁월하였다고 기록함. 그리고 上祖先王을 위해 비석을 세우고, 烟戶를 새겨 착오가 없게 하라고 명하였다고 함. 동시에 율령을 반포하여 지금 이후로 매매를 불허하였고, 만약 매매를 하면 엄벌에 처하였다고 함. 비문 마지막 부분에는 守墓烟戶頭 20명을 새겨 烟戶 관리를 책임지게 하였음. 비문 뒷면 좌측에 鑿損痕跡이 있는데, 필획 흔적이 희미하게 보임. 그 필획 흔적은 烟戶頭 20명의 이름일 수도 있는데, 그들의 후손이 지웠을 수도 있음. 그리고 '自今以後, 守墓之民不得擅自更相轉賣, 雖富足之者亦不得其買賣, 如有違令者, 後世□嗣□□, 看其碑文, 與其罪過'라고 기록함.

비문 내용을 분석해 볼 때, 비석은 고구려 왕릉 守墓烟戶의 매매로 인하여 그 수에 대한 착오가 일어났던 문제를 거론하며 거듭 법령으로 守墓烟戶 매매를 금지하고 비석에 새기어 후세에 보이고자 한 것으로 추정됨. 중국 정사와 『삼국사기』 등 고대 문헌에는 고구려 왕릉 守墓烟戶에 대한 기록이 없고, 광개토왕릉비에 守墓烟戶와 관련된 기록이 있음. 이 점을 볼 때, 비문의 제작 연대는 광개토왕릉비의 제작 연대와 가깝다고 할 수 있음.

비문 제7행 제9자~제13자에는 '自戊□定律'이라고 새겨져 있는데, '戊□'는 비문에 나타난 간지 기년으로 매우 중요한 문구라고 할 수 있음. '戊'자 하면의 글자는 마모가 심하여 판독하기 어려운데, 字形과 자획을 볼 때, '子'자나 '午'자에 가까움. 광개토왕 재위 시기와 가까운 戊子年과 戊午年을 보면, 먼저 戊子年으로는 미천왕 29년(328), 고국양왕 5년(388), 장수왕 36년(448) 등이 있고, 戊午年으로는 고국원왕 28년(358), 장수왕 6년(418), 장수왕 66년(478) 등이 있음.

미천왕 29년(328)의 戊子年과 고국원왕 28년(358)의 戊午年은 광개토왕 통치 시기보다 지나치게 빠름. 한편 『삼국사기』에 의하면 소수림왕 3년(373)에 처음 율령을 반포하였다고 함. 그렇다면 미천왕과 고국원왕 시기에 守墓烟戶과 관련된 법령 조문이 있었다고 보기는 힘듦. 만약 '戊子年'이라면 고국양왕 5년(388)에 정해졌다고 볼 수 있음. 고국양왕은 384년에 즉위하여 391년에 죽었고, 광개토왕이 즉위함. 388년은 광개토왕의 부친인 고국양왕이 죽기 3년 전인데, 광개토왕과 先王守墓烟戶의 유실에 대한 정황을 이야기하면서 法律 제정을 필요로 하였고, 광개토왕이 부친이 돌아가신 후에 집행하였을 가능성이 있음. 만약에 '戊午年'이라면 장수왕 6년(418)에 정해졌다고 볼 수 있음. 광개토왕릉비에는 '自上祖先王以來, 墓上不安石碑, 致使守墓人烟戶差錯. 唯國罡上廣開土境好太王, 盡爲祖先王墓上立碑, 銘其烟戶, 不令差錯'이라는 기록이 있음. 광개토왕이 선왕을 위하여 비석을 세우고, 장수왕 시기에 법을 정하였다고 한다면, 너무 늦는다고 생각됨. 장수왕 36년의 '戊子(448)'와 장수왕 66년의 '戊午(478)'로 보기에는 너무 늦음.

그러므로 비문에 나오는 간지는 고국양왕 5년의 '戊子'가 가장 적합하다고 여겨짐. 바로 고국양왕 시기에 守墓烟戶의 법률이 정해졌다고 볼 수 있는 것임. 이후 광개토왕이 즉위하면서 법률 조문이 석비에 새겨진 것으로 추정됨. 광개토왕은 자신을 위해 석비를 세웠을 뿐 아니라, 선왕을 위해서도 석비를 세웠던 것임. 이 비석이 광개토왕시기에 세워지고, 그의 부친 생전에 條文이 제정된 것은 모순이 아님. 集安高句麗碑와 광개토왕릉비의 기록이 서로 부합함.

集安高句麗碑는 麻線河 강변에 세워졌는데, 千秋墓와 비교적 가까운 것을 볼 때, 千秋墓를 위해 세워진 비석이라고 볼 수 있음. 광개토왕이 千秋墓 부근에 비석을 세우고 '戊子' 定律 즉 守墓烟戶 법률 조문을 강조한 것은 선친의 가르침을 잊지 않겠다는 뜻이 담겨있는 것임. 千秋墓는 고구려 18대왕인 고국양왕의 무덤으로 볼 수 있음.

(3) 광개토왕릉비 기록 관련

광개토왕릉비에는 '自上祖先王以來, 墓上不安石碑, 致使守墓人烟戶差錯. 唯國罡上廣開土境好太王, 盡

爲祖先王墓上立碑, 銘其烟戶, 不令差錯'이라는 기록이 있음. 이 기록은 集安高句麗碑 제작 연대를 추론하는데 매우 중요함. 광개토왕릉비에서는 '先祖 왕들 이래로 능묘에 석비를 세우지 않아 守墓烟戶가 섞갈리게 되었다'고 명확하게 설명하고 있는데, 이를 통해 광개토왕 이전에 고구려 18기의 왕릉에는 비석이 없었고, 守墓烟戶 제도와 관련된 법률 조문이 기록된 석각문자가 없어서 수묘인 연호가 섞갈리는 정황이 조성되었음을 알 수 있음. 이는 集安高句麗碑를 세웠던 시간이 광개토왕시기보다 이르지 않음을 설명함. 광개토왕릉비의 '唯國罡上廣開土境好太王, 盡爲祖先王墓上立碑, 銘其烟戶, 不令差錯'이라는 기록을 볼 때, 광개토왕이 살아 있을 때 선왕을 위한 비석을 세웠고, 守墓烟戶와 그 제도를 새겼다고 볼 수 있음.

여기에서 일부 문제에 대한 보완 설명이 필요함. 만약 集安高句麗碑가 광개토왕 생전에 세워진 것이라면, 비문 중의 '□罡□太王'와 같은 광개토왕 封號와 관련된 문자가 출현하지 않아야 함. 일단 '國罡上太王'인지 아닌지 진일보한 고증해석과 연구가 필요함.[10] 또 광개토왕 생전에는 일부 선왕을 위해서만 세우고, 나머지는 세우지 못해 장수왕이 완성하였는지도 검토해야 함. 만약 그렇다면 이 비석이 건립된 연대는 장수왕 초기로 미루어질 수 있음. 이러한 정황에 대해서는 진일보한 검토연구를 기다림.

(4) 석비 출토지 관련

集安高句麗碑는 麻線河 우안에서 발견되었는데, 洞溝古墓群 麻線溝고분군의 중심지대임. 洞溝古墓群에는 수많은 고구려 고분이 있는데, 동쪽 靑石鎭 長川村에서 서쪽 麻線鄕 安子溝에 걸쳐 있음. 동서 길이는 40km, 남북 너비는 2~4km에 이르고 있음. 고분군의 총면적은 1334.68헥타르인데, 새롭게 확정된 洞溝古墓群의 보호범위는 3914.02헥타르임. 『1996年實測洞溝古墓群索引』에 의하면 洞溝古墓群의 총 고분수는 11,257기임. 6개 고분군으로 나누었는데, 下解放고분군에는 51기, 禹山下고분군에는 3,883기, 山城下고분군에는 1,583기, 萬寶汀고분군에는 1,516기, 七星山고분군에는 1,708기, 麻線溝고분군에는 2,516기가 있었다고 함. 2005년 5월 새롭게 실측·조사하였을 때에는 長川고분군이 포함되었고, 총 고분수는 11,494기에 이르렀음. 麻線溝고분군은 洞溝古墓群 최서단에 위치하는데, 동쪽은 七星山고분군과 인접해 있고, 서쪽은 安子溝에 이르고 있음. 특히 麻線河 양안의 고분들은 밀집되어 있음. 麻線溝고분군 안에는 2,576기의 고분이 있고, 점유 면적은 354.00헥타르임. 麻線溝고분군은 다시 紅星片, 麻線片, 建疆片, 石廟子片 등으로 나눌 수 있음. 麻線溝고분군에서 세계문화유산에 등재된 고분으로는 千秋墓(JMM1000), 西大墓(JMM0500), 626號墳(JMM0626), 2100號墳(JMM2100), 2378號墳(JMM2378) 등이 있음.

麻線溝고분군은 고구려 옛 도성인 國內城 서쪽, 압록강 우안에 위치함. 당시에는 고구려인의 거주지역이었는데, 일부 왕릉 부근에는 守墓烟戶가 거주하면서 형성된 촌락이 있었음. 集安高句麗碑는 麻線溝고분군의 중심지대에서 발견되었는데, 千秋墓와 가장 가까운 것을 볼 때 千秋墓를 위해 세운 비석이라고 할 수 있음. 학자들은 대부분 千秋墓를 광개토왕의 부왕인 고국양왕의 무덤으로 보고 있음. 광개토왕은 祖先王을 위해 비석을 세웠는데, 당연히 고국양왕을 위한 비석을 가장 먼저 세웠을 것임. 集安高句麗碑는 광개토왕이 그 아버지를 위해 세운 비석으로 제작 연대는 광개토왕시기라고 할 수 있음.

---

10 이 서술은 5행 7~11자의 '國岡上太王'을 광개토왕으로 비정한 데 따른 것임. 그렇지만 이 명문의 국강상태왕을 일반적으로 '故國原王'으로 비정함(여호규, 2016, 152쪽).

2) 비석의 가치에 대한 보고서의 기술내용

(1) 역사적 가치

集安高句麗碑의 출토는 고구려 역사 연구에 있어 중요한 문자 자료를 더해줌. 集安高句麗碑는 글자 수는 적지만, 고구려 왕계와 喪葬制度에 관하여 중요한 자료를 제공함. 특히 守墓烟戶의 매매와 관련한 법률 조문이나 사료가 부족한데, 이를 크게 보완해 줌.

集安高句麗碑는 광개토왕릉비를 보완함. 광개토왕릉비는 장수왕이 그 부친인 國罡上廣開土境平安好太王을 위해 세운 묘비이기 때문에 광개토왕의 업적이 새겨져 있는데, 특히 정복활동이 기록되어 있음. 이로 볼 때 광개토왕릉비는 광개토왕의 기공비라고 할 수 있음. 광개토왕릉비는 太王陵에서 동북쪽으로 360m 떨어진 지점에 위치하는데, 이곳은 太王陵을 위한 守墓烟戶의 거주지임.[11] 비문 중의 큰 편폭의 기록은 守墓烟戶 출처와 守墓제도를 잘 이해할 수 있게 해줌.

集安高句麗碑는 麻線河 서안에서 발견되었는데, 千秋墓에서 서북쪽으로 456m 떨어져 있고, 麻線溝 2100號墳에서 서남쪽(보고서에는 서북쪽으로 오기되어 있음)으로 659m 떨어져 있음. 석비가 발견된 지점은 강변의 대지로 주위는 비교적 평탄함. 북변 200m 밖은 麻線墓區 河西建疆 구역임.

고구려시기에 이 지역은 千秋墓를 위한 守墓烟戶의 주거지라고 볼 수 있음. 이 지역은 광개토왕릉비가 세워진 곳의 환경·상태와 대체로 같음. 광개토왕릉비에는 '自上祖先王以來, 墓上不安石碑, 致使守墓人烟戶差錯. 唯國罡上廣開土境好太王, 盡爲祖先墓上立碑, 銘其烟戶, 不令差錯.'이라는 기록이 있음. 기존의 연구에서 학자들은 이 기록을 토대로 광개토왕 이전의 고구려 18기의 왕릉에는 석비가 세워져 있지 않아서 守墓烟戶의 섞갈림이 조성되었고, 광개토왕 재위기에 守墓烟戶의 섞갈림을 막기 위해 祖先王墓에 비석을 세웠다고 추정하였음. 광개토왕릉비의 기록을 근거로 한다면, 광개토왕보다 앞선 역대 선왕의 왕릉 부근에는 烟戶가 기록된 석비가 있어야 함. 集安지역의 고고조사와 발굴과정에서 문자가 없는 비석이 山城下 1411號墳(JSM1411) 앞, 禹山下 1080號墳(JYM1080) 앞, 四盔墳 2號墳과 3號墳 사이에서 발견된 바 있음.

山城下 1411號墳(JSM1411)은 封土石室雙室墓로 山城下고분군 서북에 있음. 兄墓, 弟墓, 折天井墓, 龜甲墓 등이 고분 동남쪽 100～150m 범위 안에 있음. 처음 석비는 고분 동북측 봉토 가장자리에 있었고, 碑身은 흙 속에 비스듬하게 묻혀 있었는데, 1993년 고분을 정비할 때 묘도 앞에 세웠음. 석비는 화강암 재질임. 윗부분은 가늘고 아래가 굵은 八棱柱 모양임. 윗부분은 鈍八棱錐形으로 錐底는 직경 0.48m, 높이 0.14m이고, 柱體底部는 직경 0.85m, 전체 높이 1.16m임. 문자가 새겨진 흔적은 없었음.

禹山下 1080號墳(JYM1080)은 대형 봉토석실묘임. 集安縣城 동쪽 太王鄕 禹山 1隊村에 위치함. 이곳은 禹山 남쪽 기슭 중부의 완만한 경사지의 남쪽 가장자리로 앞으로는 개활한 평지와 마주하고 있음. 禹山下 1080號墳(JYM1080)은 주변에 있는 고분보다 규모가 큼. 고분은 일찍감치 도굴을 당하였는데, 1976년 7월 발굴·정리할 때 도굴 구덩이 매립토에 석비가 거꾸로 세워져 있었음. 석비의 형태는 상원하방형이고, 화강암을 다듬어 제작하였음. 전체 높이는 1.6m임. 납작하고 낮은 底座 평면은 장방형임. 정면은 너비 0.97m, 측면은 너비 0.73m, 높이는 0.27m임. 碑身 하단의 길이와 너비는 底座와 같음. 다만 네 모서리가 깨져 가지런하게 되면서, 橫截面은 截角方形임. 碑身의 八條棱線은 명확하게 보임. 비석 윗부분은 약간 둥그스름한

---

[11] 이 서술은 太王陵을 광개토왕의 왕릉으로 보는 중국학계의 통설에 따른 것임. 그렇지만 광개토왕의 왕릉에 대해서는 태왕릉설과 장군총설로 나뉘어 논란이 분분한 상황임.

데, 碑身 八條稜線의 연장선을 희미하게 볼 수 있음. 비 윗부분 중앙에는 팔각형이 음각되어 있는데, 팔각은 碑身의 八條稜線과 마주하고 있음. 비면은 풍화·침식이 매우 심하고, 크랙(泐痕)가 매우 많음. 탁본을 해보았지만, 글자가 새겨진 흔적은 전혀 발견할 수 없었음.

四盔墳은 禹山下고분군 五盔墳 1·2號墳 북쪽 40m 떨어진 지점에 위치함. 동서로 배열되어 있는데, 1·2·3號墳 사이의 거리는 3m, 3·4號墳 사이의 거리는 6m임. 2호분과 3호분 사이에 글자가 없는 석비가 있음. 석비는 회색 화강암으로 제작함. 하부는 정방형이고, 상부는 圓弧方錐形임. 전체 높이는 1.10m, 바닥 너비는 80cm, 아랫부분 높이는 50m, 윗부분 높이는 60cm임. 아랫부분의 한 모서리는 파손됨. 글자가 새겨진 흔적은 없었음.

이상 비석이 세워진 고분의 피장자는 모두 고구려 귀족임. 비석은 모두 고분 부근에서 발견되었는데, 글자가 없어서 일종의 표식으로 볼 수 있음. 集安高句麗碑의 발견은 광개토왕릉비 기록의 사실성을 인증하는 것이며, 고구려사 연구를 위한 새로운 자료를 더해주는 것임. 역사문헌을 보면 守墓人에 대한 칭호로 '守塚', '園邑', '陵戶' 등이 있음. 고구려 문헌에서는 守墓人에 대해 '守墓'라고 기록하고 있는데, 家와 戶가 단위가 되었음. 광개토왕릉비에서는 '守墓烟戶', '國烟', '看烟' 등이 보이고, '烟戶'로 통칭하고 있음. 만약에 광개토왕릉비의 烟戶에 관한 기록이 광개토왕시기라면, 集安高句麗碑 비문 중에 출현한 '烟戶'·'烟戶頭'는 고구려 守墓烟戶에 대해 새로운 자료를 더해 줄 뿐만 아니라, '烟戶頭'라는 새로운 명칭이 출현하였음을 설명함. 또 비문에 칭하고 있는 '烟戶'는 '守墓之民'인데, 고구려 왕릉 守墓烟戶의 신분 연구와 관련하여 매우 중요하다고 할 수 있음.

비문에 보이는 '戊□定律'은 고구려 문헌과 문자자료에서 처음 출현하는 문구로 깊은 검토가 필요함. '戊□'가 '戊子'이든 '戊午'이든 고구려가 定律을 발포한 시간임. 定律은 고구려 守墓烟戶 관리에 대한 법조문임. 定律의 공포를 석비에 새긴다는 것은 매우 중요한 의미라고 볼 수 있음. 『三國史記』에 의하면 소수림왕 3년(373)에 처음 율령이 반포됨. 『說文』에서는 '律, 均布也. 十二律均布節氣, 故有六律, 六均.', 『爾雅』釋器編에서는 '律謂之分. 注曰律管, 所有分氣.', 『爾雅』釋詁編에서는 '法也, 又常也. 注謂常法.', 『正韻』에서는 '律呂, 萬法所出, 故法令謂之律.', 『玉堂叢語·纂修』에서는 '律令者, 治天下之法也, 令以教之於先, 律以齊之於後.' 등이라고 함. 이로 볼 때 소수림왕이 반포한 율령은 고구려 국가의 법률 조문이라고 할 수 있음. 그런데 守墓烟戶와 관련한 조문은 없었던 것으로 추정되는데, 이로 인해 烟戶매매가 이루어졌다고 볼 수 있는 것임. 集安高句麗碑에는 守墓烟戶에 대한 법률 조문이 처음 공포되어 있는데, 응당 소수림왕 이후로 볼 수 있음. '戊□'가 만약 '戊子'라면, 고국양왕 5년(388)이 유력하고, 만약 '戊午'라면 장수왕 6년 즉 418년이 유력함.

集安高句麗碑에는 '始祖鄒牟王之創基也'라는 기록이 있는데, 광개토왕릉비의 시작 부분인 '惟昔始祖鄒牟之創基也'라는 명문과 거의 일치함. 두 비석의 문자는 『三國史記』 高句麗本紀 東明王條의 '始祖東明聖王, 姓高氏, 諱朱蒙(一雲鄒□, 一雲眾解)'에서 鄒□가 鄒牟임을 증명함. 鄒牟는 고구려 제1대왕인데, 『三國史記』 高句麗本紀 東明王條의 동명왕 즉위기사를 믿을 수 있는 것임. 기록에 의하면 '이때 주몽의 나이가 22세였다. 이 해는 漢 孝元帝 建昭 2년, 신라 시조 赫居世 21년 甲申年이었다'라고 하는데, 漢 元帝 建昭 2년은 기원전 37년임. 그렇다면 고구려가 건국된 해는 기원전 37년임 것임.

『三國史記』 高句麗本紀 광개토왕조에는 광개토왕의 평생 업적이 기록되어 있지만, 광개토왕이 '祖先王을 위하여 墓上에 비를 세웠고, 烟戶를 새기어 섞갈리지 않도록 명하였다'라는 기록은 없음. 集安高句麗

碑의 출토는 광개토왕시기에 '祖先王을 위하여 墓上에 비를 세웠고, 烟戶를 새기어 섞갈리지 않도록 명하였다'는 기록을 증명할 뿐만 아니라, 광개토왕이 모든 祖先王을 위해 墓上에 비석을 세웠던 사실을 증명함. 集安高句麗碑는 『三國史記』高句麗本紀 기록의 중요한 보충자료이고, 고구려 왕릉 守墓制度 및 비각 제도 연구에 있어 중요한 실물자료라고 할 수 있음.

(2) 학술적 가치

集安高句麗碑의 발견은 고구려 考古의 중요 성과로 학술적 가치를 간과할 수 없음. 集安高句麗碑는 고구려 왕릉 연구에 있어 중요한 가치가 있음. 여러 해 동안 국내외 학자들은 『三國史記』의 기록과 고구려 고분 연구성과를 종합하여 고구려 왕릉에 대한 연구를 진행하고, 왕릉의 피장자를 추정하였음. 集安高句麗碑는 광개토왕이 上祖先王을 위해 세운 비석 가운데 하나임. 광개토왕은 먼저 부왕인 고국양왕을 위해 비석을 세우고, 다시 그 부친이 제정한 법률 조문을 비석에 새기어서 기념으로 보이고자 한 것임. 集安高句麗碑는 千秋墓에서 서북쪽으로 456m 떨어진 지점에 있는데, 守墓烟戶 거주지역이라고 할 수 있음. 한편 千秋墓가 광개토왕릉비의 부친 고국양왕의 무덤임을 증명함.

集安高句麗碑의 출토는 고구려 도성 연구에 있어서도 중요한 가치를 지님. 학자들은 문헌기록과 고고조사를 토대로 集安이 고구려 도성이라는 근거를 충분히 제시하였음. 集安高句麗碑는 고구려 왕릉과 守墓烟戶 制度에 새로운 자료를 제공하였고, 고구려 도성 연구를 위한 새로운 증거를 더해 주었음.

(3) 예술적 가치

集安高句麗碑의 예술적 가치는 비석의 조형과 서체 두 방면에서 드러남.

集安高句麗碑는 고대의 비석에서 자주 보이는 석각 형식을 띠고 있음. 비석은 先秦시기 木制 비석에서 기원하였는데, 고대에는 관을 매장하는 도르래받침이 있었음. 木制 비석은 漢代에 이르러 석비로 변화함. 馬衡은 '漢碑는 머리에 대부분 구멍이 있고, 구멍 외곽에는 둥근 테가 있는데, 묘비는(관을 매장하던) 도르래의 遺制이다. 처음에는 관을 떠받치던 비를 이용하여 그 위에 공적을 새겼는데, 그 후에 계속 전해져오면서 풍속을 이루어 비석이 마침내 비문을 새겨 세워지게 되었다.'라고 언급하였음.

漢~淸代의 석비는 크게 碑首, 碑身, 碑座 등 세 부분으로 구성되어 있음. 처음에는 碑首와 碑身이 서로 연결되었고, 碑座가 별도로 있었음. 河北 武淸에서 출토된 後漢의 鮮於璜碑는 碑座가 長方覆斗形임. 길이는 1.29m, 너비는 0.73m, 높이는 0.25m임. 표면에는 三角折帶紋과 斜線平行文이 새겨져 있음. 座 윗부분에는 長條形의 장부 홈(碑榫凹槽)이 조각되어 있음. 碑首에는 平首, 圓首, 圭首, 螭首 등 여러 종류가 있음. 碑身은 대부분 납작한 장방형임. 또 碑首가 없는 方柱形과 圓柱形 등도 있음. 碑座는 장방형, 다변형, 獸形(贔屭) 등이 있음. 비문의 내용과 기능을 근거로 墓碑(神道碑 포함), 功德碑, 記事碑, 經書典籍碑, 題名碑, 圖形碑, 宗敎造像碑 등으로 나누어 볼 수 있음.

集安高句麗碑는 圭形 비석에 속함. 圭形은 玄圭의 형상에서 유래하였는데, 죽은 자가 나라에 큰 공이 있음을 표시하고, 하늘이 玄圭를 주었다는 것을 상징하여 죽은 자의 공덕을 알리는 의미임. 碑身은 납작한 방형으로 윗부분은 약간 좁고 아랫부분은 약간 넓으며, 碑首와 하나로 연결되어 있는데, 後漢 이래 圭形碑의 전형적인 형태임. 비석 하부의 장부(榫頭)는 높이 15~19.5cm, 너비 42cm, 두께 21cm임. 출토 당시 基座는 발견되지 않았음. 추측하건대, 碑座는 장방형이고, 상부에는 장부(榫頭)와 맞물리는 홈(凹槽)이 있었을 것임. 이 또한 後漢 이래의 碑座와 같은 형태임.

고구려비 가운데 광개토왕릉비는 方柱形이고, 碑首가 없으며, 형태가 크고, 바닥 부분 基座는 다변형임.

그리고 장부가 없는 구조로, 基座 위에 평평하게 놓은 것임. 충주고구려비도 方柱形이고, 碑首가 없음. 비석 아랫 부분에는 方錐形의 장부(榫)가 있음. 基座는 方覆斗形임. 集安高句麗碑는 규형 碑首가 있는 납작한 방형이고, 碑身과 基座 장부(榫卯)가 결합하는 구조임. 형태와 구조의 특징을 볼 때, 높은 조형예술 가치를 지니고 있다고 볼 수 있음.

圭形碑의 장부(榫卯) 구조와 관련하여, 고구려에도 관련된 실물이 있음. 千秋墓 남변 계단 중축 연장선에서 石垣은 안으로 꺾여 넓은 면을 형성하고, 바깥변에 깔린 석판에 일정한 거리로 4개의 네모난 구멍이 있는데, 나무기둥[장부(榫頭)]을 세우기 위한 구멍으로 추정됨. 이는 고구려인이 일찍부터 건축에 장부구조(榫卯結構)를 사용하였음을 보여줌. 1980년 集安 國內城 중부(현재 유적지공원 동북 모서리)에서 비교적 큰 石碑座가 출토되었는데, 출토지점은 원래 고구려유적지임. 碑座는 지표 아래 2m에서 발견된 것임. 흑회색 침적암을 다듬어 제작함. 전체는 타원형의 자연석재로 윗면은 다듬어서 비교적 평탄함. 2단의 장방형 台面 구조를 갖추고 있음. 장부(榫槽)는 윗부분 정중앙에 있음. 碑座는 길이 2.03m, 너비 1.2m, 두께 0.5m임. 1단 장방형 台面은 길이 1.39m, 너비 0.79m임. 2단 台面은 길이 1.18m, 너비 0.62m임. 장부(榫槽)는 길이 0.75m, 너비 0.19m, 깊이 0.25m임. 碑座 출토의 지층을 볼 때, 고구려시기의 碑座임. 碑身은 발견되지 않았음. 이 유물은 고구려가 일찍이 장방형의 장부(榫卯) 구조를 갖추고 있는 석비가 있었음을 증명함.

集安高句麗碑의 발견은 서체상으로도 중요한 가치를 지니고 있음. 集安高句麗碑는 광개토왕릉비와 충주고구려비와 같은 隸書體 碑文에 속함. 이는 고구려에서 隸書가 공식 서체로 政令이나 포고문에 이용되었음을 설명함. 集安高句麗碑의 발견은 고구려 서체의 원류·변천·규칙 등에 관한 새로운 이해를 하게 해줌. 광개토왕릉비·충주고구려비와 비교해보면, 集安高句麗碑의 문체는 더 수려하고, 필획은 더 가늘며, 蠶頭·燕尾의 특징이 더욱 명확한데, 후인들이 탁본·모사하는데 더 알맞음. 集安高句麗碑의 발견은 고구려 서체 연구에 새로운 자료를 더해줌. 광개토왕릉비·모두루묘지·磚瓦銘文과 비교연구를 진행하면, 각 재질에 남아 있는 고구려인 서체의 상태와 시기별 고구려인의 서체 발전·변화를 깊이 연구할 수 있음. 集安은 '서체의 고향'으로 줄곧 서예가들의 중시를 받아왔음. 集安高句麗碑의 발견은 많은 국내외 서예가와 서예를 좋아하는 사람들의 연구를 견인하고, 고구려 서체 연구를 추동하여, 고구려의 서체 예술이 더욱 발전할 것임.

3) 집안고구려비의 건립시기와 성격을 둘러싼 논의[12]

상기와 같이 집안고구려비 보고서에서는 비석의 건립시기를 광개토왕대로 상정한 다음, 그 성격을 광개토왕이 역대 선왕의 능묘에 세웠다는 수묘비 가운데 하나라고 파악하고 있음. 그렇지만 보고서 발간 이후 비석의 건립시기와 성격를 둘러싸고 다양한 견해가 제기되었으며, 아직 통설적인 견해가 정립되었다고는 보기 어려운 상황임.

비문을 처음 공개한 「中國文物報」(2013. 1. 4)와 보고서인 『集安高句麗碑』에서는 陵碑와의 비교를 통해 광개토왕대에 건립되었다고 파악했음. 특히 보고서에서는 전술한 바와 같이 Ⅶ행 10~11자를 '戊子'(고국양왕 5년, 388)로 판독한 다음, 고국양왕대에 守墓制에 관한 법률안이 제출되었고, 광개토왕이 이를 바탕으로 守墓碑를 건립했다고 보았음. 또 비석 발견지점을 千秋塚의 수묘인 거주구역으로 상정한 다음, 비석의 성격을 광개토왕이 父王의 陵墓(천추총)에 건립한 守

---

[12] 이 부분은 여호규, 2016, 146~154쪽을 요약 정리한 것임.

墓碑로 파악함.

1차 조사를 주도했던 耿鐵華도 이와 유사한 견해를 제시했음. 다만 Ⅶ행 10~11자를 '戊申(광개토왕 18년, 408)'으로 추정한 다음, 이해에 수묘연호 법률을 제정하고, 수묘비도 건립했다고 파악했음. 그런 다음 Ⅴ행 7~11자의 '國岡上太王'을 광개토왕으로 비정하고, Ⅴ~Ⅵ행에는 수묘비 건립 등 광개토왕의 공적을 기술했다고 파악했음(耿鐵華, 2013c, 3~5쪽 ; 耿鐵華·董峰, 2013, 10~11쪽 ; 耿鐵華, 2014b).

林澐과 徐德源도 광개토왕이 건립한 守墓碑로 보았는데, Ⅴ행 7~11자의 '國罡上太王'을 고국원왕으로 비정한 다음 고국원왕릉(천추총)의 수묘비로 파악했음. 다만 林澐은 Ⅶ행 4~8자를 '癸卯歲刊石'으로 판독해 광개토왕 13년에 건립했다고 파악했고(林澐 2013, 14~16쪽), 徐德源은 Ⅶ행 7~13자를 '王曰庚戌年定律'로 판독해 광개토왕 20년에 건립했다고 보았음(徐德源, 2013, 1~11쪽).

王飛峰은 千秋塚에서 출토된 '□未在永樂'명 기와편을 광개토왕대 修陵 活動의 산물로 상정하고, 천추총을 광개토왕의 부왕인 고국양왕릉으로 비정한 다음, '□未'는 광개토왕대 후반인 '丁未(407)'에 해당한다고 파악함. 즉 광개토왕대 후반인 407~412년에 수릉 활동을 전개하면서 守墓烟戶碑인 集安碑도 건립했다는 것임(王飛峰, 2014, 354~362쪽).

이처럼 일군의 중국학자들이 集安碑를 광개토왕이 역대 왕릉에 건립한 수묘비의 하나로 파악하는 반면, 다른 일군의 중국학자들은 장수왕대 건립설을 주장하고 있음. 孫仁杰은 Ⅶ행 4~8자를 '丁卯歲刊石'으로 판독해 장수왕 15년(427)에 건립되었다고 보았음. 그러면서 Ⅴ행의 '國岡上太王'을 광개토왕으로 비정한 다음, Ⅴ~Ⅵ행에 광개토왕의 공훈을 기술했다고 파악했음. 비석의 성격도 장수왕이 평양천도에 앞서 戊子年(고국양왕 5년, 388)에 제정한 법률을 강조해 율령과 수묘제를 강화하기 위한 律令碑로 파악했음(孫仁杰, 2013b, 24~26쪽 ; 2013c, 51~53쪽).

張福有도 孫仁杰과 유사한 견해를 제기했는데, Ⅶ행 4~8자를 '丁卯歲刊石'으로 판독한 다음, Ⅵ행의 '先聖'도 광개토왕에 대한 존칭으로 파악했음. 그러면서 長壽王이 평양 천도에 앞서 광개토왕의 '存時教言'에 근거해 烟戶頭를 세워 守墓하게 한 定律碑라고 파악했음. 다만 Ⅶ행 10~11자를 '戊申'으로 판독해 광개토왕 18년(408)에 수묘제에 관한 율령을 제정했다고 봄. 또 陶淵明(365~427)의 '感士不遇賦'가 420년에 작성되었다고 상정한 다음, Ⅵ행 말미의 '繼古人之慷慨'는 이 詩賦를 차용했다고 보았음(張福有, 2013c, 18~21쪽 ; 2013d, 46~49쪽).

徐建新은 Ⅶ행 9~11자를 '自戊申'으로 판독한 다음, '自'는 起點을 뜻하므로 戊申年(광개토왕 18년)은 비석 건립연대가 아니라 광개토왕이 守墓 律法을 제정하고 先王의 陵墓에 守墓碑를 건립한 시기로 파악함. 그리고는 Ⅴ행의 '國岡上太王'을 광개토왕의 諡號로 파악한 다음, 集安碑는 광개토왕 死後에 건립되었다고 보았음. 장수왕이 평양천도에 앞서 '수묘연호제의 違法을 막기 위해' 건립한 '告誡碑'라는 것임(徐建新, 2013, 25~28쪽). 魏存成도 이와 유사한 견해를 제기했는데, 장수왕이 평양 천도에 앞서 '鄒牟王의 祭祀와 관련해 건립한 石碑'로 Ⅷ행의 '烟戶頭卄人名'은 제사활동을 담당했다고 봄(魏存成, 2013, 32~39쪽).

梁志龍·靳軍은 集安碑의 문투가 능비나 모두루묘지와 유사하다며 장수왕대에 건립되었다고 파악함. 그러면서 林澐의 판독안을 토대로 Ⅶ행 4~8자를 '癸卯歲刊石', 10~11자를 '戊申'으로 판독하고 그 의미는 전혀 다르게 파악함. 癸卯年(403)에는 광개토왕이 祖王·先王의 왕릉에 수묘비를 세웠고, 戊申年(408)에는 烟戶頭 20명의 명단과 수묘연호 매매시 처벌조항을 담은 비석을 건립했는데, 모두 이 비석과 무관하다는 것임. 이 비석은 무덤이 아니라 수묘연호 관리하기 위해 이들의 거주구역에 건립했다는 것임(梁志龍·靳

軍, 2013, 21~26쪽).

李新全도 '故國'이나 '丁卯歲刊石' 등을 판독했다며, '故國'은 평양천도 이후 國內城을 가리키던 명칭이므로 丁卯年은 장수왕 75년(487)에 해당한다고 봄. 평양천도 이후에 건립되었다는 것인데, '烟戶頭' 등 능비에 없는 새로운 용어가 보이고, 서체가 남북조시기의 예서체에 더욱 접근했다는 점 등을 논거로 추가함. 그러면서 비석의 성격은 麻線河 지구의 왕릉 수묘연호에 대한 관리를 강화하기 위해 건립한 告誡碑로 파악함(李新全, 2013, 27~29쪽).

朴眞奭도 Ⅴ행의 '國岡上太王'을 광개토왕 諡號의 약칭으로 파악하고, Ⅶ행 10~13자를 '戊午定律'로 판독해 장수왕 6년(418)으로 비정한 다음, 장수왕이 평양천도 직전에 건립했다고 봄. 그러면서 集安碑의 뒷면에 銘記했을 烟戶頭 20명은 각 왕릉 수묘연호의 대표자라면서 비석의 성격을 '烟戶頭20人碑'라고 파악함(朴眞奭, 2014, 1~13쪽).

이상과 같이 중국학계는 비석 건립시기에 대해 광개토왕대설과 장수왕대설로 나뉘어 있는데, Ⅴ행 '國岡上太王'의 비정, Ⅶ행 4~5자에 干支 刻字 여부, Ⅶ행 10~11자 '戊△'의 판독 등이 논쟁의 핵심 사항임. 비석의 성격에 대해서는 광개토왕대 건립 논자는 대체로 특정 왕릉의 守墓碑, 장수왕대 건립 논자는 律令碑(定律碑)나 告誡碑로 보고 있음.

한국학계에서도 광개토왕대설과 장수왕대설이 제기되었는데, 광개토왕대설이 다소 우세한 편임. 특히 장수왕대설의 핵심 논거인 Ⅶ행 4~8자의 '丁卯歲刊石' 판독안에 대해 대다수 한국학자들은 동의하지 않고 있음.[13] 한국학자들은 Ⅶ행 4~8자에는 '(好太聖)

---

13 다만 상당수 서예학자와 권인한 등은 Ⅶ행 4~8자를 '丁卯年刊石'으로 판독한 다음, 건립연대를 장수왕 15년(427)으로 파악했음(선주선, 2013, 15쪽 ; 정현숙, 2013, 316~322쪽 ; 권인한, 2016, 299~300쪽).

王曰'곧 集安碑 건립에 관한 敎슈을 내린 주체가 刻字되었다고 파악하는 한편, Ⅴ행 '國岡上太王'을 고국원왕으로 비정함(여호규, 2013, 80쪽 ; 이성제, 2013, 190~191쪽 ; 조우연, 2013, 148~149쪽 ; 임기환, 2014, 101쪽 ; 김창석, 2015, 85쪽).

이와 더불어 상당수 한국학자들은 集安碑의 수묘제 규정이 陵碑보다 상세하지 않다는 점에 주목해 集安碑가 먼저 건립되었다고 파악했음(공석구, 2013a, 32~37쪽 ; 금경숙, 2013, 18~22쪽 ; 이용현, 2013, 31~37쪽 ; 정호섭, 2013, 131~132쪽). 또한 集安碑에는 능비에 언급된 수묘제의 문제점 중 差錯 현상과 賣買 현상에 대한 대책만 있고, 衰殘(羸劣甚衰) 현상에 대한 대책이 없다는 사실도 지적됨(홍승우, 2013, 105~109쪽 ; 김창석, 2015, 90~94쪽). 특히 공석구는 Ⅴ행 7~11자의 '□罡□太王'에 주목해 고국원왕릉이나 고국양왕릉에 건립한 수묘비로 상정한 다음, 천추총을 지목했음(공석구, 2013a, 37~42쪽). 조법종도 광개토왕이 건립한 수묘비로 보았는데, Ⅶ행 10~11자를 '戊申(광개토왕 18)'으로 판독해 왕자 巨連에 대한 태자 책봉과 연관시켜 이해하기도 함(조법종, 2013, 85~86쪽).

윤용구는 건립시기를 명시적으로 언급하지 않았지만, Ⅶ행 4~8자를 '好太聖王曰'로 판독해 광개토왕대 건립설의 주요 논거를 제시했음(윤용구, 2013, 41쪽). 편자도 두 비문의 내용과 문장을 비교해 集安碑가 陵碑보다 앞선다고 보았는데, 특히 Ⅶ행 1~8자를 '丁□□好太△王曰'로 판독해 '광개토왕이 丁□年에 敎言을 내려 역대 왕릉에 건립한 守墓碑'로 보았음. 또 Ⅴ행의 '國岡上太王'을 고국원왕으로 파악한 다음, Ⅴ~Ⅵ행에는 광개토왕대 이전 수묘제 문란에 따른 陵墓 제사시설의 亡失과 새로운 제사시설의 作興 등을 기술했을 것으로 파악한 바 있음(여호규, 2013, 78~92쪽).

한국학자 가운데 상당수는 광개토왕대 건립설을 주장하면서도 특정 왕릉의 守墓碑는 아니라고 파악함.

정호섭은 集安碑에는 특정 왕에 대한 기술이나 묘상입비의 목적인 '差錯 현상'에 관한 기술이 없다면서 특정 왕릉의 수묘비로 보기 어렵다고 봄. 그러면서 Ⅷ행의 '烟戶頭'는 전체 왕릉의 수묘연호 책임자라면서, 수묘제 정비와 수묘인 매매금지에 관한 敎슈을 알리기 위해 마선고분군의 중심지에 세운 敎令碑라고 파악했음(정호섭, 2013, 116~132쪽; 정호섭, 2014, 6~18쪽).

이성제도 미천왕, 고국원왕, 광개토왕 등이 왕실 중심의 새로운 종묘제를 정비하고, 이를 바탕으로 광개토왕이 왕릉 수묘제를 본격 시행한 사실을 알린 수묘제 宣布碑로 파악했음. 그러면서 Ⅷ행의 '烟戶頭'를 각 왕릉 수묘연호의 우두머리라며 수묘제 운영에 대한 책임을 지우기 위해 集安碑에 그 명단을 새겼다고 봄(이성제, 2013, 195~211쪽).

조우연도 비문에 특정 왕에 관한 기술이 없고, 수묘제 관련 율령 등 큰 원칙만 제시하고 있다는 점에서 포고문 성격의 文告碑=文書碑라고 파악했음(조우연, 2013, 144~151쪽). 임기환은 Ⅹ행의 '其碑文'을 集安碑와 구별되는 역대 왕릉의 수묘비로 상정한 다음, 集安碑는 수묘비 건립의 배경이나 관련 敎슈 등을 담은 포고문으로 파악했음(임기환, 2014, 119~121쪽). 기경량도 集安碑는 각 왕릉에 건립된 墓上守墓碑와 구별되는 수묘제 시행 규정을 담은 '守墓律令碑'로 봄(기경량, 2014, 213~216쪽).

이처럼 한국학계에서는 광개토왕대 건립설이 우세하지만, 그 성격에 대해서는 특정 왕릉의 守墓碑보다는 敎令碑나 文告碑 등으로 보는 견해가 다수 제기됨. 한편 장수왕대설도 제기되었는데, 서영수나 정현숙은 集安碑의 문장이 능비보다 더 정형화된 문체라며 능비보다 늦게 건립되었다고 파악함(서영수, 2013, 20~22쪽; 정현숙 외, 2013, 19~20쪽).

김현숙은 '其脩復各於(先王墓上)立碑(Ⅶ~Ⅷ행)'를 '각 先王 무덤 위에 세웠던 碑를 수복하고'로 해석해, 광개토왕이 건립한 왕릉 수묘비를 장수왕이 수복했다는 의미로 풀이함. 그러면서 이 비석은 광개토왕이 건립하거나 장수왕이 수복한 수묘비와 다른 것으로 능비보다도 늦게 건립되었고, 수묘인 매매금지법 위반을 엄벌하겠다는 警告碑로 파악했음(김현숙, 2013b, 16~31쪽). 이천우는 集安碑의 수묘인 매매금지법은 장수왕이 시행한 것이라면서 장수왕대에 건립되었다고 파악함(이천우, 2016, 63~66쪽). 일본의 武田幸男은 장수왕이 광개토왕의 '立碑銘戶'制를 계승하고 더욱 강화하기 위해 이 비석을 건립했다고 파악함(武田幸男, 2014, 128~129쪽).

이상과 같이 비석의 건립 시기는 크게 광개토왕대설과 장수왕대설로 나뉘는데, 중국학계에서는 장수왕대설이 우세한 반면, 한국학계에서는 광개토왕대설이 다소 우세한 편임. 다만 광개토왕대설의 경우 중국학계에서는 모두 특정 왕릉의 수묘비로 파악하는 반면, 한국학계에서는 특정 왕릉 守墓碑說(이하 '守墓碑說'로 약칭)과 특정 왕릉의 수묘비가 아니라는 견해(이하 '非守墓碑說'로 약칭; 敎令碑, 文告碑, 수묘제 宣布碑 등)로 나뉨. 이에 비해 장수왕대설의 경우, 守墓碑說은 없고 非守墓碑說뿐임.[14]

이처럼 한중 양국학계는 비석의 건립시기나 성격을 둘러싸고 견해차가 심한데, 다음 사항에 유의할 필요가 있음.

먼저 Ⅶ행 9~13자의 '自戊△定律'에 보이는 간지의 경우, '自'가 起點을 뜻한다는 점에서 이 干支를 비석의 건립연대로 보기 어려움. 이 干支는 비석 건립의 상한 연대를 알려줄 뿐이라는 사실에 유의할 필요가 있음(徐建新, 2013, 26쪽; 여호규, 2013, 82쪽).

광개토왕대설과 장수왕대설의 핵심 쟁점은 陵碑와의 관계 설정 문제임. 광개토왕대설이 集安碑가 능비보다 선행한다고 보는 반면, 장수왕대설은 대체로

---

14 일본의 糸永佳正은 특정 왕릉의 수묘비로 보면서도 건립 주체를 장수왕으로 상정함. 장수왕이 광개토왕의 敎에 입각해 각 왕릉 수묘비를 건립했다는 것임(糸永佳正, 2015, 18~25쪽).

후행한다고 이해함. 그런데 두 비문의 용어나 문장을 비교해보면, '烟戶頭'처럼 陵碑보다 선행하는 것으로 보이는 표현이 확인되며, 능비의 문장이 集安碑보다 더욱 세련된 운문식 문장으로 다듬어진 사실도 확인할 수 있음(여호규, 2013, 78~80쪽 ; 여호규, 2015, 38~43쪽). 또 集安碑의 '各於(先王墓上)立碑, 銘其烟戶頭廿人名'라는 구절은 능비의 '盡爲祖先王, 墓上立碑, 銘其烟戶'와 동일한 내용임도 쉽게 알 수 있음. 集安碑의 건립 시기나 성격을 파악하는 데 가장 유의해야 할 부분임.

또 Ⅶ행 4~8자도 한중 양국학계의 견해가 첨예하게 대립하는 부분 중 하나인데, 孫仁杰과 張福有는 '丁卯歲刊石'으로 판독해 장수왕대 건립설의 핵심 논거로 제시했음. 이에 대해 한국학자들은 '(好太聖)王曰'로 판독해 광개토왕대 건립설의 주요 논거로 삼고 있음. 그렇지만 Ⅶ행 4~5자는 논란의 여지가 있지만, Ⅶ행 6~7자는 '刊石'일 가능성은 거의 없고, 특히 Ⅶ-7자는 '曰'자임이 거의 명확하다는 사실에 유의할 필요가 있음.

Ⅴ행 '國岡上太王'도 한중 양국학계가 첨예하게 대립하는 부분임. 장수왕대설을 주장하는 중국학자들은 모두 '國岡上太王'을 광개토왕의 諡號로 상정하는데, 이는 故國原王의 諡號가 '國岡上聖太王(國岡上王)'이라는 사실을 간과한 결과임. 현전하는 왕호만 놓고 본다면 Ⅴ행의 '國岡上太王'은 '國岡上廣開土境平安好太王'이라는 긴 諡號를 가진 광개토왕보다 '國岡上聖太王(國岡上王)'으로 불린 고국원왕일 가능성이 더 높음.

광개토왕대설은 集安碑의 내용이 陵碑보다 선행한다는 사실을 유력한 논거로 삼고 있지만, 이것만으로 명확한 논거를 제시했다고 보기 어려움. 장수왕대 건립 논자는 이를 정반대로 해석하고 있기 때문임. 이에 한국학계에서는 Ⅶ행 4~8자를 '(好太聖)王曰'로 판독해 광개토왕설의 주요 논거로 삼고 있지만, Ⅶ행 4~5자의 '好太' 판독안에 대해 동의하지 않는 연구자도 다수 있는 만큼 향후 더욱 면밀한 검토가 필요함.

비석의 성격에 대해서는 守墓碑說과 非守墓碑說로 대별되는데, 수묘비설은 集安碑의 '各於(先王墓上)立碑, 銘其烟戶頭廿人名'라는 명문이 능비의 '唯國岡上廣開土境好太王, 盡爲祖先王, 墓上立碑, 銘其烟戶, 不令差錯'와 동일 내용이라는 점을 근거로 광개토왕이 歷代 王陵에 건립한 守墓碑의 하나로 파악함. 이에 대해 非守墓碑說은 특정 왕릉과 관련된 표현이 없고, 수묘제와 관련한 일반 법령을 기술했으며, 비석의 발견 위치가 특정 초대형 적석묘와 멀리 떨어진 麻線溝古墳群의 중심이라는 점 등을 논거로 제시하고 있음.

이처럼 守墓碑說과 非守墓碑說은 상반된 논거를 제시하고 있는데, 양자 모두 논거를 보완할 필요가 있음. 非守墓碑說의 경우 광개토왕이 역대 왕릉에 여러 수묘비를 동시에 건립했다면, 앞면에 동일한 내용, 뒷면에 특정 왕릉과 관련한 사항을 새겼을 가능성에 유의할 필요가 있음. 또 集安碑의 석재는 麻線鄕 紅星 채석장에서 채석했는데, 이는 각 왕릉 부근에서 채석해 여러 守墓碑를 동시에 건립했을 가능성을 시사함.

다만 수묘비설의 경우, 비석 발견 위치가 왕릉급 초대형 적석묘와 멀다는 지적에 대해 적절한 답변을 해야 함. 이와 관련해 비석이 넘어진 상태에서 발견된 만큼 원위치를 다각도로 검토해야 하며, 陵域 범위도 새로운 접근이 필요함. 광개토왕릉을 태왕릉과 장군총 가운데 어느 것으로 비정하던 광개토왕릉비는 두 고분의 陵墻 외부에 건립되었기 때문임. 이러한 점에서 마선구626호분과 관련한 건물지(建疆유적)가 고분에서 700~800m 떨어진 지점에서 확인된 사실에 유의할 필요가 있음(여호규, 2013, 95~96쪽).[15]

---

[15] 건국설화와 수묘제 등 집안고구려비의 내용에 관한 논의는 여호규, 2016, 154~163쪽 참조.

참고문헌

- 강진원, 2013, 「신발견 '集安高句麗碑'의 판독과 연구 현황-약간의 陋見을 덧붙여-」, 『목간과문자』 11.
- 고광의, 2013, 「신발견 '集安高句麗碑'의 형태와 書體」, 『고구려발해연구』 45.
- 공석구, 2013a, 「『集安高句麗碑』의 발견과 내용에 대한 考察」, 『고구려발해연구』 45.
- 공석구, 2013b, 「'광개토왕릉비' 수묘인연호 기사의 고찰」, 『고구려발해연구』 47.
- 금경숙, 2013, 「새로 발견된 '지안고구려비'에 관한 몇 가지 고찰」, 『동북아역사문제』 71, 동북아역사재단.
- 김수태, 2013, 「'집안고구려비'에 보이는 율령제」, 『한국고대사연구』 72.
- 김현숙, 2013a, 「지안고구려비의 건립시기와 성격」, 『동북아역사문제』 71, 동북아역사재단.
- 김현숙, 2013b, 「集安高句麗碑의 건립시기와 성격」, 『한국고대사연구』 72.
- 문성재, 2013, 「집안 마선비의 건립 연대 및 비문 단구 문제」, 『고조선단군학』 29.
- 서영수, 2013, 「'지안 신고구려비' 발견의 의의와 문제점-中『國文物報』의 조사보고를 중심으로」, 『고구려발해연구』 45.
- 선주선, 2013, 「'集安高句麗碑' 판독 검토」, 『신발견 '集安高句麗碑' 판독 및 서체 검토』(원광대학교 서예문화연구소 발표회 논문집).
- 여호규, 2013, 「신발견 '集安高句麗碑'의 구성과 내용 고찰」, 『한국고대사연구』 70.
- 윤용구, 2013, 「集安 高句麗碑의 拓本과 判讀」, 『한국고대사연구』 70.
- 이성제, 2013, 「'集安 高句麗碑'로 본 守墓制」, 『한국고대사연구』 70.
- 이영호, 2013a, 「集安 高句麗碑의 발견과 소개」, 『한국고대사연구』 69.
- 이용현, 2013, 「신발견 고구려비와 광개토왕비의 비교」, 『신발견 고구려비의 예비적 검토』(고구려발해학회 59차 발표회 논문집).
- 정동민, 2013, 「韓國古代史學會 集安高句麗碑 判讀會 結果」, 『한국고대사연구』 70.
- 정현숙 외(조미영·이순태·이은솔·황인현), 2013, 「'集安高句麗碑'의 서체 분석」, 『신발견 '集安高句麗碑' 판독 및 서체 검토』(원광대학교 서예문화연구소 발표회 논문집).
- 정현숙, 2013, 「서예학적 관점으로 본 '集安高句麗碑'의 건립 시기」, 『서지학연구』 56.
- 정호섭, 2013, 「集安 高句麗碑의 性格과 주변의 高句麗 古墳」, 『한국고대사연구』 70.
- 조법종, 2013, 「집안고구려비의 특성과 수묘제」, 『신발견 고구려비의 예비적 검토』(고구려발해학회 59차 발표회 논문집).
- 조우연, 2013, 「集安高句麗碑에 나타난 왕릉제사와 조상인식」, 『한국고대사연구』 70.
- 홍승우, 2013, 「'集安高句麗碑'에 나타난 高句麗 律令의 형식과 守墓制」, 『한국고대사연구』 72.
- 강진원, 2014, 「고구려 墓祭의 전통과 그 배경-『집안고구려비문』의 이해를 덧붙여」, 『진단학보』 122.
- 강현숙, 2014, 「집안고구려비에 대한 고고학적 추론-묘상입비와 관련하여」, 『고구려발해연구』 50.
- 기경량, 2014, 「집안고구려비의 성격과 고구려의 수묘제 개편」, 『한국고대사연구』 76.
- 김광혁, 2014, 「새로 발견된 집안고구려비」, 『조선고고연구』 2014-3.
- 김창석, 2014, 「5세기 이전 고구려의 王命體系와 집안고구려비의 '敎'·'令'」, 『한국고대사연구』 75.
- 김현숙, 2014a, 「광개토왕비, 집안고구려비를 통해본 고구려의 수묘제 정비」, 『영남학』 26.
- 김현숙, 2014b, 「고구려 수묘제 연구의 현황과 쟁점」(광개토왕비 건립 1600주년 국제학술회의 발표문), 동북아역사재단·中國社會科學院.
- 여호규, 2014a, 「廣開土王陵碑의 문장구성과 서사구조」, 『영남학』 25.
- 余昊奎, 2014b, 「集安高句麗碑の構成と內容」, 『プロジェクト研究』 9, 早稻田大學 總合研究機構.
- 이성제, 2014, 「집안비·광개토왕의 건립과 그 의미」(광개토왕비 건립 1600주년 국제학술회의 발표문), 동북아역사재단·中國社會科學院.
- 이영호, 2014b, 「집안고구려비-발견에서 전시까지」, 『복현사림』 31.
- 임기환, 2014, 「집안고구려비와 광개토왕비를 통해본 고구려 守墓制의 변천」, 『한국사학보』 54.
- 정구복, 2014, 「'집안고구려비'의 진위론」, 『한국고대사탐구』 18.
- 정호섭, 2014, 「광개토왕비와 집안고구려비의 비교 연구」, 『한국사연구』 167.
- 한상봉, 2014, 「麻線 高句麗碑의 書體와 金石學的 問題點」, 『서예학연구』 24.
- 김창석, 2015, 「고구려 守墓法의 제정 경위와 布告 방식-신발견 集安高句麗碑의 분석」, 『동방학지』 169.
- 여호규, 2015, 「집안고구려비와 광개토왕릉비 서두의 단락 구성과 서술내용 비교」, 『신라문화』 45.
- 전덕재, 2015, 「373년 고구려 율령의 반포 배경과 그 성격」,

- 『한국고대사연구』 80.
- 권인한, 2016, 「集安高句麗碑文의 판독과 해석」, 『목간과 문자』 16.
- 여호규, 2016, 「韓·中·日 3국 학계의 집안고구려비 연구 동향과 과제」, 『동방학지』 177.
- 이천우, 2016, 「'집안고구려비'의 수묘인 '차착(差錯)' 문제를 통해 본 건립 시기 검토」, 『동북아역사논총』 52.
- 장병진, 2016, 「고구려 출자의식의 변화와 '集安高句麗碑'의 건국설화」, 『인문과학』 106, 연세대 인문학연구원.
- 최일례, 2016, 「집안고구려비에 보이는 '守墓人 買賣 禁止' 규정 검토」, 『목간과문자』 16.
- 홍승우, 2016, 「고구려 율령의 형식과 제정방식 - '광개토왕비'와 '집안고구려비'의 사례 분석-」, 『목간과문자』 16.

- 崔貴東·劉景雲, 2012, 「村民發現古文物及時報警授表彰」, 『北方法制報』(2012. 8. 10), 北方法制報雜誌社.
- 耿鐵華, 2013a, 「集安高句麗碑搨拓與研究」, 『신발견 集安高句麗碑 관련 한중일 전문가 워크숍 자료집』, 동북아역사재단.
- 耿鐵華, 2013b, 「중국 지안에서 출토된 고구려비의 眞僞 문제」, 『한국고대사연구』 70.
- 耿鐵華, 2013c, 「集安高句麗碑考釋」, 『通化師範學院學報』(人文社會科學) 2013-2.
- 耿鐵華, 2013d, 「集安新出土高句麗碑的重要價値」, 『東北史地』 2013-3.
- 耿鐵華, 2013e, 「從集安高句麗碑看高句麗是否存在諡法」, 『高句麗與東北民族研究』 2013-1.
- 耿鐵華, 2013f, 「集安新發現的高句麗碑及其研究狀況」, 『中國朝鮮史研究會會刊』 15.
- 耿鐵華·董峰, 2013, 「新發現的集安高句麗碑初步研究」, 『社會科學戰線』 2013-5.
- 高良田·張燕, 2013, 「集安高句麗碑文書體及其比較」, 『高句麗與東北民族研究』 2013-1.
- 盧紅, 2013, 「集安市發現高句麗時期記事碑」, 『新文化報』(2013. 1. 15), 新文化報社.
- 董峰, 2013, 「『集安高句麗碑』-書出版弁言」, 『高句麗與東北民族研究』 2013-1.
- 董峰·郭建剛, 2013, 「集安高句麗碑出土紀」, 『通化師範學院學報』(人文社會科學) 2013-2.
- 尙武, 2013, 「對高句麗"四時祭祀"制度的認識」, 『高句麗與東北民族研究』 2013-1.
- 徐建新, 2013, 「中國新出'集安高句麗碑'試析」, 『東北史地』 2013-3.
- 徐德源, 2013, 「關于集安新發現高句麗碑銘文主人公之我見」, 『高句麗與東北民族研究』 2013-1.
- 孫仁杰, 2013a, 「集安高句麗碑發現調査與搨拓」, 『신발견 集安高句麗碑 관련 한중일 전문가 워크숍 자료집』, 동북아역사재단.
- 孫仁杰, 2013b, 「집안고구려비의 판독과 문자 비교」, 『한국고대사연구』 70.
- 孫仁杰, 2013c, 「集安高句麗碑文識讀」, 『東北史地』 2013-3.
- 宋娟, 2013, 「集安高句麗碑研究的奠基之作-『集安高句麗碑』的特點」, 『高句麗與東北民族研究』 2013-1.
- 梁志龍·靳軍, 2013, 「集安麻線高句麗碑試讀」, 『東北史地』 2013-6.
- 王春燕·呂文秀, 2013, 「集安高句麗碑札記」, 『高句麗與東北民族研究』 2013-1.
- 魏存成, 2013, 「關于新出集安高句麗碑的幾點思考」, 『東北史地』 2013-3.
- 李新全, 2013, 「集安麻線高句麗碑之我見」, 『東北史地』 2013-6.
- 林澐, 2013, 「集安麻線高句麗碑小識」, 『東北史地』 2013-3.
- 張福有, 2013a, 「吉林集安高句麗碑碑文補釋」, 『名家』 2013-2.
- 張福有, 2013b, 「集安麻線高句麗碑碑文補釋」, 『中國文物報』(2013. 4. 10).
- 張福有, 2013c, 「集安麻線高句麗碑探綜」, 『社會科學戰線』 2013-5.
- 張福有, 2013d, 「集安麻線高句麗碑碑文補釋與識讀解析」, 『東北史地』 2013-3.
- 朱尖, 2013, 「集安高句麗碑碑文釋讀及其爭議問題」, 『高句麗與東北民族研究』 2013-1.
- 集安市文物局, 2013, 「吉林集安新見高句麗石碑」, 『中國文物報』.
- 集安博物館, 2013, 「集安高句麗碑調査報告」, 『東北史地』 2013-3.
- 集安市博物館 편저, 2013, 『集安高句麗碑』, 吉林大學出版部.
- 耿鐵華, 2014a, 「集安高句麗碑の立碑年代と發見の意義」, 『プロジェクト研究』 9, 早稻田大學 總合研究機構.
- 耿鐵華, 2014b, 「好太王碑與集安高句麗碑」(광개토왕비 건립 1600주년 국제학술회의 발표문), 동북아역사재단·中國社會科學院.
- 高良田, 2014, 「集安麻線高句麗碑文書體及其比較」, 『集安麻線高句麗碑』, 文物出版社.
- 董峰, 2014, 「『集安高句麗碑』一書出版感言」, 『集安麻

- 線高句麗碑』, 文物出版社.
- 朴眞奭, 2014, 「關于好太王碑和集安高句麗碑幾個問題的考證」(광개토왕비 건립 1600주년 국제학술의 발표문), 동북아역사재단·中國社會科學院.
- 尙武, 2014, 「對高句麗'四時祭祀'制度的認識」, 『集安麻線高句麗碑』, 文物出版社.
- 尙彦臣, 2014, 「集安麻線高句麗碑發現地的思考」, 『集安麻線高句麗碑』, 文物出版社.
- 商彦臣·孫連華, 2014, 「從集安麻線高句麗碑看高句麗守墓制度之完善」, 『集安麻線高句麗碑』, 文物出版社.
- 孫仁杰, 2014, 「集安高句麗碑の發見の經緯と碑面の現狀」, 『プロジェクト研究』9, 早稻田大學 總合研究機構.
- 王綿厚, 2014, 「從"集安高句麗碑"的命名論及其內容補釋」, 『集安麻線高句麗碑』, 文物出版社.
- 王飛峰, 2014, 「關于集安高句麗碑的幾個問題」, 『集安麻線高句麗碑』, 文物出版社.
- 王志敏, 2014, 「淺析集安麻線出土的高句麗碑」, 『集安麻線高句麗碑』, 文物出版社.
- 王春燕, 2014, 「集安麻線高句麗碑斷想」, 『集安麻線高句麗碑』, 文物出版社.
- 于麗群, 2014, 「'蟬翼拓'法在集安麻線高句麗碑上的運作用與探討」, 『集安麻線高句麗碑』, 文物出版社.
- 李東, 2014, 「吉林集安新發現的高句麗碑」, 『文物』 2014-10.
- 張福有 편저, 2014, 『集安麻線高句麗碑』, 文物出版社.
- 張福有, 2014, 「集安麻線高句麗碑探綜札記」, 『集安麻線高句麗碑』, 文物出版社.
- 周榮順, 2014, 「集安高句麗碑的發現與保護」, 『集安麻線高句麗碑』, 文物出版社.
- 遲龍, 2014, 「集安麻線高句麗碑石材産地調査」, 『集安麻線高句麗碑』, 文物出版社.
- 耿鐵華, 2015, 「集安高句麗碑的年代與性質」, 『通化師範學院學報』(人文社會科學) 2015-2.

- 武田幸男, 2014, 「集安·高句麗二碑の研究に寄せて」, 『プロジェクト研究』9, 早稻田大學 總合研究機構.
- 糸永佳正, 2015, 「"高句麗廣開土王碑"の立碑目的と'墓上立碑'」, 『朝鮮學報』235.
- 荊目美行, 2015, 「吉林省集安市發見の高句麗碑について」, 『皇學館大學紀要』5, 皇學館大學文學部.

중국 소재 고구려 유적과 유물 Ⅵ
통구분지 3 성곽-기타 유적-유물

초판 1쇄 인쇄 2022년 12월 5일
초판 1쇄 발행 2022년 12월 20일

기   획 동북아역사재단 한국고중세사연구소
엮 은 이 여호규, 강현숙, 백종오, 김종은, 이경미, 정동민
펴 낸 이 이영호
펴 낸 곳 동북아역사재단

등   록 제312-2004-050호(2004년 10월 18일)
주   소 03739 서울시 서대문구 통일로 81(미근동267) NH농협생명빌딩
전   화 02-2012-6065
팩   스 02-2012-6186
홈페이지 www.nahf.or.kr
제작·인쇄 역사공간

ISBN 978-89-6187-543-1 94910(세트)
　　　978-89-6187-749-7 94910

• 이 책은 저작권법으로 보호를 받는 저작물이므로 어떤 형태나
  어떤 방법으로도 무단전재와 무단복제를 금합니다.
• 책값은 뒤표지에 있습니다. 잘못된 책은 바꾸어 드립니다.

가로수길 레시피

건강이 가득한 이탈리안 홈 카페

가로수길 레시피

박인규 지음

지식인하우스

프롤로그

꼭 한 번은 만나야 하는 이탈리아의 건강한 맛!

이탈리아에서 7년, 한국에서 3년을 합쳐 요리와 인연을 맺은 지 10년이 되어갑니다. 요리사의 길을 허락해 준 10년이란 시간은 저에게 솔직함을 주문했습니다. 요리사로 살아가는 것, 누군가를 위해 음식을 만든다는 것은, 결코 쉬운 일이 아닙니다. 그렇기에 오늘도 주방은 전쟁터가 됩니다. 요리를 할 때 가장 어려운 것은 맛을 내는 기술보다 마음을 담아내는 정성입니다. 기술은 일정 시간이 지나면 터득하게 되지만, 마음을 담아내는 것은 차원이 다른 문제입니다. 우리는 이제 허기만을 달래기 위해 음식을 먹지 않습니다. 어떤 이는 음식을 먹고 기운을 차리고, 어떤 이는 음식을 통해 따스한 위로를 받습니다.

이탈리아 유학 시절, 주방 동료가 건네준 스파게티가 제게 그랬습니다. 우리 어머니들이 장을 담가 일 년을 대비하듯 이탈리아 사람들도 겨울동안 먹을 토마토 소스를 미리 마련합니다. 제 동료에게도 시골에서 보내주신 '엄마표' 토마토 소스가 있었습니다. 동료가 건네준 스파게티의 맛은 솔직히 한국인인 저에게 맞지 않았습니다. 하지만 그 스파게티 한 그릇으로 언어와 문화가 달라 멀게만 느껴졌던 그들과 한 가족이 된 듯 했고, 위로를 받는 기분이었습니다.

이탈리아 속담 중에 '음식은 단순한 먹을거리가 아니라 영혼을 살찌우는 음악과 같은 것이다'라는 말이 있습니다. 제가 지금부터 소개하는 110가지의 레시피 역시 이런 마음으로 준비했습니다. 저의 레시피가 누군가에게 따스한 온기가 되기를, 누군가에게는 든든한 한 끼가 되고, 누군가에게는 친정 엄마의 조언을 대신해 주기를 바랍니다.

슬로우 푸드의 시작, 이탈리아의 건강식

이 책은 건강한 먹을거리로 늘 고민하는 이들을 위한 책이자, 해결서입니다. 건강한 먹을거리와 이탈리아 요리는 궁합이 잘 맞습니다. 이탈리아는 슬로우 푸드 운동의 시작점이 될 만큼 확고한 요리 철학과 역사를 가진 나라입니다. 갖가지 드레싱을 얹은 계절 샐러드, 은근한 불에서 쌀을 익혀내는 리조또, 다채로운 모양의 면들이 선사하는 식감의 파스타와 각 도시별 이탈리아 전통 요리들을 우리 입맛에 맞게 꼼꼼히 정리해 구성했습니다.

간편한 레시피로 만드는 이탈리아 가정식

스파게티, 파스타, 리조또… 이탈리아 요리는 복잡하다! 편견은 금물입니다. 이탈리아 요리, 이제는 집에서 손쉽게 요리할 수 있습니다. 제대로 된 방법만 알면 오히려 라면을 끓이는 것보다 쉽습니다. 집에서도 손쉽게 만들 수 있는 방법이 궁금하시다구요? 이 책의 레시피들이 그 방법들을 알려 줄 것입니다.

Thanks to

바쁜 일정 중에 많은 것을 배려해 주신 샘 킴 셰프와 후배 김현준, 그리고 주방의 모든 후배들, 레시피를 함께 정리해 주고, 진행을 도와준 박정희 에디터, 바쁜 스케줄 중에도 드라마의 인연으로 흔쾌히 추천사를 보내준 영화배우 공효진, 이선균, 이하늬, 이형철 씨에게 고마움을 전합니다. 무엇보다 바쁘다는 핑계로 많은 것을 함께 해 주지 못한 아내에게 깊은 사랑을 전합니다.

차례

프롤로그 • 004
셰프의 노하우 노트 • 008

PART 1 Spring
Grazie~ 춘곤증을 날려주는 이탈리안 봄 상차림

키조개 관자 모차렐라 크림 스파게티 • 018
관자 오렌지 샐러드 • 020
키조개 관자 견과류 오븐구이 • 022
문어 감자 리조또 • 024
문어 샐러드 • 026
문어 단호박 크로켓 • 027
주꾸미 샐러드 • 028
주꾸미 참나물 로제 크림 스파게티 • 030
주꾸미 소스 연어 스테이크 • 032
부추 베이컨 스파게티 • 034
부추 해물 로제 크림 리조또 • 036
부추 해물 그라탱 • 037
파프리카 오븐구이 • 038
파프리카 치킨 로제 크림 스파게티 • 040
파프리카 모차렐라 브루스케타 • 041

PART 2 Summer
Buon appetito 심신을 달래주는 여름 상차림

시금치 치즈 스크램블 • 046
시금치 모차렐라 토스트 • 048
시금치 베이컨 계란파이 • 049
토마토 구이 스크램블 • 050
토마토 새우 오믈렛 • 052
토마토 모차렐라 샌드위치 • 054
가지 모차렐라 구이 • 056
가지 & 건포도 & 토마토 스파게티 • 058
가지 크레페 • 060
치킨 브로콜리 크림 스파게티 • 062
닭가슴살 샐러드 • 064

닭가슴살 크루아상 • 065

PART 3 Summer & Fall
Ciao 건강을 지켜주는 환절기 상차림

오징어 시저 샐러드 • 070
오징어 프리토 • 072
오징어 허브구이 • 074
발사믹 소스 전복구이 • 076
전복 까르보나라 스파게티 • 078
전복 리조또 • 079
고구마 수프 • 080
고구마 베이컨 그라탱 • 082
고구마 등심 브루스케타 • 084
당근 수프 • 086
당근 케이크 • 088
당근 버터 글레이징 • 090
감자 & 햄 스크램블 • 092
감자 & 야채 모차렐라 오븐구이 • 094
감자 & 대파 크림 수프 • 095

PART 4 Fall
Autunno 식욕을 건강하게 돋우는 낭만 상차림

애호박 홍합 수프 • 100
애호박 참치말이 • 102
애호박 새우 오일 스파게티 • 104
버섯 발사믹 샐러드 • 106
버섯 아란치니 • 108
버섯 크림 스파게티 • 110
크림치즈 훈제연어말이 • 112
연어 샌드위치 • 114
아보카도 드레싱 훈제연어 • 115
조기 토마토 살사 • 116
흰살 생선 밀라네제 • 118
농어 까르토치오 • 119

사과 드레싱 새우 샐러드 • 120
사과 안심구이 • 122
사과 수프 • 123

PART 5 Winter
Buon natale! 풍부한 영양을 담은 겨울 상차림

콜리플라워 새우 샐러드 • 128
콜리플라워 수프 • 130
콜리플라워 해물 로제 크림 스파게티 • 132
대하 & 마늘 버터구이 • 134
발사믹 대하 샐러드 • 136
대하 알리오 올리오 스파게티 • 138
배추 등심 스테이크 • 140
김치 명란젓갈 크림 스파게티 • 142
김치 불고기 리조또 • 144
단호박 수프 • 146
단호박 돼지 등심 스테이크 • 148
단호박 통마늘구이 • 149
고등어 날치알 스파게티 • 150
고등어 브루스케타 • 152
고등어 오렌지 샐러드 • 154
해물 링귀네 파스타 • 156
해물 크림 스파게티 • 158
아라비아따 소스 해물 꼬치 • 160

PART 6 Four Season
La vita! 사계절 요리가 즐거운 알짜배기 상차림

참치 모차렐라 스파게티 • 166
참치 샌드위치 • 168
참치 모차렐라 샐러드 • 169
떡갈비 고르곤졸라 치즈 스파게티 • 170
모차렐라 숏 파스타 그라탱 • 172
크림치즈 카나페 • 174
깻잎 조개 크림 스파게티 • 176

깻잎 새우 로제 크림 펜네 파스타 • 178
깻잎 새우 스프링롤 • 179
카레 해산물 리조또 • 180
카레 닭가슴살 시저 샐러드 • 182
가지 드레싱 야채스틱 • 183
야채구이 아마트리치아나 스파게티 • 184
신선한 제철 야채 오믈렛 • 186
야채구이 크루아상 • 187

PART 7 Dessert
Ti amo 감미롭고 순수한 건강 디저트

딸기 시럽 팬케이크 • 192
티라미수 • 194
초콜릿 퐁당 • 195
크런치 화이트무스 • 196
바닐라 젤라또 딸기 마체도냐 • 197

PART 8 Special Menu
Salute~ 특별함을 가득 담은 사랑의 상차림

생강 & 파인애플 처트니 참치 타다끼 • 202
토마토 해물구이 • 204
표고버섯 오븐구이 • 206
소고기, 밤 & 대추말이 • 208
파래 크레페말이 • 210
양배추 인볼티니 • 212
메이플 시럽 과일 꼬치 • 214
치아바따 파니니 • 216
과일 마체도냐 • 217
해물 맑은 감자 수프 • 218
흑미 단호박 퓨레 오븐구이 • 220
사과 드레싱 견과류 새우구이 • 222
돼지고기 야채 크림 스파게티 • 224
등심 스테이크 & 감자 퓨레 • 226
베이컨 대추말이 • 228

기본 가이드

- 이 책의 모든 레시피는 1인분을 기본으로 합니다.
  단 육수, 드레싱, 소스는 기본 재료에 맞는 분량을 레시피에 담았습니다.

요리 계량법

- 요리를 할 때 가장 어려운 것이 음식의 맛을 결정하는 계량법이죠. 가로수길 레시피의 계량법은 주방에 있는 숟가락 하나면 걱정 없습니다. 일반 숟가락 사용시 Ts, 커피 스푼 사용시 ts로 표시했습니다. 액체류의 경우는 종이컵을 사용하면 됩니다. 종이컵 한 컵의 분량은 200ml, 각 재료별로 괄호 안에 종이컵 분량을 따로 표시해 두었습니다. 스파게티 면이나 요리 재료 중 한줌이라고 표기된 것은 어른 손에 딱 들어오는 양만큼 사용하시면 되고, 디저트나 반죽이 필요한 요리는 정확한 계량이 필요하므로, 그램(g)으로 표시해 두었으니 참고하세요!

스파게티 면, 맛있게 삶는 5가지 TIP

1. 소금은 결이 작은 것보다 굵은 소금(천일염)을 사용합니다.
   - 굵은 소금(천일염)은 가공 과정을 거치지 않습니다. 그러므로 풍부한 미네랄을 함유하고 있어, 한결 맛 좋은 스파게티를 만들어 줍니다.
2. 소금의 양은 물 1L당 10g(약 1Ts)으로 합니다.
3. 스파게티를 삶기 시작할 때 스파게티의 100g당 물의 양은 최소 1L로 합니다.
   - Ex) 200g의 스파게티를 삶는다면 물의 양은 2L.
4. 스파게티를 삶는 물의 온도는 100도를 유지하도록 하고, 물이 끓는 시점에서 1분 후에 스파게티를 넣어줍니다.
   - 삶는 물의 온도가 떨어지면 탱탱하고 탄력 있는 스파게티 면을 기대할 수 없습니다.
5. 물을 끓일 때는 스파게티가 한 번에 모두 잠길 수 있는 넓고 납작한 냄비를 준비합니다.

기본 육수 맛내기

닭 육수(3인분) 해물이 들어간 스파게티(리조또)를 제외한 모든 스파게티(리조또) 기본 육수로 사용.

준비하기 닭 뼈 1마리 분량, 양파 1개, 물 5컵(1000), 월계수 잎 1장

요리하기

1. 닭 뼈를 찬물에 담가서 피를 뺀다.
2. 냄비에 물을 붓고 모든 재료를 넣는다.
3. 육수가 끓으면 약한 불로 줄이고 30분 정도 졸인다.
4. 육수가 대략 절반 정도 남으면 불을 끈다.

조개 육수(5인분) 주로 해물 스파게티 및 봉골레 파스타의 기본 육수로 사용.

준비하기 바지락 또는 중합 1kg, 통마늘 5쪽, 물 4컵(800)

요리하기

1. 조개를 소금물에서 해감시킨다.
2. 조개를 냄비에 넣고 물을 붓는다.
3. 냄비 뚜껑을 닫고 조개 입이 벌어질 때까지 끓인다.
4. 조개를 채에 받쳐 육수를 얻는다.

TIP 육수가 너무 싱겁거나 짜면 기호에 맞게 소금 또는 물로 염도를 맞춘다.

새우 육수(3인분) 주로 갑각류(새우, 랍스터) 요리 및 해물 요리에 기본 육수로 사용.

준비하기 새우머리 및 껍질 20마리 분량, 양파 1개, 월계수 잎 1장, 물 5컵(1000), 올리브 오일 3Ts

요리하기

1. 양파를 주사위 모양으로 자른다.
2. 냄비에 오일을 두르고 양파, 새우 머리, 새우 껍질을 볶는다.
3. 같은 냄비에 물을 붓고 육수가 끓으면 약불로 줄인다.
4. 월계수 잎을 넣고 30분정도 졸인다.
5. 물이 절반 정도 남으면 채에 건더기를 걸러 육수를 얻는다.

기본 소스 & 드레싱 맛내기

토마토 소스(3인분)

준비하기 토마토 캔(whole) 500g, 양파 ½개, 설탕 ½Ts, 소금 ¼Ts, 올리브 오일 1Ts, 버터 1Ts, 월계수 잎 1장

요리하기 1. 설탕, 소금을 넣고 토마토를 핸드 믹서기로 갈아준다.
2. 소스 팬에 오일을 두르고 다진 양파를 갈색 빛이 날 때까지 볶는다.
3. 팬에 토마토 캔의 건더기와 월계수 잎을 넣고 약불에서 20분 정도 졸인다.
4. 불을 끄고 버터를 넣은 후 잘 저어준다.

TIP 토마토 소스를 만들 때 알 토마토를 사용하기보다 캔 토마토를 사용하는 것이 맛있는 소스를 얻을 수 있는 비결이다. 우리나라에서 재배되는 토마토로는 우리에게 익숙한 토마토 소스의 단맛을 찾아내기가 쉽지 않다.

까르보나라 소스(1인분)

준비하기 계란 노른자 2개, 파마산 치즈 가루 4Ts, 휘핑크림 ½컵, 후추 약간

요리하기 1. 믹싱 볼에 계란 노른자와 치즈를 잘 혼합한다.
2. ①의 믹싱 볼에 휘핑크림을 넣고 반죽을 고루 섞는다.
3. 후추를 넣어준다.

TIP 휘핑크림을 먼저 넣고 혼합하면 크림이 올라오기 때문에 노른자와 치즈를 먼저 혼합하는 것이 좋습니다.

발사믹리덕션 소스(10인분)

준비하기 발사믹 식초 2컵(400), 설탕 5Ts

요리하기 1. 냄비에 발사믹 식초, 설탕을 넣고 잘 혼합한다.
2. 약불에서 1시간 정도 끓여준다.
3. 소스를 끓일 때 식초가 타버릴 수 있으니 불 조절에 신경을 쓴다.

사과 드레싱(5인분)

준비하기 사과 1개, 버터 ½Ts, 설탕 ½Ts, 레몬주스 1개 분량, 물 ½컵(100), 올리브오일 1Ts

요리하기
1. 사과 껍질을 벗기고 주사위 모양으로 자른다.
2. 팬에 버터를 녹이고 ①의 사과를 넣고 살짝 볶는다.
3. 팬에 레몬주스와 물을 넣고 5분간 졸인다.
4. ③의 사과에 올리브 오일을 넣고 믹서기 등으로 곱게 간다.

발사믹 드레싱(10인분)

준비하기 발사믹 식초 1컵(200), 올리브 오일 1컵(200), 디종 머스터드 1Ts, 설탕 1Ts, 소금 약간, 후추 약간

요리하기
1. 믹싱 볼에 올리브오일과 발사믹 식초를 넣고 잘 저어준다.
2. 드레싱에 소금, 후추 그리고 디종 머스터드를 넣고 휘핑한다.
3. 드레싱을 사용하기 전에 잘 섞어 혼합한다.

시저 드레싱(2인분)

준비하기 마늘 ½개, 엔초비 2마리, 노른자 2개, 디종 머스터드 ½Ts, 올리브 오일 ½컵(100), 파마산 치즈 가루 2Ts, 레몬즙 ½개

요리하기
1. 믹싱 볼에 계란 노른자를 넣고 휘핑한다.
2. 살짝 거품이 생기면 오일을 조금씩 넣는다.
3. 마요네즈처럼 될 때까지 계속 휘핑한다.
4. 마늘, 엔초비를 다진다.
5. 드레싱에 모든 재료를 넣고 잘 섞어준다(농도는 레몬즙으로 맞춘다).

레몬 드레싱(10인분)

준비하기 레몬주스 100g(레몬 4~5개 분량), 올리브 오일 1컵(200), 디종 머스터드 1Ts, 소금 ½Ts, 설탕 1Ts

요리하기
1. 믹싱 볼에 올리브 오일과 레몬주스를 넣고 잘 저어준다.
2. 드레싱에 소금, 후추, 디종 머스터드 그리고 설탕을 넣고 휘핑한다.
3. 드레싱을 사용하기 전에 잘 섞어 혼합한다.

이탈리아 식재료 사용법

Extra virgin olive oil DOP

(Denominazione di origine protetta: 원산지 통제 상품) 버진 올리브 중에서도 고급 오일에 속한다. 이탈리아 정부가 발행한 검사필 제품이다. 보통 가격이 비싸기 때문에 샐러드나 차가운 요리에만 올려 먹는 경우가 많은데 이는 조금이라도 열을 가하면 향을 잃을 수 있기 때문이다. 이 오일은 하루에 1Ts 정도 그냥 섭취해도 건강에 도움이 된다.

Extra virgin olive oil

가격 면에서 먼저 소개한 DOP 올리브 오일보다 저렴하다. 초록 빛깔을 띠며 다른 오일보다 조금 걸쭉하다. 일반적으로 조리를 마친 후 파스타, 생선, 육류에 빛깔과 향을 내기 위해 사용한다. 샐러드 드레싱으로도 곁들인다.

Pomace olive oil

많은 요리사들이 일반적으로 '퓨어 오일'(pure oil)이라고 부르는 오일이다. 버진 오일을 짜고 남은 올리브 찌꺼기를 다시 한 번 짜서 만든 오일이다. 때문에 이 퓨어 오일은 버진 오일보다 향이 약해 재료를 팬에 볶을 때나 육류를 부드럽게 하기 위한 마리네이드(Marinade) 단계에서 사용한다.

Soybean oil

올리브 오일이 아닌 콩유로, 대게 한식을 할 때 많이 사용한다. 하지만 서양에서는 튀김 요리를 할 때 많이 사용한다. 올리브 오일보다는 농도도 가볍고 향도 약하다.

경성치즈
딱딱한 치즈로 오랜 기간 숙성된 것을 말한다. 비교적 가격이 비싼 편이다. 종류: 파마산 치즈, 페코리노 치즈(양젖 치즈)

요리 방법 필러(감자 등을 깎는 용도의 칼)를 이용하여 샐러드에 올려 곁들이거나 강판을 이용해 파스나 혹은 리조또에 넣어 먹는다.

TIP 와인을 마실 때 치즈를 작게 잘라 꿀에 찍어 먹으면 금상첨화.

연성치즈
부드러운 치즈로 빠른 시간 내 생산하며 숙성이 불필요한 것을 말한다. 종류: 크림치즈, 에멘탈, 카망베르

요리 방법 주로 와인을 마실 때 곁들이고, 샌드위치, 크림치즈 무스 및 케이크를 만들 때 사용한다. 서양에서는 치즈퐁듀를 만들 때 주로 사용한다.

블루치즈
임의적으로 곰팡이균을 치즈 안에 넣어 만든 치즈다. 종류: 블루치즈, 고르곤졸라 치즈

요리 방법 블루치즈 파스타나, 피자, 메인요리 소스 만들 때 사용한다.

Bulk Balsamic Vinegar
일반적으로 돌려서 여는 뚜껑 병에 담아 판매한다. 가격이 저렴하고 큰 벌크 통(5L)으로 구매가 가능하다. 발사믹 소스(Riduction)를 만드는데 주로 사용한다.

Balsamic Vinegar DOP
작은 호리병에 코르크 마개 또는 고무 압착 마개를 덮어 판매한다. 가격은 위에 소개한 벌크 발사믹 식초보다 비싼 편이지만 양은 적은 편이다. 가격대가 비싼 만큼 조리해서 먹기보다 샐러드에 올리브 오일과 함께 뿌려 먹는데 사용한다.

PART 1

쿠킹 타임

- 키조개 관자 모차렐라 크림 스파게티 **25분**
- 관자 오렌지 샐러드 **10분**
- 키조개 관자 견과류 오븐구이 **15분**
- 문어 감자 리조또 **30분**
- 문어 샐러드 **15분**
- 문어 단호박 크로켓 **25분**
- 주꾸미 샐러드 **15분**
- 주꾸미 참나물 로제 크림 스파게티 **25분**
- 주꾸미 소스 연어 스테이크 **30분**
- 부추 베이컨 스파게티 **25분**
- 부추 해물 로제 크림 리조또 **25분**
- 부추 해물 그라탱 **25분**
- 파프리카 오븐구이 **30분**
- 파프리카 치킨 로제 크림 스파게티 **25분**
- 파프리카 모차렐라 브루스케타 **20분**

PART 1
Spring

Grazie~
춘곤증을 날려주는 이탈리안 봄 상차림

Grazie는 이탈리아어로 '고맙습니다'입니다.

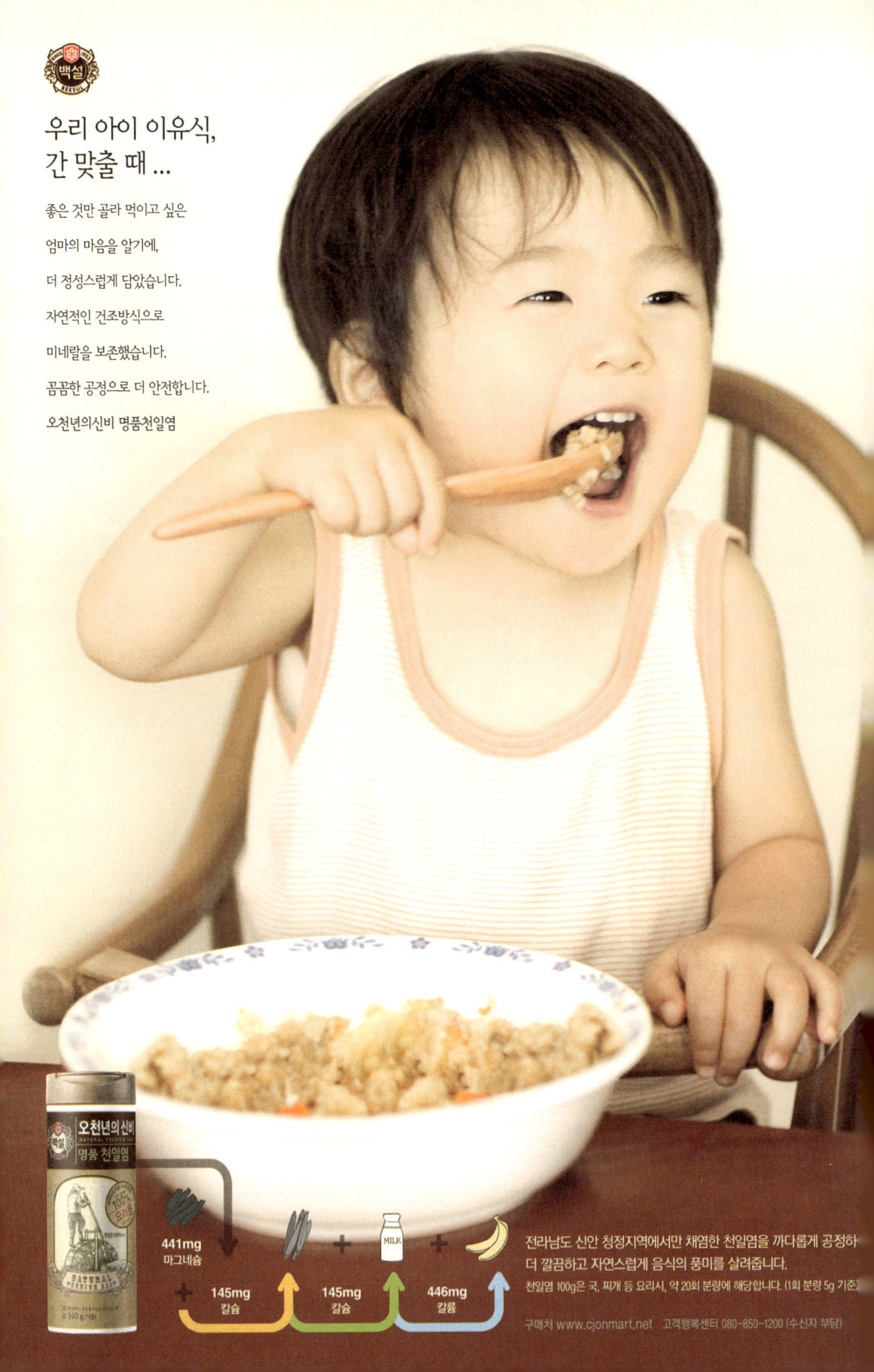
백설
BEKSUL
우리 아이 이유식,
간 맞출 때 ...
좋은 것만 골라 먹이고 싶은
엄마의 마음을 알기에,
더 정성스럽게 담았습니다.
자연적인 건조방식으로
미네랄을 보존했습니다.
꼼꼼한 공정으로 더 안전합니다.
오천년의신비 명품천일염
오천년의 신비
명품 천일염
MILK
441mg
마그네슘
145mg
칼슘
145mg
칼슘
446mg
칼륨
전라남도 신안 청정지역에서만 채염한 천일염을 까다롭게 공정하
더 깔끔하고 자연스럽게 음식의 풍미를 살려줍니다.
천일염 100g은 국, 찌개 등 요리시, 약 20회 분량에 해당합니다. (1회 분량 5g 기준
구매처 www.cjonmart.net 고객행복센터 080-850-1200 (수신자 부담)

세계 최초의 멀티 추출시스템
Multy-One 에스프레소머신 SLD601

멀티 추출로 즐기는 나만의 자유~
나도 홈 바리스타!!

세계 최초의 커피홀더 체인징 시스템으로
분말, 파드, 캡슐 커피까지 3가지 추출방식 가능!

끄레마니아 멀티원 에스프레소머신 SLD-601은 커피형태에 따라 분말, 파드, 캡슐 하나만 추출하는 방식이 아닌 커피홀더 체인징 시스템으로 커피분말, 파드, 캡슐의 추출이 가능합니다.

CONVEX 컨벡스코리아(주) 경기도 파주시 월롱면 덕은리 762-8 대표전화 02-3143-5050 팩스 031-942-6562
www.ovennjoy.com 상담 및 A/S 인터넷접수 : www.ovennjoy.com 전화 02-3143-7070, 080-008-5050

건강이 가득한 이탈리안 홈 카페
가로수길 레시피

초판 1쇄 발행 2012년 4월 25일
초판 2쇄 발행 2013년 8월 5일

지은이 · 박인규
제품 협찬 · 쿠캔(coocan.co.kr)

펴낸곳 · 지식인하우스
펴낸이 · 안정운
출판등록 · 2011년 3월 31일 제2011-000058호
주소 · 121-230 서울시 마포구 망원동 471-25 동주빌딩 401호
전화 · 02)6082-1070   팩스 · 02)6082-1035
전자우편 · jsinbook@naver.com
블로그 · blog.naver.com/jsinbook

ISBN 978-89-968037-1-3 13590
값 13,000원

사람과 지식을 연결하는 지식인하우스는
살맛 나는 사람들의 이야기를 맛깔스럽게 담아 나가겠습니다.
*지식인하우스는 독자 여러분의 원고를 기다리고 있습니다.
365일 망설이지 마시고, 지식인하우스의 문을 두드려 주시기 바랍니다.

*이 책은 저작권법에 따라 보호받는 저작물이므로 무단전재와 무단복제를 금합니다.
*파손된 책은 구입하신 서점에서 교환해 드립니다.

준비하기

대추 10개, 베이컨 10장, 모차렐라(또는 피자 치즈) 1개
올리브 오일 1Ts

요리하기

1 모차렐라는 작은 주사위 모양으로 자른다.
2 대추는 돌려가며 깎고 씨는 제거한다.
3 모차렐라를 대추 안에 넣고 베이컨과 같이 말아준다.
4 팬에 오일을 두르고 베이컨을 익힌다.

꼬치용 이쑤시개를 이용하면 모양
의 흐트러짐 없이 편리하게 구울 수
있습니다.

집에서 손쉽게 즐기는 건강 안주
베이컨 대추말이

주말 저녁, 가족과의 술 한 잔 어떠세요?
치킨이나 마른안주는 이제 너무 식상하잖아요.
건강까지 생각한 술안주로 베이컨 대추말이를 소개합니다!

손님을 초대했을 때 어떤 음식을 내놓아야 할지
시작부터 끝까지 메뉴 걱정을 해본 경험이 있으시죠?
특별한 손님을 위한 홈코스 요리,
비싼 레스토랑 메뉴 부럽지 않은 최고의 만찬에 도전해 보세요!

준비하기

등심 1조각, 통감자 1개, 버터 ½Ts, 우유 1컵
발사믹리덕션 소스 1Ts – 소스 레시피 참고, 올리브 오일 1Ts
실파 약간, 소금 약간, 후추 약간

요리하기

1 통감자를 소금물에서 푹 익힌다.
2 감자는 껍질을 벗긴 후 으깨고 버터, 우유를 넣고 약불에서 끓인다.
3 등심에 소금, 후추 간을 하고 올리브 오일을 발라준다.
4 1분간 팬을 예열하고 고기를 원하는 정도로 굽는다.
5 접시에 고기를 담고 ②의 감자 퓨레를 올린다.
6 ⑤의 고기에 발사믹리덕션 소스를 뿌려준다.

TIP
애피타이저로 당근수프를, 디저트로 티라미수를 준비하면 완벽한 홈코스 요리가 완성됩니다.

특별한 손님을 위한 홈코스 요리
등심 스테이크 & 감자 퓨레

쿠킹타임 35분

쿠킹타임 25분

준비하기

스파게티 90g, 돼지고기 한줌, 브로콜리 한줌, 피망 ⅛개
애호박 ⅛개, 가지 ⅛개, 다진 양파 ¼개
닭 육수 ¼컵(50) – 육수 레시피 참고, 휘핑크림 1컵(200)
올리브 오일 2Ts, 파마산 치즈 가루 1Ts, 파슬리 가루 약간
소금 약간, 후추 약간

요리하기

1 돼지고기와 모든 야채를 먹기 좋은 모양으로 자른다.
2 팬에 버터와 오일을 두르고 ①의 돼지고기와 모든 야채, 그리고 다진 양파를 볶는다.
3 닭 육수를 넣고 1분간 졸인 다음 휘핑크림을 첨가한다.
4 소금물에 스파게티를 삶는다.
5 파슬리 가루를 넣고 스파게티를 소스와 잘 버무려준다.
6 파마산 치즈 가루를 뿌려준다.

냉장고속 잠자는 재료를 모아 모아
돼지고기 야채 크림 스파게티

냉장고 속에 요리 재료들을 잘 활용하고 계신가요?
어느 집이나 요리를 하고 남은 재료들이 남아있기 마련이죠.
이런 재료를 모아, 모아 멋스럽게 변신시켜 줄 레시피를 공개합니다.

아이들이 폭풍 성장을 할 때, 간식거리 하나에도 신경이 쓰이게 됩니다.
이럴 때 몸에 좋은 견과류를 이용해 요리를 해 보세요.
담백한 새우와 상큼한 사과 드레싱이
어우러져 성장기 아이들을 위한 간식으로 그만입니다.

준비하기

새우 5마리, 다진 완두콩 1Ts, 다진 호두 1Ts, 아몬드 1Ts
검은 깨 1Ts, 다진 잣 1Ts, 빵가루 1Ts, 다진 마늘 1쪽, 버터 1Ts
다진 양파 ¼개, 사과 드레싱 – 드레싱 레시피 참고

요리하기

1 껍질을 제거한 새우 등쪽에 칼집을 내고 내장은 제거한다.
2 팬에 버터를 두르고 다진 양파, 완두콩, 호두, 잣, 검은 깨, 아몬드, 빵가루를 볶는다.
3 준비된 ②의 빵가루 반죽을 ①의 새우 등쪽에 듬뿍 발라 꼼꼼히 눌러준다.
4 180도 예열 오븐에서 5분 정도 굽는다.
5 완성된 새우구이를 사과 드레싱과 곁들인다.

성장기 어린이 특별 간식!
사과 드레싱 견과류 새우구이

 쿠킹타임 15분

준비하기

흑미 2Ts, 우유 1컵(100), 설탕 1Ts, 단호박 ½개, 계피 가루 1Ts
피자 치즈 2Ts, 애호박 1개, 파마산 치즈 가루 1Ts, 소금약간
토마토 소스 ¼컵(50) – 소스 레시피 참고

요리하기

1. 약불에서 우유, 설탕, 흑미를 익힌 다음 걸러준다.
2. 애호박을 통째로 소금물에 살짝 데친 다음 반으로 길게 자른다.
3. 애호박 안쪽에 숟가락을 이용해 홈을 판다(씨를 살짝 제거한다).
4. 단호박은 씨를 제거하고 찜통기에 20분간 찐다.
5. ④의 단호박은 껍질을 제거하고 포크를 이용해 으깬다.
6. 으깬 단호박에 소금 간을 하고 ①의 흑미와 잣, 계피 가루, 피자 치즈를 넣고 반죽한다.
7. ⑥의 단호박 퓨레를 애호박에 채워 넣는다.
8. 토마토 소스를 바르고 파마산 치즈를 뿌려 180도 오븐에서 10분간 굽는다.

소화가 잘 되지 않을때
흑미 단호박 퓨레 오븐구이

쿠킹타임 30분

소화가 되지 않을 때 다들 죽을 찾게 되죠?
죽은 먹을 때 부담은 없지만 허기를 달래기에는 좀 부족하잖아요.
소화도 잘 되고 허기를 달래 줄 건강 식단을 찾는다면
바로 '흑미 단호박 퓨레 오븐구이'를 추천합니다.

준비하기

새우 4마리, 오징어 ¼마리, 방울토마토 3개, 브로콜리 한줌
감자 ⅛개, 다진 마늘 1쪽, 페페론치노 약간, 소금 약간
조개 육수(또는 홍합 육수) 1컵(200) – 육수 레시피 참고

요리하기

1 방울토마토는 반으로 자르고 브로콜리, 감자는 주사위 모양으로 자른다.
2 브로콜리, 감자를 소금물에 살짝 데친다.
3 냄비에 오일을 두르고 다진 마늘, 페페론치노, 새우, 오징어를 볶는다.
4 ③의 냄비에 조개 육수(또는 홍합 육수)를 붓고 감자, 브로콜리, 방울토마토를 넣고 끓인다.
5 ④의 재료들이 한소끔 끓으면 파슬리 가루를 넣어 완성한다.

해장이 필요한 남편을 위한
해물 맑은 감자 수프

토마토와 브로콜리의 궁합이 잘 어우러지는
해물 맑은 감자 수프는 애피타이저나
디저트로도 좋지만 해장이 필요한 남편에게 안성맞춤입니다.

쿠킹타임 10분

준비하기 파인애플 ⅛조각, 사과 ¼개, 멜론 ⅛조각, 딸기 3개, 산과일(블루베리, 라즈베리) 1Ts 생수 ¼컵(50), 설탕 1Ts, 레몬주스 1개 분량

임산부들을 위한 특별 간식
과일 마체도냐

요리하기

1 모든 과일을 큰 주사위 모양으로 자른다.
2 믹싱 볼에 생수, 레몬주스, 설탕을 넣고 설탕이 녹을 때까지 저어준다.
3 준비한 ①의 과일을 준비한 ②의 레몬주스에 넣고 섞어준다.

 먹기 전 냉장 보관을 해 두면 더 맛있는 과일 마체도냐를 즐길 수 있습니다.

 쿠킹타임 15분

준비하기 삶은 계란 2개, 슬라이스 살라미 5장, 양상추(또는 로메인) 1장, 마요네즈 1Ts

가족 도시락으로 추천!
치아바따 파니니

요리하기

1 빵의 옆면에 칼집을 내서 펴준 다음 마요네즈를 골고루 발라준다.
2 계란은 먹기 좋게 링 모양으로 자른다.
3 ①의 치아바따 빵에 양상추(또는 로메인), 살라미, 계란을 올려준다.
4 먹기 좋게 자른 다음 이쑤시개로 고정한다.

 TIP '양증맞은 빵'이라는 뜻을 가진 이탈리안 샌드위치 파니니. 이탈리아 사람들은 여행이나 피크닉을 갈 때 항상 파니니를 챙긴다.

216

준비하기

사과 ¼개, 파인애플 ⅛조각, 딸기 4개, 포도 4알
레몬주스 1개 분량, 메이플 시럽 1Ts

요리하기

1 준비한 과일을 큰 주사위 모양으로 자른다.
2 ①의 과일을 레몬주스로 버무린다.
3 ②의 버무린 과일을 준비된 꼬치에 순서대로 꽂는다.
4 메이플 시럽을 기호에 맞게 뿌려준다.

선호하는 취향에 따라, 계절에 따라 여러 가지 과일(계절 과일)을 사용할 수 있습니다.

과일의 달콤한 변신
메이플 시럽 과일 꼬치

샐러드나 음료 또는 디저트로 즐겨 먹는 과일을
맛있는 꼬치로 만들어 보세요.
건강 간식이나 병문안 도시락으로 추천합니다.

이탈리아에도 쌈을 싸서 먹는 우리네 보쌈과 비슷한 요리가 있습니다.
'포장하다'라는 뜻을 가진 인볼티니는 이탈리안식 건강 보쌈입니다.

준비하기

다진 돼지고기 200g, 양배추 3장, 마늘 1쪽, 당근 ⅛개
양파 ¼개, 애호박 ⅛개, 토마토 소스 ½컵(100) - 소스 레시피 참고
모차렐라(피자 치즈) 2Ts, 올리브 오일 1Ts, 소금 약간, 후추 약간

요리하기

1. 양배추 잎을 소금물에 숨이 죽을 때까지 삶는다.
2. 마늘은 다져주고, 양파, 당근, 애호박은 작은 주사위 모양으로 자른다.
3. 팬에 오일을 두르고 야채를 살짝 볶는다.
4. ③의 준비된 야채를 돼지고기와 혼합 후 모차렐라, 소금, 후추 간을 한다.
5. 돼지고기 반죽을 양배추에 위에 놓고 양배추로 돼지고기를 감싼다.
6. 감싼 각각의 양배추 위에 토마토 소스를 듬뿍 올려준다.
7. 180도 오븐에서 15분 정도 굽는다.

남편을 위한 이탈리안식 건강 보쌈
양배추 인볼티니

쿠킹타임 40분

준비하기

로메인(또는 상추) 10장, 시저 드레싱 2Ts – 드레싱 레시피 참고
유자 소스 1Ts(유자청(또는 유자잼) 1Ts, 마요네즈 2Ts)
파래 크레페 반죽(파래 20g, 우유 150g, 밀가루 75g, 버터 20g
계란 1개, 소금 약간) – 5장 분량

요리하기

1 믹싱 볼에 우유를 넣고 채에 거른 밀가루를 잘 혼합한다.
2 반죽에 파래, 녹인 버터, 계란을 넣고 소금 간을 해준다.
3 팬에 키친타올을 이용하여 기름을 묻힌 다음 크레페를 굽는다(크레페 반죽을 사용하면 된다).
4 시저 드레싱을 로메인(또는 상추)에 겹겹이 바른다.
5 크레페 위에 로메인을 겹겹이 올려주고 돌돌 말아준다.
6 마요네즈와 유자청을 잘 혼합해(유자 소스) 요리에 곁들인다.

크레페말이가 잘 안 된다면 이쑤시개로 고정해 주세요..

파릇한 건강 도시락 메뉴
파래 크레페말이

싱싱한 파래는 해조류 중 황산화 효과가 가장 뛰어나서
골다공증 예방과 혈액을 구성하는 요오드를 보충해 피를 맑게 해 줍니다.

특별히 시간을 투자해 가족들을 위한 보양 요리를 준비할 때 추천하고 싶은 메뉴입니다. 요리에 들어가는 밤은 특히 이뇨 작용에 효과적으로, 신장 건강에 도움이 되는 식재료입니다.

준비하기

홍두깨살(또는 얇게 저민 소고기) 5장, 밤 5알, 배 ¼개, 대추 5알
올리브 오일 2Ts, 허니 머스터드(디종 머스터드 2Ts, 꿀 1Ts) 1Ts
소금 약간, 후추 약간

요리하기

1 소고기는 얇게 슬라이스 한다. 또는 고기 망치를 이용해 얇게 저민다.
2 밤, 대추, 배를 채 썬다.
3 ①의 얇게 슬라이스 또는 저민 소고기 위에 모든 재료를 올려 돌돌 만다.
4 팬에 오일을 두르고 소금, 후추 간을 한 소고기를 익힌다.
5 믹싱 볼에 허니 머스터드 재료인 디종 머스터드와 꿀을 잘 섞은 다음 ④의 익힌 고기에 뿌려준다.

TIP
이쑤시개로 고정하여 굽는다면 모양의 흐트러짐 없이 구울 수 있습니다.

가족들을 위한 특별 보양식
소고기, 밤 & 대추 말이

쿠킹타임 15분

준비하기

꽃게살(또는 맛살) 1마리, 피망 ⅛개, 감자 ⅛개, 애호박 ⅛개
양파 ¼개, 마요네즈 2Ts, 표고버섯(또는 불린 표고버섯) 5개
빵가루 2Ts, 모차렐라(또는 피자 치즈) 1Ts, 타바스코 소스 5방울
새싹 약간, 소금 약간, 후추 약간

요리하기

1 피망, 감자, 애호박, 양파를 작은 주사위 모양으로 자른다.
2 감자는 소금물에 살짝 데치고 양파, 애호박, 피망은 팬에 볶는다.
3 믹싱 볼에 ②의 모든 재료와 꽃게살, 마요네즈, 타바스코, 빵가루, 모차렐라를 넣고 섞는다.
4 표고버섯은 꼭지(기둥)를 따고, 그 안에 ③의 게살 반죽을 채운다.
5 버섯에 소금, 후추 간을 하고 180도 오븐에서 10분 정도 굽는다.

환절기에 꼭 필요한
꽃게살 채운 표고버섯 오븐구이

이번에는 꽃게살로 멋과 맛을 살린 오븐구이입니다.
재료 중 하나인, 표고버섯에는 신경을 안정 시켜주는 효능이 있어
불면증 환자에게 더욱 효과적이랍니다.

쿠킹타임 10분

준비하기

새우 3마리, 오징어 ¼마리, 토마토 1개
레몬 드레싱 2Ts – 드레싱 레시피 참고, 올리브 오일 1Ts

요리하기

1 토마토는 링 모양으로 자른다.
2 껍질을 벗긴 새우는 등에 칼집을 내고 내장을 제거한다.
3 오징어는 링 모양으로 자른다.
4 코팅 팬을 뜨겁게 예열한 다음 오일 없이 ①의 토마토를 굽는다.
5 팬에 오일을 두르고 ②, ③의 해물을 굽는다.
6 접시에 구운 토마토를 담고 해물을 올려준다.
7 레몬 드레싱을 뿌려준다.

레몬 드레싱에 소금 간이 되어 있기 때문에 해물을 구울 때는 따로 간을 하지 않습니다.

다이어트에 특별 추천!
토마토 해물구이

앞에서도 언급했듯이 슈퍼 푸드로 알려진 토마토는
해물 요리와 궁합이 잘 맞습니다.
특히 토마토는 브로콜리와 함께 먹으면 영양분 흡수가 빠르답니다.

준비하기

냉동 참치 ⅛블록, 파인애플 ⅛조각, 꿀 1Ts, 건포도 1Ts, 간장 ½Ts
굴 소스 ½Ts, 올리브 오일 2Ts
레몬 드레싱 1Ts – 드레싱 레시피 참고, 생강 약간, 무순 약간
후추 약간

요리하기

1 간장, 굴 소스, 올리브 오일, 후추를 혼합 후 냉장고에서 해동한 참치에 발라 1시간 정도 재어둔다.
2 ①의 재어둔 참치를 오일을 두른 팬에 올려 겉은 익히고 속은 덜 익힌다.
3 참치를 원하는 두께로 자른다.
4 파인애플을 작은 주사위 모양으로 자르고 건포도, 생강은 다진다.
5 팬에 꿀을 넣고 갈색이 날 때까지 중불에서 끓인다.
6 꿀에 색이 나면 파인애플, 건포도, 생강을 넣고 졸인다.
7 ⑥의 파인애플 처트니를 접시에 올린다.
8 ⑦의 접시에 참치를 담고 무순으로 장식한 다음 레몬 드레싱을 뿌려준다.

❶ 참치를 해동할 땐 이틀 전에 냉장 해동하고, 급하게 해동할 땐 소금물에 담가 해동합니다.
❷ 타다끼는 요리 재료의 겉만을 살짝 익힌 요리를 말합니다.
❸ 마무리 단계에서 마를 채썰어 무순과 함께 곁들이면 더 맛있는 요리를 즐길 수 있다.

감기 몸살! 물러가라!
생강 & 파인애플 처트니 참치 타다끼

쿠킹타임 20분

동의보감에도 익히 알려진 생강의 효능. 생강은 숨이 차거나
기침을 치료할 때, 두통에도 도움을 줍니다.
강한 향과 맛 때문에 요리하기가 어려웠던 생강의 맛있는 변신을 소개합니다.

특별한 요리, 건강을 담다

셰프로 살아가면서 가장 많이 받는 질문은
'집에서도 요리를 자주 하세요?'입니다.
사실 이탈리아 유학 시절에는 자의적으로든,
타의적으로든 요리를 많이 했습니다.
그러나 한국에 돌아와서는 바쁜 일정을 핑계 삼아
그러지를 못했습니다.
그래서인지 아내에게 너무 미안할 때가 많습니다.
사실 8장 특별요리는 제 아내가 즐겨 먹는,
또는 아내를 위해 제가 집에서 종종 즐겨하는 요리들입니다.
특별한 날을 더욱 특별하게 만들어주는 특별식,
가족들을 위한 다양한 건강 도시락,
손님 상차림 등을 준비했습니다.
특별함과 소중한 마음을 담은 사랑의 레시피를 소개합니다.

PART 8
Special Menu
Salute~
특별함을 가득 담은 사랑의 상차림

Salute는 이탈리아에서 행운을 바라는 안부 인사입니다.

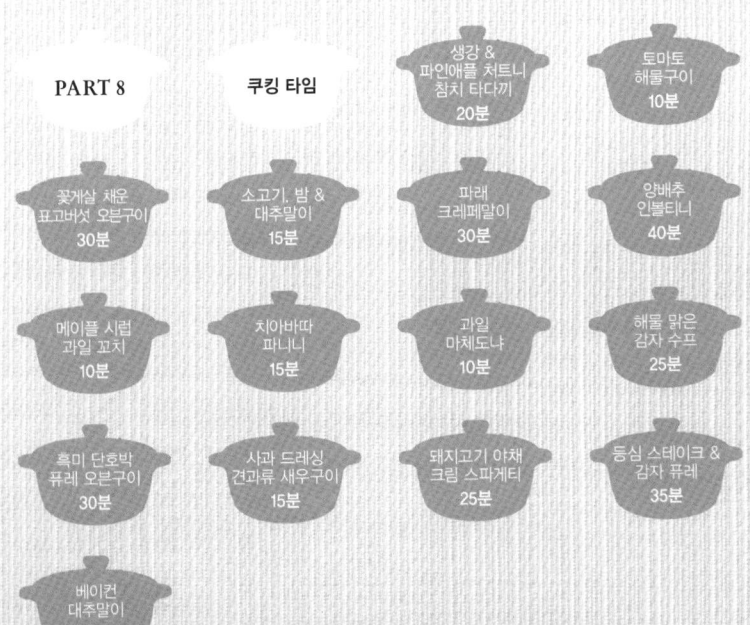

쿠킹타임 10분

준비하기(2컵 분량) 딸기 10개, 레몬주스 1개 분량, 설탕 1Ts
바닐라 젤라또 2 scoop(국자 모양의 작은 스푼), 슈가 파우더 약간

비타민A를 소복하게 담아
바닐라 젤라또 딸기 마체도냐

요리하기

1 딸기 꼭지를 제거 후 딸기를 반으로 자른다.
2 믹싱 볼에 설탕, 레몬주스를 넣고 혼합한다.
3 ①의 딸기를 ②의 레몬주스와 잘 섞어준다.
4 딸기를 컵에 담고 젤라또(이탈리아 아이스크림)를 올려준다.
5 슈가 파우더를 뿌려준다.

쿠킹타임 30분

준비하기 쇼콜라 케이크(또는 초콜릿 스펀지케이크) 5조각, 화이트 초콜릿 22g, 생크림 100g
오레오 비스킷 20g

부드럽고 깨끗한 바삭함
크런치 화이트무스

요리하기

1 오레오 비스킷, 화이트 초콜릿을 잘게 부순다.
2 화이트 초콜릿을 중탕해서 녹인 다음 식혀둔다.
3 생크림을 90% 정도 휘핑한다.
4 휘핑한 크림에 녹인 화이트 초콜릿을 조금씩 넣어 가면서 계속 저어준다.
5 ④에 오레오 비스킷을 넣어 섞는다.
6 쇼콜라를 준비된 컵과 같은 크기로 자른 다음 컵의 밑부분에 넣는다.
7 컵에 ⑤의 화이트 무스를 채운다.
8 냉장고에 보관한다.

쿠킹타임 40분

준비하기 오븐컵 1개, 초콜릿 찹 70g, 버터 60g, 슈가파우더(분당) 65g 밀가루(박력분) 30g, 계란 2개

가나쉬 만들기(크림 50 : 초콜릿 찹 50) 크림, 초콜릿 찹을 넣고 중탕에서 녹여준 다음 냉장고에 보관한다(하루 전, 만들어 두면 더 편리하다).

퐁당퐁당 달콤함에 푹~ 초콜릿 퐁당

요리하기

1. 초콜릿을 잘게 다진다.
2. 초콜릿을 중탕(60도 온도의 뜨거운 물을 받쳐 초콜릿을 저어 천천히 녹인다)한다.
3. 버터를 실온에서 부드럽게 한 후 설탕을 넣고 반죽한다.
4. ③번 반죽에 계란을 넣고 잘 혼합한 다음 ②의 녹여놓은 초콜릿을 넣고 섞어준다.
5. 채에 거른 밀가루를 저어주면서 넣는다.
6. ⑤의 완성된 반죽을 오븐컵(또는 타르트 몰드)에 ⅔ 정도 채운다.
7. 컵 반죽 위에 준비된 가나쉬 초콜릿 1Ts를 올려준다.
8. 예열 오븐에서 160도로 20분 정도 굽는다.

쿠킹타임 30분

준비하기 마스카르포네 크림치즈 250g, 계란 3개, 설탕 70g, 에스프레소 커피 1컵(100) 스펀지케이크 적당량 50g, 화이트 초콜릿 칩 10g, 코코아 파우더 약간

이탈리아의 낭만을 담아 티라미수

요리하기

1 계란 흰자와 노른자를 분리한다.
2 흰자에 설탕(10g)을 넣고 거품기로 하얀 거품이 될 때까지 휘핑한다.
3 노른자와 설탕(60g)을 거품기를 이용해 잘 혼합한 다음 크림치즈와 섞는다.
4 ②의 흰자거품을 첨가한다.
5 에스프레소 커피를 준비한다. 스펀지케이크를 준비한 틀에 맞게 자른다. 자른 빵을 틀 밑에 알맞게 깔고 커피를 적셔준다.
6 커피를 적신 빵 위에 준비된 크림반죽 반을 붓는다.
7 ⑥을 반복해 틀을 채운다. 크림 반죽 위에 코코아 파우더와 초콜릿 칩을 뿌려준다.

준비하기

버터 25g, 밀가루 125g, 우유 200ml, 베이킹파우더 6g, 설탕 15g
계란 2개, 생크림(거품 낸 것) 20ml, 소금 약간
딸기 시럽 딸기 5개, 물 ¼컵, 레몬주스 ½개 분량, 설탕 1Ts

요리하기

1 계란과 설탕을 거품기로 잘 섞어준 다음 베이킹파우더를 첨가한다.
2 미지근한 우유, 녹인 버터를 ①의 계란 반죽에 넣고 잘 섞어준다.
3 채에 친 밀가루를 저어주면서 ②를 조금씩 넣는다.
4 반죽을 냉장고에 30분간 보관한다.
5 코팅 팬에 원하는 크기로 ④의 반죽을 붓고 약불에서 팬케이크를 완성한다.
6 딸기를 4등분으로 자른다.
7 팬에 딸기 시럽 재료를 넣고 약불에서 농도가 날 때까지 졸인다.
8 팬케이크에 겹겹이 생크림(거품 낸)을 바른 다음 딸기 시럽을 뿌려준다.

시럽의 경우 딸기가 아닌, 계절 과일로 만들어 사용해도 됩니다.

부드러운 달콤함을 더하다
딸기 시럽 팬케이크

쿠킹타임 25분

브런치, 애피타이저로 즐겨 먹는 팬케이크는
인간이 먹는 가장 오래된 빵의 형태 중에 하나입니다.
그만큼 역사가 깊다는 말이겠지요. 팬케이크는 종류도 굉장히 다양합니다.
이번에는 딸기 시럽을 얹은 팬케이크입니다.

달콤한 유혹, 디저트! 이제는 건강까지 챙기자!

디저트는 본래 '식사를 끝마치다' 혹은 '식탁 위를 치우다'라는
뜻의 프랑스어에서 출발했습니다. 즉 식사를 마치고
식탁 위를 정리하는 과정 중에 나오는 요리를 말하는 것으로,
지난 요리의 풍미를 살려주는 메뉴 중에 하나입니다.
서양요리 식단의 하나인 디저트는 이미 우리에게도 친숙한 메뉴가 되었죠.
아이들을 위해, 혹은 아이들과 함께, 또는 연인이나 남편을 위해
케이크나 쿠키를 준비해 본 경험이 한 번쯤은 있으실 겁니다.
시중에 여러 손쉬운 홈메이킹 재료가 나와 있긴 하지만,
디저트를 만드는 것은 쉽지 않은 작업이죠.
이번에 제가 소개하는 5가지 디저트는 멋스러움을
살리기보다 집에서 손쉽게 만들 수 있는 레시피로 구성해봤습니다.
이탈리아 유학시절, 이웃집 아주머니께서 건네주신
투박한 티라미수를 떠올리면서 말입니다.
입이 즐겁고, 눈이 행복하며, 영양까지 챙길 수 있는
저만의 특별 '디저트 5인방'을 소개합니다.

PART 7

Dessert

Ti amo
감미롭고 순수한 건강 디저트

Ti amo는 이탈리아어로 '사랑해'입니다.

PART 7 쿠킹 타임

- 딸기 시럽 팬케이크 **25분**
- 티라미수 **30분**
- 초콜릿 퐁당 **40분**
- 크런치 화이트무스 **30분**
- 바닐라 젤라또 딸기 마체도냐 **10분**

쿠킹타임 15분

준비하기 크루아상 3개, 가지 ⅛개, 토마토 ⅛개, 애호박 ⅛개, 슬라이스 치즈 1장 양상추(또는 로메인) 1장, 마요네즈 1Ts, 올리브 오일 1Ts, 소금 약간, 후추 약간

그때그때 다른 신선한 건강 간식
야채구이 크루아상

요리하기

1 준비한 야채는 링 모양으로 자른다.
2 크루아상 빵의 옆면을 반으로 잘라 안쪽에 마요네즈를 발라준다.
3 소금, 후추, 올리브 오일을 ①의 야채에 바르고 팬에 구워준다.
4 빵에 양상추, 구운 야채와 치즈를 올린다.

쿠킹타임 15분

준비하기 파프리카 ⅛개, 가지 ⅛개, 애호박 ⅛개, 방울토마토 2개, 양파 ⅛개, 계란 2개, 버터 1Ts 마늘 바게트 2개, 소금 약간, 후추 약간

촉촉한 수분을 듬뿍~
신선한 제철 야채 오믈렛

요리하기

1. 모든 야채는 작은 주사위 모양으로 자른다.
2. 계란은 포크를 이용해 흰자와 노른자를 잘 섞는다.
3. 팬에 버터를 녹인 다음 자른 야채를 살짝 볶아준다.
4. 소금, 후추 간을 한다.
5. ②의 계란물을 붓고 약불에서 모양을 유지하며 천천히 익혀준다.

아마트리치아나 스파게티는 로마 근교의 아마트리치아 지방의 전통 스파게티입니다. 신선한 제철 야채를 듬뿍 담아 만든 이번 스파게티는 취향에 따라 모차렐라를 곁들여 먹으면 더 담백하게 즐길 수 있습니다.

준비하기

스파게티 90g, 가지 ⅛개, 토마토 ⅛개, 애호박 ⅛개, 피망 ⅛개
다진 양파 ¼개, 베이컨 3장, 올리브 오일 2Ts
토마토 소스 1컵(200) – 소스 레시피 참고
닭 육수 ¼컵(50) – 육수 레시피 참고, 파마산 치즈 가루 2Ts
페페론치노 약간, 소금 약간, 후추 약간

요리하기

1 가지, 피망, 애호박을 먹기 좋게 자른다.
2 팬에 오일을 두르고 다진 양파, 잘게 썬 베이컨, 페페론치노와 ①의 야채를 볶는다.
3 소금, 후추로 간을 한다.
4 닭 육수를 붓고 1분간 졸인 다음 토마토 소스를 첨가한다.
5 소금물에 스파게티를 삶는다.
6 파마산 치즈를 넣고 소스와 스파게티를 잘 버무려준다.

로마 전통 요리 레시피
야채구이
아마트리치아나 스파게티

쿠킹타임 25분

준비하기 가지 1개, 피망 ¼개, 오이 ¼개, 당근 ¼개, 샐러리 1줄기, 통마늘 ½개, 양파 ⅛개
올리브 오일 1Ts, 카레 가루 ¼Ts, 소금 약간, 후추 약간

쿠킹타임 20분

간편하고 아삭한
가지 드레싱 야채스틱

요리하기

1. 가지는 길게 반으로 자른 다음 찜통에서 15분 정도 푹 익힌다.
2. 익힌 가지는 껍질과 분리한 다음 소금, 후추 간을 한다.
3. 믹서기 등을 이용해 양파, 통마늘, 가지 속, 카레 가루, 올리브 오일(1Ts)을 넣고 곱게 간다(가지 드레싱).
4. 피망, 당근, 오이, 샐러리는 먹기 좋게 막대기 모양으로 자른다.
5. 준비된 컵에 야채를 꽂고 가지 드레싱을 올려준다.

쿠킹타임 15분

준비하기 닭가슴살 1장, 로메인(또는 상추) 10장, 시저 드레싱 3Ts – 드레싱 레시피 참고
올리브 오일 3Ts, 파마산 치즈 슬라이스 1Ts, 통마늘 1쪽, 카레 가루 1Ts

건강 업그레이드 식단
카레 닭가슴살 시저 샐러드

요리하기

1. 닭가슴살 옆면을 칼로 가르며 반으로 펴준다.
2. 닭가슴살에 오일을 충분히 바른 후 슬라이스 마늘을 넣고 하루 전날 냉장고에 재어둔다.
3. 카레를 골고루 바른 다음 팬에 닭가슴살을 구워준다.
4. 구운 닭가슴살을 포크를 이용해 먹기 좋은 크기로 찢는다. 로메인을 먹기 좋은 크기로 자른다.
5. 믹싱 볼에 시저 드레싱을 넣고 로메인, 닭가슴살을 잘 버무린다.
6. 접시에 담고 파마산 치즈 슬라이스를 올려준다.

준비하기

생쌀 ½컵, 새우 3마리, 오징어(손질된 것) ¼마리, 조갯살 3알
홍합 3알, 닭 육수 5컵(1000) – 육수 레시피 참고, 버터 1Ts
다진 양파 ¼개, 카레 가루 ½Ts, 파마산 치즈 가루 1Ts
파슬리 가루 약간, 소금 약간

요리하기

1 갖가지 재료를 준비한다.
2 팬에 오일을 두르고 다진 양파, 생쌀, 모든 해물을 볶는다.
3 ②에 소금 간을 한다.
4 팬에 닭 육수를 붓고 약불에서 저어주며 천천히 쌀을 익힌다.
5 쌀이 거의 익을 때쯤 카레 가루를 넣고 마무리한다.
6 불을 끄고 버터, 파마산 치즈 가루, 파슬리 가루를 넣고 잘 섞어준다. 기호에 맞게 소금 간을 한다.

365일 맛있는
카레 해산물 리조또

카레(1인분 : 417kcal)의 주원료인 강황의 커큐민(curcumin)은 강력한 항산화 물질로 세포의 산화 방지와 염증 감소로 치매와 심장병 예방에 효과적입니다. 또한 혈중 콜레스테롤 수치를 저하시키며, 당뇨병 환자의 혈당을 낮추는데 도움을 줍니다.

쿠킹타임 20분

준비하기 깻잎 5장, 스프링롤 피 5장, 새우 5마리, 양배추 5잎, 굴 소스 ½Ts, 식초 1Ts 꿀 ½ts(커피 스푼), 튀김 오일 적당량 5컵(1000), 후추 약간

하루에 필요한 철분을 돌돌 말아~
깻잎 새우 스프링롤

요리하기

1 양배추, 깻잎은 얇게 채 썰고 새우는 작은 주사위 모양으로 자른다.
2 팬에 오일을 두르고 양배추, 새우, 깻잎을 넣고 볶는다.
3 굴 소스, 후추로 간을 한 다음 식초, 꿀을 첨가한다.
4 스프링롤 피 위에 남은 깻잎을 1장 올리고 볶아둔 양배추, 깻잎, 새우를 넣고 돌돌 만다.
5 튀김 오일에 스프링롤을 넣고 튀긴다.

 TIP 스프링롤 마무리 단계에서 피 모서리 부분에 물을 살짝 발라주면 손쉽게 롤을 말 수 있습니다.

쿠킹타임 25분

준비하기 펜네 파스타 80g, 새우살 5개, 깻잎 5장, 방울토마토 5개, 토마토 소스 ¼컵(50) 새우 육수 ¼컵(50) – 소스 & 육수 레시피 참고, 휘핑크림 ½컵(100) , 다진 마늘 1쪽, 파슬리 약간 소금 약간

멋스럽게 건강 챙기는
깻잎 새우 로제 크림 펜네 파스타

요리하기

1. 깻잎은 잘 씻은 후 물기를 제거하고 굵게 자른다.
2. 방울토마토는 반으로 자르고 새우는 껍질을 제거한다.
3. 팬에 오일을 두르고 다진 마늘, 새우, 토마토를 볶는다. 소금 간을 한다.
4. 새우 육수를 첨가하고 1분간 졸인 다음 휘핑크림, 토마토 소스를 넣어준다.
5. 소금물에 파스타를 넣고 삶는다.
6. 깻잎을 넣고 파스타와 소스를 잘 버무려준다.

향긋한 깻잎(100g : 29kcal) 30g에는 하루에 필요한 철분이 모두 들어 있습니다. 또한 비타민이 풍부하고, 암 예방 물질인 파이톨, ETA, 엽록소가 함유되어 있습니다. 피부 미백에 좋은 로즈마린산과 루테이올린은 기미와 주근깨 예방을 도와줍니다.

준비하기

스파게티 90g, 중합(또는 바지락) 10개, 깻잎 5장, 토마토 ¼개
휘핑크림 1컵(200), 다진 마늘 2쪽
조개 육수 ¼컵(50) - 육수 레시피 참고, 파슬리 가루 약간

요리하기

1. 깻잎은 물에 잘 씻은 후 굵게 자른다. 토마토는 작은 주사위 모양으로 자른다.
2. 조개를 삶은 후 육수를 채에 거른다.
3. 팬에 오일을 두른 후 조갯살, 마늘을 볶는다.
4. ③의 팬에 조개 육수를 넣고 1분간 졸인 다음 휘핑크림을 첨가한다.
5. 소금물에 스파게티를 삶는다.
6. 깻잎, 토마토를 넣고 스파게티와 소스를 잘 버무린다.

향긋하게 고소한 건강 식단
깻잎 조개 크림 스파게티

쿠킹타임 30분

준비하기

식빵(또는 마늘 바게트) 1장, 크림치즈(필라델피아) 3Ts
플레인 요거트 1Ts, 쪽파(무순) 약간, 꿀 1ts(커피 스푼)
블루 치즈(또는 고르곤졸라 치즈) ½Ts, 소금 약간, 후추 약간

곁들임 재료
날치알, 훈제연어, 칵테일 새우, 살라미(말린 돼지고기 소시지)

요리하기

1 식빵은 5cm 길이의 막대 모양으로 자른다.
2 ①의 자른 빵을 팬 또는 오븐에서 살짝 색이 날 때까지 굽는다.
3 믹싱 볼에 크림치즈, 요거트, 블루 치즈, 꿀, 소금, 후추를 넣고 혼합한다.
4 ③의 크림치즈를 준비한 ②의 식빵에 듬뿍 바른다.
5 날치알과 훈제연어, 칵테일 새우, 살라미를 식빵에 올려준다.
6 쪽파를 얇게 썰어 뿌려주거나 무순을 올려준다.

만약 플레인 요거트가 너무 달다고
느껴지면 꿀을 빼고 요리해 보세요.

간편하게 허기를 달래고 싶을 때
크림치즈 카나페

갑자기 출출해져서 간식을 먹고 싶거나, 친구들과 간단한 와인 파티를 할 때
곁들이면 좋은 카나페 요리를 소개합니다.
미리 만들어 놓을 경우에는 랩으로 싸서 차갑게 보관하면 됩니다.

앞의 요리에서 여러 번 소개한 그라탱은 소스로 버무린 고기와 야채 위에 치즈와 빵가루를 솔솔 뿌린 후 오븐에서 노릇하게 구워내는 요리입니다. 이번 요리는 펜네 숏 파스타를 이용한 그라탱으로, 펜네는 펜 모양으로 생긴 파스타를 말합니다.

준비하기

펜네 숏 파스타 90g, 모차렐라(또는 피자 치즈) ½개
다진 양파 ¼개, 다진 마늘 1쪽
토마토 소스 1컵(200), 닭 육수¼컵(50) - 소스 & 육수 레시피 참고
파마산 치즈 가루 1Ts, 페페론치노 약간, 소금 약간

요리하기

1 모차렐라, 양파, 토마토를 먹기 좋은 크기로 자른다.
2 오일을 두른 팬에 양파, 마늘, 페페론치노를 중불에서 볶는다(마늘은 타지 않도록 한다).
3 닭 육수를 넣고 1분간 졸이다가 토마토 소스를 첨가한 다음 소금 간을 한다.
4 소금물에 파스타를 7~80% 정도 삶는다(Super al Dente).
5 삶은 파스타를 ③의 소스와 잘 버무린 후 그라탱 볼에 담는다.
6 파스타 위에 모차렐라(혹은 피자 치즈), 파마산 치즈 가루를 골고루 뿌려준다.
7 180도 오븐에서 8분 정도 굽는다.

슈퍼 알 덴테(Super al Dente)는 파스타를 80% 정도 익히는 것을 말합니다.

동글동글 면 가득~ 영양 듬뿍!
모차렐라 숏 파스타 그라탱

쿠킹타임 30분

준비하기

떡갈비 100g, 스파게티 70g, 고르곤졸라 치즈 1Ts
양송이버섯 2개, 브로콜리 한줌, 휘핑크림 1컵(200)
닭 육수 ¼컵(50) – 육수 레시피 참고, 다진 양파 ¼개
다진 마늘 1쪽, 소금 약간, 후추 약간

요리하기

1 양송이버섯을 얇게 자른다. 떡갈비를 준비한다.
2 팬에 오일을 두르고 양송이, 다진 마늘, 다진 양파를 같이 볶는다.
3 닭 육수를 넣고 1분간 졸이다가 휘핑크림을 넣는다.
4 소스에 고르곤졸라 치즈를 넣고 약불에서 잘 녹인다.
5 소금물에 스파게티를 삶는다.
6 스파게티를 소스와 잘 버무린다.
7 접시에 구운 떡갈비를 담고 그 위에 스파게티를 올려준다.

고르곤졸라 치즈 자체에 짠 맛이 있기 때문에 소금 간은 나중에 하도록 합니다. 떡갈비의 경우 시중에서 판매하는 것을 사용하면 편리합니다.

미네랄이 가득 담긴
떡갈비 고르곤졸라 치즈 스파게티

이번에는 블루치즈의 일종으로 이탈리아가 원산지인 치즈 고르곤졸라(100g : 315kcal)를 재료로 한 스파게티입니다. 푸른빛의 곰팡이가 꺼려지시나요?
독특한 맛과 향 때문인지 싫어하시는 경우가 많습니다.
고르곤졸라에는 비타민A가 풍부해 눈 건강에 좋고, 피부 보호에 효능이 있습니다.

쿠킹타임 10분

준비하기 참치 캔 1개, 새싹 한줌, 모차렐라 ½개, 옥수수 캔 2Ts, 방울토마토 5개
파마산 치즈 슬라이스 2Ts, 발사믹 드레싱 2Ts – 드레싱 레시피 참고

DHA가 풍부한 건강 샐러드
참치 모차렐라 샐러드

요리하기

1 참치 캔의 기름을 제거하고, 올리브 오일에 1시간 정도 재어둔다.
2 모차렐라는 먹기 좋은 크기로 손으로 찢고, 옥수수는 물기를 빼준다.
3 방울토마토는 반으로 자른다(큼지막한 방울토마토는 ¼로 자른다).
4 접시에 새싹을 담고 참치, 모차렐라, 토마토, 옥수수를 올려준다.
5 발사믹 드레싱을 뿌리고 파마산 치즈 슬라이스를 올려준다.

 TIP 파마산 치즈를 슬라이스 할 때 감자 칼을 이용하면 편리합니다.

준비하기 식빵 2장, 참치 캔 1개, 토마토 ½개, 양상추 1장, 타바스코 소스 3방울, 마요네즈 2Ts
레몬 드레싱 1Ts – 드레싱 레시피 참고

쿠킹타임 10분

간편한 보물 간식
참치 샌드위치

요리하기

1. 참치는 물기를 짜주고 마요네즈를 넣어 잘 버무린다.
2. 토마토는 얇게 링 모양으로 자른다.
3. 식빵에 마요네즈를 골고루 발라준다.
4. 준비된 식빵에 양상추, 토마토, 참치를 올려주고 타바스코 소스를 3~4 방울 뿌려준다.
5. 식빵의 테두리 부분을 제거 후 삼각형 모양으로 자른다.

준비하기

스파게티 90g, 참치 캔 1개, 모차렐라 ½개, 다진 양파 ¼개
닭 육수 ¼컵(50), 토마토 소스 1컵(200) - 육수 & 소스 레시피 참고
올리브 오일 1Ts, 파슬리 가루 약간, 페페론치노 약간, 소금 약간

요리하기

1 참치 캔을 이용한다. 참치는 물기를 제거해 준비하고 모차렐라는 주사위 모양으로 자른다.
2 팬에 오일을 두르고 다진 양파, 페페론치노를 볶은 다음 소금 간을 한다.
3 닭 육수를 넣고 1분간 졸인 다음 토마토 소스를 첨가한다.
4 불을 끄고 준비된 참치를 넣고 잘 으깬다.
5 소금물에 스파게티를 삶는다.
6 모차렐라, 날치알을 넣고 스파게티를 소스와 잘 버무린다.

참치는 오래 볶으면 딱딱해지므로,
불을 끄고 으깨 사용합니다.

오메가3가 풍부한
참치 모차렐라 스파게티

참치(100g : 132kcal)는 DHA 성분이 풍부하며
칼로리, 저지방의 균형적인 식품으로 다이어트와 미용에 효과적입니다.
철분, 비타민B_{12}가 풍부해 빈혈 예방과
노화 방지에 좋고, 비타민, 철분, 칼슘 등 미네랄이 풍부합니다.

사계절 요리가 즐거운 마법의 레시피

봄과 가을은 점점 짧아지고, 여름과 겨울만 있는 것 같은 기분은
비단 저뿐일까요? 집 앞 마트에만 나가도 사계절 식재료가 풍부하지만
의외로 건강한 식생활을 위해 요리하기란 쉽지 않습니다.
매끼 영양을 맞춰 요리를 하는 것은 시간과 재료가 너무 부담스럽고,
간편함을 쫓아 외식을 하다보면 건강 걱정과 비용이 만만찮습니다.
이번에 준비한 사계절 요리는 누구든지,
부담 없이 만들어 맛볼 수 있는 요리로 구성했답니다.
집 안에서 손쉽게 찾을 수 있는 참치 캔을 이용한
스파게티, 샌드위치, 샐러드부터 건강한 식단을 책임질
갖가지 야채와 깻잎 요리,
주말이나 손님 초대를 센스 있게 장식할 다양한 요리까지.
흔하게 접할 수 있는 재료를 이용해서 요리에 대한 부담을
덜어내 보세요. 당신의 손끝에서
다시 태어날 건강 식단들에 마법을 걸어 줄 레시피들을 공개합니다.

PART 6

Four Season

La vita!
사계절 요리가 즐거운 알짜배기 상차림

La vita는 풍요로운 삶을 의미하는 이탈리아어입니다

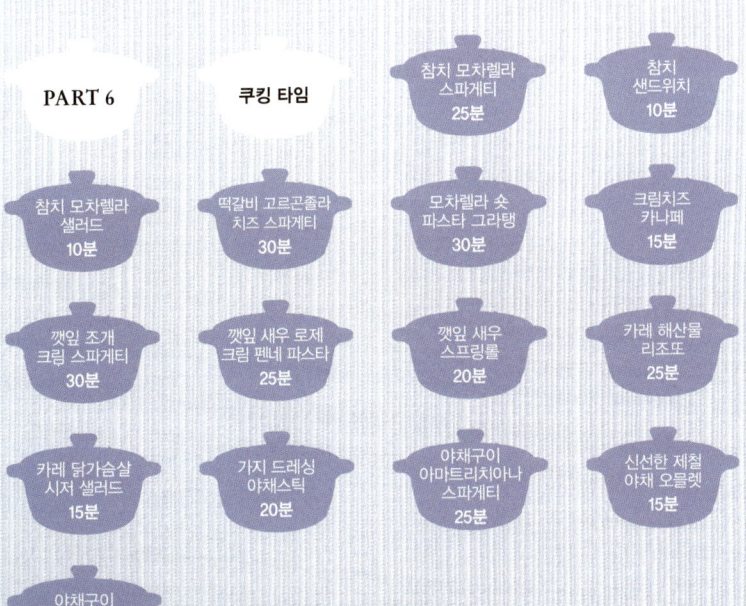

PART 6 쿠킹 타임

참치 모차렐라 스파게티 25분
참치 샌드위치 10분
참치 모차렐라 샐러드 10분
떡갈비 고르곤졸라 치즈 스파게티 30분
모차렐라 숏 파스타 그라탱 30분
크림치즈 카나페 15분
깻잎 조개 크림 스파게티 30분
깻잎 새우 로제 크림 펜네 파스타 25분
깻잎 새우 스프링롤 20분
카레 해산물 리조또 25분
카레 닭가슴살 시저 샐러드 15분
가지 드레싱 야채스틱 20분
야채구이 아마트리치아나 스파게티 25분
신선한 제철 야채 오믈렛 15분
야채구이 크루아상 15분

세계 요리 대회 엿보기

Gruppo Cuoco 2005 (Milano, Italy)
(커틀렛& 리조또) 닭다리, 블루베리, 크림치즈

밀라노 전통음식을 만들어야 하는 규칙이 있었던 밀라노 요리사 협회 주최의 콩쿠르. 이탈리아에서 머문 지 2년도 채 되기 전에 출전을 하느라 걱정이 많았던 대회로 기억이 됩니다. 다행히 밀라노 전통요리 중 우리에게 흔한 커틀렛, 리조또가 있어 선택! 천만다행이었죠. 수상한 이 요리는 닭다리의 뼈를 발라 크림치즈와 블루베리를 넣고 매콤한 빵가루를 입혀 오븐에 구운 요리입니다. 닭다리 뼈끝에 종이 왕관을 씌어 장식했습니다. 옆의 가니쉬(Garnish)는 생면 파스타를 둥지 모양으로 만들어 튀긴 것입니다.

Trofeo Arturo Torre 2005(Como,Italy)
토마토, 시금치, 브로콜리, 닭

이탈리아와 스위스 국경에 위치한 아름다운 소도시 '코모'에서 2005년 개최된 요리 콩쿠르. 이곳은 '코모'라는 호수가 유명한데요. 주변에 세계 부호들, 할리우드 배우들의 별장이 있어 명소 중 명소로 꼽히는 곳입니다. 저는 이 대회에 2가지 전채요리(애피타이저)로 출전했습니다. 첫 번째 요리 테린(전채요리)은 닭과 야채를 함께 갈고 토마토, 크림, 시금치를 이용하여 이탈리아 국기를 표현했습니다. 두 번째 요리, 랍스터 샐러드는 비스큐(랍스터 육수)를 이용한 흑미 리조또와 랍스터 살, 그리고 오렌지 소스에 글레이징 한 브로콜리로 층을 만들었습니다. 샤프란 소스로 랍스터 집게와 비슷한 전갈자리를 표현했습니다.

FHA2010 Culinary Challenge(Singapore)
감자, 당근, 대게

싱가포르에서 2년마다 개최되는 이 대회는 아시아 대회 중 메이저 콩쿠르입니다. 참가 카테고리는 Gourmet. 'Gourmet'은 미식가는 뜻으로, 미식가들의 입맛을 사로잡아야 하는 음식을 선보여야 하는 부문입니다. 2010년 대회에서는 개최국 싱가포르 팀이 금메달을 수상했습니다. 이

번에는 싱가포르 팀의 요리를 소개합니다. 첫 번째. 수상한 요리는 보라색 감자와 일반 감자 그리고 당근을 이용해서 만든 감자 테린입니다. 문어 다리를 이용한 테린과 흰살 생선 무스 그리고 연어 무스를 이용했군요. 두 번째 요리는 대게 살 샐러드를 아스파라거스와 차이브(실파)로 감아서 요리한 핑거 푸드로 맨 마지막 요리는 일반적인 카프레제 샐러드의 주재료인 토마토, 모차렐라, 바질을 이용했습니다.

Internazionale d'Italia esposizione culinaria 2008(Carrara,Italy) : 토마토, 흰살 생선, 애호박, 피망

이탈리아 조리사 협회 주최 대회로 이탈리아에서 가장 규모가 큰 콩쿠르. 이탈리아 조리사 협

회의 회원에게만 출전 자격이 주어지는데 2008년 대회에서 제가 아시아인으로는 처음 금상을 수상했습니다 (부끄럽네요). 이번 요리는 애피타이저 토마토에 염소젖으로 만든 치즈를 넣어 오븐에 구운 요리입니다. 둥근 애호박의 속을 파내어 속을 채운 해물 리조또에, 흰살 생선과 블랙 올리브, 피망을 다져 만든 패스트리 반죽으로 감싸 오븐에 구운 요리랍니다.

Campione Lazio 2008(Roma,Italy)
애호박, 단호박, 새우, 베이컨

로마를 중심도시로 하는 라치오(Lazio)주에서 라치오 전통 요리를 해야 하는 규정이 있던 콩쿠르. 5가지 요리를 핑거푸드로 재해석했습니다.

핑거푸드는 작고 아담하게 손가락 크기로 표현하는 요리인 만큼 손재주가 좋은 한국인의 장점을 알릴 수 있는 기회라고 생각했습니다. 그리고 당당히 1등을 차지했죠.

쿠킹타임 30분

준비하기 새우 2마리, 오징어 링 ¼마리, 키조갯살(관자) 2개, 방울토마토 5개, 브로콜리 한줌 토마토 소스 ½컵(100) – 소스 레시피 참고, 다진 마늘 1쪽, 올리브 오일 1Ts, 버터 1Ts 페페론치노 약간, 소금 약간, 후추 약간

매콤한 맛이 당길 때!
아라비아따 소스 해물 꼬치

요리하기

1. 갖가지 재료를 준비한다. 브로콜리는 먹기 좋은 크기로 자른 다음 소금물에 데친다.
2. 꼬치에 새우, 오징어 링, 관자, 브로콜리를 차례로 꽂아준다.
3. 꼬치에 소금, 후추 간을 하고 팬에 버터, 오일을 두르고 해물 꼬치를 굽는다.
4. 다른 팬에 마늘, 페페론치노, 방울토마토를 볶은 다음 토마토 소스를 곁들여 아라비아따 소스를 만든다.
5. 접시에 해물꼬치를 담고 ④의 소스를 올려 준다.

 '아라비아따'는 이탈리아에서 '화나다'라는 뜻으로, 매운 음식을 먹을 때 입안에서 불이 나는 것 같다는 의미로 지어졌습니다.

이번에 사용되는 조갯살(100g : 49kcal)은
저지방, 저칼로리 재료로 나트륨과
엽산이 함유, 빈혈 예방과 노화, 고혈압 예방에 도움을 줍니다.

준비하기

스파게티 90g, 새우 3마리, 오징어 ¼마리, 조갯살 5알
휘핑크림 1컵(200), 조개 육수 ¼컵(50) - 육수 레시피 참고
홍합 5알, 다진 마늘 1쪽, 올리브 오일 1Ts, 바질 약간, 소금 약간

요리하기

1 재료를 준비한다.
2 팬에 오일을 두르고 마늘, 오징어, 조갯살, 홍합, 새우를 볶는다.
3 조개 육수를 넣고 1분간 육수를 졸인 다음 휘핑크림을 넣어준다.
4 소금물에 스파게티 면을 삶는다.
5 바질을 다져 넣고 스파게티를 소스와 잘 버무린다.

엽산이 풍부한
해물 크림 스파게티

쿠킹타임 25분

쿠킹타임 25분

준비하기

링귀네 파스타 90g, 새우살 3마리, 오징어 ¼마리, 조갯살 5알
홍합 5알, 다진 마늘 1쪽, 올리브 오일 1Ts, 바질 약간, 소금 약간
토마토 소스 1컵(200) – 소스 레시피 참고
조개 육수 ¼컵(50) – 육수 레시피 참고

요리하기

1 재료들을 준비한다.
2 팬에 올리브 오일을 두르고 마늘, 오징어, 조갯살, 홍합, 새우살을 볶는다.
3 ②의 팬에 조개 육수를 붓고 1분간 졸인 다음 토마토 소스를 넣어 졸인다.
4 소금물에 링귀네 파스타 면을 삶는다.
5 바질을 넣고 파스타를 소스와 잘 버무린다.

납작납작 색다른
해물 링귀네 파스타

파스타 면 종류는 정말 다양합니다.
이번 레시피에서는 납작하게 뽑은 파스타 링귀네를 사용할까 합니다.
링귀네는 혀의 모양을 닮은 파스타로, 해산물과 함께 먹는 경우가 많습니다.

쿠킹타임 15분

준비하기

고등어살 1쪽, 오렌지 1개, 새싹 한줌
레몬 드레싱 2Ts – 드레싱 레시피 참고, 방울토마토 3개
올리브 오일 2Ts, 브로콜리 한줌, 소금 약간

요리하기

1 고등어는 물기를 제거하고 오렌지 껍질과 오일을 발라 30분 정도 재어둔다.
2 팬에 오일을 두르고 약불에서 고등어를 천천히 익히며 소금 간을 한다.
3 익은 고등어를 작은 조각으로 자른다.
4 접시에 새싹을 담고 고등어를 올린다.
5 브로콜리를 데친 후, 브로콜리, 토마토, 오렌지를 ④번 접시에 올린다.
6 레몬 드레싱을 뿌려준다.

만약 오렌지가 없다면 귤로 대신해 사용해도 됩니다.

달콤 & 새콤 & 담백한
고등어 오렌지 샐러드

고등어와 오렌지, 이 둘 역시 어울리지 않는다구요? 요리에서 편견은 금물!
오렌지(100g :40kcal)에는 비타민C가 다량 함유, 면역력을 강화시켜 줍니다.
또한 콜레스테롤 수치를 조절해 주는 역할도 하지요.

고소한 맛을 더하는 참깨(혹은 깨 100g : 559kcal)는 불포화지방산이 풍부하여 피부 미용 뿐만이 아니라 노화 방지 등 건강에도 효과적인 향신료입니다.

준비하기
고등어살 ½쪽, 마늘 바게트 3조각, 참깨 1Ts, 크림치즈 2Ts
올리브 오일 1Ts, 오렌지 껍질 약간, 소금 약간

요리하기
1 고등어는 물기를 제거하고 오렌지 껍질, 오일을 발라 30분 정도 재어둔다.
2 ①의 재어둔 고등어에 소금 간을 하고 참깨 옷을 입힌다.
3 팬에 오일을 두르고 약불에서 고등어를 천천히 익힌다.
4 익은 고등어를 작은 조각으로 자른다.
5 마늘 바게트에 크림치즈를 바른 다음 고등어를 올려준다.

오렌지를 깨끗이 씻어 강판 등을 이용해 껍질을 준비합니다. 오렌지 껍질을 이용하면 고등어의 비린내를 잡을 수 있습니다.

피부를 촉촉하게~
고등어 브루스케타

쿠킹타임 15분

쿠킹타임 25분

준비하기

스파게티 90g, 고등어살 ½쪽, 브로콜리 한줌, 다진 양파 ¼개
조개 육수 ¼컵(50), 토마토 소스 1컵(200) - 육수 & 소스 레시피 참고
날치알 2Ts, 다진 마늘 2쪽, 화이트 와인 2Ts, 올리브 오일 1Ts
다진 파슬리 약간, 페페론치노 약간, 소금 약간

요리하기

1 고등어는 먹기 좋은 모양으로 자른다. 브로콜리는 데친다.
2 팬에 오일을 두르고 다진 양파, 마늘, 페페론치노, 고등어, 브로콜리를 볶는다.
3 ②의 팬에 화이트 와인과 조개 육수를 넣고 1분간 졸인다.
4 ③을 토마토 소스, 파슬리로 맛을 낸다.
5 소금물에 스파게티를 삶는다.
6 날치알을 넣고 토마토 소스와 스파게티를 잘 버무린다.

 TIP
만약 파슬리 가루가 없다면 실파를 다져서 올리면 됩니다.

기억력, 학습 능력을 쑥쑥!
고등어 날치알 스파게티

고등어와 스파게티, 명란젓 스파게티 만큼이나 어색하시죠?
실제로 이탈리아 사람들은 고등어 스파게티를 즐겨 먹습니다.
고등어(100g : 271kcal)에는 지방간을 예방하는 비타민B6가 함유되어 있습니다.
또한 암, 간장질환, 아토피성 피부염, 동맥경화, 심근경색, 뇌졸중, 고혈압 등을
예방할 수 있게 도와줍니다.

쿠킹타임 20분

준비하기 단호박 ½개, 통마늘 10개, 올리브 오일 1Ts, 마늘 바게트 2개, 소금 약간

지칠 때 꼭 챙겨 먹어야 하는
단호박 통마늘구이

요리하기

1. 단호박을 먹기 좋은 크기로 자른 다음 씨를 제거한다.
2. 통마늘은 꼭지를 제거한다.
3. 단호박, 마늘에 소금 간을 하고 올리브 오일을 발라준다.
4. ③의 재료를 180도 오븐에서 15분간 굽는다.
5. 마늘 바게트를 곁들인다.

쿠킹타임 30분

준비하기 돼지 등심 1조각, 단호박 ⅓개, 올리브 오일 1Ts
발사믹 드레싱 1Ts – 드레싱 레시피 참고, 소금 약간, 후추 약간

촉촉하게 입맛 당기는
단호박 돼지등심 스테이크

요리하기

1. 단호박은 씨를 제거하고 먹기 좋은 크기로 자른다.
2. 자른 호박을 찜기에 넣고 20분간 익힌다.
3. 돼지 등심에 오일을 뿌리고 소금, 후추 간을 한다.
4. 팬에 오일을 두르고 등심을 굽는다.
5. 접시에 ④의 등심을 담고 단호박 올린다.
6. 발사믹 드레싱을 뿌려준다.

 TIP 돼지고기는 올리브 오일을 충분히 바른 후 하루 정도 재워두면 육질이 더 부드러워집니다.

단호박(100g : 29kcal)에는 식이섬유소가 풍부하고 지방이 적어 다이어트에 효과적입니다. 또한 비타민C가 풍부, 노화 방지 및 암 예방에 탁월하죠. 베타카로틴은 장의 기능과 몸의 원기를 보충해 주고, 섬유질이 풍부해 변비 예방에 효과적입니다.

준비하기
단호박 ½개, 우유 2컵(400), 양파 ¼개, 버터 1Ts, 꿀 1Ts
피스타치오 약간(견과류 종류), 소금 약간

요리하기
1 단호박은 씨와 껍질을 제거하고 가늘게 슬라이스 한다.
2 양파는 얇게 채 썰고 버터를 두른 냄비에 단호박과 색이 날 때까지 볶는다.
3 ②의 냄비에 우유를 넣고 약불에서 익힌다.
4 ③을 믹서기에 곱게 간 다음 소금, 꿀을 첨가한다.
5 접시에 담고 견과류(피스타치오)를 올려준다.

샛노란 원기 보충제
단호박 수프

쿠킹타임 25분

쿠킹타임 25분

준비하기

생쌀 ½컵, 불고기(재워둔 것) ¼근, 다진 김치(헹군 것) 3Ts
닭 육수 5컵(1000) – 육수 레시피 참고, 파마산 치즈 가루 2Ts
버터 1Ts, 다진 양파 ¼개, 올리브 오일 1Ts, 소금 약간, 날치알 1Ts

요리하기

1 재료를 준비한다.
2 팬에 오일을 두르고 다진 양파, 생쌀, 김치, 불고기를 볶는다.
3 ②의 팬에 닭 육수를 붓고 약불에서 천천히 쌀을 익힌다.
4 쌀이 익으면 불을 끄고 버터, 파마산 치즈, 소금을 넣고 잘 섞어준다.
5 접시에 리조또를 담고 날치알을 올려준다.

소화 걱정 없는 건강 식단
김치 불고기 리조또

이번 요리 위에 올려지는 날치알도 알고 보면 영양 덩어리입니다.
입안에서 토도독 터지며 맛을 더하는 날치알(100g : 96kcal)은
미네랄과 단백질 함량이 풍부하여 어린이 성장 발육에 도움을 줍니다.

쿠킹타임 25분

준비하기

스파게티 90g, 다진 김치(물에 헹군 것) 3Ts, 명란젓갈 1Ts
닭 육수 ¼컵(50) – 육수 레시피 참고, 다진 양파 ¼개
파마산 치즈 가루 1Ts, 휘핑크림 1컵(200), 올리브 오일 1Ts
통마늘 3쪽, 파슬리 가루 약간, 소금 약간

요리하기

1 마늘을 얇게 썰고 재료를 준비한다.
2 팬에 올리브 오일을 두르고 마늘, 김치를 볶는다.
3 ②의 팬에 육수를 붓고 약불에서 1분간 졸인 다음, 휘핑크림을 넣는다.
4 소금물에 스파게티를 삶는다.
5 명란젓갈을 넣고 스파게티를 소스와 잘 버무린다.
6 스파게티를 접시에 담고 파마산 치즈를 뿌려준다.

색다르게 담백한 겨울 이색 레시피
김치 명란젓갈 크림 스파게티

짭조름한 밥도둑, 명란젓과 스파게티가 만나면 어떤 맛의 궁합을 낼까요?
명란젓은 팔미트산과 올레산, EPA, DHA가 풍부합니다.
이 성분들은 뇌와 신경에 필요한 에너지를 공급하고, 피로 회복에도 도움을 줍니다.

준비하기
소고기 등심 1조각, 배추 3장, 다진 마늘 1쪽, 올리브 오일 2Ts
페페론치노 약간, 발사믹리덕션 소스 1Ts – 소스 레시피 참고
소금 약간, 후추 약간

요리하기
1. 배추는 먹기 좋은 크기로 길게 찢는다. 등심은 소금, 후추 간을 해 둔다.
2. 소금물에 배추를 5분간 데친 다음 물기를 짜서 준비한다.
3. 팬에 오일을 두르고 마늘, 페페론치노를 볶은 다음 배추를 넣고 살짝 더 볶는다.
4. 팬에 소금, 후추 간을 해 둔 등심을 기호에 맞게 익힌다.
5. 접시에 등심을 담고 볶아둔 배추를 올린다.
6. ⑤의 접시에 발사믹리덕션 소스를 뿌려준다.

부드러운 육즙으로 식욕 돋우는
배추등심스테이크

배추(100g : 12kcal)는 수분 함량이 높고 칼슘과 비타민C가
상당량 함유, 섬유질을 공급하는 야채입니다.
비타민A, B1, B2, C 등이 많이 들어 있는데 겨울에 부족할 수 있는 비타민의 공급원이죠.
배추에는 섬유질이 많아 변비 개선에도 효과적입니다.

쿠킹타임 25분

준비하기

스파게티 90g, 대하 3마리, 통마늘 5쪽, 파마산 치즈 2Ts
올리브 오일 1Ts, 페페론치노 약간, 소금 약간, 파슬리 가루 약간

요리하기

1 마늘은 얇게 저미고, 대하는 껍질을 제거한다.
2 팬에 올리브 오일을 두르고, 마늘을 먼저 볶아준다.
3 ②의 팬에 마늘이 갈색 빛을 돌면 대하, 페페론치노를 넣고 볶는다.
4 소금물에 스파게티를 삶는다.
5 ③의 팬에 스파게티 삶은 소금물을 ¼컵(50) 정도 붓고, 약불에서 1분간 졸인다. 파슬리 가루를 넣는다.
6 면과 소스를 잘 버무린 다음 파마산 치즈 가루를 넣는다.

알싸한 건강의 맛!
대하 알리오 올리오 스파게티

'마늘과 오일'이라는 뜻의 알리오 올리오(Aglio e Olio)는 뜻 그대로 마늘과 오일만으로 맛을 내는 스파게티입니다. 이번 스파게티에서 빠질 수 없는 마늘은 각종 암 예방은 물론 피로 회복, 불면증, 기력 회복, 노화 방지 등에 효능이 있어 타임지가 선정한 10대 건강 음식으로 꼽히기도 했답니다.

쿠킹타임 20분

준비하기

대하 3마리, 새송이버섯 1개, 방울토마토 5개, 새싹 한줌
통마늘 2쪽, 발사믹 드레싱 1Ts – 드레싱 레시피 참고
올리브 오일 1Ts, 소금 약간, 후추 약간

요리하기

1 대하는 껍질을 벗기고 마늘은 얇게 저민다.
2 버섯은 먹기 좋은 크기로 자르고 토마토는 반으로 자른다.
3 팬에 오일을 두르고 마늘, 대하, 버섯, 토마토를 볶는다.
4 ③의 팬 재료들에 소금, 후추 간을 한다.
5 접시에 새싹을 담고 ④의 대하를 올린다.
6 발사믹 드레싱을 뿌려준다.

대하 대신 새우를 사용해도 됩니다.

타우린이 풍부한
발사믹 대하 샐러드

시장이나 마트에 나가면 쉽게 구입할 수 있는 새송이버섯은
자연산 송이버섯의 대용품으로 재배되어 나온 것입니다.
새송이버섯(100g : 24kcal)은 질감이 송이버섯과 비슷하고, 비타민C가
풍부해 사계절 즐길 수 있습니다. 특히 칼로리가 낮고
섬유소와 수분이 풍부해 포만감을 주어 다이어트에 효과적입니다.

대하, 참 귀한 식재료입니다. 대하(100g : 93kcal)는 고단백질 식품으로 양질의 단백질을 함유하고 있습니다. 또한 대하가 가진 베타인은 콜레스테롤 수치를 낮추며 간 기능을 강화해 주고, 콜레스테롤 수치를 억제하는 타우린도 풍부합니다.

준비하기

대하 2마리, 빵가루 3Ts, 다진 마늘 2쪽, 파슬리 가루 약간
다진 양파 ¼개, 버터 2Ts, 견과류 다진 것 1Ts
레몬 드레싱 1Ts – 드레싱 레시피 참고, 소금 약간, 후추 약간

요리하기

1 대하는 칼집을 내서 반으로 가른다.
2 팬에 버터를 녹이고 다진 마늘, 다진 양파, 견과류, 빵가루를 살짝 볶는다.
3 ②의 재료들에 파슬리 가루, 소금, 후추 간을 한다.
4 ①의 반으로 가른 대하살에 ②의 빵가루를 입힌다.
5 대하를 180도 오븐에서 6분 정도 굽는다.
6 접시에 담고 레몬 드레싱을 뿌려준다.

단백질 듬뿍! 고소하게 입맛 당기는
대하&마늘 버터구이

쿠킹타임 20분

쿠킹타임 30분

준비하기
스파게티 80g, 새우(껍질을 깐) 3마리, 오징어 ¼마리, 홍합살 5알
조갯살 5알, 콜리플라워 한줌, 휘핑크림 ½컵(100)
조개 육수 ¼컵(50) – 육수 레시피 참고
토마토 소스 ¼컵(50) – 소스 레시피 참고, 올리브 오일 2Ts
다진 마늘 1쪽, 소금 약간, 후추 약간

요리하기
1 오징어, 콜리플라워를 먹기 좋게 자른다.
2 팬에 오일을 두르고 다진 마늘, 새우, 오징어, 홍합, 조갯살을 볶는다.
3 ②의 팬에 조개 육수를 부은 다음 1분 정도 육수를 졸인다.
4 휘핑크림과 토마토 소스, 파슬리를 첨가한다.
5 소금물에 스파게티를 삶는다. 이때 콜리플라워도 살짝 데친다.
6 스파게티를 소스에 잘 버무려준다.

조개 육수는 염도가 있으므로 소금 간은 제일 마지막에 하도록 합니다.

비타민 & 식이섬유를 가득 버무린
콜리플라워
해물 로제 크림 스파게티

홍합(100g : 73kcal)은 체내 축적된 나트륨을 배출하는데 도움을 줍니다.
또한 프로비타민D의 함량이 높아 칼슘과 인의
체내 흡수율을 향상시켜 골다공증을 예방해 줍니다.

준비하기
콜리플라워 1송이(또는 브로콜리), 우유 1½컵(300), 관자 1개
올리브 오일 1Ts, 소금 약간, 후추 약간

요리하기
1. 콜리플라워를 큰 주사위 모양으로 자른다.
2. 냄비에 우유, 콜리플라워를 넣고 약불에서 끓인다.
3. 콜리플라워가 익으면 믹서기 등을 이용해 곱게 간다. 소금 간을 아주 약간만 한다.
4. 팬에 오일을 두르고 관자를 굽는다.
5. 접시에 수프를 담고 관자를 올려준다.

담백한 콜리플라워의 맛을 잃지 않기 위해서는 소금 간을 아주 조금만 하는 것이 좋습니다.

일주일에 두 번은 꼭 먹어야 하는
콜리플라워 수프

우유는 잘 챙겨 드시죠? 우유(100g : 60kcal)에는
단백질의 일종인 콜라겐과 칼슘, 비타민B2가 풍부해 뼈와 치아를 튼튼히 합니다.

콜리플라워(100g : 28kcal) 100g에는 우리가 하루에 필요로 하는 비타민C가 들어 있습니다. 또한 비타민B1, 비타민B2, 셀레늄, 식이섬유, 항암 물질들이 풍부합니다. 콜리플라워를 일주일에 2회 정도 섭취했을 때 전립선 암 발병 가능성이 52%나 감소됩니다.

준비하기

새우(껍질을 제거한) 5마리, 콜리플라워 ¼송이, 오징어 ¼마리
방울토마토 5개, 새싹 한줌, 올리브 오일 2Ts
발사믹리덕션 소스 1Ts – 소스 레시피 참고, 소금 약간

요리하기

1 오징어는 링 모양으로 자르고 콜리플라워는 큰 주사위 모양으로 자른다.
2 자른 콜리플라워는 소금물에 살짝 데친 다음 식혀둔다.
3 팬에 오일을 두르고 새우, 오징어, 콜리플라워, 방울토마토를 볶는다.
4 소금, 후추 간을 한다.
5 접시에 새싹을 담고 샐러드를 올린 다음 발사믹리덕션 소스를 뿌려준다.

비타민C를 가득 담은 건강 식단
콜리플라워 새우 샐러드

쿠킹타임 15분

가을을 보내는 겨울, 풍부한 영양을 식단에 담다

가을에는 식욕만큼이나 식재료들도 풍성한 계절입니다.
그런 이유로 가을 관련 식단은 3장에 걸쳐 구성했습니다.
이번에는 10월 후반부터 11월에 들어서는
늦가을과 본격적인 겨울에 제철을 맞는 요리들을 담았습니다.
겨울은 한해의 끝자락이어서인지 왠지 모르게 삭막한 계절입니다.
겨울에는 특히 약이 되는 음식들을 찾아 먹는 것이 건강에 도움이 됩니다.
칼날 같이 매서운 추위 탓에 신체의 면역력이 뚝 떨어지는 시기이기 때문이죠.
운동마저 쉽지 않는 겨울, 이럴 때는 비타민C가 풍부한
단호박과 오메가3, DHA가 풍부한 고등어, 갖가지 해물, 콜리플라워를
재료로 요리해 보세요. 이불 속에만 머물고 싶은 계절을 포근하게 지켜줄 겁니다.
여러분 모두~ Merry Christmas & Happy New Year!

초겨울 일 평균기온 5℃ 이하, 일 최저기온이 0℃ 이하
한겨울 일 평균기온 0℃ 이하, 일 최저기온 -5℃ 이하
늦겨울 일 평균기온 5℃ 이하 일 최저기온 0℃ 이하

PART 5

Winter

Buon natale!
풍부한 영양을 담은 겨울 상차림

Buon natale는 이탈리아어로, '즐거운 성탄절 보내'라는 말입니다.

| PART 5 | 쿠킹 타임 | 콜리플라워 새우 샐러드 15분 | 콜리플라워 수프 20분 |

| 콜리플라워 해물 로제 크림 스파게티 30분 | 대하 & 마늘 버터구이 20분 | 발사믹 대하 샐러드 20분 | 대하 알리오 올리오 스파게티 25분 |

| 배추 등심 스테이크 30분 | 김치 명란젓갈 크림 스파게티 25분 | 김치 불고기 리조또 25분 | 단호박 수프 25분 |

| 단호박 돼지 등심 스테이크 30분 | 단호박 통마늘구이 20분 | 고등어 날치알 스파게티 25분 | 고등어 브루스케타 15분 |

| 고등어 오렌지 샐러드 15분 | 해물 링귀네 파스타 25분 | 해물 크림 스파게티 25분 | 아라비아따 소스 해물 꼬치 30분 |

쿠킹타임 20분

준비하기 사과 1개, 레몬주스 1개 분량, 버터 1Ts, 사과주스 1컵(200), 설탕 ½Ts 계피 가루 ⅓ts(커피 스푼)

상큼하고 든든한
사과 수프

요리하기

1 사과는 껍질을 벗기고 주사위 모양으로 자른다.
2 팬에 버터를 녹이고 사과를 약불에서 천천히 익힌다.
3 ②의 팬에 사과주스, 레몬주스, 설탕을 넣고 사과를 익힌다.
4 계피 가루를 넣는다.
5 익은 사과는 믹서기 등을 이용해 곱게 간다.

쿠킹타임 25분

준비하기 소고기 안심 1조각, 사과 1개, 꿀 ½Ts, 레드 와인 ½컵(100), 올리브 오일 1Ts, 버터 1Ts 계피 가루 ⅓ts(커피 스푼), 소금 약간, 후추 약간

스트레스 덜어주는
사과 안심구이

요리하기

1 사과는 껍질을 벗기고 먹기 좋게 자른 후, 계피 가루를 묻힌다.
2 소고기 안심에 소금과 후추 간을 한다.
3 팬에 오일을 두르고 안심의 겉 부분만 살짝 익힌다.
4 팬에 버터를 녹이고 사과를 볶는다.
5 ④의 팬에 레드 와인과 구운 고기를 넣고 함께 익힌다.
6 고기는 원하는 정도로 익히고 마지막에 꿀을 첨가하여 소스 농도를 맞춘다.

준비하기

새우 3마리, 새싹 한줌, 크림치즈(필라델피아) 2Ts, 올리브 오일 1Ts
플레인 요거트 1ts(커피 스푼), 호두 5알
사과 드레싱 2Ts – 드레싱 레시피 참고, 설탕 ½Ts, 소금 약간

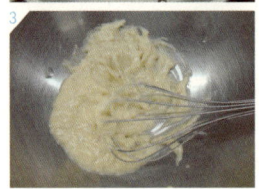

요리하기

1 새우는 껍질을 벗기고 소금 간을 한다.
2 팬에 오일을 두르고 새우를 굽는다.
3 믹싱 볼에 요거트, 크림치즈, 설탕을 넣고 잘 섞어둔다.
4 접시에 새싹을 담고 ③번의 크림치즈를 동그랗게(원하는 모양으로) 만들어 새우에 올린다.
5 사과 드레싱, 호두를 뿌려준다.

건강한 기억력 향상 개선
사과 드레싱 새우 샐러드

사과(100g : 57kcal)에 함유된 펙틴은
장 운동을 도와주고, 칼륨과 망간 성분은 고혈압을 예방합니다.
또한 케르세틴이라는 항산화 물질은
뇌세포를 파괴시키는 크로티졸을 줄여주는 역할을 하여 기억력 향상에 도움을 줍니다.
무엇보다 사과의 신맛과 단맛을 내는 사과산과 구연산은 피로 회복에 효과적입니다.

쿠킹타임 25분

준비하기 농어살 1조각, 새우 1마리, 바지락(해감된 것) 5알
토마토 소스 1Ts - 소스 레시피 참고, 양파 ¼개, 감자 ⅛개, 화이트 와인 2Ts
버터 1Ts, 오븐종이 1장, 알루미늄 호일 1장, 소금 약간, 후추 약간

만성피로 풀어주는
농어 까르토치오

요리하기

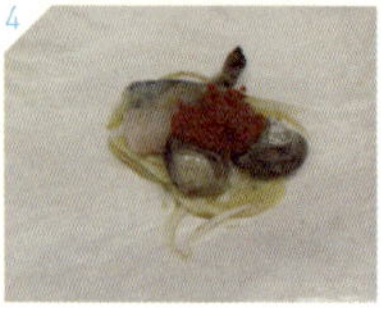

1 농어는 먹기 좋은 크기로 자르고 소금, 후추 간을 살짝 해둔다.
2 양파, 감자는 얇게 링 모양으로 자른 후 소금 간을 하고 오일을 두른 팬에 볶는다.
3 호일 위에 준비한 오븐종이를 올린다.
4 모든 재료(볶은 감자, 양파, 농어, 새우, 바지락)를 ③ 위에 올린다.
5 토마토 소스, 화이트 와인, 버터를 넣고 호일을 큰 캔디 모양으로 만든다. 190도 오븐에서 12분 굽는다.

 TIP 까르토치오는 '두꺼운 종이'라는 뜻으로, 오븐 종이를 감싸서 오븐에서 익히는 요리에 주로 붙여집니다.

쿠킹타임 20분

준비하기 흰살 생선(동태포 또는 명태포) 1조각, 계란 1개, 방울토마토 10개
올리브 오일 3Ts, 밀가루 1Ts, 파슬리 가루 약간, 빵가루 2Ts, 소금 약간, 후추 약간

짭조름한 영양 덩어리
흰살 생선 밀라네제

요리하기

1 방울토마토는 반으로 자른 다음 소금 간을 한다.
2 팬에 오일을 두르고 토마토를 팬에 볶아준다.
3 생선은 먹기 좋은 크기로 자른 다음 소금, 후추 간을 한다.
4 자른 생선은 밀가루, 계란물, 빵가루 순으로 입힌다.
5 팬에 오일을 두르고 약불에서 생선을 익힌다.
6 접시에 생선을 담고 방울토마토를 올려준다.

 '밀라네제'는 '밀라노'라는 뜻을 가진 형용사로, 밀라노 전통 메인 요리를 뜻합니다.

흰살 생선에 속하는 조기에는 단백질과 비타민A, D가 풍부하여
야맹증 예방과 피로 회복에 효과적입니다. 철분, 칼슘이 풍부하여
어린이 성장 발육과 원기 회복에 좋고,
요로결석 예방과 신경성 위장병 치료에도 효과가 있습니다.

준비하기

조기 1마리, 토마토 소스 1컵(200) - 소스 레시피 참고
다진 마늘 2쪽, 방울토마토 5개, 밀가루 1Ts, 파슬리 가루 약간
페페론치노 약간, 소금 약간

요리하기

1 조기는 칼집을 낸 후 소금 간을 하고 물기를 빼준다.
2 조기를 밀가루에 묻힌 다음 팬에 오일을 두르고 굽는다.
3 조기가 구워지는 동안 다진 마늘, 페페론치노를 따로 볶은 다음 방울토마토, 토마토 소스를 섞는다.
4 토마토 소스에 구운 조기를 넣고 5분 정도 같이 익힌다.
5 완성된 조기를 먹기 좋은 크기로 자른 후 접시에 담고 파슬리를 올린다.

뽀얀 속살이 품은 담백한 건강
조기 토마토 살사

쿠킹타임 30분

 쿠킹타임 15분

준비하기 훈제연어 3장, 아보카도(익은 것) ½개, 새싹 한줌, 토마토 ¼개, 양파 ⅛개
레몬 드레싱 2Ts – 드레싱 레시피 참고, 와사비 ½ts(커피 스푼), 꿀 1ts(커피 스푼)
소금 약간, 후추 약간

동맥경화를 예방하는
아보카도 드레싱 훈제연어

요리하기

1. 익힌 아보카도, 토마토, 양파를 작은 주사위 모양으로 자른다.
2. 믹싱 볼에 ①의 재료를 넣고 레몬 드레싱, 와사비, 꿀, 소금, 후추를 넣어 섞는다.
3. ②의 모든 재료를 잘 버무려 아보카도 드레싱을 완성한다.
4. 접시에 새싹을 담고 훈제연어와 드레싱을 올린다.

쿠킹타임 10분

준비하기 식빵 2장, 훈제연어 3장, 슬라이스 치즈 1장, 참치 캔 ⅓개, 양상추 1장
타바스코 소스 3방울, 마요네즈 2Ts

젊음의 비타민이 풍부한
연어 샌드위치

요리하기

1 연어를 먹기 좋게 손질하고 참치는 물기를 짠다.
2 참치와 타바스코 소스를 넣고 마요네즈와 버무린다.
3 식빵에 마요네즈를 골고루 바른다.
4 훈제연어, 치즈, ②에 준비해 둔 참치, 양상추를 넣어 완성한다.
5 접시에 양상추를 담고 자른 샌드위치를 올린다.

114

준비하기
훈제연어 3장, 크림치즈 3Ts, 플레인 요거트 1Ts, 설탕 ½Ts 소금 약간
피망 드레싱 만들기 빨강 피망 ⅛개, 양파 ⅛개, 오이 ⅛개
올리브 오일 1Ts, 식초 3Ts, 설탕 1Ts, 소금 약간 ½Ts

요리하기
1 훈제연어를 준비하고, 피망, 양파, 오이는 작은 주사위 모양으로 자른다.
2 ①의 야채에 식초, 오일, 설탕, 소금 간을 한다(피망 드레싱).
3 접시에 크림치즈, 요거트, 설탕, 소금을 넣어 섞는다.
4 연어에 ③의 크림치즈를 바르고 돌돌 말아준다.
5 접시에 연어를 담고 ②의 피망 드레싱을 뿌려준다.

혈관을 맛있게 지켜주는
크림치즈 훈제연어말이

오메가3 좋다는 건 잘 아시죠?
연어에 함유된 EPA, DHA 등 오메가3 지방산(불포화지방산)은
고혈압, 동맥경화, 심장병, 뇌졸중 등 혈관질환 예방에 도움을 줍니다.
또한 연어에는 비타민 A, 비타민 B군, 비타민 D, 비타민 E 등도 풍부합니다.

쿠킹타임 25분

준비하기

스파게티 90g, 다진 돼지고기 2Ts, 새송이버섯 1개
다진 양파 ¼개, 휘핑크림 1컵(200), 다진 마늘 1쪽
닭 육수 ¼컵(50) – 육수 레시피 참고, 올리브 오일 2Ts
다진 파슬리 약간, 소금 약간, 후추 약간

요리하기

1 버섯은 먹기 좋은 크기로 자른다.
2 팬에 올리브 오일을 두르고 다진 양파, 돼지고기, 버섯을 볶는다.
3 닭 육수를 넣고 1분간 졸인 다음 크림과 파슬리를 넣는다.
4 소금물에 스파게티 면을 삶는다.
5 삶은 면을 소스와 잘 버무려준다.

하루 전날 다진 돼지고기에 후추와 소금 간을 해두면 부드러운 맛을 즐길 수 있습니다.

다이어트 걱정 줄여주는
버섯 크림 스파게티

이번 레시피 재료 중에 하나인
돼지고기(100g : 236kcal)는 필수아미노산이 풍부한 단백질원입니다.
비타민B1, 철, 아연, 니아신(수용성비타민) 등이
풍부하고 이 성분들은 노폐물을 몸 밖으로 밀어내주는 역할을 합니다.

준비하기

새송이버섯 1개, 양송이버섯 3개, 양파 ¼개
크림치즈(필라델피아 또는 마스카르포네) 2Ts, 빵가루 1Ts
모차렐라 ½개, 밀가루 1Ts, 올리브 오일 2Ts
튀김 오일 적당량 5컵(1000), 설탕 ½Ts, 파슬리 가루 약간
소금 약간, 후추 약간

요리하기

1 모든 버섯을 작은 주사위 모양으로 자르고, 양파를 다진다.
2 팬에 오일을 두르고 다진 양파, 버섯을 볶은 다음 식혀둔다.
3 믹싱 볼에 준비된 버섯, 모차렐라, 크림치즈, 소금, 후추, 설탕을 넣고 잘 섞어준다.
4 ③의 버섯 반죽을 먹기 좋은 크기의 원 모양으로 만들어 준다.
5 버섯 반죽을 밀가루, 계란물, 빵가루 순서로 묻힌 후 튀김 오일에 튀긴다.

아란치니(Arancini)는 '작은 오렌지'라는 뜻으로, 이탈리아 시칠리아 섬 지방의 전통 애피타이저 요리입니다.

바삭한 건강 도우미
버섯 아란치니

담백한 크림치즈 좋아하시죠?
크림치즈(100g : 301kcal)에는 지방이 함유되어 있지만
소화 흡수되기 쉬운 형태여서 지방은 쉽게 연소되고 포만감이 큽니다.
그 밖에도 칼슘·비타민A·비타민B₂ 등이 풍부합니다.

쿠킹타임 10분

준비하기
양송이버섯 2개, 새송이버섯 ½개, 느타리버섯 한줌, 새싹 한줌
방울토마토 3개, 발사믹 드레싱 1Ts – 드레싱 레시피 참고
올리브 오일 1Ts, 파마산 치즈 슬라이스 1Ts, 버터 1Ts
소금 약간, 후추 약간

요리하기
1 준비된 갖가지 버섯을 먹기 좋은 크기로 자른다.
2 팬에 버터와 올리브 오일을 두르고 소금, 후추 간을 하며 버섯을 볶는다.
3 방울토마토는 반으로 자른다.
4 접시에 새싹을 담고 발사믹 드레싱을 뿌려준다.
5 버섯과 토마토를 새싹 위에 올린다.

TIP
버섯 요리를 할 때는 버섯을 물에 씻어주는 것보다 깨끗한 행주를 이용해 흙이나 이물질을 털어주는 정도가 좋습니다.

풍부한 섬유소로 든든한 한 끼
버섯 발사믹 샐러드

버섯이 영양 식품이라는 사실은 아시죠?
버섯(100g : 38kcal)에는 식이섬유가 40%나 함유되어
장내의 유해물, 노폐물, 발암 물질을 배설하고 비만 예방, 혈액을 맑게 합니다.
무기질이 풍부하고, 면역기능을 향상시켜 주며, 혈압 조절에 도움을 줍니다.
특히 칼슘 흡수에 도움을 주는 에르고스테롤이 풍부합니다.

준비하기

스파게티 90g, 새우살 5마리, 애호박 ¼개
조개 육수 1컵(200) – 육수 레시피 참고, 마늘 1쪽
다진 파슬리 약간, 페페론치노(또는 청양고추) 약간, 소금 약간
후추 약간

요리하기

1 애호박은 채썰어준다. 마늘을 다진다.
2 팬에 오일을 두르고 다진 마늘, 페페론치노, 애호박, 새우를 넣고 볶는다.
3 ②의 팬에 조개 육수를 첨가한 다음 1분간 졸인다.
4 소금물에 스파게티를 삶는다.
5 파슬리를 넣고 스파게티를 소스에 잘 버무려준다.

푸석한 머릿결이 고민이라면
애호박 새우 오일 스파게티

이번 요리 재료 중 페페론치노가 준비되어 있지 않다면, 청양고추를 사용해도 좋습니다. 청양고추(100g ; 57kcal)에는 다른 고추에 비해 매운 맛의 비밀인 캡사이신 성분이 풍부해 기초대사율을 높여줄 뿐 아니라 다이어트에도 효과적입니다.

준비하기

애호박 ½개, 참치 캔 1개, 새싹 한줌, 마요네즈 1Ts
올리브 오일 1Ts, 타바스코 소스 3방울
발사믹리덕션 소스 1Ts – 소스 레시피 참고, 소금 약간, 후추 약간

요리하기

1 애호박은 채칼을 이용해 1mm 두께로 길게 자른다.
2 ①의 애호박에 소금, 후추 간을 하고 오일을 두른 팬에 굽는다.
3 참치는 물기를 짜고 마요네즈, 타바스코 소스를 넣어 버무린다.
4 애호박 위에 준비된 참치를 올려주고 김밥처럼 돌돌만다.
5 애호박 말이 위에 새싹을 올려주고 발사믹리덕션 소스를 뿌린다.

손쉬운 영양 특별 간식
애호박 참치말이

다이어트 때문에, 건강 걱정 때문에 마요네즈는 먹기 전부터 꺼려지게 됩니다.
그러나 요리의 맛을 담백하게 해 주는
마요네즈(100g : 656kcal)는 고밀도 단백질인 HDL이 함유되어
혈중 콜레스테롤 수치를 저하시키는데 도움을 줍니다.

쿠킹타임 25분

준비하기
홍합 10개, 조갯살 5개, 애호박 ⅛개, 감자 ⅛개, 방울토마토 5개
다진 마늘 2쪽, 올리브 오일 1Ts, 페페론치노 약간

요리하기
1 냄비에 ⅓ 정도 물을 채운 후 홍합을 넣고 끓인다.
2 홍합 입이 벌어질 때까지 끓인다.
3 홍합 육수를 채에 내려 보관하고 홍합살을 껍질과 분리한다.
4 애호박, 감자는 작은 주사위 모양으로 자른다.
5 ④의 재료를 소금물에 데친다.
6 냄비에 오일을 두르고 마늘, 홍합살, 조갯살, 페페론치노을 볶는다.
7 ⑥의 냄비에 홍합 육수를 붓고 애호박, 감자, 반으로 가른 방울토마토를 넣어 5분간 약불에서 끓인다.

만약 홍합 육수가 짜다면, 물로 염도를 맞춰 사용하세요.

소화 흡수가 탁월한
애호박 홍합 수프

애호박(100g : 38kcal)은 열량과 당질이 높고 비타민 함량이 많습니다.
또한 함유된 아연은 정상적인 성장과 발달, 생식기능 및 면역계에 필수적이며
건강한 식욕을 돕습니다.

가을, 건강한 낭만 레시피를 식탁에 올리다

흔한 말로 '천고마비의 계절', 식욕의 계절이 바로 가을입니다.
특히 가을에는 한가위가 자리해 식욕을 더욱 돋우는 시기죠.

청명한 하늘이 깊이를 더하는 한국의 가을은
계절과 계절 사이라는 간절기에 속하므로,
아침, 저녁의 일교차가 크고, 유독 건조해
아토피가 심해지거나 감기 몸살에 걸리기 쉽습니다.
또한 식욕이 당기는 계절이므로, 체중 관리에도 크게 신경을 써야 합니다.
물만 마셔도 맛있다는 가을에는 식이섬유가 풍부한
버섯과 오메가3, 비타민 A, B, D, E가 두루 풍부해
고혈압 예방에 도움이 되는 연어, 흰살 생선, 아삭한 식감의
사과, 동글동글 담백한 영양덩어리 애호박을 이용한 건강 식단이 필요합니다.

초가을 일일 최고기온 25℃ 이하
가을 일 평균기온 10~15℃, 일 최저기온 5℃ 이상
늦가을 일 평균기온 5~10℃, 일 최저기온 0~5℃

PART 4

Fall

Autunno
식욕을 건강하게 돋우는 낭만 상차림

Autunno는 이탈리아어로 '가을'입니다.

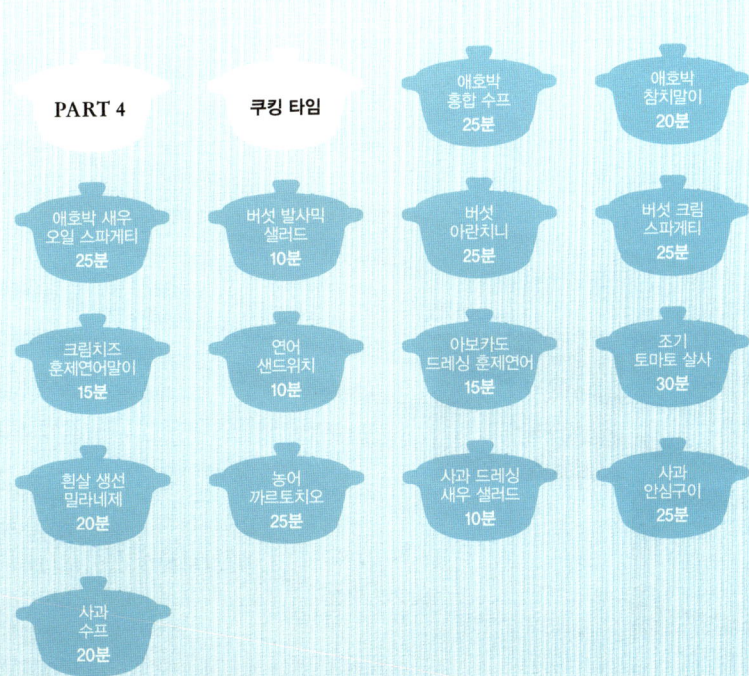

쿠킹타임 20분

준비하기 감자 1개(중간 크기), 대파(흰 부분) 1줄기, 우유 1½컵(300), 베이컨 2장
파마산 치즈 2Ts, 올리브 오일 1Ts, 소금 약간, 후추 약간

예민한 위를 달래주는
감자 & 대파 크림 수프

요리하기

1 감자는 껍질을 벗기고 큰 주사위 모양으로 자른다.
2 대파도 큰 주사위 모양으로 자른다. 베이컨은 잘게 썬다.
3 냄비에 오일을 두르고 베이컨, 감자, 대파를 볶는다.
4 ③에 우유를 붓고 약불에서 천천히 익힌다.
5 감자가 익으면 믹서기 등을 이용해 곱게 간다.
6 약불에서 저어주면서 파마산 치즈를 첨가한다.

쿠킹타임 30분

준비하기　감자 1개, 애호박 ⅛개, 피망 ¼개, 가지 ⅛개, 토마토 소스 ¼컵(50) – 소스 레시피 참고
　　　　　　모차렐라(또는 피자 치즈) ½개, 파마산 치즈 1Ts, 잣 1Ts, 건포도 1Ts, 소금 약간, 후추 약간

치매를 맛있게 예방하는
감자&야채 모차렐라 오븐구이

요리하기

1 통감자를 소금물에서 익힌다.
2 통감자를 길게 반으로 자른 다음 숟가락을 이용해 속을 동그랗게 파낸다.
3 모든 야채를 작은 주사위 모양으로 자른다.
4 팬에 오일을 두르고 야채를 볶는다.
5 ④의 익은 야채에 토마토 소스 잣, 건포도, 모차렐라, 파마산 치즈를 넣고 잘 섞는다.
6 볶은 야채를 감자에 채워 넣는다.
7 감자를 180도 오븐에서 10분간 굽는다.

감자(100g : 55kcal)에 함유된 비타민C 성분은 치매 예방에 좋고,
스트레스 해소와 콜라겐 조직을 강화시켜 피부의 노화를 늦춰줍니다.
또한 뼈를 튼튼하게 해 주는 칼슘 성분이 다량 함유되어 있습니다.

준비하기

감자 ¼개, 계란 2개, 휘핑크림 ¼컵(50), 방울토마토 5개
슬라이스 햄 2장, 버터 1Ts, 소금 약간, 후추 약간

요리하기

1 감자는 소금물에 데친다.
2 감자와 햄은 작은 주사위 모양으로 자르고, 방울토마토는 반으로 자른다.
3 계란, 휘핑크림을 잘 혼합한다.
4 소금, 후추 간을 한다.
5 팬에 버터를 녹이고 감자와 방울토마토, 햄을 볶아준다.
6 ⑤의 팬에 계란물을 붓고 약불에서 저어주면서 익힌다.

밥보다 좋은 탄수화물
감자 & 햄 스크램블

쿠킹타임 15분

건강 멘토
자연을 품은 '뿌리야채'를 먹어야 하는 이유

고구마, 당근, 도라지, 더덕, 마… 이들의 공통점은 바로 땅속에서 자라고 결실을 맺는 근채류 즉, 뿌리야채라는 것입니다.
식물의 뿌리는 식물의 몸이 쓰러지지 않도록 지탱하는 역할을 하고, 흡수 작용과 양분을 저장하는 역할을 하죠. 땅에 뿌리를 내리고 자라는 야채는 뿌리가 매우 중요하며 영양소 역시 풍부합니다.
뿌리를 먹는다? 어감이 어쩐지 어색하기도 하지만 우리는 이미 일상에서 많은 뿌리야채들을 먹고 있습니다. 앞의 레시피에서 소개한 고구마, 당근이 대표적인 뿌리야채이지요. 뿌리야채는 약알칼리성 식품으로 피를 맑게 해 주고, 섬유질이 많아 변의 배설을 용이하게 도와줍니다. 이른바 '거친 음식'으로 통하는 뿌리야채는 자연 상태 그대로 먹을 수 있다는 점 때문에 암 예방 식생활에서 가장 강조하는 '자연 상태 그대로의 음식'에도 가장 적합합니다.

뿌리야채는 정화 능력이 있는 땅속에서 자라는 이점으로 다른 오염물질에 덜 노출이 됩니다. 또한 흙 속의 영양분을 그대로 공급 받으니 영양은 말할 것도 없이 풍부하겠죠. 다른 야채에 비해 보관 기관이 긴 뿌리야채를 요리할 때는 껍질을 얇게 벗겨 요리하면 좋습니다. 또한 주스, 샐러드 요리로 활용해 먹는 것도 추천합니다.

준비하기 당근 1개, 버터 2Ts, 설탕 1Ts, 물 2컵(400), 소금 약간, 파슬리 가루 약간

쿠킹타임 25분

간편하게 영양까지 챙기는
당근 버터 글레이징

요리하기

1. 당근은 껍질을 벗기고 3mm 두께로 자른다.
2. 냄비에 물을 붓고 버터를 녹인다.
3. 버터를 녹인 물에 당근, 설탕, 소금을 넣는다.
4. 약불에서 당근을 천천히 익힌다.
5. 당근을 접시에 담고 파슬리 가루를 뿌려준다.

 TIP 당근 글레이징은 생선 또는 고기를 메인으로 하는 요리에 곁들임 요리(side dish)로도 좋습니다.

준비하기

1호 틀(또는 시중에서 쉽게 구하는 1회용 은박지 틀)
채에 거른 밀가루(박력) 166g, 베이킹파우더 2.5g, 계피 가루 1g
계란 108g(작은 계란 2개 분량), 설탕 175g, 소금 1g
올리브 오일 10g, 다진 호두 35g, 당근 100g

크림치즈 만들기 (필라델피아 100g , 설탕 2Ts, 생크림 100ml)
믹싱 볼에 위의 모든 재료를 넣고 설탕이 녹을 때까지 섞어준다.

요리하기

1 당근은 껍질을 벗기고 채칼을 이용해 자른다.
2 계란, 설탕, 소금을 섞은 다음 설탕이 녹을 때까지 쳐준다.
3 ②의 계란 반죽에 밀가루, 베이킹파우더, 계피 가루를 넣고 혼합한다.
4 반죽에 올리브 오일, 다진 호두, 당근을 넣고 잘 섞어준다.
5 케이크 틀에 반죽을 ⅔ 정도 붓고 175도 오븐에서 30분 정도 굽는다.
6 케이크가 식으면 3등분해 자른다.
7 3등분한 빵 위에 겹겹이 크림치즈를 발라 완성한다.

TIP

❶ 크림치즈 만들기 단계에서 설탕을 녹일 때 믹싱 볼 밑에 미지근한 물이나 행주를 놓아두면 빨리 녹일 수 있습니다.

❷ 크림치즈는 하루 전날 미리 만들어 냉장보관하면 더 맛있게 케이크를 즐길 수 있습니다.

초조 & 불안을 달콤하게 이겨주는
당근 케이크

쿠킹타임 45분

이번 레시피에 들어가는 계피(100g : 322kcal)는 혈액순환을 촉진시킵니다.
몸을 따뜻하게 하며 장내의 이상 발효를 억제하는 방부 효과가 있습니다.
몸이 차가운 사람, 체질이 허약하고 기혈이 부족한 사람에게 도움이 되는 재료입니다.

당근(100g : 34kcal)의 베타카로틴은 체내에서 비타민A를 생성하는 능력이 뛰어납니다. 비타민A는 시력을 보호하고 야맹증을 예방, 개선해 주죠. 또한 비타민A와 철분이 조혈 작용을 돕고 혈액순환을 좋게 해 빈혈을 예방합니다.

준비하기

당근 ½개, 감자 ¼개, 우유 1½컵(300), 양파 ¼개, 버터 1Ts
마늘 바게트 1조각, 소금 약간, 후추 약간

요리하기

1 당근, 감자는 껍질을 벗기고 양파, 당근은 길쭉하게 감자는 큰 주사위 모양으로 자른다.
2 양파를 버터에 볶다가 당근, 감자를 넣고 다시 볶는다.
3 ②의 냄비에 우유를 넣고 약불에서 천천히 끓인다.
4 소금, 후추 간을 한다.
5 당근이 익으면 믹서기 등에 넣고 곱게 갈아 완성한다.

당근 수프는 마늘 바게트와 같이 곁들이면 더욱 맛있게 즐길 수 있습니다.

야뇨증 개선에 좋은
당근 수프

쿠킹타임 20분

쿠킹타임 20분

준비하기

등심 1조각, 고구마 1개, 마늘 바게트 2개, 우유 ½컵(100)
올리브 오일 1Ts, 새싹 약간, 소금 약간, 후추 약간

요리하기

1 고구마는 물에 삶아 껍질을 벗긴 후 포크를 이용해 으깬다.
2 ①의 으깬 고구마에 우유를 넣고 약불에서 잘 섞어 고구마 퓨레를 만든다.
3 팬에 오일을 두르고 등심을 굽고 소금, 후추 간을 한다.
4 마늘 바게트 위에 만들어 둔 고구마 퓨레를 듬뿍 바른다.
5 ④의 마늘 바게트 빵 위에 등심과 새싹을 올려 완성한다.

간편하고 감각적인 맛
고구마 등심 브루스케타

요즘은 일반 요리를 할 때도 올리브 오일을 많이 사용하시잖아요?
올리브 오일에 함유된 프로비타민은 세포막의 형성을 원활히 하고,
항산화 효과에 좋습니다. 또한 불포화지방산이 많아 피부 미용에도 도움을 줍니다.

쿠킹타임 25분

준비하기
익은 고구마 1개, 베이컨 3장, 휘핑크림 1컵(200), 계란 1개
피자 치즈 2Ts, 파마산 치즈 가루 1Ts, 파슬리 가루 약간, 소금 약간
후추 약간

요리하기
1 익은 고구마는 껍질을 벗기고 큰 주사위 모양으로 자른다.
2 베이컨을 먹기 좋은 크기로 자른 다음 팬에서 바짝 볶아준다.
3 믹싱 볼에 크림, 계란, 파마산 치즈 가루를 혼합한다.
4 그라탱 접시에 ③의 크림 반죽, 고구마, 베이컨, 피자 치즈를 넣는다.
5 180도로 예열된 오븐에 15분 정도 굽는다.
6 파슬리 가루를 살짝 뿌려준다.

9가지 필수아미노산이 듬뿍~
고구마 베이컨 그라탱

우리가 손쉽게 구할 수 있는 요리 재료인
계란(100g : 158kcal)은 저열량, 저지방 다이어트 식품입니다.
샛노란 노른자에 함유한 비오틴이라는 비타민은 탈모 예방에 도움을 주죠.
또한 이 성분은 당뇨 치료에도 효과적입니다.

준비하기
고구마 1개(중간 크기), 우유 2컵(400), 아몬드 약간, 버터 1Ts
대파(흰 부분) 1줄기, 소금 약간, 후추 약간

요리하기
1. 고구마는 껍질을 벗긴 후 큰 주사위 모양으로 자른다.
2. 대파는 큼직하게 자른다.
3. 팬에 버터를 두르고 대파, 고구마를 살짝 볶는다.
4. ③의 재료에 우유를 넣고 약불에서 잘 저어주면서 익힌 후 믹서기 등을 이용해 곱게 간다.
5. 소금, 후추 간을 한 후 접시에 담고 아몬드를 올려 완성한다.

달콤하고 든든한 한 끼
고구마 수프

고구마(100g : 128kcal)의 식이섬유는 흡착력이 강합니다.
그래서 대장암의 원인인 담즙 노폐물, 콜레스테롤, 지방을 흡착해 몸 밖으로 배출해 주죠.
고구마의 노란 속살은 피부나 조직의 노화를 막아주는 '베타카로틴'이 풍부합니다.
특히 심장혈관 계통의 지방축적을 막아 동맥경화를 예방해 주는 영양 덩어리랍니다.

쿠킹타임 25분

준비하기 전복 1마리, 쌀 ½컵, 양파 ¼개, 닭 육수 5컵(1000) – 육수 레시피 참고
느타리버섯 한줌, 버터 1Ts, 올리브 오일 1Ts, 파마산 치즈 2Ts, 소금 약간, 후추 약간

지친 눈을 위한
전복 리조또

요리하기

1. 느타리버섯, 쌀을 준비하고 전복은 껍질을 분리한 후 얇게 저민다.
2. 팬에 오일을 두르고 다진 양파, 생쌀, 느타리버섯, 전복을 볶는다.
3. ②의 재료를 볶으면서 소금, 후추 간을 해준다.
4. 닭 육수를 넣고 약불에서 쌀이 익을 때까지 저어준다.
5. 쌀이 익으면 불을 끄고 버터, 파마산 치즈를 넣고 잘 섞어준다.

 TIP 리조또 완성 단계에서는 버터를 먼저 넣고 녹인 후, 파마산 치즈를 넣어야 치즈 입자가 생기지 않습니다.

쿠킹타임 25분

준비하기 스파게티 90g, 전복 1 마리, 브로콜리 한줌, 베이컨 3장, 올리브 오일 1Ts 스파게티 삶은 소금물 3Ts, 까르보나라 소스 1인분(200) – 소스 레시피 참고

미네랄이 풍부한
전복 까르보나라 스파게티

요리하기

1 전복을 껍질과 분리한 후 얇게 저민다.
2 브로콜리는 큰 주사위 모양으로 자른다.
3 팬에 오일을 두르고 베이컨을 바싹 볶은 다음 전복, 브로콜리를 볶는다.
4 소금물에 스파게티를 삶는다.
5 ③의 팬에 스파게티 삶은 물을 넣고 10초 정도 졸인다.
6 약불에서 스파게티와 까르보나라 소스를 잘 버무린다.
7 소스의 농도가 점점 걸어지면 불을 끄고 계속해서 잘 비벼준다.

준비하기

전복 1 마리, 새송이버섯 1개, 브로콜리 한줌, 새싹 한줌
발사믹리덕션 소스 1Ts – 소스 레시피 참고, 올리브 오일 2Ts
소금 약간

요리하기

1 전복은 껍질과 분리한 다음 2mm두께로 슬라이스 한다.
2 브로콜리, 새송이버섯은 먹기 좋은 크기로 자른다.
3 브로콜리는 살짝 데쳐둔다.
4 팬에 오일을 두르고 전복, 버섯, 데친 브로콜리를 볶는다.
5 접시에 ④와 새싹을 담고 발사믹리덕션 소스를 뿌려준다.

전복을 껍질과 분리할 때 어려우시죠? 이럴 때는 숟가락을 이용해 보세요. 좀 더 편리하게 분리할 수 있답니다.

자양강장 요리로 으뜸!
발사믹 소스 전복구이

전복(100g : 79kcal)에는 단백질과 비타민이 풍부하여
피부 미용, 자양강장, 산후 조리, 허약 체질 개선 등에 탁월합니다.
특히 전복은 시신경의 피로에 뛰어난 효능이 있죠.
또한 비타민, 칼슘, 인 등의 미네랄이 풍부하여 옛날부터 산후 조리에 좋은 재료입니다.

준비하기

오징어 1마리, 방울토마토 10개, 새싹 한줌
발사믹 드레싱 2Ts – 드레싱 레시피 참고, 올리브 오일 2Ts
로즈메리 약간, 파슬리 약간, 소금 약간, 후추 약간

요리하기

1 오징어는 내장을 빼낸 후 손질한다. 오징어에 오일을 바르고 로즈메리, 파슬리를 골고루 묻혀준다.
2 오징어를 3cm 높이의 링 모양으로 자른다.
3 팬에 오일을 두르고 오징어를 굽는다.
4 소금, 후추 간을 한다.
5 같은 팬에 반으로 자른 방울토마토를 볶는다.
6 오징어 링의 안쪽에 토마토, 새싹을 담고 드레싱을 뿌려준다.

고단백 영양 간식
오징어 허브구이

오징어의 풍미를 살리는 로즈메리.
'바다의 이슬'이라는 뜻의 로즈메리(100g : 29kcal)는
지방 분해를 촉진시키고, 칼로리가 낮아 다이어트에 효과적입니다.
칼륨과 칼슘, 철분, 비타민이 다량 함유되어 있습니다.

준비하기
오징어 1마리, 밀가루 2Ts
레몬 드레싱 1Ts – 드레싱 레시피 참고, 튀김 오일 5컵(1000)
레몬 ½개, 소금 약간

 TIP

❶ 프리토는 이탈리어로 '튀긴'이라는 뜻입니다.

❷ 오징어에 밀가루를 묻힐 때 봉지에 밀가루를 담고 오징어를 넣어 흔들면 간편하게 밀가루를 골고루 묻힐 수 있습니다.

요리하기
1. 손질해 둔 오징어는 먹기 좋게 링 모양으로 자른다.
2. 자른 오징어에 밀가루를 충분히 묻힌다.
3. 예열된 오일(160도)에 오징어를 튀긴다.
4. 오징어는 튀긴 다음 곧바로 소금 간을 살짝 한다.
5. 접시에 담고 레몬 드레싱을 뿌려준다.

스마트 키드를 위한
오징어 프리토

보기만해도 상큼한 레몬(100g : 31kcal)은 피부 건강,
감기 예방(비타민C 다량 함유), 피로 회복에 효과적입니다.
신장결석이나 고혈압, 심근경색에 도움, 혈관 보호와 혈액순환 개선에 좋습니다.

오징어(100g : 87kcal)에는 타우린과 고단백질이 함유되어 혈액순환을 원활히 하는데 도움이 됩니다. 오징어의 타우린은 피로 회복에 효과적, 체내의 콜레스테롤 흡수를 저해하고 감소시키는 역할까지 합니다. 또한 인슐린의 분비를 촉진해 당뇨병, 시력 회복. 심장 질환을 예방하고 간장의 해독 기능을 강화시키며 편두통을 예방합니다.

준비하기

오징어 1마리. 식빵 1개, 로메인 10장, 베이컨 2장
시저 드레싱 3Ts – 드레싱 레시피 참고 1Ts, 올리브 오일 1Ts
파마산 치즈 슬라이스 1Ts, 소금 약간, 후추 약간

요리하기

1. 오징어는 손질해 링 또는 막대기 모양으로, 베이컨과 식빵은 작은 주사위 모양으로 자른다.
2. 팬에 오일을 두르고 오징어, 베이컨, 식빵을 굽는다. 소금, 후추 간을 한다.
3. 로메인은 먹기 좋은 크기로 자른다.
4. 믹싱 볼에 자른 로메인, 베이컨, 구운 식빵, 오징어를 넣는다.
5. 모든 재료를 시저 드레싱과 잘 버무린다.
6. 접시에 요리를 담고 파마산 치즈 슬라이스를 올린다.

TIP
오징어는 전날 손질하여 우유에 담가두면 보다 연한 오징어를 맛볼 수 있습니다.

머리가 맑아지는
오징어 시저 샐러드

쿠킹타임 20분

여름과 가을 사이, 알뜰하게 건강을 지켜라!

밤낮으로 더위와의 전쟁을 치르다보면, 여름의 끝은 반갑기도 합니다.
하지만 여름의 끝에는 반갑지 않은 복병이 기다리고 있습니다.
밤과 낮의 기온차가 심해지는 시기, 환절기가 우리를 괴롭힌다는
말이죠. 사계절이 있는 우리나라는 4번의 환절기가 있습니다.
그럼에도 이 시기가 반갑지 않은 것은 여름에서 가을로 넘어가는
시기에는 다른 환절기에 비해 체감온도가 크게 느껴집니다.
때문에 이 시기에는 감기 몸살을 비롯한 건강 관리에 힘써야 합니다.
오랜 시간을 뜨거운 사우나에서 보내다가
갑자기 밖으로 나갈 때의 몸 상태를 생각해 보시면 될 겁니다.
여름에서 가을로 넘어가는 환절기에는 더위로 지쳐 있는 몸을 달래주고,
겨울의 추위를 지혜롭게 이겨낼 수 있는 보양식이 필요합니다.
그래서 이번에는 특별히 환절기에 어울리는 보양식 메뉴를 준비했습니다.
필수아미노산을 듬뿍 담고 있는 고구마, 고단백질 식재료로
혈액순환을 원활히 도와주는 오징어, 피부 미용, 자양강장, 산후 조리,
허약 체질 개선 등에 탁월한 전복, 대지의 기운을 가득 품은
감자, 당근을 재료로 한 건강 식단이 당신의 환절기 건강을 지켜줄 것입니다.

PART 3

Summer & Fall

Ciao
건강을 지켜주는 환절기 상차림

Ciao는 이탈리아어로 '안녕'이라는 인사입니다.

PART 3 쿠킹 타임

- 오징어 시저 샐러드 20분
- 오징어 프리토 10분
- 오징어 허브구이 20분
- 발사믹 소스 전복구이 15분
- 전복 까르보나라 스파게티 25분
- 전복 리조또 25분
- 고구마 수프 20분
- 고구마 베이컨 그라탱 25분
- 고구마 등심 브루스케타 20분
- 당근 수프 20분
- 당근 케이크 45분
- 당근 버터 글레이징 25분
- 감자 & 햄 스크램블 15분
- 감자 & 야채 모차렐라 오븐구이 30분
- 감자 & 대파 크림 수프 20분

쿠킹타임 20분

준비하기 크루아상 3개, 닭가슴살 1개, 토마토 ¼개, 치즈 1장, 양상추 1잎
허니 머스터드(디종 머스터드 2Ts, 꿀 1Ts) 1Ts, 마요네즈 1Ts, 올리브 오일 1Ts
소금 약간, 후추 약간

고품격 영양 간식
닭가슴살 크루아상

요리하기

1. 닭가슴살을 얇게 저민 후 소금, 후추, 올리브 오일을 발라 1시간 정도 재워둔다.
2. 크루아상 빵의 옆면을 반으로 잘라 안쪽에 마요네즈를 발라준다.
3. 팬에 오일을 두르고 약불에서 닭가슴살을 익힌다.
4. 토마토는 링 모양으로 자르고 양상추는 먹기 좋은 크기로 자른다.
5. 크루아상 빵에 양상추, 토마토, 치즈, 닭가슴살을 차례로 올린다. 믹싱 볼에 허니 머스터드 재료를 넣고 잘 혼합한 후 빵에 발라준다.

 TIP 먹기 좋은 크기로 빵의 부피를 줄이려면 이쑤시개를 이용해 고정해 주면 됩니다.

쿠킹타임 20분

준비하기 닭가슴살 1개, 샐러리 1줄기, 양상추 1잎, 당근 ⅛개, 방울토마토 5개
레몬 드레싱 3Ts – 드레싱 레시피 참고, 양파 ¼개, 소금 1Ts

고단백 저칼로리의 대명사
닭가슴살 샐러드

요리하기

1. 냄비에 물(약 3컵)을 붓고 소금, 양파를 넣고 끓인다.
2. 물이 끓으면 닭가슴살을 넣고 약불에서 15분 정도 삶는다.
3. 익은 닭가슴살을 먹기 좋게 자른다.
4. 샐러리와 당근을 먹기 좋게 자르고 방울토마토는 반으로 자른다.
5. 믹싱 볼에 모든 재료를 넣고 레몬 드레싱을 뿌려 잘 버무려 완성한다.

쿠킹타임 25분

준비하기

스파게티 90g, 닭가슴살 ½개, 브로콜리 한줌, 방울토마토 5개
휘핑크림 1컵(200), 닭 육수 ¼컵(50) – 육수 레시피 참고
양파 ¼개, 올리브 오일 1Ts, 파슬리 가루 약간, 소금 약간, 후추 약간

요리하기

1 닭가슴살을 큰 주사위 모양으로 자른 후 소금, 후추 간을 해서 재워둔다.
2 방울토마토는 반으로 자르고 브로콜리는 먹기 좋은 크기로 자른다. 양파는 잘게 다진다.
3 팬에 올리브 오일을 두르고 다진 양파, 브로콜리, 방울토마토, 닭가슴살을 볶아준다.
4 육수를 넣고 1분간 졸여준 다음 휘핑크림을 붓는다.
5 소금물에 스파게티를 삶는다.
6 파슬리 가루를 넣고 스파게티를 소스와 잘 버무려준다.

요리하기 하루 전날 닭가슴살을 오일에 재워두면 고기의 육질이 더 부드러워진답니다.

콜라겐이 풍부한

치킨 브로콜리 크림 스파게티

여름에는 다이어트와 건강을 동시에 신경써야 하잖아요?
닭가슴살(100g : 109kcal)은 칼로리가 낮고 단백질 함량은 높아 다이어트에 효과 만점.
특히 콜라겐 성분이 풍부해 피부 미용과 노화 방지에 좋습니다. 닭고기에 함유된
필수지방산은 육류 중 가장 높죠. 특히 성인병 예방과 혈액의 점도를 적절히 유지해
인체 내 생리활성 기능을 촉진하는 불포화지방산 리놀렌산을 함유하고 있습니다.

준비하기(3개 분량)

가지 1개, 토마토 소스 ¼컵(50) – 소스 레시피 참고, 건포도 1Ts
모차렐라(피자 치즈) 2Ts, 잣 1Ts, 설탕 ½Ts, 식초 2Ts
올리브 오일 2Ts, 소금 약간

크레페 반죽(5장 분량)
우유 150g, 밀가루 75g, 버터 20g, 계란 1개

요리하기

크레페 반죽 만들기

1. 우유를 담은 믹싱 볼에 채에 거른 밀가루를 넣고 잘 섞는다. 반죽에 녹인 버터, 계란, 소금 간을 해준다.
2. 코팅 팬에 버터를 약간 두르고 반죽은 최대한 얇게 발라 약불에서 굽는다.
3. 노릇하게 익으면 완성.

크레페 속 만들기

4. 가지는 작은 주사위 모양으로 자른다.
5. 팬에 오일을 두르고 가지, 잣, 건포도를 볶은 다음 토마토 소스(30g), 설탕, 식초, 소금을 넣고 볶는다.
6. 준비된 크레페에 볶은 가지, 모차렐라를 넣고 김밥처럼 돌돌 말아준다.
7. 크레페 위에 남은 토마토 소스(20g)를 올려준 다음 오븐(전자레인지)에서 치즈를 녹인다.

TIP

크레페 반죽은 미지근한 우유를 사용해야 입자가 없는 부드러운 반죽을 얻을 수 있습니다.

쿠킹타임 35분

아삭한 영양을 돌돌 말아~
가지 크레페

이번 레시피에는 새콤한 식초가 들어갑니다.
식초(100g : 20kcal)의 신맛은 신진대사를 원활히 하여
다이어트와 피로 회복에 도움을 주며
노화를 지연시키는 효과가 있습니다.

준비하기

스파게티 90g, 가지 ½개, 양파 ¼개, 토마토 소스 1컵(200)
닭 육수 ¼컵(50) – 소스 & 육수 레시피 참고, 올리브 오일 3Ts
잣 약간, 건포도 약간, 파슬리 가루 약간, 소금 약간, 후추 약간

요리하기

1. 양파와 가지는 작은 주사위 모양으로 자른다.
2. 팬에 오일을 두르고 양파, 잣, 건포도, 가지를 볶는다.
3. ②의 팬에 육수를 붓고 1분간 졸인 다음 토마토 소스를 붓는다.
4. 소금물에 스파게티를 삶는다.
5. 파슬리 가루를 넣고 스파게티를 소스와 함께 잘 버무린다.

싱싱한 파슬리가 없다면 건조된 파슬리를 사용해도 됩니다.

향긋함과 건강이 듬뿍!
가지&건포도&토마토 스파게티

건포도(100g : 274kcal)가 포도를 말린 것이라는 건 아시죠?
건포도는 다양한 비타민과 미네랄, 철분이 풍부합니다.
또한 무지방으로 탄수화물과 섬유질이 풍부해 변비와 노화 방지에 좋습니다.

준비하기(6개 분량)

가지 1개, 토마토 소스 ½컵(100) – 소스 레시피 참고, 모차렐라(또는 피자 치즈) 1개, 바질 약간, 밀가루 약간, 올리브 오일 5Ts 파마산 치즈 1Ts, 소금 약간

요리하기

1 가지는 채칼을 이용해 2mm 두께로 길게 슬라이스 한다(6장 정도).
2 가지에 밀가루를 살짝 묻히고 기름을 두른 팬에 색이 날 때까지 굽는다.
3 구운 가지 한쪽 면에 토마토 소스를 바른다.
4 슬라이스한 모차렐라와 바질 약간을 가지 위에 올리고 돌돌 만다.
5 가지 위에 토마토 소스 파마산 치즈를 뿌린다.
6 오븐 또는 전자레인지를 이용해 모차렐라 치즈를 녹인다.

가지는 특유의 향이 있어 아이들이 싫어하는 경우가 많습니다. 이번 요리는 기름진 간식만 찾는 아이에게 특히 영양 간식입니다.

다이어트에 효과 만점!
가지 모차렐라 구이

가지(100g : 16kcal)에 함유된 나스닌 성분은 지방질을 흡수하고
혈관 안의 노폐물을 용해, 피를 맑게 합니다.
특히 고지방식품과 함께 먹었을 때 혈중 콜레스테롤 수치의 상승을 억제하고,
고혈압과 동맥경화 예방에 효과가 있답니다.

건강 멘토

타임지 선정, 10대 슈퍼 푸드로 뽑힌 토마토!

샐러드를 해서 먹기도 편하고, 주스로 만들어 먹어도, 올리브오일에 구워 먹어도 맛있는 토마토! 먹기도 편하고 맛도 좋은 토마토가 몸에 좋은 건 다들 아실 겁니다. 특히 현대인에게 으뜸으로 꼽히는 슈퍼 푸드가 바로 '토마토'입니다.

토마토는 붉은 색을 만드는 리코펜이라는 성분을 가지고 있습니다. 토마토가 슈퍼 푸드로 꼽히게 된 성분이 바로 리코펜입니다. 리코펜은 붉은색을 가진 토마토를 비롯해 수박, 딸기, 석류, 자몽, 구아바, 단감 등에도 들어 있지만, 토마토를 단감과 비교하면 무려 19배의 리코펜이 토마토에 들어 있습니다.

리코펜은 강력한 항산화 작용을 합니다. 그러니 꾸준한 섭취가 필요하겠죠.

토마토는 특히 전립선암에 효과가 있다고 알려졌습니다. 미국에서 실시한 한 연구에서 피자를 먹을 때 토마토를 많이 섭취한 남자들이 전립선암에 덜 걸리는 것으로 보고되었으며, 유럽의 경우도 토마토를 자주 섭취하는 이탈리아의 전립선암 사망률이 다른 나라에 비해 낮았습니다.

음식을 먹을 때에도 건강을 생각해야 하는 요즘, 건강이 걱정이라면 토마토 섭취를 추천합니다. 토마토는 항암 작용 이외에도 노화 방지에 효과가 있고, 열량은 다른 과일이나 쌀밥에 비해 많이 낮아 심혈관질환 예방 및 혈당 조절, 다이어트에 큰 효과가 있습니다.

토마토 잘 먹는 법

잘 익은 빨간 토마토 색이 빨간 토마토는 단맛을 많이 가지고 있어 토마토 소스를 만드는데 적합합니다.

설익은 토마토 색이 푸르스름한 토마토는 일반적으로 단단하기 때문에 샐러드(Caprese) 재료로 사용하거나 그릴로 구워 먹습니다.

방울토마토 큰 토마토보다 단맛을 많이 가지고 있기 때문에 파스타를 만들 때 많이 사용합니다. 크기가 작기 때문에 데코레이션에 많이 사용합니다.

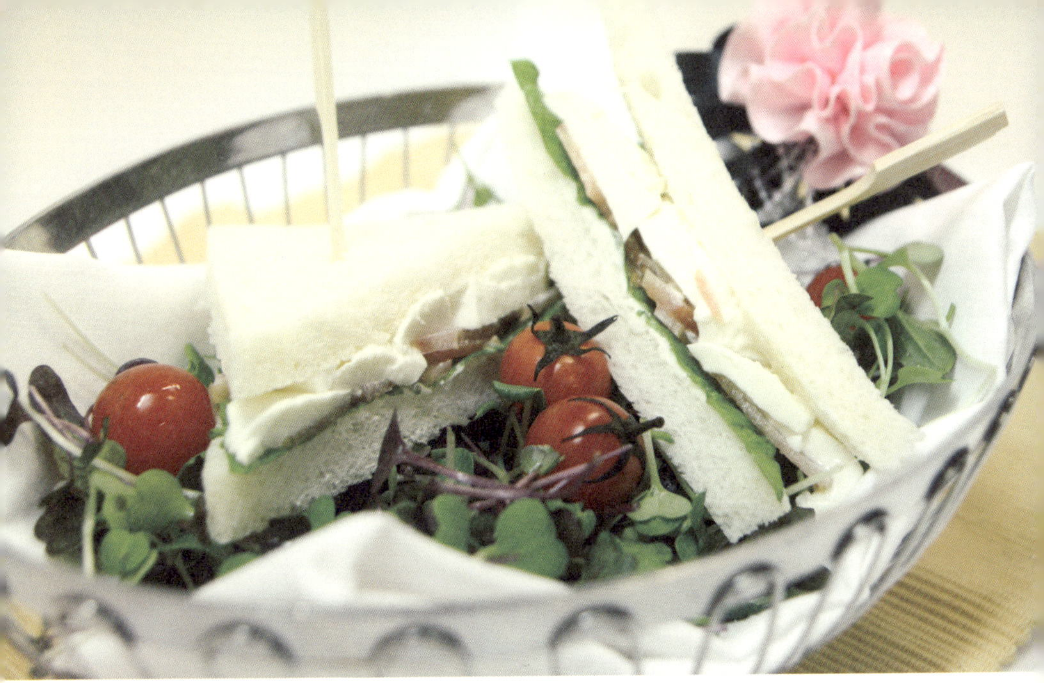

준비하기 식빵 2장, 토마토 ½개, 모차렐라 ½개, 양상추 1잎, 마요네즈 1Ts, 올리브 오일 ⅓Ts
새싹 한줌, 소금 약간

노화를 우아하게 예방하는
토마토 모차렐라 샌드위치

요리하기

1 토마토, 모차렐라를 자른다.
2 양상추는 먹기 좋은 크기로 자른다.
3 식빵에 마요네즈를 골고루 바른다.
4 빵 위에 양상추, 토마토, 모차렐라 차례로 올린다.
5 소금, 올리브 오일을 뿌리고 빵을 올린다.
6 식빵의 테두리를 자르고 새싹을 올려 완성한다.

버터, 과연 우리가 생각하는 것처럼 나쁘기만 한 재료일까요?
버터(100g : 747kcal)에는 필수지방산인 올레익산이 많아 성장 발육에
도움이 되고 두뇌 발달에도 도움이 됩니다.

준비하기

새우 3마리, 토마토 ½개, 다진 양파 ¼개, 계란 2개, 버터 1Ts
소금 약간, 후추 약간

요리하기

1 새우는 길게 반으로 자르고 토마토는 작은 주사위 모양으로 자른다.
2 계란은 포크를 이용해서 흰자와 노른자를 잘 혼합한다.
3 팬에 버터를 녹인 다음 새우, 다진 양파, 토마토를 살짝 볶아준다.
4 소금, 후추 간을 한다.
5 계란물을 붓고 약불에서 모양을 만들며 천천히 익혀준다.

식빵이나 바게트를 팬에 살짝 구워서 곁들이면 별미.

골다공증 예방에 탁월한
토마토 새우 오믈렛

쿠킹타임 15분

토마토(100g : 14kcal)는 강한 항산화제로 혈전 형성을 막아 뇌졸중, 심근경색을 예방하고 노화 방지, 항암, 혈당 저하에 탁월합니다. 토마토에 함유된 루틴은 혈관을 튼튼하게 하고 칼륨은 고혈압 예방에 도움이 됩니다. 골다공증, 노인성 치매 예방에 좋은 비타민K도 다량 함유되어 있습니다.

준비하기

계란 2개, 휘핑크림 ¼컵(50), 토마토 ½개, 모차렐라 ⅓개
버터 ½Ts, 발사믹리덕션 소스 1Ts – 소스 레시피 참고, 소금 약간
후추 약간

요리하기

1 링 모양으로 자른 토마토, 모차렐라를 준비한다.
2 코팅 팬에 오일을 두르지 않고 살짝 굽는다.
3 계란과 휘핑크림을 잘 혼합한 다음 소금 간을 살짝 한다.
4 팬에 버터를 녹이고 계란물을 붓는다.
5 약불에서 저어주면서 계란을 천천히 익힌다.
6 접시에 스크램블을 담고 토마토, 모차렐라를 차례로 담는다.
7 발사믹리덕션 소스를 토마토, 모차렐라 위에 뿌려준다.

비타민K를 맛있게 구워 먹는
토마토 구이 스크램블

쿠킹타임 15분

준비하기 계란 3개, 시금치 한줌, 베이컨 3장, 방울토마토 3개, 올리브 오일 1Ts
버터 1Ts, 소금 약간, 후추 약간

쿠킹타임 20분

비타민을 듬뿍 담은 건강식
시금치 베이컨 계란파이

요리하기

1. 베이컨은 잘게 자르고 다른 재료도 먹기 좋게 자른다.
2. 믹싱 볼에 계란 흰자와 노른자를 잘 혼합한 다음 소금 간을 살짝 해준다.
3. 팬에 오일, 버터를 두르고 베이컨, 토마토 그리고 시금치를 볶는다.
4. 같은 팬에 계란을 넣고 약불에서 천천히 익힌다.
5. 계란을 기호에 맞게 익혀주면 완성.

 TIP 계란 요리를 할 때 뒤집는 단계가 어렵죠. 이럴 때는 같은 크기 두 개의 프라이팬이나 비슷한 크기의 접시를 이용해 뒤집어 보세요. 정갈한 계란 요리를 완성할 수 있답니다.

쿠킹타임 20분

준비하기 식빵 2장, 모차렐라 ½개, 시금치 한줌, 마요네즈 1Ts, 버터 1Ts, 소금 약간

성장기 어린이를 위한
시금치 모차렐라 토스트

요리하기

1. 시금치를 소금물에 살짝 데친 후 물기를 짜준다.
2. 팬에 버터를 녹이고 시금치를 볶아준다.
3. 모차렐라는 얇게 슬라이스 한다(시중에서 판매하는 치즈를 사용해도 된다).
4. 식빵을 토스트기나 팬에 굽고 마요네즈를 골고루 바른 다음 시금치, 모차렐라를 올려준다.
5. 식빵의 가장자리를 제거하고 삼각형 모양으로 잘라 완성한다.

 식빵 테두리는 따로 모아 냉동 보관해 두면 건조해 빵가루를 만들어 활용할 수 있습니다.

여름에 딱 떠오르는 요리는 아마도 보양식일 겁니다. 이번에는 파릇한 시금치로 건강식을 만들어 봅시다! 시금치(100g : 30kcal)에는 비타민 B1, 비타민 B2, 나이아신, 사포닌, 당질, 단백질, 지방, 섬유질, 칼슘, 철, 엽산이 풍부합니다. 뿐만 아니라 사과산, 구연산, 아이오딘(옥소), 비타민C가 야채 중 가장 많이 함유되어 있답니다.

준비하기

계란 3개, 시금치 한줌(30g), 휘핑크림 ¼컵(50), 슬라이스 치즈 1장
버터 ½Ts, 올리브 오일 1Ts, 소금 약간

요리하기

1 시금치를 손질한다.
2 믹싱 볼에 계란과 휘핑크림을 잘 혼합한 다음 소금 간을 살짝 해준다.
3 팬에 오일과 버터를 두르고 시금치를 살짝 볶아준다.
4 같은 팬에 계란물을 붓고 약불에서 저아가면서 천천히 익힌다.
5 접시에 담고 치즈를 계란 위에 올려준다.

계란을 익히는 정도는 속까지 바짝 익히는 웰던(Well-done)보다는 미디엄(Medium) 굽기 정도로 익히는 것이 더 부드러운 스크램블을 맛볼 수 있는 비결입니다.

쿠킹타임 20분

담백하고 간편한 영양 간식
시금치 치즈 스크램블

짧디짧은 봄기운이 사그라들면, 본격적인 여름이 시작됩니다.
이탈리아의 여름도 한국의 여름과 다르지 않습니다.
평균 35℃를 넘나들 정도로 폭염이 지속되죠.
그래서 그런지 이탈리아의 여름 휴가는 평균 10일 정도로 긴 편입니다.

요즘은 한국의 여름 더위도 만만찮은데요.
작열하는 태양과 길어진 태양의 시간만큼 달아오른 대지의 열기,
늦은 밤까지 계속되는 열대야, 길게는 일주일간 계속되는 장마철…
체력적으로나, 피부 상태 등의 건강이 전체적으로 약해지는 시기가 여름입니다.
여름에 특별히 보양식을 챙겨 먹게 되는 이유이기도 하죠.
제대로 잘 챙겨 먹으면서 다이어트에도 신경을 써야 하는 계절, 여름.
제철이라 더 맛있는 시금치, 토마토, 가지와 보양식 재료로 빠질 수 없는
닭가슴살을 이용한 영양 만점 12가지 요리를 준비했습니다.

초여름 평균기온이 20~25℃이고 최고기온이 25℃ 이상
한여름 일 평균기온 25℃ 이상, 일 최고기온 30℃ 이상(장마철)
늦여름 일 평균기온이 20~25℃이고 일 최고기온이 25℃ 이상

PART 2

Summer

Buon appetito
심신을 달래주는 여름 상차림

Buon appetito는 이탈리아어로 '맛있게 드세요'입니다

쿠킹타임 20분

준비하기 파프리카 ½개, 다진 돼지고기 60g, 마늘 바게트 빵 3개, 양파 ¼개, 모차렐라 2Ts, 올리브 오일 2Ts, 소금 약간, 후추 약간

바삭한 영양 간식
파프리카 모차렐라 브루스케타

요리하기

1 파프리카, 양파를 얇게 슬라이스 한다.
2 돼지고기는 소금, 후추 간을 해서 30분 정도 재워둔다.
3 팬에 오일을 두르고 슬라이스된 양파, 파프리카와 다진 돼지고기를 볶는다.
4 준비된 파프리카, 양파, 돼지고기를 빵에 올려주고 모차렐라를 뿌린다.
5 전자레인지나 오븐에서 치즈를 살짝 녹여준다.

 TIP 모차렐라 치즈는 녹인 후 바로 먹는 것보다 조금 식힌 다음 먹으면 더욱 쫄깃하고 맛있습니다.

쿠킹타임 25분

준비하기 스파게티 90g, 닭다리살 또는 닭가슴살 ½개, 파프리카 ¼개, 브로콜리 한줌
토마토 소스 ¼컵(50), 닭 육수 ¼컵(50) – 소스 & 육수 레시피 참고
올리브 오일 2Ts, 다진 마늘 1쪽 , 소금 약간, 후추 약간, 케이준 파우더 ½Ts
휘핑크림 ½컵(100), 양파 ¼개, 페페론치노 약간

아삭아삭 담백한 식감
파프리카 치킨 로제 크림 스파게티

요리하기

1. 치킨을 큰 주사위 모양으로 자른 다음 케이준, 소금, 후추 간을 하고 30분 정도 재어둔다.
2. 브로콜리와 파프리카도 치킨과 같은 크기로 자른다.
3. 팬에 오일을 두르고 다진 양파, 페페론치노, 치킨, 브로콜리, 파프리카를 넣고 볶는다.
4. 닭 육수를 붓고 중불에서 1분 정도 육수를 졸인다.
5. 토마토 소스와 휘핑크림을 넣고 1분 정도 약불에서 천천히 익힌다.
6. 소금물에 스파게티를 알 덴테로 삶는다.
7. 준비된 소스와 스파게티를 잘 버무린다.

파프리카(100g : 20kcal)는 수분 함량이 많아 운동 후 갈증 해소에 도움이 됩니다. 특히 풍부한 비타민이 피부 트러블을 예방하죠. 열을 가하면 영양소가 파괴되는 다른 채소와 달리 파프리카의 영양소는 기름과 함께 익혀 섭취했을 때 그 흡수율이 더욱 높습니다.

준비하기

파프리카 ½개, 다진 소고기 100g, 새송이버섯 1개
모차렐라 2Ts, 양파 ¼개, 빵가루 1Ts, 계란 1개, 오일 2Ts
발사믹 드레싱 2Ts - 드레싱 레시피 참고, 소금 약간, 후추 약간

요리하기

1 새송이버섯 등 재료를 작은 주사위 모양으로 자른다. 파프리카는 반으로 자르고 씨를 제거한다.
2 팬에 오일을 두르고 다진 양파, 새송이버섯을 갈색 빛이 날 때까지 볶은 다음 식혀준다.
3 믹싱 볼에 다진 소고기, ②의 양파, 새송이버섯, 빵가루, 계란(모든 반죽 재료)을 넣고 반죽한다.
4 ③의 반죽에 소금, 후추 간을 한다.
5 준비된 반죽을 파프리카 속에 채워 넣는다.
6 180도 예열된 오븐에 15분간 굽는다.

피부 트러블과 굿바이!
파프리카 오븐구이

쿠킹타임 30분

소화를 적극적으로 돕는
부추 해물 그라탱

쿠킹타임 25분

준비하기 새우 3마리, 오징어 ¼마리, 홍합살/조갯살 각각 50g, 휘핑크림 1컵(200), 계란 1개 피자 치즈 2Ts, 파마산 치즈 가루 1Ts, 부추 약간, 소금 약간, 후추 약간

요리하기

1. 모든 해물을 소금물에 살짝 데친다.
2. 재료들을 작은 주사위 모양으로 자른다.
3. 믹싱 볼에 크림, 계란, 파마산 치즈를 넣고 잘 혼합한다.
4. ③의 혼합한 크림에 해물을 넣고 소금, 후추 간을 한다.
5. 그라탱 그릇에 ④의 재료를 담고 그 위에 피자 치즈와 자른 부추를 뿌려준다.
6. 예열된 오븐(180도)에서 15분 정도 굽는다.

 TIP 오븐이나 토스터, 프라이팬를 이용해 살짝 구운 식빵을 곁들이면 더 풍부한 맛을 즐길 수 있습니다.

아침 식사로 든든한
부추 해물 로제 크림 리조또

쿠킹타임 25분

준비하기 쌀 ½컵, 새우 3마리, 토마토 소스 2Ts, 닭 육수 5컵(1000) – 소스 & 육수 레시피 참고
휘핑크림 ¼컵(50), 부추 약간, 오징어 ¼마리, 홍합살/조갯살 각각 50g
다진 양파 ¼개, 버터 1Ts, 파마산 치즈 가루 2Ts, 올리브 오일 1Ts, 소금 약간

요리하기
1. 새우와 오징어 등의 재료를 먹기 좋은 크기로 자른다.
2. 팬에 오일을 두르고 다진 양파, 해물 그리고 생쌀을 볶는다.
3. 육수를 붓고 약불에서 쌀을 천천히 익힌다.
4. 쌀이 다 익으면 휘핑크림, 토마토 소스를 넣고 1분 간 끓인다.
5. 불을 끄고 버터와 파마산 치즈를 넣고 잘 저어준다.
6. 먹기 좋게 잘라 놓은 부추를 올려준다.

 TIP 홍합살과 조갯살은 냉동식품을 사용하면 편리합니다.

파릇한 부추(100g : 31kcal)의 아릴 성분은 장을 튼튼히 하고
알릴설파이드라는 성분은 소화 효소의 분비를 촉진합니다.
부추는 소화를 도와주고 살균 작용에 효과적이죠.
또한 혈액순환을 도와 몸이 찬 사람을 따뜻하게 합니다.

준비하기

스파게티 90g, 베이컨 3장, 닭 육수 ¼컵(50) – 육수 레시피 참고
토마토 소스 1컵(200) – 소스 레시피 참고, 다진 양파 ¼개
페페론치노 약간, 올리브 오일 1Ts, 파마산 치즈 가루 1Ts
부추 약간, 소금 약간, 후추 약간

요리하기

1. 부추, 베이컨을 먹기 좋은 크기로 자른다.
2. 팬에 오일을 두르고 다진 양파, 베이컨, 페페론치노를 볶는다.
3. 육수를 붓고 1분간 졸인 다음 토마토 소스를 첨가한다.
4. 소금물에 스파게티를 스파게티의 심이 살짝 보일 정도의 상태(Al Dente)로 삶는다.
5. 스파게티를 소스에 버무려 준다.
6. 적당한 크기로 자른 부추와 파마산 치즈 가루를 뿌려준다.

따뜻한 온기를 전해주는
부추 베이컨 스파게티

쿠킹타임 25분

준비하기

연어(구이용) 1조각, 주꾸미 2마리, 완두콩 10알, 다진 마늘 1쪽
토마토 소스 ½컵(100) - 소스 레시피 참고
조개 육수 ¼컵(50) - 육수 레시피 참고, 올리브 오일 2Ts
페페론치노 약간(서양의 작은 건 고추), 소금 약간, 후추 약간

요리하기

1 주꾸미는 소금물에 살짝 데쳐 준비한다.
2 팬에 올리브 오일을 두르고 마늘, 페페론치노, 주꾸미를 볶아준다.
3 ②의 팬에 조개 육수와 토마토 소스, 완두콩을 넣고 약불에서 천천히 졸인다(주꾸미 소스).
4 연어에 소금, 후추 간을 한다.
5 다른 팬에 오일을 두르고 약불에서 연어를 천천히 굽는다.
6 접시에 주꾸미 소스를 담고 연어를 올려준다.

싱싱한 연어를 사용할 때는, 미디엄 웰던(medium well-done) 정도로 익히면 부드러운 연어를 맛볼 수 있습니다.

여성만을 위한 상쾌한 마법의 주문!
주꾸미 소스 연어 스테이크

콩 요리가 좋은 건 아시죠?
완두콩에는 양질의 단백질이 함유되어 에너지 대사를 향상 시켜줍니다.
비타민C와 식이섬유가 항암 작용, 발암물질 배설을 촉진합니다.

쿠킹타임 25분

준비하기

스파게티 90g, 주꾸미 3마리, 참나물 5줄기, 방울토마토 5개
토마토 소스 ¼컵(50) – 소스 레시피 참고, 휘핑크림 ½컵(100)
조개 육수 ¼컵(50) – 육수 레시피 참고, 다진 마늘 1쪽
올리브 오일 1Ts, 소금 약간, 파슬리 가루 약간, 완두콩 10알

요리하기

1 주꾸미는 소금물에 살짝 데쳐 준비하고 방울토마토는 반으로 자른다.
2 팬에 오일을 두르고 다진 마늘, 방울토마토, 완두콩, 주꾸미를 볶는다.
3 조개 육수를 붓고 1분간 졸인 다음 토마토 소스, 휘핑크림을 넣는다.
4 소금물에 스파게티를 스파게티에 심이 살짝 보일 정도의 상태(Al Dente)로 삶는다.
5 파슬리와 참나물을 넣고 준비한 ③의 소스와 스파게티를 잘 버무려준다.

TIP

❶ 조개 육수를 사용할 경우, 육수 자체에 짠맛이 있기 때문에 소금 간을 할 필요가 없습니다. 혹시 간이 필요하다면 소스를 만든 다음 소금 간을 하도록 합니다.

❷ 로제 소스의 '로제'는 이탈리아어로 '분홍색'이라는 뜻입니다.

춘곤증을 날려주는
주꾸미 참나물 로제 크림 스파게티

스파게티와 샐러드에 들어가는 참나물에는 무기질, 비타민 등
각종 영양소가 듬뿍 함유되어 있습니다.
지혈, 대하, 해열, 고혈압을 개선시키는 약리 성분도 포함되어 있답니다.

준비하기

주꾸미 3마리, 새싹 한줌, 참나물 5줄기, 메추리알 5알
발사믹 드레싱 2Ts – 드레싱 레시피 참고

요리하기

1. 새싹 및 참나물을 찬물에 담근 후 물기를 없애고 준비한다. 참나물은 굵게 자른다.
2. 메추리알은 소금물에 삶아 껍질을 제거한다.
3. 손질된 주꾸미를 소금물에 살짝 데친다.
4. 믹싱 볼에 모든 재료를 넣고 발사믹 드레싱을 넣어 버무려준다.

봄철 상큼 보양 레시피
주꾸미 샐러드

주꾸미(100g : 47kcal)는 칼로리가 낮지만,
우리 몸에 꼭 필요한 필수아미노산은 풍부하지요.
철분 성분이 함유되어 빈혈에 특효, DHA 성분이 풍부해 두뇌 발달과 성인병 예방에 좋습니다.
특히 타우린 성분은 근육의 피로 회복에 큰 도움이 됩니다.
주꾸미 먹물은 여성의 생리불순 해소에 탁월한 효능이 있습니다.
주꾸미는 봄철 보양식으로 버릴 것이 없는 재료입니다.

쿠킹타임 25분

준비하기 문어 다리 1개, 단호박 ⅓개, 밀가루 1Ts, 빵가루 2Ts, 계란 1개, 파마산 치즈 가루 1Ts 올리브 오일 2Ts, 소금 약간, 후추 약간 **커리 소스**(마요네즈 1Ts, 카레 가루 1ts)

나른한 봄날, 입맛이 없을 때
문어 단호박 크로켓

요리하기

1 문어를 소금물에 살짝 데친 다음 작은 주사위 모양으로 자른다.
2 단호박은 씨를 제거한 후 껍질을 벗기고 큰 주사위 모양으로 자른 뒤 전자레인지에서 3분 정도 익힌다.
4 믹싱 볼에 문어, 단호박, 파마산 치즈, 소금, 후추를 넣고 반죽한다.
5 ④의 반죽을 먹기 좋게 납작한 원 모양으로 만들고 밀가루, 계란물, 빵가루를 순서대로 묻힌다.
6 팬에 충분한 오일을 두르고 ⑤의 반죽을 겉이 노릇노릇해질 때까지 익힌다.
7 마요네즈와 카레 가루를 잘 섞어 소스를 완성한다.

 쿠킹타임 15분

준비하기 문어 다리 1개, 새우 3마리, 감자 ⅓개, 새싹 한줌, 파슬리 가루 약간, 소금 약간
레몬 드레싱 3Ts – 드레싱 레시피 참고

피크닉 도시락으로 추천!
문어 샐러드

요리하기
1 감자, 문어, 새우를 주사위 모양으로 자른다.
2 감자, 문어와 새우를 소금물에 살짝 데친다.
3 믹싱 볼에 준비한 샐러드와 레몬 드레싱을 잘 혼합한다.
4 접시에 담고 새싹을 올려준다.

 TIP
❶ 모든 재료는 소금물에서 데친 다음 찬물 대신 채에 올려 실온에서 식혀 주세요.
❷ 재료는 준비하는 과정에서 소금물에 데치기 때문에 짤 수 있습니다. 소금 간은 나중에 해 주세요.

쿠킹타임 30분

준비하기

쌀 ½컵, 감자 ½개, 문어 다리 1개, 다진 양파 ¼개, 버터 1Ts
파마산 치즈 2Ts, 토마토 소스 ¼컵(50) – 소스 레시피 참고
닭 육수 5컵(1000) – 육수 레시피 참고, 올리브 오일 1Ts, 소금 약간

요리하기

1. 감자 등의 재료를 먹기 좋게 작은 주사위 모양으로 자른다. 문어도 소금물에 살짝 데쳐 작은 주사위 모양으로 자른다.
2. ①의 감자를 소금물에 살짝 데친다.
3. 팬에 오일을 두르고 다진 양파, 생쌀, 감자, 문어를 같이 볶는다.
4. 육수를 붓고 약불에서 천천히 쌀을 익힌다.
5. 쌀이 거의 익을 때쯤 토마토 소스를 넣고 익힌다.
6. 불을 끄고 버터와 파마산 치즈를 넣고 마무리한다.

쫄깃하고 부드러운 이색 조화
문어 감자 리조또

문어(100g : 74kcal)는 시력 회복과 빈혈 방지에 탁월합니다.
타우린이 함유되어 혈액 중의 중성지질과 콜레스테롤을 억제하고 간의 해독 작용으로
피로 회복에도 효과적이죠. 인슐린 분비를 촉진해 당뇨병 예방, 혈압 조절,
두뇌 개발과 신경정신 활동에도 관여, 눈의 망막 기능을 정상화하는 역할과
동맥경화, 간장병, 시력감퇴, 변비 등에 좋은 바다의 보물입니다.

준비하기

키조개 관자 3개, 빵가루 1Ts, 다진 마늘 2쪽, 소금 약간, 후추 약간
믹스 견과류(아몬드, 땅콩, 잣, 피스타치오) 1Ts, 올리브 오일 1Ts
레몬 마요네즈(마요네즈 2Ts, 타바스코 소스 5방울, 레몬주스 1개 분량, 설탕 ½Ts)

요리하기

1 키조개에 소금, 후추 간을 하고 올리브 오일로 5분 정도 재어둔다(marinade).
2 견과류는 잘게 다지고 빵가루와 섞는다.
3 준비된 빵가루를 키조개에 골고루 묻힌다.
4 예열된 180도 오븐에서 ③을 5분 정도 굽는다.
5 레몬 마요네즈 소스의 재료를 믹싱 볼에 한 번에 넣고 잘 혼합한다.
6 오븐에서 구운 키조개와 ⑤의 소스를 곁들인다.

TIP

❶ 여러 종류의 견과류가 없다면 한 가지 견과류만 사용해도 됩니다.

❷ 마리네이드(marinade)는 고기나 생선을 조리하기 전에 부드럽게 하기 위해 오일, 와인, 허브(Herb) 등을 사용하여 재워두는 조리법의 일종입니다. 재료를 마리네이드 하면 향미와 수분을 주어 재료의 질을 향상시켜줍니다.

까칠해진 피부가 걱정일 때
키조개 관자 견과류 오븐구이

고소한 견과류 좋아하시죠?
견과류는 뇌세포 발달 촉진과 성인병 예방에 효과적입니다.
또한 식물성지방이 풍부해 피부 보호 효능이 뛰어납니다.
그중에 땅콩은 단백질 & 필수아미노산이 풍부해 근육을 튼튼히 해줍니다.
이번 요리는 평소 먹기 힘든 견과류나 집에 있는 견과류를 사용하면 됩니다.

아삭한 식감과 청량한 맛이 일품인 양상추는 샐러드나 샌드위치 재료로 많이 쓰입니다. 양상추(100g : 11kcal)는 식이섬유소가 풍부하면서 칼로리는 낮아 다이어트에 효과적입니다. 날로 먹는 것이 영양 손실이 적으며, 신경안정과 불면증 치유에 효과가 있습니다.

준비하기

관자 2개, 오징어 ¼마리, 오렌지 1개, 양상추 1잎
발사믹리덕션 소스 1Ts – 소스 레시피 참고, 올리브 오일 1Ts
소금 약간

요리하기

1. 오징어는 링 모양 또는 먹기 좋은 크기로 자른다. 오렌지는 껍질을 제거하고 링 모양으로 자른다.
2. 양상추는 큼직한 잎으로 준비해 찬물에 헹궈준다.
3. 관자와 오징어에 소금 간을 하고 오일을 두른 팬에 구워준다.
4. 접시에 오렌지, 양상추와 ③의 구운 해물을 올린다.
5. 발사믹리덕션 소스를 뿌려준다.

오렌지가 없다면 귤이나 자몽을 사용해도 됩니다.

바다로부터 온 다이어트 식단
관자 오렌지 샐러드

쿠킹타임 10분

키조개(100g : 57kal)는 간장의 해독 기능이 탁월해요.
피로 회복, 시력 회복, 당뇨병 예방, 소화 흡수도 우수해
회복기 환자나 어린이, 부모님 영양식으로 좋습니다.
칼로리가 낮고 아연이 풍부해 호르몬 작용을 돕습니다.

준비하기

키조개 관자 2개, 방울토마토 5개, 브로콜리 한줌, 모차렐라 ½개
조개 육수 ¼컵(50) – 육수 레시피 참고, 휘핑크림 1컵(200)
다진 마늘 1쪽, 올리브 오일 1Ts, 다진 파슬리 약간 , 소금 약간

요리하기

1 키조개 관자를 먹기 좋게 주사위 모양으로 자른다. 브로
 콜리도 같은 크기로 다듬고 방울토마토는 반으로 자른
 다. 모차렐라는 작은 주사위 모양으로 자른다.
2 팬에 오일을 두르고 마늘, 관자, 방울토마토, 브로콜리를
 볶는다.
3 ②의 팬에 조개 육수를 붓고 1분간 졸인 다음 휘핑크림을
 첨가한다. 소금물에 스파게티를 알 덴테로 삶는다.
4 스파게티를 준비된 다진 파슬리와 함께 소스와 잘 버무
 려 준다.
5 접시에 담고 준비된 모차렐라를 올려주어 완성한다.

 TIP

❶ 만약 조개 육수가 짜다고 생각되면 물을 넣어 염도를 조절하도록 합니다.

❷ 알 덴테(Al Dente)는 스파게티의 심이 살짝 보일 정도의 상태로 삶는 것을 말합니다.

담백한 피로 회복 레시피
키조개 관자 모차렐라 크림 스파게티

쿠킹타임 25분

살포시 와 닿는 바람이 싫지 않을 때, 봄은 시작됩니다.
이탈리아의 봄은 한국과 비슷합니다. 따스한 햇살과 꽃내음으로 가득한 봄!
봄의 달콤함을 시샘이라도 하듯 꽃샘추위가 우리를 괴롭히기도 하지만,
봄은 마냥 기다려지는 계절입니다.

우리가 봄을 간절히 기다리는 이유는 뭘까요?
그건 아마 혹독한 겨울의 추위를 이겨낸 우리네 지친 몸이
상쾌한 기운을 맛볼 수 있기 때문일 겁니다.
겨울을 이겨낸 대지의 자연 산물들로 지친 몸을 달래줘야 하는 계절이
바로 봄이라는 말이죠.
요즘은 '제철'이라는 말이 무색할 정도로 사계절 모든 식재료들을
맛볼 수 있습니다만 제철에만 맛볼 수 있는 식재료들은
그 계절만의 맛과 영양을 지니고 있습니다.
따스한 봄 햇살 때문일까요? 봄에는 유난히 나른해지는 춘곤증을 경험하게 되는데요.
제철을 맞은 갖가지 해산물과 혈액순환을 도와 몸을 따스하게 해 주는 부추,
형형색색 파프리카로 에너지 충전 식단을 짜 보세요.
여러분의 봄 상차림을 풍성하게 해 줄 박인규 셰프의 15가지 일품요리를 소개합니다.

초봄 일 평균기온은 5~10℃
봄 일 평균기온이 0~15℃이고 일 최저기온은 5℃ 이상
늦봄 평균기온이 15~20℃이고 일 최저기온이 10℃ 이상